陈玉玲

1983年出生，四川广安人。2013年毕业于浙江大学教育史专业，获得教育学博士学位。现为浙江外国语学院教授、硕士生导师，2022年入选第二批“浙江省高校领军人才培养计划”。主要从事教育史、乡村教育以及教师教育研究。主持并完成国家级课题1项和省部级课题2项，参与国家级课题3项。在国家级出版社出版专著3部，在《高等教育研究》《教育发展研究》《现代大学教育》等期刊发表学术论文数篇。其中多篇论文被人大复印报刊资料全文转载。代表性成果有《国民政府初期对高等教育的整顿：1927—1937》《乡村教师激励的创新设计：社会流动支持的视角》《历程、特征与优化：我国中小学生学业负担治理研究》《复杂系统视角下新时代乡村教师激励：特点、现实困境及其优化》等。

国家社会科学基金教育学一般课题
“中国乡村教师队伍建设的百年历程研究”
（课题批准号：BOA190041）研究成果

强师·优教

乡村教师队伍建设的演进与基本经验研究

QIANGSHI · YOUJIAO: XIANGCUN JIAOSHI DUIWU JIANSHE DE YANJIN YU JIBEN JINGYAN YANJIU

陈玉玲 著

浙江大学出版社 · 杭州
ZHEJIANG UNIVERSITY PRESS

图书在版编目(CIP)数据

强师·优教：乡村教师队伍建设的演进与基本经验研究 / 陈玉玲著. -- 杭州：浙江大学出版社，2025. 5. -- ISBN 978-7-308-26114-2

Ⅰ. G451.2

中国国家版本馆 CIP 数据核字第 20256B8J37 号

强师·优教:乡村教师队伍建设的演进与基本经验研究

陈玉玲　著

策划编辑　吴伟伟

责任编辑　陈　翩

责任校对　丁沛岚

封面设计　雷建军

出版发行　浙江大学出版社

(杭州市天目山路 148 号　邮政编码 310007)

(网址：http://www.zjupress.com)

排　　版　杭州星云光电图文制作有限公司

印　　刷　浙江新华数码印务有限公司

开　　本　787mm×1092mm　1/16

印　　张　54.25

字　　数　778 千

版 印 次　2025 年 5 月第 1 版　2025 年 5 月第 1 次印刷

书　　号　ISBN 978-7-308-26114-2

定　　价　288.00 元

浙江大学出版社市场运营中心联系方式：0571-88925591；http://zjdxcbs.tmall.com

目录

图目录

表目录

第一章
导论

乡村教师是乡村教育的主体力量，加强乡村教师队伍建设，是深化乡村教育改革、提升乡村教育质量和落实乡村振兴战略与脱贫攻坚战略的重要保障。百年来，我国乡村教师队伍建设经历了初步建设时期（1912—1948 年）、过渡与探索时期（1949—1977 年）、改革与推进时期（1978—2005 年）、持续推进时期（2006—2014 年）、深化与创新时期（2015 年至今）等五大历史阶段。不同历史时期的乡村教师队伍发展有着各自的特点，也存在着一定的困境。为了应对乡村教师存在的困境给乡村教育发展带来的挑战，不同历史时期的政府及其教育行政部门均采取了多种举措加强乡村教师队伍的建设。对百年来乡村教师队伍建设进行梳理，探究不同历史时期乡村教师队伍建设的成就和困境，有助于为新时代加强对乡村教师队伍的建设提供借鉴。

第一节　选题缘起及意义

近年来,党和政府高度重视乡村教师队伍建设工作。《乡村教师支持计划(2015—2020年)》(国务院,2015年)将乡村教师队伍建设摆在优先发展的战略地位;《关于加强新时代乡村教师队伍建设的意见》(教育部、中央组织部、中央编办、国家发展改革委、财政部、人力资源社会保障部六部门,2020年)针对乡村教师队伍依然存在的"结构性缺员较为突出、素质能力有待提升、发展通道相对偏窄、职业吸引力不强等问题",要求力争用3—5年使贫困地区乡村教师队伍建设明显加强[①]。在各项乡村教师队伍建设政策陆续出台的背景下,如何以更广阔的视野认识乡村教师队伍建设的规律,总结历史经验和教训,是一个关系到新时代乡村教师队伍建设以及未来走向的重大问题。因此,本书的研究具有一定的理论意义和现实价值。

第一,可以深化乡村教育改革理论与实践的研究。乡村教育改革是近百年来中国知识分子关注的重要主题,尤其在全面推进乡村振兴战略的背景下成为一大当代问题。加强乡村教师队伍的建设有助于推动乡村教育改革的深化。本书以乡村教师队伍建设的百年历程为载体,重点考察百年来我国乡村教师队伍发展实况和加强建设的具体举措。本书的研究不仅可以丰富乡村教育改革理论,而且可以为深化乡村教育振兴与乡村人才振兴的实践提供借鉴。

第二,可以拓展乡村教育史的研究。针对五大历史阶段乡村教师发展

---

① 《教育部等六部门关于加强新时代乡村教师队伍建设的意见》(2020年8月28日),http://www.moe.gov.cn/srcsite/A10/s3735/202009/t20200903_484941.html。

存在的诸多问题，不同历史时期的政府及其教育行政部门都采取了应对举措，以不断加强乡村教师队伍的建设。然而受政治环境、经济发展水平、社会形势等诸多因素的影响，乡村教师队伍建设在取得成就的同时依然面临着诸多困境。因此，将各历史阶段的乡村教师队伍建设分别置于各自社会环境中进行考察，在一定程度上有助于拓宽乡村教育史的研究领域。

第三，具有一定的史料价值。到目前为止，针对乡村教师队伍建设的百年历程的系统性研究尚付阙如，对于各历史时期乡村教师的培养与补充，乡村教师的数量与结构（年龄、性别、学历、职称）等方面的详细统计也有待进一步完善。本书试图从教育部与地方政府档案、教育统计年鉴、中国政府网、教育部官网、报刊、地方志以及教育志等史料中梳理出上述内容，以期在挖掘资料方面有所突破。

第二节　概念界定

一、百年历程

乡村教育现代化自20世纪初期起步至今已有一百多年的发展历程，作为乡村教育发展主体的乡村教师群体在其中起着关键的作用。百年来，我国已经建成了一支庞大的乡村教师队伍，他们分布于广袤的中国土地的各个乡镇村落学校之中，为我国乡村基础教育事业的发展做出了较大的贡献。百年来，我国乡村教师队伍建设经历了初步建设时期（1912—1948年）、过渡与探索时期（1949—1977年）、改革与推进时期（1978—2005年）、持续推进时期（2006—2014年）以及深化与创新时期（2015年至今）。本书的研究集中探究五大历史时期乡村教师队伍发展基本情况和加强乡村教师队伍建设的实际情况。

二、乡村及乡村学校

乡村及乡村学校是乡村教师教书育人的主要阵地。在乡村教师队伍的初步建设时期，“乡村”一词，主要是对城市之外的所有地区的称呼，是相对于城市的概念。时人喻谟烈在其《乡村教育》一书中指出：乡村，“所以别与城市者"。[①] 基于我国较为特殊的社会经济与地理环境等，时人赵质宸认为：乡村，"全国之最大多数民众所居住之场所也"。[②] 可以说，乡村作为一个地域性概念，一般指的是县级行政单位及县级以下基层行政单位，包括乡、镇、区以及村等，空间上与"城"相隔，位于"城"范围以外的乡村地域，且大多数民众居住生活的场所。到了21世纪，国家统计局2008年发布的《统计上划分城乡的规定》将我国地域划分为城镇和农村，前者包括城区和镇区，而农村是指规定划定的城镇以外的区域。[③] 2010年颁布的《统计用城乡划分代码》将原来的"城市、县镇、农村"调整为"城区、镇区、乡村"。其中，"乡村"包含乡中心区和村庄。除了行政管理方面，"乡村"比"农村"包含的地域更广、产业更多元、文化形态更丰富，"乡村"作为与城镇相对应区域的总称，在行政区划上是指县级以下的区域，包含了乡镇、村镇和农村。2021年颁布的《中华人民共和国乡村振兴促进法》(第十三届全国人民代表大会常务委员会第二十八次会议通过，2021年)中的"乡村"是指："城市建成区以外具有自然、社会、经济特征和生产、生活、生态、文化等多重功能的地域综合体，包括乡镇和村庄等。"[④]新中国成立之前，乡村学校是指在上述乡村地域范围内实施新式教育的学校，本书多指向乡村小学。正如时人所说："乡村教育，本不专指小学教育而言，不过中国乡村教育尚未臻发达的地步，所谓乡村教育则指乡村小学教育而言了。"[⑤]需要指出的是，1927年国共两党教育沿着两条不同的道路开始探索，本书所研究的乡村小学尤其是1927年之后主要指国民政府主导下实施新式教育的乡村小学。根据这一时期政策文件以及小学地理分布特点，主要有乡村初等小学、乡村国民学校(国民小学)、乡村初级小学、国民学校(或保国民学校或中心国民学校)。新中国成立之后，本书

---

① 喻谟烈：《乡村教育》，商务印书馆，1927年，第4页。

② 赵质宸：《乡村教育概论》，京城印书馆，1933年，第1页。

③ 国务院：《统计上划分城乡的规定》(2008年7月12日)，http://www.stats.gov.cn/sj/tjbz/gjtjbz/202302/t20230213_1902742.html。

④ 《中华人民共和国乡村振兴促进法》(2021年4月29日)，http://www.gov.cn/xinwen/2021-04/30/content_5604050.htm。

⑤ 何玉良：《乡村教育之研究》，《成师月刊》，1934年第1卷第7期，第2页。

所指的乡村学校主要是乡村（或农村）普通初级中学和普通小学，全书均用乡村（农村）初中、乡村小学表示。需要指出的是，本书在统计乡村学校、学生及教师相关数据时，多采用“统计年鉴”原有的话语表述（既有“农村”一词，也有“乡村”一词），但在分析数据时统一采用“乡村”一词。

三、乡村教师、乡村教师队伍及乡村教师队伍建设

百年来各历史时期对“乡村教师”的称呼有所不同，大致上经历了从“乡村教员”到“农村教师”，再到“乡村教师”的变化。在初步建设时期，相关政策文件或报刊上多见“乡村教员”“乡村学校教员”“乡村教师”“小学教员”等称呼，主要指的是在上述乡村小学如中心国民学校、保国民学校等机构承担教职的人员。一般为当时公立或私立乡村小学担任教职者，也包含了部分经培训改良后参与乡村新式教育的塾师，但不包含私塾的塾师，中学教师也涉及较少。新中国成立后，乡村教师称呼发生了改变，“教员”由“教师”代替。实际上，在过渡与探索时期，乡村教师作为扫盲运动、“普初”、“普九”以及思想改造活动的主体，以笼统的教师身份隐没于相关的国家政策或教育政策中，“乡村教师”或“农村教师”一词并未被提及，仅作为“教师”的部分被概括其中。随着全面建设小康社会、推行新农村建设以及实施乡村振兴战略，国家对乡村教育越来越重视，“农村教师”一词见诸民众视野。在各级教育或教师政策和文件中，改革与推进时期多采用“农村教师”一词，持续推进时期同时使用“乡村教师”“农村教师”，其中 2011 年教育部的统计口径将“农村教师”改用“乡村教师”，深化与创新时期多采用“乡村教师”一词。总之，本书中上述相关词语均指向乡村教师，在乡村教师队伍初步建设时期专门指的是乡村小学教师，而在新中国成立之后的四个历史时期指的是乡村（或农村）小学和初中的教师，尤其在基础教育普及阶段，专指乡村义务教育阶段的教师。乡村教师队伍指的是乡村教师群体，本书在探究初步建设时期的乡村教师队伍时，对中国共产党乡村教师队伍建设不做专门探究，但在

分析过渡与探索时期的乡村教师队伍时，会涉及新民主主义革命时期中国共产党加强乡村教师队伍建设的部分内容。

根据近年来系列加强乡村教师队伍建设的政策文件，乡村教师队伍建设包含了乡村教师的培养、补充、管理以及待遇等内容。因此，本书中的乡村教师队伍建设主要围绕着这些内容展开。但在不同历史时期表述有所不同：在初步建设时期、过渡与探索时期，乡村教师建设包含了乡村教师养成（含培养、训练、进修或培训）、管理与待遇等内容；在改革与推进时期，乡村教师队伍建设包含了乡村教师的补充（含培养）与质量提升（含培训）、管理与待遇等内容；在持续推进时期、深化与创新时期，乡村教师队伍建设包含了乡村教师的培养与质量提升（含学历深造与培训）、补充、管理与待遇等内容。

第三节　文献综述与评析

综观已有的关于中国乡村教师队伍建设的百年历程的研究成果,大体分为以下几类。

一、关于乡村教育、义务教育及近现代教师的主题研究

(一)关于乡村教育的研究

乡村教育无论是在民国时期还是在当代,始终是学者关注的热门话题。民国时期的乡村教育研究和新中国成立之后的乡村教育研究,均涉及乡村教师队伍建设。

1. 民国时期的乡村教育研究

关于民国时期乡村教育的研究,涉及两个方面:一是民国时期的乡村教育研究;二是当前有关民国时期乡村教育的研究。这些研究成果探讨了乡村教师建设的某些层面。

民国时期的乡村教育研究主要关注乡村教育理论与实践以及乡村教师队伍建设问题等。如喻谟烈的《乡村教育》、储劲的《乡村教育》、张宗麟的《乡村教育》以及卢绍稷的《乡村教育概论》涉及乡村教师的养成、来源、修

养、训练、资格、待遇、义务与乐趣、使命以及乡村教师应掌握的本领等方面。[①] 余家菊的《乡村教育通论》[②]研究了乡村初等教育、乡村师范教育，为本书研究20世纪20—40年代的乡村教育以及乡村师资养成提供了参考。古楳的《乡村教育》[③]对乡村小学教师的特殊问题、特殊使命和特殊训练、进修以及待遇等方面进行了探究。另外还有廖泰初的《动变中的中国农村教育：山东省汶上县教育研究》[④]，刘百川的《乡村教育的经验》[⑤]，等等。上述乡村教育研究成果从不同侧面涉及了乡村教师的研究，但主要围绕乡村教师的养成、进修、待遇等方面展开。同时，时人多对当时乡村师资问题提出批评，也针对性地提出改进建议。如过探先的《改良乡村学校实施办法之商榷》指出，乡村学校良好教师须具备如下条件："(1)完全之品格；(2)适当之农业智慧；(3)职业之训练；(4)相当之科学智识；(5)富有农村之同情。"[⑥]曾担任金坛县视学的王晋三在《乡村教育漫谈》[⑦]一文中对当时粗制滥造的教师养成法提出了批评，同时提出了提高小学教师能力的方法。杨锡类的《今后推行农村教育之管见》指出，推广乡村教育，除了要发展乡村师范大学，专门造就乡村师范师资外，还应"优待农村教师"，"依照教师任事之久暂，分别建筑教员住宅，增加薪金，并提倡教师副业，如畜牧园艺等，以间接增加其生产，如遇疾病，公家应定义务治疗办法，过劳成疾，疾重而死，尤应加抚恤金，养其遗族，并栽培至成人"。[⑧] 唐诗戡的《论乡村教育》提出，要使乡村师资胜任小学教师工作，一方面应"改变传统师范学校制度，取法浙江黄渡湘湖两

① 喻谟烈：《乡村教育》，商务印书馆，1927年，第75—89页；储劲编：《乡村教育》，商务印书馆，1928年，第28—32页；张宗麟：《乡村教育》，世界书局，1932年，第130—147页；卢绍稷：《乡村教育概论》，大东书局，1932年，第95—140页。

② 余家菊：《乡村教育通论》，中华书局，1934年。

③ 古楳：《乡村教育》，商务印书馆，1935年，第123—126页。

④ 廖泰初：《动变中的中国农村教育：山东省汶上县教育研究》，1936年印行。

⑤ 刘百川：《乡村教育的经验》，商务印书馆，1936年。

⑥ 过探先：《改良乡村学校实施办法之商榷》，《新教育》，1924年第9卷第1—2期，第179页。

⑦ 王晋三：《乡村教育漫谈》，《新教育》，1924年第9卷第4期。

⑧ 杨锡类：《今后推行农村教育之管见》，《教育与职业》，1929年第103期，第1033—1034页。

省立师范学校的办法，准备将来师资的改造，另一方面“要设短期师资训练班调训现任小学教员，增进他们的知能，提高他们的服务精神”。[①] 总之，上述研究成果为本书研究初步建设时期的乡村教师队伍提供了大量的第一手文献资料。

当前有关民国时期乡村教育的研究，成果较多，观点较新颖。论著方面如朱汉国等的《转型中的困境：民国时期的乡村教育》[②]与曲铁华的《民国乡村教育研究》[③]。前者着重探究了民国时期乡村教育的转型和新旧冲突、乡村教育面临的困境及存在的主要问题、社会各界对发展乡村教育的认知和实践以及乡村教育的特点、经验教训与现代启示。其中，乡村教师作为乡村教育发展服务的社会群体，其来源构成、基本素养、薪俸待遇以及培养等也成为探究的对象。同时，该文对民国时期的乡村师范学校进行了分析。后者在着重探析民国时期乡村社会变迁概观、乡村基础教育的嬗变、乡村师范教育的变迁等主题的同时，对乡村小学教师的管理与发展等议题也进行了研究。论文方面如许庆如的《变革与传承：近代山东乡村教育研究(1901—1937)》[④]在考察1901—1937年山东乡村教育变革历程时，对民国时期乡村师资培养与检定等方面有所涉及。柳丽娜的《民国时期乡村教育的现代转型(1912—1937)——以安徽省为中心的考察》[⑤]在考察1912—1937年安徽省乡村教育发展状况，揭示乡村教育在现代转型过程中面临的困境和制约的同时，对国家关于小学教师角色专门化的制度设计以及安徽省乡村小学教师角色的专门化进行了研究。慈玲玲的《民国时期乡村基础教育政策研究》[⑥]对乡村教师管理政策有所探究。另如郑起东的《近代华北乡村教育的

---

① 唐诗戡：《论乡村教育》，《湖南教育》，1940年第11期，第39页。

② 朱汉国等：《转型中的困境：民国时期的乡村教育》，北京师范大学出版社，2016年。

③ 曲铁华：《民国乡村教育研究》，湖南教育出版社，2018年。

④ 许庆如：《变革与传承：近代山东乡村教育研究(1901—1937)》，华东师范大学博士学位论文，2012年。

⑤ 柳丽娜：《民国时期乡村教育的现代转型(1912—1937)——以安徽省为中心的考察》，安徽师范大学博士学位论文，2020年。

⑥ 慈玲玲：《民国时期乡村基础教育政策研究》，东北师范大学博士学位论文，2016年。

变迁》[①]对乡村教师的待遇与质量进行了研究。

2. 新中国成立之后的乡村教育研究

相关研究成果如马戎等主编的《中国农村教育问题研究》[②]在探究中国乡村教育事业的经费问题时，也注重探究政府、地方社区与乡村教师之间的关联。容中逵的《传统与现代的交锋：百年中国乡村教育变迁的实践表达》[③]从家庭教养、学校教育、村落教化三个领域，探究了清代、民国时期、新中国成立三十年、改革开放后这四个历史阶段的乡村教育变迁，其中也涉及乡村教师的某些侧面。还有一些研究成果以微观视角呈现我国乡村教育发展变迁历程，提供了全新的研究视角，这些成果也探究了乡村教师队伍建设的相关内容。如丹麦学者曹诗弟的《文化县——从山东邹平的乡村学校看二十世纪的中国》[④]采用教育社会学的视角，通过对山东邹平乡村学校的实地研究，描绘了近百年来中国教育和社会发展变迁的图景；司洪昌的《嵌入村庄的学校：仁村教育的历史》[⑤]以华北地区一个村庄的教育变迁为研究对象，描绘了百年来仁村的学校和教育的发展轨迹；张济洲的《文化视野下的村落、学校与国家——一个地方社区基础教育变迁的历史人类学考察》[⑥]选择了华北平原一个典型的县作为考察乡村教育历史演变的切入点，从社会生态、区域文化、人口流动与教育变迁的双向互动入手，呈现了20世纪以来国家政权逐步介入乡村社会，国民教育体系建构与村落文化、地方性知识冲突与竞争的生动场面；李红婷的《无根的社区 悬置的学校——湖南大金村教育人

---

① 郑起东：《近代华北乡村教育的变迁》，《中国农史》，2003年第1期。

② 马戎、[加]龙山主编：《中国农村教育问题研究》，福建教育出版社，2000年。

③ 容中逵：《传统与现代的交锋：百年中国乡村教育变迁的实践表达》，浙江大学出版社，2010年。

④ [丹麦]曹诗弟：《文化县——从山东邹平的乡村学校看二十世纪的中国》，泥安儒译，山东大学出版社，2005年。

⑤ 司洪昌：《嵌入村庄的学校：仁村教育的历史》，教育科学出版社，2009年。

⑥ 张济洲：《文化视野下的村落、学校与国家——一个地方社区基础教育变迁的历史人类学考察》，教育科学出版社，2011年，序言第2页。

类学考察》[①]以湖南大金村作为田野点,借助人类学的视角考察与分析该村清末民国至当前从“族塾义学教育”“普及小学教育”“跳农门教育”到“义务教育”的变迁过程;李书磊的《村落中的“国家”——文化变迁中的乡村学校》[②]从人类学、社会学的视角对文化变迁中的乡村学校进行了考察;等等。论文研究成果如樊涛的《新中国农村基础教育政策变迁研究》[③]涉及改革开放初期加强乡村教师队伍建设的相关内容。吉标的《中国村落小学的百年兴衰》[④]、王凤梅的《新中国农村教育的回首与反思——以1949至1978年间的山东省为例》[⑤]等在探究乡村教育时也涉及乡村教师发展等内容。另如马红光的《村落视野中的小学变迁》[⑥]和王铭铭的《教育空间的现代性与民间观念——闽台三村初等教育的历史轨迹》[⑦]等在探究社会历史变迁下村落、学校及国家的关系与互动时也涉及乡村教师的某些方面。

(二)关于义务教育的研究

相关研究著作如田正平等主编的《世纪之理想——中国近代义务教育研究》[⑧]在探究近代义务教育发展中分析了义务教育师资素养训练与管理,近代师范教育的产生与发展等问题。其中对小学教师的资格考核及待遇等进行了深入的分析,为本书乡村师资的探究和分析提供了一定的借鉴和参考。论文如宋乃庆等的《义务教育改革与发展40年的中国模式》[⑨]、张辉蓉

① 李红婷:《无根的社区 悬置的学校——湖南大金村教育人类学考察》,民族出版社,2011年。

② 李书磊:《村落中的“国家”——文化变迁中的乡村学校》,浙江人民出版社,1999年。

③ 樊涛:《新中国农村基础教育政策变迁研究》,东北师范大学硕士学位论文,2010年。

④ 吉标:《中国村落小学的百年兴衰》,《华东师范大学学报(教育科学版)》,2012年第4期。

⑤ 王凤梅:《新中国农村教育的回首与反思——以1949至1978年间的山东省为例》,《山东社会科学》,2014年第8期。

⑥ 马红光:《村落视野中的小学变迁》,中国人民大学硕士学位论文,2005年。

⑦ 王铭铭:《教育空间的现代性与民间观念——闽台三村初等教育的历史轨迹》,《社会学研究》,1999年第6期。

⑧ 田正平、肖朗主编:《世纪之理想:中国近代义务教育研究》,浙江教育出版社,2000年。

⑨ 宋乃庆等:《义务教育改革与发展40年的中国模式》,《南京社会科学》,2018年第9期。

等的《我国义务教育均衡发展40年：回眸与反思——基于数据分析的视角》[1]、刘天等的《改革开放40年我国义务教育均衡发展的政策变迁、动因和经验》[2]、宋乃庆等的《改革开放以来义务教育办学条件建设：成就、反思与建议——基于数据分析的视角》[3]、廖其发的《新中国70年义务教育的发展历程与成就——兼及普及教育》[4]等在探究我国义务教育发展历程中也或多或少涉及乡村教师队伍建设相关方面。

(三)关于近现代教师的研究

第一，教师研究相关论著对近代教师群体、教师队伍发展历史与教师政策等方面进行了研究。如刘玉梅的《近代教师群体研究——以直隶为考察中心》[5]以直隶为中心，对清末民初教师群体的形成、发展、职业化过程、群体性特征以及教师与近代教学、近代教育的关系，教师群体的待遇、社会生活及其在近代教育乃至整个社会转型过程中所起的历史作用等方面进行了全面的探究。再如李琼等的《社会变迁中的我国中小学教师队伍发展研究》[6]将教师队伍置于我国改革开放以来的社会经济及教育发展的宏观脉络中，探究了社会变迁中中小学教师队伍的规模、质量，教师的工资、职业道德规范、身份与人事管理制度等方面，同时也对乡村中小学教师队伍建设进行了梳理。又如樊香兰的《新中国小学教师队伍发展历史研究》[7]从小学教师的来源渠道、学历水平、培养与培训、社会经济待遇等方面，考察了新中国成立

---

① 张辉蓉等：《我国义务教育均衡发展40年：回眸与反思——基于数据分析的视角》，《西南大学学报(社会科学版)》，2019年第1期。

② 刘天、程建坤：《改革开放40年我国义务教育均衡发展的政策变迁、动因和经验》，《基础教育》，2018年第6期。

③ 宋乃庆等：《改革开放以来义务教育办学条件建设：成就、反思与建议——基于数据分析的视角》，《教育学报》，2019年第1期。

④ 廖其发：《新中国70年义务教育的发展历程与成就——兼及普及教育》，《西南大学学报(社会科学版)》，2019年第5期。

⑤ 刘玉梅：《近代教师群体研究——以直隶为考察中心》，人民出版社，2016年。

⑥ 李琼、丁梅娟：《社会变迁中的我国中小学教师队伍发展研究》，北京师范大学出版社，2017年。

⑦ 樊香兰：《新中国小学教师队伍发展历史研究》，陕西师范大学硕士学位论文，2004年。

以来小学教师在不同历史阶段的发展状况，并总结了不同阶段所取得的成就和存在的问题。石长林的《中国教师政策研究——基于教育政策内容的视角》[①]从教师政策内容的视角，对新中国成立以来特别是改革开放以来的教师政策进行了考察和分析。

第二，相关论文对近现代教师的任用制度、权利变迁等方面进行了探究。如汪丞的《理想与现实——中国近代小学教师任用制度研究》[②]以清末、民国前期与民国后期为经，以教师任用过程的三个阶段即“入职—在职—离职”为纬，多维度、全方位展示了近代小学教师任用制度的发展历程，同时探讨了任用制度建设在理想与实施层面存在落差的原因。再如汪明帅的《我国近代教师权利变迁研究》[③]对清末、民国前期与后期三个时间段的教师权利空间、教师法律地位、法定教师权利以及实践中的教师权利进行了探究。上述研究或者关注某个地域、某个时段的教师队伍，或者对某个时段乡村教师有所涉及，或者对教师的某些主题进行了探究，相关成果为本书提供了借鉴。

总之，上述研究成果并不是以乡村教师为直接的考察对象，虽然涉及乡村教师的某些方面，但多是一笔带过，因此在研究内容的系统性和资料挖掘的深入性方面也有不足，这为本书的研究留下了较大的探索空间。

二、关于乡村教师的专题研究

（一）关于民国时期乡村教师的研究

关于民国时期乡村教师的研究主要涉及两个方面：一是民国时期的乡

① 石长林：《中国教师政策研究——基于教育政策内容的视角》，华中师范大学博士学位论文，2005年。

② 汪丞：《理想与现实——中国近代小学教师任用制度研究》，华中师范大学博士学位论文，2009年。

③ 汪明帅：《我国近代教师权利变迁研究》，华东师范大学博士学位论文，2014年。

村教师研究；二是当前有关民国时期乡村教师的研究。

1. 民国时期的乡村教师研究

作为乡村教育发展中的重要组成部分，乡村教师研究是民国时期学者关注的一个重要方面。相关研究成果如张文昌的《乡村教师的准备及养成》[①]对乡村教师的标准、资格、养成机关与养成办法进行了探究。陈骥的《乡村学校教师问题》[②]对乡村教师的特点、乡村教师从何而来以及乡村教师应如何训练等方面进行了探究。古楳的《乡村教师应有之待遇》[③]还对乡村教师的待遇进行了深入的研究，提出给予乡村教师供给膳宿、津贴进学、补助医药、年功加薪、储金奖励、营业分工、退老赡养等个人方面的待遇，给予乡村教师子女学费优待、家庭住宅供给、抚恤遗族等家庭方面的待遇，为国民政府及其教育部制定教师福利待遇等相关政策提供了决策上的参考。还有很多学者专门对乡村教师问题进行了深入的探究。如祝其乐的《乡村教师问题》[④]围绕乡村教师的现状，乡村教师的培养目标、培养机构及培养课程，乡村教师的任务、待遇及管理等方面进行了全面细致的探究；徐兆麟的《乡村学校教师问题》[⑤]对乡村教师的任务、训练、待遇、进修等方面进行了探究。部分学者对如何培养与改造乡村教师进行了探究。如潘硌基的《怎样做一个乡村教师》[⑥]、张兆林的《乡村小学教师应有的本领》[⑦]对乡村教师应掌握的本领和应具备的能力条件进行了分析；冯祖荫的《怎样改进我国乡村小学教师》[⑧]针对当时乡村存在的诸多问题，从改善教师待遇、补充学业、规定任期以及完善教师造就办法等方面提出了针对性的改进策略。总之，民国时期的乡村教师研究涉及乡村教师的方方面面，既包含乡村教师的要素、

---

① 张文昌：《乡村教师的准备及养成》，《天籁》，1925 年第 15 卷第 6 期。
② 陈骥：《乡村学校教师问题》，《师大教育丛刊》，1931 年第 2 卷第 2 期。
③ 古楳：《乡村教师应有之待遇》，《中华教育界》，1927 年第 16 卷第 10 期。
④ 祝其乐：《乡村教师问题》，《中华教育界》，1923 年第 13 卷第 10 期。
⑤ 徐兆麟：《乡村学校教师问题》，《大上海教育》，1934 年第 1 卷第 7 期。
⑥ 潘硌基：《怎样做一个乡村教师》，《安徽教育》，1930 年第 1 卷第 9—10 期。
⑦ 张兆林：《乡村小学教师应有的本领》，《中华教育界》，1931 年第 19 卷第 1 期。
⑧ 冯祖荫：《怎样改进我国乡村小学教师》，《中华教育界》，1932 年第 20 卷第 3 期。

特点、标准、任务等，也包含乡村教师的问题与改进策略；既涉及乡村教师的待遇，也涉及乡村教师的管理；既涉及乡村教师的培养与训练，也涉及乡村教师的进修。上述研究为本书探析初步建设时期的乡村教师队伍提供了思路和方向。

2. 当前有关民国时期乡村教师的研究

有关民国时期乡村教师的研究，涉及乡村教师的发展状况，乡村教师的培养与检定制度，乡村教师的社会角色、形象、生命形态、身份认同、生活、收入与生存状况、社会地位、社会功能、文化冲突、政治生活以及群体构成等方面。如姜朝晖的《民国乡村教师社会角色研究》[①]将近代国家权力下放基层、乡村社会被迫转型、精英知识分子代表的现代文化之辐射作为背景因素，以求探明民国乡村教师的角色特征。该著对知识精英理想中的乡村教师、乡村社会选择下的乡村教师、乡村教师角色的国家法定建构、乡村教师的生活实况、乡村教师的角色认同危机等方面进行了详细的探究，其中还涉及乡村教师的任职资格和检定制度、乡村教师的聘任和待遇等内容。高盼望的《民国时期乡村教师的生活研究》[②]对民国时期乡村教师的群体状态与生活水平、社会交往与社会活动、家国情怀与职业坚守以及变革时代的乡村教师等方面进行了探究。郝锦花、田正平的《民国时期乡村小学教员收入状况考察——中国教育早期现代化问题研究之一》[③]指出，民国时期乡村小学教师收入微薄，不仅与城市教师相比存在悬殊，甚至还不及城市工人的平均工资和乡村私塾先生的实际收入，而待遇菲薄、师资力量薄弱又造成了乡村新式小学教学水平低下，教育事业举步维艰。吉标、庞美琪的《民国乡村教师负面情绪的心态史考察》[④]借助心态史的视角探析了民国时期乡村教师在乡村学校中的实际遭遇，剖析他们工作中流露出的负面情绪，如对微薄薪酬的抱

① 姜朝晖：《民国乡村教师社会角色研究》，人民出版社，2016年。

② 高盼望：《民国时期乡村教师的生活研究》，山东师范大学博士学位论文，2015。

③ 郝锦花、田正平：《民国时期乡村小学教员收入状况考察——中国教育早期现代化问题研究之一》，《教育与经济》，2007年第2期。

④ 吉标、庞美琪：《民国乡村教师负面情绪的心态史考察》，《教师教育研究》，2020年第3期。

怨、对高负荷工作的牢骚、对单调生活的倦乏、对豪绅专权的憎恨、对自身专业发展的焦虑以及对自身社会角色的惶恐等。吉标、刘擎擎的《民国时期乡村教师的乡贤精神探微——基于民国乡村小学教员的自我叙事》[①]指出：民国时期一批接受过新思想和新理念的师范毕业生涌入教师队伍，逐渐成为乡村教育发展所倚重的主体力量；他们作为新型的知识群体，发挥了乡贤的作用，通过乡村教师传道育人、矢志教化、传承文明，促进了乡村文化的延续和社会发展。在这些研究中，针对民国时期乡村教师队伍建设的全面细致的研究成果尚不多见。

（二）关于新中国成立之后的乡村教师的研究

有关新中国成立之后的乡村教师的研究，涉及乡村教师的培养与培训、配置制度、退出与补充机制、流动、代际特征以及相关政策等方面。专著如张济洲的《“乡野”与“庙堂”之间——社会变迁中的乡村教师》[②]，该书将人类学田野研究与历史文献研究相结合，探讨了百年来乡村教师的文化流变、身份错位，乡村教师与乡村社区的文化互动及诸种权力纠葛，揭示了新旧教育嬗变过程中乡村教师的文化困惑，并基于国家—社会框架揭示了乡村教师疏远乡村及被边缘化的困境。该著为本书提供了研究方法上的借鉴和参考，其研究结论对本书也具有一定的启发。丰箫的《现代中国社会中的乡村教育：浙江省嘉兴地区乡村小学教师研究》[③]以1949—1959年浙江省嘉兴地区乡村小学教师为中心，分析乡村小学教师得到社会认同和价值实现的方式及存在的问题，进而探析小学教师发展的特点以及存在的问题。王莹莹

---

① 吉标、刘擎擎：《民国时期乡村教师的乡贤精神探微——基于民国乡村小学教员的自我叙事》，《教师发展研究》，2019年第2期。

② 张济洲：《“乡野”与“庙堂”之间——社会变迁中的乡村教师》，中国社会科学出版社，2013年。

③ 丰箫：《现代中国社会中的乡村教育：浙江省嘉兴地区乡村小学教师研究》，上海大学出版社，2014年。

的《我国农村教师生活史研究(1949—2013)——基于稻村的个案分析》[①]考察了1949—2013年稻村教师的生活史,深入比较了乡村教师生活样态的变迁与乡村教育政策、教师政策的关系,以及与国家/地方的社会、政治、文化发展的关系。刘小强的《改革开放40年农村教师配置制度变迁研究》[②]探讨了乡村教师配置制度的变迁,其包括乡村教师定向培养制度被各类专项制度取代、新教师录用的强制性分配制度被公开招聘制度代替、教师流动从单一的讨论决定制度到讨论与考试制度并存、补偿制度从以经济激励为主到采取更全面的综合性策略等方面的内容。胡艳、郑新蓉的《1949—1976年中国乡村教师的补充任用——基于口述史的研究》[③]选取了46名有代表性的乡村教师作为访谈对象,通过探究发现:当时采取政府配给和乡村自聘相结合的办法,将大批本地生长、出身不同、学历不一、水平参差的人员补充至乡村学校。上述研究成果揭示了百年来中国乡村教师队伍建设的若干维度,拓宽了本书的研究视野。

(三)基于历史视角的乡村教师队伍建设研究

部分学者基于历史视角对乡村教师队伍建设展开研究。如唐松林的《农村中小学教师队伍建设研究》[④]探寻了乡村教师队伍存在问题的原因,并提出了解决策略。王世军的《我国当代农村教师队伍建设研究——历史发展、现存问题与对策》[⑤]探讨了当代乡村教师队伍的建设历程与存在的诸多问题,并提出了相关建议。付卫东的《改革开放40年我国农村中小学教师

---

① 王莹莹:《我国农村教师生活史研究(1949—2013)——基于稻村的个案分析》,东北师范大学博士学位论文,2014年。

② 刘小强:《改革开放40年农村教师配置制度变迁研究》,《河北师范大学学报(教育科学版)》,2018年第6期。

③ 胡艳、郑新蓉:《1949—1976年中国乡村教师的补充任用——基于口述史的研究》,《北京师范大学学报(社会科学版)》,2018年第4期。

④ 唐松林:《农村中小学教师队伍建设研究》,华东师范大学博士学位论文,2004年。

⑤ 王世军:《我国当代农村教师队伍建设研究——历史发展、现存问题与对策》,西南师范大学硕士学位论文,2005年。

队伍建设：举措、成效及经验》[1]总结了改革开放40年来乡村中小学教师队伍建设的主要举措，并总结了乡村教师队伍建设取得的成效和经验；赵垣可、刘善槐的《改革开放以来我国农村教师队伍建设问题研究》[2]指出，改革开放以来我国乡村教师队伍建设在取得成就的同时，也存在数量相对不足、质量不高、岗位吸引力低、专业发展受限以及社会角色迷失等问题。陈林、卢德生的《新中国成立70年农村中小学教师队伍建设的回顾与展望》[3]指出，新中国成立70年来乡村教师队伍建设经历了初建探索、快速发展、稳步推进和全面加强四个重要阶段，乡村教师队伍建设在数量和质量上取得显著成就，同时仍存在着教师职业认同感不强、教师整体素质不容乐观、教师队伍结构不尽合理以及教师的社会保障不足等问题。该文由此提出了改进策略。此外，何菊玲、赵小刚的《新中国乡村教师队伍建设政策演进的历史逻辑与优化策略——基于政策文本的分析》[4]以1949—2021年乡村教师队伍建设的教育法律、法规和政策文本为研究对象，将相关政策置于各时代教育政策的宏观框架中，并将政策的演进划分为初步探索时期（1949—1976年）、积极探索与发展时期（1977—2005年）、均衡聚焦发展时期（2006—2021年）三个历史阶段，从乡村教师的数量补充和质量提升两个维度分析政策文本，发现政策存在的问题，进而提出优化策略。上述研究成果涉及新中国成立后乡村教师队伍建设的部分内容，但更关注乡村教师队伍建设的当代价值和现实意义，对乡村教师队伍建设的历史图景缺乏系统全面的描绘。

---

① 付卫东：《改革开放40年我国农村中小学教师队伍建设：举措、成效及经验》，《教育与经济》，2018年第4期。

② 赵垣可、刘善槐：《改革开放以来我国农村教师队伍建设问题研究》，《理论月刊》，2019年第1期。

③ 陈林、卢德生：《新中国成立70年农村中小学教师队伍建设的回顾与展望》，《当代教育科学》，2019年第10期。

④ 何菊玲、赵小刚：《新中国乡村教师队伍建设政策演进的历史逻辑与优化策略——基于政策文本的分析》，《陕西师范大学学报（哲学社会科学版）》，2021年第4期。

三、小结

概言之,从已有研究成果来看,一方面,前人在研究内容、研究方法和研究资料等方面都有可圈可点之处,尤其是乡村教师的专题研究,不仅成果丰富,而且涉及乡村教师队伍建设的多个维度;另一方面,基于历史视角的乡村教师队伍建设研究,成果相对较少,且主要集中于探究改革开放以来的乡村教师队伍建设,由此,本书的研究尚有较大的拓展空间。在研究内容方面,目前学界尚缺乏对中国乡村教师队伍建设的百年历程的整体性、系统性研究,也缺乏对各历史时期乡村教师队伍建设的比较研究;在研究视野方面,由于各历史时期的乡村教师队伍建设均在特定的社会环境中展开,它反映了不同阶段乡村教师队伍建设的不同际遇和特性,但多数研究成果仅仅是就教育论教育,较少关注乡村教师队伍建设背后的诸多因素及其对建设工作的影响;在史料方面,已有研究的引证资料较单一,对相关档案、报刊、年鉴、教育志以及地方志等关注不够,挖掘史料的广度和深度有待拓展。

第四节　研究思路与方法

一、研究思路

本书以百年来中国乡村教师队伍基本状况与加强乡村教师队伍建设为研究对象。

本书在充分掌握与全面分析资料的基础上，结合特定的社会背景，划定了百年来中国乡村教师队伍建设的几个重大转型时期并以乡村教师队伍的基本状况、存在的问题等为立足点，既探究各历史阶段围绕乡村教师建设推出的具体举措，也分析各历史阶段乡村教师队伍建设的成就与困境。

本书在分析过程中注重结合当时的社会背景、城乡结构与乡村教育发展水平，由此深入思考百年来中国乡村教师队伍建设对新时代乡村教师队伍建设的启示。

二、研究方法

本书主要采用的研究方法有文献法、比较法、统计法、调查法以及个案分析法等。

（一）文献法

本书力求全面挖掘、梳理和分析百年来中国乡村教师队伍建设的相关资料。查找史料时，既关注官方性质的资料，如教育部和地方政府部门的档案、教育统计年鉴、中国政府网、教育部官网等，又关注民间性质的资料，如《申报》《教育杂志》《中华教育界》等，还关注教育志、地方志等，以期获得更多的第一手资料。同时，本书也注重对史料的考证和客观分析。

（二）比较法

本书将各历史时期加强乡村教师队伍建设前后的情况进行对比，以突出乡村教师队伍建设的成就；将不同阶段乡村教师队伍建设的情形进行对比，以呈现各自的特点。总体上，不同历史时期的乡村教师队伍建设具有较大的内在关联，尤其是上一历史时期乡村教师队伍建设的困境是下一历史时期加强乡村教师队伍建设的依据，而且各历史时期推出的乡村教师队伍建设举措都有共同的内容。

（三）统计法

本书运用统计数据和图表形象地呈现史料。特别是在分析乡村教师队伍的基本状况时，将乡村教师的数量、性别结构、年龄结构、学历层次、职称结构以及工资待遇等信息以统计表的形式直观呈现。

（四）调查法

本书第六章以浙江省山区26县乡村义务教育阶段教师为对象，围绕工资福利、专业成长（培训、职称）、奖励与荣誉、交流与退出、师德师风建设以及青年教师发展等方面，通过设计调查问卷和访谈提纲等开展调研，探究浙江省山区26县乡村义务教育阶段教师队伍建设的主要成就与困境，以期深入探究深化与创新时期乡村教师队伍建设的具体情况。

（五）个案分析法

本书以某省或某县的乡村教师队伍建设为例，或者以乡村教师建设的某项内容为个案进行分析，从另一侧面展现不同历史时期乡村教师队伍建设的成就与困境。

第二章

中国乡村教师队伍的初步建设时期（1912—1948年）

20世纪20—30年代，乡村教师数量短缺、质量堪忧，师资补充困难，教师流动频繁且流失极多，致使乡村教师无法满足乡村教育发展的需求。对此，北洋政府及其教育部、国民政府及其教育部颁布了加强乡村教师队伍建设的系列举措。尽管很多举措并未得到较好的推行，但它促使我国乡村教师队伍初步建成，为当时乡村教育的发展、国民素质的提升奠定了基础，为高一级学校输送了生源。

第一节　民国时期乡村社会形势变迁与乡村教育的发展

民国时期是中国教育早期现代化的一个重要历史阶段。其时，伴随着"教育救国"的时代口号，整个社会在传统教育变革和新式教育推进方面均取得了一定的成绩。乡村教育不仅伴随着传统教育变革和新式教育推进而有所发展，而且在"教育必须下乡"的口号下，伴随着乡村改造和乡村建设等试验活动而盛极一时。作为乡村改造和建设的主体，乡村教师受到了历届政府的关注，逐渐形成了一支乡村教师队伍。然而，列强入侵、政局动荡、军阀混战、内战不断等因素，不仅从根本上限制了教育发展的总体水平[①]，也影响到当时乡村教育以及乡村教师队伍建设的水平。

一、乡村社会形势变迁

（一）政治格局变动频繁

南京临时政府的成立结束了中国两千多年的封建君主专制制度，给中国社会及教育都带来了全新的气象。但国内军阀派系斗争愈演愈烈，新旧政权更迭频繁，尤其是袁世凯复辟以及随之而来的军阀混战使得北洋政府无暇顾及教育。因战争连年以及军饷开支需求日增，政府加重了对乡民的层层盘剥，使得乡村经济衰落、农民破产，给乡村社会也带来了深重的灾难。

① 田正平：《关于民国教育的若干思考》，《教育学报》，2016年第4期，第102页。

与此同时,帝国主义也加紧了对我国的侵略,不仅实施政治干预,挑唆军阀混战,还实施外交扼杀、经济封锁、军事威胁等系列侵略行为。在内忧外患的形势下,乡村社会也动荡不安。

(二)城乡文化差距逐渐拉大

由于战乱频仍,再加上本国封建主义与外国资本主义双重压迫,我国乡村长期陷于贫困落后。同时,文化方面开始出现严重的城乡分化:新式学校及其教育在城市逐渐成型并不断完善;废科举、兴学堂使得传统的乡村教育遭受到了前所未有的危机,在乡间曾深受乡民信任的私塾被转变为新式学校,曾受传统儒家经典教育的塾师们被要求经培训转变为新式学校教师,新式学校及其教师遭受乡民质疑,具有城市化特征的新式教育在乡村社会遭受冷遇,并出现"水土不服"。乡村教育被迫走上了一条追赶都市教育的道路,而且,因其发展速度远远落后于城市,城乡教育渐行渐远,城乡之间的文化鸿沟也越来越大。

(三)乡村经济境况不佳

尽管辛亥革命推翻了中国两千多年的封建君主专制制度,但封建土地所有制依然是乡村的主流制度。各地军阀、地主为了自身利益,大肆盘剥以及侵占农民田地,导致乡村土地高度集中;还以地租等形式盘剥或侵占农民的利益,导致农民生活异常艰难,乡村经济日益走向凋敝萧索。伴随着欧洲列强的政治入侵,其工业革命下的科技文明与资本也渗透进中国社会。通过改造生产工具、创造便利的交通条件以及倾销价格低廉的商品等,资本主义推开中国市场的大门,导致乡村经济更为低迷。

二、乡村教育发展演变

"一方面是因为国家的忽视教育,尤其是乡村教育,另一方面是因为乡村人民的经济能力薄弱,不能筹措相当的经费,而且乡村人民没有蒙受着学校的利益,不愿尽力投资于教育事业"[①],乡村教育发展由此受阻。20 世纪 20 年代后期至 30 年代中期,大批的知识分子和教育界人士开始认识到中国教育改革走错了路,纷纷提出"教育必须下乡"的主张。他们将目光投向了中国广大的乡村。如陶行知、黄炎培、梁漱溟等,在山东、江苏、河北、河南以及浙江等地创办乡村幼稚园、小学、中学、乡村师范学校及职业教育机构等。他们积极投身于乡村教育改革和乡村建设试验活动,形成了我国历史上影响深远的乡村教育思潮和乡村建设运动,也推动着我国乡村教育缓缓向前。

(一)乡村教育政策演变

民国时期乡村教育是普及义务教育的重点和难点,相关政府及其教育部颁布了一系列有关义务教育、初等教育的法令政策,对乡村基础教育的年限、学校及学级设置、办学形式以及乡村教育的实施计划等方面都做出了规定,从而间接或直接地推动了乡村教育的发展。

1. 普及义务教育政策

《小学校令》(北洋政府教育部,1912 年)规定,初等教育阶段分为初等小学和高等小学两级。前者四年,为义务教育,要求儿童六周岁入学,且"城镇乡立初等小学校不征收学费"[②]。当时全国 85%的人口在乡村,因此要普及义务教育,发展乡村教育最为关键。《强迫教育办法》(北洋政府教育部,1913 年)要求学龄儿童接受一定年限的小学教育,强迫学龄儿童入学,从而达到普及义务教育的目的。具体要求如下:

(一)各属知事将管辖地点分村乡镇分配。

---

① 蒋梯云:《我国乡村教育急应振兴的理由和今后应具的目标》,《大夏》,1933 年第 9 卷第 25 期,第 517 页。

② 中国第二历史档案馆编:《中华民国史档案资料汇编(第 3 辑·教育)》,江苏古籍出版社,1991 年,第 446 页。

(二)调查属内村镇相距若干里及村乡镇户口数目,以便比较。

(三)各县各村乡镇内派学董若干,以专责成。

(四)为儿童当入学之年,八岁一律入学,违者重罚其父兄,并处罚学董。

(五)此项经费由各乡镇人民担任,不得在该属内已筹定之学款挪用。

(六)各县暂设女学一二所。俟此项实行一学期后,再行扩充云云。[①]

该政策促使普及乡村义务教育制度化,规定了地方政府在普及义务教育中的职责和任务,并规定了教育经费的来源及其保障。

在袁世凯统治时期,北洋政府开始以县为单位划分学区,确定推行义务教育的年限即初等小学四年,乡村教育成为义务教育发展的重点。北洋政府不仅要求义务教育“宜规划分年筹备办法”[②],还主张改革义务教育的组织形式,将初等小学校改称国民学校,规定了修业年限和施行细则。

《壬戌学制》(北洋政府,1922 年)规定:“义务教育年限暂以四年为准,但各地方至适当时期,得延长之。义务教育入学年龄,各省区得依地方情形自定之。”[③]《中华民国宪法》(北洋政府,1923 年)有关“中华民国人民依法律有受初等教育之义务”[④]的规定,使义务教育首次出现于宪法之中,为这一时期义务教育的发展提供了法律保障。上述法令政策不仅强调了普及乡村义务教育的重要性,明确规定了初级小学四年为义务教育,而且以强迫学龄儿童入学的形式保障了义务教育的推行和实施。

为了保障乡村基础教育的推行,北洋政府及其教育部重视学校及学级的设置,并将县、乡镇村等区域内初级小学校的设立作为推行乡村基础教育的重要保障。如《小学校令》指出:“初等小学校由城镇乡设立之。前项设立初等小学校经费之负担,依法律所规定,乡之财力不能设立初等小学校者,

① 朱有瓛主编:《中国近代学制史料》(第 3 辑上),华东师范大学出版社,1990 年,第 322 页。

② 中国第二历史档案馆编:《中华民国史档案资料汇编(第 3 辑・教育)》,江苏古籍出版社,1991 年,第 35 页。

③ 中国第二历史档案馆编:《中华民国史档案资料汇编(第 3 辑・教育)》,江苏古籍出版社,1991 年,第 104 页。

④ 郭卫等编:《中华民国宪法史料》,大东书局,1947 年,第 31 页。

得以二乡以上之协议组织乡学校联合,以设立初等小学校。"[1]《整理教育方案草案》还要求根据人口和财力支配等情况合理设置小学校。[2] 1920年4月,北洋政府教育部参照山西省推行义务教育办法[3],拟定《分期筹办义务教育年限》,规定以八年为全国普及义务教育的期限,并严格要求其他各省区均以此规划制定实施程序。

尽管北洋政府制定了系列发展乡村义务教育的法令政策,但因政局不稳、社会动荡以及地方政府各自为政,实施效果不尽如人意。在山西、江苏、山东、浙江、江西等省,义务教育得以被推行至基层乡村社会,但在有些省份,义务教育并未受到重视。

南京国民政府成立后,将乡村教育视为国家建设事业的一部分。在普及义务教育方面,国民政府调整了义务教育就读年限。《实施义务教育暂行办法大纲》(国民政府,1935年)明确要求:"使全国学龄儿童(指六岁至十二岁之儿童而言)于十年期限内逐渐由受一年制、二年制达于四年制之义务教育。"[4]同时,将强迫学龄儿童入学写入法令,进一步保障乡村义务教育的推行。国民政府教育部要求,各县市主管教育行政机关督饬所辖小学区学董,在各小学区教职员、县长、镇长、乡长等的协助下,调查学龄儿童相关信息。在此基础上,国民政府公布了《学龄儿童强迫入学暂行办法》(国民政府教育部,1937年)。该办法规定:调查各该县市的学龄儿童及失学儿童;加强强迫入学宣传,"施行强迫入学办法地方之学龄儿童,除已核准缓学免学者外,

① 中国第二历史档案馆编:《中华民国史档案资料汇编(第3辑·教育)》,江苏古籍出版社,1991年,第441—442页。

② 朱有瓛主编:《中国近代学制史料》(第3辑上),华东师范大学出版社,1990年,第324—325页。

③ 1918年11月颁行了《山西义务教育施行程序》,规定"第一次省城限至七年九月办理完竣,第二次各县城,限至八年二月办理完竣。第三次各县乡镇及三百家以上之村庄,限至八年八月办理完竣。第四次二百家以上之村庄,限至九年二月办理完竣。第五次百家以上之村庄,限至九年八月办理完竣。第六次五十家以上之村庄及不满五十家毗连之村庄能联合设学者,限至十年二月办理完竣。第七次凡人家过少之村庄而附近又无村庄可联合者,应由该地方官绅特别设法办理"。参见朱有瓛主编:《中国近代学制史料》(第3辑上),华东师范大学出版社,1990年,第326页。

④ 中国第二历史档案馆编:《中华民国史档案资料汇编(第5辑第1编·教育)》,凤凰出版社,2010年,第609页。

应于各种义务小学及小学开学时,分别由各该学童家长或保护人遣送入学;如不遵从,应强迫令其入学"[1]。由此,国民政府时期使义务教育年限规定灵活化,不再一律要求四年,而是根据不同地区的不同情形,调整为一年、两年或四年,使强迫学龄儿童入学的规定更具体、更可操作。与此同时,在将初级小学校作为普及乡村义务教育的主阵地的基础上,国民政府探索并设置了灵活多样的办学形式,逐渐将初级小学、短期小学、简易小学等作为当时乡村基础教育的承办机构,并将"二部制"巡回教学等作为乡村基础教育的教学制度。

2. 推行国民教育政策

1940年1月,国民政府实施新县制。国民政府教育部根据新县制精神推行国民教育制度。具体而言,将小学改为国民学校和中心国民学校,由每乡镇设立中心学校,每保设国民学校,各学校均包括儿童、成人、妇女三部分,使民众教育与义务教育打成一片。基于《县各级组织纲要》(国民政府,1939年),《国民教育实施纲领》(国民政府教育部,1940年)明确指出:"国民教育分义务教育及失学民众补习教育两部份,应在保国民学校及乡镇中心学校内同时实施,并应尽先充实义务教育部分",且"全国自六足岁至十二足岁之学龄儿童除可能受六年制小学教育者外,应依照本纲领受四年或二年或一年之义务教育"[2];"在所设乡(镇)中心学校及保国民学校已足收容当地学龄儿童及失学民众之地方,应由乡(镇)公所及保办公处实行强迫学龄儿童及失学民众入学,凡应入学而不入学者,应对其家长或保护人或本人予以一定期限必须就学之书面劝告,其不受劝告者,得将姓名榜示示警,其仍不遵行者,得由县市政府处一元以上五元以下之罚锾,或以相当日期之工作抵充,并仍限期责令入学"[3]。该纲领以国民政府的行政力量推动了义务教育

---

[1] 中国第二历史档案馆编:《中华民国史档案资料汇编(第5辑第1编·教育)》,凤凰出版社,2010年,第648—649页。

[2] 中国第二历史档案馆编:《中华民国史档案资料汇编(第5辑第2编·教育)》,凤凰出版社,2018年,第421页。

[3] 中国第二历史档案馆编:《中华民国史档案资料汇编(第5辑第2编·教育)》,凤凰出版社,2018年,第426页。

的进一步普及与国民教育的发展。到1945年,《强迫入学条例》(国民政府修正,1945年)就强迫儿童入学的制度提出了更为细致的方案,对应入学但未入学的学龄儿童的父母或监护人制定了相应的处罚措施。到1947年,《中华民国宪法》(国民政府国民大会通过,1946年)规定:“国民受教育之机会一律平等”,6—12岁学龄儿童一律受基本教育,免纳学费,贫困者由政府供给书籍;已逾学龄未受基本教育的国民一律受补习教育。[①]

国民政府也重视县乡镇村等区域内小学校及学级的合理设置,将国民中心学校、保国民学校等作为推行乡村教育的主要机构。《县各级组织纲要》提出:“县为地方自治单位,下设乡(镇),保、甲则为乡内的编制,以十保为一乡,十五甲为一保”,“每乡镇设立中心学校,每保设国民学校,乡(镇)中心学校与保国民学校均包括儿童、妇女、成人三部分,使失学民众补习教育与义务教育打成一片;乡(镇)长中心学校校长及保壮丁队长,保长保国民学校校长及保壮丁队长,均暂以一人兼任之”。[②]《国民学校法》(国民政府,1944年)大体形成了国民教育制度框架,其规定:国民学校实施国民教育,分设儿童教育及失学民众补习教育两部分(均分初级和高级),每保应至少设置国民学校一所,或根据地方情形增设,或联合数保共设;而且,“一乡(镇)内之国民学校,应以一校为中心国民学校,设于乡(镇)适当点,兼负辅导各保国民学校之责。乡镇区域辽阔,或国民学校校数较多者,得增设中心国民学校”[③]。总之,乡村义务教育、国民教育渗透着国民政府的三民主义教育、训政教育等核心思想,始终是国民政府乡村建设事业的重要组成部分。

《国民教育实施纲领》规定从1940年8月至1945年7月五年内分三期进行国民教育普及工作,要求在各乡(镇)中心学校和保国民学校数量基本保证且逐渐增加的前提下,使入学儿童占学龄儿童总数在三期内实现由

---

① 徐辰:《宪制道路与中国命运——中国近代宪法文献选编(1840—1949)》(下卷),中央编译出版社,2017年,第353—372页。

② 《县各级组织纲要》,《中央党务公报》,1939年第1卷第12期,第19—20页。

③ 中国第二历史档案馆编:《中华民国史档案资料汇编(第5辑第2编·教育)》,凤凰出版社,2018年,第441页。

65%至 80%,再至 90%的有效增长。[①] 抗战胜利后,为了促进包括义务教育在内的国民教育的全面发展,国民政府发布《全国实施国民教育第二次五年计划》(国民政府,1946 年),规定自 1946 年 1 月起的五年内,“使全国各地所有学龄儿童和成年失学民众,均能分别受相当时期之义务教育与补习教育”。[②] 然而,因内战爆发,义务教育发展与国民教育推行计划戛然而止。

(二)乡村教育起步与缓慢推进

这一时期乡村教育大致经历了国民政府成立之前的起步与发展,国民政府成立之后至全面抗战爆发期间的推进以及全面抗战期间的艰难前行等历程。

1. 国民政府成立之前乡村教育的起步与发展

这一时期乡村教育缓慢发展,以初等教育为主,且以初级小学教育为主体。当时全国初等教育发展情况见表 2.1。

表 2.1　1912—1922 年全国初等教育概况统计

年份	学校/所	学生/人	教职员/人	经费/元
1912	86318	2795475	214453	19334480
1913	107287	3485807	270544	23531124
1914	121080	3921727	294269	24899807
1915	128525	4140066	312097	23881730
1916	120103	3843455	296319	23497097
1922	177751	6601802	264818	31449963

资料来源:吴相湘、刘绍唐主编:《第一次中国教育年鉴(丙编·教育概况上)》,传记文学出版社,1971 年,第 423、490 页。

如表 2.1 所示,1912—1915 年,全国国民学校及小学学校数、学生数、教职员数以及经费均逐年增多,但 1916 年上述数据均有所减少,到 1922 年,除了教职员数仍有所下降外,学校数、学生数和经费均有所回升。由此,国

① 中国第二历史档案馆编:《中华民国史档案资料汇编(第 5 辑第 2 编·教育)》,凤凰出版社,2018 年,第 422 页。

② 《全国实施国民教育第二次五年计划》,《教育通讯》,1946 年第 5 期,第 25—26 页。

民政府成立之前，全国初等教育发展缓慢，甚至曾出现倒退现象，到20世纪20年代才又开始不断发展。

2. 国民政府成立至全面抗战爆发期间乡村教育的推进

国民政府成立至全面抗战爆发期间，因国民政府重视乡村建设，乡村教育获得一定的发展。1931—1936年，主要由小学（初级和高级小学合设）、初级小学、短期小学以及简易小学等机构承担全国初等教育任务。当时全国初等教育发展情况见表2.2。

表2.2　1931—1936年全国初等教育概况统计

项目		1931年	1932年	1933年	1934年	1935年	1936年
合计	学校/所	259863	263432	259095	260665	291452	320080
	学生/人	11720596	12223066	12383479	13188133	15110199	18364956
	教师/人	546032	557840	556451	570434	610430	702831
小学（高初合设）	学校/所	19835	24579	22319	22726	36507	39034
	学生/人	1496278	2578839	2987243	3285173	4393338	5101770
	教师/人	90439	129067	141913	146486	175343	196624
初级小学	学校/所	238393	234796	228409	227707	234204	244398
	学生/人	10162297	9514070	9162965	9600172	9724378	11179998
	教师/人	451891	422247	403032	410066	406411	453073
短期小学	学校/所		1653	2603	2640	10814	28661
	学生/人		37892	84511	88601	748276	1827771
	教师/人		2023	3506	3169	17734	42504
简易小学	学校/所		1063	4044	5754	6034	6704
	学生/人		25305	82180	121949	143054	175590
	教师/人		1732	4425	6487	6864	8023
其他	学校/所	806	405	123	714	668	
	学生/人	25251	23888	19068	32740	32496	
	教师/人	1863	715	1356	1754	1635	

注：(1)“合计”中包含了幼稚园相关数据，因不在本书分析范围，表中未予呈现。(2)原文献中1933年、1935年的学校数有误，实际应分别为258,595所、289,452所。

资料来源：教育年鉴编纂委员会编：《第二次中国教育年鉴(第14编·教育统计)》，文海出版社，1986年，第60—61、63页；多贺秋五郎编：《近代中国教育史资料(民国编下)》，文海出版社，1976年，第1233—1235页。

如表2.2所示，这一时期初级小学作为承担乡村教育的主要机构，于1931—1934年逐年持续减少，1935年开始回升，到1936年达244,398所，比1931年(共238,393所)增加了6,005所。初级小学学生于1931—1933年逐年持续减少,1934年开始回升,到1936年达11,179,998人,比1931年(共10,162,297人)增加了1,017,701人;初级小学教职员于1931—1935年呈波动式下降趋势,到1936年开始回升并超过了1931年的数量。同时,短期小学和简易小学也是乡村初等教育机构的重要组成部分,这一时期发展较快。短期小学由1932年的1,653所增至1936年的28,661所,增加了17倍之多;短期小学学生数也由1932年的37,892人增至1936年的1,827,771人,增加了47倍之多。简易小学由1932年的1,063所增至1936年的6,704所,增加了5倍之多;其学生数由1932年的25,305人增至1936年的175,590人,增加了近6倍。由此可见,这一时期国民政府除了推动初级小学教育发展,也注重短期小学和简易小学建设,以灵活的教育方式推动了初等义务教育尤其是乡村义务教育的普及。到1936年,乡村学校数、学生数达到高峰。

3. 全面抗战期间乡村教育的艰难前行

全面抗战爆发后,全国乡村教育呈现抗战沦陷区教育、日伪奴化教育、国民政府教育、中国共产党抗日救亡教育以及民间私塾教育并存的局面,全国初等教育的学校数量增加缓慢,基本上处于低水平的稳定增长状况。

1937年全面抗战爆发,全国初等教育受到较大影响,其学校数和学生数急剧减少。如表2.3所示,1938—1945年,全国初等教育学校缓慢增长,到1945年共有269,937所,仅接近战前1934年的学校数,但已经是全面抗战爆发后的学校数量的最大值;全国初等教育的学生数在1943年超过1936年的数值,到1945年有进一步的增加,全国初等教育有所恢复与发展。以推行国民教育制度为界,推行国民教育制度以前,小学、初级小学、短期小学、简易小学等是全国初等教育的重要承担机构,乡村教育主要在初级小学、短期小学以及简易小学中开展;推行国民教育制度之后,另增加了中心国民学校以及国民学校等办学机构。自1943年始,基本上由中心国民学校与国民学校承担全国初等教育的发展任务,且这些学校也成为乡村教育发展的主体。

表 2.3　1937—1945 年全国初等教育概况统计

项目		1937 年	1938 年	1939 年	1940 年	1941 年	1942 年	1943 年	1944 年	1945 年
合计	学校/所	229911	217394	218758	220213	224707	258283	273443	254377	269937
	学生/人	12847924	12281837	12669976	13545837	15058051	17721103	18602239	17221814	21831898
	毕业生/人	2497378	2733846	3027885	2787923	2952148	3308307	3798116	3871688	4688606
	经费/元	73444593	64932910	65870491	172746505	354654155	567077733	1164939346	1833746308	21863334281
中心国民学校	学校/所				16627	19692	25154	27419	26949	32015
	学生/人				2615510	3219555	4572920	4931509	5172807	6201634
	毕业生/人									
	经费/元				52768990	112081813	178587727	383327810	715585432	6780779871
国民学校	学校/所				112792	140119	184682	208781	199350	214658
	学生/人				6008267	8264647	10556503	11364669	10186553	13247992
	毕业生/人									
	经费/元				76126970	164019960	268469238	591766753	903989289	10223653124
小学（高初合设）	学校/所	18563	16693	19288	7440	6140	23248	36721	27650	22236
	学生/人	2872529	2836053	3201188	1048643	920473	1504105	2256210	1811963	2276024
	毕业生/人	304653	288162	334587	404293	506944	598277	715424	701658	1048672
	经费/元	29518013	26802255	27657770	16814549	25445394	83110983	182695959	209426145	4813775892
初级小学	学校/所	175385	168247	168752	74870	54892	23934			
	学生/人	7935859	7530881	7697357	3491683	2456083	1010353			
	毕业生/人	1456450	1688347	1836583	2251496	2391765	2690374	3065123	3149837	3611653
	经费/元	35540106	31134481	31821399	24447851	51722697	35356228			

续　表

项目		1937 年	1938 年	1939 年	1940 年	1941 年	1942 年	1943 年	1944 年	1945 年
短期小学	学校/所	30021	28124	26900	5212	2096	421			
	学生/人	1758348	1699336	1589885	254548	90375	16242			
	毕业生/人	711459	727147	824928	104437	34265	4930			
	经费/元	6968028	5816947	5445698	1561488	699145	309287			
简易小学	学校/所	5103	3473	744	953	322				
	学生/人	234889	174243	35468	26721	17280				
	毕业生/人	14991	21889	5664	7814	3285				
	经费/元	856740	762974	121502	290943	124576				
其他	学校/所			2500	2017	1079	252	81		
	学生/人			105599	71948	31299	9231	3649		
	毕业生/人			18526	11488	3839	421	659		
	经费/元			615927	486813	129970	135429	4585463		

注:(1)“合计”中包含了幼稚园相关数据,因不在本书分析范围,表中未予呈现。(2)小学毕业生包含六年制小学和四年制小学。该表将四年制小学毕业生统计在初级小学之中,“小学”中统计的是六年制小学的毕业生数。(3)表中“其他”指实行特种教育之小学教职员数量。(4)原文献中 1941 年毕业生共计 2,952,148 人,实际应为 2,952,158 人。

资料来源:殷梦霞、李强选编:《民国统计资料四种》(第 13 册),国家图书馆出版社,2010 年,第 618—619 页;中国第二历史档案馆编:《中华民国史档案资料汇编(第 5 辑第 2 编 · 教育)》,凤凰出版社,2018 年,第 560—561 页。

总之,由于国民政府及其教育部对乡村教育发展的高度重视,乡村学校及其学生数逐渐恢复并发展,乡村初等教育艰难前行。1941—1945年国民教育第一次五年计划实施结果显示:十九省市有315,780保,共设国民学校,中心国民学校及其他小学等237,000校,平均每四保设三校,共有学龄儿童38,173,765名,已受教育儿童29,160,803名,约占学龄儿童总数76%强,文盲总数92,890,227名,历年共扫除文盲53,163,077名,占文盲总数57%强,均与原计划实施程序预期之目标,相差不远。[①] 但抗日战争结束后,国民党政权既无力掌控乡村基层社会,又因陷于经济困境而无力支撑乡村教育的发展,国统区的乡村教育处于破产边缘。

(三)城乡教育差距日渐明显

时人指出,“我国财政收入,大部分取自乡农,国务把从乡农手中取得的钱,尽量建筑都市,繁荣都市,乡农却一点没有享到权利”[②],最终导致大城市对中等城市、中等城市对小县城的文化支配,基本上将乡村排挤出去,“教育变成了城市中的新专业”[③],使得城乡教育差距日渐明显。

1. 城乡教育经费来源不同

城乡教育经费来源有所不同,这是城乡教育经费差距较大的主要原因,也是城乡教育差距的主要影响因素。从政策上讲,初等教育主要由地方自筹经费支持。如《小学校令》指出,“城镇乡立小学校之经费,由城镇乡或学校联合担任之”;《整理教育方案草案》指出,“各县小学,均令就地筹款开办,以养成人民之自觉力”。因城乡区域经济状况有所不同,地方自筹的教育经费差距较为明显。1919年,为积极推进初等教育普及,北洋政府教育部计

① 教育年鉴编纂委员会编:《第二次中国教育年鉴(第3编·初等教育)》,文海出版社,1986年,第1页。

② 唐诗戡:《论乡村教育》,《湖南教育》,1940年第11期,第36页。

③ 郝锦花、王先明:《从新学教育看近代乡村文化的衰落》,《社会科学战线》,2006年第2期,第128—133页。

划由国库每年指拨常款列入预算，用于补助各省区初等教育经费。[①] 然而，国立、省立的学校集中于省城或者府城等发达地区，国家财政支出并不能顾及乡村教育发展。省级教育经费同样较少被用于支持乡村教育发展。尽管县级经费对乡村教育有所投入，但主要限于对县立学校与社会教育的支持和对区立或私立小学的补助，而且县立学校包括县立中学和县立小学，前者属于城镇学校，后者包含了大量乡村初级小学和数量很少的乡村完全小学。因“县财政对乡村教育的负担主要是对县立乡村小学的拨款和对非县立乡村小学的补助款两项。所以，可以看出乡村小学在政府的分级负担教育经费的体制中所占比重不大，乡村教育经费只是在县级教育财政中占有一定比重”[②]。乡村学校依然主要依靠乡民自筹经费支撑发展，尤其是县以下区立、镇立、村立小学的经费，多为就地筹集。由此，“我国教育经费，只有‘国立学校出自国税，省立学校出自省税’，县立小学出自县税而已。乡村教育经费之来源，除少数县立乡校外，如区立乡校向为地方税，县教育局不过补助其一部分耳。乡村教育经费，既多为地方税，则与乡村经济自有密切之关系”[③]；“乡村小学之经费来源，除了极少数的受县府补助以外，大多数还是仰赖于农村”[④]。乡村经济发展水平受限，导致乡村教育经费来源不稳定，从而影响到了乡村教育发展的持续性。

国民政府逐渐认识到地方自筹教育经费的局限性，在实施分级分区承担教育经费制度的基础上，提出了新的乡村教育经费政策：加大中央和省级财政承担乡村教育经费力度；加大县教育财政对于经济贫困地区的支持力度。国民政府通过《地方教育经费保障办法》(国民政府行政院，1931年)规定国家以专款补助教育，同时要求各地加强对地方原有教育经费来源的整顿和管理。尤其是到国民政府后期，教育部更加重视乡村初等教育的经费

---

① 中国第二历史档案馆编：《中华民国史档案资料汇编(第3辑·教育)》，江苏古籍出版社，1991年，第53页。

② 朱汉国等：《转型中的困境：民国时期的乡村教育》，北京师范大学出版社，2016年，第271页。

③ 卢绍稷：《乡村教育概论》，大东书局，1932年，第161页。

④ 焦镇儒：《乡村小学经费困难的情形及救济的实例》，《基础教育月刊》，1936年第1卷第5期，第262页。

筹集。如《国民教育实施纲领》规定："保国民学校之经费，应以由保自行筹集为原则，不足时应由县市经费项下支给之"[①]；乡（镇）中心学校及保国民学校校舍"建筑费以由乡（镇）保自筹为原则，其不能自筹者，由县市政府统筹之"[②]；"各县市筹设国民学校及中心学校经费不足时，应由省在省经费及中央拨助之经费项下，酌予补助之"[③]。《乡（镇）中心学校设施要则》（国民政府教育部，1942年）、《保国民学校设施要则》（国民政府教育部，1942年）分别规定："中心学校之经费其相当于国民学校部分之薪给办公设备等费，由保自行筹集，其余经费由县（市）政府支给之"[④]；"国民学校之经费，以保自筹为原则，其筹集办法另订之"[⑤]。由此形成了以各乡、镇、保地方自筹为原则，中央、省、县（市）政府根据具体情况予以适当补助的乡村初等教育经费筹集渠道。各级财政支持逐渐向乡村教育倾斜。1942年，时任教育部部长陈立夫在各省市国民教育会议闭幕式的总结报告中还指出，国民政府教育部决定在五年内分期普设国民学校约80万所，逐年增设国民学校所需费用由中央、各省与县、保分担。[⑥]《国民学校法》（国民政府教育部，1945年）、《国民学校及中心国民学校规则》（国民政府教育部，1945年）基本上仍维持上述基调，即国民学校及中心国民学校的经常费由主管教育行政机关统筹支给，其开办与设备等费除由主管教育行政机关筹给外，应由乡（镇）保筹给。[⑦]《全国实施国民教育第二次五年计划》还指出，国民教育经费应列入市预算，

① 中国第二历史档案馆编：《中华民国史档案资料汇编（第5辑第2编·教育）》，凤凰出版社，2018年，第425页。

② 中国第二历史档案馆编：《中华民国史档案资料汇编（第5辑第2编·教育）》，凤凰出版社，2018年，第424页。

③ 中国第二历史档案馆编：《中华民国史档案资料汇编（第5辑第2编·教育）》，凤凰出版社，2018年，第424页。

④ 中国第二历史档案馆编：《中华民国史档案资料汇编（第5辑第2编·教育）》，凤凰出版社，2018年，第437页。

⑤ 中国第二历史档案馆编：《中华民国史档案资料汇编（第5辑第2编·教育）》，凤凰出版社，2018年，第440页。

⑥ 中国第二历史档案馆编：《中华民国史档案资料汇编（第5辑第2编·教育）》，凤凰出版社，2018年，第511—517页。

⑦ 中国第二历史档案馆编：《中华民国史档案资料汇编（第5辑第2编·教育）》，凤凰出版社，2018年，第443、450页。

国民学校开办与设备等经费以由各乡镇保自筹为原则,不足之数由市县政府补助。[①]《中华民国宪法》(国民政府,1947年)还对中央、省以及市县的经费预算总额及其占比做出了规定,分别为不得少于预算总额的15%、25%以及35%。[②] 尽管国民政府及其教育部颁布了各种法令政策,加强了对地方初等教育的财政扶持,然而因各地乡村经济发展水平较低,教育经费筹集仍较困难。一些县(市)政府对经费管理不当,甚至挪用和侵占区、乡、镇教育经费,导致当地乡村初等教育举步维艰。如据1934年对河南省原武县的视察,该县"乡村初小并无底款,专赖地方人士就地自筹,或由学生摊派,故所立之学校较少,且时办时停,毫无根基"[③]。又如四川省各县早在1935年以后均实施初等教育经费统筹统支,并入了地方款内由财委会负责审核出纳,但是"教款多系学产肉税附加等比较容易收入之款。在粮税附加收入不旺之时,每挪作其他各项开支,致使教经无着"[④]。

总之,城乡学校教育经费来源不同导致城乡教育经费差距较大。如"就都市学校和乡村小学比较来说,北平的小学,一班的全年经费约七八百元,而乡村单级学校全年经费也不过百五十元,相差五倍"[⑤]。经费投入不足严重制约了乡村教育的发展,教师的薪俸福利待遇也受到了直接的影响。

2. 城乡教育差距较大——以时人评议的视角

这一时期城乡教育差距较大,引起了时人的关注,他们纷纷提出了自己的看法和建议。有人指出:"乡村教育与都市教育不同,都市学校可大规模地办,可设许多班次,乡村教育不然,只有两三间房子,一两个教员,就是一

---

① 中国第二历史档案馆编:《中华民国史档案资料汇编(第5辑第3编·教育)》,凤凰出版社,2018年,第159页。

② 宋恩荣、章咸主编:《中华民国教育法规选编(1912—1949)》,江苏教育出版社,1990年,第70页。

③ 王春元、周祜光:《原武县教育视察报告(二十三年六月)》,《二十三年上期河南地方教育视察报告》,河南教育厅编辑处印行,1934年。

④ 国民参政会川康建设视察团编:《国民参政会川康建设视察团报告书》,国民参政会川康建设视察团,1939年,第332页。

⑤ 高希裴:《乡村教育的初步认识》,《经世》,1937年第1卷第8期,第52页。

个学校。乡村学校的教员,年薪至多不过一二百千钱,家庭担负的稍为重些,就必感受极大的痛苦。”[①]这道出了城乡教育办学条件差距较大的事实。时人指出了城乡教育差距较大的部分原因:“现在无论中央教员机关和地方教育机关,却似乎只把全力用在中学以上的教育方面去了,只偏重在城市文化方面去了……真正的乡村教育却无人过问了。所谓改良小学教师待遇,也未尝不成为一个流行的口号,也未尝未见其施之实行。”[②]还有人看到了城乡教育差距背后的深层次原因:“乡村学校都因为经费的困穷而设备毫无,不得不演成教育即读书的形态乡村。学校穷并不是乡村人民缴纳的教育费少。乃是缴纳着两种教育费而享受着偏苦的待遇。”[③]可见,当时乡村教育落后并不能完全归因于乡民对教育经费的投入不足,而主要归于当时社会的政治以及财政等因素的影响。

城乡教师待遇差距也较为明显,乡村社会中“一方是合数乡设立小学,尚近因费困难,事事欠周,教员薪俸月给七八元,甚至不能发现日给还要积欠至数月。一方是一个大城市中,公私立大中小校设生总在几百和一千所以上,处处设置颇表现出经费十足。……教员月俸,最低也有三十元”[④],使得乡村难以吸引到师资尤其是优秀师资。

总之,城乡教育差距较大,“都市教育优越于乡村教育,并且支配着乡村教育”,“乡村教育和都市教育对较来说,则乡村教育更糟糕;因为都市教育是抄袭的欧美资本主义教育,而乡村教育又是抄袭的都市;辗转抄袭到乡村,教育设施和乡村需要简直成了风马牛不相及的形态。假设要用简明的词字来描写中国乡村教育的现状,‘贫’‘劣’‘缺’三个字便很恰当。贫是指经费贫窘,经费贫自然设备也贫;劣是指设施腐劣,既腐劣而且不合需要;缺是指校数缺少,在这少数的学校中还是学额不足”[⑤]。可以看出,乡村教育发展不容乐观。

---

① 余家菊:《乡村教育的实际问题》,《少年中国》,1922 年第 3 卷第 6 期,第 31 页。
② 柳均卿:《整理乡村教育发微》,《中华教育界》,1930 年第 18 卷第 1 期,第 2—3 页。
③ 高希裴:《乡村教育的初步认识》,《经世》,1937 年第 1 卷第 8 期,第 52 页。
④ 《乡村教育与都市教育》,《互励月刊·教育问题专号》,1935 年第 1 卷第 4 期,第 79 页。
⑤ 高希裴:《乡村教育的初步认识》,《经世》,1937 年第 1 卷第 8 期,第 55、51—52 页。

第二节　乡村教师队伍基本情况

这一时期“现代乡村教育尚处于起步阶段,所取得的成绩还是很初级的”[①]。而在现代乡村教育的初级发展阶段,乡村教师起着直接的决定作用。下面将探究这一时期乡村教师发展状况和乡村教师发展中存在的诸多问题。

一、乡村教师队伍发展状况

乡村教师队伍发展状况主要包括乡村教师队伍的兴起与发展、乡村教师的构成以及乡村教师的待遇等方面的内容。

(一)乡村教师队伍的兴起与发展

这一时期乡村教师队伍经历了兴起、发展、恢复发展三大阶段。

1. 乡村教师队伍的兴起

如表2.1所示,全国国民学校及小学教职员从1912年的214,453人增至1913年的270,544人,1914年为294,269人,1915年为312,097人,但1916年降至1914年的水平,到1922年仍处于下降状态,比1913年的数量还少。就全国国民学校及小学教职员与学校之比而言,1912年为2.48∶1,

① 朱汉国等:《转型中的困境:民国时期的乡村教育》,北京师范大学出版社,2016年,第533页。

即每所学校教职员约为 2.48 人,1913 年为 2.52∶1,1914 年为 2.43∶1,1915 年为 2.43∶1,1916 年为 2.47∶1,1922 年为 1.49∶1。可见,尽管初等教育学校数量持续增长,但每所学校的平均教职员数量除了 1922 年,其余年份变化并不大。就全国国民学校及小学教职员与学生之比而言,1912 年为 1∶13.04,即每位教职员约有 13 名学生,1913 年为 1∶12.88,1914 年为 1∶13.33,1915 年为 1∶13.27,1916 年为 1∶12.97,1922 年为 1∶24.93。除了 1922 年每位教职员约有 25 名学生,其余年份每位教职员均有 13 名学生。总体上讲,国民政府成立之前,随着全国初等教育教师队伍发展,乡村初级小学教师队伍不断扩大。再以浙江省为例,1912 年该省初等教育教职员共 13,027 人,1913 年有 16,104 人,1914 年有 14,779 人,1915 年有 16,027 人,1916 年达 17,705 人,呈逐渐持续增多趋势。[①] 可见,新式乡村教师队伍逐渐兴起。

2. 乡村教师队伍的发展

1929—1936 年全国小学教职员呈稳定增长趋势。其中,1929 年全国小学教职员共 407,044 人,1930 年为 568,484 人,到 1936 年达 702,831 人。[②] 乡村教师主要分布于初级小学、短期小学和简易小学等各类初等教育机构。如表 2.2 所示,1931—1936 年初级小学教师所占比重较大,于 1931—1933 年逐年持续减少,1934 年开始有所回升,到 1936 年增至 1931 年的水平。短期小学和简易小学尽管所占比重并不是很大,但呈快速增长态势:前者由 1932 年的 2,023 人增至 1936 年的 42,504 人,增加了约 20 倍;后者由 1932 年的 1,732 人增至 1936 年的 8,023 人,增加了 3 倍之多。以 1936 年为例,全国初等教育教职员地理分布情况见表 2.4。

---

① 吴相湘、刘绍唐主编:《第一次中国教育年鉴(丙编·教育概况上)》,传记文学出版社,1971 年,第 434 页。

② 中国第二历史档案馆编:《中华民国史档案资料汇编(第 5 辑第 1 编·教育)》,凤凰出版社,2010 年,第 588—589 页。

表2.4 1936年全国初等教育教职员数量分省概况统计

(单位:人)

省份	教职员数	省份	教职员数
江苏	28760	云南	32082
浙江	36150	贵州	7847
安徽	15873	绥远	2257
江西	28408	宁夏	649
湖北	13024	新疆	394
湖南	58802	辽宁	17081
四川	40322	吉林	4422
西康	181	黑龙江	2570
河北	68275	热河	1473
山东	73864	察哈尔	7447
山西	34034	南京	1749
河南	35796	上海	7283
陕西	17637	北平	2066
甘肃	6228	天津	2027
青海	1574	青岛	1185
福建	16699	东特区	682
广东	76241	威海卫	493
广西	59256	合计	702831

注:(1)根据各省教育厅呈报民国二十五年度初等教育统计编制。(2)辽宁、吉林、黑龙江、热河系沿用民国二十学年度以前数字,内蒙古、西藏系沿用民国十九年数字。

资料来源:中国第二历史档案馆编:《中华民国史档案资料汇编(第5辑第1编·教育)》,凤凰出版社,2010年,第580—583页。

如表2.4所示,1936年全国不同省份初等教育教职员分布有所不同。该年702,831名教职员中,人数最多者为广东省,有76,241人;其次为山东省,有73,864人;再次为河北省,有68,275人;教职员较少的省份有西康、新疆、威海卫、宁夏、东特区等。由此,乡村教师发展状况在不同省份差异较大。

3. 乡村教师队伍的恢复发展

1937年全面抗战爆发,导致初等教育教职员有所减少,由1936年的7028,31人降至1937年的482,160人,再降至1939年的427,454人。1940

年初等教育教职员开始逐年持续增多,从该年的490,053人增至1945年的785,224人,超过了1936年的数值。相关统计见表2.5。

表2.5 1937—1945年全国初等教育教职员数量统计

(单位:人)

学校类别	1937年	1938年	1939年	1940年	1941年	1942年	1943年	1944年	1945年
合计	482160	432630	427454	490053	547737	669616	696757	655611	785224
中心国民学校				114279	148101	191634	201925	205842	251892
国民学校				209863	278215	373079	410850	378159	438047
小学(高初合设)	143772	119032	120585	39692	38545	67398	82820	70271	92878
初级小学	294084	278834	270172	115877	77476	35625			
短期小学	36188	28744	31632	5525	2802	410			
简易小学	6716	4529	1127	1062	601				
其他			2992	2782	1208	456	141		

注:(1)"合计"中包含了幼稚园教职员数据,因不在本书分析范围,表中未予呈现。(2)表中"其他"指实行特种教育之小学教职员数量。(3)原文献中1944年教职员数为655,611人,实际应为655,665人。

资料来源:殷梦霞、李强选编:《民国统计资料四种》(第13册),国家图书馆出版社,2010年,第618—619页;中国第二历史档案馆编:《中华民国史档案资料汇编(第5辑第2编·教育)》,凤凰出版社,2018年,第560—561页。

1940年国民教育制度推行之后,乡村教师由主要分布于初级小学、短期小学和简易小学等各类初等教育机构之中,转变为分布于中心国民学校和国民学校之中。如表2.5所示,就中心国民学校和国民学校教职员而言,1940—1945年其人数逐年增多,前者由1940年的114,279人增至1945年的251,892人;后者除了1944年有小幅度下降,其余年份均不断增多,由

1940 年的 209,863 人增至 1945 年的 438,047 人。就初级小学、短期小学与简易小学教职员而言,1937—1942 年呈大幅度减少的趋势,初级小学由 1937 年的 294,084 人减至 1942 年的 35,625 人,短期小学由 1937 年的 36,188 人减至 1942 年的 410 人,简易小学则由 1937 年的 6,716 人减至 1941 年的 601 人。总体上,全面抗战爆发后,尤其是推行国民教育制度之后,初等教育教职员增加速度相对较快,1937—1945 年乡村初等教育的教师得以恢复发展。到 1946 年,中心国民学校教职员有 277,124 人,国民学校有 508,444 人,小学 92,485 人。① 然而,全面抗战爆发后国统区乡村教育处于破产边缘,乡村教师面临着严重的生存困境。

(二)乡村教师的构成

乡村教师的构成主要包括乡村教师的年龄与性别结构以及任职资格(学历资格)等方面的内容。

1. 年龄与性别结构

第一,这一时期乡村教师年龄结构整体上偏年轻。如据 1929 年统计,在山西省大同县 334 名乡村教师中,21—30 岁者人数最多,达 169 人,占总数的一半;31—50 岁者共 123 人;50 岁以上者仅 23 人。② 总体上呈现年轻化特征。

以 1935 年安徽和县第二区乡村小学为例,如表 2.6 所示,该小学 45 名教师中,21—23 岁者达 11 人,占总数的 24.4%;其次为 30—32 岁者 7 人,占总数的 15.6%;50—59 岁者仅 2 人。总体上 30 岁以下者共计 24 人,占总数的一半以上,39 岁以上者仅 6 人。由此,该校师资年龄结构同样偏年轻。

① 多贺秋五郎编:《近代中国教育史资料·民国编》(下),文海出版社,1976 年,第 1239 页。
② 李廷枚:《大同的乡村教育》,《西北》,1929 年第 10 期,第 2 页。

表 2.6　1935 年安徽和县第二区乡村小学教职员年龄统计

年龄/岁	完全小学/人	初级小学/人	共计/人	占比/%
18—20	3	2	5	11.1
21—23	7	4	11	24.4
24—26	1	3	4	8.9
27—29	1	3	4	8.9
30—32	1	6	7	15.6
33—35	1	3	4	8.9
36—38	1	3	4	8.9
39—49	3	1	4	8.9
50—59	无	2	2	4.4
合计	18	27	45	100.0

资料来源:辛润堂:《安徽和县第二区乡村教育初步调查》,《农林新报》,1935 年第 4—5 期,第 104 页。

第二,乡村教师队伍以男性为主,女教师相对较少。部分地区的乡村教师均为男性,女教师为零。随着义务教育的推进和发展,乡村女教师有所增长,到 1937 年,全国初等教育教职员仍以男教师为主。具体统计见表 2.7。

表 2.7　1937 年全国初等教育教职员性别统计

学校类别	合计/人	其中男教师/人	男教师占比/%	其中女教师/人	女教师占比/%
合计	482160	448229	93.0	33931	7.0
小学（高初合设）	143772	125701	87.4	18071	12.6
初级小学	294084	281978	95.9	12106	4.1
短期小学	36188	34125	94.3	2063	5.7
简易小学	6716	6239	92.9	477	7.1

注:(1)"合计"中包括了幼稚园教职员数据,因不在本书分析范围,表中未予呈现。(2)根据各省教育厅呈报之初等教育统计报告表。

资料来源:中国第二历史档案馆编:《中华民国史档案资料汇编(第 5 辑第 1 编·教育)》,凤凰出版社,2010 年,第 584—585 页。

如表 2.7 所示,到 1937 年,在所有类型的小学中,男教职员均占较大比重,平均为 93%;女教职员所占比重偏低,仅为 7%。其中,初级小学中男教职员占96%,短期小学中男教员占94%。总体上讲,这一时期乡村教师队伍以男教师为主,女教师相对较少,但其所占比重逐年增加。

2.教师任职资格——以学历资格分析为切入点

20世纪30年代,广东省小学教师"资格很混杂",6万多名小学教师,"有师范毕业生,有小学毕业生,有未毕业者,有未经学校训练者,有老师宿儒,有学究,有乡绅,不一而足"。[①] 这基本上反映了当时全国初等教育教师的任职资格面貌。关于乡村教师任职资格,从当时的教职工招聘信息中也可以略知一二。如杭州某机构招聘乡村小学校长与教师,具体资格规定如下:

1.高中师范或旧制师范本科毕业,曾任小学教员一年;

2.师范讲习科一年以上毕业曾任小学教师二年;

3.大学本科或专门学校毕业,对于初等教育素有研究,曾任小学正教员一年;

4.受小学教员检定委员会检定合格,得有初小正教员之许可状,曾任初小正教员二年而得嘉奖者,其待遇为正教员薪二十二元、校长三十八元,年功加俸须刻苦耐劳肯为乡村教育尽力者,为合格……[②]

可见,该机构要求应聘者既接受过专门的师范教育或培训,又有相关的教学经历。与此同时,将乡村教师的待遇与其是否接受过检定委员会检定并合格的条件相关联。然而,上述信息更多地展示了招聘单位以及相关部门对乡村教师任职资格的要求,事实上更多表达了一种美好的期待。1934年频繁出现在《申报》上的这则征聘启事更加贴近当时上海乡村学校教师的现实状况,其对教师资格的要求是:

---

① 黄希声:《小学教师的现状与其改进方案》,《广东省政府公报》,1940年元旦特刊,第169页。

② 《指导所介绍教育人才》(浙省委请乡村教育人才并规定资格),《申报》,1929年10月9日第12版。

1. 体格健全;

2. 年龄二十以上二十五以下;

3. 有坚强志愿在乡村教育上服务者;

4. 能说苏州上海一带方言者;

5. 至少有高中或相当之程度者;

6. 有救人志愿常识丰富者;

……①

该启事对征聘乡村教师的身体、年龄、从事乡村教育志趣、语言、学历以及基本医学常识等提出了一定的要求。其中,学历要求"至少高中或相当之程度者",与前面的征聘信息相比,更能反映当时乡村学校以及乡村社会对于乡村师资的真实需求。而且,当时乡村教师的学历资格更低。如据1929年统计,山西省大同县的334名乡村小学教师中,高小毕业者123人,县立国民师范毕业者38人,师范讲习所毕业者113人,教员养成毕业者16人,中等肄业者20人,单级师范毕业者8人,第四师范讲习科毕业者4人,大学法政毕业者2人,高小肄业者4人,前清文生及白丁6人。② 由此,该县经过师范专业训练者共达179人,其中以师范讲习所毕业者为最多;未经师范训练者有155人,其中又以高小毕业者最多。这种情况在1934年前后的山西省的乡村学校也较为常见,具体情况见表2.8。

如表2.8所示,在山西省22县50村65所学校的103名教师中,高小毕业者最多,共38名,占教师总数的37%;其次为六年师范学校毕业者,有25人,占总数的24%;再次为中学毕业者,有14人,占总数的14%;大学毕业者仅1人。当时全国乡村教师的学历资格情况大体如此。

---

① 《苏州薛家湾乡村小学征求教师》,《申报》,1934年3月5日第15版。

② 李廷枚:《大同的乡村教育》,《西北》,1929年第10期,第2页。

表 2.8　1934 年前后山西省 22 县 50 村 65 所学校的教师资格统计

教师资格	人数/人	占比/%
女子高小毕业	2	1.94
前清生员	4	3.88
高小	38	36.89
六年师范	25	24.27
两年师范	12	11.65
中学	14	13.59
教育学院、专门学校、医农工商	7	6.80
大学(并大)	1	0.97
合计	103	100.00

资料来源:宋震寰:《山西乡村教育概况之调查》,《新农村》,1934 年第 13—14 期。

受经济水平和教育经费投入程度的影响,不同省份乡村师资状况有所不同。但大体上,乡村教师学历有大学生毕业者或肄业者、师范讲习所和师范学校毕业者、中小学毕业者或肄业者、清朝生员及私塾先生,还有职业学校毕业者或者肄业者,等等。不同地区各学历资格者占比差异较大,但总体上呈现受师范专业训练者占比较小、中小学毕业者占比较高的态势。

(三)乡村教师的待遇及其来源

这一时期乡村教师的待遇主要体现在薪俸和福利待遇,其来源多样且各地均有不同。

1. 薪俸和福利待遇状况

第一,有关乡村教师的薪俸待遇,《小学教员俸给规程》(北洋政府教育部,1917 年)对不同学校教师的月俸标准做出了规定(见表 2.9)。

因教师的月俸标准一般由各地方行政长官根据地方情形具体规定,表 2.9 所示的月俸标准为各地方自定薪俸规程提供了参考。但因各地经济发展状况以及教育经费投入程度不同,乡村教师的工资也呈现较大的差异。

表 2.9　1917 年国民学校、高等小学校长、教师月俸标准

(单位:元)

职位	级别													
	一	二	三	四	五	六	七	八	九	十	十一	十二	十三	十四
校长及正教员	60	55	50	45	40	35	30	26	22	18	15	12	10	8
专科正教员及专科教员	40	35	30	26	22	18	15	12	10	8	6			
助教员	22	18	15	12	10	8	6	4						

资料来源:多贺秋五郎:《近代中国教育史资料·民国编》(上),文海出版社,1976 年,第 426 页。

以 1925 年 8 省 14 县为例,如表 2.10 所示,8 省之中江浙两省乡村教师年俸最高,中数达 130 元;其次为川鄂两省,中数为 110 元;山西省年俸最低,仅 47.1 元。8 省的 31 人中,年薪 41—60 元者有 9 人,101—120 元者有 5 人,160 元以上者较少。其中,山西省的乡村教师年薪多在 21—60 元。

表 2.10　1925 年 8 省 14 县乡村教师全年薪俸统计

(单位:人)

全年薪俸	山西	江浙	闽粤	川鄂	合计
1—20 元					
21—40 元	2				2
41—60 元	7		2		9
61—80 元		1	1		2
81—100 元			3	1	4
101—120 元		4		1	5
121—140 元		1			1
141—160 元		3			3
161—180 元		1			1
181—200 元				1	1
201—220 元			1		1
221—240 元					
241—260 元			1		1

续　表

全年薪俸	山西	江浙	闽粤	川鄂	合计
261—280 元					
281—300 元		1			1
总数	9	11	8	3	31
中数	47.1	130.0	86.7	110.0	92.5

注:8 省 14 县分别为:山西安邑、襄陵,福建长汀、顺昌,江苏金山、如皋、江浦,浙江镇海、上虞、余杭,江西莲花,湖北枝江,广东文昌,四川富顺。

资料来源:祝其乐:《乡村教育调查报告(三)》,《中华教育界》,1925 年第 14 卷第 12 期,第 5 页。

在《小学教员聘任及待遇暂行条例》(国民政府教育部,1928 年)中,小学教师具体薪俸标准有一定变化(见表 2.11)。

表 2.11　1928 年县、区立小学校教师月俸标准

(单位:元)

职位		级别		
		第一级	第二级	第三极
高级小学校	正教员	35—40	30—35	25—30
	专科教员	30—35	25—30	20—25
初级小学校(城镇)	正教员	30—35	25—30	20—25
	专科教员	25—30	20—25	15—20
初级小学校(乡村)	正教员	25—30	20—25	15—20
	专科教员	20—25	15—20	10—15

注:(1)以上数目为初级俸均包括膳费而言。(2)以上级别系就个人学历及成绩而区别之标准,每级中之差数系就各县经济情形可以活动之范围。(3)以上标准系指合于本条例规定资格之教员而言。(4)各县遇有特别情形得由教育局另拟标准呈大学核行。

资料来源:多贺秋五郎编:《近代中国教育史资料·民国编》(中),文海出版社,1976 年,第 667 页。

通过表 2.9 和表 2.11 的对比可知:第一,小学教师级数减少,正教员从 14 级减至 3 级,专科教员从 11 级减至 3 级。第二,最高级别和最低级别之间月俸的差距减少。如前者规定专科教员最高 40 元,最低 6 元,差距为 34 元;后者以乡村初级小学校为例,正教员最高 25—30 元,最低为 15—20 元,差距仅为10元。由此，通过级别晋升实现增加月俸的空间被大大压缩，级别晋升也失去了一定的吸引力。第三，与之前相比，无论是正教员还是专科教员，最高级别的月俸大为减少，但最低级别的月俸有所增多，小学教师的经济待遇总体上呈下降趋势。第四，乡村初级小学教师的经济待遇一直处于最低水平。

待遇低是乡村教师短缺的重要原因。在山西省大同县334名乡村小学教师中，月薪8元者58人，7元者115人，6元者达161人；年薪有盈余者仅9人，收入支出平衡者17人，有负债者高达308人。[①] 乡村教师存在严重的家庭经济问题，导致他们对乡村教育丧失了兴趣。乡村教师不仅工资待遇菲薄，还面临薪金领取困难问题。据国民参政会川康建设视察团的视察报告，四川省普遍存在领薪难问题，具体如下：

> 小学教师之低微薪金，大多数县份，不能按月领得，每欠至三四月以上，或折扣发给，或每月仅发数元伙食。至领款尤极费时。每月到城领款一次或二次，每次等候二三日至四五日，每次或领款四五元，或领款二三元，甚至少到一元，或竟至毫无所得。领到之款，每不敷旅费，更有发乡镇之欠粮或斗息肉税，令校长自行催收者。辗转追讨，纠纷迭起，甚至有发给抵薪券，复以折扣收回者，致教师辛苦之资，又遭剥削。困苦多端，难于尽述。[②]

第二，有关乡村教师福利待遇情况，可由时人言论窥一斑见全豹："年功加俸之说，传之久矣，而实行之者百不逮一。优待教员之文告，时时见于报章，亦定有之条文矣，而条文之下，恒系以'斟酌地方之财力而定之'一语，地方财力此时安得充裕，则有如无有。其他，则退隐金无有也，十年二十年老教师，亦未尝休息也。所谓报酬者，传令嘉奖耳，奖章耳，奖状耳，勋章耳，匾

---

① 李廷枚：《大同的乡村教育》，《西北》，1929年第10期，第2页。

② 国民参政会川康建设视察团编：《国民参政会川康建设视察团报告书》，国民参政会川康建设视察团编印，1939年，第332—333页。

额耳,此嘉奖、奖章、奖状、勋章、匾额者,即一人尽得之,亦不能煮以供一饱。”[①]尽管时人揭露了当时全体小学教师的福利待遇情况,但据这一时期城乡社会情形推测,乡村教师福利待遇只会更差。如安徽桐城乡村的“小学教师的薪金,每年只发10个月,寒暑假不发,无其他补助费,亦无医疗费”[②];该省安庆市乡村学校“教师生病请假,不仅无医疗费,还要按课时扣发工资。年老也无退休金”[③]。有关养老金、抚恤金等福利保障,以1930年部分地区的情况统计为例进行说明,见表2.12。

表2.12 1930年部分地区小学教师养老金、抚恤金办理情况统计

地区	养老金、抚恤金办理情况	备注
浙江	仅杭州一市有此规定。	于1932年2月起,每月存款500元作该项经费之用;其他如金华、临海等各县也实行,但未设专款存储。
江西	有相关规定。	根据中央颁布的条例给予养老金及抚恤金。
湖南	主要针对省立小学教师。	均遵照国民政府所颁学校职教员养老金及抚恤金条例办理。
四川	有抚恤金,但养老金尚未实行。	因任教多年,积劳致故者,酌给抚恤金。
福建	1929年实行。	遵照国民政府所颁条例实行。
云南	尚无规定,但已实行身故抚恤金。	视其服务年限,给予三个月至一年原薪至死亡恤金;养老金一项,亦间有由各县区自定办法临时支给者。
广西	均已规定实行。	惟各县多因经费关系,实行者不过六七县而已。
山西	尚未能规定实行。	
山东	除诸城县,其他各县尚未实行。	对年老退职教员给予养老金。
青岛	有养老金,但受众面小。	教员因任职已久,年逾六十之退职教员,现有四人,均依据国民政府公布相关规定给予养老金。

资料来源:吴相湘、刘绍唐主编:《第一次中国教育年鉴(丙编·教育概况上)》,传记文学出版社,1971年,第434、443、448、449、452、453、454、456、459、463、465、484页。

① 陈元晖主编:《中国近代教育史资料汇编·普通教育》,上海教育出版社,2007年,第808页。

② 安徽省桐城县教育委员会编纂:《桐城县教育志》,安庆市华中印刷厂,1992年,第337页。

③ 安庆地区教育志编写委员会编纂:《安庆地区教育志》,安庆地区教育志编写委员会,1993年,第313页。

如表2.12所示，尽管部分地区小学教师开始实施养老金抚恤金等福利保障，但多数地区并未推行。

2.待遇来源

乡村教师待遇主要来源于乡村学校的教育经费，以乡村民众自筹为主。以1924年7省9县的调查为例，如表2.13所示，上述各县乡村教育经费的来源多达56种，其中，有11种较为普遍，即教育基金、田亩附捐、地方公产、书院学款、社庙祠捐、营业捐、出产捐、牲畜捐、补助费、学费以及杂捐。

表2.13 1924年7省9县乡村教育经常费总数及经费来源统计

省县名	经常费总数/元	经费来源
山西安邑	21000	基金、社款、庙款、公产、亩捐、学费。
山西襄陵	15758	基金、社款、随粮代征。
福建长汀	36327	公局款、宗祠款、屠宰、龙山、油行、猪行、宾兴、杂捐、公产、庙捐、学费。
福建顺昌	4001	屠宰捐、乳牛捐、拼鸭捐、笋皮捐、补助费。
江苏江浦	12000	附税、特税、公产、牲畜捐、马路捐、中资捐。
江西莲花	4000	附税、票捐、书院学租、宾兴田租。
湖北枝江		庙产、祠产、公产、学费、补助费、杂捐。
四川富顺		社款、庙款、斗息、猪牛行、绅捐、肉捐、书院学租、炭捐、学费、杂捐。
广东文昌	(396000)?	椰子捐、猪牛附捐、米捐、禾谷捐、中资捐、灰石捐、木料捐、牛车捐、宾兴捐、船捐、麻布捐、油糖捐、窑捐、戏剧捐、猪苗捐、杂捐。
平均	15514	
备注	每县乡村教育经常费平均数为15514元，以94个学校计算，每校约得165元强，以5192个学生计算，每生约得3元弱。	

注："?"或系全县教育经费之误，否则亦为一例外，故未列入统计。

资料来源：祝其乐：《乡村教育调查报告(一)》，《中华教育界》，1925年第14卷第10期，第6页。

再以山西各县乡村小学经费来源为例，如表2.14所示，山西各县乡村教育经费来源中，初级小学经费大多数由村民公摊，其次是由学生负担，而高级小学经费主要由县款支拨，"村民公摊之法，有的是按照各家户钱粮——地赋——多寡为比例而分配,有的是按照各家户每年土地收入做标准来分摊,各村有各村的规矩,很不一律”①。1932年前后河南各县小学教育经费来源有:丁地附加捐、契税附加、庙产房租及学田稞租、乡村自动就地筹款、各种杂捐(烟叶、车马、六畜、柿饼、戏便、船商、亩捐等)。②

表2.14　1931年山西各县乡村小学经费来源统计

县名	初级乡村小学							高级乡村小学				
	地亩捐	牲畜捐	学费	村民公摊	村地租	村罚款	基金生息	县款	捐款	学费	各村摊配	各项税捐
灵石	1	1	1									1
安邑			1	1			1	1				
赵城				1			1					
交城				1								1
稷山			1	1				1				
荣河			1	1				1				
五台				1				1				
万泉			1					1				
神池				1				1			1	
保德			1	1				1			1	
河曲				1				1				
河津			1	1	1	1		1		1		
芮城			1				1	1	1	1		
大同				1				1				
合计	1	1	8	11	1	1	3	11	1	2	2	2

注:各项税捐内,包括木材税、皮税、地募捐、地方捐等。

资料来源:庞善守:《山西乡村小学调查及今后改进办法》,《三民半月刊》,1931年第7卷第1—2期,第33页。

乡村小学教育经费来源各不相同,并无统一的标准,但概括起来主要有县教育财政补助费、学生缴费以及乡村教育基金性质的款产、地方教育捐税

① 庞善守:《山西乡村小学调查及今后改进办法》,《三民半月刊》,1931年第7卷第1—2期,第34页。

② 马固生:《河南各县初等教育与义务教育概况》,《河南教育月刊·河南检定小学教员委员会报告专号》,1932年第3卷第1期,第92页。

或摊派等几部分。实际上，区、乡镇学校的教育经费除了学生缴费较为固定外，县补助费并不常有，尤其是地方教育捐税因“捐款名目繁多，重窗叠架，迹近苛细，往往不易征收”[①]。时人指出：“一个学校的经费，有四个来源：1.县补助费；2.学田租金；3.基金生息；4.学生纳费。”其中，补助费每月底从县政府第五科支领，“其余学生纳费，学田租金及基金生息，均由本村学校管理员催收，按期缴付学校，（学生纳费年分三期，学田租金每年以此，基金生息每年四期）”。[②] 而乡村小学教师获得这些经费，“最需要交际术，而且是以交际费的多寡来作位置与声望的保障与转移的，只要手腕灵活，多花几块钱多打几角酒给管理员吃吃，应付得他的心好似经过了熨斗那么舒服，这几项校款还有痛快支用的希望；反之，任凭你教学怎样的高妙，而这几项校款就不用打算如期拿来，并且还要节外生枝，故意为难”[③]。可见，乡村学校经费获取并非易事，且很多乡村小学并无补助费。

实际上，当时有的乡村学校并不收取学生学费，或者受多种因素影响，学生学费无法收齐，导致乡村教师待遇来源不稳定。《申报》上的一则消息则展现了乡村教师待遇来源的一个侧面：

在开学的一天，学董带着四十几个孩子，肩了一担柴，手里提了一筐米，这便是学校的“开办费”。原来小学校的教育经费是由教局统支统筹，而又由当地的“猪市地皮捐”下拨用的。“猪市地皮捐”不能马上可以收来，收来又不成整，而初上学的教员又不能不吃饭，所以只得由该校学董先拿柴和米来作为学费。[④]

---

① 张仲慎：《区教育经费问题应如何处理》，《浙江教育行政周刊》，1935年第6卷第34—35期，第67页。

② 张绳五：《乡村教育的实地经验谈》，《基础教育月刊》，1935年第1卷第1期，第13—14页。

③ 张绳五：《乡村教育的实地经验谈》，《基础教育月刊》，1935年第1卷第1期，第13—14页。

④ 崔温：《乡村的小学教员》，《申报》，1936年4月12日第5版。

总之，乡村小学经费来源既混乱又不稳定，还受乡村经济发展水平的制约，导致乡村教师的薪俸待遇毫无保障。

二、20 世纪 20—30 年代乡村教师队伍发展存在的主要问题

这一时期乡村教师发展仍存在数量不足和质量不高的双重问题。具体有：乡村教师数量短缺与乡村师资养成力度不足问题同时呈现；乡村教师补充困难与聘任不规范问题同时呈现；乡村教师“留不住”与监督管理缺乏问题同时呈现；乡村师资水平不高。

(一)乡村教师数量短缺与乡村师资养成力度不够

1. 数量短缺

乡村教育面临的较大问题之一便是“人才极感缺乏”，尤其是乡村教师缺口较大。据 20 世纪 20 年代初的统计，应受四年义务教育的 4,000 万名学龄儿童至少需要 100 万名小学教师，但全国国民学校教师总数不到 233,297 人，尚缺少 776,703 名，其中乡村就缺少 663,198 名教师。[①] 据上述 1924 年对 7 省 9 县的调查，1917—1922 年乡村教育发展情况统计见表 2.15。

如表 2.15 所示，1917—1922 年，上述各县的乡村教师均呈增长趋势。从平均数上讲，乡村教师数从 1917 年的 202 人增至 1922 年的 443 人，增加了 1 倍多；从学校数和教师数配比上讲，从 1917 年的 118∶202(即每校不足 2 人)增至 1922 年的 192∶443(即每校 2 人有余)；从平均学生数和教师数的比值来讲，1917 年为 23.9∶1，1918 年为 23.6∶1，1919 年为 21.1∶1，1920 年为 21.7∶1，1921 年为 19.5∶1，1922 年为 20∶1，总体上看，乡村学生数和教师数的比值呈下降趋势，表明教师的增加速度略快于学生的增加速度，但乡村教师依然较为缺乏。

---

① 祝其乐：《乡村教师问题》，《中华教育界》，1923 年第 13 卷第 10 期，第 1 页。

表 2.15　1917—1922 年 7 省 9 县乡村教育发展(含学校、学生及教师)比较

(单位:人)

省县名	1917 年			1918 年			1919 年			1920 年			1921 年			1922 年		
	学校	学生	教师	学校	学生	教师	学校	学生	教师	学校	学生	教师	学校	学生	教师	学校	学生	教师
山西安邑	132	3255	157	157	3890	190	168	4917	212	181	6779	246	188	7995	250	186	8912	247
山西襄陵	155	9865	155	160	9908	162	160	9932	166	165	9950	169	167	9960	172	169	9975	185
福建长汀	75	5864	332	80	6002	354	81	6007	366	80	6551	372	92	6812	388	96	6973	397
福建顺昌	11	648	45	11	669	47	12	677	54	10	596	47	14	738	54	14	756	55
江苏江浦	19	852	40	20	871	42	20	906	43	20	930	44	20	944	45	25	1097	51
江西莲花	12	520	18	18	752	22	28	820	34	34	1240	40	54	1820	60			
湖北枝江	50	2600	130	67	3700	150	75	3900	165	78	4400	180	85	4700	195	90	5200	208
四川富顺																		
广东文昌	490	14937	740	422	15387	780	470	18512	1121	480	18977	1181	753	28075	1915	762	28986	1956
平均	118	4818	202	117	5147	218	127	5709	270	132	6178	285	172	7508	385	192	8843	443

注:原文献中 1920 年学校平均数、1921 年学生平均数有误差,仍采用原文献数据。

资料来源:祝其乐:《乡村教育调查报告(一)》,《中华教育界》,1925 年第 14 卷第 10 期,第 4 页。

到20世纪30年代，数量短缺情况仍是如此。以1932年浙江省各学区师资需求情形为例，当时该省合格师资很少，仅占师资总数的20%—30%。各学区师资需求情况见表2.16。

表2.16　1932年浙江省各学区师资需求统计

学区	应需师资/人	现有合格师资/人	缺乏师资占比/%	现培养中的师资/人	此后应补充培养的师资占比/%
第一学区(旧杭属)	2734	320	88.3	322	76.5
第二学区(旧嘉属)	3059	545	85.5	99	79.0
第三学区(旧湖属)	2738	315	88.5	0	88.5
第四学区(旧宁属)	6148	862	86.0	278	81.5
第五学区(旧绍属)	5773	749	87.9	191	83.8
第六学区(旧台属)	4486	667	85.2	150	81.8
第七学区(旧金属)	3907	559	85.7	327	77.4
第八学区(旧衢属)	2286	240	89.5	46	87.5
第九学区(旧严属)	1361	305	77.6	79	71.8
第十学区(旧温属)	5567	299	94.7	78	93.3
第十一学区(旧处属)	1886	295	84.4	132	77.4

注：表中第二学区、第五学区、第六学区的“缺乏师资占比”数据与计算结果不一致，仍采用原文献数据。

资料来源：《督学戴夏视察浙江省教育报告》，第19—20页。见教育部编：《二十二年度十月教育部视察员视察各省市教育报告丛编》(上)，浙江大学馆藏，出版社不详，出版时间不详。

如表2.16所示，1932年浙江省各学区应需师资和缺乏师资都较多，但正在培养中的师资并未随之增多。就缺乏师资占比和需补充培养师资占比而言，各学区在70%—95%，且多在80%以上，其中第十学区(旧温属)最高，分别约达95%和93%。上述数据是城乡教育混合统计后的结果，但据当时城乡教育不均衡情形可推测出乡村小学应需师资更多、教师的合格师资更少、缺乏师资比例更高。当时全国其他省份的乡村师资状况也大抵如此。

再以1936—1937年四川省小学教师需求为例，如表2.17所示，1936年前后四川省部分县小学教师存在一定缺口。其中，荣县和仁寿县缺少教师数较多。另据时人统计，该省59个“繁县”缺少教师21,240人，53个“中县”

缺少教师 7,950 人，36 个“简小县”缺少教师 4,000 多人，约计缺少教师 33,190 人至 91,140 人。①

表 2.17 1936—1937 年四川部分县小学教师需求数与缺少数统计

（单位：人）

县名	教师需求数	现有教师数	缺少数	县名	教师需求数	实际数	缺少数
珙县	128	94	34	双流县	300	164	136
荣县	831	445	386	梓潼县	321	173	148
温江县	300	208	92	仁寿县			340
蓬安县			300				

资料来源：《二十五年度上学期各县教育状况视察报告》，《四川教育》，1937 年第 1 卷第 4 期，第 40、52—53 页；《四川省各县（市）初等教育二十五年度概况分析四年普及计划表》，《四川教育》，1937 年第 1 卷第 4 期附表，1937 年第 1 卷第 5 期附表；《四川省二十五年下学期各县地方教育视察报告》，《四川教育》，1937 年第 1 卷第 9 期，第 36—37 页。

2. 养成力度不够

一是师范学校较少，且毕业生基本上以就业于城市学校为目标。正如袁观澜指出的：“师范毕业以后，求能服务于乡校者，十不得二三。”②况且“乡村教师应具勤劳的习惯，忍耐的精神，诚朴的性格，与夫和易近人的态度及爱乐自然的兴趣，普通师范学校，直是未尝计及。”③陶行知也曾说，师范学校多设在城里，不能适应乡村儿童的需要。④ 可见，师范学校毕业生并不以服务乡村学校为目标，同时也难以胜任乡村教师的工作。

二是专门培养乡村教师的机构及其学生数较少。据大夏大学黄敬思教授推测，每年约需乡村小学教师 102,860 人⑤，但乡村师范学校学生数较少，

① 徐计裁：《由小学教师检定说到师范教育及其他》，《教育半月刊》，1936 年第 2 卷第 1 期，第 7—8 页。转引自杨学功：《战时四川省小学教师生存境况的考察》，南京师范大学硕士学位论文，2007 年，第 16 页。

② 袁观澜：《师范学校添办乡村分校之建议》，《新教育》，1922 年第 4 卷第 5 期，第 926 页。

③ 季良：《新兴的一种师范教育——乡村建设师范学校》，《乡村建设半月刊》，1937 年第 6 卷第 11 期，第 1 页。

④ 陶行知：《陶行知全集》（第 2 卷），四川教育出版社，1991 年，第 295—296 页。

⑤ 卢绍稷：《乡村教育概论》，大东书局，1932 年，第 98—99 页。

如 1931 年乡村师范学校仅 451 所(含中学、职业附设师范科 63 个),在校生仅 45,546 人,毕业生仅 8,823 人[①]。即使这些学生都从事乡村教育工作,也远不能满足当时乡村教育发展对师资的需求,更何况他们毕业后担任教师的比例并不高。如据 1936 年前后统计,湘湖乡村师范学校历届毕业生在乡间服务者仅占 32.6%。[②]

(二)乡村教师补充困难与聘任不规范

1. 补充困难

因"乡村教师待遇,每不及城市之丰富,一般师范生,均愿在城市享受丰厚的待遇与过优越的生活,不愿屈就乡村教师,乡村教师之供给方面,遂无形减少,供不应求"[③];同时,"省师毕业生不愿服务乡村致市区小学不敷分配"[④],乡村学校师资补充困难。如 1929 年暑假吴县教育局"将本县新毕业的师范生,一起请他们到乡间去担任初级小学校长,结果都把聘任书退还,一个都不肯去"[⑤]。当时吴县教师的待遇标准在全国并不算低,但仍请不到师范生到乡村服务。全国大部分地区因"常不能聘到优良教师",酿成乡村教育不振的现象。[⑥] 即便是以非师范学校毕业者和非学校毕业者补充乡村师资仍较为困难,一般愿为乡村教师者,"多属家贫不能谋生者,与学识浅薄不能往外者"[⑦]。如 20 世纪 30 年代四川省的乡村教师"几乎都是不能做乡村工作的人"[⑧]。

---

① 教育部普通教育司编:《中华民国二十年度全国中等教育统计》,南京大陆印书馆,1935 年,第 2、4—5 页。

② 古楳:《乡村师范概要》,商务印书馆,1936 年,第 167 页。

③ 陈骥:《乡村学校教师问题》,《师大教育丛刊》,1931 年第 2 卷第 2 期,第 23 页。

④ 胡叔异:《教育调查随笔(四)》,《申报》,1928 年 4 月 5 日第 11 版。

⑤ 唐庐锋:《训政时期乡村教育的实际问题》,《广西教育》,1929 年第 1 卷第 9—10 期,第 113—114 页。

⑥ 周宏达等:《我国乡村教育之改造》,《教育丛刊》,1934 年第 4 期,第 250 页。

⑦ 李廷枚:《大同的乡村教育》,《西北》,1929 年第 10 期,第 3 页。

⑧ 介然:《四川小学教育之现状》,《成都快报》,1935 年 10 月 29 日第 5 版。

2. 聘任不规范

乡村教师聘任不规范，尤其聘任期限与聘任办法遭到诟病。有人指出："我国教师任期，向无保障，而乡村教师为尤甚，学校更换校长，旧教职员无论好坏，一概更换。因此任事时，无不抱着五日京兆的观念。无心教育，更无心作永久之计划了。"[①]如青海乡村教师的任职期限同样"向无何种之规定，学校教师，得随时更换"[②]。有关乡村学校聘请教师办法，"国家既不统制，学校亦无固定办法，视教师为商品，随意取舍，教师地位既无保障，社会亦不尊重，故教师只得以商品自居，钻营奔走，无所不为，偶有自重者，则虽品学兼优，亦必向隅。结果无学卑污者当道，优秀者或改途或隐退，毁坏人材之甚，未有过于此者"[③]。甚至出现了一方面缺乏合格的乡村小学教师，另一方面大量师范毕业生找不到工作的现象。

乡村教师聘任不规范主要体现在四个方面：其一，乡村教师初聘为一学期或一学年，导致乡村教师工作和生活均不稳定，且每到学年结束之际对教职能否保住的惶恐心理导致其无法安心教学，也影响其继续服务乡村教育的信心和勇气。其二，除了由校长聘任乡村教师外，在有的乡村，学董或村长掌握了聘任权，致使乡村教师任职更缺乏稳定性，更难以得到保障。如山西太谷县由村长等人掌握乡村教师任职权力，因"每一学期开始，劝学所必要大事更调，弄得教员们东奔西跑，叫苦连天！我们奔走的路线：第一步先要向村长接洽，卑辞厚币以求允诺；其次再哀求视学——劝学所所长——发给委任。两方面都能办理妥当，那么你就是识别字的流氓，或卖卜相爷的消费者，也都可坐镇一个小学。你若是奔走不力，那么你就是师范生也要被挤出场外"[④]。可见，教师聘任权被滥用，聘用或解聘教师过于随意，导致教师职务无保障，这是其三。教师聘任也常常随政局动荡而频繁更迭，校长职务

---

① 冯祖荫：《怎样改进我国乡村小学教师》，《中华教育界》，1932 年第 20 卷第 3 期，第 33 页。

② 宋积琏：《改进青海乡村小学教师之我见》，《新青海》，1933 年第 1 卷第 10 期，第 77 页。

③ 子东：《乡村教育问题》，《中原新潮》，1940 年第 3 卷第 1 期，第 12 页。

④ 革日水：《形形色色：山西太谷县的小学教员》，《生活》(上海)，1930 年第 5 卷第 45 期，第 747 页。

往往随着政局起伏而定,“一位厅长到任,必更换多少局长;局长到任,再更换多少校长;校长到任,又更换多少教员”[①]。而且,很多校长往往不以乡村教师的品学和教学工作业绩等来评判其优劣,“任用私人,或本己子弟,或亲戚故旧”[②],致使一些合格教师也无职务保障,如四川南充各县乡村小学乱聘教师异常严重[③]。很多乡村教师须会“三拍”(拍校长、拍学生、拍督学马屁)[④]才能获得教职或保住“饭碗”,这严重践踏了他们的自尊心。其四,乡村教师聘任门槛不高,而且资格检定不严。很多学校“对于任聘教师,束脩菲薄,难聘优良,只得苟且”[⑤];教师之任用,不得不降低其资格,“由聘用专业训练与检定合格者降而任用实习生与塾师;再降而任用公务员与具有相当程度者,更降而至于利用识字者与小学生”[⑥]。有关乡村教师检定,早在 1916 年公布的《检定小学教员规程》(北洋政府教育部,1916 年)便要求对小学教师进行统一检定,规定:“国民学校高等小学校教员,除国立或省立师范学校本科毕业生暨别有规定外,以照本规程检定合格者充之。”[⑦]但检定教师,“往往不能认真办理,考试时替考抢代等弊,时常发现;结果赝鼎教员,充斥学校”[⑧],“一般不肖之徒因求面包,便浑身于教师之中,诱害学生,实非浅少”[⑨],致使小学教育衰落。

(三)乡村教师“留不住”与监管不力

1. 乡村教师“留不住”

第一,这一时期乡村教师任期较短。

---

① 布声:《为中小学教员说几句话》,《独立评论》,1933 年第 80 期,第 16 页。

② 谢仲耕:《对于广西乡村教育之商榷》,《新广西》,1928 年第 3 卷第 4 期,第 7 页。

③ 南充县志编纂委员会编纂:《南充县志》,四川人民出版社,1993 年,第 714 页。

④ 朱伯孚:《教师生活杂谭》,《江苏教育》,1942 年第 4 卷第 5 期,第 11 页。

⑤ 何定宗:《中国现在的教育概况》,《二师月刊》,1931 年第 12 期,第 8 页。

⑥ 李文海主编:《民国时期社会调查丛编(二编·文教事业卷)》,福建教育出版社,2014 年,第 96 页。

⑦ 陈元晖主编:《中国近代教育史资料汇编·普通教育》,上海教育出版社,2007 年,第 504 页。

⑧ 王晋三:《乡村教育漫谈》,《新教育》,1924 年第 9 卷第 4 期,第 813 页。

⑨ 陈文苑:《我国乡村小学教育衰落之原因及其补救方法》,《二师月刊》,1932 年第 14 期,第 3 页。

以1934年武鸣县乡村小学教师任职时间为例，如表2.18所示，该县71名乡村小学教职员中，从教1—4年者36人，占教师总数的一半；从教5—9年者18人，占25.35%；从教10年及其以上者仅占18.31%。在本校任职1年者为最多，有22人，约占教师总数的31%；其次为任职3年者16人；任职5年者仅4人。该县乡村教师从教年限不长，尤其在一校任职时间过短，流动太过频繁。1935年安徽和县第二区乡村小学教师亦是如此。该地区45名乡村教师中，任职1年以内者达28人，占该区乡村教师总数的62.2%；任职1—2年者7人，占15.6%；任职6—7年者仅5人，占11.1%；任职5—6年者2人，占4.5%；其余任职2—3年、3—4年、15年者各1人，各占2.2%。[①] 乡村教师任期短且更动频繁，导致乡村教师队伍缺乏稳定性。很多乡村教师“本学期在这里办教育，下学期不知到什么地方去，他自己也不知道”[②]，从而影响到乡村教育的质量。

表2.18 1934年武鸣县乡村小学教职员从事教育年数与在本校任职年数统计

教职员从事教育年数								
学校类别	1—4年	5—9年	10—14年	15—19年	20—24年	25—29年	30—34年	不详
高小/人	8	7	2	1	2		1	1
完小/人	16	4	5					2
初小/人	12	7	3					
合计/人	36	18	10	1	2		1	3
占比/%	50.70	25.35	14.08	1.41	2.82		1.41	4.23
教职员在本校任职年数								
学校类别	未满1年	1年	2年	3年	4年	5年	6年	不详
高小/人	1		6	9	3	2		
完小/人	3	13	2	5	2	2		1
初小/人	5	9	3	2			1	2

① 辛润堂：《安徽和县第二区乡村教育初步调查》，《农林新报》，1935年第4—5期，第105页。

② 徐兆麟：《乡村学校教师问题》，《大上海教育》，1934年第1卷第7期，第67页。

续　表

学校类别	教职员在本校任职年数							
	未满1年	1年	2年	3年	4年	5年	6年	不详
合计/人	9	22	11	16	5	4	1	3
占比/%	12.67	30.99	15.49	22.54	7.04	5.63	1.41	4.23

注:“不详”者系漏填。

资料来源:谢润身:《武鸣县乡村教育调查》,《统计月报》,1935年第5—6期,第115页。

第二,乡村教师被视作临时职业。当时有的乡村教师本身“无志教育的,因一时找不到适当的地位,不得不暂且敷衍,若机会一来,便卷身他去”[①];“间有一二品学兼优者,都不满意乡村生活,转向城市去服务了”[②];还有很多乡村教师“为生活所迫,暂时未过‘五日京兆’生涯,一有机缘,便另找其养尊处优的地位”[③]或“转入他种职”[④]。可见,当时多数乡村教师“以为教书,是借路经过,视为末途”[⑤]。如国民政府成立初期江苏省“有许多优良的乡小教师,鉴于本身的工作辛苦,胜过一切行业,待遇低薄,难以维持生活,所以就跳出教育界而入党、政、军界了”[⑥],由此导致“至穷乡僻壤,优秀的教师,固不易多见,即服务时期比较久长的,也不易多得”[⑦]的局面。同时,留任岗位者也计划着改业或升学,正如张仲元1934年的统计,在任小学教师想改业与升学者高达71%以上[⑧]。

2.监管不力

对师范毕业生的服务要求不严,或执行不力,导致合格乡村师资“留不

① 袁伯樵:《乡村教育问题》,《青年进步》,1926年第95期,第35—36页。

② 黄君实:《怎样去发展乡村教育》,《安徽教育》,1931年第2卷第4期,第2页。

③ 卢炳乾:《从乡村社会说到乡村教育》,《福建义教》,1935年第1卷第1期,第8页。

④ 徐兆麟:《乡村学校教师问题》,《大上海教育》,1934年第1卷第7期,第67页。

⑤ 何定宗:《中国现在的教育概况》,《二师月刊》,1931年第12卷,第7—8页。

⑥ 顾琨:《江苏乡村小学之病态及今后改进之方法》,《江苏教育》,1933年第2卷第3期,第13页。

⑦ 李友芝等编:《中国近现代师范教育史资料》第2册,内部资料,1983年,第770页。

⑧ 李文海主编:《民国时期社会调查丛编(一编·文教事业卷)》,福建教育出版社,2014年,第182页。

住”；对在职乡村教师缺乏后续的指导和进一步培养，使得乡村教师在教学方法上止步不前；对在职乡村教师教学工作业绩未明确奖惩措施，影响了其对教学工作的积极性和责任心。

第一，北洋政府初期对师范生毕业生服务去向与服务年限均有相应的规定，但这些规定“事实上从来没有执行过；所以升学的升学，改业的改业；随意所之，毫无顾虑”，“师范生除一部分充当附属小学及都市小学教员外，改业和升学者居多数”[①]，导致乡村学校缺乏专业人才。而且，很多师范生“把师范学校当作中等平民学校，目的只在省钱，不在教育；自然毕业生以升学为正则，服务为例外了”[②]。对师范毕业生服务要求规定不严和执行不力导致这些师范生纷纷规避服务于教育界的责任。

第二，对乡村教师指导欠缺，后期培训不够。“教育为日新月异之事业，苟无新方法新知识以适应之，则难免为时代之落伍者，是则进修之机会不可少矣”[③]；乡村教师“受环境的蔽锢，失掉与外界接触观摩的机会；学术方面既少研究，思想方面更易落伍”，更何况当时乡村教师队伍中大部分未曾受专业训练，由此，加强对其的辅导工作尤不可少。但事实是乡村教师们感觉到在如何改进教学方法，如何选择教材，如何训练儿童以及如何处理校务等方面的困难都得不到辅导[④]。当时有视察乡村学校的县督学与区教育委员，但“因人数太少，每年视察各县区不过一二周”[⑤]，时间有限，只得走马看花，必然会影响视察的效果，这是其一。其二，视察方法“完全是消极的，检阅式的”，“对于学校的管理，教学的方法，从未注意。即或有之，也只是消极的批评与指责，没有具体改善的建议和切实的辅导”；更何况这些视察员“多半只是中学的程度，虽有受过师范训练，但程度太浅，而且对于乡村教育，多半是

① 祝其乐：《乡村教师问题（续）》，《中华教育界》，1923年第13卷第11期，第7页。

② 祝其乐：《乡村教师问题（续）》，《中华教育界》，1923年第13卷第11期，第7页。

③ 苏溪之：《谈乡村教育三问题》，《益世报》，1936年9月17日第9版。

④ 王倘：《乡村教育视导问题》，《教育杂志》，1935年第25卷第1期，第325页。

⑤ 周宏达等：《我国乡村教育之改造》，《教育丛刊》，1934年第4期，第246页。

门外汉”。[①] 由此,一方面乡村教师急需得到教学等方面的专门指导,另一方面本应承担指导职责的视察员却无法提供实质性的帮助。与此同时,当时在职乡村教师的进修学习机会也较少,即使是每年不断增设暑期学校,也因“没有关于乡村教育的学程”以及“费用太贵,乡村教师无力负担”,导致“乡村教师,受惠最少”。[②] 再加上当时“教育行政上未规定教师奖进办法,自修也没有增薪和提升的希望”,乡村教师“就没有兴趣去自修了”。[③] 在职乡村教师培训进修不足,“各地乡村小学教师,地处偏僻,生活清苦,经济时间人力均感不足,对于进修问题处处感觉困难。故虽有进修之志愿,而无进修之可能,自不得不自甘暴弃,任凭落伍”[④]。上述因素既导致乡村教师“留不住”,也造成了乡村师资尤其是合格师资的短缺。

第三,根据乡村教师教学工作业绩实施相应的奖惩措施,不仅有助于调动教师工作的积极性,也有利于提升其教学质量,当时“乡村学校教师,能努力于职务的也很多;可惜行政上总是漠不关心,好的不加奖励,坏的也缺少惩戒,好的也日趋苟且,坏的习惯偷安,自竞与比较的机会,竟是没有”[⑤]。而且,多数地区“教员待遇太薄,年功无加俸之条”[⑥]。

各省推行年功加俸办法,以 1930 年统计为例,如表 2.19 所示,部分地区在小学教师年功加薪方面有具体的规定,但仅在少数地区推行,多数地方限于经费困难等诸多因素,并未具体实行。

表 2.19　1930 年部分地区小学教师年功加薪办理情况统计

地区	年功加薪办理情况	备注
浙江	仅杭州一市实行。	规定满一年而继任的小学教师,加原薪十五分之一,满一年半以上而继任者,加原薪十分之一。

① 傅葆琛:《乡村教育在大学组织系统中的地位和训练乡村教育人才的计划》,《中华教育界》,1930 年第 18 卷第 10 期,第 70 页。

② 祝其乐:《乡村教师问题》,《中华教育界》,1923 年第 13 卷第 10 期,第 10 页。

③ 高希裴:《乡村教育的初步认识》,《经世》,1937 年第 1 卷第 8 期,第 53 页。

④ 左绍儒:《乡村小学教师的进修问题》,《基础教育月刊》,1936 年第 1 卷第 7 期,第 370 页。

⑤ 缪青裳:《乡村教育的病态及其原因》,《地方教育》,1932 年第 33 期,第 6 页。

⑥ 黄君晤:《浙东乡村教育观察谈》,《民国日报》,1922 年 6 月 24 日第 10 版。

续　表

地区	年功加薪办理情况	备注
江西	唯省会小学教职员享有。	凡在一校继续服务满五年，成绩优良，经考查属实者，得照最后月薪增加十分之一；加俸后，如管教辛勤，始终如一，经督学或指导员续行考查，得按最初加俸时期薪额，增加十分之二以加至十分之五为止；教师最高额可加至75元为止。县属公立小学职教员服务三年以上者，仅得递加2元至6元为止，虽有规定办法而因经费支绌不能发给者亦甚多。
湖南	尚未切实规定。	
四川	现因经费支绌，尚未实行。	
福建	尚未实行。	
云南	除少数县市对小学教师自行加薪外，多数未能实行。	规定于服务满三年至五年时增加一度，每度以5元至15元为率，依教学能力及勤劳，分甲乙丙三级：甲级15元、乙级10元、丙级5元。各县市教育行政机关于年终考核所属小学教师，视其服务年限与教学成绩，分等给予奖励金，多则六七十元，少则二三十元，视各县经济力量，自行酌定。
贵州	限于经费，尚无实行。	
广东	规定相关办法。	市立小学教师的薪俸分为二十级，最低级每月40元，最高级每月182.5元，每进一级，增加7.5元。
广西	尚无规定。	
山西	有规定，但各县初小年功加薪无划一标准。	较大县按照地方情形所定等级分四级或五级，晋级年限则又有服务一年、两年以至五年者，其年限既不相等，增加数目亦各异，甚至各级加俸也不相同，总之每级月加薪以4元者为最高，1元者为最低。
河北	市立小学1930年起实行，省县立各小学虽有规定，但尚未实行。	天津市曾规定市立小学教师在校服务，尽忠职守，继续满二年者，薪俸得进一级（即增加5元）；规定在一校继续服务，满五年者，每届年终给予半月薪至慰劳金，满十年至十五年以上者，以半月薪递加至两个月薪数为止。
山东	泰安、文登、临朐三县均已实行，其他各县均尚未规定。	规定将教师月俸定为最高额与最低额，凡各校新聘教员均先照最低额支薪，服务满一年后，经视察确有成绩者，次年如连续服务，即增加月俸2元或3元，以增至最高额为止。
青岛	有相关规定办法，但未实行。	校长教师如服务五年以上，并叙至最高级俸后，确有劳绩者，得依据青岛市年功加薪规程给予年功加俸；其等级规定各分为六级：校长第六级为40元，五级至三级各加银20元，一、二两级各加银40元，最高级为200元；教师最低级为20元，每进一级加银20元，递加至120元为止。但市乡校长教师月俸，尚未叙至最高一级，因此该项办法迄未实行。

续 表

地区	年功加薪办理情况	备注
河南	多县未规定,且未实行。	

注:河南省统计的是 1932 年的情况。

资料来源:吴相湘、刘绍唐主编:《第一次中国教育年鉴(丙编·教育概况上)》,传记文学出版社,1971 年,第 434、443、448、449、452、453、454、456、459、463、465、484 页;马固生:《河南各县初等教育与义务教育概况》,《河南教育月刊·河南检定小学教员委员会报告专号》,1932 年第 3 卷第 1 期,第 95 页。

以山西省 14 县乡村小学教师奖惩情况为例,如表 2.20 所示,1930 年山西省 14 县中有 6 县对乡村教师既有奖励也有惩戒办法,有 6 县采用 1—3 种奖励,有 10 县采用 1—3 种惩戒办法。奖励办法共有 6 种,以加薪、颁发奖状为多。惩戒办法共有 4 种,以撤职最为普遍,警告、扣薪其次。其中,仍有 8 县无任何奖励办法,有 4 县既无奖励办法也无惩戒办法。可见,该县管理乡村教师更侧重于消极的惩戒方法,而非积极的奖励,有的县根本不注重实施任何奖惩办法。这既不利于激发乡村教师队伍工作的积极性,也不利于维持教师队伍的稳定性。

表 2.20 1930 年山西省 14 县乡村初级小学教师奖惩办法统计

(单位:种)

奖惩办法		灵石	安邑	赵城	交城	稷山△	荣河	五台	万泉	神池	保德	河曲	河津	芮城	大同	合计
奖励	奖状	1					1			1						3
	记功									1						1
	加薪	1			1※							1				3
	奖书籍												1			1
	升级				1											1
	奖金									1						1

续 表

奖惩办法		灵石	安邑	赵城	交城	稷山△	荣河	五台	万泉	神池	保德	河曲	河津	芮城	大同	合计
惩戒	警告	1					1						1	1		4
	撤职	1	1	1	1		1			1			1	1	1	9
	扣薪	1			1					1		1				4
	记过									1						1

注：“※”指每年加十元，“△”表示由村长自行聘请教师。

资料来源：庞善守：《山西乡村小学调查及今后改进办法》，《三民半月刊》，1931 年第 7 卷第 1—2 期，第 38—39 页。

(四)师资水平不高

1. 学历层次较低且不合格者多

乡村教师学历层次参差不齐，多数教师学历层次较低，且未曾接受专业训练。如表 2.8 所示，1934 年前后山西省 22 县 50 村 65 所学校教师呈现受师范专业训练者所占比例较小、中小学毕业者所占比例较高的态势。据 20 世纪 30 年代初的调查，乡村小学教师以师范讲习所毕业者最多，占乡村小学教师总数的 25%，其次为师范学校毕业者，占 21.9%，又次为中、小学毕业者，各占 19%，前清生贡及塾师各占 6%，职业学校毕业者仅占 3.1%，合计受师范训练者不过 47%。[①] 又据教育部 1930 年的统计与推测，全国高级小学教师 88,475 人，初级小学教师 455,533 人，前者不合格者有 4 万人以上，而后者(多为乡村教师)不合格者有 30 万人以上。[②] 即便是受过专业的师范教育训练，仍有许多教师不合格。如据 1935 年前后无锡县的统计，完全小学受过师范训练且检定合格者占 45.75%，初级小学受过师范训练且检定合格者仅占 22.16%。[③]

① 冯祖荫：《怎样改进我国乡村小学教师》，《中华教育界》，1932 年第 20 卷第 3 期，第 29—30 页。

② 王倘：《乡村教育视导问题》，《教育杂志》，1935 年第 25 卷第 1 期，第 328 页。

③ 王倘：《乡村教育视导问题》，《教育杂志》，1935 年第 25 卷第 1 期，第 328 页。

2. 教学水平良莠不齐

第一,乡村教师知识储备不足。有人这样评价当时的乡村教师:高小毕业者"多数程度太浅,不用说教育的知识没有,普通常识有时都感觉缺乏";清朝的童生秀才(时人戏称为冬烘先生)"不懂教育,不识潮流";师范讲习所学生"毕业后资格虽比高小毕业者较高,程度实是一样";中学肄业与毕业者"外面看来,似乎程度较高,实际他们的不懂教育与高小毕业者无异",且"他们的心并没有在当教师上,所以成绩往往还不如师范讲习所毕业者"。[①] 尽管时人的评议有些夸张,但也大致反映了当时乡村教师普通常识与教育知识储备不足、教学水平低下的事实。再如四川省1936年小学教师检定发现,该省小学教师程度普遍较低:竟有解"五四运动"为"五官四肢之运动";"四川境内长江各支流汇合在黄河";"有线电""无线电"为"经线";"类化"为"人类生产进化"者。[②]

第二,乡村教师教法不良。1932年河南省督学宋泽视察泌阳县初等教育后发现,公立龙泉完全小学教师王经亭,"课三年级国语史地,程度虽好,教法不合";石常卿"课一年级社会自然,教法不良,语言涩滞,学生年龄,参差不齐,程度悬殊"。[③] 当时视察报告中对乡村教师教法不良或陈旧的评价随处可见。1933年河南督学视察新郑县12所乡镇小学发现,共24名教师中教学合格和尚属合格者占12人,教学方法不当或存在其他教学问题者达12人。[④] 可见,该县乡镇一半小学教师教学方面存在一定的问题。乡村教师本身学识有限,致使教学方法陈旧,如浙东地区乡村教师"教法尚多用注入式、阙少启发精神"[⑤];再如直隶省乡村教师教学同样"偏于注入者多,知用启发者少,(多数误以问答为启发,殊为误谬)其他如设计式及协动教学法

---

① 孙钰:《乡村教育之困难及其救济之方法》,《村治月刊》,1929年第1卷第8期,第2页。

② 程岳:《今之初等教育制度及师资问题之研讨(下)》,《四川教育》,1937年第1卷第4期,第10页。

③ 宋泽:《泌阳县教育视察报告》,《河南教育月刊·河南检定小学教员委员会报告专号》,1932年第3卷第1期,第141页。

④ 王春元:《新郑县教育视察报告》,《河南教育月刊》,1933年第3卷第7—8期,第161—164页。

⑤ 黄君晤:《浙东乡村教育观察谈》,《民国日报》,1922年6月24日第10版。

等，尤则少采用者”。[1] 由此，“埋没儿童个性与自动；一味用注入的方法，令儿童读习死书，与旧式私塾之教学无大差异”[2]，即使有乡村教师尝试采用新式教法，也往往生搬硬套，无法达到教学目标。而且当时的乡村学校“多半是单级的，儿童的差异非常复杂，教学上实感困难”[3]，对教学方法的要求更高，但实际上乡村教师的教学方法并不能满足当时乡村儿童的需求。

3. 工作态度敷衍

或因受教育程度有限、学识不足，或因待遇偏低，再加上当时对乡村教师的监管缺位，敷衍塞责的乡村教师大有人在，他们多持“‘做一日和尚撞一天钟’的态度敷衍了事”[4]。还有很多投机分子，多持以下心理：“甲、干亦可，不干亦可；乙、如有良机，则必掉头不顾而去；丙、姑且充任，较闲居为当；丁、城市不能发展，迫得在乡中当教员；戊、本不愿当乡村教员，但别方面无法可想。”[5]这类乡村教师并没有服务乡村学校的意识。如山西大同县的乡村小学教师“或集村中无赖闲谈，或借口而回家。学生用功与否，得利与否，在所不顾”[6]。再如安徽省宁国县第十七初小教师“平日亦不能专心任事，致学生作辍无常，殊属不成事体”[7]。又如1933年河南督学视察发现，新郑县第一区民生街初级小学校教师蔡士选“既未令学生自习，又未照课程上课，学生呆坐无事”[8]。教师教学不尽职，工作态度不积极显而易见。因此，时人感叹：“在现在的乡村里，程度优良的教员固然是有；不过照一般的说来，低劣的实占大多数”[9]，“大都是不学无术者滥竽充任，其真配当乡村教师者，实在寥寥”[10]。

---

① 《直省乡村教育一瞥》，《益世报》，1927年8月2日第16版。

② 冯祖荫：《怎样改进我国乡村小学教师》，《中华教育界》，1932年第20卷第3期，第30页。

③ 徐云：《在复兴农村声中谈乡村教育》，《农村月刊》，1948年第2卷第11期，第9页。

④ 潘景佳：《提高国民基础学校教师的待遇问题》，《广西教育通讯》，1941年第2卷第5—6期，第9页。

⑤ 谢仲耕：《对于广西乡村教育之商榷》，《新广西》，1928年第3卷第4期，第7页。

⑥ 李廷枚：《大同的乡村教育》，《西北》，1929年第10期，第3页。

⑦ 《训令宁国县改进教育》，《安徽教育行政周刊》，1930年第3卷第15期，第26—27页。

⑧ 王春元：《新郑县教育视察报告》，《河南教育月刊》，1933年第3卷第7—8期，第162页。

⑨ 王润堃：《中国乡村教育之面面观》，《三民半月刊》，1931年第7卷第1—2期，第91页。

⑩ 徐兆麟：《乡村学校教师问题》，《大上海教育》，1934年第1卷第7期，第66页。

第三节　加强乡村教师队伍建设的举措

北洋政府及其教育部与国民政府及其教育部均对当时乡村教师存在的问题予以关注,并从乡村教师培养、训练、进修、管理以及工资福利待遇等方面,制定了促进乡村教师队伍发展的政策。尤其是国民政府成立之后,因为奉行"一个政党、一个主义、一个领袖"的政治原则和教育原则,乡村教师队伍建设举措更加系统化,从而推动了当时乡村教师队伍的建设。下面将主要探究国民政府及其教育部出台的系列举措。

一、力图促使乡村教师养成办法多样化

针对当时乡村教师队伍短缺的困境,时人提出,乡村教师养成办法应多变化,应"先求数量上的增加,后图性质上的改善"[①]。因此,在之前的相关政策的基础上,国民政府及其教育部主要通过加强师范教育并严定毕业生服务要求、实施短期的师资训练、加强在职乡村教师的进修等方式推动乡村师资的养成。

(一)加强师范教育并严定毕业生服务要求

国民政府成立之后,一方面,颁布并修订师范学校法令政策,以保障师范教育尤其乡村师范教育进一步发展;另一方面,不断规范和严格师范毕业

① 祝其乐:《乡村教师问题》,《中华教育界》,1923 年第 13 卷第 10 期,第 3 页。

生服务要求，以保障更多师范毕业生服务于教育行业。

第一，推动乡村师范教育制度化。在1928年国民政府召开的第一次全国教育会议上通过且经国民政府大学院训令通饬实施的《整顿师范教育制度案》明确将乡村师范学校列入师范教育体系。具体要求："乡村师范学校，收受初中毕业生，或相当程度学校肄业生之有教学经验，且对于乡村教育具改革之志愿者，此项学生修业年限得暂定为一年以上。如收受高小毕业生，则其入学时之年龄，应在十六岁以上；修业年限至少两年。"[①]该案由陶行知、程时煃、孟宪成等当时著名的教育界人士联合提出，而且这些规定多数曾出现于20世纪20年代教育界人士的相关讨论之中。可见，时人言论逐渐为国民政府所采纳，乡村师范学校建立从民间行为逐渐变成了政府行为，经历了由下至上的发展过程。

《整理中华民国学校系统案》（即戊辰学制，国民政府，1928年）确立了师范教育在中等教育中的独立地位，同时规定："为补充乡村小学教员之不足，得酌设乡村师范学校。"[②]尽管该学制并未公布实施，但首次提及乡村师范学校的招生对象和修业年限，同时奠定了乡村师范学校在学制中的地位，为此后乡村师范学校独立地位的获得奠定了良好的基础。《训政时期施政大纲》（国民政府大学院，1928年）拟订以三年时间促进乡村师范教育计划，即第一年择地试办乡村师范学校，第二年根据各地需求教师数量，逐渐增加乡村师范学校数量，第三年进行完善。[③]《中华民国教育宗旨及其实施方针》（国民政府，1929年）规定，师范教育"于可能范围内使其独立设置，并尽量发展乡村师范教育"[④]。这些政策在一定程度上都推动了当时乡村师范学校的进一步发展。

1930年4月国民党第二次全国教育会议议决案"各级师资训练机关"将

---

① 李友芝等编：《中国近现代师范教育史资料》第2册，内部资料，1983年，第655页。

② 中国第二历史档案馆编：《中华民国史档案资料汇编（第5辑第1编·教育）》，凤凰出版社，2010年，第11页。

③ 古楳：《乡村师范概要》，商务印书馆，1936年，第39页。

④ 宋恩荣、章咸主编：《中华民国教育法规选编（1912—1949）》，江苏教育出版社，1990年，第46页。

乡村师范列为小学毕业六年之乡师、大学前两年之乡村师范专修科、大学后两年之乡村师范学院三类。同时国民政府教育部还通令各省市教育厅局,自1931年起将各县立中学逐渐改组为职业学校或乡村师范学校。[①]《三民主义实施原则》(国民党第三届中央执行委员会第十七次常务会议通过,1931年)规定乡村师范教育"应注重改善农村生活,并适应其需要,以养成切实从事乡村教育或社会教育的人才",其课程设置"应注重农业生产及农村改良教材"等。[②]《师范学校法》(国民政府,1932年)与《师范学校规程》(国民政府教育部,1933年)明确了乡村师范学校的种类(即分为乡村师范和小学毕业四年制简易乡村师范两类)、含义、目标、课程、待遇以及服务等,还规定了乡村师范学校和简易乡村师范学校的劳动实习课程。这些政策推动着乡村师范教育正式列入师范教育体制内,进而取得独立的法律地位。《修正师范学校规程》(国民政府教育部,1935年)进一步明确规定了乡村师范学校的课程科目、授课时数及学分等,要求开设农业专业知识与技能课程,以使乡村师范教育贴近乡村社会生活实际需要。[③]《乡村师范学校课程标准》(国民政府教育部,1935年)、《简易乡村师范课程标准》(国民政府教育部,1936年)详细规定了乡村师范学校与简易乡村师范学校的课程及学分。至此,乡村师范教育制度建设以及乡村教师培养日益规范化。

总之,在乡村建设与乡村教育运动陆续开展的背景下,国民政府及其教育部重视师范教育,并将乡村师范学校作为补充乡村师资的重要机构。对乡村师范教育进行的规范化和制度化管理,不仅逐渐加强了对乡村师范学校的控制,也将乡村师资培养以及整个乡村教育纳入了国民党中央的管理范畴。1938年3月,国民政府在武汉召开了临时全国代表大会,制定了《抗战建国纲领》及与之配套的《战时各级教育实施方案纲要》,对中等师范教育的格局进行了调整,形成了以普通师范教育为主体,同时与乡村师范学校、

① 黄敬思:《四年来中国之乡村教育》,《教育杂志》,1931年第7期,第86页。

② 李友芝等编:《中国近现代师范教育史资料》第2册,内部资料,1983年,第314页。

③ 中国第二历史档案馆编:《中华民国史档案资料汇编(第5辑第1编·教育)》,凤凰出版社,2010年,第443页。

特别师范科、简易师范学校、简易乡村师范学校、简易师范科、各种专业师范科、专业师范学校、边疆师范学校等八种师范学校并存的师范教育局面,中等师范教育获得了较大的发展空间。同年的《关于确定师范教育设施方案的训令》(国民政府教育部,1938 年)通令:"暂行划一小学师资标准,可规定小学教员以师范学校及乡村师范学校毕业生为合格,初小及短小教员以简易师范学校及简易乡村师范学校毕业为合格,今后补充师资应依照标准。原有各县立简易师范其年限不足四年者及各种短期师资训练班,应分年结束。"[①]由此,战时国民政府及其教育部加强了对乡村师资的规范化管理,将师范学校毕业生担任小学教师作为统一的师资标准,也将之作为小学教师聘任和检定的依据和学历标准。该方案还规定,"应即划定师范区,每区至少设师范学校或乡村师范学校一所,各区不能单独设立女子师范学校时,应于师范学校内设立女子师范部,简易师范学校及简易乡村师范学校以由区内数县联合设立为原则"[②],要求各省市加强师资培养。抗战结束后,《修正师范学校规程》(国民政府教育部,1947 年)明确规定了乡村师范学校与普通师范学校相同的 21 门课程,还规定了乡村师范学校的 4 门特色课程,即农业及实习、农村经济及合作、水利概要、乡村教育。[③] 总之,国民政府不断推动乡村师范教育制度化,并不断调整和加强其规范化管理,一定程度上扩大了当时乡村师资的来源。

第二,不断规范和严格师范毕业生服务要求。《师范学校规程》(北洋政府教育部修正公布,1916 年)规定:师范毕业生须在高小及国民学校服务,有"特别情事不能服务者,省行政长官得酌量减免之";服务期间经省行政长官允许可入高师深造,且展缓服务期限;"如毕业时,该校有应尽义务,而其

① 中国第二历史档案馆编:《中华民国史档案资料汇编(第 5 辑第 2 编·教育)》,凤凰出版社,2010 年,第 634 页。

② 中国第二历史档案馆编:《中华民国史档案资料汇编(第 5 辑第 2 编·教育)》,凤凰出版社,2010 年,第 634 页。

③ 宋恩荣、章咸主编:《中华民国教育法规选编(1912—1949)》,江苏教育出版社,1990 年,第 494 页。

年限相当者,得免除本校之义务";违令者要偿还学费或部分学费。[①] 但总体上讲,这一时期的师范生服务要求相对宽松,为其规避服务教育事业打开了缺口。国民政府成立之后,在推行师范生免费教育制度的同时,对师范毕业生服务提出了更加规范与严格的要求。如《修正师范学校规程》(1935年)规定,师范学校毕业生"应由省市县教育行政机关分配于各地方充任小学或相当学校教员",在规定的三年服务期内"不得升学或从事教育以外之职务;但服务满一年、成绩优良、志愿升入师范学院或简师毕业生志愿升入师范学院者",可呈请核准投考升学。[②]《师范学校毕业生服务规程》(国民政府教育部,1942年)还要求对服务期满且无过失的师范毕业生给予服务期满证明书,对违规者追缴全部免缴费用。[③] 与此同时,1943年,奉国民政府行政院令示十中全会议决,严禁各机关团体招用服务未满期限的师范毕业生与师范生,"期每一师范毕业生皆能完成其任务,以符国家之厚望"[④]。随后的《全国师范学校学生公费待遇实施办法》(国民政府教育部,1944年)对这些政策进行了补充,规定师范生享受公费教育的同时应缴纳保证金,对规避服务者不仅追缴一切公费,还将没收其保证金。[⑤] 修订的《师范学校毕业生服务规程》(国民政府教育部,1946年)则要求师范毕业生主要补充至新设立的或改办的中心学校、国民学校以及教师缺额的小学等。同时,将消极与积极两种方式相结合以保障师范毕业生履约,即增加了服务期间扣押师范生毕业证的要求,同时对服务满一年卓有成绩者予以加薪晋级奖励,为"服务期

---

① 中国第二历史档案馆编:《中华民国史档案资料汇编(第3辑·教育)》,江苏古籍出版社,1991年,第335—336页。

② 中国第二历史档案馆编:《中华民国史档案资料汇编(第5辑第1编·教育)》,凤凰出版社,2010年,第452页。

③ 中国第二历史档案馆编:《中华民国史档案资料汇编(第5辑第2编·教育)》,凤凰出版社,2018年,第640页。

④ 教育年鉴编纂委员会编:《第二次中国教育年鉴(第7编·师范教育)》,文海出版社,1986年,第20页。

⑤ 中国第二历史档案馆编:《中华民国史档案资料汇编(第5辑第2编·教育)》,凤凰出版社,2018年,第647页。

满、成绩优良、有志升学者”提供升学机会。[①] 再次修订的《师范学校规程》(1947年)在师范毕业生的服务年限上有所变化,规定“服务年限须照其修业年限加倍计算”;服务期间不得升学或从事教育以外的职务,违者除追缴学费外,“如系升学仍由其升入之学校令其退学”,有特殊情形“经省市教育行政机关核准者,得展缓其服务期限”。[②] 总之,国民政府不断严格师范毕业生服务要求,以保障其履行服务教育的约定。上述政策也适用于对乡村师范毕业生的管理,但并没有明确要求乡村师范毕业生服务于乡村学校。

(二)实施短期的师资训练

近代教育家雷沛鸿曾指出:乡村师资补充的根本途径靠招聘引进还不够,应“就地取材”“因地筹粮”,培养当地的学生和知识分子加入乡村教育。[③] 鉴于此,各地除加大师范学校招生力度外,也积极开办单级教师养成所、师范讲习所、师资训练班以及塾师培训班等,对非师范学校毕业者和非学校毕业者进行师资训练和改造。

第一,对非学校毕业者的训练和改造。注重通过塾师改造补充乡村师资,以推动乡村教育普及与发展。如《实施义务教育暂行办法大纲施行细则》(国民政府教育部,1935年)规定:“各省市应在县市立初级中学或县市立师范学校,或规模较大之县市小学内设置塾师训练班,招收私塾教师,予以短时期之训练”,对训练期满考查及格者给予证明书,准其充当改良私塾的教师。[④]《改良私塾办法》(国民政府教育部,1937年)指出:各主管教育行政机关或部门应于寒暑假或其他时期举行塾师训练班或讲习班,对塾师训练或讲习除国语、算术、常识之外,须特别注重公民训练、科学常识和各科教

① 宋恩荣、章咸主编:《中华民国教育法规选编(1912—1949)》,江苏教育出版社,1990年,第479—480、483页。

② 宋恩荣、章咸主编:《中华民国教育法规选编(1912—1949)》,江苏教育出版社,1990年,第503页。

③ 苗春德主编:《中国近代乡村教育史》,人民教育出版社,2004年,第281页。

④ 中国第二历史档案馆编:《中华民国史档案资料汇编(第5辑第1编·教育)》,凤凰出版社,2010年,第627页。

学法实际研究,训练或讲习总时长至少为三个月[①];“主管机关对于所辖私塾,除已核准改称改良私塾者外,其成绩较优者得酌改为短期小学,简易小学或代用小学”[②],优秀塾师也可随之转化为新式乡村小学的教师。国民政府教育部规定的塾师资格标准相对宽松,但为了推动当地普及义务教育,各省在规定塾师资格认定标准时更加明确、严格,要求塾师经检定才能执业。如天津市教育局规定,各塾师应到教育局登记并加以检定,“检定合格之塾师,即予以相当之训练,以增进其教学能力”[③]。由此,塾师通过检定和训练转化为新式学校的教师,成为新式乡村小学师资的来源之一。

单级教员养成所与师范讲习所等机构为其他非学校毕业的知识分子提供了训练的机会。前者选取具有一定文化水平,曾读四书五经者来校学习,学习期满则回乡担任教师;后者多招收部分贡生与秀才进行文化知识、各科教材教法以及小学管理法等内容的训练,使其能推动私塾改良,或者担任新式学校的教师。这些旧知识分子经培训后也成为乡村师资的重要补充。

第二,对非师范学校毕业生的招引与训练。有小学、中学毕业或肄业者也通过短期培训后被分配至各县或村学校进行教学,而短期师资训练班则是他们成为乡村教师的重要桥梁。如《实施义务教育暂行办法大纲施行细则》规定,各省市应“在省市立或县立初高级中学及师范学校内广设短期小学师资训练班,招收相当于初级中学毕业程度之学生,予以短期之师范训练”[④],训练期满合格后准予充任短期小学教师。《各省市义务教育师资训练班办法》(国民政府教育部,1936 年)则规定了短期师资训练班的具体运作办法:自 1936 年起各省市要举行义务教育师资训练班,招收初级、高级中学

① 中国第二历史档案馆编:《中华民国史档案资料汇编(第 5 辑第 1 编·教育)》,凤凰出版社,2010 年,第 680 页。

② 中国第二历史档案馆编:《中华民国史档案资料汇编(第 5 辑第 1 编·教育)》,凤凰出版社,2010 年,第 681 页。

③ 中国第二历史档案馆编:《中华民国史档案资料汇编(第 5 辑第 1 编·教育)》,凤凰出版社,2010 年,第 673 页。

④ 中国第二历史档案馆编:《中华民国史档案资料汇编(第 5 辑第 1 编·教育)》,凤凰出版社,2010 年,第 626—627 页。

及师范学校或同等学校毕业生中尚未就业者,甄别训练,其训练时间定为三到六个月。[①] 为了推动国民教育发展,《各省市国民教育师资训练办法大纲》(国民政府教育部,1940 年)、《各省市国民教育师资短期训练班实施办法》(国民政府教育部,1942 年)、《国民教育师资短期训练班教学科目及每周时数一览表》(国民政府教育部,1942 年)要求各地举办国民教育师资短期训练班,收容初级中学或与初级中学同等学校肄业一年或具有同等学力年满十七足岁学生实施半年制训练;收容小学毕业或具有同等学力年满十七足岁学生实施一年制训练;由县市政府督导乡镇公所依规定资格选送训练班学生,训练期满后由县市政府分发至所属各乡镇内学校服务,服务期限至少四年;服务满五年并参加"假期训练"五次成绩合格者,准予参加无试验检定,改为合格教员。[②] 这些训练班毕业生也成为当时国民学校师资的重要组成部分。

(三)加强在职乡村教师的进修

因学历层次低、教学水平不高的师资在乡村师资中占有较大比重,加强在职乡村教师进修尤为重要。国民政府鼓励通过成立研究会、开展教研活动等,为在职乡村教师提供进修机会。《修正小学规程》(国民政府教育部,1936 年)规定小学教师须参加本地本校的教育研究会,并对进修有成绩者给予加俸或其他奖励。1940 年 3 月召开各省市教育会议时确定了在职教师进修办法。随着国民教育制度的推进,国民教育研究会尤其是乡镇国民教育研究会成为乡村教师开展教研活动的重要组织。《各省市国民教育辅导研究办法大纲》(国民政府教育部,1941 年)规定乡村教师要组织乡镇国民教育研究会,至少每月开会一次,研究学校行政、课程、教学方法、训练方法

---

① 《各省市义务教育师资训练班办法》,《全国学术工作咨询处月刊》,1936 年第 8 期,第 19—20 页。

② 教育年鉴编纂委员会编:《第二次中国教育年鉴(第 3 编·初等教育)》,文海出版社,1986 年,第 51—52 页。

以及政教联系等问题。[①] 除了开展巡回辅导[②]和开办函授学校[③],《各省市办理中心学校及国民学校教员进修办法大纲》(国民政府教育部,1942年)规定各地还可以举办进修刊物、提供进修辅导、开展通讯研究、开设进修班以及暑期训练班等。[④] 国民政府除了要求师范学校辅导乡村教师进修,还要求由(中心)国民学校负责开展保国民学校教师的进修工作。如《国民学校及中心国民学校规则》规定:(中心)国民学校每两月召集各教师举行乡镇国民教育研究会一次,讨论关于教学及训育等问题;每三月至少举行一次观摩教学,由教学方法优良教师轮流担任示范教学,以供各校教师观摩,并举行批评会以讨论改进教学方法;中心校校长延聘教育专家讲演教育问题,以资各校改进;中心校选购各种教学参考图书与教师进修用书,巡回递送各校阅览。[⑤] 对进修的具体内容也进行了规定,如《国民学校教职员任用待遇进修保障办法》(国民政府教育部,1946年)指出,乡村教师进修有"知识技术之增进,道德之修养,体魄之锻炼以及其他学术之研究"[⑥],包含德、智、体以及学术研究等内容。可见,当时乡村教师进修方式灵活多样,进修内容也较为全面。

总之,20世纪20—40年代不仅采用了长期的、定期的、专业的师范教育培养,而且将短期的、临时的、训练式的乡村师资养成相结合,促使乡村师资不断拓展。师范教育的规范化和制度化、师范毕业生服务要求的严格化以及对在职乡村教师的进修的强化,共同推动了乡村师资质量的提升。

---

① 《各省市国民教育辅导研究办法大纲》,《浙江省政府公报》,1942年第3349期,第5页。

② 教育年鉴编纂委员会编:《第二次中国教育年鉴(第3编·初等教育)》,文海出版社,1986年,第50—51页。

③ 中国第二历史档案馆编:《中华民国史档案资料汇编(第5辑第2编·教育)》,凤凰出版社,2018年,第329—330页。

④ 中国第二历史档案馆编:《中华民国史档案资料汇编(第5辑第2编·教育)》,凤凰出版社,2018年,第329—330页。

⑤ 中国第二历史档案馆编:《中华民国史档案资料汇编(第5辑第2编·教育)》,凤凰出版社,2018年,第453—454页。

⑥ 李友芝等编:《中国近现代师范教育史资料》第2册,内部资料,1983年,第527页。

二、努力促使乡村教师队伍管理制度化和规范化

在北洋政府及其教育部颁布的《小学校令》、《国民学校令》(北洋政府教育部,1915年)、《检定小学教员规程》、《施行检定小学教员办法》(北洋政府教育部,1917年)的基础上,国民政府及其教育部进一步严格规定小学教师任用资格标准,逐渐推动乡村教师聘任制度化建设,加强了对乡村教师队伍的调整和规范化管理。

(一)严格规定教师任职资格

因乡村师资补充方法多样化,严格规定教师任职资格尤为必要。而且,对乡村教师"有相当的规定或考试,然后才准其服务小学,以免贤不肖者均得滥竽充数"[①]。北洋政府初期颁布了一系列中小学教师资格和认定制度,但这些政策多停留在纸面,或者多数并未得到实施,或者在推行后仍未取得成绩。国民政府定都南京之后,逐渐严格教师任职资格标准,以促进教师队伍专业化。国民政府确定了乡村教师的任职资格,制定了较高的学历标准,同时实施教师检定制度,为非师范毕业者和非学校毕业者创造入职条件。如《小学法》(国民政府,1932年)规定小学教师应由校长聘请合格人员充任,如合格人员不敷时得聘任具有相当资格者充任,同时呈请主管教育行政机关备案。《小学规程》(国民政府教育部,1933年)指出了小学级任及专科教员出任的资格标准,具体有:"师范大学及大学教育学院教育科系毕业者,高等师范学校或专科师范学校毕业者,旧制师范学校本科或高级中学师范科或特别师范科毕业者,均得为级任教员或专科教员";如这些所列资格标准之一者,"应受主管教育行政机关所组织之小学教员检定委员会之检

① 陈文苑:《我国乡村小学教育衰落之原因及其补救方法》,《二师月刊》,1932年第14期,第6页。

定”。[①]《修正小学规程》第六十二条法令指出,可任小学级任教师或专科教师者须是“师范学校毕业者;旧制师范学校本科或高级中学师范科或特别师范科毕业者;高等师范学校或专科师范学校毕业者,师范大学及大学教育学院教育科系毕业者”[②]之一种,在此规定之外要出任小学教师者,“应受主管教育行政机关所组织之小学教员检定委员会之检定”[③]。与修正前的《小学规程》相比较,增加了一项“师范学校毕业者”资格标准。由此,国民政府将小学教师任用及其资格检定作为加强教师管理的重要内容,也为当时小学教师任职资格确定了较高的标准。

全面抗战期间,为了适应战时小学教师缺乏与普及义务教育的社会需求,《国民教育实施纲领》规定:“各省市分期训练师资,中心学校校长教员及国民学校校长,以由师范学校及特别师范科训练为原则,国民学校教员以由简易师范学校及简易师范科训练为原则。”[④]可见,该项规定较全面抗战之前更为灵活,同时也是对当时师资补充困难的现实的妥协。由《小学教员检定规程》(国民政府教育部,1936年)修正而成的《小学教员检定办法》(国民政府教育部,1943年)具体规定了合格小学教员的资历:“一、合于修正小学规程第六十二条之规定者;二、检定合格取得长期合格证书者;三、与无试验检定合格者;四、试验检定合格者。”[⑤]由此,《修正小学规程》有关小学教师出任资格标准基本上固定下来,成为国民政府官方认定的四大标准。

上述法令政策也包含了乡村教师任职资格,而国民教育制度实施后相关政策直接关注到了乡村教师任职资格。如《乡(镇)中心学校设施要则》、《保国民学校设施要则》、《初步充实中心国民学校要项》(国民政府教育部,

---

① 教育部参事处编:《教育法令汇编》第1辑,商务印书馆,1936年,第273—274页。
② 中国第二历史档案馆编:《中华民国史档案资料汇编(第5辑第1编·教育)》,凤凰出版社,2010年,第546—547页。
③ 教育部参事处编:《教育法令汇编》第1辑,商务印书馆,1936年,第293页。
④ 中国第二历史档案馆编:《中华民国史档案资料汇编(第5辑第2编·教育)》,凤凰出版社,2018年,第425页。
⑤ 教育年鉴编纂委员会编:《第二次中国教育年鉴(第3编·初等教育)》,文海出版社,1986年,第45页。

1943年)、《国民学校及中心国民学校规则》等，对中心国民学校以及保国民学校教师的任职资格都做出了相关规定，与《修正小学规程》相比并无变化。如《国民学校及中心国民学校规则》规定国民学校及中心国民学校教职员的资格标准如下：

一、师范学校毕业者。

二、旧制师范学校本科或高级中学师范科或特别师范科毕业者。

三、高等师范学校或专科师范学校毕业者。

四、师范学院或大学教育学院教育科系毕业者。[①]

而且规定国民学校或中心国民学校教师，无本条第一项所列各款资格之一者，应受主管教育行政机关之检定。[②]

实际上，上述对乡村教师任职资格的规定和审查主要体现在学历上，即要求合格教师必须是师范学校毕业。同时，要求对教师的教学经验和能力资格进行审查，以提升乡村师资的质量。对此，各地均要求教师须具备一定的能力和资历才能受聘任教，且严格实施乡村教师任用登记与检定制度。

(二)要求教师参与检定

因当时完全符合法定资格的乡村师资并不是很多，教育部又做出了推行教师检定的补充规定。如《小学规程》规定："小学级任及专科教员，无前条所列资格之一者，应受主管教育行政机关所组织之小学教员检定委员会之检定"；"小学级任及专科教员之检定，分无试验检定、试验检定二种。无试验检定，由审查其各项证明文件(毕业证书、修业证书、服务证明书、著作

---

① 中国第二历史档案馆编：《中华民国史档案资料汇编(第5辑第2编·教育)》，凤凰出版社，2018年，第452—453页。

② 中国第二历史档案馆编：《中华民国史档案资料汇编(第5辑第2编·教育)》，凤凰出版社，2018年，第452—453页。

等)决定之。试验检定,除审查其各项证明书外,并加以试验”。[1] 同时指出,具有下列资格之一者,得受无试验检定:

一、毕业于旧制中学或高级中学以上之学校,曾充任小学教员一年以上;或曾在当地教育行政机关或大学教育学院、师范学校等所办之暑期学校补习教育功课满二暑期者。

二、毕业于二年以上之师范讲习科,或简易师范学校、简易师范科,曾充小学教员二年以上;或在上述暑期学校补习满三星期者。

三、曾充小学教员三年以上,经教育行政机关认为确有成绩,或曾在上述暑期学校补习满四暑期者。

四、曾充在小学教员三年以上,有关于小学教员之专著发表,经主管教育行政机关认为确有价值者。

根据《小学规程》,具有下列资格之一者,得受试验检定:

一、曾在旧制中学或高级中学毕业者。

二、曾在师范学校或高级中学修业一年,并充小学教员一年以上。

三、曾在师范讲习科,简易师范学校或简易师范科毕业者。

四、曾任小学教员三年以上者。

五、学有专长并充小学教员一年以上者。[2]

根据上述要求,《小学教员检定暂行规程》(教育部,1934 年)还规定,试验检定至少每三年举行一次,无试验检定每学期开始可举行,试验检定和无试验检定资格标准与上述相同。同时还规定了检定程序、资格、试验检定科

① 教育部参事处编:《教育法令汇编》第 1 辑,商务印书馆,1936 年,第 274 页。
② 教育部参事处编:《教育法令汇编》第 1 辑,商务印书馆,1936 年,第 274 页。

目等内容。[①]《小学教员检定规程》对小学教师检定的分类、程序等方面做出了相同的规定。与《小学教员暂行检定规程》相比较,该规程一是无试验检定和试验检定的资格不同;二是试验检定的科目不同,其中小学级任教员的试验多了小学各科课程标准科目;三是笔试、口试和实习成绩所占的比例不一样,由之前规定的笔试分数占“十分之八”,口试或实习分数占“十分之二”改为笔试分数占“十分之七”,口试或实习分数占“十分之三”。[②] 然而,因为抗日战争全面爆发,小学教师检定工作中途停止。

为了提高师资质量,《各省(市)小学教员总登记办法大纲》(国民政府教育部,1940 年)指出:由省教育厅组织的小学教员检定委员会复核登记教师时,“除具有《修正小学规程》第六十二条规定之资格及曾经检定合格,尚在有效期内者外,对于其余人员,应即照章举行检定”;“各省市举行检定后,其不合格教员过多,一时无从补充者,得分期训练,于三年内训练完毕”。[③]《乡(镇)中心学校设施要则》《保国民学校设施要则》专门规定了乡、镇、保国民学校的教师资格检定[④],以促进乡村教师管理规范化。

在废止《小学教员检定办法》的基础上,《国民学校教员检定办法》(国民政府教育部,1946 年)对教师检定也做出了较为细致的规定。具体有:凡未具有国民学校及中心国民学校规则第十九条一款资格之一者,一律应受检定;凡受国民学校初级部或高级部级任教员或专科教员无试验检定者,应有下列资格之一:

一、简易师范学校或简易师范科毕业者。

二、旧制乡村师范学校或县立师范学校毕业者。

---

① 教育部参事处编:《教育法令汇编》第 1 辑,商务印书馆,1936 年,第 294—295 页。

② 《教育部训令:小学教员检定规程》(二十五年十二月三十一日教育部公布),《教育部公报》,1937 年第 9 卷第 1—2 期,第 13—14 页。

③ 《各省(市)小学教员总登记办法大纲》,《江苏省政府公报》,1940 年第 10 卷第 37 期,第 12 页。

④ 中国第二历史档案馆编:《中华民国史档案资料汇编(第 5 辑第 2 编·教育)》,凤凰出版社,2018 年,第 436 页。

三、幼稚师范学校毕业者。

四、合于前三款资格之一曾充任教员二年以上或曾参加假期训练三次成绩合格者。

五、高级中学、旧制中学或其他同等以上学校毕业曾代用教员一年以上或曾参加假期训练二次成绩合格者。

六、曾充代用教员三年以上经主管教育行政机关认为确有成绩且嘉奖有案者。

七、曾充代用教员三年以上有关于国民教育之专著发表，经主管教员行政机关认为确有价值者。

八、国民教育师资短缺训练班或师范讲习科毕业曾充代用教员三年以上并参加假期训练三次成绩合格者。[①]

凡受国民教育初级部或高级部级任教员或专科教员的试验检定，应具下列资格之一：

一、高级中学、旧制中学或其他同等以上学校毕业者。

二、师范讲习科毕业者。

三、师范学校或高级中学肄业一年曾充代用教员一年以上者。

四、初级中学毕业曾充代用教员二年以上者。

五、国民学校师资短期训练班或义务教育师资短期训练班毕业曾充代用教员二年以上者。

六、曾充代用教员三年以上者。[②]

该办法还规定，经检定合格的人员由省市教育行政机关发给检定合格

---

① 教育年鉴编纂委员会编：《第二次中国教育年鉴(第3编·初等教育)》，文海出版社，1986年，第45—46页。

② 教育年鉴编纂委员会编：《第二次中国教育年鉴(第3编·初等教育)》，文海出版社，1986年，第45—46页。

证书,其有效期间为四年;检定合格教师在有效期间教学成绩优良,经省市督学查报或县市教育行政机关呈报有案,或于服务期间参加假期训练三次以上的有成绩及格说明书者,期满后发给长期合格证书。[①]

总之,上述乡村教师检定政策对于参与无试验检定与试验检定的具体条件,检定委员会组织检定工作等相关规定并没有较大变化,但国民政府一再强调小学教师检定工作的重要性,加强了乡村师资队伍的管理。然而,因为政局动荡和战局紧张,小学教师检定工作推行区域以及实施力度较为有限。

(三)实施教师登记制度

国民政府除了严格规定教师任职资格标准,对乡村教师实施检定,同时还实施小学教师登记制度。国民政府规定,具有小学教师法定资格者,得向主管教育行政机关申请登记;每逢学年开始前两个月,得由主管教育行政机关公布登记小学教师的姓名、学历等,以此作为各小学聘请教师的依据。为推行国民教育制度,教育部于 1940 年 3 月召开各省市国民教育会议,在交议"现有小学教员应如何调整"一案中,涉及小学教师登记方面的议决办法如下:

一、各省市县为储备教师,统筹任用起见,应视教员登记为教育行政之重要经常任务,指定专员,负责办理。

二、凡具有规定资格,持有证件,或检定合格证之现任及非现任教师,均应向志愿任教之地方教育行政机关,请求登记。

三、县市教育行政机关,得因缺乏合格教员,公开举行代用教员登记,此项登记,并得举行考试,仍应将登记情形具报省教育厅核准,方得任用。

四、为调整全部师资期间,各省市应一律于 1940 年 7 月以前举行小学

---

① 教育年鉴编纂委员会编:《第二次中国教育年鉴(第 3 编·初等教育)》,文海出版社,1986 年,第 45—46 页。

及民众学校教员总登记一次,此项总登记与前项检定,得斟酌情形,合并举行,以省手续。[①]

《各省(市)小学教员总登记办法大纲》指出:为调查并整顿国民教育师资起见,各省市应一律于1940年6月举办全省市小学教师总登记一次;小学教师均应向主管机关励行登记手续,非现任教师而有试验检定以上资格,志愿充任中心学校或国民学校教师者亦得申请登记。办理小学教师登记的机关有:

甲、师范学院,公私立大学,及独立学院附设小学或民众学校之教员,由各省教育厅办理。

乙、省立师范学校附属小学,省立小学,省立民众教育馆附设民众学校之教员,由各省教育厅办理。

丙、行政院直辖市公私立小学,民众学校之教员,及非现任教员,由市教育行政机关办理。

丁、县(市)公私立小学,民众学校教员,及非现任教员,由县(市)政府或县教育局办理。

戊、党政军各机关,国营企业组织附设之小学或民众学校之教员,由所在地县(市)政府或县教育局办理。[②]

由此可见,乡村小学教师登记主要由县(市)政府或县教育局办理,登记时要求向主管机关填具登记表、呈缴毕业证书、服务证明书以及最近半身照等(在乡村偏僻地方不能取得照片时,得用指模代替)。而且,县(市)教育行政机关应组织小学教员登记审查委员会办理总登记审查,由省教育厅组织

---

① 教育年鉴编纂委员会编:《第二次中国教育年鉴(第3编·初等教育)》,文海出版社,1986年,第44页。

② 《各省(市)小学教员总登记办法大纲》,《江苏省政府公报》,1940年第10卷第37期,第12页。

小学教员检定委员会进行复查,合格小学教员登记核定后,由主管教育行政机关发给甲种登记证,“总登记截至经核定发表后,非有登记证者,不得充任教员”。[①] 到1945年2月,国民政府教育部令饬各省市小学,现任教师与非现任教师,或具有参加小学教师检定资格志愿充任小学教员者,均应一律向主管具有行政机关申请登记,所有以前曾经参加总登记并颁有登记证书者,自此次总登记结束后,概作无效,并限各省市于1946年7月前举办完竣。[②]

(四)兼顾教师聘任的规范性和灵活性

国民政府及其教育部严格规定乡村教师任职资格标准,推行小学教师检定和登记制度。但因官方有关小学教师任职资格标准和检定条件都比较高,与乡村初等学校教师和乡村教育情况现实相脱离,能达到这些标准和条件的乡村教师较为缺乏。因此,在实际的聘任过程中,为了满足乡村义务教育和国民教育发展的实际需求,采取了灵活的聘任方式——聘任代用教员。在国民政府时期,除了私立乡村小学教师,其余乡村学校教师的聘任权多由校长掌握。

在乡村教师任用政策上,国民政府对教师学历资格有较为严格的规定,并注重解决校长选用教师主观性较强的问题。《小学教员聘任及待遇暂行条例》明确规定了小学教师的各项资格条件,并以此作为校长选聘教师的依据。《小学法》规定小学教师由校长聘请合格人员充任,同时指出:“合格人有不敷时,得聘任具有相当资格者充之,均应呈请主管教育行政机关备案。”[③]此时仍可由校长判定应聘人员是否具有相当资格并决定是否聘用。“相当资格者”则表明了国民政府教育部对于校长聘任小学教师留有操作空间,为校长聘任权使用中出现的随意性和主观性问题埋下了伏笔。《修正小

① 《各省(市)小学教员总登记办法大纲》,《江苏省政府公报》,1940年第10卷第37期,第12页。

② 教育年鉴编纂委员会编:《第二次中国教育年鉴(第3编·初等教育)》,文海出版社,1986年,第45页。

③ 中国第二历史档案馆编:《中华民国史档案资料汇编(第5辑第1编·教育)》,凤凰出版社,2010年,第539页。

学规程》更加严格地规范了校长对教师的聘任权,同时规定了更为详细的聘任程序。其一,在学年开始一个月前,校长完成对教师的聘任,初聘以一学年为原则,以后续聘任期为两学年,聘定后应即呈报主管教育行政机关备案,经主管教育行政机关审查不合格者,校长需重新更聘。其二,尽管要求呈报县行政长官或主管教育行政机关备案,实际上校长在聘任教师中拥有较大自主权,但同时又规定教师接受聘任后便“不随校长或主管行政人员之更迭为进退”,不得随意解职;教师因故解职后,由校长“声叙理由呈报主管教育行政机关存案备查”,同时被无故解职教师可“声叙理由,呈请教育行政机关查明纠正”。[①] 如 1947 年 7 月底上海市第十八区中心国民学校 7 名未被续聘教师赴教育局请愿,顾毓琇局长予以接见,“首由该校校长龚夏当场逐一说明不予续聘之理由,继由各教员分别申辩”[②]。而且该教育局也于第二年“通令中心国民学校及国民学校,各校教职员,除有特别事故先经呈准者外,不得擅自更调”[③]。可见,国民政府后期加强了乡村教师聘任的规范化管理,尤其是对教师解聘权,要求教育行政机关适当回收,以防止校长滥用,从而保障了教师的权益以及职务的稳定。

针对乡村教师任期短、聘任制度不规范等问题,1940 年国民政府教育部召开的各省市国民教育会议进行了相关的讨论,提出如下建议:中心国民学校教员“今后得由主管教育行政机关,或由校长呈送主管教育行政机关会衔聘任之,初聘以一学年为原则,以后续聘,任期为三学年至五学年,惟代用教员之续聘,以一学年为期”;“合格之中心国民学校及国民学校教员续聘任期,如有特殊情形,经主管教育行政机关核准,不得在三年以下”。[④] 同时,要求“主管教育行政机关,分洽已聘教师于各校之前,应尽可能,征询校长意

① 中国第二历史档案馆编:《中华民国史档案资料汇编(第 5 辑第 1 编·教育)》,凤凰出版社,2010 年,第 547—548 页。

② 《十八区中心发生教师不续聘纠纷》,《申报》,1947 年 7 月 29 日第 5 版。

③ 《市教局通令国民学校无故不得更调教职员》,《申报》,1948 年 7 月 15 日第 7 版。

④ 教育年鉴编纂委员会编:《第二次中国教育年鉴(第 3 编·初等教育)》,文海出版社,1986 年,第 46 页。

见，及教员志愿，以为参照。聘任教员，须受校长之监督指导”[①]，从而对校长聘任乡村教师加大了管理监督和限制力度。从中也不难看出国民政府有收回校长聘任教师权的意图，正如时人指出的：关于教师的聘任，“近年来逐渐有由地方教育行政机关直接处理的趋势”[②]。

乡村教师的聘任“除了受教育法令法规的规范和教育主管部门的监督之外，还受到乡村社会原有的自由聘任教师这一传统的制约”[③]。因此，国民政府在规范乡村教师聘任的同时，允许在无法延聘规定资格或已检定教师时聘请代用教师，以补充乡村师资，弥补乡村学校合格师资严重不足的问题。《修正小学规程》指出：“小学因地方特殊关系，无从延聘等六十二条所规定资格或已受检定之教员时，得以具有小学教员检定规程所规定之试验检定资格之一者，为代用教员。但应呈请主管教育行政机关核准。”[④]《各省（市）小学教员总登记办法大纲》指出，“各地方因合格小学教员登记过少，不敷支配时，得举行代用教员登记，并由县教育行政机关举行代用教员甄别、试验，将录用人员呈报省教育厅核准后，分别派充职务”，并给代用教员发给乙种登记证。[⑤]《国民教育实施纲要》强调，各地应于本纲领实行半年内举行各县小学专任教师总登记及检定，“检定不合格而其学历尚可胜任者，得分别予以三个月至六个月之短期训练，作为代用教员”[⑥]。《国民学校教职员任用待遇保障进修办法》（国民政府教育部，1946年）令饬各地：国民学校教职员应尽先任用法定资格的教师和经检定合格人员，如遇合格人员不敷时，可聘请具有国民学校及中心国民学校教师试验检定资格或曾受短期师资训练

① 教育部：《各省市国民教育会议报告》，教育部（华东师范大学馆藏），1940年，第77页。

② 沈子善、水心合编：《国民教育》，独立出版社，1942年，第67页。

③ 姜朝晖：《民国乡村教师社会角色研究》，人民出版社，2016年，第153页。

④ 中国第二历史档案馆编：《中华民国史档案资料汇编（第5辑第1编·教育）》，凤凰出版社，2010年，第547—548页。

⑤ 《各省（市）小学教员总登记办法大纲》，《江苏省政府公报》，1940年第10卷第37期，第12页；教育年鉴编纂委员会编：《第二次中国教育年鉴（第3编·初等教育）》，文海出版社，1986年，第45页。

⑥ 中国第二历史档案馆编：《中华民国史档案资料汇编（第5辑第2编·教育）》，凤凰出版社，2018年，第425页。

者为代用教员。总之,当时一方面严格规范乡村教师聘任,要求聘用经检定合格的乡村教师,但也考虑到乡村学校聘任教师困难的情况,允许聘任代用教师。国民政府教育部将聘任代用教员合法化,这实际上为聘用最低资格小学教师打开了缺口,也为校长滥用聘任权埋下了隐患,导致乡村教师队伍良莠不齐。

三、尝试保障乡村教师待遇

时人指出:“师范生为什么不愿意到乡村去服务呢?最重要的原因在乎待遇。这样说来,改良乡村教师的待遇,实在是振兴乡村教育的先决问题。”[①]国民政府成立之后,通过明确最低待遇标准、建立退休抚恤等社会福利制度,保障乡村教师薪俸福利待遇。同时,国民政府开始注重奖励乡村教师。

(一)明确教师最低待遇标准

明确最低待遇标准是这一时期保障乡村教师待遇的重要内容。在《小学教员俸给规程令》(北洋政府教育部,1917年)、《小学教员褒奖规程令》(北洋政府教育部,1917年)规定的小学教师薪俸待遇标准的基础上,国民政府及其教育部不断保障乡村教师待遇,明确最低待遇标准,保障城乡教师待遇公平。国民政府于1927年召开的第一次全国教育会议,通过了增加小学教师薪水和优待小学教师的决议。《小学教员薪水制度之原则》(大学院,1928年)确定了小学教师最低薪水限度,原则上为“两倍衣食住(以舒适为度)三事之所费”,根据学历订立薪级,“教师之学历有超过规定标准者,得估其所费多给薪水;反之不及规定标准者,得酌量减至最低限度之薪金,假定以初中以上二年为最低度之资格,则此后每一年之学历,当按其在校之费

① 祝其乐:《乡村教师问题(续)》,《中华教育界》,1923年第13卷第11期,第4页。

用,给以百分之六之利率";"教师经验年有增加,薪水亦随之而加,可以劝其久任"。[①] 由此,在明确小学教师最低薪俸,保障小学教师生活质量的基础上,还着重强调教师的学历和工作经历与薪资增加的正向相关性,尤其是根据经验加薪的规定有助于改善经济落后地区乡村教师的待遇状况,也有助于减少乡村教师的流失。该政策对此后小学教师薪俸待遇标准的制定具有较大的影响。《小学规程》明确指出,小学教职员的俸给,应根据其学历及经验而有所差别,但至少应以学校所在地个人生活费的两倍为标准俸,"俸金以月计者,每年作十二个月计算","在校时间每日至少七小时,任课时间每日至多二百分钟"。[②]《修正小学规程》规定,小学教师最低薪给标准不变,且仍以十二个月计算,但在校时间增加为每日八小时,任课时间增加为"每日至多二百四十分钟"。[③] 但这些政策并未得到较好的实施,乡村教师流失较多。

全面抗战爆发后,相关政策一再强调乡村教师的最低薪金标准,并不断提高教师待遇。如《战时各级教育实施方案纲要》要求提高小学教师待遇,"俾能维持其最低限定之家庭生活"[④];《国民教育实施纲要》直接关注乡村教师的薪资问题,并修改了小学教师最低薪水的规定,具体提出:"保国民学校教员之薪给,至少以学校所在地个人衣食住等生活费之两倍为标准,校长并应酌量提高乡(镇)中小学学校教员之薪给,以得与保国民学校校长同额为原则,校长并应酌量提高。"[⑤]《小学教员薪给支配及实施办法》(教育部,1940年)指出,经检定合格的小学教师"应以当地个人食、衣、住三者所需生活费之两倍为最低薪额,代用教员应以合格教员最低薪额十分之八为其最低薪

① 中国第二历史档案馆编:《中华民国史档案资料汇编(第5辑第1编·教育)》,凤凰出版社,2010年,第548页。

② 教育部参事处编:《教育法令汇编》第1辑,商务印书馆,1936年,第270、274页。

③ 中国第二历史档案馆编:《中华民国史档案资料汇编(第5辑第1编·教育)》,凤凰出版社,2010年,第548页。

④ 中国第二历史档案馆编:《中华民国史档案资料汇编(第5辑第2编·教育)》,凤凰出版社,2018年,第28页。

⑤ 中国第二历史档案馆编:《中华民国史档案资料汇编(第5辑第2编·教育)》,凤凰出版社,2018年,第424页。

额”;小学教师最低薪额应依照前大学院所颁小学教员薪水制度之原则,以使其生活“舒适”为度;应由市(县)教育行政机关确定最低薪额,并视地方经济情形规定以国币一元至五元为一级之各级薪额、前项最低薪额,而且“前项最低薪额应每隔三年修订一次,遇生活程度剧变时,并应随时修订”。[①] 1946年,国民政府教育部更是提高了乡村教师的待遇,《国民学校教职员任用待遇进修保障办法》规定以当地个人衣食住行所需生活费用的3倍为乡村教师最低薪给标准,并比照当地县市级公务员薪给标准支给。[②]

(二)给予乡村教师生活津贴

国民政府为乡村教师供给食宿与米谷津贴。《儿童家庭供给小学教员食宿办法》(国民政府教育部,1940年)、《地方津贴小学教员米谷暂行办法》(国民政府教育部,1940年)明确指向乡村学校教师,制定了乡村教师接受儿童家庭食宿供给的标准和米谷津贴标准。具体指出:小学为单级编制,无教师宿食及住宿设备者,或教师家庭距离四公里以外者,得由乡镇长或保长商请儿童家庭供给住宿;教师住宿由儿童家庭有余屋可设法者轮流或长期供给,供给范围以寝室及室内应用木器,晨昏所需用水为限;小学经费支绌,无炊事设备者,或教师离学校两公里以外者,得由乡镇长或保长商请儿童家庭供给教员膳食;此项膳食供给,由乡镇保长会同儿童家长公议供给范围,以教师本人在开学期间一日三餐家庭菜饭为限;就提供米谷津贴而言,小学教员薪给不能按照最低额标准及年功晋级、资格晋级、学生数晋级等规定支薪或加薪时,得由乡镇保长商请儿童家庭供给食宿,与儿童家长公议,以米谷津贴小学教师;教师每人每月所得米谷津贴视薪给多寡而定,米以一斗至三斗为度,谷以二斗至六斗为度;津贴教师米谷由具有一定经济条件的儿童家庭分担。[③] 实际上,“食物之来源,或由儿童家庭分担,或由乡镇自筹,或以

① 教育部国民教育司编:《国民教育法规汇编》第1辑,正中书局,1941年,第107页。
② 李友芝等编:《中国近现代师范教育史资料》第2册,内部资料,1983年,第525页。
③ 教育年鉴编纂委员会编:《第二次中国教育年鉴(第3编·初等教育)》,文海出版社,1986年,第48页。

学田学产收益支付,或在省市县公粮项下支付,故津贴数量,各地亦颇不一致”[①]。

(三)初步建立退休(养老)金、恤金等社会福利制度

国民政府对小学教师实施退休(养老)金、恤金等社会福利保障制度。《修正小学规程》明确规定:“小学教职员养老及恤金办法,依照国民政府公布之学校教职员养老金及恤金条例办理。”[②]在《学校职教员养老金及恤金条例》(国民政府,1926年)、《学校职教员养老金及恤金条例施行细则》(国民政府教育行政委员会,1926年)的基础上,国民政府对上述条例进行了数次修改,并于1937年放宽了教职员服务年限的计算方法,修正颁布了《学校教职员养老金及恤金条例》(国民政府行政院,1940年),给予退休教师养老金,在养老制度方面,降低了服务年限的计算要求,建立三级经费支给制,增加了停发规定条款等;在抚恤金制度方面,对抚恤金标准和转领条件等进行了调整。该条例对乡村教师的退休(养老)金、恤金来源做出了规定,要求由市县经费支给乡村教师退休金、恤金,由此将乡镇保立学校的教师的退休(养老)金、恤金正式纳入了政府财政保障的范围,有助于保障乡村教师队伍的稳定。同时,规定“背叛中华民国经通缉有案者”停止领取退休(养老)金、恤金,明确领受时间。[③] 1943年,教育部发布训令,增加教职员养老金和恤金的数额,“专任教职员养老及恤金增加一倍,兼任教职员养老金及恤金增加五成”[④]。

国民政府不断完善退休(养老)金和抚恤金制度。其中,在政策文件中将“养老金”制度改成了“退休”制度。《学校教职员退休条例》(国民政府,

---

① 教育年鉴编纂委员会编:《第二次中国教育年鉴(第3编·初等教育)》,文海出版社,1986年,第50页。

② 中国第二历史档案馆编:《中华民国史档案资料汇编(第5辑第1编·教育)》,凤凰出版社,2010年,第548页。

③ 《学校教职员养老金及恤金条例》,《教育通讯》,1940年第3卷第33期,第10—15页。

④ 《教育部训令:第八一一一号(三十二年二月二十日)》,《教育部公报》,1943年第15卷第2期,第33—34页。

1944 年)对教师的退休类型和退休金类型重新进行了界定,将教职员退休分为"申请退休"和"应即退休"两类,并规定:学校教师服务 15 年以上且年龄已达 65 岁,或服务 25 年以上成绩昭著者,同时至少应连续在同一学校服务五年,可申请退休;年龄已达 65 岁,或心神丧失或身体残疾致不胜职务者将强制退休,即应即退休[①],根据不同情形可获得相应的"年退休金"或"一次退休金"。专任教职员的养老金照养老年金计算,具体见表 2.21。

表 2.21　1945 年规定的中心国民学校、国民学校专任教师养老年金

(单位:元)

最后月俸	在职年龄		
	20 年及以下	20—25 年	25 年以上
200 元以上	900	1050	1200
150—200 元	735	840	945
120—150 元	648	729	810
100—120 元	594	660	729
80—100 元	540	594	648
60—80 元	462	504	546
45—60 元	381	413	445
30—45 元	296	319	342
20—30 元	210	225	240
20 元及以下	180	192	204

资料来源:郭有守、刘百川:《国民教育》,商务印书馆,1944 年,第 202 页。

1948 年经修正后的《学校教职员退休条例》进一步明确了教职员退休金领取的不同范围。总体上讲,不断放宽了小学教师退休金领取的条件,降低了教职员服务年限以及在同一学校连续服务年限的要求;根据教职员不同服务年限分类给予退休金,增强了退休金发放的灵活性和适应性;同时还提高了退休金的发放额度,有助于改善教师的退休待遇。《学校教职员抚恤条例》(国民政府,1944 年)划分了抚恤金类型:教职员服务十五年以上病

① 宋恩荣、章咸主编:《中华民国教育法规选编(1912—1949)》,江苏教育出版社,1990 年,第 705—708 页。

故,或依法领受年退休金中死亡,或因公死亡等情形,并至少应连续在同一学校服务五年时,给予遗族“年抚恤金”;教职员服务三年以上十五年未满在职病故者,给予遗族“一次抚恤金”。同时,明确了两类恤金数额:年抚恤金数额,专任教职员按照其死亡时或退休之月薪合成年薪,兼任教职员按其最后三年内年薪平均数,并按照服务年限实施30%—45%之间不同的百分比例;一次抚恤金“按照教职员死亡时之月薪,服务三年以上六年未满者给四个月,六年以上十五年未满者每满三年加给两个月”。该条例还规定,遗族领受抚恤金权利不得扣押、让与或供担保。[①] 该条例于1948年也进行了修正。

国民政府针对乡村教师在内的全体教师制定了给予婚假、丧假、女教员产育期以及在一县市区域内连续工作年久者(十年、十五年)等相应假期,仍领原薪等福利政策;规定对国民学校教师的子女肄业各级学校,按其服务年限,分别免缴各项费用。

(四)建立乡村教师奖励制度

在北洋政府时期小学教师褒奖与优待政策的基础上,《中华民国训政时期约法》(国民政府,1931年)指出:“学校教职员成绩优良久于其职者,国家应予以奖励及保障。”[②]《改善小学教师待遇案》(第三次全国教育会议通过,1939年)决议:“小学教员薪给,免予扣减,按时发放,并主张实行年功加俸办法,以奖励优良教师。”[③]此后,系列奖励教师政策由国民政府教育部颁布。如:《教员服务奖励规则》(1940年)、《小学教员待遇规程》(1940年);第12844号令公布的《小学教育薪给支配及实施办法》(1940年)、《小学教员子女入学免费办法》(1940年)、《小学教员年功加俸办法》(1940年)、《优良小

---

① 宋恩荣、章咸主编:《中华民国教育法规选编(1912—1949)》,江苏教育出版社,1990年,第709—711页。

② 宋恩荣、章咸主编:《中华民国教育法规选编(1912—1949)》,江苏教育出版社,1990年,第47页。

③ 教育年鉴编纂委员会编:《第二次中国教育年鉴(第3编·初等教育)》,文海出版社,1986年,第47页。

学教员奖励办法》(1940年)、《小学教员储金办法》(1940年)等;《小学教员升任初级中学及同等学校教员暂行办法》(1943年)、《优良中心国民学校国民学校校长教员奖励金办法》(1943年)、《小学教员待遇及服务办法》(1943年);等等。这些政策主要包含了以下奖励乡村教师的策略。

1. 依据教师资历、职务以及所教学生数晋级

其一,依照教师资历晋级。现制师范学校或特别师范科或旧制师范学校本科或高中师范科毕业者,各晋一级加薪;师范专修科或高等师范学校或师范学院或大学教育学院毕业者,晋两级加薪。其二,根据教师职务晋级。初级级任教员及高级专科教员均晋一级加薪,高级级任教员晋二级加薪。其三,根据教师所教学生数晋级。初级级任教员所教一学级学生数超过40人者,每增学生5人,晋一级加薪,至晋三级为止;高级级任教员所教学生数超过35人者,每增学生5人,晋一级加薪,至晋三级为止;级任教员如不担任国语及算数者,其晋级薪额,应与担任国语及算数教师平均分配。[①]

2. 实施年功加俸

上述政策规定,市县教育行政机关应视地方财力,制定小学教师年功加俸施行细则,以每两年或三年或四年或五年为一年功级,以国币二元或三元或四元或五元为一年功级的加薪额。凡小学教师在一校连续服务年期,每隔一年功级而成绩尚可者,均晋一级加俸;小学教师非在一校连续服务者,其年功级期间,应较在一校连续服务者,加长一年;有间断者,其年功级期间,应以继续服务后的年期计算,不得前后并计,但由教育行政机关调任,或因病间断,并未担任其他职务者,均仍作在一校连续服务计算。小学教师在某年功级间受申斥、记过等惩戒处分者,应予停止该级加俸,但在同时期内受嘉奖后恢复。

3. 奖励优良教师及服务年久的教师

《小学教员待遇及服务办法》对优良小学教师奖励做出了较为全面的规

① 教育年鉴编纂委员会编:《第二次中国教育年鉴(第3编·初等教育)》,文海出版社,1986年,第47页。

定。对训导方法特别优良，或进修特别努力，或著有特别有价值的教育著作，或创作有价值教具校具，或参加全市县学科竞赛学级成绩优异，或参加全县市运动会或成绩展览会成绩优异，或其他有特殊成绩等教师，均应视其成绩分别予以奖金、奖状、传令嘉奖或升迁等奖励。对于在同校连续服务年久教师，给予教师服务奖状（分一等、二等、三等）：凡在同一学校连续服务在十年以上、十五年未满者，授予三等服务奖状；在同一学校服务十五年以上、二十年未满者，授予二等奖状；在同一学校连续服务二十年以上者，授予一等奖状。[①] 国民政府还将奖励从事教育年久且成绩优良教师的规定列入《中华民国宪法》(1947 年)第 167 条。

总之，为了应对乡村师资短缺，吸引更多人加入教师行列，国民政府及其教育部颁布了多项奖励政策。例如，要求根据“资历高下”“职务繁简”“任期久暂”“成绩优否”等给予教师带薪休假、子女上学优待、继续升学进修、年功加俸等奖励；要求采用颁发勋章、奖章、奖状，给予奖金、加俸、书籍、奖学金，实施升迁、晋级等奖励形式。

20 世纪 30 年代，乡村社会建设在政策和资金上得到了国民政府的支持，乡村教育得以同步发展，乡村教师队伍建设有所加强，走上了制度化和规范化的道路。

---

① 教育年鉴编纂委员会编：《第二次中国教育年鉴(第 3 编・初等教育)》，文海出版社，1986 年，第 47—48 页。

第四节　加强乡村教师队伍建设的成就与困境

这一时期颁布的系列政策法规得到了一定程度的推行，使乡村教师队伍建设取得了一定的成就。但因国内政局动荡、财政经费不到位等，乡村教师队伍建设仍面临诸多困境。

一、建设的主要成就

(一)乡村教师队伍初步建成

这一时期初步建成了乡村教师队伍，推动了乡村义务教育和国民教育事业的发展。至1946年，全国国民学校及小学数共290,617所，共有学生23,813,705人。[①] 教职员情况见表2.22。

表2.22　1946年全国初等教育教职员统计

(单位：人)

学校性质	项目	总计	中心国民学校	国民学校	小学
共计	合计	880555	277124	508444	92485
	男	730591	223458	443688	63104
	女	149964	53666	64756	29381

① 教育年鉴编纂委员会编：《第二次中国教育年鉴(第14编·教育统计)》，文海出版社，1986年，第68—69、71页。

续 表

学校性质	项目	总计	中心国民学校	国民学校	小学
国立	合计	501			501
	男	332			332
	女	169			169
省市立	合计	5606			5323
	男	3466			3438
	女	2140			1885
县市立	合计	792707	277124	508444	5486
	男	671425	223458	443688	3989
	女	121282	53666	64756	1497
私立	合计	77649			77083
	男	52870			52847
	女	24779			24236

注:"总计"中包含了幼稚园教职员数据,因不在本书分析范围,表中未予呈现。

资料来源:多贺秋五郎编:《近代中国教育史资料·民国编》(下),文海出版社,1976年,第1239页。

如表2.22所示,到1946年,全国国民学校及小学教职员达880,555人。其中,中心国民学校教职员达277,124人,国民学校教职员达508,444人,小学教职员达92,485人。可见,乡村小学教师占据了全国初等教育教师的主体,新式乡村教师队伍初步形成。以福建省为例,该省1942年底时应需师资25,215人,但"检定登记合格之教员,间多流动或改业,代用教员超过合格教员之数,致形成师荒之现象","因着重提高教员待遇,奖进优良教员,鼓励教员进修研究,加强师范毕业生管理及合理分配,以安定小学教师生活,并改良其素质",到1945年底,该省各县(市、区)实有教师21,543人,数量有所增加。[①] 这些乡村教师为当时乡村教育的发展做出了一定的贡献。

(二)多样化的乡村师资养成格局开始形成

在上述乡村师资养成政策的引导下,多样化的师资养成方式得以基本

① 中国第二历史档案馆编:《中华民国史档案资料汇编(第5辑第2编·教育)》,凤凰出版社,2018年,第533页。

形成。正规的师范教育尤其是乡村师范教育、短期的师资训练以及面向在职乡村教师的进修,提高了乡村师资的水平。

1. 师范教育成为乡村师资养成的主渠道

师范教育是这一时期全国初等教育师资培养的主要渠道。到 1946 年,全国中等师范学校发展至 902 所,其分布情况见表 2.23。

表 2.23　1946 年全国中等性质的师范学校分布统计

(单位:所)

地区	小计	师范	乡师	简师	简乡师
总计	902	358	15	436	93
江苏	31	17	5	8	1
浙江	80	15	2	63	
安徽	49	15		34	
江西	49	28	1	20	
湖北	36	14		22	
湖南	63	15		48	
四川	94	33	3	42	16
西康	16	8		6	2
河北	35	13		22	
山东	12	5		4	3
山西	24	8		16	
河南	91	18	2		71
陕西	36	19		17	
甘肃	28	15	1	12	
青海	3	3			
福建	35	15		20	
台湾	6	6			
广东	71	24		47	
广西	27	14		13	
云南	41	18	1	22	
贵州	22	16		6	
辽宁	8	8			
安东	1	1			
辽北	10	10			
吉林	3	3			

续 表

地区	小计	师范	乡师	简师	简乡师
热河	3	3			
察哈尔	3	2		1	
绥远	3	1		2	
宁夏	5	1		4	
新疆	7	1		6	
南京	1	1			
上海	3	3			
北平	2	2			
天津	1	1			
青岛	1	1			
重庆	1	1			
海外侨民设立	1			1	

注:教育部统计处根据1945年第一学期国立中等学校呈报之概况简表及各省市教育厅局呈报之中等教育统计报告表编制。

资料来源:多贺秋五郎编:《近代中国教育史资料·民国编》(下),文海出版社,1976年,第1228页。

如表2.23所示,1946年全国中等师范学院中,师范学校有358所,乡村师范有15所,简易师范有436所,简易乡村师范有93所。上述各类师范学校在校学生共245,609人,各类师范学校分别有73,852人、3,139人、140,888人、27,730人;毕业生共47,784人,各类师范学校分别有15,417人、836人、26,541人、4,990人。[1] 另外,师范学院也从1938年的零所增加至1946年的67所,学生数从996人增加至14,498人。[2] 这些师范毕业生成为全国初等教育师资的重要来源。

其中,乡村师范学校的独立设置与增设,翻开了我国乡村教育史的重要一页,也为乡村师资补充提供了重要来源。20世纪30年代,乡村师范教育的发展进入高峰期。当时乡村师范学校的基本情况见表2.24。

① 教育年鉴编纂委员会编:《第二次中国教育年鉴(第14编·教育统计)》,文海出版社,1986年,第50、53、55页。

② 教育年鉴编纂委员会编:《第二次中国教育年鉴(第14编·教育统计)》,文海出版社,1986年,第50、53、55页。

表2.24　1931—1933年乡村师范学校概况统计

年份	学校性质	学校数/所	学级数/个	学生数/人	毕业生数/人
1931	合计	451(63)	1149	45546	8823
	省市立	41(3)	284	11412	1533
	县市立	399(56)	818	32358	7020
	私立(备案)	5(2)	18	718	160
	私立(未备案)	6(2)	29	1058	110
1932	合计	372(119)	913	35654	6088
	省市立	29(11)	166	6717	810
	县市立	332(102)	705	27575	5086
	私立(备案)	5(5)	24	787	110
	私立(未备案)	6(1)	18	575	82
1933	合计	353(88)	911	33849	6314
	乡村师范	94(31)	266	10441	2032
	简易乡村师范	259(57)	645	23408	4291
1933	省市立小计	35(4)	178	6908	650
	乡村师范	22(4)	99	3861	633
	简易乡村师范	13	79	3047	17
	县市立小计	307(79)	693	25763	5498
	乡村师范	71(27)	166	6531	1399
	简易乡村师范	236(52)	527	19232	4099
	私立(备案)小计	5(4)	23	671	117
	乡村师范				
	简易乡村师范	5(4)	23	671	117
	私立(未备案)小计	6(1)	17	507	58
	乡村师范	1	1	49	
	简易乡村师范	5(1)	16	458	58

注:(1)“( )”内的数字,系代表中学、职业等其他类学校附设之师范科。(2)学级数、学生数均系按科别计算。(3)校名为乡村师范,其修业年限无论长短均列入乡村师范。(4)1933年的数据是乡村师范学校和简易乡村师范学校的合计。(5)1934年327所乡村师范学校中,包含了省市立的乡村师范学校31所、简易乡村师范学校13所,联立或区立简易乡村师范学校24所,县市立的乡村师范学校4所、简易乡村师范学校247所,私立的简易乡村师范3所、未备案乡村师范5所。

资料来源:教育年鉴编纂委员会编:《第一次中国教育年鉴(丁编·教育统计)》,传记文学出版社,1971年,第106、111页;教育部普通教育司编:《中华民国二十年度全国中等教育统计》,南京大陆印书馆,1935年,第2—5页;教育部普通教育司编:《中华民国二十一年度全国中等教育统计》,商务印书馆,1935年,第6—13页;教育部统计室编:《中华民国二十二年度全国中等教育统计》,商务印书馆,1936年,第8—15页;教育年鉴编纂委员会编:《第二次中国教育年鉴(第14编·教育统计)》,文海出版社,1986年,第49、51、53、55页。

如表2.23所示,1931—1934年乡村师范学校总体上逐渐减少,其学级数、学生数以及毕业生数也不断减少,但它始终是乡村师资的重要来源。乡村师范教育的发展为乡村学校培养了师资,同时也为乡村社会建设储备了人才。

以乡村师范学校毕业生就业或出路为例,如表2.25所示,黄渡乡师毕业生在小学工作者占毕业生总数的58.4%,其中担任教师者占47.3%;洛社乡师毕业生在小学工作者占90.6%,其中担任教师者占74.8%;灌云乡师毕业生在小学工作者占68%,其中担任小学教师者占56%;吴江乡师毕业生在小学工作者占85.4%,其中担任小学教师者占62.1%;滋阳乡师毕业生在小学工作者占82%,其中担任小学教师者占76%;而湘湖乡师毕业生在小学工作者占76.6%,其中担任小学教师者占57.8%。总体上看,上述乡村师范学校毕业生在小学工作者平均占比较高,达76.7%,其中担任小学教师者平均占比为62.2%。

表2.25 1936年前后部分乡村师范学校毕业生就业情况统计

(单位:%)

学生出路	黄渡乡师	洛社乡师	灌云乡师	吴江乡师	滋阳乡师	湘湖乡师	平均计
升学	7.9	4.2		5.8	9.0		4.5
小学校长	11.1	15.8	12.0	23.3	6.0	18.8	14.5
小学教师	47.3	74.8	56.0	62.1	76.0	57.8	62.2
其他机关	4.8	5.2	32.0	6.8	9.0	21.1	13.2
病故	1.6			1.0		0	0.5

注:表中"学生出路"栏做小学教师、病故者的平均数据与计算结果略有出入,以原文献数据为准。

资料来源:古楳:《乡村师范概要》,商务印书馆,1936年,第168页。

由此可见,乡村师范为初等教育发展培养了一定的师资,对乡村教育的发展也做出了一定的贡献。时人如此回忆并评价当时的乡村师范毕业生:

当时的农村,封建、迷信,贯穿到各个角落,这些乡师毕业生(笔者注——指河北省万全县乡村师范学校的毕业生),一方面教当时的教材,一方面为了应酬群众之所“急”,如:婚丧嫁娶合婚、择日、起房盖屋看时辰,甚至一些事情的顺逆,也都要请洋教员解答。如果你不懂,威信是要大大降低的,所以有时不得不看一些《玉匣记》之类的迷信书,尽管他们也宣传了些迷信,毕竟他们是洋学堂毕业的学生,他们在教室里主要教的还是一些文化科学的知识。学生有了上下课,搞些音、体、美,学生也比较活跃,时间长了,科举不举了,四书没用了,群众对洋学堂也有了好感。私塾先生说些洋学堂的坏话,也不起作用了。这些乡师毕业生,遍布在广大农村,对洋学的建立、巩固、发展,起了积极的促进作用,他们对我县(笔者注——指河北省万全县)教育事业的发展,做出了具有历史意义的贡献。[①]

可见,乡村师范学校毕业生成当时乡村师资的重要来源,对各地乡村教育的发展和普及有着重要的作用。

总体上讲,乡村师范学校从无到有,并发展成为乡村师资补充的重要来源。乡村师范教育不断改进:在课程设置上,不断贴合乡村生活需要,增设了农田及蚕桑实习合作指导等农事教育方面的课程;在教学方法上,学生课业由做而学和教,学生生活也由学生自己设法解决,较好地履行了陶行知先生主张的“教、学、做合一”;在服务乡村社会上,推广教育,指导农民解决当地经济政治教育等方面的问题;在推动乡村教育改革上,设立乡村教育实验区,分派学生分组实习,在各乡村以学校为中心,开办义务教育、社会教育或民众教育,指导乡民群众,以期推动乡村社会不断进步;奉行陶行知倡导的“社会即学校”理念,努力将学生培养成为满足改造乡村社会和推动乡村教育发展需求的乡村教师。

2. 师资训练与进修成为乡村师资养成的重要辅助

第一,加强乡村师资训练。一是就小学教师假期训练情况而言,1941

① 中国人民政治协商会议河北省张家口市委员会文史资料研究委员会编:《张家口文史资料(第 10 辑:文化·教育)》,内部资料,1986 年,第 248 页。

年有12省市举办,训练班的64,651人,此后每年举办假期训练班的省份都有增加,且训练学员多达数万人。这一阶段小学教师假期训练情况统计见表2.26。

表2.26 1941—1947年全国小学教师假期训练情况统计

年份	举办省市/个	受训学员/人	举办省市
1941	12	64651	甘肃、湖南、贵州、河南、广西、福建、云南、四川、广东、浙江、江西、重庆
1942	18	63375	甘肃、湖南、贵州、河南、广西、福建、云南、四川、广东、江西、重庆、陕西、宁夏、安徽、湖北、新疆、西康、青海
1943	15	33521	甘肃、贵州、广东、四川、湖南、河南、广西、云南、江西、新疆、浙江、陕西、安徽、湖北、重庆
1944	13	40691	贵州、重庆等
1945	13	17936	四川、贵州、陕西、甘肃、西康、新疆、安徽、湖北、湖南、江西、福建、浙江、云南
1946			除广西、山东、山西、察哈尔、热河、辽北、松江、合江、黑龙江、嫩江、兴安、大连、哈尔滨等13省市外的省市开办
1947	25	5857	甘肃、贵州、广东、湖南、河南、云南、江西、浙江、陕西、安徽、湖北、西康、青海、江苏、河北、山东、绥远、热河、察哈尔、辽宁、台湾、天津、青岛、上海、南京

注:(1)1941—1946年统计的是各省市办理小学教员假期训练班情况,1947年统计的则是假期讲习班情况。(2)1944年举办省市除了明确有贵州、重庆,其余省市不详。

资料来源:教育年鉴编纂委员会编:《第二次中国教育年鉴(第3编·初等教育)》,文海出版社,1986年,第52页。

如表2.26所示,就小学教师假期训练班的情况而言,1942年有18省市举办,受训学员63,375人;1943年有15省市举办,受训学员33,521人;1944年有13省市举办,受训学员40,691人;1945年有13省市举办,受训学员17,936人;1947年有25省市举办,受训学员5,857人。其中,部分省份举办乡村教师暑期训练情况见表2.27。

表 2.27　1941—1945 年部分省份举办乡村教师暑期训练情况统计

项目			1941 年	1942 年	1943 年	1944 年	1945 年	累计
江西	举办县/个		62	36	62	58	57	275
	受训学员/人	中心国民学校	143	658	680	711	813	3005
		保国民学校	130	899	1770	1931	2259	6989
		合计	273	1557	2450	2642	3072	9994
浙江	班数/个		27	3	40	51	29	150
	受训学员/人		2869	264	3688	2530	2506	11857
河南	受训学员/人		5649	4456	6260	442	425	17232
福建	举办县/个		22	38	33	51		144
	受训学员/人				3146	5018		8164
	及格数/人				2958	4916		7874
安徽	训练处/个			16	9	10		35
	受训学员/人			2145	1029	948		4122

注:(1)河南省历年假期训练分为省府调训、各行政区调训以及各县调训,并将中心学校及国民学校的校长与教师合并统计。河南省假期训练将 1940 年省府调训的中心学校校长 1,295 人、各行政区调训的国民学校校长 4,437 人合并计入。到 1945 年,该省共训练中心学校校长 1,785 人、教师 725 人,国民学校校长 9,393 人、教师 12,060 人。(2)河南省 1944 年就战区退出教师加以训练,共训练中心学校校长 15 人、教师 65 人,国民学校校长 27 人、教师 64 人;另有两县共训练国民学校教师 271 人。

资料来源:教育年鉴编纂委员会编:《第二次中国教育年鉴(第 3 编·初等教育)》,文海出版社,1986 年,第 97—98、110、73—74 页;中国第二历史档案馆编:《中华民国史档案资料汇编(第 5 辑第 2 编·教育)》,凤凰出版社,2018 年,第 531—532、540 页。

如表 2.27 所示,1941—1945 年,江西省举办乡村教师暑期训练累计达 275 县,受训学员 9,994 人,其中中心国民学校受训学员 3,005 人,保国民学校受训学员 6,989 人;浙江省受训班级共 150 个,受训学员累计 11,857 人;河南省受训学员共 17,232 人;福建省 1941—1944 年乡村教师暑期训练举办县累计 144 个,受训学员累计 8,164 人;安徽省受训学员累计 4,122 人。可见,上述省份积极推进乡村教师假期训练,不断提升乡村师资水平。

二是各地纷纷开设国民教育师资短期训练班招引非师范学校毕业者进行训练。主要在实施国民教育之川、黔、滇、桂、粤、闽、浙、湘、豫、鄂、陕、甘、宁、青、新等省推行,为当地培养了大批乡村教师。[①] 至1942年,全国共设国民教育师资短期训练班298个,受训学员15,330人;1943年开设274个班,受训学员10,636人;自1944年起,除边远或贫瘠地区仍继续办理外,多数省份已逐渐增设师范学校或三年制简易师范,短期训练设班数逐渐减少。[②] 这些国民教育师资短期训练班毕业生也成为当时国民学校尤其是边远地区国民学校师资的重要组成部分。部分省份举办国民教育短期师资训练情况见表2.28。

四川省于1940年下半年寒暑假办理短期保国民师资训练班168个,训练师资16,311人;举办一年制国民教育师资训练班120个,受训学员6,770人。[③] 如表2.28所示,1941—1945年,四川省办理国民教育短期师资训练班共776个,训练师资31,417人。同时期各类师资培养机关仅训练13,957人[④],可见该省主要依靠短期师资训练班补充初等教育的师资。浙江、云南、贵州、江西以及安徽等省也积极推进国民教育短期师资训练。

表2.28 1941—1945年部分省份举办国民教育短期师资训练不完全统计

项目		1941年	1942年	1943年	1944年	1945年	累计
四川	班数/个	245	203	178	136	14	776
	受训学员/人	8501	8090	8676	4890	1260	31417
湖北	班数/个			102			102
	受训学员/人			4702			4702
浙江	班数/个	2	6	14	8	2	32
	受训学员/人	240	304	542	456	92	1634
云南	班数/个	19		23	43	45	130
	受训学员/人	918	1032	894	2360	1800	7004
贵州	班数/个		73	88	56		217
	受训学员/人		3559	4299	2426	1395	11679
	毕业分发任用/人		1158	3223	1389	879	6649

① 教育年鉴编纂委员会编:《第二次中国教育年鉴(第3编·初等教育)》,文海出版社,1986年,第51—52页。

② 教育年鉴编纂委员会编:《第二次中国教育年鉴(第3编·初等教育)》,文海出版社,1986年,第52页。

③ 四川省政府教育厅第三科编:《四川省国民教育实施概况》,中华书局,1941年,第2页。

④ 教育年鉴编纂委员会编:《第二次中国教育年鉴(第3编·初等教育)》,文海出版社,1986年,第67页。

续　表

项目		1941年	1942年	1943年	1944年	1945年	累计
江西	训练单位/个		17	18	20		55
	班数/个		23	20	22		65
	结业人数/人		965	860	960		2785
安徽	班数/个		9	23			32
	受训学员/人		450	1145			1595

注:(1)四川省1941年的班数和毕业生数包括短期师资训练班与县师资训练班信息,1943年以来,因师范学校、简易师范学校逐渐增设,短期师资训练班设置亦逐年减少。(2)安徽省1943年包含一年制师资训练班2班共11级,学生1,050人,短期班2级,学生95人。(3)云南省均为一年制短期师资训练班。(4)贵州省将省、县立国民学校师资训练班合并统计,且1941—1942年数据合并。

资料来源:教育年鉴编纂委员会编:《第二次中国教育年鉴(第3编·初等教育)》,文海出版社,1986年,第67、90、110、131、97页;中国第二历史档案馆编:《中华民国史档案资料汇编(第5辑第2编·教育)》,凤凰出版社,2018年,第531页。

第二,推动了乡村教师进修工作。各地通过各种方式推动乡村教师进修工作。一是以乡村教师教研组织推动教师进修,至1944年全国共组建乡镇级国民教育研究会7,311个[①]。其中,四川省截至1945年底,已成立国民教育研究会者有崇宁等20县,仅乡(镇)级国民教育研究会成立者有合江等5县;河南省1941—1945年共成立乡镇国民教育研究会774个,研究会人数达31,361人;江西省1943—1944年成立乡镇国民教育研究会1,740个。[②]二是以通讯研究推进乡村教师进修。1931年开始,各地积极以通讯研究推进乡村教师进修,国立西北师范学院、国立中山大学师范学院、国立重庆师范学校,以及河南、甘肃、西康、广东等省,开展小学通讯研究,均有相当成绩。[③]其中,江西省以国民教育研究会附设的国民教育实际问题解答处开展通讯研究,推动教师进修取得了一定成绩。该省于1944年附设了国民教育

① 中国第二历史档案馆编:《中华民国史档案资料汇编(第5辑第2编·教育)》,凤凰出版社,2018年,第556页。

② 教育年鉴编纂委员会编:《第二次中国教育年鉴(第3编·初等教育)》,文海出版社,1986年,第67、74、95页。

③ 教育年鉴编纂委员会编:《第二次中国教育年鉴(第3编·初等教育)》,文海出版社,1986年,第51页。

实际问题解答处者共57县,解答问题共341件;1945年设置者共71县,解答问题共505件。[①] 三是以进修刊物推动教师进修。《国民教育指导月刊》自1941年7月起发行,至1946年终刊,每期均以解决国民教育实际问题为中心,至1945年上半年已印行至四卷四期。国民政府教育部编写的"国民教育实际问题小丛书"第一辑于1942—1944年印行,计36种4,000册,第二辑亦已编成,后将该丛书第一、二辑选定60种,改名为"国民教育辅导丛书",由正中书局编印。[②] 以陕西省为例,该省教育厅1941—1942年按期编印《抗建》半月刊,免费发给各县中心国民学校及国民学校教师阅读;1943年,与国民政府教育部国民教育司合办《国民教育指导月刊》,分发至各县中心国民学校和乡镇内国民学校,作为教师研究进修必读刊物;1944—1945年,翻译"国民教育实际问题小丛书"36种中的33种,各2,000份,陆续分发至各县中心国民学校与国民学校,以推动教师学习进修。[③] 再如江西省除了每月向各乡镇中心国民学校教师分发《国民教育指导月刊》,翻印"国民教育实际问题小丛书"2,000余份,还要求教师订阅陈鹤琴创办的《活教育》月刊、国民教育师范区出版的《江西国教半月刊》。[④]

除了上述推行乡村教师进修的方式,还通过成立教学研究会及读书会,派遣中心国民学校优良教师参加师范学院进修班、安排教师参加各师范学院附设的中心国民学校及国民学校教员函授学校等方式推动乡村教师进修。如江西省各级学校成立教学研究会及读书会者有53县,合计教学研究会1,248个(读书会亦附设在内),参加人数3,952人;各研究会研究问题不能解决者,均由县国民教育研究会附设之国民教育实际问题解答处解答;到

---

① 教育年鉴编纂委员会编:《第二次中国教育年鉴(第3编·初等教育)》,文海出版社,1986年,第95页。

② 教育年鉴编纂委员会编:《第二次中国教育年鉴(第3编·初等教育)》,文海出版社,1986年,第51页。

③ 教育年鉴编纂委员会编:《第二次中国教育年鉴(第3编·初等教育)》,文海出版社,1986年,第148页。

④ 教育年鉴编纂委员会编:《第二次中国教育年鉴(第3编·初等教育)》,文海出版社,1986年,第95页。

1945年,江西省共有76县成立了教学研究会,合计教学研究会1,311个,参加人数7,310人。[1] 江西省还于1943年8月派遣8名中心国民学校优良教师前往湖南蓝田国立师范学院附设中心国民学校教师进修班受训,一年结业后返原校服务。[2]

总之,国民政府一方面以加强长期性、规范化的师范教育尤其是乡村师范教育推动乡村师资的养成,另一方面注重对师资的短期性、非正式训练,同时通过多种方式加强在职乡村教师的进修,不断提高乡村师资的水平。

(三)乡村教师队伍管理逐步规范

1. 教师聘用规范化

在国民政府教育部政策的指引下,各地纷纷收回或限制校长聘请乡村教师的权力,从而不断加强对乡村教师聘用的管理。以安徽省为例,该省基本上遵照了国民政府教育部相关聘用规定,且根据实际情形进行调整,进一步规范该地区的乡村教师聘用。北洋政府初期,该省乡村教师多由校长聘请;国民政府成立之后,《安徽小学校长任免暂行章程》(安徽省教育厅,1928年)、《安徽小学教员任免暂行章程》(安徽省教育厅,1928年)仍规定由校长聘任教师;到1939年,该省实行政教合一,《安徽省各县乡(镇)保小学暂行规程》(安徽省政府,1939年)规定乡(镇)、保小学校长分别由乡(镇)、保长兼任,乡村教师则由乡(镇)、保长聘任;1942年又逐渐将乡(镇)中心国民学校和保国民学校校长改为专任,乡村教师仍由校长聘任;到1944年《安徽省各县中心国民学校及国民学校教员任免办法》(安徽省政府,1944年)规定小学校长和教师都由县政府委任;1948年省政府规定,县立小学及中心国民学校与国民学校校长和教师都由市、县教育局委派,而且校长、教师在一

① 教育年鉴编纂委员会编:《第二次中国教育年鉴(第3编·初等教育)》,文海出版社,1986年,第95页。

② 教育年鉴编纂委员会编:《第二次中国教育年鉴(第3编·初等教育)》,文海出版社,1986年,第95页。

定任期内调动要经县政府核准，不得任意辞职。[①] 由此，该省乡村教师聘任经历了“校长聘任—乡（镇）、保长聘任—校长聘任—县政府委任—市、县教育局委派”的转变，校长聘任教师的权力被限制。湖南省也有限制校长聘用教师权力的趋势。《湖南省各县小学教员任用办法》（湖南省政府，1940 年）规定：“由各校校长就登记合格人员中，自行聘用，或由各县市政府统筹派用。……均须检齐资历证件，呈请教育厅核准，方得正式委任。”[②]再如湖北省小学教师任免迁调也由县政府统筹办理，“所有师范学校学生在应届毕业以前，均须填具志愿服务处所，由小学呈教育厅密核，然后教育厅依照各学生志愿，并参酌毕业成绩及各县师资需要，统筹分发各县，再由各县转分各该国民学校及中心国民学校服务”[③]。可见，很多地区开始规范乡村教师聘用制度。又如，1948 年上海市高桥区中心国民学校校长无故解聘教师 9 人，并强制怀孕女教师请假，引发了教师不满。后上海市教育局朱处长特令该校速将解聘各教师恢复职务，对怀孕女教师令照市府员工生产福利办法给予相应的福利保障。[④]

2. 教师检定与登记制度得以推行

任用资格检定是加强乡村教师聘任管理规范化的重要手段，使检定合格人员充任乡村教师也是提高乡村教师质量的重要保障。在国民政府成立之前，小学教师检定工作政策在多数地方并未得到较好的推行。直到 20 世纪 30 年代，在国民政府全面推行小学教师检定工作的背景下，各地不仅制定了乡村教师任免办法，加强教师资格检定，而且积极推行教师登记工作。

第一，全国各省均根据国民政府教育部任免办法和标准，制定了相应的管理办法。如安徽省制定了《安徽省各县中心国民学校及国民学校教员任免办法》，要求按照规定的标准委任教师，只有在登记合格师资不敷分配时，

---

① 安徽省地方志编纂委员会编：《安徽省志·教育志》，方志出版社，1997 年，第 133 页。

② 教育年鉴编纂委员会编：《第二次中国教育年鉴（第 3 编·初等教育）》，文海出版社，1986 年，第 85 页。

③ 教育年鉴编纂委员会编：《第二次中国教育年鉴（第 3 编·初等教育）》，文海出版社，1986 年，第 92 页。

④ 《高桥区中心学校解聘教员起纠纷》，《申报》，1948 年 11 月 11 日第 4 版。

得暂以应受试验检定人员派为代用教员。[1] 湖南省要求各校校长和县市政府须在登记合格人员中聘用或统筹派用乡村教师;江西省规定每校至少应有二分之一的合格教师,并规定"凡经任用合格之小学教师,非有失职或特殊情事,不得随意更换或辞退"[2]。福建省也以登记或检定合格乡村教师尽先委聘为原则,次及于具有代用资格人员,而且,教育行政机关对于中心学校教师资格审核有严格的标准。广东省也曾通饬:应优先任用具有"国民学校及中心国民学校规则第十九条第一款规定资格"及经检定尚在有效期间的教师,其余如具有《小学教员检定办法》第五条规定资格之一的教师也得先行任用,再予依法检定;"如因合格教员过少,不敷应用时,准将曾在国民教育短期师资训练班毕业人员,一律以代用教员任用,以资补救"。[3] 可见,各省市积极遵照国民政府教育部要求,不断规范乡村教师委聘和任用,以期改变过去乡村教师任职的随意性状态。

第二,各地认真推行乡村师资检定工作。如四川省于1938—1939年实施了乡村教师检定工作,1938年检定小学级任教员970人,初级小学级任教员367人,专科教员7人;1939年检定小学级任教员131人,初级小学级任教员100人,两年小学教师检定合格者达1,275人。[4] 再如西宁教育局于1941年2月开展甄别乡村小学教师考试,具体操作方法如下:

教局为防止弊端,郑重其事计,特在教厅县政府各请察视员监视,而主考均为有专门学识之士。所以考中者多真正人才。各门均及格者为正取,其有一二门不及格而国文书法优秀者为备取。及格者除授与证书外,并予证明书,

---

① 教育年鉴编纂委员会编:《第二次中国教育年鉴(第3编·初等教育)》,文海出版社,1986年,第104页。

② 教育年鉴编纂委员会编:《第二次中国教育年鉴(第3编·初等教育)》,文海出版社,1986年,第85、100页。

③ 教育年鉴编纂委员会编:《第二次中国教育年鉴(第3编·初等教育)》,文海出版社,1986年,第121页。

④ 郭有守:《四川省政府施政情形总报告专辑(六):教育部分·四川省教育厅施政报告》,《新四川月刊》,1939年第1卷第4期,第58—59页。

注明三年或五年为服务有效期。在最近一二日内，将考中人员，分配各乡村小学服务。所有此次已经报名，而未中及与考者，将实行第二次甄别，以免向隅。[1]

1940—1945年部分省份办理国民学校教师登记检定及任用服务情况见表2.29。

如表2.29所示，1941—1945年，陕西省办理检定国民学校教师，合格免检定者、合于无试验检定资格者以及合于试验检定资格者共19,091人。其中，免检定资格者共758人，符合无试验检定资格者共6,891人，符合试验检定资格者11,082人。广东省1940—1945年办理国民学校教师登记检定共18,799人。浙江省1936—1945年共举办小学教师试验检定4次，无试验检定7次，其中无试验检定合格者11,002人，试验检定合格者6,823人。[2] 福建省也实施了国民学校教师检定工作，具体情况见表2.30。

表2.29　1940—1945年部分省份办理国民学校教师登记检定及任用服务情况统计

（单位：人）

项目		1940年	1941年	1942年	1943年	1944年	1945年	总计
陕西	合格免检定资格者		371	69	102	74	142	758
	合于无试验检定资格者		3833	773	755	726	804	6891
	合于试验检定资格者		5321	1030	871	2803	1057	11082
	合计		9885	1872	1728	3603	2003	19091
广东	检定者	14893	773	1369	1227	410	127	18799
	代用者	1303		409				1739
贵州	检定登记者							2390
	合格者							544
	代用者							1199
	不合格者							657

① 三生：《由甄别乡村教员说道乡村教育》，《到民间来》，1941年第19期，第3页。
② 教育部编参事处编：《教育法令汇编》第1辑，商务印书馆，1936年，第293页。

续　表

项目		1940年	1941年	1942年	1943年	1944年	1945年	总计
湖南	登记者							18109
	代用者							18778
	暂代用者							19316
	合计							56203
	合格者							14563
浙江	无试验检定	1765	3239			1115	1889	11002
	试验检定		3526			1209		6823
	登记合格者			10126	258			

注:(1)浙江省的国民学校教师检定情况统计数据包含了1936年第一届无试验检定的合格者2,411人、试验检定合格者1,280人,以及1937年3月第二届无试验检定合格者900人,同年8月第三届无试验检定合格者683人,第二届试验检定合格者808人。(2)广东省代用教员总计数据与计算结果不一致,仍采用原文献数据。

资料来源:教育年鉴编纂委员会编:《第二次中国教育年鉴(第3编・初等教育)》,文海出版社,1986年,第149、121、136、131、85、111—112、74—75页。

表2.30　1940年末福建省历届国民学校教师办理登记检定情况统计

(单位:人)

届别	师范毕业生总登记			无试验检定			试验检定			代用教员
	小学级任	幼稚园初小级任	专科教员	小学级任	初小级任	专科教员	小学级任	初小级任	专科教员	
第一届	1215	223	11	1379	1404	66	104	161	31	
第二届	618	92	15	533	1029	44	123	56	8	2947
第三届	497	24	69	315	667	71	29	6	11	2834
第四届	125	13	1	242	751	25				1730
合计	2497	352	96	2269	3851	206	256	223	32	7511

注:(1)第四届时,第一届期满申请继续有效四年者,计456人。(2)表中部分合计数据与计算结果不一致,仍采用原文献数据。

资料来源:教育年鉴编纂委员会编:《第二次中国教育年鉴(第3编・初等教育)》,文海出版社,1986年,第117页。

如表2.30所示,福建省自1940年以来实施小学教师无试验检定共4届,受检定级任小学教师共2,269人,级任初小教员共3,851人,专科教员206人;开展试验检定共3届,受检定级任教员共256人,级任初小教员共223人,专科教员32人,代用教员7,511人。

与此同时,各地认真推行乡村教师登记工作。如四川省于1937年7月至1939年6月先后登记合格教师共634人(见表2.31)。如表2.29所示,1940—1945年,湖南省参加登记者18,109人;浙江省总登记合格教师,1942年共10,126人,其中中心学校教师5,166人,国民学校教师4,960人[①],1943年登记合格者共258人;1942年云南省小学教师获得甲种登记证者3,223人,获得乙种登记者2,403人[②]。

表2.31 1937—1939年四川省小学教师登记情况统计

(单位:人)

登记次别	小学级任	初小级任	专科教员	公布日期	合计
第一次	47			1937年10月	634
第二次	89	57	1	1938年1月	
第三次	156	14	6	1938年7月	
第四次	102	22	1	1938年12月	
第五次	123	16		(尚未公布)	

注:根据原文献表格的五次登记数据统计,共有634名教师登记合格,而非原文献中计算的598人,本书在引用时对原文献数据做了修正。

资料来源:郭有守:《四川省政府施政情形总报告专辑(六):教育部分·四川省教育厅施政报告》,《新四川月刊》,1939年第1卷第4期,第59页。

总之,国民政府教育部要求各省市于1940年6月以前将小学教师总登记办理完毕,但"或以战事影响,或以交通困难,多未能遵限办竣,不得不一再展期办理",到1944年底,除安徽、浙江二省因战事影响尚未办竣,新疆延期至1945年办理外,其余16省市均陆续完成。[③] 到1945年2月,国民政府教育部再次要求教师登记,并规定于第二年7月前举办完竣。但"惟各省市或以省政尚未接收,或以地方不靖,交通困难,未能遵限办竣"[④]。可见,尽管

① 教育部编参事处编:《教育法令汇编》第1辑,商务印书馆,1936年,第293页。

② 教育年鉴编纂委员会编:《第二次中国教育年鉴(第3编·初等教育)》,文海出版社,1986年,第85页。

③ 教育年鉴编纂委员会编:《第二次中国教育年鉴(第3编·初等教育)》,文海出版社,1986年,第44—45页。

④ 教育年鉴编纂委员会编:《第二次中国教育年鉴(第3编·初等教育)》,文海出版社,1986年,第45页。

第一次小学教师登记工作因战事影响等延期办理，但多数省份顺利推进了该项工作。而第二次登记工作因为战事告停。

总体上讲，这一时期尤其是国民政府时期加强了对乡村教师队伍的管理，从制度上使得乡村教师任职资格检定和聘用有了法定的标准。

(四)乡村教师合格率有所提升

全国推行国民学校教师任用资格检定和登记之后，1941—1945年乡村教师合格情况见表2.32。

如表2.32所示，1940—1945年，国民学校教师合格率总体呈上升趋势的有湖南、四川、江西、广西、陕西、河南、福建等省；合格率高于不合格率的有湖南、江西、重庆、陕西、安徽等省。如湖南省国民学校教师不合格者所占比重，1941年为47%，1942年为44%，1943年为36%，1944年为28%，1945年为15%，且不合格者占比越来越低，合格率逐年提高。江西省也是如此。但有的省份的国民学校教师合格率情况处于不稳定状态，尤其是湖北省，因战事影响，1942年教师合格率为92%，但1943年降至46%，1944年再降至43%。

表2.32　1940—1945年部分省份国民学校教师合格者与不合格者统计

项目		1940年	1941年	1942年	1943年	1944年	1945年
湖南	合计/人		58368	64916	78734	78787	56722
	合格者/人		30841	36029	50278	56566	47949
	合格率/%		53	56	64	72	85
	不合格者/人		27527	28887	28456	22221	8773
	不合格率/%		47	44	36	28	15
四川	合计/人		75495	99192	121048	119500	130268
	合格者/人		24000	31060	38751	38774	53761
	合格率/%		32	31	32	32	41
	不合格者/人		51495	68132	82597	80726	76457
	不合格率/%		68	69	68	68	59
江西	合计/人		26584	28862	21757	36240	37991
	合格者/人		21970	24288	17276	31343	33202
	合格率/%		83	84	79	86	87
	不合格者/人		4614	4574	4481	4897	5894
	不合格率/%		17	16	21	14	16

续 表

项目		1940 年	1941 年	1942 年	1943 年	1944 年	1945 年
广东	合计/人	39870	44722	56019	56130	59532	63099
	合格者/人	17169	19783	23468	25901	26014	26466
	合格率/%	43	44	42	46	44	42
	不合格者/人	22701	24939	32551	30229	33518	36633
	不合格率/%	57	56	58	54	56	58
广西	合计/人		67959	69781	68262	(省境沦陷)	(省境沦陷)
	合格者/人		9549	17401	19712		
	合格率/%		14	25	29		
	不合格者/人						
	不合格率/%						
重庆	合计/人		1296	1860	2749	3316	3476
	合格者/人		998	1445	1897	2222	2510
	合格率/%		77	78	69	67	72
	不合格者/人		298	386	852	1094	966
	不合格率/%		23	21	31	33	28
陕西	合计/人		21544	22426	28242	29158	31503
	合格者/人		11553	14471	17693	18599	21478
	合格率/%		53	65	63	63	68
	不合格者/人		9991	7955	10549	10559	10025
	不合格率/%		46	35	37	36	32
河南	合计/人		44384	48395	50561	22468	54689
	合格者/人		27729	32975	39329	17837	40002
	合格率/%		62	68	78	79	73
	不合格者/人						
	不合格率/%						
云南	合计/人		25942	36902	39073	34021	34481
	合格者/人		14379	18020	19973	16221	16550
	合格率/%		55	49	51	48	48
	不合格者/人		11563	18900	19100	17800	17931
	不合格率/%		45	51	49	52	52
安徽	合计/人			18893	19296	28242	
	合格者/人			12196	14738	19955	
	合格率/%			65	76	71	
	不合格者/人			6697	4558	8287	
	不合格率/%			35	24	29	
福建	合计/人	16650	15203	18400	21707	21543	
	合格者/人				880	11459	
	合格率/%				41	53	
	不合格者/人						
	不合格率/%						

续　表

项目		1940年	1941年	1942年	1943年	1944年	1945年
湖北	合计/人		21594	31552	47878	39282	33776
	合格者/人		18510	28994	22141	17018	
	合格率/%		86	92	46	43	
	不合格者/人		3084	2558	25737	22264	
	不合格率/%		14	8	54	57	

注:(1)湖南省1941年、1942年国民学校教师合格者数据有误,表格内为修正后的实际数据。(2)江西省师范大学、大学或专科、高师、旧制师范、简易师范、高级中学、旧制中学、初级中学、中学同等学校与师训所毕业者,均填列合格栏;无学历者,曾充小学教师一、二、三年以上,与其他资格者,均填列不合格栏。(3)河南省1944年完整县24县,1945年完整县69县。(4)安徽省将小学毕业者、登记代用教员以及其他资历教师计算为不合格者,其余专科以上学校毕业者、师范、简师、幼师毕业者、高中程度毕业者、初中程度毕业者以及检定合格者计为合格者。(5)上述国民学校均包含中心国民学校、国民学校、小学校及幼稚园。

资料来源:教育年鉴编纂委员会编:《第二次中国教育年鉴(第3编·初等教育)》,文海出版社,1986年,第82、67、97、120、125、162、147—148、73、130、90—91页;中国第二历史档案馆编:《中华民国史档案资料汇编(第5辑第2编·教育)》,凤凰出版社,2018年,第531、540页。

总之,这一时期推行乡村教师任职资格检定和登记制度,在提高乡村教师水平、提升乡村教师合格率方面做出了尝试和努力。

(五)乡村教师待遇有所提高

1. 乡村教师薪俸待遇的提升

到国民政府后期,乡村教师的薪俸待遇还包含了米谷津贴与生活补助。与1942年相比,1943年全国小学教师待遇"尚能普遍提高",薪给平均每月100元;米谷津贴平均每月在3—4斗;生活补助费除西康、新疆等省外,各省市已普遍发给,平均每月55元。到1944年,全国小学教师待遇"仍能普遍提高":薪给平均每月150元,米谷津贴平均每月7斗,生活补助费平均每月200元。[①] 由此,1943—1944年包含乡村教师在内的全国小学教师待遇有所提升。

各地严格划分了乡村教师薪资标准和等级。如山西省阳曲县教育局于

① 中国第二历史档案馆编:《中华民国史档案资料汇编(第5辑第2编·教育)》,凤凰出版社,2018年,第556页。

1934 年将县属各乡村小学依乡村大小分为四级,教师薪水即按四级分别规定:年薪 185—200 元为第一级,165—180 元为第二级,145—160 元为第三级,125—140 元为第四级;每级又分为四等,教师按等加薪,每晋一等加薪 5 元,晋至第四等为止。[1] 再如 1942 年湖北省中心国民学校教师月俸 45—60 元,国民学校教师月俸 35—50 元,分为五级,每级多 5 元。[2] 四川省于 1941 年也划分了乡村小学教师待遇标准,具体见表 2.33。

表 2.33　1941 年四川省乡村小学教师的待遇标准

(单位:元)

项目		一级	二级	三级	四级	五级	六级
乡镇中心学校	校长	75	70	65	60	55	50
	教员	65	60	55	50	45	40
保国民学校	校长	65	60	55	50	45	40
	教员	55	50	45	40	35	30

资料来源:《四川省三十年度国民教育设施概况表》(第四种师资训练),教育部国民教育司编:《三十年度视察各省市国民教育报告》,教育部国民教育司印,1941 年,南京图书馆馆藏。转引自杨学功:《战时四川省小学教师生存境况的考察》,南京师范大学硕士学位论文,2007 年,第 30 页。

如表 2.33 所示,四川省小学教师待遇标准得以执行,使得该省小学教师待遇有所提高。如据 1942 年统计,"以月薪而言,提高至八十元者五县市,七十五元者两县市,七十元者六县,六十五元者五县,六十元者十五县,五十五元者七县,五十元者廿县,其余都在五十元以下。以生活补助费及米贴而言,发米二市斗五升者五十二县,三市斗者四十九县,二市斗者四县,四市斗及一市斗者各二县,市斗五升者一县,黄谷及杂粮者九县"[3]。1941—1945 年全国部分省份乡村小学教师待遇提升情况见表 2.34。

① 李文海主编:《民国时期社会调查丛编(二编·乡村社会卷)》,福建教育出版社,2009 年,第 215 页。

② 教育年鉴编纂委员会编:《第二次中国教育年鉴(第 3 编·初等教育)》,文海出版社,1986 年,第 91 页。

③ 郭有守:《四川省三十年国民教育实施报告》,四川省教育厅国民教育指导月刊编辑处编:《国民教育之研讨》,四川省教育厅国民教育指导月刊印,1942 年,第 110 页。转引自杨学功:《战时四川省小学教师生存境况的考察》,南京师范大学硕士学位论文,2007 年,第 30 页。

表 2.34　1941—1945 年部分省份提高乡村教师待遇情况统计

项目				1941 年	1942 年	1943 年	1944 年	1945 年
四川	中心校	最高薪/元		45	90	90	140	140(上半年),630(下半年)
		最低薪/元		25	30	30	70	70(上半年),630(下半年)
		生活补助费/元				50	150	城 500 乡 300(上半年),2100(下半年)
		食米/斗		2—6	4	4	4	4(上半年),4(下半年)
		地方增筹食米/斗				1—3	2—4	4(上半年),4(下半年)
	国民校	最高薪/元		40	70	70	120	120(上半年),630(下半年)
		最低薪/元		20	30	30	50	50(上半年),630(下半年)
		生活补助费/元				50	150	城 500 乡 300(上半年),1500(下半年)
		食米/斗		2—6	4	4	4	4(上半年),4(下半年)
		地方增筹食米/斗				1—3	2—4	4(上半年),4(下半年)
河南	中心校	薪俸/元		18	28—30	35—40	50—60	50—60
		生活补助费/元			20	20—40	80—160	800
		本籍者实物津贴小麦/斗		30—60	4.5	6	8	1 石至 1 石 2 斗
		外籍者实物津贴小麦/斗			7.5	8	10	1 石至 1 石 2 斗
	国民校	薪俸/元		16	20	25	40	40
		生活补助费/元			10	10—20	80—160	800
		本籍者实物津贴小麦/斗		30—60	4.5	4	4	1 石至 1 石 2 斗
		外籍者实物津贴小麦/斗			7.5	4	4	1 石至 1 石 2 斗
湖北	中心校	平均月薪/元		40	45—60	80	80—120	80—120
	国民校	平均月薪/元		35	35—50	50	50—75	50—75
江西	中心校	薪俸/元	最低	26	26	30	70	60
			最高	30	106	120	120	110
		津贴/元	最低	20	80	60	150	1500
			最高	40	100	120	480	2400
		公粮/斗米或学谷	最低	谷 5	米 6	米 6	米 6	米 6
			最高	谷 10			米 10	米 10

续 表

项目				1941年	1942年	1943年	1944年	1945年
江西	国民校	薪俸/元	最低	26	26	25	50	50
			最高			90	90	80
		津贴/元	最低					
			最高			60	360	1500
		公粮/斗学谷	最低	5	10	10	10	20
			最高	10		20	20	30
浙江	中心国民校	月薪最高数/元		309	140	160	1500	2000
		加成最高数/成		无	无	无	无	100
		基本补助费最高数/元		无	无	与县级公务员同样待遇		2000
		公粮最高数/斗米		无				9
广东	中心国民校	平均月薪/元		47	75	190	250	450
		津贴/元				100	300	700
		食米/斗				3.5	4	5
陕西	中心校	月薪/元		40—60	60—90	90—140	90—140	90—140
		津贴或米谷、小麦/斗			3	8	8	1石2斗
		生活补助费/元				60/40	200/100	照底薪加发12倍外,2400元
	国民校	月薪/元		30—50	65—75	80—90	80—90	80—90
		津贴或米谷						
		生活补助费/元				60/40	200/100	照底薪加发12倍外,2400元
广西	中心校、国民校	月俸/元	最低	33/22	45	50	58	70
			最高	100/24	200	200	200	200
			平均			90	100	110
		公粮稻谷津贴/斤	最高			300	300	300
			最低			50	50	60
			平均		50	80	90	100

续　表

项目				1941 年	1942 年	1943 年	1944 年	1945 年
广西	中心校、国民校	生活补助费/元	最高		10		1200	3000
			最低				150	200
			平均				400	600
安徽	中心校	薪俸/元			30	56/50	增 3 成至 10 成	增为 50 成;9 月起增 100 成
		生活补助费/元				90	360	1000 元;9 月起 1500 元
		公粮/斗			0.1	6	6/8	8
	国民校	薪俸/元			28	45		
		生活补助费/元						
		公粮/斗			0.1	6	6	8

注:(1)陕西省津贴或米谷主要为小麦,中心国民学校由县发,其中 1942 年的津贴或米谷为 60 斤,有眷属者加倍,根据 1929 年国民政府颁布《度量衡法》,60 斤等于 3 斗;1942—1945 年国民学校教师食粮比照中心学校教师数量,由保筹集;1943 年乡村教师的生活补助费标准为月薪百元以上者拨 60 元,月薪百元以下者拨 40 元,1944 年标准为月薪 101—150 元者月支 200 元,月薪 100 元以下者月支 100 元。(2)广西省 1941 年乡村教师在月薪富裕县最低 33 元,最高 100 元,在其他一般县最低 22 元,最高 24 元。(3)安徽省 1942 年中心国民学校教师的薪俸级,科任教员 30 元,兼教导主任每月津贴 2 元,1943 年级任教员 56 元,科任教员 50 元,兼教导主任每月每班津贴 3 元,1942—1945 年国民学校教师的生活费均以"按照学生家庭富力比照津贴"。就公粮而言,1942 年乡村教师人均每日 20 市两,根据《度量衡法》,20 市两等于 0.1 斗。就公粮来源而言,1943 年,两类学校教师 6 斗均由县级公粮月拨 2 斗 1 升;1944 年,中心校教师 6 斗由县级公粮月拨 3 斗,其余由学生家庭补足,7 月起 8 斗,由县级公粮拨给,其余由学生家庭补足,国民学校教师 6 斗由县级公粮月拨 3 斗,其余由学生家庭补足,7 月起 6 斗,由县级公粮拨给 4 斗,其余由学生家庭按其富力补足;1945 年,中心校教师 8 斗由县级公粮拨给,国民学校教师 8 斗由县级公粮月拨 6 斗,其余由学生家庭补足。

资料来源:教育年鉴编纂委员会编:《第二次中国教育年鉴(第 3 编・初等教育)》,文海出版社,1986 年,第 68、74、91、99、111、120、149、126、104—105 页。

如表2.34所示,1941—1946年,上述省份乡村教师的薪俸、津贴以及生活补贴等均逐渐增多,乡村教师的生活待遇有所改善。如湖南省乡村教师待遇提高,“合格教师因之加多,学校质量因之改善”[①]。有的省市还积极推行城乡教师待遇公平,如江苏省的《江苏省推广乡村教育暂行办法》(江苏省教育厅,1930年)、《江苏省教育厅改进及发展乡村教育设施要点》(江苏省教育厅,1933年)提出要使城乡教师待遇“相同”或“一律平等”[②]。

2. 乡村教师奖励制度的推行

国民政府教育部及各省市对服务十年以上成绩优良的小学教师授予服务奖状,相关情况见表2.35。

表2.35　1940—1946年授予小学教师服务奖状情况统计

(单位:人)

年份	合计	授予智字奖状	授予仁字奖状	授予勇字奖状
1940	238	28	36	174
1941	233	50	41	142
1942	164	33	34	97
1943	61	33	1	27
1944	5	2	1	2
1945	52	22	19	11
1946	48	19	20	9

注:(1)教育部统计处根据民国二十九年度(1940)至民国三十五年度(1946)呈请教育部奖给案件登记册及各省市授予服务奖状教员统计报告表编制。(2)民国二十九年四月教育部公布教员服务奖励规则,凡服务十年以上成绩优良之合格教员,均分别授予奖状。此项奖状原分一、二、三等,民国三十四年(1945)六月修正此项规则,改为智、仁、勇三等。

资料来源:多贺秋五郎编:《近代中国教育史资料·民国编》(下),文海出版社,1976年,第1251页。

如表2.35所示,1940—1946年授予小学教师服务奖状主要有智字奖状、仁字奖状、勇字奖状。其中,1940年获奖者名额最多,三类奖状共计238

① 中国第二历史档案馆编:《中华民国史档案资料汇编(第5辑第2编·教育)》,凤凰出版社,2018年,第547—553页。

② 江苏省教育厅秘书室编:《江苏省现行教育法令汇编》,江苏省教育厅秘书室,1933年,第113页。

人,1941年获奖者233人,1942年获奖者164人。此后数额大幅度减少,均低于100人,尤其是1944年,仅5人。可见,上述奖项获得者覆盖范围有限。

各省积极推行乡村教师奖励办法。如四川省实行了小学教师的奖励制度,1941年“每学期并发给优良小学教员奖金一次”,“计甲等181人,各给40元,乙等205人。各资30元,丙等83人,各资20元”[①];1942年“继续发给优良教师资金计1,830元”[②],尽管奖励金以及奖励人数相对较少,对乡村教师的激励作用较为有限,但该省为改善乡村师资待遇做出了积极的努力。再如广西省依照国民政府教育部颁布的乡村教师奖励办法,在各县(市)中心国民学校内选择优良教师800人,分别补助其生活费,每人每年600元。具体按照各县(市)中心学校数目比分配,每年有中心校5所者,补助1所,每所受补助教师2名,共支经费480,000元。其中,1943年选择了优良合格教师800名,1944年选择了优良教师600名。[③] 湖南省订颁《湖南省各县小学教员考绩办法》(湖南省教育厅,1939年),创新乡村教师奖励办法,以考绩推动各县市小学教师“多能忠勤职守,以赴事功”;至1945年底,该省国民学校教师核准记功者达209人,传令嘉奖者1,173人。[④] 其中,湘潭县奖励优良小学教师,1940年10月获甲等奖者共64人,获乙等奖者223人,到1941年上半年,该县教师在全国教师奖励中受传令嘉奖者达56人,受褒奖者达15人。[⑤]

3. 退休金、恤金等社会福利制度的实施

20世纪30年代末至40年代,小学教师退休金、抚恤金等社会福利制度得以推行,具体情况见表2.36。

---

① 教育部国民教育司编:《三十年度各省市实施国民教育概况》,教育部国民教育司,1942年,第3—4页。

② 教育部国民教育司、国民教育辅导研究委员会编:《三十一年度国民教育实施概况》(下),教育部国民教育司、国民教育辅导研究委员会,1943年,第6页。

③ 教育年鉴编纂委员会:《第二次中国教育年鉴(第3编·初等教育)》,文海出版社,1986年,第126页。

④ 教育年鉴编纂委员会:《第二次中国教育年鉴(第3编·初等教育)》,文海出版社,1986年,第85页。

⑤ 湘潭县教育局教育志编写组编:《湘潭县教育志》,湘潭县人民印刷厂,1989年,第142—143页。

表 2.36　1938—1946 年给予小学教师退休金和抚恤金情况统计

年份	退休金		抚恤金	
	人数/人	金额/元	人数/人	金额/元
1938	21	8083	6	775
1939	36	10874	6	1947
1940	38	10243	44	7856
1941	58	18831	67	21868
1942	70	21141	51	15256
1943	33	13668	4	4524
1944	120	392953	17	349558
1945	46	88634	14	191322
1946	67	9610502	70	7457962
合计	489	10174929	279	8051068

注:(1)退休金获得者均为省市立学校机关的小学教师;抚恤金获得者除了 1939 年有 1 人来自国立学校机关,奖励 600 元之外,其余获得者均来自省市立学校机关。(2)教育部统计处根据民国二十七年度(1938)至民国三十五年度(1946)呈请教育部核准案件登记册及各省市给予教育人员退休金、抚恤金统计报告表汇编。(3)国立学校机关领退休金人数系根据教育部人事处给与教职员抚恤金、抚恤金登记册汇编,省市立学校机关系根据各省市教育厅局每年年终呈部材料编制。退休金推行省:1938 年浙闽粤 3 省,1939 年浙皖闽粤桂甘等 6 省,1940 年浙皖赣闽粤桂宁甘等 8 省,1941 年赣鄂湘川康陕甘闽粤桂滇新等 12 省,1942 年浙皖川冀豫陕甘闽粤桂滇黔新等 13 省,1943 年冀豫粤桂等 4 省,1944 年浙鄂湘川康冀陕甘闽粤滇等 11 省,1945 年皖赣鄂陕闽桂滇等 7 省,1946 年苏浙皖赣鄂川康闽粤桂黔冀豫陕甘新及青岛等 17 省市。抚恤金推行省:1938 年浙赣甘粤桂等 5 省,1939 年浙赣甘桂黔等 5 省,1940 年浙赣冀晋甘闽粤桂黔等 9 省,1941 年苏赣鄂湘川康鲁晋陕甘闽桂滇黔绥新等 16 省,1942 年苏皖赣川晋豫陕甘闽桂滇黔新渝等 14 省市,1943 年晋豫粤桂等 4 省,1944 年鄂湘川陕甘闽渝等 7 省市,1945 年赣鄂川陕闽桂黔新等 8 省,1945 年皖赣鄂川康闽粤桂黔豫晋陕甘新及北平、南京等 16 省市。

资料来源:多贺秋五郎编:《近代中国教育史资料·民国编》(下),文海出版社,1976 年,第 1252 页。

如表 2.36 所示,1938—1946 年获得退休金的小学教师共 489 人,金额共 10,174,929 元;获得抚恤金者共 279 人,拨发金额共 8,051,068 元。

综上所述,这一时期围绕着乡村教师的养成、队伍管理以及福利待遇等方面,乡村教师队伍建设有了制度化的保障,使乡村教师队伍在初步形成的同时,朝现代化和规范化方向迈进。受当时政治状态和经济发展等因素的影响,乡村教师队伍建设取得的成绩更多地体现在现代化制度建设方面。

因为国民党中央政权对于乡村基层社会渗透、管理与控制受限，乡村教师队伍建设在取得一定成就的同时，也面临诸多困境。

二、存在的主要困境

有人曾在1942年中国教育建设协会举办的一次教育界座谈会上指出："今日师资问题的严重，可以分三方面来讲，第一是师资没有来源，第二是已有的师资纷纷离职，第三是不离职师资不肯努力。"①可见，乡村教师队伍建设仍存在一定问题。

(一)乡村学校师资依然不足

尽管自20世纪20—30年代以来，各地纷纷开办乡村师范学校、简易师范学校专门培养乡村师资，开办各种短期师资训练班等补充师资，但乡村师资依然不足，乡村教师补充与乡村教育发展对师资的需求之间仍存在着较大的落差。如至1943年，各省市学校数量扩充，而原有优良教师多因待遇问题纷纷改业，导致乡村师资缺乏问题无法解决。②"仅就国民教育推行计划最初五年内而言，即需要教师2,960,000人，而在职之小学教师亦不过700,000人，需要与供应两者悬殊甚人。"③由此，乡村教师队伍仍有较大的扩充空间。

(二)乡村教师学历层次仍较低且合格率不高

这一时期，乡村教师学历层次有所变化，合格者逐年增加，但到国民政府晚期，因为待遇低下等，乡村教师学历层次仍较低且合格师资不足等问题依然存在(见表2.37)。

---

① 端:《教师进修与教师的生活》,《教育建设》,1942年第4卷第1—2期,第6页。

② 中国第二历史档案馆编:《中华民国史档案资料汇编(第5辑第2编·教育)》,凤凰出版社,2018年,第553页。

③ 教育部资料研究室编:《1937年以来之中国教育》,教育部资料研究室印,1946年,第15页。

表 2.37 1944 年 8 月至 1945 年 12 月部分地区的国民学校及小学教师资格统计

(单位:人)

地区	合计	师范大学大学师范学院或教育系及师专毕业	大学专科或专门学校毕业	师范或特别师范校毕业	幼稚师范学校毕业	简易师范毕业	短期师范或师范讲习所班毕业	曾受师资训练毕业	高中或高职校毕业	初中或初职校毕业	试验检定合格	无试验检定合格	小学毕业	其他
合计	30981 (100)	33 (0.11)	445 (1.43)	4977 (16.06)	33 (0.11)	2177 (7.03)	822 (2.65)	2012 (6.50)	3329 (10.74)	9567 (30.88)	151 (0.49)	75 (0.24)	6472 (20.89)	888 (2.87)
浙江	2638		79	313		229	101	59	269	716	93	33	638	108
安徽	1390	1	21	199		118	32	25	328	477			145	46
江西	1315	4	26	190		35	55	131	170	344		2	342	16
湖南	1817	6	46	289		243	53	101	371	492	11	8	166	31
四川	4040	5	97	348	3	274	95	377	551	1314	3	4	872	97
河南	4363	1	27	1740		477	57	292	318	1139	17	23	205	67
陕西	2705		16	418		85	46	263	194	782	1		820	80
甘肃	930		4	59		94	36	121	20	122	11		413	50
福建	2174		37	329	14	245	6	93	258	857	15	2	229	89
广东	1013	4	29	132		80	38	13	167	392		1	131	27
广西	4686	1	14	266	9	106	197	300	226	1560			1850	156
云南	602	3	1	154	3	71	7	34	63	201			56	9
贵州	3133	3	36	461	3	119	99	203	337	1153		2	605	112
重庆	175	5	12	79	1	1			57	20				

注:(1)教育部统计处根据国民教育辅导委员会 1943 年 8 月至 1945 年 12 月截至各省县国民学校及中心国民学校国民教育研究会会员之登记卡片编制。(2)表中括号内的数字表示占比(%)。

资料来源:教育年鉴编纂委员会编:《第二次中国教育年鉴(第 14 编·教育统计)》,文海出版社,1986 年,第 73 页。

第一,学历层次仍较低。如表2.37所示,到20世纪40年代中期,各省市国民学校及小学教师中,初级中学或初级职业中学毕业者最多,占教师总数的30.88%;小学毕业者其次,占20.89%,两者超过了总数的一半。可见,当时全国初等教育教师队伍中超过半数师资仍是小学或初中毕业。

第二,合格师资不足。据统计,1945年19省市的国民教育师资共计624,805人,检定合格者80,929人。其中,小学毕业教小学者85,929人,初中毕业教小学者111,123人,曾受师资训练者95,346人,高中程度毕业者44,259人,专科师范毕业者3,076人,幼稚师范毕业者1,693人,简易师范毕业者(等于初中毕业)80,683人,师范毕业者82,537人,专科以上学校毕业者3,794人。[①] 对此,时人提出了批评:"小学教员起码应当是师范毕业生(美国小学教员已多是大学毕业生),试看620,000教员中师范毕业者仅有82,000余人,而小学毕业教小学者竟达85,000余人,不合格的教员竟占70%以上。"[②]尽管上述数据的准确性有待进一步考证,但乡村合格师资严重不足确是事实。"各地方检定小学教员之结果,合格人员数量,仍感缺乏,为暂时补救计,只得以代用教员补充。"[③]小学教师检定合格者比重较低。如福建省1942年底检定登记合格的教师流失严重,导致该省教师队伍中合格教师没有代用教师数量多。[④] 1944年该省国民教师21,543人中合格者也仅11,459人,占总数的53%。如表2.32所示,国民学校教师不合格率,1941—1945年四川省分别为68%、69%、68%、68%和59%;1940—1945年广东省均在54%—58%;1944年、1945年云南省均为52%,1943年、1944年湖北省分别为54%、57%。再如湘潭县于1947年共登记合格教师3,028

① 张天鳞:《国民教育现状》,《大公报》(上海),1947年6月17日第2版。

② 张天鳞:《国民教育现状》,《大公报》(上海),1947年6月17日第2版。

③ 教育年鉴编纂委员会编:《第二次中国教育年鉴(第3编·初等教育)》,文海出版社,1986年,第45页。

④ 中国第二历史档案馆编:《中华民国史档案资料汇编(第5辑第2编·教育)》,凤凰出版社,2018年,第533页。

人,但小学所任用的2,038名教师中,合格者仅1,127人,占任用总数的55%。[①] 可见,登记合格教师流失较为严重,导致教师队伍合格率不高。

(三)乡村教师培养质量遭人诟病

在国民政府各种法令政策的推动下,尽管形成了以乡村师范为主体,以短期训练和灵活多样进修为辅助的乡村教师养成格局。然而,乡村教师培养的效果并不理想,时人对乡村师资培养质量亦多有负面评价,得出了"质量方面还与实际要求,相去甚远"[②]的结论。

一是对师范讲习所的招生状况提出了批评,认为其招生门槛不高,质量把关不严。如师范讲习所原本招收高小毕业生,因多数高小毕业生不愿入校,只得招收初小毕业生进入。[③] 而且,因招生时投考者并不踊跃,师范讲习所为了招足额数,"不得不尽数录取"[④]。其中,山东汶上县的县立师范讲习所便"其实是什么程度都收,只要来就算,只要算就准毕业"[⑤]。二是对乡村师范学校的课程设置和培养质量极其失望。"除课程方面比中学多几门教育科目外,其他关于教学训导、教师等等,与一般中学毫无二致,对于乡村师范教育的设施,并未见有特殊的表现,因此,所造就的师资到社会服务,也多半随俗浮沉的做一个'教书匠'而已。"[⑥]其中,对于当时较有名气的江苏省立第二、第二、第三师范学校分校,时人批评说,"不过较进步的师范讲习科而已"[⑦]。有人对乡村师范学校的教师也多有不满,认为"乡村师范虽多,而乡村师范教员多非专门人才,此类教员,有大学毕业者,亦有中学毕业生,受过

---

① 湘潭县教育局教育志编写组:《湘潭县教育志》,湘潭县人民印刷厂,1989年,第124、144页。

② 陈世杰:《乡教师资训练的改进问题》,《国民教育辅导月刊》,1948年第2卷第4期,第52页。

③ 孙钰:《乡村教育之困难及其救济之方法》,《村治月刊》,1929年第1卷第8期,第2页。

④ 王晋三:《乡村教育漫谈》,《新教育》,1924年第9卷第4期,第812—813页。

⑤ 李文海主编:《民国时期社会调查丛编(二编·文教事业卷)》,福建教育出版社,2014年,第73页。

⑥ 陈世杰:《乡教师资训练的改进问题》,《国民教育辅导月刊》,1948年第2卷第4期,第52页。

⑦ 古楳:《乡村师范概要》,商务印书馆,1936年,第32页。

师范训练者甚少,即有受过师范训练者,也只是普通师范的训练,对于乡村教育方面,并没有深切的研究。用训练城市教员的方法,来训练乡村教育;其功效如何,可想而知"[1]。三是师资训练班以及乡村教师暑期训练也遭到诟病。时人对师资训练班"入学资格为中心小学毕业,修业期限一年"的规定提出了质疑和批评,并提出师资训练班"基本学业修养太不重视"以及德性训练时间欠长等问题[2];批评乡村教师暑期训练方法"不但无意义,而且是不必要的。因为它对民族国家毫无补益"[3]。四是认为国民教育师资训练班学员质量太差。如记者刘仲痴在1944年视察四川国民教育后评价:"荣昌保国民师资训练班考试题中,问四川有那几条河,正确的答案很少……问荣昌有那些特产,与抗战有何关系,一个答为有五谷,对抗战有害!"[4]学员程度低下显而易见。五在职乡村教师的进修在很多地区并未得到较好的落实和推行,影响到乡村教师培养质量。

以四川省为例,如表2.38所示,四川省尽管以通讯研究、讲习会、国民教育研究会、中心学校辅导国民学校教师以及刊物阅读等方式推动该省各县市乡村教师进修,然而在具体的推行实践中,并未取得明显的成效。总之,尽管这一时期初步形成了乡村师资养成多样化的格局,为应对乡村师资短缺困境做出了积极的努力,然而师资养成质量仍有待提升。

表2.38　20世纪40年代四川省国民学校教师进修情况统计

进修方式	开展情况
通讯研究	曾严饬各县努力推行通讯研究,省立教育科学馆设有专人主持国民教育通讯研究事宜,为教师解答问题,以增加其研究兴趣。但实际上通讯研究"更属虚应故事"。

---

① 傅葆琛:《乡村教育在大学组织系统中的地位和训练乡村教育人才的计划》,《中华教育界》,1930年第18卷第10期,第70页。

② 杞人:《短评:论师资训练班》,《正气》,1944年第21期,第3—4页。

③ 何新:《暑期乡村教师集中训练的商榷》,《中国农村》,1937年第7期,第26—27页。

④ 中国现代史资料编辑委员会翻印:《抗战中的中国文化教育》,中国现代史资料编辑委员会,1957年,第156页。

续 表

进修方式	开展情况
讲习会	曾令各县一律举办讲习会加强教师进修，但各县市以经费困难或敷衍塞责，草草办理，或请求展期举办，所收成效不多。
国民教育研究会	多数尚未组织成立，即已成立者，成绩亦无表现。
中心学校辅导国民学校	1941 年前后“各乡（镇）中心学校对于辅导工作多未能切实推行，参考资料亦甚感缺乏，且辅导工作与各视导人员多失联络”，尽管此后辅导工作有所实施，但并未能收到理想效果。
刊物阅读	先后出版《国民教育指导丛刊》、“国民教育实际问题小丛书”、《国民教育辅导丛刊》、《国民教育丛刊》、《国民教育行政丛刊》、《国民教师进修丛刊》、《国民教师巡回辅导参考资料》、《视导通讯》、《科学教学》、《文史教学》、《政教旬刊》、《国民教育及教师之友》等 10 余种阅读资料，分送各小学以备教师学习，但“大多藏之案头，并未加以详细研读”，乡村教师因自身和刊物“理论空疏，不着实际，内容重复”等，对刊物及其进修毫无兴趣。

资料来源：教育部国民教育司编：《三十年度视察各省市国民教育报告》，教育部国民教育司，1941 年，第 8 页；教育部国民教育司、国民教育辅导研究委员会编：《三十一年度国民教育实施概况》（下），教育部国民教育司、国民教育辅导研究委员会，1943 年，第 4、5、8 页；教育部国民教育司编：《三十一年度各省市实施国民教育概况》，教育部国民教育司，1942 年，第 4 页；汪通祺：《新县制下之国民教育》，中华书局，1945 年，第 44—45 页。

（四）乡村教师管理漏洞较多

如前所述，国民政府通过一系列法规政策从制度上使乡村教师任职资格检定和聘用有法可依、有据可查，在规范教师管理方面取得了一定的成绩，为提高乡村教师质量做出了积极的尝试。但事实上，乡村教师管理仍有许多不规范之处。如福建省规定教师聘用以登记或检定合格者尽先委聘为原则，次聘具有代用资格者，国民学校教师可放宽委聘，然而该省“所补充者，多半为不合格人员”，且出现“各县登记检定合格人员，不在学校工作，而在学校工作者，又多为未登记检定合格之人”[①]的反常现象。这种乡村教师聘任不规范情况在当时的全国各地随处可见。随意解聘教职员现象也时常

① 中国第二历史档案馆编：《中华民国史档案资料汇编（第 5 辑第 2 编·教育）》，凤凰出版社，2018 年，第 542 页。

发生,如1947年8月5日上海十八区市立中心国民学校被校长无故解聘的教职员招待新闻单位,呼请各界声援争取职业保障[①];1948年8月27日北平国民学校教职员联谊会招待记者,呼吁"制止无理解聘教员"[②];同年11月上海市高桥区中心国民学校因校长无故解聘教师9人,引发教师集体向教局请愿事件[③]。可见,在当时乡村小学教职员被随意解聘现象仍较为严重,乡村教师们只得求助于当时颇有影响力的新闻媒介表达自己的不满和对职业保障的诉求。

(五)乡村教师生活艰难

尽管乡村教师待遇有所提高,但因国内经济发展低迷以及工资拖欠等,广大乡村教师生活仍然艰难。尤其是在全国内战爆发后,国民政府滥发纸币,造成了物价上涨,而乡村教师薪俸并未随着物价的增长而增加。时人反映:

> 现在这一两年前,生活程度闪电式的飞涨,有时一两天,就会涨上几倍,但是我们当小教的报酬,哪里能够同现在的生活度程(笔者注——指程度)争一日之长呢!生活程度涨到二三十倍的时候,我们的薪水只有加上二成四成,于是眼看着小教同仁为了生活的压迫,纷纷逃避……另谋将来的出路了。[④]

其中,物价上涨和法币贬值导致湖北省的小学教师生活"非常清苦",而且该省于1946年开始"薪俸加了,物价涨得更快","1935年银圆与法币的比值是1∶1,1946年比值为1∶2500,1948年最高价1块银圆兑换600万元法币"。[⑤] 而且,全国"各省市小学教员最低薪给,迄未能依照标准实施,其实

① 《国民学校解聘教员昨报告被解聘经过吁请各界声援争取职业保障》,《大公报》,1947年8月6日第5版。

② 《制止无理解聘教员　平国民学校教职员呼吁》,《大公报》,1948年8月28日第3版。

③ 《高桥区中心学校解聘教员起纠纷》,《申报》,1948年11月11日第4版。

④ 鲁汉:《痛苦的回忆》,《江苏教育》,1942年第4卷5期,第17页。

⑤ 《武汉劳动史志》编纂委员会编:《武汉劳动史志1991》,武汉劳动史志编纂委员会,1991年,第92页。

际上所得,较之物价增加倍数,相差甚远"[①]。自1943年后发给教师的生活补助费"为数甚微",1946年开始改发教师津贴,但"与生活所需相差甚远,难期达到规定之标准"。[②] 广东省乡村教师薪金同样如此:

本省曾经依照教育部所规定的生活费准则,体察各地方的生活程度,定为具体的数目:南禺东顺四邑一带每月二十五元,潮梅各属每月二十一元,钦廉高电琼崖各县每月一十八元。如是一个最低的标准,虽然不能说尽是恰当,但至少不至太低,而使教师不能维持饱暖的生活。但是,事实上,准则故不能够一一地应用,最低标准也未曾施行。实在,各地方的教师每年所得的报酬,只是三百元的广东毫券,其达到四百五十元的,确实是凤毛麟角,人间上少见的东西,其终年辛劳,只得一百二十元的可怜的数目者,所在多有。[③]

很多地方的乡村教师待遇还不能按时发放。有人指出:"乡村的小学教师,目下拿二万元一月的薪水,还得要拖延上三个月。"[④]由此,导致乡村教师生活艰难,甚至面临生存危机。20世纪40年代末期乡村教师队伍生活困境常见诸报端,以《大公报》上的一则新闻为例:

(笔者注——天津县小稍直口乡)有五个国民学校,一个中心国民学校,校长教职员一共十三四个人,教育四五百个贫苦的学生。每位教职员每月有五十余万元(笔者注——旧币,一万元折合人民币一元)的收入,一个月前

① 教育年鉴编纂委员会编:《第二次中国教育年鉴(第3编·初等教育)》,文海出版社,1986年,第50页。

② 教育年鉴编纂委员会编:《第二次中国教育年鉴(第3编·初等教育)》,文海出版社,1986年,第50页。

③ 黄希声:《小学教师的现状与其改进方案》,《广东省政府公报》,1940年元旦特刊,第169页。

④ 《创立教师节的目标:①改善待遇,②保障地位,③增进修养》,《申报》,1946年8月27日第12版。

玉面三千元一斤的时候，每天买五斤，五口之家，每人足啃两个窝头。自从政府发行“不算通货膨胀”的大钞以来，玉米面涨到八千一斤，每天只能买到二斤，大人孩子每天不折不扣准了一个黄金塔，当此天暗地冻，冰雪载途的时候，腹内无食，身上无衣的教职员，仍然按时上课。[①]

该段文字包含的内容较为丰富，既表明了当时乡村学校师资不足的现状，6所学校学生400—500人，校长教职员仅十几人；又阐明了教师们的生活境况，由于通货膨胀严重，他们饥寒交迫，陷于生存危机。

城乡教师待遇差距仍旧较大。以湖南省与陕西省的城乡教师待遇为例，湖南省城乡教师月薪标准与待遇情况见表2.39。

表2.39　1945年湖南省城乡教师待遇情况统计

校别	薪俸/元		津贴/元		实物		来源
	最高	最低	最高	最低	最高	最低	
中心国民学校	120	80	16000	3500	米8斗	米4斗	薪津公粮比照县市级公务员在县市预算项下开支
国民学校	100	60	6000	1600	米4斗	米2斗	薪津公粮由学校支给县市政府补助一部分
省立小学	110	100	21900	21900	米1石	米1石	薪津公粮与省级公务员同在省预算内开支
县立小学	120	80	6900	3500	米8斗	米4斗	薪津公粮与省级公务员同在省预算内开支

资料来源：教育年鉴编纂委员会编：《第二次中国教育年鉴(第3编·初等教育)》，文海出版社，1986年，第84页。

如表2.39所示，到1945年，湖南省教师月薪，中心国民学校为80—120元，国民学校60—100元，省立小学100—120元，县立小学80—120元；教师津贴，中心国民学校为3,500—16,000元，国民学校1,600—6,000元，省立小学21,900元，县立小学3,500—6,900元；在津贴公粮方面，四类学校

① 王家骥：《乡村教育》，《大公报》，1948年1月5日第5版。

教师分别为米4斗至8斗、米2斗至4斗、米1石、米4斗至8斗，且津贴来源有所不同，省立与县立小学教师在省预算内开支，中心国民学校教师在县市预算项下开支，而国民学校由学校支给，县市政府只补助部分。可见，省立小学教师待遇最高，国民学校教师最低，城乡教师待遇差距较大，即便是中心国民学校与国民学校教师，其待遇差距也较为明显。陕西省与之相似，相关情况见表2.40。

表2.40 1941—1945年陕西省城乡教师待遇情况统计

<table>
<tr><th colspan="2">项目</th><th>1941年</th><th>1942年</th><th>1943年</th><th>1944年</th><th>1945年</th></tr>
<tr><td rowspan="3">月薪</td><td>省立小学</td><td>55—123元</td><td>90—190元</td><td>100—190元</td><td>100—190元</td><td>120—190元</td></tr>
<tr><td>中心国民校</td><td>40—60元</td><td>60—90元</td><td>90—140元</td><td>90—140元</td><td>90—140元</td></tr>
<tr><td>国民学校</td><td>30—50元</td><td>65—75元</td><td>80—90元</td><td>80—90元</td><td>80—90元</td></tr>
<tr><td rowspan="3">津贴或米谷、小麦</td><td>省立小学</td><td></td><td>8斗</td><td>1石2斗（折发面粉3袋）</td><td>1石2斗（折发面粉3袋）</td><td>1石6斗（折发面粉4袋）</td></tr>
<tr><td>中心国民校</td><td></td><td>3斗，有眷属者加倍</td><td>8斗</td><td>8斗</td><td>1石2斗</td></tr>
<tr><td>国民学校</td><td></td><td>食粮比照中心校教师数量，由保筹集</td><td>同上年</td><td>同上年</td><td>同上年</td></tr>
<tr><td rowspan="3">生活补助费</td><td>省立小学</td><td></td><td></td><td>月薪加1倍</td><td>2000元</td><td>9000元；加成70倍</td></tr>
<tr><td>中心国民校</td><td></td><td></td><td>月薪100元以上者拨60元，月薪100元以下者拨40元</td><td>月薪100—150元者月支200元，月薪100元以下者月支100元</td><td>照底薪加发12倍外，均支2400元</td></tr>
<tr><td>国民学校</td><td></td><td></td><td>同上</td><td>同上</td><td>同上</td></tr>
</table>

注：陕西省津贴或米谷主要为小麦，省立小学由省发，中心国民学校由县发，而国民学校则比照中心校教师数量，由保筹集。

资料来源：教育年鉴编纂委员会编：《第二次中国教育年鉴（第3编·初等教育）》，文海出版社，1986年，第149页。

乡村教师待遇与其他行业工作人员差距较大。有关教师与其他行业如公务员、一般服务人员、一般工人、工业工人、农业劳动者的待遇对比，以全面抗战期间各类薪金和工资收入者的实际收入变动趋势为例进行说明，具体情况见表2.41。

表2.41 1937—1943年中国实际薪金和工资指数

年份	重庆公务员	重庆教师	重庆一般服务人员	一般工人	重庆工业工人	四川农业劳动者
1937	100	100	100	100	100	100
1938	77	87	93	143	124	111
1939	49	64	64	181	95	122
1940	21	32	29	147	76	63
1941	16	27	21	91	78	82
1942	11	19	10	83	75	75
1943	10	17	57	74	69	58

注：(1)1937年=100。(2)“重庆公务员”“重庆教师”“重庆一般服务人员”根据吴大业《物价继涨的经济学》(商务印书馆，1946年)第34—36页的数据；“一般工人”“重庆工业工人”根据社会部统计处编制的数据；“四川农业劳动者”根据南京大学农业经济系编制的数据。

资料来源：张公权：《中国通货膨胀史(1937—1949)》，杨志信译，文史资料出版社，1986年，第43页。

如表2.41所示，1938—1943年，公务员、教师、一般服务人员等的待遇都逐年减少，一般工人、工业工人以及农业劳动者的工资有一定起伏变化，均先增长后减少。其中，1940年，公务员、教师以及士兵等人员的实际收入的2/3被通货膨胀所吞噬；而工、农业劳动者的实际工资下降了1/3左右。至1943年，尽管上述各类人员的实际收入都呈下降趋势，但相比较而言，教师和公务员等脑力劳动者待遇下降的程度最大，其待遇最为微薄，教师实际工资尚不及全面抗战前的1/5，其待遇从1938年的87元降至17元。在上述行业中教师待遇水平仅次于公务员，生活几乎濒临于饥饿线上。[①]

小学教师待遇比劳工更低。有调查指出：“一般人只知道劳工神圣——

① 张公权：《中国通货膨胀史(1937—1949)》，杨志信译，文史资料出版社，1986年，第43页。

(劳工当然是可贵)不知还有居然知识阶级而比劳工要苦几倍的小学教师。照现在后方情形而说,木匠泥水工,每天至少要得工资一元甚至有一元五角的,船夫渡夫每天平均一元三角至二元的,理发匠每月平均三四十元的,挑夫水夫每天也有一元二元的,至于汽车夫机器工,更不必说了。"[①]根据调查的收入数据对比可知,与上述劳工相比,"小学教师的收入的确还要少",由此时人不得不发出感叹——"做教师的收入,还比不上苦力工人的收入"。[②]

早在1935年就有人将大学教师、中学教师以及小学教师的待遇进行了对比:"大学教授月薪300—600元;中学教员月薪60—200元;小学教师月薪5—20元。"[③]可见,小学教师在教师行业之中待遇最低。同时,乡村教师仅属于小学教师的一部分,他们与大学教师、中学教师的待遇相比处于最低水平,与城镇小学教师相比而言,乡村小学教师的待遇水平又处于最低层次。由此,到1947年,全国各县市乡村教师待遇"可怜的无以复加",乡村教师"备受饥饿之苦","很多都已经饿跑了"。[④] 未被"饿跑"者也多因"借此可以避免兵役",其"程度亦较战前为低落,而教学兴趣尤少,教学法更少建树"。[⑤]

乡村教师待遇难以维持其基本生活,影响到了乡村教师队伍建设的其他政策的实行,对乡村教师数量的补充和乡村教师质量的提升都有直接的影响。以江西省为例,该省加强了乡村教师聘任的规范化管理,曾通令各县"凡经任用合格之小学教师,非有失职或特殊情事,不得随意更换或辞退",但"惟因待遇过薄,正式师范毕业生每多逃避义务转就他职,其他优良教师,亦因生活之不安定,不免见异思迁,而改任他职,因之教师变动甚大"。[⑥] 可见,待遇过低问题影响到该县合格乡村教师的聘任,使乡村教师队伍的质量

---

① 杨卫玉:《对宪政的一个呼吁》,《国讯》,1939年第220期,第2页。

② 潘景佳:《提高国民基础学校教师的待遇问题》,《广西教育通讯》,1941年第2卷第5—6期,第9页。

③ 张光涛:《乡村小学教师的训练》,《存诚月刊》,1935年第1卷第6期,第81页。

④ 教育年鉴编纂委员会编:《第二次中国教育年鉴(第3编·初等教育)》,文海出版社,1986年,第100页。

⑤ 张天鳞:《国民教育现状》,《大公报》(上海),1947年6月17日第2版。

⑥ 教育年鉴编纂委员会编:《第二次中国教育年鉴(第3编·初等教育)》,文海出版社,1986年,第100页。

和数量都得不到保障。

总之,尽管乡村教师待遇有所提升,但因为通货膨胀以及教师待遇拖欠等,乡村教师的生活状况并没有改善。而且,"被聘任的教员完全处于被雇佣的地位,受到了各种势力的支配和压抑。教员生病、年老、生育等等,有时候不但没有照顾,还常常成为他们被解雇的理由,死后更没有什么抚恤。"[①]可见,尽管表 2.36 所示,退休金、抚恤金制度等社会福利制度得到了推行,但受国民政府时期县市地方财政收入微薄,退休抚恤金来源有限、领受门槛较高,以及教师任期短、流动性较大等因素的影响,真正享受到这些福利的乡村教师凤毛麟角,社会福利制度推行面非常窄。

实际上,时人对乡村教育问题的描述也可以再现当时乡村教师建设的困境:

因了他能容纳一部份人的饭碗,就成为植党营私的场所了!什么学校毕业的,就成为什么系,什么派;一县的教育行政,如一商品的托辣斯组织,必受一系之宰割而后快!偶然失了平衡,吹毛求疵的攻讦,必纷沓而至,那里拿教育和人材作中心呢!?在乡村的学校,这块肉还不肥,不足以当大嚼,而在乡村的有力者,一切经济关系,都仰承他的鼻息,学校自然是他的支配物了。他一方做了本地的乡长或村长,一方又兼领校长,学校的一切事情,只须雇用一比较识字的伙计,叫他管理下去,自己把学校所有的收入,除付给购买劳动力的工银外,就是自己的余润了!管理教育行政的委员先生,大概是忠厚长者,自己要避免和地方的冲突,教育经费又不能冲突,处处仰仗地方,只得使这种学校存在了![②]

由此可见,第一,乡村学校主要由地方势力如乡长或村长所把持;第二,乡村学校校长聘任权掌握在这些地方势力手中,或者直接由这些人兼任;第

① 湘潭县教育局教育志编写组编:《湘潭县教育志》,湘潭县人民印刷厂,1989 年,第 144 页。
② 缪青裳:《乡村教育的病态及其原因》,《地方教育》,1932 年第 33 期,第 5 页。

三，乡村教师只能算是劳动力，由这些地方势力进行购买；第四，代表国民党中央政府利益的教育行政人员无力或者不愿与地方势力进行抗争。实际上，这也反映了当时乡村教师队伍建设面临的困境。

（六）案例：以乡村教师聘任为主的分析

这一时期，乡村教师聘任中出现的问题较多，引发了社会的广泛关注。因此，下文将以乡村教师聘任权以及乡村教师对职务的争夺为例，探究乡村教师队伍建设面临的诸多困境。

1. 乡村教师聘任权的争夺

《小学校令》指出，城镇乡立小学"教员之任用，由各该校校长定之，但须报由城镇总董、乡董或学校联合长呈报县行政长官"。[①]《小学法》规定，小学教师由校长聘请合格人员充任，合格人员不敷时得聘任具有相当资格者充之，均应呈请主管教育行政机关备案。[②] 可见，相关法令中乡村学校校长拥有教师的选聘任用权，尽管要求呈报县行政长官或主管教育行政机关备案，但实际上校长在教师聘任中起着决定性的作用。然而，围绕着乡村教师聘任权，各方势力也展开了争夺。

第一，地方势力试图控制乡村教师选聘权。这一时期乡村学校主要由地方办理，学校校长也多与地方势力紧密联系。尤其是具有地方势力的学董、校董等主管地方学务期间，掌握校长任命权也就间接掌握了乡村教师的选聘权。有的地方由村长兼代学董，他们直接或间接干涉甚至阻挠教师聘任，"一个小学教员能够为村人起信仰否，全看村长对教员怎样。村长如果对教员不好，这教员便当不成——学校所用的东西没有人给买，没有学生到校。最低限度也不让你顺利进行"[③]。当时也常产生校长一受聘任"往往有

① 中国第二历史档案馆编：《中华民国史档案资料汇编（第3辑·教育）》，江苏古籍出版社，1991年，第444页。

② 中国第二历史档案馆编：《中华民国史档案资料汇编（第5辑第1编·教育）》，凤凰出版社，2010年，第539页。

③ 李廷枚：《大同的乡村教育》，《西北》，1929年第10期，第4页。

所谓官绅者也,纷纷开单荐人之怪象”[①]。地方势力掌控乡村教师选聘权,对乡村学校产生不良影响。如四川省南充地区的乡村小学因被地方势力把持,乱聘教师严重[②],尤其是抗战时期,因地方乡绅势力不断膨胀,乡村学校和校长聘任权被当地势力控制,教师的去留也多为地方势力所左右,地方势力之间也因“互相嫉妒”,“彼此从中作祟,由此于学务之进行,诸多棘手”[③]。而且,地方势力争夺乡村教师聘任权对师范生下乡任教形成了消极的影响,也在一定程度上导致乡村教师队伍建设中师范生比例偏低。据舒新城调查:“在都市学教育的学生毕业后不愿意回内地乡村去做教师。……问他们的原因:第一句话是‘内地的事情难办’,薪资不丰还是第二。再问内地的事情何以难办?大概都说:‘地方上极不开通,父老顽固,绅士把持,无论你有怎样好的计划,都不能实行。与其牺牲精神于无用之地,结果反弄得于人无益,于己有损。’”[④]可见,地方势力争夺乡村教育权以及乡村教师聘任权影响到师范生从事乡村教育的积极性。

第二,地方教育部门和政府部门与地方势力围绕着乡村教师选聘权展开了争夺。相关政策规定:“校长由政府任命,教师由校长聘请,校长对于官厅为从属,教员对于校长为主客,官厅与校长在法律上有权进退校长及教员。”[⑤]这为地方行政部门干预教师聘任权埋下了伏笔,各地常出现地方行政部门或教育行政部门向校长推荐聘任教师的现象。如20世纪30年代的四川泸县“现任之小学教员,大多均与主办教育者(笔者注——指地方行政部门或教育行政部门)有关”[⑥]。可见,地方行政当局制约着校长的教师聘任权。与此同时,地方势力也加入了教师聘任权争夺战。如山东宁阳县“每届年终由劝学所缮具委任状,呈送县长盖印分给各教员。惟其中窒碍甚多,流

---

① 陈兼善:《聘约》,《教育杂志》,1924年第16卷第11期,第3页。

② 南充县志编纂委员会编:《南充县志》,四川人民出版社,1993年版,第714页。

③ 李代耕:《乡村教育破产之现状及今后应采之途径》,《县乡自治》,1935年第5卷第10期,第60页。

④ 吕达、刘立德主编:《舒新城教育论著选》(上),人民教育出版,2004年,第291页。

⑤ 舒新城:《民国十四年中国教育指南》,商务印书馆,1926年,第17页。

⑥ 《泸县小学教师生活难》,《嘉陵江日报》,1934年8月20日第2版。

弊不免。委状虽已发出,非教员辞而不往,请求改派,即校董拒而不纳,随意另聘,往往至阴历二、三月间教员一席尚不解决”[①]。当地教育行政部门和政府部门都试图掌控教师聘任权,但校董并不听从,政府部门只得妥协,使该县乡村教师“由各校校董于曾受检定及单级毕业、师范讲习所毕业三项合格教员择优延聘,再由教育局至阴历正月二十日以后派员赴各校逐查,倘各校董延聘不合格之教员,即呈请县长撤换另委”[②]。可见,该地区乡村教师聘任中,学董等地方势力与代表国民党中央利益的地方教育行政部门和政府部门之间展开了争夺和较量,因前者在乡村教育中仍拥有一定权力,后者不得不将各校教师聘任权下放,并将教师聘任改为聘任监察。再如1918—1919年后山西省稷山县行政部门曾按教师等级向各村庄委派教师,但对于“县上委派的教员,村中不同意,一不退委任状,二不请教员,把教员两耽起”[③]。地方势力以消极方式对抗地方行政部门直接委聘教师的行为,最后地方行政部门也只得妥协,并提出至1927年后,如在阳历年后一星期内仍不呈报自聘教师名单的学校,则由地方行政部门直接委聘教师。又如广东省番禺县龙眼洞村的至德学校于1933年前后由县政府改为中心小学时,引起了乡董们反对,“反对的原因是为争夺聘用教员之权”,后经由县教育局交涉,“校长由县政府委,薪金亦由县政府出;教员由乡里聘,一切供给亦由乡里负担”,导致“自此校长与教员不能合作,乡里人尤与校长感情不好,学生就此减少,校务渐行废弛”。[④] 可见,对乡村教师聘任权的争夺战阻碍了到乡村教育的有序发展。

2.“六腊战争”:乡村教师争取教职

因乡村教师聘期较短,一般为一学期或一学年,且常随校长更换而变动,每年六月和腊月值学校校长易人之际,教师们也产生了职务不保的恐

---

① 《山东教育厅大事记(十三年一月份)》,《山东教育月刊》,1924年第3卷第1期,第8页。
② 《山东教育厅大事记(十三年一月份)》,《山东教育月刊》,1924年第3卷第1期,第8页。
③ 张书斋:《对稷山教育事业的回顾》,《稷山文史资料》第1辑,中国人民政治协商会议山西省稷山县委员会文史资料组,1985年,第118页。
④ 周葆儒:《华南的一个乡村教育实验区》,《中华教育界》,1935年第23卷第6期,第23页。

慌。在各方势力争夺教师聘任权的斗争中,乡村教师不能一味等待或被动接受续聘或解聘的命运,他们使出浑身解数以争取来期教师席位,由此直接或间接地卷入了乡村教师聘任的争斗之中,使得本来热闹的教师聘任争夺战更为激烈。这种为了取得任教聘书或续聘书而进行的争夺,历史上称之为"六腊战争"。在这场看不见硝烟的战场中,教师们或者要通过校长或同学关系,或者要托亲友求情,或者要持厚礼投靠教育当权者,以谋求下学期聘约,而有些家境贫寒又无靠山者东奔西走后只能望洋兴叹,多无机会获得或保留教职。时人曾提及他自己所在县"每到六腊,都有恶战",具体如下:

在恶战中便存在着"优势劣败"的自然定律。如不会钻营,不会拍马屁的人,便被淘汰。所以给教育局长送大礼也许可得小学校长之职,给"督学员"送大礼也许可得高小教员之职。在斗争中,你可以加入各派各系的集团,这些集团都是为了饭碗问题而成立的。于是向官府告发的呈文在六腊两月便特别多,这派诬那一派为"学阀",那系骂这系人为"学棍"。这次可以加入这一集团来反对另一集团,下次又可以加入另一集团来反对这一集团。[①]

在"六腊战争"中,裙带关系对乡村教师聘任的影响最为直接。"如果不结识校长,或托他人向校长介绍,是很难当上教师的。受聘后,如果和校长关系不好,第二学期还得另找门路。"[②]尽管当时规定了教师聘任的学历标准及其相关条件,"但实际上当时的校长聘任教职工完全是凭私人关系",时人指出:"我父亲当了十多年的小学校长,聘用的教职工全都是他的亲友或学生,其中也常有督学介绍的或地方上有权势者介绍的人。"[③]再如四川新都县

---

① 崔温:《乡村的小学教员》,《申报》,1936年4月12日,第5版。

② 列兵:《涪陵民国时期小学教育杂记》,中国人民政治协商会议涪陵市委员会文史资料研究委员会编:《涪陵文史资料选辑》第8辑,涪陵日报社,1989年,第68页。

③ 列兵:《涪陵民国时期小学教育杂记》,中国人民政治协商会议涪陵市委员会文史资料研究委员会编:《涪陵文史资料选辑》第8辑,涪陵日报社,1989年,第62页。

由李瑶仁(时任该县参议会副议长)掌握了教育权,他除了将自己的亲戚、心腹任命为该县教育科长和各乡、镇中心小学校长外,“当时没有具备作教师的条件的,只要是李瑶仁的亲戚和心腹,也可以得到一份当教师的聘书,甚至加以重用。虽然具备了作教师条件的知识分子,想在新都找到一个教书的‘饭碗’,若不投靠李瑶仁,或托人向李瑶仁求情,就休想得到一份或半份专任工薪的聘书”[①]。当然,依据裙带关系聘任教师导致教师队伍中不合格者较多。如上述的时人父亲出任校长时常备教师班子中,有好几位乡村教师仅具初中毕业或肄业的学历。又如,四川川北县的乡村教师聘请“由于任人唯亲,徇私受贿,不合格者颇多”,到1939年“经检定无一人合格”。[②] 湖南省汉寿县因“用人唯亲,有些师范毕业生和有才学、有经验的人得不到任用,而那些学历、资历不合格的人,或仰仗党派亲友关系,或通过行贿送礼,反而得到聘任”;到1938—1940年,该县登记在案的495名小学教师中,合格者142人,代用教师55人,暂代教师298人,合格教师不到1/3。[③] 可见,裙带关系致使当时乡村学校教师乱聘现象严重,阻碍了乡村教育的进步。

总体上讲,一方面,这一时期乡村教师队伍建设在政策上形成了系列应对政策,加强了教师队伍的规范化管理;另一方面,动荡不稳的政局、乡村社会与政府复杂的矛盾关系、政策本身存在的局限、国民政府向乡村基层社会延伸的能力不足等,共同限制了乡村教师队伍建设政策的执行力度,也影响到了乡村教师队伍建设的成绩。乡村教师队伍也尚处于初步形成阶段,显著特征是:乡村教师队伍规模并不大,其数量也非常有限;乡村教师发展的速度难以跟上当时乡村义务教育普及和国民教育推行的步伐;乡村教师队伍质量水平也跟不上乡村教师的数量发展;乡村教师队伍素质参差不齐且极其不稳定。

---

① 赤岸:《民国时期新都教师的“六腊战争”》,《新都文史》第6辑,中国人民政治协商会议四川省新都县委员会文史资料委员会,1991年,第112页。

② 四川省《北川县教育志》编写领导小组编:《北川县教育志(清末—1988年)》,成都地图出版社,1991年,第34页。

③ 邱武强、刘行素:《我县民国时期的教育状况(二)》,《汉寿文史资料》第3辑,湖南省汉寿县政协文史资料研究委员会,1986年,第39页。事实上,不合格教师远超过该统计数据。

第五节　小结
规范与控制:乡村教师队伍建设的主旋律

这一时期尤其是国民政府成立之后,因"中国教育的发展则是在'一个政党、一个主义、一个领袖'的政治框架逐步形成、日趋强化的过程中,在中央政府的主导下以完善立法和制度建设、强调集权和统一、致力于各级各类教育的规范化、标准化为特征进行探索和推进的"[①],乡村教育发展以及乡村教师队伍建设也在国民政府及其教育部的干预和主导下朝着规范化和正规化方向发展。国民政府在加强乡村教师队伍建设的同时也加强了对乡村教育以及乡村基层社会的权力渗透和政治控制。由此,规范与控制始终是国民政府关注乡村教育和加强乡村教师队伍建设的主旋律。

一、推动乡村教师队伍建设的规范化

(一)奠定了乡村教师养成办法多样化的基石

首先,国民政府既加强正规的、长期的师范教育尤其是乡村师范教育,严格规定师范毕业生服务要求,又实施短期的、临时的乡村师资训练,招引非师范学校和非学校的毕业生进行训练,并补充至乡村教师队伍。这种以专门的乡村师范为主体,并辅之以短期训练养成乡村师资的手段,奠定了当

① 田正平:《关于民国教育的若干思考》,《教育学报》,2016年第4期,第106—107页。

前我国多渠道扩充乡村教师队伍的历史基础。

其次，国民政府进一步完善并严格规定师范毕业生履约要求，逐渐形成了将消极方式和积极方式相结合以保障毕业生履行服务任务的制度。面对乡村师资短缺问题，国民政府及其教育部在实施师范生免费教育制度的同时，推行独立的、有针对性的乡村师资养成措施，但当时的乡村师范、教师养成所、师范讲习所、师资训练班等机构或者招生门槛不高，或者教育内容和方法不善，或者对学生乐业精神培养不足等，导致其毕业生仍不愿服务乡村教育。这给当前的公费师范生、定向师范生培养敲响了历史警钟，也是当前我国提升乡村师资培养质量需要关注和攻克的难关。

最后，国民政府以灵活多样且内容全面的进修促进在职乡村教师专业成长。在进修平台和方式上，既有乡镇国民教育研究会，也有暑期学校、函授学校、假期训练班、进修班；既可以是刊物交流与学习、通讯研究等，也可以是示范教学、教学观摩以及巡回辅导等。在进修内容上，既注重知识、教学技能的提升，也关注教学研究能力的训练；既有身体锻炼，还关注师德的培养。尽管当时真正参与进修的乡村教师很少，但灵活多样的进修方式对当前信息技术背景下的乡村教师培训仍具有参考价值，尤其是乡村教师德行和教学研究能力训练，至今仍是乡村教师实现其自身专业成长的重要内容。此外，对进修有成绩者给予加俸和其他奖励，以及各师范院校以通讯的方法解答乡村教师实际问题并指导乡村教师进修的策略，对当前乡村教师专业成长仍具有启示作用。各（中心）国民学校承担保国民学校教师辅导进修工作的策略，对当前建构城乡学校教师学习共同体具有一定的借鉴意义。

（二）探索了乡村教师聘任制度化的道路

这一时期，针对某些校长滥用教师聘任权的现象，教育部门在规范乡村教师聘任制度、保障乡村教师职务权益方面做出了努力和尝试，同时严定乡村教师资格标准并进行检定，对乡村教师队伍进行整顿，淘汰不合格师资。对于乡村教师任期，时人纷纷建言，有人指出：“深愿行政当局，速订任期保障的规程。如:(1)新任教师应有一年至二年的试用期。(2)试用期过后,如无职务上及道德上之缺陷,当继续聘任,至老死或辞职或退老时为止。(3)辞退须在假期前相当之时间内通知,并具有充分理由。”[①]这些建议尽管在当时并未得到推行,但为我国后来乡村教师聘任的制度化管理奠定了基础。

不断提高乡村教师进入门槛,实施严格的资格审查以及实施乡村教师任期保障等,仍是当前乡村师资补充和质量提升的关键点。而且精神需求的满足也是乡村教师“留得住”的重要内容。当时为了保住教职,乡村教师不得不放下尊严讨好校长等人,这严重挫伤了乡村教师的自尊,影响其从教的志趣。因此,保护好乡村教师自尊、满足其精神需求和保障其职务权益也是乡村教师“留得住”的重要内容。

(三)奠定了以待遇保障激励乡村教师的历史基础

保障工资福利待遇是乡村师资补充和教师队伍稳定的首要条件。针对乡村教师待遇偏低,城乡教师待遇差距较大,致使乡村师范学校乃至所有师范学校报考人数较少,乡村师范毕业生多不愿就职乡村学校,且在职乡村教师流失较多等问题,当时政府及其教育部明确薪俸待遇标准,实施奖励策略以及建立退休金、抚恤金制度等社会福利保障。这些尝试都为我国后来各历史阶段乡村教师队伍建设留下了宝贵的历史财富,尤其是乡村教师待遇比照当地县市级公务员薪资标准支付,教师子女免学费等奖励政策以及地方政府尝试推行城乡教师待遇公平政策等,仍是当前乡村教师队伍建设的重要内容。

保障乡村教师的待遇,促进城乡教师待遇公平,可免乡村教师“五日京兆”之心。在乡村教师队伍初步建设时期,城乡教师工作繁重,尤其是乡村教师工作更为繁重,但乡村教师工资远低于城市教师,且难以养家糊口,这

① 冯祖荫:《怎样改进我国乡村小学教师》,《中华教育界》,1932年第20卷第3期,第33页。

是当时很多知识分子以及受过专业训练的师范生不愿到乡村服务的重要原因，也是当时乡村教师队伍不稳定、教师工作态度不积极、教师流失较严重的重要原因，同样也影响到了教师任期内进一步补习、学习和进修的积极性。当然，这也是之后几个历史阶段乡村教师队伍建设面临的主要问题之一。提升乡村教师待遇，尤其是促使城乡教师待遇公平是改变这一现象的重要出路。时人纷纷指出，保障乡村教师待遇主要应提高薪俸，改善生活，提高其社会地位，对有乡村教育服务热心且成绩优良者予以待遇褒奖，对办理成绩不良者则予以惩处。提高乡村教师的薪俸、改良生活，主要包括供给膳宿、补助医药（或规定休养金）、退老赡养（或退隐金与抚恤金）、优待子女学费以及供给家庭住宅等方面，以使他们安心于乡村教学，不至于改就他业或者转向城市服务，以谋后续教学水平的提升与乡村教育质量的提高。提升乡村教师社会地位有助于其全身心投入乡村教育与社会服务，不至于被其他私事挤占教学时间和精力。对乡村教育成绩优良者给予奖励，可以增强乡村教师继续从业的动力。

总之，这一时期加强乡村教师队伍建设的系列政策，推动形成了多样化的乡村教师养成办法，探索了乡村教师聘任办法和聘用期限等方面的管理和改革，促使乡村教师聘任逐渐制度化。这些方面的实践和探索都有助于推动乡村教师队伍建设的规范化，也为此后各历史阶段乡村教师队伍的建设指明了总体的方向。

二、实施权力渗透和政治控制

有学者研究指出："始于20世纪初的中国乡村教育现代化，是中国社会现代化的一个重要组成部分。它不是中国乡村传统教育自然演变的延伸，也不是乡村教育主动变革的结果，而是借助于国家政权的力量，把源于西方的近代教育制度自上而下在乡村社会强制推行的制度安排。也就是说，乡村新式教育是外部强加于中国乡村社会的产物，是国家意志在乡村社会的具体体现。”[1]国民政府在应对乡村教师发展困境，促进乡村教师发展制度化、规范化，加强乡村教育管理的同时，也重视政权的地方渗透，加强对广大乡村基层学校的政治控制。

(一)加强对乡村教育的规范化管理

乡村教师队伍建设中的权力较量和争夺，也包含了国民政府对乡村教育的规范化管理。如国民政府对乡村教师聘任及聘任权的干预便是如此。一方面，针对乡村教师常随校长更换而进退的状况，国民政府教育部对校长聘任教师权力进行干预与适当回收，以不断规范乡村教师聘任。另一方面，以检定乡村教师任用资格间接调控和干预乡村教师聘任，不仅确定了乡村教师的任职资格，制定了较高的学历标准，要求乡村教师须具备一定的学历、能力和资历才能受聘任教，同时要求严格实施乡村教师任用登记与检定，为非师范毕业者和非学校毕业者创造入职条件。总之，国民政府加强了对乡村教师队伍质量的管理，在一定程度上有助于当时乡村教育的发展。如西宁乡村教师的聘请权曾掌握在“学阀学董”手中，以致“年来教育行政机关不能集权，漫无权方”，后由国民政府教育部“考定教员”，并分发至乡村，地方势力“无反对之口可借”，使得地方势力不断减少，乡村教育顺利进行。[2]前文曾提到安徽省也不断规范乡村教师聘用，到1944年完全收回了校长任免教师的权力，将国民政府初期乡村教师由校长任免的规定改为由县政府委任，到1948年改由市、县教育局委派，要求教师“无一定任期，调动要经县政府核准，不得任意辞职”[3]，从而推动该省乡村教育秩序化发展。由此，国民政府通过加强乡村教师队伍质量的管理，在一定程度推动了当时的乡村教育发展。

---

① 田正平、陈胜:《中国教育早期现代化问题研究——以清末民初乡村教育冲突考察为中心》，浙江教育出版社，2009年，第67页。

② 三生:《由甄别乡村教员说道乡村教育》，《到民间来》，1941年第19期，第3—4页。

③ 安徽省地方志编纂委员会编:《安徽省志·教育志》，方志出版社，1997年，第133页。

(二)对乡村教育实施权力渗透和政治控制

这一时期政府主导的乡村教师队伍建设体现了明确的政治意图,尤其是国民政府定都南京之后,基于稳固政权的政治需求,将"党化教育"转变为"三民主义教育",并将其确定为教育宗旨。

国民政府在促使乡村教师队伍建设规范化、加强乡村教育管理的同时,也呈现了国民党中央政权向地方不断渗透,并不断控制乡村教育的事实。各方势力对乡村教师聘任权展开的权力之争,就包含了国民党中央政府和地方势力之间的较量,从一个侧面反映了我国乡村教育现代化的艰难历程,同时也印证了教育是中央政府权力渗透和实施乡村控制的重要工具。正如美国学者杜赞奇指出的:"在 20 世纪前期的中国政治舞台上,不论是在中央还是在地方,政权都在急剧更替……所有的中央和地区政权,都企图将国家权力伸入到社会基层,不论其目的如何,它们都相信这些新延伸的政权机构是控制乡村社会的最有效的手段。"①

在加强乡村教师养成方面,国民政府大力推动乡村师范教育发展,其间也有"将包括乡村师范教育在内的整个乡村教育纳入自己的统治范畴,通过自己所规范的乡村教育来控制乡村,巩固统治"②的目的。对在职乡村教师加强进修和训练同样体现了一定的政治意图。早在 1928 年全国教育会议请大学院明令各省注重训练乡村教育师资的提案中就指出,为了防止农民"赤化"③,设假期乡村教师讲习会、乡村教育指导专员等训练乡村师资。该提案获准通过,并在上述应对乡村教师发展困境的政策中有所体现。以宣扬国民党三民主义思想为核心的《三民半月刊》还刊文指出,应由各地方党部工作人员担负起"甄别与训练现有之乡村小学教师"④的职责。

---

① [美]杜赞奇:《文化、权力与国家——1900—1942 年的华北农村》,王福明译,江苏人民出版社,2003 年,第 3 页(前言)。

② 崔运武主编:《中国师范教育史》,山西教育出版社,2006 年,第 113 页。

③ 《全国教育会议提案续志》,《申报》,1928 年 5 月 7 日第 11 版。

④ 《乡村教育之重要与其实行之先决问题》,《三民半月刊》,1931 年第 7 卷第 1—2 期,第 6 页。

国民政府要求参加师资训练班的学员加入国民党并且必须通过政审,目的之一是加强对乡村教师的政治控制。如湖南省溆浦县要求参加师资训练班的学员“集体加入国民党通过政审,才能发给结业证书,算为合格教师”[①]。再如山东省开办的小学教师训练班也是如此。该省1945年底在小学教员训练班开办前成立了“济南市小学教员登记甄审训练委员会”,专门对国民学校教师进行登记、初步实行“甄审”与复审,该训练班对复审录取的乙种受训教员进行为期两周的“训练”,其目的是“务使小学教员杜绝奴化教育之遗毒,坚定三民主义之信仰”,训练科目主要有“中共批判”“总理遗教”“总裁言行”“国际趋势”“抗战事迹”“国民党政纲及政策”“国民党党史”“小学行政”等。而且,时任国民政府十一战区副司令长官的李延年和时任山东省政府主席的何思源等人轮番到训练班作“精神讲话”,“训练”结束后发给毕业证书以及甄审合格证书。[②] 可见,通过政审和训练班“精神”训练,地方政府在试图推行国民教育的同时,更多地强化了对教师的政治思想教育,进而加强了对乡村教师的管理和政治控制。

同时,为了贯彻党化教育意识形态,国民党中央政府还将“党化教育”转变为“三民主义教育”,并将其确定为教育宗旨。“党化教育”是乡村教师养成与检定的重要内容,开设党义(后改为三民主义)课以及精神训练等也成为对乡村教师贯彻“党化教育”意识形态的主要手段。

乡村师资养成中的“党义”课程开设,是中央政府对乡村教师实施“党化教育”的主要内容,同时也是对其贯彻“党化教育”意识形态的主要手段,以此达到统一乡村教师思想并实施政治控制的目的。如为了短期内养成义务教育师资,安徽省政府将党义课程规定为学员一年或两年内主要修业的课程之一[③];党义课程也是该省乡村师范学校的重要课程,如1929年在山东省

① 周川:《民国时期我县教育界新旧之衍变》,载中国人民政治协商会议湖南省溆浦县委员会文史资料研究委员会编:《溆浦文史》第3辑,内部资料,1989年,第180页。

② 高彬:《济南市的小学教育》,《山东教育史志资料》,1988年第3期,第100—101页。

③ 安徽省政府教育厅编译处编:《安徽现行教育法规汇编》,安徽省政府教育厅编译处,1930年,第82页。

济南成立的省立第一乡村师范学校,便将党义与“国文、算术、历史、地理、生理卫生、自然、工艺、图书、音乐、体育、教育、农业等”列为该校学生必修的主要课程①。

在乡村教师检定过程中同样灌输了“党化教育”意识形态。三民主义成为教师检定的必考科目。如山东省1932年规定,“有违反三民主义之言论或行为者”“在停止党权期间者”不得受检定②;无论是“免一部分试验检定”和“受试验检定”,三民主义都是小学教师的必考科目之一。③ 其中,在1931年该省举行的第一次小学教员检定试验各科目试题中,三民主义题量合计62道,占总数363道的17.1%④;在三民主义试题中,“所有试题均与三民主义有关的社会问题,这些问题都涉及当时国民党政府的治国主张,检定考试的目的在于强化小学教员对这些问题的认识”⑤,从而加强对小学教师的思想政治教育。在1932年河南省检定小学教员工作中,无论是部分试验还是全部试验检定,三民主义也是小学教师试验的主要内容。而且,在最终的试验中(主要有社会、国语、教育、自然、算学、技能等科目),社会科目中首先便包含了“党义测验”(共24道题)⑥。1933年,国民党中央将党义课改称为公民课,作为中小学校学生必修的内容,同时将党义教育内容纳入历史、地理、国文等科目之中。由此,乡村教师成为“党化教育”的施教者,而上述乡村师资检定和养成中的三民主义意识形态灌输和教育成为其施教的前提与保障。

在乡村教师的暑期训练中,精神训练(如精神讲话)以及对国民党的认

---

① 山东省教育厅编:《山东省立乡村师范学校校长会议报告》,1933年,第23页。

② 《山东省检定小学教员暂行规程(二十一年二月修正呈奉)教育部指令第九九〇号暂准备案》,山东省教育厅编:《山东省政府教育厅第二次工作报告》,山东省教育厅,1932年,第86页。

③ 《山东省检定小学教员暂行规程(二十一年二月修正呈奉)教育部指令第九九〇号暂准备案》,山东省教育厅编:《山东省政府教育厅第二次工作报告》,山东省教育厅,1932年,第86—87页。

④ 山东省教育厅编:《山东省检定小学教员委员会第一次工作报告》(1931年)。转引自范星:《民国时期山东小学教员检定研究》,山东师范大学硕士学位论文,2010年,第27页。

⑤ 王坦主编:《山东考试通史》(上),山东教育出版社,2011年,第375页。

⑥ 《各科试题》,《河南教育月刊》(河南检定小学教员委员会报告专号),1932年第3卷第1期,第40—41页。

识等也作为主要的训练课程之一。如《各省市小学教员暑期训练实施办法》(教育部,1941年)规定:"训练全国小学教员,使真能恪遵总理遗教,服从总裁领导,成为实现三民主义之信徒,与彻底奉行命令之基本干部。"[①]这句话揭示了国民政府对国民学校教师开展暑期训练以灌输党化教育意识形态的根本宗旨。通过具体训练内容与时间分配也可以看出端倪:

全部作业时间,共为二十八日(四星期),除开学典礼举行毕业典礼星期日外,共作业二十四日,每日作业六小时,合计一百四十四小时,除训育实施自修及课外活动不计外,共分配如下:

一、精神训话八小时。

二、关于本党之基本认识者二十小时。

三、关于抗战建国工作者十八小时。

四、关于生活训练者十二小时。

五、关于教育学科者五十八小时。

六、关于体格训练及卫生常识者二十八小时。

七、关于业务演习者八小时。[②]

可见,在小学教师暑期训练的144小时中,精神训话、关于对国民党的基本认识、抗战建国工作的训练时间共达46小时;小学教师专业训练,如教育学科者仅58小时,所占比例不到1/2,如果加上业务演习8小时,专业训练时间仍不到总训练时间的一半。可见,当时小学教师暑期训练的侧重点在于加强乡村教师的党化教育。《各省市中心学校及保国民学校教员进修办法大纲》(国民政府教育部,1941年)在规定小学教师假期训练时强调:"在训练实施方面,除补充教学知识、锻炼体格及生活习惯外,犹注意思想之

① 《各省市小学教员暑期训练实施办法(附表)》,《国民教育指导月刊》,1941年第1卷第1期,第44页。

② 《各省市小学教员暑期训练实施办法(附表)》,《国民教育指导月刊》,1941年第1卷第1期,第45页。

训导。”[①]1942年6月10日蒋介石发出手令:“全国小学教员之统制与训练,现已进行至如何程度,应按时按地先定整个计划,俾得分期分地逐步推进,务使全国小学教员皆为三民主义之宣传员为要。”[②]由此,全国小学教师暑期训练逐渐开展,一方面加强了对乡村教师的“党化教育”,另一方面使乡村教师成为三民主义意识形态的宣传员。

总之,作为乡村基层社会的改造者和建设者,乡村教师被视为国民政府行政系统中的“基层干部”。通过乡村教师的养成、聘任、检定等制度化、规范化的操作,国民政府将“党化教育”意识形态灌输到了乡村教师队伍之中,从而加强了对乡村教育以及乡村基层社会的政治控制和权力渗透。

① 教育部国民教育司、国民教育辅导研究委员会编:《三十一年度国民教育实施概况》(上),教育部国民教育司、国民教育辅导研究委员会,1943年,第54页。

② 中国第二历史档案馆编:《中华民国史档案资料汇编(第5辑第2编·教育)》,凤凰出版社,2018年,第464页。

第三章

中国乡村教师队伍建设的过渡与探索时期（1949—1977年）

新中国成立初期，我国仍面临着乡村教师数量短缺且师资质量亟待提升等双重问题，同时也存在乡村教师的工资待遇不高等困境。对此，中共中央、国务院等部门不断摸索，采取了诸多举措，以加强乡村教师队伍的建设，彰显了新时代乡村教师队伍建设不断探索与创新的鲜明气象。

第一节　新中国成立之初乡村社会形势变迁与乡村教育的发展

1949年,中华人民共和国成立,我国建立了从中央到地方的高度统一与集中的社会主义制度,为我国乡村教育事业的快速恢复与进一步发展奠定了基础。

一、乡村社会形势变迁

社会主义制度确立之后,中国社会发生了翻天覆地的变化,乡村政治、经济和文化等方面也历经嬗变,呈现出了崭新的面貌。

(一)乡村政治的整合与重构

新中国成立初期,随着乡村经济变迁,乡村基层政权得以重建,乡村民主政治也得到了初步发展。首先,肃清国民党军队残余,清除反革命势力,保护乡村基层政权工作人员以及农民的生命和财产安全;废除保甲制度,成立各级人民政府,并成立武装组织代替保甲人员,以维持县区乡等基层社会的治安和秩序。其次,各地纷纷召开人民代表会议,初步建立乡村基层政权,划分乡级行政区域,将此前的大乡制改为小乡制,以加强县政府对乡镇基层的管理。同时,确定人民公社,实行政社合一,强调小社合并大社架构人民公社,以加强中共中央对乡村社会的管理。再次,在维护社会稳定和生产正常进行的前提下,通过召开各级农民代表大会、政治动员大会以及开展劳动增产竞赛运动等方式提高农民的政治参与热情。最后,推动乡村政治发展的民主化、规范化与法制化。国家逐步加强乡村政权建设,不断规范乡镇机关设置,将农业生产合作社作为国家行政组织直接管辖乡村社会的重要载体。[①]

(二)乡村经济的恢复与发展

为了解决三座大山压迫下我国农业生产技术落后,劳动生产率和产量低下以及工农业比例失衡等问题[②],新中国成立后,中国共产党及中央政府明确指出,各项事业都要以发展国民经济事业与全社会生产力为中心,恢复与发展此前因连年战乱而惨遭破坏的国民经济,改善人民生活。其中,发展农业生产是恢复国民经济战略的重点。具体来说,以推行城乡交流、活跃乡村市场为突破口,以发展农业生产为中心工作,实行价格政策,保护农民利益;合理调整农业税收政策,改摊派为依率计征,从财政上保证农业方面急需的投入;组织大规模的农田水利建设以及组织广大农民进行积肥、施肥、选种、浸种、防治病虫等农业生产技术改进运动;等等。[③] 随着国民经济的发展,我国工农业生产到1952年超过历史的最高水平,1949—1952年,全国职工平均工资提高了70%,农民收入增加30%。[④] 在推动我国国民经济恢复和发展的同时,中央政府先后实施了土地改革和人民公社,改变土地的所有权,使得广大农民拥有了土地,大大提升了农民农业生产的积极性;发展农业生产合作社,推动农业合作化运动,大力发展公有制经济,助力农业和乡村经济的发展。

(三)社会主义文化主导地位的确立

新中国成立后,中共中央在创造性地批判与吸收传统文化、外来文化的基础上,确立了社会主义文化,即根据马克思主义的世界观、价值观与方法

---

① 易新涛:《二十世纪中后期中国乡村社会变迁》,人民出版社,2015年,第52—80页。
② 曲韵等:《中国对外贸易通史》第3卷,对外经济贸易大学出版社,2018年,第4—6页。
③ 易新涛:《二十世纪中后期中国乡村社会变迁》,人民出版社,2015年,第38—44页。
④ 林道发、蒋文澜主编:《中国现代史》,上海社会科学院出版社,1986年,第344页。

论,促使我国文化“又红又专”。“红”即坚持正确的社会主义道路,坚定正确的政治方向;“专”即成为学习和掌握现代化建设和经济发展的专业知识的人才。此后还形成了社会主义文化一元化的格局,划分了阶级成分,较大地提升了广大贫农和雇农的政治地位与社会地位;随着妇女解放运动的不断推进,妇女在家庭中的地位以及政治、经济地位等不断提升。

总之,这一时期乡村社会一方面大力发展农业生产,提高了乡村民众的生活水平;另一方面,受“文化大革命”的影响,乡村经济较为萧条。同时,因走着“城乡分治、一国两策”发展道路,新中国成立之前就存在的城乡社会的差距有所加大。

二、乡村教育发展演变

新中国成立后,为了尽快满足建设社会主义的要求,发展教育成为中央政府面临的重大使命。在教育“为工农服务,为生产建设服务”重要方针的指引下,新中国教育尤其是乡村教育掀开了新的一页。

(一)乡村教育政策演变

1949 年底新中国第一次全国教育工作会议确立了“教育改造”的方针,要求“以老解放区新教育经验为基础,吸收旧教育有用经验,借助苏联经验,建设新民主主义教育”。《关于改革学制的决定》(政务院,1951 年)以法令形式确立了工农教育的地位,规定统一小学五年教育制度,规范建立工农速成初等学校和业余识字学校等。[①] 该学制为乡村子弟能接受到完整的初等教育提供了制度保障,推动了乡村教育的快速发展。

1. 普及小学教育的政策

1949 年 9 月中国人民政治协商会议第一届全体会议通过的《中国人民

---

① 何东昌主编:《中华人民共和国重要教育文献(1949—1997)》,海南出版社,1998 年,第 105—107 页。

政治协商会议共同纲领》规定要“有计划有步骤地施行普及教育”。1951年在全国初等教育及师范教育第一次会议上，教育部明确指出：在未来五年内促使全国80%的学龄儿童接受初等教育，争取用十年时间基本普及小学教育。上述规定为乡村教育的发展奠定了基础。为了在7年或12年内普及小学义务教育，1956年中共中央提出，要以乡村办学多样化，提倡集体办学与允许私人办学等形式，推动乡村小学教育的发展。针对乡村小学教育的发展与普及带来的师资短缺问题，1958年9月，时任中共中央副主席的刘少奇在中国共产党第八次全国代表大会上指出，要在国家财政许可的范围内，“逐步地扩大小学教育，以求12年内分区分期地普及小学义务教育”①。因国家财政经济暂时困难，1961年中共中央指出，要根据城乡和各地区的不同情况，有计划地普及适龄儿童的小学教育。② 由此，普及小学教育成为中共中央一贯的方针，也是乡村教育发展的重要内容。围绕着普及小学教育的政策目标，第一，要求推行“两条腿走路”的办学方针，采用“国家办学”与“农业合作社办学”并举的方式，推动小学义务教育的普及。第二，以多种形式普及小学教育。除了办理集中的正规小学外，还可以办分散的、不正规的如半日班、早学以及夜校之类的学校。③ 第三，贯彻中国共产党的知识分子政策，建设稳定且合格的教师队伍。

2. 乡村教育的改革政策

因当时国家财政较为困难，1951年教育部部长马叙伦在政务院会议上提出了“在农村鼓励群众办学的政策”④。在“城市优先发展”思想主导下，《关于整顿和改进小学教育的指示》(政务院，1953年)明确指出，停止小学推行五年一贯制，仍沿用四二制，分初小、高小两级，并提出“今后应首先着

① 《中国教育年鉴》编辑部编：《中国教育年鉴(1949—1981)》，中国大百科全书出版社，1984年，第123页。

② 《中国教育年鉴》编辑部编：《中国教育年鉴(1949—1981)》，中国大百科全书出版社，1984年，第123页。

③ 何东昌主编：《中华人民共和国重要教育文献(1949—1997)》，海南出版社，1998年，第858—861页。

④ 何东昌主编：《中华人民共和国重要教育文献(1949—1997)》，海南出版社，1998年，第92页。

重办好城市小学、工矿区小学”，“公立小学应作适当发展”，在乡村提倡民办小学，“对乡村公立小学，除在学校较少的少数民族地区和老革命根据地应作适当发展外，其他地区均应以整顿提高为主，一般不作发展”，但可以发展“乡村完全小学和中心小学”以及“分散的不正规的小学”。[①] 由此，乡村教育权限下放，国家只办理已有的乡村公立学校。《1956—1967年全国农业发展纲要（草案）》（中共中央政治局，1956年）规定：“乡村小学基本上由农业生产合作社办理。”[②]到1960年，财政部、教育部指出：国家对公社举办的中小学可在人力、物力、财力的可能范围内给予一定扶持。《关于讨论试行全日制中小学工作条例草案和对当前中小学教育工作几个问题的指示》（中共中央，1963年）指出：“在农村（包括县镇）中，根据农民群众的需要和自愿，可以集体举办全日制的或者半日制的中小学校、识字班、简易小学和农业中学。”[③]由此，乡村教育类型逐渐多样化。1968年11月14日，《人民日报》发表了《关于将公办小学下放到大队来办的建议》，具体指出：“小学应是大队的一部分，大队在政治领导、经济、师资等条件上完全能够自己办小学”，因此，“所有公办小学下放到大队来办，国家不再投资或少投资小学教育经费，教师国家不再发工资，改为大队记工分”。[④] 此后，乡村小学普遍由大队办，中学由公社办或者分片设点，或者由大队联办，而且乡村学校经费主要以民办公助的方式筹集。总之，中央政府鼓励民众举办各种形式的乡村教育，使乡村中小学教育得以快速且大规模地发展。然而，因教师发展速度跟不上教育的发展进度，乡村教育教学秩序遭到严重破坏，同时也给乡村民众带来了一定的经济负担。

---

① 何东昌主编：《中华人民共和国重要教育文献（1949—1997）》，海南出版社，1998年，第263页。

② 《1956—1967年全国农业发展纲要（草案）》（中共中央政治局提出），《农业知识》，1956年第4期，第130页。

③ 何东昌主编：《中华人民共和国重要教育文献（1949—1997）》，海南出版社，1998年，第1150页。

④ 何东昌主编：《中华人民共和国重要教育文献（1949—1997）》，海南出版社，1998年，第1433页。

3. 乡村教育经费管理变革政策

第一,1950—1953年,全国实施中央统一财政,中央、省、县三级管理体制。与此相应,教育财政投入也形成了三级预算和拨款的格局,即"谁管的学校谁开支"[①]。《关于统一管理1950年度财政收入的决定》(政务院,1950年)明确规定:中央直接管理的大中小学经费列入中央政府预算,由财政部掌管;各大行政区、省(市)管理的县立中学以上教育事业费分别列入大行政区级省(市)预算内。其中,乡村小学教育经费可由县政府随国家公粮征收地方附加公粮解决,但地方附加公粮不得超过国家公粮的15%。[②] 由此形成了不同于城市小学教育的经费来源。教育部于1952年还规定了民办小学的补助经费,平均按公立小学开支标准的50%计算列入国家预算,由各大行政区省市教育行政部门逐级掌握调剂。《关于整顿和改进小学教育的指示》明确规定,从1954年开始,乡村公立小学校舍的修缮、修建以及设备增添由县政府统筹解决,如遇不足,须在群众自愿的原则下筹款备料,或通过群众献工献料等方式解决;各县在土地改革中如留有机动土地,则划出部分做学田,由县掌握,以弥补小学经费不足。[③] 总体上,新中国成立初期,乡村小学教育经费均由各级政府统一筹划并统一拨付,初步形成了由政府包办教育的体制框架。乡村教育还是由政府办,而非由农民办,这对乡村教育的恢复和发展具有重要的推动作用。

第二,1954—1977年,实施"统一领导、分级管理"的国家财政预算体制。与此相应,财政部根据教育部、国家计委提供的教育事业发展计划,依照定员定额的核算方法分别给各地方、各部门核定教育经费。根据财政部下达的经费指标,各地方结合自己的财力、物力统筹安排教育经费。《关于

---

① 靳希斌主编:《从滞后到超前——20世纪人力资本学说·教育经济学》,山东教育出版社,1995年,第381页。

② 《中国教育年鉴》编辑部编:《中国教育年鉴(1949—1981)》,中国大百科全书出版社,1984年,第96页。

③ 中共中央文献研究室编:《建国以来重要文献选编》第4册,中央文献出版社,2011年,第507页。

编造1954年预算草案的指示》(政务院,1954年)与《关于解决经费问题程序的通知》(教育部、财政部,1954年)规定,由各级政府负责各级财政预算编制与执行。后者还指出:"如遇经费发生困难,可报请省人民政府在地方总预算内调剂或动支总预备费解决",如省政府无法解决困境,则由省政府转报至中央政务院考虑。[①] 1958年,财政部与教育部发布了中小学收取学杂费办法;为了解决该年教育事业管理权力下放后教育经费被随意挤占或挪用的现象,两部门于1959年要求各级政府的财政部门和教育行政部门加强协作,共同管理教育经费,并将原由县、市教育经费开支下放到人民公社管理的中小学教育经费,列入县级教育经费预算。《关于人民公社社办中、小学经费补助的规定》(财政部、教育部,1960年)、《关于进一步加强教育经费管理的补充意见》(教育部、财政部,1962年)以及《关于教育事业财务管理若干问题的规定》(财政部、教育部,1963年)等政策文件规定,社办小学应自力更生,促使经费筹措办法多样化:公社可从公益金中抽一定比例发展中小学教育,也可向学生收取杂费或分摊工分的办法解决经费开支问题,还可拨给学校一定土地并让学生参加劳动生产以解决经费开支问题,国家也可适当提供资助;山区、少数民族地区或遭灾严重地区和一般经济条件较差地区的公社所办学校的经费,经公社和群众筹措后仍有困难,可给予经费补助扶持,"补助的款项,以补助解决教师工资、专职教师的集体福利(如医疗费等)为主"[②];"省、市、自治区应在农业税地方附加中划出一定的款额,作为对农村农办小学的重点修缮和民办教育事业(包括农业中学)的补助之用"[③];乡村公办小学的必需的校舍维修和课桌椅补充,可从农业税附加中抽取部

① 何东昌主编:《中华人民共和国重要教育文献(1949—1997)》,海南出版社,1998年,第371页。

② 财政部、教育部:《关于人民公社社办中、小学经费补助的规定》,《中华人民共和国国务院公报》,1960年第16期,第327页。

③ 何东昌主编:《中华人民共和国重要教育文献(1949—1997)》,海南出版社,1998年,第1079页。

分予以解决[①]。针对1966年开始的"十年动乱"带来的教育经费管理混乱和经费异常紧张的状况,1972年起中央决定安排下达国家预算时,须将教育事业经费支出单列一款,实施专款专用;1974年国务院科教组等部门指出,适当安排民办公助经费,城镇街道和农村社队集体办学经费应由国家补助、集体负担、杂费收入和勤工俭学收入等方面解决,逐步做到以国家补助为主。[②] 这不仅加强了对教育事业经费的管理,而且扩大了中小学教育经费的来源。同时,相关文件还规定,中小学勤工俭学收入不上缴财政,并给予税收优惠,对民办公助学校及其教师给予国家财政补助,给予民族地区、边境地区中小学教育及其教师财政支持。

(二)乡村教育快速发展

1950年全国小学共38.36万所,到1958年增至77.68万所,增加了1倍,此后稍有下降;但到1964年猛增至106.60万所,1965年增至168.19万所,此后有所下降;至1977年基本维持在90万—110万所。[③] 1950年全国初级中学共2,472所,1956年增至4,686所;但到1957年猛增至8,912所,与1950年相比增加了2倍之多;1958年增至24,787所,此后每年均有所减少;到1966年又急剧增加,到1977年增至136,365所。[④] 这一时期,全国中小学教育基本上以乡村的中小学教育占较大比重,因此乡村中小学教育发展较为迅速。

1. 乡村小学教育不断发展

这一时期乡村小学教育快速发展,小学教育普及工作也得以推进。具体情况见表3.1。

---

① 何东昌主编:《中华人民共和国重要教育文献(1949—1997)》,海南出版社,1998年,第1148页。

② 《中国教育年鉴》编辑部编:《中国教育年鉴(1949—1981)》,中国大百科全书出版社,1984年,第96—97页。

③ 《中国教育年鉴》编辑部编:《中国教育年鉴(1949—1981)》,中国大百科全书出版社,1984年,第1021页。

④ 《中国教育年鉴》编辑部编:《中国教育年鉴(1949—1981)》,中国大百科全书出版社,1984年,第1000页。

表 3.1　1962—1977 年小学的学生数、学校数及其占比统计

年份	项目	合计	其中农村	农村占比/%	年份	项目	合计	其中农村	农村占比/%
1962	学生/万人	6923.9	5344.4	77.19	1973	学生/万人	13570.4	11597.7	85.46
	学校/万所	66.8	63.7	95.36		学校/万所	103.2	99.6	96.51
1963	学生/万人	7157.5	5446.2	76.09	1974	学生/万人	14481.4	12552.3	86.68
	学校/万所	70.8	67.5	95.34		学校/万所	105.3	101.6	96.49
1964	学生/万人	9294.5	7434.1	79.98	1975	学生/万人	15094.1	13246.1	87.76
	学校/万所	106.6	103.1	96.72		学校/万所	109.3	105.7	96.71
1965	学生/万人	11620.9	9399.9	80.89	1976	学生/万人	15005.5	13285.3	88.54
	学校/万所	168.2	162.5	96.61		学校/万所	104.4	100.8	96.55
1971	学生/万人	11211.1	9366.5	83.55	1977	学生/万人	14617.6	12965.1	88.70
	学校/万所	96.9	93.1	96.08		学校/万所	98.2	94.9	96.64
1972	学生/万人	12549.2	10621.0	84.63					
	学校/万所	100.9	97.3	96.43					

资料来源：教育部编：《三十年全国教育统计资料(1949—1978)》，教育部，1979 年，第 186 页。

如表 3.1 所示，1962—1965 年是乡村小学教育第一波快速增长时期，无论是全国小学总数还是乡村小学总数均呈快速增加状态。全国小学校由 1962 年的 66.8 万所增至 1965 年的 168.2 万所，增加了 1 倍之多；乡村小学校由 1962 年的 63.7 万所增至 1965 年的 162.5 万所，增加了 1 倍之多。1971—1975 年为乡村小学教育的第二波增长时期，小学校数由 1971 年的 96.9 万所增至 1975 年的 109.3 万所。虽然这一时期的增长速度赶不上第一波增长时期，但增长速度较为稳定。其中，乡村小学校数由 1971 年的 93.1 万所增至 1975 年的 105.7 万所。1976 年开始，无论是全国小学校还是乡村小学校，数量都开始减少。总体上，这一时期全国小学校数以及乡村小学校数均呈波谷式变化态势，且呈不断增加趋势。其中乡村小学从 1962 年的 63.7 万所增至 1977 年的 94.9 万所。乡村小学校数占全国小学校数的比重较高，均为 95%—97%。由此可见，这一时期乡村小学校及其教育是全国小学教育的重心和主体。

全国小学生总数也呈不断增长状态，1962 年为 6,923.9 万人，1975 年达到顶峰,共15,094.1万人,增加了1倍之多,此后稍有下降。其中乡村小学生也由1962年的5,344.4万人增至1976年的13,285.3万人,达到顶峰,也增加了1倍之多,此后稍有下降。乡村小学生在全国小学生中的占比同样不断上升,到1977年达88.7%。可见,乡村小学生在全国小学生中占据主体地位,所占比重为77%—89%,且逐年呈增长趋势。

在乡村小学及其学生都迅猛增多的同时,小学教育普及工作也有所推进。以学龄儿童入学率为例,如表3.2所示,1952—1974年,我国学龄儿童呈不断增长趋势,1975—1977年不断减少。就学龄儿童入学率而言,1952—1958年逐年持续上升,由1952年的49.2%上升至1958年的80.3%;1959—1962年逐年持续下降,降至1962年的56.1%;1963—1976年大幅度上升,由1963年的57%上升至1976年的96%,上升幅度为68%,1977年有所下降。总体上看,这一时期我国学龄儿童入学率不断增长,而且至20世纪70年代末期几乎接近100%。其中,据1964年统计,河北省阳原县学龄儿童28,134人,已经入学者26,832人,入学率达90%以上。其中贫农、下中农子女入学率占本阶层学龄儿童的90%左右。[①] 可见,这一时期,我国小学教育普及工作取得了一定成效,学龄儿童尤其是乡村学龄儿童入学率不断提升。

表3.2　1952—1977年全国学龄儿童入学率统计

年份	全国学龄儿童/万人	入学率/%
1952	6642.4	49.2
1953	6818.3	50.3
1954	7060.8	51.5
1955	7306.4	53.8
1956	7639.0	62.6
1957	8077.7	61.7
1958	8579.0	80.3
1959	9254.0	79.3

① 中共阳原县委员会、阳原县人民委员会:《阳原县是怎样普及小学教育的?》,《人民教育》,1964年第6期,第4页。

续　表

年份	全国学龄儿童/万人	入学率/%
1960	9666.0	76.4
1961	10142.0	63.4
1962	10836.0	56.1
1963	10967.0	57.0
1964	11377.0	71.1
1965	11603.2	84.7
1974	12350.3	93.0
1975	12261.9	95.0
1976	12193.8	96.0
1977	12100.9	95.5

注:1974—1977 年的学龄儿童数,由于部分省份统计不全,表中所列的学龄儿童入学率均比实际计算的低 1—2 个百分点。

资料来源:教育部编:《三十年全国教育统计资料(1949—1978)》,教育部,1979 年,第 190 页。

2. 乡村初中教育迅速发展

在初等教育快速发展的背景下,全国初中及其学生数也不断增长(见表 3.3)。

表 3.3　1962—1977 年初中的学校数、学生数及其占比统计

年份	项目	总计	其中农村	农村占比/%	年份	项目	总计	其中农村	农村占比/%
1962	学生/万人	618.8	229.7	37.12	1973	学生/万人	2523.1	1723.0	68.29
	学校/所	15081	10017	66.42		学校/所	67959	63858	93.97
1963	学生/万人	638.0	213.9	33.53	1974	学生/万人	2647.6	1813.3	68.49
	学校/所	15290	9797	64.07		学校/所	69032	65319	94.62
1964	学生/万人	729.3	254.1	34.84	1975	学生/万人	3302.4	2377.3	71.99
	学校/所	15058	9705	64.45		学校/所	84385	80126	94.95
1965	学生/万人	802.9	270.3	33.67	1976	学生/万人	4352.9	3274.9	75.23
	学校/所	13986	8628	61.69		学校/所	131617	126006	95.74
1971	学生/万人	2568.9	1874.2	72.96	1977	学生/万人	4979.9	3858.1	77.47
	学校/所	80604	72192	89.56		学校/所	136365	131265	96.26
1972	学生/万人	2724.4	1904.7	69.91					
	学校/所	64937	59294	91.31					

资料来源:教育部编:《三十年全国教育统计资料(1949—1978)》,教育部,1979 年,第 157—158 页。

如表3.3所示,全国初级中学总体上呈波谷式增长状况。1962—1965年,先增长后下降;到1971年增长至80,604所,1972年下降至64,937所,1973年开始回升,1973—1977年逐年持续增多,到1977年达136,365所,比1962年增加了8倍之多。其中,乡村初级中学尽管在1962—1965年不断减少,但1971年迅猛增加,由1962年的10,017所增至72,192所,增加了6倍;尽管此后有所下降,但到1975年又开始增加,增至1977年的131,265所,是1962年的13倍。乡村初中在全国初中总数中所占比重也迅猛上升,由1962—1965年的60%以上,增至20世纪70年代的90%以上。可见,乡村初级中学是全国初中的主体,不仅数量增加迅速,而且增幅较大。

就初中学生而言,全国初中生数不断增多,由1962年的618.8万人增至1977年的4,979.9万人,增加了7倍之多。其中,乡村初中生增加更为迅速,由1962年的229.7万人增至1977年的3,858.1万人,增加了15倍之多,增幅约为1580%;就乡村初中学生在全国初中学生中所占比重而言,由1962年的37.1%增至1977年的77.5%,增幅达108.89%。由此,这一时期乡村初级中学教育发展较为迅速,进入初中的乡村子弟越来越多。

总体上讲,这一时期我国乡村初中、小学教育发展迅速,进入农民子弟在中小学的数量快速增加时期。这对于改变农民人口素质具有重要作用,但同时也对乡村师资的数量和质量提出了较高的要求。

(三)城乡中小学教育差距更加明显

新中国成立之后,我国逐渐形成并巩固了特征明显的城乡二元体制,同时城乡教育关系也逐渐由"二元制"走向"二元对立"。[①] 实现工业化奋斗目标的提出促使当时只能从农业中取得资本的原始积累,也使得农业税在新中国成立很长一段时期都是我国财政收入的重要支柱。同时,重工业优先

① 张旺等:《城乡义务教育一体化发展研究》,教育科学出版社,2017年,第32页。

发展战略下工农业产品存在价格“剪刀差”[①]，农业收入水平远远低于城市的非农第二、第三产业，从而扩大了城乡居民的收入差距；“‘剪刀差’的长期存在，是造成我国城乡差距持续拉大的最直接的原因”[②]。城乡差距表现在多方面，基础教育发展差距是其中的重要内容，主要表现为教育经费投入及来源的不同、教学条件的差距等方面。

第一，教育财政投入及来源的不同。教育资源在城乡分配上的不均衡，源自城乡两者截然不同的财政投入体系。城市中小学主要由政府拨款投入经费，乡村中小学教育秉承“发动群众出钱出力办学”政策，以农民或社队投入经费为主，外加国家经费补助。这一时期实施中央计划经济的中小学教育经费投入方式，并不断拓宽经费来源，主要包含政府财政拨款、群众或个人集资、事业收入、校办企业和勤工俭学收入以及学杂费收入等。据统计，1950—1970 年，“很多年份教育投资不到 GDP 的 2%，甚至只有 1.7%左右”[③]。乡村中小学也曾以政府投入为主，但后来实施国家拨款和地方筹措“两条腿走路”的投入方式，乡村集体经济投入成为乡村教育经费的主来源。很多乡村学校由农民自己集资创办。由此，新中国成立初期，因为政府财力不足，采用了“统收统支、分级管理”的教育管理和投入体制，使得政府“主要负责城镇公办学校的教育管理和经费投入”，乡村地区学校“主要依靠农民自己通过征收附加公粮，或者征收教育事业费附加，甚至发动群众筹款备料来解决”。[④] 该教育管理和投入体制也掀起了一股民办学校创办高潮。再加上《关于整顿和改进小学教育的指示》在限制乡村公办小学教育发展的同时鼓励民办小学创建，促使当时教育形成了“城市以公办学校为主，农村以民办学校为主的格局”[⑤]。如 1950 年东北地区的岫岩县石庙区西堡村洼岭沟王洪泽等 7 户农民，以破庙为校舍成立了 1 所小学校，他们“新做了许多校

① 李珊、何博：《货币供给冲击、工农产品价格剪刀差与城乡收入差距——基于 VAR 模型的实证分析》，《财经界》，2014 年第 5 期，第 23—25 页。

② 李森、崔友兴：《社会变迁中的乡村教育》，福建教育出版社，2017 年，第 47 页。

③ 于保平：《教育：阿喀琉斯之踵？》，《21 世纪经济报道》，2003 年 12 月 29 日。

④ 张旺等：《城乡义务教育一体化发展研究》，教育科学出版社，2017 年，第 33 页。

⑤ 张旺等：《城乡义务教育一体化发展研究》，教育科学出版社，2017 年，第 34 页。

具,共开支经费一千四百万元(笔者注——旧币,相当于人民币 1,400 元),教员工薪及一切杂费,七户农民自愿全部负担";据该年庄河、辽阳、海城、安东、东丰、营口、抚顺、盖平、抚松、西安、凤城、岫岩等 12 县统计,农民自愿开办了小学共 393 个班,解决了 23,241 名乡村儿童上学困难问题。[①]

学杂费收入也是当时城乡中小学教育经费的主要来源之一。根据《关于中小学杂费收支管理办法的几点意见的通知》(教育部、财政部,1955 年)规定的"合理调整收费标准",遵循"乡村低于城市,小学低于中学,而初小又低于高小"原则实施收费;对经济有困难的乡民子女酌予减免部分或全部杂费;小学杂费收入极大部分留学校使用,主要用于学生个人饮水、保证教学行政费(主要是"公杂费")等方面的开支,余款部分上交县市教育行政部门集中掌管,用于校舍修缮及必要的教学和器具设备补充等,部分交省市自治区教育厅局作为统一调整平衡全省小学经费之用;中学学杂费收入大部分交由教育行政部门集中掌握,用于校舍大修缮和补充一些科学仪器、图书馆、体育、卫生等设备购置等方面,小部分用于学生个人的开支(如学生饮水)和宿舍环境卫生费等。[②] 到 1959 年,中小学学杂费按照预算外特种资金办法予以管理,由教育部门掌管使用,不列入国家预算。

关于乡村教育经费投入来源情况,以河北省阳原县为例进行说明。这一时期该县的教育经费收入以国家划拨为主,地方财政给予一定补助,乡镇也承担一部分。[③] 具体变化情况见表 3.4。

---

① 《农民生活上升　重视子女教育　松江入学儿童人数大增　辽东各地农民自办小学四百班》,《人民日报》,1950 年 6 月 3 日。

② 何东昌主编:《中华人民共和国重要教育文献(1949—1997)》,海南出版社,1998 年,第 521—523 页。

③ 阳原县地方志编纂委员会编:《阳原县志》,中国大百科全书出版社,1997 年,第 567 页。

表 3.4　1949—1974 年河北省阳原县教育经费收入变化情况统计

年份	国家划拨经费	征收学杂费	集体负担	勤工俭学
1949	小米 201,634 公斤,折款 2.98418 万元。		1962 年全县平均每人负担教育经费 0.18 元;1965 年全县民办小学 279 班,民办教师 284 人,各生产大队平均每个劳动力负担民办教育经费 2 个劳动日值;1969 年,乡村中小学下放至生产大队办,仅公用经费生产大队负担 8.94 万元。	1955 年巡回小学教师张振邦课余组织学生勤工俭学,到 1956 年勤工俭学收入 100 多元,此后坚持开展勤工俭学活动。据 1960 年末统计,全县 69.5%的学校开展勤工俭学。1965 年县文教局规定勤工俭学收入的 80%用于学生,20%用于扩大再生产和补助有特殊困难学生,该年全县勤工俭学总收入 42,472 元,平均每生 1.04 元,解决书费、学杂费的学校 112 所,免费读书的学生 1,354 人,为困难学生缝制衣服 42 件。其中,浮图讲公社沙河窑小学通过养鸡、养兔、刨药材等于 1972—1980 年实现书费、学杂费、办公费、文具费、烤火费自给;辛堡公社凉泉沟小学通过开荒搞种植业,兼刨药材、采龙须等于 1975—1983 年实现学生全部免费上学。
1954	增至 28.4 万元。			
1955	略减。	核定全县应收学杂费 27,811 元,上缴县财政 22,249 元,按标准下拨各校开支公杂费用;征收费的 20%留作各校杂支费用。 每年每生收费标准:初小 1 元,高小 2 元,中学 6 元;该年后每年对 20%的确有的困难学生免征学杂费。		
1956—1961	逐年增长。	1956—1957 年:初小 1 元,高小 2 元,中学 7 元。		
1958	小学收费标准不变,初中减至 4 元,高中减至 6 元。			
1962	减至 60.1 万元。	初小增至 2 元,高小增至 4 元,初中增至 7 元。		
1963	减至 58.2 万元。	初小减至 0.5 元,高小减至 1 元,初中减至 2 元;减免面扩为 30%—40%;在学杂费留成中,抽出部分补助困难较大学生。		
1964—1966	回升。	1966 年全县征收学杂费 28,840 元。		

续 表

年份	国家划拨经费	征收学杂费	集体负担	勤工俭学
1967—1970	逐年略减。	1967—1972年各校征收标准不一;1973年重新规定收费标准:小学1元,初中2元;减免面仍为20%。所收学杂费全部留校用于办公费、饮水和学生集体福利等项开支。		
1971	逐年增长。			
1974	超过100万元。			

资料来源:阳原县地方志编纂委员会编:《阳原县志》,中国大百科全书出版社,1997年,第568—569页。

如表3.4所示,该县教育经费来源主要有国家划拨、征收学杂费、集体负担以及学生勤工俭学等方面。其中,1949—1974年,国家划拨经费总体上有所增加;集体负担形式有所变化,随着乡村中小学教育下放到社队,集体负担教育经费的比重加大;勤工俭学在该县取得一定成绩,为很多社队的贫困学生解决了上学问题。

总体上讲,与城市中小学教育经费相对稳定不同,乡村教育经费来源被转嫁到了农民身上,由于农业经济发展水平不稳定,乡村中小学教育时常面临着经费困难问题。

第二,教学条件差距。受城乡地域空间、农业与乡村经济发展水平以及当地基层和农民对教育的重视程度等因素的影响,各地乡村教育发展具有一定的随意性。尤其是一些经济欠发达地区,基础教育经费投入匮乏,甚至被排除在当地财政预算之外,导致很多经济落后地区的基础教育在办学过程中存在严重不公平问题,如办学条件较差(危房存在、校园面积小、缺乏教学必备教学和实验设施等)、师资尤其是优秀师资十分缺乏,最终也导致基础教育结果不公平,乡村青少年受教育的程度、水平和质量远远不及城镇青少年,甚至有的农民子弟因为无力承担上学费用而中途辍学,城乡教育差距加大。

第二节　乡村教师队伍基本情况

新中国成立后，为了满足乡村教育发展的需要，乡村中小学教师不断增多，乡村教师队伍不断壮大。在乡村教师迅猛增加的同时也出现了较多的问题。

一、乡村教师队伍发展状况

乡村教师发展包含了演变、构成、工资待遇及其来源等内容，具体情况如下。

(一)乡村教师发展演变

新中国成立之初，我国乡村教师队伍主要由接收自国民政府的教师、师范院校毕业生、招收的社会知识青年、其他行业转入教育界者以及退休教师的补员子女等构成。

1. 乡村初中、小学教师发展

乡村中小学教师队伍在 20 世纪 50 年代发展较慢，到了 60—70 年代则迅速发展(见表 3.5)。

表 3.5　1962—1976 年城镇乡初中、小学专任教师统计

年份	合计/万人		城市/万人		县镇/万人		农村/万人		农村占比/%	
	初中	小学	初中	小学	初中	小学	初中	小学	初中	小学
1962	31.8361	251.1	10.4954	32.8	9.2664	19.8	12.0743	198.5	37.9	79.1
1963	34.0334	260.1	12.1945	35.8	9.8208	21.1	12.0181	203.2	35.3	78.1
1964	36.2656	310.5	13.7306	38.5	9.4150	21.0	13.1200	251.0	36.2	80.8

续　表

年份	合计/万人		城市/万人		县镇/万人		农村/万人		农村占比/%	
	初中	小学	初中	小学	初中	小学	初中	小学	初中	小学
1965	37.9084	385.7	15.3798	43.6	9.4122	23.8	13.1164	318.3	34.6	82.5
1971	103.4522	409.5	22.1961	40.2	8.4825	19.2	72.7736	350.1	70.3	85.5
1972	126.4441	439.8	22.3741	42.9	11.4064	22.5	92.6636	374.4	73.3	85.1
1973	127.3691	467.9	24.3989	43.7	11.8671	24.7	91.1031	399.5	71.5	85.4
1974	132.4380	494.4	24.4149	42.9	12.8178	26.4	95.2053	425.1	71.9	86.0
1975	156.1710	520.3	25.8666	42.3	14.1218	26.7	116.1826	451.3	74.4	86.7
1976	203.4636	528.8	29.0842	40.7	16.2646	26.4	158.1148	461.7	77.7	87.3

资料来源:教育部编:《三十年全国教育统计资料(1949—1978)》,教育部,1979年,第160、186页。

如表3.5所示,就全国初中、小学专任教师而言,1962—1965年均持续增多。其中,无论是乡村初中还是乡村小学的教师都快速增长:乡村初中教师1962年达12.0743万人,此后增长缓慢,到1965年达13.1164万人;乡村小学教师1962年达198.5万人,此后不断增多,到1965年达318.3万人。然而,就乡村中小学教师在全国中小学教师中所占比重而言,乡村初中教师所占比重有所减少,由1962年的37.9%降至1965年的34.6%;乡村小学教师所占比重总体上不断增多,由1962年的79.1%增至1965年的82.5%。由此可见,乡村小学教师是全国小学教师的重要主体。

1971—1976年,无论是乡村初中还是乡村小学的专任教师都快速增长,尤其是前者增加最为迅速,到1971年增至72.7736万人,与1962年相比较增加了近5倍,此后迅猛攀升,到1976年达158.1148万人。乡村初中教师在全国初中教师中所占比重增加最为明显,由20世纪60年代的40%以下增至70年代的70%以上。乡村小学教师仍为全国小学专任教师的重要主体,其所占比重呈稳步增长状态,其教师数1965年为318.3万人,1971年达350.1万人,1977年达461.7万人。两者相较,这一时期乡村小学教师数量较为庞大,而乡村初中教师增加速度则更快。

2.民办教师的发展

这一时期民办教师发展迅速,其在乡村中小学教师中所占比重较大(见表3.6)。

表 3.6　1949—1977 年小学、初中民办教师及其占比统计

年份	小学教师			农村小学教师			农村民办小学教师数占民办小学教师数的比例/%	初中教师		
	总数/万人	民办教师/万人	民办教师占比/%	总数/万人	民办教师/万人	民办教师占比/%		总数/万人	民办教师/万人	民办教师占比/%
新中国成立前最高年	86.1	8.0	9.2					※56721	※23584	※41.6
1949	83.6	10.5	12.6					52645	22094	42.0
1950	90.1	22.5	25.0					56955	19091	33.5
1951	122.2	42.5	34.8					64224	20263	31.6
1952	143.5	7.0	4.9					81424	12367	15.2
1953	155.4	4.3	2.7					96171	7754	8.1
1954	155.5	5.8	3.7					115075	8741	7.6
1955	159.1	7.6	4.8					122772	9263	7.5
1956	174.9	9.2	5.2					152272	1304	0.9
1957	188.4	14.1	7.5					193702	16189	8.4
1958	225.7	55.6	24.6					254068	41446	16.3
1959	250.3	62.3	24.9					287337	28471	9.9
1960	269.3	68.1	25.3					345738	14902	4.3
1961	255.4	40.3	15.8					334947	7698	2.3
1962	251.1	50.6	20.2	198.49	46.38	23.4	91.7	318361	20986	6.6
1963	260.1	56.1	21.6	203.17	51.33	25.3	91.5	340334	25797	7.6
1964	310.5	99.1	32.0	251.03	93.97	37.4	94.8	362656	27367	7.5
1965	385.7	175.1	45.4	318.29	167.38	52.6	95.6	379165	21822	5.8
1971				350.10	209.60	59.9				
1972	439.8	245.0	55.7	374.03	235.46	63.0	96.1	1264441	354722	28.1

续 表

年份	小学教师			农村小学教师			农村民办小学教师数占民办小学教师数的比例/%	初中教师		
	总数/万人	民办教师/万人	民办教师占比/%	总数/万人	民办教师/万人	民办教师占比/%		总数/万人	民办教师/万人	民办教师占比/%
1973	467.9	267.8	57.2	399.50	258.67	64.7	96.6	1273691	310708	24.4
1974	494.4	291.8	59.0	425.09	282.65	66.5	96.9	1324380	354378	26.8
1975	520.3	320.8	61.7	451.30	311.22	69.0	97.0	1561710	516589	33.1
1976	528.8	341.6	64.6	461.67	331.67	71.8	97.1	2034636	886849	43.6
1977	522.6	343.9	65.8	456.62	334.35	73.2	97.2	2361109	1133637	48.0

注：(1)“※”表示 1946 年的数据。(2)1976 年小学民办教师数改为 341.6 万人。

资料来源：教育部编：《三十年全国教育统计资料(1949—1978)》，教育部，1979 年，第 185、189 页；教育部计划财务司编：《中国教育成就统计资料(1949—1983)》，人民教育出版社，1984 年，第 190—191 页。

如表 3.6 所示,1949—1951 年,小学民办教师发展迅速,其在小学教师中所占比重由 1949 年的 12.6%增至 1951 年的 34.8%;初中民办教师有所下降,其在初中教师中所占比重由 1949 年的 42.0%降至 1951 年的 31.6%。1952—1956 年,因对民办中小学教育实施整顿,与上一阶段相比,其所占比重进一步下降:1952 年小学民办教师所占比重降至 4.9%;初中民办教师所占比重降至 15.2%。这一阶段小学民办教师发展较为稳定,其所占比重基本上维持在 2%—6%;初中民办教师呈持续下降的状态,其所占比重降至 1956 年的 0.9%。

1957 年为民办中小学教师发展的转折点,民办教师所占比重开始回升,小学民办教师和初中民办教师在小学和初中教师中所占比重分别为 7.5%、8.4%。1957—1965 年的 9 年间,民办教师波动式发展。小学民办教师前四年快速发展,其所占比重由 1957 年的 7.5%增至 1960 年的 25.3%;1961—1963 年,经过调整和压缩,其发展速度有所放慢,但总体呈回升状态;1964—1965 年再度迅猛发展,其所占比重增至 1965 年的 45.4%。初中民办教师前两年有所发展,后三年则放慢了发展速度,1961—1963 年初中民办教师有所回升,基本保持较为稳定的状况。乡村教师是小学教师的重要主体,而民办教师也是乡村小学教师的重要组成部分,乡村小学民办教师由 1962 年占乡村小学教师总数的 23.4%增至 1965 年的 52.6%;就乡村小学民办教师占小学民办教师的比重而言,由 1962 年的 91.7%增至 1965 年的 95.6%。可见,乡村小学民办教师是小学民办教师的主体,也即小学民办教师多分布于乡村学校。

1971—1977 年,初中、小学民办教师飞跃式发展,小学民办教师在全体小学教师中所占比重由 1972 年的 55.7%增至 1977 年的 65.8%;初中民办教师在全体初中教师中所占比重由 1972 年的 28.1%增至 1977 年的 48%。其中,乡村小学民办教师在全体乡村小学教师中所占比重由 1971 年的 59.9%增至 1977 年的 73.2%。这一时期小学民办教师仍主要分布于乡村学校,乡村小学民办教师在全体民办小学教师中所占比重由 1972 年的

96.1%增至1977年的97.2%。总之，这一时期民办教师成为中小学教师的重要组成部分，而且主要分布于各乡村学校之中。

(二)乡村教师的构成

新中国成立初期，主要通过任命、大队或公社推举以及拔高任用等方式补充乡村中小学师资。任命主要是指公办中小学教师一般由地区或县或公社任命，到后来多由县教育局进行任命；民办教师则主要由大队或公社推举，报县教育组核准备案。乡村中小学教师任命推举标准：教学水平是其次，主要考察教师家庭出身和政治的可靠性。当时教师队伍建设中有一个较为突出现象——拔高任用教师，即将小学教师任命为中学教师，将初中教师调往高中任教等。因乡村教师在小学与初中教师中占据主体，有关乡村教师性别构成、教学年限以及学历状况等均以全体小学和初中教师数据进行推测。

1. 性别结构

与乡村教师队伍初步建设时期一样，这一时期中小学教师队伍中男教师占较大多数，女教师逐年增多(见表3.7)。

表3.7　1951—1978年小学、中学(初高中)女教师数统计

年份	调查的教师数/万人		其中女教师			
			人数/万人		占比/%	
	小学	中学	小学	中学	小学	中学
1951	122.2	7.32	22.4	0.78	18.4	10.6
1952	143.5	9.39	24.6	1.10	17.1	11.7
1953	155.1	11.32	27.0	1.58	17.4	14.0
1954	155.5	13.79	28.3	2.01	18.2	14.6
1955	159.4	14.91	29.9	2.31	18.8	15.5
1956	174.9	18.72	34.8	3.06	19.9	16.3
1957	188.1	23.38	38.0	3.90	20.2	16.7
1958	225.7	30.51	51.3	5.64	22.7	18.5
1959	250.3	35.04	59.1	6.37	23.7	18.2
1960	269.3	42.55	74.6	7.74	27.7	18.2
1961	255.1	41.76	68.2	8.28	26.7	19.8

续　表

年份	调查的教师数/万人		其中女教师			
			人数/万人		占比/%	
	小学	中学	小学	中学	小学	中学
1962	254.1	39.95	69.8	7.83	27.8	19.6
1963	233.5	42.05	75.4	8.85	32.3	21.1
1964	310.8	44.15	92.8	9.83	29.9	22.3
1965		45.70		10.35		22.7
1973	467.9	169.20	170.3	40.56	36.4	24.0
1974	494.4	178.19	176.6	44.24	35.7	24.8
1975	520.3	209.22	188.8	50.52	36.3	24.1
1976	528.8	272.90	175.9	67.55	33.3	24.8
1977	522.6	318.67	201.5	79.34	38.6	24.9
1978	522.6	318.20	197.7	77.52	37.8	24.4

注:原文献中女教师的占比数据有4处前后不符,采用重新核算后的数据。

资料来源:教育部编:《三十年全国教育统计资料(1949—1978)》,教育部,1979年,第192、167页。

如表3.7所示,在被调查的中小学教师队伍中,女教师所占比例相对较少,尤其是中学女教师占比更少。在被调查的教师中,1951年小学女教师占18.4%,中学女教师仅占10.6%;至1977年小学女教师占比增至38.6%;中学女教师占比达24.9%。由此推测,乡村教师队伍中男教师仍占大多数,女教师相对较少,但女教师所占比重逐年不断增加。

2. 教学年限结构

与上一历史阶段相比,中小学教师的教学年限相对较长,但多数教师教学工作未达十年。

以20世纪五六十年代小学教师为例,如表3.8所示,1952年为新中国成立的第三年,在被调查的小学教师中,教学年限为1—5年者占比最高,达一半以上;其次为教学年限1年以下者,占22.7%;教学年限5—10年者占14.5%;教学年限10年及以上者仅占7.6%。教学年限为5年及以上者占被调查总数的22%以上,这类教师多为国民政府时期在国统区或老解放区从事教学工作的人员,而在教师队伍中占较大比重的为新吸收补充进入教师行列者。随着小学教师队伍逐渐稳定,到1957年,在被调查的教师中,教学年限1年以下者所占比重尽管有一定波动,但总体上有所减少;1—5年者所占比重除1953年有上升外,总体均呈不断减少的趋势;5—10年者所占比重逐年增多,且增加较为迅速,到1957年达44.9%;10年及以上者所占比重亦呈缓慢增长的趋势。1958年受教育"大跃进"运动的影响,很多新教师补充至教师队伍,该年教学年限未满1年者在被调查教师中所占比重猛增至20.6%,而其他教学年限者所占比重均有所降低。到1962—1963年,教学年限1年以下者所占比重有所减少,1—5年者所占比重有所增加;5—10年者所占比重逐年急剧降低;10年及以上者所占比重大幅度增加。总体上看,在被调查的小学专任教师中,教学年限1年以下者所占比重,1952—1955年持续下降,1955—1956年有所回升,1957年下降,1958年大幅度上升,此后又下降;1—5年者所占比重,除1953年有所上升外,此后总体呈下降趋势;5—10年者所占比重,1952—1957年逐年持续上升,此后呈下降趋势;10年及以上者所占比重,除1958年稍有下降趋势外,总体上呈逐年持续大幅度上升状态。

表3.8 1952—1963年小学教师的教学年限统计

年份	调查的教师数/万人	1年以下		1—5年		5—10年		10年及以上	
		人数/万人	占比/%	人数/万人	占比/%	人数/万人	占比/%	人数/万人	占比/%
1952	107.07	24.32	22.7	59.07	55.2	15.54	14.5	8.14	7.6
1953	154.10	12.15	7.9	95.17	61.8	31.38	20.4	15.40	10.0
1954	154.40	11.46	7.4	85.22	55.2	40.24	26.1	17.48	11.3
1955	158.89	15.31	9.6	71.65	45.1	51.81	32.6	20.12	12.7
1956	174.64	19.14	11.0	60.27	34.5	68.81	39.4	26.42	15.1
1957	180.68	13.82	7.6	54.67	30.3	81.14	44.9	31.05	17.2
1958	178.09	36.63	20.6	47.07	26.4	68.90	38.7	25.49	14.3
1962	242.15	28.87	11.9	95.16	39.3	47.76	19.7	70.36	29.1
1963	260.14	25.04	9.6	95.60	36.7	57.16	22.0	82.34	31.7

注:原文献中的占比数据有几处与计算结果有出入,采用重新核算后的数据。

资料来源:教育部编:《三十年全国教育统计资料(1949—1978)》,教育部,1979年,第191页。

如表3.9所示，在被调查的初中教师中，1953年教学年限1—5年者所占比重最高，达半数以上；其次为5—10年者，占17.5%；再次为1年以下者，占16.8%；10年及以上者所占比重最低，达13.1%。由此可推测，新中国成立初期的初中教师队伍中大部分为新吸收补充进入教师行列者。教学年限1年以下者所占比重呈曲线式变化，1953—1958年，除了1955年有所降低，总体上不断上升，1962年、1963年有所下降；1—5年者所占比重，先上升后不断降低；5—10年者所占比重，总体上不断增多；10年及以上者所占比重，1953—1958年逐年减少，1962—1963年开始上升。从上述教学年限1年以下者所占比重的变化可以看出，1956年和1958年所占比重较大，可以推测这两年补充到初中教师队伍的新教师较多。到20世纪60年代，初中教师队伍逐年稳定下来，1962—1963年，教学年限1年以下者所占比重不断降低，1—5年者所占比重有所增长，5—10年者、10年及以上者所占比重均不断增加。

表3.9　1953—1963年初中教师的教学年限统计

年份	调查的教师数/万人	1年以下		1—5年		5—10年		10年及以上	
		人数/万人	占比/%	人数/万人	占比/%	人数/万人	占比/%	人数/万人	占比/%
1953	103739	17367	16.8	54604	52.6	18145	17.5	13623	13.1
1954	115080	20852	18.1	61521	53.5	19632	17.1	13075	11.4
1955	122737	12559	10.2	72476	59.0	24011	19.6	13691	11.2
1956	165208	35274	21.4	74111	44.9	38314	23.2	17509	10.6
1957	208937	38365	18.4	92518	44.3	56457	27.0	21597	10.3
1958	212550	58651	27.6	86379	40.6	50823	23.9	16697	7.9
1962	315570	40114	12.7	157555	49.9	72411	22.9	45490	14.4
1963	340334	40548	11.9	149058	43.8	92987	27.3	57741	17.0

注：原文献中的占比数据有几处与计算结果有出入，采用重新核算后的数据。

资料来源：教育部编：《三十年全国教育统计资料(1949—1978)》，教育部，1979年，第165页。

3.学历结构

这一时期我国小学教师队伍的学历层次与当时师范教育层次结构和发展水平相关。20世纪50年代师范教育分为初级师范、中等师范、师范专科以及师范本科等层次,到 20 世纪 60 年代,因为初师渐渐退出历史舞台,形成了中师、师专以及本科三个学历层次。根据教育部的规定,公办小学教师应由中等师范学校毕业者充任,初中教师由师范专科毕者担任。但因当时中小学教师较为紧缺,其学历并未达到教育部要求的标准。

以 20 世纪五六十年代的中小学教师学历为例,如表 3.10 所示,就小学教师的学历水平而言,1953—1963 年,在被调查的教师中,除了 1953 年、1954 年、1959 年三年初师、初中肄业及以下者所占比重最高,上述其余年份初师、初中毕业及中师、高中肄业者所占比重最高。其中,中师、高中毕业及以上者所占比重总体呈上升趋势,由 1953 年的 13.5%上升至 1963 年的 34.5%;初师、初中毕业及中师、高中肄业者所占比重,1953—1957 年逐年持续上升,此后两年略为减少,1962 年、1963 年有所回升;初师、初中肄业及以下者所占比重,除了 1959 年有所回升,总体呈减少趋势。到 1962—1963 年,中师、高中毕业及以上者所占比重逐年快速增加,到 1963 年占被调查小学教师的 34.5%;初师、初中肄业及以下者所占比重快速降低,到 1963 年仅有 18.4%,比 1953 年降低了 29.9%。这与当时控制初级师范学校发展政策相关联。

表 3.10　1953—1963 年小学教师的学历统计

年份	调查的教师数/万人	中师、高中毕业及以上		初师、初中毕业及中师、高中肄业		初师、初中肄业及以下	
		人数/万人	占比/%	人数/万人	占比/%	人数/万人	占比/%
1953	151.08	20.45	13.5	57.69	38.2	72.94	48.3
1954	154.40	21.40	13.9	65.55	42.5	67.45	43.7
1955	158.89	23.36	14.7	74.14	46.7	61.39	38.6
1956	174.64	21.44	12.3	87.62	50.2	65.58	37.6
1957	180.68	25.96	14.4	92.94	51.4	61.78	34.2
1958	178.97	23.22	13.0	91.59	51.2	64.16	35.8
1959	226.18	24.72	10.9	98.86	43.7	102.59	45.4
1962	242.14	71.40	29.5	117.83	48.7	52.91	21.9
1963	260.14	89.84	34.5	122.55	47.1	47.75	18.4

注:原文献中的占比数据有几处与计算结果有出入,采用重新核算后的数据。

资料来源:教育部编:《三十年全国教育统计资料(1949—1978)》,教育部,1979 年,第 90 页。

如表3.11所示,就初中教师的学历结构而言,1953—1963年,在被调查的初中教师中,除了1962年、1963年,其余年份中等学校毕业及以下者所占比重最多。其中,高等学校本科毕业及以上者所占比重1953—1959年均有所下降,由1953年的32.2%降至1959年的7.3%,1961—1963年则不断回升;高等学校肄业及专科毕业者所占比重,1953—1958年逐渐上升,1959年有所下降,但此后逐年上升,总体上由1953年的21.3%上升至1963年的46.4%;中等学校毕业及以下者所占比重,1953—1956年不断上升,且比重最高,均达50%上下,此后至1958年有所下降,1959年急剧上升后不断下降,降至1963年达25.3%,比1953年减少了21.2%。1953—1959年,初中教师队伍学历结构变化较大,较高学历者所占比重不仅没有增多,反而急剧下降,这与高学历初中教师大部分被拔高为高级中学教师或者师范学校教师的现实相关联。

表3.11　1953—1963年初中教师的学历统计

年份	调查的教师数/万人	高等学校本科毕业及以上		高等学校肄业及专科毕业		中等学校毕业及以下	
		人数/人	占比/%	人数/人	占比/%	人数/人	占比/%
1953	103739	33451	32.2	22085	21.3	48203	46.5
1954	115080	35207	30.6	22887	19.9	56987	49.5
1955	122737	38280	31.2	23545	19.2	60912	49.6
1956	152900	19928	13.0	53582	35.0	79390	51.9
1957	193128	23171	12.0	75802	39.2	94155	48.8
1958	212550	21218	10.0	86083	40.5	105249	49.5
1959	287374	21044	7.3	97728	34.0	168602	58.7
1961	334482	31147	9.3	140953	42.1	162382	48.6
1962	315570	62682	19.9	153566	48.1	99322	31.5
1963	340334	96336	28.3	157900	46.4	86098	25.3

注:(1)1953年包括校长和教导主任的人数。(2)原文献中的占比数据有2处与计算结果略有出入,采用重新核算后的数据。

资料来源:教育部编:《三十年全国教育统计资料(1949—1978)》,教育部,1979年,第164页。

(三)乡村教师工资待遇及其来源

1. 工资待遇状况

新中国成立之初，沿用中国共产党在新民主主义时期教师的待遇制度，实施实物“供给制”。所谓供给制就是国家根据当时的财政经济状况和个人生活需求，对教师免费供给生活必需品的一种分配制度。当时老解放区的教师均实行供给制，新解放区以实物（小米）为主要的工资形式。1952 年实施工资（分）制度，1955 年废止工分计算方法，改为货币工资标准，实施由工资制度代替供给制度。有关当时乡村教师工资状况，以山东、湖南两省为例进行说明。山东省肥城市新城街道古店村在新中国成立初期发小米作教师工资，后随着经济的好转改为直接发钱，“村里当时有 3 位教师，每月的工资 20—28 元，当时的物价很低，足够教师的生活费用”[①]。湖南省祁东县教师于 1949 年下学期至 1952 年上学期期间多实行实物供给制，中学教师月薪大米 170—205 公斤，小学教师 85—125 公斤；到 1952 年下学期施行工分制，小学教师月薪 77—120 工分，每工分折合新人民币 0.22 元，中学教师稍高；1953 年上学期施行工资制，小学教师月薪人民币 15.5—32 元，中学教师略高。[②] 湖南省祁阳县自 1971 年起将中小学教师工资分为第 18—26 级共 9 个等级，最高 85 元，最低 31 元。在该年各县 2,144 名中小学教师中，最高工资 85 元者仅 4 人，占 0.2%；最低工资者共 302 人，占 14.1%；工资等级第 24、25 级的中小学教师分别为 41 元、36 元，其人数最多，分别有 626 人、625 人，均占 29.2%；其次为工资等级第 23 级即工资 47 元者，有 369 人，占教师总数的 17.2%；工资等级第 19 级即工资 75 元者，有 2 人；工资等级第 20 级即工资 66.5 元者，有 27 人；工资等级第 21 级即工资 59 元者，有 70 人；工资

① 肥城市新城街道古店村志编纂委员会编：《古店村志》，方志出版社，2017 年，第 209 页。
② 湖南省祁东县志编纂委员会编：《祁东县志》，中国文史出版社，1992 年，第 432 页。

等级第22级即工资53元者，有149人。[①] 由此可见，该县中小学教师工资标准中，工资级别较低者占绝大多数，较高工资级别者寥寥数人。

总体上看，我国各地均根据国家规定的教师工资标准制定工资范围，但因各地经济发展状况不同，乡村教师工资水平也相差较大。

2.工资待遇来源

不同性质的中小学，其教师工资来源有所不同。一般而言，公办中小学教师工资待遇以政府拨款为主，不仅享受工资，还有公费医疗、离退休和死亡抚恤等待遇。集体办中小学教师工资来源有所不同，或者以政府拨款为主，或者以政府补助与农民自筹为主。其中乡村小学教师或者以政府财政投入为主，或者由县、区、乡共同承担；乡村初中教师工资以政府拨付为主。集体办学校教师多为民办教师，他们多受农村社队聘任，主要实施工分制，一般由学校所在集体或办学的社、队，按照一般全劳力计算工分，由教师所在生产队分配，同时也获得国家必要的补贴或补助。1957年底江西省临川县民办小学遵循“谁上学谁出钱”等筹费原则，该县80个乡镇的417名民办教师的工资待遇，在有些地方由学生家长轮流供膳，以补助教师工资不足；有的地方采用记工分的办法，按合作社一般中等劳动力计算教师全年工资，按照学生家境情况分别确定每人应出工分，由社代扣代付；有些地区除以“谁上学谁出钱”为基础外，还采取了辅助办法：

(1)在生员少而当地扫盲义务教师缺乏的地区，有些教师兼教夜校，由夜校学员外补助一部分工资。

(2)教师兼做社队会计，由合作社给以一定的报酬(每月三四元不等)。

(3)教师利用假期参加社里劳动(经当地农业社同意)，按劳取值。

---

① 政协湖南省祁阳县委员会、学习文史宣教卫体委员会、中国祁阳县教育局编：《祁阳县教育志》第4卷，湖南华商文化商务有限公司，2006年，第206页。

(4)由公立小学适当增收学费以资补助。[①]

总体上该县民办教师工资(非教学收入在外)由教师和群众双方面议,最高者每月 26 元,一般者每月 15 元,较低者仅能维持个人伙食。[②] 福建尤溪县至 1973 年增聘的 368 名民办教师的工资均由当地生产大队支付,共 145.45 万元,同时国家略有补助。[③] 湖北省小学民办教师的工资经由生产大队的干部、学生家长和教师协商决定,"一般以学生家长负担为主,生产大队(或生产队)补助为辅。有工分制(按照同等劳力记分或固定工分)、工资制和包收包付等。"[④]一般来说,民办教师工资主要来源于生产大队集体负担的工分、国家补贴以及学生学费,但这些收入并不足以维持教师生活与生存所需,因此,很多民办教师还通过参与生产大队的劳动来获得相应报酬。

以 1970—1978 年江苏省昆山市千灯镇的民办教师的全年收入来源及分配为例,如表 3.12 所示,该镇民办教师收入主要来源于教师劳动报酬、国家补贴、集体负担以及学杂费支付等四大方面。其中,以国家补贴为主,学杂费支付占据次要位置。

表 3.12 1970—1978 年江苏省昆山市千灯镇民办教师工资来源及分配

年份	民办教师数/人	全年报酬总金额/元	全年人均收入/元	其中			
				教师劳动报酬/元	国家补贴/元	集体负担/元	学杂费支付/元
1970	78	19064.52	244.4	2608.81	2607.5	3344.0	10504.21
1971	84	29275.41	348.5	3448.30	15500.0	3719.0	6608.11
1972	81	25869.00	319.4	2089.62	14900.0	3000.0	5879.38
1973	95	30969.00	326.0	2334.68	14520.0	6000.0	8114.32
1974	105	34940.32	332.76	2254.34	16201.0	8000.0	8484.98

① 《江西省人民委员会批转省教育厅"关于临川县民办小学调查报告"的通知》(1958 年 2 月 26 日),《江西政报》,1958 年第 5 期,第 60 页。

② 《江西省人民委员会批转省教育厅"关于临川县民办小学调查报告"的通知》(1958 年 2 月 26 日),《江西政报》,1958 年第 5 期,第 60 页。

③ 尤溪县志编纂委员会编:《尤溪县志》,福建省地图出版社,1989 年,第 573 页。

④ 湖北省教育厅:《湖北省民办小学的情况和措施》,《人民教育》,1962 年第 3 期,第 1 页。

续　表

年份	民办教师数/人	全年报酬总金额/元	全年人均收入/元	其中			
				教师劳动报酬/元	国家补贴/元	集体负担/元	学杂费支付/元
1975	115	32810.25	285.3	2122.00	18918.0	4090.0	7680.25
1976	133	39841.48	299.5	3597.82	19610.0	7512.71	9120.95
1977	144	38160.00	265.0	2600.00	20940.0	5000.0	9620.00
1978	122	50923.00	417.4	253.00	22060.0	8010.0	20600.00

资料来源:《千灯镇志》编纂委员会编:《千灯镇志》,上海人民出版社,1991年,第216页。

由此,乡村中小学教师工资来源主要取决于学校的性质。

再以1963年河北省阳原县的小学教师工资来源为例,如表3.13所示,1963年河北省阳原县349所小学共有4种不同属性:国家举办的公立小学,国家办、集体帮助的完全小学,国家与集体合办的小学,集体办、国家帮助的小学。它们的教育经费来源有所不同,其教师工资来源也基本与经费来源一致。公立小学教师工资完全由国家承担;完全小学规模和经费开支标准由国家确立,但部分教师由生产大队聘请,也由大队按工记分给予工资;国家和集体合办的小学则由国家和生产队大队共同承担教师工资;集体办、国家帮助的小学主要由生产大队记工分给予工资,同时国家给予一定的补助。同时,该省还有132个村庄(人口88,351人)集体办的小学,由国家补助部分经费,但教师工资多由生产大队集体记工分支付;1963年这些小学145名民办教师的工资由生产大队计工分34,621个劳动日,占生产大队中总工分的0.36%,平均劳动力负担工分为1.4个,折款15,439元。[①] 而且,该县还根据各村的经济状况,即富村和穷村给予了不同层次的教师待遇负担标准:如富村施家会(集体负担3个教师)每口人平均负担0.7元,每个劳动力平均负担2.53元;中等村林家庄(集体负担1个教师)每口人负担0.19元,每个劳动力负担0.6元;穷村礴墙村(集体负担1个教师)除国家全年补助185

① 中共阳原县委员会、阳原县人民委员会:《阳原县是怎样普及小学教育的?》,《人民教育》,1964年第6期,第7页。

元以外，每口人负担0.06元，每个劳动力负担0.19元。①

表3.13　1963年河北省阳原县不同办学形式下小学教师工资来源

办学形式属性	数量/所	经费来源	教师工资来源
国家举办	197	国家承担。	国家承担。
国家办、集体帮助（多为完全小学）	38	学校规模与经费开支标准由国家确立。	生产大队聘请部分教师，工资由大队评工记分。
国家与集体合办	40	建在经济较好的村庄，每所学校有两个班，国家和集体各办一个班。	一个班的教师工资为国家承担，另一个班教师工资为生产大队承担。（富裕的村庄，集体办的班多于国家办的班）
集体办、国家帮助	74	建在山村、小村中，一般国家补助较多。每月国家分别给予小学25元、20元、15元、10元、6元不等的定期补助。	绝大部分教师工资实施记工分与现金补贴：现金补贴每月最多10元，最少3元；教师计分标准一般相当于中上等劳动力水平，全年200—350个劳动日，教师工分由办学单位统筹负担。

资料来源：中共阳原县委员会、阳原县人民委员会：《阳原县是怎样普及小学教育的?》，《人民教育》，1964年第6期，第6—7页。

总之，从乡村教师工资来源，一是根据乡村学校性质不同其教师工资来源有所不同，公办学校主要由政府承担，但乡村小学下放到生产大队由农民自己负担的除外；民办教师工资待遇来源多样化，主要由农民集体负担、国家给予补贴补助等。二是民办教师的工资根据不同地区、不同生产大队或村落的经济状况等因素而有所不同：或者以国家补助为主，集体负担为辅；或者以集体负担为主，国家补助为辅；或者完全由国家补助；或者完全由集体负担；但实际上，民办教师为了维持生存不得不参加生产劳动以及另做兼职以争取更多工分和报酬。

① 中共阳原县委员会、阳原县人民委员会：《阳原县是怎样普及小学教育的?》，《人民教育》，1964年第6期，第8页。

二、新中国成立初期乡村教师队伍发展存在的主要问题

新中国成立之后，乡村教师队伍建设除了面临前一历史时期遗留下的诸多问题，还出现了新的问题，具体如下。

(一)乡村教师数量不足

在岗乡村教师数量较少，同时师资养成略显不足，无法满足乡村小学和初中教育发展的实际需求。

1.缺额较多

在1951年第一次全国初等教育与师范教育会议上，教育部副部长钱俊瑞指出，要实现普及小学五年制教育的目标，为今后五年内培养12万—15万高级建设人才、50万中级建设人才，须使全国学龄儿童80%入学，须培养一支100余万人的教师队伍。[①] 同年发布的《关于第一次全国师范教育会议的报告》也指出："从需要方面看，目前各级学校师资普遍感到缺乏，老区尤为严重。东北已因此使中等学校不能发展。华北亦将遇到同样的情况。今后五年内，估计全国至少需要增加小学教师1,000,000人，工农教育教师150,000—200,000人，中等学校教师130,000人，现有各级师范学校是远不能完成这个供应任务的。"[②]如表3.5所示，尽管乡村教师逐年增多，但数量短缺问题依然存在。以1960年山西省为例，虽然该省已培养了一支"十万大军"的教师队伍，但与该省教育事业发展需要相差甚远，仅全日制学校就缺教师5,000余人。[③] 其他省份的乡村师资同样缺额较大。

① 何东昌主编：《中华人民共和国重要教育文献(1949—1997)》，海南出版社，1998年，第113—115页。

② 《当代中国》丛书教育卷编辑室编：《当代中国高等师范教育资料选》(上)，华东师范大学出版社，1986年，第16—19页。

③ 解玉田：《迅速提高师资质量，努力壮大教师队伍》，《人民教育》，1960年第4期，第51页。

2. 师资养成不足

第一,各级师范教育机构不仅数量少,而且基础较为薄弱。如 1949 年全国中等师范学校共 610 所,在校生 151,759 人,毕业生仅 48,000 人[①];1951 年前后全国高等师范学校仅 29 所,其中独立设置的仅 17 所,学生仅 11,500 多人,此外附设在大学文学院的 32 个教育系学生仅 1,500 多人。[②] 这些师范毕业生远无法满足规模日益扩大的初中和小学师资的需求。而且,当时的师范学校生源不足,"有不少青年不愿报考师范,认为从事教育学工作对于国家的贡献不如其他工作大,认为当一个教师没有前途,认为教学工作单调,没意思,认为教师工作重,地位低,待遇薄等等"[③]。这也从另一侧面展现了当时教师队伍面临的艰难境况。第二,很多师范毕业生不以当中小学教师为就业目标。如 1957 年江苏省师范学校 2,000 多名毕业生绝大部分升了学,仅 300 多人当小学教师,占该省所需小学教师数的 3%。[④] 可见,新中国成立之初不仅师范教育发展较为缓慢,而且"已有的毕业生,也不能到小学中去",导致小学师资质量日趋下降,并影响到当时小学教育的普及。[⑤] 第三,师范教育本身存在一定问题。一般师范学校"方针任务不明确,课程教材未改造,设备差,因此它们培养出来的人才还暂时是难以胜任地当一个合乎标准的人民教师的"[⑥]。时任教育部部长马叙伦在 1951 年第一次全国初等教育及师范教育会议开幕词中指出:"目前师范教育中存在的问题,首先是各级师范学校的教育方针、任务、学制、教学计划以及行政制度等等,各地实施多不一致,特别是高等师范学校系科的设置,多不合理,远远不能适应培养大批中等学校师资的需要。而中等师范学校的分布情况是老区

① 教育部编:《三十年全国教育统计资料(1949—1978)》,教育部,1979 年,第 108、110、111、120—121 页。

② 《大力稳定和发展小学教育,培养百万人民教师》,《人民教育》,1951 年第 10 期,第 7 页。

③ 陈选善:《人民教师的任务是重大的也是光荣的》,《人民教育》,1952 年第 7 期,第 20 页。

④ 戴树仁:《从几个省、市看今年教育事业的发展》,《人民教育》,1957 年第 1 期,第 13 页。

⑤ 戴树仁:《从几个省、市看今年教育事业的发展》,《人民教育》,1957 年第 1 期,第 15 页。

⑥ 《大力稳定和发展小学教育,培养百万人民教师》,《人民教育》,1951 年第 10 期,第 7—8 页。

多新区少，初级师范学校多，师范学校少，整个看来，设置和发展是很不平衡的”;“各级师范学校还没有一套合用的教材，特别是业务课，更缺乏新教材，因而进行教学有极大困难”。[①] 因此，当时的中等、高等师范学校无法适应当时各级学校师资缺乏的现实，远不能完成培植各级学校师资的任务，而且师资培养质量堪忧。如 1962—1963 年，江苏省泰州师范学校分别对分配在塘湾公社各小学的 12 名毕业生和分配在泰县和泰州市郊区的 60 名毕业生进行调查，发现该校毕业生存在不少问题：

1. 语文程度差，有些人还教别字、写错字，不会讲普通话，不能写应用文。

2. 数、理、化方面的基础知识和技能没有学到手，如算术，有些人连四则应用题中的典型应用题都弄不清楚。

3. 体育、图画、音乐等科的基本技能差，有些人不会教新歌，不能弹风琴，不会画班、队刊物的报头，不会布置环境。

4. 有些人不会开展班、队活动，教育儿童方法少，虽然出力，效果不好。

5. 有些毕业生在农村小学工作的思想还没有扎根。[②]

可见，当时师范毕业生在教学和工作能力以及政治思想等方面都有待进一步提升，乡村师资养成不足可想而知。

(二)乡村教师质量不高

新中国成立以来，随着乡村中小学教育的发展尤其是乡村普及小学教育的推进，乡村教师在大量增加的同时不合格者也越来越多。正如 1951 年有人指出的，目前全国小学教师有四种情况：第一种是“在老解放区里，大多

---

① 马叙伦:《第一次全国初等教育及师范教育会议开幕词》,《人民教育》,1951 年第 10 期,第 10 页。

② 曹健:《培养适应农村需要的小学教师》,《江苏教育》,1963 年第 24 期,第 8 页。

数教师是在抗日战争和解放战争中涌现出来的”,由于文化、业务水平低,又长期没有很好地学习,政治理论水平也受到限制,因此在工作上存在很多困难;第二种是“在老解放区里工作多年,文化水平比较高,业务上有旧的一套,但由于种种原因,政治上进步不快,对教育业务故步自封,缺乏热情”;第三种是“在新解放区里占大多数,一般有后期师范以上的学历,但由于长期在旧社会工作,在政治思想、业务观点、服务态度以及生活作风上,还没有很好的转变过来,或转变得还不够”,同时“还有一些转到教育工作岗位上来的失业知识分子,一般的经过一次短期训练,其情况基本与上相同”;第四种是“参加工作不久的师范毕业生或中学生”,他们有一定文化水平且受过一定时期的新民主主义教育,但缺乏工作经验,“对新民主主义的实际知识懂得很少”。[①] 可见,上述四种教师都存在一定的问题,导致当时不合格教师占较大比重,给中小学教育的发展带来了不良的影响。

1.学历不合格者较多

根据教育部要求,小学教师应由中师及以上学历者充任。但如表3.10所示,在被调查的小学教师中,1954年初师、初中肄业及以下者最多,占43.7%;初师、初中毕业及中师、高中肄业者其次,占42.5%;中师、高中毕业及以上者仅占13.9%,可见达到国家规定的小学教师学历要求者所占比重尤其低。同时,据教育部统计,在全国“150余万小学教师中,约有60万人文化程度不到初级师范毕业水平,其中更有一小部分水平不到高小毕业的程度,严重地影响了小学教育质量的提高”[②]。此后这种情况变化并不大,到1958年,中师、高中毕业及以上者在全国小学教师中所占比重为13.0%;初师、初中毕业及中师、高中肄业者所占比重增多,达51.2%;初师、初中肄业及以上者所占比重有所降低,为35.8%。到1960年,教育部据几省市统计

① 曾菲:《一年来小学教师在职学习概况》,《人民教育》,1951年第9期,第39页。
② 何东昌主编:《中华人民共和国重要教育文献(1949—1997)》,海南出版社,1998年,第345页。

发现,“未达中师毕业的小学教师占80%以上”[①]。到1963年,在被调查的小学教师中,中师、高中毕业及以上者占34.5%;初师、初中毕业及中师、高中肄业者占47.1%;初师、初中肄业及以下者所占比重下降至18.4%;但初中、高中毕业或肄业者仍占有一定比例。由此,小学专任教师学历情况有所好转,但总体学历水平仍较低。

教育部要求初中教师由师范专科及以上学历者担任,但实际上初中教师的学历情况也不理想。如表3.11所示,在被调查初中教师中,尽管师范专科以上学历者所占比重逐年增多,但到1959年,高等学校本科毕业及以上者的占比反而急剧减少,仅为7.3%;高等学校肄业及专科毕业所占比重有所增加,达34%;中等学校毕业及以下者所占比重更高,为58.7%,超过了总数的一半。1960年,根据几省市的统计,未达高师专科毕业的初中教师占70%以上。[②] 此后,初中教师中中等学校毕业及以下者所占比重有所下降,且1963年高等学校肄业及专科毕业者所占比重增至46.4%。尽管初中教师的学历水平有所好转,但达到教育部规定的学历标准者占比仍不高。

中小学教师中不合格者较多。小学教师方面,据1951年的统计:“特别在老解放区小学毕业教小学的占数量很大,山西统计占教员总数的百分之五十,河北、察哈尔两部分统计占百分之六十以上,甚至有些教员‘初小国语只能教一、二册,三册课文就念不通,不学文化就没法再教书了’。”[③]再以1953年湖北省H县小学教师学历情况为例,该省1693名小学教师中,无学历者最多,达650人,占总数的38.4%;其次为初中毕业肄业者,共501人,占总数的29.6%;小学毕业及以下者有265人,占总数的15.7%;高中毕业肄业者149人,占总数的8.8%;中师毕业者仅70人,占总数的4.1%;初师

① 何东昌主编:《中华人民共和国重要教育文献(1949—1997)》,海南出版社,1998年,第984—985页。

② 何东昌主编:《中华人民共和国重要教育文献(1949—1997)》,海南出版社,1998年,第984—985页。

③ 曾菲:《一年来小学教师在职学习概况》,《人民教育》,1951年第9期,第40页。

简师毕业者51人，占总数的3.0%；专科学历以上者7人，占总数的0.4%。[①] 该县小学教师中不合格者较多。中学教师方面，以福建省为例，该省1959年约有2,600名高中毕业生、相当数量的小学教师以及少数中学职员补充到教师队伍，占师资总数的71%，使该省普通中学师生比由1957年的1∶25降至1969年的1∶23，但同时不合格教师占比也由58%增至64%。[②] 再如1960年山西省虽培养了一支堪称“十万大军”的教师队伍，但中学教师中不及师专毕业程度者占50%左右，小学教师中不及初师（初中）毕业程度者达30%左右，中师毕业的高小教师只占小学教师总数的45%左右。[③] 总之，新中国成立初期乡村中小学教师总体学历水平不高。

2. 拔高使用师资现象较为常见

新中国成立初期，“为了适应中学大量发展的需要，已有相当数量的小学教师提升为中学教师或选送入高等师范学校学习，补充进来的不是程度较低就是经验较差。由于采取了逐级提升的办法，中学师资情况亦与小学类似”[④]。由此，拔高使用师资导致当时包括乡村教师在内的全国中小学教师质量都较为低下。以1956年江苏省中小学教师为例，由于该省高等师范院校毕业生很少，该年所需90%以上的中学师资由省市自行解决。具体来讲，以短期训练班毕业生（大部分是高中程度的小学教师，训练一年）补充的师资占36.8%；吸收社会知识分子119人，占3.6%；另外的1,790人（占需要数的53.6%）除再招收少数社会知识分子外，就是从各级学校教师中“逐级提升”，即将小学中高中文化水平的教师提为初中教师，将初中教师提为高中教师，由此导致“教师大调动，有的地区调动面达到50%，各级骨干教师很少留下来，元气大伤，质量下降”[⑤]。其中，该省苏州专区9县市的小学

---

① 张乐天等：《新中国成立以来农村教育政策的回顾与反思》，北京师范大学出版社，2016年，第275页。

② 陈以一：《采用带徒弟的办法培养普通中学师资》，《人民教育》，1960年第4期，第58—59页。

③ 解玉田：《迅速提高师资质量，努力壮大教师队伍》，《人民教育》，1960年第4期，第51页。

④ 陈选善：《三年来的师范教育》，《人民教育》，1952年第7期，第23页。

⑤ 戴树仁：《从几个省、市看今年教育事业的发展》，《人民教育》，1957年第1期，第13页。

教师报考大、专学校及提为初中教师者达1,110人,占原有小学教师中高中程度者的50%以上,新补充的师范毕业生仅3人,从而导致小学教师大量流失,小学高年级的课程不得不由初中毕业生来承担。[①]

3. 实际教学水平不高

当时乡村中小学教师的实际教学水平遭人诟病。第一,很多教师无法胜任教学工作。据1960年几省市的统计,中小学教师"在业务能力上能够较好地完成现任教学任务的仅占20%,一般能胜任的占60%,不能胜任的还占20%",而且因当时全国范围实施了中小学教学改革,"不仅使原来感到教课困难的许多教师,更加不能胜任工作,而且也会使许多原来熟悉本门业务的教师感到新的困难"。[②] 可见当时中小学教师教学质量不高,其中乡村教师情况更糟。第二,被拔高使用的乡村教师的教学水平不高。如1956年江苏省中小学教师拔高使用师资,导致"教师文化水平不够,有的年龄也与学生差不多,做不好管理和教育工作,学生学习不认真,纪律不好又逐渐增长了"[③]。第三,很多民办教师的教学水平也有限。如安徽省潞安县民办教师(1958年前后增至419名,占教师总数的45.6%)"文化程度低,高小和初中程度的占94.2%。青年人占绝大多数,没有做过教学工作";因缺乏教学经验,"上课不会讲,学生不好好听,下了课不会管理学生"。[④]

(三)乡村教师工作负担重

为了满足社会主义建设的现实要求,新中国中小学教师被赋予了多种社会角色,他们除了教学工作,还身兼数职,工作范围较广,工作量较大。其中,乡村教师不仅承担着培养乡村建设人才、普及乡村小学教育的职责,还

---

① 戴树仁:《从几个省、市看今年教育事业的发展》,《人民教育》,1957年第1期,第14页。

② 何东昌主编:《中华人民共和国重要教育文献(1949—1997)》,海南出版社,1998年,第984—985页。

③ 戴树仁:《从几个省、市看今年教育事业的发展》,《人民教育》,1957年第1期,第13页。

④ 中共潞安县委员会:《潞安县培养和提高民办学校教师的经验》,《山西政报》,1958年第17期,第38页。

要参加各种乡村政治运动、各类乡镇会议以及生产劳动等。

1. 工作范围较广

除了正常教学工作,乡村教师主要需要参加以下几项工作。

第一,配合各机关参加社会工作。如地方团委、教育工会等各部门直接向学校和老师布置工作,邀请教师参加各种社会活动。包括爱国卫生运动、土地改革运动、消灭四害、扫盲以及普查登记等工作。其中,在各地开展土地改革运动中,各县组织乡村中小学教师学习土改整改法令,并动员他们积极参加土改宣传工作,同时协助当地政府搞好土地改革。乡村教师是乡村扫盲工作的主要执行者。如江苏省教育厅于1955年规定“小学教师必须积极参加扫盲工作”①;到1956年还规定:“中、小学教师除了初师以下水平进修文化的教师和年老、体弱以及其他特殊情况外,都有义务参加传授站和教研组的扫盲业务辅导工作。”②实际上当时全国各地的中小学教师几乎是扫盲工作的主体。乡村教师还是乡村普查登记的主力军。如河北省阳原县于1955年组织全县教师分村、分片、挨门逐户地对全县的学龄儿童进行普查登记,且此后每年调查一次,并且定为制度。③

第二,参与当地的文艺宣传和指导工作。如吉林省桦甸县业余文工团到1951年有70%的团员为教师,且常因排练文艺节目影响教学工作的正常开展。据该县第一区初级小学陈尚海向《人民教育》杂志社反馈:“占用了上课时间,昼夜连排数天或几个下午时间。因此,有些教师不上课了;同时它还占用了教师晚间处理学生作业的时间,以致有些教师把作业本子带到剧团去批阅,结果两方面工作都搞不好。有时排完剧就已九点多钟了,教师回家后还得继续批阅作业,因此也影响了身体健康。”④该反馈得到了该县人民

① 《小学教师必须积极参加扫盲工作》,《江苏教育》,1955年第23期,第3页。

② 《江苏省教育厅发出通知发动中小学教师参加扫盲业务辅导工作》,《江苏教育》,1956年第15—16期,第12—13页。

③ 中共阳原县委员会、阳原县人民委员会:《阳原县是怎样普及小学教育的?》,《人民教育》,1964年第6期,第4页。

④ 陈尚海:《教师兼文工团员严重影响了教学》,《人民教育》,1952年第2期,第54页。

政府文教科负责人的印证：在1951年几个全国性的大运动中，大量的文工团的宣传工作影响了教师们的教学和身体健康。[①] 在完成各项社会活动中，有的地方给乡村教师硬性分配任务，并限期完成。20世纪50年代的《人民日报》《新华日报》等报纸与《江苏教育》《人民教育》等杂志都对当时各地乡村中小学教师参加各种活动的情形有所呈现，也从侧面反映了当时乡村教师工作负担过重的现实："乱拉中学和小学教师参加社会活动，是各地普遍存在着的严重现象。这种现象，在小城市和广大乡村更加突出。在那里，许多教师时常停课参加校外的中心工作和突击性的工作以及其他的社会活动，甚至被拉到机关里去'帮忙'，长时间不能回校，影响了教学计划的完成，影响了教师的政治学习和业务进修以及教学质量的提高。"[②]

第三，参加各种政治运动。如在"三反"运动、整风"反右"运动以及"双反"(反浪费、反保守)运动中，中小学教师既是参与的主体，也是被批判的主体。

第四，参加生产劳动。如植树造林、挖土方、炼钢铁、挑木炭、运矿石等。如安徽省望江县华阳乡7所公立小学30多名教师于1958年7月便到达几个农业社参加劳动锻炼。[③]

第五，参加各地学校的会议和汇报。据江苏省建湖县岗四区两岗完小统计，该校教师的汇报与会议"把教师压得喘不过气来"，汇报一个月多达34次："三天向区委汇报一次宣传工作情况。五天向区委宣传科汇报一次中苏友协工作情况。七天一次汇报的有两种：工作简报到区文艺干事，检讨会议情况报县。半月一次汇报的有三种：学习汇报到区学位辅导员，教师思想情况汇报到区文卫干事，与县里书面联系一次。一月一次汇报的有四种：学习总结汇报到县，学校工作月报到县(一式三份)，中心学区综合汇报到区，工会小组汇报到区。其他的专题报告也是很多的，如查田定产、国庆节

① 李风葵：《对教师兼文工团员问题的检讨》，《人民教育》，1952年第4期，第57页。

② 《不许乱拉教师参加社会活动——三月十七日人民日报社论》，《江苏教育》，1953年第1期，第6—7页。

③ 徐西廷：《华阳乡小学教师住社参加劳动锻炼》，《安徽教育》，1958年第Z1期，第49页。

宣传、治淮宣传、治螟宣传、元旦日宣传等总结汇报，半年达十五次之多。”[1]

第五，帮助贫下中农子女解决学习和生活上的困难。有的教师带领学生实施勤工俭学活动，帮助学生解决学杂费问题。如山西沁县伏牛山下的元王完小教师中的6名男教师都学会了理发，免费给乡村儿童理发。[2]

总之，这一时期乡村教师工作范围广，他们不仅是教师——承担教学与培育人才的工作，也充当着乡村建设者的重要角色——是相关部门中心工作的重要执行人，是农民的好帮手。

2. 工作量较大

乡村教师工作范围较广，因此其工作较为繁重。据1953年对各级学校的调查统计：“一方面，今天各级学校教师一般地都很忙，每天工作和学习时间，多在十小时以上，个别的甚至达到十四五小时；另一方面，从事教学工作的时间又嫌不足，一般地说，约占教师全部工作和学习时间总和的百分之六十左右。”[3]1953年，有读者向《人民教育》编辑反映：“学校的教师从天不亮忙到深夜，不但缺乏学习时间，甚至连休息的时间都不够，星期天也要留在校中改作业本。”[4]如江西省临川县的民办小学教师除了白天开展正常教学工作，很多人还在晚上教成人识字，协助推进扫盲工作；经常出黑板报、出墙报、广播宣传，帮助社队记分、算账等。也因此，很多教师被评选为乡村各项工作活动中的模范或积极分子。[5] 当时报刊上有关乡村教师工作繁忙的个案比比皆是。如河北省阳原县王家梁山村的教师班承满一个人承担几个年级学生的教学任务，主要工作有备课、批改作业、做饭、担水、为学生们生火取暖，带领孩子们勤工俭学等。[6] 湖南省临澧县民办教师张显峰更是一个

① 《各地学校还有严重的混乱现象》，《江苏教育》，1953年第1期，第8页。

② 十令：《老师学会了理发》，《人民教育》，1964年第1期，第46页。

③ 张健：《要保证教师有足够的教学时间》，《人民教育》，1953年第2期，第40—41页。

④ 蓝直：《克服忙乱现象，保证教师学习时间》，《人民教育》，1953年第4期，第50页。

⑤ 《江西省人民委员会批转省教育厅“关于临川县民办小学调查报告”的通知》(1958年2月26日)，《江西政报》，1958年第5期，第61—62页。

⑥ 王有盛：《一部气壮山河的教育史诗——河北省阳原县普及小学教育纪实》，《人民教育》，1978年第7期，第13页。

“大忙人”。他除了担任上述工作，还担任了大队党支部委员、学校负责人等职务。[①] 1979年被评为全国劳动模范的乡村教师林瑞荣的工作内容更为丰富：除了教学工作，还承担了高崖口公社狼儿峪生产队的线路安装任务，“带领十几名学生上了山，他们每天在怀里揣上几块冷干粮，挨家挨户去安装线路，整整苦战了两个星期”；为了保证高崖口生产队的电机正常运转，还建立了修理电机的校办工厂，组织人力电机的抢修、维修保养工作，“节假日也不停手”。[②] 由此可见，当时的乡村教师工作量较大。1965年有人曾发文呼吁：

> 目前，小学教师的负担比较重。普遍存在的问题是：会议多，社会活动多；备课时间少，抓思想工作的时间少。有的小学，每周要用四个晚上开会，工作时间内还要开两三次会。有的教师每周仅有三四小时的备课时间，作业几乎全部需要加班加点才能批改出来。班主任教师，没有时间做思想工作，只能被动地“判官司”，堵漏洞。由于负担过重，有一些教师睡眠不足，体质下降。工作时昏昏沉沉，教学工作受到了影响。几年来，我县教职工的医药费，也年年超支。[③]

当时教师会议过多、政治学习时间安排过多，且过分强调集中统一，社会活动过多以及教学工作安排不恰当等，导致教师睡眠不足，不仅影响了正常教学工作的开展，而且影响到了教师的身体健康。

(四)乡村教师待遇较低

新中国成立之初，乡村教师待遇仍较低。1951年在《人民日报》和《光明日报》等新闻媒体上频繁出现乡村小学教师工资低以及教师不安于工作

---

① 湖南省临澧县文教局通讯组、湖南省临澧县委通讯组：《记民办教师张显峰》，《人民教育》，1978年第2期，第38—40页。

② 钟昭良：《海外归来的山村教师》，《人民教育》，1980年第5期，第44页。

③ 秦锡纯：《减轻小学教师负担》，《人民教育》，1965年第11期，第22页。

状况的诸多报道。如1951年有人在《人民日报》上发文指出,“小学教师(尤其是农村小学教师)的待遇还很低”,因此部分小学教师无法安心教学。[①] 1952年尽管实施了新的工资(分)标准,但乡村小学教师的平均工资仅为旧币20万元(相当于人民币20元),乡村小学教师待遇并没有实质性的提高。[②] 以四川省为例,新中国成立初期该省公立小学教师一律发给维持米,数量有限,而且不同地区各不相同,“一般每人每月100多斤,个别最高的200斤(郫县),最低的仅40斤(仁寿县)”[③]。尽管1952年实施工资(分)标准后乡村教师待遇有所提升,但“大跃进”时期和“文化大革命”时期乡村教师经济收入又急剧下降。

在医疗福利方面,尽管各地规定公办中小学教师都享受公费医疗等,但“由于药价上涨,医疗收费提高,教师年高体弱人数增多,而公费医疗增加有限,致使部分教师口袋里兜着医药发票报销不了”[④]。

民办教师比公办教师的待遇要低得多,他们“不算国家职工”,不仅没有编制,也没有工资,主要靠很少的生活补助和代课费维持生活。[⑤]

---

① 何东昌主编:《中华人民共和国重要教育文献(1949—1997)》,海南出版社,1998年,第122—123页。

② 何东昌主编:《中华人民共和国重要教育文献(1949—1997)》,海南出版社,1998年,第114页。

③ 四川省地方志编纂委员会编:《四川省志·教育志》,方志出版社,2000年,第409页。

④ 政协湖南省祁阳县委员会、学习文史宣教卫体委员会、中国祁阳县教育局编:《祁阳县教育志》第4卷,湖南华商文化商务有限公司,2006年,第210页。

⑤ 李岚清:《李岚清教育访谈录》,人民教育出版社,2003年,第38页。

第三节　加强乡村教师队伍建设的举措

新中国成立之后，中央政府在确立社会主义基本制度的同时，建立起了高度统一的教育行政体制。乡村教师在享有国家干部编制的机制下，其培养、任用、晋升、待遇以及流动等均受到中央政府的统一领导和管理。中央政府延续新民主主义革命时期的教师政策，在争取、团结和加强教师思想改造并注重政治教育的主基调下，将旧式知识分子、下乡知识青年以及民办教师等重新组成了一支新的乡村教师队伍。为了推动乡村教师队伍的建设，中央政府发布了系列举措，主要从促使乡村教师养成多样化、加强乡村教师管理以及提高乡村教师待遇等方面展开。

一、坚持乡村教师养成办法多样化

1951年8月27日，时任教育部副部长韦悫在《第一次全国初等教育与师范教育会议上的报告》中指出，"一面要办正规的师范学校，初级师范学校，同时须办各种短期的师资训练班、轮训班、函授学校以及加强小学教师的在职学习等等"[1]，以推动初等教育的师资养成。可见，中央政府延续前一历史阶段乡村教师养成办法，一方面，实施"两条腿走路"方式，大力发展制度化、规范化的师范教育尤其是中等师范教育以培养乡村师资，同时以短期培训的方式补充师资；另一方面，加强在职乡村教师的补习和培训，不断提

[1] 何东昌主编：《中华人民共和国重要教育文献(1949—1997)》，海南出版社，1998年，第109—112页。

升其学历与教学质量。

(一)长期师范教育与短期训练不偏废

为了应对乡村教育发展与小学教育普及带来的师资严重短缺问题，中央政府大力发展师范教育尤其是中等师范教育，同时举办短期师资训练班，采用制度化、规范化、长期性的师范教育与短期的训练相结合的方式以培养新师资。免费师范教育制度有助于保障更多师范毕业生进入教师行列。

1. 以免费师范教育培养师资

“要逐渐普及小学教育，就需要大批的教师。成人的初等补习教育也需要大量的教师。这大量的小学和工农学校的师资靠谁来培养？谁来供给？靠中等师范学校。”[①]可见，中等师范教育是小学师资补充的重要渠道。新中国成立后接管了国民政府时期的中等师范学校，并促使其恢复和发展。马叙伦在《关于1950年全国教育工作总结和1951年全国教育工作的方针和任务的报告》中讨论了确定各级师范学校的方针和任务，改订教学计划及课程标准，制定师范学校暂行规程，提出整顿并适当扩充现有师范学校，增办县初级师范学校，改进教学方法等。[②] 他在同年8月教育部召开的第一次全国初等教育与师范教育会议的开幕词中明确指出，中等师范学校的任务是培养小学等师资；在第一次全国师范教育会议的报告中确定了高等师范学校调整和设置的原则，其中要求各省及大城市原则上设立健全的师范专科学校一所，以培养初级中学师资为任务。[③] 总之，新中国成立后，党和政府高度重视各级师范教育的发展，注重加强中等师范学校和师范专科学校建设以培养小学和初中师资。

《关于改革学制的决定》(政务院，1951年)将各级师范学校的学制以法

---

① 《大力稳定和发展小学教育，培养百万人民教师》，《人民教育》，1951年第10期，第7页。

② 何东昌主编：《中华人民共和国重要教育文献(1949—1997)》，海南出版社，1998年，第94页。

③ 何东昌主编：《中华人民共和国重要教育文献(1949—1997)》，海南出版社，1998年，第128页。

令的形式确定下来。具体指出,培养中学师资主要由部分综合性大学和师范学院、师范专科学校实施;培养初等教育师资由师范学校和初级师范学校承担,师范学校修业年限为三年,招收初级中学毕业生或具有同等学力者,初级师范学校的修业年限为三年至四年,招收小学毕业生或具有同等学力者,学生毕业后应在小学服务,服务期满后经过考试可升入师范学校、高级中学、师范学院或其他高等学校进修深造。[①]《师范学校暂行规程(草案)》(教育部,1952年)对师范学校入学年龄、学生学习、实习、待遇与服务等做出了具体的规定。其中,入学年龄暂定为15足岁至30岁,规定毕业生分别由各级教育行政机关负责分配工作,且须至少服务教育工作三年(师范速成班毕业工作两年),在此期间不得升学或担任其他职务。[②] 该草案的颁布与实行对提高师范教育质量起了一定的促进作用,使得"师范学校的学制、教学计划渐趋一致,学校组织、制度逐步走上轨道,教学方法也有所改进"[③]。根据上述政策文件,全国师范学校和初级师范学校的调整和设置遵照下列原则进行:

1.争取各省每一专署区及省辖市设立师范学校一所;条件不够时,可设初级师范学校。较大的县争取设初级师范学校一所,较小的县应联合设立初级师范学校或师范学校一所。

2.目前各地以设立初级师范学校为主,如有条件,应使初级师范学校有计划地转变为师范学校。[④]

同时,《关于高等师范学校的规定(草案)》(教育部,1952年)统一规定了全国高等师范学校办学的系列方针和措施,规定高等师范学校招收高级中学及师范学校(须服务期满)毕业生或具有同等学力者,并规定师范专科

① 何东昌主编:《中华人民共和国重要教育文献(1949—1997)》,海南出版社,1998年,第105—107页。

② 何东昌主编:《中华人民共和国重要教育文献(1949—1997)》,海南出版社,1998年,第159页。

③ 教育部中等师范教育司:《认真贯彻师范学校规程》,《人民教育》,1956年第7期,第12页。

④ 陈选善:《三年来的师范教育》,《人民教育》,1953年第1期,第21—22页。

学校修业年限定为两年。[①] 到1953年,确立了独立的师范教育体系,其中专门培养小学师资的中等师范教育被置于重要地位,它为乡村初等教育师资的补充做出了较大的贡献。

为了培养质量较高的合格教师,贯彻"整顿巩固、重点发展、提高质量、稳步前进"教育方针,中央政府对师范教育进行了调整和改革。第一,1953年开始调整初级师范教育,规定除了个别地区,一般不再招收高小毕业生,改招高小程度的小学教师;第二,调整师范学校的设置和局部使其更为合理。《关于师范学校今后设置发展与调整工作的指示》(教育部,1954年)明确规定,今后应"有计划地发展师范学校;根据各地具体情况,将现有初级师范学校逐渐转变为师范学校或改变为轮训小学教师的场所,以逐步达到提高小学教育质量的目的"[②]。旨在提高中等师范教育质量而颁发的《师范学校规程》(教育部,1956年)、《师范学校教育实习办法》(教育部,1956年)等文件,更加突出了师范教育的专业特点,对师范生的要求更加严格,在招生方面着重强调生源的政治质量,关注增加工农成分学生比重等。[③] 为了应对中等教育迅猛发展急需补充大量师资等状况,教育部于1957年3月召开了全国高等师范教育会议,主张将部分师范学校改为五年制专科学校,或将快要结束的工农速成中学或个别高中改为五年制师范专科学校,均招收初中毕业生。[④]

为了纠正"大跃进"时期中小学师资质量的问题,教育部出台了《关于保证中小学师资质量问题的两项通知》(教育部,1961年),指出:"有计划地培养新师资,注意保证师资的政治质量和文化业务水平";"各级师范学校招生,必须坚决保证质量,特别是政治质量,认真改变过去降格以来,不顾质量,勉强凑数的现象";"严格政治审查,坚决贯彻阶级路线,凡学生家庭属五类分子的一般不予招收";借鉴有些地方师范学校招生"采取保送和招考相

---

① 《中国教育年鉴》编辑部编:《中国教育年鉴(1949—1981)》,中国大百科全书出版社,1984年,第779页。

② 何东昌主编:《中华人民共和国重要教育文献(1949—1997)》,海南出版社,1998年,第344页。

③ 中等师范教育司:《认真贯彻师范学校规程》,《人民教育》,1956年第7期,第12页。

④ 刘英杰主编:《中国教育大事典(1949—1990)》,浙江教育出版社,1993年,第823页。

结合的办法”,以保障招生质量。[①] 针对“大跃进”中中等师范教育发展问题,1961年10月25日至11月12日召开了全国师范教育工作会议,制定了《三年制中等师范学校教育计划(草案)》,指出:“我国的小学大量设在农村,师范学校一般都设在省城。办师范教育要重视农村的特点,适应农村的要求。在教学内容和教学时间的安排上,应该适当结合农村工作和农业生产的需要”;师范学校应向学生多讲授一些农业生产知识和党对农村的各项重要政策;师范生应树立建设新农村的思想,应更接近农村的生活,对农村有贡献,在独立工作能力上应比城市的小学教师更强。[②] 由此,关注当时乡村小学教育发展需求,突出了中等师范学校的乡村特色,从而增强了中等师范教育对乡村现实需求的适应性。《关于改进中等师范学校招生办法的通知》(教育部,1964年)除强调今后中等师范学校招生应特别注意贯彻阶级路线,提高新生的政治质量外,还规定师范生录取名额应符合各校服务地区小学教育发展规划的需要。

总体上讲,各级师范学校的任务:第一,用马列主义和毛泽东思想武装师范生的头脑,培养为人民教育事业服务的中小学师资;第二,培养中小学师资坚持“两条腿走路”方针,一方面改造和增设师范学院、师范专科学校、中等师范学校和初级师范学校等,实施正规的师范教育,另一方面采取各种方法在短期内训练大批中小学师资;第三,师范学校招生,采取保送与考试相结合的方式实施择优录取。如山西省教育厅于1964年规定:今后中等师范学校一般应招收参加生产劳动一年以上表现较好的或服兵役期满的初中毕业生,采取保送与考试相结合的办法择优录取;同时招收一批优秀应届初中毕业生;对于文化落后和边远山区的学生,录取时在文化要求上可适当放宽,毕业后仍回原地工作。[③]

---

① 何东昌主编:《中华人民共和国重要教育文献(1949—1997)》,海南出版社,1998年,第1029—1030页。

② 金长泽、张贵新主编:《师范教育史》,海南出版社,2002年,第89—90页。

③ 山西省教育厅:《山西省教育厅关于改进小学教育工作意见的报告》,《山西政报》,1964年第11期,第430页。

中央政府在加强师范教育的同时实施师范生免费教育制度,以鼓励更多人加入中小学教师队伍。《师范学校暂行规程(草案)》、《师范学校规程》指出:"师范学校学生一律享受人民助学金",师范毕业生"至少服务教育工作三年,在此期间不得升学或担任其他职务"。[①]《关于高等师范学校的规定(草案)》指出:"高等师范学校学生,一律享受人民助学金",其毕业生"由人民政府教育部门分配工作"。[②]

2. 注重以短期训练补充师资

1951 年有人指出:"为了解决初等教育和中等教育所迫切需要的大量师资,除整顿和发展正规的师范教育外,还应着重地采取各种短期训练的方法,迅速有效地培养大批师资。正规培养与短期训练,两者不可偏废;而在今后若干年内,还应以后者为重点。"[③]而 1950 年发布的《关于救济失业教师和处理学生失学问题的指示》(政务院,1950 年)曾有规定:"尽可能举办中小学师资训练班,及其他各种训练班,吸收失业的中小学教师,施以政治与思想教育并辅以各种业务教育。毕业后一部分可以分配工作,另一部分待将来安排教育工作岗位。"[④]可见,为了扩宽乡村师资补充的渠道,国家不仅允许失业中小学教师在接受短期培训后重新上岗,而且鼓励从社会上吸收一批非师范毕业生或社会待业青年知识分子加以短期培训并委以教师职责。马叙伦 1951 年在《第一次全国初等教育及师范教育会议开幕词》中也指出,各级各类师范学校须调整和发展,"特别要多办各种短期师资训练班和速成班,以达到供应大量师资的目的"[⑤]。由此,通过举办中师、初师和小

① 何东昌主编:《中华人民共和国重要教育文献(1949—1997)》,海南出版社,1998 年,第 159 页。

② 何东昌主编:《中华人民共和国重要教育文献(1949—1997)》,海南出版社,1998 年,第 157 页。

③ 《大力稳定和发展小学教育,培养百万人民教师》,《人民教育》,1951 年第 10 期,第 8 页。

④ 中央教育科学研究所编:《中华人民共和国教育大事记(1949—1982)》,教育科学出版社,1984 年,第 22 页。

⑤ 马叙伦:《第一次全国初等教育及师范教育会议开幕词》,《人民教育》,1951 年第 10 期,第 10 页。

学教师等多种形式的短期师资训练班，拓宽了师资补充的渠道。同年9月，钱俊瑞在《第一次全国初等教育与师范教育会议上的总结报告》中指出，"今后三五年内培养师资的工作应以短期训练为重点"[①]。该报告还规定了短期训练的时间和师资来源。《关于改革学制的决定》规定，师范学校和初级师范学校均得附设师范速成班，修业一年，招收初级中学毕业生或具有同等学力者。[②]

《关于大量短期培养初等及中等教育师资的决定》(教育部，1952年)规定：在今后五年至十年内，"培养师资的工作应以短期训练为重点"，以各级师范学校举办短期训练班为主，修业期限三月、半年、一年或一年半不等，一般不超过一年为原则；从办理有成绩、师资条件较好的各级各类中等学校和小学的每届毕业生中选定优秀生留在本校担任见习教师，并培养成为正式教师。关于短期师资训练班学生的来源，一方面，尽可能吸收和动员城乡失业知识分子和家庭知识妇女受训；另一方面，应从现有各级学校教师中选优秀者加以训练并逐级提升。其中，小学教师短期培养应以年龄较长的高级小学毕业生为主要对象。《关于大量短期培养初等及中等教育师资的决定》还规定了各短期师资训练班的课程，学生按各级正规师范学校标准享受人民助学金，在职教师调训者在学习期内享受原来工资待遇，学生毕业后按各地初等和中等教育的计划统筹分配工作。[③] 在该政策的引导下，1952年短期训练班学生所占比重发生了较大变化：在高等师范学校招生的23,200余人中，短期训练班占45%；在中等师范学校招生的26.2余万人中，短训班学员达17万人，占师范新生的65%。[④] 短期训练班大量招收学员，在一定程度上给中小学教师质量的保障带来了阻碍。鉴于此，1953年的第二次全国

---

① 何东昌主编：《中华人民共和国重要教育文献(1949—1997)》，海南出版社，1998年，第113—115页。

② 何东昌主编：《中华人民共和国重要教育文献(1949—1997)》，海南出版社，1998年，第105—107页。

③ 何东昌主编：《中华人民共和国重要教育文献(1949—1997)》，海南出版社，1998年，第162页。

④ 何东昌主编：《中华人民共和国重要教育文献(1949—1997)》，海南出版社，1998年，第166页。

教育工作会议对小学师资短期训练班的盲目冒进现象给予了纠正，规定："除少数民族地区外，自1953年起，小学师资短训班一律停招新生"，并妥善处理小学师资短训班的学员——或者允其升学，或者保留作小学教师，或者动员回家。[①] 根据上述决定，1953年处理安置了短期师资训练班学员共153,000人。[②] 而《关于保证中小学师资质量问题的两项通知》建议将从部分不能升学的高、初中毕业生中挑选优秀者加以短期训练，主要补充乡村中小学师资。[③]

总之，为了快速扩充中小学师资队伍，举办短期师资训练班、短期师资速成班以及师范速成班等成为当时知识分子培训的主要方式。生员来源包括：不能升学的高、初中毕业生或具有同等学力者；年龄较长的高小毕业生；失业的中小学教师；非师范毕业生；社会待业或失业青年知识分子以及家庭知识妇女；等等。其中，山西省教育厅还"挑选适宜做小学教师工作的服役期满退役的战士和在农村劳动过的，表现好的初高中毕业生或优秀的应届高中毕业生"进行培训，以补充乡村师资。[④]

(二)对在职中小学教师实施培训

"教师的质量如何就决定了教育效果的好坏。因此，提高教育质量，就必须首先提高师资质量。"[⑤]加强在职教师的培训和深造是提高师资质量的重要手段。《关于改革学制的决定》规定，师范学校和初级师范学校得附设小学教师进修班吸收在职小学教师加以训练。[⑥]《关于中小学教师进修问题

---

① 教育部办公厅编：《教育文献法令汇编(1953)》，人民教育出版社，1955年，第46—48页。

② 金长泽、张贵新主编：《师范教育史》，海南出版社，2002年，第52页。

③ 何东昌主编：《中华人民共和国重要教育文献(1949—1997)》，海南出版社，1998年，第1029—1030页。

④ 山西省教育厅：《山西省教育厅关于改进小学教育工作意见的报告》，《山西政报》，1964年第11期，第430页。

⑤ 何东昌主编：《中华人民共和国重要教育文献(1949—1997)》，海南出版社，1998年，第415页。

⑥ 何东昌主编：《中华人民共和国重要教育文献(1949—1997)》，海南出版社，1998年，第105—107页。

的通报》(教育部,1952年)提出,到1955年夏,通过进修将主要学科方面(语文、算术、历史、地理、自然)的高小毕业程度教师提高到初级师范毕业水平;将相当高中、师范毕业水平的中学教师于一两年内提高到师范专科学校毕业的水平[①]。《关于整顿和改进小学教育的指示》指出进一步提高在职小学教师的政治、文化与业务水平:凡具有初级师范学校毕业程度以上的教师,应着重学习政治与业务;凡不到初师毕业程度者主要补习初师课业,以提高到初师毕业的水平。补习初师课业的主要方式有:抽调有高小程度的教师到初师学习;办师资轮训班,吸收有初级中学一、二年级程度的教师予以一至两年的训练;到教师业余进修学校及函授学校在职学习。[②]《关于加强中等学校在职教师业余进修的指示》(教育部,1955年)规定,各地应通过业余进修将未达到中师毕业程度的小学教师和未达到师专毕业程度的中学教师分别提至中师和师专毕业程度。中小学教师培训方式和培训内容具体如下。

1. 培训方式灵活多样

针对在职乡村中小学教师的培训方式主要有:假期讲习、短训班、轮训班、函授学习、脱产进修以及业余自学等。可以概括成三大类:一是离职进修,即抽调符合条件者到师范学校学习深造或对其进行轮训;二是在职进修,主要通过设立教师业余进修学校和函授师范学校或师范学校函授部组织教师在职学习,同时还通过业余文化自学小组进行进修;三是自学,主要是自学函授师范学校或业余师范学校的课程,由自学者申请参加考试,取得学科结业证明书或毕业证书。如仅高中文化程度的乡村教师林瑞荣[③],为了能胜任初高中数学教学任务,提高自己的业务水平,在购买大量学习资料刻苦自修,时常向其他学校老师请教教学难点疑问的同时,还积极参加昌平县

① 何东昌主编:《中华人民共和国重要教育文献(1949—1997)》,海南出版社,1998年,第169页。

② 中共中央文献研究室编:《建国以来重要文献选编》第4册,中央文献出版社,2011年,第502—506页。

③ 1979年被评为全国劳动模范,他在高崖口村中学教学的第一学期,班上37名学生中有23名数学不及格。

教育局举办的物理教师进修班。[①]

第一,教师轮训班成为小学教师重要的培训方式。1953年,国家正式制定并发布了《一年制小学教师轮训班教学计划(草案)》(教育部,1953年)、《二年制小学教师轮训班教学计划(草案)》(教育部,1953年)等。《关于师范学校今后设置发展与调整工作的指示》规定:应“将现有初级师范学校逐渐转变为师范学校或改变为轮训小学教师的场所”[②],首先轮训不足初级师范毕业程度的教师,使其达到初级师范毕业水平(将来进一步轮训初级师范毕业程度的小学教师,使其达到师范学校毕业水平);轮训班学员具有初中一年级以上文化程度者学习一年,具有高小毕业及初中一年文化程度者学习两年;学习期间,除按初级师范生标准发给人民助学金外,还发给生活补助费。[③]《关于举办小学教师轮训班的指示》(教育部,1954年)指出轮训班的主要任务是“将实际文化程度在高小毕业以上,但又不足初级师范毕业程度的小学教师,给以一定期限的训练,使在主要学科方面能够达到初级师范毕业的水平”;规定“具有高小毕业及初师一年肄业文化程度者修业二年;具有初级师范一年以上文化程度者修业一年”。学员修业期满经考查准予毕业者发给轮训班毕业证书,其效用与初级师范毕业证书相同,仍由原选送机关分配工作。[④] 各地纷纷制定了开设小学教师轮训班的计划或方案。如《山西省一九五五年至一九五七年教育行政干部和小学教师轮训工作计划》(山西省人民委员会,1955年)指出,该省继续在各地师范学校附设小学教师轮训班,除招收部分初中毕业生入一年制轮训班加以训练后担任小学教育工作之外,还将有计划地抽调轮训现有不及初师毕业程度的在职小学教师进行培养,使之达到初师毕业水平。[⑤]

① 钟昭良:《海外归来的山村教师》,《人民教育》,1980年第5期,第42页。

② 何东昌主编:《中华人民共和国重要教育文献(1949—1997)》,海南出版社,1998年,第344页。

③ 何东昌主编:《中华人民共和国重要教育文献(1949—1997)》,海南出版社,1998年,第344—345页。

④ 何东昌主编:《中华人民共和国重要教育文献(1949—1997)》,海南出版社,1998年,第346页。

⑤ 山西省人民委员会:《山西省一九五五年至一九五七年教育行政干部和小学教师轮训工作计划》(1955年11月22日),《山西政报》,1955年第23期,第53—54页。

第二,入进修学院(或进修班)学习和高师(或中师)函授也是在职中小学教师培训的重要方式。前者主要面向大型城镇中小学教师,而函授教育或学习则是乡村中小学教师进修培训的重要渠道。有人指出:"由于教师的政治、文化、业务水平不同,城市与农村的环境和条件不同,我们必须建立各种不同形式的进修机关,在农村由于教师分散,主要可采取函授学校的形式,并适当地结合着学习小组,星期日学校等形式来进行。"[①]关于函授教育更适合乡村教师的原因,有人指出:"农村小学教师,在数量上已感到缺乏,在质量上又迫切地需要提高,脱离工作来进行集中学习,在目前是缺乏这样的条件的,而函授教育,使亟待提高的人可以不脱离工作,可以不受时间和空间的限制。"[②]《关于加强小学教师在职业余文化补习的指示》(教育部,1955年)也指出:"小学教师的业余进修采用小学教师业余进修学校(主要设在城市)、函授师范学校(主要设在农村和小城镇)或业余文化自学小组等形式"进行。[③] 通过函授师范学校实施乡村小学教师进修更为便利。《关于加强中等学校在职教师业余进修的指示》也明确表达了这个观点,同时规定主要由高等师范学校办理函授教育加强乡村中学教师进修,培养目标与教师进修学院相同,分科设置各种专修班,其修业年限暂定三年(本科函授班修业年限暂定五年);函授生修业期满,修完规定课程经考试合格者发给毕业证书。[④]《关于函授师范学校(师范学校函授部)、业余师范学校若干问题的规定(草案)》(教育部,1957年)还规定了函授教育培训的任务和修业年限等。具体要求:培训任务方面,提高某些小学教师的文化科学基础知识,使具有高小毕业或初师、初中肄业程度的小学教师在基础的文化科学知识方面提高到相当于初级师范学校毕业水平;使具有初师、初中毕业但不及师范毕业程度的在职小学教师在基础的文化科学知识方面提高到相当于师范学

① 陈选善:《三年来的师范教育》,《人民教育》,1952年第7期。第23—24页。

② 《办业余函授师范学校的经验》,《人民教育》,1952年第10期,第20页。

③ 《中国教育事典》编委会编:《中国教育事典(初等教育卷)》,河北教育出版社,1994年,第267页。

④ 教育部:《关于加强中等学校在职教师业余进修的指示》(1955年11月7日),《人民教育》,1955年第12期,第8页。

校毕业水平;修业年限方面,分初师班和师范班,前者相当于初级师范学校程度,修业年限为三至四年,后者相当于师范学校程度,修业年限为四至五年。[①]

实际上,无论是对乡村小学教师,还是对乡村初中教师,函授教育都是一种切实可行的在职进修方式,它与业余培训方式相结合,有助于提升教师培训的质量。有关函授学校具体的培训情形,以1951年中国教育工会全国委员会中华职业教育社合办业余函授师范学校为例。该校同年3月开始,主要从察哈尔的蔚县,平原的修武、林县、内黄、汲县,北京的十区、十二区等(每地区招收二三十名)共招生145人,后在广东、福建、吉林、内蒙古等地试设学习小组27组,学员共175人。分个别学员与小组学员两种,一半以上为乡村教师。小组通常是由某一所小学全体教师或联合附近几所小学教师组成。个别学员须经常交作业给教师批改;小组学员不交作业,但每月须向学校写一次学习汇报。该函授学校共设有"语文教学""算术教学""常识教学"及"小学行政与生活指导"(原写作"民主领导与民主管理")四科;学员根据自己的文化程度、学习时间和自身需要任选一科或两科;主要采用一般指导与个别指导相结合的教学方法。[②]

2.培训内容兼顾政治学习、业务学习、文化学习

这一时期,主要"依靠教师的在职业余学习","提高教师的政治、文化、业务水平"。[③] 第一,实施政治思想教育。钱俊瑞于1950年在《改革旧教育、建设新教育》指出:"现在和今后若干年内,应该加强青年学生和旧知识分子的革命政治教育。"[④]他于1951年在《用革命办法办好人民教育》中再次提出:"教师的政治理论学习,时事政策学习,业务学习和文化补习。重点应该

---

① 何东昌主编:《中华人民共和国重要教育文献(1949—1997)》,海南出版社,1998年,第785—786页。

② 《办业余函授师范学校的经验》,《人民教育》,1952年第10期,第20—21页。

③ 陈选善:《三年来的师范教育》,《人民教育》,1952年第7期,第24页。

④ 中央教育科学研究所编:《中华人民共和国教育大事记(1949—1982)》,教育科学出版社,1984年,第14页。

放在政治学习(包括理论与政策)。”[①]《关于第一次全国师范教育会议的报告》指出:“对现任教师要加强在职学习,提高质量。学习内容,包括思想教育、政治理论、时事、政策以及业务和文化的补习,以思想教育、政治学习(包括理论、政策)为重点”,“用马克思列宁主义和毛泽东思想来培养师资,使全国教师都要逐渐地成为马克思主义者”。[②]《关于教育工作的指示》(中共中央、国务院,1958年)则指出:“在一切学校中,必须进行马克思列宁主义的政治教育和思想教育,培养教师和学生的工人阶级的阶级观点。”[③]在这些政策文件的指引下,各地在开展中小学教师在职学习时纷纷注重政治思想教育。如山西省1955年规定,中小学教师政治理论和时事政策学习,主要有中华人民共和国宪法(半年)、中共党史(一年)、社会科学基础知识(一年半)等内容;时事政策学习除经常阅读报纸外,按照当地党委各时期的具体规定进行。[④] 第二,提高业务水平。业务学习是在职乡村教师进修学习的重要内容。如江苏省自新中国成立四年以来,全省小学教师除了加强政治思想学习外,还通过“学习《小学暂行规程(草案)》、教育理论与钻研教材、认真备课、观摩教学等活动”,加强业务学习。[⑤] 又如1955年山西省要求全体小学教师均应经常结合教学研究和备课,学习教育方针政策、教学大纲、教材、教法以及阅读《小学教师》刊物等;参加政治理论学习的教师也应逐步系统地学习教育学。[⑥] 第三,加强文化学习。山西省加强在职中小学教师的文化学习,1955年规定函授师范学校初级部学习初级师范基础课程,高级部学习

---

① 何东昌主编:《中华人民共和国重要教育文献(1949—1997)》,海南出版社,1998年,第113—115页。

② 《当代中国》丛书教育卷编辑室编:《当代中国高等师范教育资料选》(上),华东师范大学出版社,1986年,第16—19页。

③ 中共中央文献研究室编:《建国以来重要文献选编》第11册,中央文献出版社,2011年,第424页。

④ 山西省人民委员会:《山西省小学教师在职学习实施方案》(1955年11月22日),《山西政报》,1955年第23期,第49—52页。

⑤ 《关于一九五三年度第一学期小学教师在职学习的意见》,《江苏教育》,1953年第8期,第4页。

⑥ 山西省人民委员会:《山西省小学教师在职学习实施方案》(1955年11月22日),《山西政报》,1955年第23期,第49—52页。

师范学校的部分课程。[1] 实际上,尽管中小学教师培训要求上述三项学习内容并举,但并非没有偏重。如山西省1955年规定:"凡实际文化程度相当于初师毕业以上程度的小学教师,目前均以政治理论(包括时事政策)学习为主,业务学习为辅。凡不及初师毕业程度的小学教师,均以文化学习为主,时事政治学习为辅。"[2]而且,不同的培训内容采取的培训方式也有所不同。

综上所述,这一时期乡村教师养成方式多样化。一方面,通过正规的师范教育以及短期培训的方式,补充乡村教育新师资;另一方面,为了提高教师队伍的质量和水平,通过各种培训方式,加强在职教师的政治、业务以及文化方面的培训:通过政治和短期政治培训提高中小学教师的思想觉悟;通过补偿学历培训提高中小学教师的文化水平;通过组织开展教材教法研究等提高中小学教师的教学能力。

二、加强对乡村教师队伍的管理

中央政府主要通过整理乡村教师队伍、注重民办教师质量提升以及减轻教师工作负担等方面加强乡村教师队伍的管理。

(一)整理乡村教师队伍

为了加强乡村教师队伍的稳定性,韦悫在第一次全国初等教育与师范教育会议上的报告中强调注重执行团结和改造知识分子的政策:"对教师的任用和解聘,必须依照中央人民政府教育部的规定,非经上级批准,不得任意解聘或随便调动。"[3]《关于整顿和改进小学教育的指示》提出整顿小学教

① 山西省人民委员会:《山西省小学教师在职学习实施方案》(1955年11月22日),《山西政报》,1955年第23期,第49—52页。

② 山西省人民委员会:《山西省小学教师在职学习实施方案》(1955年11月22日),《山西政报》,1955年第23期,第49—52页。

③ 何东昌主编:《中华人民共和国重要教育文献(1949—1997)》,海南出版社,1998年,第109—112页。

师队伍，具体要求：帮助文化水平过低，确实无力任教者升学或转业，其中适于回家生产者则动员回家生产；对某些年老力衰、不能继续任教或有严重传染病影响儿童健康者，应根据具体情况予以妥善安置；对升学或转业的教师，除酌发路费外，一律发给一个月工资作生活补助费；对回家生产者，除酌发路费外，还一次性发两个月的工资作生活补助费；对需要安置和有特殊困难者，得酌情多发一至两个月工资；对编余教师作妥善安置。①

国家在加强民办学校管理的同时，不断提升民办教师的质量。《关于整顿和发展民办小学的指示》(教育部，1952年)针对民办小学教育经费负担不合理和民办小学垮台等造成民众不满等问题，要求整顿民办学校及其教师。② 由此，在全国范围内整顿民办小学，促使大量民办小学被转接为公办小学。但同时也促使民办教师大为减少。该文件关注到民办教师质量，要求加强监管。各地纷纷加强民办教师队伍的管理。如洛阳市主要通过民办教师的整风、反右学习，清除和解聘政治上不合格和不称职的教师；通过从公立中学教师中和下放干部中抽调部分人员做民办学校教师等，增强民办教师队伍的政治意识；主要采取"组织公办与民办学校同科的教师在一起备课、听课、试讲与研究"，"组织公办与民办教师的教学观摩会和教学研究会"以及"推行公立学校老教师带徒弟"等方式，提高民办教师的业务水平。③

(二)减轻乡村教师工作负担

新中国成立之初，很多中小学出现照搬生产部门的工作方法，开展学习竞赛等，加重了中小学教师和学生的负担。④ 由此，1955年教育部发出了新中国第一个"减负令"，即《关于减轻中、小学生过重负担的指示》(教育部，

---

① 中共中央文献研究室编：《建国以来重要文献选编》第4册，中央文献出版社，2011年，第502—506页。

② 何东昌主编：《中华人民共和国重要教育文献(1949—1997)》，海南出版社，1998年，第180页。

③ 郭蒲青：《洛阳市关于巩固、提高民办中小学的几项措施》，《人民教育》，1958年第9期，第39页。

④ 陈玉玲、邵艳红：《历程、特征与优化：我国中小学生学业负担治理研究》，《教育发展研究》，2022年第4期，第22页。

1955年),拉开了我国减轻中小学学业负担的序幕。在减轻中小学生学业负担的背景下,减轻教师工作负担也成了民众关注的重要议题。《关于整顿和改进小学教育的指示》指出:"为了纠正教师、学生过多地参加社会活动和校内非教学活动的偏向",增强师生健康,要求"小学校的工作和学习,应由教育行政部门统一领导布置,其他单位和团体,不得直接向学校布置工作,以免妨害学校工作计划的进行",其中"教师在学期当中,参加校内外社团活动时间,每人每月不得超过十二小时,寒暑假期间不得超过整个假期的六分之一(假期集中学习包括在内)";"适当精简学校内的非教学组织,减少会议,减少教师与校长的兼职";等等。[①]《关于保证学生、教师身体健康和劳逸结合问题的指示》(中共中央、国务院,1960年)指出:为了保证教师的健康和进修,"须贯彻执行劳逸结合和大集体小自由的原则,通盘安排工作、学习和休息等时间。首先,必须切实保证他们每日有8小时的睡眠和适当的运动、娱乐等时间。星期六晚上和星期天的时间,应当由他们自由支配";"除去为确有必要,并且经过学校党委决定,偶尔安排学习、工作和其他任务、集体活动的以外。学校的党、团和行政必须切实负责保证一律由学生、教师自行支配"。[②]《关于一九六一年和今后一个时期文化教育工作安排的报告》(中共中央批转中央文教小组,1961年)指出,学校须切实保证教学时间,控制劳动时间,做到劳逸结合,适当减轻教学和科学研究任务,增加睡眠和休息的时间,以保证教师健康。[③]《全日制小学暂行工作条例(草案)》《全日制中学暂行工作条例(草案)》(中共中央,1963年)也规定,未经相关部门批准,不得随意抽调教师参加校外工作,严格保证教师的业务工作和休息的时间。中学要求"教师兼任教学以外的工作不要过多","至少有六分之五的工作日用在业务工作上;政治学习和党、团、工会的会议以及社会活动,要求小

① 中共中央文献研究室编:《建国以来重要文献选编》第4册,中央文献出版社,2011年,第502—506页。

② 何东昌主编:《中华人民共和国重要教育文献(1949—1997)》,海南出版社,1998年,第989页。

③ 中共中央文献研究室编:《建国以来重要文献选编》第14册,中央文献出版社,2011年,第148—157页。

学每周应该控制在六小时以内，中学应控制在六分之一的工作日以内，除学校统一规定的重大活动外，业余时间和假期都由教师自己支配”；小学教师要求“除带领学生集体劳动，参加校内的清洁卫生等劳动外，不再规定其他劳动任务”；中学教师“包括带领学生劳动的时间在内，平均每年半个月到一个月。男教师在四十五岁以上，女教师在四十岁以上，不参加体力劳动；体弱多病的教师和怀孕、喂奶的女教师不参加体力劳动”。[①]

全国各地纷纷响应减轻中小学教师工作负担的要求。以山西省为例，早在1956年，该省针对中小学教师负担过重问题，提出了诸多改进指示。第一，今后各部门应通过教育行政部门向学校布置工作。一切社会活动和公益活动以不影响学校教育教学工作为限，并确保师生的健康为原则；不抽调教师做中心工作和与学校无关的其他工作。第二，教师校外兼职应尽量减少，一般以兼任一职为原则，至多不得超过两职；除人大代表、人民委员会委员、政协委员、党派组织和教育工会等方面的职务可兼任外，一般不宜兼任其他职务。第三，不应让教师参加各部门召开的与学校无直接关系的会议和群众集会。[②] 总之，该省尽量减少教师兼职与会议，保证教师有充裕的教学工作时间；取消教师坐班制，改进集体备课制度，其中乡村初级小学教师除参加中心小学的教研会议外，不再以中心学区为单位举行集体备课；农村小学教师星期日集中文化学习实行隔周制，让年老有病和怀孕的教师可以自学。[③]

三、关注与提高乡村教师的待遇

关注与提高乡村教师的待遇主要包含关注乡村教师的经济待遇(含工

---

① 《中国教育年鉴》编辑部编:《中国教育年鉴(1949—1981)》,中国大百科全书出版社,1984年,第701、704页。

② 《山西省人民委员会关于克服中小学和师范学校混乱现象的指示》(1956年11月27日),《山西政报》,1956年第23期,第37—38页。

③ 《山西省人民委员会关于克服中小学和师范学校混乱现象的指示》(1956年11月27日),《山西政报》,1956年第23期,第37—38页。

资、生活补助与津贴），提高乡村教师的精神待遇（含提高社会地位、给予奖励与荣誉）以及保障乡村教师的福利待遇等方面的内容。

（一）关注经济待遇

新中国成立后，通过统一工资标准、实施工资待遇改革，推行教师工龄教龄计算办法并给予教龄津贴，提升乡村教师的生活待遇等方式，改善乡村教师的经济待遇，为乡村教师队伍建设的过渡与探索提供了保障。

1. 实施工资待遇改革

第一，统一中小学教师工资标准的探索与实践。1952 年、1954 年全国各级学校教职工两次统一工资标准，1955 年教职工工资实行货币制，1956 年全国教育事业工资改革以及 1977 年全国公立学校教职工调整工资等，都是这一时期我国中小学教师工资待遇改革的主要举措。

为了改变新中国成立之初老解放区和新解放区分别实施的教师供给制和实物（小米）工资制度，1952 年 7 月教育部实施第一次全国性教师工资改革，发布了《全国各级学校教职员工工资标准表》（教育部，1952 年），要求全国中小学教师一律实施以工资分为单位（按粮、布、油、盐、煤 5 种实物价格综合折算货币工资额的一种单位）的工资标准，初步统一全国各级学校教师工资标准并提高其工资待遇。该通知还规定：

> 中等学校教职员工待遇暂按大、中、小城市三种不同地区分别求出平均工资数，作为评定各人工资的参考；小学教职员工待遇暂按大、中、小城市、乡村四种不同地区分别求出平均工资数，作为评定各人工资的参考。在评定各级学校教职员工的工资时，还应根据按劳取酬交叉累进工资制的原则和下列各项具体条件：(1)国家所规定的增加工资的百分比及经费；(2)教职员工的德、才、资（包括学历、经历、服务年限），其中以德才为主，资历次之；(3)当地的生活程度；(4)原来的工资待遇。根据上述四方面的条件，再参考

工资标准表评定。[①]

该工资标准有35个工资等级。其中,全国中等学校教师有17个等级,而初等学校(前者教师16个等级)有18个等级。[②] 其教职员工的工资标准见表3.14。

表3.14　全国初等学校教职员工工资标准(1952年)

<table>
<tr><td colspan="2" rowspan="2">项目</td><td colspan="18">级别</td></tr>
<tr><td>18</td><td>19</td><td>20</td><td>21</td><td>22</td><td>23</td><td>24</td><td>25</td><td>26</td><td>27</td><td>28</td><td>29</td><td>30</td><td>31</td><td>32</td><td>33</td><td>34</td><td>35</td></tr>
<tr><td colspan="2">工资/分</td><td>305</td><td>285</td><td>265</td><td>245</td><td>225</td><td>210</td><td>195</td><td>180</td><td>165</td><td>150</td><td>140</td><td>130</td><td>120</td><td>110</td><td>100</td><td>90</td><td>80</td><td>70</td></tr>
<tr><td rowspan="12">初等学校</td><td rowspan="3">大城市</td><td colspan="11">校长</td><td></td><td></td><td></td><td></td><td></td><td></td><td></td></tr>
<tr><td></td><td colspan="14">教导主任、教员、职员</td><td></td><td colspan="2"></td></tr>
<tr><td></td><td></td><td></td><td></td><td></td><td></td><td></td><td></td><td></td><td colspan="7">勤杂人员</td><td></td><td></td></tr>
<tr><td rowspan="3">中城市</td><td></td><td></td><td></td><td colspan="8">校长</td><td></td><td></td><td></td><td></td><td></td><td></td><td></td></tr>
<tr><td></td><td></td><td></td><td></td><td colspan="12">教导主任、教员、职员</td><td></td><td></td></tr>
<tr><td></td><td></td><td></td><td></td><td></td><td></td><td></td><td></td><td></td><td></td><td></td><td colspan="6">勤杂人员</td><td></td></tr>
<tr><td rowspan="3">小城市</td><td></td><td></td><td></td><td></td><td></td><td colspan="8">校长</td><td></td><td></td><td></td><td></td><td></td></tr>
<tr><td></td><td></td><td></td><td></td><td></td><td></td><td colspan="10">教导主任、教员、职员</td><td></td><td></td></tr>
<tr><td></td><td></td><td></td><td></td><td></td><td></td><td></td><td></td><td></td><td></td><td></td><td></td><td></td><td></td><td></td><td colspan="3">勤杂人员</td></tr>
<tr><td rowspan="3">乡村</td><td></td><td></td><td></td><td></td><td></td><td></td><td></td><td colspan="6">校长</td><td></td><td></td><td></td><td></td><td></td></tr>
<tr><td></td><td></td><td></td><td></td><td></td><td></td><td></td><td></td><td colspan="9">教导主任、教员、职员</td><td></td></tr>
<tr><td></td><td></td><td></td><td></td><td></td><td></td><td></td><td></td><td></td><td></td><td></td><td></td><td></td><td></td><td></td><td colspan="3">勤杂人员</td></tr>
</table>

资料来源:《中国教育年鉴》编辑部编:《中国教育年鉴(1949—1981)》,中国大百科全书出版社,1984年,第106、110页。

总之,1952年,中共中央通过对新民主主义革命时期的供给制和国民政府下采用的工资制进行充分的对比和分析,并进行一定改革,从而形成了新中国第一套工资制度。如表3.14所示,第一,初等学校城乡教师工资标

① 《中国教育事典》编委会编:《中国教育事典(初等教育卷)》,河北教育出版社,1994年,第266页。

② 《中国教育年鉴》编辑部编:《中国教育年鉴(1949—1981)》,中国大百科全书出版社,1984年,第106页。

准差距较大,且在大城市、中城市、小城市以及乡村中,乡村教师工资标准最低;第二,教导主任、职员与教师的工资标准相同;第三,乡村初等学校教师的工资标准分为9个等级,从最高工资分165分,其次为150分,然后是140分,每个等级依次递减10分,最末等级80分。

《关于修订全国初等学校教职员工工资标准及有关事项的通知》(教育部,1954年)、《关于修订全国中等学校教职员工工资标准及有关事项的通知》(教育部,1954年)等,以新的中等学校、初等学校教职工的工资标准取代1952年的工资标准。上述文件关注到小学教师工资水平的提高,重点关注小学教师物质生活的改善。1954年全国初等学校教职员工工资标准见表3.15。

表3.15　全国初等学校教职员工工资标准(1954年)

级别	工资/分	级别	工资/分	级别	工资/分	级别	工资/分
1	345	6	240	11	160	16	105
2	320	7	220	12	145	17	95
3	300	8	205	13	135	18	85
4	280	9	190	14	125	19	75
5	260	10	175	15	115		

注:(1)本标准适用于全国初等学校教师。(2)一般地区中某些地区由各省根据实际情况将教职员最低工资起点改按85分执行。

资料来源:《全国初等学校教职员工资标准》,C61-7-95,太原:山西省档案馆。转引自訾振培:《建国初期临汾县中小学教师工资及生活状况研究(1949—1956)》,山西师范大学硕士学位论文,2014年,第12页。

如表3.15所示,1952年初等学校教师的18级工资标准改成了1954年的19级工资标准,全国各级学校教职工的工资标准再次统一:"中、初等学校教职工工资标准取消了大城市、中城市、小城市和乡村的分类,改为省辖市以上城市和一般地区两类";"在1952年工资等级不变的基础上,普遍增加了各级的工资分";"对工作中(特别是教学和科学研究)有显著成绩的、职务提升和工资级别不相称的、原工资级别较低的教职工,在总人数15%的范围内提升了工资级别”。[①] 由此,中小学教师的工资(分)标准有所提高。

为了适应国民经济发展和城乡人民生活水平逐步提高的现实,1955年10月、11月,高等教育部、教育部根据《关于国家机关工作人员全部实行工资制和改行货币工资制的命令》(国务院,1955年)先后发布通知,废止工分计算方法,并将高校、中等学校和初等学校教职工工资标准修订为货币工资标准,要求“从1955年7月起执行,并按国家统一规定加发物价津贴,并有10%的教职工提升了工资级别”[②]。第二年,全国性教师工资改革完成由工资制度代替供给制度,促使教师工资水平稍有提高。1955年全国初等学校工作人员工资标准见表3.16。

表3.16　全国初等学校工作人员工资标准(1955年)

级别	工资/元	级别	工资/元	级别	工资/元	级别	工资/元
1	75.9	6	52.8	11	35.2	16	23.1
2	70.4	7	48.4	12	31.9	17	20.9
3	66.0	8	45.1	13	29.7	18	18.7
4	61.6	9	41.8	14	27.5	19	16.5
5	57.2	10	38.5	15	25.3		

资料来源:《实行货币工资和调整工资标准的通知及规定》,C68-4-26,太原:山西省档案馆。转引自訾振培:《建国初期临汾县中小学教师工资及生活状况研究(1949—1956)》,山西师范大学硕士学位论文,2014年,第13页。

《关于工资改革的决定》(国务院,1956年)等文件启动了全国性的工资改革,要求全面取消工资分,实行以货币规定工资标准,并建立了职务等级工资制,规定自1956年4月1日起施行新的工资标准,适当提高工资水平,尤其是对于现行工资待遇比较低的小学教职员“应该有较多的提高”。[③]《关

---

① 《中国教育年鉴》编辑部编:《中国教育年鉴(1949—1981)》,中国大百科全书出版社,1984年,第106页;《中国教育事典》编委会编:《中国教育事典(初等教育卷)》,河北教育出版社,1994年,第267页。

② 《中国教育事典》编委会编:《中国教育事典(初等教育卷)》,河北教育出版社,1994年,第267页。

③ 《中国教育年鉴》编辑部编:《中国教育年鉴(1949—1981)》,中国大百科全书出版社,1984年,第107页。

于1956年全国普通教育、师范教育事业工资改革的指示》(教育部,1956年)等文件,将教师和行政人员的工资标准区分开来,并减少了工资等级,增大了级差。[①] 其中,全国中学教师工资标准表共10个级别,执行11种工资区类别,最高169元,最低37元;全国小学教师工资标准表共11个级别,执行11种工资区类别,最高97.5元,最低23元。此次工资改革使得小学教师工资大为提高。[②]

1959年,国家对工资级别偏低的少数教师进行了工资调整,其中普通中学教师工资升级面为4%。[③]《关于评定和提升全日制中、小学教师工资级别的暂行规定》(国务院,1960年)指出:“评定和提升教师的工资级别,应该以教师的思想政治条件和业务工作能力为主要依据,同时必须照顾其资历和教龄”;新参加工作的教师在见习期满后“应该根据城市和乡村不同的生活水平,及时地分别评定其工资级别”;工资级别起点方面,“中级师范学校和高级中学毕业生(或者具有同等学力的)担任小学教师的,从小学教师工资标准八级或者九级起;初级师范学校和初级中学毕业生(或者具有同等学力的)担任小学教师的,从九级或者十级起。高等师范学校本科毕业生(或者具有同等学力的)担任中学教师的,从中学教师工资标准八级起;专科毕业生(或者具有同等学力的)担任中学教师的,从九级起;中级师范学校和高级中学毕业生(或者具有同等学力的)担任初级中学教师的,从十级起”。[④] 而且,对于思想政治进步、工作积极努力以及在完成教学任务中有显著成绩的中小学教师,应优先提升工资级别。

1977年开始按照国务院的规定调整工资级别,规定对相当于国家机关

---

① 《中国教育年鉴》编辑部编:《中国教育年鉴(1949—1981)》,中国大百科全书出版社,1984年,第107页。

② 《中国教育事典》编委会编:《中国教育事典(初等教育卷)》,河北教育出版社,1994年,第268页;陈少平、张绘屏:《国家机关和事业单位工资制度变革》,中国人事出版社,1992年,第79—80页。

③ 刘英杰主编:《中国教育大事典(1949—1990)》,浙江教育出版社,1993年,第126页。

④ 冶金工业部劳动工资司编:《工资福利文件选编》第1册(工资奖励部分),冶金工业出版社,1981年,第83—94页。

18级以下干部的教职工,按40%的升级面调整工资级别。[①] 本次工资调整的重点是工作多年且工资偏低的教职工,同时对"1971年底以前参加工作的一级工,1966年底以前参加工作的二级工"及与之情况类似的教职工提升了工资级别。[②]

第二,在统一乡村教师工资标准,调整工资级别的同时,注重提高教师工资。1951年,韦悫指出,各地应"改善教师的待遇,以安定教师的情绪,稳定许多农村小学动荡不安的局面",规定乡村小学教师每月工资最低标准"应以相当于灶供给制,不低于180斤至200斤粮食为原则",工资每年应以12个月计算,按月发给;各省市应根据城乡差别规定工资标准,每月工资除酌发部分粮食外,其余应按政府规定的财政米价折款发给,不得随便按低价发款;各地应纠正个别地区发生的欠薪、扣薪、不发薪、发霉米坏米等现象。[③]《关于整顿和改进小学教育的指示》指出:"对于小学教师的工资,目前一般暂维现状,但对依靠工资为生而没有其他收入的多子女的、有特殊困难的教师必须酌予补助",同时对少数工资过低者酌予调整。[④] 为解决小学教师待遇低、地位低、质量低的问题,《关于提高小学教师待遇和社会地位的报告》(教育部,1956年)指出:"应根据'按劳取酬'、'同工同酬'的工资原则和小学教师劳动复杂、工作繁重的情况,确定小学教师的工资地位。农村小学教师的工资水平,应当不低于同等程度的其他部门人员。"[⑤]因此,1956年教育事业单位平均工资提高28.72%,其中小学教师工资由调整之前的30.30元

① 《中国教育年鉴》编辑部编:《中国教育年鉴(1949—1981)》,中国大百科全书出版社,1984年,第107页。

② 《中国教育事典》编委会编:《中国教育事典(初等教育卷)》,河北教育出版社,1994年,第269页。

③ 何东昌主编:《中华人民共和国重要教育文献(1949—1997)》,海南出版社,1998年,第109—112页。

④ 中共中央文献研究室编:《建国以来重要文献选编》第4册,中央文献出版社,2011年,第502—506页。

⑤ 《中国教育事典》编委会编:《中国教育事典(初等教育卷)》,河北教育出版社,1994年,第268页。

提高至40.13元,工资提高了32.88%。[①] 可见,在统一工资标准的基础上,我国中小学教师工资有所提升。《关于1960年高等学校和国家举办全日制中小学教师工资升级工作的几点意见》(教育部,1960年)指出:从该年3月起,"中小学教师升级面为25%"。[②]《全日制小学暂行工作条例(草案)》则指出,必须做好教师的工资级别的评定和调整工作,其中少数优秀教师可以越级提升,长期从事教育工作且成绩优异的教师的工资待遇应较高。[③]《关于1963年全国各级公办学校教职工工资调整工作的几点意见》(教育部,1963年)指出,教师"相当于国家机关17级到14级的干部升级面为25%,13级至11级的为5%,10级以上的不升级。相当于国家机关17级以上的教师和高等学校教学辅助人员,可按中央或地方规定给予适当照顾,其余人员的升级面为40%"[④]。到1971年,根据《关于调整部分工人和工作人员工资的通知》(国务院,1971年),对少数工龄长、工资低的教师工资做了一些调整。[⑤]《关于中小学财务管理若干问题的意见》(国务院科教组、卫生部、财政部,1974年)则关注到民办教育待遇,提出"以全国为单位计算民办教师的补助费,小学教师每人每年为170元,中学教师为210元"[⑥]。各地纷纷实施中小学教师工资待遇改革,其中山西省发布的《关于调整初等学校教职员工工资及有关事项的通知》(山西省人民政府,1954年)、《关于调整中等学校教职员工工资及有关事项的通知》(山西省人民政府,1954年)等文件规定,全省初等学校和中等学校分别根据《全国初等学校教职员工工资标准表》《全国中等学校教职员工工资标准表》调整工资,对于工作(特别是教学

① 中央教育科学研究所编:《中华人民共和国教育大事记(1949—1982)》,教育科学出版社,1984年,第160页。

② 刘英杰主编:《中国教育大事典(1949—1990)》,浙江教育出版社,1993年,第126页。

③ 《中国教育年鉴》编辑部编:《中国教育年鉴(1949—1981)》,中国大百科全书出版社,1984年,第701页。

④ 刘英杰主编:《中国教育大事典(1949—1990)》,浙江教育出版社,1993年,第126页。

⑤ 《中国教育年鉴》编辑部编:《中国教育年鉴(1949—1981)》,中国大百科全书出版社,1984年,第107页。

⑥ 何东昌主编:《中华人民共和国重要教育文献(1949—1997)》,海南出版社,1998年,第1517页。

方面)有显著成绩者、原工资级别评定的较低与同级人员相比显然不合理者、本人目前职务与工资等级显然不相称者,可考虑升级;中小学教师工资均应注意改善城郊、城乡之间工资悬殊的现象,尤其是小学教师工资应"应着重水平较低地区,重点放在农村"。[①]

2. 制定工龄、教龄计算办法

《关于小学教职员工龄教龄调动工作和某些福利事项的通知》(教育部,1954年)指出:"公立小学教职员的工龄计算,应和一般机关工作人员一样,从当地解放后正式参加工作时算起。早先在老根据地、解放区任教并服从革命政府调遣者,其任教期间应计算在工龄内";由政府机关调入学校工作或由学校调入政府机关工作者,其工作年限也计算在工龄内;在职小学教职员调入学校进修学习者,其学习时间仍计算在工龄内;教师教学年龄,"参照1953年1月26日中央人民政府公布的《中华人民共和国劳动保障条例实施细则修正草案》第十章的规定,将解放前担任教学的年数计算在教学年龄内"。[②] 教师工龄、教龄计算办法的制定,有助于加强教师队伍的稳定性。

《关于提高小学教师待遇和社会地位的报告》指出,应当实行教龄津贴的工资制度。1961年8月,教育部向中央提出实施教师教龄津贴的办法。1962年12月,周恩来总理指示,教龄津贴可先在中小学实行。《全日制小学暂行工作条例(草案)》则要求,应该对长期从事教育工作的教师,实行教龄津贴制度。[③] 1963年,教育部还拟定了《中小学教师教龄津贴暂行规定(草案)》(教育部,1963年)。但遗憾的是,这一时期教龄津贴并未得以实施。[④]

---

① 《山西省人民政府关于调整初等学校教职员工工资及有关事项的通知》(1954年11月25日),《山西政报》,1954年第23期,第51—52页;《山西省人民政府关于调整中等学校教职员工工资及有关事项的通知》(1954年11月26日),《山西政报》,1954年第23期,第49页。

② 《山西省人民政府教育厅为转发中央"关于小学教职员工龄教龄调动工作和某些福利事项的通知"的通知》(1954年8月19日),《山西政报》,1954年第16期,第86—87页。

③ 《中国教育年鉴》编辑部编:《中国教育年鉴(1949—1981)》,中国大百科全书出版社,1984年,第701页。

④ 刘英杰主编:《中国教育大事典(1949—1990)》,浙江教育出版社,1993年,第131页。

3. 关注生活待遇的提升

关注并解决乡村教师生活待遇问题,有助于提高乡村教职的吸引力,调动乡村教师工作的积极性。《全日制小学暂行工作条例(草案)》《全日制中学暂行工作条例(草案)》指出,应关心教师的生活,妥善安排教师的宿舍和伙食,使教师在副食品和日用品供应上与当地脱产干部享受同等待遇。[①] 这一时期,加强对民办教师的生活补助成为改善乡村教师生活待遇的重要内容。《关于整顿和发展民办小学的指示》规定,对民办小学的补助经费,"平均按公立小学开支标准的百分之五十计算列入国家预算,由各大行政区、省、市教育行政部门逐级掌握调剂,合理使用,保证民办小学的教师大体上能与公立小学的教师享受同等待遇"[②]。《关于人民公社社办中小学经费补助的规定》指出,民办教师补助的经费"以补助解决教师工资、专职教师的集体福利(如医疗费等)为主"[③]。1973 年后,因中小学校不再分为公办、民办,直接由国家对民办教师进行生活补助。《关于中小学财务管理若干问题的意见》规定:"民办教师的补助费,全国平均计算,暂按每人每年小学 170 元,中学 210 元";同时,由社队按全劳力给他们记工分,实行男女同工同酬。[④]

各地也积极关注与解决乡村教师生活待遇问题。如山西省的《关于认真解决好农村小学教师和中等学校学生粮、油、副食品、日用工业品供应问题的紧急通知》(中共山西省委员会、山西省人民委员会,1961 年)规定:第一,"各生产大队对农村小学教师的留粮标准,必须按照一般劳动力的平均留粮标准留粮";第二,教师粮、油供应的方法应由公社、生产大队负责按每年一次或两次统一卖给国家,再由当地粮站用三联单的形式,按月供应教师;第三,国家粮站给教师补助差额时,须按照省规定的教师供应标准与生

---

① 《中国教育年鉴》编辑部编:《中国教育年鉴(1949—1981)》,中国大百科全书出版社,1984 年,第 701、704 页。

② 何东昌主编:《中华人民共和国重要教育文献(1949—1997)》,海南出版社,1998 年,第 180 页。

③ 《财政部、教育部关于人民公社社办中、小学经费补助的规定》,《中华人民共和国国务院公报》,1960 年第 16 期,第 327 页。

④ 刘英杰主编:《中国教育大事典(1949—1990)》,浙江教育出版社,1993 年,第 137 页。

产大队留粮进行结算,差多少补多少,不得压低标准或平均补助,在品种上应与当地干部相同,且不供应原粮;第四,“农村公办小学的试用教师和代理教师,应与正式教师同样享受粮、油差额补助及副食品、日用工业品的供应”,“农村小学女教师随带的未达劳动年龄的子女,其粮、油亦应由教师所在生产大队按当地同类人口的留粮标准,留粮供应”;第五,在乡村小学教师粮、油供应问题未解决以前,各地粮食部门仍应继续按月借给,待各生产大队按照上述办法切实解决以后,由学校负责进行结算,分期扣还或抵拨差额补助;乡村小学教师的副食品、日用工业品(包括布票、棉花),应按照当地规定的国家机关干部供应标准供应。[①] 这些规定为改善该省乡村小学教师的生活待遇提供了保障。

(二)提高精神待遇

提高乡村教师的精神待遇主要包括注重提高教师的社会地位、奖励优秀教师等方面的内容。

1. 提高教师社会地位

国家采取一系列举措提高教师的社会地位:号召人民尊敬教师,加强尊师重教宣传;举行优秀教师大会,选举优秀教师为人民代表;评选先进教育工作者和先进集体出席全国先进生产者代表大会;等等。1949年底召开的第一次全国教育工作会议就提出,应提高教育工作者的社会地位;1950年8月,中国教育工会第一次全国代表大会也提出,各级人民政府和人民代表会议应注意吸收教师代表参与;1956年10月5日,《人民日报》发表社论《不许歧视小学教师》,要求在社会上树立尊重和爱护小学教师的风气;20世纪50年代末,各地在中小学教师中评选了模范教师、先进工作者;1960年6月,北京召开全国教育和文化、卫生、体育、新闻方面社会主义建设先进工作者代

① 《中共山西省委员会、山西省人民委员会关于认真解决好农村小学教师和中等学校学生粮、油、副食品、日用工业品供应问题的紧急通知》(1961年12月29日),《山西政报》,1962年第1期,第25—27页。

表大会,邀请中小学教师代表参加,并给予中小学教师先进工作者荣誉称号;邀请中小学教师参加各级人民代表大会和各级政治协商会议;等等。[①]总体上讲,新中国成立至1956年,教师的社会地位不断上升,但1957年的反右运动使得知识分子思想改造走向极端,对中小学教师的社会地位产生了冲击,一大批中小学教师被错划为"右派分子";1958年开始的"大跃进"运动以及此后的"文化大革命"较大程度上挫伤和打击了教师教学工作的积极性,教师作为"资产阶级知识分子""臭老九""牛鬼蛇神"等被大加批判,其社会地位一落千丈。

2.奖励优秀教师

奖励优秀教师有助于激发教师工作的积极性。相关举措如:给予模范教师物质和精神层面的奖励;加强优秀教师评选活动宣传,召开优秀教师会议,总结并推广优秀教师的经验;对服务已达一定年限的优秀教师,保送其升学深造;等等。《关于推选优秀教师的几点意见的通知》(教育部,1955年)提出:"对于优秀教师几年来的辛勤劳动加以表扬,在全体教师中树立奋斗目标,对优秀教师的经验加以总结",以带动全体教师提高水平;"对教师的奖励,一般以实物奖励为宜,不要轻易颁发奖状、奖章"。[②]《关于提高小学教师待遇和社会地位的报告》规定:"对有特殊贡献的优秀教师,给予特级待遇",并"定期举行优秀教师代表会议,总结、推广优秀教师的经验,以提高人民教师的荣誉感"。[③] 1956年7月,首次尝试特级教师评选,并提升了中小特级教师的工资待遇。如北京市小学特级教师工资定为"相当于中学教师三级",中学特级教师的工资"相当于高等学校六级(教授)";至1966年,该

① 《中国教育年鉴》编辑部编:《中国教育年鉴(1949—1981)》,中国大百科全书出版社,1984年,第125页。

② 何东昌主编:《中华人民共和国重要教育文献(1949—1997)》,海南出版社,1998年,第413页。

③ 《中国教育事典》编委会编:《中国教育事典(初等教育卷)》,河北教育出版社,1994年,第268页。

市评选特级教师共40余人(中学9人,小学32人)。[①]《关于评定和提升全日制中、小学教师工资级别的暂行规定》指出,在学期末或学年末,应对有卓越贡献的中小学教师给予必要的精神或物质的奖励。[②]《全日制小学暂行工作条例(草案)》《全日制中学暂行工作条例(草案)》还要求教育行政部门鼓励教师树立长期为教育事业服务的思想,表扬和鼓励优秀教师,特别是长期从事教育工作、成绩优异的教师。[③]

(三)保障福利待遇

继承新民主主义革命时期中国共产党关注教师社会福利待遇的优良传统,新中国成立后,党和政府先后出台了系列有关中小学教师社会福利保障的规定,除了延续新民主主义革命时期土地代耕、医疗以及女教师产育期间待遇等社会福利,还增加了教师子女入学、解放夫妻两地分居、教师暑期疗养等福利。

1. 女教师产假期间待遇

随着乡村教师队伍中女教师所占比重的逐年增加,女教师怀孕、生产及其哺乳期间的待遇问题也受到了政府的关注。参照《中华人民共和国劳动保险条例》(政务院,1953年)发布的《关于女教职工生育待遇的规定》(高等教育部,1953年)具体规定:

(1)女教职员工生育,产前产后共给假56日,产假期间,工资照发。

(2)女教职员工怀孕不满7个月小产时,得根据医师的意见给予30日以内的产假,产假期间,工资照发。

---

① 《中国教育事典》编委会编:《中国教育事典(初等教育卷)》,河北教育出版社,1994年,第268页。

② 冶金工业部劳动工资司编:《工资福利文件选编》第1册(工资奖励部分),冶金工业出版社,1981年,第83—94页。

③ 《中国教育年鉴》编辑部编:《中国教育年鉴(1949—1981)》,中国大百科全书出版社,1984年,第701、704页。

(3)女教职员工难产或双生时,增加假期14日,工资照发。

(4)女教职员工产假期满(不论正产或小产),因身体病弱仍不能工作,经医师证明者,按因病请假的规定办理。[①]

《关于适当解决小学、幼儿园教职员工福利问题的几项原则的决定》(教育部、财政部、卫生部,1953年)还补充规定:“小产:怀孕在三个月以内者,给假15天;三个月以上满七个月者,给假30天。假期内工资照发。”[②]《关于女工作人员生产假期的通知》(国务院,1955年)再行补充:“产前产后共给假56天,难产或双生增加假期14天”,“怀孕不满7个月流产时,得根据医师意见,给予30日以内的产假”。[③] 由此,有关女教师产育期间的假期和待遇得以进一步完善。《全日制小学暂行工作条例(草案)》《全日制中学暂行工作条例(草案)》还指出:“对女教师的特殊困难应该予以照顾,并且要妥善解决教师在产假、病假期间的代课问题。”[④]

2. 教师退职退休待遇与福利费

有关教师退休退职待遇,《国家机关工作人员退休处理暂行办法》(国务院,1955年)、《国家机关工作人员退职处理暂行办法》(国务院,1955年)和《国家机关工作人员退职、退休时计算工作年限的暂行规定》(国务院,1955年)等文件规定,公办学校教师从1956年1月1日起实行退休、退职制度。《关于工人、职员退休处理的暂行规定》(国务院,1958年)和《关于工人、职员退职处理的暂行规定(草案)》(国务院,1958年)规定,男工人、职员年满六十周岁,连续工龄满五年,一般工龄满二十年,女工人年满五十周岁、女职员年满五十五周岁,连续工龄满五年,一般工龄满十五年者,应该退休,退休

① 《中国教育年鉴》编辑部编:《中国教育年鉴(1949—1981)》,中国大百科全书出版社,1984年,第108页。

② 何东昌主编:《中华人民共和国重要教育文献(1949—1997)》,海南出版社,1998年,第235页。

③ 国家人事局编:《人事工作文件选编(3):干部福利部分》,国家人事局,1980年,第397页。

④ 《中国教育年鉴》编辑部编:《中国教育年鉴(1949—1981)》,中国大百科全书出版社,1984年,第701页。

后按月发给退休费，直至本人去世为止。[①] 此后至1977年，教师退休退职待遇都按照这些文件的标准执行。

关于教师福利费，1954年的《关于各级人民政府工作人员福利费掌握使用办法的通知》(政务院，1954年)便已规定给予教师福利费，主要用于解决其家属生活费、家属患病治疗医药费、子女教育费、家属来机关探望返家路费、家属因生育而发生的困难等。[②] 该文件后来修订成了《关于国家机关工作人员福利费掌管使用的暂行规定》(国务院，1957年)，并增加了集体福利事业项目。《关于进一步改进中等及初等学校教职员工福利费的管理和使用的指示》(教育部、中国教育工会全国委员会，1956年)针对当时福利费申请存在的诸多问题，要求乡村以乡或学区为单位，由行政、工会和教师选举的代表等组成基层教工福利委员会，负责福利费的使用和审批工作。[③]《关于改进国家机关、人民团体和事业单位工作人员福利工作的请示报告》(国务院转发国务院人事局，1958年)、《关于国家机关和事业单位工作人员福利费掌管使用问题的通知》(内务部，1965年)等提出，对工作人员的困难补助应本着政治教育和物质帮助相结合的原则，提倡勤俭持家，发扬艰苦朴素作风，克服单纯依赖国家补助，实行计划生育，安排好自己的生活等。[④]《全日制小学暂行工作条例(草案)》《全日制中学暂行工作条例(草案)》规定，教工福利费应由地方行政部门按上级规定拨给学校，不得挪作他用；学校和教育工会应根据上级规定合理使用相关费用。[⑤]

---

① 中共中央文献研究室编：《建国以来重要文献选编》第11册，中央文献出版社，2011年，第137—141页。

② 《中国教育年鉴》编辑部编：《中国教育年鉴(1949—1981)》，中国大百科全书出版社，1984年，第109页。

③ 教育部、中国教育工会全国委员会：《关于进一步改进中等及初等学校教职员工福利费的管理和使用的指示》，《中华人民共和国国务院公报》，1956年第39期，第1017页。

④ 《中国教育年鉴》编辑部编：《中国教育年鉴(1949—1981)》，中国大百科全书出版社，1984年，第110页。

⑤ 《中国教育年鉴》编辑部编：《中国教育年鉴(1949—1981)》，中国大百科全书出版社，1984年，第701、704页。

3. 教师医疗待遇与病假、探亲假期间待遇

新中国成立后，同样推行教师公费医疗待遇。《关于全国各级人民政府、党派、团体及所属事业单位的国家工作人员实行公费医疗预防的指示》（政务院，1952 年）规定，各级各类学校教师自 1952 年 7 月起实行公费医疗待遇，患病医疗费拨付患病医疗的门诊、住院所需的诊疗费、手术费、住院费、门诊或住院所用的药费等，均由医疗费拨付。[①] 针对乡村教师缺乏相应医疗条件的现实，《关于适当解决小学、幼儿园教职员工福利问题的几项原则的决定》规定："在农村无卫生医疗设施，或医疗力量管理不到的地区，可暂按每人每月 2 万元（笔者注——旧币，相当于人民币 2 元）计算，交予县（旗）文教行政部门统一掌握。重点使用，拟定办法，聘请中医治疗。"[②]1956 年毛泽东主席、周恩来总理批示解决小学教师待遇低等问题时，再次明确"公立、社办、民办、私立小学教师一律享受公费医疗待遇"[③]。

有关教师病假期间待遇，《关于各级人民政府工作人员（包括公立学校之工作人员），在患病期间待遇暂行办法的规定》（政务院，1952 年）指出："供给制人员和 1948 年底以前参加革命工作者，其原享受之供给、津贴或工资一律照发"；"1949 年以后参加革命工作者，其患病期间在 1 个月以内者，原工资照发；1 个月以上至 6 个月者，发给原工资 80%；6 个月以上者，发给原工资 60%—80%"；"工作人员患病，不论在 6 个月以下或 6 个月以上，均按政务院颁布的《关于全国各级人民政府、党派、团体及所属事业单位的国家工作人员实行公费医疗预防的指示》办理"；"工作人员在患病期间，其家属生活确有困难者，应根据其实际情况，酌予补助"。[④]《国家机关工作人员

① 《中国教育事典》编委会编：《中国教育事典（初等教育卷）》，河北教育出版社，1994 年，第 266 页。

② 何东昌主编：《中华人民共和国重要教育文献（1949—1997）》，海南出版社，1998 年，第 235 页。

③ 《中国教育事典》编委会编：《中国教育事典（初等教育卷）》，河北教育出版社，1994 年，第 268 页。

④ 《中国教育年鉴》编辑部编：《中国教育年鉴（1949—1981）》，中国大百科全书出版社，1984 年，第 108 页。

病假期间生活待遇试行办法》(国务院,1955年)规定,工作人员病假期间的生活待遇为:“病假在6个月以内的,头1个月工资照发,从第二个月起,按以下标准发给工资:工作年限不满两年的发给本人工资(标准工资加所在地物价津贴)的70%;满两年不满5年的发给本人工资的80%;满5年不满10年的发给本人工资的90%;满10年和10年以上的发给本人工资的100%”;“病假超过6个月的,从第七个月起按下列标准发给生活费:工作年限不满两年的,发给本人工资的50%;满两年不满5年的,发给本人工资的60%;满5年不满10年的,发给本人工资的70%;满10年和10年以上的,发给本人工资的80%”,直至其恢复工作或退休退职时止;对革命有重大功绩,对社会有特殊贡献者,病假期间的生活待遇可酌量提高。[①]《关于享受公费医疗的国家工作人员到外地就医路费问题的报告》(国务院批转卫生部、财政部,1964年)还规定:“凡经批准到外地就医病人的往返车、船费(不包括旅馆费和途中伙食补助费),可参照旅差费的规定,在原单位旅差费项下报销。”[②]

教师享受探亲假待遇。《关于工人、职员回家探亲的假期和工资待遇的暂行规定》(国务院,1958年)规定:工作满1年公办学校教师,同父亲、母亲、配偶都不住在一起而又不能够利用公共休假日回家团聚者,每年可以享受1次2—3周的假期,探亲假期间本人标准工资照发。[③]《关于各级学校教职工探亲假以及回家探亲往返车船费问题的请示报告》(国务院批转教育部,1962年)规定:凡有假期规定的教学人员、行政人员(包括高等学校教学辅助人员),可在寒、暑假期间由个人自行安排探亲假。[④]

实际上,除了上述福利待遇,1951年各级政府还提出:给予乡村教师节日慰劳,解决土地代耕等困难,协助教育工会解决教师疾病、死亡等福利问

---

① 《中国教育事典》编委会编:《中国教育事典(初等教育卷)》,河北教育出版社,1994年,第267—268页。

② 国家人事局编:《人事工作文件选编(3):干部福利部分》,国家人事局,1980年,第416页。

③ 《中国教育事典》编委会编:《中国教育事典(初等教育卷)》,河北教育出版社,1994年,第269页。

④ 国家人事局编:《人事工作文件选编(3):干部福利部分》,国家人事局,1980年,第437页。

题;适当解决教师子女入学问题,设法减免贫苦教师子女学杂费,或请领人民助学金。[1] 1956年,中共中央提出要妥善解决教师夫妻两地分居问题,组织部分具有讲师职称以上教师暑期到当地或外地休养或参观旅游等。[2]

综上所述,中央政府通过整顿乡村教师队伍、减轻乡村教师工作负担等加强乡村教师队伍的管理;通过实施工资待遇改革、制定工龄教龄计算办法、提高生活待遇等改善乡村教师的经济待遇;通过提高教师社会地位、奖励优秀教师等提高乡村教师的精神待遇;通过提高女教师产假期间待遇、教师退职退休待遇和福利费以及教师医疗待遇与病假、探亲假期间待遇等保障教师福利待遇。上述诸多举措,促使乡村教师队伍建设取得了一定的成效。

---

① 何东昌主编:《中华人民共和国重要教育文献(1949—1997)》,海南出版社,1998年,第109—112页。

② 何东昌主编:《中华人民共和国教育史》(上),海南出版社,2007年,第251页。

第四节 加强乡村教师队伍建设的成就与困境

这一时期在加强乡村教师队伍补充和在职教师进修，提高乡村教师工资福利待遇，注重教师奖励等方面均做出了努力，但受政治环境、经济发展状况等因素的影响，乡村教师经济待遇和政治待遇状况均出现波动变化，乡村教师待遇偏低、教师队伍质量不高的状况并未得到较大改善。

一、建设的主要成就

(一)新中国乡村教师队伍初步形成

前述加强乡村教师队伍建设的政策文件的推行，促使新中国第一批乡村教师队伍初步形成。这是一支属于中华人民共和国和为人民服务的庞大乡村教师队伍，无论是在政治思想上还是在业务水平上都体现出中国共产党独特的精神特质。到1977年，乡村中小学教师情况见表3.17。

如表3.17所示，乡村初中教师由1962年的12.0743万人增至1977年的186.9617万人，增加了10倍以上；乡村小学教师由1962年的198.5万人增至1977年的456.6万人，增加了1倍之多。就乡村初中、小学教师占初中、小学教师总数的比重而言，前者由1962年的37.9%增至1977年的79.2%；后者由79.1%增至87.4%。总之，到1977年，乡村中小学教师共达643万人以上，该数量远远超过了新中国成立初期中共中央提出的百万名教师的要求。从小学、初中平均每班教师数、学生数及每教师负担的统计数据来看,乡村初中、小学教师数量基本上能满足乡村基础教育发展的需求。

表 3.17　1977 年初中、小学教师数、平均每班教师数、学生数及每教师负担的学生数统计

分城镇农村的初中、小学专任教师数									
总计/万人		城市/万人		县镇/万人		农村/万人		其中农村占比/%	
初中	小学	初中	小学	初中	小学	初中	小学	初中	小学
236.1109	522.6	31.5591	40.1	17.5871	25.9	186.9617	456.6	79.2	87.4

平均每班教师数、学生数及每教师负担的学生数					
平均每班教师数/人		平均每班学生数/人		平均每一教师担负的学生数/人	
小学	初中	小学	初中	小学	初中
1.22	2.3	34.2	44.9	27.9	19.8

资料来源:教育部编:《三十年全国教育统计资料(1949—1978)》,教育部,1979 年,第 160、161、186、189 页。

(二)乡村教师的培养与提升兼顾

第一,师范教育快速发展,补充和扩大了乡村教师队伍。我国师范教育在 1949 年、1950 年是恢复与整顿阶段,1951 年起进入发展阶段,1952 年获得快速发展且开始进入改造教育内容与提高教学质量的阶段,此后至 1957 年发展速度降低,且乡村教师数量逐年减少。

一是中等师范学校毕业生是我国乡村新师资的重要来源。中等师范教育发展情况见表 3.18。

如表 3.18 所示,中等师范教育经过 1949—1950 年的恢复与整顿,到 1951 年起进入发展阶段,1952 年快速发展,学校数增至 916 所,超过了新中国成立前的最高年的 902 所。其中,中级师范学校发展缓慢,初级师范学校成为发展重点,其学生数由新中国成立前最高年的 245,609 人发展至 1952 年的 345,163 人,其在中等师范学校学生中的比重由新中国成立前最高年的 68.7%增至 1952 年的 73.1%。有关这几年中等师范学校学生变化情况统计见表 3.19。

表3.18　1949—1977年中等师范学校及其学生概况统计

年份	学校/所			学生/人			其中学生占比/%			毕业生/人
	总计	中级	初级	总计	中级	初级	总计	中级	初级	
新中国成立前最高年	902	373	529	245609	76991	168618	100	31.3	68.7	
1949	610	321	289	151750	61370	90380	100	40.4	59.6	48000
1950	586	283	303	159363	61450	97913	100	38.6	61.4	52854
1951	744	321	423	219787	69203	150584	100	31.5	68.5	34683
1952	916	334	582	345163	93007	252156	100	26.9	73.1	27388
1953	788	362	426	369029	117329	251700	100	31.8	68.2	60016
1954	632	358	274	308014	130136	177878	100	42.3	57.7	97786
1955	515	366	149	218991	147624	71367	100	67.4	32.6	138346
1956	598	509	89	273417	234558	38859	100	85.8	14.2	98861
1957	592	492	100	295784	244432	51352	100	82.6	17.4	50393
1958	1028	761	267	386274	284166	102108	100	73.6	26.4	89668
1959	1365	1022	343	540075	374832	165243	100	69.4	30.6	118110
1960	1964	1289	675	838480	491796	346684	100	58.7	41.3	104741
1961	1072	1072		462068	385950	76118	100	83.5	16.5	123529
1962	558	558		182219	179244	2975	100	98.4	1.6	145795
1963	490	477	13	130661	129222	1439	100	98.9	1.1	89031
1964	486	471	15	134298	131320	2978	100	97.8	2.2	61732
1965	394	362	32	155004	151789	3215	100	97.9	2.1	18029
1966				134314						38593
1967				84067						52191
1968				30117						62230
1969				15234						21004
1970				32308						11316
1971	636	636		119590						51010
1972	645	645		195409						58725
1973	737	737		218160						84036
1974	725	725		285388						87950
1975	887	887		302288						124381
1976	982	982		304356						148398
1977	1028	1028		297882						161028

资料来源：教育部编：《三十年全国教育统计资料(1949—1978)》，教育部，1979年，第108、110、111、120—121页。

表 3.19　1949—1952 年中等师范学校学生数变化对比

年份	项目	学生数及变化
1946	学生/人	245609
1949	学生/人	151750
	与 1946 年比较/%	－38.2
1950	学生/人	159363
	与 1946 年比较/%	－35.1
	与 1949 年比较/%	＋5.0
1951	学生/人	219787
	与 1946 年比较/%	－10.5
	与 1949 年比较/%	＋44.8
	与 1950 年比较/%	＋37.9
1952	学生/人	345163
	与 1946 年比较/%	＋40.5
	与 1949 年比较/%	＋127.5
	与 1950 年比较/%	＋116.6
	与 1951 年比较/%	＋57.0

如表 3.19 所示,与 1946 年相比较,1949 年中等师范学校学生有所减少,减幅为 38.2%;到 1950 年中等师范学生减幅为 35.1%,但与 1949 年相比,增幅为 5%;到 1951 年,与 1946 年相比较,减幅为 10.5%,但与 1949 年相比增幅为 44.8%,与 1950 年比增幅为 37.9%;到 1952 年,与 1946 年比,增幅为 40.5%,与 1949 年比增幅为 127.5%,与 1950 年比增幅为 116.6%,与 1951 年比增幅为 57%。

如表 3.18 所示,1952—1957 年中等师范学校发展速度降低,并呈逐年减少趋势,减至 1957 年的 592 所,但中级师范学校反而稳步增长,初级师范学校减少较多;中等师范学校学生数总体上于 1953 年上升后也不断减少,其中初级师范学校学生所占比重迅速持续降低,中级师范学校学生所占比重则持续上升。由此,这一时期师范教育开始进入教育质量提升改造阶段,尤其是初等师范教育得以控制发展。

教育"大跃进"期间,师范教育飞跃式发展。在"县县办师范"口号的号召下,1958 年中等师范学校达 1,028 所,到 1960 年发展至 1,964 所,是 1957 年的 3 倍之多。其中,中级和初级师范学校均发展较快,但前者数量高于后者;在校生也大为增加,由 1958 年的 386,274 人增至 1960 年的 838,480 人,增加了近 2 倍,其中,中级师范学校学生数仍比初级师范学生数多,但其在中等师范生总数中所占比重反而有所降低,初级师范生所占比重有所增加。

针对"大跃进"期间师范教育发展迅猛的状况,1961 年,根据"调整、巩固、充实、提高"八字方针,开始采取停办、合并或巩固、充实等举措逐步调整,使得中等师范学校及其在校生均逐年减少并压缩。中等师范学校从 1960 年的 1,964 所调整至 1965 年的 394 所,压缩到原来的 1/5 左右,其中初级师范学校(至 1968 年全部停办)仅剩 10 所;中等师范学校在校生由 1960 年的 838,480 人调整至 1965 年的 155,004 人,压缩到原来的 1/5 左右;初等师范学校学生数由 1960 年的 346,684 人减至 1965 年的 3,215 人,其学生数所占比重也由 41.3%降至 2.2%。

受"文化大革命"的影响,1966—1970 年中等师范教育几乎停滞发展,其学生持续减少,至 1970 年仅 32,308 人。到 1971 年开始,无论是中等师范学校还是在校生均有所增加,增加速度较为稳定,学校由 1971 年的 636 所增至 1977 年的 1,028 所,其学生数由 119,590 人增至 297,882 人。这一时期中等师范学校毕业生数情况见图 3.1。

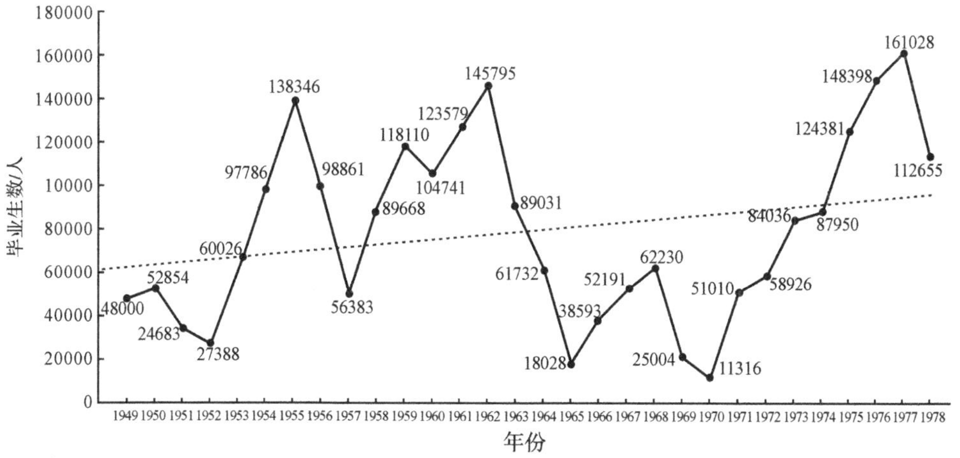

图 3.1　1949—1978 年中等师范学校的毕业生数变化

新中国成立前中等师范学校毕业生累计数达36.53万人,新中国成立后(1949—1978年)毕业生数达237.25万人。其中,1949—1965年为135.89万人,1965—1976年为73.99万人,1977—1978年为27.37万人,新中国成立后17年为新中国成立前的3.7倍,新中国成立后30年为新中国成立前的6.5倍。[①] 具体来看,中等师范毕业生从1953年开始不断增多,1955年达138,346人,此后有所下降。如图3.1所示,这一时期中等师范学校毕业生数出现了6次大的波峰变化,出现较高峰值时期分别为1953年、1962年以及1977年,其中1977年达到最高峰值,为161,028人;同时也出现了4次低谷发展时期,分别为1952年、1957年、1965年(毕业生由1960年的104,741人调整至1965年的18,029人)、1970年,但1970—1978年中等师范毕业生均呈逐步增长的态势。

总之,这一时期中等师范教育不断发展,成为当时乡村师资的重要来源。如服务于雁北全区11县的朔县师范学校,新中国成立以来14年共培养了4,600名小学教师,大部分分布在广大乡村和山区小学[②],为该县当时的乡村教育的发展和义务教育的普及做出了积极的贡献。

二是有关师范专科教育发展情况。据1951年统计,全国高等师范学校共30所,其中独立设置者仅17所,其余13所为附设于普通大学的教育学院和师范学院(另外还有中文学院的教育系),学生仅18,225人。[③] 1952年教育部对全国院系进行大调整后,高等师范院校根据师范院校独立设置原则进行了调整,专科层次的师范学校纷纷设立,由之前的1所增至16所。[④] 与此同时,附设于大学的师范学院大为减少,普通大学教育系也并归于师范学院。因此,至1953年底,全国除西藏外的各省均设立了1所师范专科学校或师范学院,全国高等师范学校增至33所。1949—1968年高等师范院校

---

① 教育部编:《三十年全国教育统计资料(1949—1978)》,教育部,1979年,第127页。

② 朔县师范学校:《面向农村和山区办好中等师范学校》,《人民教育》,1964年第2期,第35页。

③ 《中国教育年鉴》编辑部编:《中国教育年鉴(1949—1981)》,中国大百科全书出版社,1984年,第965—966页。

④ 宋嗣廉等主编:《中国师范教育通览·历史卷》,东北师范大学出版社,1998年,第133页。

发展情况见表3.20。

表3.20　1949—1968年高等师范院校及其学生数统计

年份	高等师范院校/所	学生/人	招生/人	毕业生/人
新中国成立前最高年	22	5421		
1949	12	1961		
1952	33	16061		
1953	33	19171	10701	6377
1954	39	24029	13085	7980
1955	42	21765	8240	9431
1956	55	37636	29017	12342
1957	58	41685	11788	7400
1958	171	61928	36323	22489
1959	175	73081	35518	12004
1960	227	70912	32797	30482
1961	163	49762	14598	28850
1962	110	18888	2349	24459
1963	61	9048	2402	11373
1964	59	7077	2079	3430
1965	59	7320	3038	2639
1966		5210		2110
1967		2152		3058
1968				2152

资料来源:《中国教育年鉴》编辑部编:《中国教育年鉴(1949—1981)》,中国大百科全书出版社,1984年,第965页;教育部编:《三十年全国教育统计资料(1949—1978)》,教育部,1979年,第48—51、60—63、72—73页。

如表3.20所示,1949—1957年,高等师范院校呈稳定增长态势,从1949年12所增至1957年的58所,但受“大跃进”运动影响,师范院校迅速增加,1960年达227所,是1957年的近4倍,此后又控制发展,数量逐年减少,到1965年有59所;1971—1977年基本上保持在44—59所(分别为44所、44所、45所、57所、58所、59所),呈逐年上升的趋势。[①] 高校师范类分

① 《中国教育年鉴》编辑部编:《中国教育年鉴(1949—1981)》,中国大百科全书出版社,1984年,第965页。

科专科学生到1952年快速增长,由1949年的1,961人增至16,061人,此后至1959年均呈逐年持续增长的态势,1960年开始逐年快速下降,到1967年仅剩2,152人,几乎回到了新中国成立之初的水平。高校师范类分科专科毕业生于1953—1956年不断增加,1957年有所减少,1958—1963年有所增加,1958年猛增至22,489人,1960年达到了峰值30,482人,此后因为在校生的减少,毕业生也相应减少,到1968年仅2,152人。

这一时期我国师范教育经历了大起大落的发展态势,尽管其受"大跃进"运动、"文化大革命"的影响,发展遭到重创,但其在大多数年份仍是中小学师资补充的重要渠道。短期培训对教师补充也起着重要的作用。如1959年安徽肖县在太保庙宣教党校举办了小学教师训练班,共有学员103人,他们多为高小文化程度的社办小学低年级教师和部分社会青年,经过4个月的学习,一般都可胜任小学教学工作。[1]

第二,在加强师范教育的同时注重优化师范生的政治成分,以提升教师队伍的政治素质。

以中等师范生的政治成分为例,如表3.21所示,在被调查的中等师范生中,党团员所占比重于1956—1959年有所下降,1961—1964年有所回升,到1978年达66.9%,超过了被调查总数的一半。其中,就党员和团员数及其比重相比较而言,团员占据了大多数;党员所占比重于1978年之前均不断下降,1978年上升至4.2%;团员所占比重与党团员所占比重变化趋势相一致,到1978年增至62.7%。

表3.21 1956—1978年中等师范学校学生政治情况统计

年份	调查的总人数/人	其中					
		共产党员		共青团员		党团员合计	
		人数/人	占比/%	人数/人	占比/%	人数/人	占比/%
1956	273267	3345	1.2	133574	48.9	136919	50.1
1958	385026	3190	0.8	158952	41.3	162142	42.1

① 李晋常:《肖县举办教师训练班》,《安徽教育》,1960年第7期,第27页。

续　表

年份	调查的总人数/人	其中					
		共产党员		共青团员		党团员合计	
		人数/人	占比/%	人数/人	占比/%	人数/人	占比/%
1959	549133	3896	0.7	192153	35.0	196049	35.7
1961	391548	2096	0.5	150019	38.3	152115	38.8
1962	179244	695	0.4	68063	38.0	68758	38.4
1963	129222	298	0.2	52596	40.7	52894	40.9
1964	133956	264	0.2	57361	42.8	57625	43.0
1978	359798	15073	4.2	225617	62.7	240690	66.9

资料来源:教育部编:《三十年全国教育统计资料(1949—1978)》,教育部,1979年,第138页。

第三,组织教师参加各类进修,不断提高师资水平。据1952年不完全统计,全国已有1,280处业余学校班,有220县(市)建立了业余通信网,407县(市)建立了流动图书馆,苏南26县(市)成立了371所星期日学校,18,400多名教师参加了学习,仅沈阳、辽东、北京3所函授师范学校就有学员44,800余人。[①] 就小学教师参加进修学校而言,在籍学生从1957年的55.8万人增至1965年的109.5万人,增加了近1倍;毕业生从1957年的3,800人增至1965年的91,000人,增加了近23倍。[②] 就小学教师参加轮训班而言,据1952—1954年统计,教育部使全国约60万名(共150余万名)实际文化程度在高小毕业以上不及初师毕业程度的小学教师在主要学科方面达到初师毕业文化水平。[③] 就中小学教师函授教育而言,到1965年,全国共有函授院校171所,在籍函授生近19万人,其中师范教育函授生共68,694人,约占函授生总数的37%。[④] 为满足乡村中小学新民办教师、代课教师提

① 陈选善:《三年来的师范教育》,《人民教育》,1952年第7期,第23页。

② 教育部计划财务司编:《中国教育成就统计资料(1949—1983)》,人民教育出版社,1984年,第47—48页。

③ 《中国教育事典》编委会编:《中国教育事典(初等教育卷)》,河北教育出版社,1994年,第267页。

④ 国家教育委员成人教育司编:《中国高等函授教育大事记·文献·资料(1949—1989)》,中国人民大学出版社,1994年,第23—24页。

高业务水平的迫切需求,各地积极组织教师下乡巡回辅导。如广西师范学院曾组织教师分期分批深入百色、河池、柳州、梧州、桂林等地区16个县,举办了53期教学辅导班,共辅导政治、英语、数学、物理、化学等在职中学教师达3,200人。[①]

有关各地中小学教师参加在职进修情况,如1953—1955年江苏省在徐州、江宁、苏州、扬州等地试办了教师业余进修学校及函授师范学校各3所(学员多为乡村小学教师),在南京、常州等地举办了教师业余进修学校或文化补习班11所,全省参加业余文化学习的小学教师达3,000余人,各校学员中有1,600余人在一种或两种(语文和算术)学科上达到了结业水平。[②]其中该省大丰县于1958年上半年参加函授学习的小学教师有300人,参加进修学校学习者有257人,占全县小学教师总数的54.3%。[③] 再如山西省稷山县于1958年初有40%以上的小学教师未达到初师毕业程度,但1958—1960年经过各类进修和培训,到1960年,80%以上的小学教师基本上达到了该程度。其中,1958年全县轮训中小学教师775人,参加在职进修完成语文、数学、自然三门课程者共1,542人。[④] 又如湖南省至1960年参加高师函授学习的中学教师达7,000余人,占该省全体中学教师的70%;参加中师、初师函授学习的小学教师99,000人,占该省全体小学教师的90%以上。其中该省湘阴县125名高师函授的学员中,能胜任教育教学工作者由原来的47人增至78人,教学存在很大困难者由原来的25人减至2人;640名中师学员中,能胜任工作者由原来的216人增至407人,教学存在很大困难者由原来的92人减至19人;1,300名初师学员中,能胜任教学工作者由原来的358人增至693人,教学存在很大困难者由原来的165人减至61人。[⑤] 该省隆回县主要通过函授与面授相结合、辅导员下乡辅导等方式提升

① 广西师范大学编写组编:《广西师范大学文稿》,广西师范大学出版社,1992年,第86页。

② 吕家谟:《本省小学教师业余进修概况》,《江苏教育》,1955年第18期,第21页。

③ 《必须搞好小学教师的进修工作》,《江苏教育》,1959年第3—4期,第27页。

④ 解玉田:《迅速提高师资质量,努力壮大教师队伍》,《人民教育》,1960年第4期,第51页。

⑤ 张爱生:《党委领导　群众支持　全省十万多中小学教师积极参加函授学习》,《湖南教育》,1960年第3期,第19页。

教师水平，至1959年，1,400名学员中有95%的学员超额完成学习任务，促使教师们在政治思想和业务能力等方面取得较大进步。[1]

总之，这一时期乡村教师在职进修取得了明显的成效，促使师资队伍政治思想不断进步、文化水平不断提高，更多教师能够胜任教学工作。尤其是在文化水平方面，经过学历补偿的在职培训，中小学教师的学历水平有所提升。

(三)乡村教师工资待遇有所提升

当时全国中小学教师工资待遇经历了多次改革，包含乡村教师在内的中小学教师的工资待遇有所提升。与1951年相比，1952年中等学校教师工资增加了25.5%，初等学校教师工资增加了37.4%[2]；1953年小学教师的平均工资较1951年增长24.7%[3]；1956年教育事业单位教职工月平均工资提高28.72%，其中小学教师平均月工资比调整前提高32.88%[4]，由调整前的30.20元提高到40.13元[5]。如陕西省乾县于1952年公办中小学教师由薪粮制改为"工资(分)制"，1956年实行月货币工资制，教师按学历、教龄、职务、业务水平评定工资等级，中学教师人均月工资55元，小学教师人均月工资35.9元，到1963年全县40%的教师增加了工资；1972年为低工资教师增加工资，为1966年、1960年以及1957年以前参加工作而工资低于对应等级的教师晋级，部分教师还调升了两级工资；1977—1979年连续三年调升部分教师工资，升级面分别为40%、20%、40%；其中民办教师于1957年由地方自筹报酬，一般人均月工资30元，到1969年以后以劳动工分制取代

---

① 隆回县教研室：《我县小学教师函授教育初步总结》，《湖南教育》，1959年第13期，第18—19页。

② 马叙伦：《三年来中国人民教育事业的成就》，《人民教育》，1952年第10期，第5页。

③ 《中国教育年鉴》编辑部编：《中国教育年鉴(1949—1981)》，中国大百科全书出版社，1984年，第124页。

④ 卜玉华：《回溯与展望：中国中小学教师发展的世纪转型》，山东教育出版社，2007年，第171—172页。

⑤ 中央教育科学研究所编：《中华人民共和国教育大事记(1949—1982)》，教育科学出版社，1984年，第160页。

工资(分)制,国家每月另补助3元,到1974年该补助费增至5元,到1979年增至12元。[①] 再如江苏省昆山市千灯镇的中小学教师的工资待遇不断得以改善:新中国成立初期该镇以学费收入和政府发放实物作为工资,后者补贴大米45公斤(或"八一"面粉),后又增至60公斤;1950年2月工资改为"折实单位"计算后,小学教师平均24.46个单位,后又改为工资制;1956年6月进行工资改革,实施教师十级制(其中最高者4级,月工资55元),使得"这阶段教师工资待遇比较高";1963年,对80%的教师增加一级工资;1972年,进一步调整提升工资不足47元者;1977年,又对工作多年但工资偏低的教职工调整工资。[②] 总体上看,1956年之后,我国中小学教师工资有所改变或提升。

(四)表彰优秀教师的做法得以推行

中共中央、教育部和地方各级人民政府均注重奖励和表彰优秀教师,营造了尊师重教的氛围。以江苏省为例,该省江都县于1956年10月20日举行了优秀教师会议(出席会议的优秀教师有157人,其中应邀列席者38人),该县的小纪镇在会议举行的前一天,为了欢送本区优秀教师参加会议,组织了街道悬挂横幅标语,墙头张贴彩色标语,供销合作社门前搭彩楼,300多名师生代表敲锣打鼓,镇党区委会、区公所、合作社、银行、邮电所等机关、团体、企业单位派代表参与欢送等仪式;当地党委机关报《江都报》和县有线广播站、文化馆的大字报、工人俱乐部的"文化之窗"还进行全县报道;该县县长和教育科科长到汽车站亲自迎接参会优秀教师,从而营造了浓厚的尊师重教氛围。[③] 该省还于同年底召开了中、初等学校优秀教师代表会议,邀请优秀教师代表988人(小学教师代表560人,中学教师代表297人)出席会议;选出列席会议代表94人,其中小学优秀集体代表3人,小学教师代表

① 乾县县志编纂委员会编:《乾县志》,陕西人民出版社,2003年,第545页。
② 《千灯镇志》编纂委员会编:《千灯镇志》,上海人民出版社,1991年,第214页。
③ 《江都县优秀教师会议侧记》,《江苏教育》,1956年第22期,第12页。

42 人,中学优秀集体代表 3 人,优秀教师代表 29 人。[①]

(五)个案:河北省阳原县加强乡村教师队伍建设

尽管地理条件较为偏远,经济基础较为薄弱,但河北省阳原县在 20 世纪 60 年代便率先实现了普及小学教育,到 70 年代末,该省适龄儿童入学率和巩固率均保持在 97% 以上。该县系列加强教师队伍建设的举措及其落实为推动基础教育发展提供了重要的保障。下面分析该县加强乡村教师队伍建设的相关举措及取得的成绩,以从另一侧面展现当时乡村教师队伍建设的情况。该县小学及其教师基本情况统计见表 3.22。

表 3.22 1949—1977 年河北省阳原县小学及其教师数统计

年份	学校数/所	班级数/个		学生数/人		教职工数/人		学龄儿童入学率/%
		合计	其中民办	合计	其中民办	合计	其中民办	
1949	176	262		9801		295	16	
1950	193	279		11824		331	13	
1951	207	320		14202		375	12	
1952	223	399		19897		486	10	44.9
1953	233	455		20486		582	9	49.2
1954	239	460		19256		590	9	52.9
1955	251	467		19917		622	9	59.6
1956	274	569	9	23409	172	646	9	84.0
1957	279	582	9	24284	185	699	9	80.5
1958	282	601	13	28393	266	742	13	97.6
1959	287	627	17	32095	402	769	17	99.1
1960	298	714	20	31209	510	903	20	92.4
1961	308	679	10	25714	304	877	10	84.7
1962	311	702	88	26614	2817	804	139	90.3
1963	327	753	88	27416	3221	858	145	85.7
1964	349	807	213	34512	9038	926	213	96.7
1965	357	868	279	36904	11571	997	284	96.7
1966	357	907	315	36291	12199	1049	322	96.7

① 《本省优秀教师代表会议简况》,《江苏教育》,1957 年第 1 期,第 12 页。

续 表

年份	学校数/所	班级数/个		学生数/人		教职工数/人		学龄儿童入学率/%
		合计	其中民办	合计	其中民办	合计	其中民办	
1967	357	915		36170		1082	352	92.4
1968	355	924		33193		1120	389	92.4
1969	361	959		32398		1057	503	82.8
1970	365	904		31285		1158	661	76.4
1971	358	923		34113		1002	550	92.6
1972	366	1006		37524		1214	770	96.6
1973	364	1132		38236		1365	793	97.0
1974	377	1149		39805		1389	790	98.6
1975	365	1122		38672		1446	804	93.2
1976	355	1134		39887		1318	662	99.4
1977	371	1116		39177		1389	657	99.4

资料来源：阳原县地方志编纂委员会编：《阳原县志》，中国大百科全书出版社，1997年，第540—541页。

如表3.22所示，该县普及小学教育成效明显，学龄儿童入学率稳步上升，且到20世纪70年代多保持在95%以上，到70年代末基本上是99%以上。小学教职工也呈稳定增长态势，由1949年的295人增至1977年的1,389人，其中民办教师由16人增至657人。该县乡村教师队伍建设在某些方面取得了一定的成就，具体如下。

1. 兼顾了乡村教师的补充与提升

第一，强调乡村教师培养与补充的地方化，即注重山区土生土长的教师的选拔和培养。一方面，招聘民办教师补充乡村师资。该县民办教师一般由村（生产大队）聘用，经乡镇（公社）政府批准，报县教育行政部门备案。其中，从山区初高中毕业生中约选拔了168名当民办公助教师。[①] 如据表3.22统计，该县民办教师由1949年的16人增至1962年的139人，到1970年达661人，1975年达804人。民办教师在该县小学教师中所占比重不断增加，到20世纪60年代末和70年代，基本在50%左右徘徊。总体上，

① 田玉印：《用政策调动教师的积极性》，《人民教育》，1981年第2期，第50页。

这一时期小学教职工共27,419人,其中民办小学教职工达8,937人,占比达32.6%。另一方面,主要通过短期训练和正规的师范教育本土化培养乡村教师。在短期训练师资方面,1952年4月,县政府成立师范速成班,录取高小毕业生和失学青年50人进行短期培训,于1953年7月毕业后分配到各小学工作;1952年10月,招收50人,后被转送至柴沟堡师范学校和西合营师范学校学习深造;1958年6月,县教育科办理了短期师训班,共招收45名初中毕业生,经训练3个月后充任小学教师。通过正规的师范教育培养新师资,于1958年9月成立了阳原县初级师范学校(学制3年),招生200人,后经过与蔚县西合营师范学校合并与析出后(1959年6月合并,1961年5月析出)改称阳原县师范学校。设3个中师班,学生共166人,1961年7月有57人毕业,1962年7月有61人毕业。[①] 这些毕业生多被分配至该县各公办小学任教。同时,通过选送回山区知识青年、优秀民办教师到师范学习深造(共29名),且毕业后仍回到深山区任教的方式补充新师资。[②]

第二,加强在职乡村教师的进修,不断提高其水平。该县主要通过假期培训、短期培训、在职函授以及离职进修等方式不断提高教师的文化业务水平。就假期培训而言,1949—1971年,县教育行政部门每年利用秋寒假集中全县教师到县城参加政治、业务培训,主要学习时事政策、教育方针、教育先进经验,制定教育规划以及研究教材教法等内容。1972年秋假培训班规模最大,受训教师达1,975人,小学低年级教师以汉语拼音和普通话训练为主,小学高年级和中学教师主要通过集体备课、典型教材分析以及聘请有经验的教师示范讲课进行培训。1973年后改为小学以中心学区、中学以校培训。就短期培训而言,1965—1978年县教师进修学校和教研室举办小学语文、数学教师培训班10期,受训者589人;举办初中英语教师培训班2期,受训者70人。就在职函授而言,1953年,县教师进修学校组织全县小学教

① 阳原县地方志编纂委员会编:《阳原县志》,中国大百科全书出版社,1997年,第546—548页。

② 田玉印:《用政策调动教师的积极性》,《人民教育》,1981年第2期,第50页。

师参加初师在职函授，学员共 415 人；1958 年 3 月，招收中师函授学员 480 人；1954—1965 年，初师、中师函授结业教师达 1,924 人次。就离职进修而言，1951—1953 年，共选送 65 人到柴沟堡师范学校、60 人到西合营师范学校实施离职带薪进修初师学历；1957 年，选送 6 人到柴沟堡师范学校实施离职进修中师学历等。[①] 尽管当时该县中小学教师学历达标率仍较低，且上述培训多设置在县城，对于乡村教师来说未必便利，但该县为实施在职教师培训和进修做出了较大的努力。经过培训进修，到 1964 年，该县原来高小毕业程度的 125 名教师，提高到初师毕业程度者 19 人，中师语文、数学结业者共 106 人；原来初师毕业程度的 310 名教师进修后中师语文、数学学科结业[②]；1970—1974 年，该县共培训了 300 多名青年教师；1975 年以来，该县担任小学三年级以下课程的教师已普遍轮训一遍。[③]

2. 加强了对乡村教师队伍的管理

第一，稳定教师工作岗位，减少教师流动。该县为了稳定乡村教师队伍，提高学龄儿童入学率和巩固率，基本上不轻易变动小学教师的工作地点。首先，坚持提薪不提职的原则，使得有些小学教师月薪达 54 元（有的小学校长月薪仅 34.5 元）。[④] 其次，做好乡村教师的安家落户工作，以保持教师工作的稳定性。据 1977 年底的调查，全县 139 所山区小学的 410 名教师，因为落实了安家落户政策，有 130 名教师在一地任教十年以上。其中，深山区白家泉公社上庄村小学教师王明熙，因被安排安家落户乡村，在山区坚持工作了 28 年，促使该村学龄儿童入学率、巩固率连续 20 年保持在 100％。[⑤]

---

① 阳原县地方志编纂委员会编：《阳原县志》，中国大百科全书出版社，1997 年，第 558—559 页。

② 中共阳原县委员会、阳原县人民委员会：《阳原县是怎样普及小学教育的？》，《人民教育》，1964 年第 6 期，第 8 页。

③ 聂一苇、王显明：《阳原县普及小学教育 18 年》，《人民教育》，1983 年第 3 期，第 8 页。

④ 中共阳原县委员会、阳原县人民委员会：《阳原县是怎样普及小学教育的？》，《人民教育》，1964 年第 6 期，第 8 页。

⑤ 田玉印：《用政策调动教师的积极性》，《人民教育》，1981 年第 2 期，第 49 页。

第二,加强对民办教师的管理。该县民办教师占中小学教师较大比重,是该县实施普及教育工作不可忽视的重要力量。为了保持民办教师的稳定,该县教育局明确规定:未经县局批准不得随意任免民办教师;在民办教师的管理使用上,对民办教师和公办教师同等看待,做到建档、发展党团员、培训提高、评先进典型以及布置任务等五个"一样"[1];对教学工作成绩突出的模范民办教师,优先考虑转为公办教师。

3.以工资改革与"支穷靠富"等举措保障教师待遇

第一,注重保障乡村教师的经济待遇,实施公办教师工资改革。这一时期,该县小学教师工资待遇改革情况见表3.23。

表3.23　1951—1979年河北省阳原县公办小学教师工资待遇改革情况统计

年份	工资状况	备注
1951	高小教师月均薪米223.2斤,初小教师月均薪米158.6斤。	
1952	教工平均月工资26.31万元。	根据评定的分数换算成现金,并视每月市场物价波动情况核算(每一分值为粮食0.8斤、白布0.2尺、植物油0.05斤、食盐0.02斤、煤2斤的价格之和)。
1955	教师最高11级35.2元,最低18级18.7元,每人月均工资27.65元。	12月改行货币工资制。
1956	全县教职工487人,每人月均工资37.47元。	实施工资改革,教师工资有所提升。
1960	小学教师1444人,工资升级者350人,升级面为24.2%;中学教师266人,工资升级者48人,升级面18%。	部分中小学教工提升工资。
1969—1971	一般在本公社任教者月补7元,在外公社任教者月补10元,个别学校略低,同时由吃商品粮改为吃生产队粮。	乡村公办学校下放到生产大队办后,公办教师由挣工资改为记工分加补贴。
1971	275名工资偏低的教工调级,其中调两级者共70人。	

---

① 田玉印:《用政策调动教师的积极性》,《人民教育》,1981年第2期,第50页。

续 表

年份	工资状况	备注
1972	1966届、1967届、1968届中师毕业生转正定级,月工资由29.5元定为35元。	
1977—1979	连续三次分别按教工总数的40%、20%、40%的晋级面给教工调工资,从1979年起每位教工每月增发副食补助5元。	

资料来源:阳原县地方志编纂委员会编:《阳原县志》,中国大百科全书出版社,1997年,第556—557页。

该县跟随国家制定的小学教师工资改革步伐推动了小学教师工资待遇改革,除1969—1971年因实施乡村学校下放给农民办,公办教师工资待遇受到较大影响,甚至面临倒退的状况外,其他年份该县小学教师工资待遇总体上呈上升趋势。

第二,保障民办教师待遇。该县实施人民公社化前,即1953—1958年,民办教师由国家发薪,每人每月15元;1958年实施人民公社化之后至1972年,民办教师工资改为记工分加现金补贴,一般记所在生产队中上等劳动力工分(全年300—400个劳动日),年终参加生产队分红,国家另补现金,标准为每人每月3—6元;1972年,后国家补助略有增加,初中、小学民办教师分别为每月9元和6元,出村任教者再加3元班主任津贴。[①] 因该县各生产大队的生产水平和收入水平极不平衡,为了保障生产水平比较低的生产队的民办教师待遇,该县实施"支穷靠富"举措,将全县生产大队按经济情况划分为四类,并以此确定公办、民办教师的比例定额,以平衡各生产大队的民办教师待遇的负担。具体规定:生产大队三年平均每人收入80元以上者,负担的民办教师人数占60%;三年平均每人收入60元者,负担的民办教师人数占40%;三年平均每人收入在30元以上者,负担的民办教师占30%;三

① 阳原县地方志编纂委员会编:《阳原县志》,中国大百科全书出版社,1997年,第557页。

年平均每人收入在30元以下者,均由公办教师或公助教师任教。[①] 也就是说,这一时期该县主要采用了民办补助和民办公助两种办法保障乡村教师的经济待遇。民办公助指标主要用于经济条件差、工分值较低的生产大队和深山区或单人独校的地方;纯民办指标主要用于经济条件较好、工分值较高的山下大村,以此平衡该县的山村、穷村和富村、大村等不同生产水平的生产大队的民办教师待遇负担。

第三,对不同生产水平的大队也实施四种不同的国家补助和生产大队报酬。即在富村的教师每月由国家补给12—13元,生产大队再按中等以上劳力收入水平支给相应的工资;在穷村、小村的教师,国家每月补给26—29元,生产大队在口粮、蔬菜、烧煤以及住房方面给予适当照顾;在9名以下学生的自然村的教师由国家每月补给11—23元,教师兼任生产队会计、赤脚医生者另由生产队支给相应报酬;在高深山区教学者,国家除发给26—29元以外,另给生活补贴5元。[②] 该县还以基本工分加奖励的办法提高民办教师的待遇。如七马坊大队(属富队)给予了民办教师不少于中等劳力水平的基本工分,同时根据教师全年的工作量和教学质量给予奖励:一等奖给40个工分,二等奖给20个工分。[③]

第四,帮助教师解决生活中的实际问题,为其解除后顾之忧,使他们安心在乡村工作。如该县浮图讲公社党委帮助乡村教师解决住房问题,使该社31名公办教师有30人住进了公房;规定教师生活待遇与公社干部相同,其家属按"四属户"对待,妥善地解决了教师家庭的粮、柴、菜、煤、副食品等供应问题。七马坊生产大队为10名公办、民办教师家属修建了30间新房。揣骨町生产大队不仅优先解决教师家属本地落户问题,还为教师家属新建了24间砖瓦房。[④]

4. 以奖励优秀教师激发乡村教师工作的积极性

该县注重表扬先进教师,激发教师工作的积极性。从新中国成立到

---

① 聂一苇、王显明:《阳原县普及小学教育18年》,《人民教育》,1983年第3期,第7页。
② 聂一苇、王显明:《阳原县普及小学教育18年》,《人民教育》,1983年第3期,第7页。
③ 田玉印:《用政策调动教师的积极性》,《人民教育》,1981年第2期,第50页。
④ 田玉印:《用政策调动教师的积极性》,《人民教育》,1981年第2期,第49页。

1965 年,共开展了 7 次全县范围的教师评比活动,先后在教师中树立了 15 个不同类型的标兵,200 多名先进个人典型。1971 年以来,又先后进行了 3 次全县范围的优秀教师评比活动,共表彰了 140 多名模范教师,其中优秀教师李彩自 1952 年以来常年在乡村学校工作,强振帮自 1955 年开始在乡村实施巡回教学,并取得了优异成绩。[①] 而且,该县鼓励优秀乡村教师加入中国共产党,参选省人大代表、全国三八红旗手、省(县)模范教师等,从而增强了乡村教师的荣誉感,有助于激发其工作的积极性。[②]

该县针对长期坚持在山区任教的优秀教师,实施调整工资水平、提升薪级的策略。优秀教师于 1956 年调整工资时晋一级;部分在乡村实施巡回教学者一次晋两级;对开展巡回教学的民办教师,每月另加 5 元补贴工资。如牛场沟小学教师李采自 1952 年开始在乡村学校实施复式教学取得创造性贡献,历经晋级而成为该县小学教师中工资最高者,且于 1978 年被评定为特级教师。[③]

二、存在的主要困境

尽管这一时期在乡村教师建设方面取得了一定成就,但乡村教师的待遇以及质量等方面仍存在一定问题:乡村教师待遇都有所提升,但受到社会环境等因素的影响,他们的待遇常有波动和变化,导致乡村教师生活较为艰难;乡村教师质量同样出现了变动甚至倒退。

(一)乡村小学教师负担仍较重

师生比统计与探究有助于剖析乡村教师队伍规模和揭示乡村师资配置水平,是描述教育质量的重要指标,也有助于获取每位教师平均负担多少名

① 中共阳原县委委会阳原县人民委员会:《阳原县是怎样普及小学教育的?》,《人民教育》,1964 年第 6 期,第 8 页。

② 田玉印:《用政策调动教师的积极性》,《人民教育》,1981 年第 2 期,第 50 页。

③ 田玉印:《用政策调动教师的积极性》,《人民教育》,1981 年第 2 期,第 49 页。

学生的信息数据,了解这一时期乡村教师的负担状况。1977—1978年城镇乡初中、小学师生比情况见表3.24。

表3.24　1977—1978年城镇乡初中、小学师生比情况统计

年份	地区	教师数/万人		在校学生数/万人		师生比	
		初中	小学	初中	小学	初中	小学
1977	全国	236.1109	522.6	4979.9	14617.6	1∶21.09	1∶27.97
	城市	31.5591	40.1	701.8	915.1	1∶22.24	1∶22.82
	县镇	17.5871	25.9	420.0	737.4	1∶23.88	1∶28.47
	乡村	186.9617	456.6	3858.1	12965.1	1∶20.64	1∶28.39
1978	全国	244.0700	522.6	4995.2	14624.0	1∶20.47	1∶27.98
	城市	32.3060	41.9	675.6	970.6	1∶20.91	1∶23.16
	县镇	19.5849	27.2	448.0	774.7	1∶22.87	1∶28.48
	乡村	192.1791	453.5	3871.6	12878.7	1∶20.15	1∶28.40

资料来源:教育部编:《三十年全国教育统计资料(1949—1978)》,教育部,1979年,第157—158、160—161、186页。

如表3.24所示,1977—1978年,乡村初中师生比均低于全国初中平均水平,1977年为1∶20.64,1978年为1∶20.15,可见,乡村初中教师负担不如城市和县镇学校;乡村小学师生比情况则不相同,其师生比均高于全国小学平均水平,而且,与乡村初中相比,乡村小学教师的负担明显偏重,这也从另一侧面表明乡村小学教师较为紧缺。

(二)乡村教师队伍管理存在漏洞

第一,师范院校毕业生不能如数安排到教育战线工作或者师范毕业生就业无法对口。如浙江省20世纪70年代高师毕业生只有20%—30%安排到教育系统工作;河北省1977年只有一半左右的高师毕业生分到教育系统。

第二,存在"教师被随意借用、调出,教师编制被随意占用"现象。据湖北省教育局反映,1978年之前该省其他部门借调半年以上和调出的教师约占教师总数的15%,每年约有20,000名教师不在学校工作;广东省各级行政部门占用教育事业编制共4,000余人。[1]

第三，教师“自然减员”得不到及时且如数的补充。如广东省1978年之前的几年内公办教师自然减员13,000余人，但补充仅3,000人。[2]

可见，包含乡村教师在内的教师队伍管理存在诸多漏洞：乡村教师培养与补充方面管理不到位，致使师范毕业生不能进入教育行业，同时中小学师资大量外流；在职教师人事管理不到位，大量教师被借调；师资补充不及时，教师流走与流进不对等。这些都导致乡村教师数量不足。

(三)乡村教师质量仍有待提升

尽管当时实施了系列培养和提升乡村教师的举措，但20世纪60—70年代师范教育与教师培训均遭到破坏，甚至一度处于停顿状况，不利于乡村教师质量的提升。

1. 师资培养与培训几乎陷于停顿

第一，师范学校名存实亡。“大跃进”期间师范教育盲目发展，许多师范学校因师资缺乏和设备不足，教学质量低下。1966—1969年，全国各地的师范院校停止招生，许多中等师范学校或者被改为普通中学，或者被裁并，或者迁往乡村；各级师范教育遭到了破坏，几乎陷于停顿。如表3.18所示，到1969年中等师范学校在校学生1.5万余人，仅为1965年学生数15.5万余人的10%，中等师范教育基本上名存实亡。与此同时，中等师范学校学制被压缩成两年，学生在校学习时间大为缩短，有的缩短为8—9个月；基础理论课程和专业课程被大量减少、压缩甚至被砍并，有的师范院校课程被砍并成毛泽东思想课、军事体育课、农业基础课以及专业课等四门。1980年教育部副部长高沂在全国师范教育工作会议上报告指出：“30年的师范教育走的是一段曲折的道路。在‘文化大革命’以前的17年中，师范教育发展较快，在全国范围内初步形成了自己的体系，奠定了一个比较好的基础。在

① 何东昌主编：《中华人民共和国重要教育文献(1949—1997)》，海南出版社，1998年，第1590页。
② 何东昌主编：《中华人民共和国重要教育文献(1949—1997)》，海南出版社，1998年，第1590页。

这个时期,也发生过不少'左'的缺点错误,特别是在知识分子政策上的偏差,挫伤了广大教师的积极性,影响了师范教育的提高和发展";在"文化大革命"期间,"师范教育则是重灾区中的重灾户。广大教师身心受到严重的迫害和摧残,尊师爱生的优良传统被破坏殆尽,教师的地位低下;教育科学被否定,似乎教师可以不需要严格要求和专门训练,因而许多师范院校停的停,并的并,撤的撤,勉强维持的也不像个学校的样子;整个师范教育事业到了难以为继的地步,师资队伍的质量也严重下降"。[①] 该报告也从侧面反映出了这一历史时期师资培养遭到破坏的事实。再以宁夏地区中等师范教育发展变动为例,"大跃进"期间该地区中等师范学校"学制大改,制订了八种学制的教学计划,初师、初幼师实行一年制,毕业生出校后不能胜任教学工作,各校对原有课程、课时都作了大幅度的变动,有的学校一度取消了教育实习和教学法课程",因这一时期教师和学生参加生产劳动过多,打乱了正常的教学秩序,中等师范教育教学出现混乱。"文化大革命"时期,银川师范学校、吴忠师范学校"一迁一砍",使中等师范教育事业遭受损失。其中,1966—1969年中等师范学校停止招生,学校工作完全瘫痪;1970年开始招收"工农兵学员",学校成为无教材、无计划、无规章、无设备的"四无"学校;1970—1976年中等师范学校共招生7,112人,其中"社来社去"学员1975年招收150人,1976年招收1,058人。[②] 总之,这一时期尽管注重乡村师资培养,各级师范教育得以发展,但同时因为社会环境的变化,师范教育出现动荡、遭到破坏甚至陷入停滞,影响了乡村教师的培养和补充。

第二,在职教师培训及其各类培训机构同样惨遭破坏,且因当时狠批"白专道路",在职教师或者不敢深入钻研业务,或者失去了钻研业务的兴趣,导致其专业素养和业务能力倒退。同时,"文化大革命"时期很多教师培训机构以及培训班被停止办理,教师培训工作完全停滞。

---

① 何东昌主编:《中华人民共和国重要教育文献(1949—1997)》,海南出版社,1998年,第1852页。
② 《中国教育年鉴》编辑部编:《中国教育年鉴(1949—1984)·地方教育》,湖南教育出版社,1986年,第1289—1290页。

2. 学历层次仍较低

“文化大革命”后全国中小学生迅猛增加，但同一时期各级师范院校毕业生数远远不能满足乡村基础教育发展的需求。为了弥补教师的大量缺额，各地通常将部分中等师范学校毕业生拔高分配做中学教师，同时大量抽调小学公办和民办教师拔高补充初中师资，从而加剧了乡村小学教师的紧缺，小学教师的大量缺额只得采用民办教师来填补，由此导致乡村中小学教师队伍的文化业务水平乃至整体水平大幅度下降。到1977年，全国初中教师241万人中，文化水平达到大专毕业程度者25万人，约占10%；小学教师538万人中，文化水平达到高中、中师毕业程度者253万人，约占47%。总体上“中小学教师队伍中，新教师多、民办教师多、文化水平没有达到国家规定标准的多。这是我国建国以来中小学师资质量最低的时期”[①]。而且，初中教师中，高等学校专科毕业及以上者由1965年的71.9%降至1977年的14.3%；小学教师中，中师毕业及以上者则由1965年的47.4%降至1973年的28%。[②] 到1978年，小学、初中专任教师学历情况见表3.25。

表3.25　1978年小学、初中专任教师学历统计

调查的小学教师数/万人	中师、高中毕业及以上者		初师、初中毕业及中师、高中肄业者		初师、初中肄业及以下者	
	人数/万人	占比/%	人数/万人	占比/%	人数/万人	占比/%
521.66	245.66	47.1	97.22	18.6	178.78	34.3
调查的初中教师数/万人	**高等学校本科毕业及以上者**		**高等学校肄业及专科毕业者**		**中等学校毕业及以下者**	
	人数/万人	占比/%	人数/万人	占比/%	人数/万人	占比/%
244.0700	18.4418	7.6	54506.0000	2.2	220.1776	90.2

资料来源：教育部编：《三十年全国教育统计资料(1949—1978)》，教育部，1979年，第90、164页。

① 国家教育委员会师范教育司编：《师范教育文件选编(1980—1987)》，东北师范大学出版社，1989年，第608、610—611页。

② 金长泽、张贵新主编：《师范教育史》，海南出版社，2002年，第151—152页。

如表3.25所示,1978年被调查的小学教师中,初师、初中肄业以下者所占比重仍较高,达34.3%;在被调查的初中教师中,中等学校毕业及以下者所占比重高达90.2%。与1963年(见表3.10)相比较,在被调查的小学教师中,尽管中师、高中毕业及以上者所占比重由34.5%升至47.1%;初师、初中毕业及中师、高中肄业者所占比重由47.1%降至18.6%,但初师、初中肄业及以下者所占比重上升较多,由18.4%升至1978年的34.3%。在被调查的初中专任教师中,高校本科毕业及以上者所占比重由1963年的28.3%降至1978年7.6%;高校肄业及专科毕业者所占比重则由1963年的46.4%降至1978年的2.2%;中等学校毕业及以下者所占比重急剧上升,由25.3%升至90.2%。可见,当时包含乡村教师在内的初中、小学教师的学历层次仍较低,而且还存在着严重的"中学程度教师教中学,而小学程度教小学"[①]的现象。

3. 民办教师占据主体

1962年,小学民办教师仅占教师总数的20.2%,但"文化大革命"后民办教师及其所占比重发生了较大变化(见表3.26)。

表3.26　1977—1978年小学、初中民办教师及其占比统计

年份	小学教师			农村小学教师			农村民办小学教师数占民办小学教师数的比例/%	初中教师		
	总数/万人	民办教师数/万人	占比/%	总数/万人	民办教师数/万人	占比/%		总数/万人	民办教师数/万人	占比/%
1977	522.6	343.9	65.8	456.62	334.35	73.2	97.2	236.1109	113.3637	48.0
1978	522.6	342.0	65.4	453.51	332.93	73.4	97.3	244.0700	113.7804	46.6

资料来源:教育部编:《三十年全国教育统计资料(1949—1978)》,教育部,1979年,第185、189页;教育部计划财务司编:《中国教育成就统计资料(1949—1983)》,人民教育出版社,1984年,第190—191页。

① 《中国教育年鉴》编辑部编:《中国教育年鉴(1949—1981)》,中国大百科全书出版社,1984年,第125页。

如表3.26所示，1977年，全国小学民办教师达343.9万人，占小学教师总数的65.8%。其中，乡村小学民办教师达334.35万人，占乡村小学教师总数的73.2%；乡村小学民办教师占小学民办教师总数的97.2%；初中学校中民办教师及其所占比重相对较少，民办教师达113.3637万人，占初中教师总数的48%。到1978年，全国小学民办教师稍有减少，共342万人，占小学教师总数的65.4%；乡村小学民办教师332.93万人，占乡村小学教师总数的73.4%，同时乡村小学民办教师占小学民办教师总数的97.3%；初中学校中民办教师113.7804万人，占初中教师总数的46.6%。由此可见，到20世纪70年代后期乡村民办教师成为乡村学校的主体。尽管乡村初中民办教师尚未有专门的统计数据，但据表3.3所示乡村初中教师是初中教师的主体可推测，乡村初中民办教师比例数据比表3.26所示的更高。乡村民办教师成为乡村教师的主体，再加上当时在职教师培训和进修受到了重创和冲击，这势必影响到整个乡村教师队伍的质量和水平。

(四)乡村教师待遇仍偏低

乡村教师待遇偏低主要表现在工资待遇不理想、政治地位受冲击等方面。

1. 工资待遇不理想

第一，乡村教师工资待遇不仅与其他行业职工有较大差距，与城镇教师有较大差距，不同地区之间存在差距，而且民办教师和代课教师又处于教师工资待遇的最底层。与其他行业职工工资相比较而言，有学者指出：1952年前后教师与工人的平均收入大体持平，1956年教师与体力劳动者的收入差别有所扩大，其中中学教师最高工资是机械工人最高工资的1.44倍，最低工资是机械工人最低工资的1.29倍；在平均工资方面，1956年北京市科、教、卫三个部门的平均工资比工业部门高出9%，但1956年后教师相对收入逐渐降低，1957—1975年北京市科技部门与工业部门的平均工资差额由5.2元缩小到0.88元，个体收入几近持平，恢复到新中国成立初的状况；

1977年以后我国分配领域开始出现教师等知识分子与体力劳动者收入倒挂的现象,进入80年代以后这种倒挂的趋势进一步加剧。[①] 可见,尽管在20世纪50年代后期至60年代国家不断调整增加了中小学教师的工资,但与其他行业相比,教师工资不占优势,且直到20世纪70年代末,小学教师工资在全国各行各业中仍偏低。而且,在全国各行业职工中教师的平均工资也偏低。

以1978年我国分行业职工平均工资为例,如表3.27所示,在1978年各行业中,教育等行业职工平均工资排在第13位,倒数第3位,教师平均工资待遇较低。而且,乡村教师工资待遇在全体教师队伍中又偏低。与此同时,乡村教师待遇存在地区差异性,尤其是民办教师工资待遇主要由当地生产大队的经济发展状况、当地对乡村教育的重视程度所决定,因此不同地区的民办教师工资待遇差异性较大。

表3.27　1978年我国分行业职工平均工资统计

(单位:元)

行业	平均工资	行业	平均工资
农、林、牧、渔业	470	金融、保险业	610
采掘业	676	房地产业	548
制造业	597	社会服务业	392
电力、煤气及水的生产和供应业	850	卫生、体育和社会福利业	573
建筑业	714	教育、文化艺术和广播电影电视业	545
地质勘查业、水利管理业	708	科学研究和综合技术服务业	669
交通运输、仓储和邮电通信业	694	国家机关、党政机关和社会团体	655
批发零售贸易和餐饮业	551	其他行业	
合计	615		

资料来源:国家统计局主编:《中国统计年鉴2003》,中国统计出版社,2003年,第154—155页。

① 靳希斌主编:《从滞后到超前——20世纪人力资本学说·教育经济学》,山东教育出版社,1995年,第455页。

第二,受乡村教育变革等因素的影响,尤其是中小学下放至乡村由农民办学,乡村教师待遇出现倒退。以湖北省南漳县乡村教师工资待遇为例,该县乡村教师经过1953年春由实物工资制改为现金工资制,再经由1956年、1963年两次工资改革与调整,乡村教师的生活有了保障,但"文化大革命"期间,该县乡村学校开始下放村社办理,公办教师工资被改为"工分加补贴",当时物质匮乏的社会经济条件致使教师生活质量下降。尽管1972年公办教师又恢复现金工资制,并由县教育局统一补发记工分时的差额部分,但教师工资仍较低。至1976年,中、小学教师人均月工资分别由1963年的49.01元、36.77元降至32元[①],从而降低了教师工作的积极性。

第三,乡村教师待遇维持家庭生活较为艰难。根据新中国第一代乡村教师口述,当时多数乡村教师工资待遇尽管有所改善,但维持生活依然较为艰难。[②] 而且,时有被克扣工资或补助费等现象发生。如四川省兴文县将乡村公办小学下放到生产大队办理后,不少公办教师的工资就常有被大队干部"挪用不能按月兑现"[③]现象;山东省章丘市刁镇1972年中小学民办教师每月补助费(分别16元、12元)也被大队扣留8元,到民办教师手中的所剩无几[④],致使教师生活更加困难。

2. 政治地位受到冲击

尽管新中国成立之初国家注重提升中小学教师的社会地位,不断强调尊师重教,但政治运动使得教育领域受到了严重的冲击,中小学教师在政治上受到了歧视,多数被划分成"资产阶级知识分子",教师被称为"臭老九",被诬为"走白专道路""牛鬼蛇神"等。教师们在运动中非正常死亡、被开除、降级、降薪、被批斗的现象不时发生。如河北阳原县在新中国成立之初也实

---

① 湖北省南漳县教育志编写组编:《南漳县教育志(1902—1985)》,湖北省南漳县印刷厂,1987年,第221—222页。

② 郑新蓉等编著:《开拓者的足迹——新中国第一代乡村教师口述史》,广西教育出版社,2018年。

③ 中国人民政治协商会议兴文县委员会文史教卫委员会编:《兴文县文史资料》第18辑(教育专辑),中国人民政治协商会议兴文县委员会文史教卫委员会,2002年,第235页。

④ 章丘市刁镇《刁镇志》编纂委员会编:《刁镇志》,山东省地图出版社,2001年,第395页。

施了系列提升乡村教师社会地位的举措,但在1958年小学教师整风运动中,被处理的小学教师达92人;1962年压缩教师,致使回乡务农教师达207人;“文革”中该县教师同样被视为“臭老九”;1968年7月17日至10月16日,县革命委员会在西城“五·七”中学举办中小学教师毛泽东思想学习班(又称火线学习班),参加教职工达884人,有107名“重点人”被送到县“五·七”干校劳动改造,甚至有教师被摧残致死;1973年,“两个基本估计”使得该县教师的政治地位被削弱至历史最低谷。[①] 再如广西容县教师自1956年起被批人数达各行业之首:反右派斗争中,教师被划为右派者394人,占中小学教师1,778人的22.16%;“文革”开始后,全县受批斗被迫害的教师达632人,占1967年中小学教师1,836人的34.4%。[②]。总之,到20世纪60—70年代,各地乡村中小学教师政治地位较低,不仅导致大量乡村教师流失,也使得教师队伍的素质和专业化水平大为降低。

总之,这一阶段乡村教师队伍建设取得了一定的成就,但成就并不明显:尽管新中国的乡村教师队伍初步形成,但其质量和水平相对低下,不仅文化层次水平相对较低,而且民办教师占据较大比重。在加强乡村教师待遇方面,尽管对工资标准等实施了改革,但因为不同性质的乡村教师待遇差异性较大,民办教师不仅没有编制,无法享受到公办教师的医疗等福利保障,而且工资待遇相对低下,高度依赖于生产大队的经济发展水平、乡村居民对教育经费的投入以及对乡村教育和教师的重视程度。因此,不同地区乡村教师的工资待遇差距较大,经济富裕且重视乡村教育发展地区的乡村教师工资待遇较好地得到了保障。这一时期乡村教师队伍建设存在的诸多困境,也成为下一个历史阶段,即1978—2005年加强乡村教师队伍建设的依据。

---

① 阳原县地方志编纂委员会编:《阳原县志》,中国大百科全书出版社,1997年,第556页。

② 容县志编纂委员会编:《容县志》,广西人民出版社,1993年,第888页。

第五节　小结
继承与探索:乡村教师队伍建设的主基调

这一时期,继承并创新了民主主义革命时期乡村教师队伍建设策略。新民主主义革命时期,中国共产党探索了大量加强乡村教师队伍建设的策略和举措,并积累了一定的经验,这些经验对新中国成立之后的乡村教师队伍建设产生了一定的影响。一方面,继续推行依靠群众力量办学的方针,从而产生了大量的民办教师;另一方面,继承了较有特色的乡村教师激励策略,从而提升了乡村教师的社会地位。

一、继续推行依靠群众力量办学的方针

在中华苏维埃共和国临时中央政府(简称苏维埃政府)时期,苏维埃政府一方面注重团结旧知识分子加入乡村教师行列,另一方面注重从群众中挖掘并吸收部分识字或脱盲普通群众加入教师队伍。这种"两条腿走路"的补充师资方式,为新中国乡村师资乃至全国师资补充提供了丰富的历史经验。抗战时期陕甘宁边区和各抗日根据地积极响应号召,发动群众力量办学,教育经费和师资补充完全由群众自己解决。陕甘宁边区小学实施"民办公助",实施农民子弟的学校由农民自己办的策略,政府不再发给教师的报酬及待遇,教师待遇主要由农民家庭自己解决。具体方案主要有:固定教学的教师,家里土地由全村拨工代耕;巡回学校的教师,一天跑两村,每两天各轮一次,教师轮到某村,即由该村学生家庭管饭;旧式的轮学由几个村公请

一个教师,轮流在每家上课十天或半月,然后再全体搬到另一家教学,轮到谁家,教师学生一起在他家吃饭上课。[①] 晋察冀边区同样发动群众实施"民办公助",乡村教师也由农民自己聘用识字的农民上课,或者聘请私塾先生任教,教师家里的土地则由村拨工代种。解放战争时期,各解放区同样实施"小学民办",教师从选聘到报酬的拨付多由农民自己负责。民办小学师资部分由原公办小学教师转化,大部分由农民自己选拔一些贫苦农民出身的知识分子和进步塾师充任。选聘程序是:"由校委会物色人选提名,经学生家长评议确定后,再报请区、县政府审批委聘。"[②]这些小学教师或者由学生家庭轮流供膳,或者收学粮,以保障其当地中农的生活水平。

由此,新中国成立后继承了新民主主义革命时期中国共产党探索的"民办公助"的办学路径,发动广大群众的力量积极推动乡村教育事业的发展,乡村师资的选聘和报酬主要由农民群众负担,同时,政府给予一定经费补助,由此也促使教师队伍不断发展,尤其推动了民办教师队伍的壮大。

二、继承了较有特色的乡村教师激励策略

一是新民主主义革命时期关注改善乡村教师工资待遇。中央苏区(中央革命根据地、中央苏维埃区域的简称)教师一般不领取工资,只有生活费或谷物。为了提高乡村教师待遇,《小学教员优待条例》(苏维埃政府,1934年)规定小学教师生活费参照当地政府工作人员的生活费标准发放。[③] 陕甘宁边区教育厅于1941年保障教师薪金或津贴及粮食按时发给,规定实施薪金制教师的薪金额"应按当地物价至少保证其最低限度之生活",实施津贴

---

① 教育科学研究所筹备处编:《老解放区教育资料选编》,人民教育出版社,1959年,第270—271页。

② 王献玲:《中国民办教师始末研究》,浙江大学博士学位论文,2005年,第28页。

③ 李友芝主编:《中外师范教育辞典》,中国广播电视出版社,1994年,第229页。

制教师应按武装部队待遇发给米粮，另发给制服、被褥与鞋袜等[①]；有家属且家庭贫寒无其他收入者增发一人粮食[②]，以缓解乡村教师生活上的压力。晋冀鲁豫边区政府于1942年也要求小学教师"物质待遇采取薪给制或供给制，原则以能维持两个人之生活为标准"，津贴按高级与初级分等级发给[③]。福利保障也是当时乡村教师工资待遇的重要内容，主要有土地分配与代耕、免费医疗以及女教师产育期带薪休假等。

二是新民主主义革命时期注重提升乡村教师社会地位及奖励优秀教师。为了激励乡村教师工作的积极性，对教学长久、工作积极且成绩卓著教师给予奖励。《小学教员优待条例》规定对符合奖励条件教师每半年奖励一次，奖金是半年生活费的5%—20%。连续获一等奖金两次者，按年增加原有奖金的2%—3%。[④] 该奖励制度并未在苏区全面实施，但对优秀教师实施奖励的制度，即通过召开大会发给物质奖励，大力宣传教师先进事迹的激励方法在该区很多地方推行。陕甘宁边区发布的《奖励小学教员暂行办法》(陕甘宁边区教育厅，1939年)规定优秀教师由各县第三科于每学期末给予登报表扬、颁奖章及奖状、奖赠书籍、发奖励金或物品以及派遣学习深造等奖励。[⑤] 晋冀鲁豫边区的小学教师还实施年功加薪奖励。[⑥]

在提高乡村教师的社会地位方面，中央苏区规定，教师一经任命，在政治上即与政府工作人员同等待遇，可参与政权建设，在各级代表大会占有一

---

① 陕西师范大学教育科学研究所编：《陕甘宁边区教育资料·小学教育部分》(上)，教育科学出版社，1981年，第108—109页。

② 中央教育科学研究所编：《老解放区教育资料(二)：抗日战争时期》(下)，教育科学出版社，1986年，第339页。

③ 中央教育科学研究所编：《老解放区教育资料(二)：抗日战争时期》(下)，教育科学出版社，1986年，第444—445页。

④ 李友芝主编：《中外师范教育辞典》，中国广播电视出版社，1994年，第229页。

⑤ 陕西师范大学教育科学研究所编：《陕甘宁边区教育资料·小学教育部分》(上)，教育科学出版社，1981年，第67页。

⑥ 中央教育科学研究所编：《老解放区教育资料(二)：抗日战争时期》(下)，教育科学出版社，1986年，第445页。

定比例,能参加工会选举。[1] 陕甘宁边区政府也反复强调尊重和爱护教师,规定各主管机关不得无故将作为政府公职人员的小学教师解职,并通过邀请教师参加各级教育委员会,选举其为参议员,邀请在纪念大会上讲话以及兼任当地乡政府文化教育方面职务等方式提高乡村教师的社会地位。[2] 各根据地陆续将6月6日作为教师节(即"六·六"教师节),并举行庆祝活动等,以此慰劳教师,提高教师的社会地位。

由此,新中国成立后继承和发扬了新民主主义革命时期保障和改善乡村教师工资福利待遇、奖励优秀教师以及提高教师的社会地位等激励策略,为此后各历史阶段乡村教师财政性激励和非财政性激励政策的推行奠定了历史基础。

总体上讲,这一历史时期,乡村教师队伍建设一方面继承了新民主主义革命时期中国共产党采取的诸多优秀策略,吸收和借鉴了初步建设时期国民党加强乡村教师队伍建设的经验;另一方面也根据社会主义制度建立之后国家与乡村社会形势和乡村教师队伍存在的实际问题,不断探索新的乡村教师队伍建设举措,如开始关注减轻乡村教师的工作负担,制定了教师教龄计算办法,并试图发放教龄津贴等,对后续乡村教师队伍建设的推进产生了一定影响。

---

① 新县教育志编纂委员会编:《新县教育志(1783—1994)》,中州古籍出版社,1995年,第78页。

② 陕西师范大学教育科学研究所编:《陕甘宁边区教育资料·小学教育部分》(上),教育科学出版社,1981年,第89、108—109页。

第四章

中国乡村教师队伍建设的改革与推进时期(1978—2005年)

改革开放政策的确立与推行,国家市场经济体制的改革与发展,为乡村教师队伍建设奠定了良好的基础。面对乡村教师数量短缺、质量低下以及乡村教师的工资待遇不理想等问题,中共中央、国务院采取了系列措施,使乡村教师队伍建设得以革新与推进。

第一节　改革开放后乡村社会形势变迁与乡村教育的发展

1978年12月18日至22日,党的十一届三中全会在北京召开,拉开了中国改革开放的帷幕。改革开放政策全面实施之后,国家经济得到了飞跃发展,其中在广大乡村全面展开的经济体制改革推动农村经济快速发展。随着2004年9月党的十六届四中全会提出全面建设小康社会以及2005年10月党的十六届五中全会提出建设社会主义新农村的任务和目标,《关于推进社会主义新农村建设的若干意见》(中共中央、国务院,2005年)提出了建设新农村的意义、目标、任务以及具体举措等内容。随着"全面建设小康社会"与"新农村建设"的推进,乡村教育"重中之重"地位逐渐得以确立,乡村教育改革也正式开启。

一、乡村社会形势变迁

这一时期乡村社会管理体制发生了改变,乡村经济得到了发展,乡村文化制度也发生了变迁,同时建设社会主义强国的奋斗目标对人才的需求也发生了变化。

(一)乡村社会管理体制等系列变革

第一,党的十一届三中全会正式拉开了农村改革的帷幕。19世纪70年代末人民公社制度开始瓦解,土地承包逐渐由生产大队转移到了各村民家庭,即实施家庭联产承包责任制,从而调动了农民生产劳动的积极性,推动了农村经济的发展,促使农民收入不断增加,社会购买力也不断增强。而且,人民公社制度被正式取消后,乡被确立为农村基层行政单位,开始建立村民自治制度,推行村民委员会,并于1982年确定了其在我国宪法中的法律地位。除了村民委员会,还有各类经济、政治以及文化等乡村自治组织。此后,国家将一些重要经济权限开放给村民和自治组织,由村民和自治组织负责本村的经济发展事宜[①];之前的"工分制"调整为"交够国家、留足集体、剩下都是自己的"这一农业剩余分配方式。

第二,实施农村税费变革。实施农村家庭联产承包责任制之后,尽管农民收入大幅度增加,但到20世纪90年代,农村和农业发展陷入滞缓状态,农民增收明显趋缓,同时因农村税费征收不规范,普遍存在农村"三乱"(即乱收费、乱集资、乱摊派)问题,致使农民群众负担日趋增加,与其他社会群体尤其是城镇居民相比,其经济地位和社会的地位不断下降,与城镇居民的差距不断扩大。由此,这种人为的城乡二元分割制度使得城乡收入差距进一步拉大,也促使城乡群众社会的地位鸿沟难以逾越。"三农"问题成为影响农村经济发展和城乡社会稳定的焦点问题,也成为中共中央关注的核心主题。鉴于此,农村税费改革成为继农村家庭联产承包责任制度之后的又一次重大变革。在安徽省于1994年开始部分地方推行农村税费改革的基础上,中共中央、国务院经反复研究,决定用三年时间完成农村税费改革。《关于进行农村税费改革试点工作的通知》(中共中央、国务院,2000年)正式拉开了农村税费改革的序幕;《关于进一步做好农村税费改革试点工作的通知》(国务院,2001年)在安徽等地试点经验的基础上,将农村税费改革推广到全国范围。至2005年,除了河北、山东和云南三省外,全国全面免征农业税的省份达28个,涉及农业人口6.9亿人。2005年12月20日召开的十届全国人大常委会第十九次会议决定从第二年起全面废止《中华人民共和国农业税条例》(1958年),农业税征收最终被全面取消,从而引发了新一轮

① 刘宏伟:《中国乡村基层自治变迁的历史轨迹及启示》,《东南学术》,2012年第2期,第188—194页。

的农村生产力综合变革,对乡村义务教育经费投入与来源以及农民子女上学收费产生了最为直接且广泛的影响。

第三,"统筹城乡发展"政策与社会主义新农村建设任务的提出。21世纪,我国进入全面建设小康社会、加快推进社会主义现代化的新的发展阶段,2002年11月8日至14日在北京召开的党的十六大正式提出了"统筹城乡发展"政策,指出"统筹城乡经济社会发展,建设现代农业,发展农村经济,增加农民收入,是全面建设小康社会的重大任务"[①]。其主要目的在于解决"三农"问题,消除城乡二元经济结构。由此,城乡统筹建设正式拉开了帷幕,也开启了破除城乡二元结构的历史进程。2003年10月召开的党的十六届三中全会将统筹城乡发展作为科学发展观的重要组成部分,置于"五个统筹"之首,同时提出建立有助于逐步改变城乡二元经济结构的体制;2005年10月召开的党的十六届五中全会通过《关于制定国民经济和社会发展第十一个五年规划的建议》(中共中央,2005年),首次提出了建设社会主义新农村,为做好"三农"工作指明方向。具体要求:依照"生产发展、生活富裕、乡风文明、村容整洁、管理民主"的要义,提升人口素质、积极推进城乡统筹发展、推进现代农业建设、全面深化农村改革、大力发展农村公共事业以及千方百计增加农民收入等,最终目标是把农村建设成为经济繁荣、设施完善、环境优美、文明和谐的社会主义新农村。[②] 总之,在统筹城乡发展的政策引导下,乡村义务教育发展的重要性日益凸显,而社会主义新农村建设任务的提出也为乡村教育发展奠定了良好的基础。

(二)市场经济革新下乡村经济变化与城乡收入差距拉大

改革开放后,我国的农业和农村开始步入市场化和城乡统筹化的道路,农户独立的市场主体地位逐步确立;同时,农村产业结构有所调整,开始发

① 江泽民:《全面建设小康社会开创中国特色社会主义事业新局面　在中国共产党第十六次全国代表大会上的报告》(2002年11月8日),人民出版社,2002年,第18—20页。

② 中共中央文献研究室编:《十六大以来重要文献选编》(中),中央文献出版社,2011年,第1066—1068页。

展农民和城镇集体经济投资兴建的企业,发展农村二、三产业。1992 年邓小平南方谈话后,乡镇企业快速发展并壮大,促使农村人口向小城镇迁移。到 2002 年底,逐渐形成了布局合理的大、中、小城市和乡镇构成的城镇体系。这一时期城乡收入差距较大,具体情况见表 4.1。

表 4.1 1978—2005 年全国城乡居民收入差距的演变统计

年份	城镇居民家庭人均可支配收入/元	农村居民家庭人均纯收入/元	城镇居民家庭人均可支配收入较之上年的增长率/%	农村居民家庭人均纯收入较之上年的增长率/%	城镇居民家庭人均可支配收入与农村居民家庭人均纯收入之比/倍
1978	343.4	133.6			2.57
1979	387.0	160.2	12.70	19.91	2.42
1980	477.6	191.3	23.41	19.41	2.50
1981	491.9	223.4	2.99	16.78	2.20
1982	526.6	270.1	7.05	20.90	1.95
1983	564.0	309.8	7.10	14.70	1.82
1984	651.2	355.3	15.46	14.69	1.83
1985	739.1	397.6	13.50	11.91	1.86
1986	899.6	423.8	21.72	6.59	2.12
1987	1002.2	462.6	11.41	9.16	2.17
1988	1181.4	544.9	17.88	17.79	2.17
1989	1375.7	601.5	16.45	10.39	2.29
1990	1510.2	686.3	9.78	14.10	2.20
1991	1700.6	708.6	12.61	3.25	2.40
1992	2026.6	784.0	19.17	10.64	2.58
1993	2577.4	921.6	27.18	17.55	2.80
1994	3496.2	1221.0	35.65	32.49	2.86
1995	4283.0	1577.7	22.50	29.21	2.71
1996	4838.9	1926.1	12.98	22.08	2.51
1997	5160.3	2090.1	6.64	8.51	2.47
1998	5425.1	2162.0	5.13	3.44	2.51
1999	5854.0	2210.3	7.91	2.23	2.65
2000	6280.0	2253.4	7.28	1.95	2.79
2001	6859.6	2366.4	9.23	5.01	2.90
2002	7702.8	2475.6	12.29	4.61	3.11
2003	8472.2	2622.2	9.99	5.92	3.23

续　表

年份	城镇居民家庭人均可支配收入/元	农村居民家庭人均纯收入/元	城镇居民家庭人均可支配收入较之上年的增长率/%	农村居民家庭人均纯收入较之上年的增长率/%	城镇居民家庭人均可支配收入与农村居民家庭人均纯收入之比/倍
2004	9421.6	2936.4	11.21	11.98	3.21
2005	10493.0	3254.9	11.37	10.85	3.22

资料来源:国家统计局主编:《中国统计年鉴2001》,中国统计出版社,2001年,第304页;国家统计局主编:《中国统计年鉴2006》,中国统计出版社,2006年,第347页。

如表4.1所示,1978年我国城市居民人均可支配收入是农村居民人均纯收入的2.57倍,1980年前者是后者的2.5倍,此后进一步减少,1983年缩减至1.82倍;20世纪80年代上半期是城乡居民相对收入差距最小的时期。[①] 可见,农村实施家庭联产承包责任制有助于缩小城乡居民相对收入的差距。然而,从1986年开始,城乡居民相对收入差距又开始增大,进一步扩大到了2倍以上,至1994年达到了最高,前者为后者收入的2.86倍。此后有所波动,但至2000年前者仍为后者的2.79倍。由此,城乡居民收入差距越来越大。而且,在20世纪80—90年代,因为"农副产品价格与农业生产资料价格剪刀差的扩张"等,城市20%的高收入户与农村20%的高收入户的平均收入比高达十多倍。[②]

"统筹城乡经济社会发展"重大战略指导思想将"三农"问题提升到国家宏观经济层面予以解决,推动我国农村改革进入以调整国民收入分配关系为核心的重大历史转变时期。为缩小城乡之间的差距,在国务院"多予、少取、放活"方针的指引下,国家调整国民收入分配结构,加大对"三农"的扶持力度,实施粮食直补、农资综合直补、良种补贴、农机具购置补贴等政策;全面取消农业税、牧业税、农业特产税、屠宰税等;加快农村综合改革步伐,改革集体林权制度,搞活农产品流通,促使生产要素在城乡自由流动,进一步

① 曾国安:《20世纪70年代末以来中国居民收入差距的演变趋势、现状评价与调节政策选择》,《经济评论》,2002年第5期,第35页。

② 宋林飞:《"民工潮"的形成、趋势与对策》,《中国社会科学》,1995年第4期,第79—80页。

放开粮食购销市场和价格。

(三)多元化文化格局下乡村文化制度变迁

改革开放后,我国开始步入了传统文化与现代文化、中国民族文化与外来文化多元文化交融并存、共同繁荣发展的时代。在市场经济的作用下,大批乡村劳动力和乡村知识分子流向了沿海开放区域,造成了乡村文化的失衡,也使得城乡文化差距日渐拉大。为此,《关于进一步加强农村文化建设的意见》(文化部,1998 年)规定:进一步加强农村文化工作,促进农村物质文明和精神文明的协调发展;搞好农村文化建设,发展农村文化事业,丰富农民的文化生活,提高农民的思想道德素质和科学文化素质。[①] 同时,国家通过“三下乡”“四进社区”等活动为乡村社会输送人才。但直至 21 世纪,我国农村教育、科技、文化和卫生等事业的发展水平仍明显落后于城市,农村与农业发展还面临着深层次矛盾和问题。[②] 农村文化相对滞后,制约了农村发展、农业增长和农民增收。加强农村文化建设成为解决社会主义“三农”问题的重要着力点。[③]《关于进一步加强农村文化建设的意见》(中共中央、国务院,2005 年)提出,应积极组织开展农村文化服务活动,在“大学生志愿服务西部计划”和“高校毕业生到农村服务计划”中增加农村文化服务的内容,鼓励应届大学毕业生深入农村从事文化信息传播、活动组织和人员培训等活动,以充分发挥乡村中小学在开展农村文化活动方面的积极作用。[④]

(四)对人才的需求日趋强烈

要实现“在本世纪内把我国建设成为农业、工业、国防和科学技术现代

① 刘志强主编:《中国三农及农民增收政策法规汇编》(上),安徽文化音像出版社,2004 年,第 301 页。

② 中共中央文献研究室编:《十六大以来重要文献选编》(上),暨南大学出版社,2011 年,第 114 页。

③ 杜寿松、何睿:《社会主义新农村文化建设的意义和任务》,《改革与开放》,2015 年第 6 期,第 112—113 页。

④ 张车伟主编:《中国人口年鉴 2006》,中国人口年鉴杂志社,2006 年,第 41—42 页。

化的伟大的社会主义强国”的新时期总任务和奋斗目标[1]，就必须培养和造就一批“具有世界一流水平的科学技术专家”以及“大批实现四个现代化的建设人材”[2]。一方面，我国社会主义建设尤其是农业发展急需各类人才；另一方面，“文革”使农村教育遭到严重破坏，发展近乎停滞，农村大量少年、青年、壮年农民文盲比例不断上升。部分地区的调查显示：“少年、青年、壮年中，文盲、半文盲一般占30%—40%。有的边远地区、山区和一些少数民族地区，少年、青年、壮年中的文盲达到50%以上。”[3]因此，全面贯彻党的教育方针，不断提高国民素质尤其是乡村人口素质，成为响应社会主义建设需求的重要内容。

二、乡村教育发展演变

中共中央高度重视乡村教育，围绕普及初等教育、普及义务教育等目标，颁布了系列政策。

(一)乡村教育政策演变

在“科教兴国”战略的基础上，以教育体制和教育结构为主线的教育改革全面推进。《中国教育改革和发展纲要》(中共中央、国务院，1993年)、《面向21世纪教育振兴行动计划》(教育部，1998年)、《中华人民共和国义务教育法》(简称《义务教育法》，第六届全国人民代表第四次会议通过，1986年)、《中华人民共和国教师法》(简称《教师法》，第八届全国人民代表大会常务委员会第四次会议通过，1993年)等法令政策相继发布，标志着教育开始走上法治化轨道。2005年底温家宝总理在中央农村工作会议上的讲话以

① 何东昌主编：《中华人民共和国重要教育文献(1949—1997)》，海南出版社，1998年，第1598页。

② 何东昌主编：《中华人民共和国重要教育文献(1949—1997)》，海南出版社，1998年，第1601、1588页。

③ 刘英杰主编：《中国教育大事典(1949—1990)》，浙江教育出版社，1993年，第1651页。

及《关于推进社会主义新农村建设的若干意见》,都要求合理配置城乡教育资源,推进城乡义务教育均衡发展。[①] 这一时期乡村教育政策的发展演变主要包括变革乡村基础教育经费保障机制、推动乡村小学教育和义务教育的普及与发展、推行"撤点并校"等方面的内容。

1. 变革乡村基础教育经费保障机制

改革开放以来,我国教育经费由"筹措"逐渐转向"保障",教育经费投入从以乡镇为主逐渐转变为"分级管理,以县为主",乡村基础教育经费保障机制有所变革。

自1980年起,20世纪50—70年代实施的"统一领导、分级管理"原则的国家财政预算体制变革为中央与地方财政"分灶吃饭",即中央财政负责中央各部所属学校的经费,地方所属学校的经费则完全由地方财政提供。20世纪80年代中期,国家对基础教育办学体制和教育经费的筹措体制开始实施变革。《关于教育体制改革的决定》(中共中央,1985年)提出"把发展基础教育的责任交给地方,有步骤地实行九年制义务教育",开启了"地方负责、分级管理"的基础教育多元化办学路径。该决定还提出,将县财政拨款仍作为乡村基础教育经费的主要来源,并由县乡共同管理农村学校。[②] 由此,基础教育经费被纳入地方财政拨款和预算,中央实行专项补助。此次改革极大地促进了基础教育尤其乡村基础教育的发展,但由于各地经济发展水平、各地方政府对教育重视程度、管理水平(即财政部门和计划部门经费划拨财权与教育部门计划教育事业发展和教育行政管理等事权之间具有脱节和随意性大的风险)和师资力量等不平衡,一些乡村尤其是贫困地区的基础教育与城镇存在较大差距。

---

① 《关于当前农业和农村工作的几个问题》(2005年12月29日),http://www.gov.cn/gongbao/content/2006/content_219928.htm;《中共中央、国务院关于推进社会主义新农村建设的若干意见》(2005年12月31日),http://www.gov.cn/gongbao/content/2006/content_254151.htm。

② 中共中央文献研究室编:《改革开放三十年重要文献选编》(上),中央文献出版社,2008年,第383页。

《义务教育法》明确规定政府有义务为适龄儿童提供免费的基础教育，为保障农村普及九年义务教育提供了法律依据。1986年,国家教委指出:中央和地方政府负责筹措义务教育经费,保证用于义务教育的财政拨款的增加;“乡财政收入应主要用于义务教育事业。中央拨给的支援经济不发达地区资金、边境建设事业补助费、少数民族补助费等,地方都应从中划出一部分用于这类地区的义务教育事业”。[①]《关于农村基础教育管理体制改革若干问题的意见》(国家教委、财政部,1987年)进一步推动农村教育管理体制的改革,规定县级政府长期以来担负着管理农村学校的重要责任,县财政拨款仍是农村基础教育经费的主要来源[②],“注意发挥村在解决危房、改善办学条件,提高教师待遇、筹措解决民法教师的工资、管好学校财产、维护学校权益、动员适龄儿童入学、参与监督学校工作等方面的作用”[③]。由此,县乡两级地方政府管理基础教育的职责范围更加明确,这在扩大乡政府管理农村学校权限的同时,也明确了村组织对于乡村教育经费保障的重要作用。

随着分级包干财政体制的逐步推行,在20世纪90年代前期,全国农村大部分县开始实行财政包干到乡镇的体制。尽管这种县乡村三级办学体制和财政体制变革促使当时义务教育迅速发展,但因农民收入增加减缓甚至停滞,以及城乡区域间经济发展水平不均衡等,到20世纪90年代中后期,出现城乡之间乃至各地基础教育资源投入严重失衡和教育经费不足问题[④],农民负担也加重了。对此,《中国教育改革和发展纲要》指出:“改革和完善教育投资体制,增加教育经费”;“逐步建立以国家财政拨款为主,辅之以征收用于教育的税费、收取非义务教育阶段学生学杂费、校办产业收入、社会捐资集资和设立教育基金等多种渠道筹措教育经费的体制”;保证乡(镇)财

---

① 何东昌主编:《中华人民共和国重要教育文献(1949—1997)》,海南出版社,1998年,第2497—2498页。

② “农村教育改革研究丛书”编委会编:《农村教育改革文献和资料选编》,教育科学出版社,1988年,第171页。

③ “农村教育改革研究丛书”编委会编:《农村教育改革文献和资料选编》,教育科学出版社,1988年,第172页。

④ 武德昆、曲绍卫主编:《中国教育经济评论2010》,教育科学出版社,2011年,第160页。

政收入主要用于发展教育。[①]《中华人民共和国教育法》(简称《教育法》,第八届全国人民代表大会第三次会议通过,1995 年)以立法的形式保证教育经费的稳定来源和增长,规定国务院及县级以上各级政府应设立教育专项资金,"重点扶持边远贫困地区、少数民族地区实施义务教育"[②],"农村统筹中的教育费附加主要用于本乡范围内乡、村两级教育事业"[③]。《关于深化教育改革全面推进素质教育的决定》(中共中央、国务院,1999 年)规定:继续完善基础教育主要由地方负责、分级管理的体制,并加大县政府对教育经费、教师管理和校长任免等方面的统筹权,逐步实现国家财政性教育经费支出占国民生产总值百分之四的目标;"农村教育费附加实行乡征、县管、乡用,确保完全用于教育",且地方各级政府要确保义务教育的资金投入并做到专款专用。[④]

这一时期主要由县乡两级政府共同负担义务教育经费投入,实际上由县乡两级政府和农民共同负担:教师工资也由县乡政府和农民共同缴纳的农村教育经费负担,学校建设和设施由农民集资,学校公用经费由学生杂费承担,等等。即农村义务教育实施县乡村三级办学、县乡两级管理的体制,并确立了"财、税、费、产、社、基"多渠道的义务教育经费来源与筹措方式。由此形成了长时间段内乡村义务教育经费由乡(镇)政府负责筹措,由农民直接集资办学,即"农村教育农民办"的乡村基础教育格局。这在一定程度上增加了农民家庭教育负担,引发了学生大量辍学现象。城乡居民收入水平差距导致城乡教育经费投入的差距较大,教育投入难以及时足额到位,直到 2000 年以来我国开始把基础教育权限上移回收至县政府,农村教育财政

① 高甄文主编:《高等教育最新法律法规与政策文件汇编》(上),华夏教育出版社,2007 年,第 57—58 页。

② 《中华人民共和国教育法》(1995 年 3 月 18 日),《中华人民共和国全国人民代表大会常务委员会公报》,1995 年第 3 期,第 10 页。

③ 《中华人民共和国教育法》(1995 年 3 月 18 日),《中华人民共和国全国人民代表大会常务委员会公报》,1995 年第 3 期,第 11 页。

④ 中共中央文献研究室编:《改革开放三十年重要文献选编》(下),中央文献出版社,2008 年,第 1015—1020 页。

才有所改观。

为了减轻农民负担，中央政府从2000年开始全面推行农村税费改革，《关于基础教育改革与发展的决定》(国务院，2001年)明确提出施行“在国务院领导下，由地方政府负责、分级管理、以县为主”(简称“以县为主”)的农村义务教育管理体制；在加大中央和省级财政对义务教育转移支付力度的同时，适当提高义务教育管理层级，确立了以县级政府为投资主体的教育投资格局；对各级政府义务教育投入进行了分工，即县政府对本地农村义务教育负有主要责任，负责统发教职工工资，统筹中小学公用经费，筹措新增校舍建设和危房改造资金，购置图书资料以及教学仪器，而乡镇政府承担相应的办学责任，负担部分公用经费，提供新建、扩建校舍所需土地，提高教师待遇。[1] 由此，2001年以来施行“以县为主”的教育管理体制之后，乡村基础教育完成了从“农民办”到“政府办”的历史性制度变迁，农村基础教育经费投入保障进入了新阶段。因中央政府在农村义务教育财政投入中缺席，且县乡基层政府在“税费改革”[2]后减少了税收来源，县财政支出负担加重，国家调整实施“以县为主”的义务教育财政体制。为了减轻自身对农村义务教育的财政投入与支出的负担，地方政府开始热衷于推行“撤点并校”。此后，进一步落实“以县为主”的农村义务教育管理体制成为系列政策文件的重要内容。《关于完善农村义务教育管理体制的通知》(国务院，2002年)指出，县政府对农村义务教育负有主要责任，省、地(市)、乡等地方各级政府承担相应责任，中央政府给予必要的支持。其中，省政府负责统筹该省各地农村义务教育发展规划，逐县核实财力水平，统筹安排财力，对财力不足、发放财政供养人员工资确已达到合理比例仍有困难的县，通过调整财政体制和财政支出结构、增加省财政转移支付资金、合理安排中央财政转移支付资金等办法，督促县政府确保农村中小学教职工工资按时足额发放等；地(市)级政府

---

① 武德昆、曲绍卫主编：《中国教育经济评论2010》，教育科学出版社，2011年，第161—162页；《国务院关于基础教育改革与发展的决定》(2001年5月29日)，http://www.gov.cn/gongbao/content/2001/content_60920.htm。

② 2001年同时启动了税费改革，废除了农业附加税和各种集资，导致县乡财政收入锐减。

负责组织协调农村义务教育发展，根据省政府的要求，对财力不足、发放财政供养人员工资确有困难的县，给予转移支付等；县政府负责组织实施农村义务教育，规定农村中小学教师工资须上收至县集中管理，合理安排使用上级转移支付资金，确保按时足额统一发放教职工工资。[①]《关于完善社会主义市场经济体制若干问题的决定》（中共中央，2003 年）要求巩固和完善以县级政府管理为主的乡村义务教育管理体制，完善和规范以政府投入为主、多渠道筹措经费的教育投入体制。[②]《2003—2007 年教育振兴行动计划》（国务院批转教育部，2004 年）还指出，要加大对西部地区、少数民族地区、革命老区和东北地区等老工业基地的教育支持力度，促进东、中、西部地区教育协调发展。[③]《关于进一步加强农村地区"两基"巩固提高工作的意见》（教育部、财政部，2004 年）指出，进一步巩固完善农村义务教育管理体制，增加义务教育经费投入，落实中央关于新增教育经费主要用于农村的要求；实行"奖、补"结合的方式，在经费分配上支持中西部贫困地区"两基"（基本普及九年义务教育、基本扫除青壮年文盲的简称）巩固提高工作；等等。[④]

为了推进义务教育均衡发展，2005 年，国务院开始深化乡村义务教育经费保障机制改革，要求在建设社会主义新农村的新形势下，将义务教育经费全面纳入公共财政保障范围，逐步建立中央和地方分项目、按比例分担的农村义务教育经费保障机制，中央重点支持中西部地区，适当兼顾东部部分困难地区的义务教育发展。[⑤] 由此，2001 年确立实施的"以县为主"义务教育管理体制，即"在国务院领导下，地方政府负责、分级管理，以县为主"，被

① 《国务院办公厅关于完善农村义务教育管理体制的通知》（2002 年 4 月 14 日），http://www.moe.gov.cn/jyb_xxgk/gk_gbgg/moe_0/moe_8/moe_25/tnull_239.html。

② 中共中央文献研究室编：《十六大以来重要文献选编》（上），暨南大学出版社，2011 年，第 477 页。

③ 《国务院批转教育部 2003—2007 年教育振兴行动计划的通知》（2004 年 2 月 10 日），http://www.gov.cn/gongbao/content/2004/content_62725.htm。

④ 何东昌主编：《中华人民共和国重要教育文献（2003—2008）》，新世界出版社，2010 年，第 296 页。

⑤ 《国务院关于深化农村义务教育经费保障机制改革的通知》（2005 年 12 月 24 日），http://www.gov.cn/gongbao/content/2006/content_185157.htm。

进一步调整为“明确各级责任，中央、地方分担，经费省级统筹，管理以县为主”的新机制。

总体上讲，这一时期逐渐确立了“以县为主”的基础教育经费保障机制，将农村义务教育纳入公共财政保障范围。具体规定：各级政府按照新增教育经费主要用于农村的要求，进一步加大对农村义务教育的投入力度；乡村教育政策向西部地区、贫困地区倾斜，实施多样化的补偿性政策，如启动国家西部地区“两基”攻坚计划以及“农村中小学危房改造工程”“农村教育素质提高工程”“东部地区学校对口支援西部贫困地区学校规程”“远程教育工程”“国家贫困地区义务教育工程”“大中城市学校对口支援本地区贫困学校工程”等专项工程。[1]

2. 推动乡村小学教育和义务教育的普及与发展

第一，继续推动小学教育的普及。1978年2月26日，国务院总理华国锋在第五届全国人大第一次会议上所作的《政府工作报告》中提出，到1985年，在农村基本普及八年教育，在城市基本普及十年教育。[2]《关于普及小学教育若干问题的决定》(中共中央、国务院，1980年)将普及农村小学教育作为农村教育发展的首要目标，明确提出20世纪80年代在全国基本实现普及小学教育的历史任务，应根据各地区实际情况分区规划，分期分批实现普及小学教育：经济比较发达、教育基础较好地区应在1985年前普及小学教育，其他地区一般应在1990年前基本普及，极少数经济特别困难、山高林深、人口稀少地区，普及期限可延长。[3]《关于加强和改革农村学校教育若干问题的通知》(中共中央、国务院，1983年)指出，应“力争1990年前在我国除少数山高林深，人口特别稀少的地区外，基本普及初等教育”[4]，同时发挥县

① 《国务院关于深化农村义务教育经费保障机制改革的通知》(2005年12月24日)，http://www.gov.cn/gongbao/content/2006/content_185157.htm。

② 中央教育科学研究所编：《中华人民共和国教育大事记(1949—1982)》，教育科学出版社，1984年，第511页。

③ 胡启立编：《教育改革重要文献选编》，人民教育出版社，1988年，第404—407页。

④ 何东昌主编：《中华人民共和国重要教育文献(1949—1997)》，海南出版社，1998年，第2087页。

区乡三级政府在乡村小学普及中的积极性。教育部于1983年指出，普及初等教育要求“学龄儿童都能按时入学，坚持读满修业年限，并达到小学毕业程度”，具体要求如下：

1. 学龄儿童入学率达到95％以上。

2. 在校学生的巩固率达到97％以上。

3. 毕业班学生的毕业率，城市达到95％以上，条件较好的农村地区达到90％左右，其他地区达到80％左右。

4. 在12至15周岁少年儿童中，初等教育的普及率达到95％以上。①

《关于深入推进农村教育综合改革的意见》（国家教委，1995年）指出：“现阶段温饱问题没有解决，尚不能普及九年义务教育的地区，要努力普及小学教育，特别贫困的地区要首先普及三—四年小学教育。”②可见，尽管不断推进小学教育普及工作，但其过程较为艰辛，普及进度较为缓慢。

第二，到20世纪80年代末期，九年制义务教育普及开始被提上议事日程。为了提高民族素质，《关于教育体制改革的决定》把初级中学的教育列入义务教育，并提出应“有步骤地实施九年制义务教育”③。《义务教育法》将义务教育分为初等教育和初级中等教育两个阶段，规定“在普及初等教育的基础上普及初级中等教育”④，为推动义务教育普及提供了法律保障。这一时期九年制义务教育普及相关政策统计见表4.2。

① “农村教育改革研究丛书”编委会编：《农村教育改革文献和资料选编》，教育科学出版社，1988年，第154页。

② 何东昌主编：《中华人民共和国重要教育文献（1949—1997）》，海南出版社，1998年，第3835页。

③ 中共中央文献研究室编：《改革开放三十年重要文献选编》（上），中央文献出版社，2008年，第383页。

④ 《中华人民共和国义务教育法》（第六届全国人民代表大会第四次会议通过，1986年4月12日），《中华人民共和国国务院公报》，1986年第12期，第400—401页。

表 4.2　1978—2005 年全国普及九年制义务教育部分政策统计

时间	部门	名称	普及义务教育相关要点(要求)
1985 年 5 月 27 日	中共中央	《关于教育体制改革的决定》	一是约占全国人口四分之一的城市、沿海各省中的经济发达地区和内地少数发达地区,相当部分已普及初级中等教育,其余部分应抓紧按质按量普及初级中等教育,在 1990 年左右完成。 二是约占全国人口一半的中等发展程度的镇和农村,抓紧按质按量普及小学教育,同时积极准备条件在 1995 年左右普及初级中等教育。 三是约占全国人口四分之一的经济落后地区,采取各种形式开展不同程度的普及教育工作。
1986 年 9 月 11 日	国务院办公厅转发国家教委、国家计委、财政部、劳动人事部	《关于实施〈义务教育法〉若干问题的意见》	一是按原规定的"四率"(即入学率、巩固率、毕业率、普及率)等要求检查验收普及小学教育工作。经检查验收合格地区继续采取有效措施进一步巩固提高普及程度和教育水平,在此基础上实施普及初级中等教育。 二是分地区、有步骤地实施义务教育:在初等教育尚未普及时,不要盲目地普及初级中等教育;在发展初级中等教育时,要提早安排办学条件尤其是做好师资准备。第一类经济、文化比较发达的地区,要求在 1990 年左右基本实现九年制义务教育;第二类经济、文化中等发展程度的地区,要求在 1990 年左右普及初等义务教育,同时积极准备在 1995 年左右实现九年制义务教育;第三类经济、文化不发达的地区,争取本世纪末大体上普及初等义务教育。 三是学制年限分为初等教育和初级中等教育两个阶段,主要实行"六三"制、"五四"制或九年一贯制。 四是义务教育起始入学年龄为 6 周岁,条件尚不具备地区仍可实行 7 周岁入学,特别困难地区还可适当推迟入学年龄。
1998 年 12 月 24 日	教育部	《面向 21 世纪教育振兴行动计划》	2000 年如期实现"两基"的目标。其中,普及义务教育工作重难点在中西部地区,"十五"计划期间继续实施"国家贫困地区义务教育工程",并将重点放在山区、牧区和边境地区。
1999 年 6 月 13 日	中共中央、国务院	《关于深化教育改革全面推进素质教育的决定》	"两基"是全面推进素质教育的基础,地方各级政府要确保 2000 年"两基"目标的实现和达标后的巩固与提高,2000 年后继续实施"国家贫困地区义务教育工程",加大对贫困地区和少数民族地区的扶持力度,解决农村初中辍学率偏高的问题。

续　表

时间	部门	名称	普及义务教育相关要点(要求)
2001 年 5 月 29 日	国务院	《关于基础教育改革与发展的决定》	一是进一步扩大九年义务教育人口覆盖范围，使占全国人口 50%左右，初中阶段教育入学率达到 90%以上，青壮年非文盲率在 95%以上，已实现“两基”的农村地区重点抓好“两基”巩固提高工作。 二是全国乡(镇)以上有条件的中小学基本普及信息技术教育，促使基础教育总体水平到 2010 年接近或达到世界中等发达国家水平。 三是抓住西部大开发时机，继续实施第二期“国家贫困地区义务教育工程”“东部地区学校对口支援西部贫困地区学校工程”以及“大中城市学校对口支援本地贫困地区学校工程”等，提高适龄儿童入学率，推动贫困地区和少数民族地区义务教育发展。
2001 年 7 月 26 日	教育部	《全国教育事业第十个五年计划》	一是 2005 年主要目标有“巩固、扩大‘两基’成果”：在 2000 年初步实现“两基”的基础上，巩固并逐步提高“两基”水平和质量，进一步扩大九年义务教育的人口覆盖率，使初中毛入学率达 90%以上，辍学率控制在 3%以下，青壮年非文盲率保持在 95%以上；大力支持贫困地区和少数民族地区实施义务教育。 二是 2010 年主要目标有：九年义务教育人口覆盖率进一步提高，初中阶段毛入学率超过 95%；中央政府继续设立专项资金实施“国家贫困地区义务教育工程”二期计划(2001—2005 年)和三期计划(2006—2010 年)，进一步加大对贫困地区义务教育的扶持力度；动员全社会关心和支持贫困地区义务教育普及工作，加强实施教育对口支援工作，实现地区间教育均衡发展。
2003 年 9 月 17 日	国务院	《关于进一步加强农村教育工作的决定》	要求加快推进“两基”攻坚，巩固提高普及义务教育的成果和质量，力争五年完成西部地区“两基”攻坚任务。 一是安排中央资金对“两基”攻坚进行重点支持，中央和地方新增扶贫资金支持贫困乡村发展教育事业。 二是对已实现“两基”目标的地区特别是中部和西部地区，巩固成果、提高质量。经济发达的农村地区要实现高水平、高质量“普九”目标，力争 2010 年在全国实现全面普及九年义务教育和全面提高义务教育质量的目标。 三是建立和完善教育对口支援制度。继续实施“东部地区学校对口支援西部贫困地区学校工程”和“大中城市学校对口支援本省(自治区、直辖市)贫困地区学校工程”，建立东部地区经济比较发达的县(市、区)对口支援西部地区贫困县、大中城市对口支援本省(自治区、直辖市)贫困县的制度。

续　表

时间	部门	名称	普及义务教育相关要点(要求)
2004年2月10日	国务院批转教育部	《2003—2007年教育振兴行动计划》	一是实施西部地区"两基"攻坚计划。到2007年底,力争使西部地区普及九年义务教育人口覆盖率达到85%以上,青壮年文盲率下降到5%以下。 二是以实施"农村寄宿制学校建设工程"为突破口,加强西部农村初中、小学建设。要将"两基"攻坚作为西部大开发的一项重要任务;继续实施"国家贫困地区义务教育工程"和"中小学危房改造工程";中部地区未实现"两基"目标的县集中力量打好攻坚战。 三是已实现"两基"目标的地区特别是中西部地区要巩固成果、提高质量;经济发达的农村地区要实现高水平、高质量"普九"目标。
2004年2月12日	教育部、财政部	《关于进一步加强农村地区"两基"巩固提高工作的意见》	已实现"两基"目标的部分农村地区面临着"两基"工作总体水平低、基础薄弱、发展不平衡,部分中小学基本办学条件难以保证,教育质量不高,部分地区初中辍学率居高不下,教师队伍整体素质亟待提高等问题。对此,需进一步加强"两基"巩固提高工作,并规定今后五年加强农村地区"两基"巩固提高工作的主要目标,即"义务教育的普及程度进一步提高,小学适龄儿童都能按时入学,在校生年辍学率控制在1%以下;初中阶段毛入学率达95%以上,在校生年辍学率控制在3%以下,按时毕业率明显提高,17周岁人口初级中等教育完成率明显提高"。具体要求:以加强农村初中建设为重点,进一步改善农村中小学办学条件,加大控制初中辍学力度,提高义务教育普及程度。
2004年2月16日	教育部、发展改革委、财政部、国务院西部开发办	《国家西部地区"两基"攻坚计划(2004—2007年)》	主要目标:一是到2007年,西部地区整体实现"两基"目标,"两基"人口覆盖率达85%以上,初中毛入学率达90%以上,扫除600万文盲,青壮年文盲率下降至5%以下。二是到2007年,西部各省(自治区、直辖市)及新疆生产建设兵团分别实现各自的"两基"目标,巩固提高现有"两基"成果,完成攻坚任务,有条件地区通过国家的"两基"评估验收。三是截至2002年尚未实现"两基"的372个县(市、区)以及新疆生产建设兵团的38个团场,到2007年,除特别困难的达到"普六"验收标准外,其余的要达到国家"两基"验收标准。 主要任务:一是新建、改扩建一批以农村初中为主的寄宿制学校,保障"两基"攻坚县扩大义务教育规模的需要,安排好西部新增130万初中生和20万小学生的学习

续　表

时间	部门	名称	普及义务教育相关要点(要求)
			(续上页) 和生活条件。二是西部地区要制定“两基”规划。结合中央已安排的专项资金，调整省级财政支出结构，增加对“两基”攻坚的投入，基本消除现有中小学危房，保证办学条件基本达标，保障学校正常运转所需的公用经费，降低辍学率，提高教育质量。三是建立较完善的义务教育阶段家庭贫困学生资助制度，中央和地方通过“两免一补”(免杂费、免书本费、补助寄宿生活费)等方式加大资助力度，到2007年力争使中西部农村家庭经济困难学生普遍得到资助。四是西部地区各政府要保障“两基”攻坚县的教职工的工资发放，建立中央财政用于教师工资转移支付的监管机制。做好对西部地区农村教师的培养、培训工作，加大少数民族地区双语教师队伍的建设，到2007年，小学和初中教师学历合格率分别达到95%和90%以上。五是稳步推进农村中小学现代远程教育。

资料来源：中共中央文献研究室编：《改革开放三十年重要文献选编》(上)，中央文献出版社，2008年，第383—384页；何东昌主编：《中华人民共和国重要教育文献(1949—1997)》，海南出版社，1998年，第2496—2497页；何东昌主编：《中华人民共和国重要教育文献(1998—2002)》，海南出版社，2003年，第217页；中共中央文献研究室编：《改革开放三十年重要文献选编》(下)，中央文献出版社，2008年，第1014页；《国务院关于基础教育改革与发展的决定》(2001年5月29日)，http://www.gov.cn/gongbao/content/2001/content_60920.htm；《中国教育年鉴》编辑部编：《中国教育年鉴2002》，人民教育出版社，2002年，第69—75页；《国务院关于进一步加强农村教育工作的决定》(2003年9月17日)，http://www.gov.cn/zhengce/content/2008-03/28/content_5747.htm；《国务院批转教育部2003—2007年教育振兴行动计划的通知》(2004年2月10日)，http://www.gov.cn/gongbao/content/2004/content_62725.htm；何东昌主编：《中华人民共和国重要教育文献(2003—2008)》，新世界出版社，2010年，第295—296、298—299页。

如表4.2所示,一是分地区、有步骤地实施普及九年义务教育,先普及小学教育再普及初级中学阶段教育。由于我国各地经济文化发展不平衡,根据城、镇、乡以及不同经济发展水平地区提出不同的普及九年义务教育要求。二是普及九年义务教育工作重难点在中西部地区。尤其是西部地区经济社会发展落后,地方财政困难,教育投入严重不足,教育基础薄弱,其义务教育远远落后于全国平均水平,因此要加大对贫困地区和民族地区的扶持力度。三是"两基"工作逐渐推进。要求未实现"两基"目标的县集中力量打好攻坚战,已实现"两基"目标的地区以及经济发达的农村地区应巩固成果、提高质量;要求西部地区制定"两基"规划,结合中央安排的专项资金,调整省级财政支出结构,不断增加对"两基"攻坚的投入。

第三,乡村义务教育普及逐步走向义务教育均衡发展。这一时期尽管各地义务教育都有了新的发展,但由于各地经济社会发展不平衡,城乡二元结构矛盾突出,地区之间、学校之间的差距依然存在。为了进一步推进义务教育均衡发展,教育部于2005年提出应把推进义务教育均衡发展摆在重要位置,"有效遏制城乡之间、地区之间和学校之间教育差距扩大的势头,积极改善农村学校和城镇薄弱学校的办学条件,逐步实现义务教育的均衡发展"[①]。具体指出:各级教育行政部门要积极争取政府及有关部门的大力支持,建立和完善保障义务教育均衡发展的公共财政体制;在认真组织实施国家各项重大义务教育工程和项目的同时,将工作着力点放在推进县(市、区)域内义务教育均衡发展;在促进义务教育整体发展的同时,将提高农村学校教育质量和改造城镇薄弱学校放在更重要的位置,要求加大这些学校的经费投入,改善办学条件等。[②] 由此,我国普及乡村义务教育逐渐转向关注城乡义务教育均衡发展,且随着九年义务教育普及工作的推进与发展,城乡义务教育均衡发展的重要性愈加突出。

---

① 《教育部关于进一步推进义务教育均衡发展的若干意见》(2005年5月25日),http://www.moe.gov.cn/srcsite/A06/s3321/200505/t20050525_81809.html。

② 《教育部关于进一步推进义务教育均衡发展的若干意见》(2005年5月25日),http://www.moe.gov.cn/srcsite/A06/s3321/200505/t20050525_81809.html。

3. 推行"撤点并校"

《关于实施〈义务教育法〉若干问题意见的通知》(国务院办公厅转发国家教委等,1986年)指出,"学校设置、布局要合理"。其中,"小学校的设置要有利于儿童少年就近入学",农村中心小学以下的村办小学、简易小学的设置、撤销由乡政府提出意见,报县教育局审批;农村中心小学、城市小学以及初级中学的新建、撤销、合并、搬迁,由不设区的市、县教育主管部门提出意见,报同级政府审批。[①] 这些规定为后来的"撤点并校"埋下了伏笔。所谓"撤点并校","点"指教学点,"校"指完小,该教育行为于1997年开始存在,于2001年席卷全国农村中小学。

《关于基础教育改革与发展的决定》指出:"因地制宜调整农村义务教育学校布局。按照小学就近入学、初中相对集中、优化教育资源配置的原则,合理规划和调整学校布局。农村小学和教学点要在方便学生就近入学的前提下适当合并,在交通不便的地区仍需保留必要的教学点,防止因布局调整造成学生辍学。"[②]由此,全国农村中小学开始重新布局,农村原中小学大量撤销,农村学生被集中到小部分城镇学校。2001年启动的税费改革导致县乡财政收入锐减,使得地方基层政府面临着减轻自身和农民对农村义务教育的财政投入与支出双重负担,从而增加了地方政府推行"撤点并校"的热度。《关于完善农村义务教育管理体制的通知》、《中小学布局调整专项资金管理办法》(财政部,2003年)等政策,更进一步推动了农村中小学布局与调整工作。《关于进一步加强农村地区"两基"巩固提高工作的意见》指出,各地要遵循"小学就近入学,初中相对集中"的原则,稳步推进农村学校布局结构调整工作,提高办学规模和效益;要根据当地实际,重点加强农村寄宿制初中建设,有条件的地方可建设九年一贯制的农村寄宿制义务教育学校[③];同时,中央财政开始根据各地中小学布局调整工作的开展情况给予适当的

---

① 何东昌主编:《中华人民共和国重要教育文献(1949—1997)》,海南出版社,1998年,第2497页。

② 《国务院关于基础教育改革与发展的决定》(2001年5月29日),http://www.gov.cn/gongbao/content/2001/content_60920.htm。

③ 何东昌主编:《中华人民共和国重要教育文献(2003—2008)》,新世界出版社,2010年,第296—297页。

奖励和支持。这在一定程度上更加提高了“撤点并校”的力度。据教育部统计,到 2007 年,全国撤点并校使乡村学校由 1998 年的 60.96 万所减至 32.01 所,减少总数达 28.95 万所,减少比例为 47.5%。[1]

“撤点并校”在某种程度上确实整合了农村教育资源,降低了生均教育成本,但同时也带来校车安全隐患、上学难、辍学率回升、教育资源浪费等诸多问题,从而也引发了学者对“撤点并校”的必要性和合理性的审思。[2]

(二)乡村小学教育与九年义务教育的逐步普及

在上述乡村教育政策的引导下,乡村基础教育获得一定发展,不仅逐步实现普及小学教育,而且也促使九年义务教育逐步实施。

1. 小学教育的普及与发展

这一时期全国小学教育普及情况可以通过适龄儿童入学率、小学在校学生巩固率来考察,具体见表 4.3、表 4.4。

表 4.3 1978—1993 年全国适龄儿童入学率统计

年份	全国学龄儿童/万人		已入学学龄儿童/万人	入学率/%
1978	12131.3		11585.4	94.0
1979	12323.1		11580.1	93.0
1980	12219.6		11478.2	93.0
1981	12018.5		11175.5	93.0
1982	11762.7		10958.0	93.2
1983	11251.2		10577.8	94.0
1984	10669.0		10169.8	95.3
1985	10362.3		9942.8	96.0
1986	10067.5		9702.1	96.4
年份	地区	7—11 周岁儿童/万人	已入学的 7—11 周岁儿童/万人	学龄儿童入学率/%
1987	总计	9750.93	9477.15	97.19
	城市	895.40	894.34	99.88
	县镇	936.10	933.58	99.73
	农村	7919.43	7649.23	96.59

① 参见教育部公布的 1998—2007 年教育事业发展统计公报的数据。

② 张燕:《农村中小学撤点并校之“理性纠错”》,《教育评论》,2013 年第 2 期,第 30—32 页。

续 表

年份	地区	7—11 周岁儿童/万人	已入学的 7—11 周岁儿童/万人	学龄儿童入学率/%
1988	总计	96558401	93803532	97.15
	城市	9733427	9715975	99.82
	县镇	9608533	9560635	99.50
	农村	77216441	74526922	96.52
1989	总计	96991325	94507267	97.44
	城市	10592197	10574928	99.84
	县镇	10239310	10216881	99.78
	农村	76159818	73715458	96.79
1990	总计	97407457	95296603	97.83
	城市	10854741	10830130	99.77
	县镇	10372702	10343559	99.71
	农村	76180014	74122914	97.29
1991	总计	98031815	95948159	97.87
	城市	11290108	11274095	99.86
	县镇	12314434	12202881	99.09
	农村	74427273	72471183	97.37
1992	总计	99662733	97618258	97.95
	城市	11798625	11704700	99.20
	县镇	14061607	13905248	98.89
	农村	73802501	72008310	97.57
1993	总计	102436201	100707628	98.13
	城市	12468352	12414708	99.57
	县镇	15836044	15689108	99.07
	农村	74131805	72603812	97.94

注:(1)1978—1980 年的适龄儿童率,由于统计不全,表中所列的适龄儿童入学率,均比实际计算的低 1—2 个百分点。(2)1991 年以前的入学率是按 7—11 周岁统一计算的,从 1991 年起入学率是按各地不同入学年龄和学制分别计算的。

资料来源:刘英杰主编:《中国教育大事典(1949—1990)》,浙江教育出版社,1993 年,第 325 页;国家教育委员会计划建设司编:《中国教育成就统计资料(1986—1990)》,人民教育出版社,1991 年,第 79 页;国家教育委员会计划财务局编:《中国教育统计年鉴 1987》,北京工业大学出版社,1988 年,第 82 页;国家教育委员会计划建设司编:《中国教育统计年鉴 1988》,北京工业大学出版社,1989 年,第 80 页;国家教育委员会计划建设司编:《中国教育统计年鉴 1989》,人民教育出版社,1990 年,第 76 页;国家教育委员会计划建设司编:《中国教育统计年鉴 1990》,人民教育出版社,1991 年,第 80 页;国家教育委员会计划建设司编:《中国教育统计年鉴(1991—1992)》,人民教育出版社,1992 年,第 88 页;国家教育委员会计划建设司编:《中国教育事业统计年鉴 1992》,人民教育出版社,1993 年,第 88 页;国家教育委员会计划建设司编:《中国教育事业统计年鉴 1993》,人民教育出版社,1994 年,第 84 页;教育部发展规划司编:《中国教育统计年鉴 2006》,人民教育出版社,2007 年,第 15 页。

表 4.4　1994—2005 年全国小学学龄儿童入学率统计

(单位:%)

年份	小学学龄儿童净入学率	年份	小学学龄儿童净入学率
1994	98.4	2000	99.1
1995	98.5	2001	99.1
1996	98.8	2002	98.6
1997	98.9	2003	98.7
1998	98.9	2004	98.9
1999	99.1	2005	99.2

资料来源:教育部发展规划司编:《中国教育统计年鉴 2006》,人民教育出版社,2007 年,第 15—16 页;国家统计局编:《中国统计年鉴 2021》,中国统计出版社,2021 年,第 15、693 页。

如表 4.3、表 4.4 所示,第一,就全国学龄儿童入学率而言,1978 年全国学龄儿童入学率达 94%,此后至 1983 年有所下降,到 1983 年才恢复至 94%,1984—1986 年不断上升至 96.4%,到 1993 年升至 98.13%,1999 年升至 99.1%,尽管 2002—2004 年有所下降,但 2005 年升至 99.2%。其中,乡村儿童入学率明显低于全国儿童的入学率,1987 年达 96.59%,1988 年为 96.52%,1989 年为 96.79%,1990 年为 97.29%,1991 年为 97.37%,1992 年为 97.57%,1993 年为 97.94%,但总体上呈不断上升的趋势。第二,就小学在校学生巩固率而言,基本上也呈不断上升的趋势。从 1985 年的 96.7%升至 1990 年的 97.8%,1991 年再升至 98.4%,此后稍有下降,到 1993 年为 98.09%。[①]

以 1987—1990 年统计为例,如表 4.5 所示,1987 年,在调查的 1,911 个县中,有 1,240 县已普及了小学教育并通过了省政府检查验收,通过验收者约占调查总县数的 64.9%,占全国总县数的 62.4%;1988 年通过验收者达 1,326 县,占调查总县数的 75%,占全国总县数的 66.8%;1989 年通过验收者有 1,389 县,占调查总县数的 77.4%,占全国总县数的 69.9%;1990 年全国已有 1,459 县通过验收,达调查总县数的 75.6%,占全国总县数的 73.5%。1987 年入学率在 95%以上者达 1,614 县,入学率 85%以下者达 162 县,入学率在 90%—95%者有 150 县;到 1990 年受调查的 1,930 个县

---

① 教育部发展规划司主编:《中国教育统计年鉴 2006》,人民教育出版社,2007 年,第 15—16 页;国家统计局主编:《中国统计年鉴 2021》,中国统计出版社,2021 年,第 15、693 页。

中,入学率95%以上者1814个,入学率90%以上不足95%者42个,入学率85%以上不足90%者4个,入学率85%以下者70个。

表4.5　1987—1990年全国学龄儿童入学率以县分组情况

年份	调查的县数/个	按入学率分组的县数/个				已验收普及了小学教育的县数/个	通过验收县占调查县的比重/%	通过验收县占全国县的比重/%
		95%及以上	90%—95%	85%—90%	85%以下			
1987	1911	1614	150	65	162	1240	64.9	62.4
1988	1767	1437	130	57	143	1326	75.0	66.8
1989	1795	1522	92	27	154	1389	77.4	69.9
1990	1930	1814	42	4	70	1459	75.6	73.5

注:全国共1986县。

资料来源:国家教育委员会计划财务局编:《中国教育统计年鉴1987》,北京工业大学出版社,1988年,第82页;国家教育委员会计划建设司编:《中国教育统计年鉴1988》,北京工业大学出版社,1989年,第80页;国家教育委员会计划建设司编:《中国教育统计年鉴1989》,人民教育出版社,1990年,第76页;国家教育委员会计划建设司编:《中国教育统计年鉴1990》,人民教育出版社,1991年,第80页。

由此可见,这一时期普及小学教育工作进展顺利,并取得了一定的成绩。但同时仍存在一定问题,如1988年全国仍有33%的县未普及小学教育,一些贫困、边远地区学龄儿童入学率低,新文盲仍不断产生,全国学龄儿童入学率在85%以下的县还有143个,占总县数的7.2%,中小学流失学生达733.13万人,流失率为4.1%,其中初中流失学生287.71万人,流失率高达6.9%。[①]这一时期乡村小学及其学生发展情况统计见表4.6。

表4.6　1980—2005年乡村小学的学校数和学生数统计

年份	学校			学生			毕业生		
	总数/万所	其中农村/万所	农村占比/%	总数/万人	其中农村/万人	农村占比/%	总数/万人	其中农村/万人	农村占比/%
1980	91.7	88.3	96.3	14627	12767.5	87.3	2053.3	1731.5	84.3
1981	89.4	85.8	96.0	14332.8	12467.4	87.0	2075.7	1737.6	83.7
1982	88.0	84.3	95.8	13972	12118.6	86.7	2068.9	1715.7	82.9

① 国家教育委员会计划建设司编:《中国教育统计年鉴1988》,北京工业大学出版社,1989年,第6页。

续　表

年份	学校			学生			毕业生		
	总数/万所	其中农村/万所	农村占比/%	总数/万人	其中农村/万人	农村占比/%	总数/万人	其中农村/万人	农村占比/%
1983	86.2	82.2	95.4	13578	11758.9	86.6	1980.7	1631.1	82.3
1984	85.4	79.7	93.3	13557.1	11451.3	84.5	1995	1630.7	81.7
1985	83.2	76.6	92.1	13370.2	11076.3	82.8	1999.9	1600.3	80.0
1986	82.1	76.3	92.9	13182.5	10913.9	82.8	2016.1	1626.8	80.7
1987	80.7	74.4	92.2	12835.8	10463.4	81.5	2043	1636.1	80.1
1988	79.3	72.5	91.4	12535.8	10043.8	80.1	1930.3	1535.4	79.5
1989	77.7	70.5	90.7	12373.1	9729.2	78.6	1857.1	1453.4	78.3
1990	76.6	69.7	91.0	12241.4	9595.6	78.4	1863.1	1448.2	77.7
1991	72.9158	64.0718	87.9	12164.1538	9251.0963	76.1	1846.7436	1382.2651	74.8
1992	71.2973	61.2681	85.9	12201.2842	9060.0034	74.3	1872.352	1368.8966	73.1
1993	69.6681	58.448	83.9	12421.2382	8969.5217	72.2	1841.5116	1312.8431	71.3
1994	68.2588	57.1712	83.8	12822.6233	9134.4541	71.2	1899.5923	1306.7579	68.8
1995	68.8685	55.8615	81.1	13195.1477	9306.1879	70.5	1961.5233	1328.6537	67.7
1996	64.5983	53.5252	82.9	13615.0042	9486.9111	69.7	1934.0813	1315.6228	68.0
1997	62.884	51.2993	81.6	13995.3696	9560.444	68.3	1960.1379	1330.1506	67.9
1998	60.9626	49.3152	80.9	13953.7993	9439.4988	67.6	2117.4376	1414.4346	66.8
1999	58.2291	46.8527	80.5	13547.9642	9074.1269	67.0	2313.7366	1522.8708	65.8
2000	55.3622	44.0284	79.5	13013.2548	8503.7137	65.3	2419.1773	1567.6075	64.8
2001	49.1273	41.6198	84.7	12543.4667	8604.8027	68.6	2396.8966	1622.3781	67.7
2002	45.6903	38.4004	84.0	12156.7086	7965.9663	65.5	2351.924	1576.7083	67.0
2003	42.5846	36.0366	84.6	11689.7395	7689.1519	65.8	2267.8857	1523.3683	67.2
2004	39.4183	33.7318	85.6	11246.2256	7378.5984	65.6	2135.1726	1456.1631	68.2
2005	36.6213	31.6791	86.5	10864.0655	6947.8276	64.0	2019.4768	1331.0179	65.9

资料来源:国家教育委员会计划财务司编:《中国教育成就统计资料(1980—1985)》,人民教育出版社,1986年,第82页;国家教育委员会计划财务司编:《中国教育成就统计资料(1986—1990)》,人民教育出版社,1991年,第76页;国家教育委员会计划建设司编:《中国教育统计年鉴(1991—1992)》,人民教育出版社,1992年,第82—83页;国家教育委员会计划建设司编:《中国教育事业统计年鉴1992》,人民教育出版社,1993年,第82—83页;国家教育委员会计划建设司编:《中国教育事业统计年鉴1993》,人民教育出版社,1994年,第78—79页;国家教育委员会计划建设司编:《中国教育事业统计年鉴1994》,人民教育出版社,1994年,第78—79页;国家教育委员会计划建设司编:《中国教育事业统计年鉴1995》,人民教育出版社,1996年,第78—79页;国家教育委员会计划建设司编:《中国教育事业统计年鉴1996》,人民教育出版社,1997年,第78—79页;国家教育委员会计划建设司编:《中国教育事业统计年鉴1997》,人民教育出版社,1998年,第80—81页;教育部发展规划司编:《中国教育统计年鉴1998》,人民教育出版社,1999年,第80—81页;教育部发展规划司编:《中国教育统计年鉴1999》,人民教育出版社,2000年,第80—81页;教育部发展规划司编:《中国教育统计年鉴2000》,人民教育出版社,2001年,第82—83页;教育部发展规划司编:《中国教育统计年鉴2001》,人民教育出版社,2002年,第90—91页;教育部发展规划司编:《中国教育统计年鉴2002》,人民教育出版社,2003年,第94—95页;教育部发展规划司编:《中国教育统计年鉴2003》,人民教育出版社,2004年,第150、152—153页;教育部发展规划司编:《中国教育统计年鉴2004》,人民教育出版社,2005年,第154、156—157页;教育部发展规划司编:《中国教育统计年鉴2005》,人民教育出版社,2006年,第154、156—157页。

如表4.6所示,1980—2005年小学逐年减少,由1980年的91.7万所降至1990年的76.6万所,2000年再降至55.3622万所,2005年为36.6213万所。其中,乡村小学同样呈不断减少的趋势,由1980年的88.3万所降至1990年的69.7万所,2000年再降至44.0284万所,2005年为31.6791万所。乡村小学占全国小学的比重1980年为96.3%,此后不断下降,至1990年该比例保持在90%以上,但之后除了2000年下降至80%以下,其余均保持在80%以上。可见,随着学龄人口的减少,学校布局调整尤其是乡村地区实施"撤点并校",以及乡村人口不断向城镇迁移等,小学以及乡村小学不断减少,乡村小学生以及毕业生也逐年下降。1998年之前,乡村小学毕业生基本上呈波动式发展,1998年开始上升,至2000年达到了顶峰状态,此后又不断下降。乡村小学在全国小学中所占比重、乡村小学生在全国小学生中所占比重以及乡村小学毕业生在全国小学毕业生中所占比重,均呈下降趋势。

2. 九年义务教育的普及与发展

据统计,1980年我国小学毕业生升学率达75.9%,但到1985年下降至68.4%,此后有所增加,1986年为69.5%,1987年为69.1%。① 到1987年,初中在校学生4,174.4万人,初中在校学生年巩固率达95.3%;每万人口中,拥有小学文化程度者已从1982年的3,526人提高至3,611人,拥有初中文化程度者已从1,788人提高至2,131人。② 可见,我国普及九年义务教育顺利开展。进入20世纪90年代,小学毕业生升学率以及初中阶段毛入学率不断上升,具体情况见表4.7。

① 国家教育委员会计划财务局主编:《中国教育统计年鉴1987》,北京工业大学出版社,1988年,第19页。

② 国家教育委员会计划财务局主编:《中国教育统计年鉴1987》,北京工业大学出版社,1988年,第3页。

表 4.7　1990—2005 年全国小学学龄儿童入学率与升学(升初中)率统计

(单位:%)

年份	小学升学(升初中)率	初中阶段 12—14 周岁学生毛入学率	年份	小学升学(升初中)率	初中阶段 12—14 周岁学生毛入学率
1990	74.6	66.7	1998	94.3	87.3
1991	77.7	69.7	1999	94.4	88.6
1992	79.7	71.8	2000	94.9	88.6
1993	81.8	73.1	2001	95.5	88.7
1994	86.6	73.8	2002	97.0	90.0
1995	90.8	78.4	2003	97.9	92.7
1996	92.6	82.4	2004	98.1	94.1
1997	93.7	87.1	2005	98.4	95.0

注:通过"普九"验收的县,1998 年为 2,242 个,1999 年为 2,430 个,2000 年为 2,541 个,2001 年为 2,573 个,2002 年为 2,598 个,2003 年为 2,659 个,2004 年为 2,774 个,2005 年为 2,890 个。

资料来源:教育部发展规划司主编:《中国教育统计年鉴 2006》,人民教育出版社,2007 年,第 15—16 页;国家统计局主编:《中国统计年鉴 2021》,中国统计出版社,2021 年,第 693 页;教育部:《1998 年全国教育事业发展统计公报》(1999 年 5 月 1 日),http://www.moe.gov.cn/jyb_sjzl/sjzl_fztjgb/tnull_842.html;教育部:《1999 年全国教育事业发展统计公报》(2000 年 5 月 30 日),http://www.moe.gov.cn/jyb_sjzl/sjzl_fztjgb/tnull_841.html;教育部:《2000 年全国教育事业发展统计公报》(2001 年 6 月 1 日),http://www.moe.gov.cn/jyb_sjzl/sjzl_fztjgb/tnull_843.html;教育部:《2001 年全国教育事业发展统计公报》(2002 年 6 月 13 日),http://www.moe.gov.cn/jyb_sjzl/sjzl_fztjgb/tnull_844.html;教育部:《2002 年全国教育事业发展统计公报》(2003 年 5 月 13 日),http://www.moe.gov.cn/jyb_xxgk/gk_gbgg/moe_0/moe_9/moe_36/tnull_479.html;教育部:《2003 年全国教育事业发展统计公报》(2004 年 5 月 27 日),http://www.moe.gov.cn/jyb_sjzl/sjzl_fztjgb/tnull_3570.html;教育部:《2004 年全国教育事业发展统计公报》(2005 年 7 月 27 日),http://www.moe.gov.cn/jyb_sjzl/sjzl_fztjgb/tnull_10934.html;教育部:《2005 年全国教育事业发展统计公报》(2006 年 7 月 4 日),http://www.moe.gov.cn/jyb_sjzl/sjzl_fztjgb/tnull_15809.html。

如表 4.7 所示,到 1990 年,全国小学毕业生升入初中(包括职业初中)的比率为 74.6%,此后逐年攀升,到 2000 年达 94.9%,2005 年达 98.4%;初中阶段毛入学率也由 1990 年的 66.7%上升至 2000 年的 88.6%,上升了近 22 个百分点,2005 年达 95%,比 2000 年高 6 个百分点左右。由此可见,这一时期全国普及九年义务教育工作开展较为顺利。

据统计，到1994年，通过"普九"验收审查的县有554个[①]，1998年通过验收县达2,242个，1999年通过验收县达2,430个，且从1998年开始有9省市已按要求实现"普九"；2000年通过验收县共2,541个，且11个省市已按要求实现"普九"；到2001年，通过验收县达2,573个，比2000年增加32个；2002年通过验收县共2,598个，比2001年增加24个，且有12个省市已按要求实现"普九"；2003年通过验收县达2,659个，比2002年增加61个；2004年通过验收县达2,774个；2005年通过验收县达2,890个。全国普及了九年义务教育的地区的人口覆盖率，到2000年底达85%[②]，到2005年超过95%，比2000年提高了近10个百分点[③]。可见，历年来的九年义务教育普及范围越来越广。

其中，这一时期乡村初级中学及其学生发展情况见表4.8。

表4.8　1980—2005年乡村初中的学校数和学生数统计

年份	学校			学生			毕业生		
	总数/所	其中农村/所	农村占比/%	总数/万人	其中农村/万人	农村占比/%	总数/万人	其中农村/万人	农村占比/%
1980	87077	80997	93.0	4538.3	3518.6	77.5	964.8	660.2	68.4
1981	82271	75434	91.7	4144.6	3123.5	75.4	1154.2	836.7	72.5
1982	80775	72832	90.2	3888.0	2824.2	72.6	1032.2	739.5	71.6
1983	77598	69100	89.0	3768.7	2686.8	71.3	960.3	651.4	67.8
1984	75867	65003	85.7	3864.3	2674.1	69.2	950.4	610.0	64.2
1985	75903	63641	83.8	3964.8	2698.7	68.1	998.3	622.3	62.3
1986	75856	63512	83.7	4116.6	2808.0	68.2	1057.0	663.9	62.8
1987	75927	62690	82.6	4174.4	2855.0	68.4	1117.3	728.5	65.2
1988	74968	60929	81.3	4015.5	2710.0	67.5	1157.2	755.3	65.3
1989	73525	58839	80.0	3837.9	2548.1	66.4	1134.3	732.6	64.6

① 何东昌主编：《中华人民共和国重要教育文献(1949—1997年)》，海南出版社，1998年，第3746页。

② 教育部：《2000年全国教育事业发展统计公报》(2001年6月1日)，http://www.moe.gov.cn/jyb_sjzl/sjzl_fztjgb/tnull_843.html。

③ 《中国"普及"义务教育的人口地区覆盖率已超过95%》(2006年2月28日)，https://www.chinanews.com.cn/news/2006/2006-02-28/8/696441.shtml。

续　表

年份	学校			学生			毕业生		
	总数/所	其中农村/所	农村占比/%	总数/万人	其中农村/万人	农村占比/%	总数/万人	其中农村/万人	农村占比/%
1990	71953	57321	79.7	3868.6	2566.2	66.3	1109.1	715.9	64.5
1991	70608	54599	77.3	3960.6496	2538.7949	64.1	1085.5053	685.4361	63.1
1992	69171	51503	74.5	4065.9051	2502.7610	61.6	1102.2484	671.5397	60.9
1993	68415	49308	72.1	4082.2065	2437.0219	59.7	1134.1743	658.2675	58.0
1994	68116	47779	70.1	4316.8600	2520.4865	58.4	1152.6031	653.9182	56.7
1995	67029	45626	68.1	4657.8202	2659.8130	57.1	1227.3813	684.5622	55.8
1996	66092	44098	66.7	4970.4292	2818.8513	56.7	1279.0377	715.8663	56.0
1997	64762	42230	65.2	5167.7868	2937.6498	56.8	1442.3756	787.6069	54.6
1998	63940	41329	64.6	5363.0247	3075.2833	57.3	1580.1833	864.5859	54.7
1999	63086	40421	64.1	5721.5671	3269.7714	57.1	1589.8024	891.3107	56.1
2000	62704	39313	62.7	6167.6458	3428.4664	55.6	1607.0868	903.7917	56.2
2001	58662	35023	59.7	6431.0539	3121.3026	48.5	1706.9774	832.6284	48.8
2002	64661	37423	57.9	6604.0609	3108.8266	47.1	1879.8695	877.7199	46.7
2003	63711	37251	58.5	6618.4186	3160.3983	47.8	1995.5825	937.3861	47.0
2004	63060	38095	60.4	6475.0006	3168.2659	48.9	2070.3868	1015.1914	49.0
2005	61885	36405	58.8	6171.8079	2784.6594	45.1	2106.5150	975.1103	46.3

资料来源:国家教育委员会计划财务司编:《中国教育成就统计资料(1980—1985)》,人民教育出版社,1986 年,第 71—72 页;国家教育委员会计划财务司编:《中国教育成就统计资料(1986—1990)》,人民教育出版社,1991 年,第 66—67 页;国家教育委员会计划建设司编:《中国教育统计年鉴(1991—1992)》,人民教育出版社,1992 年,第 59—61 页;国家教育委员会计划建设司编:《中国教育事业统计年鉴 1992》,人民教育出版社,1993 年,第 59—61 页;国家教育委员会计划建设司编:《中国教育事业统计年鉴 1993》,人民教育出版社,1994 年,第 55—57 页;国家教育委员会计划建设司编:《中国教育事业统计年鉴 1994》,人民教育出版社,1994 年,第 56 页;国家教育委员会计划建设司编:《中国教育事业统计年鉴 1995》,人民教育出版社,1996 年,第 55—56 页;国家教育委员会计划建设司编:《中国教育事业统计年鉴 1996》,人民教育出版社,1997 年,第 55—56 页;国家教育委员会计划建设司编:《中国教育事业统计年鉴 1997》,人民教育出版社,1998 年,第 57—59 页;教育部发展规划司编:《中国教育统计年鉴 1998》,人民教育出版社,1999 年,第 57—59 页;教育部发展规划司编:《中国教育统计年鉴 1999》,人民教育出版社,2000 年,第 57—59 页;教育部发展规划司编:《中国教育统计年鉴 2000》,人民教育出版社,2001 年,第 59—61 页;教育部发展规划司编:《中国教育统计年鉴 2001》,人民教育出版社,2002 年,第 59、62—63 页;教育部发展规划司编:《中国教育统计年鉴 2002》,人民教育出版社,2003 年,第 64、66—67 页;教育部发展规划司编:《中国教育统计年鉴 2003》,人民教育出版社,2004 年,第 124、128—129 页;教育部发展规划司编:《中国教育统计年鉴 2004》,人民教育出版社,2005 年,第 127、131—132 页;教育部发展规划司编:《中国教育统计年鉴 2005》,人民教育出版社,2006 年,第 127、132—133 页。

如表4.8所示,受学龄人口不断减少、学校布局调整、实施“撤点并校”等因素的影响,1980—2005年,初级中学以及乡村初级中学几乎呈不断减少的状态,尤其是2001年减少得最为明显。随着普及九年义务教育范围的扩大,初级中学在校生和毕业生不断增多,尽管有所波动,但总体上均呈上升状况。就初中在校学生而言,1980—1983年有所下降,此后开始回升,1988年、1989年又有所收缩,此后开始不断回升,从1995年开始超过1980年的数值,并于2003年达至顶峰,在校生达6,618.4186万人,比1980年增加了2,080万人以上。乡村初级中学学生发展情况有所不同,1980年处于顶峰,此后尽管波动式发展,到2000年达到波峰状态,但数值仍未超过1980年。就初中毕业生而言,历年来总体上不断上升,到2005年达到峰值,从1980年的964.8万人发展到2005年的2,106.5150万人,增加了1倍之多。其中,乡村初级中学毕业生也呈波动式增长状态,增长速度较为稳定,2004年达到峰值,共1,015.1914万人,与1980年相比,增加了355万人以上。

就乡村初中学校在全国初中学校中所占比重而言,从1980年的93%降至1990年79.7%,到2000年降至62.7%,2005年所占比重仅58.8%;乡村初中学生所占比重由1980年的77.5%降至1990年的66.3%,到2000年所占比重为55.6%,此后继续下降至不到总人数的一半。乡村初中毕业生所占比重由1981年的最高数值72.5%降至2005年的46.3%,不到毕业生总数的一半。由此可见,乡村初级中学教育不断收缩发展。

这一时期无论是普及小学教育还是普及九年义务教育都顺利推进,但因城乡之间经济发展程度、教育资源投入以及人口发展状况等方面均存在差异,普及小学教育和九年义务教育发展的速度和程度存在不平衡问题。

(三)城乡中小学教育差距的客观存在

1978—1983年城乡教育二元结构有所松动,对城乡教育发展带来了较大的影响。一方面,大量农民涌入城市,带动大量乡村学生涌向城市学校;另一方面,因国家将教育投入重点转移到高等教育以及提高教育质量,乡村义务教育阶段学校被大幅度裁并,造成了乡村教育收缩发展的局面。1983—2000年,我国城乡教育二元结构进一步深化,城乡教育发展重新站在了对立面。城乡教育资源尤其是教育经费投入与教育条件方面均存在较大的差异。

1. 教育经费投入存在差距

20世纪80年代中期,乡村教育演变成了"人民教育农民办"的格局,尽管2000年以来基础教育权限被上移回收至县政府,使得乡村教育财政有较大改观,但因为城乡经济发展水平差距较大,县财政投入教育发展难以及时足额到位,城乡中小学教育经费投入存在一定差距。

以1997—2005年全国初中、小学教育经费支出为例,如表4.9所示,1997—2005年,在初中和小学的教育经费支出中,乡村初中和小学教育经费逐年持续增长,前者由1997年的2,757,947万元增至2005年的6,991,883.7万元,增加了1倍之多;后者由1997年的5,091,529元增至2005年的12,394,754.4万元,增加了1倍之多。乡村初中和乡村小学教育经费所占比重呈波动式变化,前者由1997年的49.9%升至1998年的53.7%,此后波动式降低,降至2005年的46.6%;后者由1997年的61.0%降至2000年的56.8%,此后又开始回升,到2005年升至1997年的水平,同为61.0%。初中与乡村初中教育经费支出之比均在1.86—2.29,小学与乡村小学教育经费支出之比在1.64—1.76。由此可推测,城乡初中、小学教育经费支出存在一定差距。从初中生、小学生生均教育经费的平均值及其与乡村相应数值的对比(见表4.10)中也可推测。

表 4.9　1997—2005 年全国初中、小学教育经费支出情况统计

年份	初中教育经费支出/万元	其中乡村初中教育经费支出/万元	乡村初中教育经费支出占比/%	初中与乡村初中教育经费支出之比/倍	小学教育经费支出/万元	其中乡村小学教育经费支出/万元	乡村小学教育经费支出占比/%	小学与乡村小学教育经费支出之比/倍
1997	5526050	2757947	49.9	2.00	8349661	5091529	61.0	1.64
1998	5097894	2738736	53.7	1.86	9188468	5381145	58.6	1.71
1999	5517464.3	2885042.8	52.3	1.91	9939983.1	5735693.6	57.7	1.73
2000	6135722.3	3060328.2	49.9	2.00	10814442.5	6139449.7	56.8	1.76
2001	7372187.5	3688747.8	50.0	2.00	12740074.1	7333944.4	57.6	1.74
2002	8596566.3	4270561.7	49.7	2.01	14480218.2	8389830.6	57.9	1.73
2003	9640979.2	4686137.6	48.6	2.06	15742418.3	8966437.5	57.0	1.76
2004	13146387.1	5743898.7	43.7	2.29	18045650.3	10703844.7	59.3	1.69
2005	15020076.3	6991883.7	46.6	2.15	20315175.9	12394754.4	61.0	1.64

资料来源：教育部发展规划司编：《中国教育统计年鉴 1998》，人民教育出版社，1999 年，第 347 页；教育部发展规划司编：《中国教育统计年鉴 1999》，人民教育出版社，2000 年，第 348 页；教育部发展规划司编：《中国教育统计年鉴 2000》，人民教育出版社，2001 年，第 350 页；教育部发展规划司编：《中国教育统计年鉴 2001》，人民教育出版社，2002 年，第 368 页；教育部发展规划司编：《中国教育统计年鉴 2002》，人民教育出版社，2003 年，第 384 页；教育部发展规划司编：《中国教育统计年鉴 2003》，人民教育出版社，2004 年，第 626—627 页；教育部发展规划司编：《中国教育统计年鉴 2004》，人民教育出版社，2005 年，第 632—633 页；教育部发展规划司编：《中国教育统计年鉴 2005》，人民教育出版社，2006 年，第 632—633 页；教育部发展规划司编：《中国教育统计年鉴 2006》，人民教育出版社，2007 年，第 626—627 页。

如表 4.10 所示，1999—2005 年，在初中生和小学生生均教育经费中，乡村学生均低于全国平均水平，可推测出城镇学生生均经费远高于该数值。而且就生均教育经费平均数值与乡村学生的数据之比而言，初中生该数值比于 2004 年最高为 1.38，可推测出该年城镇初中生生均经费远远高于乡村初中生均经费，城乡教育经费投入差距较大；小学生该数值于 2000 年最高，可推测出该年城乡村小学生生均经费投入差距最为明显。

表4.10　1999—2005年全国初中生和小学生生均教育经费统计

年份	初中生生均教育经费			小学生生均教育经费		
	平均/元	其中农村/元	平均/农村	平均/元	其中农村/元	平均/农村
1999	1159.47	880.31	1.32	695.28	569.98	1.22
2000	1211.32	884.41	1.37	792.63	647.01	1.23
2001	1372.35	1013.65	1.35	971.69	797.60	1.22
2002	1534.66	1129.21	1.36	1155.36	953.65	1.21
2003	1668.74	1210.75	1.38	1295.66	1058.25	1.22
2004	1926.30	1486.65	1.30	1561.81	1326.31	1.18
2005	2278.35	1819.92	1.25	1823.34	1572.57	1.16

注:"平均/农村"指生均教育平均值与乡村学生相应数值之比。

资料来源:教育部财务司、国家统计局社会与科技统计司编:《中国教育经费统计年鉴2000》,中国统计出版社,2001年,第52页;教育部财务司、国家统计局人口和社会科技统计司编:《中国教育经费统计年鉴2001》,中国统计出版社,2002年,第52页;教育部财务司、国家统计局人口和社会科技统计司编:《中国教育经费统计年鉴2002》,中国统计出版社,2003年,第52页;教育部财务司、国家统计局人口和社会科技统计司编:《中国教育经费统计年鉴2003》,中国统计出版社,2004年,第46页;教育部财务司、国家统计局人口和社会科技统计司编:《中国教育经费统计年鉴2004》,中国统计出版社,2005年,第46页;教育部财务司、国家统计局社会和科技统计司编:《中国教育经费统计年鉴2005》,中国统计出版社,2006年,第46页;教育部财务司、国家统计局社会和科技统计司编:《中国教育经费统计年鉴2006》,中国统计出版社,2007年,第48页。

其中,乡村教育的债务较重。20世纪90年代中期,"普九"达标运动使乡村教育负债问题日益严重。根据全国乡村负债清查办公室调查统计,截至1998年底,全国乡村义务教育负债达271.4亿元。[①] 据统计,2000年前后,乡村义务教育债务,湖南省达84.4亿元,浙江省达36.4亿元,安徽省达59.23亿元,三省平均债务为60亿元;截至2000年底,我国乡村两级债务总额高达3,259亿元,平均每乡镇(全国约45,000个乡镇)欠债725万元。[②] 2000—2003年全国部分省份教育负债情况统计见表4.11。

① 陈洁等:《中国村级债务调查》,上海远东出版社,2009年,第149页。

② 张守祥:《农村义务教育投入问题透析》,《现代教育管理》,2002年第3期,第10—13页。

表 4.11 2000—2003 年全国部分省份中小学教育负债情况统计

省份	负债情况统计或估计
江苏	全省负债情况不详,但苏北各县每县负债达数千万元。
浙江	全省负债情况不明,但苍南县截至 2002 年 4 月共负债 1.93 亿元,36 乡镇中有 32 乡镇中小学皆负债运行。
福建	据 2001 年对 30 个县的统计,负债额达 7.29 亿元,其中闽东宁德市一地达 2.18 亿元。
安徽	据 2001 年 3 月统计,全省中小学负债 32.51 亿元,其中乡村学校负债 20.36 亿元。
湖北	全省公办中小学教育负债达 21 亿元(不包括村办小学)。
湖南	2002 年底教育负债达 31.75 亿元,其中乡村中小学负债 25.3 亿元,浏阳市因"两基"工作负债 1.19 亿元。
广东	全省山区乡村义务教育负债至少 20 亿元。
广西	至 2002 年底,乡村中小学累计负债达 26 亿元,其中玉林市欠债 6.4 亿元,贵港市欠债 3.7 亿元,合浦县公馆镇 47 所学校中 44 所欠债,总额达 4,600 万元。
陕西	全省因"普九"工作债务达 15 亿元,另有中小学危房改造欠债 8.09 亿元。
四川	全省 2000 年因"普九"工作负债达 39 亿元,其中安岳、巴中等县均超过 1 亿元。

资料来源:转型期中国重大教育政策案例研究课题组编:《缩小差距:中国教育政策的重大命题》,人民教育出版社,2005 年,第 414—415 页;张玉林:《目前中国农村的教育危机》,《战略与管理》,2004 年第 4 期,第 44 页;胡一帆:《农村义务教育偿债难题》,《财经》,2003 年第 8 期,第 66—69 页。

如表 4.11 所示,2000—2003 年,全国部分省区因受到"普九"达标运动的冲击,教育负债情况较为严重。其中,乡村教育负债情况同样如此。如浙江省苍南县 36 个乡镇中有 32 个乡镇中小学负债;安徽省负债较高,据 2001 年统计,全省乡村学校负债高达 20.36 亿元。这对乡村教师队伍建设形成了一定的阻碍。

2. 教学条件存在一定差异

城乡学校办学条件或资源的差距较大,尤其是危房的存在对教育者和受教育者的生命安全都造成一定威胁。

以小学校舍中危房面积为例,如表 4.12 所示,1987—2005 年,小学校舍中危房面积较大,2001 年和 2003 年达到峰值。其中,乡村小学危房面积最高,其在历年总危房面积中所占比重除了 2000 年在 80%以下,其余年份均在 80%以上。1987—2005 年城市、县镇以及乡村小学校舍中危房面积的对比情况见图4.1。

表4.12　1987—2005年小学校舍中危房面积统计

年份	总计/平方米	城市/平方米	县镇/平方米	乡村/平方米	乡村占比/%
1987	29159494	1757147	2477759	24923588	85.5
1988	25092052	1573645	2083520	21434887	85.4
1989	18392445	1186239	1590641	15615565	84.9
1990	13117385	792566	1072053	11252766	85.8
1991	11842209	889626	1143470	9809113	82.8
1992	8362582	644250	958133	6760199	80.8
1993	8661835	536838	989049	7135948	82.4
1994	9763047	551497	1185844	8025706	82.2
1995	8878651	500921	1085568	7292162	82.1
1996	8111294	751610	887986	6471698	79.8
1997	5530872	344399	696736	4489737	81.2
1998	6202043	365994	742249	5093800	82.1
1999	4242063	290016	520921	3431126	80.9
2000	5994763	362822	1046324	4585617	76.5
2001	38033218	1882627	4975623	31174968	82.0
2002	34969576	1601270	4436402	28931904	82.7
2003	38568116	1726612	4362712	32478792	84.2
2004	32383252	1189986	3252114	27941152	86.3
2005	25864439	887340	2684938	22292161	86.2

注:原文献中1996年小学校舍中危房总面积数据(7,745,611平方米)有误,据核算应为8,111,294平方米。

资料来源:国家教育委员会计划财务局编:《中国教育统计年鉴1987》,北京工业大学出版社,1988年,第83页;国家教育委员会计划建设司编:《中国教育统计年鉴1988》,北京工业大学出版社,1989年,第81页;国家教育委员会计划建设司编:《中国教育统计年鉴1989》,人民教育出版社,1990年,第77页;国家教育委员会计划建设司编:《中国教育统计年鉴1990》,人民教育出版社,1991年,第81页;国家教育委员会计划建设司编:《中国教育统计年鉴(1991—1992)》,人民教育出版社,1992年,第89页;国家教育委员会计划建设司编:《中国教育事业统计年鉴1992》,人民教育出版社,1993年,第89页;国家教育委员会计划建设司编:《中国教育事业统计年鉴1993》,人民教育出版社,1994年,第85页;国家教育委员会计划建设司编:《中国教育事业统计年鉴1994》,人民教育出版社,1994年,第85页;国家教育委员会计划建设司编:《中国教育事业统计年鉴1995》,人民教育出版社,1996年,第85页;国家教育委员会计划建设司编:《中国教育事业统计年鉴1996》,人民教育出版社,1997年,第85页;国家教育委员会计划建设司编:《中国教育事业统计年鉴1997》,人民教育出版

社,1998年,第86页;教育部发展规划司编:《中国教育统计年鉴1998》,人民教育出版社,1999年,第87页;教育部发展规划司编:《中国教育统计年鉴1999》,人民教育出版社,2000年,第87页;教育部发展规划司编:《中国教育统计年鉴2000》,人民教育出版社,2001年,第89页;教育部发展规划司编:《中国教育统计年鉴2001》,人民教育出版社,2002年,第100—101页;教育部发展规划司编:《中国教育统计年鉴2002》,人民教育出版社,2003年,第104—105页;教育部发展规划司编:《中国教育统计年鉴2003》,人民教育出版社,2004年,第164—165页;教育部发展规划司编:《中国教育统计年鉴2004》,人民教育出版社,2005年,第168—169页;教育部发展规划司编:《中国教育统计年鉴2005》,人民教育出版社,2006年,第168—169页。

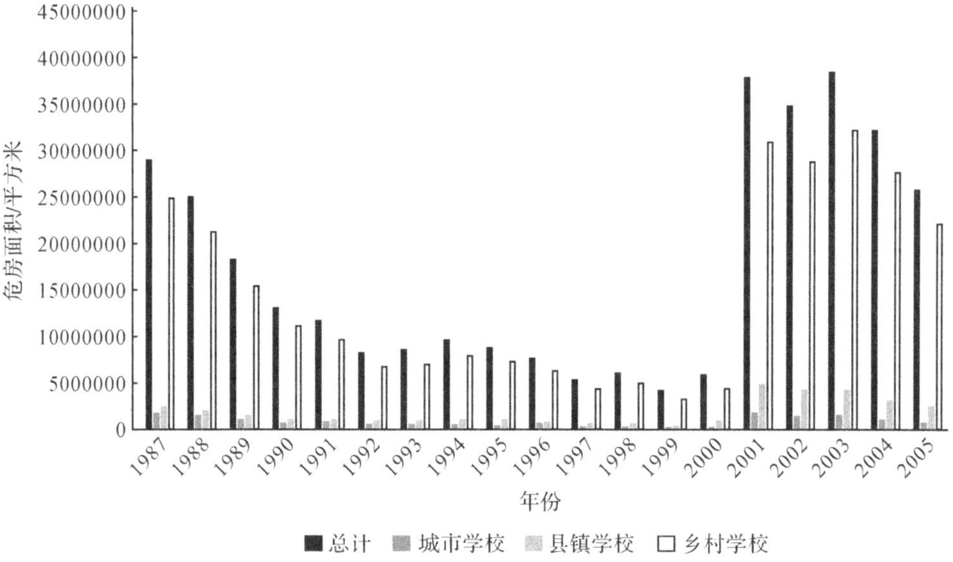

图4.1　1987—2005年城市、县镇、乡村小学校舍中危房面积对比

实际上,城乡教育差距还体现在师资数量和水平等方面,尤其是师资水平成为城乡教育水平差距的重要影响因素之一。

第二节 乡村教师队伍基本情况

在小学教育和九年义务教育普及工作的推动下，这一时期乡村教师队伍有一定发展，不仅包含了乡村初中、乡村小学教师队伍的发展演变，也呈现了乡村教师队伍的构成及其待遇等方面的内容。

一、乡村教师队伍的发展与构成

乡村教师队伍的发展与构成主要包括乡村初中、小学教师的发展状况，乡村教师的性别、年龄、学历、职称等，以及乡村教师的待遇(含工资、福利等)等方面的内容。

(一)乡村教师队伍发展演变

1978年，全国初中教师达244.07万人，其中乡村初中教师192.1791万人，占全体初中教师的78.7%；全国小学教师达522.6万人，其中乡村小学教师达453.5万人，占全体小学教师的86.8%。[①] 在1980—1990年与1991—2002年，乡村初中和小学教师发展的具体情况如下。

1. 1980—1990年乡村初中、小学教师的发展

1980—1990年，以1984年为界限，此前全国初中、小学教师队伍不断缩

① 教育部编:《三十年全国教育统计资料(1949—1978)》，教育部，1979年，第160、161、186、189页。

小，此后又开始扩大；乡村初中教师队伍也以1984年为界，此前逐年减少，此后又开始不断增多，而乡村小学教师队伍总体上不断收缩（见表4.13）。

表4.13 1980—1990年城镇乡初中、小学教师统计

年份	合计/万人		城市/万人		县镇/万人		乡村/万人		乡村占比/%	
	初中	小学	初中	小学	初中	小学	初中	小学	初中	小学
1980	244.9023	549.9	34.4306	46.1	23.0094	31.2	187.4623	472.6	76.5	85.9
1981	234.9517	558.0	37.2947	48.0	24.9417	33.6	172.7153	476.4	73.5	85.4
1982	221.4742	550.5	39.5183	49.7	26.8928	35.7	155.0631	465.1	70.0	84.5
1983	214.5789	542.5	39.5001	49.4	27.7575	36.9	147.3213	456.2	68.7	84.1
1984	209.7359	537.0	40.0969	53.5	31.1727	44.5	138.4663	439.0	66.0	81.8
1985	215.9905	537.7	40.2987	55.5	36.2285	52.9	139.4633	429.3	64.6	79.8
1986	223.9318	541.4	40.8442	57.4	38.1667	51.3	144.9209	432.7	64.7	79.9
1987	232.6527	543.4	42.7651	59.5	39.5843	55.8	150.3033	428.1	64.6	78.8
1988	240.2742	550.1	45.7371	64.5	41.5705	58.4	152.9666	427.2	63.7	77.7
1989	242.6580	554.4	47.1206	67.9	43.1669	62.5	152.3705	424.0	62.8	76.5
1990	247.0355	558.2	47.3937	68.6	44.6736	63.3	154.9682	426.3	62.7	76.4

资料来源：国家教育委员会计划财务司主编：《中国教育成就统计资料（1980—1985）》，人民教育出版社，1986年，第73、83页；国家教育委员会计划建设司主编：《中国教育成就统计资料（1986—1990）》，人民教育出版社，1991年，第68、77页。

如表4.13所示，初中教师1980年达244.9023万人，此后逐渐下降，到1985年开始回升，1990年有所增多，达247.0355万人，超过了1980年的数值。其中，分城镇乡村而言，历年乡村初中教师最多，其次为城市，最后为县镇；城市与县镇的初中教师逐年增多，而乡村初中教师反而逐年下降，由1980年的187.4623万人降至1984年的138.4663万人，此后有小幅度的回升，但远未达到1980年的数值。乡村初中教师在全国初中教师中的比重也不断下降，由1980年的76.5%降至1990年的62.7%。由此可见，随着初级中学及其学生的发展，城市和县镇的初中教师队伍规模有所扩大，而乡村初中教师队伍规模有所缩减，乡村小学教师的情况亦是如此。

小学教师到1980年达558万人，此后有所下降，降至1984年的537万人，此后有所回升，升至1990年的558.2万人。其中，分城镇乡村而言，乡村小学教师为最多，其次为城市，最后是县镇；城市和县镇小学教师逐年直线上升，而乡村小学教师呈波动下降态势，从 1981 年的高峰值 476.4 万人，降至 1990 年的 426.3 万人，其在全国小学教师总数中所占比重直线下降，由 1980 年的 85.9%降至 1990 年的 76.4%。

2. 1991—2002 年乡村初中、小学教师的发展

1991—2002 年乡村初中和小学教师仍不断紧缩，而城市、县镇的中小学教师队伍依然不断扩大(见表 4.14)。

如表 4.14 所示，1991—2002 年，初中教师由 1991 年的 251.6659 万人增至 2000 年的 324.8608 万人，到 2002 年达 343.0307 万人。其中，城市与县镇教师也快速增加，但乡村初中教师发展速度受到了限制，降至 1993 年的 147.1710 人，此后有所回升并增多，至 2000 年达 168.2277 人，此后又不断下降，2002 年为 154.1593 人。就乡村初中教师在全体初中教师所占比重而言，历年来总体上呈不断下降的趋势，从 1991 年的 60.6%持续降至 2000 年的 51.8%，到 2002 年仅占全体初中教师的 44.9%。

小学教师于 1991 开始有所下降，到 1993 年回升并不断增多，1999 年达到峰值 586.0455 人，此后有所下降，至 2002 年有 577.8853 人；与城市、县镇小学教师逐年增多不同，乡村小学教师于 2000 年之前直线式下降，而之后稍有波动，但仍有所下降，到 2002 年乡村小学教师仅 371.8146 人。其在全体小学教师中所占比重也由 1991 年的 73.6%降至 2002 年的 64.3%。减少了近 10 个百分点。

总之，随着学校布局调整，学龄儿童人口总数的不断减少，乡村初中教师、乡村小学教师队伍不断紧缩，尤其是乡村小学教师队伍紧缩明显。

表 4.14　1991—2002 年城镇乡初中、小学教师统计

年份	合计/万人		合计中民办/万人		城市/万人		县镇/万人		农村/万人		农村中民办/万人		农村占比/%	
	初中	小学	初中	小学	初中	小学	初中	小学	初中	小学	初中	小学	初中	小学
1991	251.6659	553.2252			49.2199	71.2128	49.8348	74.8429	152.6112	407.1695			60.6	73.6
1992	256.4987	552.6491			50.7496	73.3463	55.4534	82.4553	150.2957	396.8475			58.6	71.8
1993	260.7855	555.1597			52.8811	76.5985	60.7334	90.9285	147.1710	387.6327			56.4	69.8
1994	268.6868	561.1324	0.4921	1.2255	55.5186	80.4241	64.8038	95.3459	148.3644	385.3624	0.1583	0.9061	55.2	68.7
1995	278.3721	566.4057	0.7707	1.6146	58.6566	84.9028	69.8362	98.7878	149.8793	382.7151	0.1693	1.0334	53.8	67.6
1996	289.2688	573.5790	1.2307	2.2140	60.5936	87.1149	74.7342	105.4546	153.9410	381.0095	0.2698	1.2439	53.2	66.4
1997	298.1630	579.3561	1.6516	2.8802	61.7840	89.2887	79.7781	113.5089	156.6009	376.5585	0.2190	1.5238	52.5	65.0
1998	305.4658	581.9390	2.1201	2.8448	61.8696	90.2269	82.1487	116.5518	161.4475	375.1603	0.2737	0.9480	52.9	64.5
1999	314.8117	586.0455	2.9248	3.7649	62.9000	91.8705	85.6280	119.4309	166.2837	374.7441	0.3835	1.1059	52.8	63.9
2000	324.8608	586.0316	4.2034	5.0777	64.7384	927.155	91.8947	125.5146	168.2277	367.8015	0.5716	1.4901	51.8	62.8
2001	334.8396	579.7746			63.8342	87.4957	115.7748	112.9312	155.2306	379.3477			46.4	65.4
2002	343.0307	577.8853			66.6478	90.5160	122.2236	115.5547	154.1593	371.8146			44.9	64.3

资料来源:国家教育委员会计划建设司编:《中国教育统计年鉴(1991—1992)》,人民教育出版社,1992 年,第 62—63、84—85 页;国家教育委员会计划建设司编:《中国教育事业统计年鉴 1992》,人民教育出版社,1993 年,第 62—63、83—84 页;国家教育委员会计划建设司编:《中国教育事业统计年鉴 1993》,人民教育出版社,1994 年,第 58—59、80—81 页;国家教育委员会计划建设司编:《中国教育事业统计年鉴 1994》,人民教育出版社,1994 年,第 58、80—81 页;国家教育委员会计划建设司编:《中国教育事业统计年鉴 1995》,人民教育出版社,1996 年,第 58—59、80—81 页;国家教育委员会计划建设司编:《中国教育事业统计年鉴 1996》,人民教育出版社,1997 年,第 58—59、80—81 页;国家教育委员会计划建设司编:《中国教育事业统计年鉴 1997》,人民教育出版社,1998 年,第 60—61、82—83 页;教育部发展规划司编:《中国教育统计年鉴 1998》,人民教育出版社,1999 年,第 60—61、82—83 页;教育部发展规划司编:《中国教育统计年鉴 1999》,人民教育出版社,2000 年,第 60—61、82—83 页;教育部发展规划司编:《中国教育统计年鉴 2000》,人民教育出版社,2001 年,第 62—63、84—85 页;教育部发展规划司编:《中国教育统计年鉴 2001》,人民教育出版社,2002 年,第 64—65、94—95 页;教育部发展规划司编:《中国教育统计年鉴 2002》,人民教育出版社,2003 年,第 68—69、94—95、98—99 页。

(二)乡村教师的构成

1. 性别与年龄结构

关于乡村教师的性别结构,以1987年初中教师为例,如表4.15所示,1987年初中教师中女教师占多数,达2,270,332人,占总数的58.8%,在城区、镇区以及乡村教师中,女教师均占较大比重。

表4.15　1987年初中教师性别与年龄结构统计

项目	总计/人	其中女教师/人	占比/%	城区/人	镇区/人	乡村/人	乡村占比/%
合计/人	3860741	2270332	100.0	1459550	1845140	556051	100.0
其中女教师	2270332		58.8	974419	1009577	286336	51.5
24岁及以下	210776	164485	7.2	77904	97370	35502	6.4
25—29岁	525122	394806	17.4	196283	237132	91707	16.5
30—34岁	529027	377371	16.6	204357	245187	79483	14.3
35—39岁	584496	374964	16.5	227072	277587	79837	14.4
40—44岁	672417	380406	16.8	248759	330857	92801	16.7
45—49岁	617849	313944	13.8	229972	305157	82720	14.9
50—54岁	505665	236370	10.4	200312	243244	62109	11.2
55—59岁	212279	27336	1.2	73419	107408	31452	5.7
60岁及以上	3110	650	0.03	1472	1198	440	0.1

注:表中占比数据由于四舍五入,加总不等于100%。

资料来源:国家教育委员会计划财务局主编:《中国教育统计年鉴1987》,北京工业大学出版社,1988年,第138—139页。

就小学教师的性别结构而言,历年来女教师呈逐年增多的态势,其所占比重也直线上升。

以1980—1990年小学教师中女教师为例,如表4.16所示,1980—1990年,女教师由203.9万人增至240.0万人,增加了7万人,其所占比重也由37.1%增至1990年的43.2%,因乡村小学教师是小学教师的主体,可以推测出乡村小学教师中女教师的大致状况。到21世纪初期,乡村小学教师中女性有所增多。如2003年3,645,691名乡村小学教师中,女教师达1,586,822人,占乡村小学教师总数的43.5%。[①] 由此,乡村小学教师和乡村初中教师中的性别情况有所差异。

表4.16 1980—1990年小学教师中女教师情况统计

年份	调查的教师数/人	其中女教师/人	女教师占比/%
1980	549.28	203.9	37.1
1981	558.01	202.7	36.3
1982	550.46	199.7	36.3
1983	542.46	200.7	37.0
1984	536.96	209.4	39.0
1985	537.68	212.8	39.6
1986	541.36	218.6	40.4
1987	543.38	222.5	41.0
1988	550.13	228.4	41.5
1989	554.38	236.0	42.6
1990	558.18	240.9	43.2

资料来源:国家教育委员会计划财务司编:《中国教育成就统计资料(1980—1985)》,人民教育出版社,1986年,第83—84页;国家教育委员会计划建设司编:《中国教育成就统计资料(1986—1990)》,人民教育出版社,1991年,第77—78页。

关于乡村初中教师的年龄结构,如表4.15所示,1987年40—44岁者最多,占乡村初中教师总数的16.7%,其次为25—29岁者,占总数的16.5%;45—49岁者占14.9%。可见该年乡村初中教师中,25—49岁者占较大多数,其年龄结构较为合理。其中就初中女教师的年龄结构而言,该年女教师中25—44岁者占较大比重,几乎占总数的一半。

2. 学历结构

第一,就初级中学教师学历情况而言,在1978年调查的2,440,700人

① 教育部发展规划司编:《中国教育统计年鉴2003》,人民教育出版社,2004年,第162—163页。

中,中等学校毕业及以下者最多,达2,201,776人,占总数的90.2%;其次为高校本科毕业生及以上者占184,418人,占总数的7.6%;高校肄业及专科毕业者达54,506人,占总数的2.2%;此后中等学校毕业及以下者所占比重有所下降,而高校肄业及专科毕业者所占比重则不断增多,到1980年前者下降至87.3%,而后者则上升8.5%。[①] 到1990年,全国初中教师2,470,355人中,中专、高中毕业者最多,占48.3%,几乎接近总数的一半;其次为高校专科毕业和本专科肄业两年以上者,所占比重为39.7%,高校本科毕业及以下者每年不断增多,其所占比重不断上升,占总数的6.8%;与此同时,中专、高中肄业及以下者尽管每年不断减少,但仍有79,427人,占总数的3.2%。[②] 此后,大学本科毕业及以上者以及大学专科毕业者不断增多,而高中毕业及以下者不断减少。到2000年,初中教师3,248,608人中,大学专科毕业者最多,占总数的72.9%;其次为大学本科毕业及以上者,占总数的14.2%;中专毕业者占11%;高中毕业及以下者占总数的1.9%。[③] 根据乡村学校的实际情形,乡村初中教师的学历水平一般低于上述全国初中专任教师的学历水平。

第二,有关小学教师学历情况。1978年在调查的521.66万名小学专任教师中,中师、高中毕业及以上者达245.66万人,占总数的47.1%;初师、初中毕业及中师、高中肄业者达97.22万人,占总数的18.6%;初师、初中肄业及以下者达178.78万人,占总数的34.3%。1979年调查的538.18万名小学教师中,中师、高中毕业及以上者达253.04万人,占总数的47.0%;初师、初中毕业及中师、高中肄业者达220.50万人,占总数的41%;初师、初中肄业及以下者达64.64万人,占总数的12%。[④] 到1980年,初师、初中肄业及

① 国家教育委员会计划财务司编:《中国教育成就统计资料(1980—1985)》,人民教育出版社,1986年,第70页。

② 国家教育委员会计划建设司编:《中国教育统计年鉴1990》,人民教育出版社,1991年,第62—63页。

③ 教育部发展规划司编:《中国教育统计年鉴2000》,人民教育出版社,2001年,第64—65页。

④ 刘英杰主编:《中国教育大事典(1949—1990)》,浙江教育出版社,1993年,第684页。

以下者所占比重有所下降,为10.3%;中师、高中毕业及以上者所占比重不断升高,达49.8%,接近小学教师总数的一半;初师、初中肄业及以下者所占比重也有所提升,达39.9%。[①] 此后,小学教师学历层次不断提高,到1990年,中师、高中毕业及以上者为最多,达412.28万人,占总数(558.18万人)的73.9%;其次为初师、初中毕业及中师、高中肄业者,达127.19万人,占总数的22.8%;另外,初师、初中肄业及以下者还有18.71万人,占总数的3.3%。[②]

其中,就达到教育部规定的小学教师学历标准而言,1987年中师、初师毕业者共1,892,205人,占总数的34.82%;1988年中师、高师毕业者达共2,169,953人,占总数的39.44%,取得"专业合格证书"者达166,338人,占总数的3.02%;1989年中师、高师毕业者达2,408,401人,占总数的43%,取得"专业合格证书"者230,616人,占总数的4%;1990年中师、高师毕业者达2,691,857人,占总数的48%,取得"专业合格证书"者318,574人,占总数的6%。[③] 由此可见,小学教师中学历合格教师和拿到专业合格证书教师的比例逐年升高,学历层次也不断提升。1990—2000年,小学教师中,大学本科毕业及以上、大学专科毕业以及中专毕业者持续增多,其所占比重不断上升,而高中毕业以及高中毕业以下者及其比重不断减少。在2000年的5,860,316名小学教师中,中专毕业者达4,175,722人,占总数的71.26%;其次为大学专科毕业者1,116,057人,占总数的19.04%;大学本科毕业及以上者58,765人,占总数的1%;另外高中毕业者和高中毕业以下者分别为

---

① 国家教育委员会计划财务司编:《中国教育成就统计资料(1980—1985)》,人民教育出版社,1986年,第83—84页。

② 国家教育委员会计划建设司编:《中国教育成就统计资料(1986—1990)》,人民教育出版社,1991年,第77—78页。

③ 国家教育委员会计划财务局编:《中国教育统计年鉴1987》,北京工业大学出版社,1988年,第82页;国家教育委员会计划建设司编:《中国教育统计年鉴1988》,北京工业大学出版社,1989年,第80页;国家教育委员会计划建设司编:《中国教育统计年鉴1989》,人民教育出版社,1990年,第76页;国家教育委员会计划建设司编:《中国教育统计年鉴1990》,人民教育出版社,1991年,第80页。

325,659人、184,113人,分别占总数的5.56%与3.14%。[①] 2001—2005年,小学教师中研究生毕业者有所增加,本科毕业、专科毕业者持续增多,其所占比重也持续提高;高中阶段毕业者以及高中阶段毕业以下者及其所占比重不断减少。根据乡村小学实际情形,也可以推测出乡村小学教师学历水平大致情形。

3.职称结构

乡村初中、小学教师的职称结构情况也可以通过全国初中小学教师的职称结构进行推测。第一,就初中教师的职称结构而言,1986年我国首次实施教师职称评聘之后,1987年我国初中教师3,860,741人中,中级职称者达1,522,227人;其次为助理级职称者992,514人;然后是副高级职称者784,107人;另外员级职称者56891人,正高级职称者2392人,未评职称者502,610人。[②] 由此,该年初中教师中,高级职称者占总数的20.4%,中级职称者占39.4%,初级职称者占27.2%,未评职称者占13%。到1991年,在2,516,659名初中教师中,二级职称者最多,达871,101人;其次为三级职称者,达602,783人;然后是未评职称者,达600,904人;另外一级职称者达418,924人;高级职称者有所增加,达22,947人。[③] 由此,该年初中教师中,高级职称者占总数的0.9%,中级职称者占总数的16.6%,初级(二级、三

① 国家教育委员会计划建设司编:《中国教育统计年鉴(1991—1992)》,人民教育出版社,1992年,第88页;国家教育委员会计划建设司编:《中国教育事业统计年鉴1992》,人民教育出版社,1993年,第88页;国家教育委员会计划建设司编:《中国教育事业统计年鉴1993》,人民教育出版社,1994年,第88页;国家教育委员会计划建设司编:《中国教育事业统计年鉴1994》,人民教育出版社,1994年,第84页;国家教育委员会计划建设司编:《中国教育事业统计年鉴1995》,人民教育出版社,1996年,第84页;国家教育委员会计划建设司编:《中国教育事业统计年鉴1996》,人民教育出版社,1997年,第84页;国家教育委员会计划建设司编:《中国教育事业统计年鉴1997》,人民教育出版社,1998年,第86页;教育部发展规划司编:《中国教育统计年鉴1998》,人民教育出版社,1999年,第86页;教育部发展规划司编:《中国教育统计年鉴1999》,人民教育出版社,2000年,第86页;教育部发展规划司编:《中国教育统计年鉴2000》,人民教育出版社,2001年,第88页。

② 国家教育委员会计划财务局编:《中国教育统计年鉴1987》,北京工业大学出版社,1988年,第138—139页。

③ 国家教育委员会计划建设司编:《中国教育统计年鉴(1991—1992)》,人民教育出版社,1992年,第66—67页。

级)职称者占总数的58.6%,未评职称者占总数的23.9%。到2000年初中教师职称结构有所变化,在该年3,248,608人中,尽管二级职称者仍最多,达1,426,203人,但一级职称者跃居第二位,达887,196人;第三位是未评职称者422,182人;另外三级职称者降至406,653人;高级职称者增至106,374人。[①] 由此,该年初中教师中,高级职称者占总数的3.3%,中级(一级)职称者占总数的27.3%,初级职称者占总数的56.4%,未评职称者占总数的13%。乡村初中教师的职称结构一般稍低于全国平均水平。

第二,就小学教师的职称结构而言,1991年,小学教师5,532,252人中,小学一级职称者达2,031,394人;其次为小学二级职称者1,366,623人;未评职称者1,151,126人;小学高级职称者584,597人;小学三级职称者396,625人;中学高级职称者1,887人。[②] 由此,该年小学教师中,高级(中学高级)职称者占总数的0.03%,中级(小学高级)职称者占总数的10.6%,初级(一级、二级、三级)职称者占总数的68.6%,未评职称者占总数的20.8%。此后中学高级职称者、小学高级职称者以及小学一级职称者不断增多,而小学二级职称者、小学三级职称者以及未评职称者有所减少。到2000年,小学一级职称者仍占据最多数,在该年5,860,316名小学教师中,达2,720,904人;其次为小学高级职称者1,591,414人;小学二级职称者位居第三,达947,192人;未评职称者529,476人;小学三级职称者与中学高级职称者分别有64,148人、7,182人。[③] 由此,该年小学教师中,高级职称者占总数的0.1%,中级职称者占总数的27.2%,初级职称者占总数的63.7%,未评职称者占总数的9%。此后,小学教师高级职称者、中级职称者逐年不断增多,其所占比重逐步提高,而初级职称者以及未评职称者不断减少,其所占比重也逐渐下降。乡村小学教师的职称结构大致如此,但其学

---

① 教育部发展规划司编:《中国教育统计年鉴2000》,人民教育出版社,2001年,第66—67页。

② 国家教育委员会计划建设司编:《中国教育统计年鉴(1991—1992)》,人民教育出版社,1992年,第86—87页。

③ 教育部发展规划司编:《中国教育统计年鉴2000》,人民教育出版社,2001年,第86—87页。

历水平会低于全国平均水平。

二、乡村教师的待遇状况

根据《中国教育经费统计年鉴》,在教育经费支出中教师工资待遇主要由基本工资、补助工资、其他工资、职工福利费以及社会保障费等部分综合组成。有关教育经费中给予教师工资等待遇的支出,以 1999—2002 年为例进行说明,相关情况见表 4.17。

表 4.17 1999—2002 年全国、中央、地方教育经费中初中、小学教师工资等支出明细统计

年份	项目		初中教师工资等支出/千元	其中乡村/千元	乡村占比/%	小学教师工资等支出/千元	其中乡村/千元	乡村占比/%
1999	小计	全国	30316757	17671070	58.3	61411320	38867439	63.3
		中央	9912	0	0	60504	0	0
		地方	30306845	17671070	58.3	61389016	38867439	63.3
	基本工资	全国	15246755	9556526	62.7	28090820	18974956	67.5
		中央	2116	0	0	4851	0	0
		地方	15244639	9556526	62.7	28085969	18974956	67.6
	补助工资	全国	7232687	4320991	59.7	14909532	9827762	65.9
		中央	3567	0	0	9054	0	0
		地方	7229120	4320991	59.8	14900478	9827762	66.0
1999	其他工资	全国	2384798	1128055	47.3	4459486	2280594	51.1
		中央	529	0	0.0	3211		0
		地方	2384269	1128055	47.3	4456275	2280594	51.2
	职工福利费	全国	1308283	653849	50.0	2645813	1451119	54.8
		中央	260	0	0	947		0
		地方	1308023	653849	50	2644866	1451119	54.9
	社会保障	全国	4144234	2011649	48.5	11305669	6333008	56.0
		中央	3440	0	0.0	42441		0
		地方	4140794	2011649	48.6	11301428	6333008	56.0
2000	小计	全国	35246637	19898053	56.5	70392885	44084977	62.6
		中央	8523	0	0	27679	0	0
		地方	35238114	19898053	56.5	70365206	44084977	62.7

续　表

年份	项目		初中教师工资等支出/千元	其中乡村/千元	乡村占比/%	小学教师工资等支出/千元	其中乡村/千元	乡村占比/%
2000	基本工资	全国	18309457	11288392	61.7	33771595	22794974	67.5
		中央	1890	0	0	4756	0	0
		地方	18307567	11288392	61.7	33766839	22794974	67.5
	补助工资	全国	7728059	4349534	56.3	15237377	9701623	63.7
		中央	2890	0	0	12250	0	0
		地方	7725169	4349534	563	15225127	9701623	63.7
	其他工资	全国	2630970	1192864	45.3	4803845	2394427	49.8
		中央	396	0	0	3420	0	0
		地方	2630574	1192864	45.3	4800425	2394427	49.9
	职工福利费	全国	1394280	660611	47.4	2699713	1478364	54.8
		中央	224	0	0	1240	0	0
		地方	1394056	660611	47.4	2698473	1478364	54.8
	社会保障	全国	5183871	2406652	46.4	13880355	7715589	55.6
		中央	3123	0	0	6013	0	0
		地方	5180748	2406652	46.5	13874342	7715589	55.6
2001	小计	全国	44056037	25137922	57.1	86545658	55269028	63.9
		中央	443	0	0	34089	0	0
		地方	44055594	25137922	57.1	86511569	55269028	63.9
	基本工资	全国	23516445	14742840	62.7	43130181	29862331	69.2
		中央	347	0	0	7765	0	0
		地方	23516098	14742840	62.7	43122416	29862331	69.3
2001	补助工资	全国	8999513	5026175	55.8	17157722	10810399	63.0
		中央	36	0	0	13023	0	0
		地方	8999477	5026175	55.8	17144699	10810399	63.1
	其他工资	全国	3296434	1403971	42.6	5633022	2802983	49.8
		中央	60	0	0	4309	0	0
		地方	3296374	1403971	42.6	5628713	2802983	49.8
	职工福利费	全国	1525272	728525	47.8	2873843	1577883	54.9
		中央	0	0	0	1134	0	0
		地方	1525272	728525	47.8	2872709	1577883	54.9
	社会保障	全国	6718373	3236411	48.2	17750890	10215432	57.5
		中央	0	0	0	7858	0	0
		地方	6718373	3236411	48.2	17743032	10215432	57.6

续　表

年份	项目		初中教师工资等支出/千元	其中乡村/千元	乡村占比/%	小学教师工资等支出/千元	其中乡村/千元	乡村占比/%
2002	小计	全国	53027487	30265003	57.1	101803212	65157471	64.0
		中央	238	0	0	39562	0	0
		地方	53027249	30265003	57.1	101763650	65157471	64.0
	基本工资	全国	28364287	18117380	63.9	51044491	35912832	70.4
		中央	0	0	0	6963	0	0
		地方	28364287	18117380	63.9	51037528	35912832	70.4
	补助工资	全国	10362753	5487004	52.9	19268329	11579076	60.1
		中央	208	0	0	10453	0	0
		地方	10362545	5487004	53.0	19257876	11579076	60.1
	其他工资	全国	4105290	1688745	41.1	6544404	3238686	49.5
		中央	30	0	0	11468	0	0
		地方	4105260	1688745	41.1	6532936	3238686	49.6
	职工福利费	全国	1660066	768452	46.3	3032479	1632171	53.8
		中央	0	0	0	1382	0	0
		地方	1660066	768452	46.3	3031097	1632171	53.8
	社会保障	全国	8535091	4203422	49.2	21913509	12794706	58.4
		中央	0	0	0	9296	0	0
		地方	8535091	4203422	49.2	21904213	12794706	58.4

资料来源:教育部财务司、国家统计局社会与科技统计司编:《中国教育经费统计年鉴2000》,中国统计出版社,2001年,第4、6、8页;教育部财务司、国家统计局社会与科技统计司编:《中国教育经费统计年鉴2001》,中国统计出版社,2002年,第4、6、8页;教育部财务司、国家统计局人口和社会科技统计司编:《中国教育经费统计年鉴2002》,中国统计出版社,2003年,第4、6、8页;教育部财务司、国家统计局人口和社会科技统计司编:《中国教育经费统计年鉴2003》,中国统计出版社,2004年,第4、6、8页。

如表4.17所示,1999—2002年,全国初中、小学教师工资等支出经费中,第一,乡村初中、小学教师工资完全由地方承担;第二,在基本工资、补助工资、其他工资、职工福利费以及社会保障费等项目中,基本工资占有最高数额,职工福利费额度最低;第三,乡村初中、小学教师工资等支出经费在全国初中、小学教师中所占比重较高,各年均超过总数的一半。其中,乡村初中教师工资等支出经费所占比重有小幅度下降趋势,而乡村小学教师工资等支出经费所占比重稍有上升。

因地方教育经费以及教师工资统筹落实到省政府负责并以县政府为主要责任单位,乡村中小学教师工资在不同地区都存在较大差异。

以1999年各地区工资待遇支出占比为例,如表4.18、图4.2所示,1999年各地区乡村初中、乡村小学教育经费中教师工资待遇总支出所占比重,乡村初中教师工资待遇支出比重最高者为山东省,其次为河南省,广东省位列第三,湖南,青海、西藏、宁夏、海南、天津等地区所占比重较低;乡村小学教师工资待遇支出比重最高者为广东省,其次为山东省,江苏和四川省位列第三,西藏、青海、宁夏、天津、海南等地区所占比重较低。而且,在基本工资、补助工资、其他工资、职工福利费以及社会保障费等项目中各地区所占比重有所不同,此不赘述。

表4.18 1999年分地区乡村初中、小学教育经费中教师工资待遇支出占比统计

(单位:%)

地区	小计		基本工资		补助工资		其他工资		职工福利费		社会保障费	
	初中	小学	初中	小学	初中	小学	初中	小学	初中	小学	初中	小学
合计	100	100	100	100	100	100	100	100	100	100	100	100
北京	1.34	1.29	0.79	0.86	0.5	0.53	8.87	8.67	1.92	1.75	1.23	1.03
天津	0.64	0.63	0.55	0.55	0.96	0.81	0.33	0.41	0.69	0.65	0.54	0.67
河北	5.77	5.20	6.52	5.66	4.71	4.74	3.58	3.98	3.69	3.55	6.38	5.37
山西	2.93	2.61	3.46	2.85	2.53	2.49	0.74	0.74	2.26	1.67	2.72	2.98
内蒙古	1.35	1.80	1.57	2.02	1.16	1.50	0.68	0.85	0.89	1.34	1.23	2.07
辽宁	3.43	3.30	3.47	3.38	3.00	2.66	1.26	1.55	4.09	3.81	5.20	4.56
吉林	1.78	1.94	1.80	1.96	2.17	2.40	0.45	0.53	1.01	1.03	1.87	1.92
黑龙江	2.60	2.53	2.96	2.93	2.41	2.21	1.07	0.81	2.36	2.46	2.20	2.49
上海	1.79	1.79	1.54	1.69	1.05	0.97	3.00	3.00	4.13	4.38	3.15	2.35
江苏	5.61	5.96	4.11	4.44	7.68	7.05	8.30	9.06	6.13	6.02	6.62	7.70
浙江	2.67	2.52	1.79	1.76	3.28	2.71	5.86	5.00	5.69	5.12	2.79	3.00
安徽	4.80	4.65	4.79	4.42	5.70	5.47	3.24	2.86	4.11	3.91	4.02	4.91
福建	3.04	3.80	2.45	3.15	3.43	3.68	8.07	9.47	3.26	3.47	2.14	3.95
江西	2.56	2.46	3.28	3.08	1.82	2.06	0.54	0.63	2.89	2.63	1.77	1.83
山东	13.63	8.34	12.00	7.55	15.35	9.83	19.45	11.81	11.37	7.40	15.19	7.38
河南	7.44	5.50	8.18	5.87	6.95	5.99	2.79	2.41	5.20	3.88	8.30	5.14
湖北	5.10	3.66	5.28	3.79	4.92	4.30	4.27	2.97	4.44	2.76	5.26	2.70
湖南	6.03	5.32	6.43	5.56	4.48	4.14	7.94	6.98	7.00	5.38	6.13	5.81

续　表

地区	小计		基本工资		补助工资		其他工资		职工福利费		社会保障费	
	初中	小学	初中	小学	初中	小学	初中	小学	初中	小学	初中	小学
广东	6.72	9.12	5.49	7.83	8.97	10.27	8.21	11.23	9.40	14.11	6.02	9.28
广西	3.30	4.17	3.91	4.34	2.41	3.44	2.75	4.68	2.08	2.26	3.03	5.06
海南	0.64	0.80	0.76	1.09	0.49	0.54	0.70	0.38	0.79	0.64	0.32	0.50
重庆	0.91	1.17	1.12	1.46	0.46	0.66	0.51	0.58	1.06	1.30	1.08	1.29
四川	4.77	5.99	5.87	7.00	2.82	4.08	2.50	3.64	5.15	6.61	4.89	6.61
贵州	1.38	2.42	1.81	3.21	0.73	1.47	0.76	1.33	1.35	2.43	1.07	1.88
云南	3.44	5.03	2.88	4.29	5.68	7.73	1.45	2.43	4.69	6.29	2.03	3.68
西藏	0.32	0.44	0.25	0.36	0.62	0.91	0.08	0.08	0.23	0.30	0.14	0.10
陕西	1.90	1.91	2.40	2.36	1.34	1.77	0.44	0.66	1.59	1.54	1.64	1.33
甘肃	1.71	2.20	1.81	2.45	1.94	2.48	1.56	2.26	0.83	0.96	1.08	1.24
青海	0.25	0.46	0.28	0.50	0.31	0.58	0.12	0.23	0.08	0.14	0.12	0.30
宁夏	0.43	0.53	0.58	0.79	0.31	0.33	0.05	0.05	0.35	0.44	0.23	0.24
新疆	1.72	2.47	1.89	2.82	1.80	2.20	0.41	0.73	1.27	1.78	1.63	2.62

资料来源:教育部财政司、国家统计局社会与科技统计司编:《中国教育经费统计年鉴2000》,中国统计出版社,2001年,第208—209、222—223页。

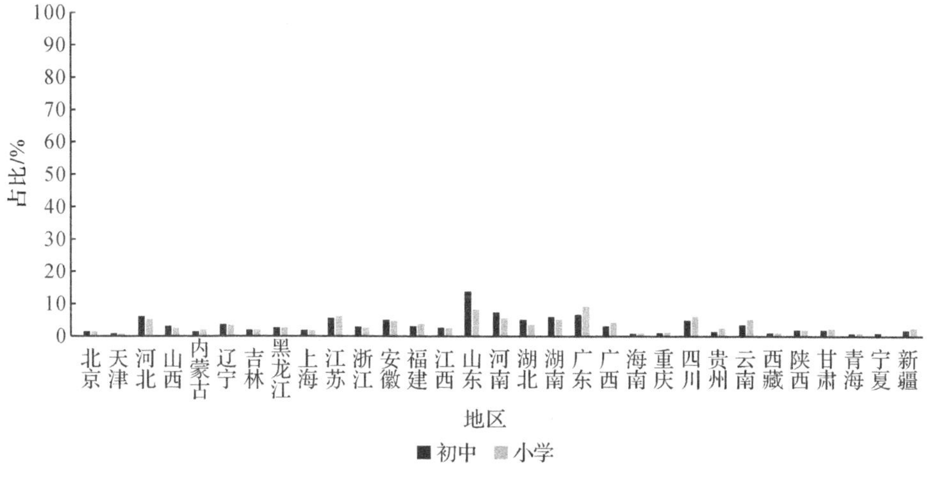

图4.2　1999年分地区乡村初中、小学教育经费中教师工资待遇支出占比

经过过渡与探索时期即1949—1977年乡村教师队伍的建设,乡村中小学教师队伍无论是数量、质量还是结构等仍无法满足乡村义务教育发展的需求。因此,这一时期要以上一阶段乡村教师队伍建设存在的困境为依据,进行乡村教师队伍建设的进一步改革,并推进乡村教师队伍的发展。

第三节　加强乡村教师队伍建设的举措

在普及九年义务教育和建设社会主义新乡村的时代背景下,加强乡村教师队伍建设成为乡村教育变革的重要内容。如《关于普及小学教育若干问题的决定》要求形成尊师的良好社会风气,提高教师的社会地位,建设一支稳定、合格的教师队伍。[①]《关于加强和改革农村学校教育若干问题的通知》指出:"建设一支稳定、合格的教师队伍,是办好农村学校的重要关键。"[②]《关于教育体制改革的决定》指出:"建立一支有足够数量的、合格而稳定的师资队伍,是实行义务教育、提高基础教育水平的根本大计。"[③]加强教师队伍建设还被列入《教师法》《教育法》。教育部于2002年将乡村中小学教师队伍建设作为"十五"期间中小学教师队伍建设的重点。[④] 另外,《2003—2007年教育振兴行动计划》、《国家西部地区"两基"攻坚计划(2004—2007年)》(国务院办公厅转发,2004年)、《2004—2010年西部地区教育事业发展规划》(教育部、国务院西部开发办,2004年)等文件更是旨在推进乡村地区或者西部乡村地区中小学教师队伍建设。这一时期,政府主要围绕推动乡村师资多样化的补充与质量提升、加强乡村教师队伍的管理以及改善乡村教师待遇等实施相应的举措,以加强乡村教师队伍的建设。

---

① 胡启立编:《教育改革重要文献选编》,人民教育出版社,1988年,第404—407页。

② 何东昌主编:《中华人民共和国重要教育文献(1949—1997)》,海南出版社,1998年,第2088页。

③ 中共中央文献研究室编:《改革开放三十年重要文献选编》(上),中央文献出版社,2008年,第383页。

④ 《中小学教师队伍建设"十五"计划》(2002年5月8日),https://www.edu.cn/edu/shi_fan/shi_fan_news/200603/t20060323_26752.shtml。

一、推动乡村师资的多样化补充与质量提升

推动乡村师资多样化的补充与质量提升主要体现在加强师范教育以补充新师资、拓展师资补充渠道以及通过培训提升在职教师的质量等方面。例如,通过对口支援乡村、域内骨干教师巡回授课、紧缺专业教师流动教学、城镇教师任教乡村等方式,以及推行"大学生志愿服务西部计划",鼓励大学毕业生乡村支教,鼓励师范生到乡村学校实习等,提升乡村教师队伍素质。

(一)加强师范教育以补充新师资

在加强师范教育方面,国家注重通过推行师范教育变革提升师资培养水平,通过推行定向招生、定向分配制度扩充乡村师资来源,通过将师范免费教育制度与师范生定期服务制度相结合以保障师资补充。

1. 推行师范教育变革,提升师资培养水平

改革开放后,我国师范教育逐步恢复和发展。教育部于1980年6月在北京召开了全国师范教育工作会议,涉及师范教育的地位和任务问题,指出师范教育要继续调整、改革、整顿、提高,并重申高等师范院校本科主要是培养中等学校师资,师范专科学校培养初级中等学校师资,中等师范学校培养小学师资的基本任务。[①]《关于师范教育改革和发展的若干意见》(国家教委,1996年)指出,师范教育改革和发展的主要任务是"构建体现终身教育思想、具有中国特色的社会主义师范教育体系",逐步实现师范教育现代化;"健全和完善以独立设置的各级各类师范院校为主体。非师范类院校共同参与培养与培训相沟通的师范教育体系"。该意见提出:"九五"期间将师范教育基本稳定为中等师范教育、高等师范专科教育、高等师范本科教育三层

① 何东昌主编:《中华人民共和国重要教育文献(1949—1997)》,海南出版社,1998年,第1850页。

次,“适度发展本科,按需发展专科,调整加强中师”;对已实现“普九”任务,教师学历合格率已基本达到现行规定标准的经济发达地区,可适度扩大培养专科学历小学教师的试验规模;逐步增加培养本科学历初中教师和研究生学历高中骨干教师的比重。[①]《关于师范院校布局结构调整的几点意见》(教育部,1999年)针对高师院校总量不足,中师学校布点过多,办学层次重心偏低,布局结构不尽合理,规模效益、质量不高和投入不足并存等问题,提出重组师范教育资源,调整学校布局,逐步提高层次结构重心,提高教师培养培训质量和效益的要求。具体而言,第一,指出了今后师范教育的发展趋势:“(1)以师范院校为主体,其他高等学校积极参与,中小学教师来源多样化;(2)师范教育层次结构重心逐步升高。”[②]第二,指出了师范教育层次结构调整目标:“从城市向农村、从沿海向内地逐步推进,由三级师范(高师本科、高师专科、中等师范)向二级师范(高师本科、高师专科)过渡。到2010年左右,新补充的小学、初中教师分别基本达到专科和本科学历”;使具备条件地区的小学和初中教师的学历分别提升到专科和本科层次。[③] 第三,规定了调整师范学校布局的目标和师范教育的基本原则,要求积极稳妥地进行中等师范学校调整工作。包括:继续办好一批中师,为经济和教育欠发达地区培养小学教师;部分中师可并入高师院校;少量条件好、质量高的中师根据需要,可通过联合、合并、充实、提高,组建成师范专科学校;其余中师可改为教师培训机构或其他中等学校;在有条件的市(地)推进师范专科学校、教育学院和中等师范学校合并,建设一批师范学院或师范专科学校承担中小学教师培养培训任务。[④] 该意见的发布拉开了师范教育改革的序幕,其核心在

---

① 何东昌主编:《中华人民共和国重要教育文献(1949—1997)》,海南出版社,1998年,第4095页。

② 何东昌主编:《中华人民共和国重要教育文献(1998—2002)》,海南出版社,2003年,第241页。

③ 何东昌主编:《中华人民共和国重要教育文献(1998—2002)》,海南出版社,2003年,第241页。

④ 何东昌主编:《中华人民共和国重要教育文献(1998—2002)》,海南出版社,2003年,第241页。

于:改变过去封闭独立的三级师范教育体制,使之逐步转向开放式的二级师范教育体制;将原来主要承担乡村师资培养任务的中等师范学校逐渐取缔。由此,师范院校由县、地市为主向地市及以上的中心城市集中,使得师范教育体现出鲜明的“城市倾向”,这种“去农村化”倾向的师范教育改革对后来的乡村师资的补充产生了一定的影响。

此后我国师范教育改革基本上围绕着上述方针政策运行。如《关于深化教育改革全面推进素质教育的决定》再次提出加强和改革师范教育,调整师范学校的层次和布局,大力提高师资培养质量。[1] 进入 21 世纪后,师范教育改革进一步推进。《关于基础教育改革与发展的决定》首次用“教师教育”概念取代“师范教育”,并指出应“完善以现有师范院校为主体、其他高等学校共同参与、培养培训相衔接的开放的教师教育体系”,从而动摇了师范教育培养师资的独特地位。该决定还指出,支持西部地区师范院校的建设,有条件的地区扩大教育硕士的培养规模和招生范围。[2]《关于“十五”期间教师教育改革与发展的意见》(教育部,2002 年)指出,“十五”期间要基本完成教师教育的结构调整,进一步完善教师教育制度,确定合理的师范院校培养规模、结构;提高新师资的学历层次,将中小学新教师培养纳入高等教育体系,逐步形成专科、本科、研究生三个层次的教师教育。该意见还规定:到 2005 年,对已实现“两基”的乡村地区,新补充的小学教师具有专科以上学历者、新补充的初中教师具有本科以上学历者均力争达到 50%左右;对未实现“两基”的贫困地区,要依据《教师法》培养合格学历的义务教育阶段教师。同时,要求继续调整改并中等师范学校:或者升格为师范高等专科学校,培养专科学历小学和幼儿教师;或者并入高等师范学校建立初等教育学院;或者改为教师培训机构或其他中等学校,其中西部和少数民族地区,需要根据

① 中共中央文献研究室编:《改革开放三十年重要文献选编》(下),中央文献出版社,2008 年,第 1017—1018 页。

② 《国务院关于基础教育改革与发展的决定》(2001 年 5 月 29 日),http://www.gov.cn/gongbao/content/2001/content_60920.htm。

地方实际继续办好一批中等师范学校。[①] 该意见专门关注了乡村师资培养,要求加大对西部地区教师教育的支持力度。《关于加强专科以上学历小学教师培养工作的几点意见》(教育部,2002 年)提出,将专科以上学历小学教师的培养纳入高等教育体系,并积极探索专科以上学历小学教师的培养模式,实行多种办学形式:招收高中阶段毕业生,实行三年专科教育,实行四年本科教育;招收初中毕业生,实行"五年一贯制"师范类专科教育。[②]《2003—2007 年教育振兴行动计划》提出,"全面推动教师教育创新,构建开放灵活的教师教育体系","构建以师范大学和其他举办教师教育的高水平大学为先导,专科、本科、研究生三个层次协调发展,职前职后教育相互沟通,学历与非学历教育并举,促进教师专业发展和终身学习的现代教师教育体系"。[③] 由此,教师的职前培养、入职教育和职后培训的连续性和一体化地位通过"教师教育"这一概念得到了很好的诠释。

总之,这一时期师范教育逐渐转变为教师教育。师范教育的改革内容主要有:第一,促使三级师范教育即中等师范、专科、本科三层次逐步向新的三级师范教育制度,即专科、本科和研究生三层次过渡,不断提升中小学教师的学历层次和水平;第二,扩大并开放教师教育培养体系,形成了以师范院校为主体,其他综合高校和非师范院校共同参与的师资培养体系;第三,逐步努力形成专科以上学历者充任小学师资,本科及以上学历者充任初中教师的学历规格;第四,曾为乡村小学师资补充主要来源的中等师范学校逐渐退出历史舞台;第五,乡村师资培养尤其是西部地区师资培养受到了关注,这为乡村教师的培养奠定了较好的基础。

2. 推行定向招生、定向分配制度,扩充乡村师资来源

定向招生、定向分配逐渐成为乡村师资培养与补充的主要手段。《关于

① 《教育部关于"十五"期间教师教育改革与发展的意见》(2002 年 3 月 1 日),http://www.moe.gov.cn/s78/A10/jss_left/moe_600/s3089/201006/t20100608_88978.html。

② 《教育部关于加强专科以上学历小学教师培养工作的几点意见》(2002 年 9 月 10 日),http://www.moe.gov.cn/srcsite/A10/s7058/200209/t20020910_162697.html。

③ 《国务院批转教育部 2003—2007 年教育振兴行动计划的通知》(2004 年 2 月 10 日),http://www.gov.cn/gongbao/content/2004/content_62725.htm。

加强和发展师范教育的意见》(教育部,1978年)明确要求办好中等师范教育,暂定两种中师学制:二年制师范,招收具有高中毕业文化程度的小学民办(代课)教师和应届高中毕业生;三年制师范,招收具有初中毕业文化程度的小学民办(代课)教师和应届初中毕业生,并规定中师招生指标必须用于培养小学师资。[①] 这为小学师资尤其是乡村小学师资提供了保障。教育部于1980年6月在北京召开全国师范教育工作会议,强调"中师实行单独招生办法。学生毕业后一律回本地任小学教师";要求注意适当发展和大力办好民族师范学校,民族师范应以招收少数民族学生为主,并"逐步做到少数民族地区小学的多数教师由合格的少数民族教师担任"。[②] 由此,中等师范学校定向招生与定向分配的要求初步明确。

《关于办好中等师范教育的意见》(教育部,1980年)、《中等师范学校规程(试行草案)》(教育部,1980年)[③]以及《中等师范学校教学计划(试行草案)》(教育部,1980年)等文件,重申了中等师范教育为小学培养合格师资的任务,并贯彻小学教师地方化的原则,要求招生办法"应体现师范教育的特点,各地可以提前单独招生",毕业生至少须服务教育工作3年。[④] 小学教师地方化原则也体现出了乡村小学教师定向招生和定向分配的要求。在各年中等师范学校招生工作中,定向招生、定向分配制度得以明确。如《关于1983年中等师范学校招生工作的通知》(教育部,1983年)要求:"各地可根据需要和可能,在今年的中师招生计划中安排一定的招生指标,按照定向招生、定向分配的原则,从农村,特别是山区、边远地区招生,录取分数可适当

---

① 何东昌主编:《中华人民共和国重要教育文献(1949—1997)》,海南出版社,1998年,第1648—1650页。

② 何东昌主编:《中华人民共和国重要教育文献(1949—1997)》,海南出版社,1998年,第1850页。

③ 新中国成立后,教育部先后三次颁布了"中等师范学校规程":第一次是1952年7月16日的《师范学校暂行规程(草案)》,第二次是1956年颁发的《师范学校规程》,第三次1980年的《中等师范学校规程(试行草案)》。

④ 何东昌主编:《中华人民共和国重要教育文献(1949—1997)》,海南出版社,1998年,第1834页。

降低。"[①]

1985年11月,国家教委召开了全国中小学师资工作会议,国家教委党组书记何东昌在《为建设一支数量足够、质量合格的中小学教师队伍而奋斗》中提出改革师范学校的招生和毕业生分配制度,在地方师范院校普遍推行定向招生和定向培养的制度。[②] 定向招生、定向分配开始运用于乡村初中教师的培养。《关于基础教育师资和师范教育规划的意见》(国家教委,1986年)强调基础教育教师队伍地方化是今后发展的方向,要求建立基础教育师资定向培养制度,即"基础教育师资来源地方化,实行定向培养",各地应立足于本地,建立适应本地区需要和特点的师范教育(包括地方非师范院校承担师范教育任务)体系。其中,中学教师专业较多,人口特别少的地区所需中学教师,除本省培养外,所缺部分应在国家教委的统一规划下,与中央直属院校及外省市建立稳定的定向培养关系;"师范教育应实行定向招生,即主要从需要教师地区择优招生(入学考试标准就要因地而异。不要追求一刀切的'水平'),也可招收少量其他地区志愿去所需地区的考生",师范生的毕业分配方案于招生前制定。[③]《关于加强和发展师范教育的意见》(国家教委,1986年)也提出实施中小学教师定向培养、定向分配的方法,主要依靠本地区培养和输送小学和初中所需新师资;师专与中师采取"提前单独招生或参加统一考试提前录取的办法",坚持定向招生,努力做到初中、小学教师地方化;"师范毕业生一律由各级教育行政部门支配,任何单位不准截留","分配到边远和边疆地区任教的可以规定一定服务年限",在待遇上各地可酌情制定优惠政策。[④]

---

① 国家教育委员会师范教育司编:《师范教育文件选编(1980—1987)》,东北师范大学出版社,1989年,第438—439页。

② 何东昌:《为建设一支数量足够、质量合格的中小学教师队伍而奋斗》,国家教委印发,1986年1月20日。

③ 何东昌主编:《中华人民共和国重要教育文献(1949—1997)》,海南出版社,1998年,第2392页。

④ 何东昌主编:《中华人民共和国重要教育文献(1949—1997)》,海南出版社,1998年,第2403—2404。

此后,定向招生定向分配成为师范教育改革的重要内容,也成为补充乡村初中和小学师资的重要渠道。国家教委师范教育司于1987年5月6日至11日在安徽省召开了中等师范学校面向农村培养合格小学师资座谈会,提出应"搞好中师招生、分配制度的改革","不断完善'定向招生、定向分配',单独、提前招生,加强面试等做法;注意做好定向生的思想教育和文化补习的工作,使他们毕业时,在思想水平、文化知识和专业能力等方面能够达到中师毕业生的标准;要进一步强调把中师毕业生分配到小学任教,中学和其他部门都不应截留"。[①]《关于当前师范专科学校工作的几点意见》(国家教委,1990年)也规定,为乡村初中培养合格教师是师范专科学校的主要任务,要实行定向招生,并从该年起招收部分民办教师;同时,"主动适应农村教育改革的需要,努力培养合格的初中教师"。[②] 1993年11月12日至15日在四川省乐山市召开的全国师范专科学校面向农村深化改革座谈会指出:今后作为培养初中教师主阵地的师范专科学校的工作重点必须转向农村。[③]《关于师范教育改革和发展的若干意见》指出,"九五"期间要进一步改革和完善招生制度和办法:扩大师范院校在边远贫困地区和少数民族地区定向招生的比例;继续采用和完善单独招生、提前录取、招收保送生、举办师范预备班等办法,进一步改善生源。[④] 到21世纪,国家更是提高了定向培养乡村师资的层次。如2004年启动了"农村学校教育硕士师资培养计划"(简称"硕师计划")。

总之,定向招生、定向分配制度逐渐确立并不断推行,成为乡村师资补充的重要手段。第一,该制度与中小学教师培养地方化相关联,为培养乡村师资提供了基础。第二,定向招生、定向分配逐渐提升层次,尤其是小学师

---

① 国家教育委员会师范教育司编:《师范教育文件选编(1980—1987)》,东北师范大学出版社,1989年,第555页。

② 刘英杰主编:《中国教育大事典(1949—1990)》,浙江教育出版社,1993年,第816页。

③ 何东昌主编:《中华人民共和国重要教育文献(1949—1997)》,海南出版社,1998年,第3600页。

④ 何东昌主编:《中华人民共和国重要教育文献(1949—1997)》,海南出版社,1998年,第4095页。

资的培养从以中等师范学校为主体，逐渐转向以师范专科学校为主阵地，这与我国师范教育改革发展的方向和趋势相一致。进入21世纪，定向招生、定向分配的层次开始提升至硕士学位的乡村师资培养。

3. 师范教育免费与师范生定期服务制度相结合，保障师资补充

实施师范教育免费制度与师范生定期服务制度，有助于加强师范毕业生履行服务的管理，更好地保障师资补充。1978—1996年，国家继续推行师范生免费教育，主要实施人民助学金和奖学金制度。《关于主要副食品销价提高后，对中小学民办教职工补助费和高等学校、中等专业学校学生助学金的几项规定》（财政部、教育部，1979年）指出，中等师范学校学生"按规定享受人民助学金全部伙食费如六类地区中等专业学校为14元的学生，每人每月增加2元5角"①。《普通高等学校本、专科学生人民助学金暂行办法》（教育部、财政部，1983年）、《关于加强和发展师范教育的意见》（1986年）提出：师范生在校学习期间国家供给膳宿费和免收学费；分配到边远和边疆地区任教的可以规定一定服务年限，在待遇上各地可酌情制订优惠政策；其他各类院校举办的师资班要列入指令性招生计划，学习期间享受师范生待遇，毕业后分配到中小学任教。②《普通高等学校本、专科学生实行奖学金制度的办法》（国家教委、财政部，1987年）使高师学生的助学金有一定提升。《关于解决中等师范学校学生助学金偏低问题的意见》（国家教委，1987年）提出应参照高师学生享受专业奖学金的标准，适当提高中师学生的助学金标准，以解决中师生日常助学金标准偏低的问题。③ 而且，为了"鼓励优秀青年进入各级师范学校学习"，《教师法》规定各级师范学校学生享受专业奖学

---

① 中华人民共和国财政部办公室编：《一九七九年财政规章制度选编》（下），中国财政经济出版社，1981年，第167页。

② 何东昌主编：《中华人民共和国重要教育文献（1949—1997）》，海南出版社，1998年，第2404页。

③ 国家教育委员会师范教育司编：《师范教育文件选编（1980—1987）》，东北师范大学出版社，1989年，第557页。

金,同时要求这些师范毕业生“应当按照国家有关规定从事教育教学工作”。[①]

到1996年,《关于师范教育改革和发展的若干意见》指出,根据各地物价和生活水平的变化,相应提高师范专业学生专业奖(助)学金标准,并“推进高等、中等师范学校招生并轨改革,原则上师范专业学生免交学费,并享受专业奖(助)学金。对免交学费,享受师范专业奖(助)学金的学生,毕业后实行5年任教服务期制度。在一定范围内试行师范毕业生在教育系统内双向选择的就业办法。急需教师的地区、部门或企业可设立师范专业定向奖学金,享受定向奖学金的毕业生按合同就业。鼓励师范毕业生到边远、贫困和少数民族地区任教”[②]。至此,随着师范教育体制改革的推进,形成了以师范院校为主体,其他综合性高校和非师范性院校共同参与中小学师资培养的开放性的教师教育体系,师范教育免费制度被取消,开始实施部分师范教育定向免费,师范生定向服务政策,主要用于乡村师资培养,或者用于贫困师范生资助。由此,师范教育转变为收费制度,对当时乡村中小学师资的培养和补充带来了一定的消极影响,但此前的师范教育免费制度与师范生定期服务制度的确为乡村师资的补充提供了保障。

(二)拓展师资补充渠道

乡村师资的补充渠道,除了有正规的、长期的、固定化的师范教育,还有非正规化的、短期的、灵活的教师培养方式与师资补充路径。

1. 合格师资培养灵活化

国家通过择优补充、委托其他高校培养等方式加速合格师资的养成。如《关于加强和发展师范教育的意见》(1978年)指出,要采取“两条腿走路”

---

① 《中华人民共和国教师法》(1993年10月31日),《中华人民共和国国务院公报》,1993年第26期,第1194页。

② 何东昌主编:《中华人民共和国重要教育文献(1949—1997)》,海南出版社,1998年,第4095页。

的办法来补充新师资，除了以师范院校和其他高等院校的毕业生补充师资，还“要从青年工人、上山下乡和回乡知识青年中，选拔那些经过电视、函授等业余学习，考核成绩确实达到高等学校毕业程度的来补充”[①]。《关于基础教育师资和师范教育规划的意见》指出，为了加速培养初中师资，除了加强现有师专培养，“其余短缺专业要用指令性计划或委托培养的办法利用综合性大学及有条件的其他院校和本科师范学院的力量办两年制的师资专修科来满足”[②]；自1987年秋季始，有计划地由师范大学（学院）和非师范院校招收短缺专业的两年制师范专修科，以指令性方式加速培养初中学校的短线教师[③]。《关于加强和发展师范教育的意见》（1986年）也指出，针对初中师资严重不足的问题，应“广开师资培养渠道”，即在扩大现有师范院校，特别是师范专科学校招生名额的同时，要组织其他高等学校的力量，“采取指令性计划或委托培养的办法，举办两年制师范专科班；可选拔一批成绩优良的电大、业大毕业生进行短期的教育学科学习和教育实习后，分配做教师；自学考试要有计划、有步骤地开考高师本科和专科的有关科目，成绩合格者，承认其学历，由当地教育部门安排到初中任教”[④]。可见，国家除了实施正规的、长期的师范教育，还采用非正规的、短期的培养形式，加速乡村合格师资的养成。

2. 师资补充路径多样化

拓展师资补充路径一方面是为了解决乡村师资短缺的问题；另一方面是为了提升乡村师资队伍的质量和水平。具体措施主要有：第一，通过志愿支教活动补充乡村师资。主要包括大学生志愿服务乡村中小学校、城镇优

---

① 何东昌主编：《中华人民共和国重要教育文献（1949—1997）》，海南出版社，1998年，第1648—1650页。

② 何东昌主编：《中华人民共和国重要教育文献（1949—1997）》，海南出版社，1998年，第2391页。

③ 何东昌主编：《中华人民共和国重要教育文献（1949—1997）》，海南出版社，1998年，第2392页。

④ 何东昌主编：《中华人民共和国重要教育文献（1949—1997）》，海南出版社，1998年，第2403页。

秀教师支援乡村学校等方式。根据中央领导的指示,中央文明办、共青团中央从 1998 年开始组织实施青年志愿者支教扶贫接力计划,“以公开招募、定期轮换的方式组织具有一定文化水平的青年志愿者到贫困地区从事 1—2 年中小学教育等方面的志愿服务”①。中共中央、国务院于 1999 年指出:“用假期组织志愿者到城乡支工、支农、支医和支教。”②教育部于 2004 年要求加强西部地区中小学师资队伍建设,组织实施“大学生志愿服务西部计划”,鼓励其他地区的教师和志愿者到西部地区中小学任教和服务。③《关于深化教育改革全面推进素质教育的决定》指出:“鼓励大中城市骨干教师到基础薄弱学校任教或兼职,中小城市(镇)学校教师以各种方式到农村缺编学校任教,加强农村与薄弱学校教师队伍建设。城镇中小学教师原则上要有一年以上在薄弱学校或农村学校任教经历,才可聘为高级教师职务。采取优惠政策,吸引和鼓励教师到经济不发达地区、边远地区和少数民族地区任教。”④《2004—2010 年西部地区教育事业发展规划》指出,继续实施“大学生志愿服务西部计划”,鼓励志愿者到西部地区任教;设立教师岗位专项资金,吸引高校毕业生和其他优秀人才到西部边远地区、贫困地区从事教师工作;试行师范院校高年级学生到乡村地区学校实习任教制度。⑤《关于深化农村义务教育经费保障机制改革的通知》(国务院,2005 年)也指出,要推行城市教师、大学毕业生到乡村支教制度。⑥

第二,以对口支援方式补充乡村师资。为了促使东部地区、西部大中城市支援西部贫困地区学校,进一步促进贫困地区义务教育的普及和教育教

---

① 何东昌主编:《中华人民共和国重要教育文献(1998—2002)》,海南出版社,2003 年,第 147 页。

② 中共中央文献研究室编:《改革开放三十年重要文献选编》(下),中央文献出版社,2008 年,第 1013 页。

③ 《国务院批转教育部 2003—2007 年教育振兴行动计划的通知》(2004 年 2 月 10 日),http://www.gov.cn/gongbao/content/2004/content_62725.htm。

④ 中共中央文献研究室编:《改革开放三十年重要文献选编》(下),中央文献出版社,2008 年,第 1018 页。

⑤ 《中国教育年鉴》编辑部编:《中国教育年鉴 2005》,人民教育出版社,2005 年,第 938 页。

⑥ 《国务院关于深化农村义务教育经费保障机制改革的通知》(2005 年 12 月 24 日),http://www.gov.cn/gongbao/content/2006/content_185157.htm。

学质量的提高，缩小东西部地区教育水平的差距，《关于东西部地区学校对口支援工作的指导意见》（教育部、国务院扶贫开发领导小组等六部门，2000年）要求“以学校之间对口支援为基本形式，以贫困地区为支援对象，以义务教育阶段相对薄弱学校为重点”[①]，2000年启动了“东部地区学校对口支援西部贫困地区学校工程”和“西部大中城市学校对口支援本省（自治区、直辖市）贫困地区学校工程”，推进了乡村师资的补充。前项工程实施范围，即北京市支援内蒙古，天津市支援甘肃省，上海市支援云南省，广东省支援广西，江苏省支援陕西省，浙江省支援四川省，山东省支援新疆，辽宁省支援青海省，福建省支援宁夏，大连、青岛、深圳、宁波市支援贵州省；东部有关省（直辖市）各选择100所学校，计划单列市各选择25所学校，与对口支援西部有关省（自治区）选择的相应数量的贫困地区学校，结成“一帮一”的对子；后项工程由内蒙古、广西、重庆市、四川省、贵州省、云南省、陕西省、甘肃省、青海省、宁夏、新疆等省（自治区、直辖市）政府确定相应对口支援关系，受援地区原则上应是2000年前尚未“普九”的国家及省级贫困县，且受援学校以义务教育阶段学校为重点，集中支援国家及省级贫困县的相对薄弱学校。[②]

第三，通过促进城乡教师合理流动与交流，加强乡村师资的补充。建立城乡教师交流制度，有助于合理配置教师资源，也有助于提升乡村师资水平。《关于进一步加强农村地区“两基”巩固提高工作的意见》（教育部、财政部，2004年）提出要建立小学短线教师流动教学制度，保证小学能够按照国家规定开齐课程。[③]《2004—2010年西部地区教育事业发展规划》要求建立、健全教师交流制度和到乡村任教服务期限制度，促进教师合理流动；鼓励城镇教师到乡村从事1—3年的教学工作，城镇中小学教师晋升高级教师

① 刘江主编：《中国中西部地区开发年鉴（2000—2001）》，中国财政经济出版社，2001年，第18页。

② 刘江主编：《中国中西部地区开发年鉴（2000—2001）》，中国财政经济出版社，2001年，第18—20页。

③ 何东昌主编：《中华人民共和国重要教育文献（2003—2008）》，新世界出版社，2010年，第297页。

职务,应有1年以上的在乡任教经历。[①]《关于进一步推进义务教育均衡发展的若干意见》(教育部,2005年)要求采取各种有效措施,建立区域内骨干教师巡回授课、紧缺专业教师流动教学、城镇教师到乡村学校任教服务期等项制度,积极引导超编学校的富余教师向乡村缺编学校流动,切实解决乡村学校教师不足及整体水平不高的问题。[②] 2005年12月29日,温家宝总理在中央农村工作会议上的讲话也指出,应完善教师交流制度,制定相关政策和措施,引导和鼓励城市教师及具备教师资格的人员到乡村中小学任教。[③]

总之,合格师资培养的灵活化和师资补充路径的多样化,有助于解决乡村师资数量不足和质量不高等问题。

(三)通过培训提升在职教师的质量

培训是提升在职乡村教师质量和水平的重要手段。这一时期乡村教师培训目标从以学历补偿为主转变为以终身教育为要;而且,在培训内容、培训承担机构以及培训形式等方面,国家都做出了相关的规定。

1. 培训目标从以学历补偿为主转变为以终身教育为要

在培训目标上,起初是以学历补偿为主。如《关于加强中小学在职教师培训工作的意见》(教育部,1977年)指出,培养师资还应注重在职教师培训工作,提高教师的政治、文化和业务水平,“把现有大多数教师提高到能够初步适应明秋使用新编教材的程度”;在三五年内“使现有文化业务水平较低的初中教师在所教学科大多数达到师专毕业程度”。[④] 由此,改革开放前后的在职中小学教师主要实施新编教材培训和学历补偿培训,且此后很长一段时间内都以学历补偿培训为主。《关于加强和发展师范教育的意见》

---

① 《中国教育年鉴》编辑部编:《中国教育年鉴2005》,人民教育出版社,2005年,第937页。

② 《教育部关于进一步推进义务教育均衡发展的若干意见》(2005年5月25日),http://www.moe.gov.cn/srcsite/A06/s3321/200505/t20050525_81809.html。

③ 《关于当前农业和农村工作的几个问题》(2005年12月29日),http://www.gov.cn/gongbao/content/2006/content_219928.htm。

④ 国家教育委员会师范教育司编:《师范教育文件选编(1980—1987)》,东北师范大学出版社,1989年,第608、610—611页。

(1978年)指出："要力争在三五年内，经过有计划的培训，使现有文化业务水平较低的小学教师大多数达到中师毕业程度，初中教师在所教学科方面大多数达到师专毕业程度。"[1]至此，中师毕业程度和师专毕业程度被定为小学和初中教师基本的学历标准。教育部于1980年6月在北京召开了全国师范教育工作会议，要求对全国现有的845万名中小学教师中500多万名不够标准者加以培训。[2]《关于进一步加强中小学在职教师培训工作的意见》(教育部，1980年)则将1985年定为中小学教师培训学历达标完成的具体时间，并根据"教什么，学什么""缺什么，补什么"的原则进行分类指导，将长远的文化、专业知识的系统学习和当前教学工作的教材教法学习结合起来。该意见对中小学教师培训做出了较为详细且操作性较强的规定：

对于教学有困难的教师，首先组织他们过好"教材教法关"，然后再系统进修文化、专业知识。对于基本胜任教学工作，但未系统学习过所教学科专业知识的教师，要组织他们进行系统的学习。凡文化水平未达到初中毕业程度的小学教师和文化水平未达到高中毕业程度的中学教师，都要用一定的时间补课，使他们分别达到初中、高中毕业程度后，再系统学习中师、大专的课程。文化较低的边疆少数民族地区，具有小学毕业程度的小学教师，可从现有文化水平出发，组织他们参加初级师范的进修。已经达到大专、中师毕业程度的中、小学教师以及虽不具有大专、中师毕业的学历，但教学水平较高，年龄较大的教师，可以免修大专、中师课程。他们也要努力学习，不断提高专业知识水平和教学水平，在业务上做到精益求精，在教学上发挥骨干作用。对于文化业务水平较高，教学经验丰富，有创见的中小学教师：教育行政部门和学校应有计划地创设必要的条件，让他们在教学实践中进行学

① 何东昌主编：《中华人民共和国重要教育文献(1949—1997)》，海南出版社，1998年，第1648—1650页。

② 何东昌主编：《中华人民共和国重要教育文献(1949—1997)》，海南出版社，1998年，第1850页。

习和研究，培养他们成为教育、教学方面的专家。[①]

由此，中小学教师的培训开始分层分类进行，这也是我国精准培训在职教师的先导，使中小学教师培训逐渐具备继续教育或终身教育的特点。

此后，中小学教师培训基本围绕着上述方面进行。《关于试行小学教师进修中等师范教学计划的通知》(教育部，1982 年)要求，招收具有实际初中毕业文化水平和初步教学能力的在职小学教师，组织系统的文化、业务进修，使其在主要学科达到中师毕业程度，胜任小学教学工作。[②]《关于加强小学在职教师进修工作的意见》(教育部，1983 年)进一步完善了培训细则："对于具有初步教学能力，但未达到中师毕业程度的教师，要组织他们系统学习中师课程，使他们基本达到中师毕业水平，胜任教学工作"；文化程度虽未达到中师毕业程度，且教学经验丰富的教师，主要通过自学和教学实践进一步提高文化水平和教学能力；使对教学有困难的教师和中青年教师成为培训的重点对象。[③]《关于加强在职中小学教师培训工作的意见》(国家教委，1986 年)针对"教师数量不足，队伍不稳定，尤其是教师的业务文化水平比较低"，且不具备国家规定学历的中小学教师约占半数，不胜任教育、教学工作的教师所占比例较大等现实问题，提出要通过教师培训，"使现有不具备合格学历或不胜任教学的教师，绝大多数能够胜任教学工作，并取得考核合格证书或合格学历"。[④] 到 20 世纪 90 年代，教师培训对学历目标的实现在时间上提出了更为具体的要求。如国家教委于 1992 年指出："中小学教师培训以提高教育教学能力为主，同时重视学历达标，提高政治思想素质和

① 何东昌主编：《中华人民共和国重要教育文献(1949—1997)》，海南出版社，1998 年，第 1832—1833 页。

② 国家教育委员会师范教育司编：《师范教育文件选编(1980—1987)》，东北师范大学出版社，1989 年，第 681—682 页。

③ 何东昌主编：《中华人民共和国重要教育文献(1949—1997)》，海南出版社，1998 年，第 2068 页。

④ 何东昌主编：《中华人民共和国重要教育文献(1949—1997)》，海南出版社，1998 年，第 2372 页。

业务能力。争取绝大多数小学教师到1993年,多数初、高中教师到1995年,都能达到国家要求的学历标准或取得专业考核合格证书。”[1]中共中央、国务院于1993年要求:“制定教师培训计划,促进教师特别是中青年教师不断进修提高,使绝大多数中小学教师更好地胜任教育教学工作。到本世纪末,通过师资补充和在职培训,绝大多数中小学教师要达到国家规定的合格学历标准,小学和初中教师中具有专科和本科学历者的比重逐年提高。”[2]国家教委于1996年指出,“九五”期间特别要抓好初中教师学历补偿教育,到2000年促使全国小学、初中教师学历合格率分别达95%、80%以上。[3]

中小学教师学历补偿式培训逐步转向继续教育。《关于师范教育改革和发展的若干意见》提出建立中小学教师继续教育制度,以提高教师的政治素质、师德修养、教育教学能力和教育管理水平,培养一批骨干,并使其中一部分骨干成长为教育教学专家。[4]《面向21世纪教育振兴行动计划》指出,为了实施“跨世纪园丁工程”,三年内以不同方式对现有中小学校长和专任教师进行全员培训和继续教育,加强中小学骨干教师队伍的培训和建设,发挥他们在当地教学改革中的带动和辐射作用。[5]《关于师范院校布局结构调整的几点意见》指出,要使职前职后教育贯通,21世纪初“中小学教师培训工作重心从学历补偿教育转向继续教育”[6]。这些政策为中小学教师的继续教育奠定了基础。

我国教师职后培训逐渐制度化,并逐步构建起教师终身学习体系。《中

① 何东昌主编:《中华人民共和国重要教育文献(1949—1997)》,海南出版社,1998年,第3263页。

② 高甄文主编:《高等教育最新法律法规与政策文件汇编》(上),华夏教育出版社,2007年,第56页。

③ 何东昌主编:《中华人民共和国重要教育文献(1949—1997)》,海南出版社,1998年,第4096页。

④ 何东昌主编:《中华人民共和国重要教育文献(1949—1997)》,海南出版社,1998年,第4096页。

⑤ 何东昌主编:《中华人民共和国重要教育文献(1998—2002)》,海南出版社,2003年,第218页。

⑥ 何东昌主编:《中华人民共和国重要教育文献(1998—2002)》,海南出版社,2003年,第241—242页。

小学教师继续教育规定》(教育部,1999年)要求,中小学教师继续教育分为非学历教育和学历教育,前者包括新任教师培训、教师岗位培训以及骨干教师培训,培训时间为每五年累计不少于240学时,后者对具备合格学历的教师实施提高学历层次培训。[①]《2003—2007年教育振兴行动计划》则要求完善教师终身学习体系,加快提高教师队伍素质。[②]《关于加快推进全国教师教育网络联盟计划组织实施新一轮中小学教师全员培训的意见》(教育部,2004年)指出,应根据《面向21世纪教育振兴行动计划》要求,构建教师终身学习体系:教育部于1999—2003年组织实施"中小学教师继续教育工程",开展全国中小学教师岗位培训,组织中小学骨干教师培训;大力推进县级教师培训机构的改革与建设,构建多功能的区域教师学习与资源中心;建立校本研修制度,推进各级各类学校的学习型组织建设。[③]

需要指出的是,在这一历史时期,中小学教师培训逐渐转为以乡村教师培训为重点。中共中央、国务院决定1995—2000年在"二片"和"三片"地区组织实施"国家贫困地区义务教育工程"。对此,教育部要求加强农村地区、民族地区和边远贫困地区中小学教师的培训,并在民族贫困地区开展"21世纪民族贫困地区中小学教师综合素质培训计划"。[④]《关于在民族贫困地区开展"中小学教师综合素质培训"工作的通知》(教育部,1999年)要求各地把"培训计划"的实施和"国家贫困地区义务教育工程"紧密结合起来,纳入省(区)教师培训计划。[⑤] 2001年,国务院指出应对贫困地区教师实行免

---

① 何东昌主编:《中华人民共和国重要教育文献(1998—2002)》,海南出版社,2003年,第371页。

② 《国务院批转教育部2003—2007年教育振兴行动计划的通知》(2004年2月10日),http://www.gov.cn/gongbao/content/2004/content_62725.htm。

③ 《教育部关于加快推进全国教师教育网络联盟计划组织实施新一轮中小学教师全员培训的意见》(2004年9月7日),http://www.moe.gov.cn/jyb_xxgk/gk_gbgg/moe_0/moe_1/moe_366/tnull_4335.html。

④ 教育部师范教育司编:《师范教育工作资料汇编(1996—2000)》,东北师范大学出版社,2001年,第353页。

⑤ 教育部师范教育司编:《师范教育工作资料汇编(1996—2000)》,东北师范大学出版社,2001年,第353—354页。

费培训[①]；同年，教育部也提出采取多种形式加强和扩大对西部地区教师的培训工作，推进现代远程教育，提高西部地区对发达地区和全国优质教育资源的共享能力。[②]《中小学教师队伍建设"十五"计划》（教育部，2002 年）则要求实施西部教师培训计划，提高西部地区中小学教师的素质；《关于加快推进全国教师教育网络联盟计划组织实施新一轮中小学教师全员培训的意见》提出，按照"面向全员、突出骨干、倾斜农村"的方针，以推进教师网络联盟计划为抓手，启动实施新一轮中小学教师全员培训，全面提高广大教师尤其是乡村教师的师德水平和业务素质。其中，2003—2007 年要求组织实施以乡村教师为重点的 100 万名中小学骨干教师培训，形成中小学骨干教师梯队；实施西部农村中小学教师培训支持计划：组织特级教师名师讲学团赴西部农村讲学，实施对西部农村教师培训资源支持援助项目，等等。[③]《关于进一步推进义务教育均衡发展的若干意见》指出："各地要努力增加教师培训经费，加强农村学校、城镇薄弱学校骨干教师培训工作"；帮助乡村学校、城镇薄弱学校建立校本研修制度。[④] 由此可见，为了加强乡村教师队伍建设，乡村教师培训成为中小学教师培训的重点。

总之，这一时期我国中小学教师培训呈现出以下几方面的特点：第一，中小学培训机制逐渐制度化；第二，由教师的学历补偿教育为主逐步转向继续教育，并体现出终身教育的特点；第三，中小学教师培训体现出分层分类的特点，精准培训模式初步形成；第四，骨干教师和家长型教师培训成为重要内容；第五，乡村中小学教师的培训逐步成为培训的重点。

---

① 《国务院关于基础教育改革与发展的决定》（2001 年 5 月 29 日），http://www.gov.cn/gongbao/content/2001/content_60920.htm。

② 《中国教育年鉴》编辑部编：《中国教育年鉴 2002》，人民教育出版社，2002 年，第 72—73 页；《教育部关于"十五"期间教师教育改革与发展的意见》（2002 年 3 月 1 日），http://www.moe.gov.cn/s78/A10/jss_left/moe_600/s3089/201006/t20100608_88978.html。

③ 《教育部关于加快推进全国教师教育网络联盟计划组织实施新一轮中小学教师全员培训的意见》（2004 年 9 月 7 日），http://www.moe.gov.cn/jyb_xxgk/gk_gbgg/moe_0/moe_1/moe_366/tnull_4335.html。

④ 《教育部关于进一步推进义务教育均衡发展的若干意见》（2005 年 5 月 25 日），http://www.moe.gov.cn/srcsite/A06/s3321/200505/t20050525_81809.html。

2. 培训内容综合

中小学教师培训重点由关注思想政治培训和业务培训(具体有教育理论、文化知识、计算机基础知识、教学能力)等内容逐渐扩大范围，到 20 世纪末期，"中小学教师教育观念的转变与更新；中小学教师职业道德的建构与修养；中小学教师提高教育教学质量的策略与方法；中小学教师现代教育技术的掌握与应用；中小学教师教育科研能力的培养与提高以及中小学教师心理健康素质的完善与发展"等成为乡村教师培训的重要专题。[①] 围绕着提高乡村教师实施素质教育的能力和水平，思想政治教育和师德修养、专业知识及更新与扩展、现代教育理论与实践、教育科学研究、教育教学技能训练和现代教育技术、现代科技与人文社会科学知识等内容成为培训重点。[②] 到 21 世纪初期，基础教育新课程、教材和教法培训等成为培训重点。[③] 针对乡村教师，国家提出了实施短缺学科教师培训和担任新课程教师培训的要求，培训内容"以教育部新颁布的基础教育阶段学科设置和学科课程标准为主"[④]，且在"乡村教师素质提高工程"中，开展以新课程、新知识、新技术、新方法为重点的新一轮教师全员培训和继续教育。[⑤] 师德教育也成为另一重点培训内容。在信息技术的推动下，除了实施新课程培训，还配合教育部农村中小学现代远程教育工程实施教育技术应用培训。[⑥] 总之，到 2004 年，中小学教师培训的重点内容包含了"新理念、新课程、新技术和师德教育"[⑦]。

---

① 教育部师范教育司编：《师范教育工作资料汇编(1996—2000)》，东北师范大学出版社，2001 年，第 354 页。

② 何东昌主编：《中华人民共和国重要教育文献(1998—2002)》，海南出版社，2003 年，第 371 页。

③ 《教育部关于加强县级教师培训机构建设的指导意见》(2002 年 3 月 1 日)，http://www.moe.gov.cn/s78/A10/jss_left/moe_600/s3089/201006/t20100608_88978.html。

④ 何东昌主编：《中华人民共和国重要教育文献(2003—2008)》，新世界出版社，2010 年，第 74 页。

⑤ 《国务院关于进一步加强农村教育工作的决定》(2003 年 9 月 17 日)，http://www.gov.cn/zhengce/content/2008-03/28/content_5747.htm。

⑥ 何东昌主编：《中华人民共和国重要教育文献(2003—2008)》，新世界出版社，2010 年，第 294 页。

⑦ 《教育部关于加快推进全国教师教育网络联盟计划组织实施新一轮中小学教师全员培训的意见》(2004 年 9 月 7 日)，http://www.moe.gov.cn/jyb_xxgk/gk_gbgg/moe_0/moe_1/moe_366/tnull_4335.html。

中小学教师培训内容逐步走向综合,从关注教师的学历层次和水平或教师的某些方面的素质和能力逐渐转向关注教师的综合素质,包含了思想政治、教育观念、师德修养、教学方法、现代教育技术以及科研能力,甚至还增加了心理健康素养方面的内容。可以将之概括为教育理论、文化知识、教学能力以及师德修养等四个方面。

3. 培训机构多样

20 世纪 60 年代,中小学在职教师培训主要采用教师进修院校、函授和教研室三种渠道的同时,开始出现广播、电视师范院校等培训渠道。20 世纪 80 年代,中小学在职教师培训机构主要有省级、地(市)级教育学院或教师进修学院、县级教师进修学校、各级师范学校等,以及公社一级建立的师资培训辅导站,初步形成了省、地(市)、县、社、校在职中小学教师的培训网。[①] “教育学院、教师进修院校是培训中小学在职教师的重要基地”,公社的师资培训辅导站、各级师范院校以及各级教学研究室等均为在职中小学教师重要的培训机构。[②] 与此同时,教育部还开辟了新的培训渠道,在部分普通高校举办中等学校教师本科班和专科班培训,以提高普通中学教师水平。“教育部所属北京师范大学、华东师范大学、东北师范大学、陕西师范大学、华中师范大学、西南师范学院、北京外语学院、上海外语学院和广州外语学院举办中等学校教师本科班”;“各省、市、自治区举办中等学校教师本科班和专科班,除由所属师范院校举办外,所属综合大学和理工、农林、医药、财经等院校亦可举办”。[③] 而且,教育部还“动员、挑选和组织高等学校的一部分教员和高年级学生、研究机构的一部分研究人员和党政机关的一部分具备条件的干部”[④]。如成立了“培训中小学师资讲师团”,以协助基层尤其

---

① 何东昌主编:《中华人民共和国重要教育文献(1949—1997)》,海南出版社,1998 年,第 1850—1851 页。

② 何东昌主编:《中华人民共和国重要教育文献(1949—1997)》,海南出版社,1998 年,第 1832—1833 页。

③ 农业部教育司编:《中等专业教育文件选编》,农业出版社,1989 年,第 304—305 页。

④ 中共中央文献研究室编:《改革开放三十年重要文献选编》(上),中央文献出版社,2008 年,第 384—385 页。

是薄弱地区在职中小学教师培训。[1] 中小学师资培训机构更为多样,普通高校、中等专业学校是培训中小学师资的又一个基本渠道;同时还通过通信卫星的教育专用频道、广播电视、电视台、电化教育机构,开展师资培训工作。[2] 1986年,国家教委创办了"中国电视师范学院",开展电视中师教育和电视师专教育;1996年在省、地(市)、县、社、校各级培训网络体系的基础上,增加了乡级培训网络建设,为乡村教师的培训和进修提供了便利。到21世纪初,随着义务教育阶段教师学历达标任务基本完成,中小学教师培训工作已逐渐转入以提高教师整体素质为目标的继续教育的新阶段,以县级教师进修学校为主体的县级教师培训机构(含市、区、旗级教师培训机构)开始在实施中小学教师继续教育中占有重要地位。[3] 为了满足农村、边远、贫困和民族地区的教师继续教育的现实需求,中央广播电视大学以及远程培训也成为重要培训机构。

总之,第一,这一时期乡村教师培训机构主要有:省级和地(市)级教育学院或教师进修学院、县级教师进修学校以及各级师范学校;公社级建立的师资培训辅导站;省、地(市)、县教学研究室;等等。其中,教育学院、教师进修院校是培训中小学在职教师的重要基地,且不同级别的教育学院或教师进修院校有不同的培训分工职责。第二,部分普通高校举办的中等学校教师本科班和专科班以及"培训中小学师资讲师团"等为中小学教师培训提供了重要辅助,普通高校、中等专业学校是培训中小学师资的又一个基本渠道,而且,依托通信卫星的教育专用频道、电视台、电化教育机构以及中国电视师范学院等也是重要的培训渠道。第三,增加了乡级培训网络建设,专门为乡村教师培训提供服务,并且以县级教师进修学校为主体的县级教师培训机构(含市、区、旗级教师培训机构)开始在中小学教师继续教育中扮演重要角

---

① 刘英杰主编:《中国教育大事典(1949—1990)》,浙江教育出版社,1993年,第1055页。

② 何东昌主编:《中华人民共和国重要教育文献(1949—1997)》,海南出版社,1998年,第2372页。

③ 《教育部关于加强县级教师培训机构建设的指导意见》(2002年3月1日),http://www.moe.gov.cn/s78/A10/jss_left/moe_600/s3089/201006/t20100608_88978.html。

色,而中央广播电视大学以及远程培训机构成为乡村教师培训的重要载体。

4. 培训形式灵活

1980年6月召开的全国师范教育工作会议总结了中华人民共和国成立以来中小学在职教师培训工作的经验,并要求通过各种培训方式,提高中小学在职教师的政治、文化和业务水平。其中,要求各级师范学校主要采取举办函授、夜校、讲习班、短训班等多种形式,提高在职教师的业务水平。[①] 根据上述相关文件,培训形式概括起来有近十种。

一是教师自学。在职教师根据教学需要并针对自己文化、专业知识的欠缺,利用业余时间自学;系统自学高师、中师课程者可申请参加当地教育学院、教师进修院校组织的考核,考核合格者与教育学院、教师进修学院学员同等对待。二是学校自培。学校根据本校教师文化业务状况,采取以老带新、互教互学、集体备课以及教学研究等方法,提高教师的文化与业务水平。三是短训班。各教师进修院校(含教育学院、教师进修学院和教师进修学校)举办各种层次、各种规格、各种形式的短训班、单科培训班、教学研究班,或者针对不能胜任教学工作者,或者面向讲授新教材有困难的教师。四是举办讲座或报告会。各地教育行政部门或教育学院、教师进修院校、教研室根据教学的需要举办专题讲座或报告会,组织教师学习新知识与了解科技发展新成就。五是系统进修高师、中师课程培训班。由各地教育学院、教师进修院校举办,分离职进修与不离职进修两种。学员结业考核合格后享受与全日制高师、中师毕业学生同等待遇。六是函授教育。各地高等师范院校、中等师范学校、教育学院以及教师进修院校根据本地区师资培训规划举办[②],多为乡村在职教师服务。七是以信息技术助力于教师远程培训。如1992年中国电视师范学院规定:中师和师专课程均利用卫星电视,通过通

① 何东昌主编:《中华人民共和国重要教育文献(1949—1997)》,海南出版社,1998年,第1850—1851页。

② 何东昌主编:《中华人民共和国重要教育文献(1949—1997)》,海南出版社,1998年,第1833页。

信卫星的教育专用频道向全国播送，并采取卫星电视、广播和函授互相配合的形式进行教学，采用“以结合专业的单科为主，以业余学习为主”的进修方式。教育部于2003年针对乡村地域广大、居住分散、经费不足、工学矛盾等使得教师培训面临诸多困难的状况，组建教师网络联盟，重点为乡村边远地区中小学教师提供优质远程教育支持服务。[①] 同时，密切结合教学进行自学和互教，成为在职教师最基本、最普遍的进修方式。[②]

总之，这一时期中小学教师主要通过函授、业余面授、脱产等进修形式提升教育教学水平和质量。其中，师资培训以业余进修为主，分散的乡村、边远地区和山区的教师，其进修方式主要是函授教育。[③] 民族贫困地区的中小学教师的培训形式以学校为主阵地，以教师“自修—反思”为主要模式，采取“专题培训、专题总结”“强强联合、强弱合作”“专家指导为主，短期培训为辅”等三种形式进行。[④]

二、进一步加强对乡村教师队伍的管理

针对前一阶段乡村教师队伍建设存在着文化水平层次较低、师资队伍质量不高以及队伍管理混乱等问题，国家加强了对乡村教师队伍的管理，主要从加强对乡村教师补充、调动的管理，加强编制管理，提高学历标准与改革职务聘任，以及加强对民办教师队伍的管理与整顿等方面展开。

(一)加强对教师补充、调动的管理

加强对乡村教师补充、调动的管理是加强乡村教师队伍管理的重要内

① 《教育部关于实施全国教师教育网络联盟计划的指导意见》(2003年9月4日)，http://www.moe.gov.cn/srcsite/A10/s7011/200309/t20030904_146042.html。

② 刘英杰主编：《中国教育大事典(1949—1990)》，浙江教育出版社，1993年，第1055页。

③ 何东昌主编：《中华人民共和国重要教育文献(1949—1997)》，海南出版社，1998年，第2373页。

④ 教育部师范教育司编：《师范教育工作资料汇编(1996—2000)》，东北师范大学出版社，2001年，第354页。

容，对教师队伍的建设与有序发展起着重要的作用。

1. 实施对新教师补充的改革

国家逐步加强了对新教师补充的管理，从采用以计划分配或任命方式补充新教师的制度逐渐转向实施教师聘任制度。第一，实施师范生就业分配与合格民办教师代替等制度补充新教师队伍。《关于加强中小学教师队伍管理工作的意见》（教育部，1978 年）要求师范毕业生应全部分到教育战线工作，“公办教师的自然减员，应由教育部门于当年如数从民办（代课）教师中选择补充”[①]。《关于普及小学教育若干问题的决定》指出，中小学教师应主要由国家派遣，由教育行政部门管理，也允许社队、企业自行招聘，招聘的教师要经过考核，取得合格证书才能任教。[②]《关于加强和改革农村学校教育若干问题的通知》指出，乡村中小学教师的管理、调配、自然减员的补充应由县以上教育行政部门负责。[③]《关于中小学教师队伍调整整顿和加强管理的意见》（国家教委，1983 年）也指出，中小学教师队伍调整整顿后出现缺额，事业发展新增师资以及补充自然减员的师资，均由国家分配各级师范毕业生解决，不足部分则以择优录用在职合格中小学民办教师解决。[④] 与此同时，国家加强了对师范毕业生的就业管理。20 世纪 80 年代中共中央、国务院以及国家教委都提出要保证师范院校毕业生分配到中小学任教，不得任意截留。[⑤]《关于基础教育师资和师范教育规划的意见》针对当时拔高分配师范专业毕业生的现实，提出“近几年可能得到的教师主要来源是在校生，数量已成定局，只能在合理分配使用（杜绝‘拔高’使用、减少师范毕业生的

---

① 何东昌主编：《中华人民共和国重要教育文献（1949—1997）》，海南出版社，1998 年，第 1590 页。

② 胡启立编：《教育改革重要文献选编》，人民教育出版社，1988 年，第 404 页。

③ 何东昌主编：《中华人民共和国重要教育文献（1949—1997）》，海南出版社，1998 年，第 2088 页。

④ 何东昌主编：《中华人民共和国重要教育文献（1949—1997）》，海南出版社，1998 年，第 2118—2119 页。

⑤ 何东昌主编：《中华人民共和国重要教育文献（1949—1997）》，海南出版社，1998 年，第 2404 页。

流失等)上做文章,尽快改善教师队伍的素质状况",规定"所有师专毕业生不得分配去教高中"。[1]

第二,严把教师入口关,逐步实施聘任制度,并实施合格教师准入制度。《关于师范院校布局结构调整的几点意见》要求"进一步拓宽中小学教师来源渠道,鼓励一批高水平综合性大学参与培养中小学教师"[2],从而打破了定向培养的计划性"统招统分"的教师录用制度,师范毕业生就业分配制度在全国范围内逐步被取消,并试行公开招聘制度。《面向21世纪教育振兴行动计划》指出,应"实行教师聘任制和全员聘用制,加强考核,竞争上岗,优化教师队伍",拓宽教师来源渠道,向社会招聘具有教师资格的非师范类高校优秀毕业生到中小学任教,改善教师队伍结构。[3] 2001年,国务院指出,应大力推进中小学人事制度改革,全面实施教师资格准入制度,严把教师进口关;将"师范毕业生分配到中小学任教"的政策调整为"优先录用师范院校毕业生到义务教育学校任教",推行教师聘任制,建立"能进能出、能上能下"的教师任用新机制;根据中小学教师的职业特点,实现教师职务聘任和岗位聘任的统一。[4] 同年,教育部要求进一步完善教师职务聘任制度,积极推行教师聘任合同制。[5]《关于完善农村义务教育管理体制的通知》要求实行"按需设岗、公开招聘、平等竞争、择优聘任、严格考核、合同管理"原则,推行教师聘任制度,并限期清退乡村中小学代课教师。[6] 该通知还规定,乡(镇)、村无权聘任乡村中小学教职工,从而改变了此前民办教师由乡(镇)、村聘任的状况。《关于深化中小学人事制度改革的实施意见》(人事部、教育部,2003

---

① 何东昌主编:《中华人民共和国重要教育文献(1949—1997)》,海南出版社,1998年,第2391页。

② 何东昌主编:《中华人民共和国重要教育文献(1998—2002)》,海南出版社,2003年,第241页。

③ 何东昌主编:《中华人民共和国重要教育文献(1998—2002)》,海南出版社,2003年,第218页。

④ 《国务院关于基础教育改革与发展的决定》(2001年5月29日),http://www.gov.cn/gongbao/content/2001/content_60920.htm。

⑤ 《中国教育年鉴》编辑部编:《中国教育年鉴2002》,人民教育出版社,2002年,第75页。

⑥ 《国务院办公厅关于完善农村义务教育管理体制的通知》(2002年4月14日),http://www.moe.gov.cn/jyb_xxgk/gk_gbgg/moe_0/moe_8/moe_25/tnull_239.html。

年)提出按照上述原则，对中小学教师全面推行聘用(聘任)制，要求在平等自愿、协商一致的基础上，由学校和教职工签订聘用(聘任)合同，实施岗位管理。[1] 由此改变了之前教师工作计划分配式的任命制。《2003—2007年教育振兴行动计划》要求进一步深化人事制度改革，积极推进全员聘任制度，实行"资格准入、竞争上岗、全员聘任"。[2]《关于进一步加强农村地区"两基"巩固提高工作的意见》针对乡村教师补充和聘任也提出了相同的规定，并强调严把教师入口关，严禁聘用不具备教师资格人员担任教师，优先聘用具备教师资格且学历层次较高的毕业生。[3] 同时，教育部等部门要求逐步提高西部地区中小学新聘任教师的学历层次。[4]

2. 加强对在职教师调动的管理

针对当时抽调大量在职中小学教师到其他单位工作的现象，《关于加强中小学教师队伍管理工作的意见》提出："中小学公办教师的管理、调配工作，应由县以上各级教育行政部门负责。教师的调动，需经县以上教育行政部门同意"；"各级行政部门不应占用教育事业编制；已占用的，应由人事部门妥善安排，尽快退还。各部门、各单位不要任意借调或抽调教师作非教学工作。已借调的教师，应一律回学校工作。近几年来，已调到其他战线工作的教师，本人适合教学工作的，应尽量调回教育战线"。[5]《关于进一步加强中小学在职教师培训工作的意见》指出，应将"文化大革命"期间各地从小学、初中抽调到初中、高中任教的教师，逐步调回初中和小学，但"经过培训进修，已达到师院、师专毕业程度并能胜任所任教学工作的，可不予调动"[6]。

---

① 教育部编：《深化农村教育改革　加快农村教育发展：全国农村教育工作会议文件汇编》，人民教育出版社，2004年，第150—156页。

② 《国务院批转教育部2003—2007年教育振兴行动计划的通知》(2004年2月10日)，http://www.gov.cn/gongbao/content/2004/content_62725.htm。

③ 何东昌主编：《中华人民共和国重要教育文献(2003—2008)》，新世界出版社，2010年，第297页。

④ 《中国教育年鉴》编辑部编：《中国教育年鉴2005》，人民教育出版社，2005年，第937页。

⑤ 何东昌主编：《中华人民共和国重要教育文献(1949—1997)》，海南出版社，1998年，第1590页。

⑥ 何东昌主编：《中华人民共和国重要教育文献(1949—1997)》，海南出版社，1998年，第1833页。

《关于普及小学教育若干问题的决定》指出“对过去改行做机关工作的教师，各地应采取措施使他们归队”，并严格禁止有些地区从中小学抽调教师，甚至把一些富有教学经验的教师也抽去做一般行政工作的做法。[①] 中共中央、国务院要求整顿乡村教师队伍，采取措施“使合格教师进得来、留得住，不合格的另行安排”[②]；同时，教育部要求：“凡未受过教育专业训练的人员，不得安排到教育系统担任教师”；如因特殊情况由其他行业或部门向中小学调派教师，须由教育行政部门同意并严格考查，合格者经培训后才能任教；坚决制止从中小学抽调教师，特别是抽调那些富有教育教学经验的中青年教师改行做其他工作；“原属中小学的合格教师，被调出和长期借调到其他部门和教育系统的企事业单位工作的，应调回中小学任教”。[③] 由此，国家通过限制其他部门随意抽调教师，要求将抽调教师调回中小学等方式，加强了对中小学教师调动的管理，有助于在职教师队伍的稳定发展。

(二)建立教师考核合格证书制度与加强编制管理

通过实施教师考核并建立考核合格证书制度，允许合格者任教中小学，同时加强中小学教师编制管理，也是加强乡村教师队伍管理的重要内容。

1. 建立考核合格证书制度和实施教师资格制度

教育部于 1978 年明确要求“建立教师的定期考核制度”，但因全国师资较为紧缺，教师考核制度并未真正建立起来。《关于中小学教师队伍调整整顿和加强管理的意见》规定：“经考核合格，胜任教育教学工作的教师，发给合格证件。局部的超编合格教师，应在普通教育各级各类学校(含厂矿企业办的学校)之间，统筹调剂，妥善安排，避免合格教师外流”；经考核能基本胜任教育教学工作，但文化、专业知识或业务能力不完全合格的教师，应予以

① 胡启立编:《教育改革重要文献选编》，人民教育出版社，1988 年，第 407 页。

② 何东昌主编:《中华人民共和国重要教育文献(1949—1997)》，海南出版社，1998 年，第 2088 页。

③ 何东昌主编:《中华人民共和国重要教育文献(1949—1997)》，海南出版社，1998 年，第 2118—2119 页。

培训提高，使其成为合格教师；经考核不合格，不能胜任教学工作，但在教育教学工作上尚有培养前途者，应进行培训后再经考核，达到合格程度者发给证件，仍不合格者调离教学岗位；经考核不合格且不适于教育教学工作者调离教学岗位。[①]《关于教育体制改革的决定》指出，争取在五年或更长时间内通过在职轮训和培训使绝大多数教师能胜任教学工作，“在此之后，只有具备合格学历或有考核合格证书的，才能担任教师”[②]。《义务教育法》(1986年)将“国家建立教师资格考核制度，对合格教师颁发资格证书”[③]的规定列入法律之中。基于此，《中小学教师考核合格证书试行办法》(国家教委，1986年)对中小学教师考核制度做出了具体的规定：“考核合格证书适用于不具备国家规定合格学历的中小学教师”，暂设《教材教法考试合格证书》和《专业合格证书》两种；凡不具备国家规定合格学历的中小学教师，工作满一年以上者，可申请参加前者的考试，工作满两年以上并已取得前证书者，可申请参加《专业合格证书》的文化专业知识考试。[④] 1987年，在各地继续组织《教材教法考试合格证书》考试的同时，举行了中小学教师《专业合格证书》文化专业知识考试试点工作，并发布了《关于开始有计划地进行中小学教师〈专业合格证书〉文化专业知识考试的通知》(国家教委，1987年)。由此，鉴于我国不具备合格学历的中小学教师较多，且还将长时间存在的实际情况，国家教委等于1986年开始建立“中小学教师考核合格证书制度”，以建设一支合格的中小学教师队伍，更好地为普及九年制义务教育服务；同时以法律形式明确提出建立教师资格考核制度，促使教师队伍建设进一步合格化和规范化。

中共中央、国务院于1993年指出：“市场经济条件下需要逐步建立教师

---

① 何东昌主编：《中华人民共和国重要教育文献(1949—1997)》，海南出版社，1998年，第2118—2119页。

② 中共中央文献研究室编：《改革开放三十年重要文献选编》(上)，中央文献出版社，2008年，第384页。

③ 《中华人民共和国义务教育法》(第六届全国人民代表大会第四次会议通过，1986年4月12日)，《中华人民共和国国务院公报》，1986年第12期，第402页。

④ 何东昌主编：《中华人民共和国重要教育文献(1949—1997)》，海南出版社，1998年，第2492页。

录用考核制度。”[①]《教师法》(1993年)也首次以法律的形式对教师资格和聘任予以规定,要求“国家实行教师资格制度”。具体要求:“中国公民凡遵守宪法和法律,热爱教育事业,具有良好的思想品德,具备本法规定的学历或者经国家教师资格考试合格,有教育教学能力,经认定合格的,可以取得教师资格”;取得小学教师资格,应当具备中等师范学校毕业及其以上学历;取得初级中学教师的文化、专业课教师资格,应当具备高等师范专科学校或者其他大学专科毕业及其以上学历;“不具备本法规定的教师资格学历的公民,申请获取教师资格,必须通过国家教师资格考试”。[②]《教师资格条例》(国务院,1995年)、《〈教师资格条例〉实施办法》(教育部,2000年)以及《教师资格证书管理规定》(教育部,2001年)等系列政策的发布,促使我国的教师资格制度在全国正式实施,为教师招聘制度的改革与推行奠定了良好基石。《关于完善农村义务教育管理体制的通知》要求“全面实行教师资格制度”,专门规定乡村中小学教师须具备相应的教师资格,对不具备教师资格者要及时调整出教师队伍。[③] 总之,从中小学教师考核合格制度到实施教师资格制度,加强了对在职中小学教师的管理,有助于提高教师的质量。

2. 加强编制管理

进入21世纪,国家加强了对中小学教师编制的管理。《关于基础教育改革与发展的决定》规定,相关部门制定科学合理的中小学教职工编制标准;省政府要按照国家有关规定和编制标准,根据本地实际情况,制定本地区的实施办法;各地要核定中小学教职工编制,规范学校内设机构和岗位设置,加强编制管理;对违反编制规定擅自增加教职工人数的,要严肃处理。[④]

① 高甄文主编:《高等教育最新法律法规与政策文件汇编》(上),华夏教育出版社,2007年,第56页。

② 《中华人民共和国教师法》(1993年10月31日),《中华人民共和国国务院公报》,1993年第26期,第1193—1195页。

③ 《国务院办公厅关于完善农村义务教育管理体制的通知》(2002年4月14日),http://www.moe.gov.cn/jyb_xxgk/gk_gbgg/moe_0/moe_8/moe_25/tnull_239.html。

④ 《国务院关于基础教育改革与发展的决定》(2001年5月29日),http://www.gov.cn/gongbao/content/2001/content_60920.htm。

《关于制定中小学教职工编制标准意见的通知》（中央编办、教育部、财政部，2001年）规定，中小学教职工编根据“初中、小学等不同教育层次和城市、县镇、农村等不同地域，按照学生数的一定比例核定”[1]（见表4.19、表4.20）。

表4.19　2001年全日制初中、小学教职工编制标准参考

（单位：人）

学校类别	城镇				农村			
	每班平均学生数	每班平均教职工数			每班平均学生数	每班平均教职工数		
		合计	教师	职工		合计	教师	职工
初中	45—50	3.7	2.5	1.2	40—45	3.5	2.5	1.0
小学	40—45	2.2	1.7	0.5	30—35	1.4	1.3	0.1

注：(1)每班学生数很难统一，原则上中小学以县平均按表列人数安排。但山区、牧区、湖区及海岛等人口稀少地区的单班校、复式班的学生数可按实际计算。(2)每班平均教职工数，在保证正常教学工作的前提下，教师和职工可以调剂使用，但不得突破学校编制的总数。(3)城乡初中和小学的编制标准有所区别，主要是考虑到农村地区学校分散、规模小、学生少等情况，因而班学额和编制标准有所不同。

文献来源：国务院办公厅：《国务院办公厅转发中央编办、教育部、财政部〈关于制定中小学教职工编制标准意见的通知〉》（2001年10月8日），http://www.moe.gov.cn/jyb_xxgk/moe_1777/moe_1778/201001/t20100129_180778.html。

表4.20　《关于制定中小学教职工编制标准意见的通知》规定年全国初中、小学教职工编制标准

项目	初中			小学		
	城市	县镇	农村	城市	县镇	农村
教职工数与学生数之比	1∶13.5	1∶16	1∶18	1∶19	1∶21	1∶23

注：(1)“城市”指省辖市以上大中城市市区。(2)“县镇”指县(市)政府所在地城区。

资料来源：《国务院办公厅转发中央编办、教育部、财政部〈关于制定中小学教职工编制标准意见的通知〉》（2001年10月8日），http://www.moe.gov.cn/jyb_xxgk/moe_1777/moe_1778/201001/t20100129_180778.html。

---

① 《国务院办公厅转发中央编办、教育部、财政部〈关于制定中小学教职工编制标准意见的通知〉》（2001年10月8日），http://www.moe.gov.cn/jyb_xxgk/moe_1777/moe_1778/201001/t20100129_180778.html。

该通知规定,各地在具体核定中小学教职工编制时,乡镇中心小学,山区、湖区、海岛、牧区和教学点较多的地区,须按照从严从紧的原则适当增加编制;做好中小学教职工的总量控制和结构调整工作,引导教职工从城镇学校和超编学校向乡村学校和缺编学校合理流动;"根据条件逐步进行中小学布局结构调整,精简压缩教师队伍,辞退代课教师和不合格教师,压缩非教学人员,清退临时工勤人员"①。《关于完善农村义务教育管理体制的通知》指出,应"严格管理农村中小学编制":县政府根据实施办法提出农村中小学教职工编制方案,报省政府核批;农村中小学编制总量应根据教育事业发展规划、生源变化和学校布局调整等情况定期调整,实行动态管理;县级机构编制部门严格控制农村中小学领导职数、内设机构和教职工编制总量;县级教育行政部门要在核定的编制总额内,按照班额、生源等情况具体分配农村中小学教职工编制;分配农村中小学教职工编制时,要合理调控农村中小学班额和班级数,科学确定教师工作量,按规定比例确定职员、教学辅助人员、工勤人员的数量;任何部门和单位不得以任何理由占用或变相占用农村中小学教职工编制;对占用学校编制而不在学校工作的人员,要限期与学校脱离关系,教育行政部门和学校不得为其支付工资;农村中小学不得超编聘用人员,不得使用编外人员顶编在岗工作;积极稳妥地做好农村中小学教职工分流工作。② "十五"期间教育部加强了中小学教师的编制管理,通过辞退不合格人员、逐步清退代课人员、精简压缩非教学人员、清理各类"在编不在岗"人员等方式,积极稳妥地调整优化中小学教师队伍。③《关于进一步加强农村教育工作的决定》(国务院,2003 年)、《关于进一步加强农村地区"两基"巩固提高工作的意见》、《2004—2010 年西部地区教育事业发展规划》、

① 《国务院办公厅转发中央编办、教育部、财政部〈关于制定中小学教职工编制标准意见的通知〉》(2001 年 10 月 8 日),http://www.moe.gov.cn/jyb_xxgk/moe_1777/moe_1778/201001/t20100129_180778.html。

② 《国务院办公厅关于完善农村义务教育管理体制的通知》(2002 年 4 月 14 日),http://www.moe.gov.cn/jyb_xxgk/gk_gbgg/moe_0/moe_8/moe_25/tnull_239.html。

③ 《中小学教师队伍建设"十五"计划》(2002 年 5 月 8 日),https://www.edu.cn/edu/shi_fan/shi_fan_news/200603/t20060323_26752.shtml。

《关于进一步推进义务教育均衡发展的若干意见》以及《关于深化农村义务教育经费保障机制改革的通知》等系列文件均提出了相关要求。具体包括:第一,加强农村中小学编制管理,严格执行国家颁布的中小学教职工编制标准;在核定编制时应充分考虑农村中小学特点,并保证这些地区教学编制的基本需求;各地应坚决清理并归还被占用的教职工编制,对各类在编不在岗的人员要限期与学校脱离关系。[①] 第二,完善编制定期调整制度,县级教育行政部门要根据核定的教职工编制,统筹分配县内中小学校教职工编。[②] 第三,为了加强农村学校和城镇薄弱学校师资队伍建设,"核定教师编制时要向农村学校倾斜,新增教师要优先满足农村学校、城镇薄弱学校的需求"[③];坚决清退不合格和超编教职工,提高农村中小学师资水平[④]。

(三)提高教师学历标准与改革职务聘任制度

1. 提高学历标准

《关于中小学教师队伍调整整顿和加强管理的意见》规定了中小学教师的学历标准:初中教师应具备高等师范学校(或其他高等学校)专科毕业的学历或同等学力;小学教师应具备中等师范学校毕业的学历或同等学力。[⑤]《教师法》(1993 年)明确规定:"申请小学教师资格,需中等师范学校毕业及其他专科以上学历;申请初级中学教师资格,需高等师范专科学校及其他专科以上学历。"[⑥]中小学教师学历标准有所提升。《面向 21 世纪教育振兴行

① 《国务院关于进一步加强农村教育工作的决定》(2003 年 9 月 17 日),http://www.gov.cn/zhengce/content/2008-03/28/content_5747.htm。

② 《中国教育年鉴》编辑部编:《中国教育年鉴 2005》,人民教育出版社,2005 年,第 937 页。

③ 《教育部关于进一步推进义务教育均衡发展的若干意见》(2005 年 5 月 25 日),http://www.moe.gov.cn/srcsite/A06/s3321/200505/t20050525_81809.html。

④ 《国务院关于深化农村义务教育经费保障机制改革的通知》(2005 年 12 月 24 日),http://www.gov.cn/gongbao/content/2006/content_185157.htm。

⑤ 何东昌主编:《中华人民共和国重要教育文献(1949—1997)》,海南出版社,1998 年,第 2118—2119 页。

⑥ 《中华人民共和国教师法》(1993 年 10 月 31 日),《中华人民共和国国务院公报》,1993 年第 26 期,第 1193—1195 页。

动计划的通知》(国务院批转教育部,1999年)指出:“2010年前后,具备条件的地区力争使小学和初中专任教师的学历分别提升到专科和本科层次”。[①] 到21世纪初期,教育部要求:“到2005年,大中城市和经济发达地区,新补充的小学教师中具有专科学历者、新补充的初中教师中具有本科学历者均力争达到80%以上”,已实现“两基”的乡村地区,“新补充的小学教师具有专科以上学历者、新补充的初中教师具有本科以上学历者均力争达到50%左右。未实现‘两基’的贫困地区,要依据《教师法》培养合格学历的义务教育阶段教师”。[②] 同时,要求不断提高乡村中小学教师的学历水平,争取到2007年,小学教师、初中专任教师要全部符合国家规定学历,新补充的小学、初中教师有50%以上分别达到专科和本科学历。[③] 由此可见,乡村中小学教师的学历标准不断提高,从初中教师、小学教师分别由专科学历及同等学力、中师及同等学力逐渐升级到本科学历、专科学历层次。

2.改革职务聘任制度

中共中央、国务院于1983年指出:“教育部应从速制定中小学教师的职称制度,在整顿教师队伍的基础上经过试点逐步推开。”[④]1986年,《中学教师职务试行条例》(国家教委,1986年)、《小学教师职务试行条例》(国家教委,1986年)、《关于中小学教师职务试行条例的实施意见》(国家教委,1986年)等文件发布,对中小学教师职务的性质、各级教师职务的职责、各级教师的任职条件,对教师的考核、任职资格的评审以及如何聘任等做出了具体规定。其中,中学教师职务分为中学高级教师、中学一级教师、中学二级教师和中学三级教师;“聘任或任命教师职务,必须经过教师职务评审委员会从

---

① 何东昌主编:《中华人民共和国重要教育文献(1998—2002)》,海南出版社,2003年,第221页。

② 《教育部关于“十五”期间教师教育改革与发展的意见》(2002年2月6日),《基础教育改革动态》,2002年第9期,第12页。

③ 何东昌主编:《中华人民共和国重要教育文献(2003—2008)》,新世界出版社,2010年,第297页。

④ 何东昌主编:《中华人民共和国重要教育文献(1949—1997)》,海南出版社,1998年,第2088页。

政治思想、文化专业知识水平、教育教学能力、工作成绩和履行职责等方面进行评审,认定具备担任相应职务的条件,由学校或县以上教育行政部门领导进行聘任或任命。聘任或任命教师担任职务应有一定的任期,每一任期一般为3—5年"[①]。小学教师职务设小学高级教师、小学一级教师、小学二级教师和小学三级教师。中小学教师各级教师职务均有定额,且职务都实行聘任或任命制[②];"目前中小学教师职务一般宜实行任命制。有条件的地区或学校,可以实行聘任制","实行聘任制的学校,由校长或县以上教育行政部门领导向被聘中小学的教师发聘书,双方签订聘约;实行任命制的学校,由校长或县以上教育行政部门领导向被任命的教师发任命书";"尚不具备国家规定学历的中小学教师,需要通过考核取得合格证书,并具备相应的教师职务任职条件,才能被聘任或任命";评审教师任职条件需要从"政治思想、文化专业知识水平、教育教学能力、工作成绩和履行职责等五个方面在平时考核的基础上进行全面考核。考核要重视政治思想品质、职业道德和教育教学工作的实绩"。[③] 自1987年5月始,中小学教师职务聘任工作相继在全国展开。但职务聘任工作中存在着中小学的高、中级职务限额指标偏紧和工作关系不协调等问题。对此,《关于适当增加中小学教师高中级职务限额和下放权力理顺工作关系的通知》(中央职称改革工作领导小组、国务院工资制度改革小组、财政部、国家教委,1988年)指出,各地要对中小学教师职务限额进行一次检查,限额指标确实偏紧的地区可再增加一些职务限额,"增加的幅度,可控制在各地中小学教师总人数的3%","增加的中小学限额指标,由教育部门调剂使用"。[④]《教师法》(1993年)规定"国家实行教师职务制度",学校应逐步实行教师聘任制,而且,"教师的聘任应当遵循双

① 何东昌主编:《中华人民共和国重要教育文献(1949—1997)》,海南出版社,1998年,第2439页。

② 何东昌主编:《中华人民共和国重要教育文献(1949—1997)》,海南出版社,1998年,第2441—2442页。

③ 何东昌主编:《中华人民共和国重要教育文献(1949—1997)》,海南出版社,1998年,第2443页。

④ 全国人大常委会法制工作委员会研究室编:《中华人民共和国行政法律法规全书》第5册,中国民主法制出版社,2000年,第3018页。

方地位平等的原则,由学校和教师签订聘任合同,明确规定双方的权利、义务和责任”。[①] 由此,中小学教师实施职务聘任制度被列入法律。

(四)加强对民办教师队伍的管理与整顿

民办教师是普及小学教育,尤其是办好乡村教育的重要力量。根据《关于加强中小学教师队伍管理工作的意见》,“民办教师的任用,要本着任人唯贤、德才兼备的原则,经学校、大队提名,公社选择推荐,县教育行政部门审查(包括文化考查)批准,发给任用证书。辞退或调换民办教师,也需征得学校同意,由公社提出,报县教育局批准,并收回任用证书”[②]。尽管教育部加强了对民办教师的管理,但民办教师依然存在着数量不断增加、文化业务水平低、超编过多、管理混乱等问题,严重影响了乡村中小学教育的质量。鉴于此,整顿民办教师队伍逐渐成为当时乡村教师队伍建设的重要任务。其主要围绕着加强对民办教师队伍管理、控制并不断减少民办教师占比以及提高民办教师的质量和水平等方面展开。

1. 加强对民办教师队伍的管理

教育部转发《河北省关于整顿民办教师队伍经验的通知》(教育部,1981年),要求各地“结合整顿,总结经验,加强对民办教师的管理,并对民办教师的任用、考核、进修提高、经济待遇、劳保福利等一系列问题作出政策性规定”[③]。《关于进一步改善和加强民办教师工作若干问题的意见》(国家教委、国家计委、人事部、财政部,1992年)要求综合治理民办教师队伍,将民办教师调整整顿工作同合理调整学校布局、定编定员以及民办教师职务评聘工作结合起来[④],“加强制度建设,改善管理,使民办教师工作规范化”;进一步

① 《中华人民共和国教师法》(1993年10月31日),《中华人民共和国国务院公报》,1993年第26期,第1194页。

② 何东昌主编:《中华人民共和国重要教育文献(1949—1997)》,海南出版社,1998年,第1590页。

③ 《中国教育年鉴》编辑部编:《中国教育年鉴(1949—1981)》,中国大百科全书出版社,1984年,第200页。

④ 《中国教育年鉴》编辑部编:《中国教育年鉴1993》,人民教育出版社,1994年,第799—802页。

完善民办教师的资格认定和考核制度、任用制度和档案管理制度;经考核合格的民办教师由县以上教育行政部门发给《民办教师任用证书》;民办教师原则上由县(市)教育行政部门统一管理,或县乡共管、以县为主;县(市)教育行政部门负责审定民办教师的任职资格并任用民办教师。[①]《关于解决民办教师问题的通知》(国务院,1997 年)还提出,为了确保民办教师转为公办教师后安心本职工作,各地要加强管理,采取积极有效的措施,使他们稳定在急需的乡村教育教学工作岗位上。[②] 上述政策加强了对民办教师队伍的管理。

2. 控制并不断减少民办教师占比

因民办教师在乡村教师队伍中占有较大比重,减少其所占比重成为乡村教师队伍建设的重要内容之一。各地围绕着"关、招、转、辞、退"五字方针,通过将优秀民办教师转为公办教师、师范校转招民办教师、堵住民办教师进入的口子以及辞退不合格教师等方式,不断对民办教师进行调整和规范。

第一,将部分优秀的民办教师转为公办教师。1979 年 10 月底,教育部、财政部、粮食部、国家民委、国家劳动总局联合发出通知规定,该年起边境 136 个县(旗)、市 8 万多名中小学民办教师(职工),分两批全部转为公办教师。[③] 民办教师转为公办教师(简称"民转公")在民族地区拉开了帷幕,此后实施范围扩大至全国。《关于普及小学教育若干问题的决定》(中共中央、国务院,1980 年)指出,应"逐步减少民办教师比例,国家每年安排一定的专用劳动指标,经过严格考核,将合格的民办教师分期分批转为公办教师",骨干民办教师应早转为公办教师,师范院校每年都要招收部分民办教师,等等,使民办教师比例在几年内降至 30%以下。[④] 这一政策成为大规模"民转公"的开端。中共中央、国务院于 1983 年再次提出了"每年安排一定的劳动指

---

① 《中国教育年鉴》编辑部编:《中国教育年鉴 1993》,人民教育出版社,1994 年,第 799—802 页。

② 何东昌主编:《中华人民共和国重要教育文献(1949—1997)》,海南出版社,1998 年,第 4266 页。

③ 何东昌主编:《中华人民共和国重要教育文献(1949—1997)》,海南出版社,1998 年,第 1748—1749 页。

④ 胡启立编:《教育改革重要文献选编》,人民教育出版社,1988 年,第 405—406 页。

标,在考核合格的民办教师中,转一部分为公办教师"[1]的规定。《关于下达1986年从中小学民办教师中选招公办教师专项劳动指标的通知》(国家教委、劳动人事部、国家计委,1986年)指出,该年"国家安排二十万专项劳动指标"用于部分"民转公";"民转公"重点要解决从事教育工作多年的优秀在职民办教师,优先考虑现任校长、教导主任,被评为模范或优秀教育工作者以及取得大、中专毕业文凭者;"各地分配指标时,可适当照顾经济困难、民办教师比例大、群众负担过重的边远地区或山区";"民转公"需达到政治审查,业务、文化、能力考核,体检合格等条件。[2] 该年各地安排了7万多名增人指标将全国优秀民办教师转公办教师。[3] 到1991年,安排了近7万个名额劳动指标用于"民转公"。[4] 此后,每年均有一定数量的劳动专项指标用于"民转公"。1992年国家教委等四部门对"民转公"条件做出了具体详细的规定:"自然减员指标和新增劳动指标的使用,要统筹安排,突出重点,向老少山边穷地区倾斜";"民转公""要着眼于提高中小学教师队伍的政治思想和业务素质,优化队伍的年龄结构、学历结构、职务结构";对获得特级教师、省部级以上劳动模范、优秀教师、先进工作者等荣誉称号,受聘中小学高级教师以及中学一级教师职务等民办教师,均可免试;而且"受到地市级表彰的先进教师,受聘小学一级教师职务、担任校长多年的骨干和取得大专以上学历的民办教师,在同等条件下应优先选招为公办教师"。[5]

为了在20世纪末基本解决民办教师问题,国家教委于1996年要求加快"民转公"的步伐,并再次明确了上述"民转公"的具体条件:对取得国家认定的教师资格的民办教师,主要通过德、能、勤、绩综合考核,将其转为公办教师;对任教时间长、教学水平高、贡献突出以及在艰苦地区长期任教的民

---

① 何东昌主编:《中华人民共和国重要教育文献(1949—1997)》,海南出版社,1998年,第2088页。

② 何东昌主编:《中华人民共和国重要教育文献(1949—1997)》,海南出版社,1998年,第2537页。

③ 国务院教育工作研讨小组办公室、国家教育委员会人事司编:《各地改善教师待遇文件汇编》,中央广播电视大学出版社,1990年,第10、84页。

④ 何东昌主编:《当代中国教育》(下),当代中国出版社,1996年,第376—377页。

⑤ 《中国教育年鉴》编辑部编:《中国教育年鉴1993》,人民教育出版社,1994年,第802页。

办教师,予以优先转公;"民转公"要充分考虑民办教师对教育事业的历史贡献,且对从教时间长、工作尽职尽责的老民办教师适当放宽年龄条件。[1] 国务院于1997年规定,"九五"期间安排80万人专项劳动指标(每年20万人左右),其中将部分配套指标用于"民转公"工作,"民转公"的具体条件并无变化:考核以思想品德、工作能力、教学水平和对乡村教育事业的贡献为主;考试要以相关学科为主,对长期从事民办教师工作,在边远地区、贫困山区任教多年,担任学校领导工作以及教学成绩突出的民办教师实施免试政策。[2] 鉴于此,各地纷纷调剂一定专用劳动指标用于"民转公"。1999年国家下达的各地区1999—2000年"民转公"专项指标情况见表4.21。

表4.21 1999年国家下达的1999—2000年"民转公"专项指标统计

(单位:人)

地区	专项指标人数	地区	专项指标人数
河北	13000	西藏	500
山西	7000	辽宁	8000
吉林	3000	黑龙江	7000
安徽	18000	江西	7000
山东	58000	河南	56000
湖北	待定	广西	8000
海南	1000	重庆	2100
贵州	10000	陕西	17000
甘肃	4000	青海	500
合计	250000		

资料来源:王献玲:《中国民办教师始末研究》,浙江大学博士学位论文,2005年,第137页。

如表4.21所示,在国家下达1999—2000年"民转公"的25万人专项指标中,山东省专项指标最高,达58,000人,其后为河南省56,000人,安徽省

① 《国家教委关于当前加强"民转公"工作的几点意见》,《国家教育委员会政报》,1996年第6期,第249—250页。

② 何东昌主编:《中华人民共和国重要教育文献(1949—1997)》,海南出版社,1998年,第4265页。

18,000人,陕西省17,000人,青海省、西藏自治指标最少,均为500人。“民转公”政策一方面有助于减少民办教师在教师队伍中的比例,对加强乡村教师队伍建设起着重要的作用;另一方面对民办教师的思想品德、工作能力、教学水平和对农村教育事业的贡献等方面进行严格考核,也有助于提升民办教师教学质量和水平,有助于激发民办教师工作的积极性,同时也有助于减轻农民群众的负担。

第二,师范院校转招民办教师,经进一步培养毕业后再转为公办教师,为其成为合格教师提供了条件。尽管20世纪70年代就有师范院校转招民办教师的举措,但20世纪80年代中共中央、国务院才正式提出“师范院校每年都要招收一部分民办教师”[①]的规定。教育部也规定:“从高等、中等师范学校招生指标中,划出一定比例,按一定条件,招收中、小学民办教师,逐步减少民办教师的比例。”[②]而且,各师范院校将从民办教师中招生视为“提高生源质量、调动民办教师积极性的一个重要办法”[③]。1992年国家教委等部门要求:进一步扩大高师和中师定向招收民办教师的数量和比例;民办教师比较集中、生源质量有保证的地区要争取将中师招生计划的30%左右用于定向招收民办教师;进一步完善招考办法,制定符合当地实际情况的录取标准,适当放宽年龄,以及改进课程设置和教学方法。[④] 到20世纪90年代末,国务院仍要求:进一步扩大师范学校定向招收民办教师的数量,全国中等师范学校每年定向招收民办教师要达到中师招生总数的20%以上,有条件的地区要争取达30%以上;全国平均每年定向招收民办教师3万—4万人,4年合计约14万人。[⑤]

① 国务院教育工作研讨小组办公室、国家教育委员会人事司编:《各地改善教师待遇文件汇编》,中央广播电视大学出版社,1990年,第9页。

② 何东昌主编:《中华人民共和国重要教育文献(1949—1997)》,海南出版社,1998年,第2118—2119页。

③ 国家教育委员会政策法规司编:《十一届三中全会以来重要教育文献选编》,教育科学出版社,1992年,第431页。

④ 《中国教育年鉴》编辑部编:《中国教育年鉴1993》,人民教育出版社,1994年,第802页。

⑤ 何东昌主编:《中华人民共和国重要教育文献(1949—1997)》,海南出版社,1998年,第4265页。

第三,堵住民办教师进入教师行列的口子,从根源上减少民办教师在教师队伍中的比例。1983年教育部明确指出:不允许未受教育专业训练者和不合格者进入教师队伍行列。[①]《关于下达1986年从中小学民办教师中选招公办教师专项劳动指标的通知》也指出:"今后,各地一律不得再吸收新民办教师,如果发现擅自吸收的,必须坚决清退,并追究领导者的责任。"[②]此规定意味着以民办教师补充师资政策的终止。到20世纪90年代,国家教委等部门要求:"坚决控制并通过多种渠道进一步减少民办教师数量,任何单位都不能以任何理由再行吸收新的民办教师。未经县以上教育行政部门批准,乡村和学校不得擅自任用或随意辞退民办教师。因自然减员、选招、考学等因素出现的编制缺额,由县(市)教育行政部门调配师范毕业生或从公办教师中调剂补充,任何单位不得补充新的民办教师。"[③]国务院于1997年也提出:坚决关住新增民办教师的口子,国家承认的民办教师仅限于持有县级以上教育行政部门发放的"民办教师任用证",并在省级教育行政部门备案的民办教师。[④] 鉴于此,各地方政府也纷纷冻结民办教师招收工作,不再吸收新的民办教师。

第四,辞退不合格的民办教师。教育部1981年在转发《河北省关于整顿民办教师队伍经验的通知》时指出,要学习该省整顿民办教师队伍的经验,对民办教师中"不合格的,即在不胜任教学工作,而且继续培养提高都有困难的",要作为精简转业对象,予以辞退。[⑤] 到1983年更是明确规定:"经考核不合格,不能胜任教育教学工作的民办教师,一般应予以解聘。"[⑥]20世

① 何东昌主编:《中华人民共和国重要教育文献(1949—1997)》,海南出版社,1998年,第2118页。

② 何东昌主编:《中华人民共和国重要教育文献(1949—1997)》,海南出版社,1998年,第2538页。

③ 《中国教育年鉴》编辑部编:《中国教育年鉴1993》,人民教育出版社,1994年,第800页。

④ 何东昌主编:《中华人民共和国重要教育文献(1949—1997)》,海南出版社,1998年,第4265页。

⑤ 《中国教育年鉴》编辑部编:《中国教育年鉴(1949—1981)》,中国大百科全书出版社,1984年,第200页。

⑥ 何东昌主编:《中华人民共和国重要教育文献(1949—1997)》,海南出版社,1998年,第2118—2119页。

纪90年代,国家教委等部门规定,经培训仍不合格的民办教师要坚决、妥善地予以辞退,对超编人员也要辞退或将其调整到缺编单位;认真执行年老病残民办教师离岗制度;在保证乡村师资需求的同时,坚决清退未经县以上教育行政部门批准、乡村自行录用的所谓“计划外民办教师”;辞退不合格民办教师和清退“计划外民办教师”后,如短时间无法补充公办教师,可由县以上教育行政部门经严格考试,聘请具有高中毕业以上文化程度,具备教师资格的人为临时代课教师[①];“辞退民办教师要掌握政策,遵从程序,尽可能做好各方面的工作,力戒简单化和一刀切”[②];同时,做好辞退民办教师的善后工作,或者推荐被辞民办教师到乡镇企业等单位工作,或者根据教龄等情况给予一次性的生活补贴[③]。

3. 提高民办教师的质量和水平

国家主要通过加强对民办教师的培训等进一步提高民办教师的质量和水平。《全国教育事业十年规划和“八五”计划要点》(国家教委,1992年)指出,给优秀的民办教师提供培训、深造的机会,杜绝新的不合格教师的产生。[④]《关于进一步改善和加强民办教师工作若干问题的意见》指出:“大力加强民办教师培训,不断提高民办教师的政治思想和业务素质。”具体规定:民办教师的进修培训要从乡村的实际出发,以在职自修和短期集中培训为主,通过函授、广播、电视、自学考试、专业合格证书考试、进修和教研活动等多种渠道,提高民办教师教育教学质量和水平;以中青年民办教师为培训重点,坚持政治、业务并重的培训原则;帮助民办教师解决进修学习的实际困难,培训期间照发工资,报销入学和结业的往返差旅费,给予自修提高成绩

---

① 《中国教育年鉴》编辑部编:《中国教育年鉴1993》,人民教育出版社,1994年,第799—800页。

② 《国家教委关于当前加强“民转公”工作的几点意见》(1996年5月16日),《国家教育委员会政报》,1996年第6期,第249—250页。

③ 何东昌主编:《中华人民共和国重要教育文献(1949—1997)》,海南出版社,1998年,第4265页。

④ 何东昌主编:《中华人民共和国重要教育文献(1949—1997)》,海南出版社,1998年,第3263页。

优异者适当奖励等。[1]

总之，在上述政策的引导下，各地的民办教师数量得以控制，促使其在教师队伍中的比重大幅度降低，最终促使民办教师退出了教师队伍行列，同时也提升了民办教师的质量和水平。

三、进一步改善乡村教师待遇

与前一阶段相比，因国家政策导向和市场经济的作用促使社会结构发生了变化，乡村教师的社会地位、经济保障和岗位待遇等也发生了相应改变，乡村教师的待遇得到了改善。

（一）进一步提升经济待遇

这一时期提升乡村教师经济待遇的举措，既包括继续实施工资改革，解决教师工资拖欠或工资发放不及时问题，也包括实施生活补助与津贴补贴等制度。

1. 继续实施工资改革

改革开放之初，中小学教师的经济地位并未得到较大改善，其工资普遍起点低，福利少。

第一，1977—1984 年多次提高了教职工工资。1978 年 12 月，按照国务院规定，对工作成绩优异、贡献较大和提职后工作表现好而但工资特别低的教师，按教职工人数的 2%提升工资级别。[2]《关于教育部门教职工升级问题的通知》（教育部，1979 年）规定："各级学校教职工升级面，以一九七九年十月底的教职工人数中的一九七八年底以前参加工作的固定教职工（包括带工资上学的在册职工）和计划内的临时工为基数，按百分之四十计算"，"教职工一般升一级，个别表现突出好并且有重大贡献的，也可以升两级。

---

① 《中国教育年鉴》编辑部编：《中国教育年鉴 1993》，人民教育出版社，1994 年，第 800 页。
② 刘英杰主编：《中国教育大事典（1949—1990）》，浙江教育出版社，1993 年，第 126 页。

升两级的计算两个升级面。升级的教职工按照本人现职岗位工资标准级差增加工资额,级差小于五元的,增加到五元”。[①] 根据国务院规定,从1979年11月起调整40%教职工的工资级别,为了“鼓励先进、督促后进、赶超先进”,工资级别的升级要真正体现“各尽所能,按劳分配”的原则,以教师贡献大小作为升级的主要依据。1980年,中共中央、国务院要求“必须切实改革中小学教师工资制且适当提高他们的工资待遇”[②],为此后再次调整包含乡村教师在内的教师工资做了铺垫。《关于调整中、小学教职工工资的办法》(教育部,1981年)规定:“提高工资的对象是一九七八年底以前参加工作的教职工。一般升一级,其中极少数教学、工作成绩显著,贡献较大、教龄较长,与同类人员相比工资偏低的优秀骨干教职工也可以升两级”;“在现行工资标准的基础上。采取先补、后靠、再升级的办法”增加工资。具体规定如下:

1. 一九七七年升级的教职工,由于受级差大于七元只增加七元的限制。未长满级差的,按当时执行的工资标准补齐级差。

2. 执行中小学教员、中等专业学校教学人员和技工学校教师工资标准的,凡低于国家机关行政人员工资标准相应级的,都靠到行政级的工资额,高的不动。执行其它工资标准的人员不靠行政级。

3. 凡属靠国家机关行政人员工资标准的,升级时按行政级差增加工资,凡不靠国家机关行政人员工资标准的,在原工资标准的基础上,均按现岗位工资标准级差增加工资。[③]

从1981年10月起,进一步调整中等和初等学校教职工的工资待遇。但是根据“分灶吃饭”的财政体制,乡村中小学教师增加工资的经费由地方

---

① 辽宁省高等教育局、沈阳师范学院教育科研所合编:《高等教育文件选编(1977.11—1982.6)》,辽宁省高等教育局,1982年,第624页。

② 胡启立编:《教育改革重要文献选编》,人民教育出版社,1988年,第406页。

③ 何东昌主编:《中华人民共和国重要教育文献(1949—1997)》,海南出版社,1998年,第1979—1980页。

财政负担。《关于筹措农村学校办学经费的通知》(国务院,1984)指出,对农村教师工资标准不作统一规定,“在国家拨给的教育事业费包干的基础上和逐步提高中小学教师生活待遇的前提下,可把农村教师的工资放开,允许富裕地区解决得更好一些,其工资多少,由乡教育事业费管理委员会讨论决定。贫困地区农村教师增加工资,可从国家拨给的教育事业费的增加部分中予以补助”[①]。这也使得乡村教师工资待遇提升乏力。1978—1984年,在中小学教师基本上实施职务等级工资制为主的基础上,各地对工资标准和部分人员工资进行了调整,中小学教师工资水平有一定程度的提高,但乡村中小学教师的工资水平却并未得到较大提升。

第二,1985—2005年中小学教师工资又经历了三次重大变革。一是1985—1992年实施以职务工资为主的结构工资制。1985年,国家对各级学校教职工工资制度实行了较大改革,将近三十年的等级工资制改为以职务工资为主要内容的结构工资制。《关于国家机关和事业单位工作人员工资制度改革问题的通知》(中共中央、国务院,1985年)指出:“对中小学教师先采取套改新工资标准的办法。即按现行工资额就近套入中小学教师基础工资和职务工资,其中一九八二年六月底以前参加工作,现行标准工资额六类工资区低于112元(加副食品价格补贴和行政经费节支奖金各5元后为122元)的人员,套级后增加工资又不足一个新级差的,除发现很差和犯有严重错误的以外,也可以高套一级。”[②]1985年发出的《关于高等学校、中等专业学校、中小学教职工工资制度改革问题的通知》(国务院工资制度改革小组、劳动人事部,1985年),转发了《中小学教职工工资制度改革实施方案》(国家教委,1985年)、《关于教师教龄津贴的若干规定》(国家教委,1985年)等政策,规定实施以职务工资为主要内容的结构工资制,包含基础工资、岗位

① 《中国教育年鉴》编辑部编:《中国教育年鉴(1985—1986)》,湖南教育出版社,1988年,第991页。

② 中华全国总工会劳动工资社会保障部编:《劳动工资工作手册》,海洋出版社,1988年,第143页。

工资、年功工资以及绩效工资等四个不同组成部分。[1]《关于国家机关和事业单位工作人员工资制度改革方案》(中共中央、国务院,1985年)出台后,教师工资结构变成了由"基础工资、职务工资、工龄津贴、奖励工资"四部分组成的结构工资制度。[2] 其中,要求对各类学校毕业生分配到"老、少、山、边、穷"地区和调入上述地区从事小学教育工作的教职工"待遇从优"。[3] 1985年规定的中小学教师工资标准见表4.22。

表4.22　1985年规定的中小学教师基本工资、职务工资标准(六类工资区)

(单位:元/月)

学校类别	工资	工资级别													
		一	二	三	四	五	六	七	八	九	十	十一	十二	十三	十四
中学	职务工资	130	120	110	100	91	82	73	65	57	49	42	36	30	24
	基础工资、职务工资合计	170	160	150	140	131	122	113	105	97	89	82	76	70	64
小学	职务工资	91	82	73	65	57	49	42	36	30	24	18	12		
	基础工资、职务工资合计	131	122	113	105	97	89	82	76	70	64	58	52		

注:(1)中小学教师的基础工资均为40元。(2)对有特殊贡献的中小学教师,仍设"特级教师"荣誉称号,另给"特级教师"津贴,中学的为30元,小学的为20元。(3)中小学教师的职务名称系列确定后,再按此工资标准排列各个职务的工资标准。

资料来源:彭勃、徐颂陶主编:《中华人事行政法律大典》,中国人事出版社,1995年,第1588—1593页;刘英杰主编:《中国教育大事典(1949—1990)》,浙江教育出版社,1993年,第127页。

《关于提高中小学教师工资待遇的通知》(国务院,1987年)规定,从1987年10月起,"将中小学教师和幼儿园教师现行的工资标准提高10%。各省、自治区、直辖市也可以在不超过工资标准提高10%的增资总额范围内,根据本地区实际情况,将增资总额的大部分用于提高工资标准,小部分

① 刘英杰主编:《中国教育大事典(1949—1990)》,浙江教育出版社,1993年,第127页。

② 彭勃、徐颂陶主编:《中华人事行政法律大典》,中国人事出版社,1995年,第1588—1593页。

③《中国教育事典》编委会编:《中国教育事典(初等教育卷)》,河北教育出版社,1994年,第120页。

用于调整中小学教师内部的工资关系”[①]。围绕着提高中小学教师待遇,系列相关政策文件得以发布。如《提高中小学教师工资标准的实施办法》(劳动人事部、国家教委,1988 年)规定了提高中小学教师工资标准的办法,并规定首次受聘职务的中小学教师,补发工资分两段计算,1987 年 9 月 30 日以前的补发额按提高前的工资标准计算[②];《关于中小学教师职务工资标准问题的通知》(国务院工资制度改革小组、劳动人事部,1988 年)则对中小学教师工资标准实施改革(见表 4.23)。

表 4.23　1988 年工资改革规定的中小学教师基本工资、职务工资标准(六类工资区)

(单位:元/月)

学校类别	职务	基本工资	职务工资标准								基础工资、职务工资两项合计							
			一	二	三	四	五	六	七	八	一	二	三	四	五	六	七	八
中学	高级教师	40	150	140	130	120	110	100	91	82	190	180	170	160	150	140	131	122
	一级教师	40	110	100	91	82	73	65	57		150	140	131	122	113	105	97	
	二级教师	40	82	73	65	57	49	42	36	30	122	113	105	97	89	82	76	70
	三级教师	40	57	49	42	36	30	24			97	89	82	76	70	64		
小学	高级教师	40	110	100	91	82	73	65	57		150	140	131	122	113	105	97	
	一级教师	40	82	73	65	57	49	42	36	30	122	113	105	97	89	82	76	70
	二级教师	40	57	49	42	36	30	24			97	89	82	76	70	64		
	三级教师	40	42	36	30	24	18	12			82	76	70	64	58	52		

资料来源:刘英杰主编:《中国教育大事典(1949—1990)》,浙江教育出版社,1993 年,第 130 页;彭勃、徐颂陶主编:《中华人事行政法律大典》,中国人事出版社,1995 年,第 1637—1638 页。

① 成立亭主编:《中华人民共和国教育法律法规全书》第 2 册,兵器工业出版社,2001 年,第 567 页。

② 国家教育委员会师范教育司编:《师范教育工作资料汇编(1988—1995)》,东北师范大学出版社,1996 年,第 1—2 页。

1989 年 12 月,国务院决定,从该年 10 月 1 日起,国家机关和教育、科研、卫生、文化等事业单位的国家正式职工,均可在本人现行职务工资标准的基础上增加一级工资,规定"在普调工资的基础上,通过修改现行工资标准,将专业技术人员各职务起点工资标准和最高工资标准分别提高两个档次"[①]。

二是 1993—1998 年引入了津贴制度的专业技术职务等级工资制。中共中央、国务院于 1993 年指出:"改革教育系统工资制度,提高教师工资待遇,逐步使教师的工资水平与全民所有制企业同类人员大体持平,促使'八五'期间,教育系统平均工资要高于当地全民所有制职工平均水平,在国民经济十二个行业中居中等偏上水平";"要建立符合教育特点的工资制度和正常的工资增长机制,切实保证教师的工资水平随国民收入的增长逐步提高";"使贡献大的、教学质量高的教师有更高的工资收入";改革过于集中统一的工资管理体制,"国家规定教育系统工资制度的基本原则和基本工资标准,由各省、自治区、直辖市政府和中央主管部门,在不低于基本工资标准的前提下确定具体工资标准,不搞全国'一刀切'",而且"学校具有调整内部工资关系、增加工资和学校基金分配的自主权"。[②]《事业单位工作人员工资制度改革方案》(国务院,1993 年)指出:"引入竞争、激励机制",事业单位技术人员应"根据工作性质接近,其水平、能力、责任和贡献主要通过专业技术职务来体现的特点,实行专业技术职务等级工资制"。[③] 根据该改革方案工资标准,中小学教师专业技术职务等级工资标准见表 4.24。

---

① 刘英杰主编:《中国教育大事典(1949—1990)》,浙江教育出版社,1993 年,第 131 页。

② 高甄文主编:《高等教育最新法律法规与政策文件汇编》(上),华夏教育出版社,2007 年,第 57 页。

③ 《事业单位工作人员工资制度改革方案》,《中华人民共和国国务院公报》,1993 年第 27 期,第 1241—1249 页。

表 4.24　1993 年规定的中小学教师专业技术职务等级工资标准

(单位:元/月)

职务等级	职务工资标准										津贴部分
	一	二	三	四	五	六	七	八	九	十	
中学高级教师	275	305	335	365	395	435	475	515	555		62—238(按在工资构成中占 30% 计算)
中学一级教师 小学高级教师	205	225	245	265	285	315	345	375	405	435	
中学二级教师 小学一级教师	165	179	193	213	233	253	273	293	313	333	
中学三级教师 小学二级教师	150	162	174	192	210	228	246	264			
小学三级教师	145	156	167	183	199	215	231				

资料来源:《事业单位工作人员工资制度改革方案》,《中华人民共和国国务院公报》,1993 年第 27 期,第 1251 页。

上述方案推动了我国教师工资制度发生重大变化,而且,《教师法》(1993 年)规定:"教师的平均工资水平应当不低于或者高于国家公务员的平均工资水平,并逐步提高。建立正常晋级增薪制度。"[①]根据《中小学贯彻事业单位工作人员工资制度方法方案》(1994 年),其一,新中小学工资制总称中小学职务(技术)等级工资制,由职务(技术)等级工资和津贴两部分构成:前者为工资中固定的部分,占工资总量的 70%,主要体现在工作能力、责任、贡献、劳动的繁重复杂程度;后者主要体现各类人员的岗位工作特点、劳动的数量和质量,占工资总量的 30%,除了设置教师课时津贴、领导职务津贴、职员岗位目标管理津贴、工人岗位津贴外,还有中小学教龄津贴、特级教师津贴、班主任津贴等。[②] 在此次工资套改后中小学教师职务等级工资标准提高 10%。其二,建立正常增资制度,包括实行严格考核、定期升级制度,职务晋升时相应增加职务(技术等级)工资。其三,乡村教师待遇从优,

① 《中华人民共和国教师法》(1993 年 10 月 31 日),《中华人民共和国国务院公报》,1993 年第 26 期,第 1195 页。

② 何东昌主编:《中华人民共和国重要教育文献(1949—1997)》,海南出版社,1998 年,第 3606 页。

凡到边远、艰苦地区以及乡(含乡)以下学校工作的中专以上学校毕业生，可以直接定级，定级工资标准比同类人员高1—2档。[①] 其四，实施工资管理体制。国家对中小学教师工资实行宏观管理，制定统一的工资制度、工资政策和工资标准(如表4.24所示)；规定“在保证普及九年制义务教育事业发展的前提下，中小学可试行工资总额包干管理办法，在定编的基础上，增人不增工资总额，减人不减工资总额，节余的工资由学校自主安排使用”；保证乡村教师工资按期足额发放。[②] 这一时期对于乡村义务教育学校的公办教师的工资，国务院还规定：“一般由县级财政负责支付，经济发达的农村，也可以由乡级财政负责支付。民办教师工资，属政府支付部分，由县级财政负责。”[③]

三是1999—2005年实施以岗位津贴与业绩津贴为主的工资制。在《关于当前深化高等学校人事分配制度改革的若干意见》(教育部，1999年)的带动下，高校外的其他各类学校教师也实施工资制度改革，如《关于在事业单位试行人员聘用制度的意见的通知》(国务院办公厅转发人事部，2002年)、《关于事业单位试行人员聘用制度有关工资待遇等问题的处理意见(试行)》(人事部，2004年)等政策发布，开始推行实施岗位津贴与业绩津贴为主的工资制。实行差距工资待遇较好地激发了教师工作的积极性。上述政策还规定，事业单位“要在建立以聘用制和岗位管理为基本内容的新型用人制度的同时，进一步深化内部收入分配改革，逐步建立与事业单位人事制度改革相适应的分配激励机制”[④]。其中，对于乡村教师的工资待遇，《关于深化农村义务教育经费保障机制改革的通知》要求巩固和完善乡村中小学教

---

① 何东昌主编：《中华人民共和国重要教育文献(1949—1997)》，海南出版社，1998年，第3606页。

② 何东昌主编：《中华人民共和国重要教育文献(1949—1997)》，海南出版社，1998年，第3607页。

③ 《国务院关于〈中国教育改革和发展纲要〉的实施意见》(1994年7月3日)，《中华人民共和国国务院公报》，1994年第16期，第726页。

④ 中共中央组织部研究室(政策法规局)编：《干部人事制度改革政策法规文件选编》，党建读物出版社，2007年，第358页。

师工资保障机制:中央继续按照现行体制,对中西部及东部部分地区乡村中小学教师工资经费给予支持;省政府加大对本行政区域财力薄弱地区的转移支付力度。[①]

第三,实施民办教师工资等方面的改革与保障。各地围绕着落实《教师法》(1993年)中民办教师与公办教师同工同酬的规定,逐渐建立民办教师工资制度,实施统筹工资制。20世纪80年代初农村社队集体经营的解散,导致民办教师工分计算无形消失,为此,对民办教师逐步实行社队统筹工资制。[②] 为了改变中小学教师生活待遇偏低的状况,"逐步做到不再分公办、民办",并允许包含民办教师在内的乡村教师的工资放开[③],1992年国家教委等四部门指出:国家调整公办教师工资时应相应增加民办教师工资;民办教师较多的地区,在一定时期内可实行以县为单位的民办教师国家补助费(应扣除"民转公"的部分)总额包干制,精减民办教师数量,不减补助费,节余部分专项用于提高在职民办教师工资待遇;各省区要分别规定不同经济水平地区民办教师工资的最低保证数;民办教师的工资收入(包括国补部分和集体自筹部分)不得低于所在县公办教师平均工资额(按国家统计局工资总额构成的口径)的2/3;有条件的地方,尤其是富裕地区可实现与公办教师同工同酬;随着民办教师职务聘任制的实行,改革民办教师工资分配制度,"按照按劳分配和逐步实现与公办教师同工同酬的原则,根据能力、贡献和教龄,合理拉开档次"。[④]《教师法》(1993年)也规定:"改善国家补助、集体支付工资的中小学教师的待遇,逐步做到在工资收入上与国家支付工资的教

---

① 《国务院关于深化农村义务教育经费保障机制改革的通知》(2005年12月24日),http://www.gov.cn/gongbao/content/2006/content_185157.htm。

② 何东昌主编:《中华人民共和国重要教育文献(1949—1997)》,海南出版社,1998年,第2088页。

③ 《中国教育年鉴》编辑部编:《中国教育年鉴(1985—1986)》,湖南教育出版社,1988年,第991页。

④ 《中国教育年鉴》编辑部编:《中国教育年鉴1993》,人民教育出版社,1994年,第799—802页。

师同工同酬。”[①]《关于解决民办教师问题的通知》再次强调了民办教师与公办教师同工同酬，调整公办教师工资时相应增加民办教师工资的规定，并要求“农村教育费附加应首先保证支付民办教师统筹工资”[②]。

2. 努力解决教师工资拖欠与发放不及时问题

因“地方负责、分级管理”的基础教育多元化办学模式，乡村教师工资筹措被下放至市县级基层政府，再加上教师工资结构单一、津贴比例低，职务工资为工资主体等，乡村教师经济收入并未发生多大变化，甚至面临着严重的工资拖欠和发放不及时问题。针对当时尤其是1993年前后教师工资拖欠严重的问题，时任副总理李岚清指出：“由我们领导出面，到处查欠、催发工资。我为此曾经给八个省、自治区的主要领导写信，请他们认真解决拖欠教师工资问题。纪律检查、教育等部门还作了若干规定，如优先发放教师工资；拖欠教师工资的地方，领导干部不得先领工资，不得出国考察，党政机关不得购买小轿车，不得盖楼堂馆所”，最终将“那一轮拖欠教师14亿多元工资的问题基本解决了”。[③]

20世纪初，国务院发布系列文件，建立并不断完善乡村中小学教职工工资保障机制，保障乡村教师工资按时足额发放。2001年，国务院建立了乡村中小学教职工工资保障机制，具体规定：“确保农村中小学教师工资发放是地方各级人民政府的责任”，省政府逐县核定教师编制和工资总额，对财力不足、发放教师工资确有困难的县，要通过调整财政体制和增加转移支付的办法，解决乡村教师工资发放问题；县政府要强化对教师工资的管理，从2001年起将乡村中小学教师工资的管理上收到县，按规定设立“工资资金专户”；财政安排的教师工资性支出，由财政部门根据核定的编制和中央统一规定的工资项目及标准，通过银行直接拨入教师在银行开设的个人账

---

① 《中华人民共和国教师法》(1993年10月31日)，《中华人民共和国国务院公报》，1993年第26期，第1196页。

② 何东昌主编：《中华人民共和国重要教育文献(1949—1997)》，海南出版社，1998年，第4266页。

③ 李岚清：《李岚清教育访谈录》，人民教育出版社，2003年，第36页。

户中，使得教师工资按时足额发放；支持中西部困难地区建立农村中小学教师工资保障机制，中央财政将给予适当补助。[①] 2002 年，国务院再次明确了上述规定，要求："确保农村中小学教职工工资按时足额发放"；按照《教师法》的规定，保证教师工资不低于当地国家公务员的平均水平；安排使用上级的工资性转移支付资金、农村税费改革转移支付资金和一般性转移支付资金，首先要用于保证农村中小学教职工工资；县政府负责清理历年拖欠的农村中小学教职工工资；等等。[②] 2003 年，国务院规定完善乡村中小学教职工工资保障机制。[③] 2005 年则要求巩固和完善乡村中小学教师工资保障机制：中央继续对中西部及东部部分地区乡村中小学教师工资经费给予支持；省政府要加大对本区域内财力薄弱地区的转移支付力度，确保乡村中小学教师工资按照国家标准按时足额发放。[④] 总之，国务院将义务教育全面纳入了公共财政保障体系，逐步建立起中央与地方分项目、按比例分担乡村中小学教育经费及教师工资保障机制，由县政府管理和发放乡村教师工资，对财力不足、发放教师工资困难县，由省政府通过调整财政体制和增加转移支付的办法帮助解决；同时，中央财政对边远地区、中西部贫困地区的乡村中小学教师实施工资经费支持和补助。随着乡村教师工资保障机制逐渐建立和完善，同时因《义务教育法》（2006 年修）的颁布，历年拖欠的乡村教师工资不断清理补发，乡村教师工资拖欠和发放不及时的问题有所改观。

其中，有关解决民办教师工资拖欠问题，《关于认真解决民办教师工资拖欠问题的通知》（国家教委，1990 年）指出，各地应认真检查拖欠民办教师工资的问题是否得到了解决；如果问题尚未解决，或又发现了新的欠款，应

---

① 《国务院关于基础教育改革与发展的决定》（2001 年 5 月 29 日），http://www.gov.cn/gongbao/content/2001/content_60920.htm。

② 《国务院办公厅关于完善农村义务教育管理体制的通知》（2002 年 4 月 14 日），http://www.moe.gov.cn/jyb_xxgk/gk_gbgg/moe_0/moe_8/moe_25/tnull_239.html。

③ 《国务院关于进一步加强农村教育工作的决定》（2003 年 9 月 17 日），http://www.gov.cn/zhengce/content/2008-03/28/content_5747.htm。

④ 《国务院关于深化农村义务教育经费保障机制改革的通知》（2005 年 12 月 24 日），http://www.gov.cn/gongbao/content/2006/content_185157.htm。

立即提请当地政府将所欠民办教师工资尽快还清;在保证国家补助部分的同时,还应根据当地实际情况,制定民办教师工资乡镇统筹部分的筹措办法,切实保证今后民办教师工资能够如期如数拨发。[①]《关于进一步改善和加强民办教师工作若干问题的意见》要求,进一步完善教育事业费附加征收办法和民办教师的工资管理体制,保证民办教师工资来源稳定可靠,按时足额兑现;根据当地实际情况改进和完善民办教师工资的统筹办法;有条件的地方可逐步实行"乡筹县管"或全县统筹、按月兑现;征收教育事业费附加数额较少,解决民办教师工资福利待遇确有困难的地方,可由地方财政给予适当补助;民办教师工资的国家补助部分,除按国家规定由县统一提取一定比例的福利基金外,要全部直接发给本人,不能挪作他用;任何单位任何人不能以任何理由拖欠民办教师工资,以往拖欠的要做出保证限期付清。[②]《关于采取有力措施迅速解决拖欠教师工资问题的通知》(国务院,1993 年)也强调,各级人民政府应"迅速解决当前拖欠教师工资问题并从根本上杜绝此类问题再度发生"[③]。

3. 实施生活补助与津贴制度

国家在推行中小学教师职称制度的基础上实行教龄津贴制度,并适当增加生活补贴,尤其是对乡村地区、边远地区、民族地区以及贫困地区中小学教师实施津贴与补贴制度,设立教师岗位专项基金等。这对激励乡村教师从教热情、增强其职业认同感具有积极意义。

第一,对乡村教师实施生活补贴或补助。中共中央、国务院于 1983 年指出:"为鼓励教师到农村,特别是到老、少、山、边、穷地区任教,除荣誉鼓励

---

① 戚立亭主编:《中华人民共和国教育法律法规全书》第 8 册,兵器工业出版社,2001 年,第 3393 页。

② 《中国教育年鉴》编辑部编:《中国教育年鉴 1993》,人民教育出版社,1994 年,第 799—802 页。

③ 何东昌主编:《中华人民共和国重要教育文献(1949—1997)》,海南出版社,1998 年,第 3575 页。

外,要适当增加生活补贴。"[①]《教师法》(1993 年)明确规定:"地方各级人民政府对教师以及具有中专以上学历的毕业生到少数民族地区和边远贫困地区从事教育教学工作的,应当予以补贴。"[②]《关于基础教育改革与发展的决定》也规定,中央财政对中西部困难地区的乡村中小学教师予以适当补贴。而《关于进一步加强农村教育工作的决定》则规定对乡村、边远、贫困地区教师给予津贴和补贴。

第二,教师教龄津贴也开始落实。1978 年,教育部根据周恩来总理关于建立教师工龄津贴制度小学教师可先行的指示,拟订了《小学教师教龄津贴暂行办法(草案)》,但并未得到实施。到 1980 年,中共中央、国务院规定,在中小学教师工资制度正式改革前,应当给予临时补贴;中小学要开始实行教龄津贴制度,以鼓教师终身从事教育事业。[③] 到 1983 年则规定,可以"先从小学教师开始,实行教龄津贴制度"[④]。直到 1985 年,教龄津贴制度正式提出。《国家机关和事业单位工作人员工资制度改革方案》(中共中央、国务院,1985 年)指出:"除按规定发给工龄津贴外,另外分别加发教龄津贴",教龄津贴的发放标准:"均按从事本职工作的年限计算。从事本职工作满五年不满十年的,每月发三元;满十年不满十五年的,每月发五元;满十五年不满二十年的,每月发七元;满二十年以上的,每月发十元";不从事该职业时,从第二个月起停发教龄津贴。[⑤] 根据该方案,《〈关于实施国家机关和事业单位工作人员工资制度改革方案若干问题的规定〉的通知》(国务院工资制度改革小组、劳动人事部,1985 年)对教龄津贴的计算方法作了原则性的规定:工作年限按本人实际从事该职业的工作时间计算;工龄津贴、教龄津贴均按

---

① 何东昌主编:《中华人民共和国重要教育文献(1949—1997)》,海南出版社,1998 年,第 2088 页。

② 《中华人民共和国教师法》(1993 年 10 月 31 日),《中华人民共和国国务院公报》,1993 年第 26 期,第 1195 页。

③ 胡启立编:《教育改革重要文献选编》,人民教育出版社,1988 年,第 406 页。

④ 何东昌主编:《中华人民共和国重要教育文献(1949—1997)》,海南出版社,1998 年,第 2088 页。

⑤ 侯海涛、富华主编:《新编工资与工资法规实务全书(工资宝典)》,企业管理出版社,1996 年,第 811 页。

年度计算,从每年的1月1日起计发;上年参加工作的一律从下年起按一年计发;但参加工作后,一年内实际工作不足半年的,不能计发当年的工龄津贴,也不能作为累计计发教龄津贴和护士工龄津贴的工作年限。[①] 同年《关于教师教龄津贴的若干规定》还对中小学教师的教龄津贴做出了具体规定。其一,中小学公办教师均可实行教龄津贴,从事教师工作满二十年,因工作需要调离教师工作岗位,仍在学校从事教育工作者,以及从事教师工作不满二十年,调任学校行政工作并继续兼课者,也可实行教龄津贴。其二,教龄津贴标准与上述规定的发放标准一致。其三,教龄计算办法:中小学教师直接从事教育的工作年限计算为教龄;由各级各类学校调入上述学校的教师,原专职从事教师工作的年限可与调入后的工作年限合并计算为教龄;教师连续病休超过六个月的时间不计算教龄。[②] 而且,中小学教师享受教龄津贴和其他津贴的规定也被列入了《教师法》(1993年)。

其中,在提高民办教师补助费方面,20世纪80年代前期,民办教师待遇主要由农村生产大队计算工分和国家补助组成。《关于主要副食品销价提高后,对中小学民办教职工补助费和高等学校、中等专业学校学生助学金的几项规定》指出,主要副食品的销价提高后,中小学民办教职工补助费增加如下:一是凡是已经县(旗)以上教育部门考核后正式录用的民办教职工,实行工资制而本人又不参加社队分配受益的,每人每月增加5元。其中在纯牧业县(旗)工作的,每人每月增加8元。二是实行其他待遇的民办教师,或虽实行工资制而本人又参加社队分配受益者,每人每月增加2.5元。其中在纯牧业县(旗)工作者每人每月增加4元。[③] 中共中央、国务院于1980年还规定:“国家给予民办教师的补助费应全部直接发给本人,同时,社队应按

① 中华全国总工会劳动工资社会保障部编:《劳动工资工作手册》,海洋出版社,1988年,第139—140页。

② 劳动人事部培训就业局编:《职业技术培训工作文件选编(1980年—1985年)》,劳动人事出版社,1986年,第124—125页。

③ 中华人民共和国财政部办公室编:《一九七九年财政规章制度选编》(下),中国财政经济出版社,1981年,第167页。

全劳力给他们记工分,切实执行男女同工同酬的原则。"[①]1981年,国务院还规定,自该年10月起,民办教师增加的补贴从增加工资的指标中拨出,但应计入教育经费,以后仍按过去的办法在教育经费中列支。[②] 同年,教育部还对增加中小学民办教师补助费的范围,如何核算分配提出了具体的规定。即从当年10月1日起,"在国家规定补助费标准的基础上,平均每人全年增加补助费50元,一个季度每人平均增加12.5元",使得中小学民办教师补助费额分别达220元、260元;实施"按人算钱、按钱包干、专款专用"的分配和使用原则,任何单位和个人都不准以任何借口挪用;各地"可将这次增加补助费连同国家原规定的补助费一并计算,从中提取5%—15%,由县一级教育行政部门集中掌握",专门用以解决民办教师生活方面的特殊问题和其他需要解决的问题;"切实保证广大民办教师从社队得到的报酬不低于中上等劳动力每年平均实际经济收入水平"。[③] 到1983年,教育部还规定:妥善安置被解聘的民办教师,对那些教学多年的民办教师应发给生活补贴(从民办教师的福利基金部分开支)。[④] 1988年,国家教委等三部门对农村年老病残民办教师生活补助费做出了相关规定。(1)补助对象:经县以上教育行政部门审查批准发给任用证书,享受国家民办教师补助费并符合下述补助条件的现任中小学民办教师。(2)补助条件:男年满六十周岁,女年满五十五周岁,且连续任教满十五年的;男年满五十五周岁,女年满五十周岁,且连续任教满十五年,经相关部门确认丧失工作能力者;因公致残经相关部门确认丧失工作能力者。(3)补助标准:"农村年老病残民办教师离开工作岗位后的生活补助费由原工作单位按月发放";民办教师生活补助费"最低标准不得少于现行民办教师补助费中的国家补助部分";"农村年老病残民办教师

① 胡启立编:《教育改革重要文献选编》,人民教育出版社,1988年,第407页。

② 中华人民共和国财政部办公室编:《一九八一年财政规章制度选编》,中国财政经济出版社,1983年,第632页。

③ 何东昌主编:《中华人民共和国重要教育文献(1949—1997)》,海南出版社,1998年,第1980页。

④ 何东昌主编:《中华人民共和国重要教育文献(1949—1997)》,海南出版社,1998年,第2118—2119页。

生活补助费的资金来源，从国家已下达的民办教师补助费、农村征收的教育事业费附加和集体自筹中解决”。[①] 到20世纪90年代，国家教委等部门还规定对年老病残的离职民办教师给予适当补助[②]；对被辞掉的不合格民办教师给予一次性的生活补助[③]；等等。

第三，实施班主任津贴。《关于普通中学和小学班主任津贴试行办法(草案)》(教育部、财政部、国家劳动总局，1979年)指出，应按照“各尽所能、按劳分配”和“多劳多得”的原则，从该年11月开始在公办教师中试行班主任津贴；应根据现有学校布点、校舍条件、每班学生人数、班主任工作量，给予不同班主任津贴。[④] 津贴标准：中学每班学生人数在35人以下者发5元，36—50人者发6元，51人以上者发7元；小学每班学生人数在35人以下者发4元，36—50人者发5元，51人以上者发6元，每班人数在20人以下者可酌情减发；复式班的学生人数可按每个年级学生人数合并计算。[⑤]《关于提高中小学班主任津贴标准和建立中小学教师超课时酬金制度的实施办法》(国务院批准人事部、国家教委、财政部，1988年)规定，中小学班主任津贴标准提高的幅度和教师超课时酬金的具体数额，各地结合当地实际情况自行确定；各地在建立中小学教师超课时酬金制度时，应规定教师的课时定额标准；教师在保证教学质量的前提下，授课超过课时定额者按照本人实际超过的授课时数发给酬金。[⑥]

---

① 何东昌主编：《中华人民共和国重要教育文献(1949—1997)》，海南出版社，1998年，第2764页。

② 《中国教育年鉴》编辑部编：《中国教育年鉴1993》，人民教育出版社，1994年，第799—800页。

③ 《国家教委关于当前加强“民转公”工作的几点意见》(1996年5月16日)，《国家教育委员会政报》，1996第6期，第249—250页；何东昌主编：《中华人民共和国重要教育文献(1949—1997)》，海南出版社，1998年，第4265页。

④ 《中国教育年鉴》编辑部编：《中国教育年鉴(1949—1981)》，中国大百科全书出版社，1984年，第716页。

⑤ 《中国教育年鉴》编辑部编：《中国教育年鉴(1949—1981)》，中国大百科全书出版社，1984年，第716页。

⑥ 人事部政策法规司编：《工资保险福利文件汇编》第5册，中国人事出版社，1991年，第76—77页。

总之,这一时期乡村教师经济待遇提升以工资改革与调整为主,津贴补贴制度建立为辅。乡村教师工资调整经历了不断改革与探索,其工资财政权力先下放至县,再下放至乡镇,导致了乡村教师工资拖欠和发放不及时问题,而工资财政再回收至“以县为主”,形成中央与地方分项目、按比例分担的局面,不仅解决了乡村教师工资拖欠问题,还进一步保障了教师工资待遇的提升。

(二)继续提高精神待遇

延续新中国成立后一贯注重提高教师社会地位和注重奖励优秀教师的作风,国家通过提倡形成尊师重教的社会风尚,重新确立教师节以提高教师社会地位,通过特级教师的评选和优秀教师的表彰等奖励优秀教师。

1. 提高教师的社会地位

1978年邓小平同志在全国教育工作会议上提出“提高人民教师的政治地位和社会地位”“整个社会都应尊重教师”,基本奠定了恢复与提高乡村教师社会地位的总基调。国家在号召全社会尊重教师、提高教师社会地位的同时,注重增强教师的荣誉感与责任感。

第一,提倡形成尊师重教的社会风尚。1980年7月大连召开全国小学语文教学研究会成立大会期间,大连市接待处及大连饭店、太原街旅社的某些领导和服务员歧视参加大会的小学教师的行为,引起了社会关注,从而掀起了社会尊师重教的教育和宣传。同年底,中共中央、国务院指出:“必须造成尊师的良好社会风气,提高教师的社会地位,建设一支稳定、合格的教师队伍。”[①]1983年8月,教育部、公安部、司法部、最高人民法院、最高人民检察院为使全社会都尊重教师,联合发出了《关于坚决煞住侮辱、殴打、伤害教师邪风的紧急通知》,要求各地“坚决保障教师的人身安全和人格尊严不受侵犯”。《义务教育法》(1986年)还专门规定:“全社会应当尊重教师。国家

① 胡启立编:《教育改革重要文献选编》,人民教育出版社,1988年,第404—407页。

保障教师的合法权益，采取措施提高教师的社会地位。”[①]国家教委于1990年也指出，各级政府要采取有效措施，社会各方面要努力创造尊师重教的良好环境。[②]

第二，重新确立教师节。通过重新确立教师节以及节日庆祝活动等有助于提高教师的社会地位。1985年1月21日，六届全国人大常委会同意国务院关于建立教师节的议案，并决定将9月10日定为教师节，该年9月10日成为新中国成立后的第一个教师节日。在首都北京隆重举行庆祝的第一个教师节大会上，国务院副总理万里在大会上讲话，国家主席李先念发出了《致全国教师的信》，再次强调要形成“尊师重教”的社会风尚。将9月10日作为教师节在《教师法》中得以确认，这对全体教师具有重要的激励作用。

其中，关于提高民办教师的地位，《关于中华人民共和国义务教育法（草案）的说明》（第六届全国人民代表大会第四次会议，1986年）明确指出：“对民办教师，他们在比较艰苦的条件下坚持工作，为人民的教育事业做出了贡献。今后，无论在什么地方，在政治待遇和社会地位上，包括晋升职务、推选先进，对民办教师和公办教师要一视同仁。”[③]国家注重提高民办教师的社会地位，并规定“中小学民办教师应同公办教师一样实行教师职务聘任或任命制”[④]。逐步实现民办教师与公办教师同工同酬，也有助于提高民办教师的地位和待遇。为此，国家要求：各级政府和教育行政部门对民办教师和公办教师真正做到“四个一样”，即政治上一样待遇、工作上一样要求、组织上一样管理、生活上一样关心；在入党、评选先进、晋升职务、加入工会组织等方面，对民办教师和公办教师要一视同仁；做好民办教师职务聘任工作，与公

① 《中华人民共和国义务教育法》（第六届全国人民代表大会第四次会议通过，1986年4月12日），《中华人民共和国国务院公报》，1986年第12期，第402页。

② 全国人大常委会法制工作委员会研究室编：《中华人民共和国行政法律法规全书》第5册，中国民主法制出版社，2000年，第3225页。

③ 国家教育委员会编：《中华人民共和国现行教育法规汇编（1949—1989）》，人民教育出版社，1991年，第599页。

④ 刘英杰主编：《中国教育大事典（1949—1990）》，浙江教育出版社，1993年，第136页。

办教师同步进行。[①] 这些规定有助于调动民办教师工作的积极性,同时也有助于提升其社会地位。

2. 注重表彰与奖励优秀教师

为了提高教师的社会地位,鼓励他们终身从事教育事业,使教师队伍更加稳定,国家注重优秀教师、特级教师等的评选以及优秀教师的表彰。

第一,评选特级教师。1956 年尝试推行的特级教师制度于 1978 年真正确立,并不断完善。1978 年 4 月,邓小平同志在全国教育工作会议上的讲话中指出:"要采取适当的措施,鼓励人们终身从事教育事业,特别优秀的教师,可以定为特级教师。"[②]同年发布的《关于评选特级教师的暂行规定》(教育部、国家计委,1978 年)规定了评选特级教师的目的、对象、条件、办法以及奖励办法等内容,并规定:"由省、市、自治区革委会颁发特级教师证书。有些特级教师可推荐为各级人民代表或政协委员,或吸收其参加一定的政治活动";"对评选出的特级教师,在全国工资改革没有实行以前,暂时采取补贴办法:小学特级教师每月补贴 20 元,中学特级教师每月补贴 30 元。民办中小学教师评选为特级教师的,也享受同样补贴"。[③]《关于今年内评选一批特级教师的意见》(国家教委,1988 年)规定将特级教师评选数量控制在教师总人数的千分之一左右,到 2002 年要求进一步完善特级教师制度。[④]

第二,表彰优秀教师。1983 年,教育部、中国教育工会召开全国"五讲四美"为人师表活动先进代表会议,表彰包含中小学教师在内的 857 名优秀教师和 177 个先进集体,给予他们部级劳动模范的称号,享受省级劳动模范的待遇。[⑤] 1984 年,教育部、卫生部、国家体委联合举行全国优秀班主任颁

① 《中国教育年鉴》编辑部编:《中国教育年鉴 1993》,人民教育出版社,1994 年,第 799—802 页。

② 刘英杰主编:《中国教育大事典(1949—1990)》,浙江教育出版社,1993 年,第 694 页。

③ 《教育部、国家计委发出关于评选特级教师的暂行规定》,《人民日报》,1978 年 12 月 31 日。

④ 《中小学教师队伍建设"十五"计划》(2002 年 5 月 8 日),https://www.edu.cn/edu/shi_fan/shi_fan_news/200603/t20060323_26752.shtml。

⑤ 刘英杰主编:《中国教育大事典(1949—1990)》,浙江教育出版社,1993 年,第 696 页。

奖大会(各地评选出优秀班主任2,913名),向优秀班主任代表颁发了奖章和证书。到1986年,《关于表彰全国教育系统先进个人和先进集体的决定》(国家教委、全国教育工会,1986年)要求:"在教师节表彰全国教育系统1,000名先进个人和106个先进集体。受表彰的全国教育系统先进个人享受部级劳动模范待遇,并颁发人民教师奖章、证书和奖金;向受表彰的先进集体颁发奖牌",以资鼓励。[①] 而且,该年还宣布成立中国中小学幼儿教师奖励基金会,该基金会以募集奖励基金奖励优秀教师为目标,为教师表彰奖励提供物质保障。1988年,国家教委召开的全国中小学德育工作会议,表彰了全国中小学德育先进集体115个和全国中小学德育先进工作者1,000名(其中300名享受部委级劳动模范待遇)。1989年教师节前夕,国家教委、人事部、全国教育工会在北京人民大会堂召开表彰大会,表彰全国优秀教师和教育工作者19,775人,其中授予全国教育系统劳动模范称号1,475人。[②] 到1990年,《关于一九八九年全国教育系统劳动模范奖励升级问题的通知》(人事部、国家教委,1990年)规定:"1989年荣获全国教育系统劳动模范称号的教师和教育工作者,奖励晋升一级工资","这次给予奖励升级的教师和教育工作者,凡工资已达到所任职务(岗位)最高工资标准的,不受《劳动人事部关于发布〈国家行政机关工作人员职级奖惩暂行处理办法〉的通知》的限制,按本级与下一级工资标准的级差增加工资",同时"不影响其按照1989年调整工资的规定增加工资"。[③]《关于被评为全国教育系统劳动模范的民办教师奖励升级的意见》(国家教委,1990年)要求:"对被评为全国教育系统劳动模范的民办教师,同公办教师一样给予工资晋升奖励",奖励办法原则上"实行职务工资制的民办教师奖励晋升一级工资;实行其他形式报酬制度的,可以适当提高民办教师补助费或统筹工资,作为奖励,也可以给

① 《中国教育事典》编委会编:《中国教育事典(中等教育卷)》,河北教育出版社,1994年,第478页。

② 刘英杰主编:《中国教育大事典(1949—1990)》,浙江教育出版社,1993年,第697页。

③ 徐颂陶主编:《中国人事管理工作实用手册》,中国财政经济出版社,1992年,第766—767页。

予一次性奖励金”。[①] 可见，优秀教师奖励举措专门关注到了民办教师群体。1992年，国家教委指出：“中央和地方要制定奖励条例，开展尊师重教活动，对做出贡献的教师，给予精神和物质奖励。”[②]而且，1993年中共中央、国务院还规定：“各级政府和学校，对优秀教师和教育工作者，要进行精神物质的奖励，对有突出贡献的教师要给予特殊津贴或奖励。并形成制度。提倡和鼓励各级政府、社会团体、企业和个人建立教师奖励基金。”[③]《教师法》(1993年)对奖励优秀教师有具体规定：“教师在教育教学、培养人才、科学研究、教学改革、学校建设、社会服务、勤工俭学等方面成绩优异的，由所在学校予以表彰、奖励”；对有突出贡献的教师应当予以表彰、奖励；对有重大贡献的教师依照国家有关规定授予荣誉称号；国家支持和鼓励社会组织或个人捐助教师奖励资金，对教师进行奖励。[④] 国务院于2003年专门关注到了乡村教师的表彰，具体指出：发挥新闻媒体的舆论导向作用，大力宣传乡村优秀教师的先进模范事迹；中央和地方各级政府“要定期对做出突出贡献的优秀农村教师和教育工作者予以表彰奖励，在全社会形成尊师重教、关心支持农村教育的良好氛围”[⑤]。总之，国家不仅对作出显著成绩的教师颁发奖章和相应的证书，授予“全国优秀教师”“全国优秀教师工作者”“全国教育系统劳动模范”称号，还进行物质奖励，给予特殊津贴或奖励基金，从而形成优秀教师奖励制度。与此同时，发挥新闻媒体的舆论宣传作用，大力传播乡村优秀教师的先进模范事迹，从而在全社会形成关心支持乡村教育的良好氛围。

在提高民办教师补助费的同时，也注重给予民办教师奖励。教育部联

---

① 何东昌主编：《中华人民共和国重要教育文献(1949—1997)》，海南出版社，1998年，第3027页。

② 何东昌主编：《中华人民共和国重要教育文献(1949—1997)》，海南出版社，1998年，第3263页。

③ 高甄文主编：《高等教育最新法律法规与政策文件汇编》(上)，华夏教育出版社，2007年，第57页。

④ 《中华人民共和国教师法》(1993年10月31日)，《中华人民共和国国务院公报》，1993年第26期，第1196页。

⑤ 《国务院关于进一步加强农村教育工作的决定》(2003年9月17日)，http://www.gov.cn/zhengce/content/2008-03/28/content_5747.htm。

合财政部于 1978 年底规定,对于长期服务乡村小学的民办教师和计划内长期顶岗代课教师,可以与公办教师一样享受一次性年终奖金。到 1990 年,国家教委指出:“对被评为全国教育系统劳动模范的民办教师,同公办教师一样给予工资晋升奖励”,奖励办法原则上“实行职务工资制的民办教师晋升一级工资;实行其他形式报酬制度的,可以适当提高民办教师补助费或统筹工资,作为奖励,也可以给予一次性奖励金”。[①] 1992 年,国家提出大力表彰优秀民办教师,宣传他们教书育人、为人师表、无私奉献的感人事迹,增强广大民办教师教书育人的历史责任感和荣誉感,让全社会更多地了解和理解民办教师。[②]

(三)进一步改善福利待遇

20 世纪 80 年代我国“三险一金”社会保险制度框架基本形成,而 1998 年工伤保险和生育保险的纳入确立了“五险一金”的社会保险框架。这一时期中小学教师被纳入社会保险福利保障范围。同时,改善福利待遇还包含医疗待遇与住房条件,病假、探亲假与女教师产假期间待遇,以及退休、退职待遇与福利基金等方面的内容。

1. 教师的医疗待遇与住房条件的完善

乡村教师的医疗待遇主要包括医疗保险、健康体检以及重大疾病救助等内容。在提供医疗福利方面,20 世纪 80 年代各级政府开始关注乡村教师的身体健康和医疗保障等问题。如《关于进一步加强公费医疗管理的通知》(卫生部、财政部,1984 年)指出,健全公费医疗管理机构,严格执行国家规定的公费医疗享受范围和医药费报销范围的有关规定;公费医疗可考虑与

---

① 国家教育委员会政策法规司编:《中华人民共和国现行教育法规汇编(1990—1995)》(下),人民教育出版社,1998 年,第 1675 页。

② 《中国教育年鉴》编辑部编:《中国教育年鉴 1993》,人民教育出版社,1994 年,第 799—802 页。

享受单位、医疗单位或个人适当挂钩,但不要把公费医疗包干给个人。[①] 1986年,国家教委等部门要求切实解决中小学教师的医疗问题。根据《关于进一步加强公费医疗管理的通知》精神,中小学公办教师看病、住院、转院和经费报销等,与当地党政机关和事业单位的干部享受同等待遇。[②]《公费医疗管理办法》(卫生部、财政部,1989年)明确了公费医疗待遇人员范围和开支范围,要求健全公费医疗网点。《教师法》(1993年)规定:"教师的医疗同当地国家公务员享受同等的待遇;定期对教师进行身体健康检查,并因地制宜安排教师进行休养。医疗机构应当对当地教师的医疗提供方便。"[③]首次将教师医疗保障待遇提升到法律层面,为乡村教师享受医疗待遇提供了法律保障。1994年国务院规定"切实解决教师尤其是农村教师看病难、报销难的问题。按规定享受公费医疗的教师要同当地国家公务员享受同等医疗待遇"[④],从而关注到乡村教师医疗待遇问题。《关于建立城镇职工基本医疗保险制度的决定》(国务院,1998年)指出,应加快改革医保制度,城镇职工参加基本医疗保险的费用由单位和职工共同负担,保障医疗保险基金专款专用。[⑤] 由此,正式开始在全国城镇进行职工医疗制度改革。2001年,教育部在要求加强乡村和薄弱学校教师队伍建设的同时,提出进一步改善乡村教师的医疗待遇。到2005年,在推进义务教育均衡发展时,教育部要求实现同区同类教师医疗待遇基本相同。由此,乡村教师享受一定的医疗待遇,但涉及乡村教师医疗保险待遇的内容较为有限,相关医疗待遇政策并没有具体的操作性内容,也没有专门性的文件要求。

---

① 山东省卫生厅编:《山东医疗管理——公费医疗·劳保医疗·干部保健文集(1952—1991年)》,山东人民出版社,1992年,第239—240页。

② 何东昌主编:《中华人民共和国重要教育文献(1949—1997)》,海南出版社,1998年,第2498页。

③ 《中华人民共和国教师法》(1993年10月31日),《中华人民共和国国务院公报》,1993年第26期,第1196页。

④ 《国务院关于〈中国教育改革和发展纲要〉的实施意见》(1994年7月3日),《中华人民共和国国务院公报》,1994年第16期,第729页。

⑤ 《中华人民共和国人力资源社会保障法律法规全书》编写组编:《中华人民共和国人力资源社会保障法律法规全书》(第3册·社会保障),中国民主法制出版社,2019年,第2445—2449页。

在改善教师住房条件方面,20世纪90年代相关政策文件相继出台,先是关注到解决城市中小学教师的住房问题,而《教师法》(1993年)的颁布才专门关注到乡村教师住房问题,规定"县、乡两级人民政府应当为农村中小学教师解决住房提供方便"[①],促使乡村教师住房问题得到了法律层面的重视。《关于深化城镇住房制度改革的决定》(国务院,1994年)首次提出了住房公积金制度,要求按照"个人存储、单位资助、统一管理、专项使用"的原则缴纳住房公积金,标志着新一轮住房制度改革的兴起。具体指出:促进住房商品化与社会化,住房建设投资由国家、单位和职工个人三者共同承担;建立经济适用房、商品房等供应体系;建立政策性和商业性并存的住房信贷体系,优先安排退休职工、教师和住房困难户。[②] 随后,国家教委于1995年加快解决教师住房问题,鼓励拓宽渠道,逐步增加教师住房建设的投入,逐步建立起国家、学校、职工个人共同负担住房建设资金的机制;鼓励房地产企业开发建设教师住房,并以成本价向教师出售。[③]《关于进一步深化学校住房制度改革,加快解决教职工住房问题的若干意见》(教育部、建设部,1998年)提出,进一步深化住房制度改革,停止实物分配住房,逐步实行住房分配的货币化;对教师住房建、租、售实行优先优惠政策;将教师住房建设纳入当地城市住房建设的总体规划;各地组织建设的经济适用住房按一定比例优先用于教师购买。[④] 这些举措有助于改善教师的生活条件,但关于乡村教师住房问题还缺乏专门的、具体的规定。

2. 教师病假、探亲假以及女教师产假期间待遇的提高

第一,教师病假期间的待遇。《国家机关工作人员病假期间生活待遇的

---

① 《中华人民共和国教师法》(1993年10月31日),《中华人民共和国国务院公报》1993年第26期,第1195页。

② 中共中央文献研究室编:《十四大以来重要文献选编》(上),中央文献出版社,2011年,第792—793页。

③ 全国人大常委会法制工作委员会研究室编:《中华人民共和国行政法律法规全书》第11册,中国民主法制出版社,2000年,第6924—6926页。

④ 全国人大常委会法制工作委员会研究室编:《中华人民共和国经济法律法规全书》第6册,中国民主法制出版社,2000年,第3858—3859页。

规定》(国务院,1981年)发布后,此前的《国家机关工作人员病假期间生活待遇试行办法》被废止,从而提高了教职工病假待遇标准。具体规定:"病假在两个月以内的,发给原工资。病假超过两个月的,从第三个月起按照下列标准发给病假期间工资:工作年限不满十年的发给本人工资的90%;工作年限满十年的,工资照发";病假超过六个月的,从第七个月起按照下列标准发给病假期间工资:工作年限不满十年的,发给本人工资的70%;工作年限满十年和十年以上的,发给本人工资的80%;1945年9月2日前参加革命工作者,发给本人工资的90%;其中获得省、市、自治区政府和国务院各部门授予的劳动英雄、劳动模范称号,仍保持荣誉者,病假期间的工资,经相关部门批准后可适当提高;病假期间工资低于30元的按30元发给,原工资低于30元的发给原工资。[①] 到1985年,国务院规定,参加该年工资制度改革的人员,在核发其病假期间工资时,应以本人基本工资、职务工资、工龄津贴之和为基数计发。

第二,教职工的探亲假待遇。《关于职工探亲待遇的规定》(国务院,1981年)发布后,《关于工人、职员回家探亲的假期和工资待遇的暂行规定》得以废除。新的教师探亲假待遇规定:"工作满一年的固定职工,与配偶不住在一起,又不能在公休假日团聚的",可享受探望配偶的待遇;"与父亲、母亲都不住在一起,又不能在公休假日团聚的",可享受探望父母的待遇;"职工探望配偶的,每年给予一方探亲假一次,假期为三十天";"未婚职工探望父母,原则上每年给假一次,假期为二十天";"已婚职工探望父母的,每4年给假一次,假期为二十天";"凡实行休假制度的职工(例如学校的教职工),应该在休假期间探亲;如果休假期较短可由本单位适当安排,补足其探亲假的天数";"职工在规定的探亲假期和路程假期内,按照本人的标准工资发给工资"。[②]

---

① 国家税务总局财务管理司编:《财务工作文件汇编》(中),中国税务出版社,2002年,第144—145页。

② 肖义舜、贾午光编:《农民工法律、法规、政策汇编》,中国工人出版社,2006年,第91页。

第三,女教师产假期间待遇。根据《女职工劳动保护规定》(国务院,1988 年)的规定,女教师产假为 90 天,其中产前休假 15 天,难产增加产假 15 天,多胞胎生育的每多生育一个婴儿,增加产假 15 天[1],产假期间工资照发。1992 年,国家教委还规定女教师产假如果正值寒暑假期间,可延长寒暑假时间。[2] 1993 年工资制度改革后,要求女教师产假期间的工资按本人职务工资(技术等级)工资和按国家规定比例计算的津贴两项之和计发。

总之,这一时期有关教师病假、探亲假以及女教师产假期间待遇的相关规定基本上被包含在了国家事业单位职工的福利待遇规定之中。

3. 教师退休、退职待遇的保障

《关于安置老弱病残干部的暂行办法》(国务院,1978 年)、《关于工人退休、退职的暂行办法》(国务院,1978 年)发布后,中小学教师(包含乡村中小学教师)的离休、退休、退职都按这两个政策执行。前者规定:(1)男年满 60 周岁,女年满 55 周岁,参加革命工作年限满 10 年的;另年满 50 周岁,女年满 45 周岁,参加革命工作年限满 10 年,经过医院证明完全丧失工作能力的,都可以退休。其退休后的待遇为:"抗日战争时期参加革命工作的,按本人标准工资的 90%发给。解放战争时期参加革命工作的,按本人标准工资的 80%发给。中华人民共和国成立以后参加革命工作,工作年限满 20 年的,按本人标准工资的 75%发给;工作年限满 15 年不满 20 年的,按本人标准工资的 70%发给;工作年限满 10 年不满 15 年的,按本人标准工资的 60%发给。退休费低于 25 元的,按 25 元发给。"(2)"因工致残,经过医院证明完全丧失工作能力的"可以退休。其退休后的待遇为:饮食起居需要人扶助的,按本人标准工资的 90%发给,还可根据实际情况发给一定数额的护理费,护理费标准一般不得超过一个普通工人的工资;饮食起居不需要人扶助的,按本人标准工资的 80%发给;退休费低于 35 元的,按 35 元发给;经过

① 中国劳动法学研究会编:《劳动法律法规选编》,法律出版社,1999 年,第 236 页。

② 孙琬钟主编:《中华人民共和国教育法律法规全书》(下),中国法律年鉴社,1998 年,第 1740 页。

医院证明完全丧失工作能力，又不具备退休条件的干部，应当退职，“按月发给相当于本人标准工资40%的生活费，低于20元的，按20元发给”。[①]《关于高级专家离休退休若干问题的暂行规定》（国务院，1983年）、《关于延长部分骨干教师、医生、科技人员退休年龄的通知》（国务院，1983年）分别指出，符合规定要求的高级专家和骨干教师可以适当延长离休退休年龄，且符合规定条件的高级专家离退休待遇可酌情提高其退休费标准5%—15%，同时提高了离职退休人员待遇水平和给付标准；中小学骨干教师延长退休年龄，女子最长不得超过60周岁，男子最长不得超过65周岁。[②]《关于教龄津贴、护士工龄津贴作为计发离休、退休费待遇的通知》（国家教委，1986年）规定，国家规定实行教龄津贴的工作人员，离休退休时享有教龄津贴的，其享有的教龄津贴可与本人的基础工资、职务工资、工龄工资合并作为计发离休、退休待遇的基数。[③]《关于中小学教师工资标准提高10%部分可以作为计发离休、退休费基数的通知》（国家教委、人事部，1988年）规定，1987年10月以后离休、退休的中小学教师提高10%的部分，均可以作为计发离休、退休费基数。[④]《关于做好退（离）休教师管理服务工作的几点（试行）意见》（国家教委、全国教育工会，1992年）指出，要关心退（离）休教师的待遇，生活待遇上除按规定领取退休金及补贴外，在公费医疗、健康检查、住房和生活困难补助等方面可适当照顾；学校使用自筹资金改善教职工生活福利时，要从实际出发适当照顾退（离）休教师。[⑤] 教师退休、退职待遇还被列入《教师法》（1993年），具体规定：“教师退休或者退职后，享受国家规定的退休或

---

① 山东省人力资源社会保障科学研究院编：《机关事业单位养老保险制度改革文件选》第1辑，山东人民出版社，2016年，第193—194页。

② 国家教育委员会教师管理办公室编：《中小学教师职务试行条例及有关文件汇编》，武汉大学出版社，1986年，第29页。

③ 中华人民共和国农业部人事劳动司编：《工资管理实用手册（机关、事业单位）》，中国农业出版社，1996年，第373页。

④ 《中华人民共和国人力资源社会保障法律法规全书》编写组编：《中华人民共和国人力资源社会保障法律法规全书》（第3册·社会保障），中国民主法制出版社，2019年，第2279页。

⑤ 全国人民代表大会常务委员会法制工作委员会审定：《中华人民共和国教育法律法规总览（1949—1999）》（下），法律出版社，2000年，第1803页。

者退职待遇。县级以上地方人民政府可以适当提高长期从事教育教学工作的中小学退休教师的退休金比例。”[①]

总之,有关教师退(离)休等待遇相关规定除被包含于全国事业单位工作人员相关规定之中,同时也有了专门的管理和规定,可见政府及相关部门高度重视教师退(离)休待遇。

4. 民办教师福利待遇的保障

保障民办教师的福利待遇主要涉及福利基金和老病残疾保障等方面。国家要求给予民办教师保险福利基金,改进民办教师离岗退养办法,使年老病残民办教师的生活得到保障,规定有条件的地区对离岗退养的民办教师可参照公办教师退休的有关规定执行,从而极大地稳定了乡村教师队伍。中共中央、国务院于1983年指出:“有条件的地区还应建立民办教师的福利基金,解除他们的后顾之忧。”[②]国家教委于1986年进一步指出:“各地应逐步建立民办教师福利基金,用于解决民办教师的福利待遇、医疗保健和退休后的‘老有所养’问题。”[③]随后,《关于农村年老病残民办教师生活补助费的暂行规定》(国家教委、财政部、人事部,1988年)规定了农村年老病残民办教师生活补助费问题的同时,明确指出:“离开工作岗位后的民办教师,其医疗保健待遇与原单位在职民办教师同等对待”;逐步建立民办教师福利基金以保障其经费来源的稳定。[④]《关于进一步改善和加强民办教师工作若干问题的意见》在逐步实现民办教师与公办教师同工同酬的同时,还要求“保障民办教师获得劳动报酬的合法权益,改善民办教师的工资福利待遇”[⑤]。同

---

① 《中华人民共和国教师法》(1993年10月31日),《中华人民共和国国务院公报》,1993年第26期,第1196页。

② 何东昌主编:《中华人民共和国重要教育文献(1949—1997)》,海南出版社,1998年,第2088页。

③ 何东昌主编:《中华人民共和国重要教育文献(1949—1997)》,海南出版社,1998年,第2496—2497页。

④ 何东昌主编:《中华人民共和国重要教育文献(1949—1997)》,海南出版社,1998年,第2764页。

⑤ 《中国教育年鉴》编辑部编:《中国教育年鉴1993》,人民教育出版社,1994年,第799—802页。

时指出,民办教师应享受的福利待遇主要有:不承担任何形式的义务工,各地应根据实际情况适当减少其家属的义务工;各地政府根据当地实际,在民办教师福利、医疗保健、建房、粮食供应、购买生产生活资料等方面,制定体现尊师重教的优惠政策;积极开展对民办教师家属的扶贫工作,在资金、技术、信息等方面为他们脱贫致富提供帮助;进一步改进和完善民办教师老有所养办法,探索符合中国国情的民办教师社会保险福利制度;有条件的地方应逐步提高现行年老病残民办教师离岗后生活补助费标准;各地应积极创造条件,逐步建立民办教师保险福利资金;有条件的地区可在社会保障福利方面逐步缩小民办教师同公办教师的差别,参照公办教师的有关规定办理。[①] 可见,该意见在提高民办教师的福利待遇方面做出了较为全面的规定。《关于当前加强"民转公"工作的几点意见》(国家教委,1996 年)还规定:要进一步改进和完善民办教师老有所养制度;对离岗退养和年老病残者,要参照公办教师退休的有关规定提高现有生活补助费标准。[②] 1997 年,国务院也做出了同样的规定。由此,在国家相关政策的引导下,不少地方制定并实施了民办教师退休、退职制度,给予其老病残疾保障,建立起了民办教师福利基金会,较大程度地解决了民办教师的实际困难和问题。

(四)实施倾斜式激励

随着乡村教师日益受到国家的关注和重视,对乡村教育支援者或志愿者以及乡村教师的倾斜式激励与支持也渐渐加强。

1. 对乡村教育支援者或志愿者的倾斜式激励

针对边远山区和贫困地区中小学教师短缺问题,《关于实施青年志愿者支教扶贫接力计划有关政策的意见》(共青团中央、教育部,1998 年)指出:

---

① 《中国教育年鉴》编辑部编:《中国教育年鉴 1993》,人民教育出版社,1994 年,第 801—802 页。

② 《国家教委关于当前加强"民转公"工作的几点意见》(1996 年 5 月 16 日),《国家教育委员会政报》,1996 年第 6 期,第 249—250 页。

“参加支教扶贫接力计划的机关事业单位正式职工(含参加工作的应届大中专毕业生),志愿服务时间可计算工龄;参加支教扶贫接力计划的专业技术人员,在专业技术职务评聘中与学历、资历等条件相同的其他人员同等对待,工作成绩突出的可根据需要予以优先推荐评审”;“应届大学毕业生参加支教扶贫接力计划的,应先落实就业单位并办理好派遣报到手续;毕业后直接从事教育教学工作的,服务期间计算教龄”。[①] 1998年,教育部规定,高校毕业生(包括非师范类)到边远贫困的乡村地区任教,采取定期轮换制度,并享受国家规定的工资倾斜政策。[②] 1999年,中共中央、国务院也要求:“采取优惠政策,吸引和鼓励教师到经济不发达地区、边远地区和少数民族地区任教。”[③]到21世纪初期,《关于东西部地区学校对口支援工作的指导意见》规定了支教人员的工资、差旅费、保险费、医疗费、各项补贴等内容。具体要求包括:受援地区应在基本生活和工作条件等方面给参加支教的人员提供方便,免费提供住宿;受援学校教师到支援学校学习培训的费用原则上由支援地区财政部门负担;实施对口支援的各地应在职务评聘、转正定级等方面制定优惠政策,鼓励教师和管理人员到贫困地区学校任教,对显著成绩者予以表彰奖励。[④]《关于做好2003年普通高等学校毕业生就业工作的通知》(国务院办公厅,2003年)指出,在艰苦地区工作2年或2年以上的高校毕业生,报考研究生者应优先予以推荐、录取;报考党政机关和应聘国有企事业单位者,在同等条件下应优先录用;支持共青团中央、教育部组织实施“大学生志愿服务西部计划”;志愿者到西部贫困县的乡镇一级教育等单位服务2年,服务期间计算工龄,服务期满后,鼓励其扎根基层或者自主择业和流动就

---

① 何东昌主编:《中华人民共和国重要教育文献(1998—2002)》,海南出版社,2003年,第147页。

② 何东昌主编:《中华人民共和国重要教育文献(1998—2002)》,海南出版社,2003年,第218页。

③ 中共中央文献研究室编:《改革开放三十年重要文献选编》(下),中央文献出版社,2008年,第1018页。

④ 刘江主编:《中国中西部地区开发年鉴(2000—2001)》,中国财政经济出版社,2001年,第18—20页。

业；愿意报考研究生或报考党政机关和应聘国有企事业单位者，仍可享受上述优惠政策。[①] 总之，国家通过对支援乡村教育者提供工资倾斜、进修深造、培训以及职称晋升等方面的支持，尤其是给予对口支援乡村学校的城镇教师在职务评聘、转正定级等方面的倾斜政策，对志愿到乡村学校工作2年及以上的高校毕业生在报考研究生、党政机关和应聘国有企事业单位等方面实施优先录取政策，激励更多的知识分子或教师任教乡村，支援乡村教育的发展。

2. 对乡村教师的倾斜式激励

国家对乡村教师尤其是长期从事乡村教职者实施倾斜式激励。如2003年，国务院在进一步加强乡村教育工作的同时，要求各地落实国家规定的对乡村地区、边远地区、贫困地区中小学教师的津贴、补贴制度，适当提高乡村中小学中、高级教师职务岗位比例。[②]《关于加快推进全国教师教育网络联盟计划组织实施新一轮中小学教师全员培训的意见》还提出对中西部地区教师培训予以必要的倾斜，促进乡村教师专业成长。具体规定：中央财政教师培训专项经费主要用于国家级教师培训项目，各级政府应设立教师培训专项经费，同时对乡村教师培训予以倾斜。[③]《2004—2010年西部地区教育事业发展规划》提出实施西部教师队伍素质提升工程，国家和地方财政设立“奖教金”，对在艰苦、贫困地区乡村长期任教且表现突出的教师给予奖励。[④]《关于进一步推进义务教育均衡发展的若干意见》指出：“逐步提高农村中小学教师在高级专业职务聘任和表彰奖励中的比例。”[⑤]另外，在教职

---

① 《国务院办公厅关于做好2003年普通高等学校毕业生就业工作的通知》(2003年5月29日)，http://www.gov.cn/gongbao/content/2003/content_62175.htm。

② 《国务院关于进一步加强农村教育工作的决定》(2003年9月17日)，http://www.gov.cn/zhengce/content/2008-03/28/content_5747.htm。

③ 《教育部关于加快推进全国教师教育网络联盟计划组织实施新一轮中小学教师全员培训的意见》(2004年9月7日)，http://www.moe.gov.cn/jyb_xxgk/gk_gbgg/moe_0/moe_1/moe_366/tnull_4335.html。

④ 《中国教育年鉴》编辑部编：《中国教育年鉴2005》，人民教育出版社，2004年，第936页。

⑤ 《教育部关于进一步推进义务教育均衡发展的若干意见》(2005年5月25日)，http://www.moe.gov.cn/srcsite/A06/s3321/200505/t20050525_81809.html。

工编制总量控制和结构调整时向乡村学校倾斜。由此,通过对艰苦贫困地区学校长期任教且成绩显著者予以表彰或发"奖教金",提高乡村教师在高级职务聘任和各类教师表彰奖励中的比例,以及对乡村教师实施倾斜式培训等,加强了乡村教师队伍的建设。

总之,这一时期我国进一步改善乡村教师待遇,并呈现出新内容:关注到改善乡村教师住宿或住房等生活条件,逐步建立乡村教师工资保障机制,开始对乡村教师实施倾斜式激励。

综上所述,1978—2005年,针对前一阶段乡村教师队伍建设仍存在的诸多问题,围绕着乡村师资的补充与提升、加强乡村教师队伍的管理以及改善乡村教师待遇等方面,中共中央、国务院以及教育部等部门发布了系列举措,不仅促使乡村教师数量发生改变,也使得乡村教师队伍发生了质的变化,最终促使乡村教师队伍建设得到一定程度的发展。

第四节 加强乡村教师队伍建设的成就与困境

这一时期乡村教师队伍建设取得一定成就,如乡村教师队伍有所革新,乡村教师的年龄、学科、学历和职称等结构有所优化,乡村教师工资待遇有所提升,但同时依然存在一定问题,尤其是乡村教师工资待遇缺乏吸引力,对乡村教师的激励功能较为有限。

一、建设的主要成就

这一时期,尽管随着人口变化以及中小学布局结构的变化,乡村教师队伍有所紧缩,但因乡村教师队伍建设策略有所革新、乡村教师队伍有所发展,且因国家高度重视乡村教育发展,乡村教师工资待遇有所提升。

(一)乡村教师总量基本满足乡村基础教育发展的需求

1. 乡村教师队伍与乡村基础教育发展需求基本一致

进入21世纪后,因学龄人口逐年减少,初中、小学的学校数和在校生数继续减少,乡村初中和小学教师的数量也有所减少(见表4.25)。

表4.25 2003—2005年城镇乡初中、小学专任教师统计

年份	合计/人		城市/人		县镇/人		农村/人		农村占比/%	
	初中	小学	初中	小学	初中	小学	初中	小学	初中	小学
2003	3466735	5702750	689643	936396	1198978	1120663	1578114	3645691	45.5	63.9
2004	3476784	5628860	688794	937495	1154996	1053492	1632994	3637873	47.0	64.6

续　表

年份	合计/人		城市/人		县镇/人		农村/人		农村占比/%	
	初中	小学	初中	小学	初中	小学	初中	小学	初中	小学
2005	3471839	5592453	658090	898381	1280046	1125488	1533703	3568584	44.2	63.8

资料来源:教育部发展规划司编:《中国教育统计年鉴2003》,人民教育出版社,2004年,第136、158—159页;教育部发展规划司编:《中国教育统计年鉴2004》,人民教育出版社,2005年,第140、162—163页;教育部发展规划司编:《中国教育统计年鉴2005》,人民教育出版社,2006年,第140、162—163页。

如表4.25所示,到2003年,乡村初中教师共1,578,114人,占全国初中教师总数的45.5%;乡村小学教师达3,645,691人,占全国小学教师总数的63.9%,乡村小学教师仍为小学教师队伍的主体。该年乡村中、小学教师共达520万人以上,到2005年乡村初中、小学教师缩减至510万人以上,且乡村初中教师和小学教师在全国初中教师、小学教师中所占比重分别为44.2%、63.8%。因此,乡村初中和小学教师仍在进一步紧缩,其在全国中小学教师中所占比重依然在下降,但与乡村基础教育发展状况相一致。

2. 乡村初中、小学师生比基本达标

21世纪初期乡村初中、小学师生比情况统计见表4.26。

表4.26　2000年、2003—2005年初中、小学师生比情况统计

年份	地区	专任教师数/万人		在校学生数/万人		师生比	
		初中	小学	初中	小学	初中	小学
2000	全国	324.8608	586.0316	6167.6458	13013.2548	1∶19.0	1∶22.2
	城市	64.7384	92.7155	1034.6351	1816.6507	1∶16.0	1∶19.6
	县镇	91.8947	125.5146	1704.5443	2692.8904	1∶18.5	1∶21.5
	乡村	168.2277	367.8015	3428.4664	8503.7137	1∶20.4	1∶23.1
2003	全国	346.6735	570.2750	6618.4186	11689.7395	1∶19.1	1∶20.5
	城市	68.9643	93.6396	1143.9364	1807.6855	1∶16.6	1∶19.3
	县镇	119.8978	112.0663	2314.0839	2192.9021	1∶19.3	1∶19.6
	乡村	157.8114	364.5691	3160.3983	7689.1519	1∶20.0	1∶21.1

续　表

年份	地区	专任教师数/万人		在校学生数/万人		师生比	
		初中	小学	初中	小学	初中	小学
2004	全国	347.6784	562.8860	6475.0006	11246.2256	1∶18.6	1∶20.0
	城市	68.8794	93.7495	1119.6865	1831.4007	1∶16.3	1∶19.5
	县镇	115.4996	105.3492	2187.0482	2036.2265	1∶18.9	1∶19.3
	乡村	163.2994	363.7873	3168.2659	7378.5984	1∶19.4	1∶20.3
2005	全国	347.1839	559.2453	6171.8079	10864.0655	1∶17.8	1∶19.4
	城市	65.8090	89.8381	1035.8204	1730.3773	1∶15.7	1∶19.3
	县镇	128.0046	112.5488	2351.3281	2185.8606	1∶18.4	1∶19.4
	乡村	153.3703	356.8584	2784.6594	6947.8276	1∶18.2	1∶19.5

资料来源：教育部发展规划司编：《中国教育统计年鉴 2000》，人民教育出版社，2001 年，第 59—63、82—85 页；教育部发展规划司编：《中国教育统计年鉴 2003》，人民教育出版社，2004 年，第 124、128—129、136、150、152—153 页；教育部发展规划司编：《中国教育统计年鉴 2004》，人民教育出版社，2005 年，第 127、131—132、140、154、156—157 页；教育部发展规划司编：《中国教育统计年鉴 2005》，人民教育出版社，2006 年，第 140、156—157、162—163、312—133 页。

如表 4.26 所示，以表 4.20 所示 2001 年《关于制定中小学教职工编制标准意见的通知》规定的师生比标准为参照，乡村初中师生比从 2000 年的 1∶20.4 降至 2005 年的 1∶18.2，基本上接近教育部规定的标准；乡村小学教师师生比从 2000 年的 1∶23.1，基本上接近教育部规定标准，降至 2005 年的 1∶19.5，低于教育部规定标准。由此，乡村初中、小学师生比基本达标，乡村初中和小学教师数基本上适应了乡村基础教育发展的基本需求。

（二）多样化的乡村教师养成与补充路径逐渐形成

这一阶段注重通过加强师范教育促使乡村教师养成，以补充新师资，通过加强培训和继续教育等不断提升在职教师业务水平，尤其是到了 20 世纪末期和 21 世纪初期，通过多种方法不断拓宽乡村师资补充渠道。

1. 高等、中等师范教育对乡村师资的培养与补充

第一，中等师范教育是乡村师资的重要补充渠道。据统计，1977—1988 年中等师范学校毕业生共 204.77 万人，几乎赶上了 1949—1976 年近 20 年

间中等师范毕业生数(209.88万人)[①]。改革开放后中等师范教育发展情况见表4.27。

如表4.27所示,1978—1983年中等师范学校办学规模持续收缩,到1984—1988年又快速发展,并达到顶峰状态,此后逐年持续减少。中等师范学校学生数于1978—1998年波动式上升,1998年达到顶峰状态,此后有所缩减;毕业生数呈波谷式上升趋势,到2000年达到峰值,此后逐年减少;招生数波动式增多,1997年达到峰值,此后逐年减少。总体上讲,"九五"期间因为"过大的中等师范教育办学规模合理收缩,职前培养层次结构重心逐步上移,一批师范院校的办学条件得到改善,办学效益不断提高"[②],基本满足了基础教育事业发展对教师的需求。

表4.27　1978—2002年中等师范教育发展统计

年份	学校/所	学生/万人	毕业生/万人	招生/万人
1978	1046	35.99		17.91
1980	1017	48.2	20.9	21.5
1981	962	43.7	24.0	19.5
1982	908	41.1	20.4	17.8
1983	861	45.5	14.5	19.1
1984	1008	51.1	13.8	19.5
1985	1028	55.8	16.7	21.5
1986	1041	61.1	17.5	22.7
1987	1059	65.1	18.9	23.0
1988	1065	68.4	20.4	23.6
1989	1044	68.5	22.6	22.7
1990	1026	67.7	23.4	22.7
1991	948	66.14	24.39	22.93
1992	919	66.56	23.57	24.08
1993	918	72.20	22.82	28.35

① 国家教育委员会计划财务局主编:《中国教育统计年鉴1988》,北京工业大学出版社,1988年,第18页。

② 《教育部关于"十五"期间教师教育改革与发展的意见》(2002年3月1日),http://www.moe.gov.cn/srcsite/A10/s7058/200203/t20020301_162696.html。

续 表

年份	学校/所	学生/万人	毕业生/万人	招生/万人
1994	894	78.39	22.56	29.07
1995	897	84.80	24.48	30.83
1996	893	88.01	28.08	31.57
1997	892	91.09	29.39	32.54
1998	875	92.11	30.58	31.94
1999	815	90.52	30.90	29.12
2000	683	76.98	31.14	21.02
2001	570	66.24	27.83	19.53
2002	430	60.11	22.26	19.42

资料来源：国家教育委员会计划财务局编：《中国教育统计年鉴1987》，北京工业大学出版社，1988年，第7、8、10页；国家教育委员会计划财务司编：《中国教育成就统计资料(1980—1985)》，人民教育出版社，1986年，第4、5、6、7、11、13页；国家教育委员会计划建设司编：《中国教育成就统计资料(1986—1990)》，人民教育出版社，1991年，第4、5、6、7、11、13页；国家教育委员会计划建设司编：《中国教育统计年鉴(1991—1992)》，人民教育出版社，1992年，第2页；国家教育委员会计划建设司编：《中国教育事业统计年鉴1992》，人民教育出版社，1993年，第2页；国家教育委员会计划建设司编：《中国教育事业统计年鉴1993》，人民教育出版社，1994年，第2页；国家教育委员会计划建设司编：《中国教育事业统计年鉴1994》，人民教育出版社，1994年，第2页；国家教育委员会计划建设司编：《中国教育事业统计年鉴1995》，人民教育出版社，1996年，第2页；国家教育委员会计划建设司编：《中国教育事业统计年鉴1996》，人民教育出版社，1997年，第2页；国家教育委员会计划建设司编：《中国教育事业统计年鉴1997》，人民教育出版社，1998年，第2页；教育部发展规划司编：《中国教育统计年鉴1998》，人民教育出版社，1999年，第2页；教育部发展规划司编：《中国教育统计年鉴1999》，人民教育出版社，2000年，第2页；教育部发展规划司编：《中国教育统计年鉴2000》，人民教育出版社，2001年，第2页；教育部发展规划司编：《中国教育统计年鉴2001》，人民教育出版社，2002年，第2页；教育部发展规划司编：《中国教育统计年鉴2002》，人民教育出版社，2003年，第2页。

第二，高校师范教育尤其是高等师范专科教育的发展，为乡村初中教师补充提供了重要的师资来源。这一时期高等师范专科教育发展情况见表4.28。

如表4.28所示，1980—1990年，高等师范教育中专科教育有所发展，学生数、毕业生数总体均呈上升趋势。

表4.28　1980—1994年高等师范教育(专科)发展统计

年份	师范院校/所		学生/人		毕业生/人	
	合计	其中专科	合计	其中专科	合计	其中专科
1980	172		338197	187119	61942	
1981	186		321444	135957	103422	103417
1982	194		289448	139916	129463	51093
1983	210		313339	157548	90147	52628
1984	242		361827	192841	84821	50946
1985	253		425047	237297	94113	59469
1986	257		481831	280769	117403	74344
1987	260	187	507963	296949	163366	115965
1988	262	185	531511	310609	179120	130207
1989	256	179	532333	314312	182427	129252
1990	257	181	519637	302291	190914	138016
1991	257	181	519375	299245	186609	129896
1992	253	175	177534	107189	74745	46219
1993	251	173	594053	368211	170738	118673
1994	241	164	586072		170116	

注:(1)学校数为所有高等师范院校的数量,本科和专科类均包含在内;其他为师范专科的数据。(2)1980年毕业生数为普通班的数据,未区别本科和专科。(3)1991—1994年统计的是师范科的毕业生和在校生数据。

资料来源:国家教育委员会计划财务司编:《中国教育成就统计资料(1980—1985)》,人民教育出版社,1986年,第20、22、23、25—26、27—28页;国家教育委员会计划财务司编:《中国教育成就统计资料(1986—1990)》,人民教育出版社,1991年,第20、22、23、25—26、27—28页;国家教育委员会计划财务局编:《中国教育统计年鉴1987》,北京工业大学出版社,1987年,第22页;国家教育委员会计划建设司编:《中国教育统计年鉴1988》,北京工业大学出版社,1989年,第24页;国家教育委员会计划建设司编:《中国教育统计年鉴1989》,人民教育出版社,1990年,第20页;国家教育委员会计划建设司编:《中国教育统计年鉴1990》,人民教育出版社,1991年,第20页。

如表4.29所示,1991—2002年,随着高等师范教育的改革和发展,专科学校逐年减少,但师范科毕业生和在校生中专科学生数总体呈上升态势。到2003年,全国普通高校师范教育格局有所变化,除了有专门的师范院校,其他高校也培养师范生。这些师范毕业生也成为乡村初中、小学教师的主要来源,2003—2005年普通高校师范教育发展情况见表4.30。

表4.29 1991—2002年普通高校师范教育发展统计

年份	师范院校/所		师范院校毕业生/人	师范科毕业生/人			师范院校在校生/人	师范科在校生/人		
	合计	其中专科	本专科	合计	本科	专科	本专科	合计	本科	专科
1995	236	160	203888	161465	42579	118886	582860	453795	181093	272702
1996	232	157	200304	154952	43625	111327	602863	468464	193980	274484
1997	232	156	189599	147880	43668	104212	642534	499891	215013	284878
1998	229	154	196796	156208	46458	109750	693635	549113	254781	294332
1999	227	140	192556	147281	46424	100857	845354	620438	305499	314939
2000	221	114	193127	152583	52516	100067	1099741	739729	360331	379398
2001	210	101	208767	210837	87023	123814	1350383	1168732	626808	541924
2002	203	85	245852	256961	107661	149300	1541556	1402240	790497	611743

资料来源:国家教育委员会计划建设司编:《中国教育统计年鉴(1991—1992)》,人民教育出版社,1992年,第20、26—27页;国家教育委员会计划建设司编:《中国教育事业统计年鉴1992》,人民教育出版社,1993年,第20、26—27页;国家教育委员会计划建设司编:《中国教育事业统计年鉴1993》,人民教育出版社,1994年,第16、22—23页;国家教育委员会计划建设司编:《中国教育事业统计年鉴1994》,人民教育出版社,1994年,第16、18页;国家教育委员会计划建设司编:《中国教育事业统计年鉴1995》,人民教育出版社,1996年,第16、18、22—23页;国家教育委员会计划建设司编:《中国教育事业统计年鉴1996》,人民教育出版社,1997年,第16、18、22—23页;国家教育委员会计划建设司编:《中国教育事业统计年鉴1997》,人民教育出版社,1998年,第18、20、24—25页;教育部发展规划司编:《中国教育统计年鉴1998》,人民教育出版社,1999年,第20、22、26—27页;教育部发展规划司编:《中国教育统计年鉴1999》,人民教育出版社,2000年,第20、22、26—27页;教育部发展规划司编:《中国教育统计年鉴2000》,人民教育出版社,2001年,第22、24、28—29页;教育部发展规划司编:《中国教育统计年鉴2001》,人民教育出版社,2002年,第22、24、28—29页;教育部发展规划司编:《中国教育统计年鉴2002》,人民教育出版社,2003年,第22、24、28—29页。

表4.30 2003—2005年普通高校师范教育发展统计

项目		2003年	2004年	2005年
师范院校/所	其中专科	75	70	65
	合计	188	195	182
师范院校毕业生/人	本科	149376	194019	239798
	专科	175897	190721	219765
	合计	325273	384740	459563
师范院校在校生/人	本科	1009584	1187514	1331347
	专科	663625	720296	710628
	合计	1673209	1907810	2041975
师范科毕业生/人	本科	158569	185868	223715
	专科	188396	200663	226019
	合计	346965	386531	449734
师范科在校生数/人	本科	902639	974260	1055506
	专科	683261	727586	736079
	合计	1585900	1701846	1791585

资料来源:教育部发展规划司编:《中国教育统计年鉴2003》,人民教育出版社,2004年,第19、30—33页;教育部发展规划司编:《中国教育统计年鉴2004》,人民教育出版社,2005年,第21、32—35页;教育部发展规划司编:《中国教育统计年鉴2005》,人民教育出版社,2006年,第21、32—35页。

如表4.28、表4.29、表4.30所示,1980—2005年,全国师范院校发展至1988年达到顶峰,共262所,此后逐年减少,到2005年剩182所。其中,师范专科学校由1987年的187所减至2005年的65所;师范院校毕业生1980年为61,942人,经过波动式发展,到1990年共190,914人,此后有所下降,但到1995年又上升至203,888人,此后又经历了逐渐减少并逐渐回升状态,到2005年达459,563人。而且,2003—2005年师范院校在校生和毕业生都逐年增多,其他高校的师范毕业生和在校生也逐渐增多,这些师范毕业生为乡村师资的补充提供了重要的来源。

2. 其他师范教育对乡村师资的培养与补充

改革开放后,高校函授部、夜大、成人脱产班、成人教育中的师范教育、网络教育中的师范教育等同步发展(见表4.31、表4.32),为乡村中小学师资提供了补充来源。

表 4.31　1986—2002 年高校函授部、夜大(或成人教育)师范教育发展统计

年份	函授部						夜大					
	学生/人			毕业生/人			学生/人			毕业生/人		
	合计	本科	专科	合计	本科	专科	合计	本科	专科	合计	本科	专科
1987	174972	81603	93369	37139	19230	17909	22466	6246	16220	5121	1136	3985
1988	174520	87307	87213	63058	22805	40253	16136	3695	12441	12337	2878	9459
1989	194021	87707	106314	49793	30590	19203	21831	5008	16823	4285	1305	2980
1990	193609	94069	99540	47662	20585	27077	24701	4653	20048	5533	1677	3856
1991	170290	72931	97359	67026	23799	43227	22551	4673	17878	8292	1464	6828
1992	157085	67891	89194	65110	27065	38045	20124	2448	17676	9428	1461	7967

年份	函授部、夜大学						干部专修科					
	学生/人			毕业生/人			学生/人			毕业生/人		
	合计	本科	专科	合计	本科	专科	合计	本科	专科	合计	本科	专科
1993	197507	72421	125086	54459	22229	32230	2293	0	2293	318	0	318

年份	函授部、夜大学						成人脱产班					
	学生/人			毕业生/人			学生/人			毕业生/人		
	合计	本科	专科	合计	本科	专科	合计	本科	专科	合计	本科	专科
1995	169194	66948	102246	45986	19395	26591	7681	413	7268	2766	0	2766
1996	169239	68265	100974	49976	22541	27435	6551	286	6265	2877	141	2736
1997	172943	61024	111919	62810	25994	36816	9290	855	8435	3900	336	3564
1998	194404	70281	124123	50113	19678	30435	12442	1407	11035	4774	416	4358
1999	245092	96247	148845	57247	22876	34371	16216	2660	13556	7337	890	6447
2000	356869	136617	220252	67592	25100	42492	31800	4010	27790	10138	696	9442
2001	531019	219321	311698	76143	31311	44832	55167	15634	39533	12861	2484	10377

年份	函授、业余						脱产					
	学生/人			毕业生/人			学生/人			毕业生/人		
	合计	本科	专科	合计	本科	专科	合计	本科	专科	合计	本科	专科
2002	340501	161189	179312	169626	70408	99218	108234	21297	86937	59608	5423	54185

资料来源:国家教育委员会计划财务局编:《中国教育统计年鉴 1987》,北京工业大学出版社,1987 年,第 30—31 页;国家教育委员会计划建设司编:《中国教育统计年鉴 1988》,北京工业大学出版社,1989 年,第 32—33 页;国家教育委员会计划建设司编:《中国教育统计年鉴 1989》,人民教育出版社,1990 年,第 28—29 页;国家教育委员会计划建设司编:《中国教育统计年鉴 1990》,人民教育出版社,1991 年,第 28—29 页;国家教育委员会计划建设司编:《中国教育统计年鉴(1991—1992)》,人民教育出版社,1992 年,第 28—29 页;国家教育委员会计划建设司编:《中国教育事业统计年鉴 1992》,人民教育出版社,1993 年,第 28—29 页;国家教育委员会计划建设司编:《中国教育事业统计年鉴 1993》,人民教育出版社,1994 年,第 78—79 页;国家教育委员会计划建设司编:《中国教育事业统计年鉴 1994》,人民教育出版社,1994 年,第 24—25 页;国家教育委员会计划建设司编:《中国教育事业统计年鉴 1995》,人民教育出版社,1996 年,第 24—25 页;国家教育委员会计划建设司编:《中国教育事业统计年鉴 1996》,人民教育出版社,1997 年,第 24—25 页;国家教育委员会计划建设司编:《中国

教育事业统计年鉴1997》,人民教育出版社,1998年,第26—27页;教育部发展规划司编:《中国教育统计年鉴1998》,人民教育出版社,1999年,第28—29页;教育部发展规划司编:《中国教育统计年鉴1999》,人民教育出版社,2000年,第28—29页;教育部发展规划司编:《中国教育统计年鉴2000》,人民教育出版社,2001年,第30—31页;教育部发展规划司编:《中国教育统计年鉴2001》,人民教育出版社,2002年,第30—31页;教育部发展规划司编:《中国教育统计年鉴2002》,人民教育出版社,2003年,第30—31页。

表4.32　2003—2005年成人教育与网络教育中的师范教育发展统计

(单位:人)

项目			2003年	2004年	2005年
成人本专科教育学院	毕业生	合计	109602	111672	77739
		本科	39224	46382	39919
		专科	70378	65290	37820
	学生	合计	326380	193841	187948
		本科	119489	90863	96205
		专科	206891	102978	91743
成人教育师范科(分成人高校办与普通高校办)	毕业生	合计	103027(成人高校办)	101812	67672
			308389(普通高校办)	365158	325761
		本科	37627(成人高校办)	44345	36089
			107015(普通高校办)	152872	162980
		专科	65400(成人高校办)	57467	31583
			201374(普通高校办)	212286	162781
	学生	合计	280943(成人高校办)	175813	160710
			1062890(普通高校办)	706150	668256
		本科	111515(成人高校办)	86376	87047
			448080(普通高校办)	358351	401351
		专科	169428(成人高校办)	89437	73663
			614810(普通高校办)	347799	266905
网络本专科师范生	毕业生	合计	950	12490	34059
		本科	0	10824	31797
		专科	950	1666	2262
	学生	合计	56855	84864	99094
		本科	51510	79250	90296
		专科	5345	5614	8798

资料来源:教育部发展规划司编:《中国教育统计年鉴2003》,人民教育出版社,2004年,第32—37页;教育部发展规划司编:《中国教育统计年鉴2004》,人民教育出版社,2005年,第34—39页;教育部发展规划司编:《中国教育统计年鉴2005》,人民教育出版社,2006年,第34—39页。

如表 4.31、表 4.32 所示，1986—1992 年函授部、夜大的师范教育，1993 年函授部、夜大学以及干部专修科的师范教育，1995—2001 年函授部、夜大学以及成人脱产班的师范教育，2002 年的函授、业余以及脱产的师范教育，以及 2003—2004 年成人教育中、网络教育中的师范教育，也为乡村初中、小学师资补充提供了来源。

3. 以支援乡村教育行动充实乡村师资

支援乡村学校活动拓宽了乡村师资补充渠道。各地纷纷开展各类支援服务乡村教育活动。如 2000 年宁夏启动了“百名优秀教师支教工程”，每年从川区 16 个市、县(区)选派优秀教师到南部山区民族聚集乡(镇)中小学任教。[①] 据 2006 年统计，山西、上海、安徽、天津、内蒙古、湖北、宁夏、黑龙江、广东、河南、北京、云南、西藏、广西、陕西、浙江、海南等 17 省于 2000—2005 年组织开展城镇教师支援乡村教育活动，其中有 9 省组织省域内到乡村支教的城镇教师超过 1 万名。其中，2005—2006 年，北京市区两级财政共安排专项资金 1,500 万元，选派 2,000 余名城镇中小学优秀教师到乡村中小学全职支教，派出 2,500 名城镇教师到乡村中小学兼职支教。[②] 2002—2005 年部分地区选派教师支教乡村学校情况统计见表 4.33。

如表 4.33 所示，到 21 世纪初期，一些地区已开启了以支教或志愿活动拓宽乡村师资的补充的模式，尽管实施规模较为有限，但为此后乡村教师多样化补充奠定了良好的基础。

① 《教育部就推进城镇教师支援农村教育等举行发布会》(2006 年 3 月 8 日)，http://www.gov.cn/govweb/xwfb/2006-03/08/content_221809_3.htm。

② 《各地加大力度积极开展城镇教师支援农村教育工作》(2007 年 7 月 23 日)，https://www.henan.gov.cn/2007/07-23/592711.html。

表 4.33　2002—2005 年部分地区(单位)选派教师到乡村学校支教情况统计

地区或单位	年份	支教情况
山东省济南市历城区	2002	选派 11 名城区教师赴乡村学校支教。
	2003	选派 16 名教师支教。
	2004	16 名艺术类教师、133 名城区教师赴乡村支教。
山东烟台招远市	2005	30 名城区教师分赴该市毕郭、张星、夏甸、阜山、齐山 5 个教育条件相对薄弱的乡镇中小学，实施为期一年的支教、挂职工作。
西南师范大学	2004	在重庆奉节和忠县的 4 所初中和 11 所小学建立了 15 个“顶岗实习”基地。
	2005	基地范围扩大到重庆石柱、合川和四川的广安、贵州的遵义等地，已在近 10 个区县建立了 10 个“顶岗实习”基地和 50 个“顶岗实习基地学校”。
湖北省	2005	全省由 10 名名师、一批特级教师和省级骨干教师所在学校的教师组成讲师团，对口支援 10 个乡村县(市)，帮助乡村县(市)培养了一批中青年骨干教师；该年全省已有 120 多所名师、优秀教师所在学校，对口支援 102 县(市、区)的乡村学校。
	2004—2005	实施“农村教师资助行动计划”，每年选拔大学毕业生志愿到贫困县市的乡镇学校任教，服务期 3 年，2004 年全省选派了 306 名毕业生到 29 个贫困县(市)的 120 所乡镇学校任教；2005 年选派了 1,029 名毕业生到全省 50 个县(市)的乡镇学校任教。
湖北省大冶市金湖中心学校	自 2002 年秋始	每年组织 50 余名优秀教师下乡支教，且规定各初中、中心小学的中青年教师要轮番到薄弱乡村学校支教一年。
河北省	2000—2005	石家庄市每年从市教育局直属单位和市内五区选派 120 名中小学教师，到缺编的乡村中小学支教，每学年轮换一次。到 2005 年，全市共有 5,000 多名教师到乡村支教。
	2004—2005	保定市 2004 年首批选派教师 564 名，解决了部分学校教师超编、偏远乡镇教师缺编的失衡问题；2004—2005 年，全市教育系统共选派 2,800 多名优秀教师到乡村学校支教。
四川省	2005	成都市 305 所城区(城镇)学校的 549 名对口支教的教师分赴 332 所乡村学校开展为期一年的定期服务；68 名特级教师、学科带头人在乡村学校讲学或定点联系。
	2003—2004	广安市邻水县从城区学校和直属单位选派了 49 名骨干教师分赴边远乡镇学校支教，近 100 名乡村教师到城区学校培养锻炼。

续 表

地区或单位	年份	支教情况
广西壮族自治区	1996—2004	南宁、柳州、北海、玉林、桂林等市派出支教教师近 3.2 万人,有近 1.9 万个后援单位,15,000 余所贫困薄弱学校受援。
哈尔滨市七区十二县(市)	2000	共有 1,877 名应届师范毕业生到乡村任教或轮换支教,占毕业生总人数的 67%。
黑龙江省	1997—2006	累计共近 1 万名城镇中小学教师、大学毕业生等到乡村基层支教。
江西师范大学	2004—2006	2004 年启动"红土地实习支教工程",近 400 名大学生深入江西贫困县乡村中小学实习。
天津市	2005	共选派了 364 名教师到乡村支教,有 180 多名应届大学毕业生被派遣到乡村中小学任教,锻炼一年。
山西太原市	2005	先后组织 1,100 多名城市优秀教师、省市学科带头人、骨干深入乡村学校开展大型支教活动,受益乡村教师近 12,000 人次。
吉林省	2002—2005	四平市铁东区选派四批 1,500 人次前往乡村支教,采取轮换制,服务期一年。
		铁西区实施"农村教师资助行动计划",每年选拔大学毕业生志愿到贫困县市的乡镇学校任教,1,200 人次参加乡村学校支教,采取短线与长线相结合方式支教。
		双辽市 900 余人次参加乡村学校支教,骨干教师每月至少两次到校指导,无乡村教育工作经历者须支教 2 年。
	2005	延边州选派 144 名城镇优秀教师和 11 名应届高校毕业生到 101 所乡村中小学支教。
江西九江市	2004—2005	实施"十百千"送课下乡活动,即组织 10 个学科的国家和省、市优秀教师,送 100 节优质课到乡村学校,为乡村中小学课堂培训 1,000 名骨干教师。其中,2004 年"十百千"送课下乡活动实际送课下乡数累计 153 节,举办各类学术讲座 44 次,送课教师达 176 人次,参加听课的一线乡村教师多达 5,000 余人。2005 年 1 月已有首批 16 名优秀教师主动支援乡村学校。
北京市	2005	选派 1,010 名优秀城镇中小学教师到乡村支教。其中在乡村支教的中学教师有 339 名,小学教师有 671 名,在乡村工作一年。

续　表

地区或单位	年份	支教情况
甘肃省	2005	定西市渭源县制定了以“校校结对帮扶”及“教师下乡帮教”为主要内容的“双帮”活动计划，每年从城镇及沿川中小学选送50名中青年骨干教师到乡村偏远中小学帮教2年，乡村偏远中小学定期选派教师到城镇中小学学习。
		武威市组织城镇教师送教下乡，辐射全市100多个乡镇，培训了乡村1.6万余名教师。

资料来源：范绪锋、王玲玲：《“城市化”带动区域教育整体提升》，《中国教育报》，2005年1月29日第1版；胡航宇：《西南师范大学支援农村教育出新招　“顶岗实习”解决山区师资难题》，《中国教育报》，2005年3月22日第1版；张真弼、肖嵩山、刘婷：《三大措施提高农村教师素质——访湖北省教育厅副厅长陈安丽》，《中国教师报》，2005年11月2日第A01版；朱春淦、陈琳、刘先德：《“四轮”驱动农村教师发展》，《湖北教育(政务宣传)》，2004年第14期，第43页；苏婷、程墨：《优秀大学生乡镇中学接力支教》，《中国教育报》，2005年4月13日第1版；顾晓萍：《5年5000名教师到农村支教》，《石家庄日报》，2006年5月14日第2版；赵正元：《北京城镇教师座谈农村支教》，《中国教育》，2006年1月25日第1版；周波、张全能：《出发！给乡村娃送去城里教育——我市五百余名城里教师昨赴乡村支教，郝康理等前往送行》，《成都日报》，2005年8月30日第A02版；吕旭艳、王令燕、栾守东：《促进城乡教育均衡发展　招远选派30名城区教师到农村支教》，《烟台日报》，2005年9月28日第2版；《广西壮族自治区人民政府关于印发广西壮族自治区人民政府实施农村教育“312工程”行动方案的通知》(2004年10月9日)，《广西壮族自治区人民政府公报》，2004年第31期，第13页；朱伟光、王琦：《哈尔滨城市教师支教农家》，《光明日报》，2000年9月12日第A03版；冯爱君：《黑龙江：九年近万人支教农村》，《黑龙江经济报》，2006年7月7日第1版；苏婷：《城镇教师支援农村教育的一项重要举措——积极推进师范生实习支教》，《中国教育报》，2006年7月4日第1版；孙刚：《为新农村建设提供智力保障　推进城乡教育均衡化六项长效机制支持农村教育》，《天津日报》，2006年8月25日第1版；岳晋峰：《太原十件教育实事全部办结》，《山西日报》，2006年1月17日第B02版；岳晋峰：《太原市“下乡支教”稳步推进》，《山西日报》，2005年12月13日第B03版；《推动城乡教师交流　促进教育均衡发展——关于四平市和延边州城乡教师交流工作的报道》，《吉林教育》，2006年第1—2期；张雷：《我市多渠道推进城乡基础教育均衡发展》，《九江日报》，2005年6月1日第A02版；教人处：《全力支援农村教育　促进城乡协调发展　我市支教工作成效显著》，《保定日报》，2006年5月16日第A02版；赵正元：《北京再派千名教师农村支教　首批先进集体和个人获表彰》，《中国教育报》，2006年8月26日第1版；甘春阳、朱丹文：《求真务实　让教师扎根农村教育》，《四川教育》，2005年第1期，第15页；《各地各高校充分发挥教育优势主动服务社会主义新农村建设》(2006年5月9日)，http://www.moe.gov.cn/jyb_xwfb/gzdt_gzdt/moe_1485/tnull_14814.html。

(三)乡村教师质量有所提升

乡村教师队伍在内在结构上有所优化,不仅合格率提升、学历结构进一步优化,而且民办教师经过调整正式退出了历史的舞台,乡村教师质量有所提升。

1. 学历合格率明显提升,学历结构有所改变

第一,随着对在职乡村教师的培训工作的不断推进,以服务教师学历合格和能力胜任为主的培训促使乡村教师学历合格率不断提升,教师队伍的整体素质有所改善。据统计,1996—1998 年,在二片地区"国家贫困地区义务教育工程"项目中,培训小学和初中教师达 26.96 万人次,完成规划的 155%。其中,项目县小学 118,524 所,教师学历合格率达到 95.45%,初中教师学历合格率达到 88.98%。[①] 21 世纪之初有关乡村教师学历合格率情况统计见表 4.34。

如表 4.34 所示,到 21 世纪初期,乡村初中、小学教师的学历合格率逐年提高,乡村初中教师学历合格率由 2003 年的 88.7%上升到 2005 年的 93.2%,乡村小学教师学历合格率则由 2003 年的 97.2%增至 2005 年的 98.1%,尤其到 2005 年,乡村初中、小学教师学历合格率逐渐接近全国平均水平。而且,初中、小学教师学历结构的城乡差距和地区差距也逐渐减小。据统计,2002—2004 年,全国乡村小学教师学历合格率从 96.7%提高至 97.8%,城乡差距从 2.2 个百分点缩小为 1.5 个百分点。其中,西部地区小学教师学历合格率从 95.4%提高 97.0%,与东部地区的差距由 3 个百分点缩小到 2 个百分点;中部与东部地区的差距缩小至 1 个百分点左右;同期初中教师学历合格率的城乡差距、地区差距也呈缩小态势。[②]

① 何东昌主编:《中华人民共和国重要教育文献(1998—2002)》,海南出版社,2003 年,第 224—225 页。

② 国家教育督导团:《〈国家教育督导报告 2005〉(摘要)——义务教育均衡发展:公共教育资源配置状况》(2006 年 2 月 23 日),http://www.moe.gov.cn/jyb_xwfb/gzdt_gzdt/moe_1485/tnull_14007.html。

表 4.34　2003—2005 年初中、小学教师学历合格率情况统计

(单位:%)

年份	教师学历合格率		乡村教师学历合格率	
	初中	小学	初中	小学
2003	91.98	97.85	88.7	97.2
2004	93.75	98.31	91.3	97.8
2005	95.22	98.62	93.2	98.1

注:乡村教师学历合格率根据各年度的学历情况计划得出。

资料来源:教育部:《2003 年全国教育事业发展统计公报》(2004 年 5 月 27 日),http://www.moe.gov.cn/jyb_sjzl/sjzl_fztjgb/tnull_3570.html;教育部:《2004 年全国教育事业发展统计公报》(2005 年 7 月 27 日),http://www.moe.gov.cn/jyb_sjzl/sjzl_fztjgb/tnull_10934.html;教育部:《2005 年全国教育事业发展统计公报》(2006 年 7 月 4 日),http://www.moe.gov.cn/jyb_sjzl/sjzl_fztjgb/tnull_15809.html;教育部发展规划司编:《中国教育统计年鉴 2003》,人民教育出版社,2004 年,第 470—477、550—557 页;教育部发展规划司编:《中国教育统计年鉴 2004》,人民教育出版社,2005 年,第 476—483、556—563 页;教育部发展规划司编:《中国教育统计年鉴 2005》,人民教育出版社,2006 年,第 476—483、556—563 页。

第二,乡村初中、小学教师的学历结构有一定改变,尤其是高学历率有所提升。有关乡村初中教师的学历状况,以 2003—2005 年的统计为例,具体情况见表 4.35。

表 4.35　2003—2005 年城镇乡初中教师的学历情况统计

年份	地区	合计/人	研究生毕业		本科毕业		专科毕业		高中阶段毕业		高中阶段毕业以下	
			人数/人	占比/%	人数/人	占比/%	人数/人	占比/%	人数/人	占比/%	人数/人	占比/%
2003	合计	3466735	4991	0.1	821025	23.7	2364815	68.2	269273	7.8	6631	0.2
	城市	689643	2991	0.4	332505	48.2	334106	48.4	19424	2.8	617	0.1
	县镇	1198978	1271	0.1	263952	22.0	855552	71.4	76348	6.4	1885	0.2
	乡村	1578114	729	0.05	224568	14.2	1175157	74.5	173501	11.0	4159	0.3
2004	合计	3476784	5426	0.2	1007333	29.0	2247998	64.7	211291	6.1	4736	0.1
	城市	688794	3224	0.5	375799	54.6	294084	42.7	15170	2.2	517	0.1
	县镇	1154996	1220	0.1	322308	27.9	773040	66.9	57239	5.0	1189	0.1
	乡村	1632994	982	0.06	309226	18.9	1180874	72.3	138882	8.5	3030	0.2

续 表

年份	地区	合计/人	研究生毕业		本科毕业		专科毕业		高中阶段毕业		高中阶段毕业以下	
			人数/人	占比/%	人数/人	占比/%	人数/人	占比/%	人数/人	占比/%	人数/人	占比/%
2005	合计	3471839	7222	0.2	1218577	35.1	2080897	59.9	161493	4.7	3650	0.1
	城市	658090	4509	0.7	406413	61.8	236734	36.0	10078	1.5	356	0.1
	县镇	1280046	1578	0.1	440068	34.4	787973	61.6	49324	3.9	1103	0.1
	乡村	1533703	1122	0.07	372109	24.3	1056190	68.9	102091	6.7	2191	0.1

注:因有些数据较小,在计算占比时保留的位数相应增加。

资料来源:教育部发展规划司编:《中国教育统计年鉴 2003》,人民教育出版社,2004 年,第 470—477 页;教育部发展规划司编:《中国教育统计年鉴 2004》,人民教育出版社,2005 年,第 476—483 页;教育部发展规划司编:《中国教育统计年鉴 2005》,人民教育出版社,2006 年,第 476—483 页。

如表 4.35 所示,2003—2005 年,乡村初中教师中,专科毕业者所占比重最高,其次为本科毕业者;2003 年专科学历者所占比重达 74.5%,超过了全国平均水平(68.2%);本科毕业者所占比重为 14.2%;高中阶段毕业者占 11%;研究生毕业者以及高中阶段毕业以下者所占比重最低。而且,乡村初中教师学历层次不断提高,研究生毕业者和本科毕业者不断增多,其所占比重也有所上升,其中本科学历者所占比重由 2003 年的 14.2%上升至 2005 年的 24.3%;专科毕业者、高中阶段毕业者以及高中阶段毕业以下者持续减少,其所占比重也有所下降,其中专科毕业者所占比重由 2003 年的 74.5%降至 2004 年的 72.3%,到 2005 年为 68.9%。可见乡村初中教师中本科及以上学历率有所提高。乡村小学教师高学历率同样如此,相关情况见表 4.36。

表 4.36　2003—2005 年城镇乡小学教师的学历情况统计

年份	地区	合计/人	其中	研究生毕业		本科毕业		专科毕业		高中阶段毕业		高中阶段毕业以下	
			女/人	人数/人	占比/%	人数/人	占比/%	人数/人	占比/%	人数/人	占比/%	人数/人	占比/%
2003	合计	5702750	3054234	1018	0.02	175263	3.1	2134696	37.4	3269207	57.3	122566	2.1
	城市	936396	720337	482	0.05	87686	9.4	514889	55.0	326180	34.8	7159	0.8
	县镇	1120663	747075	215	0.02	36558	3.3	512993	45.8	557013	49.7	13884	1.2
	乡村	3645691	1586822	321	0.01	51019	1.4	1106814	30.4	2386014	65.4	101523	2.8
2004	合计	5628860	3051704	1395	0.02	257650	4.6	2485580	44.2	2789184	49.6	95051	1.7
	城市	937495	724779	772	0.08	125940	13.4	542111	57.8	263520	28.1	5152	0.5
	县镇	1053492	717645	225	0.02	53934	5.1	561231	53.3	428974	40.7	9128	0.9
	乡村	3637873	1609280	398	0.01	77776	2.1	1382238	38.0	2096690	57.6	80771	2.2
2005	合计	5592453	3064024	1649	0.03	374464	6.7	2775393	49.6	2363529	42.3	77418	1.4
	城市	898381	701962	988	0.11	172403	19.2	527434	58.7	193986	21.6	3570	0.4
	县镇	1125488	777698	231	0.02	85489	7.6	670300	59.6	363141	32.3	6327	0.6
	乡村	3568584	1584364	430	0.01	116572	3.3	1577659	44.2	1806402	50.6	67521	1.9

注:因有些数据较小,在计算占比时保留的位数相应增加。

资料来源:教育部发展规划司编:《中国教育统计年鉴 2003》,人民教育出版社,2004 年,第 550—557 页;教育部发展规划司编:《中国教育统计年鉴 2004》,人民教育出版社,2005 年,第 556—563 页;教育部发展规划司编:《中国教育统计年鉴 2005》,人民教育出版社,2006 年,第 556—563 页。

如表4.36所示,2003—2005年,在乡村小学教师中,研究生毕业者、本科毕业者以及专科毕业者都有所增多,尤其是专科毕业者增加较多,其所占比重持续大幅度上升,由2003年的30.4%升至2005年的44.2%,增加了14个百分点;高中阶段毕业者以及高中阶段毕业以下者则有所减少,尤其是前者由2003年的65.4%降至2005年的50.6%,降低了近14个百分点。从横向看,高中阶段毕业者均最多,2003年、2004年其所占比重超过了总数的一半,2005年仍为总数的一半;其次为专科毕业者。但从总体上看,乡村小学教师中专科及以上学历者逐年增加。

2. 民办教师队伍整顿治理成功

民办教师队伍整顿治理成功,主要表现在民办教师数量逐渐减少,并最终退出了历史舞台。这一时期我国中小学民办教师发展情况见表4.37。

表4.37　1983—1993年中小学民办教师发展统计

年份	小学教师			中学教师		
	总数/万人	民办教师		总数/万人	民办教师	
		人数/万人	占比/%		人数/万人	占比/%
1983	542.5	288.1	53.1	259.6900	46.5300	17.9
1984	537.0	284.0	52.9	255.6619	43.5892	17.0
1985	537.7	275.9	51.3	265.1595	41.6477	15.7
1986	541.4	273.9	50.6	275.7657	42.8019	15.5
1987	543.4	253.9	46.7	287.0424	39.1099	13.6
1988	550.1	246.8	44.9	295.9628	36.6638	12.4
1989	554.4	237.2	42.8	298.0438	33.2334	11.2
1990	558.21	230.1	41.2	303.2601	32.5500	10.7
1991	553.2252	216.9477	39.2	308.9921	27.7472	9.0
1992	552.6491	204.4959	37.0	314.1132	25.4856	8.1
1993	555.1597	192.9740	34.8	316.6831	22.5913	7.1

资料来源:刘英杰主编:《中国教育大事典(1949—1990)》,浙江教育出版社,1993年,第681、683页。

据前文表3.26,改革开放之初尤其是1978年,全国522.6万小学教师中,民办教师达342万人,占总数的半数以上,为65.4%,而这些民办教师多数分布在乡村小学之中。如表4.37所示,1983年后,民办小学教师数逐年减少,其所占比重也不断降低,但到1985年,全国5,377万名小学教师中,民办教师仍有2,759万人,占总数的51.3%。到1990年,在全国558.21万名小学教师中,民办教师还有230.1万人,占总数的41.2%。在全国普通中学教师中,民办教师也占有一定比重,1978年占全国中学教师318.1999万人的38.5%(共122.4933万人)[①];此后逐年减少,到1985年,在全国265.1595万人中仍有41.6477万人,占总数的15.7%;1990年,在全国303.2601万人中仍有32.5500万人,占总数的10.7%。由此可见,这一时期,尽管民办教师数量不断减少,但其在中小学教师队伍中占有较大比重,而且较多分布于乡村中小学校之中。到20世纪90年代后半期,我国中小学民办教师变化情况见表4.38。

表4.38　1994—1999年初中、小学民办教师变化情况统计

年份	初中教师/万人	其中民办教师/万人	占比/%	比上年减少的百分比/%	小学教师/万人	其中民办教师/万人	占比/%	比上年减少的百分比/%
1994	272.23	19.98	7.3	−0.2	561.1324	181.66	32.4	2.4
1995	282.89	16.6	5.9	1.4	566.4057	163.2	28.8	3.6
1996	293.19	13.48	4.6	1.3	573.5790	140.2	24.4	4.4
1997	302.17	9.98	3.3	1.3	579.3561	110.82	19.1	5.3
1998	309.43	6.58	2.1	1.2	581.9390	80.29	13.8	5.3
1999	318.75	4.15	1.3	0.8	586.0455	49.66	8.5	5.3

资料来源:国家教育委员会计划建设司编:《中国教育事业统计年鉴1994》,人民教育出版社,1994年,第58、80—81页;国家教育委员会计划建设司编:《中国教育事业统计年鉴1995》,人民教育出版社,1996年,第58—59、80—81页;国家教育委员会计划建设司编:《中国教育事业统计年鉴1996》,人民教育出版社,1997年,第58—59、80—81页;国家教育委员会计划建设司编:《中国教育事业统计年鉴1997》,人民教育出版社,1998年,第60—61页、82—83页;教育部发展规划司编:《中国教育统计年鉴1998》,人民教育出版社,1999年,第60—61、82—83页;教育部发展规划司编:《中国教育统计年鉴1999》,人民教育出版社,2000年,第60—61、82—83页;教育部发展规划司编:《中国教育统计年鉴2000》,人民教育出版社,2001年,第62—63、84—85页。

① 教育部编:《三十年全国教育统计资料(1949—1978)》,教育部,1979年,第156页。

如表 4.38 所示,1994—1999 年,民办教师在初中教师中的比重逐年减少,到 1999 年仅占 1.3%;民办教师在小学教师中所占比重也逐年减少,到 1999 年仅占总数的 8.5%。各省纷纷整顿治理民办教师。如湖南省 1977 年有中小学教师 503,529 人,其中民办教师 295,951 人,占总数的 58.77%[①];从 1981 年对民办教师队伍进行整顿后,到 1984 年,连续三次共精简了 8 万多名不合格的民办教师,把一批不适宜教中学的民办教师调到小学任教,将一部分经过考核合格的民办教师转为公办教师,并由高等、中等师范学校招收一部分民办教师入学进行培养等,从而使全国民办教师所占的比例逐步减少,且素质有所提高;到 1986 年,全省中小学民办教职工的比例由 1978 年的 50.8%降至 34.8%。[②] 到 20 世纪末,很多省份整顿治理民办教师成功。如浙江省于 1994 年重点解决了嘉兴、舟山的“民转公”问题,在国家和省下达安排的“民转公”专项指标外,各地纷纷增加指标以加快“民转公”工作步伐,1994 年全省各地自行安排的指标达 30,000 名,到 1996 年上半年止,浙江省将符合招选条件的民办教师全部转为公办教师,使统筹解决民办教师的目标得以实现。浙江省成为全国第四个解决民办教师问题的省级地区(京、津、沪前三名)。[③] 江西省是第五个成功整顿治理民办教师的省级区域,1997 年该省将最后 1.6 万名合格民办教师转为公办教师。[④]

(四)乡村教师的待遇有所提高

1. 工资待遇有所改善

到 21 世纪之初,乡村教师工资待遇等也有所改善,尤其是乡村教师工资水平有较大的提高。有关教育经费中给予乡村教师工资等待遇的支出,以 2003—2005 年为例,相关情况见表 4.39。

---

① 刘英杰主编:《中国教育大事典(1949—1990)》,浙江教育出版社,1993 年,第 693 页。

② 刘英杰主编:《中国教育大事典(1949—1990)》,浙江教育出版社,1993 年,第 693—694 页。

③ 孟旭、马书义:《中国民办教师现象透视》,广西教育出版社,1999 年,第 95—98 页。

④ 焦新:《江苏省提前解决民办教师问题》,《人民教育》,1997 年第 11 期,第 47 页。

表 4.39　2003—2005 年全国、中央、地方教育经费中教师工资等支出明细统计

年份	项目		初中教师工资等支出/千元	其中乡村/千元	乡村占比/%	小学教师工资等支出/千元	其中乡村/千元	乡村占比/%
2003	小计	全国	58431153	33122007	56.7	109748415	69710512	63.5
		中央	1451	0	0	33709	0	0
		地方	58429702	33122007	56.7	109714706	69710512	63.5
	基本工资	全国	29632122	19066056	64.3	52300935	37055539	70.9
		中央	1000	0	0	5748	0	0
		地方	29631122	19066056	64.3	52295187	37055539	70.9
	补助工资	全国	11739456	6217793	53.0	21216320	12698011	59.9
		中央	217	0	0	8969	0	0
		地方	11739239	6217793	53.0	21207351	12698011	59.9
	其他工资	全国	5297288	2041589	38.5	8363391	3841899	45.9
		中央	212	0	0	10704	0	0
		地方	5297076	2041589	38.5	8352687	3841899	46.0
	职工福利费	全国	1720880	798142	46.4	3034288	1588274	52.3
		中央	22	0	0	958	0	0
		地方	1720858	798142	46.4	3033330	1588274	52.4
	社会保障	全国	10041407	4998427	49.8	24833481	14526789	58.5
		中央	0	0	0	7330	0	0
		地方	10041407	4998427	49.8	24826151	14526789	58.5
2004	小计	全国	67627134	39961120	59.1	125928547	81945512	65.1
		中央	381	0	0	43164	0	0
		地方	67626753	39961120	59.1	125885383	81945512	65.1
	基本工资	全国	32924669	21606693	65.6	57096023	40870765	71.6
		中央	0	0	0	6874	0	0
		地方	32924669	21606693	65.6	57089149	40870765	71.6
	补助工资	全国	14160175	7946611	56.1	25156466	15655539	62.2
		中央	88	0	0	11987	0	0
		地方	14160087	7946611	56.1	25144479	15655539	62.3
	其他工资	全国	6783929	3052382	45.0	10615462	5421096	51.1
		中央	273	0	0	13089	0	0
		地方	6783656	3052382	45.0	10602373	5421096	51.1
2004	职工福利费	全国	1986666	1085335	54.6	3453351	1993356	57.7
		中央	20	0	0	1413	0	0
		地方	1986646	1085335	54.6	3451938	1993356	57.7

续　表

年份	项目		初中教师工资等支出/千元	其中乡村/千元	乡村占比/%	小学教师工资等支出/千元	其中乡村/千元	乡村占比/%
2004	社会保障	全国	11771695	6270099	53.3	29607245	18004756	60.8
		中央	0	0	0	9801	0	0
		地方	11771695	6270099	53.3	29597444	18004756	60.8
2005	小计	全国	77229626	46468113	60.2	139660958	92129142	66.0
		中央	2570	0	0	51776	0	0
		地方	77227056	46468113	60.2	139609182	92129142	66.0
	基本工资	全国	34605838	23135919	66.9	58358136	42341566	72.6
		中央	1500	0	0	8709	0	0
		地方	34604338	23135919	66.9	58349427	42341566	72.6
	补助工资	全国	17749512	10316427	58.1	30615401	19745680	64.5
		中央	570	0	0	14827	0	0
		地方	17748942	10316427	58.1	30600574	19745680	64.5
	其他工资	全国	8195122	3913256	47.8	12312167	6292006	51.1
		中央	0	0	0	14102	0	0
		地方	8195122	3913256	47.8	12298065	6292006	51.2
	职工福利费	全国	2490519	1415004	56.8	4197428	2516076	59.9
		中央	500	0	0	2386	0	0
		地方	2490019	1415004	56.8	4195042	2516076	60.0
	社会保障	全国	14188635	7687507	54.2	34177826	21233814	62.1
		中央	0	0	0	11752	0	0
		地方	14188635	7687507	54.2	34166074	21233814	62.1

资料来源：教育部财务司、国家统计局人口和社会科技统计司编：《中国教育经费统计年鉴2004》，中国统计出版社，2005年，第4、6、8页；教育部财务司、国家统计局社会和科技统计司编：《中国教育经费统计年鉴2005》，中国统计出版社，2006年，第4、6、8页；教育部财务司、国家统计局社会和科技统计司编：《中国教育经费统计年鉴2006》，中国统计出版社，2007年，第6、8、10页。

如表4.39所示，地方教育经费中乡村初中教师的工资等支出，由2003年的33,122,007千元增至2004年的39,961,120千元，2005年增至46,468,113千元；乡村小学教师的工资等支出，由2003年的69,710,512千元增至2004年的81,945,512千元，2005年增至92,129,142千元。由此可见，这一时期教育经费中关于乡村教师工资等经费支出逐年不断增长，根据这一时期乡村教师数量，可推断出乡村教师的工资等待遇不断提高。

如表4.40所示,1999—2005年全国教育经费中教师工资平均支出逐年增多。其中,乡村初中教师工资平均支出由1999年的10.6271千元增至2005年的30.2980千元,增加了近2倍;乡村小学教师工资平均支出则由1999年的10.3717千元增至2005年的25.8167千元,增加了1倍之多。可见,乡村教师工资待遇有所改善。

表4.40　1999—2005年全国教育经费中初中、小学教师工资等支出情况统计

(单位:千元)

项目		1999年	2000年	2001年	2002年	2003年	2004年	2005年
教师工资等支出	初中	30316757	35246637	44056037	53027487	58431153	67627134	77229626
	其中乡村	17671070	19898053	25137922	30265003	33122007	39961120	46468113
	小学	61411320	70392885	86545658	101803212	109748415	125928547	139660958
	其中乡村	38867439	44084977	55269028	65157471	69710512	81945512	92129142
专任教师工资等支出	初中	3148117	3248608	3348396	3430307	3466735	3476784	3471839
	其中乡村	1662837	1682277	1552306	1541593	1578114	1632994	1533703
	小学	5860455	5860316	5797746	5778853	5702750	5628860	5592453
	其中乡村	3747441	3678015	3793477	3718146	3645691	3637873	3568584
教师工资平均支出	初中	9.6301	10.8498	13.1574	15.4585	16.8548	19.4511	22.2446
	其中乡村	10.6271	11.8280	16.1939	19.6323	20.9883	24.4711	30.2980
	小学	10.4789	12.0118	14.9275	17.6165	19.2448	22.3719	24.9731
	其中乡村	10.3717	11.9861	14.5695	17.5242	19.1213	22.5257	25.8167

资料来源:教育部财务司、国家统计局社会与科技统计司编:《中国教育经费统计年鉴2000》,中国统计出版社,2001年,第4、6、8页;教育部财务司、国家统计局社会与科技统计司编:《中国教育经费统计年鉴2001》,中国统计出版社,2002年,第4、6、8页;教育部财务司、国家统计局人口和社会科技统计司编:《中国教育经费统计年鉴2002》,中国统计出版社,2003年,第4、6、8页;教育部财务司、国家统计局人口和社会科技统计司编:《中国教育经费统计年鉴2003》,中国统计出版社,2004年,第4、6、8页;教育部财务司、国家统计局人口和社会科技统计司编:《中国教育经费统计年鉴2004》,中国统计出版社,2005年,第4、6、8页;教育部财务司、国家统计局社会和科技统计司编:《中国教育经费统计年鉴2005》,中国统计出版社,2006年,第4、6、8页;教育部财务司、国家统计局社会和科技统计司编:《中国教育经费统计年鉴2006》,中国统计出版社,2007年,第6、8、10页。

2. 奖励乡村教师与表彰优秀教师得以推行

给予乡村教师奖励，有助于增强乡村教师职位的吸引力。如天津市塘沽区在2005年教师节前夕，在自2002年每年投入400万元教育奖励基金的基础上，每年新增800万元教育奖励基金，通过发放交通补助、午餐补助，对连续8年在乡村任教的教师给予浮动一级工资奖励等办法，使乡村校教师人均月收入比市区教师多200元左右。[①] 上海市青浦区2005年开始推出“农村教师稳定工程”，每年投入1,000万元对乡村学校在编在岗教职工实行奖励措施，平均每人每月达到250元。[②]

国家对优秀乡村教师实施表彰奖励。其中，有关特级教师评选，截至1982年1月底，全国已有26个省、自治区、直辖市共评选出特级教师1,113名，占全国中小学教师总数的1.4‱。1982年以后，有部分省市又进行了第二次评选，到1987年12月止，全国特级教师达1,678名，占中小学教师总数的1.9‱，比1982年增加了565名。[③] 在全国特级教师评选的推动下，各地纷纷推动了地方特级教师评选。如吉林省1997—2007年共评选省特级教师521人，其中乡村特级教师达149人，具体情况见表4.41。

表4.41　1997—2007年吉林省乡村特级教师评选数量和占比统计

年份	乡村特级教师/人	占比/%	年度累计特级教师/人
1997	20	30	66
2001	51	33	221
2004	41	26	370
2007	37	24	521

资料来源：秦磊：《农村特级教师成长规律研究》，教育科学出版社，2016年，第168页。

各地纷纷推行表彰或奖励乡村教师。如吉林省设置“郝水农村优秀教师奖”，以激励该省乡村优秀中小学教师，在2002年第18个教师节共有10

① 姜明：《农村教师比城里教师挣得多》，《工人日报》，2005年9月22日第5版。

② 尹寅：《每年投入1000万元奖励农村学校教职工　青浦推出“农村教师稳定工程”》，《东方城乡报》，2005年12月15日第A06版。

③ 刘英杰主编：《中国教育大事典(1949—1990)》，浙江教育出版社，1993年，第695页。

名教师获郝水乡村优秀教师特等奖、40名教师获郝水乡村优秀教师优秀奖[①];2003年、2004年共有50人获奖,其中10人获特等奖[②]。在2004年我国第20个教师节活动中,各地纷纷表彰或奖励乡村教师。其中,新疆维吾尔自治区全区共215名教师和教育工作者分别荣获“全国模范教师”“全国教育系统先进工作者”“全国优秀教师”“自治区优秀教师”和“自治区优秀教育工作者”等光荣称号;海南省表彰了100名优秀乡村教师;安徽省共表彰了包含乡村老区、山区、贫困地区的中小学在内的295名优秀教师和32名优秀教育工作者等。[③] 湖北省2004年授予269名教师“湖北省农村优秀教师”荣誉称号,授予30名教师“湖北省农村优秀教师工作者”荣誉称号。[④] 而且,教师表彰奖励还向乡村倾斜。如2003—2004年,四川省邻水县表彰奖励向乡村教师倾斜,乡村教师在受各级部门表彰奖励教师中占80%;其中为省推荐表彰“怡和烛光奖”乡村教师7名;九峰小学红星村小教师张青华荣获“曾宪梓教育基金”二等奖。[⑤]

总之,21世纪之初,各地纷纷注重奖励和表彰乡村教师,尽管实施范围和规模较为有限,但这些工作的启动也表明各级政府对乡村教师和乡村教育事业的重视。

3. 支教教师的待遇保障有所落实

因各地支教乡村教育活动纷纷开展,支教教师的待遇也不断落实。如湖北省2004—2005年实施“农村教师资助行动计划”,对于支援乡村教师者实施6项优惠政策:

---

① 尹春芙、胡莺:《省暨长春市庆祝教师节大会召开 一批优秀农村教师、优秀班主任辅导员受到表彰》,《吉林日报》,2002年9月11日第1版。

② 《省教育厅表彰第二届“郝水农村优秀教师奖”获奖教师》,《吉林教育》,2003年第11期,第2页;《“郝水农村优秀教师奖”获奖教师名单》,《吉林日报》,2004年9月10日第7版。

③ 《各地举行第二十个教师节庆祝和表彰活动》(2004年9月10日),http://www.moe.gov.cn/jyb_xwfb/gzdt_gzdt/moe_1485/tnull_3292.html。

④ 湖北省人民政府:《湖北省人民政府关于表彰农村优秀教师和农村优秀教育工作者的决定》(2004年9月1日),《湖北省人民政府公报》,2004年第11期,第13—17页。

⑤ 甘春阳、朱丹文:《求真务实 让教师扎根农村教育》,《四川教育》,2005年第1期,第15页。

1.经县(市)教育局年度考核合格的,每人每年奖励5000元。

2.可提前定级,不实行试用期;工资由县(市)按照国家规定的标准列入财政预算,按月足额发放。

3.符合推荐免试研究生资格者可先取得入学资格和办理注册手续,服务期满再回校攻读。

4.服务期满、考核合格并经过一定选拔程序,可攻读教育硕士学位。

5.户口档案关系可自由选择保留在原就读高校或省毕业生就业中心或直接转入县(市),免收户档托管费。

6.非师范专业毕业生免收教师资格申请认定费。[①]

再如,2005年天津市教委专门拨支教专项经费100余万元,规定:凡流动、支援到乡村中小学校从事教育教学工作者均与当地教师一样享受乡村边远工作津贴、补贴政策(浮动一级工资);享受300元/月的生活补助和200元/月的交通补贴;对受援学校每年给予工作经费。[②] 又如吉林省也给予支教教师补助等待遇,其中2002—2005年该省四平市铁东区支教教师每人每月补助300元;铁西区在"农村教师资助行动计划"中给予支教者每人每月补助300元,报销往返交通费;双辽市支教教师每人每月补助100元,优先提职晋级;2005年延边州政府安排100万元的支教专项经费,支教者每人每年补助6,000元。[③]

总之,随着《教师法》《教育法》等法令的颁布,教师资格证书制度逐渐形成,为乡村教师队伍建设提供了法律制度的保障,也推动了乡村教师队伍的专业化和法制化发展,有助于保障乡村教师队伍建设的质量和水平。这一时期,全国乡村初中、小学教师在数量上基本上满足了乡村义务教育发展的

---

① 张真弼、肖嵩山、刘婷:《三大措施提高农村教师素质——访湖北省教育厅副厅长陈安丽》,《中国教师报》,2005年11月2日第A01版;朱春淦、陈琳、刘先德:《"四轮"驱动农村教师发展》,《湖北教育(政务宣传)》,2004年第14期,第43页。

② 孙刚:《为新农村建设提供智力保障推进城乡教育均衡化　六项长效机制支持农村教育》,《天津日报》,2006年8月25日第1版。

③ 《推动城乡教师交流促进教育均衡发展——关于四平市和延边州城乡教师交流工作的报道》,《吉林教育》,2006年第1—2期,第4—6页。

基本需求;教师队伍整体素质有进一步提高,专任教师学历合格率大幅度上升;高级职务教师比重有所提高。同时,因乡村教师社会地位和经济待遇尤其是工资收入水平明显提升,乡村教师职业的吸引力也有所增强。

二、存在的主要困境

随着乡村基础教育的不断发展,乡村中小学教师队伍建设的主要问题,已逐渐由数量性矛盾转为结构性矛盾和质量性矛盾。同时,乡村教师大量流失或减少,代课教师问题也浮出水面。正如教育部指出的:"我国中小学教师队伍整体素质和水平还不能适应教育发展的新的要求。尤其是义务教育阶段农村师资力量薄弱的问题仍然没有从根本上得到解决,结构失衡、素质不高等问题,制约了教师队伍的整体水平和农村教育的质量,不能适应全面实施素质教育和城乡教育均衡发展的要求。"[①]下面将探究这一时期乡村教师队伍建设仍存在的主要问题。

(一)乡村学校教师流失现象和代课教师问题严重

1. 乡村教师大量减少或流失

第一,乡村教师数量减少明显。以2003—2005年初中、小学教师变动为例,如表4.42所示,2003年统计上学年初报表乡村小学教师数共3,722,391人,到该学年初报表小学教师数共3,645,691人,乡村小学教师人数有所减少。具体来讲,该年增加教师达502,349人(包含录用毕业生63,400人,调入292,876人,校内调整117,539人,其他28,534人),减少教师579,049人(包含自然减员73,883人,调出331,055人,校内调整129,785人,其他44,326人),减少教师数比增加教师数多了76,700人,而且调出教师数也明

① 《教育部就推进城镇教师支援农村教育等举行发布会》(2006年3月8日),www.gov.cn. http://www.gov.cn/govweb/xwfb/2006-03/08/content_221809_3.htm。

显高于调入教师数,自然减员数也多于录用毕业生数。2004 年统计上学年初报表小学教师共 3,737,083 人,该学年初报表小学教师共 3,637,873 人,乡村小学教师队伍人数不断减少。该年增加教师共 488,561 人(包含录用毕业生 59,732 人,调入 281,304 人,校内调整 121,721 人,其他 25,804 人),减少教师达 587,771 人(包含自然减员 76,059 人,调出 330,128 人,校内调整 133,168 人,其他 48,416 人),减少的乡村小学教师远多于该年增加数,相差 99,210 人,其中自然减员教师数也高于录用毕业生数 16,327 人;调出者也比调入者多 48,824 人,可见与上一年相比该年乡村小学教师流失或减少更多。2005 年统计上学年初报表乡村小学教师共 3,656,449 人,该学年初报表乡村小学教师共 3,568,584 人,乡村小学教师队伍人数仍不断减少。该年增加教师共 467,395 人(包含录用毕业生 57,511 人,调入 264,952 人,校内调整 112,597 人,其他 32,335 人),同时减少教师达 555,260 人(包含自然减员 68,456 人,调出 307,357 人,校内调整 124,866 人,其他 54,581 人),减少的乡村小学教师数远多于增加数,相差 87,865 人,其中自然减员者比录用毕业生数高 10,945 人,调出者也比调入者多 42,405 人,可见该年乡村小学教师依然大量流失或减少。

表 4.42　2003—2005 年乡村小学教师变动情况统计

(单位:人)

项目		2003 年		2004 年		2005 年	
		合计	农村	合计	农村	合计	农村
上学年初报表专任教师数		5778269	3722391	5702448	3737083	5628860	3656449
增加教师	合计	745598	502349	729521	488561	725270	467395
	录用毕业生	98467	63400	91716	59732	90971	57511
	调入	428298	292876	430093	281304	411122	264952
	校内调整	162763	117539	161005	121721	151862	112597
	其他	56070	28534	46707	25804	71315	32335

续　表

项目		2003年		2004年		2005年	
		合计	农村	合计	农村	合计	农村
减少教师	合计	821117	579049	803109	587771	761677	555260
	自然减员	116938	73883	115056	76059	104993	68456
	调出	450198	331055	439855	330128	405959	307357
	校内调整	174201	129785	169905	133168	158682	124866
	其他	79780	44326	78293	48416	92043	54581
本学年初报表专任教师数		5702750	3645691	5628860	3637873	5592453	3568584

资料来源:教育部发展规划司编:《中国教育统计年鉴2003》,人民教育出版社,2004年,第162—163页;教育部发展规划司编:《中国教育统计年鉴2004》,人民教育出版社,2005年,第166—167页;教育部发展规划司编:《中国教育统计年鉴2005》,人民教育出版社,2006年,第166—167页。

如表4.43所示,2003年统计上学年报表乡村初中教师达1,561,239人,该学年初报表专任教师共1,578,114人,乡村初中教师数稍有增加。该年增加乡村教师191,711人(包含录用毕业生50,661人,调入93,658人,校内调整29,575人,其他17,817人),减少教师174,836人(包含自然减员14,502人,调出112,526人,校内调整29,932人,其他17,876人),可见增加教师数稍多于减少教师数,相差16,875人。其中录用毕业生数也远高于自然减员36,159人,但调入者比调出者少18,868人,总体上该年乡村初中教师稍有增加。但到2004年、2005年这种情况发生了变化。据2004年统计,上学年报表乡村初中教师达1,645,135人,该学年初报表专任教师共1,632,994人,乡村初中教师稍有减少。该年增加教师168,873人(包含录用毕业生48,134人,调入84,621人,校内调整26,144人,其他9,974人),减少教师181,014人(包含自然减员14,650人,调出119,727人,校内调整30,770人,其他15,867人),可见该年增加教师数少于减少教师数,相差12,141人。其中,录用毕业生数远高于自然减员33,484人,但调入者比调出者少35,106人,该年乡村初中教师调出者较多,乡村初中教师有所减少。2005年情况类似。据该年统计,上学年报表专任教师达1,584,884人,该学年初报表专任教师共1,533,703人,乡村初中教师仍在减少。该年增加教师149,269人(包含录用毕业生44,159人,调入72,003人,校内调整20,478人,其他12,629人),减少教师200,450人(包含自然减员12,806人,调出125,570人,校内调整29,957人,其他32,117人),该年增加教师数少于减少教师数,相差51,181人。其中录用毕业生数高于自然减员31,353人,但调入者比调出者少53,567人,可见该年乡村初中专任教师调出者较多,乡村初中教师大量减少或流失。

表4.43　2003—2005年乡村初中教师变动情况统计

(单位:人)

项目		2003年		2004年		2005年	
		合计	农村	合计	农村	合计	农村
上学年初报表专任教师数		3429985	1561239	3470781	1645135	3476599	1584884
增加教师数	合计	427379	191711	388814	168873	401293	149269
	录用毕业生	108195	50661	100400	48134	98055	44159
	调入	213766	93658	203488	84621	198183	72003
	校内调整	65107	29575	57850	26144	52345	20478
	其他	40311	17817	27076	9974	52710	12629
减少教师数	合计	390629	174836	382811	181014	406053	200450
	自然减员	37992	14502	36604	14650	34741	12806
	调出	216803	112526	222820	119727	225118	125570
	校内调整	85337	29932	82393	30770	81429	29957
	其他	50497	17876	40994	15867	64765	32117
本学年初报表专任教师数		3466735	1578114	3476784	1632994	3471839	1533703

资料来源:教育部发展规划司编:《中国教育统计年鉴2003》,人民教育出版社,2004年,第140—141页;教育部发展规划司编:《中国教育统计年鉴2004》,人民教育出版社,2005年,第144—145页;教育部发展规划司编:《中国教育统计年鉴2005》,人民教育出版社,2006年,第144—145页。

第二,很多地区乡村教师流失较为严重。调查显示,山东省2001年度乡村中小学专任教师减少了9,000多人,其中乡村中学调入专任教师4,276人,调出者达6,185人;乡村小学调入专任教师13,721人,调出者达18,259

人。[①] 2002年的暑假，湖北省罗田县流失教师100多人，襄樊市流失600多人；江苏苏北某县在2001—2004年累计流失中小学教师500多人，导致有些学校无法正常开课；该县乡镇初中教师流失占其专任教师总数的8.4%，流失乡镇小学教师占总数的5.4%。[②] 再如，2003年“中国教育发展报告·变革中的教师与教师教育”课题组调查的结果也表明了乡村教师流失情况，具体见表4.44。

表4.44　2003年被调查初中、小学的教师流失情况统计

地区类别	学校类别	有流失现象的学校数占同类学校数的比重/%	被调查学校数/所	被调查学校覆盖专任教师人数(A)/人	被调查学校教师流失人数(B)/人	流失教师数占专任教师数的比重(B/A)/%
直辖市、省城	小学	20	14	1080	9	0.8
	初中	50	6	420	15	3.6
地级市、地区	小学	0	5	375	0	0
	初中	44.4	9	985	19	1.9
县	小学	18.2	11	812	3	0.4
	初中	50	2	177	1	0.6
乡、镇	小学	25	8	368	20	5.4
	初中	25	8	584	49	8.4
农村	小学	0	6	346	0	0
	初中	50	2	96	3	3.1
全体	小学	15.2				
	初中	40.7				

资料来源：“中国教育发展报告·变革中的教师与教师教育”课题组：《2003年中国中小学教师教育现状调研报告》，见顾明远、檀传宝主编：《2004：中国教育发展报告》，北京师范大学出版社，2004年，第258—260页。

如表4.44所示，与直辖市、省城，地级市、地区，县相比，乡镇的初中和小学教师流失人数较多，流失教师占专任教师数的比重也最高。其中，在被调查乡镇学校流失的初中和小学教师中，主动辞职、自谋职业者达5人，改行、调离教育部门者10人，从乡村学校调往城镇小学者达39人，被辞职者15人。[③]

① 邵学伦：《关于中小学教师流动问题的思索》，《山东教育科研》，2002年第8期，第13页。

② 李谭、庞丽娟：《以公务员身份保养农村教师资源》，《第一财经日报》，2006年3月7日第A3版。

③ “中国教育发展报告·变革中的教师与教师教育”课题组：《2003年中国中小学教师教育现状调研报告》，见顾明远、檀传宝主编：《2004：中国教育发展报告》，北京师范大学出版社，2004年，第260页。

乡村教师流失较为严重，且存在骨干教师“向上流动”的现象，这种由村流向镇、由镇流向县城、由县城流向市区的“向城性”流动带走了乡村的部分资源，对乡村基础教育发展造成一定的影响。在乡村基础教育师资流失的同时，乡村师资队伍中存在大量的代课教师，成为乡村教师队伍建设的一大阻碍。

2. 乡村学校代课教师较多

全国各地自20世纪80年代初期开始先后关闭了民办教师的入口，但乡村学校对教师的需求仍然存在，促使乡村学校出现了较多的代课教师。1997年乡村学校代课教师数量达到峰值。21世纪前后中小学代课教师情况见表4.45。

如表4.45所示，1991—2003年，中小学代课教师多分布于乡村中小学，尤其是乡村小学代课教师数在代课教师总数中所占比重多为80%以上。乡村中小学代课教师逐年增多，由1991年的511,894人增至1997年的峰值829,892人，此后有所下降，1999年降幅明显，到2003年降至416,480人。其中，乡村中学代课教师1996年达到峰值，为101,266人，此后逐年减少，2003年降至51,835人；乡村小学代课教师数于1997年达到峰值，为730,153人，2003年降至364,645人。就乡村中小学代课教师在代课教师所占比重而言，从1991年的85.8%开始有所下降，但到1999年所占比重达94.4%，此后又不断下降，2003年降至76.7%。其中，乡村中学代课教师所占比重由1991年的78.3%降至2003年的43.5%；乡村小学代课教师所占比重呈波动式变化，到1999年均分布于乡村小学，到2003年其所占比重仍有86%。尽管随着中小学教师人事制度改革，各地在乡村中小学教师定编和教师资格认定工作中开始逐步停止任用或清退代课教师，促使乡村代课教师有所减少，但到2003年，乡村初中、小学代课教师仍分别有51,835人、364,645人。就乡村中小学的代课教师占乡村中小学比重而言，到2003年，全国乡村中小学的代课教师占乡村中小学岗位教师7.2%。其中，广西、西藏、甘肃、陕西、贵州、山西、云南、广东等省区小学代课教师比例较高，尤其是广西和西藏，高于20%。[1] 到2005年，全国乡村普通中小学代课教师仍有31.7万人，可见，乡村学校代课教师问题成为乡村教师队伍建设的又一难点。

表4.45　1991—2003年中小学代课教师发展统计

年份	代课教师总数/人	中学代课教师/人	小学代课教师/人	乡村学校代课教师/人			乡村学校代课教师数占代课教师总数的比重/%		
				总数	中学	小学	总数	中学	小学
1991	596818	122740	474078	511894	96144	415750	85.8	78.3	87.7
1992	737310	143982	593328	620551	103694	516857	84.2	72.0	87.1
1993	766678	138107	628508	642313	98839	543474	83.8	71.6	86.5
1994	785963	133196	652767	647114	93149	553995	82.3	69.9	84.9
1995	859916	141919	717997	712188	98419	613769	82.8	69.3	85.5
1996	918568	146967	771601	766380	101266	665114	83.4	68.9	86.2
1997	1005490	145704	859786	829892	99739	730153	82.5	68.5	84.9
1998	978057	136173	841884	804602	91734	712868	82.3	67.4	84.7
1999	709587	112872	596715	669558	72843	596715	94.4	64.5	100.0
2000	555793	104364	551429	518538	62377	456161	93.3	59.8	82.7
2001	704587	123773	580814	580399	65005	515394	82.4	52.5	88.7
2002	596553	119543	477010	470433	55269	415164	78.9	46.2	87.0
2003	542878	119041	423857	416480	51835	364645	76.7	43.5	86.0

资料来源：国家教育委员会计划建设司编：《中国教育统计年鉴(1991—1992)》，人民教育出版社，1992年，第62—63、84—85页；国家教育委员会计划建设司编：《中国教育事业统计年鉴1992》，人民教育出版社，1993年，第62—63、83—84页；国家教育委员会计划建设司编：《中国教育事业统计年鉴1993》，人民教育出版社，1994年，第58—59、80—81页；国家教育委员会计划建设司编：《中国教育事业统计年鉴1994》，人民教育出版社，1994年，第58、80—81页；国家教育委员会计划建设司编：《中国教育事业统计年鉴1995》，人民教育出版社，1996年，第58—59、80—81页；国家教育委员会计划建设司编：《中国教育事业统计年鉴1996》，人民教育出版社，1997年，第58—59、80—81页；国家教育委员会计划建设司编：《中国教育事业统计年鉴1997》，人民教育出版社，1998年，第60—61、82—83页；教育部发展规划司编：《中国教育统计年鉴1998》，人民教育出版社，1999年，第60—61、82—83页；教育部发展规划司编：《中国教育统计年鉴1999》，人民教育出版社，2000年，第60—61、82—83页；教育部发展规划司编：《中国教育统计年鉴2000》，人民教育出版社，2001年，第62—63、84—85页；教育部发展规划司编：《中国教育统计年鉴2001》，人民教育出版社，2002年，第64—65、94—95页；教育部发展规划司编：《中国教育统计年鉴2002》，人民教育出版社，2003年，第68—69、98—99页；教育部发展规划司编：《中国教育统计年鉴2003》，人民教育出版社，2004年，第66—67、158—159页。

---

① 教育部发展规划司统计处、上海市教科研智力开发研究所：《2003年我国教育事业发展概况》，《教育发展研究》，2005年第1期，第2页。

(二)乡村教师结构性矛盾较为突出

尽管乡村教师质量有所提高,但在年龄结构、学科结构、职称结构以及学历结构等方面仍存在问题,尤其是城乡差距、县际差距问题较为突出,乡村教师队伍整体素质有待进一步提高。

1. 年龄结构不合理

这一时期乡村教师存在着"年轻化"与"老龄化"问题并存的现象。

以2003—2005年乡村初中教师年龄结构为例,如表4.46所示,其一,2003年乡村初级教师年龄结构发生了较大变化,26—30岁者最多,占总数的26.4%;其次为25岁及以下者,占总数的20.6%;然后是31—35岁者,占总数的19.6%,可见该年35岁以下的乡村青年教师占据了乡村教师队伍的半壁江山。2004年、2005年35岁以下的乡村青年教师所占比重仍过半。由此可知,2003—2005年,乡村初中教师队伍偏年轻化。其二,乡村教师队伍老龄化问题同时存在。2003年,50岁及以上的乡村初中教师占初中教师总数的6.64%;2004年为6.74%;2005年为6.84%,而且这一时期61岁及以上的乡村初中教师也有一定数量。另据2004年"全国中小学教师基础调研"课题组分层整体抽样调查,广西、福建、湖北、江苏、吉林、甘肃六省(区)乡村中小学教师中,26—35岁年龄段教师所占比重最高,达40.68%;其次为36—45年龄段的教师,所占比重达24.41%;46岁以上的教师所占比重达到20.3%;50岁以上教师所占比重达11.16%,25岁及以下的青年教师所占比重仅为9.85%。这也从侧面印证了乡村中小学教师年龄总体呈年轻化状态,同时表明上述省区乡村中小学教师呈老龄化的倾向。[①]

① 史静寰、延建林:《聚焦农村中小学教师 关注农村基础教育的可持续发展》,《教育发展研究》,2006年第1期,第9页。

表 4.46 2003—2005 年初中教师年龄结构统计

年份	项目	合计	25岁及以下	26—30岁	31—35岁	36—40岁	41—45岁	46—50岁	51—55岁	56—60岁	61岁及以上
2003	总计/人	3466735	613759	867547	735490	517829	258604	230407	158212	81966	2921
	占比/%	100.0	17.7	25.0	21.2	14.9	7.5	6.6	4.6	2.4	0.1
	乡村/人	1578114	324575	417302	308868	210863	111974	99885	65573	38413	661
	乡村占比/%	100.0	20.6	26.4	19.6	13.4	7.1	6.3	4.2	2.4	0.04
2004	总计/人	3476784	552327	865069	739944	35347	41540	47331	40836	23122	1445
	占比/%	100.0	15.9	24.9	21.3	1.0	1.2	1.4	1.2	0.7	0.04
	乡村/人	1632994	300919	431027	325955	231270	129878	104598	67879	40746	722
	乡村占比/%	100.0	18.4	26.4	20.0	14.2	8.0	6.4	4.2	2.5	0.04
2005	总计/人	3471839	479134	850839	753618	584672	332659	224875	157671	85979	2392
	占比/%	100.0	13.8	24.5	21.7	16.8	9.6	6.5	4.5	2.5	0.1
	乡村/人	1533703	245155	401699	318384	228615	137331	96540	66257	39042	680
	乡村占比/%	100.0	16.0	26.2	20.8	14.9	9.0	6.3	4.3	2.5	0.04

资料来源:教育部发展规划司编:《中国教育统计年鉴2003》,人民教育出版社,2004年,第138—139页;教育部发展规划司编:《中国教育统计年鉴2004》,人民教育出版社,2005年,第142—143页;教育部发展规划司编:《中国教育统计年鉴2005》,人民教育出版社,2006年,第142—143页。

2. 学科结构矛盾突出

学科结构分布不均衡主要体现在,乡村学校中信息技术、音乐、体育以及美术等学科教师普遍紧缺。

以乡村初中教师2003—2005年统计为例,如表4.47所示,2003—2005年,在乡村初中教师中,语文、数学以及英语等学科教师最多,所占全国乡村初中教师总数比重最高;与城市、县镇相对比而言,语文、数学学科教师所占比重更高,英语学科教师所占比重则相对较低;劳动技术、美术、音乐、信息技术等学科教师所占比重最低,与城市、县镇相比较而言,美术、音乐以及信息技术等学科教师所占比重较小,劳动技术学科教师所占比重相对较多。总体上讲,乡村初中教师多为语文、数学以及英语学科教师,美术、音乐以及信息技术和劳动技术等学科教师有所不足,或者致使这些学科在职教师工作负荷较大,或者导致某些学校这些课程无法较好地开展。在乡村小学主要存在英语、音乐、美术、科学等学科教师不足现象,甚至影响到这些学科的正常开设。总之,上述学科教师短缺,无法满足乡村中小学生全面发展和素质教育的现实需求。如据2004年5—6月对湖南省平江县、汨罗市、湖北省监利县以及宜城市的乡村中小学教师队伍的调查,四县(市)的音乐、美术、体育、英语以及化学等科目教师缺编严重。其中宣城市的乡村中小学中音乐、美术、体育学科基本没有科班出身的教师,该市小河镇4所初中、17所小学的640名教师中,尽管教师总体超编,但"没有一位专职的音乐、美术、体育、化学教师,四所初中科班出身的英语教师只有4人"①。

① 刘理、涂艳国:《中部地区农村中小学教师队伍现状问题调研报告》,《教育发展研究》,2005年第4期,第8页。

表 4.47　2003—2005 年初中分学科教师情况统计

项目		2003 年				2004 年				2005 年			
		总计	城市	县镇	乡村	总计	城市	县镇	乡村	总计	城市	县镇	乡村
合计/人		3466735	689643	1198978	1578114	3476784	688794	1154996	1632994	3471839	658090	1280046	1533703
政治	教师/人	241917	44315	84829	112773	241072	44091	81137	115844	239319	41830	89532	107957
	占比/%	6.98	6.43	7.08	7.15	6.93	6.40	7.02	7.09	6.89	6.36	6.99	7.04
语文	教师/人	691644	124331	234043	333270	686180	123607	223220	339353	675365	116890	245282	313193
	占比/%	19.95	18.03	19.52	21.12	19.74	17.95	19.33	20.78	19.45	17.76	19.16	20.42
数学	教师/人	650045	121399	222144	306502	646100	120580	212551	312969	637793	114427	233171	290195
	占比/%	18.75	17.60	18.53	19.42	18.58	17.51	18.40	19.17	18.37	17.39	18.22	18.92
物理	教师/人	251173	49582	86422	115169	253463	49808	83476	120179	253849	47610	93493	112746
	占比/%	7.25	7.19	7.21	7.30	7.29	7.23	7.23	7.36	7.31	7.23	7.30	7.35
化学	教师/人	155477	31348	53363	70766	156758	31499	51495	73764	156793	30103	57261	69429
	占比/%	4.48	4.55	4.45	4.48	4.51	4.57	4.46	4.52	4.52	4.57	4.47	4.53
生物	教师/人	130509	26653	46170	57686	131558	26456	45088	60014	132523	25170	49859	57494
	占比/%	3.76	3.86	3.85	3.66	3.78	3.84	3.90	3.68	3.82	3.82	3.90	3.75
地理	教师/人	125119	24223	44325	56571	125458	23732	43019	58707	126849	22663	47724	56462
	占比/%	3.61	3.51	3.70	3.58	3.61	3.45	3.72	3.60	3.65	3.44	3.73	3.68
历史	教师/人	158835	32503	56031	70301	162158	32452	55109	74597	165851	31680	62063	72108
	占比/%	4.58	4.71	4.67	4.45	4.66	4.71	4.77	4.57	4.78	4.81	4.85	4.70
外语	教师/人	531950	112947	185349	233654	535682	113183	179481	243018	534899	108986	199776	226137
	占比/%	15.34	16.38	15.46	14.81	15.41	16.43	15.54	14.88	15.41	16.56	15.61	14.74
信息技术	教师/人	70136	17128	25011	27997	77409	17984	26470	32955	83228	17830	31171	34227
	占比/%	2.02	2.48	2.09	1.77	2.23	2.61	2.29	2.02	2.40	2.71	2.44	2.23

续 表

项目		2003年				2004年				2005年			
		总计	城市	县镇	乡村	总计	城市	县镇	乡村	总计	城市	县镇	乡村
体育	教师/人	165003	37870	58048	69085	164591	37672	55574	71345	163501	36103	61218	66180
	占比/%	4.76	5.49	4.84	4.38	4.73	5.47	4.81	4.37	4.71	5.49	4.78	4.32
音乐	教师/人	78384	18037	28013	32334	78681	18028	26879	33774	78857	17356	29655	31846
	占比/%	2.26	2.62	2.34	2.05	2.26	2.62	2.33	2.07	2.27	2.64	2.32	2.08
美术	教师/人	74025	16954	26460	30611	74077	16813	25346	31918	74138	16082	27923	30133
	占比/%	2.14	2.46	2.21	1.94	2.13	2.44	2.19	1.95	2.14	2.44	2.18	1.96
劳动技术	教师/人	41594	7501	14512	19581	40872	7325	13777	19770	40162	6602	14692	18868
	占比/%	1.20	1.09	1.21	1.24	1.18	1.06	1.19	1.21	1.16	1.00	1.15	1.23
其他	教师/人	31479	6537	11038	13904	32470	6933	10658	14879	35746	6789	12429	16528
	占比/%	0.91	0.95	0.92	0.88	0.93	1.01	0.92	0.91	1.03	1.03	0.97	1.08
当年不任课	教师/人	69445	18315	23220	27910	70255	18631	21716	29908	72966	17969	24797	30200
	占比/%	2.00	2.66	1.94	1.77	2.02	2.70	1.88	1.83	2.10	2.73	1.94	1.97

资料来源：教育部发展规划司编：《中国教育统计年鉴2003》，人民教育出版社，2004年，第136—137页；教育部发展规划司编：《中国教育统计年鉴2004》，人民教育出版社，2005年，第140—141页；教育部发展规划司编：《中国教育统计年鉴2005》，人民教育出版社，2006年，第140—141页。

3. 职称结构有待改善

到2003—2005年,在初中教师中,中学高级职称以及中学一级职称者不断增多,其所占比重逐年升高,中学二级职称者、中学三级职称者以及未评职称者不断减少,其所占比重也不断下降,相关统计见表4.48。

表4.48 2003—2005年城镇乡初中教师的职称情况统计

年份	地区	合计/人	中学高级		中学一级		中学二级		中学三级		未评职称	
			人数/人	占比/%	人数/人	占比/%	人数/人	占比/%	人数/人	占比/%	人数/人	占比/%
2003	合计	3466735	169283	4.9	1119241	32.3	1477150	42.6	358052	10.3	343009	9.9
	城市	689643	85260	12.4	283446	41.1	235839	34.2	30519	4.4	54579	7.9
	县镇	1198978	47236	3.9	395361	33.0	531112	44.3	114239	9.5	111030	9.3
	乡村	1578114	36787	2.3	440434	27.9	710199	45.0	213294	13.5	177400	11.2
2004	合计	3476784	195655	5.6	1193067	34.3	1455039	41.9	323206	9.3	309817	8.9
	城市	688794	94420	13.7	290343	42.2	227349	33.0	26182	3.8	50500	7.3
	县镇	1154996	55698	4.8	412140	35.7	495064	42.9	96925	8.4	95169	8.2
	乡村	1632994	45537	2.8	490584	30.0	732626	44.9	200099	12.3	164148	10.1
2005	合计	3471839	227860	6.6	1266994	36.5	1417441	40.8	274842	7.9	284702	8.2
	城市	658090	102450	15.6	284976	43.3	207372	31.5	19602	3.0	43690	6.6
	县镇	1280046	72201	5.6	483391	37.8	531637	41.5	94076	7.3	98741	7.7
	乡村	1533703	53209	3.5	498627	32.5	678432	44.2	161164	10.5	142271	9.3

资料来源:教育部发展规划司编:《中国教育统计年鉴2003》,人民教育出版社,2004年,第470—477页;教育部发展规划司编:《中国教育统计年鉴2004》,人民教育出版社,2005年,第476—483页;教育部发展规划司编:《中国教育统计年鉴2005》,人民教育出版社,2006年,第476—483页。

如表4.48所示,2003—2005年,全国初中教师中,初级职称者所占比重最高,其次为中级职称者,高级职称者占比最低。其中,高级职称者所占比重由2003年的4.9%升至2005年的6.6%,中级职称者由2003年的32.3%升至2005年的36.5%,初级职称者由52.9%降至48.7%,未评职称者由9.9%降至8.2%。在乡村初中教师中,高级职称者所占比重由2003年的2.3%上升至2005年的3.5%;中级职称者所占比重由27.9%上升至32.5%,初级职称者所占比重则由58.5%降至54.7%,总体呈现高级职称所占比重低于全国平均水平,中级职称、初级职称者以及未评职称所占比重高于全国平均水平的局面。从城、县镇与乡村教师职称结构的对比来看,城市初中教师职称结构最好,远远高于全国平均水平,城市初中教师中往往是中学一级职称者最多,其所占比重最高,其次是二级职称者;乡村初中教师职称结构却与之相反,中学二级职称者人数较多,其所占比重稍有下降,但均在44%—45%;中学一级职称稍有提升,均在27%—33%。由此可知,乡村初中教师职称结构有待进一步完善。

如表4.49所示,2003—2005年,全国小学专任教师中,小学一级职称者最多,所占比重最高;其次为小学高级职称者,小学二级职称者位居第三位。其中,高级职称者所占比重由2003年的0.3%,增至2005年的0.4%;中级职称者所占比重则由2003年的35.7%升至2005年的42.1%;初级职称者所占比重则由2003年的57.4%降至2005年的51.7%,未评职称者所占比重则由6.5%降至5.7%。在乡村小学教师中,高级职称者所占比重由2003年的0.2%上升至2005年的0.3%;中级职称者所占比重由2003年的32.5%升至2005年的38.9%;初级职称者所占比重则由2003年的60.4%降至2005年的55.2%,未评职称者由6.9%降至5.7%。总体呈现高级职称、中级职称者所占比重低于全国平均水平,初级职称者所占比重高于全国平均水平的局面。从城、县镇与乡村教师职称结构的对比来看,城市小学教师小学高级职称者,人数占比位居第一位,且远高于全国小学教师小学高级职称的平均水平;其次是小学一级职称者;乡村小学教师职称结构却与之相反,小学一级职称者人数最多,其所占比重均处在44%—46%,其次为小学高级职称者,人数占比均在32%—39%。

表 4.49　2003—2005 年城镇乡小学教师的职称情况统计

年份	地区	合计/人	中学高级		小学高级		小学一级		小学二级		小学三级		未评职称	
			人数/人	占比/%	人数/人	占比/%	人数/人	占比/%	人数/人	占比/%	人数/人	占比/%	人数/人	占比/%
2003	合计	5702750	15813	0.3	2037609	35.7	2534656	44.4	703780	12.3	39083	0.7	371809	6.5
	城市	936396	5521	0.6	409654	43.7	372240	39.8	80304	8.6	4825	0.5	63852	6.8
	县镇	1120663	3367	0.3	442718	39.5	495037	44.2	117177	10.5	6165	0.6	56199	5.0
	乡村	3645691	6925	0.2	1185237	32.5	1667379	45.7	506299	13.9	28093	0.8	251758	6.9
2004	合计	5628860	18277	0.3	2191733	38.9	2458818	43.7	596178	10.6	31558	0.6	332296	5.9
	城市	937495	6432	0.7	435403	46.4	361630	38.6	66314	7.1	4690	0.5	63026	6.7
	县镇	1053492	4353	0.4	456429	43.3	447860	42.5	89479	8.5	4952	0.5	50419	4.8
	乡村	3637873	7492	0.2	1299901	35.7	1649328	45.3	440385	12.1	21916	0.6	218851	6.0
2005	合计	5592453	23312	0.4	2356538	42.1	2371031	42.4	493783	8.8	29328	0.5	318461	5.7
	城市	898381	8128	0.9	445415	49.6	330046	36.7	50659	5.6	4259	0.5	59874	6.7
	县镇	1125488	5829	0.5	522327	46.4	456479	40.6	79437	7.1	4901	0.4	56515	5.0
	乡村	3568584	9356	0.3	1388796	38.9	1584506	44.4	363687	10.2	20168	0.6	202071	5.7

资料来源:教育部发展规划司编:《中国教育统计年鉴 2003》,人民教育出版社,2004 年,第 550—557 页;教育部发展规划司编:《中国教育统计年鉴 2004》,人民教育出版社,2005 年,第 556—563 页;教育部发展规划司编:《中国教育统计年鉴 2005》,人民教育出版社,2006 年,第 556—563 页。

根据教育部规定:到 2005 年全国小学教师具有中、高级职称所占比重应分别达到 37%和 1.5%以上,初中教师中具有中、高级职称的比例应分别达到 36%和 6.5%以上。如表 4.48 所示,2005 年全国初中教师中、高级职称比重均达到了该标准,但乡村初中专任教师中、高级职称比重则低于该标准。如表 4.49 所示,2005 年全国小学教师和乡村小学教师中,中级职称者占比均超过了国家规定的数据范围,但高级职称者占比却低于规定标准。总体上讲,乡村初中和小学教师中高级职称者数量较少,同时还存在高级职称者纷纷调往城镇学校的现象。

初中、小学专任教师中,中级、高级职称者所占比例存在严重的城乡差异。一般而言,乡村比城市低 9—15 个百分点。① 同时,地区之间也存在明显差距。如据国家教育督导报告:2004 年,在小学高级教师的比例上,东部地区为 43.9%,中部地区为 41.0%,西部地区仅为 32.3%,东、西部地区相差 12 个百分点;在初中一级及以上职务教师的比例上,东部地区为 44.2%,中部地区为 41.4%,西部地区仅为 32.6%,东、西部地区相差 12 个百分点。②

4.学历水平区域差异性大

这一时期,初中、小学教师学历水平存在城乡差异和地区差异。乡村初中、小学专任教师学历基本达标,且学历结构有所好转,但大多通过函授、自学考试以及“民转公”等方式达成,教师所学专业与所教学科并不一致。从总体上看,乡村初中、小学教师学历仍低于全国平均水平。初中、小学教师学历结构不仅存在城乡之间的差异,而且呈现出不同地区之间的不均衡状况。从表 4.35 和表 4.36 可以看出 2003—2005 年初中、小学教师学历水平存在明显的城乡差距。

① 谢小波:《试述区域内基础教育均衡发展背景下的教师政策》,《浙江师范大学学报(社会科学版)》,2007 年第 1 期,第 116—121 页。

② 国家教育督导团:《国家教育督导报告 2005——义务教育均衡发展:公共教育资源配置状况》,《教育发展研究》,2006 年第 5 期,第 3 页。

以2001年全国初中、小学教师学历状况为例，如表4.50所示，2001年全国初中、小学教师的学历合格率存在城乡差距，小学的城乡差距为2.22%，初中为7.58%；大专及以上学历教师占比的城乡差距，小学为20.69%，初中为14.16%。由此可见，无论是学历合格率还是高学历教师占比，初中和小学教师的城乡差距都较大。从前文表4.35、表4.36中也可以看出乡村初中、小学专任教师在学历水平方面存在明显的城乡差距。如表4.50所示，就东部、中部以及西部等不同地区的乡村教师学历合格率而言，乡村初中与乡村小学均呈现"东部>中部>西部"状态，西部地区乡村教师学历合格率低于全国乡村教师平均的水平。不同地区大专及以上学历乡村教师比例同样呈现"东部>中部>西部"状态，且西部地区大专及以上学历乡村教师比例同样低于全国乡村教师的平均水平。再如东北师范大学农村教育研究所于2002—2004年对浙江、黑龙江、吉林、河南、贵州、四川等6省份中60多个乡镇乡村教师第一学历的调查可知：中师毕业者占64.34%，初中毕业者占2.86%，专科毕业者占29.2%，本科以上毕业者占3.56%，学历水平起点偏低，且高学历教师比例较低；与城市教师的第一学历相比，乡村中师毕业者所占比重高了30个百分点，本科和本科以上毕业者所占比重则低了近30个百分点。[①] 总之，尽管这一时期乡村初中、小学专任教师学历结构有所改善，但乡村教师学历水平仍存在城乡差距和地区差距。

表4.50　2001年全国初中、小学教师学历情况统计

(单位:%)

项目	地区合计		东部地区平均		中部地区平均		西部地区平均	
	小学	初中	小学	初中	小学	初中	小学	初中
1. 专任教师学历合格率	96.81	88.81	98.25	90.96	97.32	88.45	94.40	86.03
城镇	98.26	92.32	98.74	93.34	98.27	92.36	97.41	90.47
乡村	96.04	84.74	97.91	87.44	96.87	84.71	93.10	81.40
城乡差距(百分点)	2.22	7.58	0.83	5.90	1.40	7.65	4.31	9.07

① 梁东奇:《农村教师队伍现状、原因与改善对策研究》,东北师范大学硕士学位论文,2005年,第9—10页。

续　表

项目	地区合计		东部地区平均		中部地区平均		西部地区平均	
	小学	初中	小学	初中	小学	初中	小学	初中
2.大专及以上学历专任教师比例	27.40	16.95	32.47	19.85	27.31	16.56	21.18	13.04
城镇	40.96	23.51	44.38	26.15	41.63	23.39	34.20	18.95
乡村	20.25	9.35	24.20	10.50	20.67	10.07	15.58	6.88
城乡差距(百分点)	20.69	14.16	20.18	15.65	20.97	13.32	18.62	12.07

注:小学高学历教师指具有大专及以上学历的教师;初中高学历教师指具有本科及以上学历的教师。

资料来源:徐坚成、付炜:《普及义务教育的进展和问题》,中央教育科学研究所:《2002/2003中国基础教育发展研究报告》,教育科学出版社,2003年,第59页。引自吕丽艳:《教育卸责问题研究——基于农村教育实践的考察》,东北师范大学出版社,2008年,第157页。

(三)教师待遇仍有待改善

因为农业税取消后大多数以农业税为主要财政来源的乡镇财政运行有较大困难,乡村教育财政上级转移支付无法及时落实到位,乡村教育经费短缺,从而致使乡村教师工资拖欠、待遇存在区域差异和不均衡性,住房困难等问题尚未得到解决等。

1.教师工资拖欠或发放不及时问题依然存在

1993年以来的十年间,各级政府实际上少支付的教育经费超过了6,000亿元①,导致这一时期出现教师工资拖欠或发放不及时等严重问题。据国家教委统计,1993年5月底,全国乡村教师被拖欠工资金额高达14.3亿元,拖欠涉及除北京、宁夏、西藏以外的所有省区,其中四川、广西、河南、河北、湖北、辽宁等省有拖欠教师工资的县超过了半数,有的甚至超出了本省区总县数的70%,拖欠时间短则数月长则达3年,拖欠教师工资形式有全额、减额及变相拖欠等。② 此后工资拖欠基本上以乡村教师为主要对象。

① 张玉林:《目前中国农村的教育危机》,《战略与管理》,2004年第4期,第40页。
② 陆水明:《普及教育,跨世纪的难题》,《党史文汇》,1995年第3期,第34页。

1999 年 3 月,一位政协委员在全国政协九届三次会议上疾呼:“农村教师处在水深火热之中啊!”据初步统计,到 2000 年 4 月,全国拖欠教师总额高达 135.6 亿元,覆盖了北京、上海和浙江以及西藏之外的 27 个省区。[①] 截至 2002 年 7 月,全国累计拖欠教师工资距国家规定标准差 127.06 亿元,涉及 24 省区。其中,2002 年 1—4 月新欠 14.6 亿元,涉及 21 省和 420 多个县级行政区域。[②] 实际上当时拖欠教师工资数额会更大。据不完全统计,2000—2003 年全国部分省份教师拖欠工资情况见表 4.51。

表 4.51　2000—2003 年全国部分省份教师工资拖欠情况统计

地区	教师工资拖欠情况
吉林	至 2001 年,累计拖欠 10.17 亿元。
辽宁	44 个县累计拖欠 11.8 亿元,其中 2001 年新欠 1.1.亿元。
内蒙古	2002 年 3 月底,全区累计拖欠 17.62 亿元,其中该年 1—3 月新欠 1.79 亿元。
山东	2002 年 8 月,按实际标准有 58 个县市拖欠 10.7 亿元,按国标工资有 63 个县市拖欠 7.8 亿元。
安徽	2000 年底,拖欠 16.7 亿元,2001 年底仍有 22 个县拖欠国标工资 7.02 亿元,加上地方补贴达 24.8 亿元。
河南	最多时(统计时间未知)全省拖欠国标工资 28.5 亿元,其中 2001 年有 70%的乡镇拖欠国标工资。
湖北	累计拖欠 23.67 亿元(2000 年前拖欠 10.29 亿元,2000 年拖欠 7.69 亿元,2001 年 1—6 月拖欠 5.69 亿元)。
湖南	累计拖欠超过 12 亿元。其中该省祁东县至 2002 年拖欠 1.1 亿元。
江西	至 2001 年累计拖欠 6 亿多元。其中九江市至该年 9 月累计拖欠 2.2 亿元,当年新欠 1 亿多元。
广东	2000 年 4 月全省拖欠 6.5 亿元,到 2001 年底仍拖欠 1.2 亿元。
广西	部分县累计拖欠 8.5 亿元。
海南	至 2001 年,拖欠 2.34 亿元。
陕西	2000 年底累计拖欠 8.53 亿元,2003 年 11 月增至 9.2 亿元。7.7 万名乡村教师人均拖欠 3300 元。

① 张玉林:《2004 中国教育不平等状况蓝皮书》,《校长阅刊》,2005 年第 5 期,第 10 页。
② 张玉林:《2004 中国教育不平等状况蓝皮书》,《校长阅刊》,2005 年第 5 期,第 10 页。

续 表

地区	教师工资拖欠情况
甘肃	至2001年,累计拖欠13.8亿元。
四川	至2001年,累计拖欠4.68亿元。

注:表中的"国标"指的是中央政府统一规定的工资项目及标准,大约占教师应领工资的70%,在国标之外还有工资总额的30%左右的工资是由各省及地级市政府发放的津贴、补贴。

资料来源:转型期中国重大教育政策案例研究课题组编:《缩小差距:中国教育政策的重大命题》,人民教育出版社,2005年,第80页;张玉林:《目前中国农村的教育危机》,《战略与管理》,2004年第4期,第41页。

由此可见,全国教师工资拖欠较为严重。2003年,在教师节纪念《教师法》颁布10周年座谈会上,全国人大常委会副委员长路甬祥指出:"在有些地方,拖欠教师工资的现象依然严重,教师工资拖欠问题还没有从根本上得到解决,拖欠数额依然较大,涉及范围依然较广。"[①]而且乡村教师是工资拖欠的主要对象,不仅影响到乡村教师生活状况,致使其教学质量深受影响,也导致大量乡村教师不断流失,最终影响到了乡村教师队伍的稳定。

2. 教师待遇存在区域差异性和非均衡性

第一,教师与其他行业职工的待遇存在差距。到1997—2002年,教师平均工资有所好转,但与其他行业职工相比仍不太乐观。2003年开始我国行业划分为19大类,从事教育行业的教师工资情况见表4.52。

表4.52 2003—2005年全国分行业职工平均工资统计

(单位:元)

行业	2003年	2004年	2005年
合计	14040	16024	18364
农、林、牧、渔业	6969	7611	8309
采矿业	13682	16874	20626
制造业	12496	14033	15757
电力、煤气及水的生产和供应业	18752	21805	25073
建筑业	11478	12770	14338

① 王军:《路甬祥:教师工资拖欠问题必须解决》,《中国教师报》,2003年9月29日。

续　表

行业	2003年	2004年	2005年
交通、运输仓储和邮电业	15973	18381	21352
信息传输、计算机服务和软件业	32244	34988	40558
批发和零售业	10939	12923	15241
住宿和餐饮业	11083	12535	13857
金融业	22457	26982	32228
房地产业	17182	18712	20581
租赁和商务服务业	16501	18131	20992
科学研究、技术服务和地质勘查业	20636	23593	27434
水利、环境和公共设施管理业	12095	13336	14753
居民服务和其他服务业	12900	14152	16642
教育	14399	16277	18470
卫生、社会保障和社会福利业	16352	18617	21048
文化、体育和娱乐业	17268	20730	22885
公共管理和社会组织	15533	17609	20505

资料来源:国家统计局编:《中国统计年鉴2006》,中国统计出版社,2006年,第163—165页。

如表4.52所示,2003—2005年,教师平均工资不断增多,且约高于全国分行业职工的平均工资,但与其他行业职工的平均工资相比,在2003年的19大类行业中,教师平均工资排名顺数第11位,倒数第9位;2004年排名顺数第12位,倒数第8位;2005年教师平均工资排名顺数12位,倒数第8位。由此可见,与其他行业职工相比,教师平均工资状况仍不容乐观。

第二,城乡教师待遇存在差距。据调查统计,在2003年同届毕业、同职称教师中,乡村教师的年工资与本地城镇教师的工资差额为3,000多元,与发达地区的教师相比差额为10,000多元,同时工资待遇之外的福利差距也较大。[①] 东北师范大学农村教育研究所课题组对2004—2006年吉林、山东、山西、甘肃、青海、内蒙古、安徽、重庆等省份不同地区的城乡教师待遇做了调查,相关情况见表4.53。

① 吕丽艳:《教育卸责问题研究——基于农村教育实践的考察》,东北师范大学出版社,2008年,第150页。

表 4.53 2004—2006 年某课题组对吉林等省份城乡教师收入情况的统计

(单位:%)

项目		月工资	城市教师占比	乡村教师占比
城乡教师月工资		500 元及以下	10.78	19.21
		500—800 元	40.7	54.66
		800—1000 元	24.18	21.04
		1000 元以上	24.34	5.09
城乡教师教龄与月工资	1—5 年教龄	800 元及以下	54.95	98.47
		800 元以上	45.05	1.54
		1000 元及以下		
		1000 元以上		
	6—10 年教龄	800 元及以下		
		800 元以上		
		1000 元及以下		
		1000 元以上		
	11—15 年教龄	800 元及以下	59.83	73.84
		800 元以上	40.17	26.16
		1000 元及以下		
		1000 元以上		
	16—20 年教龄	800 元及以下		
		800 元以上		
		1000 元及以下	61.34	96.68
		1000 元以上	38.46	3.32

资料来源:李伯玲:《城乡教师的收入差距与流动问题探究》,《中小学教师培训》,2007 年第 3 期,第 60 页。

如表 4.53 所示,2004—2006 年,从城乡教师月工资来看,500 元及以下者乡村教师所占比重更多,城乡教师所占比重相差近 9 个百分点;1,000 元以上者城市教师所占比重更多,乡村教师仅占 5%,城乡教师所占比重相差近 19 个百分点;500—800 元者乡村教师所占比重也较大,城乡教师相差近 14 个百分点;800—1,000 元者城市教师所占比重大,城乡教师相差仅 3 个百分点。总体上,低工资 800 元及以下的乡村教师所占比重更高,工资 800 元以上的城市教师所占比重更高,且城乡之间差距较为明显,城乡教师工资差距较大。乡村教师工资被各种名目扣除也是城乡教师待遇差距的重要原因。如河南省方城县某乡村小学高级教师2005年的档案工资为1,051元,但被各种名目(如订报费、修桥费、新课程培训费、资助贫困大学生、普法考试等)克扣后到手工资仅870元,该县县直学校教师则不会被克扣工资,且还被增发乡村学校教师没有的年终奖、考核费以及补贴等,从而更加拉大了城乡教师的待遇差距。[①]

第三,不同地区的乡村教师之间待遇差距较大。我国乡村地域经济发展呈现不平衡性,导致教育发展在速度、层次、规模、普及程度等方面都存在地域差异性和不均衡性,乡村教师待遇同样存在区域差异性和非均衡性。

以2005年不同地区乡村初中、小学教育经费在工资等待遇上的支出情况为例,如表4.54所示,2005年全国乡村初中教师平均工资待遇支出为30.298千元,乡村小学教师平均支出为25.817千元。除了上海和浙江省,就乡村初中教师平均工资待遇支出而言,北京最高,达84.217千元;其次是天津,为58.469千元;陕西和西藏地区平均支出较低,分别为14.135千元和0元。就乡村小学教师平均工资待遇支出而言,天津最高,达80.147千元;其次为北京,达67.785千元;河南最低,为14.243千元。由此,不同地区的乡村教师的工资待遇呈现明显的差异性。一般而言,经济发达的东部地区的教师收入水平明显高于西部地区,体现出了乡村教师工资的地区性差异。

同时,代课教师待遇最低。据2004年对柳林县成家庄镇中小学教师的工资调查:该校中专级师范院校毕业生工资在720元左右,大专级师范院校毕业生和从非师范院校毕业改派到教育部门的大专毕业生工资在760元左右,本科生工资在800元左右,并且每隔两年工资会升一级,增加20元左右,但乡镇小学的代课教师工资每月为120元左右,其工资也不随工龄增加,“乡下小学”代课教师月薪仅60—80元,最多仅100元。[②]

---

① 张伟等:《城乡教师收入相差悬殊　山区教师纷纷流失》,《教书育人(教师新概念)》,2007年第1期,第28—29页。

② 李艳、王继国:《代教:社会转型期乡村社会特殊教师群体——以山西省部分农村地区教师构成为例》,《教育理论与实践》,2004年第3期,第50—51页。

表 4.54　2005 年分地区乡村初中和小学教师工资待遇支出统计

地区	乡村教师/人		工资待遇等支出/千元		平均工资待遇支出/千元	
	初中	小学	初中	小学	初中	小学
合计	1533703	3568584	46468113	92129142	30.298	25.817
北京	6443	14986	542608	1015833	84.217	67.785
天津	7017	9184	410275	736074	58.469	80.147
河北	96600	218286	2405295	4560833	24.900	20.894
山西	60152	129007	1278159	2834492	21.249	21.972
内蒙古	21385	66995	649145	1836243	30.355	27.409
辽宁	51512	98303	1321200	2576022	25.648	26.205
吉林	22268	81414	750961	1880103	33.724	23.093
黑龙江	48969	100478	1014403	2339501	20.715	23.284
上海	897	1219	832840	1265025	928.473	1037.756
江苏	79656	132194	3451077	6255283	43.325	47.319
浙江	16795	53319	3569230	5862718	212.517	109.956
安徽	77144	182372	2134111	4695924	27.664	25.749
福建	35449	99006	1901220	3532423	53.633	35.679
江西	55578	133691	1146694	2352159	20.632	17.594
山东	84138	230790	4474510	5961758	53.181	25.832
河南	161474	359985	2875693	5127259	17.809	14.243
湖北	97430	143215	2282026	2684186	23.422	18.742
湖南	100247	158060	2704835	3546296	26.982	22.436
广东	59075	209050	2259529	6361670	38.248	30.431
广西	34153	141728	1387816	3489967	40.635	24.624
海南	5613	31371	196439	659132	34.997	21.011
重庆	45171	82612	868544	1947381	19.228	23.573
四川	87133	203919	2501079	5362825	28.704	26.299
贵州	42415	131620	903187	2831151	21.294	21.510
云南	54384	173031	1420116	4417802	26.113	25.532
西藏	39	9004	0	375994	0	41.759
陕西	80866	143619	1143077	2332116	14.135	16.238
甘肃	40246	94990	771733	2058343	19.175	21.669
青海	6266	17815	113826	437805	18.166	24.575
宁夏	6196	21403	170713	512488	27.552	23.945
新疆	48992	95918	987772	2280336	20.162	23.774

注:(1)原文献的数据包含了"贷款助学金"的金额,本表进行了剔除。(2)上海和浙江的乡村教师的平均工资待遇支出超过其他数据范围,因此不列入对比之中。

资料来源:教育部发展规划司编:《中国教育统计年鉴 2005》,人民教育出版社,2006 年,第 550、482 页;教育部发展规划司编:《中国教育统计年鉴 2006》,人民教育出版社,2007 年,第 272—273、290—291 页。

3. 教师住房困难问题尚未得到较好解决

国家教育行政学院课题组2004年对29个省(区、市)(涵盖了全国64个地市)做了调查,相关情况见表4.55。

表4.55　2004年调查的64个地市的乡村中小学教师住房保障情况统计

(单位:个)

地区类别	调查对象数	住房问题解决者	住房问题突出者
经济发达地区	5	3	
较发达地区	9	4	1
欠发达地区	34	14	7
贫困地区	16	3	9

资料来源:国家教育行政学院课题组:《关于农村中小学教师队伍现状的调研报告——来自64个地市教育局长的信息及分析》,《上海教育科研》,2004年第3期,第5页。

如表4.55可知,在调查的64个地市中,乡村中小学教师住房问题得到解决的地市达24个,仍有40个地市的住房问题未得到解决。其中,住房问题突出者达17个,尤其在贫困地区,住房问题突出者达9个。这些问题也成为后一阶段乡村教师队伍建设中重点关注的内容。

(四)教师工作量依然较大

乡村中小学教师工作量较大。根据对甘肃省20个县抽取的42个乡中700个村的100个村的教师的调查:2000年,中小学教师每周在教学工作上所花的时间,包含批改作业11.78小时、备课(不包括批改作业)12.26小时、参加教研活动4.28小时、对学生进行课外辅导6.59小时、组织学生课外活动4.49小时、政治学习和业务学习5.14小时,共44.54小时,再加上每周课时(每节课45分钟计)共计55.7小时;到2004年,批改作业10.43小时、备课9.93小时、参加教研活动2.81小时、对学生进行课外辅导5.26小时、组织学生课外活动2.84小时、政治学习和业务学习达3.13小时、家访1.91小时以及课外时间对学生做思想工作3.18小时,这些课堂教学之外的教学工作量达39.49小时。[①] 而且，因乡村教师结构性短缺严重，兼教现象较为普遍。2004年调查显示：兼教课程在4门及以上的乡村教师占调查总数的28.1%，乡村教师教学工作量大，致使乡村教师工作压力也较重。[②] 其中，代课教师工作量尤其大，如据1994年广西壮族自治区河池地区教委领导调查，50位代课教师，平均每人每周上课21.9节，最多者每周上课32节，最少者每周上课12节，同时还要备课、改作业、个别辅导、家访以及担任班主任等相关工作。[③]

总之，乡村教师队伍建设仍存在一定问题。教育部于2002年指出：在新形势下，教师教育"优先发展、适度超前"的政策尚未很好落实；教师教育依旧投入不足，师范院校办学条件相对较差，成为教师教育发展的瓶颈；教师教育体系的布局和层次结构还不尽合理，培养培训相互衔接一体化程度较低，教师教育体系的开放程度还不够高，教师教育制度建设有待加强；师资培养模式比较单一，教师教育观念、课程体系、教学内容和教学方法手段不能适应教育现代化和实施素质教育的要求；中小学教师学科结构不够合理，特别是小学外语教师和中小学信息技术教育教师严重缺乏，中小学教师学历水平总体上偏低，专业化水平不高。[④] 该意见也揭示出当时乡村教师队伍建设仍存在诸多问题。

---

① 常宝宁、崔岐恩：《农村中小学教师生存状态变革：2000—2007》，《教育科学》，2010年第3期，第60页。

② 常宝宁、崔岐恩：《农村中小学教师生存状态变革：2000—2007》，《教育科学》，2010年第3期，第60页。

③ 孟旭、马书义：《中国民办教师现象透视》，广西教育出版社，1999年，第209页。

④ 《教育部关于"十五"期间教师教育改革与发展的意见》（2002年3月1日），http://www.moe.gov.cn/srcsite/A10/s7058/200203/t20020301_162696.html。

第五节　小结

1978年底召开的中国共产党第十一届三中全会，开启了全面拨乱反正之路。在探索与过渡时期受到重创的乡村教师队伍建设，随着国家对乡村教育事业重视力度加大，历经改革与推进。第一，与过渡与探索时期乡村教师数量大幅扩张、乡村教师队伍逐渐壮大、乡村教师在全国基础教育教师中占据主体且呈逐年攀升趋势有所不同，在改革与推进时期，乡村教师数量有所控制，乡村教师队伍规模有所缩减，乡村教师在全国基础教育教师中所占比重也逐年下降。这与这一时期加强了乡村教师队伍的管理，尤其加强了对民办教师的整顿，注重乡村教师质量提升的主基调相联系。

第二，乡村师资基本上满足了乡村基础教育发展的需求，同时也存在结构性矛盾。无论是在年龄结构、学科结构还是学历与职称结构方面都存在一定的问题：乡村教师年轻化和老龄化倾向并存；除了语文、数学学科教师，其他素质学科教师，如音乐、体育、美术、科学等学科教师较为紧缺；乡村教师中高学历者、中高职称者占比较低。

第三，在民办教师退场的同时，代课教师依然在场并有所发展，其见证了乡村学校急需师资的历史现实，也反映了乡村教师队伍建设的艰难历程。20世纪20—40年代的代用教员，以及新中国成立后的民办教师、代课教师，成为我国乡村教师队伍建设中一道不可忽视的风景。为了提升乡村师资素质，加强乡村教师队伍管理，这一时期以整顿为主，通过系列举措促使民办教师逐渐退出了历史舞台。然而，乡村基础教育发展面临需要一定数量师资支撑与补充师资来源不足的矛盾，同时，乡村教育经费投入严重不足。双重现实矛盾为代课教师继续存在,乃至进一步发展提供了土壤。但是,代课教师文化素质水平、教学胜任能力等方面并不能令人满意,再加上代课教师待遇极其低下导致其质量低下现象更为严重,使得乡村教师队伍建设又面临着新的困境。

第四,整个社会重新形成了尊师重教的社会氛围,乡村教师的社会地位、工资待遇有所提升。同时,还存在教师待遇地区差异性较大的问题,与其他行业职工相比、与城市教师相比,其工资待遇仍处于低位。而且,由于乡村义务教育经费投入权限曾一再下放地方基层,而地方经济发展水平、地方政府对基础教育的重视程度等存在差异,不同地区的乡村教师工资待遇差距较大。

第五,乡村师资培养与培训均经历了较大变革。在乡村师资的培养过程中,随着师范教育改革的推进,中等师范学校由作为乡村师资培养的主阵地,逐渐与师范教育免费制度一同退出了历史舞台,乡村义务教育教师的学历标准和水平有所提升;在乡村教师培训方面,由以学历补偿性培训为主逐渐走向注重终身教育。由此再次确定了这一历史时期乡村教师队伍建设注重质量提升的主基调。

第五章

中国乡村教师队伍建设的持续推进时期（2006—2014 年）

随着社会主义新农村建设的推进，乡村教育受到了空前的重视，乡村教师队伍建设经过上一阶段的改革与推进，到 21 世纪之初，很多建设举措已经启动，促使乡村教师队伍建设进入持续推进阶段：通过进一步完善部属师范大学师范生免费教育政策，鼓励支持地方师范生免费教育制度，扩大“硕师计划”以及“服务期满特岗教师免试攻读教育硕士计划”等不断提升乡村教师的培养质量；通过采取定向委托培养等特殊招生方式，扩大双语教师、音体美等紧缺薄弱学科和全科教师的培养规模；通过推进城镇教师支援乡村学校、城乡教师校长轮岗交流制度，组织师范生到乡村学校实习支教，实施农村义务教育阶段学校教师特设岗位计划（简称“特岗计划”）以及从事支教、支农、支医和扶贫工作（简称“三支一扶”）等拓宽优质乡村师资的来源，促使乡村教师补充多样化。与此同时，为了激励乡村教师长期从教，在建立统一的中小学教师职务（职称）和中小学设置正高级教师职务（职称）的背景下，持续保障乡村教师工资待遇，提高乡村教师社会地位，实施乡村教师倾斜式支持，使乡村教师激励机制逐步健全。

第一节 21世纪初期乡村社会形势变迁与乡村教育的发展

2006—2014年，乡村社会发生了较大变化，国家高度重视乡村社会的发展，推动社会主义新农村建设以及城乡统筹发展。与此同时，乡村义务教育备受关注，乡村义务教育经费投入保障机制逐渐建立并不断完善，在巩固提高九年义务教育水平、推进义务教育均衡发展等方面取得了一定成绩。

一、乡村社会形势变迁

为巩固发展农村税费改革成果，扎实推进社会主义新农村建设，根据《关于推进社会主义新农村建设的若干意见》（中共中央、国务院，2006年）精神，国务院发布《关于做好农村综合改革工作有关问题的通知》（国务院，2006年），坚持"多予少取放活"和"工业反哺农业、城市支持农村"的方针，紧紧围绕社会主义新农村建设的总体要求，重点推进乡镇机构、农村义务教育和县乡财政管理体制三项改革，以此带动农村的各项改革，推进社会主义新农村建设。[①] 由此，乡村社会进入综合改革时期。党的十六大以来，政府出台了一系列"多予少取放活"和"工业反哺农业、城市支持农村"的重大政策，全面构建农业生产经营、农业支持保护、农村社会保障、城乡协调发展的制度框架，促使农业生产得到较大发展、农村面貌得到较大改善，初步探索

① 《国务院关于做好农村综合改革工作有关问题的通知》（2006年10月8日），http://www.gov.cn/zwgk/2006-10/13/content_412168.htm。

出了一条中国特色农业现代化道路。到 2012 年,伴随工业化、城镇化的深入推进,我国农村发展进入新的阶段,呈现出农业综合生产成本上升、农产品供求结构性矛盾突出、农村社会结构加速转型、城乡发展加快融合的态势。[①] 这一时期社会主义新农村建设和城乡统筹发展方略得以推进,城乡居民收入差距进一步缩小。

(一)社会主义新农村建设的推进

社会主义新农村建设自 2005 年提出,到 2006 年以来开局良好,但仍存在“农业基础设施依然薄弱,农民稳定增收依然困难,农村社会事业发展依然滞后,改变农村落后面貌、缩小城乡差距仍需付出艰苦努力”等问题。鉴于此,《关于积极发展现代农业扎实推进社会主义新农村建设的若干意见》(中共中央、国务院,2006 年)指出,2007 年农业和农村工作的总体要求是:坚持把解决好“三农”问题作为全党工作的重中之重,统筹城乡经济社会发展,实行“工业反哺农业、城市支持农村”和“多予少取放活”的方针,巩固、完善、加强支农惠农政策,切实加大农业投入,积极推进现代农业建设,强化农村公共服务,深化农村综合改革,促进粮食稳定发展、农民持续增收、农村更加和谐,确保新农村建设取得新的进展,巩固和发展农业农村的好形势。[②] 加强“三农”工作,推进社会主义新农村建设,凸显了乡村社会的地位。而推进乡村义务教育发展也成为全面落实科学发展观、构建社会主义和谐社会的重要内容。

(二)城乡统筹发展方略的推进

城乡统筹发展是推进社会主义新农村建设的重要方面。2007 年 10 月 15 日至 21 日北京召开的党的十七大会议继续推进城乡统筹发展,提出建立以工促农、以城带乡的长效机制,以形成城乡经济社会发展一体化新格局。

---

① 《中共中央、国务院关于加快发展现代农业进一步增强农村发展活力的若干意见》(2012 年 12 月 31 日),http://www.gov.cn/gongbao/content/2013/content_2332767.htm。

② 《中共中央、国务院关于积极发展现代农业扎实推进社会主义新农村建设的若干意见》(2006 年 12 月 31 日),http://www.gov.cn/gongbao/content/2007/content_548921.htm。

该次会议报告指出“要统筹城乡发展，推进社会主义新农村建设”，并将农村建设纳入国家建设全局。2008年10月9日至12日召开的党的十七届三中全会进一步对统筹城乡发展的制度建设和工作举措进行了全面的部署，要求形成城乡经济社会发展一体化新格局，须扩大公共财政覆盖农村范围，发展农村公共事业，使广大农民学有所教、劳有所得、病有所医、老有所养、住有所居，并提出了城乡一体化建设的八大具体举措。[①]《关于加大统筹城乡发展力度进一步夯实农业农村发展基础的若干意见》（中共中央、国务院，2009年）开始聚焦于统筹城乡发展。到2012年11月，党的十八大对推动城乡发展一体化做出了重要部署，明确指出要加快发展现代农业，着力促进农民增收，坚持和完善农村基本经营制度，加快完善城乡发展一体化体制机制。2013年，党的十八届三中全会提出“形成以工促农、以城带乡、工农互惠、城乡一体的新型工农城乡关系”。而且，随着国家城镇化进程的加快，撤村并点范围扩大，农民进城成为市民的速度也开始加快。城乡统筹发展方略的推进也为城乡教育统筹发展、城乡师资均衡配置以及撤点并校等的实施奠定了基础。

（三）城乡居民收入差距的缩小

随着城乡统筹发展方略与社会主义新农村建设的推动，农村居民家庭收入逐渐提高。2006—2014年我国城乡居民家庭收入情况见表5.1。

表5.1　2006—2014年全国城乡居民家庭人均收入差距的演变情况统计

年份	城镇居民家庭人均可支配收入/元	农村居民家庭人均纯收入/元	城市居民家庭人均可支配收入比上年增长率/%	农村居民家庭人均纯收入比上年增长率/%	城市居民家庭人均可支配收入与农村居民家庭人均纯收入之比/倍
2006	11759.5	3587.0	12.07	10.20	3.28
2007	13785.8	4140.4	17.23	15.43	3.33

① 胡锦涛：《高举中国特色社会主义伟大旗帜 为夺取全面建设小康社会新胜利而奋斗——在中国共产党第十七次全国代表大会上的报告》（2007年10月15日），http://www.npc.gov.cn/zgrdw/npc/xinwen/szyw/zywj/2007-10/25/content_373528.htm。

续　表

年份	城镇居民家庭人均可支配收入/元	农村居民家庭人均纯收入/元	城市居民家庭人均可支配收入比上年增长率/%	农村居民家庭人均纯收入比上年增长率/%	城市居民家庭人均可支配收入与农村居民家庭人均纯收入之比/倍
2008	15780.8	4760.6	14.47	14.98	3.31
2009	17174.7	5153.2	8.83	8.25	3.33
2010	19109.4	5919.0	11.26	14.86	3.23
2011	21809.8	6977.3	14.13	17.88	3.13
2012	24564.7	7916.6	12.63	13.46	3.10
2013	26955.1	8895.9	9.73	12.37	3.03
2014	29381.0	9892.0	9.00	11.20	2.97

注:2012 年及之前的数据来源于分别开展的城镇住户调查和农村住户调查,2013—2014 年的数据根据城乡一体化住户收支与生活状况调查数据按可比口径推算获得。

资料来源:国家统计局编:《中国统计年鉴 2015》,中国统计出版社,2015 年,第 181 页。

如表 5.1 所示,2006—2014 年我国乡村居民家庭人均收入不断增长,由 2006 年的 3,587 元增至 2010 年的 5,919 元,2014 年增至 9,892 元,增加了 1 倍之多;就农村居民家庭人均纯收入比上年增长率而言,2011 年增长率最多,达 17.88%,其次为 2007 年,达 15.43%。将城市居民家庭人均可支配收入与农村居民家庭人均纯收入相比较,后者始终远低于前者,城乡居民家庭人均收入差距较大,且 2007 年、2009 年前者均为后者的 3.33 倍,2010 年开始,两者之比开始有所减少,为 3.23,此后持续降低,到 2014 年降至 2.97。由此可见,2010 年之后,城乡居民家庭人均收入的差距开始有所缩小。这也为城乡教育均衡发展以及师资均衡配置提供了重要的物质保障。

二、乡村教育发展演变

随着乡村社会形势的变迁,我国乡村教育政策也做出了相应的调适,城乡教育一体化开始推进。

(一)乡村教育政策演变

《义务教育法》(2006年修)进一步从法律层面推进保障义务教育经费投入机制的实施,为提高乡村教育质量、缩小城乡教育差距、推动城乡教育均衡发展提供了保障。这一时期乡村教育政策围绕着完善义务教育经费投入保障机制、巩固提高九年义务教育水平、调整乡村义务教育学校布局等方面展开。

1. 逐步完善义务教育经费投入保障机制

这一时期,在乡村义务教育经费的投入上,国家进一步实施中央和地方共同分担,省级统筹、以县为主的机制。《义务教育法》(2006年修)明确规定,义务教育经费投入实施国务院和地方各级政府共同负担,省、自治区、直辖市各级政府负责统筹落实的体制。具体为:"国家将义务教育全面纳入财政保障范围,义务教育经费由国务院和地方各级人民政府依照本法规定予以保障","国务院和地方各级人民政府将义务教育经费纳入财政预算,按照教职工编制标准、工资标准和学校建设标准、学生人均公用经费标准等,及时足额拨付义务教育经费,确保学校的正常运转和校舍安全,确保教职工工资按照规定发放";用于实施义务教育财政拨款的增长比例应当高于财政经常性收入的增长比例,保证按照在校学生人数平均的义务教育费用逐步增长,保证教职工工资和学生人均公用经费逐步增长;规范财政转移支付制度,加大一般性转移支付规模和规范义务教育专项转移支付,支持和引导地方各级政府增加对义务教育的投入;根据实际需要设立专项资金,扶持乡村地区、民族地区实施义务教育,县级政府编制预算,除向乡村地区学校和薄弱学校倾斜外,应当均衡安排义务教育经费。[①] 总之,乡村义务教育所需经费由各级政府根据国务院的规定分项目、按比例分担。该义务教育经费投入保障机制在此后的相关政策中被强调,并得以逐步完善。如《关于做好农

① 《中华人民共和国义务教育法》(2006年6月29日),http://www.gov.cn/flfg/2006-06/30/content_323302.htm。

村综合改革工作有关问题的通知》要求，建立和完善政府投入办学、各级责任明确、财政分级负担、经费稳定增长的乡村义务教育经费保障机制，推进乡村义务教育综合改革，提高教育质量，促进教育公平；管好用好中央财政对乡村义务教育有关专项经费，落实地方各级政府的经费分担责任，进一步规范乡村中小学收费管理。[①]《国家中长期教育改革和发展规划纲要(2010—2020 年)》(简称《发展规划纲要》，国家中长期教育改革和发展规划纲要工作小组办公室，2010 年)则将义务教育全面纳入财政保障范围，要求进一步完善中央财政和地方财政分项目、按比例分担的乡村义务教育经费保障机制，提高保障水平；尽快化解乡村义务教育学校债务；进一步加大乡村、边远贫困地区以及民族地区教育投入；中央财政通过加大转移支付，支持乡村欠发达地区和民族地区教育事业发展。[②] 总之，逐步完善义务教育经费投入保障机制为乡村九年义务教育水平的巩固提高与均衡发展提供了经济支撑，也为乡村教师队伍建设提供了物质保障。

2. 巩固提高九年义务教育普及水平

在前一阶段乡村九年义务教育的普及与发展的基础上，这一时期要求不断巩固提高义务教育发展水平，推进乡村义务教育均衡发展。如《发展规划纲要》指出：要"巩固提高九年义务教育水平"，到 2020 年全面提高普及水平和提高教育质量，基本实现区域内均衡发展，确保适龄儿童少年接受良好义务教育；"巩固义务教育普及成果"，适应城乡发展需要，合理规划学校布局，办好必要的教学点，方便学生就近入学；加快农村寄宿制学校建设，优先满足留守儿童住宿需求；确保适龄儿童少年不因家庭经济困难、就学困难、学习困难等原因而失学，努力消除辍学现象。[③] 对九年义务教育发展中在校

---

① 《国务院关于做好农村综合改革工作有关问题的通知》(2006 年 10 月 8 日)，http://www.gov.cn/zwgk/2006-10/13/content_412168.htm。

② 《国家中长期教育改革和发展规划纲要(2010—2020 年)》(2010 年 7 月 29 日)，http://www.moe.gov.cn/jyb_xwfb/s6052/moe_838/201008/t20100802_93704.html。

③ 《国家中长期教育改革和发展规划纲要(2010—2020 年)》(2010 年 7 月 29 日)，http://www.moe.gov.n/jyb_xwfb/s6052/moe_838/201008/t20100802_93704.html。

生巩固率,要求2009年达到90.8%,2015年达到93%,2020年达到95%。同时,提出建立健全义务教育均衡发展保障机制,推进义务教育学校标准化建设,均衡配置教师等资源;缩小校际差距,解决择校问题;加快薄弱学校改造,提高师资水平;实行县(区)域内教师、校长交流制度;加快缩小城乡差距;建立城乡一体化义务教育发展机制,在财政拨款、学校建设、教师配置等方面向乡村倾斜;加大对革命老区、民族地区、边疆地区、贫困地区义务教育的转移支付力度,鼓励发达地区支援欠发达地区;重点促进义务教育均衡发展和扶持困难群体,合理配置教育资源,并向乡村地区、边远贫困地区和民族地区倾斜,加快缩小教育差距。①

3. 调整乡村义务教育学校布局

随着我国进城务工人员随迁子女逐年增加、乡村人口出生率持续降低、乡村学龄人口不断下降,各地对乡村义务教育学校进行了布局调整。一方面,学校布局调整改善了办学条件,优化了教师队伍配置;另一方面,因乡村义务教育学校大幅减少,部分学生上学路途变远,交通安全隐患增加,学生家庭经济负担加重,引发了乡村寄宿制学校不足、城镇学校班额过大等问题。而且,部分地区的学校撤并规划方案不完善,操作程序不规范,保障措施不到位,影响了乡村义务教育的健康发展。鉴于此,《关于当前加强中小学管理规范办学行为的指导意见》(教育部,2009年)指出:应合理规划学校布局,避免简单撤点并校;各地要按照国家规定的基本办学要求,统筹城乡学校建设和改造规划;在优先方便学生就近入学、不加重农民负担的前提下,根据学龄人口变化,合理布局乡村义务教育阶段学校,因地制宜地科学配置教育资源;撤点并校应坚持一切从实际出发,防止"一刀切"和"一哄而起";认真解决城镇化以及学校布局调整过程中出现的大班额现象和乡村校

① 《国家中长期教育改革和发展规划纲要(2010—2020年)》(2010年7月29日),http://www.moe.gov.cn/jyb_xwfb/s6052/moe_838/201008/t20100802_93704.html。

舍闲置等问题。[①] 然而,“撤点并校”仍导致当时乡村中小学大量减少,给乡村儿童上学带来了一定的冲击和影响。为进一步规范乡村义务教育学校布局调整,《关于规范农村义务教育学校布局调整的意见》(国务院,2012年)提出,在完成乡村义务教育学校布局专项规划备案之前,“坚决制止盲目撤并农村义务教育学校,暂停农村义务教育学校撤并”[②]。具体要求:第一,科学制定学校布局规划。布局“要适应城镇化深入发展和社会主义新农村建设的新形势,统筹考虑城乡人口流动、学龄人口变化,以及当地乡村地理环境及交通状况、教育条件保障能力、学生家庭经济负担等因素”,处理好提高教育质量和方便学生就近上学的关系;合理确定县域内寄宿制学校和非寄宿制学校的比例,乡村小学低年级学生原则上不寄宿,小学高年级学生以走读为主,初中学生可走读或寄宿;“原则上每个乡镇都应设置初中,人口相对集中的村寨要设置村小学或教学点,人口稀少、地处偏远、交通不便的地方应保留或设置教学点”。[③] 第二,严格规范学校撤并程序和行为。制止盲目撤并乡村义务教育学校;已经撤并的学校或教学点,确有必要者可以恢复;改善保留和恢复的村小学和教学点的办学条件,提高教学质量;采取有效措施支持优秀教师到村小学和教学点工作。[④] 第三,加强农村寄宿制学校建设和管理,配备心理健康教师,逐步解决学校撤并带来的诸多问题(如“大班额”、上下学交通安全)。[⑤] 总之,该意见的发布是中央政府对学校布局调整政策由鼓励撤并到反对撤并的重要转变,也标志着我国正式进入“后撤点并校”时代。

---

① 辽宁省教育厅编:《现行教育法律法规规章汇编》(下),吉林人民出版社,2013年,第1129—1131页。

② 《国务院办公厅关于规范农村义务教育学校布局调整的意见》(2012年9月6日),http://www.gov.cn/zwgk/2012-09/07/content_2218779.htm。

③ 《国务院办公厅关于规范农村义务教育学校布局调整的意见》(2012年9月6日),http://www.gov.cn/zwgk/2012-09/07/content_2218779.htm。

④ 《国务院办公厅关于规范农村义务教育学校布局调整的意见》(2012年9月6日),http://www.gov.cn/zwgk/2012-09/07/content_2218779.htm。

⑤ 《国务院办公厅关于规范农村义务教育学校布局调整的意见》(2012年9月6日),http://www.gov.cn/zwgk/2012-09/07/content_2218779.htm。

(二)普及乡村九年义务教育的推进

在上述教育政策的引导和推动下,乡村教育受到了较大程度的关注,在乡村在校学龄人口和中小学生逐渐减少的情况下,九年义务教育得以巩固和提高,中小学在校生巩固率有所提升。与此同时,乡村小规模学校也大量存在。

1. 乡村在校学龄人口与中小学生逐年减少

随着我国人口逐年减少,乡村初中阶段、小学阶段在校学龄人口也逐渐减少(见表5.2)。

表5.2 2006—2014年乡村初中、小学阶段在校学龄人口情况统计

(单位:人)

年份	初中	小学
2006	22158099	62295519
2007	19559042	58499160
2008	18034704	55720520
2009	17002972	53612493
2010	15721462	50987429
2011	10255996	38912576
2012	8605501	34933415
2013	7088451	30608969
2014	6587113	29233785

资料来源:教育部发展规划司编:《中国教育统计年鉴2006》,人民教育出版社,2007年,第136—137、160页;教育部发展规划司编:《中国教育统计年鉴2007》,人民教育出版社,2008年,第137、160页;教育部发展规划司编:《中国教育统计年鉴2008》,人民教育出版社,2009年,第137、160页;教育部发展规划司编:《中国教育统计年鉴2009》,人民教育出版社,2010年,第137、160页;教育部发展规划司编:《中国教育统计年鉴2010》,人民教育出版社,2011年,第137、160页;教育部发展规划司编:《中国教育统计年鉴2011》,人民教育出版社,2013年,第135、154页;教育部发展规划司编:《中国教育统计年鉴2012》,人民教育出版社,2013年,第135、154页;教育部发展规划司编:《中国教育统计年鉴2013》,人民教育出版社,2014年,第135、154页;教育部发展规划司编:《中国教育统计年鉴2014》,人民教育出版社,2015年,第135、154页。

如表5.2所示,初中阶段在校学龄人口逐年呈下降趋势,由2006年的22,158,099人减至2014年的6,587,113人;小学阶段在校学龄人口则由

2006 年的 62,295,519 人减至 2014 年的 29,233,785 人。与此同时,无论是乡村初中还是乡村小学,其学校数、毕业生数、在校生数,都逐渐减少,具体情况见表 5.3。

表 5.3　2006—2014 年初中、小学的学校数、毕业生数和学生数统计

年份	学校类别	学校/所		毕业生/人		学生/人	
		总计	其中乡村	总计	其中乡村	总计	其中乡村
2006	中学	60550	35283	20623876	9401854	59373792	25636576
	小学	341639	295052	19284838	12155553	107115346	66761432
2007	中学	59109	32865	19568428	8306158	57208992	22433178
	小学	320061	271584	18701708	11107503	105640027	62507310
2008	中学	57701	31458	18628943	7480106	55741542	20642417
	小学	300854	253041	18649512	10760839	103315122	59248829
2009	中学	56167	30178	17947254	6767473	54336420	19345061
	小学	280184	234157	18051997	10177854	100714661	56555439
2010	中学	54823	28670	17485714	6169783	52759127	17844749
	小学	257410	210894	17396364	9427381	99407043	53502198
2011	中学	54117	20997	17366786	4173464	50668024	11629815
	小学	241249	169045	16628054	6811572	99263674	40651984
2012	中学	53216	19408	16607751	3639573	47630607	9740993
	小学	228585	155008	16415565	6242484	96958985	36524886
2013	中学	52804	18485	15615452	3139076	44401248	8145335
	小学	213529	140328	15810583	5603143	93605487	32170406
2014	中学	52623	17707	14135127	2510788	43846297	7484587
	小学	201377	128703	14766280	4742634	94510651	30498612

资料来源:教育部发展规划司编:《中国教育统计年鉴 2006》,人民教育出版社,2007 年,第 127、132、154、156 页;教育部发展规划司编:《中国教育统计年鉴 2007》,人民教育出版社,2008 年,第 127、132、154、156 页;教育部发展规划司编:《中国教育统计年鉴 2008》,人民教育出版社,2009 年,第 127、132、154、156 页;教育部发展规划司编:《中国教育统计年鉴 2009》,人民教育出版社,2010 年,第 127、132、154、156 页;教育部发展规划司编:《中国教育统计年鉴 2010》,人民教育出版社,2011 年,第 127、132、154、156 页;教育部发展规划司编:《中国教育统计年鉴 2011》,人民教育出版社,2013 年,第 130、132、148、150 页;教育部发展规划司编:《中国教育统计年鉴 2012》,人民教育出版社,2013 年,第 130、132、148、150 页;教育部发展规划司编:《中国教育统计年鉴 2013》,人民教育出版社,2014 年,第 130、132、148、150 页;教育部发展规划司编:《中国教育统计年鉴 2014》,人民教育出版社,2015 年,第 130、132、148、150 页。

如表5.3所示，2006—2014年，乡村初中学校由2006年的35,283所减至2014年的17,707所，减少近一半；毕业生数则由2006年的9,401,854人减至2014年的2,510,788人；在校生数由2006年的25,636,576人减至2014年的7,484,587人；乡村小学情况与之相同，学校数由2006年的295,052所减至2014年的128,703所；毕业生数由2006年的12,155,553人减至2014年的4,742,634人；在校生数则由2006年的66,761,432人减至2014年的30,498,612人。

2. 乡村九年义务教育普及水平提升

这一时期九年义务教育普及渐有成效，全国小学学龄儿童入学率由2004年的98.1%升至2006年的近100%。此后我国小学升学率多保持在98%以上，而且"普九"人口覆盖率增多（见表5.4）。

表5.4　2006—2014年全国小学学龄儿童入学率与升学率部分统计

（单位：%）

年份	小学学龄儿童净入学率	小学升学率	其中乡村学校升学率	乡村初中升学率	小学五年巩固率	初中三年巩固率	乡村小学巩固率	乡村初中巩固率
2006	99.3	100.0						
2007	99.5	99.9						
2008	99.5	99.7						
2009	99.4	99.1			99.31	94.0		
2010	99.7	98.7			99.31	93.8		
2011	99.8	98.3	93.9	37.40				
2012	99.9	98.3	90.64	38.90			95.03	91.60
2013	99.7	98.3	89.22	40.74			91.82	88.77
2014	99.8	98.0	93.56	44.91			97.58	95.06

注：小学学龄儿童净入学率从1991年起是按各地不同入学年龄和学制分别计算的。

资料来源：教育部发展规划司编：《中国教育统计年鉴2006》，人民教育出版社，2007年，第15—16页；国家统计局编：《中国统计年鉴2021》，中国统计出版社，2021年，第15、693页；国务院新闻办公室：《2009年中国人权事业的进展》（2010年9月），《人民日报》，2010年9月27日第11版；杨瑞勇等：《中国农村教育发展报告（2010—2020）》，科学出版社，2021年，第26、28页。

如表 5.4 所示，小学学龄儿童净入学率从 2006 年的 99.3%提升至 2014 年的 99.8%，但小学升学率有所下降，由 2006 年的 100%降至 2014 年的 98%。全国“普九”工作逐年推进。我国实现“两基”情况见表 5.5。

表 5.5　2006—2014 年全国普及九年义务教育情况不完全统计

年份	“普九”人口覆盖率/%	实现“普九”的县占全国总县数的比重/%	未实现“普九”的县/个	“两基”人口覆盖率/%	实现“两基”县
2005				>95	2,890 个
2006	98			96	西部 984 个县实现“两基”，占西部县总数的 91%
2007	99.3	98.5	42	98	2,768 个，占全国总县数的 96%
2008				99.3	2,832 个(其中西部地区“两基”人口覆盖率达 98.5%)
2009	99.7	99.5		99.7	2,845 个(其中西部地区“两基”人口覆盖率达 99.5%)
普及九年义务教育巩固率/%					
2010	89.7			2013	92.3
2011	91.5			2014	92.6
2012	91.8				

资料来源：焦新：《2005 年 116 个县(市、区、兵团团场)实现“两基”，全国“两基”人口覆盖率超过 95%》，《中国教育报》，2006 年 3 月 16 日第 1 版；焦新：《2768 个县(市、区)实现“两基”，占全国总县数的 96%，全国“两基”人口覆盖率达 98%》，《中国教育报》，2007 年 2 月 15 日第 1 版；《2007 年我国“两基”工作取得新进展》(2008 年 5 月 5 日)，《中国教育报》，2009 年 3 月 7 日第 1 版；焦新：《全国实现“两基”的县(市、区)达到 2832 个，全国“两基”人口覆盖率达到 99.3%，西部地区“两基”人口覆盖率达到 98.5%》，《中国教育报》，2009 年 3 月 7 日第 1 版；《2009 年中国人权事业的进展》(2010 年 9 月)，《人民日报》，2010 年 9 月 27 日第 11 版；国家统计局：《〈中国儿童发展纲要(2011—2020 年)〉终期统计监测报告》(2021 年 12 月 21 日)，https://www.stats.gov.cn/sj/zxfb/202302/t20230203_1901317.html。

如表 5.5 所示，到 2009 年，“普九”人口覆盖率达 99.7%，实现“普九”的县占全国总县数的比重为 99.5%。有关实现“两基”战略目标，据统计，2002 年底西部地区“两基”人口覆盖率仅 77%，有 410 县尚未实现“两基”，人均受教育年限为6.7年[①];2004年因实施了西部地区“两基”攻坚计划,西部地区“两基”人口覆盖率大为升高;2009年“两基”人口覆盖率为99.7%,实现“两基”县2,845个,其中西部地区“两基”人口覆盖率达99.5%;到2011年底,西部地区42个边远贫困县实现了“两基”目标,3,069个县全面完成“两基”战略任务,同时彻底实现了“普九”目标,“普九”人口覆盖率达100%。而且,在义务教育全面普及的情况下,九年义务教育巩固率在2014年达到了92.6%,比2010年提高了2.9个百分点,比2013年也有提高。

3. 乡村小规模班级和学校日趋增多

我国乡村小规模学校日渐增多,尤其是乡村小学最为明显,乡村小学班额也大为缩减。在“后撤点并校”的时代背景下,以村小与教学点为主体构成了乡村小规模学校。以2006—2014年乡村小学的班额为例,具体情况见表5.6。

表5.6 2006—2014年乡村小学班额情况统计

年份	项目	合计	25人及以下	26—35人	36—45人	46—55人	56—65人	66人及以上
2006	合计/个	2591849	884564	594766	588169	471604	256522	156224
	占比/%	100	34.1	22.9	22.7	18.2	9.9	6.0
	其中乡村/个	2110023	827072	484970	394087	245407	108012	50475
	乡村占比/%	100	39.2	23.0	18.7	11.6	5.1	2.4
2007	合计/个	2872008	835129	569387	582560	474269	253740	156923
	占比/%	100	29.1	19.8	20.3	16.5	8.8	5.5
	其中乡村/个	1978619	775971	456119	375708	228210	97319	45292
	乡村占比/%	100	39.2	23.1	19.0	11.5	4.9	2.3
2008	合计/个	2783495	783593	547905	579088	474616	245381	152912
	占比/%	100	28.2	19.7	20.8	17.1	8.8	5.5
	其中乡村/个	1872370	726508	434081	361923	218497	90075	41286
	乡村占比/%	100	38.8	23.2	19.3	11.7	4.8	2.2

① 曹茸:《西部地区“两基”人口覆盖率年底将达98%》,《农民日报》,2007年11月27日第2版。

续　表

年份	项目	合计	25人及以下	26—35人	36—45人	46—55人	56—65人	66人及以上
2009	合计/个	2693551	730312	531789	581315	467349	238334	144452
	占比/%	100	27.1	19.7	21.6	17.4	8.8	5.4
	其中乡村/个	1777443	675517	417625	351444	210227	85224	37406
	乡村占比/%	100	38.0	23.5	19.8	11.8	4.8	2.1
2010	合计/个	2616407	670277	508012	581067	474915	240293	141843
	占比/%	100	25.6	19.4	22.2	18.2	9.2	5.4
	其中乡村/个	1667992	618086	392808	338628	202861	81917	33692
	乡村占比/%	100	37.1	23.5	20.3	12.2	4.9	2.0
2011	合计/个	2579093	624612	488211	589840	488979	242368	145083
	占比/%	100	24.2	18.9	22.9	19.0	9.4	5.6
	其中乡村/个	1312212	517022	313912	257275	143931	56185	23887
	乡村占比/%	100	39.4	23.9	19.6	11.0	4.3	1.8
2012	合计/个	2566539	623983	476376	615018	492642	227260	131260
	占比/%	100	24.3	18.6	24.0	19.2	8.9	5.1
	其中乡村/个	1235725	508878	292980	241798	127676	46203	18190
	乡村占比/%	100	41.2	23.7	19.6	10.3	3.7	1.5
2013	合计/个	2499098	625878	455041	609675	477321	207399	123784
	占比/%	100	25.0	18.2	24.4	19.1	8.3	5.0
	其中乡村/个	1138674	507681	267422	211657	104143	34672	13099
	乡村占比/%	100	44.6	23.5	18.6	9.1	3.0	1.2
2014	合计/个	2525626	621449	445212	666600	484425	195261	112679
	占比/%	100	24.6	17.6	26.4	19.2	7.7	4.5
	其中乡村/个	1096724	500625	254961	206770	94141	29771	10456
	乡村占比/%	100	45.6	23.2	18.9	8.6	2.7	1.0

注:因四舍五入,占比数据合计并非都是100%。

资料来源:教育部发展规划司编:《中国教育统计年鉴2006》,人民教育出版社,2007年,第155页;教育部发展规划司编:《中国教育统计年鉴2007》,人民教育出版社,2008年,第155页;教育部发展规划司编:《中国教育统计年鉴2008》,人民教育出版社,2009年,第155页;教育部发展规划司编:《中国教育统计年鉴2009》,人民教育出版社,2010年,第155页;教育部发展规划司编:《中国教育统计年鉴2010》,人民教育出版社,2011年,第155页;教育部发展规划司编:《中国教育统计年鉴2011》,人民教育出版社,2013年,第149页;教育部发展规划司编:《中国教育统计年鉴2012》,人民教育出版社,2013年,第149页;教育部发展规划司编:《中国教育统计年鉴2013》,人民教育出版社,2014年,第149页;教育部发展规划司编:《中国教育统计年鉴2014》,人民教育出版社,2015年,第149页。

如表5.6所示,从横向上看,如2006年全国乡村小学中25人及以下班额数及其所占比重最多,其次为26—35人班额数,66人及以上班额数及其所占比重则最少。从纵向上看,2006—2014年,尽管随着乡村小学在校生不断减少,全国乡村小学中25人及以下班额数也逐年不断减少,由2006年的827,072个减至2014年的500,625个;但其所占比重却不断增多,由2006年的39.2%增至2014年45.6%;56—65人班额数所占比重以及66人及以上班额数所占比重均呈逐年减少的态势;36—45人及46—55人班额数所占比重在2006—2010年有所上升,但2011年开始逐年下降;26—35人班额数所占比例在2006—2011年有所上升,但此后开始下降。总之,这一时期乡村小学班额多为25人及以下者。

不仅乡村小学班额较小,而且学校规模也日趋小型化和微型化。如据2012年统计,全国乡村小学(含教学点)学生少于240人者有16万余所,占当时全国小学总数228,585所(见表5.3所示)的70%左右;学生人数少于120人的小学(含教学点)有11万余所,占全国小学总数的48%左右。[①] 其中,乡村小学校生均不足30人的学校占26.84%,不足10人的教学点占10.36%。[②]

(三)城乡教育一体化的探索与发展

鉴于前几个阶段城乡教育二元结构的固化和城乡教育差距不断拉大的现实,探索城乡教育一体化,推动城乡教育共同发展成为这一时期乃至今后我国教育发展的目标。

1. 乡村教育经费有所增加

这一时期全国乡村初中、小学教育经费支出和生均教育经费均有所增加。2006—2014年乡村初中、小学教育经费支出情况见表5.7。

---

① 李秀君:《农村生源减少,师生比例失调,部分农村学校教师总量富余但专业师资缺乏——求解农村教师结构性缺编难题》,《中国教育报》,2014年11月19日第1版。

② 李进金:《中国乡村教师职前培养研究》,厦门大学出版社,2017年,第71页。

表 5.7　2006—2014 年全国乡村初中、小学教育经费支出情况统计

年份	初中/万元	其中乡村初中/万元	乡村初中教育经费支出占比/%	全国初中与乡村初中教育经费支出之比/倍	小学/万元	其中乡村小学/万元	乡村小学教育经费支出占比/%	全国小学与乡村小学教育经费支出之比/倍
2006	16742591.8	7849693.8	46.9	2.13	22990674.8	13923052.2	60.6	1.65
2007	20547280.7	11043073.1	53.7	1.86	29482974.6	18834664.1	63.9	1.57
2008	25217558.5	14282394.8	56.6	1.77	35507036.5	22981914.8	64.7	1.54
2009	29839868.9	16975026.6	56.9	1.76	42169241	27230002.2	64.6	1.55
2010	34131495.2	19009184.5	55.7	1.80	48870719	31165811.2	63.8	1.57
2011	41663540.2	22879621.2	54.9	1.82	60120840.8	37975039.5	63.2	1.58
2013	51566431.4	27778013.8	53.9	1.86	79508940.6	49341137.7	62.1	1.61
2014	54605925.5	33037363.9	60.5	1.65	86806362.9	56426390.3	65.0	1.54

资料来源:教育部发展规划司编:《中国教育统计年鉴 2007》,人民教育出版社,2008 年,第 626—627 页;教育部发展规划司编:《中国教育统计年鉴 2008》,人民教育出版社,2009 年,第 626—627 页;教育部发展规划司编:《中国教育统计年鉴 2009》,人民教育出版社,2010 年,第 626—627 页;教育部发展规划司编:《中国教育统计年鉴 2010》,人民教育出版社,2011 年,第 626—627 页;教育部发展规划司编:《中国教育统计年鉴 2011》,人民教育出版社,2013 年,第 668—669 页;教育部发展规划司编:《中国教育统计年鉴 2012》,人民教育出版社,2013 年,第 668—669 页;教育部发展规划司编:《中国教育统计年鉴 2014》,人民教育出版社,2015 年,第 662—663 页;教育部发展规划司编:《中国教育统计年鉴 2015》,人民教育出版社,2016 年,第 662—663 页。

如表 5.7 所示,2006—2014 年,在初中和小学的教育经费支出中,乡村初中和小学教育经费逐年持续增长,前者由 2006 年的 7,849,693.8 万元增至 2014 年的 33,037,363.9 万元,增加了 3 倍之多;后者由 2006 年的 13,923,052.2 万元增至 2014 年的 56,426,390.3 万元,增加了 3 倍之多。乡村初中和乡村小学教育经费所占比重总体上也呈上升趋势,前者由 2006 年的 46.9%升至 2014 年的 60.5%;后者由 2006 年的 60.6%升至 2014 年的 65.0%。初中与乡村初中教育经费支出之比、小学与乡村小学教育经费支出之比都有所减少。这一时期全国乡村初中、小学生均教育经费也逐年增加,具体情况见表 5.8。

表 5.8　2006—2014 年全国初中生和小学生生均教育经费统计

年份	初中生生均教育经费			小学生生均教育经费		
	平均/元	其中乡村/元	平均/乡村	平均/元	其中乡村/元	平均/乡村
2006	2669.49	2190.33	1.22	2121.73	1846.71	1.15
2007	3486.77	2926.58	1.19	2752.28	2463.72	1.12
2008	4533.72	4005.82	1.13	3411.57	3116.82	1.09
2009	5566.48	5023.54	1.11	4172.31	3842.28	1.09
2010	6528.36	5874.07	1.11	4932.76	4560.33	1.08
2011	8181.27	7439.43	1.10	6120.81	5719.00	1.07
2012	10218.39	9581.79	1.07	7447.39	7132.61	1.04
2013	11461.55	11002.97	1.04	8407.01	8159.06	1.03
2014	12815.72	11499.24	1.11	9433.10	8845.95	1.07

注:"平均/乡村"指全国平均教育经费与乡村教育经费之比(倍)。

资料来源:教育部财务司、国家统计局社会和科技统计司编:《中国教育经费统计年鉴2007》,中国统计出版社,2008 年,第 48 页;教育部财务司、国家统计局社会和科技统计司编:《中国教育经费统计年鉴 2008》,中国统计出版社,2009 年,第 64 页;教育部财务司、国家统计局社会和科技统计司编:《中国教育经费统计年鉴 2009》,中国统计出版社,2010 年,第 64 页;教育部财务司、国家统计局社会和科技统计司编:《中国教育经费统计年鉴 2010》,中国统计出版社,2011 年,第 64 页;教育部财务司、国家统计局社会科技和文化产业统计司编:《中国教育经费统计年鉴 2011》,中国统计出版社,2012 年,第 64 页;教育部财务司、国家统计局社会科技和文化产业统计司编:《中国教育经费统计年鉴 2012》,中国统计出版社,2013 年,第 66 页;教育部财务司、国家统计局社会科技和文化产业统计司编:《中国教育经费统计年鉴 2013》,中国统计出版社,2014 年,第 64 页;教育部财务司、国家统计局社会科技和文化产业统计司编:《中国教育经费统计年鉴 2014》,中国统计出版社,2015 年,第 86 页;教育部财务司、国家统计局社会科技和文化产业统计司编:《中国教育经费统计年鉴 2015》,中国统计出版社,2016 年,第 86 页。

如表 5.8 所示,2006—2014 年,我国乡村初中生均教育经费支出逐年增多,由 2006 年的 2,190.33 元增至 2014 年的 11,499.24 元,增加了 4 倍,与初中学生平均生均教育经费支出之比也越来越小,由 2006 年的平均支出是乡村学生支出的 1.22 倍,降至 2013 年的 1.04 倍;乡村小学生均教育经费支出同样逐年呈上升趋势,由 2006 年的 1,846.71 元增至 2014 年的 8,845.95 元,与小学生均教育经费支出的差距也逐渐缩小,由 2006 年小学平均支出是乡村学生支出的 1.15 倍,降至 2013 年的 1.03 倍。由此可见,城乡初中和小学生均教育经费差距有所减小。

2. 乡村教育债务逐渐化解

乡村教育债务问题成为制约 21 世纪初期乡村义务教育发展的一个重

要因素。自20世纪90年代末期以来,乡村教育负债问题日益严重,且随着乡村"两基"工作的开展和任务的完成,乡村教育负债水平也越来越高,对乡村义务教育的健康有序发展形成了阻碍。如据2007年1月国务院农村综合改革工作小组办公室分别对山东、吉林、安徽、云南、湖北、山西、广东、海南、江苏、浙江、广西、四川等12个省(区、市)的乡村发生新增债务情况的调查:2005年7月至2006年10月抽查省新增乡村债务122亿元,其中用于乡村教育的债务位列举办企业、农业发展以及道路建设等支出之后,达25.43亿元。[①] 另据农村综合改革领导小组办公室对湖南省洞口县、武冈市以及隆回县部分地区的乡村义务教育债务的调查,截至2006年底,该三县乡村义务教育债务共29,359万元。[②] 鉴于此,2006年中央选择部分县(市)开始实施乡村债务化解试点,到2007年底,国务院农村综合改革工作小组发布文件,首次提出了化解全国500多亿元的"普九"债务的方案,开始从"普九"债务入手逐渐化解乡村债务。

3. 城乡办学条件差距逐渐缩小

随着乡村"两基"目标不断趋于完成,乡村学校硬件设施等办学条件逐渐改善,城乡硬件设备等办学条件之间的差距也越来越小。

以这一时期城乡中小学危房面积、周转宿舍等为例,如表5.9所示,2006—2010年,尽管乡村初中危房面积占较大比重,超过了危房总数的一半,但该比重逐年下降,由2007年的61.8%降至2010年的52.3%,此后仍不断下降,由2011年的42.2%降至2014年的39.4%;乡村小学危房面积在小学危房面积总数中所占比重也达半数以上,但逐年有好转,呈现逐渐下降的趋势,由2006年的85.1%降至2010年的77.2%,再降至2014年的65.9%。为乡村教师安排住宿有助于保障教师队伍的稳定。2011年乡村初中学校教工宿舍占全体初中教工宿舍的33.2%,到2014年为29.2%,其中乡村教师周转宿舍占34.1%,此后稍有下降,到2014年为32.0%;因乡

① 陈洁等:《中国村级债务调查》,上海远东出版社,2009年,第150页。
② 陈洁等:《中国村级债务调查》,上海远东出版社,2009年,第150页。

村小学教师占比较大，乡村小学教师教工宿舍所占比重为 53.4%，此后有所下降，到 2014 年为 52%，其中乡村小学教师周转宿舍 2011 年占总数的 52.2%，2012 年稍有下降，此后均有回升，2013 年增至 54.1%，2014 年增至 53.8%。由此，尽管乡村初中和小学的危房面积仍较多，教工宿舍安排与实际需求仍有一定差距，但总体上与城镇之间的差距有所缩小。

表 5.9　2006—2014 年初中、小学危房面积、周转宿舍等情况统计

年份	学校类别	房屋类别	合计/平方米	城市/平方米	占比/%	县镇/平方米	占比/%	乡村/平方米	占比/%
2006	初中	危房	12311474	453445	3.7	4434912	36.0	7423117	60.3
	小学	危房	29166166	645757	2.2	3687347	12.6	24833062	85.1
2007	初中	危房	9715013	409446	4.2	3299192	34.0	6006375	61.8
	小学	危房	20893613	534814	2.6	2651467	12.7	17707332	84.7
2008	初中	危房	13141079	952357	7.2	4702503	35.8	7486219	57.0
	小学	危房	25183419	1121405	4.5	3821164	15.2	20240850	80.4
2009	初中	危房	50994510	3664836	7.2	20512830	40.2	26816844	52.6
	小学	危房	94977014	5082995	5.4	16674245	17.6	73219774	77.1
2010	初中	危房	44736767	2843609	6.4	18496180	41.3	23396978	52.3
	小学	危房	82886954	4069859	4.9	14793406	17.8	64023689	77.2

年份	学校类别	房屋类别	合计/平方米	城市/平方米	占比/%	县镇/平方米	占比/%	乡村/平方米	占比/%
2011	初中	危房	32588184	3583748	11.0	15254471	46.8	13749965	42.2
		教工宿舍	51312139	6985157	13.6	27296666	53.2	17030316	33.2
		其中周转宿舍	6371890	767182	12.0	3431852	53.9	2172856	34.1
	小学	危房	57142487	5091995	8.9	13720776	24.0	38329717	67.1
		教工宿舍	49932158	5925496	11.9	16088569	32.2	27918093	55.9
		其中周转宿舍	5512875	682152	12.4	1954149	35.4	2876574	52.2
2012	初中	危房	22844357	2462447	10.8	10907324	47.7	9474586	41.5
		教工宿舍	51196351	7114741	13.9	28126548	54.9	15955062	31.2
		其中周转宿舍	7420821	890387	12.0	4095214	55.2	2435220	32.8
	小学	危房	40251644	3717840	9.2	9584180	23.8	26949624	67.0
		教工宿舍	49656245	5946796	12.0	17180197	34.6	26529252	53.4
		其中周转宿舍	6332710	716525	11.3	2401002	37.9	3215183	50.8

续　表

年份	学校类别	房屋类别	合计/平方米	城市/平方米	占比/%	县镇/平方米	占比/%	乡村/平方米	占比/%
2013	初中	危房	16751734	1659626	9.9	8298010	49.5	6794098	40.6
		教工宿舍	52078883	7243161	13.9	29116951	55.9	15718771	30.2
		其中周转宿舍	8924370	901361	10.1	5098019	57.1	2924990	32.8
	小学	危房	29504829	2407818	8.2	7188366	24.4	19908645	67.5
		教工宿舍	50586522	5947865	11.8	17861886	35.3	26776771	52.9
		其中周转宿舍	7860712	653544	8.3	2953232	37.6	4253936	54.1
2014	初中	危房	11570328	1208731	10.4	5797625	50.1	4563972	39.4
		教工宿舍	52613800	7760058	14.7	29495495	56.1	15358247	29.2
		其中周转宿舍	11302742	1262189	11.2	6421333	56.8	3619220	32.0
	小学	危房	20312805	1738842	8.6	5188375	25.5	13385588	65.9
		教工宿舍	51208395	6033341	11.8	18525788	36.2	26649266	52.0
		其中周转宿舍	10336256	816597	7.9	3957079	38.3	5562580	53.8

资料来源:教育部发展规划司编:《中国教育统计年鉴2006》,人民教育出版社,2007年,第148—149、166—167页;教育部发展规划司编:《中国教育统计年鉴2007》,人民教育出版社,2008年,第148—149、168—169页;教育部发展规划司编:《中国教育统计年鉴2008》,人民教育出版社,2009年,第148—149、168—169页;教育部发展规划司编:《中国教育统计年鉴2009》,人民教育出版社,2010年,第148—149、168—169页;教育部发展规划司编:《中国教育统计年鉴2010》,人民教育出版社,2011年,第148—149、168—169页;教育部发展规划司编:《中国教育统计年鉴2011》,人民教育出版社,2013年,第143、162—163页;教育部发展规划司编:《中国教育统计年鉴2012》,人民教育出版社,2013年,第143、162—163页;教育部发展规划司编:《中国教育统计年鉴2013》,人民教育出版社,2014年,第143、162—163页;教育部发展规划司编:《中国教育统计年鉴2014》,人民教育出版社,2015年,第143、162—163页。

第二节　乡村教师队伍基本情况

经过上一阶段乡村教师队伍建设,我国乡村教师队伍在取得一定成就的同时也存在很多问题(见上一章),到这一时期,乡村教师队伍发展呈现一定的变化。

一、乡村教师队伍的发展与构成

从总量上看,乡村初中、小学师资逐渐减少,其内部结构也有所变化。

(一)乡村教师发展演变

2006—2014 年,乡村初中教师总体上逐年减少,其在全体初中教师中所占比重逐年下降。

1. 初中教师发展状况

这一时期全国初中教师多保持在350 万人左右,2006 年逐年上升,2012 年又开始下降。2006—2014 年城镇乡初中教师情况见表 5.10。

表 5.10　2006—2014 年城镇乡初中教师统计

年份	合计/人	城市		县镇		乡村	
		人数/人	占比/%	人数/人	占比/%	人数/人	占比/%
2006	3463478	607972	17.6	1356263	39.2	1499243	43.3
2007	3464296	664681	19.2	1404252	40.5	1395363	40.3
2008	3468957	682367	19.7	1442639	41.6	1343951	38.7

续　表

年份	合计/人	城市		县镇		乡村	
		人数/人	占比/%	人数/人	占比/%	人数/人	占比/%
2009	3513438	693751	19.7	1498127	42.6	1321560	37.6
2010	3523382	705956	20.0	1545884	43.9	1271542	36.1
2011	3524517	992318	28.2	1675519	47.5	856680	24.3
2012	3504363	1021532	29.2	1701220	48.5	781611	22.3
2013	3480979	1046324	30.1	1703507	48.9	731148	21.0
2014	3488430	1096718	31.4	1706792	48.9	684920	19.6

资料来源:教育部发展规划司编:《中国教育统计年鉴 2006》,人民教育出版社,2007 年,第 142—143 页;教育部发展规划司编:《中国教育统计年鉴 2007》,人民教育出版社,2008 年,第 142—143 页;教育部发展规划司编:《中国教育统计年鉴 2008》,人民教育出版社,2009 年,第 142—143 页;教育部发展规划司编:《中国教育统计年鉴 2009》,人民教育出版社,2010 年,第 142—143 页;教育部发展规划司编:《中国教育统计年鉴 2010》,人民教育出版社,2011 年,第 142—143 页;教育部发展规划司编:《中国教育统计年鉴 2011》,人民教育出版社,2013 年,第 138—139 页;教育部发展规划司编:《中国教育统计年鉴 2012》,人民教育出版社,2013 年,第 138—139 页;教育部发展规划司编:《中国教育统计年鉴 2013》,人民教育出版社,2014 年,第 138—139 页;教育部发展规划司编:《中国教育统计年鉴 2014》,人民教育出版社,2015 年,第 138—139 页。

如表 5.10 所示,与城市初中教师、县镇初中教师逐年增多,在全国初中教师总数中所占比重不断上升有所不同,乡村初中教师逐年减少,由 2006 年的 1,499,243 人减至 2010 年的 1,271,542 人,此后再持续减少至 2014 年的 684,920 人,比 2006 年减少了一半以上;其所占比重也持续降低,由 2006 年的 43.3%降至 2014 年的 19.6%,8 年降幅为 54.73%。

2. 小学教师发展状况

全国小学教师于 2006—2009 年有所增多,此后开始下降,到 2013 年减至 5,096,634 人。2006—2014 年城镇乡小学教师情况见表 5.11。

表 5.11　2006—2014 年城镇乡小学教师统计

年份	合计/人	城市		县镇		乡村	
		人数/人	占比/%	人数/人	占比/%	人数/人	占比/%
2006	5587557	828197	14.8	1238757	22.2	3520603	63.0

续 表

年份	合计/人	城市		县镇		乡村	
		人数/人	占比/%	人数/人	占比/%	人数/人	占比/%
2007	5612563	903550	16.1	1308593	23.3	3400420	60.6
2008	5621938	929613	16.5	1355061	24.1	3337264	59.4
2009	5633447	929281	16.5	1407342	25.0	3296824	58.5
2010	5617091	947337	16.9	1479228	26.3	3190526	56.8
2011	5163882	1216744	23.6	1644012	31.8	2303126	44.6
2012	5121626	1254960	24.5	1703810	33.3	2162856	42.2
2013	5096634	1293251	25.4	1742138	34.2	2061245	40.4
2014	5105281	1363957	26.7	1766964	34.6	1974360	38.7

资料来源:教育部发展规划司编:《中国教育统计年鉴2006》,人民教育出版社,2007年,第539—545页;教育部发展规划司编:《中国教育统计年鉴2007》,人民教育出版社,2008年,第162—163页;教育部发展规划司编:《中国教育统计年鉴2008》,人民教育出版社,2009年,第162—163页;教育部发展规划司编:《中国教育统计年鉴2009》,人民教育出版社,2010年,第162—163页;教育部发展规划司编:《中国教育统计年鉴2010》,人民教育出版社,2011年,第162—163页;教育部发展规划司编:《中国教育统计年鉴2011》,人民教育出版社,2013年,第156—157页;教育部发展规划司编:《中国教育统计年鉴2012》,人民教育出版社,2013年,第156—157页;教育部发展规划司编:《中国教育统计年鉴2013》,人民教育出版社,2014年,第156—157页;教育部发展规划司编:《中国教育统计年鉴2014》,人民教育出版社,2015年,第156—157页。

如表5.11所示,2006—2014年,与城市、县镇的小学教师逐年增多,其所占比重逐年上升相反,我国乡村小学教师数逐年不断减少,由2006年的3,520,603人降至2014年的1,974,360人,减少了150多万人;其所占比重也逐年下降,由2006年的63%降至2014年的38.7%,减少了24.3个百分点,8年降幅为38.57%。由此可见,乡村小学教师队伍规模也逐渐缩小。

与此同时,在中小学教师队伍中,代课教师仍占有一定地位。如表5.15所示(详下),小学代课教师于2006年有311,833人,此后逐年减少,到2014年仍有151,951人,减少了一半以上。代课教师仍主要分布于乡村小学校,尽管乡村代课教师逐年减少,由2006年的254,376人减至2014年的78,575人,其在代课教师总数中所占比重也由2006年的81.6%逐渐降至2014年的51.7%,减少了近30个百分点,8年降幅为36.64%。

(二)乡村教师的构成

探究这一时期乡村教师队伍的构成,可以围绕乡村教师的性别与年龄结构、学科结构、学历结构与职称结构等方面展开。

1. 性别与年龄结构

这一时期在乡村初中教师队伍中,尽管女教师有所增加,但其所占比重仍偏低,男教师仍占大多数。具体情况见表5.12。

表5.12　2006—2014年城镇乡初中、小学教师性别统计

年份	地区	初中			小学		
		合计/人	其中女教师/人	女教师占比/%	合计/人	其中女教师/人	女教师占比/%
2006	合计	3463478	1626865	47.0	5587557	3085808	55.2
	城市	607972	387768	63.8	828197	654717	79.1
	县镇	1356263	637372	47.0	1238757	854285	69.0
	乡村	1499243	601725	40.1	3520603	1576806	44.8
2007	合计	3464296	1645522	47.5	5612563	3127783	55.7
	城市	664681	422787	63.6	903550	713807	79.0
	县镇	1404252	657549	46.8	1308593	889710	68.0
	乡村	1395363	565186	40.5	3400420	1524266	44.8
2008	合计	3468957	1671093	48.2	5621938	3168663	56.4
	城市	682367	436923	64.0	929613	735106	79.1
	县镇	1442639	683003	47.3	1355061	921521	68.0
	乡村	1343951	551167	41.0	3337264	1512036	45.3
2009	合计	3513438	1714963	48.8	5633447	3217059	57.1
	城市	693751	447058	64.4	929281	737724	79.4
	县镇	1498127	717254	47.9	1407342	959304	68.2
	乡村	1321560	550651	41.7	3296824	1520031	46.1
2010	合计	3523382	1743360	49.5	5617091	3254965	57.9
	城市	705956	454691	64.4	947337	751464	79.3
	县镇	1545884	746400	48.3	1479228	1008435	68.2
	乡村	1271542	542269	42.6	3190526	1495066	46.9

续 表

年份	地区	初中			小学		
		合计/人	其中女教师/人	女教师占比/%	合计/人	其中女教师/人	女教师占比/%
2011	合计	3524517	1766987	50.1	5604861	3288726	58.7
	城区	992318	619534	62.4	1365852	1057479	77.4
	镇区	1675519	791930	47.3	1795625	1159254	64.6
	乡村	856680	355523	41.5	2443384	1071993	43.9
2012	合计	3504363	1784590	50.9	5585476	3328015	59.6
	城区	1021532	640760	62.7	1415505	1096466	77.5
	镇区	1701220	815126	47.9	1869869	1207839	64.6
	乡村	781611	328704	42.1	2300102	1023710	44.5
2013	合计	3480979	1799565	51.7	5584644	3388375	60.7
	城区	1046324	659999	63.1	1466646	1137891	77.6
	镇区	1703507	825693	48.5	1919217	1246278	64.9
	乡村	731148	313873	42.9	2198781	1004206	45.7
2014	合计	3488430	1834243	52.6	5633906	3500101	62.1
	城区	1096718	696395	63.5	1559187	1213468	77.8
	镇区	1706792	837160	49.0	1958749	1283226	65.5
	乡村	684920	300688	43.9	2115970	1003407	47.4

资料来源:教育部发展规划司编:《中国教育统计年鉴 2006》,人民教育出版社,2007 年,第 142—143、550—557 页;教育部发展规划司编:《中国教育统计年鉴 2007》,人民教育出版社,2008 年,第 142—143、550—557 页;教育部发展规划司编:《中国教育统计年鉴 2008》,人民教育出版社,2009 年,第 142—143、550—557 页;教育部发展规划司编:《中国教育统计年鉴 2009》,人民教育出版社,2010 年,第 142—143、550—557 页;教育部发展规划司编:《中国教育统计年鉴 2010》,人民教育出版社,2011 年,第 142—143、550—557 页;教育部发展规划司编:《中国教育统计年鉴 2011》,人民教育出版社,2013 年,第 138—139、560—571 页;教育部发展规划司编:《中国教育统计年鉴 2012》,人民教育出版社,2013 年,第 138—139、560—571 页;教育部发展规划司编:《中国教育统计年鉴 2013》,人民教育出版社,2014 年,第 138—139、560—571 页;教育部发展规划司编:《中国教育统计年鉴 2014》,人民教育出版社,2015 年,第 138—139、556—566 页。

如表 5.12 所示,2006—2014 年,与城市初中学校女教师比例偏高不同,乡村初中女教师所占比重尽管逐年有所升高,由 2006 年的 40.1%增至 2014 年的 43.9%,但仍低于男教师。乡村小学教师性别结构同样如此,尽管其所占比重稍有起伏变化,总体上略有上升,但始终未能超过半数,乡村小学教师队伍中男教师仍是大多数,城市、县镇小学教师中女教师占绝大多数。

就乡村中小学教师年龄结构而言,以2006年乡村初中教师为例,如表5.16所示(详下),该年1,499,243人中,26—30岁者人数最多,达383,506人,占25.6%;其次为31—35岁者,达323,509人,占21.6%;36—40岁者位列第三,达233,893人,占15.6%;25岁以下者也较多,达206,194人,占13.8%。由此,在该年乡村初中教师中,40岁以下者占大多数。另外,41—45岁者有149,633人(占10%),46—50岁者达91,490人(占6.1%),51—55岁者达70,680人(占4.7%),56—60岁者达39,752人(占2.7%),61岁及以上者还有586人。

2. 学科结构

关于乡村初中、小学教师的学科结构,同样以乡村初中为例进行说明。如2007年乡村初中教师1,395,363人中,排列前三位者是语文、数学、外语学科教师,分别为273,186人(占19.58%)、255,047人(占18.28%)、205,269人(占14.71%);物理、政治学科教师位列其后,分别为101,541人(占7.28%)、98,128人(占7.03%);随后是历史、化学、体育等学科教师,分别有69,436人(占4.98%)、63,004人(占4.52%)、61,719人(占4.42%);而后是生物、地理学科教师,分别有55,259人(占3.96%)、54,042人(占3.87%);排在后几位的为信息技术、音乐、美术、劳动技术以及其他学科的专任教师,分别为35,212人、30,787人、29,316人、18,437人、18,426人,各占总数的2.52%、2.21%、2.10%、1.32%、1.32%;该年不任课教师达26,554人(占1.90%)。[①] 在乡村小学教师中,语文、数学学科教师人数最高,其次为外语学科教师,音体美等学科教师最少。

3. 学历与职称结构

第一,就学历结构而言,以2009年乡村初中、小学专任教师为例,如表5.17所示(详下),该年乡村初中教师1,321,560人中,本科毕业生最高,达

---

① 教育部发展规划司编:《中国教育统计年鉴2007》,人民教育出版社,2008年,第140—141页。

650,758 人，占 49.24%；其次为专科毕业者，达 636,106 人，占 48.13%；高中阶段毕业者仍有 32,006 人，占 2.42%；研究生毕业者达 1,978 人，占 0.15%；另外，高中阶段毕业以下者有 712 人。如表 5.18 所示，乡村小学教师 3,296,824 人中，专科毕业者人数最高，达 1,819,558 人，占 55.19%；其次为高中阶段毕业者，达 1,050,722 人，占 31.87%；本科毕业者达 396,729 人，占 12.03%；另外还有高中阶段毕业以下者，达 29,129 人，占 0.88%；研究生毕业者 686 人。[①]

第二，就职称结构而言，2009 年乡村初中教师中，中学二级职称者最多，达 528,167 人；其次为中学一级职称者，达 521,126 人；中学高级职称者位列第三，达 102,233 人；然后为未评职称者，达 100,259 人；中学三级职称者达 69,775 人。[②] 由此，在乡村初中教师职称结构中，初级职称者占比（为 45.25%）较高，其次为中级职称者（占 39.43%），高级职称者占比（为 7.74%）较少。在乡村小学教师中，小学高级职称者最多，达 1,601,660 人；其次为小学一级职称者，达 1,300,124 人；未评职称者位列第三，达195,398 人；另外还有小学二级职称者 169,736 人，小学三级职称者 10,651 人，中学高级职称者 19,255 人。[③] 由此，乡村小学教师中中级职称者占比（为 48.58%）最高，其次为初级职称者（占 44.91%），高级职称者占比（为 0.58%）较少。

二、乡村教师的待遇状况

在这一阶段的教育经费中，教师工资福利支出情况稍有变化，乡村教师的工资待遇进一步改善。

---

① 教育部发展规划司编：《中国教育统计年鉴 2009》，人民教育出版社，2010 年，第 550—557 页。

② 教育部发展规划司编：《中国教育统计年鉴 2009》，人民教育出版社，2010 年，第 470—477 页。

③ 教育部发展规划司编：《中国教育统计年鉴 2009》，人民教育出版社，2010 年，第 550—557 页。

(一)工资待遇来源有所变化

与前一阶段一样,在教育经费支出中,乡村教师的工资待遇主要由基本工资、补助工资、其他工资、职工福利费以及社会保障费等部分组成。以2006年乡村教师工资福利等支出为例,具体情况见表5.13。

表5.13 2006年全国、中央、地方部门中小学教育经费支出有关教师工资等支出明细统计

项目	地区	初中	其中乡村	乡村占比/%	小学	其中乡村	乡村占比/%
教育经费支出小计/千元	全国	133123872	77706108	58.4	218316407	138171211	63.3
	中央	1944	0	0	92558	0	0
	地方	133121928	77706108	58.4	218223849	138171211	63.3
工资福利支出小计/千元	全国	87766447	52191160	59.5	158742110	103361336	65.1
	中央	1265	0	0	62693	0	0
	地方	87765182	52191160	59.5	158679417	103361336	65.1
工资福利支出占教育经费支出的比例/%	全国	65.9	67.2		72.7	74.8	
	中央	65.1	0		67.7	0	
	地方	65.9	67.2		72.7	74.8	
基本工资/千元	全国	38401832	25437166	66.2	65112610	46915679	72.1
	中央	683	0	0	11050	0	0
	地方	38401149	25437166	66.2	65101560	46915679	72.1
补助工资/千元	全国	20034038	11552630	57.7	34278576	21667486	63.2
	中央	167	0	0	18511	0	0
	地方	20033871	11552630	57.7	34260065	21667486	63.2
其他工资/千元	全国	9628221	4588418	47.7	14661162	7406300	50.5
	中央	306	0	0	17512	0	0
	地方	9627915	4588418	47.7	14643650	7406300	50.6
职工福利费/千元	全国	2742280	1471314	53.7	4718894	2717628	57.6
	中央	95	0	0	2090	0	0
	地方	2742185	1471314	53.7	4716804	2717628	57.6
社会保障费/千元	全国	16960076	9141632	53.9	39970868	24654243	61.7
	中央	14	0	0	13530	0	0
	地方	16960062	9141632	53.9	39957338	24654243	61.7

资料来源:教育部财政司、国家统计局社会和科技统计司编:《中国教育经费统计年鉴2007》,中国统计出版社,2008年,第6、8、10页。

如表5.13所示,2006年全国教育经费支出中初中教师工资福利支出共87,766,447千元,其中乡村初中教师工资福利支出52,191,160千元,占初中教师工资福利的59.5%;乡村教师工资福利支出占乡村初中教育经费总支出77,706,108千元的67.2%。在乡村教师工资福利支出中,基本工资支出最多,达25,437,166千元,其他各项支出从高到低依次为:补助工资11,552,630千元,社会保障费9,141,632千元,其他工资4,588,418千元,职工福利费1,471,314千元。在这些教育经费中,几乎均由地方教育及其他部门支付,中央教育及其他部门除了对初中有少量补助外,对乡村初中几乎没有经费支出。该年小学教师工资福利支出达158,742,110千元,其中乡村小学教师支出达103,361,336千元,占小学教师工资福利支出总数的65.1%,占乡村教育经费总支出138,171,211千元的74.8%。具体而言,乡村小学教师工资福利支出中,基本工资支出最高,达46,915,679千元,其他各项支出从高到低依次为:社会保障费支出24,654,232千元,补助工资21,667,486千元,其他工资7,406,300千元,职工福利费2,717,628千元。这些教育经费同样均由地方教育及其他部门支付。如表5.14所示,自2008年开始,乡村初中和小学教育经费中,中央教育及其他部门也开始支出一定的数额和比例,2008年乡村初中教师工资福利支出经费中,中央教育及其他部门支出3,309千元,占中央教育及其他部门初中教师工资福利经费支出62,788千元的5.3%;乡村小学教师工资福利支出经费中,中央教育及其他部门支出1,101千元,占中央教育及其他部门小学教育教师工资福利支出80,857千元的1.4%,其比重相对较低,但乡村教师工资福利支出开始进入由中央教育及其他部门支出部分的历史阶段,尽管此后每年经费支出的额度并不是很多,其所占比重也较低,但这是乡村教师工资福利待遇经费来源的一个较大转变。尤其是2013年,在乡村初中教师工资福利经费支出中,中央支出达462,151千元;乡村小学教师工资福利经费支出中,中央支出达673,206千元,分别占中央教育及其他部门支出初中教师、小学教师工资福利581,711千元、847,091千元的79.4%、79.5%。由此,乡村教师工资待遇得以进一步提升,其中中央教育及其他部门为乡村初中、小学教师工资福利支出提供了一定的支持。

(二)工资待遇有所提升

在这一时期的教育经费支出中,乡村教师工资待遇支出额度仍有进一步提升,具体情况见表5.14。

表5.14　2006—2014年全国、中央、地方部门中小学教育经费中教师工资福利支出统计

年份	项目	地区	初中	其中乡村	乡村占比/%	小学	其中乡村	乡村占比/%
2006	教育经费支出/千元	全国	133123872	77706108	58.40	218316407	138171211	63.30
		中央	1944	0	0	92558	0	0
		地方	133121928	77706108	58.40	218223849	138171211	63.30
	工资福利支出/千元	全国	87766447	52191160	59.50	158742110	103361336	65.10
		中央	1265	0	0	62693	0	0
		地方	87765182	52191160	59.50	158679417	103361336	65.10
	工资福利支出占教育经费支出的比例/%	全国	65.90	67.20		72.70	74.80	
		中央	65.10	0		67.70	0	
		地方	65.90	67.20		72.70	74.80	
2007	教育经费支出/千元	全国	188655950	107806229	57.10	280197735	185288297	66.10
		中央	121909	0	0	156663	0	0
		地方	188534041	107806229	57.20	280041072	185288297	66.20
	工资福利支出/千元	全国	102311935	61156252	59.80	157030804	107987238	68.80
		中央	44388	0	0	78131	0	0
		地方	102267547	61156252	59.80	156952673	107987238	68.80
	工资福利支出占教育经费支出的比例/%	全国	54.2	56.7		56.0	58.3	
		中央	36.4	0		49.9	0	
		地方	54.2	56.7		56.0	58.3	
2008	教育经费支出/千元	全国	236274250	138934887	58.80	339131513	225360195	66.50
		中央	155652	7270	4.70	236801	2506	1.10
		地方	236118598	138927617	58.80	338894712	225357689	66.50
	工资福利支出/千元	全国	116704669	69417915	59.50	179001584	122016267	68.20
		中央	62788	3309	5.30	80857	1101	1.40
		地方	116641881	69414606	59.50	178920727	122015166	68.20

续 表

年份	项目	地区	初中	其中乡村	乡村占比/%	小学	其中乡村	乡村占比/%
2008	工资福利支出占教育经费支出的比例/%	全国	49.4	50.0		52.8	54.1	
		中央	40.3	45.5		34.1	43.9	
		地方	49.4	50.0		52.8	54.1	
2009	教育经费支出/千元	全国	281718227	166008379	58.90	403886107	266614085	66.00
		中央	144369	3149	2.20	187087	3213	1.70
		地方	281573858	166005230	59.00	403699020	266610872	66.00
	工资福利支出/千元	全国	138691800	82378843	59.40	213901596	145003779	67.80
		中央	55195	1220	2.20	93541	1245	1.30
		地方	138636605	82377623	59.40	213808055	145002534	67.80
	工资福利支出占教育经费支出的比例/%	全国	49.2	49.6		53.0	54.4	
		中央	38.2	38.7		50.0	38.7	
		地方	49.2	49.6		53.0	54.4	
2010	教育经费支出/千元	全国	320914647	185599839	57.80	467121270	305082610	65.30
		中央	159363	2936	1.80	243928	4226	1.70
		地方	320755284	185596903	57.90	466877342	305078384	65.30
	工资福利支出/千元	全国	156556191	92492714	59.10	240211571	161454452	67.20
		中央	68225	1666	2.40	112912	2699	2.40
		地方	156487966	92491048	59.10	240098659	161451753	67.20
	工资福利支出占教育经费支出的比例/%	全国	48.8	49.8		51.4	52.9	
		中央	42.8	56.7		46.3	63.9	
		地方	48.8	49.8		51.4	52.9	
2011	教育经费支出/千元	全国	389361912	221366343	56.90	572421223	369489257	64.50
		中央	1274813	4049	0.30	1255155	6470	0.50
		地方	388087099	221362294	57.00	571166068	369482787	64.70
	工资福利支出/千元	全国	175550396	102782280	58.50	268591620	178933125	66.60
		中央	753378	1603	0.20	718744	2952	0.40
		地方	174797018	102780677	58.80	267872876	178930173	66.80
	工资福利支出占教育经费支出的比例/%	全国	45.1	46.4		46.9	48.4	
		中央	59.1	39.6		57.3	45.6	
		地方	45.0	46.4		46.9	48.4	
2013	教育经费支出/千元	全国	481217212	268845618	55.90	752219516	478932302	63.70
		中央	1019215	709113	69.60	1406200	1031871	73.40
		地方	480197997	268136505	55.80	750813316	477900431	63.70

续　表

年份	项目	地区	初中	其中乡村	乡村占比/%	小学	其中乡村	乡村占比/%
2013	工资福利支出/千元	全国	205262709	117094605	57.00	319071237	208915334	65.50
		中央	581711	462151	79.40	847091	673206	79.50
		地方	204680998	116632454	57.00	318224146	208242128	65.40
	工资福利支出占教育经费支出的比例/%	全国	42.7	43.6		42.4	43.6	
		中央	57.1	65.2		60.2	65.2	
		地方	42.6	43.5		42.4	43.6	
2014	教育经费支出/千元	全国	504361523	313134285	62.10	821079838	547918480	66.70
		中央	580692	18283	3.10	580857	76822	13.20
		地方	503780831	313116003	62.20	820498981	547841658	66.80
	工资福利支出/千元	全国	218331429	139563212	63.90	342673999	234062263	68.30
		中央	304154	10208	3.40	327557	43202	13.20
		地方	218027275	139553004	64.00	342346442	234019061	68.40
	工资福利支出占教育经费支出的比例/%	全国	43.3	44.6		41.7	42.7	
		中央	52.4	55.8		56.4	56.2	
		地方	43.3	44.6		41.7	42.7	

资料来源:教育部财务司、国家统计局社会和科技统计司编:《中国教育经费统计年鉴 2007》,中国统计出版社,2008 年,第 6、8、10 页;教育部财务司、国家统计局社会和科技统计司编:《中国教育经费统计年鉴 2008》,中国统计出版社,2009 年,第 30、32、34 页;教育部财务司、国家统计局社会和科技统计司编:《中国教育经费统计年鉴 2009》,中国统计出版社,2010 年,第 30、32、34 页;教育部财务司、国家统计局社会和科技统计司编:《中国教育经费统计年鉴 2010》,中国统计出版社,2011 年,第 30、32、34 页;教育部财务司、国家统计局社会科技和文化产业统计司编:《中国教育经费统计年鉴 2011》,中国统计出版社,2012 年,第 30、32、34 页;教育部财务司、国家统计局社会科技和文化产业统计司编:《中国教育经费统计年鉴 2012》,中国统计出版社,2013 年,第 32、34、36 页;教育部财务司、国家统计局社会科技和文化产业统计司编:《中国教育经费统计年鉴 2013》,中国统计出版社,2014 年,第 30、32、34 页;教育部财务司、国家统计局社会科技和文化产业统计司编:《中国教育经费统计年鉴 2014》,中国统计出版社,2015 年,第 32、34、36 页。

如表 5.14 所示,2006 年在全国教育及其他部门对初中教育经费支出中,乡村初中教师工资福利支出达 52,191,160 千元,此后每年均有上涨,至 2014 年达 139,563,212 千元,增加了 0.6 倍之多。然而,该支出在初中教育经费中的比重逐年下降,由 2006 年的 67.2%降至 2014 年的 44.6%,下降了近 23 个百分点。2006 年在全国教育及其他部门对小学教育经费支出中,乡村小学教师工资福利支出达103,361,336千元，此后每年均不断增多，2014年达234,062,263千元，增加了0.6倍之多；该支出在小学教育经费中的比重同样逐年下降，由2006年的74.8%降至2014年的42.7%，下降了32个百分点。由此可见，尽管总体上乡村中小学教师待遇有所增加，但其在教育经费中所占比重不断减少。

经过1978—2005年乡村教师队伍建设的改革与推进，到21世纪初期，乡村教师队伍建设仍存在着乡村教师补充困难、素质有待提升且结构性矛盾较为突出、待遇偏低等问题。具体包括：乡村教师大量流失和减少；代课教师问题成为乡村教师队伍建设的又一难点；乡村教师年龄结构不合理、学科结构分布不均衡、职称偏低、职称结构不合理、学历水平参差不齐且高学历者偏低；乡村教师工资拖欠及发放不及时；乡村教师待遇存在着区域差异性和非均衡性；乡村教师的住房困难问题尚未得到较好的解决；等等。因此，这一时期要以上一阶段乡村教师队伍建设存在的困境为着眼点，采取诸多举措，加强乡村教师队伍建设。

第三节　加强乡村教师队伍建设的举措

到 21 世纪初期,国家高度重视中小学教师队伍尤其是乡村教师队伍的建设,并制定了系列加强教师队伍建设的政策文件。如《发展规划纲要》指出,应"提高教师地位,维护教师权益,改善教师待遇,使教师成为受人尊重的职业。严格教师资质,提升教师素质,努力造就一支师德高尚、业务精湛、结构合理、充满活力的高素质专业化教师队伍"[①]。再如,《关于加强教师队伍建设的意见》(国务院,2012 年)作为中华人民共和国成立后首个部署教师队伍建设的纲领性文件,要求中小学教师队伍建设以乡村教师为重点,采取倾斜政策,切实增强乡村教师职业吸引力。[②]《关于大力推进农村义务教育教师队伍建设的意见》(教育部、中央编办、国家发展改革委、财政部、人力资源社会保障部,2012 年)旨在推进乡村义务教育教师队伍建设,要求到 2020 年,"建立起较为完善的准入严格、管理规范、保障有力的农村教师队伍建设长效机制,造就一支师德高尚、数量充足、配置均衡、城乡一体、结构合理、乐教善教、稳定而充满活力的高素质农村教师队伍"[③]。总之,这一时期加强乡村教师队伍建设,主要围绕乡村教师的培养和质量提升、乡村教师的补充、乡村教师的管理以及乡村教师的待遇提高等方面展开。具体包括:

---

① 《国家中长期教育改革和发展规划纲要(2010—2020 年)》(2010 年 7 月 29 日),http://www.moe.gov.cn/jyb_xwfb/s6052/moe_838/201008/t20100802_93704.html。

② 《国务院关于加强教师队伍建设的意见》(2012 年 8 月 20 日),http://www.moe.gov.cn/jyb_xxgk/moe_1777/moe_1778/201209/t20120907_141772.html。

③ 《教育部、中央编办、国家发展改革委、财政部、人力资源社会保障部关于大力推进农村义务教育教师队伍建设的意见》(2012 年 9 月 20 日),http://www.moe.gov.cn/srcsite/A10/s3735/201211/t20121108_145538.html。

推进教师教育改革与创新，培养"留得住"的本土教师和名师；创新补充乡村师资的工作思路；加强乡村师资队伍的管理；大力提高乡村教师的待遇；等等。

一、注重乡村教师的培养与质量提升

进入21世纪，我国师范教育已经转变为教师教育。《义务教育法》(2006年修)将此前的"国家采取措施加强和发展师范教育，加速培养、培训师资，有计划地实现小学教师具有中等师范学校毕业以上水平，初级中等学校的教师具有高等师范专科学校毕业以上水平。师范院校毕业生必须按照规定从事教育工作"的相关规定，修改为"县级以上人民政府应当加强教师培养工作，采取措施发展教师教育。县级人民政府教育行政部门应当均衡配置本行政区域内学校师资力量，组织校长、教师的培训和流动"。[1] 实施教师教育，加强乡村师资的职前培养与职后培训，依然是这一时期加强乡村教师队伍建设的重要内容。

(一)师资培养创新

师资培养创新具体包括：构建以师范院校为主体，综合大学共同参与的开放灵活的教师教育体系；深化教师教育改革，创新培养模式，增强实习实践环节，强化师德修养和教学能力训练，提高教师培养质量；加强乡村中小学薄弱学科教师队伍建设，重点培养和补充一批边远贫困地区、革命老区、边疆民族地区急需紧缺的教师。[2]

1. 重新启动师范生免费教育制度

在进入21世纪之前，师范生公费教育制度的取消对师范毕业生就业去

① 《中华人民共和国义务教育法》(第六届全国人民代表大会第四次会议通过，1986年4月12日)，《中华人民共和国国务院公报》，1986年第12期，第402页。

② 《国家中长期教育改革和发展规划纲要(2010—2020年)》(2010年7月29日)，http://www.moe.gov.cn/jyb_xwfb/s6052/moe_838/201008/t20100802_93704.html。

向产生了直接的影响，很多师范毕业生不从事教育工作，从事教育工作者更愿意留守大城市重点中小学。“即使少数愿意从教的师范毕业生或在职教师也会因为日益加大的薄弱学校与重点学校、城市学校与农村学校、东部地区学校与中西部地区学校的差距，而陆陆续续地从经济落后地区流向经济发达地区，从农村流向城市，从小城市流向大城市，从西部地区流向东南沿海地区，从薄弱学校流向重点学校。”[①]为鼓励更多的优秀青年终身从事教育工作，《教育部直属师范大学师范生免费教育实施办法(试行)》(简称“免费师范生计划”，教育部、财政部、中央编办、人事部，2007 年)决定在教育部直属师范大学实行师范生免费教育，规定：“从 2007 年秋季入学的新生起，在北京师范大学、华东师范大学、东北师范大学、华中师范大学、陕西师范大学和西南大学六所部属师范大学实行师范生免费教育”；实行提前批次录取，择优选拔热爱教育事业，有志于长期从教、终身从教的优秀高中毕业生；免费师范毕业生一般回生源所在省份中小学任教，到城镇学校工作者应先到乡村义务教育学校任教服务两年；有志从教并符合条件的非师范专业优秀学生，在入学两年内可申请转入师范专业，并由学校按标准返还学费、住宿费，补发生活费补助。[②] 由此，我国师范生教育在实施了十年收费制度之后，于 2007 年再次回到免费的轨道上来，这也从另一侧面加强了乡村教师队伍的建设。师范生免费教育的制度设计遵循“权利与义务相平衡”原则，规定师范生承担毕业后回生源地从事中小学教育十年以上者的义务，同时也享受中央政府给予的“在校学习期间免除学费，免缴住宿费，并补助生活费”的权利，不履行协议者需按规定退还已享受的费用并缴纳违约金。《关于完善和推进师范生免费教育意见的通知》(国务院办公厅转发教育部等部门，2012 年)进一步完善师范生免费教育以及就业等办法[③]，促使师范生免费教

① 蔡首生：《我国改革开放以来教师教育政策的反思》，湖南师范大学硕士学位论文，2012 年，第 38 页。

② 《教育部直属师范大学师范生免费教育实施办法(试行)》(2007 年 5 月 9 日)，http://www.moe.gov.cn/jyb_xxgk/moe_1777/moe_1778/201410/t20141021_178260.html。

③ 《国务院办公厅转发教育部等部门关于完善和推进师范生免费教育意见的通知》(2012 年 1 月 7 日)，http://www.gov.cn/zhengce/content/2016-08/24/content_5101954.htm。

育逐渐推行，各地纷纷实施师范生免费教育，并逐渐将地方师范生免费教育作为培养乡村师资的重要渠道之一。《关于大力推进农村义务教育教师队伍建设的意见》再次明确指出：进一步完善部属师范大学师范生免费教育政策，充分发挥示范引领作用，鼓励支持地方结合实际实施师范生免费教育制度，为乡村学校定向培养补充“下得去、留得住、干得好”的高素质教师；在师范生免费教育中，向音体美教师倾斜。[①] 总之，进一步变革师范教育，实施师资培养创新，重新启动师范生免费教育制度，有助于培养乡村中小学优质师资。尤其是地方的师范教育免费制度，为定向培养本土化的乡村师资提供了保障，有助于加强乡村教师队伍的建设。

2. 创新乡村师资培养模式

为了培养“留得住”的本土教师和名师，国家在加强教师教育的基础上，进一步推动中小学师资培养模式创新。国务院于2012年要求建立高校与地方政府、中小学联合培养教师的新机制，加强教师养成教育和教育教学能力训练，落实师范生教育实践不少于一学期制度。[②] 同年发布的《关于大力推进农村义务教育教师队伍建设的意见》提出要采取定向委托培养等特殊招生方式，扩大双语教师、音体美等紧缺薄弱学科和小学全科教师培养规模[③]，从而为乡村紧缺学科教师的培养开辟了新的培养路径。《关于实施卓越教师培养计划的意见》（教育部，2014年）提出：深化教师培养模式改革，建立高校与地方政府、中小学“三位一体”协同培养新机制，实施分类推进卓越教师培养模式改革，重点探索“本科和教育硕士研究生阶段整体设计、分段考核、连续培养的一体化模式”和小学全科教师培养模式；通过自主招生、

① 《教育部、中央编办、国家发展改革委、财政部、人力资源社会保障部关于大力推进农村义务教育教师队伍建设的意见》（2012年9月20日），http://www.moe.gov.cn/srcsite/A10/s3735/201211/t20121108_145538.html。

② 《国务院关于加强教师队伍建设的意见》（2012年8月20日），http://www.moe.gov.cn/jyb_xxgk/moe_1777/moe_1778/201209/t20120907_141772.html。

③ 《教育部、中央编办、国家发展改革委、财政部、人力资源社会保障部关于大力推进农村义务教育教师队伍建设的意见》（2012年9月20日），http://www.moe.gov.cn/srcsite/A10/s3735/201211/t20121108_145538.html。

入校后二次选拔、设立面试环节等多元化的招生选拔方式,鼓励和引导师范生到乡村中小学任教。[1] 总之,这一时期探索了定向委托培养、卓越教师培养计划及小学全科教师培养等方式,推动了乡村师资培养模式创新。

3. 探索教师类专业标准,加强对师资培养的管理

为了建设高素质、专业化的教师队伍,我国积极探索实施各级各类教育的教师专业标准。《小学教师专业标准(试行)》(教育部,2012 年)、《中学教师专业标准(试行)》(教育部,2012 年)提出构建教师专业标准体系,成为教师培养、准入、培训、考核等工作的重要依据。具体要求:重视中小学教师职业特点,加强中小学教育学科和专业建设;完善中小学教师培养培训方案,科学设置教师教育课程,改革教育教学方式;重视中小学教师职业道德教育,重视社会实践和教育实习;加强从事中小学教师教育的师资队伍建设,建立科学的质量评价制度。[2]《关于加强教师队伍建设的意见》也要求大力提高教师专业化水平,完善教师专业发展标准体系,制定师范类专业认证标准,开展专业认证和评估,规范师范类专业办学,建立教师培养质量评估制度。[3] 中小学师资培养管理的加强,一定程度上保障了中小学教师队伍的质量。

(二)提升在职教师的质量

提升在职教师的质量主要包括提高师资培养层次、提高在职教师水平等方面的内容。

1. 以"硕师计划"提高师资培养层次

早在 2004 年,教育部就启动实施了"硕师计划",经过几年的实践探索,

---

① 《教育部关于实施卓越教师培养计划的意见》(2014 年 8 月 18 日),http://www.moe.gov.cn/srcsite/A10/s7011/201408/t20140819_174307.html。

② 《教育部关于印发〈幼儿园教师专业标准(试行)〉〈小学教师专业标准(试行)〉和〈中学教师专业标准(试行)〉的通知》(2012 年 2 月 10 日),http://www.moe.gov.cn/srcsite/A10/s6991/201209/t20120913_145603.html。

③ 《国务院关于加强教师队伍建设的意见》(2012 年 8 月 20 日),http://www.moe.gov.cn/jyb_xxgk/moe_1777/moe_1778/201209/t20120907_141772.html。

逐渐扩大了招生规模。“硕师计划”以“国家扶贫开发工作重点县”和“省扶贫开发工作重点县”的乡村学校,尤其以中学为服务范围,符合“政治思想素质好,热爱教育工作;获得学士学位的应届本科毕业生;志愿到农村学校任教,且服从省级教育行政部门安排”等条件者,可以取得“硕师计划”入学资格。[①] 取得“硕师计划”入学资格者,先到签约的乡村学校任教三年,积累了一定的教育教学实践经验,通过每年度的考核后,于第四年到培养学校注册入学,脱产学习教育硕士专业学位研究生课程。第五年在任教学校在职完成课程学习,并撰写学位论文。通过论文答辩后,可获得教育硕士学位。其必须履行规定的服务义务,服务期至少五年(包括在培养学校的一年学习时间),在扶贫县任教未满三年或年度考核不合格者将被取消入学资格。[②] “硕师计划”还可与“特岗计划”结合实施,符合相应条件的参与者还可聘任为特岗教师,聘任期间的工资按“特岗计划”要求由中央财政与地方财政共同承担。[③] “硕师计划”的实施在一定程度上有助于提升乡村师资的学历层次,同时也提升了乡村师资的质量和水平。到2012年,国务院与教育部等部门不仅要求“扩大教育硕士、教育博士招生规模,培养高层次的中小学教师”[④],同时要求扩大实施“硕师计划”和“服务期满特岗教师免试攻读教育硕士计划”[⑤]。

2. 以“国培计划”为重点提高在职教师水平

这一时期,通过在“国培计划”中重点培训乡村师资提升乡村师资质量。

---

① 《教育部关于做好2007年“农村学校教育硕士师资培养计划”实施工作的通知》(2006年10月30日),http://www.moe.gov.cn/srcsite/A15/moe_778/s3113/200610/t20061030_79960.html。

② 《教育部关于做好2007年“农村学校教育硕士师资培养计划”实施工作的通知》(2006年10月30日),http://www.moe.gov.cn/srcsite/A15/moe_778/s3113/200610/t20061030_79960.html。

③ 《教育部关于做好2007年“农村学校教育硕士师资培养计划”实施工作的通知》(2006年10月30日)http://www.moe.gov.cn/srcsite/A15/moe_778/s3113/200610/t20061030_79960.html。

④ 《国务院关于加强教师队伍建设的意见》(2012年8月20日),http://www.moe.gov.cn/jyb_xxgk/moe_1777/moe_1778/201209/t20120907_141772.html。

⑤ 《教育部、中央编办、国家发展改革委、财政部、人力资源社会保障部关于大力推进农村义务教育教师队伍建设的意见》(2012年9月20日),http://www.moe.gov.cn/srcsite/A10/s3735/201211/t20121108_145538.html。

第一,以“国培计划”培训乡村师资。根据党的十七大关于“加强教师队伍建设,重点提高农村教师素质”的要求和《发展规划纲要》的精神,教育部、财政部于 2010 年起实施“中小学幼儿园教师国家级培训计划”(简称“国培计划”),要求在发挥优秀骨干教师示范作用的同时,重点支持中西部农村教师培训,以提高农村教师队伍的素质。该计划包含了“中小学教师示范性培训项目”和“中西部农村骨干教师培训项目”两项。前者主要包括中小学骨干教师培训、中小学教师远程培训、班主任教师培训、中小学紧缺薄弱学科教师培训等示范性项目,为全国中小学教师培训培养骨干,为“中西部农村骨干教师培训项目”实施、中小学教师教学能力和专业水平提升及其专业发展提供支撑。[①] 根据《“国培计划”——中小学教师示范性培训项目实施方案(2010—2012)》,在 2010—2012 年,中央财政每年划拨专项经费 5,000 万元支持该项目;主要采用集中培训的方式培养 3 万名中小学学科骨干教师和骨干班主任教师,其中农村紧缺薄弱学科骨干教师培训,对全国 6,000 名农村中小学紧缺薄弱学科骨干教师进行为期 15 天的专项集中培训,提高教师教学能力和专业水平,改善紧缺薄弱学科师资力量薄弱状况;中小学教师远程培训主要采用以远程培训为主的方式,对 60 万名农村义务教育学校骨干教师进行 40 学时的针对性培训,帮助乡村教师解决在实施素质教育和基础教育课程改革时面临的主要问题,提高他们实施新课程的能力和水平。[②] 根据《“国培计划”——中西部农村骨干教师培训项目实施方案》(简称“中西部项目”),2010 年中央财政安排专项资金 5 亿元支持启动该项目,对中西部农村义务教育骨干教师进行有针对性的专业培训;其培训重点有农村中小学教师置换脱产研修、农村中小学教师短期集中培训、农村中小学教师远程培训三类。[③] 由此,“国培计划”以乡村教师为重点培训对象,此后其成为提升

① 《教育部、财政部关于实施“中小学教师国家级培训计划”的通知》(2010 年 6 月 11 日),http://www.moe.gov.cn/srcsite/A10/s7034/201006/t20100630_146071.html。

② 《教育部、财政部关于实施“中小学教师国家级培训计划”的通知》(2010 年第 6 月 11 日),http://www.moe.gov.cn/srcsite/A10/s7034/201006/t20100630_146071.html。

③ 《教育部、财政部关于实施“中小学教师国家级培训计划”的通知》(2010 年第 6 月 11 日),http://www.moe.gov.cn/srcsite/A10/s7034/201006/t20100630_146071.html。

在职乡村中小学师资水平的重要手段。如《关于大力加强中小学教师培训工作的意见》(教育部，2011年)指出，以实施“国培计划”为抓手，为中小学教师特别是中西部农村教师创造更多更好的培训机会和提供优质的培训服务。[①]《关于大力推进农村义务教育教师队伍建设的意见》也要求以“国培计划”为抓手加强农村教师国家级示范培训，积极探索农村教师远程网络培训的有效模式，为农村义务教育教师建立网络研修社区，尤其要加强音乐、体育、美术、科学、综合实践等农村紧缺薄弱学科教师和民族地区双语教师的培训。[②]

第二，保障培训经费有助于乡村教师培训工作的开展。2010年，教师培训经费列入政府预算的要求得以提出。[③]《关于大力加强中小学教师培训工作的意见》要求加大教师培训经费投入，建立教师培训经费保障的长效机制。《农村中小学公用经费支出管理暂行办法》(财政部、教育部，2006年)提出的“按照学校年度公用经费预算总额的5%安排教师培训经费”得到落实。[④]《关于加强教师队伍建设的意见》要求切实保障教师培训经费投入，并再次强调中小学按照年度公用经费预算总额的5%安排教师培训经费。[⑤]

第三，不断优化乡村师资培训的内容。教育部于2011年指出：应根据实施素质教育的要求，并针对不同类别、层次、岗位教师的需求，以问题为中心，以案例为载体，科学设计培训课程，丰富和优化培训内容；大力加强班主任教师培训，以乡村教师为重点实施中小学教师全员培训，具体有新任教师岗前培训、在职教师岗位培训、骨干教师研修提高等培训。其中，新任教师

① 《教育部关于大力加强中小学教师培训工作的意见》(2011年1月4日)，http://www.moe.gov.cn/srcsite/A10/s7034/201101/t20110104_146073.html。

② 《教育部、中央编办、国家发展改革委、财政部、人力资源社会保障部关于大力推进农村义务教育教师队伍建设的意见》(2012年9月20日)，http://www.moe.gov.cn/srcsite/A10/s3735/201211/t20121108_145538.html。

③ 《国家中长期教育改革和发展规划纲要(2010—2020年)》(2010年7月29日)，http://www.moe.gov.cn/jyb_xwfb/s6052/moe_838/201008/t20100802_93704.html。

④ 《教育部关于大力加强中小学教师培训工作的意见》(2011年1月4日)，http://www.moe.gov.cn/srcsite/A10/s7034/201101/t20110104_146073.html。

⑤ 《国务院关于加强教师队伍建设的意见》(2012年8月20日)，http://www.moe.gov.cn/jyb_xxgk/moe_1777/moe_1778/201209/t20120907_141772.html。

岗前培训要求对所有新任教师进行岗前适应性培训，帮助他们尽快适应教育教学工作；在职教师岗位培训重点帮助教师更新教育理念，深入钻研业务，学习新知识，掌握新技能，提高教育教学实际能力；骨干教师研修提高重点帮助骨干教师总结教育教学经验，探索教育教学规律，以提升教育教学能力、教研能力、培训和指导青年教师的能力；中小学教师培训以中青年教师为重点，对专科学历以下小学教师进行学历提高教育，以师德教育为重点，增强教师教书育人的责任感和能力水平。[①]

第四，乡村师资培训模式和方法不断更新。在“国培计划”推行的农村中小学教师置换脱产研修、农村中小学教师短期集中培训以及农村中小学教师远程培训之中，要求积极探索集中培训、脱产研修、“送教上门”、对口支援和远程培训等教师培训模式，将集中培训和远程培训相结合，短期集中培训与中长期培训相结合，院校集中研修与中小学教育教学实践相结合，满足教师多样化的培训需求。[②] 根据《“国培计划”——中小学教师示范性培训项目实施方案(2010—2012)》，主要采取电视课程收看、IP卫星资源播放、网络在线学习和县域内集中研讨相结合的方式，对乡村义务教育阶段学校教师进行针对性培训。[③] “中西部项目”创新培训机制，主要采取骨干教师脱产研修、集中培训和大规模教师远程培训相结合的方式，对中西部义务教育骨干教师进行专业培训。具体来讲，一是农村中小学教师置换脱产研修。采取集中研修和“影子教师”相结合的方式，与城镇教师支援乡村教育、师范生实习支教相结合，组织支教教师、师范生到乡村中小学支教、顶岗实习，置换出乡村骨干教师到培训院校和优质中小学进行为期3—6个月的脱产研修。二是农村中小学教师短期集中培训。采取集中培训方式对乡村中小学学科教师进行短期培训；采取集中培训和远程跟踪指导相结合的方式，加强对乡

---

① 《教育部关于大力加强中小学教师培训工作的意见》(2011年1月4日)，http://www.moe.gov.cn/srcsite/A10/s7034/201101/t20110104_146073.html。

② 《教育部、财政部关于实施“中小学教师国家级培训计划”的通知》(2010年6月11日)，http://www.moe.gov.cn/srcsite/A10/s7034/201006/t20100630_146071.html。

③ 《教育部、财政部关于实施“中小学教师国家级培训计划”的通知》(2010年6月11日)，http://www.moe.gov.cn/srcsite/A10/s7034/201006/t20100630_146071.html。

村学校音乐、体育、美术、艺术、科学、信息技术、通用技术和综合实践活动、心理健康教育等紧缺薄弱学科教师的培训；采取“走出去、请进来”和“对口支援”的方式，遴选高水平院校对边境民族地区的中小学教师进行培训。三是农村中小学教师远程培训。采取混合学习方式，做到教师线上学习、线下集中研讨和在职学习相结合。[1]

在“国培计划”采取集中培训、置换脱产研修、远程培训方法的基础上，积极创新培训模式。具体包括：实施送教上门、校本研修、组织名师讲学团和海外研修等多种教师培训方法；改进教师培训的教学组织方式，倡导小班教学，采取案例式、探究式、参与式、情景式、讨论式等多种方式开展培训；鼓励教师自主选学，在培训课程内容、时间、途径以及机构等方面，为教师提供个性化、多样化的选择机会；采取研修培训、学术交流、项目资助等方式，促进中小学名师和教育家的培养，全面提升中小学教师队伍的整体素质和专业化水平。[2] 总之，这一时期乡村教师培训以顶岗置换研修、校本研修、远程培训等为主要模式，并积极推动信息技术与教师教育深度融合，建设教师网络研修社区和终身学习支持服务体系，使教师通过学术交流、项目资助以及自主学习等多种模式进行学习提升，提升专业化水平。

二、拓展乡村教师补充的思路

在师范生分配就业制度被取消之后，国家逐渐以教师聘任的方式补充新师资，同时采用其他师资补充路径。这一时期，在正式实施中小学教师聘任制度的基础上，继续拓宽乡村教师补充新渠道，以加强乡村教师队伍建设。

---

① 《教育部、财政部关于实施“中小学教师国家级培训计划”的通知》(2010 年 6 月 11 日)，http://www.moe.gov.cn/srcsite/A10/s7034/201006/t20100630_146071.html。

② 《教育部关于大力加强中小学教师培训工作的意见》(2011 年 1 月 4 日)，http://www.moe.gov.cn/srcsite/A10/s7034/201101/t20110104_146073.html。

(一)全面推行教师公开招聘制度

2006 年 2 月 9 日,人事部首次就事业单位招聘人员问题出台了《事业单位公开招聘人员暂行规定》(人事部,2006 年),要求事业单位新进人员除特殊情况确需使用其他方法选拔任用外,均须公开招聘;事业单位招聘人员应面向社会,公开发布招聘信息,实行公开、平等、竞争、择优的原则;公开招聘由用人单位根据招聘岗位的任职条件及要求,采取考试、考核的方法进行;考试内容应为招聘岗位所必需的专业知识、业务能力和工作技能;考试科目与方式根据行业、专业及岗位特点确定;等等。[①] 各级公办学校教师的招聘也被包含在该招聘规定之中。至此,乡村教师补充从毕业生分配为重要来源转向了统一招录考试补充的政策体系。到 2009 年,《关于进一步做好中小学教师补充工作的通知》(教育部,2009 年)指出:“全国推行新任教师公开招聘制度,形成长效机制”,该年起“各地中小学新任教师补充应全部采取公开招聘的办法,不得再以其他方式和途径自行聘用教师”;制定严格的招聘程序,严把选人标准和质量,吸引优秀人才进入中小学教师行列,坚决杜绝不合格人员进入教师队伍。[②] 至此,中小学实行教师公开招聘制度在全国范围内基本确立下来。此后,国家要求不断“完善并严格实施教师准入制度,严把教师入口关”。为了保障乡村中小学师资队伍的质量和水平,还要求根据《关于大力推进城镇教师支援农村教育工作的意见》(教育部,2006 年)的规定,“对急需补充的新教师,应坚持高标准、高起点的原则,严格实行公开招聘制度,优先满足农村中小学的需要”[③],从而为新聘教师优先服务于乡村学校提供了政策支持。

---

① 《人事部发布〈事业单位公开招聘人员暂行规定〉》(2006 年 2 月 9 日),http://www.gov.cn/jrzg/2006-02/09/content_184192.htm。

② 王怀安、顾明、祝铭山等主编:《中华人民共和国法律全书(35)》,吉林人民出版社,2009 年,第 524 页。

③ 《教育部关于大力推进城镇教师支援农村教育工作的意见》(2006 年 2 月 26 日),http://www.moe.gov.cn/srcsite/A10/s7058/200602/t20060226_81598.html。

(二)进一步拓宽乡村教师补充路径

这一时期，为了拓宽乡村教师补充路径，系列政策文件得以发布。如《关于大力推进城镇教师支援农村教育工作的意见》提出通过实行城镇支援农村教育、东部支持西部、大学生顶岗实习支教等政策吸引优秀人才投身乡村教师行业。[①]《义务教育法》(2006 年修)规定“国务院和地方各级人民政府鼓励和支持城市学校教师和高等学校毕业生到农村地区、民族地区从事义务教育工作。国家鼓励高等学校毕业生以志愿者的方式到农村地区、民族地区缺乏教师的学校任教”[②]，从而为多样化补充乡村师资提供了法律依据。《关于做好农村综合改革工作有关问题的通知》要求，通过建立健全鼓励城镇教师、大学毕业生到乡村支教制度和特设教师岗位制度，合理配置城乡教育资源。[③]《发展规划纲要》则要求积极推进师范生免费教育、实施“特岗计划”、完善代偿机制、鼓励高校毕业生到艰苦边远地区任教等[④]，创新乡村教师补充机制。总之，这一时期主要通过免费师范生任教于乡村学校、高校毕业生实施代偿机制、城镇教师支援帮扶乡村学校、高校毕业生志愿服务支教乡村学校、实施“特岗计划”以及师范生定岗实习等方式不断拓宽乡村师资补充渠道。

1. 城镇中小学教师帮扶支援乡村学校

教育部于 2006 年指出：应积极做好选派城镇教师到农村支教工作，“以推进城镇教师支援农村教育为重点，不断优化和提高农村教师队伍的结构和素质”；城镇支教的骨干教师应占一定比例；加大对口支援工作力度，进一

---

① 《教育部关于大力推进城镇教师支援农村教育工作的意见》(2006 年 2 月 26 日)，http://www.moe.gov.cn/srcsite/A10/s7058/200602/t20060226_81598.html。

② 《中华人民共和国义务教育法》(2006 年 6 月 29 日)，http://www.gov.cn/flfg/2006-06/30/content_323302.htm。

③ 《国务院关于做好农村综合改革工作有关问题的通知》(2006 年 10 月 8 日)，http://www.gov.cn/zwgk/2006-10/13/content_412168.htm。

④ 《国家中长期教育改革和发展规划纲要(2010—2020 年)》(2010 年 7 月 29 日)，http://www.moe.gov.cn/jyb_xwfb/s6052/moe_838/201008/t20100802_93704.html。

步建立和完善本区域内长期稳定的"校对校"对口支援关系，鼓励和支持城镇办学水平高的中小学与乡村学校建立办学共同体，通过"结对子""手拉手"等形式促进优质教育资源共享；继续实施"东部地区学校对口支援西部贫困地区学校工程"，组织县域内城镇中小学教师定期到农村任教；"积极促进城镇学校教师向农村学校流动，定期选派城镇学校教师到农村学校交流任教，并统筹安排落实好其他城市的教师到当地农村支教的工作"。[①] 由此，城镇中小学教师支教帮扶乡村学校成为乡村师资补充创新的重要内容，也是提升乡村教师队伍结构和素质的重要手段。

2. 以"特岗计划"扩充新师资

教育部探索实施"特岗计划"，于2006年规定："在农村边远贫困地区师资紧缺的义务教育学校设立一定数量的教师岗位，公开招募大学毕业生到岗任教，逐步改善农村教师队伍结构，增强教师队伍活力，提高农村教师队伍整体素质。"[②]《关于实施农村义务教育阶段学校教师特设岗位计划的通知》(教育部、财政部、人事部、中央编办，2006年)的发布标志着"特岗计划"正式实施。"特岗计划"主要通过公开招募高校毕业生到西部"两基"攻坚县以下乡村义务教育学校任教，引导和鼓励高校毕业生从事乡村教育工作，逐步解决农村师资总量不足和结构不合理等问题。[③] 该通知规定："特岗计划"从2006年起用五年的时间实施；特设岗位教师聘期三年，实施范围以国家西部地区"两基"攻坚县为主，包括纳入国家西部开发计划的部分中部省份的少数民族自治州，适当兼顾西部地区一些有特殊困难的边境县、少数民族自治县和少小民族县；安排特设岗位时重点向藏区、"双语教学"区、少小民族聚居区倾斜；特岗教师安排要结合当地实际需求，并按照学科结构科学搭

---

① 《教育部关于大力推进城镇教师支援农村教育工作的意见》(2006年2月26日)，http://www.moe.gov.cn/srcsite/A10/s7058/200602/t20060226_81598.html。

② 《教育部关于大力推进城镇教师支援农村教育工作的意见》(2006年2月26日)，http://www.moe.gov.cn/srcsite/A10/s7058/200602/t20060226_81598.html。

③ 《教育部、财政部、人事部、中央编办关于实施农村义务教育阶段学校教师特设岗位计划的通知》(2006年5月15日)，http://www.moe.gov.cn/jyb_xxgk/gk_gbgg/moe_0/moe_1133/moe_1338/tnull_19556.html。

配;岗位设置“一般在1个县(市)安排100个左右,1所学校安排3—5人。特设岗位教师原则上安排在县以下农村初中,适当兼顾乡镇中心学校。人口较少的边境县、少数民族自治县和少小民族县可安排在农村生源占60%左右的县城学校”;招聘对象“以高等师范院校和其他全日制普通高校应届本科毕业生为主,可招少量应届师范类专业专科毕业生,同时还可以招取得教师资格,具有一定教育教学实践经验,年龄在30岁以下的全日制普通高校往届本科毕业生,其中参加过‘大学生志愿服务西部计划’、有从教经历的志愿者和参加过半年以上实习支教的师范院校毕业生同等条件下优先”。[①]由此,“特岗计划”为乡村师资补充提供了新的路径。

这项计划最初在西部12省区和新疆“两基”攻坚县实施,2009年实施范围扩大至中部地区,后逐步扩大至东中西部22个省(区、市)。到2012年,教育部等部门指出:应继续实施并逐步完善“岗位计划”,大力推进各省(区、市)实施地方特岗计划,探索建立吸引高校毕业生到村小、教学点任教的新机制,同时在“特岗计划”中向音体美教师倾斜。[②]总之,“特岗计划”是乡村师资补充渠道创新的重要内容,在一定程度上缓解了乡村师资数量不足和结构不合理的双重矛盾。

3.以多种形式的支教活动扩充新师资

第一,通过高校毕业生志愿服务乡村教育活动补充新师资。《关于组织开展高校毕业生到农村基层从事支教、支农、支医和扶贫工作的通知》(中共中央组织部、人事部、教育部、财政部、农业部、卫生部、国务院扶贫开发领导小组办公室、共青团中央,2006年)指出,国家计划从2006年开始连续五年每年招募2万名高校毕业生,秉承“签开招募、自愿报名、组织选拔、统一派

---

① 《教育部、财政部、人事部、中央编办关于实施农村义务教育阶段学校教师特设岗位计划的通知》(2006年5月15日),http://www.moe.gov.cn/jyb_xxgk/gk_gbgg/moe_0/moe_1133/moe_1338/tnull_19556.html。

② 《教育部、中央编办、国家发展改革委、财政部、人力资源社会保障部关于大力推进农村义务教育教师队伍建设的意见》(2012年9月20日),http://www.moe.gov.cn/srcsite/A10/s3735/201211/t20121108_145538.html。

遗"的原则,主要安排到乡镇"三支一扶",支教是其中重要的部分,服务期限为两年。[①] 同时,教育部在大力推进城镇教师支援农村教育工作时也要求积极鼓励并组织落实高校毕业生支援农村教育工作;实施"高校毕业生到农村服务计划"和"大学生志愿服务西部计划",引导和促进高校毕业生支援农村教育。[②]

第二,组织师范生实习支教以补充新师资。教育部大力推进师范生实习支教工作,于2006年规定:师范院校和其他举办教师教育的高校要组织高年级师范生到乡村学校实习支教;在乡村学校建立实习基地,选派教师带队组织实习指导;在保证师范生培养质量和实习支教连续性的前提下,积极探索实习支教的多种有效途径。[③]《关于大力推进师范生实习支教工作的意见》(教育部,2007年)再次明确指出:"高师院校要因地制宜地组织高年级师范生,到中小学进行不少于一学期的教育实习";"各地要将师范生实习支教与加强农村教师队伍建设紧密结合,根据实际需要,创造有利条件,积极安排和接收高师院校师范生到农村学校进行实习支教"。[④] 由此,教育部将师范生实习支教乡村学校的工作视为加强乡村教师队伍建设的重要路径之一。

第三,以退休教师、高校青年教师、各级党政机关公务员等支教活动补充乡村师资。2012年,国务院及教育部等部门在提出加强乡村教师队伍建设时强调,支持退休的特级教师、高级教师到乡村学校支教讲学[⑤],将退休骨干教师作为乡村教师队伍建设的重要力量。教育部于2006年还要求选派

---

① 何东昌主编:《中华人民共和国重要教育文献(2003—2008)》,新世界出版社,2010年,第978—980页。

② 《教育部关于大力推进城镇教师支援农村教育工作的意见》(2006年2月26日),http://www.moe.gov.cn/srcsite/A10/s7058/200602/t20060226_81598.html。

③ 《教育部关于大力推进城镇教师支援农村教育工作的意见》(2006年2月26日),http://www.moe.gov.cn/srcsite/A10/s7058/200602/t20060226_81598.html。

④ 《教育部关于大力推进师范生实习支教工作的意见》(2007年7月5日),http://www.moe.gov.cn/srcsite/A10/s7011/200707/t20070705_145953.html。

⑤ 《国务院关于加强教师队伍建设的意见》(2012年8月20日),http://www.moe.gov.cn/jyb_xxgk/moe_1777/moe_1778/201209/t20120907_141772.html;《教育部、中央编办、国家发展改革委、财政部、人力资源社会保障部关于大力推进农村义务教育教师队伍建设的意见》(2012年9月20日),http://www.moe.gov.cn/srcsite/A10/s3735/201211/t20121108_145538.html。

一定数量的高校特别是师范院校的新聘青年教师到乡村学校支教,并将之作为培养与锻炼高校青年教师的重要途径。[①] 另外,各级党政机关公务员也要求参加支教等活动。同时,教育部还注重以开展多种形式的智力支教活动拓展师资来源。具体要求:各地要因地制宜拓宽支教渠道,组织开展短期支教、兼职支教等形式多样、灵活有效的智力支教活动;通过组织"特级教师讲学团"巡回下乡送教,城镇骨干教师到乡村学校支教带教或"走教""联聘"等形式,缓解乡村学校紧缺师资不足的矛盾;各地结合城镇教师支援乡村教育工作的开展,积极组织乡村学校教师到城镇办学水平高的学校跟岗学习、进修提高;积极开发优秀教师示范课远程教育课件,将城镇优质教育资源送到乡村学校。[②] 由此,乡村师资补充渠道更为多样化。

三、完善乡村教师队伍管理

这一时期,为保障乡村教师队伍稳定有序发展,主要采取了加强师资配置管理、严格教师资格和准入制度、加快推进教师职务(职称)制度改革等方面的举措。

(一)加强师资配置管理

实施乡村教师编制变革以及城乡教师定期交流轮岗制度等在一定程度上有助于加强师资配置管理。

1. 实施乡村教师编制变革

《关于进一步落实〈国务院办公厅转发中央编办、教育部、财政部关于制定中小学教职工编制标准意见的通知〉有关问题的通知》(中央编办,2009

① 《教育部关于大力推进城镇教师支援农村教育工作的意见》(2006年2月26日),http://www.moe.gov.cn/srcsite/A10/s7058/200602/t20060226_81598.html。

② 《教育部关于大力推进城镇教师支援农村教育工作的意见》(2006年2月26日),http://www.moe.gov.cn/srcsite/A10/s7058/200602/t20060226_81598.html。

年)要求,认真开展中小学教职工编制核定工作,规范编制管理。具体规定:一是加强中小学教职工编制的总量调控与统筹使用,合理配置教师资源,同一县域内中小学教职工编制可互补余缺,并保证基层特别是乡村中小学师资配备;二是进一步改进乡村中小学教职工编制核定工作,为解决部分乡村地区中小学教职工编制偏紧的问题,各地在县域范围内和总量控制的基础上,按照有增有减的原则,参照县镇标准核定乡村中小学教职工编制,并且"据此核定的编制必须用于农村中小学教职工";三是认真落实文件规定的增编因素,对内地民族班中小学、举办民族班的城镇普通中学与开设双语教学课程的班级,寄宿制中小学,乡镇中心小学,山区、湖区、海岛、牧区和教学点较多地区的中小学等,按照从严从紧的原则适当增加编制,保障编制紧张学校特别是乡村寄宿制学校、教学点分散的地区教职工的基本需求;四是不断完善中小学教职工编制动态管理机制,严格规范中小学教职工编制管理,严禁挤占、挪用和截留中小学教职工编制,严禁在有合格教师来源的情况下"有编不补",长期聘用代课人员。①

2010年开始,实行城乡统一的中小学编制标准,对农村边远地区实行倾斜政策成为乡村教师编制变革的主要内容。《关于大力推进农村义务教育教师队伍建设的意见》规定:"对寄宿制中小学、乡镇中心学校、民族地区双语教学学校、村小及教学点、山区湖区海岛牧区学校等实施特殊师资配备政策";按照国家基础教育课程改革要求,补足配齐乡村音乐、体育、美术、英语、信息技术、科学课程等紧缺学科教师以及心理健康教育教师;严禁任何部门和单位以任何理由、任何形式占用或变相占用乡村中小学教职工编制。② 到2014年,统一城乡中小学教师编制标准的文件发布,《关于统一城乡中小学教职工编制标准的通知》(中央编办、教育部、财政部,2014年)要

① 《中央编办、教育部、财政部关于进一步落实〈国务院办公厅转发中央编办、教育部、财政部关于制定中小学教职工编制标准意见的通知〉有关问题的通知》(2009年3月12日),http://www.moe.gov.cn/jyb_xxgk/moe_1777/moe_1778/201001/t20100129_180782.html。

② 《教育部、中央编办、国家发展改革委、财政部、人力资源社会保障部关于大力推进农村义务教育教师队伍建设的意见》(2012年9月20日),http://www.moe.gov.cn/srcsite/A10/s3735/201211/t20121108_145538.html。

求“统一编制标准，促进城乡中小学教育资源均衡配置”。具体规定：将县镇、乡村中小学教职工编制标准统一到城市标准，即初中为1∶13.5、小学为1∶19；进一步完善中小学教职工编制动态管理机制，“重点对学生规模较小的村小、教学点，按照教职工与学生比例和教职工与班级比例相结合的方式核定教职工编制；在县域范围内统筹中小学教师资源，确保基本开齐开足国家规定课程，特别是体育、音乐、美术、科学技术等课程，以保障基础教育发展需要和素质教育全面实施”。[①] 总之，这一时期乡村教师编制变革的内容主要有：统一城乡中小学编制标准，适当增加乡村中小学教师编制；增加专业教师编制；实施教学与后勤编制分离；严禁“有编不补”、长期任用代课教师等行为。

2. 实施城乡教师定期交流轮岗制度

这一时期城乡之间以及校际义务教育师资水平总体上存在明显差距，已经成为制约义务教育均衡发展的突出问题。教师交流轮岗是加强乡村学校、薄弱学校教师补充配备，促进城乡师资配置公平，推进义务教育均衡发展的重要举措。《发展规划纲要》指出，应建立健全义务教育学校教师和校长流动机制，将“有一年以上在农村学校或薄弱学校任教经历”作为城镇中小学教师在评聘高级职务（职称）时的必备条件。[②]《关于大力推进农村义务教育教师队伍建设的意见》同样要求建立县（区）域内城镇中小学教师到乡村学校任教服务期制度，引导、鼓励优秀教师到乡村薄弱学校或教学点工作，“一年以上在农村学校或薄弱学校任教的经历”仍是城镇中小学教师在评聘高级职务（职称）的必备条件。[③]《关于推进县（区）域内义务教育学校校

① 《中央编办、教育部、财政部发布的〈关于统一城乡中小学教职工编制标准的通知〉》（2014年11月13日），http://www.moe.gov.cn/s78/A10/tongzhi/201412/t20141209_181014.html。

② 《国家中长期教育改革和发展规划纲要（2010—2020年）》（2010年7月29日），http://www.moe.gov.cn/jyb_xwfb/s6052/moe_838/201008/t20100802_93704.html。

③ 《教育部、中央编办、国家发展改革委、财政部、人力资源社会保障部关于大力推进农村义务教育教师队伍建设的意见》（2012年9月20日），http://www.moe.gov.cn/srcsite/A10/s3735/201211/t20121108_145538.html。

长教师交流轮岗的意见》(教育部、财政部、人力资源和社会保障部,2014年)对县域内学校教师交流轮岗提出了具体的要求:“重点引导优秀校长和骨干教师向农村学校、薄弱学校流动。力争用3至5年时间实现县(区)域内校长教师交流轮岗的制度化、常态化,率先实现县(区)域内校长教师资源均衡配置”;合理确定校长、教师交流轮岗的人员范围,“城镇学校、优质学校每学年教师交流轮岗的比例不低于符合交流条件教师总数的10%,其中骨干教师交流轮岗应不低于交流总数的20%”;不断创新校长教师交流轮岗的方式方法,“可采取定期交流、跨校竞聘、学区一体化管理、学校联盟、名校办分校、集团化办学、对口支援、乡镇中心学校教师走教等多种途径和方式”,“各地可采取设立名师名校长交流特聘岗等形式,支持优秀校长、特级教师和省级教学名师到中西部边远贫困地区农村学校任职任教,引导优秀校长和骨干教师向农村学校、薄弱学校有序流动”。[①] 为了加强县(区)域内义务教育教师的统筹管理,打破教师交流轮岗的管理体制障碍,该意见还提出应全面推进“县管校聘”管理改革。该意见对交流对象做出了规定,要求交流至乡村学校的应是优秀骨干教师;合理确定了交流人员的范围和数量,要求每学年教师交流轮岗的比例不低于符合交流条件教师总数的10%,其中骨干教师交流轮岗应不低于交流总数的20%;提出要创新交流轮岗的方法;要求以推行“县管校聘”制度加强城乡教师交流轮岗的管理改革。总之,该意见不仅要求实现城乡教师交流的固定化和制度化,而且对交流对象的范围和数量做出了具体规定。

(二)严格教师资格和准入制度

推行教师资格和准入制度有助于提升教师队伍的专业化水平。《义务教育法》(2006年修)将之前的“国家建立教师资格考核制度,对合格教师颁

① 《教育部、财政部、人力资源和社会保障部关于推进县(区)域内义务教育学校校长教师交流轮岗的意见》(2014年8月13日),http://www.moe.gov.cn/srcsite/A10/s7151/201408/t20140815_174493.htm。

发资格证书"规定改为"教师应当取得国家规定的教师资格"。[①] 国务院于2006年深化教育人事制度改革，要求依法全面实施教师资格准入制度，创新教师补充机制。[②]《发展规划纲要》则进一步要求："完善并严格实施教师准入制度，严把教师入口关"；"国家制定教师资格标准，提高教师任职学历标准和品行要求。建立教师资格证书定期登记制度。省级教育行政部门统一组织中小学教师资格考试和资格认定，县级教育行政部门按规定履行中小学教师的招聘录用、职务（职称）评聘、培养培训和考核等管理职能"。[③] 国务院于2012年加强教师队伍建设时，同样要求：以"严格教师资格和准入制度"为基调，修订《教师资格条例》，提高教师任职学历标准、品行和教育教学能力要求；全面实施教师资格考试和定期注册制度；健全新进教师公开招聘制度，探索符合不同学段、专业和岗位特点的教师招聘办法。[④] 同年，教育部等五部门在推进乡村义务教育教师队伍建设时指出："全面实行新进教师公开招聘制度，加强省级统筹，规范招聘程序和条件"；"全面实施教师资格考试和定期注册制度"，"严把农村教师入口关，严禁未取得教师资格的人员进入教师队伍"。[⑤] 同时，实施教师资格考试与定期注册检查，使教师资格准入制度更趋严格。

为确保中小学教师资格考试和定期注册改革扩大试点工作顺利实施，《中小学教师资格考试暂行办法》（教育部，2013年）、《中小学教师资格定期注册暂行办法》（教育部，2013年）同时印发。前者规定："中小学教师资格

---

① 《中华人民共和国义务教育法》（第六届全国人民代表大会第四次会议通过，1986年4月12日），《中华人民共和国国务院公报》，1986年第12期，第402页；《中华人民共和国义务教育法》（2006年6月29日），http://www.gov.cn/flfg/2006-06/30/content_323302.htm。

② 《国务院关于做好农村综合改革工作有关问题的通知》（2006年10月8日），http://www.gov.cn/zwgk/2006-10/13/content_412168.htm。

③ 《国家中长期教育改革和发展规划纲要（2010—2020年）》（2010年7月29日），http://www.moe.gov.cn/jyb_xwfb/s6052/moe_838/201008/t20100802_93704.html。

④ 《国务院关于加强教师队伍建设的意见》（2012年8月20日），http://www.moe.gov.cn/jyb_xxgk/moe_1777/moe_1778/201209/t20120907_141772.html。

⑤ 《教育部、中央编办、国家发展改革委、财政部、人力资源社会保障部关于大力推进农村义务教育教师队伍建设的意见》（2012年9月20日），http://www.moe.gov.cn/srcsite/A10/s3735/201211/t20121108_145538.html。

考试是评价申请教师资格人员是否具备从事教师职业所必需的教育教学基本素质和能力的考试”,“参加教师资格考试合格是教师职业准入的前提条件”;该考试分为笔试和面试两部分。[①] 后者规定,教师资格定期注册是对教师入职后从教资格的定期核查,中小学教师资格实行以5年为一个周期的定期注册,定期注册不合格或逾期不注册的人员,不得从事教育教学工作;具有“与任教岗位相应的教师资格;聘用为中小学在编在岗教师;省级教育行政部门规定的其他条件”等条件,可申请首次注册;首次任教人员须试用期满且考核合格,且满足“遵守国家法律法规和《中小学教师职业道德规范》,达到省级教育行政部门规定的师德考核评价标准,有良好的师德表现;每年年度考核合格以上等次;每个注册有效期内完成不少于国家规定的360个培训学时或省级教育行政部门规定的等量学分;身心健康,胜任教育教学工作;省级教育行政部门规定的其他条件”,才具备定期注册合格的条件。[②]

与此同时,继要求清退不合格民办教师和代课教师之后,这一时期开始有了实施教师“退出”的设想和要求。如《关于做好农村综合改革工作有关问题的通知》指出,加强乡村中小学编制管理,坚决清退不合格和超编教职工。[③]《发展规划纲要》要求加强教师管理,完善教师退出机制。[④] 尽管最终没有明确制定教师退出机制,但它为加强教师队伍管理奠定了基础。

(三)加快推进教师职务(职称)制度改革

教师职务(职称)制度改革不仅有助于教师队伍的规范化管理,而且有

---

① 《教育部关于印发〈中小学教师资格考试暂行办法〉〈中小学教师资格定期注册暂行办法〉的通知》(2013年8月15日),http://www.moe.gov.cn/srcsite/A10/s7151/201308/t20130821_156643.html。

② 《教育部关于印发〈中小学教师资格考试暂行办法〉〈中小学教师资格定期注册暂行办法〉的通知》(2013年8月15日),http://www.moe.gov.cn/srcsite/A10/s7151/201308/t20130821_156643.html。

③ 《国务院关于做好农村综合改革工作有关问题的通知》(2006年10月8日),http://www.gov.cn/zwgk/2006-10/13/content_412168.htm。

④ 《国家中长期教育改革和发展规划纲要(2010—2020年)》(2010年7月29日),http://www.moe.gov.cn/jyb_xwfb/s6052/moe_838/201008/t20100802_93704.html。

助于提高教师工作的积极性和保障教师队伍的稳定。《义务教育法》(2006年修)提出："国家建立统一的义务教育教师职务制度。教师职务分为初级职务、中级职务和高级职务。"[①]到2009年，我国开始在松原市、潍坊市、宝鸡市启动中小学教师职称制度改革试点，并于2011年扩大改革试点范围。本次改革将原来独立设置的中学教师职务系列与小学教师职务系列相统一，并入了新设置的中小学教师职称(职务)系列，具体分为正高级、高级、一级、二级、三级等五个等级，与正高、副高、中级、助理以及员级等职称相对应[②]，由此也形成了以能力和绩效为导向的中小学教师职称制度。2012年，国务院要求加快推进教师职务(职称)制度改革。具体要求：分类推进教师职务(职称)制度改革，完善符合各类教师职业特点的职务(职称)评价标准；建立统一的中小学教师职务(职称)系列，研究完善符合村小学和教学点实际的职务(职称)评定标准，职务(职称)晋升向村小学和教学点专任教师倾斜；全面推行聘用制度和岗位管理制度，按照按需设岗、竞聘上岗、按岗聘用、合同管理的原则，完善以合同管理为基础的用人制度，实现教师职务(职称)评审与岗位聘用的有机结合。[③] 同年，教育部等五部门在大力推进乡村义务教育教师队伍建设时，要求针对乡村教师的独特性，研究完善符合村小和教学点实际的职务(职称)评价标准，同时规定职务(职称)晋升向村小和教学点专任教师倾斜。[④] 总之，在乡村教师职务(职称)评聘工作中，除了将城镇教师到乡村学校任教1年以上经历作为申报评审高级职务(职称)和特级教师的必备条件，以及规定乡村任教3年以上、表现突出者在同等条件下可以优先

---

① 《中华人民共和国义务教育法》(第六届全国人民代表大会第四次会议通过，1986年4月12日)，《中华人民共和国国务院公报》，1986年第12期，第402页；《中华人民共和国义务教育法》(2006年6月29日)，http://www.gov.cn/flfg/2006-06/30/content_323302.htm。

② 《2009年在潍坊、宝鸡等三地试点，2011年扩至各省份2至3个地级市，今年中小学教师职称改革将全面推开，中小学"教授"怎么评》(2014年3月18日)，http://www.moe.gov.cn/jyb_xwfb/s5147/201403/t20140318_165692.html。

③ 《国务院关于加强教师队伍建设的意见》(2012年8月20日)，http://www.moe.gov.cn/jyb_xxgk/moe_1777/moe_1778/201209/t20120907_141772.html。

④ 《教育部、中央编办、国家发展改革委、财政部、人力资源社会保障部关于大力推进农村义务教育教师队伍建设的意见》(2012年9月20日)，http://www.moe.gov.cn/srcsite/A10/s3735/201211/t20121108_145538.html。

评聘,乡村教师职称(职务)评聘以适当提高乡村中小学高级教师职务结构比例为基础,还向乡村小学和教学点教师倾斜,要求职称评价标准应符合村小和教学点的实际,尤其要加强乡村学校音体美等紧缺薄弱学科教师和民族地区双语教师的评聘。

四、全面提高乡村教师各项待遇

《义务教育法》(2006 年修)将修订之前的“国家保障教师的合法权益,采取措施提高教师的社会地位,改善教师的物质待遇,对优秀的教育工作者给予奖励”的规定,修改成了“各级人民政府保障教师工资福利和社会保险待遇,改善教师工作和生活条件”[①],使提高教师待遇的规定更为具体。该法令也关注到乡村教师的待遇。提高乡村教师待遇包含提高乡村教师的经济待遇与精神待遇、保障社会福利以及实施倾斜式激励等内容。

(一)持续提高经济待遇

乡村教师的经济待遇主要体现在工资待遇、津贴和补贴等方面。提高乡村教师的经济待遇具体表现在以下方面。

1. 实施岗位绩效工资制度,逐步提高工资待遇

第一,实施岗位绩效工资制度。《高等学校、中小学、中等职业学校贯彻〈事业单位工作人员收入分配制度改革方案〉三个实施意见》(人事部、财政部、教育部,2006 年)要求教师实行岗位绩效工资制度,岗位绩效工资由岗位工资、薪级工资、绩效工资和津贴补贴四部分组成,其中岗位工资和薪级工资为基本工资,执行国家统一的政策和标准。《关于做好义务教育学校教师绩效考核工作的指导意见》(教育部,2008 年)指出,自 2009 年起在全国义

① 《中华人民共和国义务教育法》(第六届全国人民代表大会第四次会议通过,1986 年 4 月 12 日),《中华人民共和国国务院公报》,1986 年第 12 期,第 402 页;《中华人民共和国义务教育法》(2006 年 6 月 29 日),http://www.gov.cn/flfg/2006-06/30/content_323302.htm。

务教育学校实施绩效工资，并做好绩效考核工作，“以德为先，注重实绩”，注重教师履行岗位职责的实际表现和贡献；将师德和教育教学、从事班主任工作等方面的绩效考核结果作为绩效工资分配的主要依据；合理确定奖励性绩效工资分配等次，坚持向骨干教师和做出突出成绩的教师倾斜，适当拉开分配差距；绩效考核结果也作为教师资格认定、岗位聘任、职务晋升、培养培训以及表彰奖励等工作的重要依据。[①]《发展规划纲要》规定，新的工资体系由基本工资和绩效工资两部分构成，绩效工资又分为基础性绩效工资和奖励性绩效工资，基础性绩效工资突出体现工资的“保健”作用，奖励性绩效工资则重点发挥绩效的“激励”功能。[②] 教师岗位绩效工资制是我国教育发展史上的一次重大举措，具有重大里程碑意义，在一定程度上有助于保障教师收入水平，激发广大教师工作的积极性。2012 年，国务院和教育部等部门还提出，健全符合教师职业特点、体现岗位绩效的工资分配激励约束机制；进一步做好义务教育学校教师绩效工资实施工作，按照“管理以县为主、经费省级统筹、中央适当支持”的原则，确保绩效工资所需资金落实到位。[③]

第二，逐步提高乡村教师工资待遇，同时实施工资倾斜政策。《义务教育法》(2006 年修)规定：“完善农村教师工资经费保障机制”，同时提高教师平均工资水平，使“教师的平均工资水平应当不低于当地公务员的平均工资水平”。[④]《发展规划纲要》则进一步规定：“依法保证教师平均工资水平不低于或者高于国家公务员的平均工资水平”，并逐步提高；对长期在农村基层

① 《教育部关于做好义务教育学校教师绩效考核工作的指导意见》(2008 年 12 月 31 日)，http://www.moe.gov.cn/srcsite/A04/s7051/200812/t20081231_180682.html。

② 《国家中长期教育改革和发展规划纲要(2010—2020 年)》(2010 年 7 月 29 日)，http://www.moe.gov.cn/jyb_xwfb/s6052/moe_838/201008/t20100802_93704.html。

③ 《国务院关于加强教师队伍建设的意见》(2012 年 8 月 20 日)，http://www.moe.gov.cn/jyb_xxgk/moe_1777/moe_1778/201209/t20120907_141772.html;《教育部、中央编办、国家发展改革委、财政部、人力资源社会保障部关于大力推进农村义务教育教师队伍建设的意见》(2012 年 9 月 20 日)，http://www.moe.gov.cn/srcsite/A10/s3735/201211/t20121108_145538.html。

④ 《中华人民共和国义务教育法》(2006 年 6 月 29 日)，http://www.gov.cn/flfg/2006-06/30/content_323302.htm。

和艰苦边远地区工作的教师实施在工资等方面的倾斜政策。[①] 2012 年，国务院要求强化教师工资保障机制，保障教师工资按时足额发放。[②] 其中，对于乡村教师的工资待遇，教育部等五部门规定："各地要依法保障并逐步提高农村义务教育教师工资待遇，确保平均工资水平不低于当地公务员平均工资水平。对长期在农村基层和艰苦边远地区工作的教师，实行工资倾斜政策"。[③] 总之，这一时期要求以当地公务员工资平均水平为标准，逐步提高乡村教师工资待遇，同时还对长期在农村基层和艰苦边远地区工作的乡村教师实施工资倾斜政策。

2. 不断提高补贴津贴水平

《义务教育法》(2006 年修)规定："在民族地区和边远贫困地区工作的教师享有艰苦贫困地区补助津贴。"[④]《发展规划纲要》要求完善津贴、补贴标准。[⑤]《关于加快发展现代农业进一步增强农村发展活力的若干意见》(中共中央、国务院，2012 年)指出，办好村小学和教学点，设立专项资金，对在连片特困地区乡、村学校和教学点工作的教师给予生活补助。[⑥] 国家专门发布了乡村教师生活补贴专项政策，即《关于落实 2013 年中央 1 号文件要求对在连片特困地区工作的乡村教师给予生活补助的通知》(简称《教师补助政策》，教育部、财政部，2013 年)，落实对在连片特困地区乡、村学校和教学点工作的教师给予生活补助的有关事宜。具体要求：坚持以"地方自主实施、

---

① 《国家中长期教育改革和发展规划纲要(2010—2020 年)》(2010 年 7 月 29 日)，http://www.moe.gov.cn/jyb_xwfb/s6052/moe_838/201008/t20100802_93704.html。

② 《国务院关于加强教师队伍建设的意见》(2012 年 8 月 20 日)，http://www.moe.gov.cn/jyb_xxgk/moe_1777/moe_1778/201209/t20120907_141772.html。

③ 《教育部、中央编办、国家发展改革委、财政部、人力资源社会保障部关于大力推进农村义务教育教师队伍建设的意见》(2012 年 9 月 20 日)，http://www.moe.gov.cn/srcsite/A10/s3735/201211/t20121108_145538.html。

④ 《中华人民共和国义务教育法》(2006 年 6 月 29 日)，http://www.gov.cn/flfg/2006-06/30/content_323302.htm。

⑤ 《国家中长期教育改革和发展规划纲要(2010—2020 年)》(2010 年 7 月 29 日)，http://www.moe.gov.cn/jyb_xwfb/s6052/moe_838/201008/t20100802_93704.html。

⑥ 《中共中央、国务院关于加快发展现代农业进一步增强农村发展活力的若干意见》(2012 年 12 月 31 日)，http://www.gov.cn/gongbao/content/2013/content_2332767.htm。

中央综合奖补"的原则落实乡村教师生活补助,地方是落实乡村教师生活补助政策的责任主体,所需资金由地方财政承担,中央财政给予奖补;各地"制定补助标准时,要根据教师工作、生活条件的艰苦程度等因素合理分档确定,重点向村小和教学点倾斜、向条件艰苦地区倾斜,不搞平均主义";中央财政在乡村义务教育经费保障机制改革经费中增列综合奖补资金,将义务教育阶段乡村教师生活补助政策落实情况作为奖补因素之一;综合奖补资金可以由省级财政统筹用于乡村义务教育经费保障机制改革的相关支出;"各地要按时将乡村教师生活补助直接发放到教师个人"。[①] 由此,乡村教师的待遇和生活水平有所提升。

(二)持续提高精神待遇

提高乡村教师精神待遇主要包括奖励乡村教师和建立乡村教师荣誉制度等方面的内容。其不仅能从精神层面鼓励与激励更多优秀教师到艰苦边远乡村地区学校任教,也提高了乡村教师工作的积极性。

1. 奖励乡村教师

国家注重对在乡村地区长期从教、贡献突出的教师给予奖励。2012年,国务院强调加强教师队伍建设时提出:完善教师表彰奖励制度,继续做好全国模范教师和全国教育系统先进工作者表彰工作,对在乡村地区长期从教、贡献突出的教师加大表彰奖励力度;定期开展教学名师奖评选,重点奖励在教学一线做出突出贡献的优秀教师;研究完善国家级教学成果奖,鼓励各地按照国家有关规定开展教师表彰奖励工作。[②] 在推进乡村义务教育教师队伍建设中,教育部等五部门规定:对在艰苦边远乡村学校和教学点长期任教、贡献突出的教师,按照国家有关规定给予表彰奖励;在评选表彰全

---

① 《教育部、财政部关于落实2013年中央1号文件要求对在连片特困地区工作的乡村教师给予生活补助的通知》(2013年9月12日),http://www.moe.gov.cn/s78/A10/s7058/201402/t20140212_163752.html。

② 《国务院关于加强教师队伍建设的意见》(2012年8月20日),http://www.moe.gov.cn/jyb_xxgk/moe_1777/moe_1778/201209/t20120907_141772.html。

国教育系统先进集体和先进个人等方面向乡村教师倾斜;广泛深入宣传优秀乡村教师的先进事迹,鼓励优秀教师在农村长期从教、终身从教;按照国家有关规定表彰奖励教师工作成绩突出的地区和部门。[①] 由此,国务院以及教育部等部门注重并逐渐加强了对乡村教师的奖励。

2. 建立荣誉制度

国家在大力表彰和宣传模范教师的先进事迹的同时,还要求对做出突出贡献的教师和教育工作者设立荣誉称号[②];国务院于2012年还提出探索建立国家级教师荣誉制度[③],这为后一阶段乡村教师荣誉制度的建立奠定了基础。实质上,这一时期继承并不断完善乡村教师表彰奖励制度,同时将师德奖励作为重要内容。在继续做好以往阶段的优秀乡村教师表彰、奖励、宣传工作的同时,国家以教师表彰奖励制度为依托,进一步探索建立国家级教师荣誉制度,并将师德表彰奖励纳入教师奖励范围,以形成重德养德良好风气。2013年,教育部指出:"把师德表现作为评选教书育人楷模,模范教师、教育系统先进工作者,优秀教师、优秀教育工作者,中小学优秀班主任、中小学德育先进工作者等表彰奖励的必要条件";在同等条件下,师德表现突出者在评选特级教师和晋升教师职务(职称)、选培学科带头人和骨干教师方面享有优先权。[④]

(三)保障福利待遇

在继续推行"五险一金"社会保障制度的同时,国家注重改善乡村教师

---

① 《教育部、中央编办、国家发展改革委、财政部、人力资源社会保障部关于大力推进农村义务教育教师队伍建设的意见》,(2012年9月20日),http://www.moe.gov.cn/srcsite/A10/s3735/201211/t20121108_145538.html。

② 《国家中长期教育改革和发展规划纲要(2010—2020年)》(2010年7月29日),http://www.moe.gov.cn/jyb_xwfb/s6052/moe_838/201008/t20100802_93704.html。

③ 《国务院关于加强教师队伍建设的意见》(2012年8月20日),http://www.moe.gov.cn/jyb_xxgk/moe_1777/moe_1778/201209/t20120907_141772.html。

④ 《教育部关于建立健全中小学师德建设长效机制的意见》(2013年9月2日),http://www.moe.gov.cn/srcsite/A10/s7002/201309/t20130902_156978.html。

教学和生活条件，实施乡村教师住房、养老保险、医疗保险、住房公积金等社会福利保障制度。如《发展规划纲要》指出，应建设农村艰苦边远地区学校教师周转宿舍，关心教师身心健康，落实和完善教师医疗养老等社会保障政策。[①]《中华人民共和国社会保险法》（第十一届全国人民代表大会常务委员第十七次会议通过，2010 年）的正式颁布与施行，从法律层面保障了包含乡村教师在内的全体教师享有年老、疾病、工伤、失业、生育等方面的权利。国务院、教育部等部门提出，健全教师社会保障制度，按照事业单位改革的总体部署，推进教师养老保障制度改革，按规定为教师缴纳社会保险费及住房公积金；中央在基建投资中安排资金，支持加快建设农村艰苦边远地区学校教师周转宿舍；鼓励地方政府将符合条件的乡村教师住房纳入当地住房保障范围统筹予以解决。[②]

总之，这一时期改善乡村教师住房等福利更为具体，要求为乡村教师、特岗教师、乡村任教的免费师范毕业生等提供周转宿舍或住房，按规定为乡村教师缴纳住房公积金；推进教师养老保障制度改革，按规定为乡村教师缴纳社会保险费，关注教师身心健康，落实和完善教师医疗保障政策。其中，《关于实施农村边远艰苦地区学校教师周转宿舍建设试点项目的指导意见》（教育部办公厅、国家发展改革委办公厅，2010 年）提出了教师周转宿舍先期试点的范围和“科学规划、合理布局，整合资源、经济适用，产权公有、周转使用”的基本要求，开启了对乡村边远艰苦地区学校教师周转宿舍建设的试点工作；2011 年，中央将试点范围由 8 个省（区）扩大到 25 个省（区、市），中央财政投资额度由 5 亿元扩至 20 亿元；到 2012 年，教师周转宿舍投资额度

① 《国家中长期教育改革和发展规划纲要（2010—2020 年）》（2010 年 7 月 29 日），http://www.moe.gov.cn/jyb_xwfb/s6052/moe_838/201008/t20100802_93704.html。

② 《国务院关于加强教师队伍建设的意见》（2012 年 8 月 20 日），http://www.moe.gov.cn/jyb_xxgk/moe_1777/moe_1778/201209/t20120907_141772.html；《教育部、中央编办、国家发展改革委、财政部、人力资源社会保障部关于大力推进农村义务教育教师队伍建设的意见》（2012 年 9 月 20 日），http://www.moe.gov.cn/srcsite/A10/s3735/201211/t20121108_145538.html。

进一步扩至36亿元。[1] 由此,乡村教师住宿条件得到一定程度的改善。

(四)加大倾斜式激励力度

对长期工作在乡村学校的教师,国家除了在工资待遇方面给予激励,还在编制核定、职务(职称)晋升、培训以及各级评优表彰等方面实施倾斜式激励,而且在评选与表彰全国教育系统先进集体和先进个人等方面向乡村教师倾斜。其对象除了长期任教乡村学校的教师,还有乡村教师志愿者、交流轮岗者、“硕师计划”参与者等。

1.对乡村教育志愿者的激励

第一,给予城镇教师支教乡村学校者和高校毕业生支教教师倾斜式激励和优惠政策。对参加“三支一扶”工作的志愿者,重视和做好服务期满“三支一扶”大学生的就业工作,鼓励他们扎根基层;原服务单位有职位空缺需补充人员时,应优先考虑接收服务期满考核合格的“三支一扶”大学生;县、乡各类事业单位有职位空缺需补充人员时,也应留出一定职位专门吸纳这些毕业生;服务期满自主创业者,可享受行政事业性收费减免、小额贷款担保和贴息等政策;服务期满考核合格,报考党政机关公务员者,可通过适当增加分数以及其他优惠政策优先录用;到西部地区和艰苦边远地区服务两年以上,服务期满后三年内报考硕士研究生者,初试总分加10分,同等条件下优先录取;对于已被录取为研究生的应届高校毕业生参加“三支一扶”项目者,学校应为其保留学籍;服务期满考核合格者根据本人意愿可回原籍或到其他地区工作;进入国有企事业单位者,由接收单位按照所任职务比照同等条件人员确定其职务工资标准;“三支一扶”大学生的服务期限,可计算为工龄,并且在今后晋升中高级职称时,同等条件下予以优先评定。[2] 对支教

---

① 李曜明:《农村教师的暖心房——农村学校教师周转宿舍建设项目综述》(2012年10月8日),http://www.moe.gov.cn/jyb_xwfb/s5147/201210/t20121008_142892.html。

② 何东昌主编:《中华人民共和国重要教育文献(2003—2008)》,新世界出版社,2010年,第978—980页。

乡村学校的城镇教师，只转临时组织关系，人事关系和原单位工资福利待遇不变，工龄、教龄和教师职务任职年限连续计算，生活费和交通费补贴要有专项经费予以保障；支教期间工作实绩是教师评优、晋升职务、评选特级教师以及获得科研资助的重要依据；受援地区和学校及时妥善安排支教人员的工作和生活，对支教有突出成绩的先进人物给予表彰奖励，并大力宣传他们的典型事迹。[①]

第二，对特岗教师实施倾斜式激励。特岗教师在聘期除了享受国家统一工资，还享受其他津贴补贴，符合条件者推荐免试攻读教育硕士；同时，对成绩突出、表现优秀者给予表彰。教育部等部门于2006年指出：中央财政设立专项资金用于特岗教师的工资性支出，并按人均年1.5万元的标准，与地方财政据实结算；聘期执行国家统一的工资制度和标准；其他津贴、补贴根据当地同等条件公办教师年收入水平和中央补助水平综合确定；享受《关于引导和鼓励高校毕业生面向基层就业的意见》（中共中央办公厅、国务院办公厅，2005年）和《关于组织开展高校毕业生到农村基层从事支教、支农、支医和扶贫工作的通知》规定的各项优惠政策；提供相应的周转住房和必要的生活条件；聘期满后为其重新选择工作岗位提供支持；对于实施"特岗计划"的地区，今后城县镇学校教师岗位空缺需补充人员时，应优先聘用特岗教师。[②]

2. 对交流轮岗者的激励

对交流轮岗者实施倾斜式激励。如《关于推进县（区）域内义务教育学校校长教师交流轮岗的意见》规定，各地要在编制核定、岗位设置、职务（职称）晋升、聘用管理、业绩考核、培养培训、评优表彰等方面制定教师交流轮岗优惠政策。其中，在乡村学校任教三年以上（含城镇学校交流、支教教

① 《教育部关于大力推进城镇教师支援农村教育工作的意见》（2006年2月26日），http://www.moe.gov.cn/srcsite/A10/s7058/200602/t20060226_81598.html。

② 《教育部、财政部、人事部、中央编办关于实施农村义务教育阶段学校教师特设岗位计划的通知》（2006年5月15日），http://www.moe.gov.cn/jyb_xxgk/gk_gbgg/moe_0/moe_1133/moe_1338/tnull_19556.html。

师)、经考核表现突出并符合具体评价标准条件的教师,同等条件下优先评聘职务(职称);在教师薪酬福利、评优表彰等工作中,切实保障参加交流轮岗校长教师的工资待遇,在绩效工资分配中予以倾斜,保障他们优先使用教师周转房;加强针对性培训,并优先安排交流教师培训工作;对做出突出贡献的交流轮岗者,要在各级评优表彰工作中予以倾斜,按照国家规定予以表彰奖励。①

3. 对"硕师计划"参与者的激励

国家给予"硕师计划"参与者倾斜式支持。如《关于做好 2007 年"农村学校教育硕士师资培养计划"实施工作的通知》(教育部,2006 年)指出,在"硕师计划"中,乡村师资教育硕士生在学习期间免缴学费,住宿费等费用按照在校研究生缴费办法执行;按照在职教师脱产学习的规定,带薪并享受相关待遇;往返交通费按照当地教师脱产学习的有关规定执行;符合《高等学校毕业生国家助学贷款代偿资助暂行办法》条件要求的乡村师资教育硕士生,三年后其在校学习期间的国家助学贷款本金及其全部偿还之前产生的利息由国家代为偿还。②

① 《教育部、财政部、人力资源和社会保障部关于推进县(区)域内义务教育学校校长教师交流轮岗的意见》(2014 年 8 月 13 日),http://www.moe.gov.cn/srcsite/A10/s7151/201408/t20140815_174493.htm。

② 《教育部关于做好 2007 年"农村学校教育硕士师资培养计划"实施工作的通知》(2006 年 10 月 30 日),http://www.moe.gov.cn/srcsite/A15/moe_778/s3113/200610/t20061030_79960.html。

第四节 加强乡村教师队伍建设的成就与困境

这一时期,乡村教师队伍建设经过持续推进,建设成效渐显,但乡村教师队伍建设存在的问题仍较为突出。

一、建设的主要成就

2006—2014年,乡村教师队伍建设取得的主要成就有:一是乡村师资补充路径进一步多样化;二是乡村教师的质量进一步提升;三是乡村教师的财政性激励和非财政性激励有所加强。

(一)乡村教师补充路径进一步多样化

实施免费师范教育和到岗退费政策,推行"特岗计划"以及城乡教师交流轮岗等措施,不仅充实了乡村教师队伍,而且提升了乡村师资队伍的水平,促使乡村师资补充路径进一步多样化。

1. 地方师范生免费教育和到岗退费政策得以落实

在6所教育部直属师范大学试行师范生免费教育带动下,据统计,截至2012年底,全国共有17个省(区、市)采取地方师范生免费教育和到岗退费等政策,以培养中小学师资;2012年有近1.2万名师范生享受了免费待遇,到岗退费政策吸引了约1.3万名大学毕业生到乡村中小学任教。[①] 到2013

① 《中国教育年鉴》编辑部编:《中国教育年鉴》(2013),人民教育出版社,2014年,第283页。

年，全国采取上述方式的省（区、市）达 22 个，每年享受此项政策的师范生和高校毕业生有近 3 万名。[①] 就各地区推行免费师范生教育补充师资情况而言，如山西省 2012 年发布《关于推进师范生免费教育的实施意见（试行）》，明确由山西师范大学从当年秋季开学起试行招生 500 人进行师范生免费教育，学生毕业后回生源所在地公办中小学任教。[②] 又如四川省 2013 年秋季学期起每年为乡村义务教育学校培养免费定向师范生 2,000 人，主要为民族地区小学培养藏汉双语教师，为乡村中小学校培养音体美等紧缺学科和其他学科所需教师。[③] 就各地推行到岗退费政策情况而言，如广东省于 2008 年开始对到欠发达地区乡村中小学任教的高校毕业生，每人每年退费 6,000 元，本、专科生分别退四年和三年。到 2013 年，该省为欠发达地区乡村中小学补充新教师 5,000 人。[④] 又如福建省实施“农村紧缺学科师资代偿学费计划”，对到乡村中小学任教的本科毕业生按每人每年 5,000 元的标准连续四年退还学费，吸引了约 3,000 名毕业生到乡村学校任教。[⑤] 有的地方还创新实施上述补充新师资办法，如湖北省早在 2004 年就启动了“农村教师资助行动计划”，每年吸引、遴选一批应届大学本科毕业生到乡镇学校任教三年。到 2011 年底，有 2 万多名“资教生”和“特岗生”到该省 83 个县（市、区）的 1,300 多个乡镇学校任教。[⑥]

---

① 张以瑾、张东：《奠基教育强国梦——教育规划纲要实施三周年教师队伍建设综述》（2013 年 9 月 7 日），http://www.moe.gov.cn/jyb_xwfb/s5147/201309/t20130909_157117.html。

② 高耀彬：《山西今秋首招五百免费师范生　毕业后回家乡任教》（2012 年 6 月 2 日），http://www.moe.gov.cn/jyb_xwfb/s5147/201206/t20120604_136974.html。

③ 李益众：《四川每年免费定向培养两千师范生　毕业后赴农村校任教》（2013 年 4 月 13 日），http://www.moe.gov.cn/jyb_xwfb/s5147/201304/t20130415_150530.html。

④ 《广东省实施农村教师岗位津贴制度情况介绍》（2014 年 2 月 28 日），http://www.moe.gov.cn/jyb_xwfb/xw_zt/moe_357/s7093/s7777/s7783/201402/t20140228_164786.html；广东省教育厅：《广东省建立省级农村教师岗位津贴制度》（2014 年 3 月 24 日），http://www.moe.gov.cn/jyb_xwfb/s6192/s222/moe_1751/201403/t20140324_166112.html。

⑤ 教育部：《福建省加强农村教师队伍建设推进义务教育均衡发展》（2012 年 11 月 6 日），http://www.moe.gov.cn/jyb_sjzl/s3165/201211/t20121108_144202.html。

⑥ 教育部：《湖北把加强农村教师队伍建设作为推进义务教育均衡发展改革试点核心任务》（2012 年 5 月 11 日），http://www.moe.gov.cn/jyb_xwfb/moe_2082/s6236/s6444/201205/t20120511_135499.html。

由此,地方师范免费教育和到岗退费等政策逐渐得以推行,扩宽了乡村师资补充渠道,这些教师在工作岗位做出了较大的贡献。如据对湖南省2011—2014年毕业的3,577名免费师范生工作状况的调查,其中已有3,255人受到县级以上奖励,占免费师范生总数的91%,且有335人已成为所在学校校级或中层管理骨干。[①]

2."特岗计划"顺利推进

作为乡村教师补充机制创新点的"特岗计划",既有助于减轻大学生就业的压力,也能缓解西部偏远地区乡村师资缺乏的困境。据不完全统计,2006年该计划招聘教师16,325人,覆盖13个省份260个县区、2,850所乡村中小学[②];2009年扩大招聘规模并扩大了实施范围,由原来的西部12个省区"两基"攻坚县扩大至中西部地区22个省区的国家级扶贫开发工作重点县。[③] 2009年,中央招聘特岗教师65,323人,覆盖880多个县、1.5万多所乡村学校(其中乡村初中7,500多所,乡村小学7,900多所)。[④] 而且,首批招聘的特岗教师继续留任者达13,407人,占服务期满教师比例的88.7%。其中,广西、宁夏留任教师占服务期满在岗教师的99%以上,云南留任者占服务期满教师的97%,贵州达96%。[⑤] 到2011年,五年共招聘特岗教师23.7万人(中央招聘特岗教师18.5万人,地方招聘5.2万人),占乡村义务教育教师总数的5.3%,主要分布于22个省区1,000多个县的3万

① 湖南省委教育工委宣传部:《湖南省农村教师公费定向培养工作介绍》(2017年5月8日),http://www.moe.gov.cn/jyb_xwfb/xw_zt/moe_357/jyzt_2017nztzl/2017_zt03/2017_zt03_hn/17zt03_yw/201705/t20170508_304048.html。

② 康丽:《特岗教师为教育带来希望》(2012年8月15日),http://www.moe.gov.cn/jyb_xwfb/s5147/201208/t20120820_140757.html。

③ 《教育部介绍特岗计划、师范生实习支教工作等情况》(2009年11月25日),https://www.gov.cn/xwfb/2009-11/25/content_1473017.htm。

④ 康丽:《特岗教师为教育带来希望》(2012年8月15日),http://www.moe.gov.cn/jyb_xwfb/s5147/201208/t20120820_140757.html。

⑤ 康丽:《特岗教师为教育带来希望》(2012年8月15日),http://www.moe.gov.cn/jyb_xwfb/s5147/201208/t20120820_140757.html。

多所乡村学校,服务期满后选择留任当地者达 87%。[①] 到 2013 年,中央财政累计投入近 200 亿元共招聘 35.6 万余名特岗教师。[②] 截至 2014 年,全国共招聘特岗教师 43.2 万人,中央财政工资性补助金达 236.1 亿元;而且 2006—2014 年,服务期满留任的特岗教师超过了 85%。[③] 总之。"特岗计划"在补充乡村教师中起到了较好的作用,正如时任教育部副部长刘利民总结"特岗计划"取得的显著成效时指出的:

一是补充了大批高素质农村教师,有效缓解了农村地区特别是"两基"攻坚地区教师紧缺的矛盾,为巩固"普九"成果、推进义务教育均衡发展提供了师资保障。二是增强了农村教育的生机活力,改善了农村中小学教师年龄老化的状况。特别是补充 3 万多名英语、信息技术等紧缺学科教师,有效改善了农村教师队伍结构。三是创新了教师补充机制,打破了一些地区因财力影响长期不补充新教师的局面。采取省级统筹、公开招聘的办法,从源头上保证了教师队伍整体素质。四是发挥了引领示范作用,河北、吉林等 13 个省积极推进地方"特岗计划"。五是开辟了高校毕业生到基层建功立业的渠道。[④]

中央"特岗计划"对各地补充新师资起着示范作用,各地纷纷推动地方"特岗计划"。如河南省在积极推动实施中央"特岗计划"的同时,启动了地方"特岗计划",在中央财政的基础上,省财政配套经费 26.7 亿元,分别招聘中央特岗教师近 5 万人,地方特岗教师约 4 万人,为全省 108 个县的 7,000

---

① 教育部:《推进实施"特岗计划" 吸引更多优秀人才到农村从教——教育部等四部门举行 2011 年"特岗计划"实施工作视频会暨网上咨询活动启动仪式》(2011 年 5 月 25 日),http://www.moe.gov.cn/jyb_xwfb/gzdt_gzdt/moe_1485/201105/t20110525_120137.html。

② 张以瑾、张东:《奠基教育强国梦——教育规划纲要实施三周年教师队伍建设综述》(2013 年 9 月 7 日),http://www.moe.gov.cn/jyb_xwfb/s5147/201309/t20130909_157117.html。

③ 李润文:《"特岗教师"缓解中西部农村"教师荒"状况》(2015 年 6 月 30 日),http://www.moe.gov.cn/jyb_xwfb/s6319/zb_2015n/2015_zb08/15zb08_mtbd/201507/t20150714_193819.html。

④ 教育部:《推进实施"特岗计划" 吸引更多优秀人才到农村从教——教育部等四部门举行 2011 年"特岗计划"实施工作视频会暨网上咨询活动启动仪式》(2011 年 5 月 25 日),http://www.moe.gov.cn/jyb_xwfb/gzdt_gzdt/moe_1485/201105/t20110525_120137.html。

多所乡村学校补充新师资。[①] 再如辽宁省将从 2007 年开始实施的“辽宁省县以下农村中小学一校一名师范类本科生计划”,于 2009 年更名为“辽宁省高校师范类毕业生农村从教计划”,并于 2011 年再次更名为“辽宁省农村义务教育阶段学校教师特设岗位计划”,专门招聘有编有岗的教师到乡村学校任教。[②] 总之,无论是中央的“特岗计划”还是地方的“特岗计划”,都为各地乡村义务教育学校补充了师资,有助于提升乡村教师队伍的整体素质。

3. 城乡教师交流得以推行

各地城乡教师交流陆续推行。如福建省自 2009 年起便在福州市台江区、闽侯县等 11 个县(市、区)开展县域内义务教育学校教师校际交流试点,并于 2011 年出台了教师交流政策,建立实行“六统一”制度,即统一教师工资待遇制度、统一教师编制标准、统一学校岗位结构比例、统一教师招考聘用、统一教师考核办法,统一退休教师管理和服务、逐步缩小县域内城乡之间、校际师资配置差距,为城乡统筹配置师资、实施教师校际交流奠定了基础。[③] 再如广东省从 2012 年起建立县城内教师定期流动的刚性约束机制,规定每年义务教育阶段教师城乡交流人数占教师总数的比例不低于 5%。到 2013 年,广东省超过 5,000 名城镇教师到乡村学校任教,其中惠州市交流教师达 3,855 人,湛江市达 1,200 人。[④] 又如湖北省各县普遍采取双向交流方式,即城区优秀教师下乡支教,乡村青年教师进城跟班学习,每年参与交流的骨干教师占比达 10%以上。同时,从 2012 年起,各县积极参与“乡村学校

---

① 《教育部办公厅关于公布全国乡村教师队伍建设优秀工作案例的通知》(2017 年 6 月 7 日),http://www.moe.gov.cn/srcsite/A10/s3735/201706/t20170615_307027.html。

② 《教育部教师工作司关于公布全国乡村教师和“三区三州”教师队伍建设优秀工作案例的通知》(2018 年 8 月 20 日),http://www.moe.gov.cn/s78/A10/tongzhi/201809/t20180914_348801.html。

③ 福建省教育厅:《福建省多措并举推进县域内义务教育学校教师校际交流》(2011 年 10 月 19 日),http://www.moe.gov.cn/jyb_xwfb/s6192/s222/moe_1745/201110/t20111019_125738.html。

④ 《广东省实施农村教师岗位津贴制度情况介绍》(2014 年 2 月 28 日),http://www.moe.gov.cn/jyb_xwfb/xw_zt/moe_357/s7093/s7777/s7783/201402/t20140228_164786.html;广东省教育厅:《广东省建立省级农村教师岗位津贴制度》(2014 年 3 月 24 日),http://www.moe.gov.cn/jyb_xwfb/s6192/s222/moe_1751/201403/t20140324_166112.html。

启明星计划”,从城镇学校选派优秀校长、教师到乡镇中小学校任职任教,首批88个启明星团队、317名城镇优秀教师全部充实到乡村学校。[①] 各地城乡教师交流的推行既有助于补充乡村师资,也能提升乡村教师的教育教学水平。

(二)乡村教师质量进一步提升

各地推行多样化的乡村教师补充模式,不仅改变了乡村教师数量短缺的状况,也提高了乡村教师的质量。这一时期,代课教师有所减少,乡村教师结构有一定改善。

1. 代课教师有所减少

上一阶段的民办教师队伍整顿使民办教师正式退出历史舞台,但代课教师仍活跃于各乡村中小学。这一时期,各地设法减少代课教师数量。如新疆和田县采取“聘、转、训、养、补、替”举措,妥善解决乡村代课教师问题:“聘”,即组织879名在岗不在编的乡村代课教师参加自治区统一举行的定向招聘考试,将定向招聘的岗位设置在艰苦边远的村级小学以及教学点;“转”,即对6,857名已离岗的乡村代课教师,解决他们的基本养老问题,为离岗或考试考核落聘的代课教师提供优惠扶持政策,为他们创造多渠道再就业机会;“训”,即鼓励代课教师参加职业培训,提高职业技能,增强就业、创业能力;“养”,即将未参加基本养老保险的代课教师纳入养老体系,按照实际代课年限给予0.5万—1.0万元的养老保险费用补助,其中不满5年的不予补助;“补”,即按照代课年限,每代课一年给予离岗上年本县(市)公办教师年平均工资一个月工资标准的经济补偿;“替”,即改善艰苦边远地区教师的生活条件,逐步用合格教师替换代课教师。[②] 由此,这一时期代课教师

---

① 教育部:《国家教育督导检查组对湖北省31个县(市、区)义务教育均衡发展督导检查反馈意见》(2013年10月9日),http://www.moe.gov.cn/jyb_xwfb/gzdt_gzdt/s5987/201310/t20131009_158127.html。

② 新疆维吾尔自治区教育厅:《新疆和田地区六项措施妥善解决农村代课教师问题》(2012年2月20日),http://www.moe.gov.cn/jyb_xwfb/s6192/s222/moe_1763/201202/t20120220_130657.html。

有所减少,以小学为例,具体情况见表5.15。

表5.15 2006—2014年城镇乡小学代课教师统计

年份	总计/人	城市		县镇		农村	
		人数/人	占比/%	人数/人	占比/%	人数/人	占比/%
2006	311833	30617	9.8	27290	8.8	254376	81.6
2007	272282	33231	12.2	29242	10.7	209809	77.1
2008	250852	29182	11.6	31326	12.5	190344	75.9
2009	234502	30083	12.8	30263	12.9	174156	74.3
2010	203802	28513	14.0	28603	14.0	146686	72.0
2011	187701	33964	18.1	40769	21.7	112968	60.2
2012	176979	31706	17.9	44231	25.0	101042	57.1
2013	167253	32788	19.6	44573	26.7	89892	53.7
2014	151951	33403	22.0	39973	26.3	78575	51.7

资料来源:教育部发展规划司编:《中国教育统计年鉴2006》,人民教育出版社,2007年,第539—545页;教育部发展规划司编:《中国教育统计年鉴2007》,人民教育出版社,2008年,第162—163页;教育部发展规划司编:《中国教育统计年鉴2008》,人民教育出版社,2009年,第162—163页;教育部发展规划司编:《中国教育统计年鉴2009》,人民教育出版社,2010年,第162—163页;教育部发展规划司编:《中国教育统计年鉴2010》,人民教育出版社,2011年,第162—163页;教育部发展规划司编:《中国教育统计年鉴2011》,人民教育出版社,2013年,第156—157页;教育部发展规划司编:《中国教育统计年鉴2012》,人民教育出版社,2013年,第156—157页;教育部发展规划司编:《中国教育统计年鉴2013》,人民教育出版社,2014年,第156—157页;教育部发展规划司编:《中国教育统计年鉴2014》,人民教育出版社,2015年,第156—157页。

如表5.15所示,代课教师在小学教师队伍中占有一定地位,2006年达311,833人,此后逐年减少,到2014年仍有151,951人,减少了一半以上。代课教师仍主要分布于乡村学校,由2006年的254,376人减至2014年的78,575人,减少了17万多人;乡村代课教师在全体小学代课教师中所占比重逐年减少,由2006年的81.6%降至2014年的51.7%,减少了近30个百分点。

2.年龄结构有所改善

这一时期乡村教师年龄结构有所改善,以乡村初中教师的年龄结构为例,具体情况见表5.16。

表 5.16　2006—2014 年乡村初中教师的年龄结构统计

年份	项目	合计	25 岁及以下	26—30 岁	31—35 岁	36—40 岁	41—45 岁	46—50 岁	51—55 岁	56—60 岁	61 岁及以上
2006	合计/人	3463478	419665	819958	766619	612481	375205	214550	166884	85979	2137
	占比/%	100	12.1	23.7	22.1	17.7	10.8	6.2	4.8	2.5	0.06
	乡村/人	1499243	206194	383506	323509	233893	149633	91490	70680	39752	586
	占比/%	100	13.8	25.6	21.6	15.6	10.0	6.1	4.7	2.7	0.04
2007	合计/人	3464296	360302	785907	784963	630286	428136	209418	181508	81831	1945
	占比/%	100	10.4	22.7	22.7	18.2	12.4	6.0	5.2	2.4	0.06
	乡村/人	1395363	162327	345283	314660	224043	155900	83453	73157	36054	486
	占比/%	100	11.6	24.7	22.6	16.1	11.2	6.0	5.2	2.6	0.03
2008	合计/人	3468957	307799	759043	793153	653238	462332	221619	192418	77719	1636
	占比/%	100	8.9	21.9	22.9	18.8	13.3	6.4	5.5	2.2	0.05
	乡村/人	1343951	131640	321248	311227	225928	159755	84044	75816	33910	383
	占比/%	100	9.8	23.9	23.2	16.8	11.9	6.3	5.6	2.5	0.03
2009	合计/人	3513438	278639	718866	804526	669329	504315	259046	199156	78113	1448
	占比/%	100	7.9	20.5	22.9	19.1	14.4	7.4	5.7	2.2	0.04
	乡村/人	1321560	117157	294481	309152	229093	167226	92623	77385	34066	377
	占比/%	100	8.9	22.3	23.4	17.3	12.7	7.0	5.9	2.6	0.03
2010	合计/人	3523382	257956	675980	800472	685223	537754	294964	189440	80342	1251
	占比/%	100	7.3	19.2	22.7	19.4	15.3	8.4	5.4	2.3	0.04
	乡村/人	1271542	105907	267876	295023	228239	169421	99273	71296	34218	289
	占比/%	100	8.3	21.1	23.2	17.9	13.3	7.8	5.6	2.7	0.02

续 表

年份	项目	合计	25岁及以下	26—30岁	31—35岁	36—40岁	41—45岁	46—50岁	51—55岁	56—60岁	61岁及以上
2011	合计/人	3524517	231878	622867	775568	703254	574015	345341	181922	88297	1375
	占比/%	100	6.6	17.7	22.0	20.0	16.3	9.8	5.2	2.5	0.04
	乡村/人	856680	68797	173009	198943	158560	115878	72343	43716	25241	193
	占比/%	100	8.0	20.2	23.2	18.5	13.5	8.4	5.1	2.9	0.02
2012	合计/人	3504363	209732	576262	744933	717659	591958	394545	173554	94359	1361
	占比/%	100	6.0	16.4	21.3	20.5	16.9	11.3	5.0	2.7	0.04
	乡村/人	781611	58153	148377	174713	152368	110536	74592	38148	24576	148
	占比/%	100	7.4	19.0	22.4	19.5	14.1	9.5	4.9	3.1	0.02
2013	合计/人	3480979	134501	487371	688041	735673	621753	465307	224485	122111	1737
	占比/%	100	3.9	14.0	19.8	21.1	17.9	13.4	6.4	3.5	0.05
	乡村/人	731148	35444	124201	152537	152329	112127	80912	42948	30466	184
	占比/%	100	4.8	17.0	20.9	20.8	15.3	11.1	5.9	4.2	0.03
2014	合计/人	3488430	124585	462395	641883	732788	636340	503509	264407	120743	1780
	占比/%	100	3.6	13.3	18.4	21.0	18.2	14.4	7.6	3.5	0.05
	乡村/人	684920	30857	111316	133470	142875	110229	80940	46853	28199	181
	占比/%	100	4.5	16.3	19.5	20.9	16.1	11.8	6.8	4.1	0.03

注:因有些数据太小,其占比保留两位数。

资料来源:教育部发展规划司编:《中国教育统计年鉴2006》,人民教育出版社,2007年,第142—143页;教育部发展规划司编:《中国教育统计年鉴2007》,人民教育出版社,2008年,第142—143页;教育部发展规划司编:《中国教育统计年鉴2008》,人民教育出版社,2009年,第142—143页;教育部发展规划司编:《中国教育统计年鉴2009》,人民教育出版社,2010年,第142—143页;教育部发展规划司编:《中国教育统计年鉴2010》,人民教育出版社,2011年,第142—143页;教育部发展规划司编:《中国教育统计年鉴2011》,人民教育出版社,2013年,第138—139页;教育部发展规划司编:《中国教育统计年鉴2012》,人民教育出版社,2013年,第138—139页;教育部发展规划司编:《中国教育统计年鉴2013》,人民教育出版社,2014年,第138—139页;教育部发展规划司编:《中国教育统计年鉴2014》,人民教育出版社,2015年,第138—139页。

如表 5.16 所示,2006—2014 年,乡村初中教师中 25 岁及以下者所占比重逐年减少,由 2006 年的 13.8%降至 2014 年的 4.5%;61 岁及以上者也逐年减少,由 2006 年的 586 人减至 2014 年的 181 人;26—30 岁者所占比重也呈逐年下降趋势;31—35 岁者所占比重在 2006—2009 年逐年上升,但此后有所下降;36—40 岁者、41—45 岁者、46—50 岁者所占比重均呈逐年上升趋势;51—55 岁者、56—60 岁者所占比重均呈波动式变化,前者先上升后下降,后者先下降后回升。从横向看,历年中青年教师所占比重最高,且呈逐年增多趋势。由此,乡村初中教师年龄结构逐渐合理。

3. 学历与职称结构逐渐好转

乡村教师学历状况和职称情况均有所好转。在初中教师职称方面,本科及以上学历者所占比重逐年上升,专科及以下学历者所占比重均不断减少。具体情况见表 5.17、表 5.18。

第一,就学历结构而言,如表 5.17 所示,2006—2014 年,乡村初中教师中,本科及以上学历者所占比重由 2006 年的 29.96%持续上升至 2014 年的 69.47%,增加了近 40 个百分点;专科学历者所占比重由 2006 年的 64.83%减至 2014 年的 29.72%,减少了 35 个百分点。2009 年之前,乡村初中教师中专科学历者占主体,2009 年之后逐渐变成本科学历者占据大多数。如表 5.18 所示,这一时期乡村小学教师中,专科及专科以上学历者所占比重逐年增多,由 2006 年的 53.62%上升至 2014 年的 83.59%,尤其是本科及以上学历者所占比例呈直线上升趋势;高中阶段以及高中阶段以下学历者所占比重逐年减少,尤其是高中学历者所占比重由 2006 年的 44.83%降至 2014 年的 16.17%,下降了近 29 个百分点。这一阶段专科学历者占据乡村小学教师的主体。由此,这一时期乡村初中、小学教师的学历结构有所好转。

表 5.17　2006—2014 年乡村初中教师职称、学历情况统计

年份	项目	合计	按学历分					按职称分				
			研究生毕业	本科毕业	专科毕业	高中阶段毕业	高中阶段毕业以下	中学高级	中学一级	中学二级	中学三级	未评职称
2006	合计/人	3463478	8647	1415008	1913017	123892	2914	267523	1331390	1370002	229740	264823
	占比/%	100	0.25	40.86	55.23	3.58	0.08	7.72	38.44	39.56	6.63	7.65
	乡村/人	1499243	1393	447861	971970	76234	1785	69189	528257	640363	131490	129944
	占比/%	100	0.09	29.87	64.83	5.08	0.12	4.61	35.23	42.71	8.77	8.67
2007	合计/人	3464296	10759	1626533	1729489	95171	2344	305047	1381810	1339779	198175	239485
	占比/%	100	0.31	46.95	49.92	2.75	0.07	8.81	39.89	38.67	5.72	6.91
	乡村/人	1395363	1414	500437	837435	54748	1329	76549	516125	586877	108190	107622
	占比/%	100	0.10	35.86	60.02	3.92	0.10	5.49	36.99	42.06	7.75	7.71
2008	合计/人	3468957	13557	1832605	1546219	74771	1805	348124	1423602	1302747	161170	233314
	占比/%	100	0.39	52.83	44.57	2.16	0.05	10.04	41.04	37.55	4.65	6.73
	乡村/人	1343951	1701	567162	732974	41093	1021	87929	516358	553241	86310	100113
	占比/%	100	0.13	42.20	54.54	3.06	0.08	6.54	38.42	41.17	6.42	7.45
2009	合计/人	3513438	17507	2070995	1364716	58910	1310	395715	1468241	1280864	131753	236865
	占比/%	100	0.50	58.94	38.84	1.68	0.04	11.26	41.79	36.46	3.75	6.74
	乡村/人	1321560	1978	650758	636106	32006	712	102233	521126	528167	69775	100259
	占比/%	100	0.15	49.24	48.13	2.42	0.05	7.74	39.43	39.97	5.28	7.59
2010	合计/人	3523382	22681	2234092	1219068	46577	964	439621	1491067	1247776	111222	233696
	占比/%	100	0.64	63.41	34.60	1.32	0.03	12.48	42.32	35.41	3.16	6.63
	乡村/人	1271542	2542	694493	549706	24298	503	113450	508818	494849	56703	97722
	占比/%	100	0.20	54.62	43.23	1.91	0.04	8.92	40.02	38.92	4.46	7.69

续　表

年份	项目	合计	按学历分					按职称分				
			研究生毕业	本科毕业	专科毕业	高中阶段毕业	高中阶段毕业以下	中学高级	中学一级	中学二级	中学三级	未评职称
2011	合计/人	3524517	30237	2374096	1081867	37429	888	487588	1506197	1209665	92278	228789
	占比/%	100	0.86	67.36	30.70	1.06	0.03	13.83	42.73	34.32	2.62	6.49
	乡村/人	856680	2584	500478	339265	14079	274	78235	341238	335490	34199	67518
	占比/%	100	0.30	58.42	39.60	1.64	0.03	9.13	39.83	39.16	3.99	7.88
2012	合计/人	3504363	36424	2473810	963243	30136	750	523172	1504325	1176614	72541	227711
	占比/%	100	1.04	70.59	27.49	0.86	0.02	14.93	42.93	33.58	2.07	6.50
	乡村/人	781611	2399	486815	281650	10501	246	80638	313429	301196	24530	61818
	占比/%	100	0.31	62.28	36.03	1.34	0.03	10.32	40.10	38.54	3.14	7.91
2013	合计/人	3480979	45138	2561050	849842	24180	769	556896	1502837	1126940	57287	237019
	占比/%	100	1.30	73.57	24.41	0.69	0.02	16.00	43.17	32.37	1.65	6.81
	乡村/人	731148	2997	479999	239529	8399	224	83380	296278	272168	18789	60533
	占比/%	100	0.41	65.65	32.76	1.15	0.03	11.40	40.52	37.22	2.57	8.28
2014	合计/人	3488430	54775	2662297	754918	15882	558	586169	1508663	1094211	50858	248529
	占比/%	100	1.57	76.32	21.64	0.46	0.02	16.80	43.25	31.37	1.46	7.12
	乡村/人	684920	3395	472383	203527	5426	189	84111	279103	246967	15512	59227
	占比/%	100	0.50	68.97	29.72	0.79	0.03	12.28	40.75	36.06	2.26	8.65

资料来源:教育部发展规划司编:《中国教育统计年鉴2006》,人民教育出版社,2007年,第470—477页;教育部发展规划司编:《中国教育统计年鉴2007》,人民教育出版社,2008年,第470—477页;教育部发展规划司编:《中国教育统计年鉴2008》,人民教育出版社,2009年,第470—477页;教育部发展规划司编:《中国教育统计年鉴2009》,人民教育出版社,2010年,第470—477页;教育部发展规划司编:《中国教育统计年鉴2010》,人民教育出版社,2011年,第470—477页;教育部发展规划司编:《中国教育统计年鉴2011》,人民教育出版社,2013年,第480—491页;教育部发展规划司编:《中国教育统计年鉴2012》,人民教育出版社,2013年,第480—491页;教育部发展规划司编:《中国教育统计年鉴2013》,人民教育出版社,2014年,第480—491页;教育部发展规划司编:《中国教育统计年鉴2014》,人民教育出版社,2015年,第476—487页。

表 5.18 2006—2014 年乡村小学教师职称、学历情况统计

年份	项目	合计	按学历分					按职称分					未评职称
			研究生毕业	本科毕业	专科毕业	高中阶段毕业	高中阶段毕业以下	中学高级	小学高级	小学一级	小学二级	小学三级	
2006	合计/人	5587557	2158	510232	2955535	2056326	63306	28212	2530930	2307148	387455	23818	309994
	占比/%	100	0.04	9.13	52.89	36.80	1.13	0.50	45.30	41.29	6.93	0.43	5.55
	乡村/人	3520603	448	168842	1717970	1578134	55209	11447	1492002	1524515	284594	15193	192852
	占比/%	100	0.01	4.80	48.80	44.83	1.57	0.33	42.38	43.30	8.08	0.43	5.48
2007	合计/人	5612563	2339	685301	3066164	1808401	50358	34001	2671043	2256727	323674	22203	304915
	占比/%	100	0.04	12.21	54.63	32.22	0.90	0.61	47.59	40.21	5.77	0.40	5.43
	乡村/人	3400420	388	224141	1765768	1366656	43467	12810	1523242	1441474	232364	12791	177739
	占比/%	100	0.01	6.59	51.93	40.19	1.28	0.38	44.80	42.39	6.83	0.38	5.23
2008	合计/人	5621938	3386	877063	3104234	1596066	41189	41881	2795610	2170542	269333	19479	325093
	占比/%	100	0.06	15.60	55.22	28.39	0.73	0.74	49.73	38.61	4.79	0.35	5.78
	乡村/人	3337264	519	295612	1800240	1205305	35588	15556	1568516	1363720	190410	10807	188255
	占比/%	100	0.02	8.86	53.94	36.12	1.07	0.47	47.00	40.86	5.71	0.32	5.64
2009	合计/人	5633447	4684	1110503	3100558	1384082	33620	52443	2881048	2099266	240237	19297	341156
	占比/%	100	0.08	19.71	55.04	24.57	0.60	0.93	51.14	37.26	4.26	0.34	6.06
	乡村/人	3296824	686	396729	1819558	1050722	29129	19255	1601660	1300124	169736	10651	195398
	占比/%	100	0.02	12.03	55.19	31.87	0.88	0.58	48.58	39.44	5.15	0.32	5.93
2010	合计/人	5617091	6407	1325247	3065721	1192735	26981	64653	2917267	2030389	218075	17953	368754
	占比/%	100	0.11	23.59	54.58	21.23	0.48	1.15	51.94	36.15	3.88	0.32	6.56
	乡村/人	3190526	955	484681	1784549	897228	23113	24049	1576248	1219152	150957	9866	210254
	占比/%	100	0.03	15.19	55.93	28.12	0.72	0.75	49.40	38.21	4.73	0.31	6.59

续　表

年份	项目	合计	按学历分					按职称分					未评职称
			研究生毕业	本科毕业	专科毕业	高中阶段毕业	高中阶段毕业以下	中学高级	小学高级	小学一级	小学二级	小学三级	
2011	合计/人	5604861	10729	1584930	3003101	990413	15688	99452	2943986	1955379	199980	18510	387554
	占比/%	100	0.19	28.28	53.58	17.67	0.28	1.77	52.53	34.89	3.57	0.33	6.91
	乡村/人	2443384	1419	432011	1369278	629024	11652	30842	1208568	910993	113779	6953	172249
	占比/%	100	0.06	17.68	56.04	25.74	0.48	1.26	49.46	37.28	4.66	0.28	7.05
2012	合计/人	5585476	14459	1805118	2922865	832459	10575	103437	2929897	1928523	186585	14168	422866
	占比/%	100	0.26	32.32	52.33	14.90	0.19	1.85	52.46	34.53	3.34	0.25	7.57
	乡村/人	2300102	1788	480632	1291674	518002	8006	27787	1138695	848773	99837	4518	180492
	占比/%	100	0.08	20.90	56.16	22.52	0.35	1.21	49.51	36.90	4.34	0.20	7.85
2013	合计/人	5584644	20228	2059660	2797184	697973	9599	114805	2919927	1880106	177237	12469	480100
	占比/%	100	0.36	36.88	50.09	12.50	0.17	2.06	52.28	33.67	3.17	0.22	8.60
	乡村/人	2198781	2286	546820	1214316	428182	7177	29495	1086523	791830	90355	4560	196018
	占比/%	100	0.10	24.87	55.23	19.47	0.33	1.34	49.41	36.01	4.11	0.21	8.91
2014	合计/人	5633906	27125	2321118	2713074	565804	6785	127396	2910398	1866363	178189	12628	538932
	占比/%	100	0.48	41.20	48.16	10.04	0.12	2.26	51.66	33.13	3.16	0.22	9.57
	乡村/人	2115970	2929	611871	1153907	342207	5056	30501	1032480	749297	86499	4488	212705
	占比/%	100	0.14	28.92	54.53	16.17	0.24	1.44	48.79	35.41	4.09	0.21	10.05

资料来源：教育部发展规划司编：《中国教育统计年鉴 2006》，人民教育出版社，2007 年，第 550—557 页；教育部发展规划司编：《中国教育统计年鉴 2007》，人民教育出版社，2008 年，第 550—557 页；教育部发展规划司编：《中国教育统计年鉴 2008》，人民教育出版社，2009 年，第 550—557 页；教育部发展规划司编：《中国教育统计年鉴 2009》，人民教育出版社，2010 年，第 550—557 页；教育部发展规划司编：《中国教育统计年鉴 2010》，人民教育出版社，2011 年，第 550—557 页；教育部发展规划司编：《中国教育统计年鉴 2011》，人民教育出版社，2013 年，第 560—571 页；教育部发展规划司编：《中国教育统计年鉴 2012》，人民教育出版社，2013 年，第 560—571 页；教育部发展规划司编：《中国教育统计年鉴 2013》，人民教育出版社，2014 年，第 560—571 页；教育部发展规划司编：《中国教育统计年鉴 2014》，人民教育出版社，2015 年，第 556—566 页。

第二，就职称结构而言，如表5.17所示，2006—2014年，乡村初中教师中，高级职称者所占比重逐年上升，由2006年的4.61%上升至2014年的12.28%；中级职称者所占比重由2006年的35.23%上升至2014年的40.75%；初级职称者所占比重由2006年的51.48%降至2014年的38.32%；未评职称者所占比重有一定波动，呈现先下降后回升的状况。如表5.18所示，2006—2014年，乡村小学教师中，高级职称者所占比重逐年增多，由2006年的0.33%上升至2014年的1.44%；中级职称者所占比重由2006年的42.38%上升至2014年的48.79%；初级职称者所占比重由2006年的51.81%降至2014年的39.71%；未评职称者所占比重则由2006年的5.48%上升至2014年的10.05%。由此，这一时期乡村初中、小学教师的职称结构也有所好转。

（三）乡村教师的财政性激励和非财政性激励有所加强

激励方法是指激励主体为达到激励目标，在实施激励行为的实践活动中采取激励途径、激励手段以及激励方式的总和。通常分为财政性激励和非财政性激励，或者称之为物质性激励和非物质性激励（或精神激励）。前者指通过运用一些方法和手段满足被激励者的物质性或经济方面的需求，从而激发其工作的主动性和积极性。基于斯科特的回报递增机制[①]，该激励机制强调通过提高工资待遇、实施特殊津贴补助与奖励金发放等物质性或财政性的安排，使得乡村教师在完成既定的教学工作的同时能获得大量且不断增加的回报，从而增强其服务乡村学校的满足感，也增强乡村教职的吸引力。非财政性激励（或称精神性激励）则指"主体（社会、组织或个体员工）在一定的社会环境中，借助于精神载体（如思想、观念、情感、信念、荣誉、期望等）来激发、启迪、塑造、诱导激励对象，引起被激励者在思想结构、精神状态、心理体验和行为方式等方面的变化，从而有效地实现激励者预期目标的

① ［美］W.理查德·斯科特：《制度与组织：思想观念、利益偏好与身份认同（第4版）》，姚伟等译，中国人民大学出版社，2020年，第148—149、153页。

过程”[①]。非财政性激励主要有乡村教师奖励与荣誉、职称评聘与培训等方面的倾斜政策以及关怀激励等。

这一时期,在乡村教师财政性激励方面,乡村教师工资福利等支出逐年提升,促使乡村教师工资待遇有不同程度的提升;乡村教师生活补贴、津贴不断落实,乡村教师的生活或住宿条件等持续改善。

1. 工资福利等支出逐年提升

如表5.19所示,2016—2014年,全国乡村教师工资福利支出每年持续大幅度增长,其中,乡村初中教师由2006年的52,191,160千元增至2014年的139,563,212千元,增加了1倍之多;乡村小学教师由2006年的103,361,336千元增至2014年的234,062,263千元,同样增加了1倍之多。乡村教师平均工资福利支出同样逐年增多,乡村初中教师由2006年的34.8117千元持续增长至2014年的203.7657千元,增加了近5倍;乡村小学教师则由29.3590千元增至2014年的118.5510千元,增加了4倍。由此,乡村初中、小学教师的工资福利等支出逐年增加。

而且,在《关于进一步做好义务教育学校奖励性绩效工资分配工作的通知》(教育部,2012年)的引导下,全国各地不断完善义务教育学校教师的工资分配方案和绩效考核方案,同时促使绩效工资分配向一线教师、骨干教师、班主任倾斜。据抽样调查,义务教育学校实施绩效工资分配制后,城镇教师工资增长19%,乡村教师工资增长34%,城乡教师工资差距大幅度缩小。[②] 如湖南省泸溪县实施教师工资改革后,该县2002年乡村教师工资:一是比城里教师高,乡村教师每人每月工资最高比城镇教师多出1,400元,全年分别比城镇教师高出16,800元;乡村教师工资比教育局局长工资多,即乡村小学高级教师每年工资总额可达60,000元;二是比县局局长高,县教育局局长全年约为38,000元,每年乡村教师工资比教育局局长工资多出

---

① 中来津:《精神激励的权变理论》,武汉理工大学出版社,2003年,第86页。

② 秦迪:《人民教师,一份光荣的担当》(2012年7月18日),http://www.moe.gov.cn/jyb_xwfb/moe_2082/s6236/s6646/201207/t20120718_139782.html。

表 5.19 2006—2014 年全国教育经费中教师工资等支出情况统计

(单位:千元)

年份	教师工资福利支出				专任教师				教师工资福利平均支出			
	初中	其中乡村	小学	其中乡村	初中	其中乡村	小学	其中乡村	初中	其中乡村	小学	其中乡村
2006	87766447	52191160	158742110	103361336	3463478	1499243	5587557	3520603	25.3406	34.8117	28.4099	29.3590
2007	102311935	61156252	157030804	107987238	3464296	1395363	5612563	3400420	29.5333	43.8282	27.9784	31.7570
2008	116704669	69417915	179001584	122016267	3468957	1343951	5621938	3337264	33.6426	51.6521	31.8398	36.5618
2009	138691800	82378843	213901596	145003779	3513438	1321560	5633447	3296824	39.4747	62.3345	37.9699	43.9829
2010	156556191	92492714	240211571	161454452	3523382	1271542	5617091	3190526	44.4335	72.7406	42.7644	50.6043
2011	175550396	102782280	268591620	178933125	3524517	856680	5163882	2303126	49.8084	119.9774	52.0135	77.6914
2013	205262709	117094605	319071237	208915334	3480979	731148	5096634	2061245	58.9669	160.1517	62.6043	101.3540
2014	218331429	139563212	342673999	234062263	3488430	684920	5105281	1974360	62.5873	203.7657	67.1215	118.5510

资料来源:教育部财务司、国家统计局社会和科技统计司编:《中国教育经费统计年鉴 2007》,中国统计出版社,2008 年,第 6、8、10 页;教育部财务司、国家统计局社会和科技统计司编:《中国教育经费统计年鉴 2008》,中国统计出版社,2009 年,第 30、32、34 页;教育部财务司、国家统计局社会和科技统计司编:《中国教育经费统计年鉴 2009》,中国统计出版社,2010 年,第 30、32、34 页;教育部财务司、国家统计局社会和科技统计司编:《中国教育经费统计年鉴 2010》,中国统计出版社,2011 年,第 30、32、34 页;教育部财务司、国家统计局社会科技和文化产业统计司编:《中国教育经费统计年鉴 2011》,中国统计出版社,2012 年,第 30、32、34 页;教育部财务司、国家统计局社会科技和文化产业统计司编:《中国教育经费统计年鉴 2012》,中国统计出版社,2013 年,第 32、34、36 页;教育部财务司、国家统计局社会科技和文化产业统计司编:《中国教育经费统计年鉴 2013》,中国统计出版社,2014 年,第 30、32、34 页;教育部财务司、国家统计局社会科技和文化产业统计司编:《中国教育经费统计年鉴 2014》,中国统计出版社,2015 年,第 32、34、36 页。

20,000 余元;三是比县级领导多,县领导工资全年约为 45,000 元,乡村小学高级教师工资比他们多 15,000 元左右。[1] 再如广东省进一步提高了乡村教师待遇,到 2013 年,该省受补助地区的乡村教师平均工资增长了 15%;同一县域内乡村教师平均工资水平已普遍高于城镇教师。[2] 而且各地还不断完善社会福利保障。如湖北省天门市的教师医疗、社会保险和住房公积金等"四险"由市政府财政全额承担。[3]

2. 生活补贴或津贴制度不断落实

2013 年《教师补助政策》明确提出给予乡村教师生活补助后,该年全国有近 600 个县采取多种方式对乡村教师发放补助,受益教师达 100 万人。[4] 部分地区实施乡村教师生活补贴或津贴等情况见表 5.20。

表 5.20　2012—2015 年部分地区乡村教师生活补贴或津贴落实情况统计

地区	年份	乡村教师生活补贴或津贴情况	备注
江西	2011—2013	乡村教师津贴标准提至每人每月 300 元和 500 元。	2008 年起每年设立 1 亿元资金用于发放艰苦边远地区教师的特殊津贴。
湖南	2012—2013	泸溪县村小、教学点教师岗位津贴提至每月 1,400 元,全年 16,800 元;乡村中心完小、初中教师岗位津贴每月 500 元,全年 6,000 元;全年县财政共补助乡镇中学教师、中心完小教师 1,671 人,村小教师 502 人,财政补贴资金达 1,846 万元。	2013 年起武陵山和罗霄山两个国家连片特困地区 43 个县(市、区)设立乡村基层教育人才津贴制度,人均每月分别不低于 700 元、500 元、300 元。

① 《安心农村　幸福从教——泸溪县实施农村教师岗位津贴制度情况介绍》(2013 年 12 月 17 日),http://www.moe.gov.cn/jyb_xwfb/xw_zt/moe_357/s7093/s7777/s7783/201312/t20131217_160902.html。

② 广东省教育厅:《广东省建立省级农村教师岗位津贴制度》(2014 年 3 月 24 日),http://www.moe.gov.cn/jyb_xwfb/s6192/s222/moe_1751/201403/t20140324_166112.html。

③ 《教育规划纲要颁布实施一周年座谈会交流材料之十:加强农村教师队伍建设,加快农村教育发展》(2011 年 7 月 15 日),http://www.moe.gov.cn/jyb_xwfb/gzdt_gzdt/moe_1485/201107/t20110715_122231.html。

④ 张以瑾、张东:《奠基教育强国梦——教育规划纲要实施三周年教师队伍建设综述》(2013 年 9 月 7 日),http://www.moe.gov.cn/jyb_xwfb/s5147/201309/t20130909_157117.html。

续 表

地区	年份	乡村教师生活补贴或津贴情况	备注
湖南	2013	泸溪县村片小的教师生活补助提至每月1,200元,凤凰县教学点教师的生活补助提至每月1,600元。	2009年起泸溪、凤凰等国家级集中连片特困地区县、国家级贫困县自主实行乡村教师生活补助制度。
安徽省金寨县	2013	对全县边远艰苦村小学和单班教学点教师每人每月分别增加艰苦补贴200元、300元,惠及教师共415名,年补贴总额为120万元,建立起乡村义务教育教师艰苦补贴机制;发放乡村义务教育教师艰苦补贴1,362万元,其中乡镇中小学每人每月200元,村级小学每人每月400元,教学点每人每月700元(一校多师教学点每人每月500元),连同县级原按月发放的艰苦补贴,艰苦村级小学教师年补贴7,200元,单班教学点教师年补贴分别为12,000元(一校多师的9,600元)。	乡村中小学教师每人每月增加75元补贴,复式班教学和单班教学点的教师每人每月增加补贴150元,首次实现了乡村教师工资高于县镇。
湖北	2013	建立了教师与当地公务员津补贴联动机制;乡村教师津补贴制度,各地按高于城区教师绩效工资12%以内的水平确定乡村教师津补贴标准。	
广东	2013—2014	2013年起,山区县(非县城镇街)和非山区县乡村边远地区义务教育学校教职工的岗位津贴(2016年改为生活补助)补助标准不低于人均每月500元;2013年,全省各级财政共投入资金22.4亿元(其中省财政补助13.1亿元)用于实施山区和乡村教师岗位津贴,共有33万多名乡村学校教职工享受平均每月565元的岗位津贴;乡村教师岗位津贴向更偏远的学校、在乡村服务年限更长的教师倾斜,有的偏远教学点的教师岗位津贴超过1,000元;2014年将省补助标准的基数从人均每月500元提至人均700元。	从2008年起在全省范围内建立山区和乡村边远地区义务教育学校教师岗位津贴制度。该省还全面实施中小学教师工资福利待遇“两相当”(县域内教师与公务员相当,乡村教师与城镇教师相当)。
吉林	2014	对连片特困地区范围内的3个县(市)正式启动实施生活补助,标准为乡村学校每人每月300元,村小、教学点每人每月500元。	

续　表

地区	年份	乡村教师生活补贴或津贴情况	备注
重庆	2014	贫困区县乡镇学校每人每月不低于200元,其中村小和教学点每人每月不低于350元,特别艰苦、边远、高寒地区的村小和教学点每人每月不低于500元;其他区县村小和教学点每人每月不低于200元,特别艰苦、边远、高寒地区的村小和教学点每人每月不低于350元;政策惠及全市9.17万名乡村教师。	印发《重庆市人民政府办公厅关于给予乡村教师岗位生活补助的通知》,对贫困区县、乡镇义务教育学校和其他区县的村小及教学点教师发放岗位生活补助。
北京远郊区县	2015	设立专项资金改善乡村中小学教师工作生活条件。其中,密云县深山区教师津贴为每月765元,增设寄宿生晚间活动补贴。	

资料来源:《教育部办公厅关于公布全国乡村教师队伍建设优秀工作案例的通知》(2017年6月7日),http://www.moe.gov.cn/srcsite/A10/s3735/201706/t20170615_307027.html;《安心乡村　幸福从教——泸溪县实施农村教师岗位津贴制度情况介绍》(2013年12月17日),http://www.moe.gov.cn/jyb_xwfb/xw_zt/moe_357/s7093/s7777/s7783/201312/t20131217_160902.html;张以瑾、张东:《奠基教育强国梦——教育规划纲要实施三周年教师队伍建设综述》(2013年9月7日),http://www.moe.gov.cn/jyb_xwfb/s5147/201309/t20130909_157117.html;《教育部办公厅关于乡村教师生活补助工作优秀案例的通报》(2017年8月22日),http://www.moe.gov.cn/srcsite/A10/s7030/201709/t20170911_314180.html;教育部:《湖北把加强农村教师队伍建设作为推进义务教育均衡发展改革试点核心任务》(2012年5月11日),http://www.moe.gov.cn/jyb_xwfb/moe_2082/s6236/s6444/201205/t20120511_135499.html;《广东省实施农村教师岗位津贴制度情况介绍》(2014年2月28日),http://www.moe.gov.cn/jyb_xwfb/xw_zt/moe_357/s7093/s7777/s7783/201402/t20140228_164786.html;广东省教育厅:《广东省建立省级农村教师岗位津贴制度》(2014年3月24日),http://www.moe.gov.cn/jyb_xwfb/s6192/s222/moe_1751/201403/t20140324_166112.html;秦迪:《人民教师,一份光荣的担当》(2012年7月18日),http://www.moe.gov.cn/jyb_xwfb/moe_2082/s6236/s6646/201207/t20120718_139782.html;《重庆市人民政府办公厅关于给予乡村教师岗位生活补助的通知》(2014年7月3日),http://www.moe.gov.cn/jyb_xwfb/xw_zt/moe_357/s7093/s7777/s7823/s7781/201407/t20140730_174761.html;宗河:《重庆9万乡村教师获岗位生活补助》(2014年6月24日),http://www.moe.gov.cn/jyb_xwfb/s5147/201406/t20140624_170758.html;安徽省金寨县教育局:《实施农村教师艰苦补贴　助力教育均衡发展——金寨县实施农村教师艰苦补贴工作情况汇报》(2014年5月7日),http://www.moe.gov.cn/jyb_xwfb/xw_zt/moe_357/s7093/s7777/s7783/201405/t20140514_168835.html;《国家教育督导检查组对北京市16个区县义务教育均衡发展督导检查反馈意见》(2015年4月30日),http://www.moe.gov.cn/s78/A11/s8393/s7657/201708/t20170823_311659.html。

由此可见，这一时期，很多地方开始推行乡村教师生活补贴或津贴制度，促使当地乡村教师的待遇有所提升。

3. 住宿条件得以改善

各地纷纷加强乡村教师周转宿舍建设，不断改善乡村教师住宿条件。2010 年，国家在河北等 8 个省区投资 5 亿元建设近 38 万平方米的周转宿舍，共涉及项目学校 497 所，满足了 1 万多名教师的住宿需求；2011 年，对 25 个省区投入 20 亿元，涉及项目学校 1273 所，建设规模 100 万平方米，增加入住教师 3.5 万人；2012 年，中央财政投资 36 亿元，项目学校 3,254 所，建设规模 228 万平方米，增加入住教师 8 万人。[①] 到 2012 年，在乡村周转宿舍建设上已累计安排中央财政资金 56 亿元，涉及中西部地区 25 个省份的 5,024 所乡村学校，建设规模达到 367 万平方米，为 12.5 万名乡村教师解决了住宿问题；到 2013 年，已形成了比较成熟的"十二五"边远艰苦地区乡村学校教师周转宿舍建设项目库。[②] 各地也采取新建和改建等各种方式为乡村教师解决住宿问题。如 2007—2010 年，湖北省财政共投入资金 1.1 亿元，争取中央试点经费 6,000 万元，推动全省投入资金近 5 亿元，新建和改造教师周转房 57 万平方米、近 2 万套，免费提供给城乡交流教师、特岗教师和无房教师使用。[③] 其中，该省宜昌市远安县以建、改、退、补方式，投资 1,020 万元，到 2012 年，建成乡村义务教育学校教师周转房 678 套，面积 27,130 平方米，基本解决了教师校内周转住房问题，同时也为 260 名交流教

---

① 李曜明：《农村教师的暖心房——农村学校教师周转宿舍建设项目综述》(2012 年 10 月 8 日)，http://www.moe.gov.cn/jyb_xwfb/s5147/201210/t20121008_142892.html。

② 李曜明：《农村教师的暖心房——农村学校教师周转宿舍建设项目综述》(2012 年 10 月 8 日)，http://www.moe.gov.cn/jyb_xwfb/s5147/201210/t20121008_142892.html；张以瑾、张东：《奠基教育强国梦——教育规划纲要实施三周年教师队伍建设综述》(2013 年 9 月 7 日)，http://www.moe.gov.cn/jyb_xwfb/s5147/201309/t20130909_157117.html。

③ 教育部：《湖北把加强农村教师队伍建设作为推进义务教育均衡发展改革试点核心任务》(2012 年 5 月 11 日)，http://www.moe.gov.cn/jyb_xwfb/moe_2082/s6236/s6444/201205/t20120511_135499.html。

师、支教教师和新分配教师提供了住宿。[①] 再如2012—2013年,广西壮族自治区财政筹措资金14.14亿元,支持33,785套乡镇教师公共租赁住房建设,缓解乡村教师"住房难"问题。[②] 又如湖北省天门市利用闲置校产,投入3,100余万元,改建教师周转房500多套;通过免费提供土地、减免税费等途径,建设乡村教师安居房800余套。[③]

4.倾斜式激励逐渐加强

这一时期乡村教师的非财政性激励,如评奖评优、职称(职务)晋升等倾斜式激励有所加强。以湖南省泸溪县为例,该省评奖评优向乡村教师,尤其是向条件艰苦的村小、片小教师倾斜,将80%的评选优秀教师和学科带头人指标用于全县各乡村学校。因此,2011年在该县教师节受表彰的131名教师中,乡村教师达到102人;2012年该县的浦市镇中心完小共有25名教师获得各类奖励,其中在村(片)小工作的教师有14人。[④] 该县还实施职务评审向乡村教师倾斜政策:从2005年起将教师中高级职务晋升指标直接分配到乡镇,分解到学校,乡村教师职务晋升的比例和机会超过了城区学校。[⑤] 再如河南长垣2014年开始由县财政每年划拨1000万元专项资金,专门用于奖励乡村教师;奖励体现出了一般乡镇和偏远乡镇、镇区学校和非镇区学校的差别,实行阶梯标准,重点突出对偏远乡镇乡村教师的奖励;原则上偏

---

① 《让更多教师幸福从教——湖北省宜昌市加强师资队伍建设采访纪行》(2012年8月8日),http://www.moe.gov.cn/jyb_xwfb/s5147/201208/t20120808_140346.html。

② 张莺:《广西:今年起乡村教师每人每月获不低于200元生活补助》(2014年5月4日),http://www.moe.gov.cn/jyb_xwfb/xw_zt/moe_357/s7093/s7777/s7785/201405/t20140504_167898.html。

③ 《教育规划纲要颁布实施一周年座谈会交流材料之十:加强农村教师队伍建设,加快农村教育发展》(2011年7月15日),http://www.moe.gov.cn/jyb_xwfb/gzdt_gzdt/moe_1485/201107/t20110715_122231.html。

④ 《安心农村　幸福从教——泸溪县实施农村教师岗位津贴制度情况介绍》(2013年12月17日),http://www.moe.gov.cn/jyb_xwfb/xw_zt/moe_357/s7093/s7777/s7783/201312/t20131217_160902.html。

⑤ 《安心农村　幸福从教——泸溪县实施农村教师岗位津贴制度情况介绍》(2013年12月17日),http://www.moe.gov.cn/jyb_xwfb/xw_zt/moe_357/s7093/s7777/s7783/201312/t20131217_160902.html。

远乡镇乡村教师每人每年奖励4,000—4,500元，偏远乡镇镇区学校和一般乡镇乡村学校教师每人每年奖励2,500—3,000元。[①] 再如湖北省各县实行乡村教师奖励计划，不仅按照15%的比例评选出乡村骨干教师，而且给予每人每月600元的享受省财政补贴。[②]

（四）个案：2006—2014年浙江省乡村教师队伍建设[③]

位于中国东部地区的浙江省，经济发展水平相对较高，地方政府重视乡村教育，因而在加强乡村教师队伍建设方面取得了一定成就。对这一时期浙江省乡村教师队伍及其建设经验的探析，有助于从另一个角度探究当时乡村教师队伍建设的具体情况。

1. 浙江省乡村教师队伍基本情况

第一，与全国乡村初中和小学教师发展情况一样，这一时期浙江省乡村初中和小学教师也逐年减少。具体情况见表5.21。

表5.21　2006—2014年浙江省乡村初中、小学教师统计

年份	初中			小学		
	合计/人	乡村教师/人	乡村教师占比/%	合计/人	乡村教师/人	乡村教师占比/%
2006	111540	16283	14.60	163843	52522	32.06
2007	114054	14393	12.62	165611	45393	27.41

① 李见新：《河南长垣每年千万元奖励偏远乡镇教师　每人每年奖励2500元至4500元》（2014年2月12日），http://www.moe.gov.cn/jyb_xwfb/s5147/201402/t20140212_163722.html。

② 《国家教育督导检查组对湖北省申报的50个全国义务教育发展基本均衡县（市、区）督导检查反馈意见》（2014年9月19日），http://www.moe.gov.cn/jyb_xwfb/gzdt_gzdt/s5987/201410/t20141013_175915.html。

③ 《浙江省大力加强农村和欠发达地区教师队伍建设》（2011年7月11日），http://www.moe.gov.cn/jyb_sjzl/s3165/201107/t20110714_122189.html；《国家教育督导检查组对浙江省35个县（市、区）义务教育均衡发展督导检查反馈意见》（2013年9月24日），http://www.moe.gov.cn/s78/A11/s8393/s7657/201309/t20130924_157700.html；《国家教育督导检查组对浙江省43个县（市、区）义务教育均衡发展督导检查反馈意见》（2014年12月12日），http://www.moe.gov.cn/jyb_xwfb/gzdt_gzdt/s5987/201412/t20141229_182485.html。

续 表

年份	初中			小学		
	合计/人	乡村教师/人	乡村教师占比/%	合计/人	乡村教师/人	乡村教师占比/%
2008	114054	14393	12.62	167847	45970	27.39
2009	117588	15300	13.01	170102	44963	26.43
2010	119638	14068	11.76	171908	43963	25.57
2011	120521	14192	11.78	174379	39396	22.59
2012	119270	15145	12.70	179473	36160	20.15
2013	117879	11525	9.78	183479	34883	19.01
2014	119099	10492	8.81	190423	33462	17.57

资料来源:教育部发展规划司编:《中国教育统计年鉴2006》,人民教育出版社,2007年,第470—471、476—477、550—551、556—557页;教育部发展规划司编:《中国教育统计年鉴2007》,人民教育出版社,2008年,第470—471、476—477、550—551、556—557页;教育部发展规划司编:《中国教育统计年鉴2008》,人民教育出版社,2009年,第470—471、476—477、550—551、556—557页;教育部发展规划司编:《中国教育统计年鉴2009》,人民教育出版社,2010年,第470—471、476—477、550—551、556—557页;教育部发展规划司编:《中国教育统计年鉴2010》,人民教育出版社,2011年,第470—471、476—477、550—551、556—557页;教育部发展规划司编:《中国教育统计年鉴2011》,人民教育出版社,2013年,第480—481、490—491、560—561、570—571页;教育部发展规划司编:《中国教育统计年鉴2012》,人民教育出版社,2013年,第480—481、490—491、560—561、570—571页;教育部发展规划司编:《中国教育统计年鉴2013》,人民教育出版社,2014年,第480—481、490—491、560—561、570—571页;教育部发展规划司编:《中国教育统计年鉴2014》,人民教育出版社,2015年,第476—477、486—487、556—557、566—567页。

如表5.21所示,2006—2014年,浙江初中、小学教师逐年持续增多,但乡村教师逐年持续减少,其所占比重也逐年持续下降。其中,乡村初中教师占该省初中教师比重,由2006年的14.6%下降至2014年的8.81%,下降了近6个百分点;乡村小学教师占该省小学教师的比重,由2006年的32.06%下降至2014年的17.57%,下降了约14个百分点,可见该省乡村小学教师减少幅度较大。同时,在该省初中、小学教师中,乡村初中、小学教师所占比重较低,可见该省乡村教师队伍并不庞大。

第二,这一时期浙江省乡村初中、小学教师学历结构变化情况见表5.22。

如表5.22所示,2006—2014年,就浙江省乡村小学教师学历结构而言,专科及以上学历者所占比重逐年持续上升,由2006年的63.39%上升至2014年的93.54%,8年增加了约30个百分点,涨幅约为48%。其中,研究生毕业者和本科毕业者所占比重逐年上升;专科毕业者所占比重逐年下降;高中阶段和高中以下阶段毕业者所占比重也逐年持续下降,前者由2006年的35.16%降至2014年的6.42%,降幅为81.74%。总之,这一时期浙江省乡村小学教师学历结构逐年改善,学历水平有所提升。与浙江省小学专任教师相比,乡村小学专任教师中本科及以上学历者占比始终低于全省平均水平,存在一定的城乡差异,但城乡差距逐年呈逐年缩小的态势。

就浙江省乡村初中教师学历结构而言,本科及以上学历者所占比重逐年持续上升,由2006年的55.88%上升至2014年的91.80%,8年增加了约36个百分点,增幅为64.28%;专科毕业者所占比重逐年持续下降,由2006年的42.03%下降至2014年的8.01%,下降了约34个百分点,降幅为80.94%。同时,初中教师学历结构也存在一定的城乡差异,乡村初中教师中本科及以上学历者所占比重始终低于全省平均水平,但差距逐年减小;专科学历所占比重始终高于全省平均水平,城乡间的差距也逐年减小。可见,该省乡村初中教师学历结构也逐年改善,学历水平逐年提升。

第三,关于浙江乡村初中、小学教师职称结构,高级职称者所占比重有所增加。具体情况见表5.23。

如表5.23所示,2006—2014年,就浙江省乡村小学教师职称结构而言,中学高级职称者所占比重逐年上升,小学高级职称所占比重2006—2011年逐年上升,但2012年开始波动,所占比重有所降低,2013年有所回升,2014年又下降;中级职称者和初级职称者所占比重有所下降;未评职称者所占比重逐年上升。该省乡村小学教师中小学高级职称者占比最高,而且呈现高级职称者所占比重低于全省平均水平,中级职称者、初级职称者以及未评职称者所占比重明显高于全省平均水平的特点。

表 5.22　2006—2014 年浙江省乡村初中、小学教师的学历情况统计

(单位:%)

年份	项目	小学							初中						
		合计	其中女	研究生毕业	本科毕业	专科毕业	高中阶段毕业	高中阶段毕业以下	合计	其中女	研究生毕业	本科毕业	专科毕业	高中阶段毕业	高中阶段毕业以下
2006	合计	100	64.15	0.02	17.07	57.51	24.63	0.77	100	51.30	0.15	66.90	31.68	1.24	0.03
	乡村	100	52.78	0.01	8.36	55.02	35.16	1.45	100	44.40	0.06	55.82	42.03	2.06	0.04
2007	合计	100	65.01	0.03	24.53	53.99	20.89	0.57	100	52.20	0.33	72.10	26.56	0.99	0.03
	乡村	100	52.31	0.01	14.70	53.89	30.40	1.00	100	45.47	0.07	62.93	35.43	1.51	0.05
2008	合计	100	65.86	0.05	33.20	48.49	17.85	0.41	100	53.25	0.41	76.92	21.88	0.78	0.01
	乡村	100	53.97	0.004	23.03	50.00	26.25	0.72	100	47.42	0.10	70.14	28.48	1.25	0.03
2009	合计	100	66.68	0.10	41.17	43.19	15.25	0.29	100	53.90	0.51	80.99	17.85	0.63	0.01
	乡村	100	55.45	0.01	30.41	46.41	22.73	0.45	100	48.42	0.16	75.14	23.56	1.12	0.02
2010	合计	100	67.55	0.18	46.93	39.74	12.93	0.22	100	54.46	0.79	83.01	15.64	0.56	0.005
	乡村	100	56.98	0.03	36.14	43.67	19.82	0.34	100	49.37	0.32	78.35	20.41	0.92	
2011	合计	100	68.38	0.30	53.09	36.30	10.17	0.14	100	55.11	1.01	85.96	12.58	0.44	0.01
	乡村	100	56.59	0.09	41.45	41.35	16.82	0.29	100	49.50	0.89	83.12	15.25	0.72	0.02
2012	合计	100	69.24	0.44	58.68	33.13	7.67	0.08	100	55.49	1.25	88.31	10.10	0.34	0.005
	乡村	100	57.74	0.12	49.31	37.86	12.58	0.14	100	50.17	0.88	86.45	11.93	0.71	0.03
2013	合计	100	70.10	0.58	64.06	30.01	5.30	0.04	100	56.30	1.50	90.92	7.38	0.19	0.01
	乡村	100	59.22	0.22	55.96	34.94	8.81	0.07	100	51.36	1.15	89.99	8.53	0.33	0.01
2014	合计	100	70.92	0.74	67.03	28.24	3.97	0.02	100	56.85	1.82	91.39	6.66	0.12	
	乡村	100	61.32	0.30	60.00	33.24	6.42	0.04	100	51.36	1.38	90.42	8.01	0.19	

资料来源:教育部发展规划司编:《中国教育统计年鉴 2006》,人民教育出版社,2007 年,第 470—471、476—477、550—551、556—557 页;教育部发展规划司编:《中国教育统计年鉴 2007》,人民教育出版社,2008 年,第 470—471、476—477、550—551、556—557 页;教

育部发展规划司编:《中国教育统计年鉴2008》,人民教育出版社,2009年,第470—471、476—477、550—551、556—557页;教育部发展规划司编:《中国教育统计年鉴2009》,人民教育出版社,2010年,第470—471、476—477、550—551、556—557页;教育部发展规划司编:《中国教育统计年鉴2010》,人民教育出版社,2011年,第470—471、476—477、550—551、556—557页;教育部发展规划司编:《中国教育统计年鉴2011》,人民教育出版社,2013年,第480—481、490—491、560—561、570—571页;教育部发展规划司编:《中国教育统计年鉴2012》,人民教育出版社,2013年,第480—481、490—491、560—561、570—571页;教育部发展规划司编:《中国教育统计年鉴2013》,人民教育出版社,2014年,第480—481、490—491、560—561、570—571页;教育部发展规划司编:《中国教育统计年鉴2014》,人民教育出版社,2015年,第476—477、486—487、556—557、566—567页。

表 5.23 2006—2014 年浙江省乡村初中、小学教师的职称情况统计

(单位:%)

年份	项目	小学							初中					
		合计	中学高级	小学高级	小学一级	小学二级	小学三级	未评职称	合计	中学高级	中学一级	中学二级	中学三级	未评职称
2006	合计	100	0.66	44.12	43.71	3.02	0.22	8.27	100	7.48	44.12	37.10	3.46	7.82
	乡村	100	0.10	41.76	46.41	3.56	0.26	7.91	100	1.95	39.09	42.09	6.98	9.89
2007	合计	100	0.80	46.46	41.79	2.25	0.20	8.51	100	8.99	45.11	35.28	2.81	7.82
	乡村	100	0.09	44.39	43.74	2.72	0.20	8.86	100	2.56	40.87	40.78	5.20	10.59
2008	合计	100	1.05	49.07	39.36	1.88	0.23	8.40	100	10.48	45.60	34.20	1.97	7.74
	乡村	100	0.17	47.04	41.37	2.38	0.20	8.84	100	3.53	42.56	40.29	3.14	10.48
2009	合计	100	1.32	51.61	36.74	1.65	0.19	8.48	100	12.20	46.41	33.27	1.46	6.66
	乡村	100	0.25	49.35	38.75	2.21	0.10	9.34	100	4.78	44.61	38.93	2.12	9.56
2010	合计	100	1.60	52.94	35.09	1.47	0.15	8.76	100	14.34	46.76	31.96	1.12	5.82
	乡村	100	0.34	49.79	37.63	2.10	0.14	10.00	100	6.72	44.81	38.28	1.59	8.60
2011	合计	100	1.95	54.09	33.37	1.26	0.21	9.12	100	16.59	47.68	30.37	0.84	4.52
	乡村	100	0.51	51.07	36.55	1.84	0.15	9.88	100	8.79	47.57	36.76	1.35	5.53
2012	合计	100	2.27	53.86	32.27	1.12	0.16	10.31	100	18.73	48.16	28.31	0.51	4.29
	乡村	100	0.64	50.87	36.22	1.46	0.07	10.73	100	11.02	49.29	34.02	0.67	4.99
2013	合计	100	2.68	53.97	31.79	1.09	0.09	10.37	100	20.66	48.28	26.41	0.30	4.35
	乡村	100	0.89	51.04	35.67	1.22	0.11	11.06	100	12.88	49.55	31.81	0.28	5.48
2014	合计	100	3.00	52.70	31.85	0.91	0.16	11.38	100	22.07	47.44	25.02	0.28	5.19
	乡村	100	1.38	49.18	35.53	1.12	0.13	12.66	100	14.24	49.45	28.77	0.30	7.23

资料来源:教育部发展规划司编:《中国教育统计年鉴2006》,人民教育出版社,2007年,第470—471、476—477、550—551、556—557页;教育部发展规划司编:《中国教育统计年鉴2007》,人民教育出版社,2008年,第470—471、476—477、550—551、556—557页;教育部发展规划司编:《中国教育统计年鉴2008》,人民教育出版社,2009年,第470—471、476—477、550—551、556—557页;教育部发展

规划司编:《中国教育统计年鉴2009》,人民教育出版社,2010年,第470—471、476—477、550—551、556—557页;教育部发展规划司编:《中国教育统计年鉴2010》,人民教育出版社,2011年,第470—471、476—477、550—551、556—557页;教育部发展规划司编:《中国教育统计年鉴2011》,人民教育出版社,2013年,第480—481、490—491、560—561、570—571页;教育部发展规划司编:《中国教育统计年鉴2012》,人民教育出版社,2013年,第480—481、490—491、560—561、570—571页;教育部发展规划司编:《中国教育统计年鉴2013》,人民教育出版社,2014年,第480—481、490—491、560—561、570—571页;教育部发展规划司编:《中国教育统计年鉴2014》,人民教育出版社,2015年,第476—477、486—487、556—557、566—567页。

就乡村初中教师职称结构而言,中级职称者所占比重占主体,且逐年上升,由 2006 年的 39.09%上升至 2014 年的 49.45%,上升了约 10 个百分点;高级职称者所占比重也逐年持续上升,由 2006 年的 1.95%上升至 2014 年的 14.24%,上升了约 12 个百分点;初级职称者所占比重有所降低。同时,该省乡村初中教师职称呈现高级职称、中级职称所占比重低于全省平均水平,初级职称以及未评职称者所占比重高于全省平均水平的特征。

2. 浙江省加强乡村教师队伍建设的经验

这一时期浙江省大力加强乡村和欠发达地区教师队伍建设,并取得了一定的成绩,呈现出了优秀的经验。主要有以下几个方面:

第一,提升了乡村教师的待遇。一是该省各县(市、区)在保证按时足额发放教师工资,确保住房公积金、医保费用及时到位的基础上,根据中央政府的要求实施绩效工资改革,而且试行乡村教师任教津贴制度,对乡村、山区、海岛的教师给予特殊补助。全省从 2006 年 7 月起对乡镇及以下的乡村教师上浮一级薪级工资,自 2008 年起实行乡村教师任教津贴制度,义务教育学校乡村教师享受每月 60—400 元不等的任教津贴,该制度惠及 18 万多名乡村教师。2009 年开始实施义务教育学校绩效工资改革,实现教师平均工资不低于当地公务员平均工资水平的规定,并建立了与当地公务员津贴及补贴同时间、同幅度调整的联动机制,促使全省共 29 万人纳入绩效工资实施范围;同时,将乡村教师任教津贴纳入基础性绩效工资部分,继续予以发放。其中,2014 年淳安县除了执行省定的乡村教师津贴标准外,还对 16 所偏远乡村中小学的教师,给予每年 1 万元乡村任教津贴,并给予每人每年 5,000 元的津贴;宁波市北仑区师资待遇向乡村、山区、海岛学校倾斜,乡村教师每月补助 750 元。二是改善乡村教师住宿或生活条件。2009 年,该省在“农村中小学校舍改造工程”中增设乡村中小学教师集体宿舍危旧房改造项目,对现有危险和破旧的乡村中小学教师宿舍,以每套建筑面积 30 平方米左右,按一室、一卫、一厨的基本户型进行规划设计并改造,到 2011 年完成了全省 107 万平方米的乡村中小学教师宿舍的全面维修改造,基本满足了该省乡村教师的日常生活需求。

第二，加大乡村教师的培训力度以提升乡村教师队伍的质量。2005—2007年，该省实施“农村中小学教师素质提升工程”，对全省18万名乡村中小学教师开展了以“新理念、新课程、新技术和师德教育”为重点的全员培训，其中2007年面向26个欠发达县（市、区）和5个海岛县，举办省级初中小学、语文、数学骨干教师高级研修班，培养160名学科带头人。2007—2010年，为欠发达地区和海岛县培训了1,000名小学英语教师和1,000名中小学科学教师。2008—2010年，为了培养乡村中小学教育教学带头人，省财政投入1.5亿元实施“领雁工程”，全省完成乡村骨干教师的培训者达39,092名，参加“领雁工程”培训的骨干教师占乡村中小学教师总数的22.9%；为加强对欠发达地区教师培训工作的经费保障力度，省政府明确规定各地财政每年用于教师培训的费用不得少于当地教职工工资总额的3%，为学校公用经费的10%；在实施“领雁工程”的三年内，省政府每年拨经费2,000万元，专门用于对欠发达地区教师培训的经费补助。[1] 该省还以新任教师挂职锻炼等方式提升乡村师资的质量。如天台县对新录用教师采用“一年见习、两年适应、三年发展”的培养模式，使招录的乡村教师先在龙头学校挂职锻炼一年，与骨干教师结对，期满后回原学校任教。

第三，以支教、城乡交流的方式拓展乡村教师补充路径，提升教师水平。一是乡村学校支教。浙江省教育厅和省政府办公厅先后印发文件，规定从2006年起，凡1970年1月1日以后出生的城镇中小学教师，在晋升高级教师职务时，须有在乡村或欠发达地区支教一年的经历；中心城市中小学教师应有在薄弱学校教学的经历；进一步引导和规范城镇教师支援乡村教育工作。而且，浙江省教育厅、省人力社保厅每年从发达地区教育强县集中选派100名骨干教师，到欠发达县和海岛县进行为期一年的支教，完成支教任务的教师可提前一年申报高级教师职务，并在评优评先时予以优先考虑。到

[1] 《浙江省大力加强农村和欠发达地区教师队伍建设》（2011年7月11日），http://www.moe.gov.cn/jyb_sjzl/s3165/201107/t20110714_122189.html。

2011年,已选派5批共500名骨干教师支教。该省组织开展了"百人千场"送教下乡活动。2006年以来,共组织专家名师630余人次,送教范围涉及11个市46个县,送教总场次达到1,530余场,听课教师达24.1万余人次。二是加大教师交流力度。各县(市、区)建立了校长教师交流制度,重点引导骨干教师和校长向乡村学校和城区薄弱学校流动,并将以往的支教交流转向带编轮岗交流。诸暨市2014年有25名校长和715名教师参与交流,占符合交流条件的教师数的36%;衢州市柯城区教师交流到乡村者占比为68.7%,乡村教师交流到城区者占比为20.9%,各级名师从城区交流到乡村者达53%,乡村学校中85%的校长、50%的副校长来自城区学校;慈溪市城区194名骨干教师与区域联盟乡村学校的339名青年教师长期结成师徒关系,19所城区中小学校与47所乡村中小学开展了送教下乡、听课评课、示范指导等帮扶行动;宁波市奉化区选派150多名城区骨干教师、名教师到乡村学校担任领导,同时选派100多名乡村骨干教师到城区学校交流学习。

第四,实施乡村教师奖励制度。为了激发乡村教师工作的积极性,设立"浙江省农村教师突出贡献奖",从2009年起,对长期在乡村从教并做出突出贡献的优秀教师,由省政府给予表彰奖励,每两年表彰1次,每次100名左右。2009年首次评出100名省乡村教师突出贡献奖人选,其中普通教师75人,任教乡村学校30年以上者55人。

第五,倾斜式激励力度加大。一是在职称(职务)晋升方面给予支持。自2006年起,在乡村学校任教满20年的教师,申报高级职务时适当放宽申报条件,代表性论文只需提供1篇(其他教师要求2篇),免除计算机应用能力要求;在偏远乡村任教满20年、现仍在乡村学校任教的非语文学科教师,普通话水平可放宽到三级甲等;在职称评审中,乡村学校教师的通过率原则上不低于城镇教师。二是在评奖评优方面给予倾斜。在省特级教师、全国模范教师、全国优秀教师等各类评选中,明确了向乡村、欠发达地区教师倾斜的原则,确保乡村教师有一定比例。如省"春蚕奖"要求山区、海岛、乡村学校教师的推荐比例达60%以上;再如在2010年第十批省特级教师评选推荐中，除了分配推荐的名额，欠发达地区和海岛县每县还增加了1个推荐名额。三是对交流至乡村学校的城镇教师予以奖励和激励。如丽水市莲都区对交流到乡村学校的省特级教师及以上荣誉获得者每月奖励1,000元，市名师名校长每月奖励800元，市学科带头人、省教坛新秀每月奖励600元，市教坛新秀、区学科带头人、中小学正副校长每月奖励400元，交流到偏远山区的教师按以上标准的1.3倍发放奖励。

上述加强乡村教师队伍建设的优秀经验，促使该省乡村初中、小学教师学历结构逐年改善，学历水平逐年提升，职称结构也逐年好转，高职称比重有所上升，最终促使该省乡村教师队伍建设走在了全国前列。

二、存在的主要困境

尽管这一时期乡村教师在数量上基本满足了乡村义务教育发展的需求，质量上也有一定程度的提升，但乡村教师队伍建设存在的问题仍较为突出：乡村教师队伍存在结构性矛盾；乡村教师流失较多；乡村教师待遇仍存在地域差异性。

（一）乡村教师队伍存在结构性矛盾

根据附表1，2013—2015年很多地区仍存在着乡村教师队伍结构不合理等问题，具体包括：年龄结构不合理，尤其是老龄化问题严重；优秀教师比例不高；学科结构不合理，尤其是音乐、体育、美术、信息技术以及心理学科教师较为短缺；学历结构和职称结构存在城乡差距；等等。

1. 年龄结构存在城乡差距

根据附表1，这一时期很多地区仍存在着乡村教师队伍年龄结构不合理的问题，尤其是老龄化问题严重。武汉市江夏区、黄冈市团风县、恩施土家族苗族自治州鹤峰县的一些乡村学校就是如此。同时，乡村教师年龄结构存在城乡差距，以2013—2014年初中教师的年龄结构为例，具体情况见

表 5.24。

表 5.24　2013—2014 年城镇乡初中教师的年龄结构统计

(单位:%)

年份	地区	合计	24 岁及以下	25—29 岁	30—34 岁	35—39 岁	40—44 岁	45—49 岁	50—54 岁	55—59 岁	60 岁及以上
2013	合计	100	3.86	14.00	19.77	21.13	17.86	13.37	6.45	3.51	0.05
	城区	100	3.65	12.65	19.15	20.33	19.49	14.95	6.92	2.75	0.10
	镇区	100	3.57	13.55	19.67	21.76	17.95	13.38	6.40	3.69	0.03
	乡村	100	4.85	16.99	20.86	20.83	15.34	11.07	5.87	4.17	0.03
2014	合计	100	3.57	13.26	18.40	21.01	18.24	14.43	7.58	3.46	0.05
	城区	100	3.50	12.26	17.94	20.18	19.19	16.00	8.16	2.67	0.10
	镇区	100	3.24	12.69	18.26	21.60	18.49	14.47	7.50	3.71	0.03
	乡村	100	4.51	16.25	19.49	20.86	16.09	11.82	6.84	4.12	0.03

资料来源:教育部发展规划司编:《中国教育统计年鉴 2013》,人民教育出版社,2014 年,第 138—139 页;教育部发展规划司编:《中国教育统计年鉴 2014》,人民教育出版社,2015 年,第 138—139 页。

如表 5.24 所示,2013—2014 年,乡村初中教师中,35 岁以下者所占比重高于全国平均水平;35—54 岁者所占比重低于全国平均水平;55—59 岁所占比重高于全国平均水平。全国初中教师中,35 岁以下者所占比重呈现“乡村＞镇区＞城区”的特点;35—39 岁者所占比重呈现“镇区＞乡村＞城区”的特点;40—54 岁者所占比重呈现“城区＞镇区＞乡村”的特点;55—59 岁者所占比重呈现“乡村＞镇区＞城区”的特点。由此,与城区、镇区相比,乡村初中教师队伍中,35 岁以下者和 55—59 岁者所占比重较多,年龄结构呈现为年轻化和老龄化。

2. 优秀教师占比不高

与城镇相比,乡村教师队伍中骨干教师或优秀教师占比偏低。根据 2013—2015 年国家教育督导检查组的督查:乡村义务教育学校存在高级职称教师或优秀教师占比不高等问题。如武汉市汉南区,鄂州市华容区、梁子湖区，宜昌市枝江市、远安县的乡村学校中高级教师数量相对较少。[①] 再如福建省2011年的研究报告显示：该省中小学中现有省级教学名师培养人选96人，在职特级教师505人，省级学科教学带头人（含培养对象）2,723人，县级以上骨干教师53,372人，但这些骨干教师集中在县城中心校以上的学校，乡村教师入选百名名师培养人选者占比不足5%，入选2010年的千名学科教学带头人培养对象者仅占20%左右，成为特级教师者仅33人[②]；该省小学县级以上骨干教师共27,549人，占比17.73%，其中城区骨干教师共8,826人，占比21.29%，镇区骨干教师共12,002人，占比21.28%，乡村骨干教师共6,721人，占比11.69%，乡村骨干教师比城区、镇区低近10个百分点。[③]

3. 学科结构有待优化

据附表1，有些省份的乡村教师学科结构不合理，尤其是音乐、美术、体育、信息技术及心理学科教师较为短缺。如湖北武汉市黄陂区，黄石市铁山区、下陆区，孝感市应城市，咸宁市嘉鱼县等的乡村学校缺乏音乐、美术、体育以及心理学科教师；山西左权县、永济市的乡村学校缺乏英语、音乐、体育、美术和信息技术等学科专任教师；山西太原市尖草坪区、古交市、左云县、泽州县、昔阳县、祁县、保德县、古县、吕梁市离石区、汾阳市、襄垣县、沁源县、和顺县的乡村学校则在音体美等专业教师方面配备不足。[④] 有关乡村初中教师学科结构问题，再以2014年为例进行说明（见表5.25）。

---

① 参考国家教育督导检查组于2013—2015年对湖北省、山西省申报的县（市、区）义务教育均衡发展的督导检查的反馈意见，详见教育部官网。如《国家教育督导检查组对湖北省申报的50个全国义务教育发展基本均衡县（市、区）督导检查反馈意见》（2014年9月19日），http://www.moe.gov.cn/jyb_xwfb/gzdt_gzdt/s5987/201410/t20141013_175915.html；《国家教育督导检查组对山西省30个县（市、区）义务教育均衡发展督导检查反馈意见》（2015年12月18日），http://www.moe.gov.cn/jyb_xwfb/moe_2082/zl_2015n/2015_zl65/201512/t20151218_225424.html。

② 余建辉主编：《福建省中小学师资队伍建设研究报告》，厦门大学出版社，2015年，第55页。

③ 余建辉主编：《福建省中小学师资队伍建设研究报告》，厦门大学出版社，2015年，第56页。

④ 参考国家教育督导检查组于2013—2015年对湖北省、山西省申报的县（市、区）义务教育均衡发展的督导检查的反馈意见，见教育部官网。如《国家教育督导检查组对湖北省申报的50个全国义务教育发展基本均衡县（市、区）督导检查反馈意见》（2014年9月19日），http://www.moe.gov.cn/jyb_xwfb/gzdt_gzdt/s5987/201410/t20141013_175915.html；《国家教育督导检查组对山西省30个县（市、区）义务教育均衡发展督导检查反馈意见》（2015年12月18日），http://www.moe.gov.cn/jyb_xwfb/moe_2082/zl_2015n/2015_zl65/201512/t20151218_225424.html。

表 5.25　2014 年初中分学科教师情况统计

学科	合计/人	城市/人	占比/%	县镇/人	占比/%	乡村/人	占比/%
总计	3488430	1096718	100	1706792	100	684920	100
思想品德(政治)	229380	67419	6.15	114749	6.72	47212	6.89
语文	619875	192083	17.51	304391	17.83	123401	18.02
数学	596074	187576	17.10	291799	17.10	116699	17.04
外语(英语、日语、俄语)	541887	181868	16.58	262030	15.35	97989	14.31
科学	31107	12063	1.10	14768	0.87	4276	0.62
物理	236822	74867	6.83	114898	6.73	47057	6.87
化学	151323	47510	4.33	73057	4.28	30756	4.49
生物	143084	42050	3.83	71464	4.19	29570	4.32
历史与社会	31359	9399	0.86	15458	0.91	6502	0.95
地理	135442	38928	3.55	68406	4.01	28108	4.10
历史	175999	52722	4.81	87987	5.16	35290	5.15
体育与健康	185425	64292	5.86	87269	5.11	33864	4.94
艺术	6456	1138	0.10	3542	0.21	1776	0.26
音乐	89431	28544	2.60	43231	2.53	17656	2.58
美术	85627	26809	2.44	41615	2.44	17203	2.51
综合实践活动(信息技术、劳动与技术)	130652	39614	3.61	64181	3.76	26857	3.92
其他	45937	11729	1.07	22057	1.29	12151	1.77
当年不任课	52550	18107	1.65	25890	1.52	8553	1.25

资料来源:教育部发展规划司编:《中国教育统计年鉴 2014》,人民教育出版社,2015 年,第 136—137 页。

如表 5.25 所示,在 2014 年乡村初中教师中,艺术、科学、历史与社会、音乐以及美术等学科教师所占比重较小,尤其是艺术学科的乡村教师仅占总数的 0.26%,科学学科专任教师仅占 0.62%,历史与社会学科专任教师仅占 0.95%。这与附表 1 所示的国家教育督导检查组督查报告中的某些地方乡村教师学科结构不合理情况相符合。而且,在全国初中教师中上述学科都较为紧缺。就上述紧缺学科教师所占比重而言,初中科学学科教师占比呈现“乡村＜县镇＜城市”的特征;历史与社会、艺术与美术学科教师占比呈现“城市＜县镇＜乡村”的特征;音乐学科教师占比呈现“县镇＜乡村＜城市”的特征。可见,乡村学校初中科学学科教师比城镇学校更为紧缺,而乡村学校历史与社会、艺术与美术等学科教师不如城镇紧缺,音乐学科教师在县镇学校最为紧缺。

4.学历结构和职称结构存在城乡差异

第一,2013—2014年无论是初中教师还是小学教师的学历结构都存在城乡差异。具体情况见表5.26。

如表5.26所示,2013—2014年,乡村初中教师中,本科及其以上学历者所占比重低于全国平均水平,呈现“乡村＜镇区＜城区”的特点;专科、高中阶段以及高中阶段以下学历者所占比重则远远高于全国平均水平,同时呈现“乡村＞镇区＞城区”的特点。2013—2014年乡村小学教师的学历情况与之类似。乡村小学教师中,专科及其以上学历者所占比重低于全国平均水平,与城区、镇区均有一定差距,呈现“乡村＜镇区＜城区”的特点;专科以下学历者所占比重高于全国平均水平,呈现“乡村＞镇区＞城区”的特点。由此可见,初中和小学教师学历结构均存在明显的城乡差异,乡村教师的学历水平明显低于城区和镇区。

第二,2013—2014年初中和小学教师的职称结构存在城乡差异。具体情况见表5.27。

如表5.27所示,2013—2014年,乡村初中教师中,高级职称者所占比重远低于全国平均水平,呈现“乡村＜镇区＜城区”的特点;中级职称者所占比重同样低于全国平均水平,呈现“乡村＜城区＜镇区”的特点;初级职称者即中学二级、中学三级和未评职称者所占比重则高于全国平均水平,其中初级职称者所占比重呈现“乡村＞镇区＞城区”的特点。乡村小学教师中,高级职称者所占比重也低于全国平均水平,呈现“乡村＜镇区＜城区”的特点;中级职称者所占比重也与之相同;初级职称者所占比重总体上高于全国平均水平,呈现“乡村＞镇区＞城区”的特点。由此,在职称结构方面,乡村初中和小学教师的水平也远不及城区和镇区,尤其是高职称者所占比重相对较低。

表5.26　2013—2014年城镇乡初中、小学教师的学历情况统计

(单位:%)

年份	地区	初中						小学					
		合计	研究生毕业	本科毕业	专科毕业	高中阶段毕业	高中阶段毕业以下	合计	研究生毕业	本科毕业	专科毕业	高中阶段毕业	高中阶段毕业以下
2013	合计	100	1.30	73.57	24.41	0.69	0.02	100	0.36	36.88	50.09	12.50	0.17
	城区	100	3.15	83.03	13.55	0.26	0.01	100	1.02	57.04	37.38	4.53	0.04
	镇区	100	0.54	71.16	27.51	0.77	0.03	100	0.16	35.24	53.91	10.60	0.10
	乡村	100	0.41	65.65	32.76	1.15	0.03	100	0.10	24.87	55.23	19.47	0.33
2014	合计	100	1.57	76.32	21.64	0.46	0.02	100	0.48	41.20	48.16	10.04	0.12
	城区	100	3.72	84.09	12.01	0.17	0.01	100	1.29	60.13	35.07	3.48	0.02
	镇区	100	0.62	74.28	24.59	0.50	0.02	100	0.21	39.40	51.68	8.64	0.07
	乡村	100	0.50	68.97	29.72	0.79	0.03	100	0.14	28.92	54.53	16.17	0.24

资料来源:教育部发展规划司编:《中国教育统计年鉴2013》,人民教育出版社,2014年,第480—491、560—571页;教育部发展规划司编:《中国教育统计年鉴2014》,人民教育出版社,2015年,第477—487、556—566页。

表 5.27 2013—2014 年城镇乡初中、小学教师的职称情况统计

(单位:%)

年份	地区	初中						小学						
		合计	中学高级	中学一级	中学二级	中学三级	未评职称	合计	中学高级	小学高级	小学一级	小学二级	小学三级	未评职称
2013	合计	100	16.00	43.17	32.37	1.65	6.81	100	2.06	52.28	33.67	3.17	0.22	8.60
	城区	100	21.77	43.59	26.96	0.87	6.82	100	2.76	55.06	30.16	2.22	0.27	9.53
	镇区	100	14.43	44.06	33.62	1.73	6.17	100	2.34	53.46	33.66	2.83	0.21	7.52
	乡村	100	11.40	40.52	37.22	2.57	8.28	100	1.34	49.41	36.01	4.11	0.21	8.91
2014	合计	100	16.80	43.25	31.37	1.46	7.12	100	2.26	51.66	33.13	3.16	0.22	9.57
	城区	100	21.93	43.29	26.58	0.80	7.40	100	3.01	53.87	30.02	2.23	0.27	10.61
	镇区	100	15.32	44.22	32.56	1.56	6.34	100	2.55	52.99	33.13	2.91	0.20	8.21
	乡村	100	12.28	40.75	36.06	2.26	8.65	100	1.44	48.79	35.41	4.09	0.21	10.05

资料来源:教育部发展规划司编:《中国教育统计年鉴 2013》,人民教育出版社,2014 年,第 480—491、560—571 页;教育部发展规划司编:《中国教育统计年鉴 2014》,人民教育出版社,2015 年,第 477—487、556—566 页。

(二)乡村教师流失较多

这一时期乡村教师变动频繁,且逐年流失较多,乡村初中教师变动情况见表 5.28。

如表 5.28 所示,其一,2006—2014 年,乡村初中“增加教师”呈现减少的趋势,“减少教师”同样也呈现减少的态势,但每年增加的教师数均少于“减少教师”数;其二,调入乡村教师数也远低于调出乡村教师数,这里也可以看出乡村教师流动频繁的事实;其三,校内调整方面,“增加教师”数仍少于“减少教师”数;其四,录用的毕业生数也始终赶不上自然减员的数量。由此也导致这一时期乡村初中教师逐年减少。乡村小学教师的变动也与之相似,具体情况见 5.29。

如表 5.29 所示,其一,2006—2014 年,乡村小学专任教师中,“增加教师”数总体呈下降态势,“减少教师”数呈现逐年减少趋势,但每年增加的教师数均少于“减少教师”数;其二,每年调出乡村小学教师数超过了调入乡村教师数;其三,在校内调整方面,“增加教师”数同样少于“减少教师”数;其四,录用的毕业生数始终与自然减员的数量不对等,前者少于后者。由此可见,乡村初中、小学教师变动频繁、流失率较高,最终导致乡村中小学教师逐年减少。

表 5.28　2006—2014 年乡村初中教师变动情况统计

（单位:人）

年份	项目	上学年初报表专任教师	增加教师					减少教师					本学年初报表专任教师
			合计	录用毕业生	调入	校内调整	其他	合计	自然减员	调出	校内调整	其他	
2006	合计	3477815	358982	94034	181690	53287	29971	373319	33125	219946	78808	41440	3463478
	乡村	1526803	141132	41350	69143	20595	10044	168692	11884	111588	30033	15187	1499243
2007	合计	3463475	363325	82783	177515	61491	41516	362504	32742	203607	74635	51520	3464296
	乡村	1438297	118351	32005	58265	20085	7996	161285	11085	102648	30037	17515	1395363
2008	合计	3464398	334424	81680	168009	59470	25265	329865	34295	195586	65382	34602	3468957
	乡村	1377594	113542	33213	54140	19295	6894	147185	11611	97918	24737	12919	1343951
2009	合计	3469346	371837	88894	187524	70249	25170	327745	35684	202354	59254	30453	3513438
	乡村	1347889	120810	38028	55819	20781	6182	147139	11784	100877	22926	11552	1321560
2010	合计	3513819	314587	80836	161478	52168	20105	305024	36339	182240	57837	28608	3523382
	乡村	1295136	103014	33618	47831	16104	5461	126608	11579	83188	20884	10957	1271542

年份	项目	上学年初报表专任教师	合计	录用毕业生	其中师范生	调入	校内调整	其他	合计	自然减员	调出	校内调整	其他	本学年初报表专任教师
2011	合计	3522515	315346	81111	61989	155952	55676	22607	313344	34626	182670	62534	33514	3524517
	乡村	876288	73689	24895	17710	33621	11325	3848	93297	7305	64178	14497	7317	856680
2012	合计	3524055	303404	76383	57716	158028	50519	18474	323096	36564	194556	66155	25821	3504363
	乡村	808084	63435	21891	15313	28916	9593	3035	89908	7657	62326	13992	5933	781611

续　表

年份	项目	上学年初报表专任教师	合计	录用毕业生	其中师范生	调入	校内调整	其他	合计	自然减员	调出	校内调整	其他	本学年初报表专任教师
2013	合计	3504433	327292	78139	58412	170757	57435	20961	350746	38837	213350	71568	26991	3480979
	乡村	754365	67097	21588	14736	32114	10332	3063	90314	7865	61612	15818	5019	731148
2014	合计	3480979	339381	82343	61469	176482	60698	19858	331930	39543	201812	68075	22500	3488430
	乡村	704043	64799	20747	14387	30175	11196	2681	83922	7970	57174	14982	3796	684920

资料来源:教育部发展规划司编:《中国教育统计年鉴2006》,人民教育出版社,2007年,第144—145页;教育部发展规划司编:《中国教育统计年鉴2007》,人民教育出版社,2008年,第144—145页;教育部发展规划司编:《中国教育统计年鉴2008》,人民教育出版社,2009年,第144—145页;教育部发展规划司编:《中国教育统计年鉴2009》,人民教育出版社,2010年,第144—145页;教育部发展规划司编:《中国教育统计年鉴2010》,人民教育出版社,2011年,第144—145页;教育部发展规划司编:《中国教育统计年鉴2011》,人民教育出版社,2013年,第140—141页;教育部发展规划司编:《中国教育统计年鉴2012》,人民教育出版社,2013年,第140—141页;教育部发展规划司编:《中国教育统计年鉴2013》,人民教育出版社,2014年,第140—141页;教育部发展规划司编:《中国教育统计年鉴2014》,人民教育出版社,2015年,第140—141页。

表 5.29　2006—2014 年乡村小学教师变动情况统计

（单位:人）

年份	项目	上学年初报表专任教师	增加教师					减少教师					本学年初报表专任教师
			合计	录用毕业生	调入	校内调整	其他	合计	自然减员	调出	校内调整	其他	
2006	合计	5592874	688372	91934	396508	150655	49275	693689	94444	382658	149515	67072	5587557
	乡村	3564595	451274	57995	258054	109433	25792	495266	60743	281606	114371	38546	3520603
2007	合计	5587382	690311	91124	379835	152949	66403	665130	90971	353033	145892	75234	5612563
	乡村	3437614	420389	53977	233695	105602	27115	457583	55924	254742	111721	35196	3400420
2008	合计	5612738	657440	96959	369200	144280	47001	648240	98459	354796	138495	56490	5621938
	乡村	3380811	407556	59675	223810	101561	22510	451103	60489	253891	106536	30187	3337264
2009	合计	5621938	672333	103667	379184	144766	44716	660824	110247	356336	138643	55598	5633447
	乡村	3346665	414044	64268	224981	102951	21844	463885	68667	255732	106872	32614	3296824
2010	合计	5633447	622041	107791	351293	128035	34922	638397	120672	337529	132182	48014	5617091
	乡村	3254553	371988	66276	199918	88800	16994	436015	75471	235585	98441	26518	3190526

年份	项目	上学年初报表专任教师	合计	录用毕业生	其中师范生	调入	校内调整	其他	合计	自然减员	调出	校内调整	其他	本学年初报表专任教师
2011	合计	5616187	634117	124941	90668	348236	125634	35306	645443	117153	354519	129560	44211	5604861
	乡村	2509177	295630	61205	42220	155926	67604	10895	361423	58255	205410	78121	19637	2443384
2012	合计	5605282	643173	137055	98783	354467	119870	31781	662979	127669	364527	130196	40587	5585476
	乡村	2366551	285345	65825	44895	148060	62108	9352	351794	61357	198488	76104	15845	2300102

续 表

年份	项目	上学年初报表专任教师	合计	录用毕业生	其中师范生	调入	校内调整	其他	合计	自然减员	调出	校内调整	其他	本学年初报表专任教师
2013	合计	5585475	728872	151220	106853	410419	127313	39920	729703	132965	413194	137610	45934	5584644
	乡村	2262443	315229	68411	45923	171361	63259	12198	378891	64963	219199	77605	17124	2198781
2014	合计	5584644	752436	165017	115719	419528	131401	36490	703174	135640	396094	134485	36955	5633906
	乡村	2167162	307822	73200	48213	161805	63911	8906	359014	67414	203609	75275	12716	2115970

资料来源:教育部发展规划司编:《中国教育统计年鉴2006》,人民教育出版社,2007年,第166—167页;教育部发展规划司编:《中国教育统计年鉴2007》,人民教育出版社,2008年,第166—167页;教育部发展规划司编:《中国教育统计年鉴2008》,人民教育出版社,2009年,第166—167页;教育部发展规划司编:《中国教育统计年鉴2009》,人民教育出版社,2010年,第166—167页;教育部发展规划司编:《中国教育统计年鉴2010》,人民教育出版社,2011年,第166—167页;教育部发展规划司编:《中国教育统计年鉴2011》,人民教育出版社,2013年,第160—161页;教育部发展规划司编:《中国教育统计年鉴2012》,人民教育出版社,2013年,第160—161页;教育部发展规划司编:《中国教育统计年鉴2013》,人民教育出版社,2014年,第160—161页;教育部发展规划司编:《中国教育统计年鉴2014》,人民教育出版社,2015年,第160—161页。

(三)乡村教师待遇仍存在地域差异性

第一，在乡村中小学教师收入方面，2012 年某课题组对黑龙江、广东、安徽、湖北、湖南、云南及青海等 7 省 21 县 53 个乡镇的 123 所乡村中小学校做了调查，相关情况见表 5.30。

表 5.30　2012 年调研地区的乡村中小学教师工资收入情况统计

（单位：元）

区域		年均总收入	基本工资	绩效工资	津补贴
东部	广东	51094.7	18762.0	19231.3	13101.4
西部	青海	35812.7	21366.4		14446.3
	云南	28247.4	18207.3	6221.4	3818.7
中部	湖南	27659.3	16799.0	10189.5	670.8
	安徽	26722.2	16785.0	7247.0	2690.2
	黑龙江	21830.8	16512.0		5318.8
	湖北	21611.7	15076.0	6425.8	109.9

资料来源：汪传艳、雷万鹏：《农村中小学教师收入“中部塌陷”现象的实证研究——基于全国 7 省 21 个县 123 所学校的调查》，《西南大学学报(社会科学版)》，2017 年第 4 期，第 90 页。

如表 5.30 所示，因经济发展水平差异，不同地区乡村教师工资水平差异性较大。2012 年前后被调查地区乡村中小学教师年均总收入，广东省乡村中小学教师总收入最高，其次为青海省和云南省，中部地区尤其是湖北省工资收入最低；在基本工资方面，青海省最高，其次为广东省，湖北省最低；在绩效工资方面，广东省也最高；在津补贴方面，青海省最高，湖北省最低。总体上看，被调查地区乡村中小学教师工资收入呈现“东部＞西部＞中部”的特征，呈现出明显的“中部塌陷”特征。

其中，不同地区乡村教师生活补贴或津贴的差距也较大。如湖南省泸溪县 2013 年乡村教师尤其是偏远村小或教学点的乡村教师，岗位津贴每月达 1,400 元；广东省乡村教师平均每月岗位津贴达 565 元，偏远教学点教师达 1,000 元；广西壮族自治区蒙山县对边远山区教师每人每年发放 1,200 元津贴；河北省三河市 2008 年对 5 所最边远地区学校教师的津贴补助为每人每月 200 元,2010 年对 49 所学校的乡村教师实行“公里补助制”,根据学校与城区的距离差别每人每月给予 200—800 元不等的补助津贴[①];江西省 2013 年对边远地区乡村中小学教师特殊津贴标准提至每人每月 210 元,最边远地区提至每人每月 360 元[②]。由此,不同县域乡村教师的岗位津贴或生活补贴数额有所不同,使得乡村教师的工资收入水平也存在较大的差异。

第三,乡村中小学教师的社会保障待遇同样呈现出地域差异性和不平衡性特征。同样以 2012 年某课题组的调查为例进行说明(见表 5.31)。

表 5.31　2012 年调研地区的乡村中小学教师社会保障待遇情况统计

(单位:%)

区域		无福利	医疗保险	失业保险	养老保险	工伤保险	生育保险	住房公积金
东部	广东	18.4	80.5	36.9	76.5	23.5	32.1	74.7
西部	青海	29.8	52.0	30.8	32.1	31.1	7.3	51.0
	云南	10.8	87.2	2.7	19.9	18.9	10.5	86.8
中部	湖南	25.9	70.4	47.0	67.8	29.6	23.7	70.0
	安徽	18.9	77.9	27.2	20.8	23.4	32.7	73.4
	黑龙江	27.7	60.3	14.5	17.1	7.1	0.3	67.4
	湖北	18.8	68.2	11.2	33.6	6.7	3.1	33.2
均值		21.5	70.9	24.3	38.4	20.0	15.7	65.2

资料来源:汪传艳、雷万鹏:《农村中小学教师收入“中部塌陷”现象的实证研究——基于全国 7 省 21 个县 123 所学校的调查》,《西南大学学报(社会科学版)》,2017 年第 4 期,第 90 页。

如表 5.31 所示,2012 年调查地区乡村中小学社会保障待遇,从总体上看仍有 21.5%的乡村教师无任何形式的社会保障。与其他福利项目相比,乡村教师的医疗保险落实较好,享有教师达 70.9%;其次为住房公积金,享有者达 65.2%,但仍有近 1/3 的乡村教师未享有公积金;失业保险、养老保

① 《河北省三河市大力推进义务教育均衡发展》(2012 年 10 月 29 日),http://www.moe.gov.cn/jyb_sjzl/s3165/201210/t20121031_143887.html。

② 江西省教育厅:《江西省艰苦边远地区农村中小学教师特殊津贴制度实施情况的汇报》(2014 年 5 月 7 日),http://www.moe.gov.cn/jyb_xwfb/xw_zt/moe_357/s7093/s7777/s7783/201405/t20140514_168837.html。

险、工伤保险、生育保险等项目享有者所占比重相对较低。上述各地区乡村教师的社会保障水平具有较大差异，尤其是黑龙江、湖北等中部地区以及青海等西部地区的乡村教师，其社会保障处于相对落后的水平。如工伤保险享有者在黑龙江省和湖北省分别为7.1%、6.7%，生育保险享受者在这两省中分别有0.3%、3.1%。

在乡村教师住房方面，不同地区无住房人员数量有所不同，总体呈现出"西部>中部>东部"的特征。如《国家教育督导报告2008(摘要)》(2008年)显示：乡村小学教师无自有住房者所占比重，在西部地区为63.1%，中部地区为48%，东部地区为47.8%。[①] 再如，有人对我国浙江、河北、四川3省20县做了调查，相关情况见表5.32。

表5.32　2011—2012年浙江、河北、四川的乡村教师住房情况统计

省份	有住房		无住房		合计	
	人数/人	占比/%	人数/人	占比/%	人数/人	占比/%
浙江	256	78.8	69	21.2	325	100
河北	1576	65.8	819	24.2	2395	100
四川	372	80.7	89	19.3	461	100
合计	2204	69.3	977	30.7	3181	100

资料来源：容中逵：《当前我国农村教师住房问题研究——来自浙江、河北、四川3省的调研情况》，《中国教育学刊》，2013年第2期，第19页。

如表5.32所示，2011—2012年，浙江、河北以及四川等省份乡村教师住房情况有所不同，无住房情况也存在一定差异：浙江省无住房者达21.2%，河北达24.2%，四川省达19.3%。总之，这一时期乡村教师的收入和社会保障等方面均存在地域差异性和不平衡性。

综上所述，这一时期，乡村教师队伍建设经过持续推进积累了一定的优秀经验，同时在乡村教师队伍结构、乡村教师队伍的稳定性以及待遇等方面仍需要完善，这也为下一阶段乡村教师的深化创新提供了依据。

① 《国家教育督导团关于印发〈国家教育督导报告2008(摘要)〉的通知》(2008年12月3日)，http://www.moe.gov.cn/srcsite/A11/s7057/200812/t20081203_81660.html。

第五节　小结

随着乡村社会形势的变迁，我国乡村教师队伍建设持续推进。第一，与上一历史阶段一样，乡村初中、小学教师的数量仍持续不断减少，乡村教师队伍不断紧缩，乡村教师在全体义务教育阶段教师中所占比重持续下降。与此同时，这一时期在乡村师资的培养、补充、管理以及待遇等方面均有完善，更加注重乡村教师质量的提升。创新乡村师资培养机制，通过"硕师计划""国培计划"等加大了乡村教师培训和进修力度；进一步拓宽了乡村教师补充渠道；通过加强教师资源配置管理、严格教师资格和准入制度以及加快推进教师职称(职务)制度改革等，加强乡村教师队伍的管理；在前一历史阶段的基础上更加注重提升乡村教师多方面的待遇，以增强乡村教职的吸引力。由此，这一时期乡村教师队伍建设的诸多举措促使乡村教师队伍走上了内涵式发展道路。

第二，乡村教师队伍质量提升与不足并存。一方面，乡村教师队伍中代课教师有所减少，教师结构(年龄结构、学历结构、职称结构等)有所好转；另一方面，乡村教师队伍仍存在结构性矛盾。如年龄结构存在城乡差距，优秀教师占比偏低，学科结构仍有待优化，学历结构和职称结构存在城乡差异，等等。

第三，乡村教师补充路径更为多样化，且更具灵活性。除了实施教师公开招聘(含"到岗退费""特岗计划")，还通过城乡教师交流、各种帮扶支援以及支教活动等补充乡村师资，缓解了部分乡村学校某些学科教师结构性短缺的问题。

第四,财政性激励和非财政性激励有所加强。在财政性激励方面,进一步实施工资改革,提高乡村教师工资待遇;落实乡村教师生活补助或津贴;加强周转宿舍建设,改善乡村教师的住宿条件。对乡村教师的倾斜式支持有所加强,无论是长期任教乡村学校者还是短期内帮扶支援乡村学校者、支教者等,均为其提供倾斜式支持,以激发他们工作的积极性。在非财政性激励方面,尤其是建立乡村教师荣誉制度的提出,为下一阶段乡村教师国家级荣誉制度的建立奠定了基础。

其中,在乡村教师补充路径与乡村教师激励(财政性激励和非财政性激励)等方面,于下一阶段进一步深化,也成为乡村教师队伍建设创新发展的重要内容。

第六章

中国乡村教师队伍建设的深化与创新时期（2015年至今）

乡村教师纲领性文件《乡村教师支持计划（2015—2020年）》（简称《支持计划》）的发布，标志着加强乡村教师队伍建设上升为国家战略。加上乡村振兴战略的推动，乡村教师队伍建设进入全面深入推进、创新性发展的新阶段。国家主要通过“特岗计划”，推进地方师范生免费（或公费）教育，实施定向或全科的免费师范生培养，到岗退费或学费补偿，退休教师支教讲学（银龄讲学计划），以及城乡教师交流等，拓宽了乡村教师补充渠道；通过提高乡村教师生活补贴津贴，职称评聘给予优待，以及建立并完善荣誉制度等，增加了乡村教职的吸引力；通过实施以“国培计划”为主的培训、“硕师计划”等提升了乡村教师的能力素质。

第一节　新时代乡村社会形势变迁与乡村教育的发展

一、乡村社会形势变迁

这一时期,新农村建设和乡村振兴战略的不断推进,不仅促使乡村经济、乡民生活发生了较大变化,也在一定程度上改善了乡村义务教育发展环境。

(一)乡村振兴战略持续推进

自2012年党的十八大以来,以习近平同志为核心的党中央坚持把解决好"三农"问题作为全党工作重中之重,通过全面深化农村改革,促使农民收入持续增长,乡村生活全面改善,脱贫攻坚战取得决定性进展,为推进乡村振兴战略奠定了良好基础。《关于实施乡村振兴战略的意见》(中共中央、国务院,2018年)将乡村振兴战略推进作为决胜全面建成小康社会、全面建设社会主义现代化国家的重大历史任务。[1] 要求到2020年,乡村振兴取得重要进展,农民增收渠道进一步拓宽,城乡居民生活水平差距持续缩小,农村人居环境明显改善,城乡基本公共服务均等化水平进一步提高,农村对人才吸引力逐步增强,农村生态环境明显好转;到2035年,乡村振兴取得决定性进展,农业农村现代化基本实现,农业结构得到根本性改善,农民就业质量

① 《中共中央、国务院关于实施乡村振兴战略的意见》(2018年1月2日),http://www.gov.cn/zhengce/2018-02/04/content_5263807.htm。

显著提高,相对贫困进一步缓解,共同富裕迈出坚实步伐;城乡基本公共服务均等化基本实现,城乡融合发展体制机制更加完善;乡风文明达到新高度,乡村治理体系更加完善;农村生态环境根本好转,美丽宜居乡村基本实现;到2050年,乡村全面振兴,农业强、农村美、农民富全面实现。[①] 与此同时,《乡村振兴战略规划(2018—2022年)》(中共中央、国务院,2018年)将2018—2022年作为实施乡村振兴战略的第一个五年,要求:"既要在农村实现全面小康,又要为基本实现农业农村现代化开好局、起好步、打好基础";按照产业兴旺、生态宜居、乡风文明、治理有效、生活富裕的总要求,对实施乡村振兴战略做出阶段性谋划。[②] 到2020年,我国现行标准下农村贫困人口全部实现脱贫、贫困县全部摘帽、区域性整体贫困得到解决;"两不愁"质量水平明显提升,"三保障"突出问题彻底消除;贫困人口收入水平大幅度提高,自主脱贫能力稳步增强;贫困地区生产生活条件明显改善,经济社会发展明显加快,脱贫攻坚取得全面胜利,提前十年实现《联合国2030年可持续发展议程》减贫目标。[③]

为了进一步巩固拓展脱贫攻坚成果,接续推动脱贫地区发展和乡村全面振兴,《关于实现巩固拓展脱贫攻坚成果同乡村振兴有效衔接的意见》(教育部、国家发展改革委、财政部、国家乡村振兴局,2021年)要求:设立五年过渡期,以解决建档立卡贫困人口"两不愁三保障"为重点,转向实现乡村产业兴旺、生态宜居、乡风文明、治理有效、生活富裕,从集中资源支持脱贫攻坚转向巩固拓展脱贫攻坚成果和全面推进乡村振兴;同时要求实现巩固拓展脱贫攻坚成果同乡村振兴有效衔接的重点工作。[④] 乡村振兴被列入法律,

---

① 《中共中央、国务院关于实施乡村振兴战略的意见》(2018年1月2日),http://www.gov.cn/zhengce/2018-02/04/content_5263807.htm。

② 《中共中央、国务院印发〈乡村振兴战略规划(2018—2022年)〉》(2018年9月26日),https://www.gov.cn/zhengce/2018-09/26/content_5325534.htm。

③ 《教育部等四部门关于实现巩固拓展教育脱贫攻坚成果同乡村振兴有效衔接的意见》(2021年4月30日),http://www.moe.gov.cn/srcsite/A03/s7050/202105/t20210514_531434.htm。

④ 《教育部等四部门关于实现巩固拓展教育脱贫攻坚成果同乡村振兴有效衔接的意见》(2021年4月30日),http://www.moe.gov.cn/srcsite/A03/s7050/202105/t20210514_531434.html。

《中华人民共和国乡村振兴促进法》促使乡村振兴不断升级,要求通过全面推进乡村振兴战略,“促进农业全面升级、农村全面进步、农民全面发展,加快农业农村现代化,全面建设社会主义现代化国家”;开展促进乡村产业振兴、人才振兴、文化振兴、生态振兴、组织振兴,推进城乡融合发展等活动;统筹推进农村经济建设、政治建设、文化建设、社会建设、生态文明建设和党的建设。[①]

(二)乡村居民收入不断增加

乡村振兴战略的推进,促使乡村经济稳定发展,也逐渐改善了乡村民众的生活条件。这一时期乡村居民人均可支配收入有所增加(见表 6.1)。

表 6.1　2015—2020 年全国城乡居民收入差距的演变情况统计

年份	城镇居民人均可支配收入/元	农村居民人均可支配收入/元	城镇居民人均可支配收入比上年增长率/%	农村居民人均可支配收入比上年增长率/%	城镇居民人均可支配收入与农村居民人均可支配收入之比/倍
2015	31194.8	11421.7	8.15	8.89	2.73
2016	33616.2	12363.4	7.76	8.24	2.72
2017	36396.2	13432.4	8.27	8.65	2.71
2018	39250.8	14617.0	7.84	8.82	2.69
2019	42358.8	16020.7	7.92	9.60	2.64
2020	43833.8	17131.5	3.48	6.93	2.56

资料来源:国家统计局:《中国统计年鉴 2021》,中国统计出版社,2021 年,第 181、184 页。

如表 6.1 所示,2015—2020 年,农村居民人均可支配收入逐年持续增多,由 2015 年的 11,421.7 元增至 2020 年的 17,131.5 元,农村居民人均可支配收入比上年增长率也持续上升,由 2015 年的 8.24%上升至 2020 年的 8.89%。其中,2018 年增长率最高,达到了 9.60%。城市居民家庭人均可

① 《中华人民共和国乡村振兴促进法》(2021 年 4 月 29 日),http://www.gov.cn/xinwen/2021-04/30/content_5604050.htm。

支配收入与农村居民家庭人均纯收入相比较,后者始终远低于前者,城乡居民家庭人均收入存在一定差距,但两者之比除 2020 年有所回升外,2015—2019 年均有所减少,可见,城乡居民家庭人均收入的差距在不断缩小。总之,尽管这一阶段城乡居民人均可支配收入仍有较大差距,但该差距有所缩小,而且农村居民人均可支配收入逐年上升,这为乡村社会环境改善提供了经济的保障,也为乡村教育的发展提供了支持。

(三)以乡村人才支撑乡村振兴得到重视

在“人才强国”[①]战略实施背景下,中共中央将乡村人才建设作为乡村振兴的重要支撑。《关于实施乡村振兴战略的意见》要求通过大力培育新型职业农民,加强农村专业人才队伍建设,发挥科技人才支撑作用,鼓励社会各界投身乡村建设,创新乡村人才培育引进使用机制等。[②]《乡村振兴战略规划(2018—2022 年)》再次明确要求通过培育新型职业农民、加强农村专业人才队伍建设、鼓励社会人才投身乡村建设强化乡村振兴人才支撑。[③]《关于加快推进乡村人才振兴的意见》指出,把乡村人力资本开发放在首要位置,大力培养本土人才,引导城市人才下乡,推动专业人才服务乡村,培养造就一支懂农业、爱农村、爱农民的“三农”工作队伍,为全面推进乡村振兴提供人才支撑;要求加快培养农业生产经营人才、农村二三产业发展人才、乡村公共服务人才、乡村治理人才以及农业农村科技人才,其中在加强培养乡村公共服务人才中提出了加强乡村教师队伍建设的内容。[④]

总之,我国政府近年来立足新农村建设,把推进乡村振兴作为推动农村

---

① 2002 年,中共中央办公厅、国务院办公厅制定印发《2002—2005 年全国人才队伍建设规划纲要》,首次提出实施“人才强国”战略。

② 《中共中央、国务院关于实施乡村振兴战略的意见》(2018 年 1 月 2 日),http://www.gov.cn/zhengce/2018-02/04/content_5263807.htm。

③ 《中共中央、国务院印发〈乡村振兴战略规划(2018—2022 年)〉》(2018 年 9 月 26 日),https://www.gov.cn/zhengce/2018-09/26/content_5325534.htm。

④ 《中共中央办公厅、国务院办公厅印发〈关于加快推进乡村人才振兴的意见〉》(2021 年 2 月 23 日),http://www.gov.cn/xinwen/2021-02/23/content_5588496.htm。

发展的重要着力点,走出了乡村经济发展和乡村民众生活改善、乡村居民收入增加、乡村人才受到重视、乡村社会环境治理多元化的路径。乡村振兴的全面推进,在一定程度上促使了乡村民众生活水平得以提高,乡村社会环境得以改善。这既为乡村教育和乡村教师队伍建设奠定了基础,也为其提供了重要的保障和支持。

二、乡村教育发展演变

在推进城乡义务教育均衡发展、实施乡村基础教育脱贫攻坚的政策推动和引导下,乡村义务教育普及水平进一步提升,城乡教育一体化得以进一步探索和发展。

(一)乡村教育政策演进

这一时期乡村教师政策主要包括推进城乡义务教育均衡发展、实施基础教育脱贫攻坚等方面。

1. 持续推进城乡义务教育均衡发展

县域内城乡义务教育一体化改革,促使城乡义务教育均衡发展,乡村义务教育得到进一步发展。《关于统筹推进县域内城乡义务教育一体化改革发展的若干意见》(国务院,2016 年)指出,统筹推进县域内城乡义务教育一体化改革发展,合理规划城乡义务教育学校布局建设,完善城乡义务教育经费保障机制,统筹城乡教育资源配置,向乡村和城乡接合部倾斜,大力提高乡村教育质量,适度稳定乡村生源,增加城镇义务教育学位和乡镇学校寄宿床位,推进城镇义务教育公共服务常住人口全覆盖,着力解决“乡村弱”和“城镇挤”问题,巩固和均衡发展九年义务教育,加快缩小县域内城乡教育差距。[①]

---

① 《国务院关于统筹推进县域内城乡义务教育一体化改革发展的若干意见》(2016 年 7 月 2 日),http://www.gov.cn/zhengce/content/2016-07/11/content_5090298.htm。

该意见规定了县域内城乡义务教育一体化改革和城乡义务教育均衡发展的具体目标:加快推进县域内城乡义务教育学校建设标准统一、教师编制标准统一、生均公用经费基准定额统一、基本装备配置标准统一和"两免一补"政策城乡全覆盖;到2020年,城乡二元结构壁垒基本消除,义务教育与城镇化发展基本协调,城乡学校布局更加合理,大班额基本消除,乡村完全小学、初中或九年一贯制学校、寄宿制学校标准化建设取得显著进展,乡村小规模学校(含教学点)达到相应要求;城乡师资配置基本均衡,乡村教师待遇稳步提高、岗位吸引力大幅增强,乡村教育质量明显提升,教育脱贫任务全面完成;义务教育普及水平进一步巩固提高,九年义务教育巩固率达到95%。[①] 该意见为推进城乡义务教育均衡发展提供了方向和目标,此后相关政策基本上围绕上述规定运行。

如《关于实施乡村振兴战略的意见》指出,优先发展乡村教育事业,推动建立以城带乡、整体推进、城乡一体、均衡发展的义务教育发展机制,促使乡村义务教育发展。具体要求包括:全面改善薄弱学校基本办学条件,加强寄宿制学校建设;实施乡村义务教育学生营养改善计划;推动优质学校辐射乡村薄弱学校常态化;统筹配置城乡师资,并向乡村倾斜,建好建强乡村教师队伍等;通过推行乡村教师"县管校聘",实施好边远贫困地区、边疆民族地区和革命老区人才支持计划教师专项计划(简称"三区"人才支持计划),继续实施"三支一扶"、特岗教师计划等,加强乡村教师队伍建设。[②]《中国教育现代化2035》(中共中央、国务院,2019年)要求在实现县域内义务教育基本均衡基础上进一步推进优质均衡:推进随迁子女入学待遇同城化,有序扩大城镇学位供给;完善流动人口子女异地升学考试制度;实现困难群体帮扶精准化,健全家庭经济困难学生资助体系,推进教育精准脱贫。[③] 同时,中共中

① 《国务院关于统筹推进县域内城乡义务教育一体化改革发展的若干意见》(2016年7月2日),http://www.gov.cn/zhengce/content/2016-07/11/content_5090298.htm。

② 《中共中央、国务院关于实施乡村振兴战略的意见》(2018年1月2日),http://www.gov.cn/zhengce/2018-02/04/content_5263807.htm。

③ 《中共中央、国务院印发〈中国教育现代化2035〉》(2019年2月23日),http://www.moe.gov.cn/jyb_xwfb/s6052/moe_838/201902/t20190223_370857.html。

央、国务院还制定了具体的落实方案,要求实施中西部教育振兴发展计划,坚决打赢教育脱贫攻坚战,以保障义务教育为核心,全面落实教育扶贫政策,稳步提升贫困地区教育基本公共服务水平;推进"三区三州"等深度贫困地区教育脱贫攻坚,补齐中西部教育发展短板,加快中西部地区义务教育学校标准化建设,全面改善贫困地区义务教育薄弱学校基本办学条件,加快发展民族教育。[①] 由此,县域内城乡义务教育均衡发展进一步深入。总之,这一时期实施县域内城乡义务教育一体化改革,不仅促使城乡义务教育均衡发展加快,而且促使其发展不断深入,要求城乡义务教育由基本均衡转向优质均衡。

2. 实施乡村义务教育脱贫攻坚政策

《深度贫困地区教育脱贫攻坚实施方案(2018—2020)》(教育部、国务院扶贫办,2018 年)提出统筹推进县域内城乡义务教育一体化改革发展,并指出应着力解决"三区三州"义务教育"乡村弱、城镇挤"问题:优先支持"三区三州"全面改善贫困地区义务教育薄弱学校基本办学条件,确保所有义务教育学校如期达到"20 条底线要求";加强"三区三州"乡村小规模学校和乡镇寄宿制学校的建设和管理,提高乡村教育质量;继续实施乡村义务教育学生营养改善计划,不断扩大地方试点范围;落实并完善控辍保学工作机制,因地因人施策,对贫困家庭子女、留守儿童、残疾儿童等特殊困难儿童接受义务教育实施全过程帮扶和管理,防止适龄儿童少年失学辍学。[②] 为了进一步做好义务教育脱贫攻坚工作,《关于打赢脱贫攻坚战进一步做好农村义务教育有关工作的通知》(教育部,2019 年)、《关于进一步加强控辍保学工作健全义务教育有保障长效机制的若干意见》(教育部、国务院扶贫办、中共中央统战部、国家发展改革委、公安部、民政部、司法部、财政部、人力资源社会保

① 《中共中央办公厅、国务院办公厅印发〈加快推进教育现代化实施方案(2018—2022年)〉》(2019 年 2 月 23 日),http://www.moe.gov.cn/jyb_xwfb/s6052/moe_838/201902/t20190223_370859.html。

② 《教育部、国务院扶贫办关于印发〈深度贫困地区教育脱贫攻坚实施方案(2018—2020年)〉的通知》,(2018 年 1 月 24 日),http://www.moe.gov.cn/srcsite/A03/moe_1892/moe_630/201802/t20180226_327800.html。

障部、国家卫生健康委十部门,2020 年)指出,要确保贫困家庭义务教育阶段适龄儿童少年不失学辍学,确保 2020 年全国九年义务教育巩固率达到 95%,持续常态化开展控辍保学工作,形成义务教育有保障长效机制。① 为了进一步巩固拓展脱贫攻坚成果,《关于实现巩固拓展脱贫攻坚成果同乡村振兴有效衔接的意见》(中共中央、国务院,2020 年)要求“继续改善义务教育办学条件,加强乡村寄宿制学校和乡村小规模学校建设”;“继续实施家庭经济困难学生资助政策和农村义务教育学生营养改善计划”。② 教育部等四部门指出,“将巩固拓展教育脱贫攻坚成果放在突出位置,保持教育帮扶政策总体稳定,全方位对接农村低收入人口和欠发达地区帮扶机制,促进振兴乡村教育和教育振兴乡村的良性循环”,“到 2025 年,实现教育脱贫攻坚成果巩固拓展,农村教育普及水平稳步提高,农村教育高质量发展基础更加夯实,农村家庭经济困难学生教育帮扶机制愈加完善,城乡教育差距进一步缩小,教育服务乡村振兴的能力和水平进一步提升,乡村教育振兴和教育振兴乡村的良性循环基本形成”。③ “十四五”时期的教育强国推进工程同样提出,要巩固义务教育脱贫成果,积极扩大义务教育学位供给,提高义务教育巩固率,保障群众受教育权利,加快缩小与其他地区的教育差距,阻断贫困代际传递。④

总之,这一时期无论是推进城乡义务教育均衡发展,还是深入实施义务教育脱贫攻坚政策,均在一定程度上促使乡村教育有所发展,乡村义务教育普及水平有所提高。

---

① 《教育部等十部门关于进一步加强控辍保学工作健全义务教育有保障长效机制的若干意见》(2020 年 6 月 19 日),http://www.moe.gov.cn/srcsite/A06/s3321/202006/t20200628_468793.html。

② 《中共中央、国务院关于实现巩固拓展脱贫攻坚成果同乡村振兴有效衔接的意见》(2020 年 12 月 16 日),http://www.gov.cn/zhengce/2021-03/22/content_5594969.htm。

③ 《教育部等四部门印发〈关于实现巩固拓展教育脱贫攻坚成果同乡村振兴有效衔接的意见〉》(2021 年 4 月 30 日),http://www.moe.gov.cn/srcsite/A03/s7050/202105/t20210514_531434.html。

④ 《关于印发〈“十四五”时期教育强国推进工程实施方案〉的通知》(2021 年 5 月 10 日),http://www.moe.gov.cn/jyb_xxgk/moe_1777/moe_1779/202109/t20210930_568460.html。

(二)普及乡村义务教育的再推进

与前一阶段相比,这一时期乡村在校学龄人口与中小学生仍不断减少,乡村学校规模稍有变化,与此同时,乡村义务教育普及水平持续提升。

1. 乡村在校学龄人口与中小学生持续减少

如表 6.2 所示,2015—2021 年,乡村初中和小学在校学龄人口均逐年减少。初中在校学龄人口由 2015 年的 6,198,662 人,减少至 2021 年的 5,481,333 人,六年减少了 70 多万人;小学在校学龄人口逐年呈直线递减趋势,由 2015 年的 28,488,643 人减至 2021 年的 21,637,437 人,六年减少了 600 多万人。与此同时,乡村初中和小学的在校学生也逐年减少,初中由 2015 年的 7,024,964 人减至 2021 年的 6,099,489 人,六年共减少了 90 多万人;小学则由 29,658,985 人减至 2021 年的 22,473,888 人,六年减少了 700 多万人。在这种背景下,我国乡村初中和乡村小学及其学生数均不断减少,具体情况见表 6.3。

表 6.2 2015—2021 年乡村初中、小学阶段学龄人口及在校学生情况统计

年份	在校学龄人口/人		在校学生/人	
	初中	小学	初中	小学
2015	6198662	28488643	7024964	29658985
2016	5863737	27791125	6670387	28917345
2017	5703542	26716582	6434094	27753626
2018	5759459	25653543	6484062	26664138
2019	5795833	24648442	6504235	25575075
2020	5735227	23635843	6378055	24504815
2021	5481333	21637437	6099489	22473888

资料来源:教育部发展规划司编:《中国教育统计年鉴 2015》,人民教育出版社,2016 年,第 135、154 页;教育部发展规划司编:《中国教育统计年鉴 2016》,人民教育出版社,2017 年,第 137、156 页;教育部发展规划司编:《中国教育统计年鉴 2017》,人民教育出版社,2018 年,第 141、160 页;教育部发展规划司编:《中国教育统计年鉴 2018》,人民教育出版社,2019 年,第 143、162 页;教育部发展规划司编:《中国教育统计年鉴 2019》,人民教育出版社,2020 年,第 137、152 页;教育部发展规划司编:《中国教育统计年鉴 2020》,人民教育出版社,2021 年,第 137、152 页;教育部发展规划司编:《中国教育统计年鉴 2021》,人民教育出版社,2022 年,第 124—125、146 页。

表 6.3　2015—2021 年城镇乡初中、小学的学校数和学生数统计

年份	学校类别	学校/所				毕业生/人				学生/人			
		合计	城区	镇区	乡村	合计	城区	镇区	乡村	合计	城区	镇区	乡村
2015	初中	52405	11499	23915	16991	14175941	4663670	7158941	2353330	43119500	14410106	21684430	7024964
	小学	190525	26058	46086	118381	14372517	4309730	5653816	4408971	96921831	30708802	36554044	29658985
2016	初中	52118	11924	24023	16171	14238679	4829977	7161283	2247419	43293684	14894194	21729103	6670387
	小学	177633	26649	44581	106403	15074466	4785385	5966526	4322555	99130126	32671812	37540969	28917345
2017	初中	51894	12355	24251	15288	13974699	4836743	7058957	2078999	44420630	15671422	22315114	6434094
	小学	167009	27159	43798	96052	15658999	5128287	6222672	4308040	100936980	34622854	38560500	27753626
2018	初中	51982	12821	24369	14792	13677686	4768162	6929032	1980492	46525854	16918809	23122983	6484062
	小学	161811	27811	43397	90603	16164927	5394142	6484310	4286475	103392541	37221569	39506834	26664138
2019	初中	52415	13390	24548	14477	14540936	5260041	7263166	2017729	48271362	18068184	23698943	6504235
	小学	160148	28461	43056	88631	16479006	5808787	6568879	4101340	105612358	39641412	40395871	25575075
2020	初中	52805	13981	24583	14241	15352918	5714506	7548981	2089431	49140893	19029366	23733472	6378055
	小学	157979	29207	42687	86085	16403201	6050430	6490671	3862100	107253532	42030976	40717741	24504815
2021	初中	52871	14715	24635	13521	15871485	5981409	7815958	2074118	50184373	20172559	23912325	6099489
	小学	154279	30055	42677	81547	17180305	6445647	6853935	3880723	107799349	44602238	40723223	22473888

资料来源:教育部发展规划司编:《中国教育统计年鉴 2015》,人民教育出版社,2016 年,第 130、132、148、150 页;教育部发展规划司编:《中国教育统计年鉴 2016》,人民教育出版社,2017 年,第 132、134、150、152 页;教育部发展规划司编:《中国教育统计年鉴 2017》,人民教育出版社,2018 年,第 136、138、154、156 页;教育部发展规划司编:《中国教育统计年鉴 2018》,人民教育出版社,2019 年,第 136、140—141、156、158—159 页;教育部发展规划司编:《中国教育统计年鉴 2019》,人民教育出版社,2020 年,第 130、134—135、148、150—151 页;教育部发展规划司编:《中国教育统计年鉴 2020》,人民教育出版社,2021 年,第 130、134—135、148、150—151 页;教育部发展规划司编:《中国教育统计年鉴 2021》,人民教育出版社,2022 年,第 116、134—135、140、142—143 页。

如表 6.3 所示,第一,就乡村初中和小学数而言,与城区和镇区学校数逐年增多不同,这一时期乡村初中学校数逐年减少,由 2015 年的 16,991 所直线下降至 2021 年的 13,521 所,减少了 3,470 所。承担乡村小学教育任务的乡村小学和教学点也逐渐减少,乡村小学和教学点,2015 年分别有 118,381 所、81,818 个;2016 年分别有 106,403 所、86,800 个;2017 年分别有 96,052 所、90,293 个;2018 年分别有 90,603 所、88,805 个;2019 年分别有 88,631 所、84,495 个;2020 年分别有 86,085 所、79,193 个。2021 年乡村小学共 81,547 所,比 2015 年减少了 36,834 所;2020 年乡村教学点比 2015 年减少了 2,625 个。[①]

第二,乡村初中和小学的毕业生和在校生均逐年不断减少。乡村初中毕业生由 2015 年的 2,353,330 人减至 2021 年的 2,074,118 人,六年减少了近 30 万人;乡村小学毕业生则由 4,408,971 人减至 3,880,723 人,六年减少了 50 多万人。乡村初中在校生由 2015 年的 7,024,964 人减至 6,099,489 人,减少了 90 多万人;乡村小学在校生则由 2,9658,985 人减至 22,473,888 人,减少了 700 多万人。

2. 乡村义务教育普及水平仍有提升

这一时期义务教育普及水平仍有提升,具体体现在升学率和义务教育巩固率方面。

如表 6.4 所示,2015—2020 年全国小学学龄儿童入学率几乎在 99.9% 或 100%,小学升学率逐年上升,由 2015 年的 98.2% 上升至 2020 年的 99.5%;初中升学率呈波动式变化,总体上有所上升。其中,乡村小学升学

① 教育部发展规划司编:《中国教育统计年鉴 2015》,人民教育出版社,2016 年,第 148、150 页;教育部发展规划司编:《中国教育统计年鉴 2016》,人民教育出版社,2017 年,第 150、152 页;教育部发展规划司编:《中国教育统计年鉴 2017》,人民教育出版社,2018 年,第 154、156 页;教育部发展规划司编:《中国教育统计年鉴 2018》,人民教育出版社,2019 年,第 156、158—159 页;教育部发展规划司编:《中国教育统计年鉴 2019》,人民教育出版社,2020 年,第 148、150—151 页;教育部发展规划司编:《中国教育统计年鉴 2020》,人民教育出版社,2021 年,第 148、150—151 页;教育部发展规划司编:《中国教育统计年鉴 2021》,人民教育出版社,2022 年,第 140、142—143 页。

率也有所上升，由 2015 年的 94.2%增至 2018 年的 94.8%；乡村初中升学率由 2015 年的 45.40%上升至 2018 年的 46.53%。

表 6.4　2015—2020 年全国小学学龄儿童入学率与升学率统计

(单位:%)

年份	学龄儿童净入学率	小学升学率	初中升学率	乡村小学升学率	乡村初中升学率
2015	99.9	98.2	94.1	94.20	45.40
2016	99.9	98.7	93.7	94.64	45.57
2017	99.9	98.8	94.9	94.70	46.12
2018	100.0	99.1	95.2	94.80	46.53
2019	99.9	99.5	95.5		
2020	100.0	99.5	94.6		

注：小学学龄儿童净入学率从 1991 年起是按各地不同入学年龄和学制分别计算的。

资料来源：教育部发展规划司编：《中国教育统计年鉴 2006》，人民教育出版社，2007 年，15—16 页；国家统计局主编：《中国统计年鉴 2021》，中国统计出版社，2021 年，第 693、15 页；杨瑞勇等：《中国农村教育发展报告(2010—2020)》，科学出版社，2021 年，第 26、28 页。

如表 6.5 所示，2015—2020 年，义务教育巩固率逐年上升，由 2015 年的 93.0%升至 2020 年的 95.2%。其中，乡村小学教育巩固率呈波动式变化：2015 年为 99.13%，2016 年为 98.37%，2017 年为 98.43%，2018 年为 98.57%；乡村初中教育巩固率有所增加，由 2015 年的 97.3%升至 2018 年的 97.94%。

表 6.5　2015—2020 年全国义务教育巩固率统计

(单位:%)

年份	义务教育巩固率	乡村小学教育巩固率	乡村初中教育巩固率	年份	义务教育巩固率	乡村小学教育巩固率	乡村初中教育巩固率
2015	93.0	99.13	97.30	2018	94.2	98.57	97.94
2016	93.4	98.37	96.98	2019	94.8		
2017	93.8	98.43	97.60	2020	95.2		

资料来源：国家统计局编：《〈中国儿童发展纲要(2011—2020 年)〉终期统计监测报告》(2021 年 12 月 21 日)，http://www.stats.gov.cn/tjsj/zxfb/202112/t20211221_1825519.html；杨瑞勇等：《中国农村教育发展报告 2010—2020》，科学出版社，2021 年，第 26、28 页。

3. 乡村学校规模有所缩减

乡村初中和小学学校平均规模和班额情况可以反映这一时期乡村学校规模发展变化。

第一,如表6.6所示,2016—2020年小学学校平均规模呈扩增趋势,其中乡村小学学校平均规模在2016—2019年基本上处于小幅度缩减状态,到2020年则有小幅度回升,但总体上乡村小学学校平均规模基本保持稳定。初中学校平均规模在这一时期同样呈扩增趋势,五年学校平均规模增加近100人。其中,乡村初中学校平均规模在2016—2019年呈逐年增长态势,四年约增加了36人,但到2020年学校平均规模则有所下降。

表6.6 2016—2020年乡村初中、小学学校平均规模统计

(单位:人)

年份	小学(含教学点)		初中(含九年一贯制)	
	学校平均规模	其中乡村	学校平均规模	其中乡村
2016	359.08	149.67	830.94	412.69
2017	373.83	148.94	855.99	420.86
2018	392.82	148.62	859.04	438.35
2019	411.58	147.73	920.95	449.28
2020	432.00	148.26	930.79	448.00

资料来源:邬志辉、秦玉友等:《中国农村教育发展报告2020—2022》,科学出版社,2022年,第61页。

第二,乡村初中和小学的班级平均规模总体上逐年缩减。如表6.7所示,2016—2020年小学班级平均规模呈小幅度缩减态势,由2016年的37.71人缩减至2020年的37.5人,减少幅度为0.56%,其中乡村小学由27.6人缩减至2020年的26.6人,减少幅度为3.76%。初中班级平均规模同样呈逐年缩减态势,减少幅度为3.32%,其中乡村初中班级平均规模由2016年的44.22人缩减至2020年的42.91人,减少幅度为3.05%。总之,这一时期乡村初中和小学班级平均规模均呈小幅度缩减趋势,而且乡村小学多数为小规模班级。

表 6.7 2016—2020 年乡村初中、小学班级平均规模统计

(单位:人)

年份	小学(含教学点)		初中(含九年一贯制)	
	班级平均规模	其中乡村	班级平均规模	其中乡村
2016	37.71	27.60	47.30	44.22
2017	37.61	27.38	46.85	43.68
2018	37.50	27.10	46.45	43.53
2019	37.61	26.84	46.23	43.34
2020	37.50	26.60	45.78	42.91

资料来源:邬志辉、秦玉友等:《中国农村教育发展报告 2020—2022》,科学出版社,2022 年,第 62 页。

如表 6.8 所示,2015—2021 年乡村初中学校中,46—55 人班额数者所占比重最高,且该比例逐年上升,由 2015 年的 32.5%升至 2020 年的 46.55%,到 2021 年占总数的 45.94%;其次为 36—45 人班额数者,其所占比重有所增加,由 2015 年的 31.62%升至 2021 年的 34.52%;56—65 人、66 人及以上班额数者逐年减少,前者由 2015 年的 15,283 个减至 2021 年的 840 个,后者由 2015 年的 7,644 个减至 2021 年的 21 个;26—35 人班额数者所占比重同样逐年呈下降趋势;25 人及以下班额数者所占比重在 2015—2018 年有所下降,之后有所回升。总体上讲,这一时期乡村初中班额数多为 46—55 人者和 36—45 人者。乡村小学多数为小班额学校,25 人及以下班额数者所占比重最高,2015—2021 年基本上保持在 45%左右,由 2015 年的 45.37%增至 2021 年的 46.68%;其次为 26—35 人班额数者,其所占比重均在 23%—24%;36—45 人班额数者所占比重排名第三,且逐年稍有提升,由 2015 年的 19.5%增至 2021 年的 22.18%;大规模班额逐年减少,其所占比重逐年下降。其中,46—55 人班额数者所占比重由 2015 年的 8.47%降至 2021 年的 7.78%;56—65 人班额数者所占比重由 2015 年的 2.65%减至 2021 年的 0.2%;66 人及以上班额数由 2015 年的 9,756 个减至 2021 年的 50 个。

表 6.8　2015—2021 年乡村初中、小学班额情况统计

年份	项目	合计	25 人及以下	26—35 人	36—45 人	46—55 人	56—65 人	66 人及以上
2015	乡村初中/个	157334	8759	24767	49755	51126	15283	7644
	各班额占比/%	100	5.57	15.74	31.62	32.50	9.71	4.86
	乡村小学/个	1069136	485051	247023	208436	90546	28324	9756
	各班额占比/%	100	45.37	23.10	19.50	8.47	2.65	0.91
2016	乡村初中/个	150835	8611	23558	49422	49676	13682	5886
	各班额占比/%	100	5.71	15.62	32.77	32.93	9.07	3.90
	乡村小学/个	1047716	471253	245145	213059	86485	24581	7193
	各班额占比/%	100	44.98	23.40	20.34	8.25	2.35	0.69
2017	乡村初中/个	147301	7937	21827	49623	55024	10042	2848
	各班额占比/%	100	5.39	14.82	33.69	37.35	6.82	1.93
	乡村小学/个	1013535	453533	239137	217294	81474	18202	3895
	各班额占比/%	100	44.75	23.59	21.44	8.04	1.80	0.38
2018	乡村初中/个	148991	7258	20150	50051	63781	7351	400
	各班额占比/%	100	4.87	13.52	33.59	42.81	4.93	0.27
	乡村小学/个	984007	440733	233515	217397	79896	11723	743
	各班额占比/%	100	44.79	23.73	22.09	8.12	1.19	0.08
2019	乡村初中/个	150077	7368	19615	49831	69622	3409	232
	各班额占比/%	100	4.91	13.07	33.20	46.39	2.27	0.15
	乡村小学/个	953032	431286	221999	212325	80600	6451	371
	各班额占比/%	100	45.25	23.29	22.28	8.46	0.68	0.04
2020	乡村初中/个	148654	7731	20012	50518	69201	1192	0
	各班额占比/%	100	5.20	13.46	33.98	46.55	0.80	0
	乡村小学/个	921121	419403	214724	206686	78014	2258	36
	各班额占比/%	100	45.53	23.31	22.44	8.47	0.25	0.004
2021	乡村初中/个	142823	7791	19254	49302	65615	840	21
	各班额占比/%	100	5.46	13.48	34.52	45.94	0.59	0.01
	乡村小学/个	859544	401273	199080	190607	66847	1687	50
	各班额占比/%	100	46.68	23.16	22.18	7.78	0.20	0.01

资料来源:教育部发展规划司编:《中国教育统计年鉴 2015》,人民教育出版社,2016 年,第 131、149 页;教育部发展规划司编:《中国教育统计年鉴 2016》,人民教育出版社,2017 年,第 133、151 页;教育部发展规划司编:《中国教育统计年鉴 2017》,人民教育出版社,2018 年,第 137、155 页;教育部发展规划司编:《中国教育统计年鉴 2018》,人民教育出版社,2019 年,第 138、157 页;教育部发展规划司编:《中国教育统计年鉴 2019》,人民教育出版社,2020 年,第 132、149 页;教育部发展规划司编:《中国教育统计年鉴 2020》,人民教育出版社,2021 年,第 132、149 页;教育部发展规划司编:《中国教育统计年鉴 2021》,人民教育出版社,2022 年,第 118、141 页。

(三)城乡教育一体化的艰难推进

1.城乡教育经费差距增大

初中和小学教育经费来源主要有:国家财政性教育经费(其中含公共财政预算教育经费)、民办学校中举办者投入、社会捐资经费、事业收入(其中含学杂费)以及其他教育经费。中小学教育经费支出情况见表6.9。

表6.9　2015—2020年全国初中、小学教育经费支出情况统计

年份	初中教育经费/万元	其中乡村初中教育经费/万元	乡村初中教育经费支出占比/%	全国初中与乡村中学教育经费支出之比/倍	小学教育经费/万元	其中乡村小学教育经费/万元	乡村小学教育经费支出占比/%	全国初中与乡村中学教育经费支出之比/倍
2015	60893022.1	36794703.6	60.43	1.65	98268426.1	63963511.0	65.09	1.54
2016	66134720.3	39276243.3	59.39	1.68	108546878.6	69161972.7	63.72	1.57
2017	73191064.8	42143149.2	57.58	1.74	118879709.3	73143349.9	61.53	1.63
2018	79875369.8	44823291.5	56.12	1.78	127230305.7	75771282.3	59.55	1.68
2019	88115814.1	48105148.3	54.59	1.83	138028249.0	80153642.9	58.07	1.72
2020	94359476.9	50715089.5	53.75	1.86	146708473.5	83147937.2	56.68	1.76

资料来源:教育部发展规划司编:《中国教育统计年鉴2016》,人民教育出版社,2017年,第664—665页;教育部发展规划司编:《中国教育统计年鉴2017》,人民教育出版社,2018年,第672—673页;教育部发展规划司编:《中国教育统计年鉴2018》,人民教育出版社,2019年,第662—663页;教育部发展规划司编:《中国教育统计年鉴2019》,人民教育出版社,2020年,558—559页;教育部发展规划司编:《中国教育统计年鉴2020》,人民教育出版社,2021年,第558—559页;教育部发展规划司编:《中国教育统计年鉴2021》,人民教育出版社,2022年,第458—459页。

如表6.9所示,2015—2021年,无论是全国初中还是乡村中学的教育经费均呈直线上升趋势。就乡村初中教育经费支出占比而言,与上一阶段情况有所不同,其占比逐年减少,导致全国初中与乡村初中教育经费支出之比逐年增大。由此,上一阶段城乡初中教育经费支出差距逐渐减小的状况发生了变化,这一阶段开始出现反弹,城乡教育经费支出差距又开始变大。乡

村小学教育经费支出情况与之类似。全国小学教育经费支出和乡村小学教育经费支出逐年递增，但乡村小学教育经费支出逐年递减，由 2015 年的 65.09%降至 2021 年的 56.68%；而且，全国小学和乡村小学教育经费支出之比逐年增加，城乡小学教育经费支出差距也逐年增大。

2. 城乡中小学标准化建设达标情况存在差异

中小学标准化建设达标情况同样存在城乡差异，以城乡中小学体育器材配备达标率、音乐器材配备达标率、美术器材配备达标率和数学自然实验仪器配备达标率四项指标为例，具体情况见表 6.10。

表 6.10　2016—2020 年城镇乡初中、小学标准化建设达标情况统计

（单位：%）

年份	地区	体育器材配备达标率		音乐器材配备达标率		美术器材配备达标率		数学自然实验仪器配备达标率	
		小学	初中	小学	初中	小学	初中	小学	初中
2016	全国	80.18	89.00	79.50	88.88	79.47	88.58	79.84	90.62
	城区	91.67	92.37	91.61	91.72	91.34	91.35	90.83	91.98
	镇区	85.17	90.47	84.62	89.68	84.48	89.40	84.75	91.87
	乡村	75.21	86.27	74.33	85.59	74.40	85.34	75.03	87.74
2017	全国	89.99	93.97	89.60	93.44	89.41	93.17	89.57	94.11
	城区	94.17	94.04	94.03	93.52	93.83	93.30	93.33	93.51
	镇区	92.31	94.91	92.06	91.56	91.85	94.13	91.91	95.21
	乡村	87.75	92.42	87.22	91.86	87.05	91.55	87.44	92.86
2018	全国	94.23	95.91	93.89	94.45	93.70	95.20	93.72	95.63
	城区	95.02	94.47	94.94	93.92	94.76	93.71	94.20	93.62
	镇区	95.56	96.92	95.24	96.52	95.06	96.30	94.96	96.80
	乡村	93.36	95.50	92.91	95.00	92.72	94.70	92.98	95.46
2019	全国	95.38	96.56	95.17	96.22	94.97	96.02	94.70	96.12
	城区	95.26	94.47	95.11	94.04	94.86	93.94	94.27	93.50
	镇区	96.30	97.47	96.16	97.21	96.01	96.94	95.72	97.14
	乡村	94.96	96.95	94.70	96.56	94.49	96.38	94.35	96.82

续　表

年份	地区	体育器材配备达标率		音乐器材配备达标率		美术器材配备达标率		数学自然实验仪器配备达标率	
		小学	初中	小学	初中	小学	初中	小学	初中
2020	全国	96.67	97.55	96.39	97.28	96.27	97.14	95.96	97.13
	城区	96.20	95.73	96.00	95.35	95.86	95.13	95.24	94.76
	镇区	97.52	98.25	97.32	98.05	97.25	97.92	96.95	98.09
	乡村	96.40	98.14	96.06	97.86	95.92	97.76	95.72	97.80

资料来源:邬志辉、秦玉友等:《中国农村教育发展报告 2020—2022》,科学出版社,2022 年,第 63—64 页。

如表 6.10 所示,2016—2020 年,在小学标准化建设四项指标上,无论是全国小学达标率还是乡村小学的达标率均逐年大幅度递增,但乡村小学四项指标达标率均低于全国平均水平。城乡之间的差距较为明显,以 2018 年为中间线,此前城乡差距较大,此后城乡之间的差距有所缩小。小学标准化建设四项指标达标率,2016—2017 年呈现"城区>镇区>乡村"状态,2018—2020 年或者呈现"镇区>城区>乡村"状态,或者呈现"镇区>乡村>城区"状态。

城乡初中标准化建设标准状况也与之类似,2016—2020 年,初中四项标准化建设无论是全国达标率还是乡村初中的达标率均逐年递增,而且城乡之间的差距有所变化。2016—2017 年,乡村初中四项标准化建设达标率低于全国平均水平,与城区、镇区达标率都有一定差距;2018 开始,有些项目达标率开始高于全国平均水平,而且乡村初中四项标准化建设的达标率开始高于城区达标率,但低于镇区达标率,多呈现"镇区>乡村>城区"状态。总体上讲,乡村初中和小学标准化建设都取得了明显的成效,达标率明显好转。

中小学危房情况也能从另一层面反映当时中小学标准化建设情况。如表 6.11 所示,2015—2020 年,初中危房逐年大幅度递减。其中,镇区初中危房占比最高,乡村初中危房占比于 2015—2019 年排第二位,到 2020 年开始位列第三;乡村初中危房占比逐年递减,由 2015 年的 36.92%降至 2021 年的 24.22%，降低幅度较大。可见，乡村初中危房情况有一定改善。小学危房同样逐年大幅度递减，其所占比重呈现“乡村＞镇区＞城区”状态，可见存在明显的城乡差距。其中，乡村小学危房占比逐年大幅度降低，由 2015 年的 61.99%降至 2020 年的 49.50%；城区小学危房占比逐年升高；镇区小学危房占比 2015—2019 年有所上升，2020 年下降，城乡之间的差距有所降低。从总体上看，乡村小学危房情况比乡村初中更为严重，而且与城区、镇区的差距更大。

表 6.11　2015—2020 年城镇乡初中、小学危房情况统计

年份	学校类别	合计	城区		镇区		乡村	
			危房面积/平方米	占比/%	危房面积/平方米	占比/%	危房面积/平方米	占比/%
2015	中学	7763686.19	938669.60	12.09	3958329.64	50.99	2866686.95	36.92
	小学	12666766.18	1501733.29	11.86	3313444.92	26.16	7851587.97	61.99
2016	中学	5478729.02	780093.62	14.24	2982137.04	54.43	1716498.36	31.33
	小学	8358199.67	1216804.13	14.56	2233400.76	26.72	4907994.78	58.72
2017	中学	3922258.47	677966.53	17.29	2121957.07	54.10	1122334.87	28.61
	小学	5662588.00	952365.83	16.82	1429513.32	25.24	3180708.85	56.17
2018	中学	2487790.61	453675.59	18.24	1393893.12	56.03	640221.90	25.73
	小学	3321940.33	656658.87	19.77	920975.55	27.72	1744305.91	52.51
2019	中学	1915281.99	340993.85	17.80	1061816.59	55.44	512471.55	26.76
	小学	2674293.59	522187.32	19.53	762869.05	28.53	1389237.22	51.95
2020	中学	1720590.60	416910.03	24.23	886985.13	51.55	416695.44	24.22
	小学	2237960.19	545812.05	24.39	584283.15	26.11	1107864.99	49.50

资料来源：教育部发展规划司编：《中国教育统计年鉴 2015》，人民教育出版社，2016 年，第 143—144、162—163 页；教育部发展规划司编：《中国教育统计年鉴 2016》，人民教育出版社，2017 年，第 144—145、164—165 页；教育部发展规划司编：《中国教育统计年鉴 2017》，人民教育出版社，2018 年，第 149、168—169 页；教育部发展规划司编：《中国教育统计年鉴 2018》，人民教育出版社，2019 年，第 151、170—171 页；教育部发展规划司编：《中国教育统计年鉴 2019》，人民教育出版社，2020 年，第 142—143、160—161 页；教育部发展规划司编：《中国教育统计年鉴 2020》，人民教育出版社，2021 年，第 142—143、160—161 页。

第二节　乡村教师队伍基本情况

这一阶段,乡村教师队伍从数量上进一步缩减,但质量上较以往有所提升,学历结构和职称结构都有所改善,而且乡村教师待遇得以进一步提高。

一、乡村教师队伍的发展与构成

(一)乡村教师队伍发展演变

无论是乡村初中教师还是乡村小学教师均逐年减少,其在全国中小学教师中所占比重也逐年下降,其中乡村小学教师逐渐不再是全国小学教师的主体。

1. 乡村教师发展状况

如表6.12所示,2015—2021年全国初中教师逐年增多,由2015年的3,475,636人增至2021年的3,971,121人,六年增幅为14.26%。其中,与城区、镇区初中教师不断增加不同,乡村初中教师逐年减少,由2015年的645,200人减至2021年的534,950人,六年降幅为17.09%;乡村初中教师在全国初中教师中所占比重也逐渐降低,由2015年的18.56%降至2021年的13.47%。

表 6.12　2015—2021 年城镇乡初中、小学教师统计

年份	地区	合计/人		占比/%	
		初中	小学	初中	小学
2015	全国	3475636	5685118	100.00	100.00
	城区	1111803	1619553	31.99	28.49
	镇区	1718633	2029591	49.45	35.70
	乡村	645200	2035974	18.56	35.81
2016	全国	3487789	5789145	100.00	100.00
	城区	1161214	1734967	33.29	29.97
	镇区	1718815	2078955	49.28	35.91
	乡村	607760	1975223	17.43	34.12
2017	全国	3548688	5944910	100.00	100.00
	城区	1221327	1865679	34.42	31.38
	镇区	1752616	2161813	49.39	36.36
	乡村	574745	1917418	16.20	32.25
2018	全国	3638999	6091908	100.00	100.00
	城区	1296529	2002078	35.63	32.86
	镇区	1779144	2225601	48.89	36.53
	乡村	563326	1864229	15.48	30.60
2019	全国	3747429	6269084	100.00	100.00
	城区	1376624	2152428	36.74	34.33
	镇区	1812525	2290899	48.37	36.54
	乡村	558280	1825757	14.90	29.12
2020	全国	3860741	6434178	100.00	100.00
	城区	1459550	2299358	37.80	35.74
	镇区	1845140	2347348	47.79	36.48
	乡村	556051	1787472	14.40	27.78
2021	全国	3971121	6600799	100.00	100.00
	城区	1558277	2488913	39.24	37.71
	镇区	1877894	2414174	47.29	36.57
	乡村	534950	1697712	13.47	25.72

资料来源:教育部发展规划司编:《中国教育统计年鉴 2015》,人民教育出版社,2016 年,第 138—139、556—566 页;教育部发展规划司编:《中国教育统计年鉴 2016》,人民教育出版社,2017 年,第 140—141、558—569 页;教育部发展规划司编:《中国教育统计年鉴 2017》,人民教育出版社,2018 年,第 144—145、566—577 页;教育部发展规划司编:《中国教育统计年鉴 2018》,人民教育出版社,2019 年,第 146—147、556—567 页;教育部发展规划司编:《中国教育统计年鉴 2019》,人民教育出版社,2020 年,第 138—139、482—489 页;教育部发展规划司编:《中国教育统计年鉴 2020》,人民教育出版社,2021 年,第 128—139、482—489 页;教育部发展规划司编:《中国教育统计年鉴 2021》,人民教育出版社,2022 年,第 130—131、384—391 页。

如表6.12所示,2015—2021年全国小学教师逐年增多,由2015年的5,685,118人增至2021年的6,600,799人,六年增幅为16.11%。其中,乡村小学教师逐年持续减少,由2015年的2,035,974人减至2021年的1,697,712人,六年降幅为16.61%;与城区小学教师所占比重逐年持续上升不同,乡村小学教师在全国小学教师中所占比重由2015年的35.81%降至2021年的25.72%。而且,2015年及其之前乡村小学教师始终是全国小学教师的主体,但2015年开始乡村小学教师和镇区教师的占比几乎相当,2016—2017年乡村小学教师所占比重开始低于镇区,排列第二,到2018年起其所占比重开始位列第三。

2. 生师比和师班比状况

第一,这一阶段乡村教师生师比达到了国家标准,从生师比看,中小学教师较为充足。

如表6.13所示,2016—2020年,全国、城区、镇区以及乡村小学生师比均低于19∶1,可见城乡教师配备都达到了国家标准。其中,乡村小学生师比远低于全国平均值,可见乡村小学的师资较为充足。这一阶段全国小学生师比先上升后又开始下降,乡村小学生师比也是如此。全国、城区、镇区以及乡村初中生师比低于13.5∶1,可见城乡初中教师配备也达到了国家标准。其中,乡村初中生师比也低于全国平均值,可见乡村初中师资也较为充足。而且,这一期间全国初中生师比小幅度上升,乡村初中生师比同样如此。

表6.13　2016—2020年城镇乡初中、小学的生师比情况统计

年份	小学(含教学点)				初中(含九年一贯制)			
	合计	城区	镇区	乡村	合计	城区	镇区	乡村
2016	17.12∶1	18.83∶1	18.06∶1	14.64∶1	12.41∶1	12.83∶1	12.64∶1	10.78∶1
2017	19.11∶1	21.67∶1	20.16∶1	15.66∶1	12.52∶1	12.83∶1	12.73∶1	11.19∶1
2018	18.04∶1	20.51∶1	18.92∶1	14.57∶1	12.79∶1	13.05∶1	13.00∶1	11.46∶1
2019	16.85∶1	18.42∶1	17.63∶1	14.01∶1	12.88∶1	13.12∶1	13.08∶1	11.65∶1
2020	16.67∶1	18.28∶1	17.35∶1	13.71∶1	12.73∶1	13.04∶1	12.86∶1	11.47∶1

资料来源:邬志辉、秦玉友等:《中国农村教育发展报告2020—2022》,科学出版社,2022年,第67页。

第二,从师班比情况看,这一时期乡村小学师资相对城区和县区较为短缺,而乡村初中师资则比城区和镇区更为充裕。

如表6.14所示,2016—2020年,全国小学师班比有所上升,但变化幅度不大,其中乡村小学师班比低于全国平均值,同时也呈小幅度上升趋势。因此,与城区和县区相比,乡村小学师资相对短缺,但有逐渐改善的趋势。全国初中师班比则有所下降,变化幅度也不大,其中乡村初中师班比高于全国平均水平,而且呈逐年下降趋势,因此,乡村初中师资比城区、镇区更为充裕,但也有逐渐变化的趋势。

表6.14　2016—2020年城镇乡初中、小学的师班比情况统计

年份	小学(含教学点)				初中(含九年一贯制)			
	合计	城区	镇区	乡村	合计	城区	镇区	乡村
2016	2.20∶1	2.43∶1	2.40∶1	1.89∶1	3.84∶1	3.65∶1	3.85∶1	4.03∶1
2017	1.96∶1	2.09∶1	2.11∶1	1.75∶1	3.73∶1	3.63∶1	3.78∶1	3.90∶1
2018	2.21∶1	2.42∶1	2.37∶1	1.89∶1	3.64∶1	3.56∶1	3.65∶1	3.78∶1
2019	2.23∶1	2.43∶1	2.37∶1	1.92∶1	3.59∶1	3.53∶1	3.60∶1	3.72∶1
2020	2.25∶1	2.41∶1	2.38∶1	1.94∶1	3.60∶1	3.52∶1	3.61∶1	3.74∶1

资料来源:邬志辉、秦玉友等:《中国农村教育发展报告2020—2022》,科学出版社,2022年,第64页。

3.乡村教师的变动状况

2015—2020年乡村初中和小学教师逐年减少,每年均呈现“增加教师”数少于“减少教师”数的状况。

如表6.15、表6.16所示,2015—2020年,就乡村初中教师变动情况而言,“增加教师”数在全体增加初中教师数中所占比重逐年减少,“减少教师”数在全体减少初中教师数中所占比重也逐年减少,前者占比始终少于后者占比。由此,乡村初中教师明显减少。其中,调出者也明显高于调入者数量;2018—2020年,主要通过聘任毕业生、调入教师和校内变动等增加教师,而减少教师中除了自然减员、调出、校内变动外,辞职者也占有一定数量,且辞职者逐年增多,其所占比重也有所上升,可见乡村初中教师变动较为明显且流失较多。

表 6.15　2015—2017 年乡村初中、小学专任教师变动情况统计

年份	项目	上学年初报表专任教师	增加教师						减少教师					本学年初报表专任教师
			合计	录用毕业生小计	录用毕业生中师范生	调入	校内调整	其他	合计	自然减员	调出	校内调整	其他	
初中														
2015	总计/人	3488430	293799	76007	56081	152040	50108	15644	306593	42322	178753	66960	18558	3475636
	乡村/人	665407	55339	17646	12408	26973	8876	1844	75546	8078	49900	14462	3106	645200
	占比/%	19.07	18.84	23.22	22.13	17.74	17.71	11.79	24.64	19.09	27.92	21.60	16.74	18.56
2016	总计/人	3475636	323210	82934	61938	162715	56887	20674	311057	38043	179776	63547	29691	3487789
	乡村/人	626779	56463	18282	12972	25794	9739	2648	75482	7055	48432	13645	6350	607760
	占比/%	18.03	17.47	22.04	20.94	15.85	17.12	12.81	24.27	18.54	26.94	21.47	21.39	17.43
2017	总计/人	3487789	382290	106095	75366	191823	59979	24393	321391	42991	194657	61663	22080	3548688
	乡村/人	582951	65099	21830	14435	30561	9521	3187	73305	7569	48960	13117	3659	574745
	占比/%	16.71	17.03	20.58	19.15	15.93	15.87	13.07	22.81	17.61	25.15	21.27	16.57	16.20
小学														
2015	总计/人	5633906	725646	166156	116183	403205	119111	37174	674434	135559	380581	125188	33106	5685118
	乡村/人	2091894	285757	68326	44848	152750	56382	8299	341677	66098	195396	69351	10832	2035974
	占比/%	37.13	39.38	41.12	38.60	37.88	47.34	22.32	50.66	48.76	51.34	55.40	32.72	35.81
2016	总计/人	5685118	787415	180904	127258	438377	119997	48137	683388	118017	390372	118921	56078	5789145
	乡村/人	2015007	296790	69560	46965	160000	56373	10857	336574	57275	194349	63330	21620	1975223
	占比/%	35.44	37.69	38.45	36.91	36.50	46.98	22.55	49.25	48.53	49.79	53.25	38.55	34.12
2017	总计/人	5789178	897979	220577	149584	499593	118845	58964	742247	139800	444798	117809	39840	5944910
	乡村/人	1946843	326269	82469	52938	178316	52785	12699	355694	65219	215052	62896	12527	1917418
	占比/%	33.63	36.33	37.39	35.39	35.69	44.41	21.54	47.92	46.65	48.35	53.39	31.44	32.25

资料来源:教育部发展规划司编:《中国教育统计年鉴2015》,人民教育出版社,2016年,第140—141、160—161页;教育部发展规划司编:《中国教育统计年鉴2016》,人民教育出版社,2017年,第142—143、162—163页;教育部发展规划司编:《中国教育统计年鉴2017》,人民教育出版社,2018年,第146—147、166—167页。

表 6.16　2018—2020 年乡村初中、小学教师变动情况统计

（单位：人）

年份	项目	上学年初报表专任教师	增加教师								减少教师							本学年初报表专任教师
			合计	录用毕业生		调入		校内变动		其他	合计	自然减员	调出	校内变动		辞职	其他	
				小计	其中师范生	小计	其中外校	小计	其中学段调整					小计	其中学段调整			
初中																		
2018	总计/人	3548688	425313	136163	92720	215089	142152	52415	23964	21646	335012	45490	191839	55718	23929	27316	14649	3638989
	乡村/人	561742	71111	27364	17590	32070	20288	8695	3795	2982	69527	6818	46086	10604	4249	3663	2356	563326
	占比/%	15.83	16.72	20.10	18.97	14.91	14.27	16.59	15.84	13.78	20.75	14.99	24.02	19.03	17.76	13.41	16.08	15.48
2019	总计/人	3638989	449490	146862	96437	232656	155942	47031	18380	22941	341050	39104	202519	46090	16563	40566	12771	3747429
	乡村/人	555708	72277	27465	17384	34857	22131	7376	2819	2579	69705	5325	49417	7805	2741	5383	1775	558280
	占比/%	15.27	16.08	18.70	18.03	14.98	14.19	15.68	15.34	11.24	20.44	13.62	24.40	16.93	16.55	13.27	13.90	14.90
2020	总计/人	3747429	454546	155077	96461	233212	155449	44609	17566	21648	341234	43083	199841	41636	16785	45958	10716	3860741
	乡村/人	551535	68329	27233	16405	32178	20106	6765	2822	2153	63813	5485	44402	7007	2811	5697	1222	556051
	占比/%	14.72	15.03	17.56	17.01	13.80	12.93	15.17	16.07	9.95	18.70	12.73	22.22	16.83	16.75	12.40	11.40	14.40
小学																		
2018	总计/人	5944910	938949	263047	172560	527143	339370	99568	28683	49191	791951	147334	468639	101632	25619	46263	28083	6091908
	乡村/人	1898510	323040	93813	57252	173417	102012	44439	11670	11371	357321	62033	222922	52668	12044	10141	9557	1864229
	占比/%	31.94	34.40	35.66	33.18	32.90	30.06	44.63	40.69	23.12	45.12	42.10	47.57	51.82	47.01	21.92	34.03	30.60
2019	总计/人	6091908	947139	268900	166099	554344	360382	76421	8362	47474	769963	114852	484463	79842	7696	64775	26031	6269084
	乡村/人	1853107	303391	85967	49879	172854	102986	33800	2373	10770	330741	45164	223359	41495	2225	12351	8372	1825757
	占比/%	30.42	32.03	31.97	30.03	31.18	28.58	44.23	28.38	22.69	42.96	39.32	46.10	51.97	28.91	19.07	32.16	29.12
2020	总计/人	6269084	906645	254395	153421	545477	353147	65579	8232	41194	741551	106604	480868	61985	8130	72543	19551	6434178
	乡村/人	1815824	275533	76288	43969	164244	97466	27693	2308	7308	303885	39670	215943	29740	2287	13083	5449	1787472
	占比/%	28.96	30.39	29.99	28.66	30.11	27.60	42.23	28.04	17.74	40.98	37.21	44.91	47.98	28.13	18.03	27.87	27.78

资料来源：教育部发展规划司编：《中国教育统计年鉴 2018》，人民教育出版社，2019 年，第 148—149、168—169 页；教育部发展规划司编：《中国教育统计年鉴 2019》，人民教育出版社，2020 年，第 140—141、158—159 页；教育部发展规划司编：《中国教育统计年鉴 2020》，人民教育出版社，2021 年，第 130—131、158—159 页。

2015—2020 年,就乡村小学教师变动情况而言,“增加教师”数在全体增加小学教师中所占比重逐年减少,“减少教师”数在全体小学减少教师中所占比重也逐年减少,但其占比较高,2015 年达半数以上,尽管每年有所下降,但 2020 年仍为 40%以上,“增加教师”占比始终少于“减少教师”占比,由此,各年乡村小学教师的补充数和幅度始终赶不上减少教师的数量和幅度。其中,乡村教师调出者数也明显高于调入者;2018—2020 年,乡村小学主要通过聘任毕业生、调入教师和校内变动等增加教师,除了自然减员、调出、校内变动等减少教师外,辞职者也占有一定数量,且逐年有所增多,但其所占比重却逐年下降,总体上看,乡村小学教师变动或流失也较为明显。

(二)乡村教师队伍的构成

探究这一时期乡村教师队伍的构成,可以围绕乡村教师的性别与年龄结构、学科结构、学历构成与职称构成等方面展开。

1. 性别与年龄结构

第一,从乡村教师性别看,我国乡村教师队伍中女教师逐年增多,且逐年超过了男教师,尤其是乡村小学中女教师比例偏高。

如表 6.17 所示,全国初中和小学教师中,女教师所占比重较多,而且呈现逐年递增的态势,尤其是小学教师中女教师占据了大部分,其所占比重由 2015 年的 63.73%提升至 2021 年的 72.29%。其中,乡村初中和乡村小学中女教师所占比重远低于全国平均水平。乡村初中 2015—2018 年男教师占比始终高于女教师,但 2019 年开始女教师占比超过了男教师;乡村小学于 2016 年开始女教师占比高于男教师,且此后乡村小学女教师占比逐年递增,到 2021 年约达 60%。从总体上看,我国乡村教师队伍中女教师所占比重逐年增多。

表 6.17　2015—2021 年城镇乡初中、小学教师的性别情况统计

年份	地区	初中			小学		
		合计/人	其中女教师/人	女教师占比/%	合计/人	其中女教师/人	女教师占比/%
2015	合计	3475636	1860680	53.53	5685118	3623303	63.73
	城区	1111803	711039	63.95	1619553	1267101	78.24
	镇区	1718633	859358	50.00	2029591	1351457	66.59
	乡村	645200	290283	44.99	2035974	1004745	49.35
2016	合计	3487789	1900525	54.49	5789145	3782693	65.34
	城区	1161214	748090	64.42	1734967	1365098	78.68
	镇区	1718815	871697	50.71	2078955	1403650	67.52
	乡村	607760	280738	46.19	1975223	1013945	51.33
2017	合计	3548688	1974445	55.64	5944910	3994105	67.19
	城区	1221327	794159	65.02	1865679	1478839	79.27
	镇区	1752616	905413	51.66	2161813	1483829	68.64
	乡村	574745	274873	47.83	1917418	1031437	53.79
2018	合计	3638999	2066233	56.78	6091908	4188201	68.75
	城区	1296529	851707	65.69	2002078	1597491	79.79
	镇区	1779144	937764	52.71	2225601	1551221	69.70
	乡村	563326	276762	49.13	1864229	1039489	55.76
2019	合计	3747429	2165951	57.80	6269084	4389430	70.02
	城区	1376624	911415	66.21	2152428	1728190	80.29
	镇区	1812525	974020	53.74	2290899	1618226	70.64
	乡村	558280	280516	50.25	1825757	1043014	57.13
2020	合计	3860741	2270332	58.81	6434178	4578915	71.17
	城区	1459550	974419	66.76	2299358	1855662	80.70
	镇区	1845140	1009577	54.72	2347348	1677762	71.47
	乡村	556051	286336	51.49	1787472	1045491	58.49
2021	合计	3971121	2373454	59.77	6600799	4772017	72.29
	城区	1558277	1047342	67.21	2488913	2018210	81.09
	镇区	1877894	1045687	55.68	2414174	1743354	72.21
	乡村	534950	280425	52.42	1697712	1010453	59.52

资料来源:教育部发展规划司编:《中国教育统计年鉴 2015》,人民教育出版社,2016 年,第 138—139、556—566 页;教育部发展规划司编:《中国教育统计年鉴 2016》,人民教育出版社,2017 年,第 140—141、558—569 页;教育部发展规划司编:《中国教育统计年鉴 2017》,人民教育出版社,2018 年,第 144—145、566—577 页;教育部发展规划司编:《中国教育统计年鉴 2018》,人民教育出版社,2019 年,第 146—147、556—567 页;教育部发展规划司编:《中国教育统计年鉴 2019》,人民教育出版社,2020 年,第 138—139、482—489 页;教育部发展规划司编:《中国教育统计年鉴 2020》,人民教育出版社,2021 年,第 128—139、482—489 页;教育部发展规划司编:《中国教育统计年鉴 2021》,人民教育出版社,2022 年,第 130—131、384—391 页。

第二，就年龄结构而言，中青年教师在乡村初中和小学教师中占据主体。具体以 2018 年的初中、小学教师为例进行说明。

如表 6.18 所示，2018 年小学教师各年龄所占比重列在前三位的分别是 35—39 岁者、25—29 岁者、40—44 岁者，总体上 45 岁以下中青年教师占据了小学教师的主体，35 岁以下者所占比重达 37.03%，45 岁以下者所占比重达 70.82%。其中，乡村小学教师各年龄所占比重排在前三位的是 25—29 岁者、35—39 岁者、30—34 岁者，35 岁以下者所占比重达 37.24%，45 岁以下者所占比重达 66.9%。可见，乡村小学教师中 35 岁以下者所占比重略高于全国平均水平，45 岁以下者所占比重则明显低于全国平均水平。

2018 年全国初中教师各年龄所占比重排在前三位的是 40—44 岁者、35—39 岁者、45—49 岁者，35 岁以下者所占比重达 31.25%，45 岁以下者所占比重达 67.84%。其中，乡村初中教师各年龄所占比重排列前三者有 40—44 岁者、35—39 岁者、25—29 岁者；35 岁以下者所占比重达 36.08%，45 岁以下者所占比重达 71.46%。由此可见，乡村初中教师无论是 35 岁以下者还是 45 岁以下者，所占比重均高于全国平均水平。总体上看，乡村小学和初中师资的年龄结构趋于年轻化。

表 6.18　2018 年城镇乡初中、小学教师的年龄结构统计

年龄	小学				初中			
	合计/人	占比/%	乡村/人	占比/%	合计/人	占比/%	乡村/人	占比/%
合计	6091908	100	1864229	100	3638999	100	563326	100
24 岁及以下	385684	6.33	121741	6.53	161410	4.44	30366	5.39
25—29 岁	969297	15.91	314313	16.86	462871	12.72	89074	15.81
30—34 岁	901143	14.79	258152	13.85	512900	14.09	83834	14.88
35—39 岁	1103569	18.12	298226	16.00	644873	17.72	97328	17.28
40—44 岁	954438	15.67	254670	13.66	686702	18.87	101964	18.10
45—49 岁	796360	13.07	215882	11.58	585439	16.09	79493	14.11
50—54 岁	661854	10.86	237673	12.75	436348	11.99	57229	10.16
55—59 岁	315681	5.18	161999	8.69	145884	4.01	23765	4.22

续　表

年龄	小学				初中			
	合计/人	占比/%	乡村/人	占比/%	合计/人	占比/%	乡村/人	占比/%
60岁及以上	3882	0.06	1573	0.08	2572	0.07	273	0.05

资料来源:教育部发展规划司编:《中国教育统计年鉴2018》人民教育出版社,2019年,第146—147、166—167页。

2.学科结构

这一时期乡村初中和小学教师的学科结构,同样以2018年为例进行说明。

如表6.19所示,2018年全国初中教师学科结构中,按各学科教师在全国初中教师中所占比重排序,排在后几位的是艺术、科学、历史与社会、美术、音乐、综合实践、地理等学科教师。其中,乡村初中教师中,各学科所占比重排在后几位的是艺术、科学、美术、音乐以及综合实践活动(信息技术、劳动与技术)等学科的教师。可见,无论是全国初中还是乡村初中,艺术、科学、美术、音乐以及综合实践活动(信息技术、劳动与技术)等学科专任教师都较为紧缺。

表6.19　2018年初中分学科教师情况统计

学科	教师/人				教师占比/%			
	合计	城区	镇区	乡村	合计	城区	镇区	乡村
总计	3638999	1296529	1779144	563326	100	100	100	100
思想品德(政治)	234422	79269	117701	37452	6.44	6.11	6.62	6.65
语文	642290	225044	316987	100259	17.65	17.36	17.82	17.80
数学	619009	219796	304306	94907	17.01	16.95	17.10	16.85
外语(英语、日语、俄语)	572915	214128	277143	81644	15.74	16.52	15.58	14.49
科学	30366	14309	12499	3558	0.83	1.10	0.70	0.63
物理	244064	87825	118688	37551	6.71	6.77	6.67	6.67
化学	155021	55160	75299	24562	4.26	4.25	4.23	4.36

续 表

学科	教师/人				教师占比/%			
	合计	城区	镇区	乡村	合计	城区	镇区	乡村
生物	152031	51662	76172	24197	4.18	3.98	4.28	4.30
历史与社会	31537	11674	14972	4891	0.87	0.90	0.84	0.87
地理	144593	48327	72994	23272	3.97	3.73	4.10	4.13
历史	188006	64539	94036	29431	5.17	4.98	5.29	5.22
体育与健康	204910	79001	96017	29892	5.63	6.09	5.40	5.31
艺术	6442	1572	3637	1333	0.18	0.12	0.20	0.24
音乐	98917	35002	48110	15805	2.72	2.70	2.70	2.81
美术	95972	33421	46946	15605	2.64	2.58	2.64	2.77
综合实践活动(信息技术、劳动与技术)	134985	45997	66446	22652	3.71	3.55	3.73	4.02
其他	37810	12535	17736	7539	1.04	0.97	1.00	1.34
当年不任课	45709	17378	19555	8776	1.26	1.34	1.10	1.56

资料来源:教育部发展规划司编:《中国教育统计年鉴2018》,人民教育出版社,2019年,第144—145页。

如表6.20所示,全国小学教师学科结构中,按各学科教师在全国小学教师中所占比重排序,2018年排在后几位的是艺术、科学、品德与生活(社会)、综合实践活动(信息技术、劳动与技术)、美术、音乐、体育等学科的教师,这些学科的乡村小学教师所占比重同样排在最后几位,可见全国小学中这些学科教师较为短缺。而且,乡村小学教师中品德与生活(社会)、综合实践活动(信息技术、劳动与技术)等学科教师所占比重高于全国水平,体育、科学、艺术、音乐和美术等学科教师所占比重低于全国平均水平。由此,这一时期乡村小学艺术、科学、品德和生活(社会)、综合实践活动(信息技术、劳动与技术)、美术、音乐、体育等学科的教师较为紧缺。

表6.20 2018年小学分学科教师情况统计

学科	教师/人				教师占比/%			
	合计	城区	镇区	乡村	合计	城区	镇区	乡村
总计	6091908	2002078	2225601	1864229	100	100	100	100

续 表

学科	教师/人				教师占比/%			
	合计	城区	镇区	乡村	合计	城区	镇区	乡村
品德与生活(社会)	228700	65180	91282	72238	3.75	3.26	4.10	3.87
语文	2169697	709065	778576	682056	35.62	35.42	34.98	36.59
数学	1729932	506331	653652	569949	28.40	25.29	29.37	30.57
外语(英语、日语、俄语)	479346	183192	167690	128464	7.87	9.15	7.53	6.89
体育	361349	142531	128118	90700	5.93	7.12	5.76	4.87
科学	216636	72624	83159	60853	3.56	3.63	3.74	3.26
艺术	25626	7002	11173	7451	0.42	0.35	0.50	0.40
音乐	251968	99328	90910	61730	4.14	4.96	4.08	3.31
美术	238041	93416	86562	58063	3.91	4.67	3.89	3.11
综合实践活动(信息技术、劳动与技术)	231544	71595	82791	77158	3.80	3.58	3.72	4.14
其他	99803	31005	33289	35509	1.64	1.55	1.50	1.90
当年不任课	59266	20809	18399	20058	0.97	1.04	0.83	1.08

资料来源:教育部发展规划司编:《中国教育统计年鉴2018》人民教育出版社,2019年,第166—167页。

3.学历与职称结构

第一,就乡村初中、小学教师的学历结构而言,2015—2021年,乡村初中教师学历达到教育部规定标准,且本科毕业及以上学历者所占比重逐年增多;乡村小学教师学历达到了教育部规定,且专科及以上学历标准的比例也逐年升高。

如表6.21所示,2015—2021年,全国初中教师中,本科毕业者所占比重最高,且逐年呈上升趋势;本科及其以上学历者所占比重由2015年的80.23%升至2021年的90.05%;高中阶段毕业者和高中阶段毕业以下者仍有一定数量,但逐年减少,前者所占比重由2015年的0.33%降至2021年的0.08%,后者所占比重由2015年的0.01%降至2021年的0.004%。其中,乡村初中教师中,本科毕业者所占比重最高,且同样逐年不断升高;本科及本科以上学历者所占比重由2015年的72.58%升至2021年的85.16%;高中阶段毕业者和高中阶段毕业以下者也占有一定数量,且逐年减少。总体上看,乡村初中教师中本科及以上学历者所占比重低于全国平均水平。专科学历者、高中阶段毕业者以及高中阶段毕业以下者所占比重均高于全国平均水平。可见,初中教师学历结构存城乡差距,但差距逐渐缩短,乡村初中教师的学历结构进一步好转。

如表6.22所示,全国小学教师中,2015年专科以上学历者所占比重最高,到2016年起本科以上学历者占据主体地位,且其所占比重逐年持续上升;2015—2021年专科及以上学历者所占比重逐年持续升高,由2015年的91.89%上升至2021年的98.43%;高中阶段毕业者、高中阶段毕业以下者仍有一定数量,逐年有所减少,前者所占比重由2015年的8.02%降至2021年的1.55%,后者由2015年的0.09%降至2021年的0.02%。其中,2015—2018年,乡村小学教师中专科学历者所占比重最高,但逐年降低,到2019—2021年,本科学历者所占比重开始占据主体,且逐年升高。2015—2021年,乡村小学教师中,专科及以上学历者所占比重持续上升,由2015年的86.5%升至2021年的96.71%;高中阶段毕业者和高中阶段毕业以下者也占有一定数量,其所占比重逐年减少。总体上看,乡村小学教师中本科及以上学历者所占比重低于全国平均水平;专科毕业者、高中阶段毕业者以及高中阶段毕业以下者所占比重高于全国平均水平。由此,小学专任教师学历结构也存在城乡差距,但差距逐渐缩短,乡村小学教师的学历状况进一步好转。

第二,就乡村初中、小学教师的职称结构而言,如表6.21所示,2015—2021年,全国初中教师中,中级职称者所占比重最高,其次为初级职称者,高级职称者所占比重最低。其中,高级职称者所占比重逐年小幅度上升,由2015年的17.48%升至2021年的21.24%;中级职称者所占比重逐年持续下降,由2015年的43.27%降至2021年的38.04%;初级职称者所占比重同样持续下降,由2015年的31.9%降至2021年的27.01%。

表 6.21　2015—2021 年初中教师学历、职称情况统计

年份	项目	合计	按学历分					按职称分				
			研究生毕业	本科毕业	专科毕业	高中阶段毕业	高中阶段毕业以下	中学高级	中学一级	中学二级	中学三级	未评职称
2015	合计/人	3475636	65193	2723316	675293	11459	375	607661	1503841	1064162	44360	255612
	占比/%	100	1.88	78.35	19.43	0.33	0.01	17.48	43.27	30.62	1.28	7.35
	乡村/人	645200	4249	464004	173187	3638	122	86143	264445	225272	12470	56870
	占比/%	100.00	0.66	71.92	26.84	0.56	0.02	13.35	40.99	34.92	1.93	8.81
2016	合计/人	3487789	76857	2799585	602922	8182	243	641158	1495431	1038428	38698	274074
	占比/%	100.00	2.20	80.27	17.29	0.23	0.01	18.38	42.88	29.77	1.11	7.86
	乡村/人	607760	4455	452504	148215	2522	64	90200	244674	206634	10244	56008
	占比/%	100	0.73	74.45	24.39	0.41	0.01	14.84	40.26	34.00	1.69	9.22
2017	合计/人	3548688	92411	2910727	539517	5783	250	673946	1495353	1018995	35589	324805
	占比/%	100	2.60	82.02	15.20	0.16	0.01	18.99	42.14	28.71	1.00	9.15
	乡村/人	574745	5313	445173	122591	1614	54	92357	227597	185866	8558	60367
	占比/%	100	0.92	77.46	21.33	0.28	0.01	16.07	39.60	32.34	1.49	10.50
2018	合计/人	3638999	110659	3026933	496449	4824	134	702607	1497141	1010176	33839	395236
	占比/%	100	3.04	83.18	13.64	0.13	0.004	19.31	41.14	27.76	0.93	10.86
	乡村/人	563326	5914	445578	110575	1219	40	94981	216860	171803	7766	71916
	占比/%	100	1.05	79.10	19.63	0.22	0.01	16.86	38.50	30.50	1.38	12.77

续　表

年份	项目	合计	按学历分					按职称分					
			研究生毕业	本科毕业	专科毕业	高中阶段毕业	高中阶段毕业以下	正高级	副高级	中级	助理级	员级	未定职称
2019	合计/人	3747429	131646	3141892	469255	4496	140	1912	742917	1521323	979660	56799	444818
	占比/%	100	3.51	83.84	12.52	0.12	0.004	0.05	19.82	40.60	26.14	1.52	11.87
	乡村/人	558280	7047	448384	101703	1125	21	128	100512	212739	156709	11960	76232
	占比/%	100	1.26	80.32	18.22	0.20	0.004	0.02	18.00	38.11	28.07	2.14	13.65
2020	合计/人	3860741	153485	3265589	437513	3950	204	2392	784107	1522227	992514	56891	502610
	占比/%	100	3.98	84.58	11.33	0.10	0.01	0.06	20.31	39.43	25.71	1.47	13.02
	乡村/人	556051	7792	454893	92385	960	21	159	107058	204578	150465	11812	81979
	占比/%	100	1.40	81.81	16.61	0.17	0.004	0.03	19.25	36.79	27.06	2.12	14.74
2021	合计/人	3971121	181824	3394217	391597	3338	145	3985	839480	1510438	1003307	68956	544955
	占比/%	100	4.58	85.47	9.86	0.08	0.004	0.10	21.14	38.04	25.27	1.74	13.72
	乡村/人	534950	8630	446939	78657	701	23	353	112750	187373	142610	12585	79279
	占比/%	100	1.61	83.55	14.70	0.13	0.004	0.07	21.08	35.03	26.66	2.35	14.82

注:2021 年全国初中教师学历结构中,研究生毕业者数据分别包含了 1003 个博士研究生毕业者和 180821 个硕士研究生毕业者,其中乡村初中教师的学历结构中,研究生毕业者数据包含了 44 个博士研究生毕业者和 8586 个硕士研究生毕业者。

资料来源:教育部发展规划司编:《中国教育统计年鉴 2015》,人民教育出版社,2016 年,第 476—487 页;教育部发展规划司编:《中国教育统计年鉴 2016》,人民教育出版社,2017 年,第 478—489 页;教育部发展规划司编:《中国教育统计年鉴 2017》,人民教育出版社,2018 年,第 494—505 页;教育部发展规划司编:《中国教育统计年鉴 2018》,人民教育出版社,2019 年,第 484—495 页;教育部发展规划司编:《中国教育统计年鉴 2019》,人民教育出版社,2020 年,第 432—439 页;教育部发展规划司编:《中国教育统计年鉴 2020》,人民教育出版社,2021 年,第 432—439 页;教育部发展规划司编:《中国教育统计年鉴 2021》,人民教育出版社,2022 年,第 336—343 页。

表 6.22 2015—2021 年小学教师学历、职称情况统计

年份	项目	合计	按学历分					按职称分					
			研究生毕业	本科毕业	专科毕业	高中阶段毕业	高中阶段毕业以下	中学高级	小学高级	小学一级	小学二级	小学三级	未评职称
2015	合计/人	5685118	35417	2575703	2612994	456061	4943	139889	2883062	1873513	186614	12890	589150
	占比/%	100	0.62	45.31	45.96	8.02	0.09	2.46	50.71	32.95	3.28	0.23	10.36
	乡村/人	2035974	3621	671029	1086148	271527	3649	32511	978951	715526	86186	4512	218288
	占比/%	100	0.18	32.96	53.35	13.34	0.18	1.60	48.08	35.14	4.23	0.22	10.72
2016	合计/人	5789145	44914	2874007	2502616	364105	3503	166014	2877403	1879750	200703	16580	648695
	占比/%	100	0.78	49.64	43.23	6.29	0.06	2.87	49.70	32.47	3.47	0.29	11.21
	乡村/人	1975223	4215	736120	1018866	213476	2546	38502	934131	682043	90319	6636	223592
	占比/%	100	0.21	37.27	51.58	10.81	0.13	1.95	47.29	34.53	4.57	0.34	11.32
2017	合计/人	5944910	56460	3217461	2389380	279341	2268	219299	2763089	1902791	266430	24036	769265
	占比/%	100	0.95	54.12	40.19	4.70	0.04	3.69	46.48	32.01	4.48	0.40	12.94
	乡村/人	1917418	5296	809796	942725	157998	1603	53500	849518	638967	114497	10624	250312
	占比/%	100	0.28	42.23	49.17	8.24	0.08	2.79	44.31	33.32	5.97	0.55	13.05
2018	合计/人	6091908	69711	3531559	2276957	211818	1863	303926	2659998	1881860	314560	24778	906786
	占比/%	100	1.14	57.97	37.38	3.48	0.03	4.99	43.66	30.89	5.16	0.41	14.89
	乡村/人	1864229	5832	860612	878218	118294	1273	85285	772064	590337	123988	10667	281888
	占比/%	100	0.31	46.16	47.11	6.35	0.07	4.57	41.41	31.67	6.65	0.57	15.12

续 表

年份	项目	合计	按学历分					按职称分					
			研究生毕业	本科毕业	专科毕业	高中阶段毕业	高中阶段毕业以下	正高级	副高级	中级	助理级	员级	未定职称
2019	合计/人	6269084	85135	3833676	2178498	170109	1666	931	449831	2773945	1860741	189220	994416
	占比/%	100	1.36	61.15	34.75	2.71	0.03	0.01	7.18	44.25	29.68	3.02	15.86
	乡村/人	1825757	6695	899726	824144	93993	1199	72	136269	782561	544747	76123	285985
	占比/%	100	0.37	49.28	45.14	5.15	0.07	0.004	7.46	42.86	29.84	4.17	15.66
2020	合计/人	6434178	102583	4143762	2051722	134811	1300	1506	547254	2743979	1914042	185521	1041876
	占比/%	100	1.59	64.40	31.89	2.1	0.02	0.02	8.51	42.65	29.75	2.88	16.19
	乡村/人	1787472	6993	946510	759207	73820	942	170	169185	734830	525867	74325	283095
	占比/%	100	0.39	52.95	42.47	4.13	0.05	0.01	9.47	41.11	29.42	4.16	15.84
2021	合计/人	6600799	124565	4516064	1856305	102507	1358	2589	660273	2704163	1936240	197826	1099708
	占比/%	100	1.89	68.42	28.12	1.55	0.02	0.04	10.00	40.97	29.33	3.00	16.66
	乡村/人	1697712	7434	978232	656218	54946	882	360	204084	670029	485802	70645	266792
	占比/%	100	0.44	57.62	38.65	3.24	0.05	0.02	12.02	39.47	28.62	4.16	15.71

注:2021年全国小学教师学历结构中,研究生毕业者数据分别包含了339名博士研究生毕业者和124,226名硕士研究生毕业者,其中乡村小学教师的学历结构中,研究生毕业者数据包含了42名博士研究生毕业者和7,392名硕士研究生毕业者。

资料来源:教育部发展规划司编:《中国教育统计年鉴2015》,人民教育出版社,2016年,第556—566页;教育部发展规划司编:《中国教育统计年鉴2016》,人民教育出版社,2017年,第558—569页;教育部发展规划司编:《中国教育统计年鉴2017》,人民教育出版社,2018年,第566—577页;教育部发展规划司编:《中国教育统计年鉴2018》,人民教育出版社,2019年,第556—567页;教育部发展规划司编:《中国教育统计年鉴2019》,人民教育出版社,2020年,第482—489页;教育部发展规划司编:《中国教育统计年鉴2020》,人民教育出版社,2021年,第482—489页;教育部发展规划司编:《中国教育统计年鉴2021》,人民教育出版社,2022年,第384—391页。

乡村初中教师的职称结构与之相同。高级职称者所占比重逐年小幅度上升，由2015年的13.35%升至2021年的21.15%；中级职称者所占比重由2015年的40.99%降至2021年的35.03%；初级职称者所占比重由2015年的36.85%降至2021年的29.01%。而且，乡村初中教师高职称者、中级职称者所占比重均低于全国平均水平；初级职称者所占比重、未评职称所占比重均高于全国平均水平。可见，乡村初中教师的职称结构得以进一步改善，但与全国平均水平仍有一定差距。

如表6.22所示，2015—2021年，在全国小学教师中，高级职称者所占比重逐年小幅度上升，由2015年的2.46%升至2021年的10.04%；中级职称者所占比重由2015年的50.71%降至2021年的40.97%；初级职称者所占比重由2015年的36.46%降至2021年的32.33%；未评职称者所占比重有所增多。其中，乡村小学教师中，高级职称者所占比重逐年小幅度上升，由2015年的1.60%升至2021年的12.04%；中级职称者所占比重由2015年的48.08%降至2021年的39.47%；初级职称者所占比重由2015年的39.59%下降至2021年的32.78%；未评职称者所占比重有所增多。而且，乡村小学教师中高级职称者、中级职称者所占比重均低于全国平均水平，初级职称者以及未评职称者所占比重均高于全国平均水平。由此，尽管乡村小学教师的职称结构得以进一步改善，但与全国平均水平仍有一定差距。

二、乡村教师的待遇状况

这一时期乡村教师的工资福利等待遇有所提升。下文以中小学教育经费支出中有关教师工资等支出情况为例进行说明。

（一）工资福利等支出有所回升

如表6.23所示，2015—2021年，在全国教育及其他部门的初中教育经费支出中，2015年乡村初中教师工资福利支出达180,433,708千元，此后逐年增多，2021年达344,113,297千元，增加了0.9倍之多。

表 6.23 2015—2021 年全国、中央、地方部门中小学教育经费支出有关教师工资等支出统计

年份	项目	地区	初中	其中乡村	乡村占比/%	小学	其中乡村	乡村占比/%
2015	教育经费支出小计/千元	全国	604044600	365955044	60.58	972623538	634696743	65.26
		中央	2661086	1643823	61.77	3678126	2662617	72.39
		地方	601383513	364311221	60.58	968945411	632034127	65.23
	工资福利支出/千元	全国	289006088	180433708	62.43	447575173	300194569	67.07
		中央	1306699	819683	62.73	1844411	1326327	71.91
		地方	287699388	179614025	62.43	445730762	298868242	67.05
	工资福利支出占教育经费支出的比例/%	全国	47.85	49.30		46.02	47.30	
		中央	49.10	49.86		50.15	49.81	
		地方	47.84	49.30		46.00	47.29	
2016	教育经费支出小计/千元	全国	657738661	391592327	59.54	1083094443	690677010	63.77
		中央	2485510	1580545	63.59	3846283	2734279	71.09
		地方	655253151	390011783	59.52	1079248160	687942731	63.74
	工资福利支出/千元	全国	333554766	205057394	61.48	523957375	344598195	65.77
		中央	1292907	859216	66.46	2052331	1484547	72.33
		地方	332261860	204198179	61.46	521905044	343113647	65.74
	工资福利支出占教育经费支出的比例/%	全国	50.71	52.37		48.38	49.89	
		中央	52.02	54.36		53.36	54.29	
		地方	50.71	52.36		48.36	49.88	
2017	教育经费支出小计/千元	全国	730090821	421316891	57.71	1184046481	730805218	61.72
		中央	2561210	1514210	59.12	3739703	2581373	69.03
		地方	727529611	419802681	57.70	1180306779	728223845	61.70
	工资福利支出/千元	全国	387463545	232155022	59.92	611275994	389758346	63.76
		中央	1338428	826337	61.74	2070435	1437594	69.43
		地方	386125117	231328685	59.91	609205559	388320753	63.74

续　表

年份	项目	地区	初中	其中乡村	乡村占比/%	小学	其中乡村	乡村占比/%
2017	工资福利支出占教育经费支出的比例/%	全国	53.07	55.10		51.63	53.33	
		中央	52.26	54.57		55.36	55.69	
		地方	53.07	55.10		51.61	53.32	
2018	教育经费支出小计/千元	全国	796005915	446668748	56.11	1268787287	757648567	59.71
		中央	2708613	1417118	52.32	3920043	2580616	65.83
		地方	793297302	445251630	56.13	1264867244	755067951	59.70
	工资福利支出/千元	全国	486140749	283375007	58.29	768942131	475472552	61.83
		中央	1635625	931640	56.96	2485801	1677921	67.50
		地方	484505124	282443367	58.30	766456330	473794631	61.82
	工资福利支出占教育经费支出的比例/%	全国	61.07	63.44		60.60	62.76	
		中央	60.39	65.74		63.41	65.02	
		地方	61.07	63.43		60.60	62.75	
2019	教育经费支出小计/千元	全国	879374253	480539736	54.65	1379291222	801442348	58.11
		中央	3057384	1568826	51.31	3928597	2700710	68.74
		地方	876316868	478970911	54.66	1375362625	798741638	58.07
	工资福利支出/千元	全国	549483571	312873249	56.94	864205502	520870858	60.27
		中央	1913329	999374	52.23	2553510	1756296	68.78
		地方	547570242	311873875	56.96	861651993	519114562	60.25
	工资福利支出占教育经费支出的比例/%	全国	62.49	65.11		62.66	64.99	
		中央	62.58	63.70		65.0	65.03	
		地方	62.49	65.11		62.65	64.99	
2020	教育经费支出小计/千元	全国	941589269	507042283	53.85	1468621418	833667921	56.77
		中央	3426605	2025831	59.12	4529492	2788529	61.56
		地方	938162664	505016453	53.83	1464091925	830879393	56.75

续　表

年份	项目	地区	初中	其中乡村	乡村占比/%	小学	其中乡村	乡村占比/%
2020	工资福利支出/千元	全国	591903370	332140617	56.11	933850835	551813273	59.09
		中央	1897680	1038215	54.71	2847452	1829524	64.25
		地方	590005690	331102402	56.12	931003383	549983750	59.07
	工资福利支出占教育经费支出的比例/%	全国	62.86	65.51		63.59	66.19	
		中央	55.38	51.25		62.86	65.61	
		地方	62.89	65.56		63.59	66.19	
2021	教育经费支出小计/千元	全国	986806372	517202062	52.41	1538503507	842943247	54.79
		中央	3319295	1519982	45.79	5134949	2714474	52.86
		地方	983487077	515682080	52.43	1533368558	840228773	54.80
	工资福利支出/千元	全国	627592063	344113297	54.83	992989515	570635625	57.47
		中央	2120894	1002137	47.25	3182571	1778577	55.88
		地方	625471169	343111161	54.86	989806944	568857048	57.47
	工资福利支出占教育经费支出的比例/%	全国	63.60	66.53		64.54	67.70	
		中央	63.90	65.93		61.98	65.52	
		地方	63.60	66.54		64.55	67.70	

资料来源:教育部财政司、国家统计局社会科技和文化产业统计司编:《中国教育经费统计年鉴 2016》,中国统计出版社,2017 年,第 26、28、30 页;教育部财政司、国家统计局社会科技和文化产业统计司编:《中国教育经费统计年鉴 2017》,中国统计出版社,2018 年,第 26、28、30 页;教育部财政司、国家统计局社会科技和文化产业统计司编:《中国教育经费统计年鉴 2018》,中国统计出版社,2019 年,第 26、28、30 页;教育部财政司、国家统计局社会科技和文化产业统计司编:《中国教育经费统计年鉴 2019》,中国统计出版社,2020 年,第 26、28、30 页;教育部财政司、国家统计局社会科技和文化产业统计司编:《中国教育经费统计年鉴 2020》,中国统计出版社,2021 年,第 26、28、30 页;教育部财政司、国家统计局社会科技和文化产业统计司编:《中国教育经费统计年鉴 2021》,中国统计出版社,2022 年,第 26、28、30 页;教育部财政司、国家统计局社会科技和文化产业统计司编:《中国教育经费统计年鉴 2022》,中国统计出版社,2023 年,第 26、28、30 页。

然而,随着乡村初中教育经费在全国初中教育经费支出所占比重的下降,乡村初中教师工资福利支出在初中教育经费中的比重却逐年升高,由2015年的49.30%升至2021年的66.53%,增加了约17个百分点。在全国教育及其他部门的小学教育经费支出中,乡村小学教师工资福利支出2015年达300,194,569千元,此后每年均不断增多,2021年达570,635,625千元,增加了0.9倍之多;乡村小学教育经费在全国小学教育经费支出所占比重有所下降,但乡村小学教师工资福利支出在小学教育经费中的占比逐年升高,由2015年的47.30%升至2021年的67.70%。与上一阶段相比,这一阶段乡村初中教师和乡村小学教师工资福利等支出在教育经费中所占比重基本上处于回升趋势,到2021年,相关数值基本上接近2006年的数值。

(二)工资待遇平均支出有所增加

如表6.24所示,2015—2021年,乡村教师平均工资福利支出逐年持续增多,由2015年乡村初中教师的279.6555千元,持续增长至2021年的643.2625千元;小学则由2015年的147.4452千元增至2021年的336.1204千元。从全国乡村教师工资福利支出的总体趋势上看,每年都有所增加,且持续大幅度增长。同时,乡村教师工资福利平均支出费用超过了全国平均水平,可推测乡村教师的工资福利待遇平均支出较城区和县区更高。

经过上一阶段乡村教师队伍建设的持续推进,到2015年前后,乡村教师队伍建设仍存在着优秀教师比例不高、教师流失较多、教师队伍结构性矛盾突出以及教师待遇存在地域差异性和不平衡性等诸多不足。“当前乡村教师队伍仍面临职业吸引力不强、补充渠道不畅、优质资源配置不足、结构不尽合理、整体素质不高等突出问题”[①],制约了乡村教育持续健康发展。这些问题仍是这一阶段乡村教师队伍建设主要关注的内容。

① 《国务院办公厅关于印发乡村教师支持计划(2015—2020年)的通知》(2015年6月1日),http://www.moe.gov.cn/jyb_xxgk/moe_1777/moe_1778/201506/t20150612_190354.html。

表 6.24　2015—2021 年全国教育经费中教师工资福利等支出情况统计

年份	教师工资福利支出/千元				专任教师/人				教师工资福利平均支出/千元			
	初中	其中乡村	小学	其中乡村	初中	其中乡村	小学	其中乡村	初中	其中乡村	小学	其中乡村
2015	289006088	180433708	447575173	300194569	3475636	645200	5685118	2035974	83.1520	279.6555	78.7275	147.4452
2016	333554766	205057394	523957375	344598195	3487789	607760	5789145	1975223	95.6350	337.3986	90.5069	174.4604
2017	387463545	232155022	611275994	389758346	3548688	574745	5944910	1917418	109.1850	403.9270	102.8234	203.2725
2018	486140749	283375007	768942131	475472552	3638999	563326	6091908	1864229	133.5919	503.0391	126.2235	255.0505
2019	549483571	312873249	864205502	520870858	3747429	558280	6269084	1825757	146.6295	560.4235	137.8520	285.2904
2020	591903370	332140617	933850835	551813273	3860741	556051	6434178	1787472	153.3134	597.3204	145.1391	308.7116
2021	627592063	344113297	992989515	570635625	3971121	534950	6600799	1697712	158.0390	643.2625	150.4347	336.1204

资料来源:教育部财政司、国家统计局社会科技和文化产业统计司编:《中国教育经费统计年鉴 2016》,中国统计出版社,2017 年,第 26、28、30 页;教育部财政司、国家统计局社会科技和文化产业统计司编:《中国教育经费统计年鉴 2017》,中国统计出版社,2018 年,第 26、28、30 页;教育部财政司、国家统计局社会科技和文化产业统计司编:《中国教育经费统计年鉴 2018》,中国统计出版社,2019 年,第 26、28、30 页;教育部财政司、国家统计局社会科技和文化产业统计司编:《中国教育经费统计年鉴 2019》,中国统计出版社,2020 年,第 26、28、30 页;教育部财政司、国家统计局社会科技和文化产业统计司编:《中国教育经费统计年鉴 2020》,中国统计出版社,2021 年,第 26、28、30 页;教育部财政司、国家统计局社会科技和文化产业统计司编:《中国教育经费统计年鉴 2021》,中国统计出版社,2022 年,第 26、28、30 页;教育部财政司、国家统计局社会科技和文化产业统计司编:《中国教育经费统计年鉴 2022》,中国统计出版社,2023 年,第 26、28、30 页。教育部发展规划司编:《中国教育统计年鉴 2015》,人民教育出版社,2016 年,第 138—139、556—566 页;教育部发展规划司编:《中国教育统计年鉴 2016》,人民教育出版社,2017 年,第 140—141、558—569 页;教育部发展规划司编:《中国教育统计年鉴 2017》,人民教育出版社,2018 年,第 144—145、566—577 页;教育部发展规划司编:《中国教育统计年鉴 2018》,人民教育出版社,2019 年,第 146—147、556—567 页;教育部发展规划司编:《中国教育统计年鉴 2019》,人民教育出版社,2020 年,第 138—139、482—489 页;教育部发展规划司编:《中国教育统计年鉴 2020》,人民教育出版社,2021 年,第 128—139、482—489 页;教育部发展规划司编:《中国教育统计年鉴 2021》,人民教育出版社,2022 年,第 130—131、384—391 页。

第三节　加强乡村教师队伍建设的举措

这一时期随着“城乡均衡发展”“深度贫困地区脱贫攻坚”和乡村振兴战略等多种政策的出台与推行，乡村教师队伍建设受到了高度重视。为了加强乡村教师队伍的建设，国家在颁布乡村教师队伍建设相关文件的同时，继续推行“三支一扶”计划、“特岗计划”、“免费师范生”教育以及“硕师计划”等，实行送课下乡、城乡教师结对、城乡教师互派、内地支援边疆、教师或师范生支教等支援政策，以更好地保障乡村教师队伍建设的质量。

《支持计划》从乡村教师的师德水平、补充渠道、生活待遇、编制标准、职称(职务)评聘、能力素质以及荣誉制度等八个方面对乡村教师队伍建设提出新的要求。随着《北京市乡村教师支持计划(2015—2020年)实施办法》(北京市人民政府，2016年)的出台，31个省(区、市)的《支持计划》实施办法全部出台完毕。《全面深化新时代教师队伍建设改革的意见》(十九届中央全面深化改革领导小组第一次会议审议通过，2017年)提出，要“重视建好建强乡村教师队伍”。《关于全面深化新时代教师队伍建设改革的意见》(中共中央、国务院，2018年)成为中华人民共和国成立以来由党中央出台的第一个专门面向教师队伍建设的里程碑式文件。《加快推进教育现代化实施方案(2018—2022年)》(中共中央、国务院，2019年)将全面加强新时代教师队伍建设作为推进教育现代化的十项重点任务之一。[①]《关于加强新时代乡

① 《中共中央办公厅、国务院办公厅印发〈加快推进教育现代化实施方案(2018—2022年)〉》(2019年2月23日)，http://www.moe.gov.cn/jyb_xwfb/s6052/moe_838/201902/t20190223_370859.html。

村教师队伍建设的意见》提出了加强新时代的乡村教师队伍建设意见。[①] 为了巩固脱贫攻坚成果,推进乡村振兴战略,国家再次强调要加强乡村教师队伍建设,将其作为推进乡村人才振兴的重要内容[②],并将其列入《中华人民共和国乡村振兴促进法》。总之,这一阶段乡村教师队伍建设受到了空前重视,2015—2021 年系列法令政策陆续启动,启动频率越来越大,几乎每年都有相关政策强调加强乡村教师队伍建设,而且多侧面综合发力。国家主要围绕乡村教师培养、补充、管理以及待遇等进行了全面且详细的安排,促使乡村教师队伍建设进入多样化和深入化阶段。

一、更加注重乡村师资的培养与质量提升

这一时期,国家不仅通过加强乡村教师职前培养解决乡村教师数量不足问题,而且通过开展乡村教师职后培训、提高学历层次以及培育乡村教育带头人等方式提升乡村师资队伍的水平。

(一)加强乡村教师职前培养

根据《关于实施卓越教师培养计划 2.0 的意见》(教育部,2018 年)与《新时代基础教育强师计划》(教育部、中央宣传部、中央编办、国家发展改革委、财政部、人力资源社会保障部、住房和城乡建设部、国家乡村振兴局八部门,2022 年)等政策,实施教师教育改革,重点支持建设一批国家师范教育基地,构建师范院校为主体、高水平综合大学参与、教师发展机构为纽带、优质中小学为实践基地的开放、协同、联动的现代教师教育体系。[③] 这一时期以

① 《教育部等六部门关于加强新时代乡村教师队伍建设的意见》(2020 年 7 月 31 日),http://www.moe.gov.cn/srcsite/A10/s3735/202009/t20200903_484941.html。

② 《中共中央办公厅、国务院办公厅印发〈关于加快推进乡村人才振兴的意见〉》(2021 年 2 月 23 日),http://www.gov.cn/xinwen/2021-02/23/content_5588496.htm。

③ 《教育部等八部门关于印发〈新时代基础教育强师计划〉的通知》(2022 年 4 月 2 日),https://www.gov.cn/zhengce/zhengceku/2022-04/14/content_5685205.htm。

实施教师教育改革为背景，不断加强本土定向师范生的培养，以补充乡村师资数量。

1. 加强本土定向师范生的培养

《支持计划》鼓励地方政府和师范院校根据当地乡村教育实际需求加强本土化培养，采取多种方式定向培养“一专多能”的乡村教师。① 国务院于2016年在统筹推进县域内城乡义务教育一体化改革发展时，要求“结合乡村教育实际，定向培养能够承担多门学科教学任务的教师”②。中共中央、国务院于2018年鼓励地方政府和相关院校因地制宜采取定向招生、定向培养、定期服务等方式，为乡村学校及教学点培养“一专多能”教师，优先满足老少边穷地区教师补充需要。③《关于印发〈教师教育振兴行动计划(2018—2022年)〉的通知》(教育部、国家发展改革委、财政部、人力资源社会保障部、中央编办五部门，2018年)在加强中西部地区学校教师培养，重点为边远、贫困、民族地区教育精准扶贫提供师资保障的同时，要求推进本土化培养，面向师资补充困难地区逐步扩大乡村教师公费定向培养规模，为乡村学校培养“下得去、留得住、教得好、有发展”的合格教师，各地以集中连片特困地区县和国家级贫困县为重点，通过公费定向培养多种方式培养乡村师资。④ 教育部等六部门于2020年加强新时代乡村教师队伍建设时，要求各地加强面向乡村学校的师范生委托培养院校建设，高校和政府、学生签订三方协议，采取定向招生、定向培养、定向就业等方式，精准培养本土化乡村教师；面向乡村小学的师范生委托培养以地方本科师范院校为主，面向乡村中

① 《国务院办公厅关于印发乡村教师支持计划(2015—2020年)的通知》(2015年6月1日)，http://www.moe.gov.cn/jyb_xxgk/moe_1777/moe_1778/201506/t20150612_190354.html。

② 《国务院关于统筹推进县域内城乡义务教育一体化改革发展的若干意见》(2016年7月2日)，http://www.gov.cn/zhengce/content/2016-07/11/content_5090298.htm。

③ 《中共中央、国务院关于全面深化新时代教师队伍建设改革的意见》(2018年1月20日)，http://www.moe.gov.cn/jyb_xwfb/moe_1946/fj_2018/201801/t20180131_326148.html。

④ 《教育部等五部门关于印发〈教师教育振兴行动计划(2018—2022年)〉的通知》(2018年2月11日)，http://www.moe.gov.cn/srcsite/A10/s7034/201803/t20180323_331063.html。

学的师范生委托培养以地方本科师范院校为主。[①]《关于实现巩固拓展教育脱贫攻坚成果同乡村振兴有效衔接的意见》(教育部、国家发展改革委、财政部以及国家乡村振兴局四部门,2021年)启动了实施中西部欠发达地区优秀教师定向培养计划(简称“优师计划”),组织部属师范大学和省属师范院校,定向培养一批优秀师资。[②]《新时代基础教育强师计划》也明确提出实施“优师计划”,要求:“完善部属师范大学示范、地方师范院校为主体的农村教师培养支持服务体系,为中西部欠发达地区定向培养一批优秀中小学教师”;该计划提前批次录取师范生,学生在校学习期间免除学费和住宿费,并补助生活费,毕业后到定向就业县中小学履约任教不少于6年。[③] 总之,为了解决乡村师资缺乏的状况,要求定向培养“一专多能”或“全科”师范生,同时还启动了“优师计划”,以提高定向师范生培养的质量。

2. 从免费师范生培养转向公费师范生培养

《关于印发〈教师教育振兴行动计划(2018—2022年)〉的通知》要求,进一步完善教育部直属师范大学师范生免费教育政策,将“免费师范生”改称为“公费师范生”,履约任教服务期调整为六年;推进地方积极开展师范生公费教育工作;部分办学条件好、教学质量高的高校师范专业实行提前批次录取;加大入校后二次选拔力度,鼓励设立面试考核环节,考查学生的综合素养和从教潜质,招收乐教适教善教的优秀学生就读师范专业;鼓励高水平综合性大学成立教师教育学院,设立师范类专业,招收学科知识扎实、专业能力突出、具有教育情怀的学生。[④]《关于全面深化新时代教师队伍建设改革

---

① 《教育部等六部门关于加强新时代乡村教师队伍建设的意见》(2020年7月31日),http://www.moe.gov.cn/srcsite/A10/s3735/202009/t20200903_484941.html。

② 《教育部等四部门印发〈关于实现巩固拓展教育脱贫攻坚成果同乡村振兴有效衔接的意见〉》(2021年4月30日),http://www.moe.gov.cn/srcsite/A03/s7050/202105/t20210514_531434.html。

③ 《教育部等八部门关于印发〈新时代基础教育强师计划〉的通知》(2022年4月2日),https://www.gov.cn/zhengce/zhengceku/2022-04/14/content_5685205.htm。

④ 《教育部等五部门〈关于印发教师教育振兴行动计划(2018—2022年)〉的通知》(2018年2月11日),http://www.moe.gov.cn/srcsite/A10/s7034/201803/t20180323_331063.html。

的意见》再次强调完善教育部直属师范大学师范生公费教育政策。《教育部直属师范大学师范生公费教育实施办法》(教育部、财政部、人力资源社会保障部、中央编办四部门，2018 年)正式将“师范生免费教育”改为“师范生公费教育”，由此标志着我国师范生免费教育正式步入了公费教育的时代，毕业生的履约期由十年降为六年。该办法具体规定，公费师范生毕业后一般回生源所在省中小学任教，到城镇小学工作的公费师范生应先到乡村义务教育学校任教服务至少一年；公费师范生由于志愿到中西部边远贫困和少数民族地区任教等特殊原因不能回生源所在省任教者，可申请跨省就业；公费师范生在校期间的学费、住宿费和生活费补助均由中央财政承担；有志从教并符合条件的非师范专业优秀学生，在入学两年内可在核定的公费师范生招生计划内转入师范专业，并按相关标准返还学费、住宿费，补发生活费补助；未履约公费师范生须退还已享受的公费教育费用并缴纳违约金；按协议履约任教满一学期后可免试攻读非全日制教育硕士专业学位。① 为了巩固脱贫攻坚成果，要求在脱贫地区普遍增加公费师范生培养供给；且将“加大乡村教师培养力度，采取公费师范教育等方式吸引高等学校毕业生到乡村任教”的规定列入《中华人民共和国乡村振兴促进法》。②

3. 实施师范类专业认证，提升师范生培养质量

为了保障和提高全国师范类专业人才培养质量，教育部决定开展普通高校师范类专业认证工作。《普通高等学校师范类专业认证实施办法(暂行)》(教育部，2017 年)要求从教师培养入手制定标准，不断提高教师水平和素质；主要结合我国教师教育实际，将中学教育、小学教育等专业认证标准，作为开展师范类专业认证工作的基本依据；师范类专业实行三级监测认证：第一级定位于师范类专业办学基本要求监测；第二级定位于师范类专业

① 《国务院办公厅关于转发教育部等部门教育部直属师范大学师范生公费教育实施办法的通知》(2018 年 7 月 30 日)，http://www.moe.gov.cn/jyb_xxgk/moe_1777/moe_1778/201808/t20180810_345023.html。

② 《中华人民共和国乡村振兴促进法》(2021 年 4 月 29 日)，http://www.gov.cn/xinwen/2021-04/30/content_5604050.htm。

教学质量合格标准认证，通过第二级认证专业的师范毕业生可由高校自行组织中小学教师资格考试面试工作；第三级定位于师范类专业教学质量卓越标准认证。[①] 在该政策的引导下，各高校师范类专业纷纷加强建设并申请认证工作。

(二)提高在职乡村教师质量

提高在职乡村教师质量主要体现在实施职后培训、提高学历层次以及培育乡村教育带头人等方面。

1. 开展职后培训

《支持计划》要求，全面提升乡村教师能力素质，到2020年前对全体乡村教师校长进行360学时的培训；把乡村教师培训纳入基本公共服务体系，保障经费投入，确保乡村教师培训时间和质量；加强乡村学校音体美等师资紧缺学科教师和民族地区双语教师培训；按照乡村教师的实际需求改进培训方式，采取多种培训形式增强培训的针对性和实效性。[②]《教师教育振兴行动计划(2018—2022年)》要求建立健全乡村教师成长发展的支持服务体系，高质量开展乡村教师全员培训，不断提高培训的针对性和实效性；加大紧缺薄弱学科教师和民族地区双语教师培养力度；培训内容针对教育教学实际需要，赋予乡村教师更多选择权。[③]《关于加强新时代乡村教师队伍建设的意见》要求，鼓励师范院校采取多种方式，长期跟踪、终身支持乡村教师专业成长，引导师范院校教师与乡村教师形成学习共同体、研究共同体和发展共同体；按照乡村教师的实际需求改进培训内容和方式；加大送教下乡力度，推动名师名校长走进乡村学校讲学交流；注重开展“走出去”培训，让更

---

① 《教育部关于印发〈高等学校师范类专业认证实施办法(暂行)〉的通知》(2017年10月26日).http://www.moe.gov.cn/srcsite/A10/s7011/201711/t20171106_318535.html。

② 《国务院办公厅关于印发乡村教师支持计划(2015—2020年)的通知》(2015年6月1日).http://www.moe.gov.cn/jyb_xxgk/moe_1777/moe_1778/201506/t20150612_190354.html。

③ 《教育部等五部门关于印发〈教师教育振兴行动计划(2018—2022年)〉的通知》(2018年2月11日).http://www.moe.gov.cn/srcsite/A10/s7034/201803/t20180323_331063.html。

多乡村教师获得前往教育发达地区研修、跟岗学习的机会；发挥5G、人工智能等新技术助推作用。[①]《新时代基础教育强师计划》提出应深化精准培训改革，以中西部欠发达地区农村教师校长培训为重点，充分发挥名师名校长辐射带动作用，实施五年一周期的“国培计划”。而《关于加快推进乡村人才振兴的意见》则要求改革完善“国培计划”，深入推进“互联网＋义务教育”，健全乡村教师发展体系。

这一时期通过以培训为手段推动乡村教师专业发展，特别注重根据乡村教育的实际特点和乡村教师的现实需要改进培训的内容和方法，增强乡村教师培训的针对性和实效性。上述系列乡村教师培训政策对培训机构或支持体系、培训的种类、内容以及方式等进行了规定。第一，有关培训机构或支持体系，要求整合高等学校、县级教师发展中心和中小学校优质资源，积极构建省、市、县教师发展机构、教师专业发展基地学校和名校(园)长、名班主任、名教师“三名”工作室五级一体化、分工合作的乡村教师专业发展体系。第二，培训的种类主要有：集中支持中西部地区乡村教师校长培训、“国培计划”等国家级培训、省级培训、县(市或区)培训以及校本培训等。第三，培训的内容主要包括师德教育、信息技术应用能力、教学能力提升以及班级管理等方面，注重新课标新教材和教育观念、教学方法培训。其中，信息技术应用能力是新时代高素质教师的核心素养。可以通过建设教师智能研修平台，支持乡村教师自主选学，为教师提供同步化、定制化、精准化的高质量培训研修服务；加强县域内教育资源公共服务平台建设，组织城乡学校结对建立智能同步课堂，促进信息技术、智能技术与教育教学的深度融合。[②] 要求通过示范项目带动各地开展教师信息技术应用能力培训(每人5年不少于50学时，其中实践应用学时不少于50%)，缩小城乡教师应用能力差距；以“三区三州”等深度贫困地区、老少边穷地区为重点，因地制宜开展贫困地

① 《教育部等六部门关于加强新时代乡村教师队伍建设的意见》(2020年7月31日)，http://www.moe.gov.cn/srcsite/A10/s3735/202009/t20200903_484941.html。

② 《教育部等六部门关于加强新时代乡村教师队伍建设的意见》(2020年7月31日)，http://www.moe.gov.cn/srcsite/A10/s3735/202009/t20200903_484941.html。

区乡村教师信息化教学示范培训,探索名师网络课堂和远程协同教研相结合的“双师教学”模式培训改革,提高乡村教师信息技术应用能力。[①] 第四,培训的形式主要有顶岗置换、网络研修、送教下乡、专家指导以及校本研修等。其中,中西部地区“双师教学”模式成为教师培训改革的重要内容之一。教育部要求中西部省(区、市)根据省域内深度贫困地区、老少边穷岛等地区乡村学校实际需求,多层次、多学科、多方式,开展名师网络课堂和远程协同教研相结合的“双师教学”模式教师培训改革,加强乡村教师信息化培训精准帮扶工作;鼓励城乡之间、东中西部之间校际合作,发挥国家级教学成果奖、中小学教师信息技术应用创新实验区及示范校等的引领作用,通过优质学校与乡村学校“结对子”、建立“双师工作坊”等方式,利用专递课堂、同步课堂、名师课堂以及名校网络课堂等,采取教师模仿名师网络录像,或者名师网络录像与当地教师辅导结合等模式开展教学;双方教师组成协同教研共同体,通过网络研修加强集体备课、研课交流,远程授课等对乡村教师进行长期陪伴式培训,定向帮扶乡村教师提高专业水平与信息技术应用能力。[②]

2.提高学历层次

国家在加强乡村教师培训的同时鼓励乡村教师学习深造,提高其学历层次,扩大“硕师计划”培养院校范围,让更多符合条件者有学习深造的机会。《支持计划》鼓励乡村教师在职学习深造,提高学历层次。[③]《关于全面深化新时代教师队伍建设改革的意见》指出,大力振兴教师教育,不断提升教师专业素质能力,推动研究生层次教师培养,增加教育硕士招生计划,向

① 《教育部关于实施全国中小学教师信息技术应用能力提升工程 2.0 的意见》(2019 年 3 月 20 日),http://www.moe.gov.cn/srcsite/A10/s7034/201904/t20190402_376493.html。

② 《教育部关于实施全国中小学教师信息技术应用能力提升工程 2.0 的意见》(2019 年 3 月 20 日),http://www.moe.gov.cn/srcsite/A10/s7034/201904/t20190402_376493.html。

③ 《国务院办公厅关于印发乡村教师支持计划(2015—2020 年)的通知》(2015 年 6 月 1 日),http://www.moe.gov.cn/jyb_xxgk/moe_1777/moe_1778/201506/t20150612_190354.html。

中西部地区和乡村地区倾斜。[①]《关于加强新时代乡村教师队伍建设的意见》也规定实施好“硕师计划”，扩大培养院校范围，让更多符合条件的乡村教师有学习深造的机会。[②] 到2021年，还将“提高乡村教师学历水平”的规定列入《中华人民共和国乡村振兴促进法》。

3. 培育乡村教育带头人

为了提升乡村教师队伍的素质和专业化水平，教育部等中央部门注重培育乡村教育带头人。具体要求：第一，在“国培计划”“省培计划”等各级培训中专门设立研修项目，全面提升乡村学校校长队伍整体素质，实施名师名校长培养工程，在遴选人员时向乡村学校倾斜，搭建阶梯式成长平台，确保持续性培养；第二，鼓励各地在乡村中小学遴选优秀教师校长，支持成为教育家型乡村教师、校长；第三，全面实施中西部乡村中小学首席教师岗位计划，鼓励各地完善首席教师保障措施；第四，重视乡村学校班主任队伍建设，加大推选表彰优秀班主任力度，积极探索“多校联聘”“一校长多校区”“乡村校长联盟”等机制，深入推进校长职级制改革，建立乡村校长后备人才制度，加快乡村校长职业成长。[③] 其中，有关实施中西部乡村中小学首席教师岗位计划，教育部于2019年决定启动实施中西部乡村中小学首席教师岗位计划，并于该年在安徽、河南、陕西、甘肃等四省先行试点。该计划专门规定：遴选政治素质过硬、业务素质精湛、育人水平高超、组织协调能力强的优秀教师，支持他们大胆探索，创新教育理念、教育模式和教育方法，形成教学特色和办学风格，鼓励他们成长为当地基础教育领军人才；充分发挥他们的示范引领作用，带动当地乡村教师提升教育教学水平，进而提高中西部乡村教

---

① 《中共中央、国务院关于全面深化新时代教师队伍建设改革的意见》(2018年1月20日)，http://www.moe.gov.cn/jyb_xwfb/moe_1946/fj_2018/201801/t20180131_326148.html。

② 《教育部等六部门关于加强新时代乡村教师队伍建设的意见》(2020年7月31日)，http://www.moe.gov.cn/srcsite/A10/s3735/202009/t20200903_484941.html。

③ 《教育部等六部门关于加强新时代乡村教师队伍建设的意见》(2020年7月31日)，http://www.moe.gov.cn/srcsite/A10/s3735/202009/t20200903_484941.html。

育质量。[①]

总之,这一时期在"国培计划"仍以乡村教师为重点对象的基础上,将乡村教师培训纳入基本公共服务体系,并提供经费投入保障。培训内容更为丰富,注重师德教育(首要内容)、新课标、新教材和教育观念、教学方法以及信息技术应用能力的培训,以满足教育教学实际和全面提升乡村教师能力素质的需要。改进培训方式,采取顶岗置换、送教下乡、专家指导、校本研修等多种形式,增强培训的针对性和实效性,同时发挥5G、人工智能等新技术对培训的助推作用。在加强紧缺学科教师和民族地区双语教师培训的同时,也注重乡村教师带头人和教育家型教师的培育:名师名校长培养工程在遴选时向乡村学校倾斜,全面实施中西部中小学首席教师岗位计划;重视乡村学校班主任队伍建设,加大推选表彰优秀班主任力度,诸如此类,从而有助于提升在职乡村师资队伍的质量和水平。

二、拓宽乡村教师补充路径

2015—2021年,拓宽乡村教师队伍补充路径的政策文件陆续公布。教育部等部门提出应采取"多种形式配备乡村教师",探索构建招聘和支教等多渠道并举,高端人才、骨干教师和高校毕业生、退休教师多层次人员踊跃到乡村从教、支教的格局。[②] 这一时期主要的相关政策文件见表6.25。

---

① 《教育部办公厅关于开展中西部乡村中小学首席教师岗位计划试点工作的通知》(2019年3月28日),http://www.moe.gov.cn/srcsite/A10/s7034/201904/t20190408_377043.html。

② 《教育部等六部门关于加强新时代乡村教师队伍建设的意见》(2020年7月31日),http://www.moe.gov.cn/srcsite/A10/s3735/202009/t20200903_484941.html。

表 6.25　2015—2021 年拓宽乡村教师队伍补充路径的政策统计

时间	发布单位	政策名称	拓宽乡村教师队伍补充路径的主要内容
2015 年 6 月 1 日	国务院	《关于印发乡村教师支持计划(2015—2020 年)的通知》	建立统筹规划、统一选拔的乡村教师补充机制,为乡村学校持续输送大批优秀高校毕业生;扩大"特岗计划"实施规模,重点支持中西部老少边穷岛等贫困地区补充师资;鼓励地方政府和师范院校根据当地乡村教育实际,加强本土化定向培养"一专多能"的乡村教师;高校毕业生取得教师资格并到乡村学校任教一定期限,可享受学费补偿和国家助学贷款代偿政策;鼓励城镇退休的特级教师、高级教师到乡村学校支教讲学,中央财政给予适当支持。
2018 年 1 月 24 日	教育部、国务院扶贫办	《深度贫困地区教育脱贫攻坚实施方案(2018—2020)》	继续加大国培计划、特岗计划、公费师范生培养、中小学教师信息技术应用能力提升工程等政策对"三区三州"的支持力度,资助教师开展学历继续教育能力提升,提高教师整体素质和能力水平;加大边远贫困地区、边疆民族地区和革命老区人才支持计划教师专项计划倾斜力度,优先向"三区三州"选派急需的优秀支教教师,缓解"三区三州"师资紧缺、优秀教师不足的矛盾。
2018 年 2 月 11 日	教育部、国家发展改革委、财政部、人力资源社会保障部、中央编办	《教师教育振兴行动计划(2018—2022 年)》	各地要以集中连片特困地区县和国家级贫困县为重点,通过公费定向培养、到岗退费等多种方式,为乡村小学培养补充全科教师,为乡村初中培养补充"一专多能"教师,优先满足老少边穷岛等边远贫困地区教师补充需要。
2020 年 7 月 31 日	教育部、中央组织部、中央编办、国家发展改革委、财政部、人力资源社会保障部	《关于加强新时代乡村教师队伍建设的意见》	创新教师公开招聘办法,鼓励人才到乡村任教;继续实施并完善"特岗计划",各地应保障特岗教师工资待遇,并按时发放工资;各地可根据实际情况实施地方特岗教师计划;组织招募优秀教师到民族地区、艰苦边远地区支教服务,加大对贫困地区教师队伍建设的帮扶。
2020 年 12 月 16 日	中共中央、国务院	《关于实现巩固拓展脱贫攻坚成果同乡村振兴有效衔接的意见》	继续实施"特岗计划"、银龄讲学计划、优先满足脱贫地区对高素质教师的补充需求;继续实施高校毕业生"三支一扶"计划,继续实施重点高校定向招生专项计划。

续　表

时间	发布单位	政策名称	拓宽乡村教师队伍补充路径的主要内容
2021 年 2 月 23 日	中共中央、国务院	《关于加快推进乡村人才振兴的意见》	继续实施革命老区、民族地区、边疆地区人才支持计划、教师专项计划和银龄讲学计划。
2021 年 4 月 30 日	教育部、国家发展改革委、财政部、国家乡村振兴局	《关于实现巩固拓展教育脱贫攻坚成果同乡村振兴有效衔接的意见》	继续实施“特岗计划”“国培计划”和乡村教师生活补助政策，优先满足脱贫地区对高素质教师的需求；继续实施“三区”人才支持计划教师专项计划，进一步引导人才向艰苦一线流动，选派城镇优秀教师到艰苦一线支教，缓解乡村振兴重点帮扶县优秀教师不足的问题；深入实施银龄讲学计划，公开招募一批优秀退休校长、教研员、特级教师、高级教师等到乡村学校讲学，促进城乡义务教育均衡发展；实施凉山、怒江支教帮扶行动，建立支教对口帮扶机制，采取“组团式”援助当地院校，动员名师名校长培养基地、优秀教师校长以双师教学、巡回指导、送培到校和支教帮扶等方式，打造一支“带不走、教得好”的教师队伍。

资料来源：《国务院办公厅关于印发乡村教师支持计划(2015—2020 年)的通知》(2015 年 6 月 1 日)，http://www.moe.gov.cn/jyb_xxgk/moe_1777/moe_1778/201506/t20150612_190354.html；《教育部、国务院扶贫办关于印发〈深度贫困地区教育脱贫攻坚实施方案(2018—2020 年)〉的通知》(2018 年 1 月 24 日)，http://www.moe.gov.cn/srcsite/A03/moe_1892/moe_630/201802/t20180226_327800.html；《教育部等五部门关于印发〈教师教育振兴行动计划(2018—2022 年)〉的通知》(2018 年 2 月 11 日)，http://www.moe.gov.cn/srcsite/A10/s7034/201803/t20180323_331063.html；《教育部等六部门关于加强新时代乡村教师队伍建设的意见》(2020 年 7 月 31 日)，http://www.moe.gov.cn/srcsite/A10/s3735/202009/t20200903_484941.html；《中共中央、国务院关于实现巩固拓展脱贫攻坚成果同乡村振兴有效衔接的意见》(2020 年 12 月 16 日)，http://www.gov.cn/zhengce/2021-03/22/content_5594969.htm；《中共中央办公厅、国务院办公厅印发〈关于加快推进乡村人才振兴的意见〉》(2021 年 2 月 23 日)，http://www.gov.cn/xinwen/2021-02/23/content_5588496.htm；《教育部等四部门印发〈关于实现巩固拓展教育脱贫攻坚成果同乡村振兴有效衔接的意见〉》(2021 年 4 月 30 日)，http://www.moe.gov.cn/srcsite/A03/s7050/202105/t20210514_531434.html。

如表 6.25 所示，这一时期继续扩宽了乡村师资补充渠道，促使乡村师资补充路径多样化，主要有选拔与招聘高校毕业生（含高校师范毕业生）任教乡村学校、实施“特岗计划”以及开展支教活动（含退休支教）等方式。

（一）坚持以选拔与聘任为主

选拔和聘任高校毕业生补充入乡村学校成为乡村教师补充的重要渠道。《支持计划》鼓励省政府建立统筹规划、统一选拔的乡村教师补充机制；2018 年，中共中央、国务院重申了这一点，并要求从“完善教师资格考试政策”、“严格教师准入，提高入职标准”和建立符合教育行业特点的教师招聘办法等方面，进一步“完善中小学教师准入和招聘制度”。[①] 到 2020 年，教育部等部门提出创新教师公开招聘办法，鼓励人才到乡村任教。

（二）继续实施“特岗计划”

这一时期，上一阶段开始实施的“特岗计划”仍是乡村教师补充的重要渠道，其实施规模和范围有所扩大。《支持计划》要求以支持中西部老少边穷岛等贫困地区为重点，扩大乡村学校“特岗计划”实施规模，同时提高特岗教师工资性补助标准。中共中央、国务院于 2018 年再次强调了该内容，并鼓励优秀特岗教师攻读教育硕士[②]；同时，在《乡村振兴战略规划（2018—2022 年）》中，要求逐步实现每年招聘特岗教师 10 万人，同时落实好特岗教师待遇。[③] 到 2020 年，教育部等部门还鼓励各地根据实际情况制订地方特岗教师计划，给予了各地特岗计划更多的灵活性和空间。

与此同时，实施学费补偿和到岗退费也是这一时期乡村师资补充的一种重要渠道。高校毕业生取得教师资格并到乡村学校任教一定期限，按有

---

① 《中共中央、国务院关于全面深化新时代教师队伍建设改革的意见》（2018 年 1 月 20 日），http://www.moe.gov.cn/jyb_xwfb/moe_1946/fj_2018/201801/t20180131_326148.html。

② 《中共中央、国务院关于全面深化新时代教师队伍建设改革的意见》（2018 年 1 月 20 日），http://www.moe.gov.cn/jyb_xwfb/moe_1946/fj_2018/201801/t20180131_326148.html。

③ 《中共中央、国务院印发〈乡村振兴战略规划（2018—2022 年）〉》（2018 年 9 月 26 日），https://www.gov.cn/zhengce/2018-09/26/content_5325534.htm。

关规定享受学费补偿和国家助学贷款代偿政策,或者实施乡村教师任教期间按年退还大学期间所缴纳的学费,从而也吸引高校毕业生到乡村学校任教,在一定程度上补充乡村师资。

(三)以开展支教活动为辅助

各种乡村学校支教活动也成为这一时期乡村教师补充的重要渠道。具体包括高校毕业生"三支一扶"、银龄讲学计划、"三区"人才支持计划、城镇优秀教师支教艰苦学校以及对口支教帮扶等。支教方式主要有双师教学、巡回指导以及送培到校等。其中,银龄讲学计划是这一时期具有创新性的一项重要支教活动。教育部、财政部规定从2018年起,面向社会公开招募一批优秀退休人员等到乡村义务教育学校讲学;主要以国家确定的连片特困地区县、国家扶贫开发工作重点县、省级扶贫开发工作重点县、深度贫困县、贫困的民族县、革命老区县、边境县以及新疆生产建设兵团困难团场等为实施范围,重点向"三区三州"等深度贫困地区倾斜;受援学校为县镇和乡村学校;2018—2020年招募10,000名讲学教师,申请者以退休的校长、教研员、特级教师、骨干教师为主,原则上应具有中级及以上教师职称,以高级教师为主;讲学教师服务时间原则上不少于一学年。[1] 银龄讲学计划充分利用了退休教师优势资源,鼓励支持一批乐于奉献、身体健康的优秀退休教师,到乡村和基层学校支教讲学,为乡村学校提供智力支持,以缓解乡村学校优秀师资总量不足和结构不合理等矛盾,有助于加强乡村教师队伍建设。

三、深化乡村教师队伍管理改革

为了提升乡村教师的素质,提高师资水平,国家实施了加强师资配置管理、严格教师资格与准入制度、深化教师职称(职务)制度改革等政策。

① 《教育部、财政部关于印发〈银龄讲学计划实施方案〉的通知》(2018年7月4日),http://www.moe.gov.cn/srcsite/A10/s7151/201807/t20180719_343448.html。

（一）继续加强师资配置管理

加强师资配置管理主要包括实施乡村教师编制改革、进一步升级县域内城乡教师交流轮岗制度等方面的内容。

1. 乡村教师编制改革逐步深入

《支持计划》提出“统一城乡教职工编制标准”，具体规定：乡村中小学教职工编制按照城市标准统一核定，其中村小学、教学点编制按照生师比和班师比相结合的方式核定；县级教育部门在核定的编制总额内，按照班额、生源等情况统筹分配各校教职工编制；通过调剂编制、加强人员配备等方式进一步向人口稀少的教学点、村小学倾斜，重点解决教师全覆盖问题，确保乡村学校开足开齐国家规定课程；严禁在有合格教师来源的情况下“有编不补”、长期使用临聘人员，严禁任何部门和单位以任何理由、任何形式占用或变相占用乡村中小学教职工编制。[①] 乡村教师编制配备进一步创新与完善，《关于统筹推进县域内城乡义务教育一体化改革发展的若干意见》提出了“统筹城乡师资配置”的要求，具体有：各地要依据义务教育学校教职工编制标准、学生规模和教育教学需要，按照中央严格控制机构编制有关要求，合理核定义务教育学校教职工编制；建立城乡义务教育学校教职工编制统筹配置机制和跨区域调整机制，实行教职工编制城乡、区域统筹和动态管理，盘活编制存量，提高使用效益；研究确定县域统一的义务教育学校岗位结构比例，完善职称评聘政策，逐步推动县域内同学段学校岗位结构协调并向乡村适当倾斜，实现职称评审与岗位聘用制度的有效衔接，吸引优秀教师向乡村流动；在核定的教职工编制总额和岗位总量内，要按照班额、生源等情况，充分考虑乡村小规模学校、寄宿制学校和城镇学校的实际需要，统筹分配各

---

① 《国务院办公厅关于印发乡村教师支持计划（2015—2020年）的通知》（2015年6月1日），http://www.moe.gov.cn/jyb_xxgk/moe_1777/moe_1778/201506/t20150612_190354.html。

校教职工编制和岗位数量。[1] 上述规定不仅要求通过乡村教师编制调剂解决乡村教师结构性短缺问题,而且要求加强和规范中小学教职工编制管理,严格管理学校代课教师或编外人员问题,严禁挤占、挪用、截留编制和有编不补等现象产生。

到2018年,中共中央、国务院不仅要求落实《支持计划》中"城乡统一的中小学教职工编制标准"的规定,而且要求"创新编制管理,加大教职工编制统筹配置和跨区域调整力度,省级统筹、市域调剂、以县为主,动态调配",规定编制向乡村小规模学校倾斜,按照班师比与生师比相结合的方式核定。[2] 到2020年,乡村教师编制改革更为深入和具体,教育部等部门要求"创新挖潜编制管理"。一是创新乡村教师编制配备。充分考虑新型城镇化、全面二孩政策、新课程改革、教育扶贫等情况,落实城乡统一的中小学教职工编制标准,科学合理核定教职工编制,向乡村小规模学校适当倾斜,按照班师比与生师比相结合的方式核定;对民族地区、寄宿制、承担较多教学点管理任务的乡村学校,按一定比例核增编制;各地结合实际制定小规模学校和寄宿制学校教职工编制的具体核定标准和实施办法;鼓励地方探索建立教职工编制"周转池"制度,妥善解决中小学教育需要。二是挖潜调整乡村学校编制。挖潜调剂出来的编制资源优先用于乡村中小学;根据乡村学校布局结构调整、城乡区域人口流动、乡村学生规模变化等情况,调整乡村学校人员编制配置;加大教职工编制统筹配置和跨市县调整力度,鼓励探索教师跨学科、跨学段转岗机制,缓解英语、音乐、体育、美术、综合实践等学科教师短缺矛盾;鼓励地方通过跨校兼课、教师走教等方式实现区域内教师资源共享;超编学校确需补充专任教师的,要加大现有人员编制跨校结构性调整统筹力度,保障开齐开足国家规定课程。三是规范乡村学校人员管理和实施教师编制使用效益评估,教师配置尚未达标地区可通过政府购买服务等形式

---

① 《国务院关于统筹推进县域内城乡义务教育一体化改革发展的若干意见》(2016年7月2日).http://www.gov.cn/zhengce/content/2016-07/11/content_5090298.htm。

② 《中共中央、国务院关于全面深化新时代教师队伍建设改革的意见》(2018年1月20日).http://www.moe.gov.cn/jyb_xwfb/moe_1946/fj_2018/201801/t20180131_326148.html。

予以支持。[1] 由此,乡村教师编制改革更为深入。

2. 城乡教师交流轮岗制度进一步升级

第一,城乡教师交流轮岗制度进一步升级。2015年,国务院要求:“各地要采取定期交流、跨校竞聘、学区一体化管理、学校联盟、对口支援、乡镇中心学校教师走教等多种途径和方式,重点引导优秀校长和骨干教师向乡村学校流动”;县域内重点推动县城学校教师到乡村学校交流轮岗,乡镇范围内重点推动中心学校教师到村小学、教学点交流轮岗。[2] 2016年,国务院还规定:城镇学校和优质学校教师每学年到乡村学校交流轮岗的比例不低于符合交流条件教师总数的10%,其中骨干教师不低于交流轮岗教师总数的20%。[3] 2018年,中共中央、国务院深入推进县域内义务教育学校教师、校长交流轮岗,要求实行教师聘期制、校长任期制管理,推动城镇优秀教师、校长向乡村学校、薄弱学校流动;将中小学教师到乡村学校、薄弱学校任教一年以上的经历,作为申报高级教师职称和特级教师的必要条件。[4] 同时,不仅关注城镇教师向乡村学校流动,也开始关注乡村学校教师向城镇学校流动。如《关于印发〈教师教育振兴行动计划(2018—2022年)〉的通知》要求推进乡村教师到城镇学校跟岗学习。[5] 到2020年,教育部等六部门再次强调加强城乡教师交流轮岗。具体要求:一是深入推进县(区)域内义务教育学校教师“县管校聘”管理改革,不断“健全县域交流轮岗机制”。将到乡村学校或薄弱学校任教一年以上作为申报高级职称的必要条件,三年以上

---

① 《教育部等六部门关于加强新时代乡村教师队伍建设的意见》(2020年7月31日),http://www.moe.gov.cn/srcsite/A10/s3735/202009/t20200903_484941.html。

② 《国务院办公厅关于印发乡村教师支持计划(2015—2020年)的通知》(2015年6月1日),http://www.moe.gov.cn/jyb_xxgk/moe_1777/moe_1778/201506/t20150612_190354.html。

③ 《国务院关于统筹推进县域内城乡义务教育一体化改革发展的若干意见》(2016年7月2日),http://www.gov.cn/zhengce/content/2016-07/11/content_5090298.htm。

④ 《中共中央、国务院关于全面深化新时代教师队伍建设改革的意见》(2018年1月20日),http://www.moe.gov.cn/jyb_xwfb/moe_1946/fj_2018/201801/t20180131_326148.html。

⑤ 《教育部等五部门关于印发〈教师教育振兴行动计划(2018—2022年)〉的通知》(2018年2月11日),http://www.moe.gov.cn/srcsite/A10/s7034/201803/t20180323_331063.html。

作为选任中小学校长的优先条件,城镇教师、校长在乡村交流轮岗期间享受当地相关补助政策;村小、教学点新招聘教师,五年内须安排到县城学校或乡镇中心校任教至少一年。二是加强城乡一体流动。各地应采取定期交流、跨校竞聘、学区一体化管理、集团化办学、学校联盟、对口支援、乡镇中心学校教师走教、"管理团队+骨干教师"组团输出等多种途径和方式,重点引导城镇优秀校长和骨干教师向乡村学校流动;统筹安排乡镇中心学校和所辖村小、教学点教师交流任教;城镇学校要专设岗位,接受乡村教师入校交流锻炼。① 由此,城乡教师交流轮岗范围有所扩大,交流轮岗方式也日趋多样化。2022 年,教育部等八部门要求重点加强城镇优秀教师、校长向乡村学校、薄弱学校流动,发挥优秀教师、校长的辐射带动作用,扩大优质资源覆盖面,整体提升学校育人能力;完善交流轮岗激励机制,将到乡村学校或薄弱学校任教作为申报高级职称和选任中小学校长的必要条件和优先条件。②

第二,为了顺利推行城乡教师交流轮岗制度,国务院要求全面推进义务教育教师队伍"县管校聘"管理体制改革,为组织城镇教师到乡村学校任教提供制度保障。③ 2020 年,教育部等六部门深入推进县(区)域内义务教育学校教师"县管校聘"管理改革,以健全县域交流轮岗机制。2021 年,教育部等四部门推进义务教育教师县管校聘改革,要求加强城乡教师合理流动和对口支援。④ 2022 年,教育部等八部门深入推进县域内义务教育学校教师"县管校聘"管理改革,要求加大音乐、体育、美术、劳动教育、信息技术、心

① 《教育部等六部门关于加强新时代乡村教师队伍建设的意见》(2020 年 7 月 31 日),http://www.moe.gov.cn/srcsite/A10/s3735/202009/t20200903_484941.html。

② 《教育部等八部门关于印发〈新时代基础教育强师计划〉的通知》(2022 年 4 月 2 日),https://www.gov.cn/zhengce/zhengceku/2022-04/14/content_5685205.htm。

③ 《国务院办公厅关于印发乡村教师支持计划(2015—2020 年)的通知》(2015 年 6 月 1 日),http://www.moe.gov.cn/jyb_xxgk/moe_1777/moe_1778/201506/t20150612_190354.html。

④ 《教育部等四部门印发〈关于实现巩固拓展教育脱贫攻坚成果同乡村振兴有效衔接的意见〉》(2021 年 4 月 30 日),http://www.moe.gov.cn/srcsite/A03/s7050/202105/t20210514_531434.html。

理健康教育等紧缺学科教师补充力度[①],将"县管校聘"管理改革作为优化义务教育教师资源配置的重要手段。由此可见,"县管校聘"管理改革是推行城乡教师交流轮岗的重要保障。基于此,各地纷纷推行或创新实施"县管校聘"管理体制。如福建省建立了中小学教师"以县为主、县管校用"管理体制,在县域内做到义务教育公办教师工资待遇、编制标准、岗位结构比例、招聘调配、考核评价、管理服务"六个统一",使教师从"学校人"变成"区域人",为县域内教师的均衡配置奠定了基础。[②]

(二)进一步严格教师资格与准入制度

《关于全面深化新时代教师队伍建设改革的意见》要求完善中小学教师准入制度:完善教师资格考试政策,逐步将修习教师教育课程、参加教育教学实践作为认定教育教学能力、取得教师资格的必备条件;新入职教师须取得教师资格;严格教师准入,提高入职标准,重视思想政治素质和业务能力,逐步将小学教师学历提升至师范专业专科和非师范专业本科,初中教师学历提升至本科;明确任职条件和资格,规范选拔任用工作。[③] 2022年,教育部等八部门要求进一步完善教师资格制度。具体要求:严把教师入口关,全面推开中小学教师资格考试和定期注册制度改革;教师必须取得相应教师资格,持教师资格证上岗任教;推进"师范生免国家中小学教师资格考试认定取得中小学教师资格"改革,开展教师教育院校师范类专业办学质量审核;继续做好教育类研究生、公费师范生和优师计划师范生免试认定改革工作,教师教育院校对师范生教育教学能力进行考核;严格要求教师资格申请

---

① 《教育部等八部门关于印发〈新时代基础教育强师计划〉的通知》(2022年4月2日),https://www.gov.cn/zhengce/zhengceku/2022-04/14/content_5685205.htm。

② 《国家教育督导检查组对福建省义务教育均衡发展督导检查反馈意见》(2016年10月16日),http://www.moe.gov.cn/jyb_xwfb/gzdt_gzdt/s5987/201611/t20161102_287352.html。

③ 《中共中央、国务院关于全面深化新时代教师队伍建设改革的意见》(2018年1月20日),http://www.moe.gov.cn/jyb_xwfb/moe_1946/fj_2018/201801/t20180131_326148.html。

人普通话水平,提高新任教师国家通用语言文字教育教学水平。[①] 由此,我国进一步严格教师资格与准入制度,加强了对包含乡村教师在内的中小学教师队伍的管理;同时,在对教师教育院校师范类专业办学质量审核的基础上,给予了教师教育院校考核师范生教育教学能力的权限。

(三)深化教师职务(职称)制度改革

《关于深化中小学教师职称制度改革的指导意见》(人力资源社会保障部、教育部,2015年)推动了中小学教师职称制度在全国范围内的改革。根据该意见,各地改革原中学和小学教师相互独立的职称(职务)制度体系,建立统一的中小学教师(职称)职务制度,即教师职务分为初级职务、中级职务和高级职务。2015年中小学职称设置情况见表6.26。

表6.26 2015年中小学职称设置情况统计

职称等级		名称	与原有职称对比		专业技术岗位等级
			中学	小学	
高级	正高级	正高级教师			一级至四级
	副高级	高级教师	原中学高级教师		五级至七级
中级	中级	一级教师	原中学一级教师	原小学高级教师	八级至十级
初级	助理级	二级教师	原中学二级教师	原小学一级教师	十一级至十二级
	员级	三级教师	原中学三级教师	原小学二级、三级教师	十三级

资料来源:《人力资源社会保障部、教育部关于印发〈关于深化中小学教师职称制度改革的指导意见〉的通知》(2015年8月28日),http://www.moe.gov.cn/jyb_xxgk/moe_1777/moe_1779/201509/t20150902_205165.html。

如表6.26所示,其一,2015年统一了中小学职称(职务)等级和名称:初级设员级和助理级;高级设副高级和正高级;员级、助理级、中级、副高级和正高级职称(职务)名称依次为三级教师、二级教师、一级教师、高级教师和正高级教师。其二,统一后的中小学教师职称(职务)与原中小学教师专业

① 《教育部等八部门关于印发〈新时代基础教育强师计划〉的通知》(2022年4月2日),https://www.gov.cn/zhengce/zhengceku/2022-04/14/content_5685205.htm。

技术职务的对应关系是:原中学高级教师(含在小学中聘任的中学高级教师)对应高级教师;原中学一级教师和小学高级教师对应一级教师;原中学二级教师和小学一级教师对应二级教师;原中学三级教师和小学二级、三级教师对应三级教师。其三,统一后的中小学教师职称(职务)分别与事业单位专业技术岗位等级相对应:正高级教师对应专业技术岗位一至四级;高级教师对应专业技术岗位五至七级;一级教师对应专业技术岗位八至十级;二级教师对应专业技术岗位十一至十二级;三级教师对应专业技术岗位十三级。[①] 该意见的发布标志着我国中小学教师职称制度进入了全面革新时期。

国务院于 2016 年指出:应完善乡村教师职业发展保障机制,合理设置乡村学校中级、高级教师岗位比例;落实中小学教师职称评聘结合政策,确保乡村学校教师职称即评即聘。[②] 这为乡村师职务(职称)制度改革提供了保障。2018 年,中共中央、国务院要求深化中小学教师职称制度改革。具体要求:适当提高中小学中级、高级教师岗位比例,畅通教师职业发展通道;完善符合中小学特点的岗位管理制度,实现职称与教师聘用衔接;推行中小学校长职级制改革,拓展职业发展空间,促进校长队伍专业化建设;进一步完善职称评价标准,建立符合中小学教师岗位特点的考核评价指标体系,坚持德才兼备、全面考核,突出教育教学实绩,引导教师潜心教书育人。[③]《中华人民共和国教师法(修订草案)(征求意见稿)》(教育部,2021 年)也要求国家实行教师职务制度:将中小学教师职务分为初级职务、中级职务、副高级职务和正高级职务;教师初级职务和中级职务“自然”晋升,即“不受岗位

① 《人力资源社会保障部、教育部关于印发〈关于深化中小学教师职称制度改革的指导意见〉的通知》(2015 年 8 月 28 日),http://www.moe.gov.cn/jyb_xxgk/moe_1777/moe_1779/201509/t20150902_205165.html。

② 《国务院关于统筹推进县域内城乡义务教育一体化改革发展的若干意见》(2016 年 7 月 2[illegible]日),http://www.gov.cn/zhengce/content/2016-07/11/content_5090298.htm。

③ 《中共中央、国务院关于全面深化新时代教师队伍建设改革的意见》(2018 年 1 月 20日),http://www.moe.gov.cn/jyb_xwfb/moe_1946/fj_2018/201801/t20180131_326148.html。

比例限制，根据教师履行职务的年限和要求，依照规定晋升”。[1] 2021 年，中共中央、国务院对长期在乡村学校任教的教师，规定职称评审可按规定“定向评价、定向使用”，高级岗位实行总量控制、比例单列，可不受所在学校岗位结构比例限制。[2] 2022 年，教育部等八部门进一步指出：长期在乡村学校工作的中小学教师在职称评聘时，中高级岗位实行总量控制、比例单列，不受各地岗位结构比例限制。[3] 由此，从高级岗位的“总量控制、比例单列”扩展到将中级岗位包含其中，将“不受所在学校岗位结构比例限制”扩展至“不受各地岗位结构比例限制”，促使乡村教师职称制度改革进一步深入。

乡村教师除了遵循全国教师职称制度，职称评聘时还享受一定的优待和倾斜政策。《支持计划》要求：各地要研究完善乡村教师职称评聘条件和程序办法，实现县域内城乡学校教师岗位结构比例总体平衡，向乡村教师倾斜；乡村教师评聘职称时不作外语成绩(外语教师除外)、发表论文的刚性要求；注重师德素养、教育教学工作业绩、教育教学方法和教育教学一线实践经历。[4]《关于加强新时代乡村教师队伍建设的意见》要求为乡村教师提供更广阔的发展空间，职称评聘向乡村倾斜。具体要求：对长期在乡村和艰苦边远地区从教的中小学教师，进一步放宽对学历、论文、职称外语、计算机应用能力的要求，坚决破除“唯论文、唯帽子”不良导向，提高教育教学实绩的评价权重；实行乡村教师和城镇教师分开评审；允许乡村小学教师按照所教学科评聘职称，不受所学专业限制；适当提高中小学中高级岗位结构比例，向乡村教师倾斜，乡村学校中高级专业技术岗位设置比例不低于当地城镇

---

① 《教育部关于〈中华人民共和国教师法(修订草案)(征求意见稿)〉公开征求意见的公告》(2021 年 11 月 29 日)，http://www.moe.gov.cn/jyb_xwfb/s248/202111/t20211129_583188.html。

② 《中共中央办公厅、国务院办公厅印发〈关于加快推进乡村人才振兴的意见〉》(2021 年 2 月 23 日)，http://www.gov.cn/xinwen/2021-02/23/content_5588496.htm。

③ 《教育部等八部门关于印发〈新时代基础教育强师计划〉的通知》(2022 年 4 月 2 日)，https://www.gov.cn/zhengce/zhengceku/2022-04/14/content_5685205.htm。

④ 《国务院办公厅关于印发乡村教师支持计划(2015—2020 年)的通知》(2015 年 6 月 1 日)，http://www.moe.gov.cn/jyb_xxgk/moe_1777/moe_1778/201506/t20150612_190354.html。

同类学校标准。[①] 到2021年，还将“对长期在乡村任教的教师在职称评定等方面给予优待”的规定列入《中华人民共和国乡村振兴促进法》。[②]

总之，国家在过去的倾斜激励政策的基础上实施了系列改革，逐步放宽了乡村教师职称评聘条件，推动了乡村教师职称（职务）制度改革的深化。

四、完善乡村教师待遇保障

为了实现乡村教师“留得住”，提高乡村教师待遇，国家陆续出台了一系列增强乡村教师职业吸引力的举措，并将“保障和改善乡村教师待遇”列入《中华人民共和国乡村振兴促进法》。保障和改善乡村教师待遇的举措主要有提高乡村教师的经济待遇、精神待遇，完善乡村教师的社会福利待遇，以及对乡村教师实施倾斜式支持等。

（一）进一步提高乡村教师的经济待遇

提高乡村教师的经济待遇主要包括完善工资待遇保障、完善津贴与补助政策等方面的内容。

1. 完善工资待遇保障

这一时期，国家以乡村教师绩效工资改革的不断深化与完善推动乡村教师工资待遇保障的加强。2016年，国务院提出“改革乡村教师待遇保障机制”。具体规定：各地实行乡村教师收入分配倾斜政策，使乡村教师实际工资收入水平不低于同职级县镇教师工资收入水平；健全长效联动机制，核定义务教育学校绩效工资总量时统筹考虑当地公务员实际收入水平，确保县域内义务教育教师平均工资收入水平不低于当地公务员的平均工资收入

① 《教育部等六部门关于加强新时代乡村教师队伍建设的意见》（2020年7月31日），http://www.moe.gov.cn/srcsite/A10/s3735/202009/t20200903_484941.html。

② 《中华人民共和国乡村振兴促进法》（2021年4月29日），http://www.gov.cn/xinwen/2021-04/30/content_5604050.htm。

水平。[①] 中共中央、国务院于 2018 年要求改革与完善乡村中小学教师待遇保障机制，再次强调了上述规定。具体要求：不断深化和完善乡村教师绩效工资改革，完善教师收入分配激励机制，在有效体现教师工作量和工作绩效时，加大课时量和教学实绩在考核评价和绩效工资分配中的权重；核定绩效工资时向乡村小规模学校、寄宿制学校、民族地区、艰苦边远地区学校适当倾斜，支持各地因地制宜调整绩效工资结构，并合理确定奖励性绩效工资占比；绩效工资分配向班主任、教学一线和教育教学效果突出教师等倾斜。[②] 到 2020 年，教育部等六部门在要求完善乡村教师待遇保障机制时，进一步规定确保平均工资收入水平不低于或高于当地公务员平均工资收入水平，并再次强调完善绩效工资政策。[③] 2022 年，教育部等八部门加强教师工资待遇保障，具体要求：加大经费保障力度，切实解决拖欠义务教育教师工资和欠缴社会保险费、职业年金、住房公积金等问题，全面落实义务教育教师平均工资收入水平不低于当地公务员平均工资收入水平要求。[④] 总之，这一时期在以乡村教师绩效工资改革的不断深化的同时，不断完善加强乡村教师的工资待遇的保障，要求以当地公务员平均工资收入水平为标准，提高乡村教师工资收入水平。

2. 完善津贴与补助政策

国务院于 2015 年要求提高乡村教师生活待遇，全面落实集中连片特困地区乡村教师生活补助政策，依据学校艰苦边远程度实行差别化的补助标

① 《国务院关于统筹推进县域内城乡义务教育一体化改革发展的若干意见》(2016 年 7 月 2 日)，http://www.gov.cn/zhengce/content/2016-07/11/content_5090298.htm。

② 《中共中央、国务院关于全面深化新时代教师队伍建设改革的意见》(2018 年 1 月 20 日)，http://www.moe.gov.cn/jyb_xwfb/moe_1946/fj_2018/201801/t20180131_326148.html；《教育部等六部门关于加强新时代乡村教师队伍建设的意见》(2020 年 7 月 31 日)，http://www.moe.gov.cn/srcsite/A10/s3735/202009/t20200903_484941.html。

③ 《教育部等六部门关于加强新时代乡村教师队伍建设的意见》(2020 年 7 月 31 日)，http://www.moe.gov.cn/srcsite/A10/s3735/202009/t20200903_484941.html。

④ 《教育部等八部门关于印发〈新时代基础教育强师计划〉的通知》(2022 年 4 月 2 日)，https://www.gov.cn/zhengce/zhengceku/2022-04/14/content_5685205.htm。

准,中央财政继续给予综合奖补[①];到2016年则指出:要落实并完善集中连片特困地区和边远艰苦地区乡村教师生活补助政策,因地制宜稳步扩大实施范围,按照越往基层、越往艰苦地区补助水平越高的原则,提高乡村教师收入水平[②]。中共中央、国务院于2018年大力提高乡村教师待遇,要求深入实施乡村教师支持计划,关心乡村教师生活,在落实艰苦边远地区教师津贴和集中连片特困地区教师生活补助政策,依据学校艰苦边远程度实行差别化补助的基础上,还鼓励有条件的地方提高补助标准,惠及更多乡村教师。[③]而且,《深度贫困地区教育脱贫攻坚实施方案(2018—2020)》要求指导"三区三州"所在省用好中央奖补政策,逐步提高补助标准,自主扩大实施范围,稳定和吸引优秀人才长期任教乡村学校。[④]《教育部直属师范大学师范生公费教育实施办法》还将各地落实乡村教师生活补助、艰苦边远地区津贴等优惠政策,作为吸引公费师范生毕业后到乡村中小学任教的重要保障。[⑤] 为了更好地服务乡村振兴战略,推动各地继续实施好乡村教师生活补助政策,《关于进一步做好乡村教师生活补助政策实施工作的通知》(教育部,2020年)再次明确以下要求:完善乡村教师生活补助差别化政策,合理划分补助的档次及标准,实行有差别的补助政策,不断提升乡村教师待遇;统筹资金安排,健全乡村教师生活补助经费长效机制,加大对"三区三州"等深度贫困地区县,特别是对52个脱贫攻坚挂牌督战县倾斜支持力度;鼓励有条件的地方

---

① 《国务院办公厅关于印发乡村教师支持计划(2015—2020年)的通知》(2015年6月1日),http://www.moe.gov.cn/jyb_xxgk/moe_1777/moe_1778/201506/t20150612_190354.html。

② 《国务院关于统筹推进县域内城乡义务教育一体化改革发展的若干意见》(2016年7月2日),http://www.gov.cn/zhengce/content/2016-07/11/content_5090298.htm。

③ 《中共中央、国务院关于全面深化新时代教师队伍建设改革的意见》(2018年1月20日),http://www.moe.gov.cn/jyb_xwfb/moe_1946/fj_2018/201801/t20180131_326148.html。

④ 《教育部、国务院扶贫办关于印发〈深度贫困地区教育脱贫攻坚实施方案(2018—2020年)〉的通知》(2018年1月24日),http://www.moe.gov.cn/srcsite/A03/moe_1892/moe_630/201802/t20180226_327800.html。

⑤ 《国务院办公厅关于转发教育部等部门教育部直属师范大学师范生公费教育实施办法的通知》(2018年7月30日),http://www.moe.gov.cn/jyb_xxgk/moe_1777/moe_1778/201808/t20180810_345023.html。

进一步扩大实施范围，重点向教学点、村小和条件艰苦地区倾斜，稳定和吸引更多优秀人才任教乡村。[①] 2020年教育部等六部门又一次明确要求全面落实集中连片特困地区乡村教师生活补助政策，提高教龄津贴标准，依据学校艰苦边远程度实行差别化的补助标准，即形成"学校越边远、条件越艰苦、从教时间越长，教师待遇越高"的格局。[②] 可见，国家在落实以往乡村教师津贴和补助政策的基础上，不断扩大政策的实施范围，同时依据学校艰苦边远程度实行差别化的补助标准，并鼓励有条件的地方提高乡村教师的补助标准，逐渐提高乡村教师的待遇水平。

(二)进一步提高乡村教师的精神待遇

这一时期提高乡村教师的精神待遇包含建立并不断完善乡村教师荣誉制度、对乡村教师实施表彰与奖励等方面的内容。

1. 建立并不断完善乡村教师荣誉制度

建立并不断完善乡村教师荣誉制度成为这一时期提升乡村教师社会地位的重要手段。延续上一阶段优秀乡村教师表彰、奖励、宣传工作，为落实建立国家级教师荣誉制度，国务院于2015年首次提出建立乡村教师荣誉制度，规定国家对在乡村学校从教三十年以上的教师颁发荣誉证书，各地要分别对在乡村学校从教二十年以上、十年以上的教师给予鼓励。[③] 对在乡村学校从教三十年以上的教师颁发荣誉证书的制度从2016年起便得到了实施。到2020年，教育部等六部门进一步要求完善乡村教师荣誉制度。随着乡村

---

① 《教育部办公厅关于进一步做好乡村教师生活补助政策实施工作的通知教育部办公厅》(2020年6月17日)，http://www.moe.gov.cn/srcsite/A10/s7030/202006/t20200628_468807.html。

② 《教育部等六部门关于加强新时代乡村教师队伍建设的意见》(2020年7月31日)，http://www.moe.gov.cn/srcsite/A10/s3735/202009/t20200903_484941.html;《教育部等八部门关于印发〈新时代基础教育强师计划〉的通知》(2022年4月2日)，https://www.gov.cn/zhengce/zhengceku/2022-04/14/content_5685205.htm。

③ 《国务院办公厅关于印发乡村教师支持计划(2015—2020年)的通知》(2015年6月1日)，http://www.moe.gov.cn/jyb_xxgk/moe_1777/moe_1778/201506/t20150612_190354.html。

教师荣誉制度的建立和完善,乡村教师激励有所加强。

2. 对乡村教师实施表彰与奖励

《支持计划》指出:各省政府可按照国家有关规定对在乡村长期从教的教师予以表彰,鼓励和引导社会力量建立专项基金,对长期任教乡村的优秀教师给予物质奖励;在评选表彰教育系统先进集体和先进个人等方面,向乡村教师倾斜。[①] 2018 年,中共中央、国务院指出,加大对全体教师的表彰力度,大力宣传教师中的"时代楷模"和"最美教师"等。[②] 鉴于此,教育部等六部门于 2020 年专门针对乡村教师提出了表彰和奖励要求:国家在继续实施对在乡村学校从教三十年以上的教师颁发荣誉证书的制度之外,还要求各地结合实际给予乡村教师奖励;在各类人才项目、荣誉表彰、评奖评优中向乡村教师倾斜;在加强媒体宣传的基础上组织开展优秀教师集体外出学习交流;在政府荣誉表彰、动员社会力量成立专项基金对优秀教师实施物质奖励之外,给乡村教师提供更多的培训机会[③]。由此,乡村教师社会地位有了进一步的提升。

与此同时,国家提高乡村教师社会地位的举措还有:开展多种形式的乡村教师服务慰问活动;建立乡镇党委和政府组织、村委会和乡村学校等参加的联席会议制度,重点研究和解决乡村教师队伍建设的困难和问题;研究涉及中小学重大事项时,吸收教师代表参加,听取教师意见;为更多优秀乡村教师参与乡村治理、推动乡村振兴提供多种渠道。[④] 加强乡村教师媒体宣传也是提升乡村教师社会地位的重要手段,具体要求:广泛宣传乡村教师坚守

① 《国务院办公厅关于印发乡村教师支持计划(2015—2020 年)的通知》(2015 年 6 月 1 日),http://www.moe.gov.cn/jyb_xxgk/moe_1777/moe_1778/201506/t20150612_190354.html。

② 《中共中央、国务院关于全面深化新时代教师队伍建设改革的意见》(2018 年 1 月 20 日),http://www.moe.gov.cn/jyb_xwfb/moe_1946/fj_2018/201801/t20180131_326148.html。

③ 《教育部等六部门关于加强新时代乡村教师队伍建设的意见》(2020 年 7 月 31 日),http://www.moe.gov.cn/srcsite/A10/s3735/202009/t20200903_484941.html。

④ 《教育部等六部门关于加强新时代乡村教师队伍建设的意见》(2020 年 7 月 31 日),http://www.moe.gov.cn/srcsite/A10/s3735/202009/t20200903_484941.html。

岗位、默默奉献的崇高精神[①];与中央“特岗计划”、乡村教师支持计划等工作相结合,采取多种形式广泛宣传乡村教师生活补助政策,营造全社会尊师重教、关注乡村教育和乡村教师的浓厚氛围[②];鼓励各地加大育人先进事迹和教学典型经验的宣传推介力度,组织开展集体外出学习交流[③];等等。

(三)完善乡村教师的社会福利待遇

这一时期完善乡村教师的社会福利待遇主要包括改善乡村教师住宿条件、加强医疗等其他福利保障等方面的内容。

1.改善乡村教师住宿条件

一是为乡村教师缴纳住房公积金,提供购房便利和优惠。国务院于2015年、2016年都提出要依法为乡村教师缴纳住房公积金,各地应按规定将符合条件的远艰苦地区的教师住房纳入当地住房保障范围,统筹予以解决。[④] 2018年,中共中央、国务院再次强调了这一点。2020年,教育部等六部门还进一步指出:鼓励各地采取多种形式对符合条件的乡村教师在城镇购买住房给予一定优惠。[⑤]

二是为乡村教师加强周转宿舍的建设与管理工作。2015年,国务院明确指出要多渠道建设好乡村教师周转宿舍,努力实现乡村教师在学校有周转宿舍、在县城有稳定住房。第二年,中共中央、国务院就提出了加快边远

---

① 《国务院办公厅关于印发乡村教师支持计划(2015—2020年)的通知》(2015年6月1日),http://www.moe.gov.cn/jyb_xxgk/moe_1777/moe_1778/201506/t20150612_190354.html。

② 《教育部办公厅关于进一步做好乡村教师生活补助政策实施工作的通知》(2020年6月17日),http://www.moe.gov.cn/srcsite/A10/s7030/202006/t20200628_468807.html。

③ 《教育部等六部门关于加强新时代乡村教师队伍建设的意见》(2020年7月31日),http://www.moe.gov.cn/srcsite/A10/s3735/202009/t20200903_484941.html。

④ 《国务院办公厅关于印发乡村教师支持计划(2015—2020年)的通知》(2015年6月1日),http://www.moe.gov.cn/jyb_xxgk/moe_1777/moe_1778/201506/t20150612_190354.html;《国务院关于统筹推进县域内城乡义务教育一体化改革发展的若干意见》(2016年7月2日),http://www.gov.cn/zhengce/content/2016-07/11/content_5090298.htm。

⑤ 《教育部等六部门关于加强新时代乡村教师队伍建设的意见》(2020年7月31日),http://www.moe.gov.cn/srcsite/A10/s3735/202009/t20200903_484941.html。

艰苦地区乡村教师周转宿舍建设的规定。[①] 2020年,教育部等六部门则要求通过改建、配建和新建等渠道建设好乡村教师周转宿舍。[②] 2022年,教育部等八部门指出,支持地方完善住房保障体系,加大保障性住房供应力度,以解决教师队伍住房困难问题。[③] 总之,国家通过为乡村教师缴纳住房公积金,提供购房便利和优惠,以各种方法加快周转宿舍建设等,改善了乡村教师住宿条件。

2. 加强医疗等其他福利保障

这一时期,国家注重保障乡村教师基本医疗卫生服务,要求定期组织乡村教师进行身体健康检查,使符合条件者享受医疗救助,并做好重大疾病救助工作;同时,关注乡村教师心理健康,以学区为单位建立心理辅导中心。如《支持计划》要求在现行制度架构内做好乡村教师重大疾病救助工作。[④] 2017年6月,生育保险和职工基本医疗保险合并实施试点工作正式启动,不仅提高了基金共济能力,也切实保障了广大乡村教师在医疗和生育方面享受的福利待遇。而《关于加强新时代乡村教师队伍建设的意见》指出,各地应按照有关规定使符合条件的乡村教师享受医疗救助等政策;保障基本医疗卫生服务,定期对乡村教师进行身体健康检查,以学区为单位建立心理辅导中心。[⑤]

在养老保险方面,我国当前已构建起职工基本养老保险制度和城乡居

---

① 《国务院关于统筹推进县域内城乡义务教育一体化改革发展的若干意见》(2016年7月2日),http://www.gov.cn/zhengce/content/2016-07/11/content_5090298.htm;《中共中央、国务院关于全面深化新时代教师队伍建设改革的意见》(2018年1月20日),http://www.moe.gov.cn/jyb_xwfb/moe_1946/fj_2018/201801/t20180131_326148.html。

② 《教育部等六部门关于加强新时代乡村教师队伍建设的意见》(2020年7月31日),http://www.moe.gov.cn/srcsite/A10/s3735/202009/t20200903_484941.html。

③ 《教育部等八部门关于印发〈新时代基础教育强师计划〉的通知》(2022年4月2日),https://www.gov.cn/zhengce/zhengceku/2022-04/14/content_5685205.htm。

④ 《国务院办公厅关于印发乡村教师支持计划(2015—2020年)的通知》(2015年6月1日),http://www.moe.gov.cn/jyb_xxgk/moe_1777/moe_1778/201506/t20150612_190354.html。

⑤ 《教育部等六部门关于加强新时代乡村教师队伍建设的意见》(2020年7月31日),http://www.moe.gov.cn/srcsite/A10/s3735/202009/t20200903_484941.html。

民基本养老保险制度[1],养老保险基本实现了对乡村学校正式教职工的全覆盖。而且,教育部等部门规定依法为乡村教师缴纳各项社会保险费,为乡村教师提供养老保障。

(四)深入实施倾斜式激励

这一时期对乡村教师的倾斜式支持范围更广、力度更大。在实施对象上,涉及长期任教乡村学校的教师、乡村教育志愿者或支援者、交流轮岗者等,尤其是对乡村青年教师的专业发展和生活给予了极大的关注;在支持内容上,不仅给予财政性支持,而且关注各级评奖评优表彰等倾斜支持。

1. 对乡村教育志愿者或支援者的倾斜式激励

一是到城镇学校工作的免费(公费)师范毕业生,在乡村任教期间(至少一年)享受生活补助、艰苦边远地区津贴等优惠,拥有办公场所、周转宿舍等工作生活条件,履约任教满一学期后可免试攻读非全日制教育硕士专业学位。[2] 二是不仅扩大"特岗计划"实施规模,还提高了特岗教师的工资性补助标准。三是取得教师资格的高校毕业生任教乡村学校一定期限后,可按规定享受学费补偿和国家助学贷款代偿政策。四是对城镇退休优秀教师(特级和高级教师)支教乡村学校者,中央财政比照"三区"人才支持计划给予适当支持[3];参与银龄讲学计划的教师,在服务期间,其人事关系、现享受的退休待遇不变,按月发放工作经费(含工作补助、交通差旅费用及购买意外保险费等补助),享有周转宿舍,配备必要的生活设施,表现优秀者给予表彰与

---

① 《人力资源和社会保障部对十三届全国人大三次会议第5416号建议的答复》(2020年9月25日),http://www.mohrss.gov.cn/xxgk2020/fdzdgknr/zhgl/jytabl/jydf/202012/t20201223_406562.html。

② 《国务院办公厅关于转发教育部等部门教育部直属师范大学师范生公费教育实施办法的通知》(2018年7月30日),http://www.moe.gov.cn/jyb_xxgk/moe_1777/moe_1778/201808/t20180810_345023.html。

③ 《国务院办公厅关于印发乡村教师支持计划(2015—2020年)的通知》(2015年6月1日),http://www.moe.gov.cn/jyb_xxgk/moe_1777/moe_1778/201506/t20150612_190354.html。

奖励。[1] 五是对交流轮岗教师实施倾斜式激励，不仅关注城镇教师服务乡村学校期间的激励，规定其在服务期享受当地补助等，还关注乡村教师的激励，促使其有更多前往教育发达地区研修、跟岗学习的机会，推动初任教师在五年内到县城或乡镇中心学校任教至少一年等，以激励乡村教师专业成长。

2. 对乡村青年教师的关注与支持

乡村青年教师是乡村教师队伍建设的重要关注对象。中共中央、国务院于 2018 年指出：帮助乡村青年教师解决困难，关心乡村青年教师工作生活，巩固乡村青年教师队伍；在培训、职称评聘、表彰奖励等方面向乡村青年教师倾斜，优化其发展环境，加快其成长步伐；为乡村青年教师配备相应设施，丰富其精神文化生活。[2]《关于加强新时代乡村教师队伍建设的意见》再次强调了上述内容，同时规定：实施多种形式的乡村青年教师成长项目，加快乡村青年教师成长步伐；健全传帮带机制，充分发挥名师、名校长、骨干教师的示范引领作用，通过结对子、组建学科小组、成立工作室等方式，主动为青年教师当导师、做榜样，帮助青年教师提高专业发展能力；继续实施乡村优秀青年教师培养奖励计划，提供更多学习机会；丰富精神文化生活，在保障教育教学的情况下，组织青年教师参加乡村各种文化活动，使他们主动融入当地百姓生活；关心乡村青年教师婚恋问题，发挥工会、共青团、妇联等群众组织的作用，帮助他们幸福成家、美满生活。[3] 由此，对乡村青年教师的关注更加具体和明确，不仅在培训、职称评聘、表彰奖励等方面实施倾斜式支持，促进乡村青年教师的专业成长，而且帮助解决了乡村青年教师的生活问题，丰富了乡村青年教师的精神文化生活。

---

① 《教育部、财政部关于印发〈银龄讲学计划实施方案〉的通知》(2018 年 7 月 13 日)，http://www.moe.gov.cn/srcsite/A10/s7151/201807/t20180719_343448.html。

② 《中共中央、国务院关于全面深化新时代教师队伍建设改革的意见》(2018 年 1 月 20 日)，http://www.moe.gov.cn/jyb_xwfb/moe_1946/fj_2018/201801/t20180131_326148.html。

③ 《教育部等六部门关于加强新时代乡村教师队伍建设的意见》(2020 年 7 月 31 日)，http://www.moe.gov.cn/srcsite/A10/s3735/202009/t20200903_484941.html。

对长期任教乡村学校的教师,无论是评选表彰教育系统先进集体和先进个人,还是评审各类人才项目、荣誉表彰、评奖评优等,均实施倾斜式支持。

综上所述,这一时期加强乡村教师队伍建设主要围绕着乡村教师的培养、补充、队伍的管理以及待遇等方面展开,旨在从数量补充和质量提升等方面不断弥补前期乡村教师队伍建设存在的不足。在这些举措的保障下,这一时期乡村教师队伍建设与上一阶段相比,的确有了较大程度的改善。

第四节 加强乡村教师队伍建设的成就与困境

——基于对2016—2021年国家教育督导检查组督导报告的分析

2013年,国家启动县域义务教育基本均衡发展国家督导评估认定工作,到2020年底,全国有2,809个县(含不设区的市、市辖区和国家划定的其他县级行政区划单位,以下统称县)通过国家督导认定,占当时全国总县数的96.8%,如期达到国务院的要求。2021年,持续推进县域义务教育基本均衡发展国家督导评估认定工作,先后对广西、西藏、四川、新疆、内蒙古、甘肃6个省份的94个县进行了国家督导验收。到2021年底,全国2,895个县级行政单位通过了国家督导评估。[①] 梳理2015—2021年国家教育督导检查组对各地义务教育均衡发展督导评估的反馈意见(详见附表2、附表3),发现这一时期乡村教师队伍建设成效明显,但也存在一定的困境。

一、建设的主要成就

这一时期乡村教师队伍建设进入深化阶段,取得的成就主要有:师资配置管理加强;多样化的乡村师资补充路径基本定型;乡村师资培训有所加强;乡村师资质量进一步提升;面向乡村教师的财政性激励和非财政性激励进一步加强。

---

① 教育部教育督导局:《全国县域义务教育均衡发展 国家督导评估认定有关情况介绍》(2022年6月21日),http://www.moe.gov.cn/fbh/live/2022/54598/sfcl/202206/t20220621_639114.html。

(一)师资配置管理加强

加强师资配置管理为乡村学校的师资补充提供了重要保障。各地纷纷加强了师资配置管理。如山东省突破教师编制"瓶颈",实行教师编制动态管理,每三年核编一次;对小规模学校按班师比核编,对教改任务重或育龄女教师多的学校按不超过 5%的比例适当增编;对于编制资源不足的学校,调剂其他事业单位编制填补。因此,据 2017 年统计,该省创新建立了中小学临时周转编制专户,全省共列编 1.88 万个,用于满编超编又确需教师的岗位补充。[①] 青海省 2013 年统一了城乡中小学教师编制标准,新设的专项编制向农牧区、双语教学、教学点倾斜;逐步完善了以市(州)为单位的区域内教职工编制总量动态调整机制,重新核编后全省中小学教职工编制数由 52,884 个增至 55,021 个,新增的 2,137 个编制中有 2,105 个调剂给了六个民族州。[②] 广西壮族自治区创新教师编制管理制度,在编制总量只减不增的前提下,创新实施"聘用教师控制数"制度,2016 年和 2020 年两次共新增编制控制数 12.3 万个,按需分配到各市县,有效缓解了教师编制不足的问题。[③]

(二)多样化的乡村师资补充路径基本定型

经过前几个阶段乡村教师队伍的建设,多样化的补充乡村教师路径基本定型。前期形成的补充路径在这一阶段更为明确,而且推行较为顺利。

1. 公费师范生培养加强,学费代偿或到岗退费不断落实

这一时期教育部高度重视师范生定向培养,为乡村学校定向输送了一

① 2016—2017 年国家教育督导检查组对山东省各县(市、区)义务教育均衡发展督导检查反馈意见,见教育部官网。

② 2016—2020 年国家教育督导检查组对青海省义务教育基本均衡发展督导检查反馈意见,见教育部官网。

③ 《国家教育督导检查组对广西壮族自治区义务教育基本均衡发展督导检查反馈意见》(2021 年 1 月 22 日),http://www.moe.gov.cn/jyb_xwfb/gzdt_gzdt/s5987/202101/t20210122_510738.htm。

批本科及以上学历的乡村教师。据统计，2021 年起，国家实施“优师计划”及“定向培养、定向就业”政策，每年为 832 个脱贫县和中西部陆地边境县中小学校培养本科师范生，缓解了音体美等教师资源缺口。[①] 截至 2022 年，6 所教育部直属师范大学以中西部为重点，累计招收公费师范生 14 万人；通过在学免费、到岗退费等方式，每年为乡村中小学培养 4 万余名地方公费师范生。[②] 由此，乡村教师队伍的学历结构和能力水平持续提升。全国各地实施定向师范生培养情况见表 6.27。

表 6.27　2012—2021 年部分地区实施本土化定向师范生培养情况统计

地区	年份	具体举措
新疆	2012—2016	实施“自治区定向免费师范生培养计划”。培养乡村双语教师。2012 年起，每年培养师范生 3,080 人。截至 2016 年，已定向贫困地区乡村学校就业者 6,265 人。
重庆	2013—2019	2013 年推进乡村小学全科教师培养制度创新，4 年来累计招收 4,500 人。到 2017 年，每年招生规模达 2,000 人；2019 年，持续实施小学全科教师培养计划和“双特”教师计划，2013—2019 年累计招收全科师范生 7,480 人。
广西	2013—2021	创新实施了定向师范生培养计划，从高初中应届毕业生中招生培养，毕业后重点定向补充至村小和教学点。据 2018 年统计，2013 年以来共招收 1.1 万人，已有 4,000 人任教于乡村学校。到 2021 年，培养公费师范生 1.2 万人。据 2022 年统计，地方公费师范生培养计划累计投入 8 亿余元，为村小学、教学点培养补充 2.69 万名全科教师和紧缺学科教师。
河南	2015—2020	共招录近 15,000 名省级公费师范生，进行“县来县去”培养。
江西	2016—2017	据 2016 年统计，上饶县积极推进教师本土化培养工程，5 年为全县 112 个教学点均定向培养了 1 名师范生。据 2017 年统计，兴国县定向培养了 124 名本县籍乡村教师。

① 教育部教师工作司：《2022 年教师队伍建设进展情况》（2023 年 3 月 23 日），http://www.moe.gov.cn/fbh/live/2023/55167/sfcl/202303/t20230323_1052198.html。

② 《农村义务教育本科以上学历专任教师达 76.01%，教师结构不断优化，教育质量稳步提高》（2023 年 4 月 10 日），http://www.moe.gov.cn/jyb_xwfb/s5147/202304/t20230410_1055013.html。

续　表

地区	年份	具体举措
山东	2016—2017	2016 年招收了 100 名优秀的志愿乡村教育的学生;2017 年招生 98 名。
安徽	2016—2020	2016—2017 年开展定向培养乡村教师工作计划,共培养 5,000 名乡村教师,此后连续 5 年年均培养 2,500 名左右的全科乡村教师,任教服务期不少于 6 年。
湖南	2015—2020	截至 2015 年底,共招收公费定向师范生 3 万余人,其中已毕业 1 万余人,并补充至乡村学校。2017 年,共培养公费定向师范生 3.2 万人。其中,据 2016 年统计,郴州市苏仙区、津市市等 14 个县近 3 年补充了 1,500 余名公费定向师范生。
山东	2016—2020	2016 年,山东师范大学等 9 所高校招公费师范生 3,000 名。据 2020 年统计,全科教师培养计划已招 2.2 万名免费师范生,省财政累计拨付培养经费 5.7 亿元予以支持。
青海	2020	启动省内定向师范生免费培养计划,按照"州来州去"的原则,为 6 个民族州等艰苦地区和基层一线学校储备骨干教师 1,000 余名,涵盖小学教育等 10 余个紧缺专业;培养省内公费师范生 1,085 名。
内蒙古	2021	"定向培养师资计划"累计招生 2,500 多人。
四川	2013—2021	从 2013 年起每年为 143 个艰苦边远地区县免费定向培养 3,000 名紧缺学科教师。

资料来源:2016—2021 年国家教育督导检查组对上述省份义务教育均衡发展督导检查的反馈意见,见教育部官网;《教育部办公厅关于公布全国乡村教师队伍建设优秀工作案例的通知》(2016 年 9 月 1 日),http://www.moe.gov.cn/srcsite/A10/s3735/201609/t20160919_281513.html;《教育部办公厅关于公布全国乡村教师队伍建设优秀工作案例的通知》(2017 年 6 月 7 日),http://www.moe.gov.cn/srcsite/A10/s3735/201706/t20170615_307027.html;《教育部教师工作司关于公布全国乡村教师和"三区三州"教师队伍建设优秀工作案例的通知》(2018 年 8 月 20 日),http://www.moe.gov.cn/s78/A10/tongzhi/201809/t20180914_348801.html;魏海政:《山东五年投八点八亿元加强乡村教师队伍建设》(2020 年 4 月 11 日),http://www.moe.gov.cn/jyb_xwfb/s5147/202004/t20200411_442485.html;《广西"四个注重"加强乡村教师队伍建设》(2022 年 6 月 13 日),http://www.moe.gov.cn/jyb_xwfb/s6192/s222/moe_1752/202206/t20220613_637039.html。

如表 6.27 所示,本土化定向师范生培养计划在全国很多地方得以推行,这类毕业生成为乡村师资的重要来源,既有助于保障乡村教师数量的补充,也使乡村师资质量得以提升。

伴随着地方师范生公费教育的推行，到岗退费或学费代偿等制度也逐步落实。2018年共有28个省份通过在学免费、到岗退费等多种形式，每年吸引4.5万名高校毕业生到乡村任教。[①] 各地纷纷推行学费代偿或到岗退费等方式吸引高校毕业生加入乡村教师队伍。如福建省本科毕业生到23个省级扶贫开发工作重点县任教者，试用期结束后逐年退还学费每人每年5,000元，共计2万元。据2016年统计，该省5年内共投入1.35亿元实施"农村紧缺学科教师师资代偿学费计划"，共补充了中小学教师3.3万名（其中50%为紧缺学科教师）[②]；2017年省财政投入2,500万元，为1,250名到乡村学校任教的高校毕业生代偿学费[③]。广东省实施"高校毕业生到乡村从教上岗退费"政策，省财政对到粤东西北地区乡村学校任教的本、专科毕业生每年退费6,000元（本科退费4年，专科退费3年），该政策到2016年为该省欠发达地区乡村学校补充了4.2万名合格教师（其中20%以上者为紧缺学科教师）。[④] 辽宁省2018年统计共投入专项经费3.41亿元（其中省财政投入1.37亿元）实施学费补偿和贷款代偿。[⑤]

2."特岗计划"实施范围扩大

为了支持贫困地区优化乡村教师队伍结构，教育部不断扩大"特岗计划"实施范围。据统计，"十三五"时期，中央财政共投入700亿元支持和引导地方加强乡村教师队伍建设，其中用于"特岗计划"费用达379亿元；"特

① 李澈：《打通新时代教师队伍建设改革"最先一公里"——〈中共中央、国务院关于全面深化新时代教师队伍建设改革的意见〉颁布实施一周年综述》（2019年2月18日），http://www.moe.gov.cn/fbh/live/2019/50256/mtbd/201902/t20190218_369830.html。

② 《国家教育督导检查组对福建省义务教育均衡发展督导检查反馈意见》（2016年10月16日），http://www.moe.gov.cn/jyb_xwfb/gzdt_gzdt/s5987/201611/t20161102_287352.html。

③ 《教育部教师工作司关于公布全国乡村教师和"三区三州"教师队伍建设优秀工作案例的通知》（2018年8月20日），http://www.moe.gov.cn/s78/A10/tongzhi/201809/t20180914_348801.html。

④ 《国家教育督导检查组对广东省义务教育均衡发展督导检查反馈意见》（2016年7月11日），http://www.moe.gov.cn/jyb_xwfb/gzdt_gzdt/s5987/201607/t20160711_271464.html。

⑤ 《教育部教师工作司关于公布全国乡村教师和"三区三州"教师队伍建设优秀工作案例的通知》（2018年8月20日），http://www.moe.gov.cn/s78/A10/tongzhi/201809/t20180914_348801.html。

岗计划”于 2017—2019 年连续 3 年每年招聘特岗教师增加 1 万人，提前一年实现年招聘 10 万人的工作目标，其中 2018 年共招聘 8.5 万多名特岗教师，2020 年继续扩大招聘规模，到 2020 年底，中西部地区特岗教师突破 44 万人。[①] 2021 年深入实施“特岗计划”，全年招聘特岗教师近 6.6 万人。[②] 总之，“特岗计划”实施以来，到 2022 年，累计有 109.5 万名高校毕业生赴中西部乡村学校任教，其中本科以上学历者占比达 84.8%，有效缓解了欠发达地区优秀教师不足等问题。[③] 各地实施“特岗计划”情况见表 6.28。

表 6.28　2014—2022 年部分地区实施“特岗计划”情况统计

地区	年份	具体举措
宁夏	2014—2018	累计招聘特岗教师 2.35 万人(占中小学专任教师总数的 36%)，覆盖 1,200 多所中小学校。
贵州	2014—2018	据 2016 年统计，近 3 年共招聘特岗教师 2.7 万人。2018 年补充特岗教师 4.1 万人。其中，截至 2017 年底，威宁县已累计招聘特岗教师 11,964 人。
新疆	2016—2020	共招聘特岗教师 6.17 万人。
福建	2017	投入 6,208.5 万元，为省贫困县补充特岗教师 4,000 余人。
湖南	2017—2020	2017 年补充特岗教师 2.9 万人，2020 年招聘特岗教师 5 万多人。
湖南	2017—2020	安排特岗教师约 1.8 万人。
山西	2018	持续十年实施“特岗计划”，其中 2018 年选拔 2,172 人。
辽宁	2015—2018	2015 年推行地方“特岗计划”，到 2018 年，为全省 44 个县(市)的 1,011 所乡村中学和 3,883 所乡村小学补充特岗教师 18,934 人。
陕西	2019	安排资金 7.26 亿元，为 9 个市 50 个县招聘特岗教师 1.6 万人。
海南	2019	为 14 个市县中小学共补充特岗教师 7,200 多人。

① 陈晨：《“十三五”时期中央财政安排 700 亿元支持乡村教师队伍建设》(2020 年 9 月 11 日)，http://www.moe.gov.cn/jyb_xwfb/s5147/202009/t20200911_487130.html；李澈：《打通新时代教师队伍建设改革“最先一公里”——〈中共中央、国务院关于全面深化新时代教师队伍建设改革的意见〉颁布实施一周年综述》(2019 年 2 月 18 日)，http://www.moe.gov.cn/fbh/live/2019/50256/mtbd/201902/t20190218_369830.html。

② 教育部教师工作司：《2022 年教师队伍建设进展情况》(2023 年 3 月 23 日)，http://www.moe.gov.cn/fbh/live/2023/55167/sfcl/202303/t20230323_1052198.html。

③ 《农村义务教育本科以上学历专任教师达 76.01%，教师结构不断优化，教育质量稳步提高》(2023 年 4 月 10 日)，http://www.moe.gov.cn/jyb_xwfb/s5147/202304/t20230410_1055013.html。

续　表

地区	年份	具体举措
重庆	2019	为乡村学校招录特岗教师1.8万人。
云南	2019	近5年招聘特岗教师2.8万人。
内蒙古	2021	共招聘特岗教师9,400多人。
四川	2021	累计招录特岗教师4万余人。
广西	2021—2022	到2021年，累计补充特岗教师5.66万人；2022年加大招聘力度，每年选聘特岗教师7,000余人，同时启动实施地方"特岗计划"。

资料来源：2016—2021年国家教育督导检查组对上述省份义务教育均衡发展督导检查的反馈意见，见教育部官网；《教育部教师工作司关于公布全国乡村教师和"三区三州"教师队伍建设优秀工作案例的通知》（2018年8月20日），http://www.moe.gov.cn/s78/A10/tongzhi/201809/t20180914_348801.html；《新疆深入实施特岗计划，努力提升农村义务教育质量》（2021年5月25日），http://www.moe.gov.cn/jyb_xwfb/s6192/s222/moe_1763/202105/t20210526_533680.html；《湖南省突出"四个精准"推进教育脱贫》（2020年6月16日），http://www.moe.gov.cn/jyb_xwfb/s6192/s222/moe_1750/202006/t20200616_466411.html；《广西"四个注重"加强乡村教师队伍建设》（2022年6月13日），http://www.moe.gov.cn/jyb_xwfb/s6192/s222/moe_1752/202206/t20220613_637039.html。

如表6.28所示，这一时期全国"特岗计划"顺利推行，而且实施范围越来越大。很多地方还实施了本地的"特岗计划"。如辽宁省就推行了"辽宁省农村义务教育阶段学校教师特设岗位计划"，并将该计划列为民生工程，纳入省政府对各市政府的绩效考核指标体系。由此，国家和地方的"特岗计划"成为这一时期乡村师资补充的重要渠道之一，在一定程度上满足了乡村教学点和村小的义务教育发展的需求。如贵州省到2018年补充特岗教师4.1万名，占该省义务教育阶段学校补充教师（5.9万人）的近70%，其中威宁县累计招聘特岗教师11,964人，占全县义务教育阶段教师总人数91.2%。[1]

3. 城乡教师交流不断落实

城乡教师交流尤其是城镇教师流向乡村学校也是乡村师资补充的重要

---

[1] 《教育部教师工作司关于公布全国乡村教师和"三区三州"教师队伍建设优秀工作案例的通知》（2018年8月20日），http://www.moe.gov.cn/s78/A10/tongzhi/201809/t20180914_348801.html。

渠道。全国各地按照教育部规定的交流率标准，逐步推行城乡教师交流活动。部分地区实施城乡教师交流情况见表 6.29。

如表 6.29 所示，很多地方纷纷推行城乡教师交流工作，并使之成为当地乡村义务教育师资补充的主要渠道之一，也有助于促使城乡义务教育师资配置均衡发展。

表 6.29　2015—2020 年部分地区实施城乡教师交流情况统计

地区	年份	具体举措
安徽	2015—2017	推动县域义务教育教师交流的制度化、常态化，并推进教师“无校籍”管理改革；交流教师 3.1 万人，有的县年交流率超过 20%。
陕西	2015—2019	共交流轮岗校长教师 10.9 万人，从城镇到乡村交流的教师占比达 67%。其中渭南市蒲城县交流轮岗率年均达 17.1%。
海南	2016—2017	定安县实施名师工程，认定 131 位县级名师，成立 33 个名师工作室，实施送教下乡工程；乐东县根据《百名名师进村小开展教学帮扶工作方案》派出 113 位名师进村帮扶 83 所乡村小学；垫江县常年分片举行“特级教师、骨干教师送教下乡活动”；忠县对交流到乡村任教者给予每人每年 1.2 万元补助。
山东	2016—2017	计划交流轮岗校长 1,096 人、教师 20,911 人，其中城镇学校向乡村交流教师 12,256 人；安排 1,350 名校长到乡村学校任职。其中，日照市东港区 72 所城乡学校“牵手共建”，2,000 余名教师“双向”交流；莒南县通过送教下乡、乡村教师到城区学校跟岗培训和学校干部轮岗交流等带动支持薄弱学校发展。2017 年，平度市城区乡村学校双向交流教师 412 名。
河北	2017	石家庄市落实“百千万”名师培养工程，选拔培养 5,000 余名市级乡村骨干教师和学科名师，向薄弱学校、乡村学校流动，全市累计交流教师 3 万余人。
浙江	2017	舟山市交流到渔农村薄弱学校校长教师达 251 人。
黑龙江	2017—2019	三年累计选派 4.3 万教师“交流轮岗”。
山西	2018	长子县通过交流培养，乡村学校优师比例达 67.1%；浑源县从 2014 年起每年从县城学校选派 100 多名骨干教师到乡村学校结对帮助。
湖南	2020	开展三轮义务教育学校校长教师交流轮岗试点工作，36 个试点县共交流轮岗 1.37 万人次。

续　表

地区	年份	具体举措
青海	2020	省政府统筹安排500名周转编制，从西宁、海东选派优秀教师赴青南地区支教，已累计选派3,063名教师交流支教。

资料来源：2016—2021年国家教育督导检查组对上述省份义务教育均衡发展督导检查的反馈意见，见教育部官网；《教育部办公厅关于公布全国乡村教师队伍建设优秀工作案例的通知》（2016年9月1日），http://www.moe.gov.cn/srcsite/A10/s3735/201609/t20160919_281513.html；《教育部教师工作司关于公布全国乡村教师和"三区三州"教师队伍建设优秀工作案例的通知》（2018年8月20日），http://www.moe.gov.cn/s78/A10/tongzhi/201809/t20180914_348801.html。

4. 乡村支教等活动不断推进

退休教师支援乡村学校、大学生支教以及顶岗实习等也是补充乡村师资的重要手段。2017年底教育部等四部委牵头的援藏援疆万名教师支教计划在2018年得以落实，该年有19个省市选派4,000名优秀教师赴西藏、新疆支教，为期一年半；同年，银龄讲学计划首批在河北、江西、湖南、广西、四川、云南、甘肃、青海等8个省份实施，招募了1,800名优秀退休教师参与支教讲学活动；到2019年，共有14个省区市及新疆生产建设兵团实施该计划，共招募退休讲学教师4,500余人。[①] 教育部于2012年启动实施的"三区"人才支持计划，到2020年共派出17万余名教师到1,272个县支教，实现680个连片特困县、152个国贫县、418个省贫县全覆盖。[②] 据2020年统计，中央财政共安排17亿元，通过实施"三区"人才支持计划和银龄讲学计划，鼓励优秀教师到贫困地区、民族地区、革命老区和边疆地区支教。[③] 部分地区实施支教或其他方式补充乡村师资情况见表6.30。

---

① 李澈：《打通新时代教师队伍建设改革"最先一公里"——〈中共中央、国务院关于全面深化新时代教师队伍建设改革的意见〉颁布实施一周年综述》（2019年2月18日），http://www.moe.gov.cn/fbh/live/2019/50256/mtbd/201902/t20190218_369830.htm。

② 梁丹、林焕新：《新时代教师队伍建设呈现新气象》（2020年9月5日），http://www.moe.gov.cn/jyb_xwfb/xw_zt/moe_357/jyzt_2020n/2020_zt16/meitibaodao/202009/t20200907_485980.html。

③ 陈晨：《"十三五"时期中央财政安排700亿元支持乡村教师队伍建设》（2020年9月11日），http://www.moe.gov.cn/jyb_xwfb/s5147/202009/t20200911_487130.htm。

表 6.30　2015—2021 年部分地区实施支教等补充乡村师资举措统计

地区	年份	具体举措
山东	2015—2017	每年安排 1.4 万名师范生到 52 个财政困难县实习支教。
新疆	2016	自 2006 年起实施"自治区大学生实习支教计划",实习生到乡村学校开展双语教学,实习期由原来的两个月延长至一学期。到 2016 年,全国 22 所高校的 1.2 万名大学生参加了该自治区的实习支教。
湖南	2017	常宁市创新顶岗实习制度,接受师范院校学生 2,000 多人次到乡村义务教育学校顶岗实习。
浙江	2017—2018	舟山市组建希望之光教育专家团到偏远海岛支教,推动名优教师送教下乡 150 余次,使渔农村教师受益 7,000 余人次。
湖南	2017—2020	通过"三区"人才支持计划项目共向受援县派出教师 1.4 万人次。
江西	2018	师范院校音体美专业大学生实习支教活动累计选派 1,730 人次进行支教,实现全省所有贫困县(市、区)全覆盖。
山西	2018	平定县为乡村安排"走教"教师,并发放专项津贴等。
山东	2020	每学期安排 1 万名师范生到乡村学校实习支教,到 2020 年达 10 万人次,累计补助经费 1 亿元实施"三区"人才支持计划,给予支教者经费支持。
广西	2021	累计招募 1,500 余名优秀退休教师到乡村学校任教。

资料来源:2016—2021 年国家教育督导检查组对上述省份义务教育均衡发展督导检查的反馈意见,见教育部官网;《教育部办公厅关于公布全国乡村教师队伍建设优秀工作案例的通知》(2016 年 9 月 1 日),http://www.moe.gov.cn/srcsite/A10/s3735/201609/t20160919_281513.html;《教育部教师工作司关于公布全国乡村教师和"三区三州"教师队伍建设优秀工作案例的通知》(2018 年 8 月 20 日),http://www.moe.gov.cn/s78/A10/tongzhi/201809/t20180914_348801.html;《湖南省突出"四个精准"推进教育脱贫》(2020 年 6 月 16 日),http://www.moe.gov.cn/jyb_xwfb/s6192/s222/moe_1750/202006/t20200616_466411.html;魏海政:《山东五年投八点八亿元加强乡村教师队伍建设》(2020 年 4 月 11 日),http://www.moe.gov.cn/jyb_xwfb/s5147/202004/t20200411_442485.html;梁丹、林焕新:《新时代教师队伍建设呈现新气象》(2020 年 9 月 5 日),http://www.moe.gov.cn/jyb_xwfb/xw_zt/moe_357/jyzt_2020n/2020_zt16/meitibaodao/202009/t20200907_485980.html。

如表 6.30 所示,这一时期各种支教活动等也在一些地区推行,成为乡村师资补充的重要渠道之一。

综上所述,因为乡村师资补充路径的多样化,这一时期各地纷纷补充新的乡村师资，以满足当地乡村义务教育发展对师资的需求。2012—2021 年乡村师资补充情况见表 6.31。

表 6.31 2012—2021 年部分地区乡村师资补充情况统计

地区	年份	具体举措
广东	2012—2016	建立优秀人才到乡村学校任教的“绿色通道”，硕士研究生以上学历(学位)或中小学一级教师职称者以考察方式直接引进。其中汕头市潮阳区共招考录 1,260 多名新教师优先分配到山区和乡村学校任教。
湖北	2013—2017	建立了“国标、省考、县管、校用”的教师招聘新机制，2013—2015 年为乡村边远薄弱学校累计招录“新机制”教师 3,944 人；2016 年选聘乡村教师 6,547 人，覆盖全省 89 县的乡镇、村小、教学点。2013—2017 年累计补充乡村教师 4.4 万人。
河南	2014—2017	2014—2016 年，光山县定向招聘乡村教师 1,514 人；2015—2017 年，汝州市招聘乡村教师 2,700 多人；2017 年，汝南县、禹州市分别招聘 747 名、400 名乡村教师。
重庆	2014—2017	每年新进中小学教师 8,000 余人，70%充实到乡镇及以下学校；“双特计划”累计为乡村中小学补充教师 1.3 万余人，其中音体美教师超过 5,000 人。
山东	2015—2017	累计补充教师 11.86 万人，大多数分配到乡村学校任教。
安徽	2015—2017	24 县累计补充教师 1.3 万人，80%以上分配到边远乡村学校。其中，泗县、萧县、霍邱县分别补充教师 500 人、1,062 人、1,000 人。2017 年，颍上县招聘义务教育教师 1,196 人，补充至乡村学校者达 1,054 人。
黑龙江	2015—2019	2016 年，富裕县招聘乡村教师 174 人，签约了 58 名支教大学生；2015—2017 年，东宁市、五常市、巴彦县、密山市、穆棱市、集贤县、同江市分别新增乡村教师 458 人、418 人、396 人、379 人、322 人、233 人、227 人；2019 年，选聘千余名优秀师范毕业生到乡村学校任教。
海南	2015—2021	实施“好校长好教师引进工程”，其中昌江县引进包括北京名校长在内的 50 多位优秀校长和骨干教师充实乡村学校；2015—2017 年，投入 1.5 亿元向全国引进优秀校长和教师 300 人，75%以上安排至乡村学校。

续　表

地区	年份	具体举措
内蒙古	2016—2017	乌兰察布市实施乡村教师专项招聘计划,为乡村学校招聘音体美、信息技术、心理教育等短缺学科本科毕业生240人。
甘肃	2016—2020	累计为乡村学校补充2.3万名教师,重点补充小学全科教师和初中一专多能教师。
河北	2016—2020	2016年,唐山市丰润区、涞水县通过"特岗计划""三支一扶"等方式分别招聘496名、394名乡村中小学教师;2017年前后,魏县、河间市、邯郸市永年区、威县、沧县分别招聘教师1,482人、1,178人、1,040人、933人、911人,绝大部分充实到乡村学校;2018—2020年,以特岗教师、公费师范生以及小学全科师范生共补充乡村教师6.1万人(其中音体美教师占16%)。
四川	2017	已为119个老少边穷县免费定向输送和补充师资4,000名。
吉林	2017	累计为乡村学校输送优秀高校毕业生近2.3万人。
湖南	2017—2020	为贫困县定向培养乡村教师2万余人。
陕西	2019	渭南市蒲城县实施千人招录计划,招录乡村义务教育教师503人。

资料来源:2016—2021年国家教育督导检查组对上述省份义务教育均衡发展督导检查的反馈意见,见教育部官网;《教育部教师工作司关于公布全国乡村教师和"三区三州"教师队伍建设优秀工作案例的通知》(2018年8月20日),http://www.moe.gov.cn/s78/A10/tongzhi/201809/t20180914_348801.html;《湖南省突出"四个精准"推进教育脱贫》(2020年6月16日),http://www.moe.gov.cn/jyb_xwfb/s6192/s222/moe_1750/202006/t20200616_466411.html;胡航宇:《重庆为村小增加高级岗位五千六百个,培训乡村教师超过二十万人次——当乡村教师"有里又有面"》(2017年1月21日),http://www.moe.gov.cn/jyb_xwfb/moe_2082/zl_2017n/2017_zl03/201701/t20170122_295475.html。

如表6.31所示,上述地区以多样化的师资补充路径,为乡村义务教育学校输送了新的师资。

(三)乡村师资培训有所加强

这一时期乡村教师培训体系更健全。其中,"国培计划"是面向中西部农村义务教育教师开展的有针对性的培训。据2020年的统计,2015—2019年,中央财政投入100亿元实施"国培计划"中西部项目和幼师国培项目,培训乡村教师、校园长达950万余人次[①];中央财政共安排101亿元用于支持实施“国培计划”,引导中西部地区加强乡村学校骨干教师培训,截至2019年底,累计支持中西部地区培训教师超过1,500万人次,对乡村教师完成超过一轮的全覆盖培训[②];截至2022年,中央财政累计投入经费200余亿元,已有1,800余万人次参加培训[③]。各地也纷纷推进乡村教师培训工作,具体情况见表6.32。

表6.32 2015—2021年部分地区推进乡村教师培训情况统计

地区	年份	具体举措
吉林	2015—2017	自2015年“国培计划”改革实施以来,共遴选A、B两类项目区县41个,培训乡村教师近20万人次,乡村教师受益面达到90%以上。
江苏	2016—2017	2016年初出台了培育站建设指导文件,同年,已建设市县两级乡村骨干教师培育站215个,其中市级80个、县级135个;省教育厅对市级乡村骨干教师培育站每年下拨工作经费10万元,对县级乡村骨干教师培育站每年下拨工作经费7.5万元。“十三五”期间,计划每年为乡村学校培养2,000名学科带头人和4,000名中青年骨干教师后备人选,每期培训周期一年,集中研修不少于30天。
山东	2016—2017	青岛市崂山区每年投入500万元实施乡村校长教师素质提升工程;菏泽市定陶区加大对乡村教师培训力度,聘请省内外知名专家举办讲座,丰富了乡村教师培训资源。
海南	2016—2019	“海南省边远乡村教学点小学教师培训计划”每年对全省3,000名乡村教师开展集中培训,已完成1.5万人一轮的全员培训。2019年实施“双五百”人才工程,选派8,000余名优秀师范生到乡村学校顶岗实习,置换出5,000余名乡村教师“回炉充电”。

① 《“国培计划”5年投入100亿 950万乡村教师接受培训》(2020年9月4日),http://www.moe.gov.cn/fbh/live/2020/52439/mtbd/202009/t20200904_485348.html。

② 陈晨:《“十三五”时期中央财政安排700亿元支持乡村教师队伍建设》(2020年9月11日),http://www.moe.gov.cn/jyb_xwfb/s5147/202009/t20200911_487130.html。

③ 《农村义务教育本科以上学历专任教师达76.01%,教师结构不断优化,教育质量稳步提高》(2023年4月10日),http://www.moe.gov.cn/jyb_xwfb/s5147/202304/t20230410_1055013.html。

续　表

地区	年份	具体举措
重庆	2016—2019	2016年，酉阳县以乡村教师为重点进行全员轮训。2017—2019年，国培、市培累计投入4.27亿元，培训乡村教师10万余人次；首批成立10个名师乡村工作室，开展献课讲学4,780人次。
福建	2016—2020	启动实施乡村校长助力工程和乡村教师素质提升工程，对全省8.5万名乡村教师和校长全员培训。其中省级财政拟投入1亿元，培训乡村校长4,000名、乡村教师1万名。其中浦城县邀请浦城籍名师"返乡送教"26场次。
河南	2017	安阳市商水县推进名师送教下乡活动，培训薄弱学校教师1.3万人次。
河北	2017	石家庄市开展"名师流动讲堂"，累计培训乡村教师8万余人次。
内蒙古	2017	乌兰察布市每年安排300万元，旗县安排30万—50万元，主要用于乡村教师现代教育技术培训，要求到2017年完成每位乡村教师不少于50学时的现代教育技术专项培训。
湖南	2017—2020	通过国培、省培计划，共培训教师49万余人次。其中，2020年针对不同需求完善每一年度的国培计划和省培计划，开设了五大类乡村教师培训项目，共培训乡村教师、校(园)长85万余人次。
山西	2018	安排中央和省级专项资金共7,800万元实施以乡村教师为重点的教师全员培训，提高教师师德素养和业务能力。
贵州	2018	通过"国培计划"等方式每年培训乡村教师5万余人次；实施"乡村名师培养计划"，每年遴选300名省级乡村名师并设立工作室。
北京	2018	通州区支持乡村教师参加开放型教学实践活动，乡村教师每学期可赴城六区参加2—4次市级以上骨干教师组织的开放型教学实践活动；依托北京师范大学未来教育高精尖中心搭建教师网络研修平台，实施自主在线研修。
天津	2018	滨海新区实施"265农村骨干教师培养工程""千名农村校级骨干教师培养计划""农村义务教育阶段学校校长培养工程""乡村教师专业能力提升项目"等市级项目，同时实施"滨海新区三名工程""滨海农村教师专业发展工程""教师教学能力持续提升工程"等培训项目，投入经费500余万元，培养乡村骨干教师500余人。
黑龙江	2019	实施教师"十百千"工程、"国培计划"等项目，培训乡村教师12.9万人次。
辽宁	2019	省级每年安排专项资金，培训2,000名乡村骨干教师。

续 表

地区	年份	具体举措
湖北	2019—2021	培训中小学教师约36万人次,其中乡村教师约占70%;大别山、武陵山、三峡库区等山区基本实现乡村教师全员轮训。

资料来源:2016—2021年国家教育督导检查组对上述省份义务教育均衡发展督导检查的反馈意见,见教育部官网;《教育部办公厅关于公布全国乡村教师队伍建设优秀工作案例的通知》(2016年9月1日),http://www.moe.gov.cn/srcsite/A10/s3735/201609/t20160919_281513.html;《教育部办公厅关于公布全国乡村教师队伍建设优秀工作案例的通知》(2017年6月7日),http://www.moe.gov.cn/srcsite/A10/s3735/201706/t20170615_307027.html;《教育部教师工作司关于公布全国乡村教师和"三区三州"教师队伍建设优秀工作案例的通知》(2018年8月20日),http://www.moe.gov.cn/s78/A10/tongzhi/201809/t20180914_348801.html;《湖南省突出"四个精准"推进教育脱贫》(2020年6月16日),http://www.moe.gov.cn/jyb_xwfb/s6192/s222/moe_1750/202006/t20200616_466411.html;胡航宇:《重庆为村小增加高级岗位五千六百个,培训乡村教师超过二十万人次——当乡村教师"有里又有面"》(2017年1月21日),http://www.moe.gov.cn/jyb_xwfb/moe_2082/zl_2017n/2017_zl03/201701/t20170122_295475.html;《奠基乡村振兴之路——湖北省加强乡村教师队伍建设纪实》(2021年8月23日),http://www.moe.gov.cn/jyb_xwfb/s5147/202108/t20210823_553286.html。

如表6.32所示,这一时期各地纷纷以"国培计划"为抓手,结合本地乡村教师的实际需求,创新设计并实施了省级或校级等不同的乡村教师培训方式,推动乡村教师不断提升师德素养和业务能力,促使乡村教师质量有所提升。

(四)乡村教师质量进一步提升

乡村教师质量进一步提升主要体现在乡村代课教师持续减少、乡村中小学教师的年龄结构逐渐合理以及乡村教师的学历结构和职称结构不断改善等方面。

1.代课教师持续减少

这一时期乡村学校中代课教师有所控制,以乡村小学教师的代课教师情况为例进行说明。

如表6.33所示,这一时期代课教师仍是全国小学教师的重要组成部分。2015—2020年,全国小学代课教师在全国小学教师中所占比重多在3%上下。

其中,乡村小学代课教师在乡村小学教师中占比多在4%上下。2015—2019年,全国小学代课教师主要分布于乡村学校。其中,2015年分布于乡村学校者达48.02%,此后逐年降低,到2020年降至34.98%;乡村小学代课教师从2015年的70,443人降至2020年的57,055人,乡村小学代课教师逐渐减少。

表6.33　2015—2020年小学教师中代课教师情况统计

年份	项目	总计	城区	镇区	乡村	乡村教师占比/%
2015	专任教师/人	5112774	1407205	1814017	1891552	37.00
	代课教师/人	146683	36138	40102	70443	48.02
	代课教师占比/%	2.87	2.57	2.21	3.72	
2016	专任教师/人	5176454	1496978	1850154	1829322	35.34
	代课教师/人	160304	41849	44722	73733	46.00
	代课教师占比/%	3.10	2.80	2.42	4.03	
2017	专任教师/人	5282512	1598079	1912510	1771923	33.54
	代课教师/人	165689	45475	47057	73157	44.15
	代课教师占比/%	3.14	2.85	2.46	4.13	
2018	专任教师/人	5372468	1697890	1957148	1717430	31.97
	代课教师/人	176863	53815	50612	72436	40.96
	代课教师占比/%	3.29	3.17	2.59	4.22	
2019	专任教师/人	5486258	1808274	1998630	1679354	30.61
	代课教师/人	166922	54790	48738	63394	37.98
	代课教师占比/%	3.04	3.03	2.44	3.77	
2020	专任教师/人	5592104	1917335	2036065	1638704	29.30
	代课教师/人	163129	57141	48933	57055	34.98
	代课教师占比/%	2.92	2.98	2.40	3.48	

资料来源:教育部发展规划司编:《中国教育统计年鉴2015》,人民教育出版社,2016年,第156—157页;教育部发展规划司编:《中国教育统计年鉴2016》,人民教育出版社,2017年,第158—159页;教育部发展规划司编:《中国教育统计年鉴2017》,人民教育出版社,2018年,第162—163页;教育部发展规划司编:《中国教育统计年鉴2018》,人民教育出版社,2019年,第164—165页;教育部发展规划司编:《中国教育统计年鉴2019》,人民教育出版社,2020年,第154—155页;教育部发展规划司编:《中国教育统计年鉴2020》,人民教育出版社,2021年,第154—155页。

2.年龄结构逐渐合理

如表6.34所示,在全国小学教师中,各年龄段所占比重于2019年位列前三的有35—39岁者、25—29岁者、40—44岁者;2020年位列前三的为25—29岁者、40—44岁者、30—34岁者;2021年排前三的为25—29岁者、30—34岁者、40—44岁者,24岁及以下者所占比重有小幅度的上升,60岁及以上者逐年减少,但其所占比重并无明显变化。乡村小学教师中,各年龄段所占比重于2019年排前三的为25—29岁者、35—39岁者、30—34岁者,2020年、2021年排前三的为25—29岁者、30—34岁者、40—44岁者。其中,24岁及以下者有所减少,但其所占比重有小幅度上升;60岁以上者逐年减少,其所占比重也小幅度下降。可见,45岁以下中青年教师占据了小学教师的主体。

2019年全国小学教师中35岁以下者所占比重为38.27%,其中城区为39.94%,镇区为36.76%,乡村为38.18%,呈现"镇区＜乡村＜城区"的状态,且乡村小学教师中35岁以下者所占比重略低于全国平均水平。2020年全国小学教师中35岁以下者所占比重为39.28%,其中城区为41.11%,镇区为37.65%,乡村为39.06%,同样呈现"镇区＜乡村＜城区"的状态,且乡村小学教师35岁以下者所占比重同样略低于全国平均水平。2021年全国小学教师35岁以下者所占比重为40.07%,其中城区为42.37%,镇区为38.19%,乡村为39.34%,呈现与前两年相同的状态,但总体上2019—2021年乡村小学教师中35岁以下者所占比重逐年上升。

实际上,这一时期在全国乡村小学教师乃至全国的小学教师中,45岁以下者均占据主体地位。2019年全国小学教师中45岁以下者所占比重为71.14%,其中城区为74.42%,镇区为71%,乡村为67.43%,呈现"乡村＜镇区＜城区"的状态,且乡村小学教师45岁以下者所占比重低于全国平均水平。2020年和2021年的乡村小学教师所占比重情况与之相同,2020年全国小学教师中45岁以下者所占比重为71.23%,其中城区为74.17%,镇区为71.02%,乡村为67.72%;2021年45岁以下者所占比重为70.99%,其中城区为73.88%,镇区为70.61%,乡村为67.27%。总体上看,2019—2021年,乡村小学教师中45岁以下者所占比重于2020年略有上升,到2021年则略微下降,乡村小学教师年龄结构较为合理。

表 6.34 2019—2021年城镇乡小学教师的年龄结构统计

(单位:%)

年份	地区	合计	24岁及以下	25—29岁	30—34岁	35—39岁	40—44岁	45—49岁	50—54岁	55—59岁	60岁及以上
2019	合计	100	6.60	16.45	15.22	16.80	16.07	13.01	10.50	5.30	0.06
	城区	100	7.09	16.97	15.88	17.42	17.06	14.06	9.10	2.36	0.06
	镇区	100	6.17	15.31	15.28	17.71	16.53	13.07	10.74	5.15	0.05
	乡村	100	6.57	17.26	14.35	14.92	14.33	11.71	11.83	8.95	0.08
2020	合计	100	6.73	16.56	15.99	15.67	16.28	12.87	10.53	5.32	0.06
	城区	100	7.08	17.32	16.71	16.29	16.77	13.64	9.69	2.44	0.06
	镇区	100	6.36	15.35	15.94	16.48	16.89	12.94	10.68	5.32	0.04
	乡村	100	6.77	17.18	15.11	13.80	14.86	11.79	11.40	9.02	0.07
2021	合计	100	6.69	16.93	16.45	14.65	16.27	12.93	10.58	5.46	0.05
	城区	100	6.96	18.16	17.25	15.26	16.25	13.25	10.20	2.62	0.05
	镇区	100	6.41	15.49	16.29	15.35	17.07	13.08	10.65	5.62	0.04
	乡村	100	6.67	17.17	15.50	12.76	15.17	12.25	11.03	9.40	0.06

资料来源:教育部发展规划司编:《中国教育统计年鉴2019》,人民教育出版社,2020年,第156—157页;教育部发展规划司编:《中国教育统计年鉴2020》,人民教育出版社,2021年,第156—157页;教育部发展规划司编:《中国教育统计年鉴2021》,人民教育出版社,2022年,第152—153页。

如表6.35所示,在全国初中教师中,各年龄段所占比重于2019年排前三的为40—44岁者、35—39岁者、45—49岁者;2020年排前三的为40—44岁者、45—49岁者、35—39岁者;2021年排前三的为40—44岁者、45—49岁者、25—29岁者。其中,2019—2021年24岁及以下者有所增多,其在全国初中教师中所占比重小幅度升高;60岁及以上者逐年增多,其占全国初中教师的比重小幅度升高,但变化不明显。在乡村初中教师中,各年龄段所占比重于2019年排前三的为40—44岁者、25—29岁者、35—39岁者;2020年排前三的为40—44岁者、25—29岁者、45—49岁者;2021年排前三的为25—29岁者、40—44岁者、45—49岁者。其中,2019—2021年24岁及以下者所占比重逐年小幅度上升,60岁及以上者逐年增多,其所占比重也稍有上升,但变化并不明显。

2019年全国初中教师中35岁以下者所占比重为31.85%,其中城区为

31.64%，镇区为30.59%，乡村为36.42%，呈现“乡村＞城区＞镇区”的状态，且乡村初中教师中35岁以下者所占比重高于全国平均水平。2020年和2021年乡村初中教师中35岁以下者占比情况也与之相同。2020年全国初中教师中35岁以下者所占比重为32.76%，其中城区为32.79%，镇区为31.42%，乡村为37.16%；2021年全国初中教师中35岁以下者所占比重为33.58%，其中城区为34.04%，镇区为32.01%，乡村为37.73%。总体上看，2019—2021年，乡村初中教师中35岁以下者所占比重逐年上升，与城区和镇区相比，乡村初中教师更偏年轻。

这一时期，45岁以下者仍是乡村初中教师乃至全国乡村初中教师的主体。2019年全国初中教师中45岁以下者所占比重为66.49%，其中城区为66.01%，镇区为65.85%，乡村为69.71%，呈现“乡村＞城区＞镇区”的状态，且乡村初中教师中45岁以下者所占比重高于全国平均水平。2020年和2021年乡村初中教师中45岁以下者占比情况也与之相同。2020年全国初中教师中45岁以下者所占比重为65.32%，其中城区为65.39%，镇区为64.39%，乡村为68.21%；2021年全国初中教师中45岁以下者所占比重为64.13%，其中城区为64.94%，镇区为62.82%，乡村为66.28%。总体上看，2019—2021年，乡村初中教师中45岁以下者所占比重逐年下降，乡村初中教师年龄结构较为合理。

表6.35　2019—2021年城镇乡初中教师的年龄结构统计

（单位：%）

年份	地区	合计	24岁及以下	25—29岁	30—34岁	35—39岁	40—44岁	45—49岁	50—54岁	55—59岁	60岁及以上
2019	合计	100	4.98	13.16	13.71	16.31	18.33	16.03	12.64	4.77	0.08
	城区	100	4.98	12.80	13.86	16.65	17.72	16.19	13.34	4.34	0.10
	镇区	100	4.72	12.48	13.39	16.25	19.01	16.36	12.70	5.04	0.06
	乡村	100	5.81	16.23	14.38	15.64	17.65	14.53	10.74	4.94	0.07

续　表

年份	地区	合计	24 岁及以下	25—29 岁	30—34 岁	35—39 岁	40—44 岁	45—49 岁	50—54 岁	55—59 岁	60 岁及以上
2020	合计	100	5.46	13.60	13.70	15.14	17.42	16.00	13.10	5.50	0.08
	城区	100	5.34	13.45	14.00	15.56	17.04	15.76	13.72	5.03	0.10
	镇区	100	5.28	12.85	13.29	15.04	17.93	16.54	13.18	5.82	0.06
	乡村	100	6.38	16.49	14.29	14.36	16.69	14.88	11.17	5.66	0.08
2021	合计	100	5.69	14.25	13.64	14.14	16.41	16.14	13.28	6.38	0.08
	城区	100	5.59	14.37	14.08	14.69	16.21	15.41	13.77	5.78	0.10
	镇区	100	5.54	13.36	13.11	14.01	16.80	16.93	13.36	6.81	0.07
	乡村	100	6.47	17.06	14.20	12.96	15.59	15.47	11.59	6.58	0.08

资料来源:教育部发展规划司编:《中国教育统计年鉴 2019》,人民教育出版社,2020 年,第 138—139 页;教育部发展规划司编:《中国教育统计年鉴 2020》,人民教育出版社,2021 年,第 128—139 页;教育部发展规划司编:《中国教育统计年鉴 2021》,人民教育出版社,2022 年,第 130—131 页。

3. 学历和职称结构得以改善

第一,就乡村初中、小学教师的学历结构而言,如表 6.21、表 6.22 所示,2015—2021 年,乡村初中教师的学历结构达到了教育部规定标准,本科毕业及以上学历者所占比重逐年升高,其在全体乡村初中教师中所占比重由 2015 年的 72.58%升至 2021 年的 85.16%;同时,高中阶段毕业者和高中阶段毕业以下者逐年减少。这一时期,乡村小学教师学历同样达到了教育部规定标准,专科及以上学历者所占比重逐渐持续上升,其在全体乡村小学教师中所占比重由 2015 年的 86.5%升至 2021 年的 96.71%,同时高中阶段毕业者和高中阶段毕业以下者仍占有一定数量,但其占比逐年减少。可见,与上一阶段乡村初中和乡村小学教师的学历结构(见表 5.17、表 5.18)相比,又有了较大改善。

第二,就乡村初中、小学教师的职称结构而言,如表 6.21、表 6.22 所示,2015—2021 年,乡村初中教师中高级职称者所占比重逐年小幅度上升,由 2015 年的 13.35%升至 2021 年的 21.15%;中级职称者所占比重由 2015 年的 40.99%降至 2021 年的 35.03%;初级职称者所占比重由 2015 年的

36.85%降至2021年的29.01%。而且,2021年乡村初中教师中正高级职称者所占比重与全国初中教师中高级职称者所占比重(21.24%)较为接近,即乡村初中教师中高级职称者所占比重较为接近全国平均水平。可见,乡村初中教师的职称结构有一定改善。乡村小学教师中高级职称者所占比重逐年小幅度上升,由2015年的1.60%升至2021年的12.04%;中级职称者所占比重由2015年的48.08%下降至2021年的39.47%;初级职称者所占比重由2015年的39.59%下降至2021年的32.78%。而且,2021年乡村小学教师中正高级职称者所占比重为12.04%,全国小学教师中正高级职称者所占比重为10.04%。由此,乡村小学教师高级职称所占比重高于全国平均水平,这是在职称评聘方面对乡村教师实施倾斜式支持的结果。乡村小学教师的职称结构也有一定的改善。而且,与上一阶段乡村初中和乡村小学教师的职称结构(见表5.17、表5.18)相比,同样有了较大改善。

(五)面向乡村教师的财政性激励和非财政性激励进一步加强

这一时期,面向乡村教师的财政性激励如补贴和津贴制度不断落实,乡村教师的生活和住宿条件进一步改善,面向乡村教师的倾斜激励政策得到深入推进,面向乡村教师的奖励和荣誉等非财政性激励政策也进一步加强。

1. 乡村教师补贴和津贴得以大量发放

2018年中央财政安排乡村教师生活补助奖补资金45.1亿元,比2017年增加6.6亿元,惠及8万多所学校的127万名教师,补助最高者每月超过2,000元。北京、广东、福建等省已实施全体乡村教师发放生活补助政策,最高者达4,000元。[①] 2019年全国乡村教师生活补助落实情况见表6.36。

① 李澈:《打通新时代教师队伍建设改革"最先一公里"——〈中共中央、国务院关于全面深化新时代教师队伍建设改革的意见〉颁布实施一周年综述》(2019年2月18日),http://www.moe.gov.cn/fbh/live/2019/50256/mtbd/201902/t20190218_369830.html。

表6.36　2019年乡村教师连片特困地区和非连片特困地区生活补助政策实施情况统计

项目	连片特困地区	非连片特困地区
补助覆盖范围	中西部22个省份725个连片特困地区县,覆盖8.06万所乡村学校,受益教师126.54万人。其中包括205个"三区三州"县,受益教师20.89万人。	共657个非连片特困地区县,惠及教师103.5万人。
资金投入	补助资金56.13亿元。其中,"三区三州"县7.73亿元;云南、甘肃、河南、贵州和湖南分别为8.49亿元、6.43亿元、5.60亿元、4.78亿元和4.32亿元,五省资金额占资金总量的52.78%。	投入资金41.15亿元。
补助额度	人均月补助额为369元,比2018年增加了45元。其中,人均月补助额400元以上的省有10个,分别是湖南、广西、重庆、四川、云南、陕西、甘肃、青海、宁夏、新疆生产建设兵团,比2018年增加了3个(广西、重庆、甘肃);300—400元的省有6个,分别是河北、山西、吉林、江西、河南、湖北;200—300元的省有6个,分别是内蒙古、黑龙江、安徽、贵州、西藏、新疆。	人均月补助额为331元。

资料来源:《教育部办公厅关于进一步做好乡村教师生活补助政策实施工作的通知》(2020年6月17日),http://www.moe.gov.cn/srcsite/A10/s7030/202006/t20200628_468807.html。

如表6.36所示,2019年中央财政投入97.28亿元,对中西部22省2,286县,共1,382个连片和非连片特困地区县的230.03万名乡村教师实施生活补助,占中西部省份总县数的60%。其中,连片特困地区县725个,覆盖8.06万所乡村学校,受益教师126.54万人;非连片特困地区县657个,受益教师103.5万人。人均补助每月352元。而且,该年10省中有7省自主实施了乡村教师生活补助政策,分别是北京、天津、辽宁、浙江、福建、广东、海南,覆盖355个县(市、区)2.1万所学校的74.6万名教师,总投入达72.27亿元,人均月补助额为832元。其中,北京、广东的人均月补助额较高,分别为2,584元和1,013元;浙江、福建政策覆盖县达到本省总县数的85%以上。[①]

① 《教育部办公厅关于进一步做好乡村教师生活补助政策实施工作的通知》(2020年6月17日),http://www.moe.gov.cnsrcsite/A10/s7030/202006/t20200628_468807.html。

据2020年统计,中央财政共安排203亿元用于支持地方实施集中连片特困地区乡村教师生活补助政策,每年惠及乡村教师约127万人。① 2021年全国718个原连片特困地区县实施乡村教师生活补助政策,覆盖约7.3万所乡村学校,受益教师132.5万人,带动1,086个非连片特困地区县实施乡村教师生活补助政策。②

各地纷纷落实《支持计划》中的乡村教师补贴补助等相关规定,不断提升乡村教师工资待遇。这一时期部分地区实施乡村教师补贴和津贴以及提升乡村教师待遇的相关情况见表6.37。

表6.37　2010—2021年部分地区实施乡村教师补贴和津贴等情况统计

地区	年份	具体举措
河北	2010—2015	石家庄市提高乡村教师生活待遇:每两年遴选300名乡村教师和教育工作者,每人奖励5,000元;实施贫困地区乡村教师生活补助倾斜政策。
	2017	承德市全面实施乡村教师生活补助,其中兴隆县所辖20个乡镇被划分为一至八类,生活补助从一类的人均每月100元到八类的人均每月600元。
	2017—2020	2017年,隆化县通过差别化发放乡村教师补贴(共分40个梯度,105元至1,895元不等)。2020年乡村教师生活补助和乡镇工作补贴最高达800元,并向累计满二十五年的乡村教师重点倾斜。
内蒙古	2015—2016	乌兰察布市规定,对新招聘教师,除正常财政工资和津贴外,工作五年内,每月再增加2,000元补贴。
	2016—2021	落实农牧区教师补贴政策,根据工作条件艰苦程度为每名教师月补贴200—1,500元。其中,商都县为乡村教师增加200—1,000元的岗位补贴;达拉特旗实施乡村教师安心工程,在乡村教师补助基础上给予乡村牧区教师人均每年1万元的补助。

① 陈晨:《"十三五"时期中央财政安排700亿元支持乡村教师队伍建设》(2020年9月11日),http://www.moe.gov.cn/jyb_xwfb/s5147/202009/t20200911_487130.html。

② 教育部教师工作司:《2022年教师队伍建设进展情况》(2023年3月23日),http://www.moe.gov.cn/fbh/live/2023/55167/sfcl/202303/t20230323_1052198.html。

续　表

地区	年份	具体举措
河南	2012—2016	光山县针对四类不同区域标准分别给予乡村教师补贴;符合年限要求的乡村教师或优秀教师退休后享受 100%的工资;2016 年,全县享受补助的学校有 337 所,教师达 5,514 人,补助金额达 1,628 万元。
	2015—2019	2015 年,洛阳市西工区给予乡村支教教师每月 1,000 元的生活补贴。2017 年,扶沟县将城镇教师绩效工资的 8%倾斜给乡村教师,辉县市为山区最偏远学校教师每月补贴 760 元;全面实施"一补两贴"(乡村义务教育教师生活补助、中小学教师班主任津贴和教龄津贴)。2019 年,进一步"提标扩面",促成乡村中小学教师工资平均年增长 1 万元,乡村教学点教师工资平均年增长 1.5 万元。
	2017	内乡县乡镇学校教师按六个档次确定人均月补助标准,分别为 900 元、750 元、500 元、400 元、300 元、160 元,经学校二次分配后有的小学教师生活补助最高每月可达 2,200 元。
广东	2013—2018	2015 年全省 33 万乡村教师享受月均 730 元的生活补助;2016 年补助标准提至不低于月均 800 元,2017 年提至月均 900 元,2018 年提至月均 1,000 元。实施乡村教师岗位津贴向更偏远的学校、在乡村学校服务年限更长的教师倾斜,有的教学点的教师岗位津贴标准超过月均 1,500 元。2013—2016 年以来共安排 150 亿元用于实施乡村教师生活补助,2017 年已安排 22.9 亿元实施生活补助。
四川	2015—2016	甘孜州实施乡村教师工作津补贴制度:根据乡村学校所在地的海拔高度及距离县城偏远程度,人均每月享受 1,000—1,600 元的生活补助。
	2014—2016	马边县乡村教师生活补助从 137.4 万元增至 914.7 万元;补助标准按艰苦边远程度分成四个类区并逐步提高,从人均每月 70 元、180 元、360 元、700 元提至 150 元、500 元、900 元、2,000 元,惠及 1,000 多名乡村教师。
云南	2016	全省 85 个集中连片特困县全面实行乡村教师生活补助差别化政策,补助标准不低于人均每月 500 元。

续　表

地区	年份	具体举措
云南	2014—2019	昆明市2016年按人均月500—1,500元标准分档给予乡村教师生活补助,最高达1,950元;麒麟区、绥江县对偏远地区教师除给予人均每月500元的基层工作补贴外,还给予100—1,000元不等的补贴;2014—2017年国家教育督导检查组督查的45县均实施了差别化补贴制度,昆明市东川区、禄劝县人均月最高分别达2,000元、1,950元,寻甸县少数民族教师、双语教师补助提高20%、30%;2018年,对23县乡村教师给予差别化生活补助400—1,500元不等;2019年,对全省27.6万名乡村教师给予差别化补助500—2,000元不等。
宁夏	2015—2016	西吉县提高乡村教师待遇:实行交通补助制度,按任教学校与县城单向距离远近,人均每年分别补助200元、400元、600元;实行乡村特岗教师班主任津贴制度,人均每月150—200元。自治区内全体乡村教师人均每月达800元以上,最高每月达1,800元。
	2017—2018	乡村义务教育学校教师和特岗教师补贴标准:山区人均每月500元、川区300元,最高达1,880元。西吉县乡村义务教育学校教师补贴人均每月500元,并按任教学校距离分300元、470元、630元三个档次给予年度交通补助。
福建	2016	对乡村教师除给予人均每月300元的工作补贴外,还有不低于300元的生活补助。其中平潭综合实验区给海岛教师人均每月生活补贴达1,400元;闽侯县山区教师每月增加补贴800—1,400元。
	2019	将乡村教师生活补助标准由每月不低于400元提至500元,以近9,000万元的省财政专项资金,对23个省级扶贫开发重点县乡村教师生活补助进行综合奖补。
甘肃	2016—2021	静宁县全体乡村教师每月享受500—1,000元不等的乡镇工作补贴和生活补助;玛曲县落实每月300元的生活补助,并按照每月300—700元的标准落实乡镇工作补贴;卓尼县将36名乡村代课教师补助由每月500元提至3,000元;民乐县对在城区购房的乡村教职工提供3万—4万元的补助。
广西	2016—2021	青秀区、兴宁区乡村教师每年工作补助比城区教师多1万元左右;田阳县乡村教师每月可获最高补助达700元;岑溪市对全体乡村教师给予补助,并提高标准,最高每月增1,980元。

续　表

地区	年份	具体举措
广西	2017	岑溪市464所学校(占全市学校总数的96%)的5,500多名乡村教师(约占教师总数的67%)享受生活补助;按边远程度将14个乡镇分三类,补助标准分八个档次,每月补助分别为100元、200元、250元、300元、350元、400元、450元和500元,实施以来累计发放5,108.9万元。
	2022	自治区财政2018年起对2018—2020年新增招聘编制内乡村教师的县(市、区),给予每人一次性补助5,000元,市财政按照1∶1的比例配套累计补助资金3亿元。其中,柳州市对符合条件的乡村教师连续五年给予2,000—6,000元不等的人才经费支持,对村校、教学点工作教师再提高50%。实施乡村教师生活补助"提标扩面"工程,自治区财政增加14亿元,补助范围扩至区所有义务教育阶段乡村教师,平均补助标准从不低于月均200元提至350元。
湖北	2016—2017	每年投入1.6亿元实施乡村骨干教师补助制度;投入2.58亿元实施乡村教师生活补助制度。
山西	2016—2018	蒲县每年投入360余万元用于乡村教师、班主任补助;河曲县对山区教师额外增加补贴;五台县为偏远学校教师上浮一档薪级工资;阳高县、襄汾县、大同县、临县、神池县对乡村及边远艰苦地区教师每月发放50—500元生活补助。全省各地连续多年按每月100元发放乡村教师补贴,21个集中连片特困县的教师生活补贴为每月300元。
陕西	2019	为43个集中连片特困县发放乡村教师生活补助,覆盖中小学校、教学点3,128个,惠及教师5.77万人,使乡村教师每月补助标准由166元提至412元。其中,蓝田县按照地域划分八类标准,为4,400名乡村教师发放工作补助,最高每月达1,040元。
青海	2015—2020	2015—2016年,玉树州依据学校艰苦边远程度实行乡村教师差别化的补助政策:对海拔4,300米以上或距县城80公里以外的乡级学校工作的教师每月补助500元,其他乡级学校教师每月补助200元。部分地区每年为教师报销一次往返机票,提高教师交通补助。2016—2020年,玉树市在全面落实国家和省州乡村教师补贴基础上,对偏远地区任教教师给予100—750元的艰边津贴补助。

续 表

地区	年份	具体举措
青海	2015—2018	果洛藏族自治州依据学生数,按照每生每月10元的标准发放班主任津贴;对教龄满二十年、二十五年、三十年的在职专任教师,分别给予一次性3万、5万、6万元不等的特殊补助;教师按月发放500元绩效考核奖励,在给予乡镇补贴、乡村教师生活补助的基础上,按月发放200—400元的交通补助。
	2016—2020	2016年生活补助实现全省44个县的1,399所乡村学校和教学点的乡村教师全覆盖;按全省艰苦边远地区类别分为三个档次,二、三类地区月补助标准为350元,四类地区450元,五、六类地区550元;2020年该省乡村教师每月发放400元生活补贴,受益乡村教师达2.1万人。
海南	2013—2019	自2013年起对11个国定和省定贫困县以及其他县8个民族乡镇的行政村的乡村教师发放月均400元的生活补助,惠及乡村教师9,243人。2016年,澄迈县给乡村学校教师每月补贴100元,边远地区教师每月补贴300元。2019年,在琼中等5个市县开展"基层专业技术人才激励机制改革试点",在乡镇以下学校设立"农村省级骨干校长""农村特级教师""农村省级学科带头人和骨干教师"等竞聘岗位316个,按岗位艰苦程度发放最高1万元的工作补贴。其中,琼中县2017年明确在偏远贫困地区行政村以下乡村小学教师每月300元生活补助的基础上,对偏远地区的乡村教师每月增加100元;对县域内5个更加偏远乡镇的教师由县级财政每月增加300元,全县乡村教师生活补助受益达14,487人次,累计发放金额603.38万元。
重庆	2015—2019	2016年綦江区边远教师津贴补贴最高可达每月1,200元,江津区乡村教师月补助最高达980元,累计发放乡村教师岗位生活补助、乡镇工作补助、乡村学校教师津贴4,660余万元;2015—2017年南川区发放乡村教师岗位生活补助等1.76亿元,艰苦边远地区乡村教师每月补贴最高达1,250元;2017年石柱县乡村教师月均补助标准分十六档,依次为1,200元、1,100元、1,000元、900元、800元、700元、650元、600元、550元、500元、450元、400元、350元、300元、250元、200元。
	2014—2019	向全体乡村教师发放岗位生活补助,覆盖33个区县4767所学校的10万名乡村教师。2015—2017年共发放乡村教师补助资金10亿元;2015—2019年每月补助300—1,630元不等,惠及40万人次。

续　表

地区	年份	具体举措
贵州	2017—2018	乡村教师生活补助惠及65个集中连片贫困县乡村教师17万人,累计发放12.8亿元。其中,都匀市、碧江区、三穗县教师绩效与公务员享受同等待遇。
安徽	2015—2017	建立并实施乡村教师生活补贴制度,最远教学点教师月均可达1,400元。其中,2015—2017年潜山县累计落实乡村教师补贴、乡村艰苦学校津贴、乡镇工作补贴近4,000万元;金寨县、太和县边远乡村教师津补贴每月最高达1,500元、1,300元;阜南县每年用于提高乡村教师待遇的经费达近3,000万元。2017年岳西县将全县乡镇划分为四类,在每类乡镇内划分五类学校,实施100—1,000元不等的补助标准,累计为26所初中、85所小学和103个教学点的2,000余名乡村教师发放补助2,000多万元,人均每月近300元。
黑龙江	2019	全省下达贫困县、边境县乡村教师生活补助资金1.25亿元,惠及教师9.8万人次。其中,东宁市的镇、村教师月均工资高出城区350—860元。
西藏	2021	根据海拔高低实行500—1,500元不等的差别化乡村教师生活补助政策。
西藏	2013—2016	墨脱县自治区按照三类区乡村生活补助标准向乡村教师发放补助,月均补助标准2014年为600元,2015年提至800元,2016年提至1,000元,2014—2016年共发放生活补助384.08万元;2013年对生活条件相对较差的三个乡制定了“县级边远补贴政策”,标准分别为月均240元、190元、140元,2013—2016年共发放边远山区教师补贴19.28万元。林芝地区对教职工发放补贴,月均补贴标准:连续工作五年以下者200元,五年至十年者400元,十年以上者600元,其中生活条件相对较差的三个乡在以上标准基础上再增加200元,2013—2016年共发放补贴429.5万元。
新疆	2013—2017	巴里坤县每年安排200万元,分三类对农牧区900余名教师给予伙食和乘车补助;民丰县、策勒县等按照离县城远近程度不同,为各乡镇教师每月发放100—500元不等的交通补贴。
湖南	2017—2020	泸溪县于2017年建立教师待遇倾斜激励机制,给予教学点教师月均1,400元的生活补贴;龙山县2020年的乡村教师津贴月均最高达1,700元。

续 表

地区	年份	具体举措
湖南	2015—2020	在武陵山和罗霄山两个国家连片特困地区片区内的43个县区的基础上,2015年将在片区县乡村特岗教师纳入乡村基层教育人才补贴发放范围;2016年将片区外的8个国贫县和省贫县全部纳入,2013—2016年共筹集资金20.8亿余元用于发放乡村教师人才津贴,9万多名乡村中小学教师受益,月均标准分别不低于700元、500元、300元。落实贫困地区乡村基层教育人才津贴政策、乡村教师享受乡镇工作补贴和艰苦边远地区津贴制度,2016—2019年每年下拨乡村教师津贴4亿余元;2019年9月起在全省贫困地区以外的县市区实行乡村教师人才津贴制度。
江西	2017—2018	芦溪县于2017年将乡村教师津贴标准按学校偏远程度的不同分为六个档次,依次为月均700元、600元、480元、340元、220元和120元;落实乡镇工作人员津贴,根据从教时间长短,对在乡镇教职工每月补贴250—550元;落实支教教师补贴,到乡村学校支教教师考核合格即可享受月均200—400元的工作补贴和300元的交通补贴,表现优秀者还可一次性奖励1,500元。南昌市新建区于2018年开始每年补贴300多万元发放边远地区乡村教师津贴;吉安市吉州区实施"七个一百万"工程,将197万元用于发放边远中小学教师特殊津贴和乡镇工作补贴,100万元用于发放村小炊事员工资、农村寄宿制学校教师晚值班补贴以及班主任津贴。
	2015—2017	省政府于2015年明确乡村教师叠加享受连片特困地区生活补助、艰苦边远地区特殊津贴和乡镇工作补贴三项补助。一是足额发放生活补助:每年初下达17个连片特困地区教师生活补助月均200元,发放3,672所学校的乡村教师5.3万余人,发放总金额达1.27亿元,覆盖面达100%;二是建立艰苦边远地区乡村中小学教师特殊津贴制度,标准调整至月均300元和500元,省级财政下达专项资金4.21亿元,使99个县(市、区)的8.8万名乡村教师受益;三是落实乡镇工作补贴政策,2015年7月起全省乡村教师享受每月200—500元不等的乡镇工作补贴。
吉林	2016	2016年1月起将5个国贫县纳入乡村教师生活补助实施范围,9月起将7个省贫县纳入实施范围,参照连片特困地区乡村教师生活补助政策实施;实施生活补助的贫困县数由最初的3个增加到15个,乡村教师生活补助月均300元,村小、教学点教师月均500元。
	2015—2018	通榆县乡镇政府所在地教师补助月均300元,村小和下伸点教师补助月均500元,累计发放补助资金5,120.17万元。

续　表

地区	年份	具体举措
北京	2017	房山区在北京市实施差别化乡村教师生活补助标准的基础上,参照区政府行车距离,结合地形地貌制定了月均 800 元、1,600 元、2,400 元、3,200 元的区级差别化补助标准。
辽宁	2021	明确乡村中小学教师年均不低于 3,600 元的标准发放补助,重点向乡村小学、教学点和条件艰苦边远地区倾斜;全省发放乡村教师差别化补助资金 3.76 亿元,覆盖 80 个涉农县(区)的 1,639 所学校,惠及 10.6 万名乡村教师。

资料来源:2016—2021 年国家教育督导检查组对上述省份义务教育均衡发展督导检查的反馈意见,见教育部官网,如《国家教育督导检查组对陕西省义务教育均衡发展督导检查反馈意见》(2020 年 1 月 6 日),http://www.moe.gov.cn/jyb_xwfb/gzdt_gzdt/s5987/202001/t20200106_414547.html;《教育部办公厅关于公布全国乡村教师队伍建设优秀工作案例的通知》(2016 年 9 月 1 日),http://www.moe.gov.cn/srcsite/A10/s3735/201609/t20160919_281513.html;《教育部办公厅关于公布全国乡村教师队伍建设优秀工作案例的通知》(2017 年 6 月 7 日),http://www.moe.gov.cn/srcsite/A10/s3735/201706/t20170615_307027.html;《教育部办公厅关于乡村教师生活补助工作优秀案例的通报》(2017 年 8 月 22 日),http://www.moe.gov.cn/srcsite/A10/s7030/201709/t20170911_314180.html;《教育部教师工作司关于公布全国乡村教师和“三区三州”教师队伍建设优秀工作案例的通知》(2018 年 8 月 20 日),http://www.moe.gov.cn/s78/A10/tongzhi/201809/t20180914_348801.html;刘旭波:《政策倾斜,落实到位,力推义务教育均衡发展》(2017 年 1 月 17 日),http://www.moe.gov.cn/jyb_xwfb/xw_zt/moe_357/jyzt_2017nztzl/ztzl_xyncs/ztzl_xy_dxjy/201701/t20170117_295070.html;《湖南省突出“四个精准”推进教育脱贫》(2020 年 6 月 16 日),http://www.moe.gov.cn/jyb_xwfb/s6192/s222/moe_1750/202006/t20200616_466411.html;胡航宇:《重庆为村小增加高级岗位五千六百个,培训乡村教师超过二十万人次——当乡村教师“有里又有面”》(2017 年 1 月 21 日),http://www.moe.gov.cn/jyb_xwfb/moe_2082/zl_2017n/2017_zl03/201701/t20170122_295475.html;《辽宁省推行乡村教师差别化补助政策　进一步加强乡村教师队伍建设》(2022 年 4 月 21 日),http://www.moe.gov.cn/jyb_xwfb/s6192/s222/moe_1737/202204/t20220422_620474.html;《重庆市江津区切实加强乡村教师队伍建设》(2016 年 6 月 20 日),http://www.moe.gov.cn/jyb_xwfb/s6192/s222/moe_1754/201606/t20160620_268960.html;《福建省扎实推进教师队伍建设》(2019 年 9 月 11 日),http://www.moe.gov.cn/jyb_xwfb/s6192/s222/moe_1745/201909/t20190911_398698.html;《广西“四个注重”加强乡村教师队伍建设》(2022 年 6 月 13 日),http://www.moe.gov.cn/jyb_xwfb/s6192/s222/moe_1752/202206/t20220613_637039.html;《宁夏回族自治区大力加强乡村教师队伍建设》(2016 年 7 月 4 日),http://www.moe.gov.cn/jyb_sjzl/s3165/201607/t20160704_270645.html。

如表6.37所示,全国各地纷纷落实乡村教师津贴、补贴等制度,促使乡村教师待遇有所改善。第一,各地纷纷推行“越往基层,越是艰苦,待遇越高”的乡村教师激励机制,实施差额化的生活补助或津贴标准,并不断创新划分标准:或者建立了越往偏远乡村、工资收入越高的梯级工资制度;或者根据学校边远情况、教师工作生活条件艰苦程度分类分档发放教师生活补助或津贴,其中交通道路、住宿条件、校园及周边环境的艰苦程度等因素均成为各地划分补助标准的依据。如2017年重庆石柱县采取跑面、实地测量的方式,按照海拔高度、通车里程,勘察学校周边环境、交通住宿条件、学校类别等五大类进行量化打分,重点向条件艰苦的边远、高寒地区学校的教师倾斜,乡村教师的人均月补助标准根据补助总量、各校享受补助人数和各校的量化打分结果核定为16个标准。[①] 再如2017年安徽岳西县根据学校环境和岗位的艰苦性,把全县乡镇划分为四类,同时根据学校所在地距乡镇政府的远近,在每类乡镇内划分五类学校,实施100—1,000元不等的补助标准,并根据各乡镇交通状况的发展变化适时调整乡镇类别。[②] 又如青海在全省统一标准的基础上,要求各市州根据乡村学校的艰苦程度制定具体补助标准,适当拉开档次,最高和最低的补助标准比值控制在2倍以内,体现“越往基层、越是艰苦,待遇越高”原则,重点向边远艰苦学校、高海拔学校和村小、教学点教职工倾斜。[③] 第二,给予乡村教师各种补贴和津贴,促使有些地方的乡村教师工资水平高于城镇地区。如宁夏回族自治区银川市兴庆区根据距离城市的远近实行差别化发放乡村教师补贴,使得乡村学校教师人均月工资发放水平较城市教师高1,800元左右。[④] 再如山东省落实乡村教师

① 《教育部办公厅关于乡村教师生活补助工作优秀案例的通报》(2017年8月22日),http://www.moe.gov.cn/srcsite/A10/s7030/201709/t20170911_314180.html。

② 《教育部办公厅关于乡村教师生活补助工作优秀案例的通报》(2017年8月22日),http://www.moe.gov.cn/srcsite/A10/s7030/201709/t20170911_314180.html。

③ 《教育部办公厅关于乡村教师生活补助工作优秀案例的通报》(2017年8月22日),http://www.moe.gov.cn/srcsite/A10/s7030/201709/t20170911_314180.html。

④ 《教育部教师工作司关于公布全国乡村教师和“三区三州”教师队伍建设优秀工作案例的通知》(2018年8月20日),http://www.moe.gov.cn/s78/A10/tongzhi/201809/t20180914_348801.html。

生活补贴,促使 2015 年该省乡村教师人均月收入比城区教师高 300—700 元。[①] 又如江西省 17 个连片特困地区县工作的乡村教师叠加享受了三项补助政策(即连片特困地区乡村教师生活补助、艰苦边远地区乡村中小学教师特殊津贴和乡镇工作补贴),因此他们每月的工资待遇比同等条件下的城镇教师多 1,200 元。[②] 第三,乡村教师待遇的提升,在一定程度上有助于保障乡村教师队伍的稳定。如据 2016 年统计,广东省乡村教师生活补助政策实施以来,实施地区乡村教师平均工资增长了 15%,高于城镇教师平均水平,从而促使乡村教师流动较以往有所减少。[③] 据 2017 年统计,重庆石柱县乡村教师生活补助实施三年来,县城中小学公开考调教师报名人数逐年下降,从 2013 年的 411 人下降到 2016 年的 226 人。[④]

2. 乡村教师的住宿条件得以进一步改善

各地加强乡村教师的教工宿舍和周转宿舍建设,促使各地逐渐解决乡村教师住宿问题。这一时期部分地区解决乡村教师的住宿问题情况见表 6.38。

表 6.38　2012—2021 年部分地区解决乡村教师住宿问题情况统计

地区	年份	具体举措
广西	2012—2021	2012—2018 年,百色市建设乡村教师周转房 3,878 套,建设面积 13.4898 万平方米;田阳县、田东县、德保县、靖西市在城区为乡村教师建公租房。2021 年,全区统筹中央和自治区资金 6.06 亿元,建设乡村教师周转宿舍面积达 32 万平方米。其中,凤山县整合筹措 6,000 余万元,建成 1,525 套教师周转房和公共租赁房。

① 《国家教育督导检查组对山东省 34 个县(市、区)义务教育均衡发展督导检查反馈意见》(2015 年 12 月 18 日),http://www.moe.gov.cn/jyb_xwfb/moe_2082/zl_2015n/2015_zl65/201512/t20151218_225426.html。

② 《教育部办公厅关于公布全国乡村教师队伍建设优秀工作案例的通知》(2016 年 9 月 1 日),http://www.moe.gov.cn/srcsite/A10/s3735/201609/t20160919_281513.html;2016—2021 年国家教育督导检查组对上述省份义务教育均衡发展督导检查的反馈意见,见教育部官网。

③ 《教育部办公厅关于公布全国乡村教师队伍建设优秀工作案例的通知》(2016 年 9 月 1 日),http://www.moe.gov.cn/srcsite/A10/s3735/201609/t20160919_281513.html;2016—2021 年国家教育督导检查组对上述省份义务教育均衡发展督导检查的反馈意见,见教育部官网。

④ 《教育部办公厅关于乡村教师生活补助工作优秀案例的通报》(2017 年 8 月 22 日),http://www.moe.gov.cn/srcsite/A10/s7030/201709/t20170911_314180.html。

续 表

地区	年份	具体举措
湖北	2013—2017	2013—2015 年投入 1.36 亿元,建设教师周转宿舍 2,654 套;到 2017 年,统筹资金 17 亿元,建成教师周转房 4.2 万余套、150 余万平方米。
云南	2015	嵩明县投入 2,500 万元,新建 216 套乡村教师周转房。
广西	2015—2019	桂平市共投入 15,387 万元建设教师公租房、周转房 2689 套。
河北	2015—2020	2015 年,石家庄市实施乡村学校教师周转宿舍建设工程,建成周转宿舍 910 套;2020 年,献县先后投资 1,700 余万元,专门为 10 多个乡镇的特岗教师建成了教师周转房。
陕西	2015—2019	新建乡村教师周转房 2.7 万套。其中,2016 年勉县新建周转房 537 套,城固县投资 1,900 万元建成教师周转房 134 套,落实公租房 70 套。
重庆	2016—2019	建设乡村教师周转宿舍 1.68 万套,共 59.2 万平方米。其中 2016 年綦江区建设教师周转房 2 万平方米。
四川	2016—2018	2016—2018 年,甘孜州投入 5,739 万元建设乡村教师周转房 3,381 套。2017 年,富顺县建设 1,343 套设施齐全的公租房,满足 2,000 名年轻教师、乡村教师的住房需求;会理县建设教师周转房 570 套、经济适用房 1,411 套。
山东	2016—2020	2016—2017 年,实施"两贴、两房、一体检、一荣誉、一特岗"等惠师政策,落实乡村教师乡镇津补贴和交通补助,建成乡村教师周转宿舍 58.24 万平方米。其中,乐陵市为乡村教师"零支付"入住公寓;宁津县建设教师公寓 356 套,配齐空调等生活设施;平度市为城乡双向交流教师建成教师周转房 400 套。2020 年,以奖补资金 1 亿元支持各地的乡村教师周转宿舍建设,切实解决好乡村教师、轮岗教师住宿问题。
河南	2016—2020	2016 年,光山县投资 3,967 万元建设教师周转房 744 套,共 2.604 万平方米。2020 年,兰考县各乡镇为特岗教师建设周转房 497 套,安装空调 145 台,购买电风扇、取暖器共 328 台,购买各种炊具设施 390 套。
新疆	2017	巴里坤县 2012 年以来建成乡村教师周转房 288 套;阿克陶县 2009 年以来为边远农牧区教师建设周转房 626 套。
内蒙古	2017	多伦县为基层学校教师新建 6 所、改建 1 所乡村学校教师周转宿舍。
宁夏	2017	海原县投入 8,000 多万元建成乡村教师周转房 1,035 套。

续　表

地区	年份	具体举措
江西	2017—2018	2017年,会昌县为332户住房困难的乡村教师家庭发放购房补贴。2018年,吉安市吉州区实施"七个一百万"工程,安排190万元用于乡村教师周转房(公租房)设备设施添置,提供"七个一"住宿设备添置服务;寻乌县免费为每个乡村教师提供"五个一"暖巢服务;共青城市将教师纳入团购房政策。
贵州	2017—2018	2017年,建设乡村教师周转房、公租房13.75万套,惠及乡村教师20万余人;2018年,建设乡镇教师公租房14万余套,解决20万余名乡村教师的住房问题。
安徽	2017—2020	2017年,建乡村教师周转房20.3万平方米。寿县于2020年累计建成教师周转房19处514套,约1.799万平方米,总投资2,958万元,旨在解决特岗教师住宿问题。
山西	2018	偏关县、交口县分别投入1,460万元、1,117万元,建设乡村教师周转房240套、180套。
新疆	2018—2020	2012—2017年,喀什地区建周转房5,559套、19.4万平方米,解决了1.1万名乡村教师住宿问题;2018年,利用公租房、经济适用房解决教师住房11,809套,配齐生活设备,缓解新聘教师住房困难问题。阿克苏市于2018—2020年投入2.83亿元建设教师周转房2,635套,按照拎包入住的标准精装修,实现特岗教师"城里有套房,乡里有张床"。
海南	2019	财政投入11.4亿元实施乡村教师安居工程,建设乡村教师周转宿舍13,244套,在白沙等6个贫困市县试点建设乡村教师公共厨房212间。

资料来源:2016—2021年国家教育督导检查组对上述省份义务教育均衡发展督导检查的反馈意见,见教育部官网,如《国家教育督导检查组对海南省义务教育均衡发展督导检查反馈意见》(2019年5月23日),http://www.moe.gov.cn/jyb_xwfb/gzdt_gzdt/s5987/201906/t20190605_384542.html;《教育部办公厅关于公布全国乡村教师队伍建设优秀工作案例的通知》(2016年9月1日),http://www.moe.gov.cn/srcsite/A10/s3735/201609/t20160919_281513.html;《教育部教师工作司关于公布全国乡村教师和"三区三州"教师队伍建设优秀工作案例的通知》(2018年8月20日),http://www.moe.gov.cn/s78/A10/tongzhi/201809/t20180914_348801.html;《四川省甘孜州推进乡村教师队伍建设》(2018年1月12日),http://www.moe.gov.cn/jyb_xwfb/s6192/s222/moe_1755/201802/t20180213_327411.html。

如表6.38所示,全国很多地区着力解决乡村教师住宿问题,除了加强周转宿舍建设,为乡村教师购房提供优惠,还为乡村教师生活提供诸多便利。如海南省2018年启动实施偏远乡村小学公共厨房建设项目,投入2,100万元在东方、临高、乐东、白沙县、保亭、琼中等6个市县开展建设,其中新建厨房138个,改建厨房56个,有212所学校购置厨房设施设备,为2,364名乡村小学教师提供了安全便利的工作生活条件。[①]

3.对乡村教师的倾斜式支持不断落实

据2016年的统计,宁夏回族自治区对自愿到乡村支教的退休特级教师、高级教师,由各地财政按照每人每年2万元的标准补助。[②] 其中,对特岗教师的倾斜式支持或待遇逐步落实,这是其一。具体情况见表6.39。

表6.39　2017—2021年部分地区对特岗教师提供的倾斜式支持或待遇情况统计

地区	年份	具体举措
河南省信阳市	2017	每年表彰600名优秀特岗教师;对符合条件者直接认定职称;给予5,000元至20,000元的奖励;积极开展"寻找最美乡村教师""我的特岗生活"等评选活动,与北师大联合编辑《乡村青年教师教育梦》一书,树立了一批长期扎根基层的优秀特岗教师典型;建立特岗教师"老带新制度",以"国培计划"引领五级联动教师培训机制,以"硕师计划"构建乡村高层次骨干师资培养体系,有153名特岗教师取得硕士学位;为表现突出者创造晋升机会。
广西壮族自治区	2017	田阳县每年预算安排600多万元,实施乡村教师生活补助计划、发放乡镇工作补贴,对乡镇特岗教师最高补助达700元/月,最低500元/月;将特岗教师纳入县政府发放年终绩效考评奖范围,最高绩效奖励金2.3万元;破格提拔重用特岗教师,工作成绩突出者提拔为学校中层干部;在每年教师节表彰中有专门名额指标向特岗教师倾斜,已有52名服务期内特岗教师受到县级以上表彰。

① 《教育部教师工作司关于公布全国乡村教师和"三区三州"教师队伍建设优秀工作案例的通知》(2018年8月20日),http://www.moe.gov.cn/s78/A10/tongzhi/201809/t20180914_348801.html。

② 《宁夏回族自治区大力加强乡村教师队伍建设》(2016年7月4日),http://www.moe.gov.cn/jyb_sjzl/s3165/201607/t20160704_270645.html。

续　表

地区	年份	具体举措
广西壮族自治区	2020	桂平市通过保障福利待遇、政策倾斜、搭建成长平台以及关注解决婚恋生活等对特岗教师给予支持。保障福利待遇的具体举措：一是聘期执行国家统一的工资制度和标准；二是按时足额发放绩效工资(基础性绩效工资按月发放，奖励性绩效工资每学期发放一次)；三是与在编教师一样享受事业单位基本养老保险、职业年金、医疗保险、生育保险、失业保险、住房公积金等待遇；四是与乡镇教师一样享受月均 400—500 元的乡镇工作补贴和 250—400 元的乡村(教学点)教师生活补助；五是与在编教师一样享受年均 2.5 万元的绩效工资增量；六是对乡村学校任教者按规定给予学费补偿和国家助学贷款代偿。而且，教师公租房、周转房优先为特岗教师提供单人单间的教工宿舍。
山西省柳林县	2020	县财政增加预算实施乡村教师生活补助计划、发放乡镇工作补贴，为特岗教师发放乡镇补助 400 元/月，同时发放取暖费 3,360 元/月，年终奖人均 2,280 元/年；除上级财政每人拨付 35,200 元/年外，县政府为每名特岗教师每年支付工资福利和各项保障 5 万余元。县财政累计为 217 名特岗教师支出 2,300 余万元。
河南省兰考县	2020	对在乡镇任教的特岗教师实施乡镇工作补贴，按类区分别给予月均 300—450 元的补贴；县财政为所有特岗教师每年预算 1 个月的奖励工资，人均增资 5,600 元/年，且对新招聘特岗教师高套 1 个薪级工资，直接按照试用期满的标准发放工资；落实“五险一金”；统一为特岗教师分配周转房、配齐网络和电脑、提供免费体检、开设教师食堂、定期召开座谈会解决热点难点问题；关心单身特岗教师的婚姻问题，通过举办联谊会、动员社会人士牵线搭桥等方式，促进特岗教师之间、特岗教师与外界青年的交流，让特岗教师立业、成家；建立特岗教师学费奖补制度，2018 年开始对 2016 年以来到乡镇学校工作的高校毕业生分 3 年补偿其大学期间的学费。2017—2019 年招聘的 790 名特岗教师，在岗率达 96.33%。
贵州省龙里县	2020	与乡村学校同等享受乡村教师生活补助政策，其标准，2019 年 9 月前为月均 200 元、230 元、270 元、300 元四个等次，2019 年 9 月后按月均 300 元、400 元、500 元三个等次进行补助；县财政每年在奖励性绩效工资总量基础上提高 25%，550 万元左右(2019 年为 565.5635 万元)设立的校长津贴、班主任津贴、超课时津贴、乡村学校教师补贴等项目，特岗教师同等享受；与在编在岗教师同等享受县财政给予的年终一次性绩效奖励人均 12,000 元/年；每年以 10%的评优评先比例专门用于“优秀特岗教师”表彰，2019 年评选表彰县级“优秀特岗教师”15 名。

资料来源：《教育部办公厅关于农村义务教育阶段学校教师特设岗位计划实施工作优秀

案例的通报》(2017 年 8 月 22 日),http://www.moe.gov.cn/srcsite/A10/s7030/201709/t20170912_314246.html;《教育部教师工作司关于公布农村义务教育阶段学校教师特设岗位计划实施工作典型案例的通知》(2020 年 9 月 4 日),http://www.moe.gov.cn/s78/A10/tongzhi/202009/t20200921_489327.html。

如表 6.39 所示,上述各地给予了乡村学校工作的特岗教师各种优待或倾斜式支持,概括起来大致有:优先提供周转宿舍;乡村教师生活补贴和津贴、绩效政策;评奖评优专项比例倾斜;优秀者提拔为中层干部以及享受学费补偿和国家助学贷款代偿;等等。

其二,对乡村教师职称评聘方面的倾斜也有所落实。这一时期部分地区对乡村教师职称评聘的倾斜支持情况见表 6.40。

表 6.40　2016—2021 年部分地区对乡村教师职称评聘的倾斜式支持情况统计

地区	年份	具体举措
广西	2016—2020	职称评审向乡村教师倾斜,2020 年 1.86 万名乡村教师获得高级职称,比 2018 年改革前增加了 3 倍多。其中,百色市建立向乡村一线教师适当倾斜的职称评审制度。2016 年中小学中级职称评审中,乡村教师任教累计满二十年者,可不受岗位比例限制直接评聘更高一级专业技术职务资格和岗位。
宁夏	2016—2017	将县域内教师高级职称比例由原来的 5%调至 8%,在乡村学校连续工作十五年晋升中级职称者、连续工作二十五年晋升高级职称者,可不受专业技术岗位结构比例限制,不设门槛和职位限制,可分别直接晋升中级、副高级职称;2017 年有 2 县为在乡村连续工作二十五年的 355 名乡村教师晋升了副高级职称,有 4 县近三年为 606 名连续在乡村工作二十五年的教师晋升了副高级职称。
江西	2018	靖安县规定,在乡村学校任教累计满二十五年且仍在乡村任教者,可直接聘任高一级专业技术职务。
青海	2018	在果洛藏族自治州,依据中小学职称制度改革后的乡村教师职称评审政策,先后有 86 名乡村教师获高级教师资格,1 名教师获正高级教师资格。
新疆	2018	维吾尔自治区喀什地区实现了乡村中小学高、中、初级岗位结构比例为 2∶4∶4;注重师德表现,在中小学职称评审中向基层乡村一线倾斜,量化赋分标准,乡村教师职称评审通过率达 95%以上。

续　表

地区	年份	具体举措
湖北	2021	全省有8,500余名乡村教师通过绿色通道实现了职称晋升。
四川	2018	甘孜阿坝州规定,在乡村学校任教满三十年且符合任职资格者,可不受岗位数量限制直接申报高级职称,退休时给予一次性奖励。

资料来源:2016—2021年国家教育督导检查组对上述省份义务教育均衡发展督导检查的反馈意见,见教育部官网,如《国家教育督导检查组对广西壮族自治区义务教育基本均衡发展督导检查反馈意》(2021年1月22日),http://www.moe.gov.cn/jyb_xwfb/gzdt_gzdt/s5987/202101/t20210122_510738.html;《教育部教师工作司关于公布全国乡村教师和"三区三州"教师队伍建设优秀工作案例的通知》(2018年8月20日),http://www.moe.gov.cn/s78/A10/tongzhi/201809/t20180914_348801.html;《奠基乡村振兴之路——湖北省加强乡村教师队伍建设纪实》(2021年8月23日),http://www.moe.gov.cn/jyb_xwfb/s5147/202108/t20210823_553286.html;《四川省甘孜州推进乡村教师队伍建设》(2018年1月12日),http://www.moe.gov.cn/jyb_xwfb/s6192/s222/moe_1755/201802/t20180213_327411.html。

如表6.40所示,很多地区实施乡村教师职称评聘倾斜,对于长期从事乡村义务教育的教师,可不受岗位数额限制,直接申报评审中高级职称;有的地区规定任职达一定年限的乡村教师可直接晋升中高级职称;有的地区实施乡村教师职称单列,与城镇教师分开评审;等等。对乡村教师职称评聘的倾斜式支持,使乡村教师职称结构有所好转,尤其是乡村初中专任教师中高级职称者所占比重与全国平均水平较为接近,乡村小学教师中高级职称者所占比重高于全国平均水平。与此同时,在评奖评优方面也向乡村教师倾斜。如宁夏回族自治区于2016年评选"塞上名师"、特级教师等荣誉时向乡村教师倾斜。[①] 湖北省2018年评选第十批特级教师时,单列乡村教师指标单独评审,评出的307名特级教师中有72名为乡村义务教育阶段的教师。[②]

① 《宁夏回族自治区大力加强乡村教师队伍建设》(2016年7月4日),http://www.moe.gov.cn/jyb_sjzl/s3165/201607/t20160704_270645.html。

② 《奠基乡村振兴之路——湖北省加强乡村教师队伍建设纪实》(2021年8月23日),http://www.moe.gov.cn/jyb_xwfb/s5147/202108/t20210823_553286.html。

4. 乡村教师奖励与荣誉机制得以实施

在建立国家级乡村教师荣誉制度的引导下,各地也开始对乡村教师实施奖励或给予荣誉。这一时期部分地区给予乡村教师奖励或荣誉相关情况见表 6.41。

表 6.41　2015—2020 年部分地区给予乡村教师奖励或荣誉情况统计

地区	年份	具体举措
江西	2015—2016	2015 年提出建立长期从教教师荣誉制度:由省政府每年为在乡村学校任教满 20 年的在岗教师颁发荣誉证书,并按国家规定对在乡村学校长期从教者予以表彰;在教育系统各类评比表彰活动中,单列乡村教师指标并予以倾斜,评优比例为城区教师评优比例的 2 倍。由县政府对在乡村学校任教满 10 年者给予鼓励;每年邀请一批优秀乡村教师代表参加休假疗养;2015 年教师节前为在乡村学校任教满 20 年和在各级各类学校任教满 30 年的 12 万余名教师颁发荣誉证书;2016 年组织第一批 100 名优秀乡村教师上井冈山休养,并为 1.3 万名乡村教师颁发荣誉证书。其中,抚州市规定,夫妻双方均在乡村任教且获得省厅颁发的长期从教荣誉证书者,可根据本人意愿安排一人进城区任教;新余市对在乡村学校任教 30 年以上并仍在岗者月均奖励 200 元;萍乡市为在乡村任教满 15—20 年的在岗教师颁发荣誉证书,县级政府为在乡村任教满 10 年的在岗教师颁发荣誉证书。
四川	2015—2016	甘孜州教龄满 30 年且具有 20 年以上乡村学校任教经历的一线教师退休时,享受一次性 5 万元州级奖励金和 2 万元县级奖励金;在乡村学校任教满 20 年的乡村教师由州政府颁发荣誉证书;建立优秀校长、骨干教师动态管理激励机制:对聘期内国家级、省级、州级优秀及骨干教师分别给予每月 800 元、500 元、300 元的奖励性补贴;对聘任副高专业技术职称以上者实行津贴补贴,每月补助 280 元;每年表彰 100 名优秀乡村教师,颁发荣誉证书,给予 2,000 元奖励;每三年表彰"感动甘孜教坛最美乡村教师"10 名,颁发荣誉证书,给予 1 万元奖励;实施优秀乡村教师疗养机制,每年组织选送 100 名乡村优秀教师到发达地区学习考察与疗养。
河北	2016	石家庄市每两年遴选 300 名乡村教师和教育工作者,每人奖励 5,000 元。

续　表

地区	年份	具体举措
宁夏	2016	分别对在乡村学校从教20年、15年、10年以上的教师给予鼓励和奖励;各市、县(区)每年按10%的比例评选乡村骨干教师并给予奖励,最高可达1,000元;由自治区财政安排专项资金,每年组织100名在乡村学校从教20年以上的优秀教师进行疗养。
	2016	西吉县建立乡村教师荣誉制度:一是实行"教育世家"荣誉制度。对直系亲属一家三代从事教育工作者,由县政府颁发"教育世家"荣誉证书和牌匾,并一次性奖励1万元。二是实行坚守奉献奖励制度。每年奖励20名在乡村学校连续任教30年以上且教学成绩突出的教师,每人奖励3,000元。三是实行教学成绩优秀奖。每年奖励50名在乡村学校连续任教5年以上,教育教学成绩突出的乡村教师,每人奖励2,000元。
	2017	彭阳县对在乡村学校服务期满6年的骨干教师、学科带头人、特级教师一次性奖励20万元,对免费师范生一次性奖励10万元,对自愿到乡村学校支教的退休特级教师、高级教师每年补助2万元;隆德县245名乡村教师获得了自治区级和国家级荣誉证书,39名乡村教师获得自治区级、市级、县级"最美乡村教师"称号。
	2018	银川市兴庆区建立乡村教师荣誉制度,对连续在乡村中小学校工作满10年、15年、20年并还在乡村工作的教师分别给予每年1,500元、2,000元、3,000元的奖励;组织在乡村连续工作满30年以上的教师外出疗养。
湖北	2016—2017	竹山县2016年积极争取社会资金,设立了"边远山区乡村教师玉福奉献奖"。2017年,湖北省投入2,000万元建立了"乡村教师关爱基金""乡村教师奖励基金"。
青海	2016—2018	果洛藏族自治州2016年以来先后有10名教师获得国家从事乡村教育满30年荣誉证书,90名乡村教师获得省级荣誉证书。
	2020	全省乡村教师近9,000名从教30年者、11,000余名从教20年者获颁荣誉证书;乡村学校从教20年以上的教师、特级教师、省级优秀教师(含退休教师)在省内享受旅游优惠,开通机场、火车站出行绿色通道。
福建	2019	启动实施省级乡村优秀青年教师培养奖励计划,持续开展优秀乡村教师学术休假活动。

续　表

地区	年份	具体举措
云南	2017	怒江州实施两年一轮次的优秀骨干教师奖励津贴制度，每年安排19.2万元对160名优秀骨干教师发放每月100元的奖励津贴，安排80万元对高寒边远山区学校教师岗位实行奖励津贴。
	2019	2018年始每年对500名从教20年以上在职优秀乡村教师，每人给予10万元的奖励。
贵州	2017	政府每年6月至8月为在乡村连续从教满25年的教师颁发25年教龄荣誉证书；在优秀教师、教育工作先进个人和先进集体评选表彰中，向乡村、民族和艰苦边远地区学校和教师倾斜，名额单列，同等表彰；获得省政府颁发的25年教龄荣誉证书，在申报中小学教师高级职称时可作为任职资格的评审条件之一，且在退休时也可作为给予奖励补助的主要依据之一；在养老保险制度改革前，乡村教师退休时享受100%的退休金，养老保险制度改革后享受一次性退休补贴，即以教师退休基本工资（含教护10%部分）与基本退休费计发比例的乘积为基数，按180个月计算，一次性发放补贴。
西藏	2016—2017	除了为在乡村学校从教30年以上的教师颁发荣誉证书外，每三年对连续在乡村学校从教20年以上、各地（市）对连续在乡村学校从教10年以上的教师分别给予表彰奖励；设立乡村教师终身成就奖，为连续在乡村学校从教25年的教师颁发荣誉证书，给予一定的资金奖励。其中，2016年有978名教师获“西藏自治区乡村教师从教20年荣誉奖”，317名教师获“西藏自治区乡村教师从教25年终身成就奖”，奖励资金共达290.7万元。
	2018	日喀则市南木林县推荐获“国家乡村教师从教30年荣誉奖”的乡村教师20名，获“西藏自治区乡村教师从教25年终生成就奖”的教师6名，获“西藏自治区乡村教师从教20年荣誉奖”的教师34名，获“日喀则市乡村教师从教15年荣誉奖”的教师42名，获日喀则市“珠峰好教师”的教师3名。

资料来源：《宁夏回族自治区大力加强乡村教师队伍建设》（2016年7月4日），http://www.moe.gov.cn/jyb_sjzl/s3165/201607/t20160704_270645.html；2016—2021年国家教育督导检查组对上述省份义务教育均衡发展督导检查的反馈意见，见教育部官网，如《国家教育督导检查组对青海省义务教育基本均衡发展督导检查反馈意见》（2020年10月13日），http://www.moe.gov.cn/jyb_xwfb/gzdt_gzdt/s5987/202010/t20201012_494177.html；《福建省扎实推进教师队伍建设》（2019年9月11日），http://www.moe.gov.cn/jyb_xwfb/s6192/s222/moe_1745/201909/t20190911_398698.html；《云南重奖优秀乡村教师：今年起每年奖励500名，每人奖10万元》（2018年9月1日），http://www.moe.gov.cn/jyb_xwfb/s5147/201809/t20180903_347024.html。

如表 6.41 所示,这一时期部分地区注重对乡村教师实施奖励或给予荣誉,概括起来主要有以下方面:一是逐步落实国家级荣誉制度。二是创新建立了地方性的乡村教师荣誉制度。三是将物质性奖励或社会福利等保障与荣誉制度相结合。外出疗休养、学习考察、学术休假等逐渐成为乡村教师荣誉或奖励制度的重要内容。有些地方将对乡村教师的表彰或奖励惠及乡村教师子女。如青海玉树州规定,在乡村学校从教十年以上教师的子女对其在州城就学予以适当照顾。四是乡村青年教师逐渐成为奖励或荣誉制度的主要关注对象之一。五是社会组织对乡村教师奖励和荣誉给予了关注和支持。如 2018 年,人民教育出版社捐助"乡村优秀青年教师培养奖励计划",由教育部教师工作司、中国教师发展基金会 2018—2022 年实施"乡村优秀青年教师培养奖励计划",五年内每年遴选 300 名乡村优秀青年教师,每人每年奖励 1 万元,以造就一批"下得去,留得住,教得好"的乡村骨干教师。[①]

二、存在的主要困境

经国家教育督导组评估认定,2021 年各省均不同程度地面临教师结构性缺员,即音乐、体育、美术、信息技术、科学等学科教师配备不足问题;一些地方还存在乡村教师住宿、工作、生活条件较差,非在编教师待遇普遍较低,城乡教师交流轮岗配套政策不完善、未实现常态化等问题。[②] 下面就乡村教师队伍建设在教师结构、教师流失或变动、城乡教师交流轮岗以及待遇等方面存在的困境进行探究。

---

① 刘博智:《乡村优秀青年教师培养奖励计划启动》(2018 年 8 月 17 日),http://www.moe.gov.cn/jyb_xwfb/gzdt_gzdt/moe_1485/201808/t20180817_345496.html。

② 教育部教育督导局:《全国县域义务教育均衡发展 国家督导评估认定有关情况介绍》(2022 年 6 月 21 日),http://www.moe.gov.cn/fbh/live/2022/54598/sfcl/202206/t20220621_639114.html。

(一)乡村教师结构性矛盾依然突出

乡村教师结构性矛盾主要体现在学科结构、学历结构与职称结构方面。在学科结构方面,乡村教师中艺术、音乐、美术、科学等学科教师尤其短缺,其所占比重较低,其生师比状况堪忧;在学历结构和职称结构方面,主要表现为与城镇区有一定差距。

1. 学科结构有待进一步完善

国家教育督导检查组对2016—2021年全国各省或自治区的县(市、区)义务教育阶段教师队伍的调查发现,学科结构短缺成为多数地区乡村教师队伍建设的共同问题(见附表3)。如2021年对甘肃省的教育督查发现,截至2020年底,有68个县存在教师结构性短缺问题,共缺音乐、体育、美术、信息技术、科学、英语等学科教师7,273人。其中临潭县、镇原县、山丹县,分别缺116人、180人、13人。[1] 由此,义务教育阶段教师学科结构短缺主要表现在音乐、体育、美术、信息技术、科学、英语等学科教师较为缺乏。以2019—2021年乡村初中和小学分学科教师等为例进行说明,具体情况见表6.42。

表6.42　2019—2021年初中分学科教师情况统计

年份	学科	教师/人				教师占比/%			
		合计	城区	镇区	乡村	合计	城区	镇区	乡村
2019	总计	3747429	1376624	1812525	558280	100	100	100	100
	思想品德(政治)	241566	84844	119776	36946	6.45	6.16	6.61	6.62
	语文	660413	238021	322633	99759	17.62	17.29	17.80	17.87
	数学	637467	232756	310574	94137	17.01	16.91	17.13	16.86
	外语(英语、日语、俄语)	591984	226977	282952	82055	15.80	16.49	15.61	14.70
	科学	30446	14742	12213	3491	0.81	1.07	0.67	0.63

① 《国家教育督导检查组对甘肃省义务教育基本均衡发展督导检查反馈意见》(2021年12月21日),http://www.moe.gov.cn/s78/A11/s8393/s7657/202201/t20220104_592381.html。

续　表

年份	学科	教师/人				教师占比/%			
		合计	城区	镇区	乡村	合计	城区	镇区	乡村
2019	物理	250954	92916	120563	37475	6.70	6.75	6.65	6.71
	化学	159312	58396	76541	24375	4.25	4.24	4.22	4.37
	生物	157100	55540	77529	24031	4.19	4.03	4.28	4.30
	历史与社会	32045	12261	14925	4859	0.86	0.89	0.82	0.87
	地理	149504	51819	74452	23233	3.99	3.76	4.11	4.16
	历史	195368	69749	96444	29175	5.21	5.07	5.32	5.23
	体育与健康	214821	85642	99215	29964	5.73	6.22	5.47	5.37
	艺术	6587	1731	3545	1311	0.18	0.13	0.20	0.23
	音乐	101879	37076	49080	15723	2.72	2.69	2.71	2.82
	美术	99423	35789	48088	15546	2.65	2.60	2.65	2.78
	综合实践活动(信息技术、劳动与技术)	138475	48528	66939	23008	3.70	3.53	3.69	4.12
	其他	35676	12638	17288	5750	0.95	0.92	0.95	1.03
	当年不任课	44409	17199	19768	7442	1.19	1.25	1.09	1.33
2020	总计	3860741	1459550	1845140	556051	100	100	100	100
	思想品德(政治)	249576	90326	122267	36983	6.46	6.19	6.63	6.65
	语文	677436	251460	327345	98631	17.55	17.23	17.74	17.74
	数学	656053	246532	315605	93916	16.99	16.89	17.10	16.89
	外语(英语、日语、俄语)	610003	240044	287859	82100	15.80	16.45	15.60	14.76
	科学	30871	15757	11766	3348	0.80	1.08	0.64	0.60
	物理	258960	98048	123500	37412	6.71	6.72	6.69	6.73
	化学	164039	61586	78160	24293	4.25	4.22	4.24	4.37
	生物	162975	59208	79653	24114	4.22	4.06	4.32	4.34
	历史与社会	32512	13163	14681	4668	0.84	0.90	0.80	0.84
	地理	154935	55370	76420	23145	4.01	3.79	4.14	4.16
	历史与社会	203791	74843	99419	29529	5.28	5.13	5.39	5.31
	体育与健康	223913	91809	101897	30207	5.80	6.29	5.52	5.43
	艺术	6713	2026	3483	1204	0.17	0.14	0.19	0.22
	音乐	105309	39528	50145	15636	2.73	2.71	2.72	2.81
	美术	102940	38157	49365	15418	2.67	2.61	2.68	2.77
	综合实践活动(信息技术、劳动与技术)	143187	51438	68569	23180	3.71	3.52	3.72	4.17

续 表

年份	学科	教师/人				教师占比/%			
		合计	城区	镇区	乡村	合计	城区	镇区	乡村
2020	其他	35311	13292	16577	5442	0.91	0.91	0.90	0.98
	当年不任课	42217	16963	18429	6825	1.09	1.16	1.00	1.23
2021	总计	3971121	1558277	1877894	534950	100	100	100	100
	道德与法治	258481	97358	125206	35917	6.51	6.25	6.67	6.71
	语文	689348	266718	329330	93300	17.36	17.12	17.54	17.44
	数学	670948	262313	318969	89666	16.90	16.83	16.99	16.76
	外语(英语、日语、俄语)	626653	255424	292700	78529	15.78	16.39	15.59	14.68
	科学	31104	16285	11683	3136	0.78	1.05	0.62	0.59
	物理	266303	104575	125752	35976	6.71	6.71	6.70	6.73
	化学	167745	65072	79282	23391	4.22	4.18	4.22	4.37
	生物	168945	63670	81729	23546	4.25	4.09	4.35	4.40
	历史与社会	30386	12791	13627	3968	0.77	0.82	0.73	0.74
	地理	160538	59715	78181	22642	4.04	3.83	4.16	4.23
	历史	214774	81539	103665	29570	5.41	5.23	5.52	5.53
	体育与健康	238299	100762	107258	30279	6.00	6.47	5.71	5.66
	艺术	6414	2103	3234	1077	0.16	0.13	0.17	0.20
	音乐	109401	42543	51622	15236	2.75	2.73	2.75	2.85
	美术	107964	41518	51244	15202	2.72	2.66	2.73	2.84
	综合实践活动(信息技术、劳动与技术)	145929	54276	69767	21886	3.67	3.48	3.72	4.09
	其他	36686	14407	17208	5071	0.92	0.92	0.92	0.95
	当年不任课	41203	17208	17437	6558	1.04	1.10	0.93	1.23

资料来源:教育部发展规划司编:《中国教育统计年鉴2019》,人民教育出版社,2020年,第138—139页;教育部发展规划司编:《中国教育统计年鉴2020》,人民教育出版社,2021年,第138—139页;教育部发展规划司编:《中国教育统计年鉴2021》,人民教育出版社,2022年,第128—129页。

第一,在初中教师学科结构方面,如表6.42所示,2019—2021年全国初中教师中,按各学科教师所占比重排序后几位者为艺术、科学、历史与社会、美术、音乐、综合实践活动、地理等学科。其中,乡村初中教师中,按各学科教师所占比重排序在后几位者仍是艺术、科学、历史与社会、美术、音乐以及综合实践活动等学科。可见,艺术、科学、历史与社会、美术、音乐以及综合实践活动等学科教师较为紧缺。而且,科学、历史与社会、艺术等学科教师所占比重于 2019—2021 年有所降低;音乐、美术学科教师所占比重到 2020 年有所下降,2021 年开始上升;综合实践活动学科教师所占比重到 2020 年有所增多,2021 年下降。科学和历史与社会学科的乡村教师更为紧缺,前者所占比重于 2019—2021 年低于全国初中科学学科教师平均水平,后者所占比重于 2019 年高于全国该学科教师平均水平,2020 年持平,但 2021 年低于全国该学科平均水平;艺术、音乐、美术以及综合实践活动等学科乡村教师所占比重高于全国平均水平,这些学科的乡村教师不如城区与镇区紧缺。

上述艺术、科学、美术、音乐以及综合实践活动等师资紧缺学科的生师比,具体情况见表 6.43。

表 6.43　2018—2021 年初中教师紧缺学科的生师比统计

年份	学科	合计	城区	镇区	乡村
2018	科学	1532.17∶1	1182.39∶1	1849.99∶1	1822.39∶1
	艺术	7222.27∶1	10762.60∶1	6357.71∶1	4864.26∶1
	音乐	470.35∶1	483.37∶1	480.63∶1	410.25∶1
	美术	484.79∶1	506.23∶1	492.54∶1	415.51∶1
	综合实践活动(信息技术、劳动与技术)	344.67∶1	367.82∶1	348.00∶1	286.25∶1
2019	科学	1585.47∶1	1225.63∶1	1940.47∶1	1863.14∶1
	艺术	7328.28∶1	10438.00∶1	6685.17∶1	4961.28∶1
	音乐	473.81∶1	487.33∶1	482.86∶1	413.68∶1
	美术	485.52∶1	504.85∶1	492.82∶1	418.39∶1
	综合实践活动(信息技术、劳动与技术)	348.59∶1	372.32∶1	354.04∶1	282.69∶1
2020	科学	1591.81∶1	1207.68∶1	2017.12∶1	1905.03∶1
	艺术	7320.26∶1	9392.58∶1	6814.09∶1	5297.39∶1
	音乐	466.64∶1	481.41∶1	473.30∶1	407.91∶1
	美术	477.37∶1	498.71∶1	480.78∶1	413.68∶1∶1

续 表

年份	学科	合计	城区	镇区	乡村
2020	综合实践活动（信息技术、劳动与技术）	343.19∶1	369.95∶1	346.13∶1	275.15∶1
2021	科学	1613.44∶1	1238.72∶1	2046.76∶1	1944.99∶1
	艺术	7824.19∶1	9592.28∶1	7394.04∶1	5663.41∶1
	音乐	458.72∶1	474.17∶1	463.22∶1	400.33∶1
	美术	464.83∶1	485.88∶1	466.64∶1	401.23∶1
	综合实践活动（信息技术、劳动与技术）	343.90∶1	371.67∶1	342.75∶1	278.69∶1

资料来源:教育部发展规划司编:《中国教育统计年鉴 2018》,人民教育出版社,2019 年,第 136、140—141、144—145 页;教育部发展规划司编:《中国教育统计年鉴 2019》,人民教育出版社,2020 年,第 130、134—135、138—139 页;教育部发展规划司编:《中国教育统计年鉴 2020》,人民教育出版社,2021 年,第 130、134—135、138—139 页;教育部发展规划司编:《中国教育统计年鉴 2021》,人民教育出版社,2022 年,第 116、134—135、128—129 页。

如表 6.43 所示,乡村初中科学、艺术学科生师比 2018—2021 年逐渐上升,可见这两门学科教师紧缺状况更为严重;音乐学科生师比 2018 年、2019 年上升,但 2020 年、2021 年逐渐下降,美术学科生师比 2018—2021 年逐渐下降,这两门学科的教师紧缺情况稍有改善;综合实践活动学科生师比 2018—2020 年逐年下降,2021 年稍有回升。除了科学学科生师比高于全国平均值,艺术、音乐、美术、综合实践活动学科生师比均低于全国平均值,可见这些学科教师不如城区或镇区紧缺,但其改善并不明显,而且科学和艺术学科教师比音乐、美术、综合实践活动学科教师更为缺乏,这些学科乡村教师仍是今后需要进一步增补的对象。

第二,在小学教师学科结构方面,如表 6.44 所示,全国小学教师中,按各学科教师所占比重排序,2019—2020 年排在后几位的是艺术、科学、品德与生活(社会)、综合实践活动、美术、音乐、体育等学科,2021 年排在后几位的有艺术、科学、道德与法治、综合实践活动、美术、音乐、体育等学科。同时,这些学科的乡村小学教师所占比重同样排在最后几位,可见这些学科教师在全国小学中均较为短缺。在乡村小学教师中,2019—2020 年品德与生活(社会)、综合实践活动等学科教师所占比重高于全国水平;2021 年道德与法治、综合实践活动、艺术等学科专任教师所占比重高于全国平均水平;2019 年体育、科学、艺术、音乐和美术等学科专任教师所占比重低于全国平均水平;2020 年体育、科学、音乐和美术等学科专任教师所占比重低于全国平均水平,艺术学科教师所占比重与全国平均水平持平;2021 年体育、科学、音乐和美术等学科教师所占比重低于全国平均水平。而且,2019—2021 年,品德与生活(社会)学科(2021 年改为道德与法治)、体育、科学、艺术、音乐、美术等学科教师所占比重逐年小幅度上升,综合实践活动学科教师所占比重于 2019—2020 年稍有上升,但 2021 年有所下降。总之,这一时期乡村小学艺术、科学、道德与法治、综合实践活动、美术、音乐、体育等学科的专任教师较为紧缺。这些学科的生师比情况见表 6.45。

表 6.44　2019—2021 年小学分学科教师情况统计

年份	学科	教师/人				教师占比/%			
		合计	城区	镇区	乡村	合计	城区	镇区	乡村
2019	总计	6269084	2152418	2290899	1825757	100	100	100	100
	品德与生活(社会)	233673	69760	93109	70804	3.73	3.24	4.06	3.88
	语文	2208225	759315	797245	651665	35.22	35.28	34.80	35.69
	数学	1749081	541079	665985	542017	27.90	25.14	29.07	29.69
	外语(英语、日语、俄语)	504939	198764	176659	129516	8.05	9.23	7.71	7.09
	体育	380340	155881	133769	90690	6.07	7.24	5.84	4.97
	科学	223607	78956	85416	59235	3.57	3.67	3.73	3.24
	艺术	26260	7586	11194	7480	0.42	0.35	0.49	0.41
	音乐	264081	107778	94722	61581	4.21	5.01	4.13	3.37
	美术	249762	101702	90154	57906	3.98	4.73	3.94	3.17
	综合实践活动(信息技术、劳动与技术)	282534	79686	93328	109520	4.51	3.70	4.07	6.00
	其他	89740	30450	31647	27643	1.43	1.41	1.38	1.51
	当年不任课	56842	21471	17671	17700	0.91	1.00	0.77	0.97

续 表

年份	学科	教师/人				教师占比/%			
		合计	城区	镇区	乡村	合计	城区	镇区	乡村
2020	总计	6434178	2299358	2347348	1787472	100	100	100	100
	品德与生活（社会）	239465	73957	94687	70821	3.72	3.22	4.03	3.96
	语文	2252661	812917	813119	626625	35.01	35.35	34.64	35.06
	数学	1779092	575969	679104	524019	27.65	25.05	28.93	29.32
	外语（英语、日语、俄语）	532481	214398	186572	131511	8.28	9.32	7.95	7.36
	体育	397980	168590	138832	90558	6.19	7.33	5.91	5.07
	科学	230201	83961	86749	59491	3.58	3.65	3.70	3.33
	艺术	26901	7877	11468	7556	0.42	0.34	0.49	0.42
	音乐	274968	115617	98027	61324	4.27	5.03	4.18	3.43
	美术	261339	109868	93467	58004	4.06	4.78	3.98	3.25
	综合实践活动（信息技术、劳动与技术）	295000	85864	96799	112337	4.58	3.73	4.12	6.28
	其他	91466	30117	32488	28861	1.42	1.31	1.38	1.61
	当年不任课	52624	20223	16036	16365	0.82	0.88	0.68	0.92
2021	总计	6600799	2488913	2414174	1697712	100	100	100	100
	道德与法治	262486	82386	102513	77587	3.98	3.31	4.25	4.57
	语文	2293097	875967	827731	589399	34.74	35.19	34.29	34.72
	数学	1805020	617346	689980	497694	27.35	24.80	28.58	29.32
	外语（英语、日语、俄语）	563863	233121	197834	132908	8.54	9.37	8.19	7.83
	体育	435534	188277	150947	96130	6.60	7.56	6.25	5.66
	科学	243943	92073	91069	60801	3.70	3.70	3.77	3.58
	艺术	28284	8271	11545	8468	0.43	0.33	0.48	0.50
	音乐	294475	126673	104282	63520	4.46	5.09	4.32	3.74
	美术	283239	121471	100871	60897	4.29	4.88	4.18	3.59
	综合实践活动（信息技术、劳动与技术）	266415	93302	95030	78083	4.04	3.75	3.94	4.60
	其他	72307	29361	26149	16797	1.10	1.18	1.08	0.99
	当年不任课	52136	20665	16223	15248	0.79	0.83	0.67	0.90

资料来源：教育部发展规划司编：《中国教育统计年鉴 2019》，人民教育出版社，2020 年，第 156—157 页；教育部发展规划司编：《中国教育统计年鉴 2020》，人民教育出版社，2021 年，第 156—157 页；教育部发展规划司编：《中国教育统计年鉴 2021》，人民教育出版社，2022 年，第 150—151 页。

表6.45　2018—2021年小学教师紧缺学科的生师比统计

年份	学科	合计	城区	镇区	乡村
2018	品德与生活(社会)	452.09∶1	571.06∶1	432.80∶1	369.12∶1
	体育	286.13∶1	261.15∶1	308.36∶1	293.98∶1
	科学	477.26∶1	512.52∶1	475.08∶1	438.17∶1
	艺术	4034.67∶1	5315.85∶1	3535.92∶1	3578.60∶1
	音乐	410.34∶1	374.73∶1	434.57∶1	431.95∶1
	美术	434.35∶1	398.45∶1	456.40∶1	459.23∶1
	综合实践活动(信息技术、劳动与技术)	446.54∶1	519.89∶1	477.19∶1	345.58∶1
2019	品德与生活(社会)	451.97∶1	568.25∶1	433.86∶1	361.21∶1
	体育	277.68∶1	254.31∶1	301.98∶1	282.01∶1
	科学	472.31∶1	502.07∶1	472.93∶1	431.76∶1
	艺术	4021.80∶1	5225.60∶1	3608.71∶1	3419.13∶1
	音乐	399.92∶1	367.81∶1	426.47∶1	415.31∶1
	美术	422.85∶1	389.78∶1	448.08∶1	441.67∶1
	综合实践活动(信息技术、劳动与技术)	373.80∶1	497.47∶1	432.84∶1	233.52∶1
2020	品德与生活(社会)	447.89∶1	568.32∶1	430.02∶1	346.01∶1
	体育	269.49∶1	249.31∶1	293.29∶1	270.60∶1
	科学	465.91∶1	500.60∶1	469.37∶1	411.91∶1
	艺术	3986.97∶1	5335.91∶1	3550.55∶1	3243.09∶1
	音乐	390.06∶1	363.54∶1	415.37∶1	399.60∶1
	美术	410.40∶1	382.56∶1	435.64∶1	422.47∶1
	综合实践活动(信息技术、劳动与技术)	363.57∶1	489.51∶1	420.64∶1	218.14∶1
2021	道德与法治	410.69∶1	541.38∶1	397.25∶1	289.66∶1
	体育	247.51∶1	236.90∶1	269.78∶1	233.79∶1
	科学	441.90∶1	484.42∶1	447.17∶1	369.63∶1
	艺术	3811.32∶1	5392.61∶1	3527.35∶1	2653.98∶1
	音乐	366.07∶1	352.11∶1	390.51∶1	353.81∶1

续　表

年份	学科	合计	城区	镇区	乡村
2021	美术	380.60∶1	367.18∶1	403.72∶1	369.05∶1
	综合实践活动（信息技术、劳动与技术）	404.63∶1	478.04∶1	428.53∶1	287.82∶1

资料来源:教育部发展规划司编:《中国教育统计年鉴 2018》,人民教育出版社,2019 年,第 156、158—159、166—167 页;教育部发展规划司编:《中国教育统计年鉴 2019》,人民教育出版社,2020 年,第 148、150—151、156—157 页;教育部发展规划司编:《中国教育统计年鉴 2020》,人民教育出版社,2021 年,第 148、150—151、156—157 页;教育部发展规划司编:《中国教育统计年鉴 2021》,人民教育出版社,2022 年,第 140、142—143、150—151 页。

如表 6.45 所示,2018—2021 年乡村小学品德与生活(社会)(或道德与法治)、体育、科学、艺术、音乐、美术等学科生师比逐年减少;综合实践活动学科生师比 2018—2020 年有所减少,但 2021 年稍有回升。可见,这些学科乡村小学教师的紧缺状况有所改善。2018—2020 年乡村小学品德与生活(社会)、科学、艺术、综合实践活动等学科生师比低于全国平均值,但体育、音乐、美术等学科生师比高于全国平均水平;2021 年乡村小学道德与法治、体育、科学、艺术、音乐、美术以及综合实践活动等学科生师比均低于全国平均水平。可见这些学科的乡村教师不如城区或镇区紧缺,但其改善并不明显,而且乡村小学科学、艺术和美术学科较之其他几门学科师资紧缺程度更甚,上述学科教师仍是今后乡村小学需要进一步增补的对象。

2. 学历结构与城镇有一定差距

根据国家教育督导检查组的督查结果,部分县的乡村学校教师学历结构未达到省定标准。同时,乡村学校教师与城区、镇区教师学历结构仍有一定差距。以 2019—2021 年初中、小学教师学历结构为例进行说明,相关情况见表 6.46。

表 6.46　2019—2021年城镇乡初中、小学教师的学历情况统计

年份	地区	学校类别	合计/人	研究生毕业/人	占比/%	本科毕业/人	占比/%	专科毕业/人	占比/%	高中阶段毕业/人	占比/%	高中阶段毕业以下/人	占比/%
2019	合计	初中	3747429	131646	3.51	3141892	83.84	469255	12.52	4496	0.12	140	0.004
		小学	6269084	85135	1.36	3833676	61.15	2178498	34.75	170109	2.71	1666	0.03
	城区	初中	1376624	97339	7.07	1184069	86.01	94238	6.85	952	0.07	26	0.002
		小学	2152428	65041	3.02	1584840	73.63	483398	22.46	18995	0.88	154	0.01
	镇区	初中	1812525	27260	1.50	1509439	83.28	273314	15.08	2419	0.13	93	0.01
		小学	2290899	13399	0.58	1349110	58.89	870956	38.02	57121	2.49	313	0.01
	乡村	初中	558280	7047	1.26	448384	80.32	101703	18.22	1125	0.20	21	0.004
		小学	1825757	6695	0.37	899726	49.28	824144	45.14	93993	5.15	1199	0.07
2020	合计	初中	3860741	153485	3.98	3265589	84.58	437513	11.33	3950	0.10	204	0.01
		小学	6434178	102583	1.59	4143762	64.40	2051722	31.89	134811	2.10	1300	0.02
	城区	初中	1459550	115210	7.89	1253098	85.86	90277	6.19	940	0.06	25	0.002
		小学	2299358	79916	3.48	1735538	75.48	468756	20.39	15041	0.65	107	0.005
	镇区	初中	1845140	30483	1.65	1557598	84.42	254851	13.81	2050	0.11	158	0.01
		小学	2347348	15674	0.67	1461714	62.27	823759	35.09	45950	1.96	251	0.01
	乡村	初中	556051	7792	1.40	454893	81.81	92385	16.61	960	0.17	21	0.004
		小学	1787472	6993	0.39	946510	52.95	759207	42.47	73820	4.13	942	0.05
2021	合计	初中	3971121	181824	4.58	3394217	85.47	391597	9.86	3338	0.08	145	0.004
		小学	6600799	124565	1.89	4516064	68.42	1856305	28.12	102507	1.55	1358	0.021
	城区	初中	1558277	138096	8.86	1335194	85.68	83897	5.38	1019	0.07	71	0.005
		小学	2488913	99250	3.99	1931400	77.60	445238	17.89	12895	0.52	130	0.01

续 表

年份	地区	学校类别	合计/人	研究生毕业/人	占比/%	本科毕业/人	占比/%	专科毕业/人	占比/%	高中阶段毕业/人	占比/%	高中阶段毕业以下/人	占比/%
2021	镇区	初中	1877894	35098	1.87	1612084	85.85	229043	12.20	1618	0.09	51	0.003
		小学	2414174	17881	0.74	1606432	66.54	754849	31.27	34666	1.44	346	0.01
	乡村	初中	534950	8630	1.61	446939	83.55	78657	14.70	701	0.13	23	0.004
		小学	1697712	7434	0.44	978232	57.62	656218	38.65	54946	3.24	882	0.05

注:因为有些数据太小,在计算占比时保留位数较多。

资料来源:教育部发展规划司编:《中国教育统计年鉴2019》,人民教育出版社,2020年,第432—439、482—489页;教育部发展规划司编:《中国教育统计年鉴2020》,人民教育出版社,2021年,第432—439、482—489页;教育部发展规划司编:《中国教育统计年鉴2021》,人民教育出版社,2022年,第336—343、384—391页。

第一,如表 6.46 所示,2019 年全国初中教师中,本科毕业及以上者所占比重达 87.35%,其中城区为 93.08%,镇区为 84.78%,乡村为 81.58%,呈现“乡村<镇区<城区”的特征,且乡村初中教师中本科毕业及以上学历者所占比重低于全国平均水平,与全国平均值差近 6 个百分点,与城区相差更大,近 12 个百分点,与镇区也相差约 3 个百分点;乡村初中教师中专科毕业者所占比重最高,比全国平均值约高 6 个百分点,比城区约高 11 个百分点,比镇区约高 3 个百分点;乡村初中教师中高中阶段毕业者所占比重同样高于城区和镇区;高中阶段毕业以下所占比重则与城区相当。2020 年、2021 年的情况与之类似。总之,初中教师学历结构存在着明显的城乡差距,呈现乡村初中教师高学历者所占比重低于城区、镇区,而低学历者普遍高于城区和镇区的现象。

第二,2019 年全国小学教师中,专科及以上学历者所占比重达 97.26%,其中,城区为 99.11%,镇区为 97.49%,乡村为 94.79%,呈现“乡村<镇区<城区”的特征。乡村小学教师中专科及以上学历者所占比重均低于全国平均水平,也低于城区和镇区,其中专科学历者所占比重高于全国平均水平,高于城区和镇区的数值,本科和研究生学历者所占比重则低于全国平均水平,也低于城区和镇区的水平。乡村小学教师中高中阶段毕业者、高中阶段毕业以上者所占比重均高于城区和镇区。2020 年和 2021 年的情况与之类似,均呈现乡村小学教师高学历所占比重低于全国平均水平,也低于城区与镇区的数值,而低学历者高于全国平均水平,高于城区和镇区数值的状况。

3. 职称结构与城镇有一定差距

根据国家教育督导检查组的督查结果,这一时期乡村教师职称结构与城区、镇区仍存在一定差距。如 2016 年对山西 33 县的督查发现,永和县等部分县的小学中级及以上职称教师比例较低,部分乡村学校无中级职称教师;2017 年对西藏 15 县的督查发现,浪卡子县、察隅县的部分学校,尤其是乡村学校中高级教师职称比例偏低;2018 年对西藏 11 县的督查发现,墨脱县教师职称结构不合理，高级、中级职称人数偏低；2018 年对新疆 13 县的调查发现，岳普湖县中级及以上职称教师城乡之间配置不均衡，沙雅县中高级教师职称岗位比例偏低；等等。[①] 乡村教师职称结构与城区存在一定差距，再以 2019—2021 年初中、小学教师的职称为例进行说明，相关情况见表 6.47。

第一，如表 6.47 所示，2019 年全国初中教师中，高级职称者所占比重为 19.87％，其中，城区为 21.69％，镇区为 19.07％，乡村为 18.02％，呈现“乡村＜镇区＜城区”状况，乡村教师中高级职称者所占比重低于全国平均水平，而且与城区镇区有一定差距。中级职称者情况与之类似，初级职称者所占比重则与之相反，呈现“乡村＞镇区＞城区”状况；未评职称者所占比重呈现“乡村＞城区＞镇区”状况。2020 年乡村初中教师中高级职称者所占比重与 2019 年相似，中级职称者所占比重呈现“乡村＜城区＜镇区”状况；初级职称者所占比重呈现“乡村＞镇区＞城区”状况；未定职称者也与 2019 年的情况相似。2021 年，全国初中教师中，高级职称者所占比重为 21.24％，其中，城区为 21.18％，镇区为 21.32％，乡村为 21.15％，城区镇区和乡村的高级职称所占比重较为接近，乡村初中专任教师中高级职称结构有一定改善；中级职称者所占比重差距也逐渐缩小，但仍呈现“乡村＜城区＜镇区”状况；初级职称者所占比重呈现“乡村＞镇区＞城区”状况；未定职称者所占比重，乡村与城区几乎持平，但仍高于镇区。总之，2021 年，乡村初中教师的职称结构仍存在一定的城乡差距，但差距有所缩小。乡村小学教师职称结构变化情况见表 6.48。

---

① 2016—2018 年国家教育督导检查组对山西、西藏自治区、新疆等义务教育基本均衡发展督导检查反馈意见，见教育部官网。

表 6.47　2019—2021 年城镇乡初中教师的职称情况统计

年份	地区	合计/人	正高级/人	占比/%	副高级/人	占比/%	中级/人	占比/%	助理级/人	占比/%	员级/人	占比/%	未定职称/人	占比/%
2019	合计	3747429	1912	0.05	742917	19.82	1521323	40.60	979660	26.14	56799	1.52	444818	11.87
	城区	1376624	1221	0.09	297297	21.60	552900	40.16	336927	24.47	15712	1.14	172567	12.54
	镇区	1812525	563	0.03	345108	19.04	755684	41.69	486024	26.81	29127	1.61	196019	10.81
	乡村	558280	128	0.02	100512	18.00	212739	38.11	156709	28.07	11960	2.14	76232	13.65
2020	合计	3860741	2392	0.06	784107	20.31	1522227	39.43	992514	25.71	56891	1.47	502610	13.02
	城区	1459550	1504	0.10	310285	21.26	571695	39.17	357806	24.51	15918	1.09	202342	13.86
	镇区	1845140	729	0.04	366764	19.88	745954	40.43	484243	26.24	29161	1.58	218289	11.83
	乡村	556051	159	0.03	107058	19.25	204578	36.79	150465	27.06	11812	2.12	81979	14.74
2021	合计	3971121	3985	0.10	839480	21.14	1510438	38.04	1003307	25.27	68956	1.74	544955	13.72
	城区	1558277	2261	0.15	327658	21.03	593583	38.09	382132	24.52	20450	1.31	232193	14.90
	镇区	1877894	1371	0.07	399072	21.25	729482	38.85	478565	25.48	35921	1.91	233483	12.43
	乡村	534950	353	0.07	112750	21.08	187373	35.03	142610	26.66	12585	2.35	79279	14.82

资料来源:教育部发展规划司编:《中国教育统计年鉴 2019》,人民教育出版社,2020 年,第 432—439 页;教育部发展规划司编:《中国教育统计年鉴 2020》,人民教育出版社,2021 年,第 432—439 页;教育部发展规划司编:《中国教育统计年鉴 2021》,人民教育出版社,2022 年,第 336—343 页。

表 6.48　2019—2021 年城镇乡小学教师的职称情况统计

年份	地区	合计/人	中学高级/人	占比/%	小学高级/人	占比/%	小学一级/人	占比/%	小学二级/人	占比/%	小学三级/人	占比/%	未评职称/人	占比/%
2019	合计	6269084	931	0.01	449831	7.18	2773945	44.25	1860741	29.68	189220	3.02	994416	15.86
	城区	2152428	641	0.03	134441	6.25	953706	44.31	629868	29.2	47324	2.20	386448	17.95
	镇区	2290899	218	0.01	179121	7.82	1037678	45.30	686126	29.95	65773	2.87	321983	14.05
	乡村	1825757	72	0.004	136269	7.46	782561	42.86	544747	29.84	76123	4.17	285985	15.66
2020	合计	6434178	1506	0.02	547254	8.51	2743979	42.65	1914042	29.75	185521	2.88	1041876	16.19
	城区	2299358	978	0.04	157789	6.86	984483	42.82	688215	29.93	45609	1.98	422284	18.37
	镇区	2347348	358	0.02	220280	9.38	1024666	43.65	699960	29.82	65587	2.79	336497	14.34
	乡村	1787472	170	0.01	169185	9.47	734830	41.11	525867	29.42	74325	4.16	283095	15.84
年份	地区	合计/人	正高级/人	占比/%	副高级/人	占比/%	中级/人	占比/%	助理级/人	占比/%	员级/人	占比/%	未定职称/人	占比/%
2021	合计	6600799	2589	0.04	660273	10.00	2704163	40.97	1936240	29.33	197826	3.00	1099708	16.66
	城区	2488913	1448	0.06	187866	7.55	1017858	40.90	750383	30.15	53739	2.16	477619	19.19
	镇区	2414174	781	0.03	268323	11.11	1016276	42.10	700055	29.00	73442	3.04	355297	14.72
	乡村	1697712	360	0.02	204084	12.02	670029	39.47	485802	28.62	70645	4.16	266792	15.71

资料来源：教育部发展规划司编：《中国教育统计年鉴 2019》，人民教育出版社，2020 年，第 482—489 页；教育部发展规划司编：《中国教育统计年鉴 2020》，人民教育出版社，2021 年，第 482—489 页；教育部发展规划司编：《中国教育统计年鉴 2021》，人民教育出版社，2022 年，第 384—391 页。

第二,如表 6.48 所示,2019—2021 年,在全国小学(含乡村小学)教师中,中学高级职称者或正高级职称者数量较少。2019—2020 年,在小学教师中,高级职称者所占比重呈现“乡村＜镇区＜城区”状况;2021 年,全国小学教师中高级职称者所占比重与之相反,全国为 10.04%,其中城区为 7.61%,镇区为 11.14%,乡村为 12.04%,呈现“乡村＞镇区＞城区”状况。中级职称者所占比重,2019 年呈现“镇区＞乡村＞城区”状况,2020 年呈现“乡村＞镇区＞城区”状况,2021 年呈现“乡村＜城区＜镇区”状况。初级职称者所占比重,2019 年全国为 76.95%,其中城区为 75.71%,镇区为 78.12%,乡村为 76.87%,呈现“镇区＞乡村＞城区”状况;2020 年全国为 75.28%,其中城区为 74.73%,镇区为 76.26%,乡村为 74.69%,呈现“镇区＞城区＞乡村”状况;2021 年全国为 32.33%,其中城区为 32.31%,镇区为 32.04%,乡村为 32.78%,呈现“乡村＜城区＜镇区”状况。未评职称者所占比重 2019—2021 年呈现“镇区＜乡村＜城区”状况。由此可见,2019—2021 年乡村初中、小学教师中尽管高级职称者所占比重提升明显,但与城区、镇区相比,乡村教师的职称结构仍存在一定的差距。

(二)乡村教师流失依然明显

乡村教师变动频繁,且流失率较高。国家教育督导检查组 2015 年对河南 15 县的督查发现:修武县部分偏远乡村、山区学校优秀教师流失率偏高;2016 年对新疆 12 县的督查发现:布尔津县 2012—2016 年特岗教师流失比例偏高。[1] 有关乡村教师流失情况,以 2021 年的乡村初中和小学教师相关统计为例进行说明,见表 6.49。

① 2016—2017 年国家教育督导检查组对河南、新疆义务教育基本均衡发展督导检查反馈意见,见教育部官网。

表 6.49　2021 年城镇乡初中和小学教师变动情况统计

（单位：人）

地区	学校类别	上学年初报表专任教师	增加教师								
			合计	招聘			调入		校内变动		其他
				小计	其中应届毕业生	其中师范生	小计	其中外校	小计	其中学段调整	
总计	初中	3860741	502108	244280	108298	69948	188978	107824	52891	20062	15959
	小学	6434123	1019162	404435	156524	101581	483577	249321	91442	13569	39708
城区	初中	1485403	215886	113746	48592	30771	70891	43306	22856	9483	8393
	小学	2339740	381670	192587	70362	44650	142638	83406	26086	4247	20359
镇区	初中	1837826	219845	98044	44921	29544	92943	51467	22886	8036	5972
	小学	2337798	356644	123726	50973	33369	190685	99272	31081	5751	11152
乡村	初中	537512	66377	32490	14785	9633	25144	13051	7149	2543	1594
	小学	1756585	280848	88122	35189	23562	150254	66643	34275	3571	8197

地区	学校类别	本学年初报表专任教师	减少教师							
			合计	退休	死亡	调出	辞职	校内变动		其他
								小计	其中学段调整	
总计	初中	3971121	391728	44341	2242	202733	71453	58115	21844	12844
	小学	6600799	852486	92643	3626	498523	110392	121634	25113	25668
城区	初中	1558277	143012	19915	814	56526	38467	21799	9132	5491
	小学	2488913	232497	27243	912	108217	62782	22625	5051	10718
镇区	初中	1877894	179777	19562	1092	101597	25382	26656	9337	5488
	小学	2414174	280268	34524	1244	168502	29360	38781	8497	7857
乡村	初中	534950	68939	4864	336	44610	7604	9660	3375	1865
	小学	1697712	339721	30876	1470	221804	18250	60228	11565	7093

资料来源：教育部发展规划司编：《中国教育统计年鉴 2021》，人民教育出版社，2022 年，第 132—133、154—155 页。

如表 6.49 所示,2021 年,全体初中和小学教师中"增加教师"数多于"减少教师"数,因此当年全国初中和小学教师数有所增加。其中,城区、镇区情况均是如此,但乡村初中和小学教师"减少教师"数多于增加的教师数:乡村初中、小学专任教师分别增加 66,377 人、280,848 人,"减少教师"分别有 68,939 人、33,9721 人,因此该年乡村初中和小学教师数均有所减少。在减少的乡村初中和小学教师中,除了退休、死亡、调出以及校内变动等情况外,其中辞职者分别达 7,604 人、18,250 人,乡村教师流失依然明显,尤其是乡村小学教师流失较多。

(三)城乡教师交流轮岗仍有待加强

据国家教育督导检查组的报告,部分地区的城乡教师交流比例较低。如据 2017 年对山东 43 县的督导检查:部分受检县如广饶县、夏津县、临沂市罗庄区、平原县、滨州市沾化区、惠民县,校长和教师交流比例较低,交流效果不好,缺乏长效保障机制。① 2018 年对山西 17 县的督导检查发现:一些地区的教师队伍交流制度不健全,交流条件设置不合理,交流的校长教师占总数的比例不到 3%。② 2020 年对湖南省的督导检查发现:龙山县 2018 年、2019 年义务教育阶段参与交流的教师有 330 人、334 人,分别占符合交流条件教师数的 7.28%、8.02%。③ 2021 年对甘肃省的抽查发现:有 65 个县 2020 年交流教师占符合交流条件教师数的比例低于 10%,其中临潭县城乡教师交流比例为 7.8%。④ 2021 年对西藏的督导检查发现:部分县的教师

---

① 《国家教育督导检查组对山东省义务教育均衡发展督导检查反馈意见》(2017 年 11 月 18 日),http://www.moe.gov.cn/s78/A11/s8393/s7657/201712/t20171208_320921.html。

② 《国家教育督导检查组对山西省义务教育均衡发展督导检查反馈意见》(2018 年 11 月 15 日),http://www.moe.gov.cn/jyb_xwfb/moe_2082/zl_2019n/2019_zl3/201901/t20190114_366942.html。

③ 《国家教育督导检查组对湖南省义务教育基本均衡发展督导检查反馈意见》(2020 年 11 月 19 日),http://www.moe.gov.cn/jyb_xwfb/gzdt_gzdt/s5987/202011/t20201119_500792.html。

④ 《国家教育督导检查组对甘肃省义务教育基本均衡发展督导检查反馈意见》(2021 年 12 月 21 日),http://www.moe.gov.cn/s78/A11/s8393/s7657/202201/t20220104_592381.html。

交流比例较低，其中加查县符合交流条件的义务教育阶段教师共229人，但2018—2020年仅45名参与交流，未达到每年10%的比例要求；聂拉木县2020年的教师交流比例为6%。[①] 2021年对新疆的督导检查也发现：教师交流比例偏低，其中伊州区2020年参与交流的教师有221人，仅占符合交流条件教师数的7.78%。[②] 由此可见，全国仍有部分地区城乡教师交流轮岗推行力度不够，城乡教师交流未达到教育部规定的标准。

（四）乡村教师待遇的地域不平衡性和差异性依然明显

在乡村教师工资待遇和生活或工作条件改善方面，仍有部分地区未达到教育部规定的标准，而且，乡村教师待遇存在明显的地域不平衡性和差异性。

1. 部分地区乡村教师工资待遇有待提升

在《教师法》规定"教师的平均工资水平应当不低于或者高于国家公务员的平均工资水平，并逐步提高"的基础上，中共中央、国务院于2019年再次明确指出："要确保义务教育教师平均工资收入水平不低于当地公务员平均工资收入水平。"[③]然而仍有部分地区乡村教师收入不符合该规定要求。如2019年国家教育督导检查组对辽宁省义务教育的调查发现：该省115个县中仍有17个县的中小学教师平均工资收入水平低于当地公务员平均工资收入水平，部分县发放公务员奖励性补贴时未考虑中小学教师。[④] 2019

---

① 《国家教育督导检查组对西藏自治区义务教育基本均衡发展督导检查反馈意见》(2021年7月23日)，http://www.moe.gov.cn/jyb_xwfb/gzdt_gzdt/s5987/202107/t20210722_546236.html。

② 《国家教育督导检查组对新疆维吾尔自治区义务教育基本均衡发展督导检查反馈意见》(2021年7月23日)，http://www.moe.gov.cn/jyb_xwfb/gzdt_gzdt/s5987/202107/t20210722_546243.html。

③ 《中共中央、国务院关于深化教育教学改革全面提高义务教育质量的意见》(2019年6月23日)，http://www.moe.gov.cn/jyb_xxgk/moe_1777/moe_1778/201907/t20190708_389416.html。

④ 《国家教育督导检查组对辽宁省义务教育均衡发展督导检查反馈意见》(2019年9月20日)，http://www.moe.gov.cn/jyb_xwfb/gzdt_gzdt/s5987/201909/t20190927_401356.html。

年对陕西省的督查发现：教师工资收入不低于公务员的规定缺乏长效保障机制，在2018年全省109个县级单位中，仅有37个县的义务教育阶段教师平均工资收入水平不低于或高于当地公务员平均工资收入水平；部分县对公务员发放奖励性补贴时未考虑中小学教师。[①] 2020年对河北省的督查发现：2018年全省190个县中，有64个县的义务教育阶段教师平均工资收入水平低于当地公务员平均工资收入水平；在8个申报县和1个复查县中，有5个县的义务教育教师平均工资收入水平低于当地公务员平均工资收入水平。[②] 2018年对云南省的督查发现：督查的129个县中有56个县的义务教育教师平均工资收入水平低于当地公务员平均工资收入水平；督查的10个县中有4个县的义务教育教师平均工资收入水平低于当地公务员平均工资收入水平。[③] 由此可见，这些地区包含乡村教师在内的义务教育阶段教师的工资待遇仍有待进一步提升。

旨在调动教师工作积极性的义务教育阶段教师的绩效工资制度，在部分地区并未得到实施。如2019年对黑龙江的督查结果显示：该省大部分地区尚未实施教师绩效工资制度，部分已经实施的地区在试行一年后因缺少政府资金注入而终止；有的将教师的第13个月工资、部分津贴补贴，作为年终一次性奖金发放，没有充分发挥绩效工资的激励作用。[④] 2021年对内蒙古的督查发现：该自治区的新巴尔虎左旗尚未全面实施义务教育阶段教师绩效工资制度，各义务教育阶段学校没有出台具体的绩效工资实施方案，也没有发挥绩效工资的激励作用。[⑤]

---

① 《国家教育督导检查组对陕西省义务教育均衡发展督导检查反馈意见》(2020年1月6日)，http://www.moe.gov.cn/jyb_xwfb/gzdt_gzdt/s5987/202001/t20200106_414547.html。

② 《国家教育督导检查组对河北省义务教育均衡发展督导检查反馈意见》(2020年1月6日)，http://www.moe.gov.cn/jyb_xwfb/gzdt_gzdt/s5987/202001/t20200116_415707.html。

③ 《国家教育督导检查组对云南省义务教育均衡发展督导检查反馈意见》(2020年1月6日)，http://www.moe.gov.cn/jyb_xwfb/gzdt_gzdt/s5987/202001/t20200116_415706.html。

④ 《国家教育督导检查组对黑龙江省义务教育均衡发展督导检查反馈意见》(2020年1月6日)，http://www.moe.gov.cn/jyb_xwfb/gzdt_gzdt/s5987/202001/t20200106_414545.html。

⑤ 《国家教育督导检查组对内蒙古自治区义务教育基本均衡发展督导检查反馈意见》(2021年10月19日)，http://www.moe.gov.cn/jyb_xwfb/gzdt_gzdt/s5987/202110/t20211019_573586.html。

2. 部分地区乡村教师生活和工作条件仍有改善的空间

尽管全国多数地区纷纷落实乡村教师生活条件改善政策，但因为经济发展水平、当地政府等行为主体的重视程度等存在差异，一些边远地区、贫困地区以及民族地区乡村教师的生活和工作条件仍不太理想。如在周转房建设方面，据2021年国家教育督导检查组的督查，西藏自治区部分县的教师周转房短缺。其中，尼玛县缺教师周转房118套，班戈县缺教师周转房70套，聂拉木县缺教师周转房36套。[①]

① 《国家教育督导检查组对西藏自治区义务教育基本均衡发展督导检查反馈意见》(2021年7月23日)，http://www.moe.gov.cn/jyb_xwfb/gzdt_gzdt/s5987/202107/t20210722_546236.html。

第五节　个案:2015—2021 年浙江省加强乡村教师队伍的建设

一、浙江省乡村教师队伍基本情况

(一)乡村教师队伍的发展状况

2015—2021 年,浙江省初中、小学教师逐渐增多,但乡村初中、小学专任教师则有所不同。

如表 6.50 所示,2015—2021 年,浙江省全体初中教师逐年持续增多,但乡村初中教师先增后减,其所占比重于 2015—2019 年有所增加,但此后逐年下降;全省小学教师逐年增多,乡村小学教师呈减少趋势,其所占比重也逐年持续下降,由 2015 年的 17.38%降至 2021 年的 12.39%。

表 6.50　2015—2021 年浙江省乡村初中、小学教师统计

年份	初中			小学		
	合计/人	乡村教师/人	乡村教师占比/%	合计/人	乡村教师/人	乡村教师占比/%
2015	120224	10577	8.80	194769	33858	17.38
2016	121850	10395	8.53	200020	31473	15.73
2017	124699	11695	9.38	205127	32227	15.71
2018	127488	11566	9.07	210407	31517	14.98
2019	130566	11954	9.16	216107	31482	14.57

续　表

年份	初中			小学		
	合计/人	乡村教师/人	乡村教师占比/%	合计/人	乡村教师/人	乡村教师占比/%
2020	133141	11403	8.56	221938	30359	13.68
2021	135947	10625	7.82	228272	28285	12.39

资料来源:教育部发展规划司编:《中国教育统计年鉴2015》,人民教育出版社,2016年,第476—477、486—487、556—557、566—567页;教育部发展规划司编:《中国教育统计年鉴2016》,人民教育出版社,2017年,第478—479、488—489、558—559、568—569页;教育部发展规划司编:《中国教育统计年鉴2017》,人民教育出版社,2018年,第494—495、504—505、566—567、576—577页;教育部发展规划司编:《中国教育统计年鉴2018》,人民教育出版社,2019年,第484—485、494—495、556—557、566—567页;教育部发展规划司编:《中国教育统计年鉴2019》,人民教育出版社,2020年,第432—433、438—439、482—483、488—489页;教育部发展规划司编:《中国教育统计年鉴2020》,人民教育出版社,2021年,第432—433、438—439、482—483、488—489页;教育部发展规划司编:《中国教育统计年鉴2021》,人民教育出版社,2022年,第332—333、342—343、384—385、390—391页。

(二)乡村教师的结构状况

乡村教师的结构状况主要体现在乡村初中、小学教师的学历结构和职称结构等方面。

第一,这一时期浙江省乡村初中、小学教师学历结构见表6.51。

如表6.51所示,2015—2021年,浙江省乡村初中教师中,本科及以上者所占比重逐年上升,由2015年的92.07%上升至2021年的96.49%;专科毕业者所占比重进一步下降,由2015年的7.72%下降至2021年的3.50%;高中毕业者所占比重持续下降;高中毕业以下者不复存在。城乡之间同样存在差距,且差距逐渐减小。这一时期浙江省乡村初中教师的学历水平较高。

表 6.51　2015—2021 年浙江省乡村初中、小学教师的学历情况统计

(单位:%)

年份	项目	小学							初中						
		合计	其中女	研究生毕业	本科毕业	专科毕业	高中阶段毕业	高中阶段毕业以下	合计	其中女	研究生毕业	本科毕业	专科毕业	高中阶段毕业	高中阶段毕业以下
2015	合计	100	71.87	1.01	70.23	26.02	2.73	0.01	100	57.54	2.19	91.69	6.01	0.11	0
	乡村	100	63.20	0.39	63.31	31.72	4.57	0	100	51.88	1.64	90.43	7.72	0.21	0
2016	合计	100	72.86	1.18	73.20	23.55	2.07	0.01	100	58.19	2.50	92.06	5.32	0.11	0
	乡村	100	64.65	0.50	67.55	28.33	3.63	0.003	100	52.96	2.26	90.51	7.02	0.20	0
2017	合计	100	73.90	1.49	76.07	21.04	1.39	0.004	100	59.02	3.20	92.23	4.52	0.05	0
	乡村	100	66.45	0.62	72.26	24.49	2.62	0.01	100	53.07	2.00	91.81	6.11	0.09	0
2018	合计	100	74.77	1.86	79.17	18.05	0.92	0	100	60.01	3.91	92.42	3.64	0.03	0
	乡村	100	67.15	0.71	75.16	22.31	1.82	0	100	54.25	2.45	92.60	4.90	0.05	0
2019	合计	100	75.59	2.25	81.32	15.81	0.61	0	100	60.68	4.86	92.06	3.06	0.02	0
	乡村	100	68.29	0.91	78.28	19.62	1.18	0	100	55.71	3.01	92.75	4.22	0.02	0
2020	合计	100	76.28	2.67	83.69	13.27	0.37	0	100	61.24	5.74	91.64	2.61	0.004	0
	乡村	100	69.55	1.00	82.37	15.82	0.81	0.003	100	55.14	4.01	92.16	3.83	0	0
2021	合计	100	76.89	3.32	85.63	10.76	0.28	0	100	61.78	6.61	91.12	2.26	0.01	0
	乡村	100	69.97	1.51	84.83	12.88	0.78	0.004	100	55.68	4.45	92.04	3.50	0.01	0

注:(1)浙江省小学教师中,高中阶段毕业以下者,2015 年 18 人(乡村不清楚),2016 年 19 人(乡村 1 人),2017 年 9 人(乡村 3 人),2018 年与 2019 年为 0,2020 年与 2021 年均为 1 人(乡村 1 人);浙江省乡村初中教师中,高中阶段毕业者,2009 年仅 2 人,2020 年 0 人,2021 年为 1 人。(2)为了统计便利,有些数据占比保留三位数。

资料来源:教育部发展规划司编:《中国教育统计年鉴 2015》,人民教育出版社,2016 年,第 476—477、486—487、556—557、566—567 页;教育部发展规划司编:《中国教育统计年鉴 2016》,人民教育出版社,2017 年,第 478—479、488—489、558—559、568—569 页;教育部发展规划司编:《中国教育统计年鉴 2017》,人民教育出版社,2018 年,第 494—495、504—505、566—567、576—577 页;教育部发展规划司编:《中国教育统计年鉴 2018》,人民教育出版社,2019 年,第 484—485、494—495、556—557、566—567 页;教育部发展规划司编:《中国教育统计年鉴 2019》,人民教育出版社,2020 年,第 432—433、438—439、482—483、488—489 页;教育部发展规划司编:《中国教育统计年鉴 2020》,人民教育出版社,2021 年,第 432—433、438—439、482—483、488—489 页;教育部发展规划司编:《中国教育统计年鉴 2021》,人民教育出版社,2022 年,第 332—333、342—343、384—385、390—391 页。

浙江省乡村小学教师中,专科及以上学历者所占比重由2015年的95.42%上升至2021年的99.22%,接近100%。其中,研究生毕业者和本科毕业者所占比重逐年上升,本科毕业者所占比重由2015年的63.31%上升至2021年的84.83%,六年上升了约20个百分点;专科毕业者所占比重逐渐下降,由2015年的31.72%降至2021年的12.88%,降低了约19个百分点;高中阶段毕业者和高中阶段毕业以下者所占比重逐年减少。而且,乡村小学教师高学历者所占比重低于全省平均水平,专科毕业者以及其他低学历者所占比重则高于全省平均水平,可见,城乡之间仍有差距,但差距较小。与上一阶段相比,这一时期浙江省乡村初中、小学教师学历结构更为合理,学历水平更高,超过了全国平均水平。

第二,这一时期浙江省乡村初中、小学专任教师职称结构见表6.52。

如表6.52所示,2015—2021年,浙江省乡村初中教师职中,中级职称者占据主体地位,但总体上逐年下降;高级职称者所占比重则逐年上升;初级职称者和未评职称者所占比重先下降后回升。而且,该省乡村初中教师职称结构,呈现高级职称者所占比重低于全省水平,低级职称者所占比重高于全省水平的状况。可见,该省乡村初中专任教师职称结构与城镇也存在一定差距。

浙江省乡村小学教师中,中级职称者所占比重最高,且稍有变化,但总体上维持在47%上下;高级职称者所占比重不高,但逐年持续上升;初级职称者所占比重总体上呈上升趋势;未评职称者所占比重有所降低。而且,该省乡村小学教师职称结构,呈现高级职称者所占比重低于全省水平,低级职称者所占比重高于全省水平的状况,可见,该省乡村小学专任教师职称结构与城镇仍有一定差距。与上一阶段相比,这一时期浙江省乡村初中、小学专任教师职称结构更为合理。

总体上看,这一时期浙江省乡村教师的职称结构和学历结构较为合理,而且均高于全国平均水平。这是浙江省政府采取系列举措加强乡村教师队伍建设的直接结果。

表 6.52　2015—2021 年浙江省乡村初中、小学专任教师的职称情况统计

(单位:%)

年份	项目	小学							初中					
		合计	中学高级	小学高级	小学一级	小学二级	小学三级	未评职称	合计	中学高级	中学一级	中学二级	中学三级	未评职称
2015	合计	100	3.23	52.38	32.04	0.93	0.16	11.25	100	22.76	46.64	24.83	0.24	5.53
	乡村	100	1.27	47.68	35.81	1.16	0.45	13.64	100	14.79	48.72	28.06	0.26	8.17
2016	合计	100	3.62	51.47	32.14	1.19	0.11	11.48	100	23.74	45.64	24.14	0.26	6.23
	乡村	100	1.67	47.07	36.75	1.68	0.07	12.75	100	16.30	46.89	28.05	0.27	8.49
2017	合计	100	4.06	50.39	32.87	1.03	0.09	11.56	100	24.16	44.80	24.19	0.20	6.65
	乡村	100	1.78	47.61	38.21	1.16	0.06	11.18	100	17.23	47.55	27.85	0.16	7.21
2018	合计	100	4.63	49.69	32.96	1.14	0.05	11.52	100	24.37	43.77	24.14	0.18	7.54
	乡村	100	2.06	46.93	37.61	1.65	0.08	11.67	100	18.30	46.39	27.16	0.23	7.93

年份	项目	合计	正高级	副高级	中级	助理级	员级	未评职称	合计	正高级	副高级	中级	助理级	员级	未评职称
2019	合计	100	0.03	5.56	49.58	32.86	1.68	10.28	100	0.06	24.52	43.71	23.80	0.49	7.42
	乡村	100	0.01	3.36	47.85	38.46	1.10	9.22	100	0.03	18.83	44.97	27.28	0.60	8.29
2020	合计	100	0.05	5.98	49.31	34.07	0.84	9.75	100	0.07	24.80	42.95	24.51	0.38	7.29
	乡村	100	0.03	3.41	47.22	39.52	0.93	8.90	100	0.04	19.04	42.68	27.64	0.74	9.87
2021	合计	100	0.07	6.69	48.84	33.95	1.08	9.37	100	0.09	25.32	42.17	24.59	0.53	7.30
	乡村	100	0.01	4.17	47.39	38.77	1.33	8.32	100	0.07	20.45	41.05	27.90	0.94	9.59

资料来源:教育部发展规划司编:《中国教育统计年鉴 2015》,人民教育出版社,2016 年,第 476—477、486—487、556—557、566—567 页;教育部发展规划司编:《中国教育统计年鉴 2016》,人民教育出版社,2017 年,第 478—479、488—489、558—559、568—569 页;教育部发展规划司编:《中国教育统计年鉴 2017》,人民教育出版社,2018 年,第 494—495、504—505、566—567、576—577 页;教育部发展规划司编:《中国教育统计年鉴 2018》,人民教育出版社,2019 年,第 484—485、494—495、556—557、566—567 页;教育部发展规划司编:《中国教育统计年鉴 2019》,人民教育出版社,2020 年,第 432—433、438—439、482—483、488—489 页;教育部发展规划司编:《中国教育统计年鉴 2020》,人民教育出版社,2021 年,第 432—433、438—439、482—483、488—489 页;教育部发展规划司编:《中国教育统计年鉴 2021》,人民教育出版社,2022 年,第 332—333、342—343、384—385、390—391 页。

二、浙江省加强乡村教师队伍建设的具体举措

上一阶段浙江省乡村教师队伍建设已形成了丰富的经验，但同时仍存在一定困境。基于此，这一时期浙江省进一步加强了乡村教师队伍建设。以该省加强乡村教师队伍建设为案例进行分析，有助于从另一个视角更为清晰地展现全国加强乡村教师队伍建设的具体层面。

（一）注重乡村教师的职前和职后培养

浙江省的乡村教师职前培养以对定向师范生的培养为主，同时也实施在职乡村教师的进修与提升。

1. 以定向师范生培养补充乡村师资队伍

《浙江省人民政府关于统筹推进县域内城乡义务教育一体化改革发展的实施意见》（浙江省人民政府，2017 年）规定，应结合乡村尤其是低年段教育实际，定向培养全科教师，以确保乡村学校开齐开足国家规定的课程。[①]《中共浙江省委浙江省人民政府关于全面深化新时代教师队伍建设改革的实施意见》（中共浙江省委、浙江省人民政府，2018 年）指出："完善农村、山区、海岛等偏远地区学校紧缺学科教师定向培养制度。"[②]2019 年，浙江省针对山区海岛县的实际需求，不断完善教师定向培养机制，逐步扩大定向培养规模，遴选委托省内师范院校，加快定向培养全科小学教师和中学紧缺学科教师。该年计划定向招生培养小学全科、各类紧缺学科教师 648 名，比 2018

---

① 《浙江省人民政府关于统筹推进县域内城乡义务教育一体化改革发展的实施意见》（2018 年 1 月 9 日），http://www.moe.gov.cn/jyb_xwfb/xw_zt/moe_357/jyzt_2017nztzl/ztzl_xyncs/ztzl_xy_dfjz/201801/t20180109_324066.html。

② 《中共浙江省委、浙江省人民政府关于全面深化新时代教师队伍建设改革的实施意见》（2018 年 08 月 11 日），http://www.moe.gov.cn/jyb_xwfb/xw_zt/moe_357/jyzt_2018n/2018_zt03/zt1803_ls/201810/t20181018_352019.html。

年增加18%[①];2021—2022年为山区海岛县安排定向教师培养指标1,050个,占全省总数65.5%,定向师范生毕业后70%到乡村学校任教。[②] 由此,该省的定向师范生培养成为乡村师资补充的主要渠道。

2. 加强职后培训以提升乡村教师水平

浙江省主要通过"硕师计划"和在职培训推动乡村教师进修,提升乡村教师的学历水平和教育教学质量。第一,实施乡村学校教育硕士计划,协调高校扩大山区海岛县同等学力申请硕士招生名额;通过前三年在职学习,第四年脱产集中学习的方式,促使在职中小学教师学历提升和专业发展。2019年,完成2020年乡村学校教育硕士师资培养申报计划85名,比2018年增加31%。[③] 据2023年统计,"近两年共有近100名山区海岛县农村教师参与教育硕士计划"[④]。第二,加强乡村教师尤其是新教师的业务培训。借助"山海协作""希望之光"和"百人千场"等平台,扩大了乡村教师专业成长渠道,并重点加强了对乡村骨干教师的培训。对浙江省山区26县、海岛县实施定向培训,以提升乡村教师水平。培训主要分为三大层类:①实施进修学校负责人和教研员研训。面向浙江省山区26县教师进修学校负责人开展专题研训,提升其教育理念和业务本领;建立山区县省市教研员联系制度,精准对接学科、学段需求,为每个山区县配备3名省级教研员,省市教研部门每年向山区县提供100人次学科教研员挂职学习锻炼机会,不断提高当地教研员专业能力水平,为教育质量提升提供人才支持。②建构乡村教师人才梯队。实施"浙派名师名校长名班主任培养计划",定向单列山区海

---

① 《浙江省教育厅关于省政协十二届二次会议第6号提案的答复》(2020年1月9日),http://jyt.zj.gov.cn/art/2020/1/9/art_1229266358_2386072.html。

② 浙江省教育厅:《浙江省做好"三个定向"着力加强山区海岛县教师队伍建设》(2023年6月30日),http://www.moe.gov.cn/jyb_xwfb/s6192/s222/moe_1742/202306/t20230630_1066460.html。

③ 《浙江省教育厅关于省政协十二届二次会议第6号提案的答复》,http://jyt.zj.gov.cn/art/2020/1/9/art_1229266358_2386072.html。

④ 浙江省教育厅:《浙江省做好"三个定向"着力加强山区海岛县教师队伍建设》(2023年6月30日),http://www.moe.gov.cn/jyb_xwfb/s6192/s222/moe_1742/202306/t20230630_1066460.html。

岛县推荐指标,面向26县专门实施“县中崛起校长素质提升”项目,以“培训一名校长,带动一个班子,提升一所学校”为理念,推动乡村办学质量整体提升;组建830个名师网络工作室,按照“1位名师培养10位骨干教师,带动100名网络学员”的方式,为山区海岛县培养一批优秀“种子教师”。③以“菜单式”“订单式”培训方式实施乡村教师全员精准培训。据2023年统计,2022—2023年累计开设1,600余个订单培训项目;截至该年6月,依托2022年新结对的561所跨区域义务教育城乡共同体,选派300余名青年教师参与跟岗锻炼,近800名优秀教师参加支教,建立名师工作室596个,开展示范课5,513节、集体教研4,230次。[①]

该省各地也创新乡村教师培养与培训机制。如衢州市江山市探索建立教研员准入与退出机制等行动,深入实施未来教师“定向培养”、新进教师“365”、青年教师“1358”、骨干教师“百师带千徒”、名优教师“151”、班主任队伍“121”培养、管理队伍“领雁带飞”、“千师登高”工程等项目,分层分类提升乡村教师整体素质。[②] 其中,“千师登高”工程自实施以来已面向全市各校选拔1,167名培养对象,共开设“未来省特级教师”“江山市骨干副校(园)长”“未来名班主任”等10类培训班,培训班次达30余次,受益教师占全市教师总数的1/4,且乡村义务教育阶段教师名额不低于50%。2020年前后,乡村教师在该项目中占比达60%,近700人。[③]

(二)开辟了多样化的乡村教师补充通道

浙江省主要采取城乡教师交流、送教下乡、结对帮扶等形式,拓宽了乡村教师补充路径,也提升乡村教师教育教学水平。

---

① 浙江省教育厅:《浙江省做好“三个定向”着力加强山区海岛县教师队伍建设》(2023年6月30日),http://www.moe.gov.cn/jyb_xwfb/s6192/s222/moe_1742/202306/t20230630_1066460.html。

② 《江山市强化激励措施为农村学校发展注入活力》(2023年2月20日),http://qz.china.com.cn/2023-02/20/content_42264368.html。

③ 《江山市全力破解“缺优少尖”师资培养难题显成效》(2020年6月3日),http://jyt.zj.gov.cn/art/2020/6/3/art_1543974_44678232.html。

1. 推行城乡教师交流制度

早在 2014 年,全省就实施了义务教育阶段教师县域内交流制度。《浙江省人民政府关于统筹推进县域内城乡义务教育一体化改革发展的实施意见》要求,积极引导优秀教师向乡村学校、薄弱学校流动,城镇学校和优质学校教师每学年到乡村学校交流轮岗的比例不低于符合交流条件教师总数的 10%,其中骨干教师不低于交流轮岗教师总数的 20%。[①] 2018 年该省在全国率先实现中小学教师"县管校聘"管理改革全覆盖,以畅通校长、教师交流的体制机制。其中,引导优秀教师从城区学校向乡村学校流动逐渐成为重点内容之一。具体规定:2017 年起义务教育阶段教师评选省特级教师、县级及以上名师名校长时,被评选人须具有 2 所及以上学校的工作经历,且每所学校工作时间不得低于三年,或在乡村学校有六年及以上的工作经历;2020 年起城镇义务教育教师参加高级教师职称评审应具备在乡村学校或薄弱学校任教三年的经历。[②] 衢州市江山市也积极推动教师流向乡村学校:以《江山市城区城郊学校教职工阳光流动实施意见》为基础,强化教师向集团校的乡村学校流动导向;选派 23 名城区学校副校长、骨干教师到乡村学校担任校长、副校长,引领和提升乡村学校教育管理和质量;实行对集团内教师交流支教制度,每年从城区选派 50 多名优秀教师开展为期一至三年的全职支教,同时选派相应数量的乡村教师到城区学校培养任教;建立健全教师招考和优先服务乡村学校制度,规定新进教师须在乡村学校服务五年以上,规定凡晋升中高级职称,年龄在 40 周岁以下的教师须在任现职期间有乡村学校任教的经历。[③]

---

① 《浙江省人民政府关于统筹推进县域内城乡义务教育一体化改革发展的实施意见》(2018 年 1 月 9 日),http://www.moe.gov.cn/jyb_xwfb/xw_zt/moe_357/jyzt_2017nztzl/ztzl_xyncs/ztzl_xy_dfjz/201801/t20180109_324066.html。

② 《浙江省教育厅关于省政协十二届二次会议第 6 号提案的答复》(2020 年 1 月 9 日),http://jyt.zj.gov.cn/art/2020/1/9/art_1229266358_2386072.html。

③ 《江山市强化激励措施为农村学校发展注入活力》(2023 年 2 月 20 日),http://qz.china.com.cn/2023-02/20/content_42264368.html。

2. 实施支教帮扶、结对帮扶与银龄讲学计划

浙江省通过实施银龄教师讲学计划和百人千场支教计划等,不断拓宽乡村教师补充的渠道。一是以支教帮扶补充乡村师资。早在2014年,全省就开始实施“希望之光”教育帮扶计划,到2023年,共选派4批共29个“希望之光”专家团、145名教育专家,赴山区26县开展为期两年的“组团式”支教活动,助力山区海岛县教师专业发展;2016年开始每年组织600余场百人千场名师送教下乡活动,到2023年,累计组织教师1万余人次,受益乡村教师超20万人,实现“送教下乡”的学段学科全覆盖。[①] 二是结对帮扶乡村教师。2014年、2016年均以150个省级名师网络工作室为平台,开展“名师带徒”活动,培训全省各地学科骨干教师累计2,281人,其中50%为重点扶持地区和乡村学校教师[②];完善名优教师结对帮扶乡村青年教师制度。三是实施银龄教学计划拓宽乡村师资补充。该省各地招募退休教师到乡村学校开展教学活动。如据2020年统计,宁波市北仑区计划招募80名银龄教师;衢州市柯城区成立“银龄讲师团”到乡村学校讲学,受益师生6,000余人;舟山市2019年面向全国公开招募24名退休的优秀教师。[③]

(三)不断提高乡村教师的待遇

1. 提升工资待遇

根据中央层面提高乡村教师待遇的要求,《浙江省人民政府关于统筹推

---

① 《浙江省教育厅关于省政协十二届二次会议第6号提案的答复》(2020年1月9日),http://jyt.zj.gov.cn/art/2020/1/9/art_1229266358_2386072.html;浙江省教育厅:《浙江省着力加强乡村教师队伍建设》(2019年8月2日),http://www.moe.gov.cn/jyb_xwfb/s6192/s222/moe_1742/201908/t20190802_393332.html;浙江省教育厅:《浙江省做好“三个定向”着力加强山区海岛县教师队伍建设》(2023年6月30日),http://www.moe.gov.cn/jyb_xwfb/s6192/s222/moe_1742/202306/t20230630_1066460.html。

② 《浙江省教育厅关于省政协十二届二次会议第6号提案的答复》(2020年1月9日),http://jyt.zj.gov.cn/art/2020/1/9/art_1229266358_2386072.html;浙江省教育厅:《浙江省着力加强乡村教师队伍建设》(2019年8月2日),http://www.moe.gov.cn/jyb_xwfb/s6192/s222/moe_1742/201908/t20190802_393332.html。

③ 《浙江省教育厅关于省政协十二届二次会议第6号提案的答复》(2020年1月9日),http://jyt.zj.gov.cn/art/2020/1/9/art_1229266358_2386072.html。

进县域内城乡义务教育一体化改革发展的实施意见》提出:核定义务教育学校绩效工资总量时统筹考虑当地公务员实际收入水平;制定、调整公务员收入分配政策时,统筹考虑义务教育阶段教师收入分配,形成联动机制,确保县域内义务教育教师平均工资收入水平不低于当地公务员的平均工资收入水平;各地实行乡村教师收入分配倾斜政策,逐步完善乡村教师任教津贴和乡村教师特岗津贴等政策,因地制宜稳步扩大实施范围,按照越往基层、越往艰苦地区补助水平越高的原则,使乡村教师实际工资收入水平不低于县、镇同职级教师。[①] 到2018—2019年,该省在全面实施绩效工资制度的基础上,将17.7万余名乡村教师纳入乡村教师任教津贴发放范围,每人月均245元;11.7万余名乡村教师纳入乡村特岗教师津贴发放范围,每人月均382元;10.2万余名乡镇教师纳入乡镇干部工作补贴发放范围,每人月均262元;同时,对特别偏远、特别艰苦的乡村、山区、海岛等学校教师,结合实际给予倾斜分配政策,覆盖1,594所学校,惠及5万余名乡村教师,每人月均163元,促使"越往基层、越是艰苦、工资待遇越高"的收入分配激励机制初步形成。[②] 其中,衢州江山市在发放乡村教师津贴的基础上,实施乡村特岗教师津贴,并根据学校所处地理位置偏远程度、公共交通状况、学校条件艰苦程度及教师队伍建设的实际情况,将原来的月均300元、450元、600元的三个档次津贴调整为月均300元、600元、800年、1,000元四个档次,同时对10个乡镇下属的乡村义务教育学校交流支教的城区学校教师给予每人每年1.6万—2万元不等的专项工作经费。[③]

在乡村教师特岗津贴方面,早在2015年浙江省就建立了该项津贴制

---

① 《浙江省人民政府关于统筹推进县域内城乡义务教育一体化改革发展的实施意见》(2018年1月9日),http://www.moe.gov.cn/jyb_xwfb/xw_zt/moe_357/jyzt_2017nztzl/ztzl_xyncs/ztzl_xy_dfjz/201801/t20180109_324066.html。

② 《浙江省教育厅关于省政协十二届二次会议第6号提案的答复》(2020年1月9日),http://jyt.zj.gov.cn/art/2020/1/9/art_1229266358_2386072.html。

③ 《江山教师的福音:尊师重教氛围浓厚、教师待遇提升、教育发展向好……》(2019年9月9日),https://baijiahao.baidu.com/s?;《江山市教育局关于对市十六届人大三次会议第329号议案的复函》(2019年6月24日),http://www.jiangshan.gov.cn/art/2019/6/24/art_1499348_34852667.html。

度。在乡村教师任教津贴的基础上，对条件比较艰苦或地理位置偏远的乡村中小学教师发放特岗津贴，标准原则上每人月均不低于300元，不纳入核定的绩效工资总量。截至2015年10月，全省各级财政共投入5.4亿元，惠及12.0047万名乡村教师，每人月均375元。而且，在全省91个实施乡村教师特岗津贴的县中，有83个县根据乡村学校的地理位置偏远程度和条件艰苦程度，分档次确定不同发放标准。其中衢州市常山县、丽水市青田县、遂昌县最高标准为月均1,000元；宁波市宁海县分为月均700元、500元、400元和300元四档；义乌市分为月均900元、600元和300元三档；丽水市遂昌县分四档，发放标准分别是月均1,000元、600元、500元和300元；丽水市青田县分别是月均1,000元、500元和300元三档。[①] 上述方式使该省乡村教师的待遇有所提升。

2. 改善生活条件

《浙江省人民政府关于统筹推进县域内城乡义务教育一体化改革发展的实施意见》规定，将符合条件的乡村教师优先纳入当地政府住房保障体系，各地在乡镇（街道）建设的公共租赁住房可用作乡村教师周转宿舍，乡镇（街道）没有公共租赁住房者可采取发放租赁补贴的办法解决乡村师住房问题，也可按照公共租赁住房的相关政策建设部分乡村教师周转宿舍。[②] 在该政策的引导下，各地乡村教师住宿条件有所改善。"十三五"以来，衢州市江山市委、市政府投入200多万元开展乡村教师宿舍的热水淋浴工程，投入800多万元用于排污纳管，以改善乡村教师住宿条件。2023年，实施乡村教师宿舍改造工程，建立健身房、教师成长中心、母婴室等生活配套场所，丰富乡村教师业余生活，并逐步为教师宿舍配备热水、空调等生活设备，保障乡村教师在校生活质量。同时，面向乡村教师实施"进城送家"活动，为206名

---

① 《教育部办公厅关于公布全国乡村教师队伍建设优秀工作案例的通知》(2016年9月1日)，http://www.moe.gov.cn/srcsite/A10/s3735/201609/t20160919_281513.html。

② 《浙江省人民政府关于统筹推进县域内城乡义务教育一体化改革发展的实施意见》(2018年1月9日)，http://www.moe.gov.cn/jyb_xwfb/xw_zt/moe_357/jyzt_2017nztzl/ztzl_xyncs/ztzl_xy_dfjz/201801/t20180109_324066.html。

乡村单身青年教师办理入住证,其可在周末到城区指定酒店低价入住。①

3. 注重奖励和表彰乡村教师

注重奖励和表彰乡村教师也是浙江省加强乡村教师队伍建设的重要手段。浙江省政府要求做好省杰出教师的评选,对有突出贡献的乡村教师给予表彰奖励;对在乡村学校从教三十年以上的教师发放荣誉证书;加大新闻媒体宣传力度,使广大乡村教师有更多的获得感。② 在严格控制评优表彰项目的前提下,浙江省政府设置乡村教师突出贡献奖,每两年评选 100 名,并给予每人 5 万元的奖励。据统计,2012 年以来,乡村教师中获得省特级教师称号者 84 人,获省教坛新秀称号者 162 人,获省乡村教师突出贡献奖称号者 350 人。该省还落实开展乡村优秀青年教师培养奖励计划等工作,配合马云乡村教师和乡村校长计划做好宣传、推荐和选拔等工作,对评为"浙江最美教师"的乡村学校教师,通过视频、文字、图片等形式进行广泛宣传。③其中,衢州江山市对坚守在乡村学校任教的优秀教师给予精神和物质双重奖励,开辟"最美教师"专栏,在市教育局官方网站、官方微信等平台系列推送优秀教师事迹,充分挖掘乡村教师的优秀典型;对于交流支教期满并考核合格的教师,在各级各类评优评先活动中同等条件下予以优先考虑;为乡村教师开设"绿色通道",评选乡村学校名师,由市政府发文表彰,每三年评选 20 名并给予每人每年 0.9 万—1.1 万元的奖励。

4. 加强乡村教师倾斜式激励

一是实施职称(职务)晋升倾斜。《浙江省人民政府关于统筹推进县域内城乡义务教育一体化改革发展的实施意见》要求完善职称评聘倾斜政策,

① 《江山市强化激励措施为农村学校发展注入活力》(2023 年 2 月 20 日),http://qz.china.com.cn/2023-02/20/content_42264368.html。

② 《浙江省人民政府关于统筹推进县域内城乡义务教育一体化改革发展的实施意见》(2018 年 1 月 9 日),http://www.moe.gov.cn/jyb_xwfb/xw_zt/moe_357/jyzt_2017nztzl/ztzl_xyncs/ztzl_xy_dfjz/201801/t20180109_324066.html。

③ 《浙江省教育厅关于省政协十二届二次会议第 6 号提案的答复》(2020 年 1 月 9 日),http://jyt.zj.gov.cn/art/2020/1/9/art_1229266358_2386072.html。

逐步推动县域内同学段学校岗位结构协调并向乡村适当倾斜,实现职称评审与岗位聘用制度的有效衔接;对任职以来积极参加教师交流并随迁人事关系,交流期满后继续留在乡村学校任教的交流教师,在申报高级教师职称时应给予倾斜;"对已在乡村学校任教满20年且仍在乡村学校任教的教师,在申报高级职称时予以倾斜,乡村学校教师申报高级以下职称的,对论文课题不作刚性要求";合理设置乡村学校中级高级教师岗位比例;落实中小学教师职称评聘结合政策,确保乡村学校教师职称即评即聘。[①]《中共浙江省委浙江省人民政府关于全面深化新时代教师队伍建设改革的实施意见》指出:"农村学校教师职称评审的通过率一般不低于城镇学校教师。在地理位置特别偏远、条件特别艰苦的学校任教满30年的教师,表现优秀且仍在农村任教的可单列评聘高级职称,不占所在学校高级专业技术岗位比例。"[②] 2020年浙江省教育厅再次明确指出:对于长期在乡村和艰苦边远地区任教的中小学教师,在职称评审中适当放宽学历要求,课题和论文不再做刚性要求,要更加侧重考察工作业绩,提高实际工作年限的考核权重,不简单套用城区教师的标准来考核评价;在高级教师及以下评审中,要求乡村教师通过率原则上不低于城镇教师;在偏远艰苦学校任教满三十年,表现优秀的教师单列评聘高级职称,不占所在学校高级职称比例。[③] 因此,在该省乡村教师职称(职务)晋升的倾斜式支持下,2016年启动中小学正高级教师评审以来,有38名乡村学校教师通过评审。[④] 同时,针对浙江省山区海岛县的实际需要,在正高级教师职称评审中设立"定向服务岗位",建立"戴帽下达、人走帽留"的

① 《浙江省人民政府关于统筹推进县域内城乡义务教育一体化改革发展的实施意见》(2018年1月9日),http://www.moe.gov.cn/jyb_xwfb/xw_zt/moe_357/jyzt_2017nztzl/ztzl_xyncs/ztzl_xy_dfjz/201801/t20180109_324066.html。

② 《中共浙江省委、浙江省人民政府关于全面深化新时代教师队伍建设改革的实施意见》(2018年8月11日),http://www.moe.gov.cn/jyb_xwfb/xw_zt/moe_357/jyzt_2018n/2018_zt03/zt1803_ls/201810/t20181018_352019.html。

③ 《浙江省教育厅关于省政协十二届二次会议第6号提案的答复》(2020年1月9日),http://jyt.zj.gov.cn/art/2020/1/9/art_1229266358_2386072.html。

④ 《浙江省教育厅关于省政协十二届二次会议第6号提案的答复》(2020年1月9日),http://jyt.zj.gov.cn/art/2020/1/9/art_1229266358_2386072.html。

"定向"服务机制;面向山区海岛县外教师,在正高级教师职称评审中设立"特设岗位",选聘全省优秀教师定向到山区海岛县工作六年。到2022年,该省面向山区海岛县培育定向正高级教师37名,评定"定向"省特级教师52名。①

其中,衢州江山市较好地落实了乡村教师职称(职务)晋升倾斜:不仅乡村学校中高级职称的教师的通过率不低于城镇教师,且对出色完成支教和教师交流工作的教师在同等条件下优先晋升;对承担2门及以上学科教学任务的乡村教师,允许按"全科"学科申报晋升职称,同等条件下优先评聘在乡村学校任教时间较长的教师。②

二是实施乡村教师奖励倾斜。浙江省政府要求完善乡村教师表彰奖励政策,各级各类教师表彰向乡村教师倾斜。③ 在省级及以上教师表彰奖励、选树宣传中,有计划地向山区海岛县教师倾斜或给予单列指标;在全省教坛新秀评选中,单列山区海岛县定向推荐指标,给在山区海岛潜心育人的优秀教师更多脱颖而出的机会,为其安心从教、潜心育人营造良好环境。④

三、浙江省乡村教师队伍建设的成就与不足

——基于对山区26县义务教育阶段教师队伍建设的调查报告的分析

(一)调查的基本情况

1. 调研工作概述

课题组在研读国内外有关乡村教师队伍建设的研究文献的基础上,围

① 浙江省教育厅:《浙江省做好"三个定向"着力加强山区海岛县教师队伍建设》(2023年6月30日),http://www.moe.gov.cn/jyb_xwfb/s6192/s222/moe_1742/202306/t20230630_1066460.html。

② 《江山市强化激励措施为农村学校发展注入活力》(2023年2月20日),http://qz.china.com.cn/2023-02/20/content_42264368.html。

③ 《浙江省人民政府关于统筹推进县域内城乡义务教育一体化改革发展的实施意见》(2018年1月9日),http://www.moe.gov.cn/jyb_xwfb/xw_zt/moe_357/jyzt_2017nztzl/ztzl_xyncs/ztzl_xy_dfjz/201801/t20180109_324066.html。

④ 浙江省教育厅:《浙江省做好"三个定向"着力加强山区海岛县教师队伍建设》(2023年6月30日),http://www.moe.gov.cn/jyb_xwfb/s6192/s222/moe_1742/202306/t20230630_1066460.html。

绕乡村教师的工资福利等待遇,专业成长(培训、职称),奖励与荣誉,流动、交流与退出,师德师风建设以及青年教师发展等方面,设计调查问卷和访谈提纲,开展线上线下调研。课题组于2023年3—4月进行实地走访调研和考察,同时在问卷星和微信等平台,通过各教育局、省教师培训中心渠道,向浙江省山区26县的乡村初中和小学教师定向发布了相关问卷。截至该年4月28日,线上线下回收问卷1,126份,剔除无效问卷73份,有效问卷1,053份。本调查报告基于这些调查数据进行分析。

2. 调研对象基本情况

浙江省高质量发展建设共同富裕示范区,聚焦解决26县地区、城乡、收入“三大差距”,突破发展不平衡不充分问题,重点、难点以及突破点均在26县。因此,2021年,浙江省委、省政府正式印发了《浙江省山区26县跨越式高质量发展实施方案(2021—2025年)》。本次以浙江省山区26县的乡村义务教育阶段教师为主要调查对象,具体县域名单见表6.53。

表6.53 浙江省受调查山区县名单

所属市	县名
杭州市	淳安县
温州市	永嘉县、平阳县、苍南县、文成县、泰顺县
金华市	武义县、磐安县
衢州市	柯城区、衢江区、常山县、开化县、龙游县、江山市
台州市	三门县、天台县、仙居县
丽水市	莲都区、青田县、缙云县、遂昌县、松阳县、云和县、庆元县、景宁畲族自治县、龙泉市

受调查乡村教师的性别、工作层次、性质、年龄、岗位以及学科等信息如下:

(1)性别、年龄等基本信息。本次受调查的1,053名乡村教师中,男性381人,女性672人;小学教师824人,初中教师229人;公办教师1,032人,代课(合同制)教师19人,另有其他类教师2人。就年龄结构而言,31—40岁者人数最多,共345人,占总数的32.76%,其次为41—50岁者303人,占总数的 28.77%,25—30 岁者 210 人,占总数的 19.94%,50 岁以上者 159 人,占总数的 15%,25 岁以下者 36 人。由此,31—50 岁者中青年乡村教师占大多数。就教师来源而言,528 名受调查乡村教师是本县但非镇人(占比为 50.14%);本镇人 250 名(占比达 23.74%),本市但非本县人 194 名(占比为 18.42%),另分别有 29 人、52 人为外省人和本省但非本市人。

(2)教龄以及在目前所在学校的年限。受调查乡村教师中,教龄 21—29 年者人数最多,共 271 人,占 25.74%;其次为 6—10 年者 206 人,占 19.56%;30 年及以上者 144 人,占 13.68%;3 年及以下初任教师较少。可见,多数为教龄较长的具有一定教学经验的教师(见表 6.54)。

表 6.54　浙江省山区 26 县受调查者教龄和在目前所在学校的年限统计

教龄	小计/人	占比/%	在目前学校年限	小计/人	占比/%
3 年及以下	87	8.26	3 年及以下	244	23.17
3—5 年	104	9.88	3—5 年	193	18.33
6—10 年	206	19.56	6—10 年	246	23.36
11—15 年	127	12.06	11—15 年	127	12.06
16—20 年	114	10.83	16—20 年	130	12.35
21—29 年	271	25.74	21—29 年	91	8.64
30 年及以上	144	13.68	30 年及以上	22	2.09
合计	1053	100	合计	1053	100

如表 6.54 所示,受调查的乡村教师在目前所在学校的年限,达 6—10 年者最多,占 23.36%;其次为 3 年及以下者 244 人,占 23.17%;再次为 3—5 年者 193 人,占 18.33%。由此,多数教师在目前所在学校的年限并不长,半数以上在 10 年以下,也可推测出受调查乡村教师工作有所变动的事实。受调查乡村教师在进入目前所在学校之前,463 人在其他公办学校担任教师,应届师范毕业生 325 人,应届非师范毕业生 106 人,公办教师代课教师 78 人,民办学校或其他聘用的教师 33 人,其他人员 48 人。

(3)学历与职称情况。受调查者中,本科及以上学历者所占比重较高(见表 6.55)。

表 6.55　浙江省山区 26 县受调查者最高学历和第一学历统计

学历	最高学历小计/人	占比/%	第一学历小计/人	占比/%
初中及以下	2	0.19	8	0.76
高中(中专)	8	0.76	300	28.49
专科	131	12.44	363	34.47
本科	898	85.28	380	36.09
研究生	14	1.33	2	0.19
合计	1053	100	1053	100

如表 6.55 所示,在受调查者中,就第一学历而言,本科以下乡村教师所占比重最高,其中专科和高中(中专)分别有 363 人、300 人,占比分别为 34.47%、28.49%。就他们获得最高学历的方式而言,通过函授方式者 600 人(56.98%),通过自考方式者 57 人(5.41%),通过全日制方式者 396 人(37.61%)。

受调查乡村教师中,中级职称者最多,达 529 人,占 50.24%;初级职称者 315 人,占 29.91%;高级职称者 175 人,占 16.62%;另有 34 人未评职称,占 3.23%。

如图 6.1 所示,受调查者评上现在的职称 1—3 年者有 326 人,4—6 年者 219 人,6—10 年者 176 人,10 年以上者 166 人,不满 1 年者和未评者共 30 人。

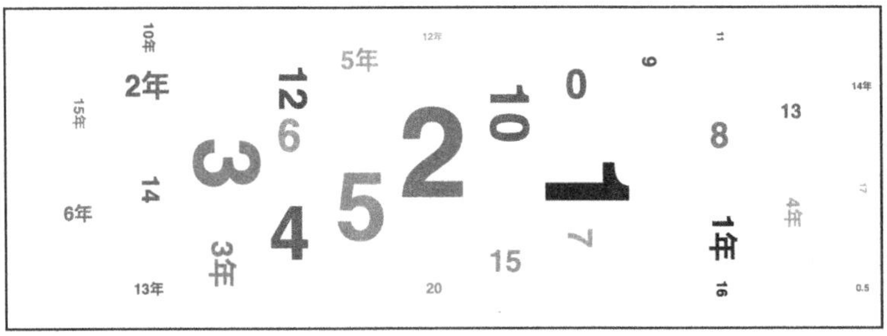

图 6.1　浙江省山区 26 县受调查者评上现在的职称年限词频

(4)承担工作内容及其工作量。受调查乡村教师中,语数英等学科的教师共 723 人,占 68.66%;音体美教师 161 人,占 15.29%;物化生教师 109 人,占 10.35%;政史地教师 60 人,占 5.70%。他们除了承担课堂教学、班级管理等工作之外,还有其他如学生食宿、护送学生上下学等日常事务(见

图6.2)。受调查乡村教师一天工作时间在8—10小时者有737人,占69.99%;10小时以上者196人,占18.61%;8小时以下者120人,占11.4%。

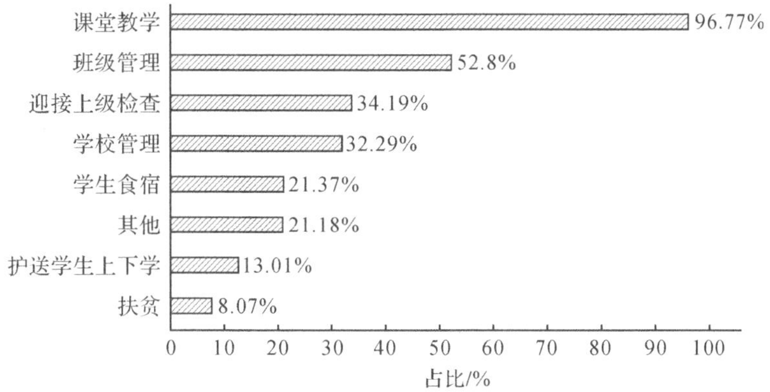

图6.2　浙江省山区26县受调查者本学期承担的工作统计

(5)工资福利等待遇保障。工资待遇方面,月工资5,001—6,000元者所占比重最高,其次为4,001—4,500元者,然后是4,501—5,000元者;就年收入而言,多数在10万元以上,其次为8万—10万元者(见表6.56)。

表6.56　浙江省山区26县受调查者的月工资统计

月工资	小计/人	占比/%	年收入	小计/人	占比/%
2500元及以下	1	0.09	2万元及以下	4	0.38
2501—3000元	41	3.89	2万—4万元(不含2万)	7	0.66
3001—3500元	73	6.93	4万—6万元(不含4万)	35	3.32
3501—4000元	130	12.35	6万—8万元(不含6万)	90	8.55
4001—4500元	178	16.90	8万—10万元(不含8万)	330	31.34
4501—5000元	174	16.52	10万元以上	587	55.75
5001—6000元	211	20.04	合计	1053	100
6001—7000元	126	11.97			
7001元及以上	119	11.3			
合计	1053	100			

在社会保障方面,浙江省山区26县受调查乡村教师目前在学校享有的社会保障主要有医疗保险、养老保险、住房公积金以及失业保险等方面(见图6.3)。

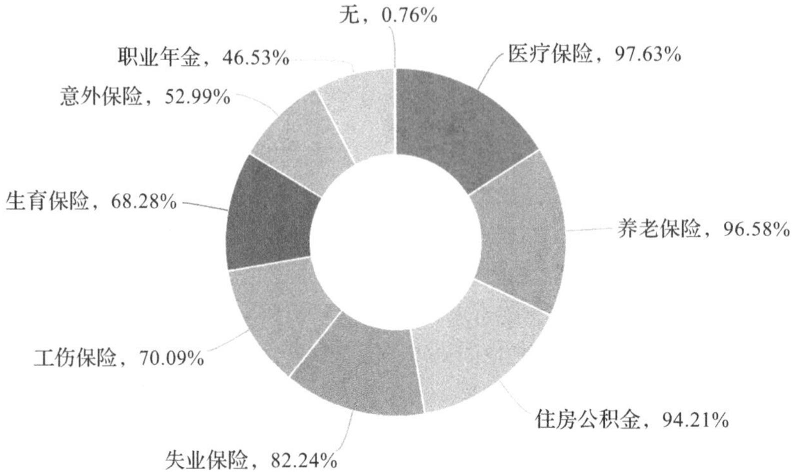

图 6.3　浙江省山区 26 县受调查者目前在学校享有的社会保障待遇统计

据受调查者反映,医疗保险主要由单位和个人共同承担,或者由个人或财政补贴共同负担。多数受调查者(757 人,占 71.89%)反映,生病需要住院时,医疗保险可以很快落实,但 281 人不清楚教师医疗保障情况,另有 15 人进行了否认。关于单位是否定期安排教师体检,受调查者中 1,020 人进行了肯定,12 人进行了否定,21 人表示不清楚。关于是否实现了医疗保险定点门诊对乡村地区的全面覆盖,802 人表示了肯定,197 人表示不清楚,54 人进行了否定。

在住房方面,多数受调查者拥有自购房或者自建房,且面积在 80 平方米以上者较多(见表 6.57)。

表 6.57　浙江省山区 26 县受调查者目前居住的房屋类型、目前房屋建筑面积统计

目前居住的房屋类型	合计/人	占比/%	目前房屋建筑面积	合计/人	占比/%
自购房	575	54.61	20 平方米及以下	162	15.38
学校宿舍	234	22.22	21—50 平方米	120	11.40
自建房	115	10.92	51—80 平方米	141	13.39
租房	74	7.03	81—110 平方米	419	39.79
其他	31	2.94	111 平方米及以上	211	20.04
学校分配住房	24	2.28			
本题有效填写人数	1053	100	本题有效填写人数	1053	100

受调查者反映,每月住房公积金范围为2,000—4,000元,其中3,000元者所占比重最高(见图6.4)。

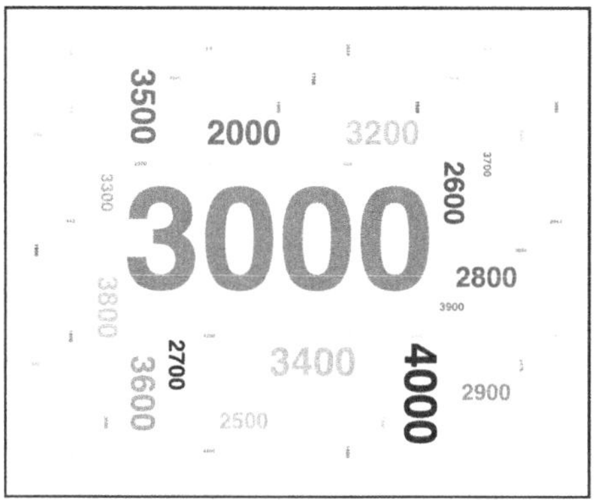

图6.4 浙江省山区26县受调查者每月住房公积金数额词频

(二)浙江省山区26县乡村义务教育阶段教师队伍建设的成就

1. 乡村教师学历层次已超过全国平均水平

根据中国教育事业统计,2021年浙江省乡村初中、小学教师中,本科及以上学历者(共34,672人)占总数(共38,910人)的89.11%。[①] 如表6.55所示,浙江省山区26县受调查的乡村义务教育教师中,本科及以上学历者占总数的86.61%。2021年全国义务教育阶段教师本科及以上学历者占比为77.72%,其中乡村义务教育阶段教师本科及以上学历者占比为64.55%[②];2022年全国义务教育阶段教师本科及以上学历者占比为81.02%,其中乡村义务教育阶段教师本科及以上学历者占比为76.01%[③]。可见,浙江省及其山区26县乡村义务教育阶段教师本科及以上学历教师占

① 教育部发展规划司编:《中国教育统计年鉴2021》,人民教育出版社,2022年,第332—333、342—343、384—385、390—391页。

② 教育部发展规划司编:《中国教育统计年鉴2021》,人民教育出版社,2022年,第336—343、384—391页。

③ 丁雅诵:《2022年全国教育事业发展统计公报解读:教育强国建设迈出铿锵步伐》(2023年7月),https://www.gov.cn/govweb/yaowen/liebiao/202307/content_6891842.htm。

比超过了全国平均水平,也超过了全国乡村中小学教师的学历水平。

2. 乡村教师的福利待遇基本得以保障

医疗、住房公积金等社会福利保障逐步落实。浙江省山区 26 县基本上按照国家的规定缴纳养老保险、医疗保险、住房公积金等社会保障。医疗保障方面,依照国家规定实施医疗保险缴纳与落实,在体检项目与频次以及医疗保险定点门诊对乡村地区的覆盖等方面都做出了努力。本次调查显示,学校定期安排教师参加体检几乎全覆盖,达 96.86%;每 1—2 年参加学校安排的体检的比例达 99.24%。住房公积金保障方面,据图 6.4,多数受调查者反映,每月缴纳住房公积金 3,000—4,000 元,且购房时能顺利办理公积金购买的相关手续。

3. 教师培训全面开展

浙江省山区 26 县乡村教师培训的类型、内容、频次以及培训方法等情况,见表 6.58。

表 6.58 浙江省山区 26 县受调查者近五年内外出参加省内外集中培训或访学的次数统计

选项	近五年内外出参加省内外集中培训或访学的次数合计/人次	占比/%	近五年内参与“国培计划”的次数合计/人次	占比/%
0 次	140	13.3	741	70.37
1 次	278	26.4	173	16.43
2 次	182	17.28	71	6.74
3—4 次	201	19.09	39	3.70
5 次及以上	252	23.93	29	2.75
合计	1053	100	1053	100

注:在同一年内组织的多阶段连续的国培算作 1 次。

如表 6.58 所示,近五年内受调查者参加“国培计划”(同一年内组织的多阶段连续的国培算作 1 次)1 次者 173 人(占 16.43%),2 次者 71 人,3—4 次者 39 人,5 次及以上者仅 29 人。受调查者外出参加省内外集中培训或访学的次数,1 次者 278 人,占 26.4%,2 次者 182 人,3—4 次者 201 人,5 次以上者 252 人。受调查者本学期的培训次数,1 次者 574 人,2 次者 229 人,

3—4 次者 61 人,5—6 次者 23 人。

如表 6.59 所示,就本学期受调查乡村教师参与培训的类型而言,参与校级培训占 44.16%,县市级培训占 79.49%,乡镇级培训占 12.35%,省级培训占 8.64%,国家级培训占 0.76%。培训经费主要由学校、教育总支和教育局支出。

表 6.59　浙江省山区 26 县受调查者本学期参与培训的类型和培训经费承担情况统计

本学期参与培训的类型	合计/人	占比/%	本学期培训经费承担者	合计/人	占比/%
校级	465	44.16	自己	57	5.41
乡镇级	130	12.35	学校	896	85.09
县市级	837	79.49	教育总支	124	11.78
省级	91	8.64	教育局	175	16.62
国家级	8	0.76	其他	47	4.46
本题有效填写人数	1053		本题有效填写人数	1053	

如表 6.60 所示,就培训内容而言,参与教学方法、教学研究和课程改革培训者较多,分别有 678 人、447 人、445 人;其后是参与教育学理论培训者 420 人,参与师德师风建设培训者 290 人,参与计算机多媒体操作培训者 136 人以及参与其他培训(如心理健康、班主任培训、家庭教育、大队与少先队辅导员培训)者 115 人。就培训主要方式而言,排在前三的依次为县域内培训(学校间或县里的公开课、观摩课、示范课等)789 人、校本培训(学校内部的教研活动、教学观摩等)718 人、讲座报告式培训 474 人,另外还有网络教研(听示范课、观摩课等)354 人,网络培训、修学分以及自主选择学习内容等 300 人。

表 6.60　浙江省山区 26 县受调查者本学期参与培训的内容和主要方式统计

本学期参与培训的内容	合计/人	占比/%	本学期培训的主要方式	合计/人	占比/%
教学方法	678	64.39	县域内培训(学校间或县里的公开课、观摩课、示范课等)	789	74.93

续　表

本学期参与培训的内容	合计/人	占比/%	本学期培训的主要方式	合计/人	占比/%
课程改革	445	42.26	校本培训（学校内部的教研活动、教学观摩等）	718	68.19
教育学理论	420	39.89	网络教研（听示范课、观摩课等）	354	33.62
计算机多媒体操作	136	12.92	讲座报告式培训	474	45.01
教学研究	447	42.45	网络培训、修学分，自主选择学习内容	300	28.49
师德师风建设	290	27.54	其他	24	2.28
其他	115	10.92			
本题有效填写人数	1053		本题有效填写人数	1053	

注：培训的内容中的“其他”类中，受调查者多列举了辅导员、班主任以及心理健康等方面的内容。

如表6.58、表6.59、表6.60所示，近五年内乡村教师外出参加省内外集中培训或者访学者占比达86.7%。培训类型较多，既有校级培训、县市级培训、乡镇级培训，也有省级培训和国家级培训；培训形式主要包括专家讲座、高校教师培训、实践指导和自行理论学习；培训经费主要由学校、教育总支和教育局支出。总体而言，浙江省乡村教师的培训工作全面推行。

4.注重对乡村青年教师的培养

关于国家教育主管部门制定的系列职称晋升、评先评优等政策是否向乡村青年教师倾斜，受调查中尽管有部分人(362人，占总数的34.38%)持否定态度，但大部分教师(691人，占总数的65.62%)持肯定态度，认为对青年教师有很大或者有一定的政策倾斜。一半以上(580人，占总数的55.08%)的受调查者表示所在学校为青年教师安排了教学和班主任指导教师；233人(总数的22.13%)表示有教学指导教师，没有班主任指导教师；30人表示没有教学指导教师，有班主任指导教师；210人(19.94%)表示两类指导教师均没有。对于师徒结对等老教师指导新教师的活动，多数受调查者持肯定态度，认为有助于师德榜样的熏陶、教学水平的提高、学科专业水平的提升以及对学生、班级、家长问题处理能力的提高(见表 6.61)。

表 6.61　浙江省山区 26 县受调查者本人或本校青年教师参加学校“师徒结对”活动的收获等情况统计

参加学校“师徒结对”活动的收获	合计/人	占比/%	对于新老教师结对所持的肯定态度	合计/人	占比/%
师德榜样的熏陶	557	52.9	完全不符合	63	5.98
教学水平的提高	685	65.05	不太符合	81	7.69
学科专业水平的提升	582	55.27	基本符合	493	46.82
对学生、班级、家长问题处理能力的提高	541	51.38	比较符合	220	20.89
没什么收获	91	8.64	完全符合	196	18.61
本题有效填写人数	1053		本题有效填写人数	1053	100

5. 师德师风建设备受重视

本次调查显示,多数受调查者所在学校的师德师风建设都受到了重视,其中 658 人(占总数的 62.49%)表示非常重视,208 人(占 19.75%)表示比较重视,133 人(12.63%)表示重视,46 人表示一般,另有 8 人表示不太重视。受调查者所在单位加强师德师风建设的途径主要有学校会议、制定师德规章制度、师德教育的讲座或培训、“宣传优秀教师先进事迹、营造尊师重教氛围”、时常进行师德宣誓和签约仪式、贴教师职业道德的标语以及其他途径(见图 6.5)。

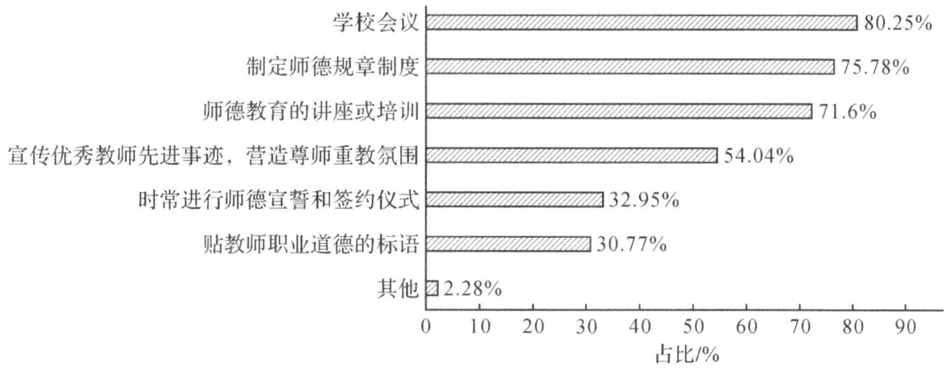

图 6.5　浙江省山区 26 县受调查者所在学校加强师德师风建设的途径统计

(三)浙江省山区26县乡村义务教育阶段教师队伍建设存在的问题

根据本次调查数据,这一时期浙江省山区26县乡村教师队伍建设在乡村教师学科结构、待遇以及专业成长等方面仍存在一定问题。

1. 乡村教师学科结构有待改善

根据本次调查,部分学校有少量代课教师,多数受调查所在学校存在1—3名代课教师,他们认为其所在学校应补充师资(见图6.6)。

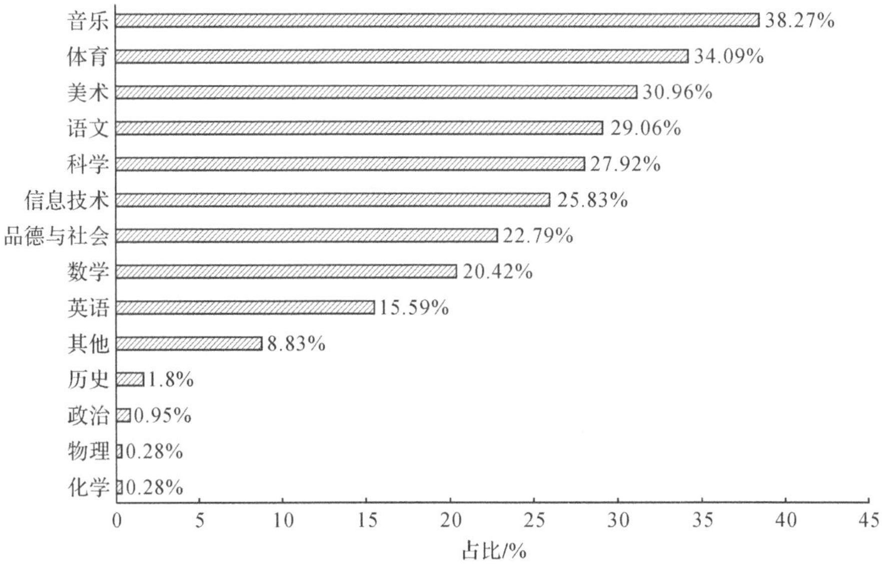

图6.6 浙江省山区26县受调查者认为所在学校应补充的学科教师统计

受调查乡村教师认为所在学校应补充的学科教师排序依次为音乐、体育、美术、语文、科学以及信息技术学科的教师。受调查乡村教师所在学校的学科结构仍有待完善,尤其是音乐、美术、科学、信息技术以及体育等学科仍需进一步补充。而且,受调查乡村教师所在学校本学期音乐教师仅1名者达543人,2名者达121人,3名者达126人,4—6名者52人,205人表示其所在学校没有音乐教师;其所在学校本学期美术教师仅有1名者达528人,2名者241人,3名者88人,4—6名者26人,158人表示学校无美术教师;其所在学校本学期体育教师仅 1 名者达 324 人,2 名者 226 人,3 名者 87 人,4 名者 139 名,5—6 名者 65 人,146 人表示学校无体育教师。可见,浙江省音乐、体育、美术、科学以及信息技术等学科的乡村教师较为紧缺。

2. 乡村教师教学工作繁重,工资福利等待遇仍须提升

第一,教学工作较为繁重。本次调查显示,受调查者本学期承担的工作按照比例依次为:课堂教学、班级管理、迎接上级检查、学校管理、学生食宿、其他、护送学生上下学以及扶贫工作等。在本学期,受调查乡村教师中有 540 人带了 2—3 个班级,394 人带了 1 个班级;有 528 人任教 2—3 门课程,119 人任教 4—5 门课程;平均每周上 12—13 节课者 323 人,上 14—15 节课者 234 人,16 节课及以上者 144 人。因此,本次受调查者中有 594 名(占 56.41%)乡村教师认为教学工作任务比较繁重,234 名教师(占 22.22%)认为工作任务非常繁重,220 名教师(占 20.89%)认为工作任务一般,另有 5 名教师认为轻松(见表 6.62)。

表 6.62　浙江省山区 26 县受调查者认为工作任务繁重情况统计

选项	合计/人	占比/%
非常繁重	234	22.22
比较繁重	594	56.41
一般	220	20.89
比较轻松	4	0.38
非常轻松	1	0.09
本题有效填写人数	1053	100

第二,工资福利等待遇仍需提升。如图 6.7 所示,受调查乡村教师对自己现在工作待遇的满意度调查结果显示:满意程度一般满意者 567 人(占 53.85%),比较满意者 304 人(占 28.87%),很满意者 40 人(达 3.8%),共占总数 86.52%;仍有 118 人不太满意和 24 人很不满意,占总数的 13.49%。可见,乡村教师对自己现在工作待遇的满意程度仍有待进一步提升。

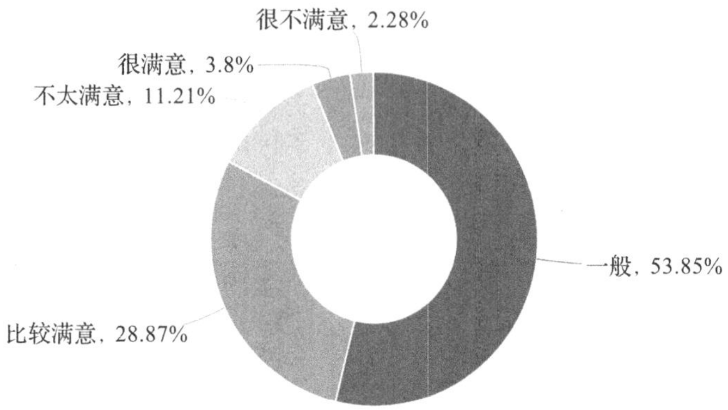

图 6.7 浙江省山区 26 县受调查者对自己现在工作待遇的满意度情况统计

①工资收入仍需提升。尽管该省乡村教师工资按时发放,不存在拖欠乡村教师工资待遇情况,但本次调查显示(见表 6.56):月工资 5,001—6,000 元者最多,达 211 人,占 20.04%;其次为 4,001—4,500 元者,达 178 人,占 16.9%;4,500 元以上者共 630 人,占 59.8%。年收入 8 万元(不含 8 万元)以上者共 917 人,占 86.09%;其中 10 万元以上者 587 人,占 55.75%。据国家统计局统计,2022 年城镇单位就业人员年平均工资为 114,029 元,其中教育单位就业人员年平均工资为 111,392 元[①],而浙江省 2021 年国有教育单位在岗职工年平均工资 164,700 元,城镇非私营教育单位在岗职工年平均工资为 151,272 元[②]。可见,浙江省的乡村教师工资收入与城镇教育单位就业人员的工资收入以及浙江省教育行业在岗人员的工资收入都有一定差距。

②对生活补助的满意度有待提升。尽管受调查乡村教师每月均能获得一定的补助费用,多数为 200—300 元。但本次调查谈及"乡村教师生活补助额度是否有大幅度增长",有 444 名受调查者持否定态度(达 42.17%),仅 282 名持肯定态度(占 26.78%),另有 327 名不清楚是否有增长。因此,在生活补助满意度方面,550 名受调查乡村教师认为"一般",占总数的

① 国家统计局官网,https://data.stats.gov.cn/easyquery.htm? Cn=C01。

② 浙江省统计局官网,http://data.tjj.zj.gov.cn/page/systemmanager/admin/homePage.jsp? orgCode=33。

52.23%;很不满意和不太满意者分别达51人、222人,占总数的25.92%;满意和非常满意者230人,仅占总数的21.84%。

③医疗、住房等福利保障制度有待完善。受调查者认为乡村教师就医面临着诸如医疗保障及救助体系不健全、就医交通不便利、医疗服务及用药费用高等诸多问题(见表6.63)。而且部分受调查者对乡村教师重大疾病救助工作也持否定态度。

表6.63　浙江省山区26县受调查者认为目前乡村教师就医面临的主要问题统计

选项	合计/人	占比/%
医疗服务及用药费用高	488	46.34
医疗保障及救助体系不健全	500	47.48
政府财政投入不足	210	19.94
就医交通不便利	493	46.82
医护人员服务意识不强	242	22.98
其他	141	13.39
本题有效填写人数	1053	100

住房方面,如表6.57所示,受调查乡村教师中拥有自建房和自购房者占65.53%,住房面积在50平方米以上(不含50平方米)者占73.22%。2021年浙江省家庭户住房自有率81.5%(自建住房55.9%、购买商品房22%、购买房改房3.1%、购买保障性住房0.5%),全体居民人均住房面积55.7平方米。[①] 可见,受调查乡村教师的住房条件与浙江省家庭户住房平均数据相比还有一定差距。而且,本次调查显示,300名教师(占28.49%)回应有能力买房,仍有753名受调查者表示在当前条件下没有能力买房(占总数的71.51%)。其中,没有能力买房的主要原因依次为:工资待遇低(606人次选择),占80.48%;子女教育费用高(322人次),占42.76%;"其他"(214人次选择,除工资待遇低、子女教育费用高、无住房公积金、配偶无工作、交通不便等之外的因素),占28.42%(见图6.8)。

① 浙江省统计局编、国家统计局浙江调查总队编:《浙江统计年鉴2022》(城乡居民住房情况:2019—2021年),http://zjjcmspublic.oss-cn-hangzhou-zwynet-d01-a.internet.cloud.zj.gov.cn/jcms_files/jcms1/web3077/site/flash/tjj/Reports1/2022浙江统计年鉴/indexcn.html。

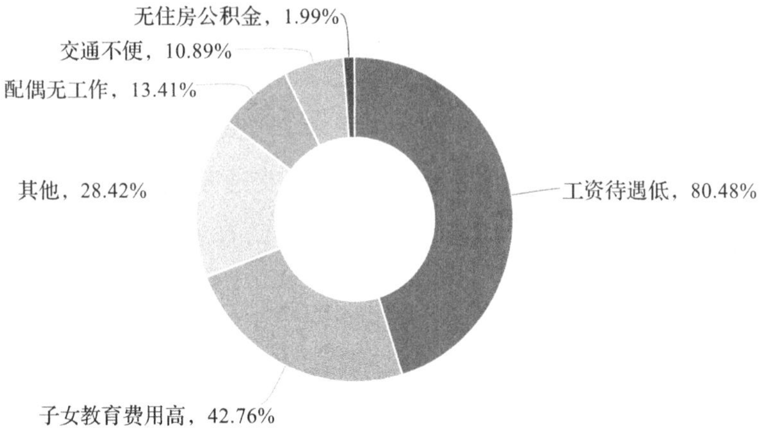

图 6.8　浙江省山区 26 县受调查者认为自己没有能力买房的主要原因统计

④生活情况有待改善。如图 6.9 所示,仍有部分受调查乡村教师对于自己现在工作待遇不满意。受调查者认为目前生活中最主要的困难依次为:子女、老人照顾难(704 人次,占 66.86%);经济收入低(673 人次,占 63.91%);晋升渠道狭窄(412 人次,占 39.13%);夫妻两地分居(261 人次,占 24.79%);生活环境艰苦(167 人次,占 15.86%);处对象难(115 人次,占 10.92%)。由此,受调查乡村教师在生活中存在一定的困难,他们当前的工作待遇满意度仍需提高。

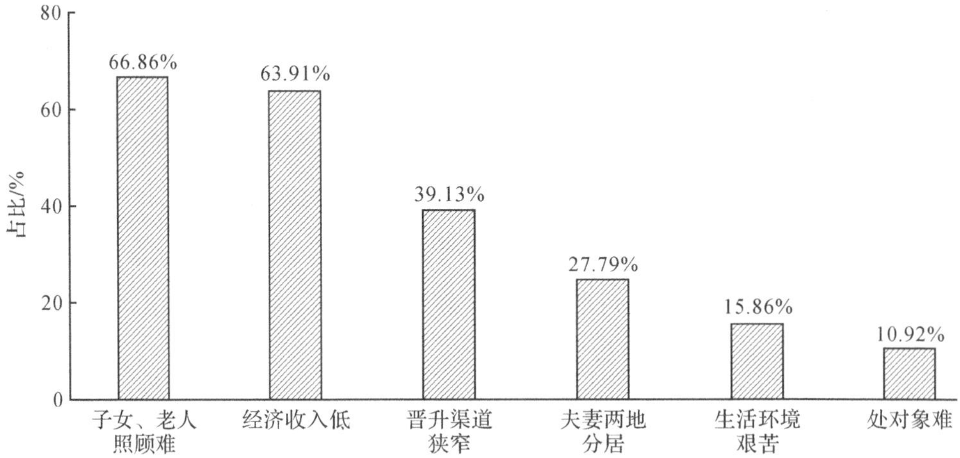

图 6.9　浙江省山区 26 县受调查者认为目前生活中最主要的困难统计

3. 乡村教师流动、城乡教师交流以及退出机制亟待关注

有关乡村教师流失与流动的情况,受调查者中,多数乡村教师认为近三年来乡村教师流失情况一般(458人)、不太严重(158人),203人认为没有流失,但还是有部分认为比较严重(179人)或非常严重(55人);有关"是否有调动或改行的想法",617人(占58.59%)表示"偶尔有",246人(占23.36%)表示"从来没有",190人(占18.04%)表示"一直有"。受调查者对以后工作地点和工作单位类型的打算情况见表6.64。

表6.64　浙江省山区26县受调查者对以后工作地点和单位类型的打算统计

对以后工作地点的打算	合计/人	占比/%	对以后工作单位类型的打算	合计/人	占比/%
县城	412	39.13	公办学校	929	88.22
留在学校所在地	375	35.61	私立学校或培训机构	5	0.47
其他	122	11.59	除学校外的体制内单位	68	6.46
镇上	70	6.65	企业	1	0.09
其他乡镇	40	3.8	其他	50	4.75
本乡镇其他农村地区	34	3.23			
本题有效填写人数	1053	100	本题有效填写人数	1053	100

有关他们以后工作地点的打算,受调查者计划调往县镇者412人,占总数的39.13%;计划留在学校所在地375人,占总数的35.61%,乡村教师向城市流动或流失趋势明显。有关以后工作单位类型的计划,受调查乡村教师中除了929人选择公办学校,仍有68人计划去非学校体制内单位,5人计划去私立学校或培训机构,另有50人选择其他(除上述选项和"企业"等选项),尽管选择其他的教师所占比重不高,但他们辞职成为乡村教师队伍流失人群的可能性比较大。关于"你最大程度上能接受去哪种学校任教"的调查发现,受访乡村教师中选择镇区学校者879人(占83.48%),选择乡村小学者116人(占11.02%),选择教学点者仅58人(占总数的5.51%)。可见,在乡村学校中,村小学和教学点对乡村教师最为缺乏吸引力。

其中,关于受调查者身边的乡村青年教师是否愿意长期任教乡村学校,表示不太愿意者434人,占总数的41.22%;表示比较愿意者294人,占总数

的 27.92%;表示无所谓者 141 人,占总数的 13.39%;另外分别有 90 人(占 8.55%)、94 人(占 8.93%)表示非常愿意和非常不愿意。由此,乡村青年教师有可能成为今后流动或流失群体的重要组成部分。

综上所述,乡村教师流动或流失的意愿较为明显,尤其是乡村青年教师成为流动或流失的主要人群,其留教意愿有待进一步加强,这是其一。有关乡村教师尤其是村小、教学点教师留不住的主要原因,受调查者的看法见图 6.10。

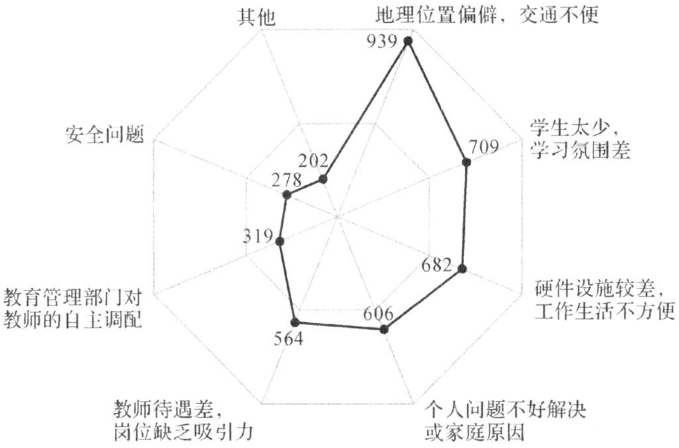

图 6.10 浙江省山区 26 县受调查者有关村小、教学点留不住教师的主要原因的看法(选 3 个排序)统计

受调查者认为有关乡村教师尤其是村小、教学点教师留不住的主要原因,依次为:地理位置偏僻,交通不便;学生太少,学习氛围差;硬件设施较差,工作、生活不方便;个人问题不好解决或家庭原因。

其二,对城乡教师交流满意度不高。受调查者对城乡教师交流轮岗及其对自身的益处等有着较为明确的认识,而且对城乡教师交流轮岗政策持支持者占有多数(坚决支持者 488 人,占 46.34%;随大流者 242 人,占 22.98%)。尽管浙江省积极推行县域内城乡教师交流政策,但近年来城乡教师交流情况不容乐观。关于贵校是否有教师到外校轮岗交流,受调者中有 447 人(占 42.45%)进行了肯定,但仍有 606 人(占 57.55%)进行了否定,且到外校轮岗交流人数多为 1—2 人;关于贵校是否接受外校教师来校轮岗,475人(占45.11%)进行了肯定,578人(占54.89%)进行了否定,接受人数也多为1—2人。对城乡教师交流轮岗的满意情况,在受调查者中,592人(占56.22%)认为较为一般,86人(占8.17%)表示很不满意和144人(占13.68%)不太满意,表示满意和非常满意者分别为193人、38人(共占21.94%)。可见受调查者对城乡教师交流轮岗的满意度并不高。

其三,对教师退出机制持怀疑态度。中小学教师"退出机制"指的是,未能聘任上岗、考核不合格、违反师德或因其他情况不能胜任教师岗位的教师,予以退出。在中小学教师"退出机制"日益受到关注的背景下,调查乡村教师对中小学教师退出机制的相关情况有一定必要。受调查者中,对该机制非常了解、比较了解和了解的乡村教师占有一定比重(分别为6.55%、16.24%以及33.24%),但仍分别有38.08%、5.89%的受调查者不太了解和完全不了解。而且还有部分受调查者提出了质疑,认为中小学教师退出机制没有必要,尤其对于生存本身就存在困境的乡村教师来说该机制是"无意义"的。因此,有关中小学教师退出机制,受调查者中,464人(占44.06%)认为利弊相当,368人(占34.95%)认为弊大于利,221人(占20.99%)认为利大于弊。

4.乡村教师专业成长仍存在一定困境

乡村教师的培训以及职称(职务)评聘与乡村教师专业成长关联紧密。浙江乡村教师培训全面展开,但仍存在不足之处。

第一,乡村教师参与高级别培训机会有限,对目前的培训效果有质疑。如表6.58所示,参加国家级和省级培训的乡村教师数量不多,受调查者中有741人从未参加过该培训。对本学期培训效果,受调查者中,有50.81%(535人)的教师认为比较好;19.56%(206人)的教师认为非常好;28.11%(296人)的教师认为一般;另分别有13人、3人认为培训效果不太好和非常差。可见,尽管受调查乡村教师对本学期培训满意度较高,但仍有进一步提升的空间。有关当前乡村教师培训等活动的不足,如图6.11所示,受调查者中,680人(占64.58%)认为培训内容太笼统,形式单一,没有针对性;538

人（占 51.09%）认为流于形式的培训无法调动教师的积极性和兴趣；404 人（38.37%）认为与教学脱节，对教学帮助不大；233 人（占 22.13%）认为名额有限，很难轮上一回；另有 67 人认为还存在诸如时间忙，学后很难转为教学实践，占用了教师周末休息时间等诸多问题。

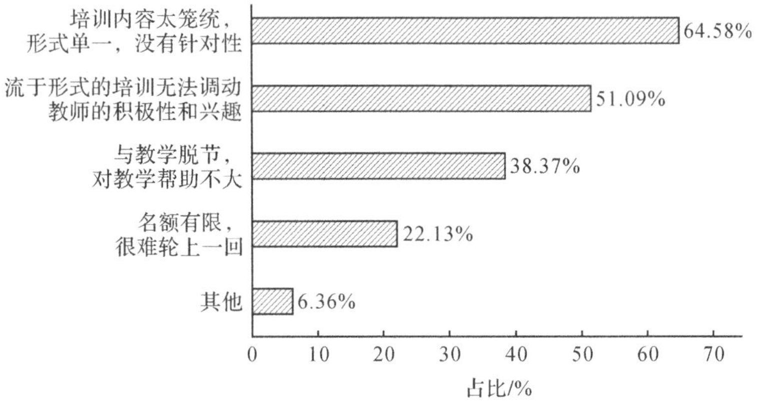

图 6.11 浙江省山区 26 县受调查者对乡村教师培训不足之处的看法统计

第二，乡村教师职称评聘（晋升）困难。浙江省实施教师职称评聘向乡村教师倾斜的政策，但调查显示，如果要评上高一级职称，受调查者认为存在的困难前三位依次是：学校名额少（807 人，占 76.64%）；基本条件不达标（391 人，37.13%）；与其他人竞争力稍差（361 人，34.28%）（见图 6.12）。

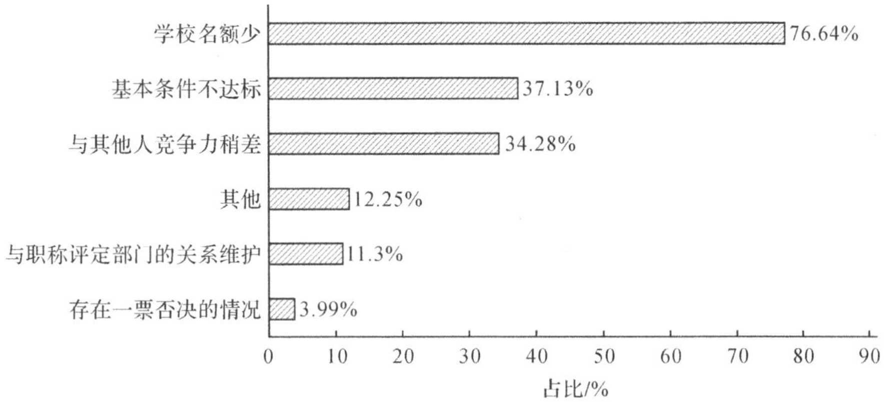

图 6.12 浙江省山区 26 县受调查者认为要评上更高一级职称存在的困难统计

就教师职称评审满意度而言,多数受调查者(487 人,46.25%)认为一般;表示很不满意者和不太满意者分别有 119 人、229 人,占总数的 33.05%;表示满意者和非常满意者分别有 190 人、28 人,占总数的 20.70%。被调查者认为乡村教师职称制度存在的最严峻问题,见表 6.65。

表 6.65　浙江省山区 26 县受调查者认为教师职称制度存在的最严峻问题统计

选项	合计/人	占比/%
乡村教师和基层教师职称晋升艰难	545	51.76
过于强调论文和科研成果	313	29.72
其他	79	7.50
职称评审存在不公平现象	77	7.31
职称评审中存在权力寻租和腐败行为	39	3.70
本题有效填写人数	1053	100

如表 6.65 所示,受调查者中,545 人认为存在的最严峻问题是乡村教师和基层教师职称晋升艰难,占 51.76%;313 人认为过于强调论文和科研成果;79 人认为存在其他诸如年纪较大教师竞争力差、赛课难、学校评审环节很难冲出去、透支教师的教学精力以及在名额分配方面对短线学科教师不利等其他问题;77 人认为存在职称评审不公平现象;39 人认为职称评审中存在权力寻租和腐败行为。尽管教育部规定在乡村教师评聘职称时外语成绩和发表论文情况不再做硬性要求,但受调者中仍有 286 人(占 27.16%)反映这与事实不太符合,有 65 人(占 6.17%)认为完全不符合。

总体而言,该省乡村师专业成长仍存在一定困境。受调查乡村教师认为他们在实现专业发展时遇到的最大困难,排在前四位的依次为:日常工作任务重,时间不够用(741 人,占 70.37%%);乡村教师资源缺乏(407 人,占 38.65%);家庭负担重(286 人,占 27.16%);行政部门没有政策支持(251 人,占 23.84%)(见图 6.13)。

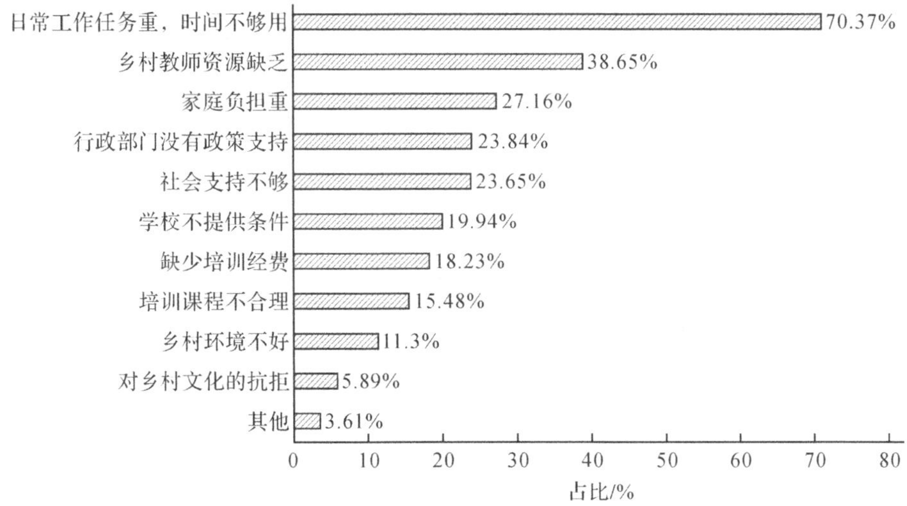

图 6.13　浙江省山区 26 县受调查者认为实现专业发展遇到的最大困难(限选 4 项)统计

5. 乡村教师奖励和荣誉机制有待完善

国家倡导给予乡村教师各种荣誉。本次调查中，多数受调查者认为当地大力营造了关心乡村教师和乡村教育的浓厚氛围，但仍有 345 名受调查者持相反意见。国家鼓励各地设置一定的社会专项基金对长期任教乡村学校者予以物质性奖励，但有 789 名受调查者认为当地并无相关奖励；国家荣誉证书惠及乡村教师面也较窄，有 58 人获得过。有关学校层面的乡村教师荣誉制度，361 名受调查者所在学校实施了该制度，且有 190 人获得过相关荣誉，但仍有 692 人认为没有相关荣誉制度，可推测受调查者所在学校的相关荣誉制度实施面较窄，或者其产生的影响力较小。对乡村教师荣誉是否能较好地发挥激励乡村教师的作用，受调查者态度各异(见表 6.66)：348 人(占 33.05%)认为很有吸引力；431 人(占 40.93%)认为吸引力一般，意义不大；131 人(占 12.44%)认为徒有虚名。因此，有 350 人(占 33.24%)表示肯定会竭力争取乡村教师荣誉，402 人(占 38.18%)表示可能会争取，另外有 199 人表示不会或根本不想争取。

表6.66　浙江省山区26县受调查者认为乡村教师荣誉制度的激励作用等情况统计

乡村教师荣誉制度的激励作用	合计/人	占比/%	是否会竭力争取乡村教师荣誉	合计/人	占比/%
很有吸引力,想争取	348	33.05	肯定会	350	33.24
一般,意义不大	431	40.93	可能会	402	38.18
徒有虚名,没意义	131	12.44	不会	176	16.71
不清楚	143	13.58	根本不想	23	2.18
			不清楚	102	9.69
本题有效填写人数	1053	100	本题有效填写人数	1053	100

与此同时,对于评选荣誉乡村教师的程度是否科学,接近一半的人表示不清楚,这也说明受调查乡村教师没有参与相关评选(见表6.67)。据受调查者反映,学校评选荣誉乡村教师的过程存在着诸如行政化、程序复杂以及不够公开透明等诸多问题。

表6.67　浙江省山区26县受调查者对所在学校评选荣誉乡村教师的程序是否科学以及评选程序存在的主要问题的看法统计

评选荣誉乡村教师的程序是否科学	合计/人	占比/%	评选荣誉乡村教师的程序存在的主要问题	合计/人	占比/%
非常科学	103	9.78	不够公开透明	297	31.26
科学	350	33.24	程序复杂	314	33.05
不科学	98	9.31	行政化	406	42.74
很不科学	22	2.09	其他	273	28.74
不清楚	480	45.58			
本题有效填写人数	1053	100	本题有效填写人数	950	

乡村教师获得荣誉后发挥的辐射作用也比较有限(见表6.68)。受调查者中,有516人(占49%)表示没有发挥荣誉乡村教师的辐射作用;394人(占37.42%)认为发挥了荣誉乡村教师的辐射作用;78人表示在所在学校或学区组成了“名师工作室”或做出了类似的行动;45人表示在乡村教师培训中现身说法;20人表示被所在学校或学区邀请做报告。受调查者所在学校在“荣誉后”管理措施方面并不完善,605人(占57.45%)表示没有“荣誉后”管理措施。

表 6.68 浙江省山区 26 县受调查者对获得荣誉后是否发挥了荣誉乡村教师的辐射作用、所在学校或学区是否有针对荣誉乡村教师的“荣誉后”管理措施的看法统计

对获得荣誉后是否发挥了荣誉乡村教师的辐射作用	合计/人	占比/%	是否有针对荣誉乡村教师的“荣誉后”管理措施	合计/人	占比/%
否	516	49	否	605	57.45
是	394	37.42	是	332	31.53
在乡村教师培训中现身说法	45	4.27	需要定期接受考核	43	4.08
被所在学校或学区邀请作报告	20	1.9	教育行政部门进行帮扶	9	0.85
在所在学校或学区组成“名师工作室”或类似的措施	78	7.41	教育行政部门建立荣誉乡村教师数据库	20	1.90
			留出部分奖金用于荣誉教师进修	8	0.76
			所在学区表彰教育系统先进集体和先进个人等方面向乡村教师倾斜	36	3.42
本题有效填写人数	1053	100	本题有效填写人数	1053	100

(四)受调查乡村教师对队伍建设的期待

浙江省山区 26 县乡村教师对工资待遇、教师流动、专业发展、教师激励以及加强师德师风建设等方面都提出了一定的期待。

1. 对工资待遇的期待

本次调查中，受调查者认为近年乡村教师辞职现象的最主要原因便是待遇低(见图 6.14)。

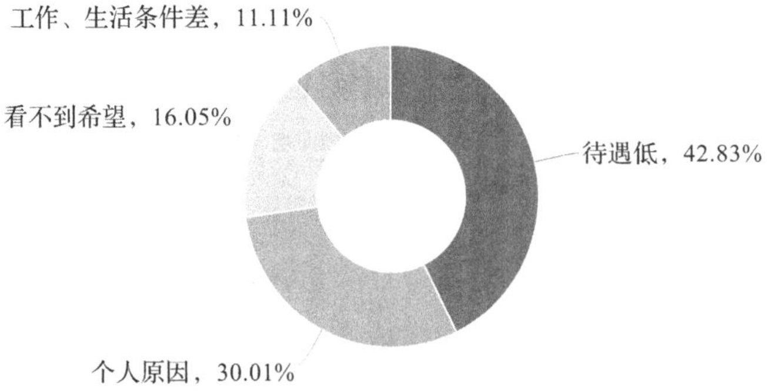

图 6.14 浙江省山区 26 县受调查者认为近年乡村教师辞职现象的最主要原因统计

关于所在县域目前实行的措施中最能吸引教师到乡村学校任教的举措,受调查者认为"落实乡村教师待遇制度,享受乡镇补贴及交通补助等"居首位(见图6.15)。

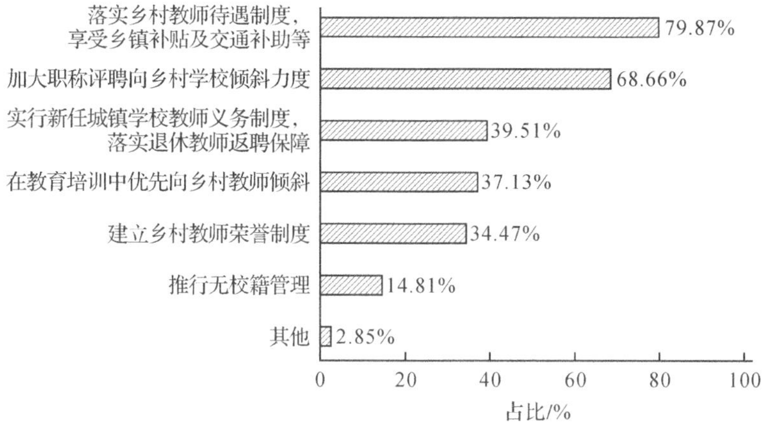

图6.15　浙江省山区26县受调查者认为最能吸引教师到乡村学校任教的举措统计

而且,无论是关于乡村教师工作中最需要改善的问题,还是关于乡村教师职业幸福感提升的举措,受调查者都将提升工资收入放在首位(见表6.69、图6.16)。

表6.69　浙江省山区26县受调查者认为工作中最需要改善的问题统计

得分排名	提高工资收入	有更多机会晋升职称,同时规定职称评定	解决子女教育问题	提供良好工作环境	提高领导重视程度
综合得分	7.61	5.28	3.76	3.74	3.69
第1位	505(58.25%)	101(14.01%)	66(11.17%)	61(10.85%)	236(44.53%)
第2位	240(27.68%)	201(27.88%)	76(12.86%)	120(21.35%)	54(10.19%)
第3位	51(5.88%)	175(24.27%)	132(22.34%)	92(16.37%)	30(5.66%)
第4位	29(3.34%)	81(11.23%)	91(15.40%)	105(18.68%)	24(4.53%)
第5位	18(2.08%)	43(5.96%)	50(8.46%)	42(7.47%)	25(4.72%)
第6位	5(0.58%)	75(10.40%)	38(6.43%)	47(8.36%)	36(6.79%)
第7位	7(0.81%)	23(3.19%)	76(12.86%)	42(7.47%)	28(5.28%)

续　表

得分排名	提高工资收入	有更多机会晋升职称,同时规定职称评定	解决子女教育问题	提供良好工作环境	提高领导重视程度
第 8 位	7(0.81%)	9(1.25%)	22(3.72%)	28(4.98%)	30(5.66%)
第 9 位	2(0.23%)	8(1.11%)	22(3.72%)	18(3.20%)	32(6.04%)
第 10 位	3(0.35%)	5(0.69%)	18(3.05%)	7(1.25%)	35(6.60%)
小计	867	721	591	562	530
得分排名	解决住房问题	增加生活补助	给予适当的荣誉激励	完善医疗保健体系	增加培训机会
综合得分	3.46	3.12	2.28	2.12	1.71
第 1 位	39(7.41%)	19(3.49%)	8(1.60%)	8(1.89%)	10(2.35%)
第 2 位	139(26.43%)	56(10.29%)	30(6.01%)	34(8.02%)	18(4.24%)
第 3 位	132(25.10%)	95(17.46%)	68(13.63%)	45(10.61%)	33(7.76%)
第 4 位	45(8.56%)	102(18.75%)	59(11.82%)	56(13.21%)	43(10.12%)
第 5 位	38(7.22%)	72(13.24%)	73(14.63%)	84(19.81%)	38(8.94%)
第 6 位	24(4.56%)	51(9.38%)	43(8.62%)	37(8.73%)	40(9.41%)
第 7 位	29(5.51%)	33(6.07%)	39(7.82%)	32(7.55%)	43(10.12%)
第 8 位	31(5.89%)	79(14.52%)	40(8.02%)	51(12.03%)	33(7.76%)
第 9 位	23(4.37%)	26(4.78%)	23(4.61%)	49(11.56%)	110(25.88%)
第 10 位	26(4.94%)	11(2.02%)	116(23.25%)	28(6.60%)	57(13.41%)
小计	526	544	499	424	425

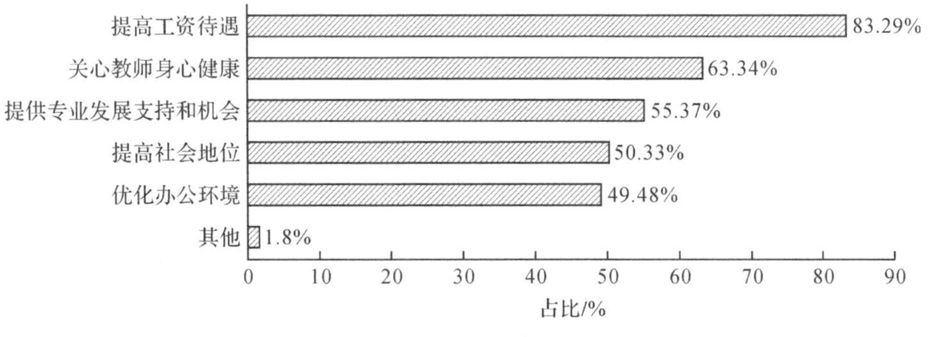

图 6.16　浙江省山区 26 县受调查者认为可以提高乡村教师职业幸福感的举措统计

而且,如表 6.72 所示,影响受调查乡村教师未来的工作变动的重要因素中,工资待遇也排在前三位。由此,受调查乡村教师对待遇有一定期待,这也成为加强乡村教师队伍建设的重要手段。本次调查显示(见图6.17),受调查者中期待每月达10,000元者202人,8,000元者133人,6,000元者113人,15,000元者101人,5,000元者89人,20,000元者77人,7,000元者41人,等等。

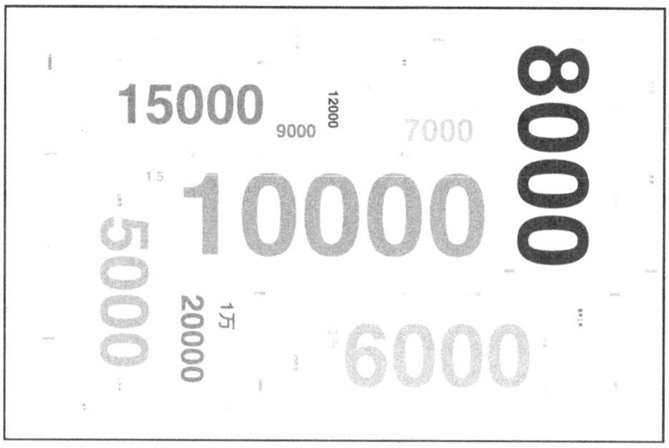

图6.17　浙江省山区26县受调查者期待每月工资的数额词频

根据"在您目前工资基础上每月提高多少元,您愿意到教学点任教"的调查结果(见图6.18),受调查者中,期待每月提高2,000元者297人,1,000元者239人,3,000元者152人,5,000元者115人,500元者有40人。可见,在工资每月提高1,000—3,000元的情况下,受调查乡村教师中有688人愿意到教学点工作。

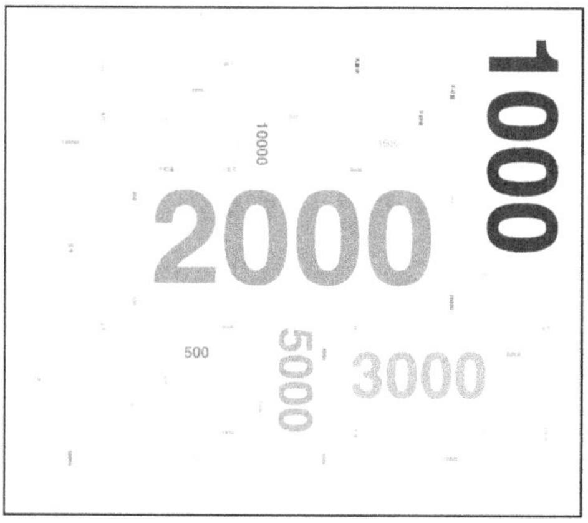

图6.18　浙江省山区26县受调查者对到教学点工作所期待的每月工资提升数额词频

进一步加强精准对接乡村教师生活补助,需厘清乡村教师期待的生活补助发放标准的依据和生活补助发放方式。本次调查显示,受调查乡村教师期待的生活补助发放标准的依据排列前四位的是教龄、学校地理位置、教学工作量以及职称(见图6.19)。

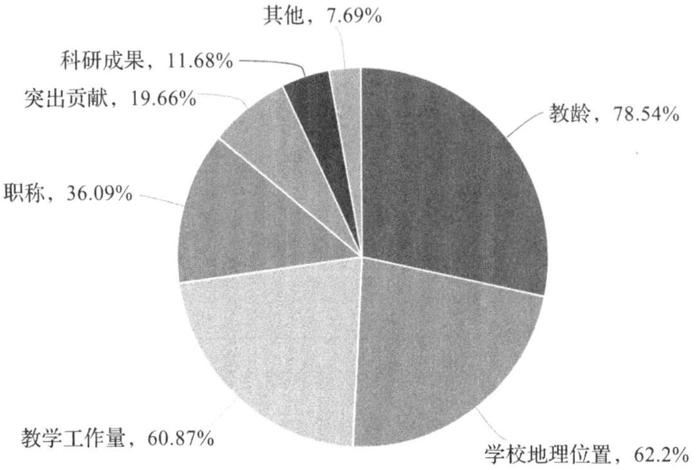

图6.19　浙江省山区26县受调查者期待的生活补助发放标准的依据统计

应根据不同乡村教师群体的需求精准对接其生活补助发放方式。本次调查显示,受调查乡村教师中491人(占46.63%)选择具体的补助额度,302人(占28.68%)选择按乡镇工作补助,260人(占24.69%)选择提高10%的绩效工资。

根据"每月多少补助津贴,会愿意在这里长期任教"的调查结果(见表6.70),受调查乡村教师中348人认为1,000元左右(占33.05%),219人认为2,000元左右(占20.80%),167人认为1,500元左右(占15.86%),选择4,000元以上者103人,选择500元左右者97人,选择3,000元左右者92人。可见大多数受调查者认为长期任教乡村学校每月1,000—2,000元补助津贴更具有吸引力。另外需要注意的是,有27名受调查者表示不管给多少生活补助都不愿意长期任教于乡村学校,补助津贴对他们没有任何吸引力。对于这类乡村教师,需探寻其他激励精准对接。

表6.70　浙江省山区26县受调查者关于"每月多少补助津贴，会愿意在这里长期任教"的回答统计

选项	合计/人	占比/%
500元左右	97	9.21
1000元左右	348	33.05
1500元左右	167	15.86
2000元左右	219	20.80
3000元左右	92	8.74
4000元以上	103	9.78
给多少都不愿意	27	2.56
本题有效填写人数	1053	100

2. 对乡村教师流动的期待

改善乡村教师工作生活条件有助于减少乡村教师的流失。根据本次调查，如果工作和生活条件改善，多数乡村教师愿意长期任教乡村学校。具体为：受调查者中734人选择愿意，占总数的69.71%；192人选择"看改善程度"，占总数的18.23%；45人选择"无所谓"，占总数的4.27%；82人选择"不愿意"，占总数的7.79%。

在促进城乡教师合理流动方面，受调查者认为切实可行的保障举措排列前三的依次为：教师转变为公务员身份、乡村教师补助金制度以及定期交流制度(见图6.20)。

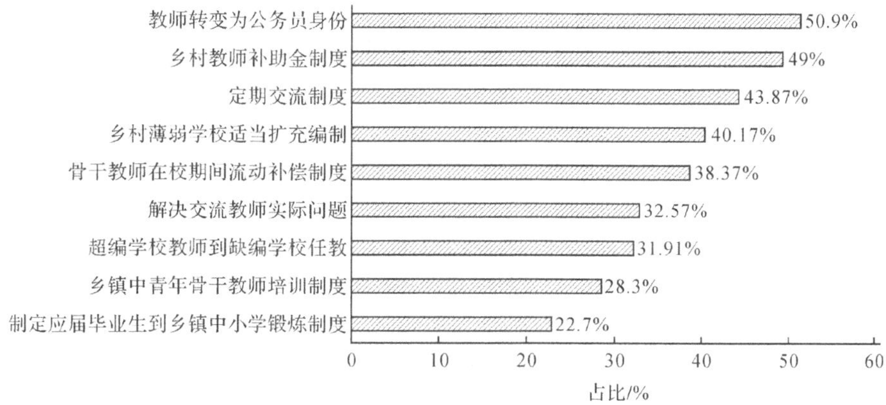

图6.20　浙江省山区26县受调查者认为可以保障城乡教师合理流动的举措统计

教师退出同样是教师流动不可或缺的内容。关于完善中小学教师退出机制的重难点,如表6.71所示,受调查者认为排列前三的依次为:要有科学合理公平公正的教师工作评价机制(904人,占85.58%);操作实施程序规范合理(643人,占61.06%);要有配套的管理制度(643人,占61.06%)。另外,有239人(占22.7%)选择了加强宣传,提高关注度;64人有其他看法,如"如何考核?如果根据成绩,学生生源差怎么办""要有监督机制,不能把权力给领导"。

表6.71 浙江省山区26县受调查者认为完善中小学教师退出机制的重难点统计

选项	合计/人	占比/%
要有配套的管理制度	643	61.06
要有科学合理、公平公正的教师工作评价机制	904	85.85
操作实施程序规范合理	643	61.06
加强宣传,提高关注度	239	22.70
其他	64	6.08
本题有效填写人数	1053	

3.对专业发展支持及其激励的期待

第一,在乡村教师专业发展方面,如图6.15所示,受调查者认为所在县域目前实行的最能吸引教师到乡村学校任教的举措中,"加大职称评聘向乡村学校倾斜力度"排第二位。如表6.69所示,浙江省山区26县受调查乡村教师认为工作中最需要改善的问题中,"有更多机会晋升职称,同时规定职称评定"等排在提高工资收入之后,位列第二;如图6.16所示,受调查者认为提高乡村教师职业幸福感的举措之中,提供教师专业发展支持和机会位列第三。由此可见,自身专业发展也是乡村教师关注的重点。有关受调查乡村教师希望相关部门为其专业发展提供的条件或机会,如图6.21所示,受调查者希望相关部门为其专业发展提供的支持或机会,排在前几位的主要有:创造学习环境、观摩学习、职称晋升,以及赴名校拜名师,开展业务进修等。

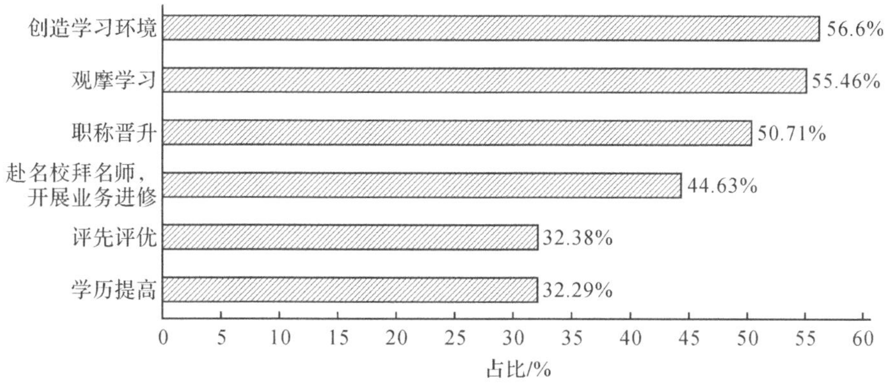

图6.21　浙江省山区26县受调查者希望相关部门为其专业发展提供的条件或机会统计

第二，有效的乡村教师激励较为重要。如图6.22所示，受调查乡村教师认为影响教师工作积极性的原因，工作任务繁重排第一位，缺乏各项激励教师的政策位列第二。可见，有效的激励政策对乡村教师工作积极性影响较大。

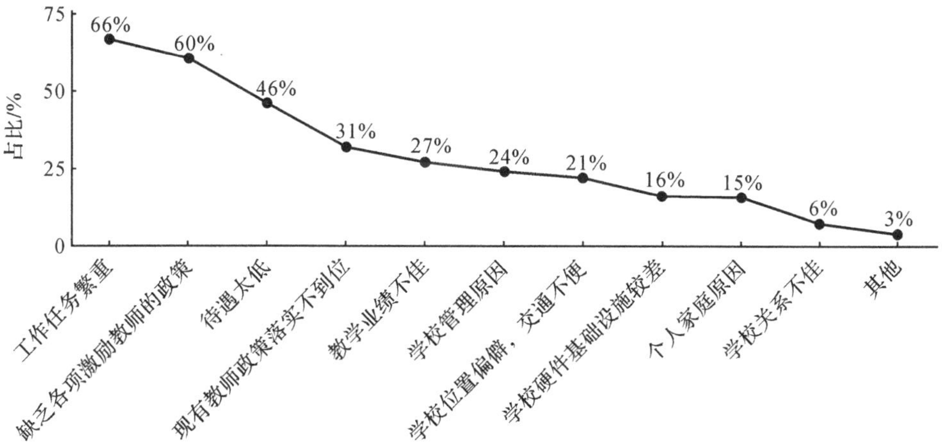

图6.22　浙江省山区26县受调查者认为影响教师工作积极性的原因统计

其中，荣誉制度对于乡村教师专业成长和激励乡村教师工作积极性有着重要的保障作用，而设计合理精准的荣誉制度至关重要。如图6.23所示，受调查者期待乡村教师的荣誉不仅落实于自身，也希望能惠及子女。较受欢迎的荣誉举措排序依次为:子女享受优质教育;评优倾斜;人文关怀、心理疏导和表彰;子女教师招考优先录用;等等。其中,子女享受优质教育被置于首位。

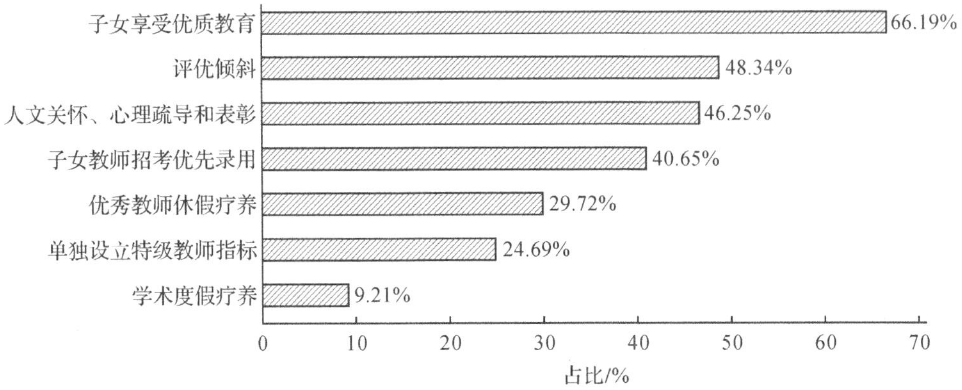

图 6.23 浙江省山区 26 县受调查者期待给予乡村教师荣誉的举措统计

影响受调查乡村教师未来的工作变动的重要因素各不相同,而让孩子享受更好的教育资源、照顾家人以及工资待遇等因素排在前三位。可见,子女教育资源成为乡村教师最为重视的因素之一(见表 6.72)。

表 6.72 浙江省山区 26 县受调查者对未来工作变动的重要影响因素的看法统计

排名	选项	综合得分	排名	选项	综合得分
1	让孩子享受更好的教育资源	14.52	10	校领导的管理方式和管理水平	5.37
2	照顾家人	12.95	11	学校教学风气	5.06
3	工资待遇	10.74	12	教师的社会地位	4.07
4	工作压力	7.55	13	妥善安排配偶的工作	3.83
5	夫妻分居或异地恋	7.48	14	学校硬件设施	3.76
6	学校交通便利	6.83	15	教育总支对教师的自主调配	3.67
7	学校地理位置	6.51	16	家长对学校的支持程度	3.47
8	想离老家近	6.15	17	医疗条件	3.24
9	工作负担	5.78	18	教师评价	2.85

因此,关于“如果安排您的未成年子女到县城就学或成年子女在教师招聘时优先录取,您愿意到教学点长期工作吗”,受调查乡村教师中,尽管仍有部分表示不太愿意或者非常不愿意,但表示愿意者达半数以上(见图 6.24)。

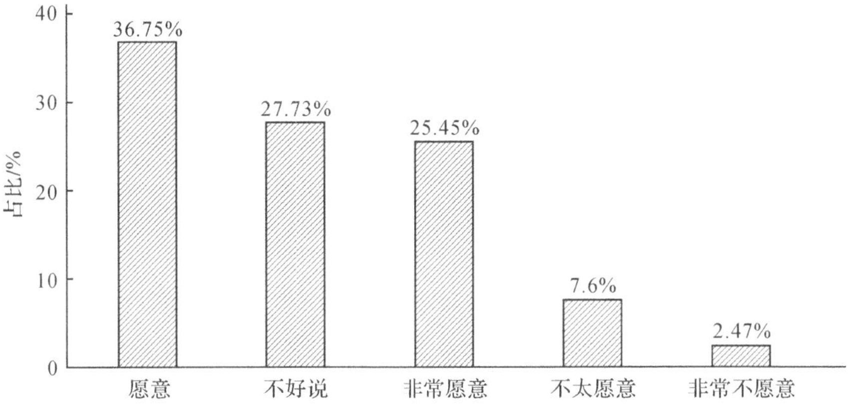

图 6.24　浙江省山区 26 县受调查者对“如果安排您的未成年子女到县城就学或成年子女在教师招聘时优先录取,您愿意到教学点长期工作吗”的看法统计

总之,受调查乡村教师将其子女教育资源问题排在了首要位置,而且,在乡村教师认为工作最需要改善的问题中“解决子女教育问题”排列第三位(见表 6.69)。因此,实施乡村教师荣誉制度时,不仅要加强对荣誉乡村教师的物质性奖励,还应进一步扩宽乡村教师荣誉制度的维度和广度,不仅乡村教师本人应是该制度的直接受益者,其家人尤其是子女也应是政策倾斜的对象。

4. 对面向青年教师提供支持的期待

受调查者希望教育主管部门在乡村青年教师培养上主要提供健全绩效考核制度、营造尊师重教的社会风气、加快职称晋升速度、加大配置学校硬件的设备以及身边有上进教师的带领或影响等支持(见图 6.25)。受调查者希望所在地相关部门和学校为乡村青教师的培养提供的帮助主要有:去掉不必要的检查;提供优质学习和培训机会;创造优良的工作环境;提供更多、更好的教师展示平台;等等(见图 6.26)。

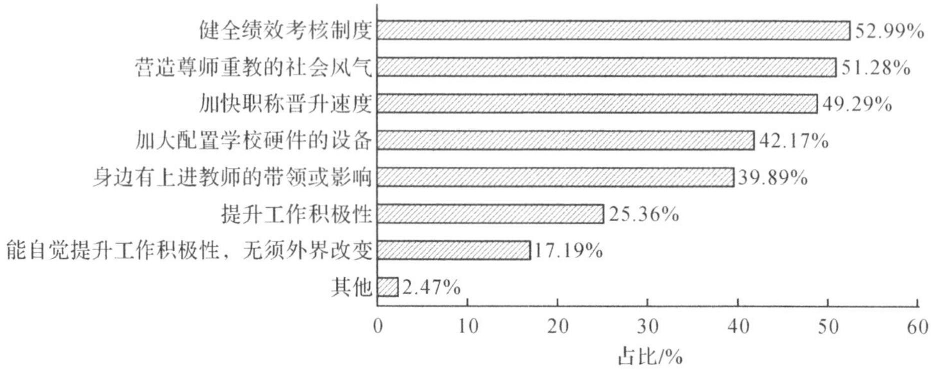

图 6.25 浙江省山区 26 县受调查者希望教育主管部门为乡村青年教师培养提供的支持统计

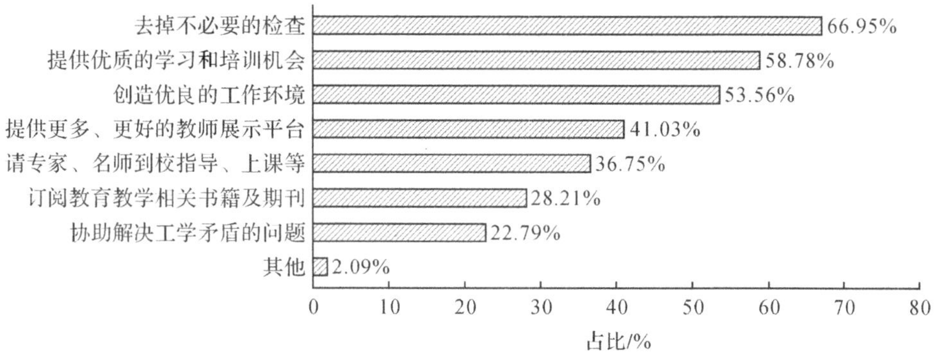

图 6.26 浙江省山区 26 县受调查者希望当地相关部门和学校为乡村青年教师的培养提供的帮助(请选择 1—3 项)统计

5. 对师德师风建设的期待

受调查者表示,他们对于加强师德师风建设的期待,依次为:明确的师德奖励制度;制定合理的师德评价标准;健全师德监督机制;提高教师各方面素质和自觉性;严格的惩罚举措;等等(见图 6.27)。

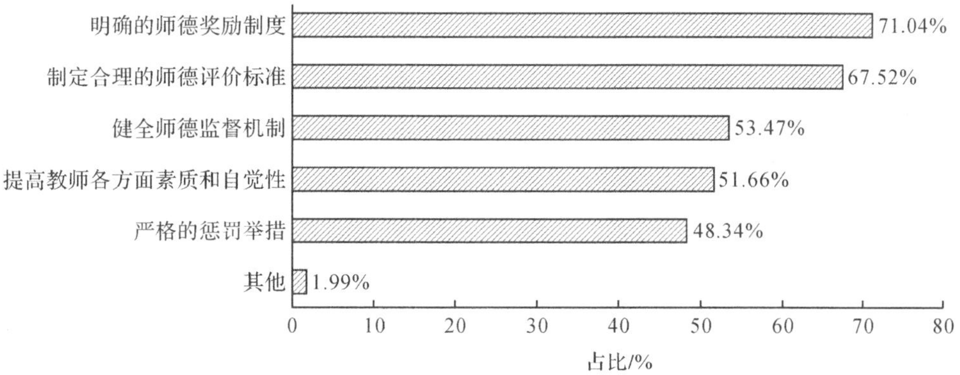

图 6.27　浙江省山区 26 县受调查者对加强师德师风建设的期待统计

总之,浙江省山区 26 县乡村教师对工资待遇、教师流动、专业发展、教师激励以及加强师德师风建设等方面的诸多期待,也在一定程度上反映了这些乡村教师的实际需求,为新时代加强乡村教师队伍建设提供了一定的方向,也为教师队伍建设举措的调整提供了一定参考。

第六节　小结

中共中央、国务院持续推进乡村振兴战略,要求打造一支懂农业、爱农村、爱农民的“三农”人才队伍,乡村教师队伍建设被置于至关重要的地位。围绕乡村教师培养与培训、补充、队伍管理以及待遇提升等方面,乡村教师队伍建设不断深化和创新。

第一,延续前两个历史阶段乡村教师队伍建设的状况,即随着乡村学校和乡村教育发展规模的缩减,乡村教师队伍的数量和规模不断紧缩,这与城镇化步伐加快、乡村学龄人口下降等时代因素相关联,也与乡村民众的实际需求相适应。

第二,乡村教师的职前培养与职后培训并重。继续推行乡村师资培养创新,加大本土化定向乡村师资培养计划,不断扩大公费师范教育制度实施的范围和规模,同时以实施师范类专业认证加强了师范生培养质量的管理。在“国培计划”的基础上,进一步加大乡村教师尤其是乡村骨干教师培训,注重培育乡村教育带头人,扩大“硕师计划”实施范围,进一步提高乡村教师的学历层次,等等。

第三,创新乡村教师补充机制,在前一阶段乡村教师多样化补充路径的基础上,进一步拓宽了乡村师资补充渠道。构建招聘和支教等多渠道并举,高端人才、骨干教师和高校毕业生、退休教师多层次人员踊跃到乡村从教或支教的格局。尤其是力促乡村学校支教者多元化,面向社会公开招募一批优秀退休校长、教研员、特级教师、高级教师等到乡村义务教育阶段学校讲学,不仅有助于缓解乡村学校学科结构性短缺的矛盾,也有助于提升乡村教育的质量。

第四,乡村教师队伍的管理进一步加强。一是在加强师资配置管理方面,不仅深入推进乡村教师编制改革,而且以“县管校聘”管理改革促使城乡教师交流轮岗制度升级;二是继续严格教师资格与准入制度;三是乡村教师职称(职务)制度改革更加深入,尤其是对乡村教师职称(职务)评聘的倾斜力度更大,促使乡村教师高级职称者所占比重有所上升。

第五,财政性激励和非财政性激励进一步深化。在当前乡村振兴战略全面推进的背景下,保障乡村教师待遇仍是实现乡村教育振兴的先决条件。这一时期,乡村教师的经济待遇有了较大程度的提升,无论是工资待遇保障还是津贴与补贴政策均进一步完善,尤其是生活补贴或津贴落实更为细致,逐渐形成了差别化的补助标准和实施方法;在社会福利待遇方面,乡村教师周转宿舍建设以及公积金制度均得到推行,改善了乡村教师的住宿条件;各级乡村教师荣誉制度逐渐建立和完善,提高了乡村教师的社会地位;对乡村教师的倾斜式支持力度更大,进一步增强了乡村教职的吸引力。

总体上,与上一阶段相比,这一时期乡村教师队伍建设在乡村师资培养与补充、乡村教师质量提升以及财政性激励和非财政性激励等方面均有所创新,同时有更为深入的发展,促使乡村教师队伍建设取得显著成效。然而,乡村教师结构性短缺矛盾依然存在,乡村教师流失依然明显,城乡交流轮岗仍有待加强,而且乡村教师待遇既存在地域差异性也存在城乡不均衡性。这些问题是今后加强乡村教师队伍建设的重要关注点。

第七章

综论:百年来中国乡村教师队伍建设的演进逻辑、困境及未来走向

综观乡村教师建设的百年历程,无论是建设的目标与政策、建设的内容与方法,还是建设的成效等,均在不同历史阶段不断演进与变化,呈现出鲜明的特点。分析百年来乡村教师队伍建设的演进逻辑与困境,有助于探索乡村教师建设的未来走向。

第一节　百年来乡村教师队伍建设的演进逻辑

百年来乡村教师队伍建设呈现五大演进逻辑：建设的政策由笼统逐渐转向系统；建设的目标由注重乡村教师数量扩张逐渐转向数量与质量兼顾；建设的内容由单一逐渐转向多元综合；建设的方法从单一渠道转向多渠道兼顾；建设的成效由不显转向显著。

一、乡村教师队伍建设的政策逐渐成系统

乡村教师队伍建设的政策由笼统逐渐转向系统，主要体现在：乡村教师队伍建设的政策制定者由单一行为主体逐渐转向多元行为主体；政策价值取向从优先满足国家公共需求逐步转变为实现多元利益主体并重；政策关注主体逐渐明晰。

（一）政策制定者由单一行为主体逐渐转向多元行为主体

在初步建设时期，乡村教师队伍相关政策多由这一时期的政府部门及其教育部（如国民政府及其教育部）颁布。新中国成立之后的各阶段中，乡村教师队伍建设的政策制定者主要是中共中央、政务院（后改称国务院）、教育部（曾改为国家教委），后逐渐将财政部包含在内，后又逐渐包含了中央组织部、中央编办、国家发展改革委以及人社部等更多的行为主体，尤其是到乡村教师队伍建设的深化与创新时期，扶贫办、中央统战部、国家发展改革委、公安部、民政部、司法部、卫生健康委、中央宣传部、财政部、住房和城乡

建设部以及国家乡村振兴局等部门均参与其中。与此同时,各地方政府及其教育管理部门是中央的乡村教师队伍建设政策的推行者,也是各地的乡村教师队伍建设政策的制定者,由此形成了乡村教师队伍建设政策的多元行为主体,也形成了在党的领导下,各行为主体各司其职、协同合作的"中国模式"。

(二)政策价值取向从优先满足国家公共需求逐步转变为实现多元利益主体并重

百年来乡村教师队伍建设政策的价值取向在不同历史时期具有明显的差异性。改革开放是转折点。改革开放之前乡村教师队伍建设政策重在实现乡村教育发展的公共利益,乡村教师往往仅被作为一种实现公共利益的手段和工具。相关的建设政策优先满足国家和社会公共需求,即侧重实现服务于国家政治建设和经济发展的目标和公共利益美好愿景。这与多数乡村教师个体更多顾虑自身利益和前途是相互矛盾的。因此,实现乡村教师队伍建设功能也较为有限。改革开放后,乡村教师队伍建设政策开始逐步考虑乡村教师生命主体的诉求,实现社会和乡村教师多元利益主体平衡与并重,即实现政策人性化本位和社会本位价值取向并重。

在初步建设时期,系列加强乡村教师队伍建设的政策陆续出台,涉及乡村师资培养(加强师范教育以及严格管理师范毕业生履约)、在职乡村教师进修等方面,逐渐形成了多样化的乡村教师养成办法;积极探索了乡村教师聘任办法和聘用期限等方面的管理和改革,促使乡村教师聘任逐渐制度化;关注到工资福利待遇等是乡村教师队伍建设的重要保障。上述实践和探索提升了乡村教师队伍建设的规范化水平。同时,乡村教师队伍建设政策具有浓厚的社会本位价值,尤其是南京国民政府及其教育部干预和主导下的教师队伍建设具有明确的国家意志,实质上也蕴含着一党专制的政治意图。国民政府定都南京之后,国民党中央基于稳固政权的政治需求,将"党化教育"转变为"三民主义教育",并将其确定为教育宗旨,灌输"党化教育"意识形态的意图显而易见。作为乡村基层社会的改造者和建设者，乡村教师被视为国民政府行政系统中基层干部的角色，国民政府通过乡村教师的养成、任用、检定以及培训等制度化、规范化的操作，将党化教育意识形态渗透进乡村教师队伍建设之中，以此加强对乡村教育以及乡村基层社会的政治控制和权力渗透。

在过渡与探索时期，因“教育为工农服务，为生产建设服务”方针的引导，乡村教师队伍建设政策主要服务于新中国的政治建设和经济发展。如《关于在学校中进行思想改造和组织清理工作的指示》（中共中央，1951年）、《关于教育工作的指示》等提出对所有的教职员进行思想改造。《全日制小学暂行工作条例（草案）》《全日制中学暂行工作条例（草案）》则要求学校在组织教师进修、改善教师待遇（改善教师生活补助，给予优秀教师物质和精神奖励、对长期任教者实施教龄津贴制度）的同时，加强对教师的思想改造，充分调动教师为社会主义建设事业服务的积极性。包括乡村教师在内的广大教师也成为思想改造的对象和服务社会主义事业的主体。《全国教育工作会议纪要》（中共中央批转，1971年）更是提出将工农兵、革命技术人员和原有教师结合起来建立一支无产阶级教师队伍，并要求加强对中小学教师队伍的改造和建设，采取多种形式提高原有教师的政治思想觉悟和业务水平。[①] 由此，一系列相关政策以达成一定的政治目标和经济目标为前提，要求乡村教师“又红又专”，积极为社会主义建设事业服务。这些社会本位取向政策强调优先满足国家的外在社会需求，为无产阶级教育服务，实质上偏离了乡村教师队伍建设的内在规律，忽视了乡村教师本体的价值。

随着普及小学教育、普及九年义务教育、新农村建设以及乡村振兴战略的不断推进，乡村教师队伍建设政策的社会本位取向之内在特征更为丰富。它要求紧密结合国家政策加强乡村教师队伍的建设，以此推动小学教育与九年义务教育普及，提升乡村教育质量，推动城乡教育均衡，促进乡村教育

① 何东昌主编：《中华人民共和国重要教育文献（1949—1997）》，海南出版社，1998年，第1478—1482页。

振兴,加强乡村文明以及新时代社会主义新农村建设。这些政策既具有明显的"工具化"特征,有一定的政治目标和经济目标,但也赋予了乡村教师队伍新的时代使命。乡村教师队伍建设政策不仅关注满足国家外在的社会需求,而且开始关注乡村教师的主体发展及诉求。在改革与推进时期,不仅加强了对乡村教师队伍的管理,而且更加关注对乡村教师的激励(改善乡村教师工资待遇、生活待遇以及其他福利待遇,关注乡村教师的专业发展,等等)。如《关于加强和改革农村学校教育若干问题的通知》指出,要"提高教师的政治地位、社会地位和工资待遇,注意改善其工作条件和生活条件",从小学教师开始实行教龄津贴制度,以适当增加生活补贴、保留城市户口以及城乡定期轮换等方式鼓励教师到乡村任教,对长期任教乡村且业务水平高的教师给予某些特殊照顾。[①]《关于筹措农村学校办学经费的通知》提出,要采取有效措施逐步改变乡村中小学教师生活待遇偏低的状况。[②] 建立并逐步完善乡村教师工资的保障机制,提出乡村教师平均工资水平"应该不低于或者高于国家公务员的平均工资水平"等。民办教师作为乡村教师队伍建设的主要对象,相关举措也体现出乡村教师队伍建设政策的人本化特征。如《关于增加中、小学民办教师补助费的办法》(国务院批转教育部,1981年)、《关于农村年老病残民办教师生活补助费的暂行规定》等提出,保障并提高民办教师工资待遇,实施奖励与津贴,建立福利基金,对老病残者发放生活补助费,促使其转为公办教师,等等。[③] 上述规定在促使民办教师比重降低的同时,加强了对民办教师的管理,一定程度上激发了其工作热情。

在乡村教师队伍建设的后两个历史阶段,注重乡村教师培养的多样化、补充渠道的多路径,以及对乡村教师的工资待遇、奖励荣誉、编制、评聘职称、培训等实施倾斜式激励,更是体现出了乡村教师队伍建设政策的人本化

① 何东昌主编:《中华人民共和国重要教育文献(1949—1997)》,海南出版社,1998年,第2088、2119页。

② 国务院法制办公室编:《中华人民共和国法规汇编(1982—1984)》第6卷,中国法制出版社,2005年,第585页。

③ 国家教育委员会财务司编:《全国教育事业财务制度选编(一)》,国家教育委员会财务司,1992年,第536—537页。

特征。在持续推进时期关注乡村教师的身心健康的政策，在深化与创新时期提出更为具体的保障乡村教师医疗卫生服务的举措和关注乡村教师心理健康的方案，实施教育系统“鹊桥工程”以解决两地分居问题，以及关注以乡村青年教师为主体对象的激励政策等，更是将乡村教师建设政策的人性化特征展现无遗。由此，改革开放后乡村教师队伍建设政策逐渐由关注工具性社会需求转向兼顾乡村教师本体的身心需求和物质性与非物质性需求，从优先满足国家公共需求逐步转变为实现多元利益主体并重。

（三）政策关注主体逐渐明晰

政策关注主体经历了“城镇与乡村教师统一——逐渐向乡村教师倾斜——专门面向乡村教师”的转变。在百年来乡村教师队伍建设的演变中，政策关注主体即乡村教师行为主体逐渐清晰，从关注全体教师逐渐具体到关注乡村教师。如在初步建设时期、过渡与探索时期，乡村教师作为全体教师的一部分，以笼统的教师身份，被包含在全体教师制度之中。到改革开放之后，尤其是随着新农村建设与乡村振兴战略的推进，乡村教师主体地位开始凸显，相关政策从关注全体乡村教师逐渐转向关注不同区域的乡村教师群体，如“依据学校艰苦边远程度实行差别化补助”以及“越往基层、越是艰苦，地位待遇越高”等话语的表达，逐步形成了艰苦边远程度不同区域的乡村教师群体。具体有：乡村地区、边远地区、民族地区以及贫困地区的教师群体；乡村小规模学校、乡镇寄宿制学校以及教学点的教师群体。

在乡村教师队伍的初步建设时期，并没有专门的乡村教师相关政策文件，但因为当时全国80%以上人口分布于乡村地区，再加上基础教育重点在乡村等，前文提及的国家政策、教育政策等多指向乡村教师。在过渡与探索时期，中国共产党建立社会主义国家政权后，制定了“教育为工农服务，为生产建设服务”方针，并推行基础教育“城市优先”政策。在这种历史背景下，乡村教师政策被包含于教育政策中，成为全体教师政策的一部分，较为笼统且仅被附带提及，缺乏独立性与针对性。如《关于扫除文盲的决定》（中共中央、国务院,1956 年)要求学校教师等都参加扫除文盲的工作;再如《关于教育工作的指示》《全日制小学暂行工作条例(草案)》《全日制中学暂行工作条例(草案)》等要求对教师进行思想改造;又如《关于普及小学教育若干问题的决定》、《关于普及初等教育基本要求的暂行规定》(教育部,1983 年)、《关于教育体制改革的决定》等提出了普及初等教育和九年义务教育的要求。乡村教师作为扫盲运动、"普初"、"普九"以及思想改造活动的主体,以笼统的教师身份隐没于相关的国家政策或教育政策中。"乡村教师"或"农村教师"一词并未被提及,仅其作为"教师"的部分被纳入政策话语。乡村教师队伍建设散见于各种国家政策或教育(教师)文件,且多以简短且宏观的话语体系进行表述,具体的操作性方案尚付阙如。

总之,20 世纪 50 年代以来我国在功利主义价值观引导下,社会发展以"城市为先",忽略了农村和农民的利益,导致城乡发展不均衡。再加上公共政策中"效率优先"的稀缺资源分配原则,地方财政供给能力不平衡,形成了城乡义务教育发展不均衡、乡村义务教育发展落后的态势。乡村教师队伍建设政策被国家政策、教育政策、教师政策笼统纳入,乡村教师队伍建设水平相对较低。

在改革与推进时期,乡村教师队伍建设政策出现在《关于加强和改革农村学校教育若干问题的通知》《关于筹措农村学校办学经费的通知》等乡村教育文件中,尤其关注到提高乡村教师工资待遇和补贴等问题。《教师法》开始实施乡村教师倾斜激励措施,规定"对教师以及具有中专以上学历的毕业生到少数民族地区和边远贫困地区从事教育教学工作的,应当予以补贴",且为乡村中小学教师解决住房提供方便①;《面向 21 世纪教育振兴行动计划》也提出到边远贫困乡村地区任教的高校毕业生可"享受国家规定的工资倾斜政策"②,由此基本形成了对乡村教师实施倾斜式支持或激励的基调,

① 全国人民代表大会常务委员会法制工作委员会编:《中华人民共和国法律》,中国民主法制出版社,2007 年,第 837 页。

② 何东昌主编:《中华人民共和国重要教育文献(1998—2002)》,海南出版社,2003 年,第 218 页。

“乡村教师”开始在政策文件中得以凸显。到2005年，《关于进一步推进义务教育均衡发展的若干意见》与《关于推进社会主义新农村建设的若干意见》都明确提出了“加强农村教师队伍建设”①。

2006年修订的《义务教育法》提出要“完善农村教师工资经费保障机制”。相关部门还发布了系列政策，为更好地加强乡村教师队伍建设提供了保障。如《关于大力推进城镇教师支援农村教育工作的意见》将“城镇教师支援农村教育”作为加强乡村教师队伍建设的一项重要措施②；《关于实施农村义务教育阶段学校教师特设岗位计划的通知》开创“特岗计划”专项服务乡村教育事业的举措，以“逐步解决农村师资总量不足和结构不合理等问题，提高农村教师队伍的整体素质”③；“免费师范生计划”提出“到城镇学校工作的免费师范毕业生，应先到农村义务教育学校任教服务二年”④，从培养机制入手加强乡村教师队伍建设；《关于大力推进师范生实习支教工作的意见》要求将师范生实习支教与加强乡村教师队伍建设紧密结合；同时，2006年教育部还启动了乡村（西部地区）中小学教师“国培”计划。⑤ 而且，随着全面建设小康社会、新农村建设以及乡村振兴战略的推进，国家对乡村教育越来越重视，“乡村教师”主体身份更为凸显。乡村教师队伍建设政策成为乡村教育发展的重要内容。如《关于完善农村义务教育管理体制的通知》《关于进一步加强农村教育工作的决定》明确了乡村教育在全面建设小康社会

① 何东昌主编：《中华人民共和国重要教育文献（2003—2008）》，新世界出版社，2010年，第743页；中共中央文献研究室编：《十六大以来重要文献选编》（下），中央文献出版社，2011年，第149页。

② 张车伟主编：《中国人口年鉴2007》，《中国人口年鉴》杂志社，2007年，第89—91页。

③ 何东昌主编：《中华人民共和国重要教育文献（2003—2008）》，新世界出版社，2010年，第1064页。

④ 《国务院办公厅转发教育部等部门关于教育部直属师范大学师范生免费教育实施办法（试行）的通知》（2007年5月9日），http://www.moe.gov.cn/jyb_xxgk/moe_1777/moe_1778/201410/t20141021_178260.html。

⑤ 除了“国培”计划，还有“骨培”计划。具体来讲，2006年有“万名农村中小学教师国家级远程培训计划”“西部农村中小学教师国家级远程培训计划”，2007年有“中西部地区中小学骨干教师培训项目”，2008年有“中西部农村义务教育学校教师远程培训计划”“中西部地区中小学骨干教师培训项目”，2010年有“中西部农村骨干教师培训项目”，等等。

中的重要地位，要求从乡村教师培养、补充、管理以及激励等方面大力提高乡村教师队伍素质。[①] 而且，出现了独立化的乡村教师队伍建设政策。如《关于大力推进农村义务教育教师队伍建设的意见》提出，将"农村义务教育教师队伍建设作为一项重大而紧迫的战略任务，摆在重中之重的战略地位"，从乡村教师补充、编制配备、培养、专业发展、城乡交流以及待遇、表彰激励等方面加强乡村教师队伍建设。[②] 同时，还有加强乡村教师队伍建设的专项政策。如为提高乡村教师生活补贴、改善编制配备等，《关于落实2013年中央1号文件要求对在连片特困地区工作的乡村教师给予生活补助的通知》《关于统一城乡中小学教职工编制标准的通知》等文件分别发布。由此，在持续推进时期，乡村教师队伍建设政策已转向专门针对乡村教师主体，甚至出现了独立化的乡村教师队伍建设政策，并有专项保障政策与之配套。

《支持计划》更是将乡村教师队伍建设摆在优先发展的战略地位，从乡村教师的师德水平、补充渠道、生活待遇、编制标准、职称（职务）评聘、能力素质以及荣誉制度等八个方面对乡村教师队伍建设提出新的要求。"这也是新中国成立以来党中央、国务院出台的第一部专门指向乡村教师队伍建设的政策文件，标志着加强乡村教师队伍建设上升为国家战略，进入到全面推进的新时期。"[③]乡村教师队伍建设进入深化与创新阶段，从而开启了多元化、系统化的乡村教师队伍建设的新时代。

由此可见，随着国家以乡村振兴为核心的城乡发展战略重心的转移，党中央高度重视乡村义务教育的政策导向的日益明确，以及公共政策调整中

---

① 何东昌主编：《中华人民共和国重要教育文献(2003—2008)》，新世界出版社，2010年，第168—171页。

② 《教育部、中央编办、国家发展改革委、财政部、人力资源社会保障部关于大力推进农村义务教育教师队伍建设的意见》(2012年9月20日)，http://www.moe.gov.cn/srcsite/A10/s3735/201211/t20121108_145538.html。

③ 柯进、刘博智：《为人民开创更美好的未来——党的十八大以来党中央关心教育改革发展纪实》(2017年10月18日)，http://www.moe.gov.cn/jyb_xwfb/xw_zt/moe_357/jyzt_2017nztzl/2017_zt11/17zt11_bd/201710/t20171018_316685.html。

国家对公平优先分配原则的强调，我国乡村教师队伍建设政策逐渐凸显，并取得了政策上的独立地位；同时，乡村队伍建设各方面都受到关注，围绕着"下得去、留得住、教得好"，加强乡村队伍建设的诸多保障措施陆续出台。由此，乡村教师队伍建设政策从笼统逐步走向系统。

二、乡村教师队伍建设的目标逐渐转变为数量与质量兼顾

在初步建设时期，国民政府成立前后加强乡村教师队伍建设的目标既包含了扩充乡村师资数量，以满足当时基础教育发展的需求，也注重师资队伍质量的提升：推动乡村师范教育补充乡村师资，注重在职教师的培训与进修，加强对乡村教师的管理，等等。

新中国成立以来，为尽快解决教育资源短缺的问题，满足社会主义建设需求，规模扩张成为当时教育政策的重要内容。随着农村土地改革运动、农业合作化运动、人民公社化运动的开展，同时伴随着普及小学教育、扫除青年文盲、允许多种形式办学以及鼓励群众办学等政策的推行，乡村师资短缺问题日益凸显，而乡村教师队伍建设政策也基本上以促使乡村教师数量不断扩张为目标，最终建设成"一支又红又专的无产阶级的教师队伍"。这一时期的教师建设目标以数量为先，也的确推动了乡村教师数量在较短时期内急剧扩张，还刺激了民办教师的产生，促使民办教师逐渐成为乡村教师队伍的重要主体。由此，在过渡与探索时期，乡村教师队伍建设的目标更偏向于数量的扩张。

改革开放后，我国确立了以经济建设为中心和实施改革开放的基本路线，教育被摆在现代化建设中优先发展的战略地位。同时，为了更好地推行普及义务教育工作，教育部开始关注乡村教师尤其是民办教师管理混乱的问题。加强民办教师管理、实施民转公等，也有助于提升乡村教师的素养和质量。尤其是《义务教育法》以法律形式明确提出建立教师资格考核制度，促使乡村教师队伍建设进一步规范化。由此，乡村教师队伍开始由追求数

量至上转移到追求质量的稳定,民办教师也成为这一时期重要的调整对象。国家提出建设“一支具有良好政治业务素质、结构合理、相对稳定的教师队伍”[①],注重乡村教师的质量和整体素质。改革开放之后,乡村教师队伍建设走上了量质并进的道路。

实际上,20 世纪 90 年代以来义务教育全面实施,乡村学校的数量和质量稳步发展,尤其是进入 21 世纪后,社会对教育的关注点由“有学上”转变为“上好学”,城乡二元体系下的乡村教育得到了前所未有的重视,城市教育优先发展开始转变为城乡教育优质均衡发展。由此,我国对乡村教师的数量和质量的需求也进一步提升。随着消除城乡教育及东西部教育差距、推进城乡教育一体化、促进教育公平以及实现城乡教育优质均衡发展等战略性政策的推行,乡村教师队伍建设关注数量与质量的双重目标更为清晰。如“特岗计划”主要通过引导高校毕业生任教于乡村学校,创新乡村教师补充机制,以逐步解决乡村师资总量不足和结构不合理等问题,同时提高师资整体素质。[②] 无论是“造就一支师德高尚、数量充足、配置均衡、城乡一体、结构合理、乐教善教、稳定而充满活力的高素质农村教师队伍”[③],还是“造就一支热爱乡村、数量充足、素质优良、充满活力的乡村教师队伍”[④]等加强乡村教师队伍建设的相关话语表述,都要求乡村教师数量充足,结构合理或优化以及“高素质”,以满足乡村教育发展的基本需求。总之,到后三个历史时期,乡村教师队伍建设的目标转变为数量与质量兼顾。

---

① 中共中央文献研究室编:《十四大以来重要文献选编》(上),中央文献出版社,2011 年,第 70 页。

② 《教育部、财政部、人事部、中央编办关于实施农村义务教育阶段学校教师特设岗位计划的通知》(2006 年 5 月 15 日),http://www.moe.gov.cn/jyb_xxgk/gk_gbgg/moe_0/moe_1133/moe_1338/tnull_19556.html。

③ 《教育部、中央编办、国家发展改革委、财政部、人力资源社会保障部关于大力推进农村义务教育教师队伍建设的意见》(2012 年 9 月 20 日),http://www.moe.gov.cn/srcsite/A10/s3735/201211/t20121108_145538.html。

④ 《教育部等六部门关于加强新时代乡村教师队伍建设的意见》(2020 年 8 月 28 日),http://www.moe.gov.cn/srcsite/A10/s3735/202009/t20200903_484941.html。

三、乡村教师队伍建设的内容走向多元综合

综观百年来乡村教师队伍建设的内容，其关注点较为集中，离不开乡村教师的培养（含培训进修等）、补充、管理以及待遇保障（激励）等方面，而且不同时期侧重点有所不同，不同时期也会呈现出崭新的内容。以乡村教师的激励为例。乡村教师激励是各历史时期乡村教师队伍建设的重要内容。在乡村教师队伍建设的演变历程中，经济待遇和精神待遇基本上是各阶段乡村教师激励的主要内容。前者包含了乡村教师工资、生活补助与津贴以及社会福利等，而后者包含了给予乡村教师奖励与荣誉（含提高政治与社会地位）等，但不同阶段侧重点有所不同，且不同阶段会出现新内容，使得激励内容渐趋丰富。

在初步建设阶段，乡村教师激励着重于解决乡村教师生活贫困、队伍不稳定的问题，尽管包含明确最低待遇标准、实施奖励以及建立退休养老抚恤等社会福利等，表面上看乡村教师激励的内容较为丰富，但实质上因当时战事频繁等，乡村教师激励最终仅限于竭尽全力满足乡村教师基本的生活和生存需求。

在过渡与探索时期，乡村教师激励在改善工资待遇、实施奖励等举措的基础上不断探索。一是进一步提高乡村教师工资待遇与福利待遇。这一时期保障教师工资待遇关注到了乡村教师群体，并促使其工资由实物（多为粮食）逐渐转变为现金。同时，除了土地代耕、医疗以及女教师产假期待遇等福利，还增加了解决教师子女入学问题、减免贫困教师子女学杂费或请领人民助学金等规定，增设了解决夫妻两地分居以及暑期疗养或参观旅游等福利。二是关注提升乡村教师社会地位及奖励优秀教师。对模范教师施以物质和精神奖励；明确了优秀教师的评选条件及办法；对有特殊贡献者给予特级待遇，并首次尝试特级教师的评选；对长期从教者实施教龄津贴制度。通过号召全体人民尊敬教师、选举优秀教师为人民代表等方式提高教师的社

会地位。尽管这一时期有诸多乡村教师激励举措,激励政策也逐渐趋向多样性和综合性,但因新中国成立之初百废待兴,当时多数教师工资待遇虽有所改善,维持生活仍较为艰难,乡村教师激励功能较为有限。

在改革与推进时期,为适应建设社会主义新农村与普及九年义务教育的实际需要,乡村教师激励政策有所革新。对乡村教师的激励内容更为丰富,在保障经济待遇方面不仅开始关注改善乡村教师住宿或住房等生活条件,而且逐步建立乡村教师工资保障机制;对乡村教师的内在诉求愈加关注,增加了对乡村教师实施倾斜式激励的内容。一是改革并提高乡村教师工资待遇,辅以津贴补贴以及促使福利保障升级。其中,保障教师工资还被列入《义务教育法》《教师法》等。但在“地方负责、分级管理”的义务教育办学模式下,乡村教师工资筹措被下放至市、县基层政府,导致乡村教师收入并未得到提高,甚至还出现了工资拖欠和发放不及时等问题,这种状况直至2001年施行“以县为主”的义务教育管理体制才得到改善。同时,中央与地方分项目、按比例分担乡村义务教育经费及教师工资的机制也逐步建立。当时还提出实施乡村教师津贴与补贴制度,并推行改善住房条件、完善医疗和建立退休保险等福利保障。二是进一步提高乡村教师的精神待遇,通过优秀教师、特级教师等评选以及重设教师节等举措增强教师荣誉感。诸如:注重表彰优秀教师并形成优秀教师奖励制度;大力宣传优秀教师的先进模范事迹,形成全社会尊师重教的氛围;1985年开始推行的“9·10”教师节在《教师法》中得以明确。三是开始对乡村教师实施倾斜式激励。实施对口支援乡村学校城镇教师在职务评聘、转正定级等方面的倾斜;对志愿到乡村学校工作两年及以上的高校毕业生给予升学或就业等优惠;提高乡村教师在高级职务聘任和各类表彰奖励中的比例,给予乡村教师培训专项经费;等等。

在持续推进时期,乡村教师激励同样出现新内容。诸如:围绕着绩效工资机制推行进一步加强工资待遇的保障,以“地方自主实施、中央综合奖补”原则给予生活补助,对改善住房条件提出了具体的安排,关注到了教师身心健康；探索建立国家级教师荣誉制度，并将师德激励作为重要内容；完善倾斜式激励政策，开始对职称评聘实施倾斜式支持。第一，在经济待遇方面围绕着推行绩效工资机制加强乡村教师工资待遇保障，逐渐完善津贴补贴以及福利保障。进一步完善乡村教师工资经费保障机制，将其列入 2006 年修订的《义务教育法》，并强调"依法保证教师平均工资水平不低于或者高于国家公务员的平均工资水平"。同时，以推进绩效工资加强义务教育教师工资待遇的保障，且绩效工资分配向乡村教师倾斜。在不断提高津贴补贴标准的同时，设立专项资金给予连片特困地区教师生活补助。在福利保障方面，推进教师养老保障制度改革，为乡村教师缴纳社会保险费，关注教师身心健康，落实和完善医疗保障政策，并要求为乡村教师提供周转宿舍或住房，同时鼓励地方政府为教师缴纳住房公积金等。第二，在精神待遇方面不断完善乡村教师表彰奖励制度，同时将师德奖励作为重要内容。在继续做好优秀乡村教师表彰、奖励与宣传工作的同时，以不断完善教师表彰奖励制度为依托，进一步探索建立国家级教师荣誉制度，同时将师德表现纳入表彰奖励的范围。第三，倾斜式激励更加完善。一是曾在乡村学校实习支教的大学生就业时优先被推荐、录用；支教教师只转临时组织关系，人事关系和原单位工资福利待遇不变，并给予专项经费保障；"特岗计划"教师聘期享受国家统一工资与津贴补贴，符合条件者推荐免试攻读教育硕士。二是对交流轮岗者在绩效工资分配中予以倾斜。三是对乡村教师职务（职称）晋升以及培训的倾斜式激励更为完善且具体。

在深化与创新时期，随着乡村教师激励政策渐趋系统化和多样化，激励内容也渐趋丰富，且呈综合性状态。诸如：以乡村教师绩效工资改革的不断深化推动其工资待遇保障机制的完善，并根据学校艰苦边远程度实行差别化补助以加强乡村教师生活待遇保障，医疗卫生服务更为具体；建立并不断完善乡村教师荣誉制度，并以此为核心提升乡村教师的社会地位；倾斜式支持如乡村教师职称评聘改革以及编制改革进一步深化，且关注到乡村青年教师的专业成长。第一，乡村教师绩效工资改革不断深化，工资待遇保障不断完善。收入分配实施倾斜政策,使乡村教师实际工资收入水平不低于同职级县镇教师工资收入水平,同时以当地公务员的平均收入水平为参照,确保县域内乡村教师平均工资收入水平不低于或高于该参照标准;乡村教师绩效工资改革不断深化和完善,核定绩效工资总量时统筹考虑当地公务员实际收入水平,加大课时量和教学实绩在绩效工资分配中的权重;绩效工资核定向乡村小规模学校、寄宿制学校、民族地区与艰苦边远地区学校适当倾斜。乡村教师生活待遇保障不断加强,"依据学校艰苦边远程度实行差别化补助",同时扩大补助实施范围。乡村教师医疗保障和住房福利等也有较大改变。就前者而言,增设了医疗救助和重大疾病救助内容;就后者而言,新增鼓励当地政府给予在城镇购买住房者一定优惠的规定。第二,乡村教师荣誉制度不断完善。不断落实建立国家级教师荣誉制度,同时建立乡村教师荣誉制度,提升乡村教师的社会地位。第三,倾斜式支持范围更广,且激励力度更大。一是免费(或公费)师范毕业生在乡村学校服务期间享受生活补助和艰苦边远地区津贴,任教一学期后可免试攻读非全日制"专硕";"特岗计划"不仅扩大了实施规模,还提高了参与者工资性补助标准;高校毕业生任教乡村学校一定期限后可享受学费补偿或贷款代偿政策;城镇退休优秀教师或银龄讲学计划参与者享受人才支持计划与教师专项计划支持。二是为保证乡村教师有更多前往教育发达地区研修与跟岗学习的机会,进一步完善了交流轮岗激励机制。三是在职称(职务)评聘、培训以及各级评优表彰中对乡村教师的倾斜式激励力度更大,同时对乡村青年教师给予专门支持。

总之,百年来乡村教师激励的内容渐趋丰富:既有保障并提高乡村教师工资待遇,给予津贴与生活补助,改善乡村教师住宿条件以及落实福利保障等旨在改善乡村教师物质生活条件、提高经济待遇的激励,也有给予乡村教师荣誉、关注其心理健康及精神文化生活等提升乡村教师精神待遇并增强其获得感的激励;既关注乡村教师的当前利益,如编制变革、职称(职务)评聘倾斜式激励,也关注乡村教师未来的发展,如通过培训倾斜激励、"硕师计划"等培育乡村骨干教师、乡村教育带头人或教育家;既通过乡村教师补充实施激励，如定向培养、免费（公费）师范生培养以及到岗退费等，又通过提高特岗教师工资性补助标准，增强城镇教师乡村交流轮岗期间补助等，促使更多优秀人才任教乡村；在对象上既关注乡村长期从教教师，关注到乡村支教或交流的城镇教师，又关注乡村青年教师；既关注乡村教师内部生活环境，如提供周转房改善住宿条件，解决教育系统内夫妻两地分居问题，也关注乡村教师外部生活的大环境，如提高其整体社会地位。由此，百年来乡村教师队伍建设的内容也日趋多元综合。

四、乡村教师队伍建设的方法逐渐转向多渠道兼顾

（一）由行政管控为主逐渐转向以奖惩并行推动乡村教师队伍的建设

百年来乡村教师队伍建设主要依托外部指令式的他组织方式运行，注重行政部门外力引导、调控主导。无论是乡村教师的培养、补充、管理还是乡村教师的待遇（激励），均是在中央政府的顶层设计引导下，由各地方政府在指令范围内制定当地的乡村教师队伍建设方法予以推行。这是典型的中央指令、地方推行的“中国式”的乡村教师队伍建设模式。在初步建设时期，主要以行政管控推进教师队伍建设。如北洋政府教育部公布的《小学教员俸给规程令》，在保障小学教师工资待遇标准的同时，也规定“依地方情形，得由主管行政长官依第二条附表的级数，定所属各地方教师的俸额标准，而尽力职务积有年资的教师，由主管行政长官得依据第二条附表为计年增俸的规定，由各省区根据规程自行拟定标准，如果各省区或其一部分地方，因特别情形不能按照规程办理，需要由地方最高级行政长官声叙理由，酌拟变通办法，陈报教育总长核定”；需要由省区行政长官制定上述规程的实施细则，同时咨报教育总长。[①]国民政府教育部于 1936 年规定对于进修有成绩的小学教师应予加俸或其

① 中国第二历史档案馆编：《中华民国史档案资料汇编（第 3 辑·教育）》，江苏古籍出版社，1991 年，第 494 页。

他奖励，而有关进修及奖励办法则由各省市教育行政机关订定办法，呈请教育部核准施行。[①] 在行政法令或规程的引导下，各地根据实际情形制定教师队伍建设的实施办法，有特别情况的地方还可申请变通实施。由此，这一时期以规程、法令等文件由行政外力引导和控制乡村教师队伍的具体建设。

在过渡与探索时期，为了适应初等教育和中等教育急需大量师资的现实，教育部于1952年规定在较短时间内迅速和有效地训练大批初等和中等教育师资，要求"各大行政区及各省市应即根据本决定制定本地区短期培养初等和中等教育师资的实施计划，报准上级，切实施行"[②]。为了提高全国各地小学教师的水平，教育部于1954年要求对全体小学教师实施轮训，并规定："各地区应即根据当地具体情况，结合整顿小学的工作，全面考虑提高小学教师质量的办法，制订1954—1957年的小学教师轮训计划，并分别列明一年制、二年制的任务，随同五年教育建设计划一并报部。"[③]而且，有关小学教师轮训期间发放的补助费标准也由各省市根据地方情况规定。国家要求：妥善安排教师的宿舍和伙食，"教师的副食品和日用品供应，应该与当地脱产干部同等待遇"，并"由省、市、自治区人民委员会负责解决"；做好教师福利保障和生活补助工作，"地方行政部门应该将教工福利费按上级规定，拨给学校"。[④] 由此，这一时期多以决定、指示、意见、报告、通知、条例等文件和法令为依托，由行政外力引导地方各级行政单位推进乡村教师队伍建设。

在改革与推进时期，不仅继续按照前一时期的方式推行乡村教师队伍建设的举措，还加强了管理。如在提升乡村教师工资待遇方面，国务院于1981年要求"教育部、卫生部、国家体委要根据调资范围的职工人数、调资政策，分别给各省、市、自治区下达增资指标，由省、市、自治区人民政府掌

---

① 中国第二历史档案馆编：《中华民国史档案资料汇编（第5辑第1编·教育）》，凤凰出版社，2010年，第549页。

② 何东昌主编：《中华人民共和国重要教育文献（1949—1997）》，海南出版社，1998年，第162页。

③ 何东昌主编：《中华人民共和国重要教育文献（1949—1997）》，海南出版社，1998年，第345—346页。

④ 《中国教育年鉴》编辑部编：《中国教育年鉴（1949—1981）》，中国大百科全书出版社，1984年，第701页。

握”，同时要求“严格控制增加工资指标”，从严掌握调整工资的范围，职工人数必须核实准确；“两部一委规定的调资范围，一律不得扩大。如有违反规定，弄虚作假的，要追究责任，严肃处理”。[①]《关于进一步推进义务教育均衡发展的若干意见》指出，各省、自治区、直辖市人民政府督导部门要把义务教育均衡发展作为督导评估县级人民政府教育工作的重要内容，其督导评估结果要作为考核主要领导干部政绩的重要内容和进行表彰奖励的依据。[②]乡村教师队伍建设是义务教育均衡发展的重要内容，因此也作为各级行政领导政绩的重要内容和实施保障奖励的依据。由此，这一时期，在以通知、意见、办法等文件和法令为依托，由行政外力调控乡村教师队伍建设的同时，逐渐加强了对各地的管理和督导评估工作，同时也将推行情况纳入各地行政领导政绩考核，开始实施奖励与惩罚并行的乡村教师队伍建设方法，从而有助于增强各地政府建设乡村教师队伍的积极性。

在持续推进时期，国家继续推行“中国式”乡村教师队伍建设方法，同时对各地方政府的政策推行加强了督导和评估。如在加强城镇教师支教乡村学校时，要求“把城镇教师支援农村教育工作列为教育督导评估的重要内容，督导评估结果要作为今后评价地方教育均衡发展状况和考核主要领导工作政绩的一项重要内容”；要求加强对参与支援的城镇教师的监管，将“支教人员在支教期间的工作实绩作为教师评优、晋升教师职务、评选特级教师、获得科研资助的重要依据”[③]。同时，实施“问责制”，如《教育规划纲要》要求“把推进教育事业科学发展作为各级党委和政府政绩考核的重要内容，完善考核机制和问责制度”[④]；要求将教师队伍建设情况作为各地区各有关部门政

---

① 中华人民共和国财政部办公室编：《1981年财政规章制度选编》，中国财政经济出版社，1983年，第632页。

② 《教育部关于进一步推进义务教育均衡发展的若干意见》(2005年5月25日)，http://www.moe.gov.cn/srcsite/A06/s3321/200505/t20050525_81809.html。

③ 《教育部关于大力推进城镇教师支援农村教育工作的意见》(2006年2月26日)，http://www.moe.gov.cn/srcsite/A10/s7058/200602/t20060226_81598.html。

④ 《国家中长期教育改革和发展规划纲要(2010—2020年)》(2010年7月29日)，http://www.moe.gov.cn/jyb_xwfb/s6052/moe_838/201008/t20100802_93704.html。

绩考核、各级各类学校办学水平评估的重要内容,作为评优评先、表彰奖励的重要依据,同时建立教师工作定期督导检查制度,把教师队伍建设情况作为教育督导的重要内容,将乡村教师队伍建设纳入教育质量评价体系[①]。由此,乡村教师队伍建设推行以行政管控为基础,实施奖励与惩罚并行的建设办法。

在深化与创新时期,同样推行"中央行政引导,地方具体落实推行"模式的乡村教师队伍建设方法。如国务院颁布《支持计划》,要求省、市、县、乡各级政府制定实施办法,把准支持重点,因地制宜提出符合乡村教育实际的支持政策和有效措施,使《支持计划》的要求进一步明确。[②] 对此,2015 年及之后各地陆续出台了所属地的乡村教师支持计划。"中国模式"的乡村教师队伍建设还进一步明确了建设的责任主体,而且在奖优罚劣机制上更为明确。《支持计划》明确了地方各级政府是实施乡村教师支持计划的责任主体,实施一把手责任制。2020 年,明确了地方党委和政府是乡村教师队伍建设的责任主体。《支持计划》要求,"对在乡村教师队伍建设工作方面改革创新、积极推进、成绩突出的基层教育部门,有关部门要加强总结、及时推广经验做法并按照国家有关规定予以表彰";地方各级政府教育督导机构要会同有关部门,每年对乡村教师支持计划实施情况进行专项督导,及时通报督导情况并适时公布;国家有关部门要组织开展对乡村教师支持计划实施情况的专项督导检查,"对实施不到位、成效不明显的,要追究相关负责人的领导责任"。[③] 2020 年中共中央、国务院明确规定:把乡村教师队伍建设成效列入地方党委教育工作领导小组议事日程和地方政府工作考核指标体系,把解决乡村教师队伍建设问题作为县、乡党委和政府为民办实事的重点考量内容;各级

① 《国务院关于加强教师队伍建设的意见》(2012 年 8 月 20 日),http://www.moe.gov.cn/jyb_xxgk/moe_1777/moe_1778/201209/t20120907_141772.html;《教育部、中央编办、国家发展改革委、财政部、人力资源社会保障部关于大力推进农村义务教育教师队伍建设的意见》(2012 年 9 月 20 日),http://www.moe.gov.cn/srcsite/A10/s3735/201211/t20121108_145538.html。

② 《国务院办公厅关于印发乡村教师支持计划(2015—2020 年)的通知》(2015 年 6 月 1 日),http://www.moe.gov.cn/jyb_xxgk/moe_1777/moe_1778/201506/t20150612_190354.html。

③ 《国务院办公厅关于印发乡村教师支持计划(2015—2020 年)的通知》(2015 年 6 月 1 日),http://www.moe.gov.cn/jyb_xxgk/moe_1777/moe_1778/201506/t20150612_190354.html。

党委和政府要将教师队伍建设列入督查督导工作重点内容，并将结果作为党政领导班子和有关领导干部综合考核评价、奖惩任免的重要参考，同时各地要把乡村教师队伍建设纳入对地方政府履行教育职责评价内容，对落实不到位的严肃问责。①

与此同时，后两个历史时期"中国模式"的乡村教师队伍建设在行为主体上更加多元，尤其是在政策制定行为主体层面。如 2012 年强化政府责任的同时，规定建立分工明确、协调配合的工作机制，教育、发展改革、财政、人力资源社会保障、编制等部门要加强协调配合，各司其职，形成共同推进乡村教师队伍建设的强大合力。②《支持计划》也规定教育行政部门要加强对乡村教师队伍建设的统筹管理、规划和指导，发展改革、财政、编制、人力资源社会保障部门要按照职责分工合作，鼓励和引导社会力量参与支持乡村教师队伍建设。到 2020 年，提升新时代乡村教师队伍建设的统筹力度，建立教育部门牵头，编制、发展改革、财政、人力资源社会保障等部门协同推进乡村教师队伍建设的机制。③

总之，近年来，中央政府在加强乡村教师队伍建设的督导、评估等管理的同时，对各地方行政部门及其教育行政部门等乡村教师队伍建设政策的推行者逐渐实施奖励与惩罚并行的举措，以激发或推动各地方政府及其教育行政部门积极执行中央政策，解决所属地方的乡村师资结构性短缺和质量不高等问题。

(二)以奖惩并进的手段加强乡村教师队伍的管理

百年来的乡村教师队伍建设中，作为建设主体的乡村教师，接受着奖惩

① 《中共中央、国务院关于全面深化新时代教师队伍建设改革的意见》(2018 年 1 月 20 日)，http://www.moe.gov.cn/jyb_xwfb/moe_1946/fj_2018/201801/t20180131_326148.html。

② 《教育部、中央编办、国家发展改革委、财政部、人力资源社会保障部关于大力推进农村义务教育教师队伍建设的意见》(2012 年 9 月 20)，http://www.moe.gov.cn/srcsite/A10/s3735/201211/t20121108_145538.html。

③ 《教育部等六部门关于加强新时代乡村教师队伍建设的意见》(2020 年 7 月 31 日)，http://www.moe.gov.cn/srcsite/A10/s3735/202009/t20200903_484941.html。

并行的管理。但实际上，各历史时期始终以奖励手段为主。

在初步建设时期，实施小学教师褒奖与优待政策。为了解决乡村师资短缺的问题，国民政府及其教育部颁布各种奖励或激励制度，规定按教师的资历、职务、学生数给予晋升或晋级；实施年功加俸、优良教师以及服务年久教师的奖励等策略；推行休假、供给食宿、发放米谷津贴、免子女学费等优待。当时的奖励形式有颁发勋章、奖章、奖状、褒奖、传令嘉奖、升迁、年功加俸、晋级、奖金、书籍、老病保险金以及给予求学者奖学金等。还将奖励从教时间长且成绩优秀教师列入《中华民国宪法》第167条。这一时期也制定了教师惩处措施，并提出加强教师德行的要求。如犯刑法证据确凿者、行为不检或有不良嗜好者、任意旷废职务者、成绩不良者都应被解除职务。① 当时对教师实施的惩处措施主要有训诫、停职、记过、罚薪、降级、免职等。如湖南省在考核国民学校教师时除了给予核准记功、传令嘉奖，也实施惩处；至1945年底，除了不予奖惩者5,684人，申诫者1,463人，记过者404人，停职者110人。② 由此，该省加强了小学教师的管理。

在过渡与探索时期，既给予教师奖励或激励，也实施了惩处举措。一方面，表扬和奖励优秀教师，对模范教师施以物质层面和精神层面的奖励等。另一方面，规定“文化水平过低，确实无力任教者”“年老力衰、不能继续任教或有严重传染病影响儿童健康者”须离岗③；将乡村教师政治思想作为衡量其是否合格的重要标准，要求“在一二年内，把文化教育队伍中各种有严重政治问题的分子和坏分子坚决地加以清理”④。随着教师思想改造运动的推进，又“清退经过改造思想后政治思想觉悟仍不高的教师”和“清除中小学教

---

① 中国第二历史档案馆编：《中华民国史档案资料汇编（第5辑第1编·教育）》，凤凰出版社，2010年，第548页。

② 教育年鉴编纂委员会编：《第二次中国教育年鉴（第3编·初等教育）》，文海出版社，1986年，第85页。

③ 中共中央文献研究室编：《建国以来重要文献选编》第4册，中央文献出版社，2011年，第502—506页。

④ 中共中央文献研究室编：《建国以来重要文献选编》第14册，中央文献出版社，2011年，第148—157页。

师队伍中的反革命分子、坏分子”[①]，同时调离道德败坏与不宜留校的教师。

在改革与推进时期，同样实施奖惩并行的管理手段。号召全社会尊重乡村教师，通过优秀教师、特级教师等评选以及重设教师节等提高乡村教师的社会地位和荣誉感；注重对优秀教师实施物质奖励，并通过颁发奖章和相应的证书，授予“全国优秀教师”“全国优秀教师工作者”“全国教育系统劳动模范”称号等实施精神奖励。而且，在《教师法》中规定：对成绩优异者予以表彰、奖励；对有重大贡献的教师，应依照国家有关规定授予荣誉称号；成立奖励教师的基金组织捐助资金奖励教师；等等。[②] 对不能履行教师职责者与不具备教师资格者给予惩处，如规定文化业务水平低、经培训后仍无法改进或经考核不合格、不具备教师素质者应调离教学岗位。[③] 在对乡村教师中1978年底前参加工作者提高工资的同时，也做了惩罚性规定，如：触犯法律受处分者，犯严重错误受党纪、行政处分，处分期未满或处分未满一年者，思想品质恶劣者，教学工作表现不良者，不给予工资升级或暂缓工资升级。[④] 规定民办教师中经考核不合格且不能胜任教育教学工作者，或因年龄和身体原因不能坚持正常工作者，应予以解聘。《教师法》也规定了教师行政处分或解聘的情况：“（一）故意不完成教育教学任务给教育教学工作造成损失的；（二）体罚学生，经教育不改的；（三）品行不良、侮辱学生，影响恶劣的。”[⑤] 针对“一些教师也存在体罚、变相体罚学生和以罚代教、以教谋私的现象，以及热衷于‘有偿家教’，影响正常教学工作的问题，甚至有个别教师道德败坏，违法乱纪，触犯刑律”等问题，重新颁发《中小学教师职业道德规范》（国

---

① 陈大白主编：《北京高等教育文献资料选编（1949—1976）》，首都师范大学出版社，2002年，第967页。

② 《中华人民共和国教师法》（1993年10月31日），《中华人民共和国国务院公报》，1993年第26期，第1191—1198页。

③ 何东昌主编：《中华人民共和国重要教育文献（1949—1997）》，海南出版社，1998年，第2118—2119页。

④ 何东昌主编：《中华人民共和国重要教育文献（1949—1997）》，海南出版社，1998年，第1979—1980页。

⑤ 《中华人民共和国教师法》（1993年10月31日），《中华人民共和国国务院公报》，1993年第26期，第1191—1198页。

家教委,1997 年)加强管理。[①]

在持续推进时期,继承并不断完善乡村教师表彰奖励制度,同时将师德奖励作为重要内容。在继续做好以往阶段的优秀乡村教师表彰、奖励、宣传工作的同时,进一步探索建立国家级教师荣誉制度,并将师德表彰奖励纳入教师奖励范围,以形成重德养德的良好风气。与此同时,制定并推行了诸多的教师惩处举措。如对不按合同要求履行义务的特岗教师进行批评教育并督促改正,对不适合继续在教师岗位工作者调离教师岗位,并取消其享受的相关政策优惠[②];免费师范毕业生未按协议从事中小学教育工作者须退还已享受的免费教育费用并缴纳违约金;"师德考核不合格者年度考核应评定为不合格,并在教师资格定期注册、职务(职称)评审、岗位聘用、评优奖励和特级教师评选等环节实行一票否决"[③],对有严重师德行为、影响恶劣者按有关规定予以严肃处理直至撤销教师资格,或坚决清除出教师队伍[④]。《中小学教师违反职业道德行为处理办法》(教育部,2014 年)规定,教师如有违反职业道德的行为,将视情节轻重分别给予"警告、记过、降低专业技术职务等级、撤销专业技术职务或者行政职务、开除或者解除聘用合同"等相应处分。[⑤] 具体行为包括:

(一)在教育教学活动中有违背党和国家方针政策言行的。

(二)在教育教学活动中遇突发事件时,不履行保护学生人身安全职责的。

(三)在教育教学活动和学生管理、评价中不公平公正对待学生,产生明

---

① 教育部师范教育司编:《师范教育工作资料汇编(1996—2000)》,东北师范大学出版社,2001 年,第 82—84 页。

② 《教育部、财政部、人事部、中央编办关于实施农村义务教育阶段学校教师特设岗位计划的通知》(2006 年 5 月 15 日),http://www.moe.gov.cn/jyb_xxgk/gk_gbgg/moe_0/moe_1133/moe_1338/tnull_19556.html。

③ 《教育部关于建立健全中小学师德建设长效机制的意见》(2013 年 9 月 2 日),http://www.moe.gov.cn/srcsite/A10/s7002/201309/t20130902_156978.html。

④ 《教育部关于建立健全中小学师德建设长效机制的意见》(2013 年 9 月 2 日),http://www.moe.gov.cn/srcsite/A10/s7002/201309/t20130902_156978.html。

⑤ 《教育部关于印发〈中小学教师违反职业道德行为处理办法〉的通知》(2014 年 1 月 11 日),http://www.gov.cn/gongbao/content/2014/content_2679351.htm。

显负面影响的。

（四）在招生、考试、考核评价、职务评审、教研科研中弄虚作假、营私舞弊的。

（五）体罚学生的和以侮辱、歧视等方式变相体罚学生，造成学生身心伤害的。

（六）对学生实施性骚扰或者与学生发生不正当关系的。

（七）索要或者违反规定收受家长、学生财物的。

（八）组织或者参与针对学生的经营性活动，或者强制学生订购教辅资料、报刊等谋取利益的。

（九）组织、要求学生参加校内外有偿补课，或者组织、参与校外培训机构对学生有偿补课的。

（十）其他严重违反职业道德的行为应当给予相应处分的。[1]

在深化与创新时期，延续上一阶段对优秀乡村教师的表彰、奖励、宣传工作，并落实建立国家级教师荣誉制度，同时专门建立了乡村教师荣誉制度。近年来更是将加强师德师风建设放在了加强乡村教师队伍建设的首要位置。《中小学教师违反职业道德行为处理办法（2018 年修订）》（教育部，2018 年）重新规定了教师违反职业道德的行为，具体如下：

（一）在教育教学活动中及其他场合有损害党中央权威、违背党的路线方针政策的言行。

（二）损害国家利益、社会公共利益，或违背社会公序良俗。

（三）通过课堂、论坛、讲座、信息网络及其他渠道发表、转发错误观点，或编造散布虚假信息、不良信息。

（四）违反教学纪律，敷衍教学，或擅自从事影响教育教学本职工作的兼职兼薪行为。

（五）歧视、侮辱学生，虐待、伤害学生。

---

[1] 《教育部关于印发〈中小学教师违反职业道德行为处理办法〉的通知》（2014 年 1 月 11 日），http://www.gov.cn/gongbao/content/2014/content_2679351.htm。

（六）在教育教学活动中遇突发事件、面临危险时，不顾学生安危，擅离职守，自行逃离。

（七）与学生发生不正当关系，有任何形式的猥亵、性骚扰行为。

（八）在招生、考试、推优、保送及绩效考核、岗位聘用、职称评聘、评优评奖等工作中徇私舞弊、弄虚作假。

（九）索要、收受学生及家长财物或参加由学生及家长付费的宴请、旅游、娱乐休闲等活动，向学生推销图书报刊、教辅材料、社会保险或利用家长资源谋取私利。

（十）组织、参与有偿补课，或为校外培训机构和他人介绍生源、提供相关信息。

（十一）其他违反职业道德的行为。[①]

该修订办法还加大了对上述行为的惩处力度。具体规定："处理包括处分和其他处理。处分包括警告、记过、降低岗位等级或撤职、开除。警告期限为6个月，记过期限为12个月，降低岗位等级或撤职期限为24个月。是中共党员的，同时给予党纪处分。其他处理包括给予批评教育、诫勉谈话、责令检查、通报批评，以及取消在评奖评优、职务晋升、职称评定、岗位聘用、工资晋级、申报人才计划等方面的资格。取消相关资格的处理执行期限不得少于24个月。教师涉嫌违法犯罪的，及时移送司法机关依法处理。"[②]《新时代基础教育强师计划》在"完善教师荣誉表彰制度，加大优秀教师典型表彰宣传力度"的同时，针对中小学教师违反职业道德的行为，要求严肃查处师德失范行为，加大师德失范行为通报警示力度，持续开展违反教师职业行为十项准则典型案例通报。[③]

① 《教育部关于印发〈中小学教师违反职业道德行为处理办法（2018年修订）〉的通知》（2018年11月8日），http://www.gov.cn/gongbao/content/2019/content_5368623.htm。

② 《教育部关于印发〈中小学教师违反职业道德行为处理办法（2018年修订）〉的通知》（2018年11月8日），http://www.gov.cn/gongbao/content/2019/content_5368623.htm。

③ 《教育部等八部门关于印发〈新时代基础教育强师计划〉的通知》（2022年4月2日），https://www.gov.cn/zhengce/zhengceku/2022-04/14/content_5685205.htm。

综观百年来的乡村教师队伍建设,尽管采取了奖惩并进的手段以加强乡村教师队伍的管理,但仍重在正面积极的奖励或激励,约束机制较为缺乏,仅在违背教师职业道德和触碰到法律法规底线时才予以惩处。然而,对教师负面行为的惩处力度在近年来有所加大。

(三)以财政性激励和非财政性激励并进的方法增强乡村教职吸引力

在百年来的乡村教师队伍建设中,为了增强乡村教师职业的吸引力,保持乡村教师队伍的稳定,国家采取了保障工资待遇、实施奖励、提高社会地位等方面的措施,兼顾了财政性激励和非财政性激励两种方法。其中,财政性激励始终是主体,非财政性激励发挥的功能则由弱变强。

在初步建设阶段,因为战事频发,全国各地经济困难,很多激励方法仅停留在纸面上,最终限于保障教师最低工资或生活待遇,因此基本上失去了激励的功能。在过渡与探索阶段,尽管财政性激励和非财政性激励方法同样受到重视,但国家以提高乡村教师福利待遇、最大限度满足其物质生活需要为主要追求。新中国成立之初,经济建设与社会发展较为缓慢,使得乡村教师乃至全体教师的社会地位都较低,非财政性激励也失去了激励的功能,工资待遇等财政性激励同样施行困难,导致当时乡村教师生活状况不容乐观。

在改革与推进阶段,上述状况有所改善,尽管仍以财政性激励为主,但非财政性激励的重要性也重新得到了强调:在关注提高全体教师荣誉感的同时,重视对乡村教师的奖励和荣誉激励,对乡村教师实施倾斜式支持,使得这一阶段的非财政性激励方法有所强化。然而,很多非财政性激励如优秀教师和特级教师评选等荣誉激励仍存在诸如名额有限、入选困难以及乡村教师群体对其关注度不够等问题,从而限制了该激励功能的正常发挥。当然,该阶段财政性激励力度较大,涉及乡村教师工资待遇的保障机制、住房条件、津贴补贴等。

随着乡村教师队伍建设的持续推进、深化与创新,两种激励方法发挥的作用越来越大。一方面,财政性激励进一步加强。待遇保障机制更为完善,津贴补贴发放更为合理规范，住房条件及医疗卫生服务等福利也更为具体。另一方面，非财政性激励方法不断完善。专门建立乡村教师荣誉制度，对乡村教师培训以及职称（职务）评聘等的倾斜式激励逐步演变成了对乡村教师的特殊优待，从而也提高了教师的社会地位和声望。尽管均兼顾了财政性激励与非财政性激励，而且后者的功能较以往阶段均有所增强，但财政性激励仍是主体。这是因为，非财政性激励方法在推行中受到限制，如在评选优秀教师或实施"名师名校长培养工程"时对乡村教师或校长实施倾斜式支持，但在具体评选条件如教研能力方面，乡村教师仍占据下风。总之，近年来国家注重改善乡村教师的物质性待遇，提供经济补偿的方式越来越明确、具体。尽管关注乡村教师精神层面与心理层面的非财政性激励发挥的作用也越来越大，然而非财政性激励相对薄弱，且实践操作难度较大。但总体上看，激励方法由表面的多样化逐渐转变为实质上的多渠道兼顾。

五、乡村教师队伍建设的成效逐渐显著

百年来的乡村教师队伍建设经历了由成效不显到成效显著的变化。在初步建设时期，国民政府成立前后，相关政府及其教育部积极推行各种举措以补充乡村师资，不断提升乡村师资的质量。然而，国民政府成立之前，各地军阀盘踞，各势力之间混战不断，北洋政府及其教育部无力控制教育以及教师队伍建设；国民政府成立后，尽管在名义上统一了中国各省，但国民党中央政府和各地方实力派依然处于分庭抗礼的割据状况，而且国民党各派系之间也存在着诸多冲突和矛盾，国民党和中国共产党之间更是矛盾冲突不断。① 在这种历史背景下，尽管当时的北洋政府及其教育部、国民政府及其教育部陆续出台了系列教育政策，但各地的政策执行力不强，加上全面抗

① 中国共产党在新民主主义革命时期，于各边区和革命根据地加强乡村教师队伍建设，并关注给予乡村教师财政性和非财政性激励。详见陈玉玲：《建党百年乡村教师激励的演进逻辑与未来走向》，《河北师范大学学报（教育科学版）》，2023 年第 5 期。

战的爆发,很多政策在执行中被中断。因此,这一时期乡村教师队伍建设成效并不明显。尽管乡村师资队伍初步建成,乡村师资养成渐趋多样化等,但在20世纪40年代中后期,乡村教师队伍建设困难重重。诸如:物质性待遇无法得到保障,多数乡村教师生活艰难,乡村教师学历层次较低,合格师资较少,乡村师资培养遭到诟病,教师队伍管理依旧不规范,等等。

在过渡与探索时期,中国共产党确立了社会主义基本制度,建立起了高度统一的教育行政体制,"中国模式"推行有力。然而,这一时期在"教育为工农服务,为生产建设服务"方针指引下推行基础教育"城市优先",使得乡村教师队伍建设仅仅是全体教师队伍建设的一部分,或者成为城市教师队伍建设的附属事项,再加上当时全国百废待兴,经济建设与发展较为缓慢,乡村教师队伍建设的成效也极其有限。尽管初步形成了新中国乡村教师队伍,兼顾乡村教师数量补充与质量提升,注重给予财政性和非财政性激励等,但乡村教师队伍建设仍面临阻碍。如:乡村教师待遇偏低,尤其是政治地位和社会地位深受冲击;乡村教师质量有待提升,特别是民办教师占据了乡村教师队伍的主体。

在改革与推进时期,为了满足普及九年义务教育的实际需要,我国在逐步执行教师资格制度和全面推行教师聘任制的基础上,不仅以"关、招、转、辞、退"方针规范民办教师管理,还通过实施城镇教师对口支援乡村学校、"大学生志愿服务西部计划"、鼓励师范生到乡村学校实习等,提升乡村教师队伍的素质结构。因我国社会结构发生了变化,同时建设社会主义新农村开始推进,乡村教师的社会地位相应发生了改变,乡村教师队伍建设成效初露。诸如:尽管代课教师在乡村教师队伍中成为重要组成部分,乡村教师素养需更进一步提升,待遇仍有待改善,但是这一时期乡村教师总量基本上满足了乡村基础教育发展的需要;乡村教师养成与补充路径更为丰富,乡村教师合格率明显提升,学历结构改善,民办教师队伍整顿与治理成功,乡村教师的财政性待遇和非财政性待遇都有了实质性的提升。

在持续推进时期,随着社会主义新农村建设的推进,乡村教育越来越受到重视。尽管根据2013—2015年国家教育督导检查组督查各地方义务教育均衡发展报告,乡村教师队伍建设存在诸多问题(优秀教师比例有限、乡村教师变动频繁、乡村教师队伍存在结构性矛盾以及待遇仍存在地域性差异或不平衡性等),但是乡村教师队伍建设的成效更加明显。一是乡村教师补充路径多样化,即实施地方免费师范教育和落实到岗退费政策、推行"特岗计划"以及加强城乡教师交流等补充师资;二是乡村师资质量进一步提升,体现在代课教师减少、教师的年龄结构改善、教师的职称与学历结构好转等方面;三是乡村教师的财政性和非财政性激励不仅进一步得以落实,而且有所加强,体现在工资福利等支出增加、津贴补贴不断落实、住宿条件改善以及乡村教师倾斜式激励加强等方面。

在深化与创新时期,到2021年,全国各地义务教育均衡发展陆续通过了国家教育督查评估,尽管仍存在着乡村教师结构性矛盾突出,尤其是学科结构有待进一步完善,乡村教师流失或流动较多,城乡教师交流轮岗有待加强以及乡村教师待遇存在不平衡性等诸多问题,但这一时期乡村教师队伍建设的成效更为显著。这体现在:无论是乡村教师多元化补充、师资质量提升还是乡村教师激励等,都在前一时期的基础上有了显著的进步。以乡村教师待遇提升情况为例。据统计,2015—2020年,中央财政划拨奖补资金206亿元,惠及中西部725县8万多所学校的近130万名教师,助力于乡村教师医疗、住房、荣誉激励等多种保障①,促使乡村教师工资待遇明显改善。其中,2018年中央财政划拨奖补资金达45亿元,由此,中西部725县的127万名教师每月最高补助费达2,000元。②

① 任友群:《深化强师举措,激发制度活力,用心书写教师队伍建设新篇章》(2020年9月4日),http://www.moe.gov.cn/fbh/live/2020/52439/sfcl/202009/t20200904_485107.html。

② 董鲁皖龙:《教育部发布2018年全国教育事业发展基本情况:教育改革发展取得新的突破性进展》(2019年2月27日),http://www.moe.gov.cn/fbh/live/2019/50340/mtbd/201902/t20190227_371423.html。

第二节　百年来乡村教师队伍建设的困境

百年来的乡村教师队伍建设在政策、目标、内容和方法方面呈现四大困境。

一、乡村教师队伍建设的政策不完善及执行失序

(一)政策不完善

纵观百年来乡村教师队伍建设的演进历程，尽管乡村教师队伍建设的政策渐成系统，涉及乡村教师补充、培养、管理以及待遇(激励)等方方面面，但政策本身仍不完善。如在保障乡村教师医疗服务、关心心理健康、社会保险等福利方面缺乏专门性的政策文件，涉及的相关政策也较为有限，且相关福利保障的规定不够具体。再如，在县级教育行政部门具体的实践中，统一的粗线条式的乡村教师激励政策与艰苦边远地区差异较大的乡村学校、教学点及其教师不相匹配。如据近年来对西部12省的抽样调查："县级教育部门没有建立起精准的地理网格与薪酬高度匹配机制，乡村教师津贴发放缺乏更为精细的划分标准"[①]，导致其财政性激励很难让乡村教师满意。当前的乡村教师队伍建设政策多针对全体乡村教师群体设计，未能精准对接不同环境、不同层类乡村教师行为主体的利益诉求。而且，各级政府远离乡

① 白亮：《乡村教师激励政策优化》，《教育研究》，2021年第12期，第145页。

村教师生存空间环境和教学工作一线，乡村教师队伍建设政策不完善和政策效果的滞后性，有可能导致各级政府难以有效把握乡村教师队伍功能，造成乡村教师队伍建设政策失真、功能失灵。

（二）政策执行失序

乡村教师队伍建设政策执行中存在失序现象。上述乡村教师队伍建设中的多元行为主体，尤其是中央政府及其教育管理部门、各级地方政府及其教育管理部门均有各自内在的利益诉求，乡村教师建设背后掺杂多方利益主体的博弈，并不一定按照理性设计的方向运转。在中央政府出台的乡村教师队伍建设政策的方向性和全局性规定原则下，作为乡村教师队伍建设政策执行者的各级地方政府及其教育管理部门，执行的“通常是内容宽泛和模棱两可的法令，这样就在选择该做什么和不该做什么的时候，给他们留下了很大的选择空间”①。顶层政策无法适应地方差异，政策执行者对上一级建设政策的认同理解度和执行力受限于当地经济社会非均衡发展的现实，并且政策执行者与乡村教育相关人员尤其是乡村教师群体缺乏有效沟通。由此，各地政策落实程度产生差异。这种乡村教师队伍建设政策执行的失序状态，“往往会颠覆教育政策执行的线性序列，使教育政策执行系统的内部各因素和外界环境中的不同因素之间形成相互干涉效应，即相互限制、相互放大以及相互削弱”②，影响着乡村教师队伍建设政策推进力度。如受到城乡二元思维的影响，尽管“国培计划”一再强调要向乡村教师倾斜，但对乡镇教师的培训始终不如城区细致。③ 再如，加强城乡教师交流轮岗已经推行多年，然而据国家教育督导检察组督查报告（见附表3），很多地区的城乡教

---

① James E. Anderson, Public Policy Making: An Introduction (7th Edition). Boston Wadsworth, Cenage Learning, 2011: 216-217；（美）安德森：《公共政策制定（第5版）》，谢明等译，中国人民大学出版社，2009年，第236页。

② 蒋园园：《复杂理论视阈下的教育政策执行研究》，华东师范大学博士学位论文，2010年，第78页。

③ 洪秀敏、马群：《区域学前教育公平的权责博弈——基于城乡政府履职的差异分析》，《北京师范大学学报（社会科学版）》，2015年第6期，第73页。

师交流政策仍执行失序：或者是交流比例偏低，或者是教师在行政指令下被迫参与交流，使得交流效果大打折扣。

二、乡村教师队伍建设的目标无法较好适应环境变化

美国学者布朗芬布伦纳（Urie Bronfenbrener）的生态发展模型对人的生活环境进行了微系统（microsystem）、中系统（mesosystem）、外系统（exosystem）、宏系统（macrosystem）和时序系统（chronosystems）五个层次的划分。① 微系统是指乡村教师与之直接接触的、影响最为直接的环境，包含乡村教师的家庭、学校（含学校氛围）、同事（含校长）、班级（含班级氛围、学生及其家长）以及网络等。中系统是指乡村教师与其所处的微系统的联系和过程，由一系列微系统构成。外系统是那些个体虽未直接参与但对个体产生影响的环境，如：当地政府及其教育管理部门，乡村教师的工资待遇保障与荣誉等制度，乡村教师所处的地理环境，乡村学龄人口大量外流导致乡村小规模学校大量出现等环境状况，等等。宏系统是文化系统，涵盖社会的宏观层面，如生活方式、价值取向、伦理道德等，包含着微系统、中系统和外系统。时序系统是指乡村教师所处的社会历史条件。

受环境的影响，乡村教师队伍建设政策能否发挥作用以及发挥多大作用均存在不确定性，政策执行主体对政策的认同度也会相应转变，同时，乡村教师行为主体在不同年龄阶段、不同职业生涯发展阶段对乡村教师的管理与激励政策的认同感与激励政策能否产生激励功能以及产生多大的激励功能均处于动态变化中。在城镇化进程加快、乡村学龄人口大量减少以及乡村教师尤其是优秀教师严重流失的宏系统和外系统环境下，乡村教师队伍建设的目标

---

① Bronfenbrenner, U., *Ecological models of human development*, In International Encyclopedia of Education, 1993, Vol. 3, (2nd edition). Oxford: Elsevier. Reprinted in: Gauvain, M. & Cole, M. (Eds.), *Readings on the Development of Children*, (2nd edition). New York: Freeman, 1994: 39-41.

没有依据和环境之间的对应关系进行内外协调，也没有对社会发展规律和乡村教师行为主体实际需要形成相应的观照，还因一味关注通过加强管理和实施财政性和非财政性激励促使乡村教师队伍实现绝对化的稳定，限制了激励功能的发挥。法国当代著名哲学家、社会学家莫兰(Edgar Morin)认为，有序性能使各种事物持续存在，但它的保守性可能抑制各种新事物的产生；无序性使各种事物的存在走向解体，但它却可能在破坏事物既有秩序时形成使新事物或新性质产生的条件。[①] 因此，乡村教师队伍建设中加强管理和激励促使教师队伍有序性发展，即保持长期的稳定，固然能为乡村义务教育发展提供保障，但也意味着教师队伍可能“死寂”，对乡村教育质量提升形成阻滞。

三、乡村教师队伍建设的内容开放性不够

百年来乡村教师队伍建设中乡村教师的培养(含培训进修等)与补充、管理等内容，与动态的各层次环境的交融沟通不畅，导致其从思想到行动上开放性不足，乡村教师的激励内容更是如此。乡村教师激励的内容均过分依赖外部要素投入的生存路径，使得相关行为主体的积极性不高，激励效果大打折扣。无论是提高乡村教师工资、津贴补贴与其他福利待遇，奖励优秀教师，还是不断完善专项倾斜式激励，基本上为外部要素的引入，以财政性与非财政性投入的激励驱动为主。它反映了国家及其行政部门对乡村教师及其队伍建设的高度重视，但在一定程度上也忽略了激励系统内部乡村教师行为主体的自主性和自我驱动能力。而且，工资待遇、津贴补贴与奖励金发放等财政性的安排究竟要达到什么标准和高度，才能较好地实现斯科特的回报递增机制[②]？

---

① [法]埃德加·莫兰：《复杂性思想导论》，陈一壮译，华东师范大学出版社，2008年，第5页(译者序)。

② 斯科特的回报递增机制指的是，通过提高工资待遇、实施津贴补助与奖励金发放等财政性的安排，使得工作人员完成既定工作后能获得大量且不断增加的回报，从而增强其服务的满足感。参见Scott, W. R., *Institution and Organization: Ideas, Interests and Identities* (4th edition). Los Angeles: Sage Publications, Inc., 2014:144-153,178.[美]W.理查德·斯科特：《制度与组织：思想观念、利益偏好与身份认同(第4版)》，姚伟等译，中国人民大学出版社，2020年，第148—149、153页。

这个标准和高度是否有上限？这些疑问表明当前乡村教师的激励内容乃至乡村教师队伍建设的其他内容易走向外部惯性依赖，且无法完全或可持续地激发乡村教师行为主体的内在动机和乡村教师队伍的活力。

四、乡村教师队伍建设的方法过度依赖行政外力调控

百年来乡村教师队伍建设的方法逐渐转向多渠道兼顾，但几乎完全依托外部指令下的他组织方式运行，而且过度注重行政部门外力调控主导。无论是以奖惩并行手段加强管理，还是以财政性激励和非财政性激励并进的方法增强乡村教职吸引力，均是在中央政府的顶层设计的引导下，各地方政府再在指令范围内制定当地的乡村教师管理和激励方法予以推行。从顶层设计到政策推行，其间存在各种不确定性或异质性，而且各行为主体多依照自身方式运行。全国各地的政策执行者的执行能力、主观意愿、对乡村教师建设的重视程度以及建设政策执行后的利弊与效益等，均无法被准确预知或较好管控；各层类乡村教师行为主体的思维方式、价值观念、行为准则，乡村教师对财政性和非财政性待遇标准的期待及其专业成长意愿等，亦不能准确预知或较好管控，上述行为主体往往依照自身需求和生活经验对各管理办法和激励方法等进行价值评判，并以具体行动进行回应——政策执行者是否继续推行这些政策，以何种程度推行；乡村教师行为主体是否继续留任乡村学校，或者辞职或者向城镇学校流动；乡村教师留任者是否专注于教学水平和乡村教育质量的提升；等等。由此，乡村教师队伍建设完全依托外部指令下的他组织方式推行难以达成目标，过度注重行政部门外力调控主导的建设方法也会降低建设水平，同时也抑制了乡村教师的主动性和自主性。

第三节 乡村教师队伍建设的未来走向

近年来,中共中央、国务院加快了乡村振兴和对乡村人才振兴的步伐,规定到2025年要达成“乡村人才振兴制度框架和政策体系基本形成,乡村振兴各领域人才规模不断壮大、素质稳步提升、结构持续优化,各类人才支持服务乡村格局基本形成,乡村人才初步满足实施乡村振兴战略基本需要”①等目标。而且,《中华人民共和国乡村振兴促进法》再次提出加快乡村教师队伍建设。根据百年来乡村教师队伍建设的历史积淀和基本特征,总览新时代乡村振兴和振兴人才培养的总体方向,未来我国乡村教师队伍建设将在政策、目标、内容与方法上进一步优化。

一、进一步提高政策精细化程度并确保政策执行秩序

(一)增强政策的整体性和系统性

第一,乡村教师队伍建设应在当前建设政策的基础上查漏补缺,修复乡村教师队伍建设政策的补丁或漏洞,同时疏通其堵点,兼顾政策的公共利益和教师的个体利益,实现两者的统一,注重发挥乡村教师的社会价值与本体价值。在加强乡村教师医疗服务保障方面,围绕定期体检、重大疾病救助、医疗保障项目及资金筹措、休养疗养与心理健康,社会保险等,制定可行性

① 《中共中央办公厅、国务院办公厅印发〈关于加快推进乡村人才振兴的意见〉》(2021年2月23日),http://www.gov.cn/xinwen/2021-02/23/content_5588496.htm。

方案，同时辅以详细具体的执行进度安排和监督管理举措等，使粗线条式的政策精准化。如在关注乡村教师心理健康方面，应制定提供心理咨询专家或专业医生定期进校或长期驻校开展心理咨询服务等操作性强的方案。再如在乡村教师激励方面，引导各地教育管理部门从总量上提高偏远山区教师的补偿，根据各地实际情形，精准诊断与测算财政性激励尤其是津贴奖补发放的标准与额度。根据外部环境的复杂性，激励应体现出乡村教师工作学校的类别差异、工作地点的艰难边远差异。应根据乡村学校空间地域环境艰难程度、通车里程长短、住宿条件优劣与城市或乡镇政府的远近程度以及工作所在乡村的城镇化水平等明确划分标准，以此作为财政性激励政策实施的依据。在落实目前已有的乡村教师的工资、津贴补贴等福利政策的基础上，根据乡村教师的实际需求，协助解决好乡村教师子女就学或基础教育择校问题，或者为其子女设立学业奖学金等，以提升他们工作的积极性，持续激发他们扎根乡村的热情。

第二，乡村教师队伍建设还应增强建设政策的系统性。增强乡村教师培养、补充、招聘、专业发展、待遇保障（激励）等政策的系统性，在乡村教师队伍建设中，乡村教师培养政策、补充政策、招聘政策、专业发展政策以及待遇保障政策之间应有良好的衔接机制。目前我国小学全科教师定向培养政策已经实现“招培聘”合一，有了较好的衔接，而 2018 年正式启动的“马云乡村师范生计划”在其中起到了部分激励作用。未来可以在此基础上逐步探索系统性的乡村教师队伍建设政策，增强其内容各方面的衔接。

第三，整体性和系统性的乡村教师队伍建设政策的推行，需要对乡村教师进行分层分类。当前乡村教师队伍建设政策的价值取向转变为兼顾多元利益主体的需求，从社会工具价值取向转向为人本理性价值取向。政策制定时既需要考虑能够被更多行为主体所采用、基于共享信念的利益或报酬机制，也需要考虑基于个体利益或报酬的自主选择机制。乡村教师群体既有全体乡村教师，也有不同区域的乡村教师，根据中央政府相关政策文件的话语表达，有乡村地区、边远地区、民族地区以及贫困地区的教师群体，乡村小规模学校、乡镇寄宿制学校以及教学点的教师群体。针对乡村教师行为主体的复杂性,在全体乡村教师的基础上,应对艰苦边远程度不同的区域的乡村教师群体(根据乡村学校空间地域的艰难程度、与城市或乡镇政府的远近程度以及乡村城镇化水平)等进一步分类,实现不同地域群体、年龄群体、性别群体、学科群体、学历群体、岗位群体以及职称群体与不同教师个体在不同职业生涯阶段的全覆盖。针对不同层类乡村教师行为主体的内在需求和外在需求,实施分层分类的管理和激励政策,不仅要更好地对接乡村教师的本体价值,增强乡村教师管理和激励政策的普适性和针对性,还要疏通当前乡村教师队伍建设政策无法适用于不同层类乡村教师群体或个体的局面,以精准对接各层类乡村教师行为主体的利益需求。如应针对不同年龄群体的乡村教师设计多层次且精准的激励政策,以激发不同年龄层次乡村教师的从教热情;增加阶段性管理和激励政策,针对同一教师群体或个体的不同职业生涯发展阶段设计阶梯式的管理和激励政策,着眼于乡村教师的可持续发展。

(二)确保政策执行秩序

乡村教师队伍建设政策关注多元利益主体间的沟通对话,有助于确保政策执行秩序,这就需要调和乡村教师建设政策的制定和实施中多元行为主体之间的利益。

第一,拓展多元行为主体参与乡村教师队伍建设政策制定的空间。多元行为主体各自立场与选择本身就具有较强的偶然性与突变性,由此产生的复杂性问题和不确定性因素阻碍了乡村教师队伍建设。如在改革与推进时期的20世纪末期,中央政府一再强调改革并提高乡村教师工资,在“地方负责、分级管理”的义务教育办学模式下,乡村教师工资筹措一度被下放至市、县基层政府。因为各地经济发展水平不均衡,各基层政府担负义务教育经费困难,政策执行力各异等,乡村教师收入并未得到提高,甚至还出现了工资拖欠和发放不及时等问题。乡村教师队伍建设的未来发展,既是一种自上而下的外在战略布局的变化，一定程度上由各地乡村振兴、乡村教育发展，乡村学生家长，不同层类乡村教师群体或个体自下而上的微观需求推动，又是一个不断回应乡村教师队伍自身复杂性的过程。因此，乡村教师队伍建设政策的顶层设计，需要以多元行为主体的价值认同与利益调和为前提，要拓展地方政府及其教育管理部门参与乡村教师队伍建设政策制定的空间，同时拓展学生及家长、不同层类乡村教师群体等利益相关者代表参与政策制定的空间，形成自上而下和自下而上相结合的乡村教师队伍建设政策制定路径。

第二，中央政府适当介入地方政策执行也有助于确保政策执行秩序。如在百年来的乡村教师队伍建设中，乡村教师工资待遇提升尤其是生活补助落实取得明显成效便与中央政府以财政投入介入政策执行相关联。2001年，国家开始施行“以县为主”的义务教育管理体制，同时中央与地方分项目、按比例分担乡村义务教育经费及教师工资的机制逐步建立，使20世纪90年代乡村教师工资拖欠或发放不及时等问题得以解决，乡村教师工资待遇逐步提高。由此，在乡村教师队伍建设中，仅仅依靠中央行政督导评估，以奖惩并行的手段实施管理，不一定能真正有效推动政策的执行，中央政府根据各地方实际情形适当介入政策执行更有可能取得成效。在乡村教师队伍建设的后两个历史时期，坚持“地方自主实施，中央综合奖补”的原则落实乡村教师生活补助政策，不仅是多元行为主体调和利益的表现，也表明中央政府共同分担乡村教师队伍建设财政投入的重要性。尤其是到乡村教师队伍的深化与创新时期，“整合农村义务教育经费保障机制和城市义务教育奖补政策，建立统一的中央和地方分项目、按比例分担的城乡义务教育经费保障机制”，同时“中央继续对中西部地区及东部部分地区义务教育教师工资经费给予支持，省级人民政府加大对本行政区域内财力薄弱地区的转移支付力度。县级人民政府确保县域内义务教育教师工资按时足额发放”[①]，使

① 《国务院关于进一步完善城乡义务教育经费保障机制的通知》(2015年11月25日)，https://www.gov.cn/govweb/gongbao/content/2015/content_2978253.htm。

得乡村教师工资待遇有了大幅度的提升。

二、坚持乡村教师队伍建设目标的动态性

鉴于当前乡村教师队伍依然“存在结构性缺员较为突出、素质能力有待提升、发展通道相对偏窄、职业吸引力不强等问题”[①]，乡村教师队伍建设需要围绕“下得去、留得住、教得好”，继续以增强乡村教师职业吸引力为宗旨展开。增加乡村教职吸引力是乡村教师队伍建设最为直接的目标，而形成一支数量充足、结构合理以及教学水平高、师德师风好的乡村教师队伍，是乡村教师队伍建设的最终目的。在全面推行乡村振兴、脱贫攻坚战略，而乡村教师流动频繁以及乡村优秀教师流失率较大的社会背景下，坚持乡村教师队伍建设目标的动态性，需要探寻乡村教师、乡村教育以及乡村振兴的关联点，促使三者之间形成良性循环；既要正视乡村教师队伍建设的有序性，也不能忽略其无序性。加强乡村教师队伍的建设，不能仅以“留得住”乡村教师来实现，应正视乡村教师流动的现实状况和发展诉求，并以乡村教师社会流动的实现作为激励手段，以社会流动与衔接及时得当的教师补充机制为激励杠杆，形成乡村教师的良性有序流动。这种流动以及激励目标不仅旨在增强乡村教师队伍的活力，不断提升乡村教师质量，促使乡村教师从“教得好”到“教得更好”，其最终落脚点还在于乡村教师队伍的总体稳定[②]和乡村教育高质量发展，从而加快推进乡村振兴战略。总之，应当坚持乡村教师队伍建设目标的动态性，不断适应各系统层次环境的变化，将乡村教师队伍的总体稳定和乡村教育高质量发展视作最终目标。

---

① 《教育部等六部门关于加强新时代乡村教师队伍建设的意见》(2020 年 8 月 28 日)，http://www.moe.gov.cn/srcsite/A10/s3735/202009/t20200903_484941.html。

② 相关设想请参见陈玉玲、吴卫东：《乡村教师激励的创新设计：社会流动支持的视角》，《教育发展研究》，2021 年第 18 期，第 58 页。

三、坚持乡村教师队伍建设内容的开放性

百年来乡村教师队伍建设的内容，包含了乡村教师的培养（含培训进修等）与补充、乡村教师的管理、财政性和非财政性激励等方面。围绕“下得去”“留得住”“教得好”的重大问题，坚持乡村教师队伍建设内容的开放性，应靶向各地实际情况，建设有特色的乡村教师队伍；应靶向不同层类乡村教师群体或个体，实施精准的差异化管理和激励；还应根据乡村教师队伍建设的最终落脚点，进一步完善建设内容。

（一）靶向各地的实际情形，建设有特色的乡村教师队伍

根据各地实际情况加强乡村教师队伍建设，要求不同地区建设的内容应各有侧重，独具特色。如在乡村教师补充渠道方面，并不是所有地区都需要同时推进定向师范生培养、全面招聘、“特岗计划”、支教活动、城乡教师交流、退休教师支援等多样化的补充办法才能达成补充师资的目标。不同地区应根据自身地域特色、经济发展水平以及乡村教育发展要素、乡村振兴推进平台和固有资源等因素，决定是否重点加强某一种或几种补充办法，同时也可以依据这些因素创新乡村教师补充办法，形成具有地方特色的乡村教师补充渠道，引进更多具有浓厚乡村教育情怀，乐教、适教、善教的优质师资。建设有特色的乡村教师队伍，可通过提前批次、“三位一体”、自主招考等方式从生源选拔上吸收一批志愿服务教育事业的师范生；可吸收我国“中师生”培养的优秀经验，增强培养特色，师范生毕业后输送至志愿乡村学校工作，形成“招、培、用”合一方式，补充乡村师资；注重提升这群乡村教师的学历层次，在乡村学校工作一定期限内达到规定实绩便可免试在职或脱产攻读研究生学位，学业完成后继续服务乡村学校达一定期限，从而形成“招、培、用、进、修”合一的乡村教师队伍建设内容。

(二)靶向不同层类乡村教师群体或个体,实施精准的差异化管理与激励

乡村教师群体中不同年龄群体、学历群体、地域群体、性别群体、职称群体,甚至不同教师个体在不同职业生涯阶段具有不同的任教或者留教意愿,他们的现实利益诉求也各不相同,针对相同的建设内容尤其是管理和激励也表现出不同的意愿和态度。鉴于此,坚持乡村教师队伍建设内容的开放性,需要针对不同层类乡村教师群体或个体,分层分类、分阶段实施精准的差异化管理与激励。建立"乡村教师数据库"可以为这些举措推行提供保障。利用大数据平台,根据乡村教师的年龄、学历、地域、性别、职称、各自的现实诉求进行分层分类,精准设计乡村教师的管理和激励等内容,在兼具普适性和针对性的政策的引导下,首先关注乡村教师群体基本需求或现实利益诉求的基础,再根据群体内的不同个体的基本需求进行针对性的管理与激励。同时,为适应乡村教师职业生涯阶段发展的需求,"乡村教师数据库"需要密切追踪各乡村教师群体或个体的发展状况,以及加强管理和推行激励后的乡村教师可持续性发展状况,并随时更新信息(如不同阶段的主导需求或关键需求等),为乡村教师阶段性发展提供更为精准的支持服务,为检验前期建设工作的有效性提供依据,为建设政策的进一步调整提供参考。

(三)实施乡村教师补充、流动与退出三者并行机制

在城镇化进程加快、乡村学龄人口大量减少以及乡村教师需求量逐渐下降的背景下,坚持乡村教师队伍建设内容的开放性,落实乡村教师队伍的总体稳定和乡村教育高质量发展的乡村教师队伍建设目标,需要乡村教师补充、流动与退出三者并行,且配合实施。在当前一直关注并侧重多样化、多渠道补充乡村师资的基础上,逐渐建立乡村教师流动制度,并以实现乡村社会流动[①]为

① 乡村教师完成既定目标后即可获得社会流动资格,积累代际可传递资本和实现自身的水平流动。具体流动方案参见陈玉玲、吴卫东:《乡村教师激励的创新设计:社会流动支持的视角》,《教育发展研究》,2021年第18期,第57—59页。

乡村教师激励手段促使乡村教育有序发展，且调动乡村教师的工作的积极性和教学热情。与此同时，逐渐推行乡村教师退出机制，以“优胜劣汰”方式反向推动乡村教师不断提升业务水平，有助于加强乡村教师队伍的管理。总之，以乡村教师及时得当的补充为基础，保障乡村教师队伍的基本稳定，再以乡村教师流动正面激励与退出机制的反向推动相配合，有助于乡村教师队伍建设持续适应社会环境的变化，促使教师队伍焕发生机。

四、充分激发各地乡村教师队伍建设的内生动力

充分激发乡村教师队伍建设的内生动力主要从两类主体入手：一是乡村教师队伍建设的参与者，如乡村教师队伍建设的管理者、政策制定者与执行者等；二是乡村教师行为主体本身。

（一）超越管控思维，下放建设参与权限

乡村教师队伍建设各级管理者（作为乡村教师队伍建设政策制定者和推行者的各级政府部门及其教育管理部门）超越一般的管控思维，在中央层面乡村教师队伍建设的顶层设计下，各级政府逐渐放权，以开放性的状况关注自下而上的自组织的思维碰撞，调动多元主体尤其是不同层类乡村教师群体以及各种代表乡村教师利益的非官方组织，在通过调研乡村教师所处地域空间环境的基础上，参与到当地教师队伍建设的实践活动中。因为非官方组织的行为主体或者近距离于或者生活于乡村教师的生存空间环境和教学工作一线，他们更容易探究乡村振兴和乡村教育发展的现实状态，深切体悟以前与当前乡村教师队伍建设存在的实际问题或疏漏，深入了解乡村教师群体的实际利益诉求，这都为地方自主创新乡村教师队伍建设带来了可能性，同时也有助于根据不同地方的实际情形和需求，根据不同层类乡村教师群体的利益诉求以及不同发展阶段不断演变的乡村教师队伍建设方法，自动充分激发各地乡村教师队伍建设动力。总之，管理者超越管控思

维,下放乡村教师队伍建设权限,允许地方通过多元主体自治参与建设,不仅有助于乡村教师队伍的稳定发展,而且能使建设方法始终与外界环境的变化相适应,从而增强乡村教师队伍建设的动力。

(二)行政外力激励与自组织激发并行

提高乡村教师待遇,增强激励是乡村教师队伍建设不可或缺的环节和内容。财政性激励和非财政性激励仍是乡村教师最为基本的激励方法,尤其是基于回报递增的财政性激励应该是全体乡村教师主要的激励方式,它无论是在国内还是在国际上都被证明是较为有效的激励方式,且它在一定期限内的确有助于激励乡村教师工作和留教的积极性。但是仅仅靠外部投入的激励容易形成乡村教师队伍建设的外部惯性依赖,从而忽略了乡村教师行为主体的自我驱动激发的力量和作用。因此,应以此为基础,充分肯定乡村教师激励的"自主性",调动激励方法的自组织性以充分激发乡村教师行为主体自身的力量,突破外力主导乡村教师激励的路径依赖。其中,乡村教师树立专业发展的目标和获得外部相应支撑,有助于激发乡村教师行为主体的积极性。专业发展成为乡村教师激励的主要内容也已得到证实[①],但近年来的调查显示,有86.5%的教师认为乡村教师的发展机会明显少于城镇教师[②]。因此,在当前财政性和非财政性激励并行且兼顾行政外力激励的基础上,应着重关注促使乡村教师专业发展的激励方法,通过多种方式进一步实施乡村教师培训改革,拓宽乡村教师成长路径,充分激发其内驱力,使激励功能更具持久性。其中,在乡村教师培训方面,进一步完善从"国培计划"到县域内教师发展中心(或县教研室)、县镇中心学校、村级小学(或教学点)等多层级、全覆盖的教师培训体系;开展不限于乡村教师专业能力提升,包含科研素养养成、教育家型教师精神培育、教学思想凝练等多样化的培训

① 赵新亮:《提高工资收入能否留住乡村教师——基于五省乡村教师流动意愿的调查》,《教育研究》,2019年第10期,第132页。

② 白亮:《乡村教师激励政策优化》,《教育研究》,2021年第12期,第146页。

内容;实施乡村教师自主选修与精准必修相结合的培训方法,创新线上学习与线下面授相结合的研修模式;推行过程性评价与培训后跟踪考核相结合的培训效果评估。在乡村教师成长路径方面,通过打造系列乡村教师专业发展工作室、建设课题项目合作平台,与中小学名师和高校专家结对形成乡村教师专业成长支持网或城乡教师(含大中小学教师)专业成长共同体,并将“教师成长档案”作为进一步实施乡村教师激励的重要依据,促使乡村教师专业成长路径更为多元。

参考文献举要

（以出版、发表、公布及创刊的时间为序）

一、史料

（一）资料汇编、统计、报告类

1. 江苏省教育厅秘书室编:《江苏省现行教育法令汇编》,江苏省教育厅秘书室,1933 年。

2. 教育部普通教育司编:《中华民国二十一年度全国中等教育统计》,商务印书馆,1935 年。

3. 教育部普通教育司编:《中华民国二十年度全国中等教育统计》,南京大陆印书馆,1935 年。

4. 教育部统计室编:《中华民国二十二年度全国中等教育统计》,商务印书馆,1936 年。

5. 教育部参事处编:《教育法令汇编》第 1 辑,商务印书馆,1936 年,

6. 教育部国民教育司编:《国民教育法规汇编》第 1 辑,正中书局,1941 年。

7. 四川省政府教育厅第三科编:《四川省国民教育实施概况》,中华书局,1941 年。

8. 教育部国民教育司编:《三十年度各省市实施国民教育概况》,教育部国民教育司,1942 年。

9.教育部国民教育司、国民教育辅导研究委员会编:《三十一年度国民教育实施概况》,教育部国民教育司、国民教育辅导研究委员会,1943年。

10.郭卫等:《中华民国宪法史料》,大东书局,1947年。

11.教育部办公厅编:《教育文献法令汇编(1953)》,人民教育出版社,1955年。

12.中国现代史资料编辑委员会翻印:《抗战中的中国文化教育》,中国现代史资料编辑委员会,1957年。

13.教育科学研究所筹备处编:《老解放区教育资料选编》,人民教育出版社,1959年。

14.吴相湘、刘绍唐主编:《第一次中国教育年鉴(丙编·教育概况上)》,传记文学出版社,1971年。

15.吴相湘、刘绍唐主编:《第一次中国教育年鉴(丁编·教育统计)》,传记文学出版社,1971年。

16.多贺秋五郎编:《近代中国教育史资料·民国编》(上),文海出版社,1976年。

17.多贺秋五郎编:《近代中国教育史资料·民国编》(中),文海出版社,1976年。

18.多贺秋五郎编:《近代中国教育史资料·民国编》(下),文海出版社,1976年。

19.教育部编:《三十年全国教育统计资料(1949—1978)》,教育部,1979年。

20.国家人事局编:《人事工作文件选编(3):干部福利部分》,国家人事局,1980年。

21.冶金工业部劳动工资司编:《工资福利文件选编(1):工资奖励部分》,冶金工业出版社,1981年。

22.中华人民共和国财政部办公室编:《一九七九年财政规章制度选编》(下),中国财政经济出版社,1981年。

23.陕西师范大学教育科学研究所编:《陕甘宁边区教育资料·小学教育部分》(上),教育科学出版社,1981年。

24.李友芝等编:《中国近现代师范教育史资料》第2册,内部资料,1983年。

25.中央教育科学研究所编:《中华人民共和国大事记(1949—1982)》,教育科学出版社,1983年。

26.教育部计划财务司编:《中国教育成就统计资料(1949—1983)》,人民教育出版社,1984年。

27.《中国教育年鉴》编辑部编:《中国教育年鉴(1949—1981)》,中国大百科全书出版社,1984年。

28.教育年鉴编纂委员会编:《第二次中国教育年鉴(第3编·初等教育)》,文海出版社,1986年。

29.教育年鉴编纂委员会编:《第二次中国教育年鉴(第7编·师范教育)》,文海出版社,1986年。

30.教育年鉴编纂委员会编:《第二次中国教育年鉴(第14编·教育统计)》,文海出版社,1986年。

31.《中国教育年鉴》编辑部编:《中国教育年鉴(1949—1984)·地方教育》,湖南教育出版社,1986年。

32.中央教育科学研究所编:《老解放区教育资料(二):抗日战争时期》(下),教育科学出版社,1986年。

33.国家教育委员会计划财务司编:《中国教育成就统计资料(1980—1985)》,人民教育出版社,1986年。

34.《当代中国》丛书教育卷编辑室编:《当代中国高等师范教育资料选》(上),华东师范大学出版社,1986年。

35.国家教育委员会计划财务局编:《中国教育统计年鉴1987》,北京工业大学出版社,1988年。

36."农村教育改革研究丛书"编委会编:《农村教育改革文献和资料选

编》，教育科学出版社，1988 年。

37.《中国教育年鉴》编辑部编：《中国教育年鉴(1985—1986)》，湖南教育出版社，1988 年。

38. 胡启立编：《教育改革重要文献选编》，人民教育出版社，1988 年。

39. 国家教育委员会计划建设司编：《中国教育统计年鉴 1988》，北京工业大学出版社，1989 年。

40. 农业部教育司编：《中等专业教育文件选编》，农业出版社，1989 年。

41. 国家教育委员会师范教育司编：《师范教育文件选编(1980—1987)》，东北师范大学出版社，1989 年。

42. 宋恩荣、章咸主编：《中华民国教育法规选编(1912—1949)》，江苏教育出版社，1990 年。

43. 朱有瓛主编：《中国近代学制史料》(第 3 辑上)，华东师范大学出版社，1990 年。

44. 国务院教育工作研讨小组办公室、国家教育委员会人事司编：《各地改善教师待遇文件汇编》，中央广播电视大学出版社，1990 年。

45. 中国第二历史档案馆编：《中华民国史档案资料汇编(第 3 辑・教育)》，江苏古籍出版社，1991 年。

46. 陶行知：《陶行知全集》(第 2 卷)，四川教育出版社，1991 年。

47. 国家教育委员会编：《中华人民共和国现行教育法规汇编(1949—1989)》，人民教育出版社，1991 年。

48. 国家教育委员会计划建设司编：《中国教育成就统计资料(1986—1990)》，人民教育出版社，1991 年。

49. 国家教育委员会政策法规司编：《十一届三中全会以来重要教育文献选编》，教育科学出版社，1992 年。

50. 广西师范大学编写组编：《广西师范大学文稿》，广西师范大学出版社，1992 年。

51. 刘英杰主编：《中国教育大事典(1949—1990)》，浙江教育出版社，

1993 年。

52. 国家教育委员成人教育司编:《中国高等函授教育大事记·文献·资料(1949—1989)》,中国人民大学出版社,1994 年。

53.《中国教育事典》编委会编:《中国教育事典(初等教育卷)》,河北教育出版社,1994 年。

54.《中国教育事典》编委会编:《中国教育事典(中等教育卷)》,河北教育出版社,1994 年。

55. 国家教育委员会师范教育司编:《师范教育工作资料汇编(1988—1995)》,东北师范大学出版社,1996 年。

56. 国家教育委员会计划建设司编:《中国教育统计年鉴 1989》,人民教育出版社,1990 年。

57. 国家教育委员会计划建设司编:《中国教育统计年鉴 1990》,人民教育出版社,1991 年。

58. 国家教育委员会计划建设司编:《中国教育统计年鉴(1991—1992)》,人民教育出版社,1992 年。

59. 国家教育委员会计划建设司编:《中国教育事业统计年鉴 1992》,人民教育出版社,1993 年。

60. 国家教育委员会计划建设司编:《中国教育事业统计年鉴 1993》,人民教育出版社,1994 年。

61. 国家教育委员会计划建设司编:《中国教育事业统计年鉴 1994》,人民教育出版社,1994 年。

62. 国家教育委员会计划建设司编:《中国教育事业统计年鉴 1995》,人民教育出版社,1996 年。

63. 国家教育委员会计划建设司编:《中国教育事业统计年鉴 1996》,人民教育出版社,1997 年。

64. 国家教育委员会计划建设司编:《中国教育事业统计年鉴 1997》,人民教育出版社,1998 年。

65. 何东昌主编:《中华人民共和国重要教育文献(1949—1997)》,海南出版社,1998 年。

66. 教育部师范教育司编:《师范教育工作资料汇编(1996—2000)》,东北师范大学出版社,2001 年。

67. 刘江主编:《中国中西部地区开发年鉴(2000—2001)》,中国财政经济出版社,2001 年。

68. 何东昌主编:《中华人民共和国重要教育文献(1998—2002)》,海南出版社,2003 年。

69. 教育部编:《深化农村教育改革　加快农村教育发展:全国农村教育工作会议文件汇编》,人民教育出版社,2004 年。

70. 刘志强主编:《中国三农及农民增收政策法规汇编》(上),安徽文化音像出版社,2004 年。

71.《中国教育年鉴》编辑部编:《中国教育年鉴 2005》,人民教育出版社,2005 年。

72. 张车伟主编:《中国人口年鉴 2006》,中国人口年鉴杂志社,2006 年。

73. 高甄文主编:《高等教育最新法律法规与政策文件汇编》(上),华夏教育出版社,2007 年。

74. 陈元晖主编:《中国近代教育史资料汇编・普通教育》,上海教育出版社,2007 年。

75. 中共中央文献研究室编:《改革开放三十年重要文献选编》(上、下),中央文献出版社,2008 年。

76. 李文海主编:《民国时期社会调查丛编(二编・乡村社会卷)》,福建教育出版社,2009 年。

77. 何东昌主编:《中华人民共和国重要教育文献(2003—2008)》,新世界出版社,2010 年。

78. 殷梦霞、李强选编:《民国统计资料四种》(第 13 册),国家图书馆出版社,2010 年。

79.中国第二历史档案馆编:《中华民国史档案资料汇编(第5辑第1编·教育)》,凤凰出版社,2010年。

80.中共中央文献研究室编:《十六大以来重要文献选编》(上),暨南大学出版社,2011年。

81.中共中央文献研究室编:《建国以来重要文献选编》第4册,中央文献出版社,2011年。

82.中共中央文献研究室编:《建国以来重要文献选编》第11册,中央文献出版社,2011年。

83.中共中央文献研究室编:《建国以来重要文献选编》第14册,中央文献出版社,2011年。

84.中共中央文献研究室编:《十四大以来重要文献选编》(上),中央文献出版社,2011年。

85.李文海主编:《民国时期社会调查丛编(一编·文教事业卷)》,福建教育出版社,2014年。

86.李文海主编:《民国时期社会调查丛编(二编·文教事业卷)》,福建教育出版社,2014年。

87.徐辰:《宪制道路与中国命运——中国近代宪法文献选编(1840—1949)》(下卷),中央编译出版社,2017年。

88.晋察冀边区阜平县红色档案丛书编委会编:《晋察冀边区法律法规文件汇编》(上),中共党史出版社,2017年。

89.中国第二历史档案馆编:《中华民国史档案资料汇编(第5辑第2编·教育)》,凤凰出版社,2018年。

90.中国第二历史档案馆编:《中华民国史档案资料汇编(第5辑第3编·教育)》,凤凰出版社,2018年。

91.杨瑞勇等:《中国农村教育发展报告2010—2020》,科学出版社,2021年。

92.国家统计局主编:《中国统计年鉴2001》,中国统计出版社,2001年。

93. 国家统计局主编:《中国统计年鉴 2003》,中国统计出版社,2003 年。

94. 国家统计局主编:《中国统计年鉴 2006》,中国统计出版社,2006 年。

95. 国家统计局主编:《中国统计年鉴 2015》,中国统计出版社,2015 年。

96. 国家统计局主编:《中国统计年鉴 2021》,中国统计出版社,2021 年。

97. 教育部发展规划司编:《中国教育统计年鉴 1998》,人民教育出版社,1999 年。

98. 教育部发展规划司编:《中国教育统计年鉴 1999》,人民教育出版社,2000 年。

99. 教育部发展规划司编:《中国教育统计年鉴 2000》,人民教育出版社,2001 年。

100. 教育部发展规划司编:《中国教育统计年鉴 2001》,人民教育出版社,2002 年。

101. 教育部发展规划司编:《中国教育统计年鉴 2002》,人民教育出版社,2003 年。

102. 教育部发展规划司编:《中国教育统计年鉴 2003》,人民教育出版社,2004 年。

103. 教育部发展规划司编:《中国教育统计年鉴 2004》,人民教育出版社,2005 年。

104. 教育部发展规划司编:《中国教育统计年鉴 2005》,人民教育出版社,2006 年。

105. 教育部发展规划司编:《中国教育统计年鉴 2006》,人民教育出版社,2007 年。

106. 教育部发展规划司编:《中国教育统计年鉴 2007》,人民教育出版社,2008 年。

107. 教育部发展规划司编:《中国教育统计年鉴 2008》,人民教育出版社,2009 年。

108. 教育部发展规划司编:《中国教育统计年鉴 2009》,人民教育出版社,2010 年。

109.教育部发展规划司编:《中国教育统计年鉴 2010》,人民教育出版社,2011 年。

110.教育部发展规划司编:《中国教育统计年鉴 2011》,人民教育出版社,2013 年。

111.教育部发展规划司编:《中国教育统计年鉴 2012》,人民教育出版社,2013 年。

112.教育部发展规划司编:《中国教育统计年鉴 2013》,人民教育出版社,2014 年。

113.教育部发展规划司编:《中国教育统计年鉴 2014》,人民教育出版社,2015 年。

114.教育部发展规划司编:《中国教育统计年鉴 2015》,人民教育出版社,2016 年。

115.教育部发展规划司编:《中国教育统计年鉴 2016》,人民教育出版社,2017 年。

116.教育部发展规划司编:《中国教育统计年鉴 2017》,人民教育出版社,2018 年。

117.教育部发展规划司编:《中国教育统计年鉴 2018》,人民教育出版社,2019 年。

118.教育部发展规划司编:《中国教育统计年鉴 2019》,人民教育出版社,2020 年。

119.教育部发展规划司编:《中国教育统计年鉴 2020》,人民教育出版社,2021 年。

120.教育部发展规划司编:《中国教育统计年鉴 2021》,人民教育出版社,2022 年。

121.邬志辉、秦玉友等:《中国农村教育发展报告 2020—2022》,科学出版社,2022 年。

122.教育部财务司、国家统计局社会与科技统计司编:《中国教育经费统计年鉴2000》,中国统计出版社,2001年。

123.教育部财务司、国家统计局社会与科技统计司编:《中国教育经费统计年鉴2001》,中国统计出版社,2002年。

124.教育部财务司、国家统计局人口和社会科技统计司编:《中国教育经费统计年鉴2002》,中国统计出版社,2003年。

125.教育部财务司、国家统计局人口和社会科技统计司编:《中国教育经费统计年鉴2003》,中国统计出版社,2004年。

126.教育部财务司、国家统计局人口和社会科技统计司编:《中国教育经费统计年鉴2004》,中国统计出版社,2005年。

127.教育部财务司、国家统计局社会和科技统计司编:《中国教育经费统计年鉴2005》,中国统计出版社,2006年。

128.教育部财务司、国家统计局社会和科技统计司编:《中国教育经费统计年鉴2006》,中国统计出版社,2007年。

129.教育部财务司、国家统计局社会和科技统计司编:《中国教育经费统计年鉴2007》,中国统计出版社,2008年。

130.教育部财务司、国家统计局社会和科技统计司编:《中国教育经费统计年鉴2008》,中国统计出版社,2009年。

131.教育部财务司、国家统计局社会和科技统计司编:《中国教育经费统计年鉴2009》,中国统计出版社,2010年。

132.教育部财务司、国家统计局社会和科技统计司编:《中国教育经费统计年鉴2010》,中国统计出版社,2011年。

133.教育部财务司、国家统计局社会科技和文化产业统计司编:《中国教育经费统计年鉴2011》,中国统计出版社,2012年。

134.教育部财务司、国家统计局社会科技和文化产业统计司编:《中国教育经费统计年鉴2012》,中国统计出版社,2013年。

135.教育部财务司、国家统计局社会科技和文化产业统计司编:《中国教育经费统计年鉴 2013》，中国统计出版社，2014 年。

136. 教育部财务司、国家统计局社会科技和文化产业统计司编：《中国教育经费统计年鉴 2014》，中国统计出版社，2015 年。

137. 教育部财务司、国家统计局社会科技和文化产业统计司编：《中国教育经费统计年鉴 2015》，中国统计出版社，2016 年。

138. 教育部财政司、国家统计局社会科技和文化产业统计司编：《中国教育经费统计年鉴 2016》，中国统计出版社，2017 年。

139. 教育部财政司、国家统计局社会科技和文化产业统计司编：《中国教育经费统计年鉴 2017》，中国统计出版社，2018 年。

140. 教育部财政司、国家统计局社会科技和文化产业统计司编：《中国教育经费统计年鉴 2018》，中国统计出版社，2019 年。

141. 教育部财政司、国家统计局社会科技和文化产业统计司编：《中国教育经费统计年鉴 2019》，中国统计出版社，2020 年。

142. 教育部财政司、国家统计局社会科技和文化产业统计司编：《中国教育经费统计年鉴 2020》，中国统计出版社，2021 年。

143. 教育部财政司、国家统计局社会科技和文化产业统计司编：《中国教育经费统计年鉴 2021》，中国统计出版社，2022 年。

144. 教育部财政司、国家统计局社会科技和文化产业统计司编：《中国教育经费统计年鉴 2022》，中国统计出版社，2023 年。

(二)报刊类

《申报》 《大公报》 《民国日报》
《益世报》 《中央党务公报》 《教育部公报》
《教育通讯》 《教育杂志》 《广东省政府公报》
《江苏教育》 《四川教育》 《三民半月刊》
《河南教育月刊》 《浙江教育行政周刊》 《教育半月刊》
《新教育》 《乡村建设半月刊》 《中华教育界》

《师大教育丛刊》 《广西教育》 《西北》
《新青海》 《经世》 《二师月刊》
《地方教育》 《基础教育月刊》 《村治月刊》
《农村月刊》 《广西教育通讯》 《新广西》
《安徽教育行政周刊》 《大上海教育》 《浙江省政府公报》
《江苏省政府公报》 《新四川月刊》 《国民教育辅导月刊》
《中国农村》 《正气》 《到民间来》
《县乡自治》 《存诚月刊》 《地方教育》
《嘉陵江日报》 《山东教育月刊》 《中华人民共和国国务院公报》
《人民教育》 《人民日报》 《山西政报》

(三)地方史志类

1.中国人民政治协商会议山西省稷山县委员会文史资料组编:《稷山文史资料》第1辑,中国人民政治协商会议山西省稷山县委员会文史资料组,1985年。

2.湖南省汉寿县政协文史资料研究委员会编:《汉寿文史资》第3辑,湖南省汉寿县政协文史资料研究委员会,1986年。

3.湖北省南漳县教育志编写组编:《南漳县教育志(1902—1985)》,湖北省南漳县印刷厂,1987年。

4.湘潭县教育局教育志编写组编:《湘潭县教育志》,湘潭县人民印刷厂,1989年。

5.中国人民政治协商会议涪陵市委员会文史资料研究委员会编:《涪陵文史资料选辑》第8辑,涪陵日报社,1989年。

6.《武汉劳动史志》编纂委员会编:《武汉劳动史志1991》,武汉劳动史志编纂委员会,1991年。

7.中国人民政治协商会议四川省新都县委员会文史资料委员会编:《新都文史》第6辑,中国人民政治协商会议四川省新都县委员会文史资料委员会,1991 年。

8. 四川省《北川县教育志》编写领导小组编:《北川县教育志(清末—1988 年)》,成都地图出版社,1991 年。

9.《千灯镇志》编纂委员会编:《千灯镇志》,上海人民出版社,1991 年。

10. 湖南省祁东县志编纂委员会编:《祁东县志》,中国文史出版社,1992 年。

11. 安徽省桐城县教育委员会编:《桐城县教育志》,安庆市华中印刷厂,1992 年。

12. 安庆地区教育志编写委员会编:《安庆地区教育志》,安庆地区教育志编写委员会,1993 年。

13. 南充县志编纂委员会编:《南充县志》,四川人民出版社,1993 年。

14. 容县志编纂委员会编:《容县志》,广西人民出版社,1993 年。

15. 新县教育志编纂委员会编:《新县教育志(1783—1994)》,中州古籍出版社,1995 年。

16. 阳原县地方志编纂委员会编:《阳原县志》,中国大百科全书出版社,1997 年。

17. 安徽省地方志编纂委员会编:《安徽省志·教育志》,方志出版社,1997 年。

18. 四川省地方志编纂委员会;《四川省志·教育志》,方志出版社,2000 年。

19. 章丘市刁镇《刁镇志》编纂委员会编:《刁镇志》,山东省地图出版社,2001 年。

20. 中国人民政治协商会议兴文县委员会文史教卫委员会编:《兴文县文史资料(第 18 辑)·教育专辑》,中国政治协商会议、兴文县委员会文史教卫委员会,2002 年。

21. 乾县县志编纂委员会编:《乾县志》,陕西人民出版社,2003 年。

22. 政协湖南省祁阳县委员会、学习文史宣教卫体委员会、中国祁阳县教育局编:《祁阳县教育志》第4卷,湖南华商文化商务有限公司,2006年。

23.肥城市新城街道古店村志编纂委员会编:《古店村志》,方志出版社,2017年。

二、著作类

1.喻谟烈:《乡村教育》,商务印书馆,1927年。

2.储劲编:《乡村教育》,商务印书馆,1928年。

3.张宗麟:《乡村教育》,世界书局,1932年。

4.卢绍稷:《乡村教育概论》,大东书局,1932年。

5.赵质宸:《乡村教育概论》,京城印书馆,1933年。

6.余家菊:《乡村教育通论》,中华书局,1934年。

7.古楳:《乡村教育》,商务印书馆,1935年。

8.古楳:《乡村师范概要》,商务印书馆,1936年。

9.沈子善、水心合编:《国民教育》,独立出版社,1942年。

10.郭有守、刘百川:《国民教育》,商务印书馆,1944年,

11.汪通祺:《新县制下之国民教育》,中华书局,1945年。

12.林道发、蒋文澜主编:《中国现代史》,上海社会科学院出版社,1986年。

13.张公权:《中国通货膨胀史(1937—1949)》,杨志信译,文史资料出版社,1986年。

14.张耀纶等:《鄂豫皖苏区教育史》,河南大学出版社,1988年。

15.靳希斌主编:《从滞后到超前——20世纪人力资本学说·教育经济学》,山东教育出版社,1995年。

16.孟旭、马书义:《中国民办教师现象透视》,广西教育出版社,1999年。

17.李书磊:《村落中的"国家"——文化变迁中的乡村学校》,浙江人民出版社,1999年。

18. 马戎、[加]龙山主编:《中国农村教育问题研究》,福建教育出版社,2000 年。

19. 李国强:《中央苏区教育史》,江西教育出版社,2001 年。

20. 金长泽、张贵新主编:《师范教育史》,海南出版社,2002 年。

21. [美]杜赞奇:《文化、权力与国家——1900—1942 年的华北农村》,王福明译,江苏人民出版社,2003 年。

22. 申来津:《精神激励的权变理论》,武汉理工大学出版社,2003 年。

23. 苗春德主编:《中国近代乡村教育史》,人民教育出版社,2004 年。

24. [丹麦]曹诗弟:《文化县——从山东邹平的乡村学校看二十世纪的中国》,泥安儒译,山东大学出版社,2005 年。

25. 崔运武主编:《中国师范教育史》,山西教育出版社,2006 年。

26. 何东昌主编:《中华人民共和国教育史》(上),海南出版社,2007 年。

27. 卜玉华:《回溯与展望:中国中小学教师发展的世纪转型》,山东教育出版社,2007 年。

28. [法]埃德加·莫兰:《复杂性思想导论》,陈一壮译,华东师范大学出版社,2008 年。

29. [美]安德森:《公共政策制定(第 5 版)》,谢明等译,中国人民大学出版社,2009 年。

30. 田正平、陈胜:《中国教育早期现代化问题研究——以清末民初乡村教育冲突考察为中心》,浙江教育出版社,2009 年。

31. 司洪昌:《嵌入村庄的学校:仁村教育的历史》,教育科学出版社,2009 年。

32. 陈洁等:《中国村级债务调查》,上海远东出版社,2009 年。

33. 容中逵:《传统与现代的交锋:百年中国乡村教育变迁的实践表达》,浙江大学出版社,2010 年。

34. 张济洲:《文化视野下的村落、学校与国家——一个地方社区基础教育变迁的历史人类学考察》,教育科学出版社,2011 年。

35. 李红婷:《无根的社区　悬置的学校——湖南大金村教育人类学考察》,民族出版社,2011 年。

36. 张济洲:《“乡野”与“庙堂”之间——社会变迁中的乡村教师》,中国社会科学出版社,2013 年。

37. 丰箫:《现代中国社会中的乡村教育:浙江省嘉兴地区乡村小学教师研究》,上海大学出版社,2014 年。

38. 易新涛:《二十世纪中后期中国乡村社会变迁》,人民出版社,2015 年。

39. 姜朝晖:《民国乡村教师社会角色研究》,人民出版社,2016 年。

40. 朱汉国等:《转型中的困境:民国时期的乡村教育》,北京师范大学出版社,2016 年。

41. 刘玉梅:《近代教师群体研究——以直隶为考察中心》,人民出版社,2016 年。

42. 张乐天等:《新中国成立以来农村教育政策的回顾与反思》,北京师范大学出版社,2016 年。

43. 李琼、丁梅娟:《社会变迁中的我国中小学教师队伍发展研究》,北京师范大学出版社,2017 年。

44. 张旺等:《城乡义务教育一体化发展研究》,教育科学出版社,2017 年。

45. 李森、崔友兴:《社会变迁中的乡村教育》,福建教育出版社,2017 年。

46. 李进金:《中国乡村教师职前培养研究》,厦门大学出版社,2017 年。

47. 郑新蓉等编著:《开拓者的足迹——新中国第一代乡村教师口述史》,广西教育出版社,2018 年。

48. 曲铁华:《民国乡村教育研究》,湖南教育出版社,2018 年。

49. [美]W. 理查德・斯科特:《制度与组织:思想观念、利益偏好与身份认同(第 4 版)》,姚伟等译,中国人民大学出版社,2020 年。

三、论文类

1. 祝其乐:《乡村教师问题》,《中华教育界》,1923 年第 13 卷第 10 期。

2. 祝其乐:《乡村教师问题(续)》,《中华教育界》,1923 年第 13 卷第 11 期。

3. 过探先:《改良乡村学校实施办法之商榷》,《新教育》,1924 年第 9 卷第 1—2 期。

4. 张文昌:《乡村教师的准备及养成》,《天籁》,1925 年第 15 卷第 6 期。

5. 古楳:《乡村教师应有之待遇》,《中华教育界》,1927 年第 16 卷第 10 期。

6. 谢仲耕:《对于广西乡村教育之商榷》,《新广西》,1928 年第 3 卷第 4 期。

7. 孙钰:《乡村教育之困难及其救济之方法》,《村治月刊》,1929 年第 1 卷第 8 期。

8. 李廷枚:《大同的乡村教育》,《西北》,1929 年第 10 期。

9. 唐庐锋:《训政时期乡村教育的实际问题》,《广西教育》,1929 年第 1 卷第 9—10 期。

10. 潘硌基:《怎样做一个乡村教师》,《安徽教育》,1930 年第 1 卷第 9—10 期。

11. 革日水:《形形色色:山西太谷县的小学教员》,《生活》(上海),1930 年第 5 卷第 45 期。

12. 傅葆琛:《乡村教育在大学组织系统中的地位和训练乡村教育人才的计划》,《中华教育界》,1930 年第 18 卷第 10 期。

13. 王润堃:《中国乡村教育之面面观》,《三民半月刊》,1931 年第 7 卷第 1—2 期。

14. 张兆林:《乡村小学教师应有的本领》,《中华教育界》,1931 年第 19

卷第1期。

15. 陈骥:《乡村学校教师问题》,《师大教育丛刊》,1931年第2卷第2期。

16. 庞善守:《山西乡村小学调查及今后改进办法》,《三民半月刊》,1931年第7卷第1—2期。

17. 缪青裳:《乡村教育的病态及其原因》,《地方教育》,1932年第33期。

18. 冯祖荫:《怎样改进我国乡村小学教师》,《中华教育界》,1932年第20卷第3期。

19. 宋积琏:《改进青海乡村小学教师之我见》,《新青海》,1933年第1卷第10期。

20. 徐兆麟:《乡村学校教师问题》,《大上海教育》,1934年第1卷第7期。

21. 周宏达等:《我国乡村教育之改造》,《教育丛刊》,1934年第4期。

22. 王倘:《乡村教育视导问题》,《教育杂志》,1935年第25卷第1期。

23. 左绍儒:《乡村小学教师的进修问题》,《基础教育月刊》,1936年第1卷第7期。

24. 高希裴:《乡村教育的初步认识》,《经世》,1937年第1卷第8期。

25. 程岳:《今之初等教育制度及师资问题之研讨(下)》,《四川教育》,1937年第1卷第4期。

26. 子东:《乡村教育问题》,《中原新潮》,1940年第3卷第1期。

27. 唐诗戡:《论乡村教育》,《湖南教育》,1940年第11期。

28. 潘景佳:《提高国民基础学校教师的待遇问题》,《广西教育通讯》,1941年第2卷第5—6期。

29. 徐云:《在复兴农村声中谈乡村教育》,《农村月刊》,1948年第2卷第11期。

30. 唐松林:《农村中小学教师队伍建设研究》,华东师范大学博士学位论文,2004年。

31. 樊香兰:《新中国小学教师队伍发展历史研究》,陕西师范大学硕士学位论文,2004 年。

32. 王献玲:《中国民办教师始末研究》,浙江大学博士学位论文,2005 年。

33. 刘理、涂艳国:《中部地区农村中小学教师队伍现状问题调研报告》,《教育发展研究》,2005 年第 4 期。

34. 王世军:《我国当代农村教师队伍建设研究——历史发展、现存问题与对策》,西南师范大学硕士学位论文,2005 年。

35. 石长林:《中国教师政策研究——基于教育政策内容的视角》,华中师范大学博士学位论文,2005 年。

36. 史静寰、延建林:《聚焦农村中小学教师 关注农村基础教育的可持续发展》,《教育发展研究》,2006 年第 1 期。

37. 郝锦花、王先明:《从新学教育看近代乡村文化的衰落》,《社会科学战线》,2006 年第 2 期。

38. 郝锦花、田正平:《民国时期乡村小学教员收入状况考察——中国教育早期现代化问题研究之一》,《教育与经济》,2007 年第 2 期。

39. 汪丞:《理想与现实——中国近代小学教师任用制度研究》,华中师范大学博士学位论文,2009 年。

40. 常宝宁、崔岐恩:《农村中小学教师生存状态变革:2000—2007》,《教育科学》,2010 年第 3 期。

41. 蒋园园:《复杂理论视阈下的教育政策执行研究》,华东师范大学博士学位论文,2010 年。

42. 汪明帅:《我国近代教师权利变迁研究》,华东师范大学博士学位论文,2014 年。

43. 王莹莹:《我国农村教师生活史研究(1949—2013)——基于稻村的个案分析》,东北师范大学博士学位论文,2014 年。

44. 洪秀敏、马群:《区域学前教育公平的权责博弈——基于城乡政府履职的差异分析》,《北京师范大学学报(社会科学版)》,2015 年第 6 期。

45. 高盼望:《民国时期乡村教师的生活研究》,山东师范大学博士学位论文,2015 年。

46. 付卫东:《改革开放 40 年我国农村中小学教师队伍建设:举措、成效及经验》,《教育与经济》,2018 年第 4 期。

47. 刘小强:《改革开放 40 年农村教师配置制度变迁研究》,《河北师范大学学报(教育科学版)》,2018 年第 6 期。

48. 胡艳、郑新蓉:《1949—1976 年中国乡村教师的补充任用——基于口述史的研究》,《北京师范大学学报(社会科学版)》,2018 年第 4 期。

49. 赵垣可、刘善槐:《改革开放以来我国农村教师队伍建设问题研究》,《理论月刊》,2019 年第 1 期。

50. 陈林、卢德生:《新中国成立 70 年农村中小学教师队伍建设的回顾与展望》,《当代教育科学》,2019 年第 10 期。

51. 赵新亮:《提高工资收入能否留住乡村教师——基于五省乡村教师流动意愿的调查》,《教育研究》,2019 年第 10 期。

52. 吉标、庞美琪:《民国乡村教师负面情绪的心态史考察》,《教师教育研究》,2020 年第 3 期。

53. 白亮:《乡村教师激励政策优化》,《教育研究》,2021 年第 12 期。

54. 陈玉玲、吴卫东:《乡村教师激励的创新设计:社会流动支持的视角》,《教育发展研究》,2021 年第 18 期。

55. 陈玉玲、邵艳红:《历程、特征与优化:我国中小学生学业负担治理研究》,《教育发展研究》,2022 年第 4 期。

56. 陈玉玲:《建党百年乡村教师激励的演进逻辑与未来走向》,《河北师范大学学报(教育科学版)》,2023 年第 5 期。

57. 陈玉玲:《复杂系统视角下新时代乡村教师激励:特点、现实困境及其优化》,《教育发展研究》,2024 年第 6 期。

四、外文类

1. Bronfenbrenner, U. , *Ecological models of human development*, In International Encyclopedia of Education, 1993, Vol. 3, (2nd edition). Oxford: Elsevier. Reprinted in: Gauvain, M. & Cole, M. (Eds.), *Readings on the Development of Children*, (2nd edition). New York: Freeman, 1994.

2. James E. , *Anderson. Public Policy Making*: *An Introduction* (*7th Edition*). , Boston Wadsworth: Cenage Learning, 2011。

3. Scott, W. R. , *Institution and Organization*: *Ideas*, *Interests and Identities* (4th edition). Los Angeles: Sage Publications, Inc. , 2014.

附　录

附表 1　2013—2015 年国家教育督导检查组反馈意见中有关部分地区乡村义务教育阶段教师队伍建设存在的不足

督查省份	年份	县(市、区)数/个	教师队伍建设存在的不足
福建	2013	23	仍存在音体美、英语、信息技术、科学等专业教师不足的问题;有的乡村学校教师平均年龄偏大;中高级教师数量相对较少,学历及专业化水平与主城区学校存在一定差距;教师队伍整体素质不能满足课改需要;一些地方教师交流制度不够健全,教师交流的配套政策及激励机制尚需进一步健全。
	2014	16	
	2015	14	
浙江	2013	35	一些乡村地区教师年龄老化,个别乡村地区教师数量相对紧张、结构不尽合理,音体美、信息技术教师尤为短缺;教师、校长交流量少,交流比例低,交流体制和激励机制不够健全;一些乡村小规模学校没有按班师比配备教师。
	2014	43	
甘肃	2014	13	部分县存在教师结构性短缺问题,部分乡村学校音体美、英语专业教师不足,中小学卫生专业技术人员和心理健康专职教师紧缺;有的乡村学校一线教师平均年龄偏大,中高级教师数量相对较少。其中,白银市白银区、兰州市西固区、玉门市等县教师交流比例偏低,交流机制和激励机制不够健全。
	2015	20	
广西	2013	3	乡村教师结构不合理的问题依然存在,科学、音体美等学科教师比较短缺;城乡教师交流机制有待进一步完善。
湖北	2013	31	教师总量超编和学科性缺编的矛盾普遍存在,部分乡村学校音体美和信息技术等学科教师不足;一些乡村学校教师年龄老化,高级教师数量相对较少。
	2014	50	
山西	2014	21	部分乡村学校存在学科结构、年龄结构不合理等问题;生师比失调或超标,教师专业化水平低;英语、音体美和信息技术等学科教师短缺;部分边远山区教师津补贴标准低。其中,霍州市、翼城县、交城县存在教师有编不补、聘用临时代课教师的现象。
	2015	30	

续　表

督查省份	年份	县(市、区)数/个	教师队伍建设存在的不足
陕西	2013	6	乡村学校存在教师总量超编和学科教师不足的矛盾,表现在音体美和信息技术等学科教师不足,部分县科学、劳技、计算机专业教师不足;名优教师、优秀校长培养力度不够,教师职务晋升工作有待加强;个别乡村学校教师老龄化;有的县教师交流比例偏低,交流制度和激励机制不健全。
	2014	16	
青海	2014	5	部分中小学教师队伍结构不尽合理,农牧区学校普遍缺乏英语、音体美、科学等学科教师,骨干教师少,名优教师和优秀校长在城乡学校的配置还不够平衡;校长教师交流量仍偏少、交流比例偏低,教师流动机制有待进一步完善。
	2015	6	
江苏	2013	68	个别乡村地区教师数量相对紧张、结构不尽合理,音体美教师尤为短缺。其中,南京市涟水县等乡村学校音体美、英语、信息技术、科学等学科教师短缺。
	2014	27	
海南	2013	4	教师学科结构不合理,乡村学校普遍缺乏音体美、英语、信息技术、科学以及心理健康教育等学科教师;部分教师教学理念相对落后,专业素养和能力水平不高;校长和教师队伍定期交流制度有待完善,特别是优秀校长和骨干教师向乡村薄弱学校流动力度不大。
	2014	2	
重庆	2014	6	音体美和信息技术等学科教师不足,其中涪陵区、长寿区、璧山区的音体美、科学、信息技术等教师数量不足,存在任教学科与所学专业不对应的情况;教师交流和激励机制仍不健全,交流比例偏低,其中长寿区、大足区部分学校近三年教师交流比例偏低;北碚区、璧山区教师年龄偏大。
	2015	5	
广东	2014	17	部分区在教师学科配齐率、名优教师比例等方面存在较大的城乡差距;部分乡村教师年龄结构不合理,多数教师年龄偏大,音体美、外语、信息技术等学科教师紧缺;一些地方教师交流机制不健全。其中新丰县县级以上学科带头人、骨干教师多数在县城,校际未均衡配备。
	2014	41	
	2015	51	
山东	2013	21	部分学校教师结构不够合理:中级以上职务教师比例未达到省定标准;肥城市、宁阳县生均中级以上职务教师数校际差异系数偏高。存在教师学科、年龄结构不合理现象:济南市历城区、平阴县,青岛市黄岛区,淄博市淄川区、桓台县,东营市河口区、垦利县,烟台市福山区、龙口市、长岛县、青州市、临朐县的教师年龄结构和学科结构不合理,音体美、信息技术等教师短缺。济南市长清区、潍坊市寒亭区、临沭县未按国家要求实施义务教育教师绩效工资制度。
	2014	38	

续　表

督查省份	年份	县(市、区)数/个	教师队伍建设存在的不足
河北	2013	11	部分乡村特别是山区学校办学条件差、教学设施陈旧、配套设施不完善、教育仪器设备不足、实验室和体育活动场所条件较差；一些乡村学校教师学科、年龄结构不尽合理，特别是音体美教师相对短缺；教师、校长交流制度不够健全，流动数量仍偏少。
	2014	26	
贵州	2014	4	与城区(县城)学校比，个别乡村学校高级别职称教师和骨干教师的数量和比例仍有差距；乡村教师仍存在教育教学能力偏低、使用现代教育技术装备能力不足等问题。
辽宁	2014	23	盘锦市盘山县乡村中小学一线教师年龄偏大，教师队伍老化现象严重。
安徽	2014	35	音体美和信息技术等学科专业教师不足的问题仍在许多乡村学校普遍存在；有的县教师交流机制和激励机制不够健全，交流比例偏低；宁国市、霍山县等生均中级及以上职称教师差异系数过大，高级别教师校际配置不均衡；芜湖市三山区等部分地区存在乡村学校教师老龄化现象。
河南	2014	20	各县(市、区)仍不同程度存在教师结构不合理的问题，一些乡村学校音体美和信息技术等学科教师不足，教师年龄老化，50岁以上教师比例过高；焦作市山阳区部分学校近三年教师交流比例低于10%，区级以上骨干教师城乡差异偏大；修武县部分偏远乡村、山区学校优秀教师流失率偏高。
	2015	19	
黑龙江	2014	3	部分学校教师的学科、年龄、职称和师生比结构不合理，有的学校音体美、信息技术等教师不足；教师年龄偏大，学历及专业化水平与主城区学校仍存在差距；教师交流比例偏低，交流制度未得到落实。
宁夏	2015	5	平罗县城乡骨干教师比例差距较大，存在专业教师学科结构不合理现象，一些学校音体美、英语、信息技术专业教师存在不同程度的缺口。
内蒙古	2014	2	教师年龄结构和学科专业结构不合理、交流机制不健全的问题仍较为普遍：有些教师平均年龄偏大，年轻教师少；有些学校音体美、外语、信息技术等学科教师存在不足，心理咨询专业教师短缺；教师交流比例偏低，骨干教师、名优教师、优秀校长的交流力度不够、交流数量偏少、交流比例偏低。
	2015	27	
四川	2014	15	部分乡村小学教师年龄老化，50岁及以上占34.9%；许多乡村学校存在音体美、英语、信息技术等专业教师不足的问题；部分县的教师流动率偏低，流动制度和鼓励机制尚需健全。
	2015	28	

续 表

督查省份	年份	县(市、区)数/个	教师队伍建设存在的不足
西藏	2013	2	部分中小学教师队伍结构不尽合理,农牧区学校普遍缺乏音体美、科学、品德与社会等学科的教师;部分乡村学校骨干教师少,名优教师和优秀校长在城乡学校的配置不够平衡;校长和教师交流量偏少、交流比例偏低,教师流动体制机制有待完善;教师培训工作针对性、实效性较差。
	2014	6	
新疆	2014	12	教师队伍整体超编,结构性缺编是目前教师队伍普遍存在的问题,部分农牧区学校音体美教师、双语教师等数量不足。
吉林	2015	38	部分学校教师学科结构不合理,部分学校骨干教师数量不足,白山市江源区、四平市铁东区等部分乡村教师平均年龄偏大,吉林市龙潭区等教师队伍有空编现象。
湖南	2013	18	部分县的教师数量不足,部分学校未按照核定编制配齐教职工,专任教师师生比未达到省规定要求;宁乡县、茶陵县存在教师学科结构不合理,音体美等学科教师缺编的问题;部分县存在教师流动比例偏低、力度不够以及教师交流机制不健全等问题。
	2015	12	
云南	2015	9	普遍存在音体美、英语、信息技术等学科专业教师结构性短缺问题;多数县存在教师交流机制不健全、教师交流比例偏低的问题。
江西	2015	11	普遍存在教师学科结构不合理,音体美、英语、信息技术等学科教师配置不齐,综合实践活动课指导教师缺乏的问题;部分乡村学校教师年龄老化;部分县的教师交流比例偏低、交流机制不够健全。
天津	2013	16	乡村学校教师队伍结构不合理,宁河等远郊区县个别学校教师年龄偏大;部分县的音美体、信息技术等学科专业教师不足;个别县存在教师交流比例偏低、交流力度不够、交流机制不健全的问题;一些乡村学校教师的教育教学能力还不能满足需要。
上海	2014	17	在个别乡村学校,中高级职称教师数量相对较少;有的县的教师交流比例偏低,教师交流机制尚不健全;中小学教师绩效工资激励功能有待充分发挥。
北京	2015	16	个别县依然存在教师队伍结构性问题,音体美教师存在缺口;个别县的干部教师交流比例偏低,鼓励干部教师交流的长效机制尚不健全。

资料来源:2013—2015 年国家教育督导检查组对表格中相应省份义务教育均衡发展督导检查的反馈意见,见教育部网,如《国家教育督导检查组对福建省 23 个县(市、区)义务教育均衡发展督导检查反馈意见》(2013 年 12 月 3 日),http://www.moe.gov.cn/jyb_xwfb/gzdt_gzdt/s5987/201312/t20131203_160368.html;《国家教育督导检查组对福建省申报的 16 个全国义务教育发展基本均衡县(市、区)督导检查反馈意见》(2014 年 5 月 17 日),http://www.moe.gov.cn/jyb_xwfb/gzdt_gzdt/s5987/201406/t20140611_170135.html。

附表 2　2015—2021 年国家教育督导检查组反馈意见中有关部分地区乡村义务教育阶段教师队伍建设的主要经验

督查省份	年份	县(市、区)数/个	教师队伍建设的主要经验
福建	2016	22	1. 创新管理机制。实行城乡统一的教职工编制标准，对乡村小规模学校编制按照生师比和班师比相结合的方式核定；建立中小学教师“以县为主、县管校用”管理体制，实现县域内义务教育公办教师工资待遇、编制标准、岗位结构比例、招聘调配、考核评价、管理服务“六个统一”，教师从“学校人”变成“区域人”。 2. 创新补充机制。据 2016 年统计，近三年 22 县为乡村学校每年招聘约 1,400 名新教师；近五年投入 1.35 亿元实施“农村紧缺学科教师师资代偿学费计划”，投入 2 亿多元实施“经济困难县补充农村学校教师资助计划”；薄弱地区补充薄弱学科教师，近五年全省补充中小学教师 3.3 万人，其中 50%为紧缺学科教师；23 个省贫县近三年补充教师 6,000 多人，其中音体美、科学、信息技术等学科教师占 52%。 3. 强化教师培训。“十二五”期间全省投入 3 亿元，完成对 15 万名乡村校长、教师的全员培训，相继实施了乡村紧缺学科教师转岗培训、23 个省贫县教师专项培训等系列项目；“十三五”期间启动实施乡村校长助力工程和乡村教师素质提升工程，拟对全省 8.5 万名乡村教师和校长开展全员培训，其中省级财政拟投入 1 亿元，培训乡村校长 4,000 名、乡村教师 1 万名。其中，浦城县邀请浦城籍名师到浦城“返乡送教”26 场次；霞浦县实施“农村教师能力提升工程”等。 4. 完善激励机制。建立“杰出人民教师”表彰制度，四届共表彰教师 130 名，对乡村、边远贫困地区教师在岗位职数、评先评优、绩效工资等方面给予倾斜；建立乡村教师生活补助制度，乡村教师除享受月均 300 元的工作补贴外，还发放人均每月不低于 300 元的生活补助，其中平潭综合实验区给海岛教师每月生活补贴达 1,400 元；发放乡村教师补贴，其中闽侯县山区教师人均每月增加补贴 800—1,400 元。
	2016	18 新县＋8 县复查（73 县中抽取）	
甘肃	2016	15	1. 加强教师交流。2014 年以来，陇西县共选派 88 名城区优秀骨干教师到乡村学校支教、119 名乡村骨干教师到城区学校跟岗培训，城乡间校际交流校长教师 1,264 人次。 2. 完善乡村师资补充。统筹实施“特岗计划”“硕士计划”、公费师范生培养计划和银龄讲学计划，“十三五”期间累计为乡村学校补充 2.3 万名教师，重点补充小学全科教师和初中一专多能教师。 3. 提高乡村教师待遇。全面落实乡村教师生活补助政策，加快教师周转宿舍建设，将教师配置、职称（职务）评聘向乡村及偏远学校倾斜。成县实施教师“安心工程”，增发班主任和乡村教师交通补助，配建周转房 180 套；静宁县所有乡村教师月均享受 500—1,000 元不等的乡镇工作补贴和乡村教师生活补助；玛曲县落实月均 300 元的乡村教师生活补助，月均 300—700 元的乡镇工作补贴；卓尼县将 36 名乡村代课教师补助由 500 元提至 3,000 元，并为代课教师购买保险；民乐县为在城区购房的乡村教职工每人补助 3 万—4 万元；永登县建成教师周转房 4,830 平方米，按教师年均工资的 5%、10%发放中小学教师教育教学工作奖和班主任工作奖。
	2017	15	
	2018	12	
	2021	2 新县＋1 县复查（70 县中抽取）	

续　表

督查省份	年份	县(市、区)数/个	教师队伍建设的主要经验
广西	2016	8	1. 创新乡村教师补充机制。实施乡村中小学“特岗计划”、乡村小学全科教师定向培养计划、教师支教走教计划、银龄讲学计划等举措，补充乡村学校教师。创新实施定向师范生培养计划，从普通高中、初中应届毕业生中招生，全科培养、免费教育、重点定向补充到村小和教学点。据2018年统计，2013年以来全区共招收1.1万名学生，目前已有4,000名毕业生回乡村学校任教；到2021年，全区累计补充乡村特岗教师5.66万人，培养公费师范生1.2万人，招募1,500余名优秀退休教师到乡村任教。 2. 完善乡村教师保障激励机制，提升乡村教师待遇。青秀区、兴宁区乡村教师每年工作补助比城区教师多1万元左右；全自治区建设乡村教师周转宿舍和乡镇教师保障性用房8.8万套；覃塘区建成教师公租房、周转宿舍2422套；田阳县乡村教师人均每月可获补助最高达700元，乡村学校校长人均每年可获奖励性绩效工资最高达4,000元；岑溪市提高乡村教师补助标准，并让所有乡村教师享受补助；据2021年统计，因落实乡村教师生活补助、乡镇工作补贴、艰苦边远地区津贴等政策，有的县乡村教师待遇最高每月增加1,980元；统筹中央和自治区资金6.06亿元，建设了乡村教师周转宿舍面积达32万平方米；凤山县整合筹措6,000余万元资金，建成1525套教师周转房和公共租赁房，保障了乡村教师住房需求。 3. 全面推进教师轮岗交流。投入4,600万元启动实施中小学教师支教走教计划，2014学年支教走教6,800多人次；忻城县、青秀区、覃塘区等近三年交流教师均超过1,000人次；引导优秀校长和骨干教师向乡村学校、薄弱学校流动。 4. 创新培训方式。永福县实施乡村音乐教师能力提升工程，脱产培训了50名乡村小学音乐教师，实现村小学音乐教师全覆盖。 5. 创新教师编制管理制度。在编制总量只减不增的前提下，创新实施“聘用教师控制数”制度。2016年和2020年两次共新增编制控制数12.3万个，按需分配到各市县，使用聘用教师控制数人员在薪酬待遇、职称评定、竞争上岗等方面享受在编人员同等待遇，有效缓解了教师编制不足的问题。 6. 职称评审向乡村教师倾斜。2020年有1.86万名乡村教师获得高级职称，比2018年改革前增加了3倍多。
	2017	17	
	2017	21	
	2018	43	
	2021	2新县+1县复查(94县中抽取)	
湖北	2016	12	1. 注重村教师补充。建立了“国标、省考、县管、校用”的教师招聘新机制，2013—2015年乡村边远薄弱学校累计招录“新机制”教师3,944人。通城县除招录新机制教师外还自主招录教师173名；2016年面向全国高校应届毕业生选聘乡村义务教育阶段教师6,547人，覆盖到全省89个县的乡镇、村小、教学点；5年累计补充乡村义务教育阶段教师4.4万人；建始县近三年补充边远乡村学校教师530多人；黄冈市2012—2016年共补充乡村义务教育新机制教师5,741人。
	2017	2新县+17县复查(100县中抽取)	

续　表

督查省份	年份	县(市、区)数/个	教师队伍建设的主要经验
湖北			(续上页) 2.逐步完善教师交流机制，将乡村学校任教经历作为教师晋职晋级的必备条件。通山县开展"联校走教""联校网教"，实现了城乡教师互动交流和优质资源的共建共享。 3.注重完善教师激励机制。2013—2015 年共投入资金 1.36 亿元，建设教师周转宿舍 2,654 套；竹山县积极争取社会资金，设立了"边远山区乡村教师玉福奉献奖"。 4.进一步完善了教师工资稳定增长机制，特别是建立了以省财政为主面向乡村教师的系列待遇提高制度。其中，省财政每年投入 1.6 亿元实施了乡村骨干教师补助制度；投入 2.58 亿元实施乡村教师生活补助制度；投入 2,000 万元建立了"乡村教师关爱基金""乡村教师奖励基金"；统筹资金 17 亿元建成教师周转房 4.2 万余套，共 150 余万平方米。
山西	2016	33	1.加强师资补充。2013—2015 年壶关县乡村学校共招聘优秀教师 367 名，2014—2016 年洪洞县乡村学校招聘优秀教师 461 名；2018 年以"特岗计划"选招 2,172 名大学毕业生到贫困县乡村义务教育学校担任教师。 2.加强教师培训。2018 年安排中央和省级专项资金共计 7,800 万元，实施教师全员培训，以乡村教师为重点提高师德素养和业务能力；黎城县近两年投入 340 万元组织了 7 次大规模教师培训，培训教师 2,460 人次。 3.提高教师待遇。蒲县每年投入 360 余万元用于乡村教师、班主任补助；河曲县对山区教师额外增加补贴；五台县为偏远学校教师上浮一档薪级工资；阳高县、襄汾县、大同县、临县、神池县发给乡村及边远艰苦地区教师月均 50—500 元的生活补助；全省各地连续多年按月均 100 元发放乡村教师补贴，全省 21 个集中连片特困县按月均 300 元发放乡村教师生活补助，平定县为乡村"走教"教师发放月均 500 元专项津贴，并购买人身意外险；偏关县、交口县分别投入 1,460 万元、1,117 万元，建设乡村教师周转房 240 套、180 套。 4.加强师资交流力度。长子县通过交流培养，乡村学校优师比例达 67.1%；浑源县从 2014 年起每年从县城学校选派 100 多名骨干教师到乡村学校结对帮助。
	2017	25	
	2018	9 新县＋8 县复查(110 县中抽取)	

续　表

督查省份	年份	县(市、区)数/个	教师队伍建设的主要经验
陕西	2016	20	1. 实施交流轮岗。2015—2019 年全省共交流轮岗校长教师 10.9 万名,其中从城镇到乡村交流的教师占比达 67%;渭南市蒲城县实施千人招录计划,招录义务教育段教师 503 人到乡村教学,交流轮岗比例年均达 17.1%。 2. 提高乡村教师待遇。安排资金 7.26 亿元落实了 9 市 50 县 1.6 万名特岗教师工资待遇;在全部 43 个集中连片特困县发放乡村教师生活补助,覆盖中小学校、教学点 3128 个,惠及教师 5.77 万人,使乡村教师补助标准由月均 166 元提至 412 元;蓝田县按照地域划分八类标准,为 4,400 名乡村教师发放工作补助,最高月均 1,040 元。 3. 改善乡村教师住宿条件。2016 年勉县新建乡村教师周转房 537 套;2015—2019 年全省新建教师周转房 2.7 万套;城固县投资 1,900 万元建成教师周转房 134 套,落实公租房 70 套。
	2017	30	
	2019	4 新县+2 县复查(100 县中抽取)	
青海	2016	5	1. 实施编制改革。2013 年统一了城乡中小学教师编制标准,新设专项编制向农牧区、双语教学、教学点倾斜;逐步完善了以市(州)为单位的区域内教职工编制总量动态调整机制;到 2020 年重新核编后全省中小学教职工编制由 52,884 名增至 55,021 名,新增编制 2,137 名,其中 2,105 名调剂给六个民族州。 2. 提高乡村教师待遇。发给月均 400 元的生活补贴,受益乡村教师 2.1 万名。其中,玉树市在全面落实国家和省州乡村教师补贴的基础上,市政府给予在偏远地区任教的教师月均 100—750 元的艰边津贴补助;乐都区投资 2,000 多万元为绝大部分乡村学校修建了教师周转房。 3. 建立乡村教师荣誉制度。全省乡村近 9,000 名从教 30 年的教师、11,000 余名从教 20 年的教师获颁荣誉证书;乡村学校从教 20 年以上的教师、特级教师、省级优秀教师(含退休教师)在省内享受旅游优惠,为其开通机场、火车站出行绿色通道。 4. 推动城镇优秀教师向乡村学校流动。省政府统筹安排 500 名周转编制,从西宁、海东选派优秀教师赴青南地区支教,省内东部地区对口支援青南地区已累计选派 3,063 名教师支教。 5. 启动省内定向师范生免费培养计划。按照“州来州去”的原则,为六个民族州等艰苦地区和基层一线学校储备骨干教师 1,000 余名,涵盖小学教育等 10 余个紧缺专业;培养省内公费师范生 1,085 名;实施双语理科教师免费定向培养计划。
	2017	13	
	2018	10	
	2020	1 新县+1 县复查(42 县中抽取)	

续　表

督查省份	年份	县(市、区)数/个	教师队伍建设的主要经验
青海	2016	4	1. 多渠道补充乡村师资。通过“好校长、好教师”引进工程、“特岗计划”等政策措施，解决乡村学校教师配置不足的问题；昌江县开展名师打造工程，引进包括北京名校长在内的50多位优秀校长和骨干教师充实乡村学校。从2015年起投入1.5亿元面向全国招聘300名好校长、好教师；2016年启动实施了乡村教师免费定向培养计划，每年分别在海南师范大学、琼台师范学院免费定向培养200名本科层次“一专多能”乡村小学教师；到2019年，为14个市县中小学共补充特岗教师7,200多名；实施乡村教师定向培养计划，每年依托师范院校为乡村小学和幼儿园定向培养教师近900名；2015—2017年投入省级资金1.5亿元，先后向全国引进优秀校长和教师300名，其中75%以上安排到贫困地区、民族地区的乡镇以下学校。 2. 加强教师培训。实施“海南省边远乡村教学点小学教师培训计划”，每年对全省3,000名乡村教师开展集中培训；陵水县政府每年安排培训费300万元，组织教师开展全员培训、校本研训、跟班培训等；教师培训侧重乡村学校，特别是乡村小规模学校和教学点，围绕教师能力提升，设立专门培训计划和项目；实施“双五百”人才工程，选派8,000余名优秀师范生到乡村学校顶岗支教实习，置换出5,000余名乡村教师“回炉充电”；组织实施“边远乡村教学点小学教师培训计划”，完成1.5万人一轮的全员培训。 3. 提高教师待遇。从2013年起，海南省对11个国定和省定贫困县以及其他县8个民族乡镇的行政村乡村教师发放月均400元的生活补助，惠及9,243名乡村教师；投入2,100万元支持临高县等6个县210所偏远乡村小学建设教师公共厨房；2016年澄迈县给乡村学校教师月均补贴100元，边远地区教师月补贴300元。到2019年，在琼中等5个市县开展“基层专业技术人才激励机制改革试点”，在乡镇以下学校设立“农村省级骨干校长”“农村特级教师”“农村省级学科带头人和骨干教师”等竞聘岗位316个，按岗位艰苦程度发放最多1万元的工作补贴，吸引优秀人才到乡村工作；省财政投入11.4亿元实施乡村教师安居工程，建设乡村教师周转宿舍13,244套，在白沙等6个贫困市县试点建设乡村教师公共厨房212间。 4. 建立支援帮扶及定期交流机制。定安县实施名师工程，认定131位县级名师，成立33个名师工作室，覆盖所有学科，实施送教下乡工程；乐东县依照《百名名师进村小开展教学帮扶工作方案》，派出113位名师进村帮扶83所乡村小学。
	2016	4	
	2017	5	
	2019	7新县+3县复查(19县中抽取)	

续　表

督查省份	年份	县(市、区)数/个	教师队伍建设的主要经验
重庆	2016	11	1. 提升教师待遇。荣昌区在职称评聘等诸多方面向乡村学校加大倾斜力度；据 2016 年统计，綦江区边远教师津补贴月均最高可达 1,200 元，设立乡村教师重大疾病救助基金，建设教师周转房 2 万平方米；据 2017 年统计，南川区近三年发放乡村教师岗位生活补助等 1.76 亿元；艰苦边远地区乡村教师每月补贴最高达 1,250 元；据 2019 年统计，近 5 年来，每月补助乡村教师 300—1,630 元不等，惠及 40 万人次；建设乡村教师周转宿舍 1.68 万套，面积 59.2 万平方米。 2. 统一城乡中小学教职工编制标准，并向村小、教学点和边远乡村学校倾斜。预留编制，招录 1.8 万名特岗教师到乡村学校任教。 3. 垫江县常年分片举行“特级教师、骨干教师送教下乡活动”；忠县对交流到乡村任教教师给予年均 1.2 万元的补助。 4. 实施乡村教师培训。据 2016 年统计，酉阳县以乡村教师为重点进行全员轮训；2017—2019 年国培、市培累计投入 4.27 亿元，培训乡村教师 10 万余人次；首批成立 10 个名师乡村工作室，开展献课讲学 4,780 人次。 5. 加强乡村师资培养，持续实施小学全科教师培养计划和“双特”教师计划，2013—2019 年累计招收全科师范生 7,480 人。
	2017	9	
	2018	3	
	2019	2 新县＋2 县复查(38 县中抽取)	
广东	2016	13 新县＋31 县复查(108 县中抽取)	1. 建立健全补充机制。实施“高校毕业生到乡村从教上岗退费”政策，对到粤东西北地区乡村学校任教的本、专科毕业生每年退费 6,000 元，本科退 4 年，专科退 3 年。目前已为欠发达地区乡村学校补充 4.2 万名合格教师，其中，20%以上是乡村学校紧缺的英语、音体美等学科的教师；2013 年以来，鼓励地方政府与师范院校合作，定向培养乡村学校“一专多能型”教师；建立优秀人才到乡村学校任教的“绿色通道”，具有硕士研究生以上学历(学位)或中小学一级教师职称的教师以考察方式直接引进；汕头市潮阳区 2012 年以来共招考录 1,260 多名新教师优先分配到山区和乡村学校任教。 2. 探索创新激励机制。在全面实施中小学教师工资福利待遇“两相当”(县域内教师与公务员相当、乡村教师与城镇教师相当)的基础上，从 2013 年起全面实施乡村教师岗位津贴(2016 年改为生活补助)政策，补助标准月均不低于 500 元，并逐年提至月均不低于 800 元。2015 年全省有 33 万乡村教师享受月均 730 元的生活补助，乡村教师平均工资水平比当地城镇教师高 15%。

续　表

督查省份	年份	县(市、区)数/个	教师队伍建设的主要经验
山东	2016	21	1. 创新编制管理模式。实行教师编制动态管理,每三年核编一次;对小规模学校按班师比核编,对教改任务重或育龄女教师多的学校按不超过5%的比例适当增编;对于编制资源不足的,调剂其他事业单位编制用于教育;创新建立了中小学临时周转编制专户,全省共列编1.88万个,用于满编超编又确需教师的岗位补充。 2. 结合小学科走教、师范生顶岗实习、"三支一扶"支教等多种方式,解决学科教师不足问题。据2017年统计,近三年全省累计补充教师11.86万名,大多数被分配至乡村学校。
	2017	34	3. 青岛市崂山区每年投入500万元实施乡村校长教师素质提升工程;菏泽市定陶区加大对乡村教师培训力度,聘请省内外知名专家举办讲座,丰富了乡村教师培训资源。 4. 推动城乡教师交流。据2016年统计,日照市东港区72所城乡学校"牵手共建",2,000余名教师"双向"交流;莒南县通过送教下乡、乡村教师到城区学校跟岗培训和学校干部轮岗交流等措施,带动支持薄弱学校发展。据2017年统计,平度市城区乡村学校双向交流教师412名。
	2017	23新县+20县复查(114县中抽取)	5. 提高乡村教师待遇。在工资套改、评优树先、职称晋升等方面对乡村教师给予倾斜,乡村中级以上职称教师与城区教师数基本相当;据2016年统计,乡村教师人均月收入比城区教师高300—700元;实施"两贴、两房、一体检、一荣誉、一特岗"等惠师政策,提高乡村中小学教师中高级岗位设置比例,落实乡村教师乡镇津补贴和交通补助,建成乡村教师周转宿舍58.24万平方米;乐陵市面向乡村教师采取"零利润"供餐、"零支付"入住公寓、"零票价"乘坐校车的举措;平度市为城乡双向交流教师建成教师周转房400套;东阿县为乡村学校教师配备通勤车。 6. 乡村师资补充多样化。2016年起,省财政安排专项资金,计划三年培养1万名免费师范生,毕业后全部安排到乡村学校任教;每年安排1.4万名师范生到财政困难县实习支教。其中,莱阳市单独为乡村学区设置24个乡村特级教师岗位;莒县利用实时互动教育平台共享优质教育资源,破解乡村音美等学科师资短缺难题。

续 表

督查省份	年份	县(市、区)数/个	教师队伍建设的主要经验
河北	2016	30	1. 补充培养教师。2016 年，唐山市丰润区、涞水县通过“特岗计划”“三扶一支”等多渠道，分别招聘乡村中小学教师 496 名、394 名；2017 年前后，魏县、河间市、邯郸市永年区、威县、沧县分别招聘 1,482 人、1,178 人、1,040 人、933 人、911 人，绝大部分充实到乡村学校。据 2020 年统计，持续十年实施特岗教师、公费师范生、小学全科师范生补充计划，三年补充 6.1 万名乡村教师，其中音体美教师占 16%。 2. 提高乡村教师待遇。据 2017 年统计，南皮县为乡村教师新建、改建了 200 套教师周转房；隆化县差别化发放乡村教师补贴(共分 40 个梯度，从 105 元至 1895 元不等)；部分县通过设立乡村支教奖励津贴、交通补贴等方式，进一步提高到乡村支教教师的补助标准。据 2020 年统计，乡村教师生活补助和乡镇工作补贴实施差别化发放，最高达 800 元，并向累计满 25 年的乡村教师重点倾斜。
	2017	36	
	2018	35	
	2020	3 新县＋1 县复查(160 县中抽取)	
贵州	2016	18	1. 完善教师交流机制。遵义市播州区以“跨校走教”优化师资结构，以乡(镇)为单位，选派体音美等学科专任教师在多校走教。 2. 加大乡村教师补充力度。2014—2016 年，共招聘 2.7 万名特岗教师到乡村中小学任教，特岗教师接转率达到 90%以上。到 2018 年，义务教育阶段学校补充教师 5.9 万人，其中特岗教师 4.1 万人。 3. 提高乡村教师待遇。建设乡村教师周转房、公租房 13.75 万套，惠及乡村教师 20 万余人；发放乡村教师生活补助，惠及 65 个集中连片贫困县乡村教师 17 万人。都匀市、碧江区、三穗县教师绩效与公务员相同。到 2018 年，建设乡村乡镇教师公租房 14 万余套，解决 20 万余名乡村教师住房问题。累计发放乡村教师生活补助 12.8 亿元。2014 年以来，省委、省政府召开两次全省教育工作会议和两次教师节表彰大会；毕节市七星关区按人均 2 万元的标准对教师实施附加基础性绩效考核，保障教师收入水平不低于当地公务员。 4. 强化教师培训。通过“国培计划”等方式搭建乡村教师成长平台，每年培训乡村教师 5 万余人。实施“乡村名师培养计划”，每年遴选 300 名省级乡村名师并设立工作室，搭建乡村名师成长平台。
	2017	22	
	2018	30 新县＋2 县复查(59 县中抽取)	
辽宁	2016	26	1. “十二五”以来，辽宁省实施了乡村教师特设岗位计划，2011—2018 年共招聘乡村学校教师 1.4 万名。 2. 试点推进“县管校聘”教师管理体制，优化统筹配备教师资源；推进中小学校长教师交流轮岗，将中小学教师到乡村学校或薄弱学校任教一年以上的经历，作为申报高级教师职称的必要条件。 3. 制定了乡村教师差别化补助政策和副高级职称不受岗位职数限制的评聘政策。 4. 每年安排专项资金，省级培训 2,000 名乡村骨干教师；组织优秀教师、特级教师和基础教育专家到乡村学校送教支教。
	2017	21	
	2018	15	
	2019	4 新县＋2 县复查(106 县中抽取)	

续 表

督查省份	年份	县(市、区)数/个	教师队伍建设的主要经验
安徽	2017	24	1. 全面建立教师补充机制。探索建立生师比与班师比相结合的方式，核定乡村中小学教职工编制。2014—2016 年，马鞍山市博望区、安庆市宜秀区将招聘的紧缺学科教师主要充实到乡村学校。据 2017 年统计，三年来 24 县累计补充教师 1.3 万人，其中 80%以上分配到边远乡村学校；濉溪县近两年公开招聘教师 507 名，其中补充音体美、信息技术等学科教师 112 人。实施定向培养支持计划，据 2017 年统计，近两年来年共培养 5,000 人。其中，泗县、萧县、霍邱县分别补充教师 500 人、1,062 人、1,000 人。颍上县 2017 年招聘义务教育阶段教师 1,196 人，其中补充到乡村学校者 1,054 人。
安徽	2017	12 新县＋22 县复查(93 县中抽取)	2. 加大教师交流力度。芜湖市镜湖区、青阳县、和县、芜湖市鸠江区鼓励教师到乡村义务教育学校支教，在福利待遇、职称评定等方面给予倾斜。据 2017 年统计，近三年交流教师 3.1 万人，交流校长 3,800 多人，有的县年交流率超过 20%。全面推进教师“无校籍”管理改革，教师由“单位人”向“系统人”转变，为教师队伍能够在优质学校与薄弱学校之间、城市学校与乡村学校之间的交流轮岗提供了便利。2013—2016 年，全省县域内义务教育共交流教师和校长 35,300 人次，占比达到 40%。 3. 提高乡村教师待遇。建立并实施乡村教师生活补贴制度，最远教学点月均可达 1,400 元；乡村教师住房纳入全省保障性住房建设范围。肥西县、六安市金安区、含山县、淮南市大通区、安庆市迎江区、祁门县、石台县、歙县对条件艰苦的乡村教师发放生活补贴，实施乡村教师安居工程。据 2017 年统计，潜山县近三年累计落实乡村教师补贴、乡村艰苦学校津贴、乡镇工作补贴制度近 4,000 万元。金寨县、太和县边远乡村教师津补贴每月最高达 1,500 元、1,300 元。全省 2017 年已建乡村教师周转房 20.3 万平方米，阜南县每年投入近 3,000 万元用于提高乡村教师待遇。
河南	2016	12	1. 补充乡村教师。据 2016 年统计，光山县近三年来共招聘乡村学校定向教师 1,514 人。据 2017 年统计，汝州市三年招聘教师 2,700 多人，2017 年汝南县、禹州市分别招聘 747 名、400 名乡村学校教师。据 2020 年统计，全省 2015 年以来招录近 15,000 名省级公费师范生，进行“县来县去”培养；嵩县通过大学直招、人才回流等多种方式，新补充教师 2,126 名。据 2016 年统计，省财政投入 20 多亿元招聘特岗教师 8.9 万名，受益范围覆盖全省 108 个县 7,000 多所乡村学校；据 2017 年统计，招聘特岗教师超过 10 万名。据 2017 年统计，安阳市商水县大力推进名师送教下乡活动，培训薄弱学校教师 1.3 万人次。 2. 开展教师交流。2015—2017 年，浚县三年交流校长 120 人、教师 1,400 人。
河南	2017	33	
河南	2018	32	
河南	2020	43 新县＋1 县复查(134 县中抽取)	

续 表

督查省份	年份	县(市、区)数/个	教师队伍建设的主要经验
河南			(续上页) 3. 提升教师待遇。据 2015 年统计，洛阳市西工区发给乡村支教教师月均 1,000 元的生活补贴；据 2017 年统计，扶沟县将城镇教师绩效工资的 8%倾斜给乡村教师，辉县市为山区最偏远学校教师月均补贴 760 元。据 2020 年统计，全面实施“一补两贴”(义务教育教师乡村教师生活补助、中小学教师班主任津贴和教龄津贴)，促成乡村中小学教师工资年平均增长 1 万元以上，乡村教学点教师工资年平均增长 1.5 万元以上。 4. 奖励乡村教师。据 2015 年统计，许昌市魏都区设立远郊教师补助 100 万元的“区长教育质量奖”。
黑龙江	2016	38	1. 补充乡村师资。据 2016 年统计，富裕县为乡村学校招聘了 174 名教师，签约了 58 名支教大学生；据 2017 年统计，东宁市、五常市、巴彦县、密山市、穆棱市、集贤县、同江市近三年分别为乡村学校补充薄弱学校增教师 458 人、418 人、396 人、379 人、322 人、233 人、227 人；据 2019 年统计，近三年为乡村学校累计补充教师 2.1 万人，为乡村学校每年选聘千余名优秀师范毕业生，选派 1,800 余名高校师范生实习教学。 2. 落实教师交流。友谊县实行城市教师到乡镇学校“走教”制度。据 2019 年统计，受督查县近三年累计选派 4.3 万教师“交流轮岗”。 3. 实施教师培训。据 2019 年统计，教师“十百千”工程、校长“双百工程”、“国培”项目共培训乡村教师 12.9 万人次。 4. 提高教师待遇。2019 年全省下达贫困县、边境县乡村教师生活补助资金 1.25 亿元，惠及教师 9.8 万人次；据 2019 年统计，东宁市所辖各镇均为教师建设了周转房，镇、村教师月平均工资高出城区 350—860 元。
	2017	65	
	2019	3 新县+1 县复查(93 县中抽取)	
宁夏	2017	4	1. 创新乡村教师补充方式。据 2018 年统计，近五年提前退休教师 6,155 名，采取“国标、省考、县管、校用”的方式累计招聘特岗教师 2.35 万名，占中小学教师总数的 36%，覆盖全区 1,200 多所中小学校。 2. 乡村教师奖励与荣誉。据 2017 年统计，彭阳县对在乡村学校服务期满六年的骨干教师、学科带头人、特级教师一次性奖励 20 万元，对免费师范生一次性奖励 10 万元，对自愿到乡村学校支教的退休特级教师、高级教师，每人每年补助 2 万元；隆德县 245 名乡村教师获得了自治区级和国家级荣誉证书，39 名乡村教师获得了自治区级、市级、县级“最美乡村教师”。
	2017	3	
	2018	3 新县+3 县复查(19 县中抽取)	

续 表

督查省份	年份	县(市、区)数/个	教师队伍建设的主要经验
宁夏			(续上页) 3. 实施乡村教师职称评聘倾斜式激励。固原市原州区给予乡村教师生活补贴、职称评聘、住房保障、评优树模等政策倾斜;自 2013 年起,将县域内教师高级职称比例由原来的 5%调整为 8%;对连续在乡村中小学校工作 15 年、25 年且目前仍在岗教师,不设门槛和职位限制,可分别直接晋升中级、副高级职称;2017 年被督查的 2 县为在乡村连续工作 25 年的 355 名乡村教师晋升了副高级职称,被督查的 4 县近三年为连续在乡村工作 25 年的 606 名教师晋升了副高级职务。 5. 完善教师培训。全区 90%的县建立了教师发展中心,通过"国培计划"、"中西部项目"、名校长领航和远程培训等项目,累计培训教师、校长 33 万人次,建设各类名师工作室 71 个,命名"塞上名师"43 人、"乡村教学名师"50 人。 6. 提高乡村教师待遇。据 2018 年统计,乡村教师和特岗教师补贴标准为,山区人均 500 元、川区 300 元,最高达 1,880 元;西吉县发给乡村学校教师补贴月均 500 元,并按任教学校距离分 300 元、470 元、630 元三个档次给予年度交通补助;2017 年,海原县投入 8,000 多万元建成乡村教师周转房 1,035 套。
内蒙古	2016	35	1. 完善教师补充机制。据 2021 年统计,按规定核定教师编制,实施农牧区义务教育阶段教师特设岗位计划和公费定向培养师资计划,其中,共招聘特岗教师 9,400 多名,"定向培养师资计划"累计招生 2,500 多人。 2. 重视保障和改善教师待遇。商都县为乡村在职教师投保意外险,优先评聘职称,每月增加 200—1,000 元的岗位补贴;达拉特旗实施乡村教师安心工程,在乡村教师补助基础上,给予乡村牧区教师年均 1 万元的补助;多伦县为基层学校教师发放交通补贴,新建 6 所、改建 1 所乡村学校教师周转宿舍;据 2021 年统计,基本实现不低于或高于当地公务员平均工资收入水平的目标;大幅提高班主任津贴,由原来的月均 100 元提至 800 元;落实农牧区教师补贴政策,根据工作条件艰苦程度,对每名教师每月补贴 200—1,500 元。
	2017	32	
	2018	8	
	2021	1 新县+2 县复查(102 县中抽取)	

续 表

督查省份	年份	县(市、区)数/个	教师队伍建设的主要经验
四川	2016	34	1. 创新补充机制。重点实施“特岗教师”和“免费师范生”计划，已为 119 个老少边穷县免费定向输送和补充师资 4,000 名；2017 年，巴中市恩阳区通过公开招考、考核招聘、争取特岗教师等方式，累计补充义务教育阶段教师 1,112 名，净增 64.6%；据 2021 年统计，组织师范生到民族地区实习和支教，缓解音体美教师短缺矛盾；2013 年起每年为 143 个艰苦边远地区县免费定向培养 3,000 名紧缺学科教师，全省累计招录特岗教师 4 万余名。 2. 推进轮岗交流。2017 年，宁南县采取城乡学校对口援助、乡镇教师联校走教、名师带徒等形式，实行“带岗带编交流”。 3. 改善生活条件。据 2017 年统计，富顺县建设 1,343 套设施齐全的公租房满足 2,000 名年轻教师、乡村教师的住房需求；会理县建设教师周转房 570 套和经济适用房 1,411 套。
	2017	31	
	2018	39	
	2021	3 新县＋1 县复查(165 县中抽取)	
西藏	2016	16	1. 拓宽教师补充渠道。探索实施了公开招录、人才引进、组团式援藏、志愿者任教、定向培养等多种教师补充机制，通过保证编制配给、发放安置补助、设立优惠政策等，疏通补充渠道。据 2017 年统计，被督察的 15 个县 2014 年以来新增教师 1,225 人，其中分配到农牧区者 808 人。 2. 改善教师待遇。严格落实“中小学教师平均工资收入水平不低于或高于当地公务员平均工资收入水平”的规定。根据海拔高低实行月均 500—1,500 元不等的差别化乡村教师生活补助政策。
	2017	15	
	2018	11	
	2021	2 新县＋1 县复查(62 县中抽取)	
新疆	2016	12	1. 建立多渠道教师补充机制。据 2017 年统计，阿克陶县累计补充招聘乡村学校教师 2,552 人。 2. 重视提高乡村教师待遇。在津贴和补贴、职称评定、周转房等方面向农牧区倾斜。据 2017 年统计，巴里坤县 2012 年以来建成乡村教师周转房 288 套，每年安排 200 万元，分 3 个类别对农牧区 900 余名教师给予伙食和乘车补助；民丰县、策勒县等落实自治区资金和政策要求，按照离县城远近程度不同，为各乡镇教师每月发放 100—500 元不等的交通补贴；阿克陶县 2009 年以来为边远农牧区教师建设周转房 626 套。
	2017	14	
	2018	13	

续 表

督查省份	年份	县(市、区)数/个	教师队伍建设的主要经验
吉林	2016	16	1. 健全补充机制。据 2016 年统计，德惠市近三年为乡村薄弱学校共录用师范院校优秀毕业生 360 人，面向社会招聘事业编制教师 110 人；据 2017 年统计，全省累计为乡村学校输送了近 2.3 万名优秀高校毕业生。 2. 完善培训机制。汪清县通过名师引领、外派内请、送教下乡、师徒结对、以赛促学等形式，提升教师的专业素质和能力；据 2017 年统计，柳河县以乡村教师队伍建设为重点，组织实施“中小学教师专业发展行动计划”“国培计划”和“信息技术应用能力提升工程”。 3. 实施城乡教师交流。2015—2017 年，有 20 县共交流校长教师近 7,400 人。 4. 深入创新教师激励机制。建立乡村“特设岗位正高级教师”评审制度；累计投入 2.7 亿元为乡村边远艰苦地区教师建设周转宿舍。
	2017	60	
湖南	2016	19	1. 乡村教师的培养和补充。推进乡村小学教师公费定向培养，已形成“一个目标”“两级培养”“三种学制”“四类计划”的多层次、多学制、多种类培养格局；据 2016 年统计，郴州市苏仙区、津市市等 14 个县的乡村学校近三年补充了 1,500 余名公费定向培养师范生；据 2017 年统计，常宁市创新顶岗实习制度，接收师范院校学员 2,000 多人次到乡村义务教育学校顶岗实习；据 2020 年统计，2012 年以来全省共培养公费定向师范生 5.95 万人，为全省 75 个县招聘特岗教师 5 万多人。 2. 推进教师专业能力提升培训。据 2020 年统计，完善每一年度的国培计划和省培计划，开设了五大类乡村教师培训项目，共培训乡村教师、校(园)长 85 万余人次。 3. 推进校长教师交流。据 2020 年统计，开展三轮义务教育学校校长教师交流轮岗试点工作，36 个试点县共交流轮岗校长教师 1.37 万人次。 4. 提高教师待遇。据 2017 年统计，泸溪县建立教师待遇倾斜激励机制，给予乡村教学点教师每月 1,400 元的生活补贴；据 2020 年统计，龙山县乡村教师津贴月均最高达 1,700 元。 5. 奖励和荣誉。实施“师德养成教育示范县市区”建设试点项目，组织开展“最美教师”评选活动，对“湖湘师表”优秀师德典型予以表彰。
	2017	43	
	2018	18	
	2020	2 新县＋1 县复查(107 县中抽取)	

续　表

督查省份	年份	县(市、区)数/个	教师队伍建设的主要经验
云南	2016	49	1. 实施乡村教师补充。据 2016 年统计,43 县近三年累计招录教师 1.2 万人,多派往乡村边远薄弱学校任教;近五年招聘特岗教师 2.8 万名,优先补充至乡村学校;2017 年,启动实施省级公费师范生培养工作。 2. 不断改善教师生活条件。昆明市在全市范围内实施乡村教师生活补助,按月均 500—1,500 元的标准分档给予生活补助,加上民族、双语调整系数,月均最高达 1,950 元;麒麟区、绥江县对偏远乡村教师除落实月均 500 元的基层工作补贴外,还给予 100—1,000 元不等的补贴;据 2017 年统计,四年来被督察的 45 个县都实施了乡村教师差别化补贴制度,昆明市东川区、禄劝县月均最高分别达 2,000 元、1,950 元;寻甸县少数民族教师、双语教师补助提高 20%、30%;嵩明县投入 2,500 万元新建 216 套乡村教师周转房;漾濞县每年预算 90 万元建立了覆盖所有乡村教师的体检制度;据 2018 年统计,23 个县的乡村教师每月享受 400—1,500 元不等的乡村教师差别化生活补助;据 2019 年统计,全省建立了月均 500—2,000 元的差别化补助政策,惠及 27.6 万名乡村教师。 3. 奖励乡村教师。在乡村学校从教 20 年以上的在职教师中遴选 500 名做出突出贡献的优秀教师,给予每人 10 万元奖励,部分县对长期在乡镇及以下任教的教师给予 1 万—2 万元的生活费补助。
	2017	45	
	2018	23	
	2019	3 新县+1 县复查(120 县中抽取)	
江西	2016	42	1. 建立健全补充机制。据 2016 年统计,上饶县积极推进教师本土化培养工程,5 年内为全县 112 个教学点均定向培养了 1 名师范生;据 2017 年统计,兴国县定向培养 124 名本县籍乡村教师;据 2018 年统计,启动实施了师范院校音体美专业大学生实习支教活动,累计选派 1,730 人次进行支教,实现全省所有贫困县(市、区)全覆盖。 2. 改善生活条件。据 2017 年统计,会昌县为 332 户住房困难的乡村教师家庭发放购房补贴;据 2018 年统计,南昌市新建区财政每年补贴 300 多万元发放边远地区乡村教师津贴;寻乌县从 2018 年起免费为每个乡村教师提供一张床、一张办公桌、一台热水器、一台电视机、一套厨房设备,即"五个一"暖巢服务;共青城市将教师纳入团购房政策,足额发放教师乡镇工作补贴。 3. 倾斜式激励。靖安县规定,在乡村学校任教累计满 25 年且仍在乡村任教的教师,可直接聘任高一级专业技术职务。
	2017	28	
	2018	20 新县+4 县复查(92 县中抽取)	

资料来源:2015—2021 年国家教育督导检查组对表格中相应省份义务教育均衡发展督导检查的反馈意见,见教育部官网。如《国家教育督导检查组对福建省 22 个县(市、区)义务教育均衡发展督导检查反馈意见》(2016 年 1 月 15 日),http://www.moe.gov.cn/jyb_xwfb/moe_2082/zl_2016n/2016_zl03/201601/t20160115_228074.html;《国家教育督导检查组对福建省义务教育均衡发展督导检查反馈意见》(2016 年 10 月 16 日),http://www.moe.gov.cn/jyb_xwfb/gzdt_gzdt/s5987/201611/t20161102_287352.html。

附表3　2015—2021年国家教育督导检查组反馈意见中有关部分地区乡村义务教育阶段教师队伍建设存在的不足

督查省份	年份	县(市、区等)数/个	教师队伍建设的不足
福建	2016	22	1. 教师结构性矛盾:部分学校教师数量不足,绝大多数县的音体美、信息技术等学科教师数量不足;部分学校专任教师学历达标率低于省定标准;部分县小学教师年龄老化问题突出。其中古田县城乡学校骨干教师分布不均衡。 2. 部分学校教师培训经费占全校公用经费比例低于5%。 3. 仙游县、建瓯市校长教师交流机制不健全。
	2016	18新县+ 8县复查 (73县中抽取)	
甘肃	2016	15	1. 教师结构性短缺问题突出。截至2020年底,有68县存在教师结构性短缺问题,共缺音体美、信息技术、科学、英语等学科教师7,273人。其中临潭县、镇原县、山丹县分别缺116人、180人、13人;年龄老化严重,其中静宁县全县教师平均年龄45.2岁,华池县有30所学校(教学点)50岁以上教师占比超过60%;部分县的中高级职称教师比例偏低。 2. 教师交流比例偏低。2020年有65县交流教师占符合交流条件教师数的比例低于10%。其中临潭县交流比例为7.8%。 3. 教师培训经费未足额安排。其中,2018—2020年镇原县义务教育学校年度公用经费中教师培训经费占比分别为4.61%、4.38%、3.57%;2020年丹县义务教育学校公用经费中教师培训经费占比为1.79%,临潭县教师培训经费占比为3.15%。
	2017	15	
	2018	12	
	2021	2新县+ 1县复查 (70县中抽取)	
广西	2016	8	1. 教师结构性短缺问题依然存在:全区共缺音体美、信息技术、科学、英语等学科专任教师6,802人;部分县存在师生比不达标、有编不补等问题;教师老龄化问题突出,其中兴安县、资源县、上思县部分乡村学校教师年龄偏大;部分学校教师岗位设置(中级及以上教师占比)低于自治区定标。 2. 县校长交流比例偏低,部分学校教师培训经费不足。其中,象州县、武宣县近三年教师交流比例低于自治区定标准;梧州市万秀区个别学校教师培训经费占全校公用经费的比例低于自治区定标准;德保县2016年教师人均培训学时低于自治区定标准。 3. 部分县乡村教师补助标准低,差别化待遇政策落实不力。
	2017	17	
	2017	21	
	2018	43	
	2020	2新县+ 1县复查 (94县中抽取)	

续　表

督查省份	年份	县（市、区等）数/个	教师队伍建设的不足
湖北	2016	12	1. 普遍存在教师数量不足与结构短缺等问题。其中，竹溪县、通城县等存在较多空编数量；安陆市、石首市、黄冈市黄州区、五峰县、武穴市、孝感市孝南区、黄石经济技术开发区、咸丰县教职工数量不足；襄阳市襄城区、浠水县、通山县、荆州市沙市区、十堰市武当山特区等县音体美等教师不足；襄阳市襄州区、监利县、阳新县、潜江市、南漳县、安陆市、黄石经济技术开发区、宣恩县、黄冈市黄州区、咸丰县、孝感市孝南区等县缺音体美、信息技术等学科教师；浠水县、江陵县、竹山县等县的教师年龄老化。 2. 五峰县、武汉市江夏区、石首市 2016 年教师平均培训时间低于省定标准。
	2017	10 新县＋监测中差异系数超标重新申报的 2 县＋17 县复查（100 县中抽取）	
山西	2016	33	1. 部分县存在教师空编现象，按照核定编制缺教职工人数较多，临聘教师数量较多。其中，原平市、闻喜县、长治市郊区、河津市缺编数量较多；各地普遍存在教师队伍结构性短缺问题，主要是音体美、科学、外语、信息技术等学科教师不足；在职称结构方面，永和县等部分县小学中级及以上职称教师比例较低，部分乡村学校无中级职称教师；优质师资总量不足，且多分布于城市名校，乡村优师比例偏低；存在不同程度的教师年龄结构老化问题，其中平定县、武乡县、黎城县等全县 45 岁及以上教师比例较高。 2. 交流制度不健全，交流条件设置不合理，交流比例偏低，交流人数偏少。其中陵川县教师的调整、交流需多个部门的批复，手续多、效率低，影响了城乡教师资源均衡配置。
	2017	25	
	2018	9 新县＋8 县复查（110 县中抽取）	
陕西	2016	20	1. 教职工数量不足，存在有编不补，使用临聘人员代课的问题；学校教师学科及专业结构不合理，分别缺音体美、外语、信息等学科教师；部分县中高级职称教师比例偏低。 2. 教师交流比例低于省定标准。 3. 部分县教师培训经费比例偏低。 4. 教师工资收入不低于公务员的举措缺乏长效保障机制：2018 年，全省 109 个县级单位中，仅有 37 个县义务教育阶段教师平均工资收入水平不低于或高于当地公务员平均工资收入水平；部分县对公务员发放奖励性补贴时未考虑中小学教师。
	2017	30	
	2019	4 新县＋2 县复查（100 县中抽取）	

续 表

督查省份	年份	县(市、区等)数/个	教师队伍建设的不足
青海	2016	5	1.教师队伍数量不足、学科结构性短缺。部分县音体美、信息技术、科学、英语等学科教师均不足;在职教师所学专业与所教学科不对应情况较普遍,部分学校道德与法治专业教师短缺;代课教师较多,且没有纳入社保。 2.教师编制不足。如杂多县2019年初中生3,828名,实际核定教师编制245名,教师编制数与学生数之比为1∶15.6;小学生10,723名,实际核定教师编制437名,教师编制数与学生数之比为1∶24.5。与国家规定的标准(初中1∶13.5,小学1∶19)相比,编制缺口较大。 3.教师培训学时不足,一些县教师队伍培训针对性、有效性不足,不能满足实施课程改革、提高教育教学水平的需要。 4.教师交流比例偏低。
	2017	13	
	2018	10	
	2020	1新县+ 1县复查 (42县中抽取)	
海南	2016	4	1.普遍存在教师学科结构不合理,音体美、英语、信息技术等学科专业教师结构性短缺问题。其中,乐东县、临高县、定安县、万宁县、陵水县音美体、外语、科学、信息技术教师不足。乐东县、临高县还缺少历史、地理等学科教师。万宁市、定安县分别补充聘任了合同制教师、代课教师。万宁县、定安县、乐东县等均有个别学校、个别学科不能开齐、开足的现象;部分乡村学校仍存在教师队伍年龄老化现象,45岁以上教师比例偏高。 2.校长教师交流轮岗机制不够健全、执行不严格,名师、骨干教师城乡之间配置不均衡,教师交流比例低。
	2016	4	
	2017	5	
	2019	7新县+ 3县复查 (19县中抽取)	
重庆	2016	11	1.教师队伍存在数量不足、结构不合理问题。其中,万州区、綦江区、荣昌区等部分乡村学校及小规模学校音体美、英语、综合实践等学科教师紧缺;部分县教师核定编制执行标准偏低;部分学校师生比不达标;教师学历提高比例偏低;有些学校教师年龄结构老化,50岁以上教师比例过高;县级及以上骨干教师城乡分布不均。部分县统筹管理、动态调整教师编制的体制机制不健全,存在城区学校教师紧张、乡村学校教师富余的情况。 2.部分县校长教师交流比例有待提高,交流教师中从城市到乡村交流的比例偏小。 3.各县部分乡村教师运用信息化设备授课能力不强,教学水平不高。 4.部分县教师外出培训不足。
	2017—2018	9	
	2018	3	
	2019	2新县+ 2县复查 (38县中抽取)	

续 表

督查省份	年份	县(市、区等)数/个	教师队伍建设的不足
广东	2016	13 新县+31 县复查(108 县中抽取)	1. 教师队伍仍存在数量不足、结构不合理问题;少数学校师生比不达标,教师数量不足,音体美、信息技术、英语以及其他学科教师短缺;教师偏老龄化;普遍存在骨干教师和学科带头人城乡和校际分布不均的问题。 2. 部分县教师交流比例低,不到 5%。
山东	2016	21	1. 部分学校教师队伍数量不足,师生比不达标,教师缺编问题比较突出,结构短缺,音体美、外语和信息技术等专业教师配备不足;部分受检县如平度市、莱阳市、临邑县、鄄城县等乡村教师老龄化严重。 2. 教师交流比例偏低,交流效果不好,缺乏长效保障机制。 3. 优秀教师、名师在城乡学校分布不合理。
	2017	34	
	2017	23 新县+20 县复查(114 县中抽取)	
河北	2016	30	1. 教师队伍数量不足、结构不合理,音体美等学科教师不足,部分学校音体美等学科教师专业不对口。全省中小学共缺音体美、信息技术教师 1.03 万人;教师年龄老化。 2. 教师交流比例均低于省定标准,校长教师轮岗交流尚未形成长效机制,促进校际均衡效果不明显。 3. 部分县教师培训经费不足,教师培训经费占学校公用经费比例低于 5%。 4. 部分县的部分教师不能利用信息化手段开展教学。 5. 教师工资待遇提升尚未全面落实。2018 年,全省 190 个县中,有 64 个县义务教育阶段教师平均工资收入水平低于当地公务员平均工资收入水平;在 8 个申报县和 1 个复查县中,有 5 个县义务教育教师平均工资收入水平低于当地公务员平均工资收入水平。
	2017	36	
	2018	35	
	2020	3 新县+1 县复查(160 县中抽取)	
贵州	2016	18	1. 教职工数量不足,部分县未按照核定编制配齐教职工,缺口较多;专任教师结构不合理,部分县缺音体美、外语、科学、信息等学科教师,其中松桃县部分乡村学校无法正常开课,且部分音体美等学科教师任教学科与所学专业不对应;县级以上骨干教师占全县专任教师的比例较低,且呈现城乡分布不均状态。 2. 教师交流比例低于 10%,部分县校长教师交流机制有待健全,城市骨干教师、名师向乡村流动比例偏低,缺乏长效保障机制。 3. 部分学校教师培训经费占全校公用经费比例低于 5%。
	2017	22	
	2018	30 新县+2 县复查(59 县中抽取)	

续 表

督查省份	年份	县(市、区等)数/个	教师队伍建设的不足
辽宁	2016	26	1. 教师结构性短缺问题在一些乡村学校依然存在,音体美、英语等学科教师短缺现象较为突出;个别乡村学校教师年龄老化,平均年龄超过 50 岁,年龄在 35 岁以下教师比例低于省定标准,有的地方教师年龄结构出现断层;部分学校高于规定学历教师比例低于省定标准。 2. 教师队伍管理制度不够健全,调动教师积极性的相关激励机制不尽完善;有的地方还存在有编不补问题,少数乡村学校多年未录用新教师。全省 2019 年聘用了 1 万多名编外教师,他们的入编、同工同酬待遇落实等缺乏制度性保障。 3. 部分学校教师培训经费占全校公用经费的比例低于 5%,乡村教师新课程、新教材、新方法、新技术培训仍不够普及和深入,许多乡村教师适应新课程能力不足。其中 2014—2016 年抚顺县教师的现代化教学技术应用专题培训次数偏少,多数在教学中还不会或不能熟练使用信息化教学。 4. 部分县的中小学教师工资待遇偏低。2016 年,鞍山市千山区乡村教师岗位津贴未落实到位;台安县未实施义务教育阶段教师绩效工资制度。到 2019 年,全省 115 县中仍有 17 县的中小学教师平均工资收入水平低于当地公务员平均工资收入水平,特别是部分县在公务员发放奖励性补贴时未考虑中小学教师。 5. 教师交流比例均低于省定标准。
	2017	21	
	2018	15	
	2019	4 新县+ 2 县复查 (106 县抽取)	
安徽	2015	31	1. 部分县未按编制数量配齐教职工,存在教师数量不足、结构不合理问题,部分学校音体美等专业教师不足;部分学校教师年龄结构不合理,45 岁以上教师占比较高;中级及以上专业技术职务教师城乡之间配置不均衡。 2. 教师交流比例偏低,交流制度不健全,一些地方教师交流局限于学区内部,城乡之间教师交流力度不够。 3. 教师年培训时长不足,专项培训经费偏低。 4. 含山县、石台县偏远学校教师生活保障水平较低。
	2017	24	
	2017	12 新县+ 22 县复查 (93 县中抽取)	

续 表

督查省份	年份	县(市、区等)数/个	教师队伍建设的不足
河南	2015	19	1. 存在教师数量不足、结构不合理问题。部分县教师编制未实现动态调整,存在教师有编未补现象;部分学校音体美、外语、信息技术、科学等学科专业教师数量不足,存在音体美、外语、信息技术等教师任教学科与所学专业不对应的情况,2020 年该省 24 个申报县中,共缺音体美、信息技术、科学、英语等学科专任教师 3,474 人,鄢陵县部分乡村学校未开齐开足课程,兼课教师较多;区级以上骨干教师城乡差异偏大;部分学校"中级及以上职务教师比例"不达标准,其中嵩县、宜阳县部分乡村初中中级及以上职务教师比例偏低;年龄结构不合理,其中商城县教师队伍年龄结构老化。 2. 教师交流比例低于 10%,交流机制不健全。其中修武县部分偏远乡村、山区学校优秀教师流失率偏高;开封市祥符区近三年教师交流轮岗绝大部分是乡村向城区流动;城市骨干教师、名师向乡村流动比例偏低,缺乏长效保障机制。 3. 部分学校教师培训经费落实不到位,教师培训时长不足、经费不足或使用不合理。 4. 临聘教师工资待遇偏低。
	2016	12	
	2017	33	
	2018	32	
	2020	3 新县+ 1 县复查 (134 县中抽取)	
黑龙江	2016	38	1. 教师队伍结构性矛盾未有效化解。部分乡村学校教师老龄化问题突出,45 岁以上教师比例过大,其中桦南县 1 所乡村学校有 71%的教师超过 45 岁;教师专业化能力与当前教育教学改革要求有明显的差距;教师城乡结构矛盾突出,乡村学校超编与部分城市学校教师短缺现象并存;许多乡村学校音体美、外语、信息技术等学科专业教师不足;本科学历人员占专任教师总数的比例低于省定标准;高级别教师校际配置不均衡。 2. 个别地方教师和校长交流轮岗工作推进不到位,教师交流比例偏低,交流机制和激励机制不够健全。 3. 教师年人均培训时长不足,部分学校 2016 年教师培训占全校公用经费比例低于 5%。 4. 教师绩效工资制度未全面实施。全省大部分地区尚未实施教师绩效工资制度,部分已实施地区,有的在试行一年后因缺少政府资金注入而终止;有的将教师的第 13 个月工资、部分津贴补贴作为年终一次性奖金发放,没有充分发挥绩效工资的激励作用。
	2017	65	
	2019	3 新县+ 1 复查县 (93 县中抽取)	

续 表

督查省份	年份	县(市、区等)数/个	教师队伍建设的不足
宁夏	2017	4	1. 教师数量不足，部分学校师生比低于省定标准，学科结构不合理，尤其是音体美、信息、外语技术等小学科教师短缺，小学音体美学科多为兼职教师，部分学校缺少专业心理健康教师；个别学校教师老龄化；部分学校生均中级及以上专任教师校际配置不均，差异系数较大。 2. 个别地方中小学教育交流制度仍有待完善。
	2017	3	
	2018	3 新县＋3 县复查（19 县中抽取）	
内蒙古	2016	35	1. 教师数量不足，音体美、信息技术、心理健康等学科专任教师短缺。截至 2020 年底，全区共缺音体美、信息技术、科学、英语等学科专任教师 7,080 人，其中缺音乐教师 810 名、体育教师 3,049 名、美术教师 821 名、信息技术教师 730 名、科学教师 823 名、外语教师 847 名；年龄结构不合理，老龄化问题突出；存在聘用临时代课教师现象。 2. 教师交流机制不健全，尚未形成长效机制，交流比例偏低，促进校际均衡效果不明显。 3. 教师绩效工资制度未全面实施。如新巴尔虎左旗义务教育学校没有出台具体的绩效工资实施方案，没有充分发挥绩效工资的激励作用。
	2017	32	
	2018	8	
	2021	1 新县＋2 县复查（102 县中抽取）	
四川	2016	34	1. 教师编制配置不足，教师学科结构不合理，部分乡村中小学音体美、信息技术、英语以及其他学科教师不足，部分学科专任教师任教学科与所学专业不对应。其中，截至 2020 年底该省 18 个申报县按核定编制缺教职工 1,729 人，缺音体美、信息技术、科学、英语等学科专任教师 1,717 人；中高级职称专任教师比例未达到省定标准。 2. 教师交流比例偏低，教师交流不足，交流期限过短。 3. 教师培训经费占中小学预算内公用经费比例未达规定要求，部分县部分教师运用现代化信息技术手段的教学能力不强。 4. 宜宾市叙州区、屏山县义务教育学校教师年平均工资收入水平远低于当地公务员平均工资收入水平。
	2017	31	
	2018	39	
	2021	3 新县＋1 县复查（165 县中抽取）	

续 表

督查省份	年份	县(市、区等)数/个	教师队伍建设的不足
西藏	2016	16	1. 教师存在结构性短缺问题。音体美、信息技术、外语、双语教师不足，2021 年 12 个申报县中，共缺音体美、信息技术、科学、英语等学科专任教师 774 人。部分县还缺少汉语文、藏语、数学、物理、化学、生物等学科教师，临聘教师较多；支教人员较多，且多为非师范专业，没有教师资格证；职称结构不合理，中级及以上职称教师的比例偏低；骨干教师城乡之间配置不均衡。 2. 教师人均培训时长、培训覆盖率以及培训经费占全校公用经费比例等方面均存在部分学校不达标、教师培训效果欠佳等问题。部分县县级、校级教研人员不足；县级培训、校本培训形式单一，内容粗浅，针对性不强；对音体美及科学学科教师的培训不足。 3. 部分县教师周转房短缺。如尼玛县教师周转房缺 118 套，班戈县缺房 70 套，聂拉木县缺 36 套。 4. 部分县未开展实质性校长教师交流，或教师交流比例较低。如加查县有 229 名符合交流条件的义务教育阶段教师，但 2018—2020 年仅 45 名参与交流；聂拉木县 2020 年交流教师仅占符合交流条件教师数的 6%。
	2017	15	
	2018	11	
	2021	2 新县＋1 县复查(62 县中抽取)	
新疆	2016	12	1. 教职工数量不足，教师队伍结构性短缺问题突出，部分县缺少音体美、科学、信息技术及汉语等学科教师。截至 2020 年底，有 77 个县存在教师结构性短缺问题，共缺音音体美、信息技术、科学、英语等学科专任教师 7,788 人。教师年龄结构老化，45 岁以上教师占比为 44%；中级及以上职称教师城乡之间配置不均衡；部分国语(当地将中小学国家通用语言文字简称“国语”)教师和新聘教师的专业素养以及教师队伍整体素质有待提高。 2. 教师培训覆盖率偏低，培训时长不足，培训经费比例偏低。如和田县 2018—2020 年度义务教育学校公用经费支出中，教师培训经费占比分别为 3.58%、2.86%、0.78%，均低于教育部规定的 5%。 3. 教师交流比例偏低，交流轮岗制度不够健全。伊州区 2020 年交流教师 221 人，仅占符合交流条件教师数的 7.78%；特岗教师流失比例偏高。
	2017	14	
	2018	13	
	2020	3 新县＋1 县复查(68 县中抽取)	
吉林	2016	16	1. 教师学科结构不合理，缺音体美、外语、科学、信息、心理健康等学科教师，部分学科教师专业对口率偏低；教师年龄结构不够合理，45 岁以上教师比例偏高；部分初中教师学历合格率未达到省定标准。 2. 校长教师交流比例偏低，交流制度未完全落实。部分县有两年以上教师交流比例低于省定要求，交流机制执行不到位的问题仍较为普遍。
	2017	60	

续 表

督查省份	年份	县(市、区等)数/个	教师队伍建设的不足
湖南	2016	19	1. 部分县教职工数量不足,部分学校师生比低于省定标准,部分县教教师学科结构不合理,缺音体美、外语、信息技术等学科教师,其中2020年15个申报县中,共缺音体美、信息技术、科学、英语等学科教师1,690人;许多县存在有编不补问题,聘请大量代课教师;部分学校教师学历合格率未达到省定标准;优质师资多集中在城市名校,乡村学校较少;教师老龄化现象非常严重。 2. 新邵县仍按"初中为城市1∶13.5、县镇1∶16、乡村1∶18,小学为城市1∶19、县镇1∶21、乡村1∶23"的师生比核定义务教育教师编制。 3. 部分县教师或者交流比例较低,或者未开展本质性的城乡交流轮岗,或者未实现交流制度化、常态化。2018—2019年,龙山县分别交流义务教育阶段教师330人、334人,仅占符合交流条件教师数的7.28%、8.02%。 4. 教师待遇特别是偏远地区教师待遇较低,部分县的代课教师未享受与在编教师同工同酬的待遇。
	2017	43	
	2018	18	
	2020	2新县+1县复查(107县中抽取)	
云南	2016	49	1. 部分县教师数量不足,师生比未达到省定标准,县部分学校教师学科结构不合理,音体美、英语、科学、信息技术、心理健康等学科教师较为短缺;2020年10个受检县音体美、英语、信息技术等学科教师共缺1,225人;优秀教师、名师在城乡学校并未更为合理的分布。 2. 2020年10个受检县中4个县空编705人,未能及时补充;一些地区教师招聘管理体制不顺、程序烦琐、周期较长,各地教育部门对教师招聘的参与度不高,新招录教师与岗位需求匹配度不高。 3. 部分县校长和教师交流比例较低,缺乏长效保障机制,教师交流效果不好。 4. 部分地区培训经费占全校公用经费的比例低于5%,不能有效满足教师专业提升的需求。 5. 部分地区教师平均工资收入水平低于公务员。2018年,全省129个县中有56个县的义务教育教师平均工资收入水平低于当地公务员平均工资收入水平;10个受检县中有4个县的义务教育教师平均工资收入水平低于当地公务员平均工资收入水平。
	2017	45	
	2018	23	
	2020	3新县+1县复查(120县中抽取)	

续 表

督查省份	年份	县(市、区等)数/个	教师队伍建设的不足
江西	2016	42	1. 教师数量不足,缺音乐、美术、科学、信息技术等学科教师;教师年龄结构不合理,老教师比例偏高。小学生均中级及以上职称教师数差异系数偏高。 2. 校长、教师交流机制不健全、交流比例偏低。教师培训经费比例未达标。
	2017	28	
	2018	20 新县+ 4 县复查 (92 县中抽取)	

资料来源:2015—2021 年国家教育督导检查组对表格中相应省份义务教育均衡发展督导检查的反馈意见,见教育部官网。如《国家教育督导检查组对重庆市 11 个区县义务教育均衡发展督导检查反馈意见》(2016 年 12 月 30 日),http://www.moe.gov.cn/jyb_xwfb/moe_2082/zl_2017n/2017_zl02/201701/t20170120_295380.html;《国家教育检查组对重庆市义务教育均衡发展督导检查反馈意见》(2020 年 1 月 16 日),http://www.moe.gov.cn/jyb_xwfb/moe_2082/zl_2020n/2020_zl05/202001/t20200116_415701.html。